FRANCOPHONIE ET JUSTICE

Contribution de l'Organisation Internationale de la Francophonie à la construction de l'État de droit

Le droit aujourd'hui

La collection « Le droit aujourd'hui » regroupe des études juridiques concernant des problèmes d'actualité nationale et internationale, dans divers domaines (éthique, politique, questions de société…).

Déjà parus

Moustapha KAMARA, Jean Baptiste BERTRAND, avec la collaboration de Samba Thiam et Isabel Falconer, *Le contentieux international du transfert des joueurs, Football et autres sports collectifs, Nouvelle édition revue et augmentée,* 2020.
Béatrice Blohorn-Brenneur (dir.), *Médiation, cultures et religions*, 2020.
Marion Brosset Briand, Antonin Crinon, Élodie Delacoure et Émilie Delcher (dir.), *Le nombre et le droit*, 2020.
Mickaël Le Borloch, *L'application du droit d'auteur aux hyperliens, Analyse de droit français et de droit américain*, 2019.
Romain Feydel, *La société de libre partenariat. Régime juridique et fiscal*, 2019.
Arafat Abi, *La protection des droits des migrants, Interactions entre la protection des droits de l'homme et la protection diplomatique et consulaire*, 2019.
Georges Labrecque, *Les cours d'eau internationaux. Étude jurisprudentielle*, 2019.
Fabien Bottini, *Droits fondamentaux et crise(s) des solidarités*, 2019.
Hadi Azari, *La demande reconventionnelle devant la Cour internationale de Justice,* 2018.
Claire Joachim, *Protection de la qualité des eaux douces au canada et dans l'union européenne, Le partage des compétences,* 2018.
Ianjatiana Randrianandrasana, *Le droit de la protection de la nature à Madagascar : entre centralisme et consensualisme*, 2018.
Wendkouni Judicaël Djiguemdé, *L'aménagement conventionnel de la société commerciale en droit français et en droit OHADA*, 2018.

Olivier KASSI

Préface de Fabrice HOURQUEBIE

FRANCOPHONIE ET JUSTICE

Contribution de l'Organisation Internationale de la Francophonie à la construction de l'État de droit

L'Harmattan

5-7, rue de l'École-Polytechnique – 75005 Paris
www.editions-harmattan.fr
ISBN : 978-2-343-20381-2
EAN : 9782343203812

A mes parents

Au moment où s'achève l'écriture de cette thèse, je tiens à exprimer mon infinie reconnaissance à tous ceux et à toutes celles qui, d'une façon ou d'une autre, ont contribué à rendre l'exercice moins lourd et moins solitaire.

Mes premiers mots de remerciements vont immédiatement au Professeur Fabrice Hourquebie qui m'a fait confiance en acceptant spontanément de diriger ce travail. Directeur de thèse à la fois rigoureux et patient, son soutien et ses précieux conseils m'ont été d'un immense bénéfice. Je mesure sobrement le privilège que j'ai eu à travailler sous sa direction.

Mes remerciements s'adressent également à tous les membres du Centre d'études et de recherches comparatives sur les constitutions, les libertés et l'État (CERCCLE) qui, par un mot, un encouragement ou une suggestion, ont contribué à objectiver la réflexion.

Grand merci à mes relecteurs : à mon père, à Viviane, à Anicet. Sans vous, ce travail n'aurait évidemment pas été le même.

Mes remerciements vont enfin à ma famille et à mes amis qui, tout au long de ces années de thèse, m'ont soutenu et accompagné. Qu'ils trouvent ici le témoignage de ma plus profonde gratitude.

SOMMAIRE

SOMMAIRE

ABREVIATIONS

AAHJF :	Association africaine des hautes juridictions francophones
ABJC :	Annuaire béninois de justice constitutionnelle
ACCPUF :	Association des Cours constitutionnelles ayant en partage l'usage du français
ACCT :	Agence de coopération culturelle et technique
AEP :	Assemblée des États parties au Statut de Rome
AFCNDH :	Association francophone des commissions nationales de promotion et de protection des droits de l'Homme
AFDC :	Association française de droit constitutionnel
AFDI :	Annuaire français de droit international
AFDI :	Annuaire français de droit international
AFJT :	Association francophone de justice transitionnelle
AHJUCAF :	Association des hautes juridictions de cassation des pays ayant en partage l'usage du français
AIF :	Agence Intergouvernementale de la Francophonie
AIJC :	Annuaire international de justice constitutionnelle
AIPP :	Association internationale des procureurs et poursuivants
AIPPF :	Association internationale des procureurs et poursuivants francophones
AISCCUF :	Association des institutions supérieures de contrôle ayant en commun l'usage du français
AJ Pénal :	Actualité juridique pénal
AJDA :	Actualité juridique, droit administratif
AJIL :	American journal of international law
ALENA :	Accord de libre-échange Nord-américain
Ann. IDI :	Annuaire de l'Institut de droit international
AOMF :	Association des ombudsmans et médiateurs francophones
APF :	Assemblée parlementaire de la Francophonie
ASEAN :	Association des nations du Sud-Est asiatique
AUF :	Agence universitaire de la Francophonie
AUPELF :	Association des universités partiellement ou entièrement de langue française
AYIL :	African yearbook of international law
BCEAO :	Banque centrale des États d'Afrique de l'Ouest
BPI :	Barreau pénal international
C. app. :	Cour d'appel
C. ass. :	Cour d'assises
CACS :	Chambre administrative de la Cour suprême
CAE :	Chambres africaines extraordinaires
Cass. Ass. Plén. :	Assemblée plénière de la Cour de cassation
Cass. Civ. :	Chambre civile de la Cour de cassation
Cass. Crim. :	Chambre criminelle de la Cour de cassation

Cass. Soc. :	Chambre sociale de la Cour de cassation
CC :	Cour ou Conseil constitutionnel
CCBE :	Conseil des barreaux européens
CCJA :	Cour commune de justice et d'arbitrage de l'OHADA
CCJE :	Conseil consultatif des juges européens
CCPE :	Conseil consultatif des juges européens
CDVR :	Commission dialogue, vérité et réconciliation (Côte d'Ivoire)
CE :	Conseil d'État
CEDEAO :	Communauté économique des États d'Afrique de l'Ouest
CEDH :	Cour européenne des droits de l'Homme
CEEAC :	Communauté économique des états de l'Afrique centrale
CEMAC :	Communauté économique et monétaire de l'Afrique centrale
CEPEJ :	Commission européenne pour l'efficacité de la justice
CETC :	Chambres extraordinaires au sein des tribunaux cambodgiens
Chron. :	Chronique
CIB :	Conférence internationale des barreaux de tradition juridique commune
CIC :	Comité International de Coordination des institutions nationales des droits de l'Homme (CIC)
CIFAF :	Centre international de formation en Afrique des avocats francophones
CIFFED :	Comité international francophone « Femmes et Droit »
CIJ :	Cour internationale de justice
CIMA :	Conférence interafricaine des marchés d'assurances
CJCE :	Cour de justice des communautés européennes
CMF :	Conférence ministérielle de la Francophonie
CNCDH :	Commission nationale consultative des droits de l'Homme (France)
COGEDI :	Programme de collecte, de gestion et de diffusion du droit
COI :	Commission de l'océan indien
COMESA :	Marché commun de l'Afrique orientale et australe
Concl. :	Conclusions
CONFEJES :	Conférence des ministres de la jeunesse et des sports des pays d'expression française
CONFEMEN :	Conférence des ministres de l'éducation des pays ayant le français en partage
Cons. :	Considérant
CPI :	Cour pénale internationale
CPJI :	Cour permanente de justice internationale
CRM :	Conseil de la réconciliation malgache
CS :	Cour suprême
CSM :	Conseil supérieur de la magistrature
CVJR :	Commission vérité, justice et réconciliation (Togo)
D. :	Recueil Dalloz
DDHDP :	Direction de la paix, de la démocratie et des droits de l'Homme (OIF)
EDUCI :	Éditions universitaires de Côte d'Ivoire
EPU :	Examen périodique universel
ERSUMA :	École régionale supérieure de la magistrature (OHADA)

FFIDDHOP :	Fonds francophone d'initiatives pour la démocratie, les droits de l'Homme et la paix
FIDH :	Fédération internationale des ligues des droits de l'Homme
ICLQ :	International and comparative law quarterly
IDEF :	Institut international de droit d'expression et d'inspiration françaises
IER :	Instance équité réconciliation (Maroc)
IGAD :	Autorité intergouvernementale pour le développement
IOJT :	Organisation internationale pour la formation judiciaire
JCP :	Jurisclasseur périodique
JO OHADA :	Journal officiel de l'OHADA
JORF :	Journal officiel de la République française
JORM :	Journal officiel de la République malgache
JORS :	Journal officiel de la République du Sénégal
JORT :	Journal officiel de la République du Togo
LDH :	Ligue française pour la défense des droits de l'Homme et du Citoyen
Leb. :	Recueil Lebon
LGDJ :	Librairie générale de droit et de jurisprudence
MERCOSUR :	Marché Commun du Sud
MINUK :	Mission des Nations Unies au Kosovo
MTPI :	Mécanisme pour les tribunaux pénaux internationaux
OAPI :	Organisation africaine de la propriété intellectuelle
OCDE :	Organisation de coopération et de développement économiques
OCDH :	Observatoire congolais des droits de l'Homme
OEA :	Organisation des États américains
OHADA :	Organisation pour l'harmonisation en Afrique du droit des affaires
OIF :	Organisation internationale de la Francophonie
OIT :	Organisation internationale du travail
OMC :	Organisation mondiale du commerce
OMCT :	Organisation mondiale contre la torture
OMPI :	Organisation mondiale de la propriété intellectuelle
ONG :	Organisation non gouvernementale
ONU :	Organisation des Nations unies
ONUCI :	Opérations des Nations Unies en Côte d'Ivoire
Ord. :	Ordonnance
OSCE :	Organisation pour la sécurité et la coopération en Europe
OUA :	Organisation de l'unité africaine
PNUD :	Programme des Nations unies pour le développement
PUAM :	Presses Universitaires d'Aix-Marseille
PUB :	Presses universitaires de Bruxelles
PUF :	Presses universitaires de France
PULIM :	Presses universitaires de Limoges
RASS :	Réseau africain pour le secteur de sécurité
RBDI :	Revue belge de droit international
RCADI :	Recueil des cours de l'Académie de droit international
RCFMJ :	Réseau des Conseils francophones de la magistrature judiciaire
RCS :	Recueil des arrêts de la Cour suprême du Canada

RDC :	République démocratique du Congo
RDP :	Revue du droit public et de la science politique en France et à l'Étranger
Rec. :	Recueil
RECEF :	Réseau des compétences électorales francophones
Req. :	Requête
RF2D :	Réseau francophone de diffusion du droit
RFDA :	Revue française de droit administratif
RFDC :	Revue française de droit constitutionnel
RGDIP :	Revue générale de droit international public
RIDC :	Revue internationale de droit comparé
RJ CCJA :	Revue de jurisprudence de la CCJA de l'OHADA
RSC :	Revue de science criminelle et de droit pénal comparé
RTD civ. :	Revue trimestrielle de droit civil
RTDH :	Revue trimestrielle des droits de l'Homme
RUDH :	Revue universelle des droits de l'Homme
SACU :	Union Douanière d'Afrique Australe
SADC :	Communauté de développement de l'Afrique australe
TIP :	Tribunaux pénaux internationaux
TPIR :	Tribunal pénal international pour le Rwanda
TPIY :	Tribunal pénal international pour l'ex-Yougoslavie
TSL :	Tribunal spécial pour le Liban
UA :	Union africaine
UE :	Union européenne
UEAC :	Union économique de l'Afrique centrale
UEMOA :	Union économique et monétaire Ouest africaine
UIA :	Union internationale des avocats
UIM :	Union internationale des magistrats
UMA :	Union du Maghreb Arabe
UMAC :	Union Monétaire de l'Afrique centrale

PREFACE

Les recherches qui portent sur la Francophonie et plus particulièrement sur l'une des politiques structurantes de son Organisation sont peu nombreuses et méritent d'être vraiment connues. Le travail d'Oliver Kassi, original et innovant, vient incontestablement en partie combler ce manque.

En proposant une analyse du rapport de la Francophonie à la justice, et donc de la manière dont l'Organisation contribue à la construction et à la consolidation de l'État de droit au sein de ses pays membres, M. Kassi a relevé un ambitieux pari : celui d'un essai de systématisation de la coopération juridique et judiciaire de l'Organisation, pour mieux en avoir la compréhension globale et mesurer l'impact de ses actions. Loin de seulement dresser un constat, l'auteur se penche sur les défis que l'Organisation internationale de la Francophonie (OIF) et ses États membres doivent relever. Il s'agit, au premier chef, du renforcement permanent des capacités des institutions judiciaires nationales notamment à travers les questions statutaires liées au recrutement, à l'impartialité, à l'indépendance des juges - et donc à la qualité de la justice -, mais aussi à la protection des juridictions ordinaires et constitutionnelles de toutes les formes de pressions internes - corporatistes - et externes - politiques - qu'elles peuvent connaître, notamment dans les périodes de crise, de transition ou de post-conflit nombreuses dans l'espace francophone. Mais il s'agit aussi des enjeux judiciaires qui se posent aux États dans un monde globalisé et internationalisé, et qui sont autant de défis sensibles qui interrogent tant la nature de l'accompagnement de l'Organisation que la capacité des États à s'en saisir, comme l'articulation des justices nationales avec la Cour pénale internationale (CPI) ou la mise en œuvre des dispositifs de justice transitionnelle, que la Francophonie qualifie, dans sa doctrine, de processus de transition, justice, vérité et réconciliation, afin d'affronter un passé de violations des droits de l'homme et d'en garantir la non répétition.

Une telle analyse, à la fois critique et constructive, n'aurait pu être menée avec rigueur si l'auteur n'avait pas été un connaisseur attentif du monde francophone et de ses politiques. M. Kassi est en effet un observateur à la fois averti et engagé de l'action francophone, jusqu'à en adopter les codes des exercices. C'est ainsi que, comme il est d'usage dans le cadre des réunions au sein des Organisations internationales, l'auteur se livre à un véritable plaidoyer assorti de recommandations opérationnelles en vue de soutenir et orienter l'action francophone dans le secteur de la coopération juridique et judiciaire. Cette démarche, qui mêle à la réflexion théorique l'approche pratique et de terrain, permet non seulement de dresser les tendances lourdes de la réalité du fonctionnement des appareils judiciaires dans l'espace francophone, tant par le prisme des politiques déployées par l'Organisation que par le biais des réalisations des États et gouvernements membres, que de donner à connaître le corpus normatif francophone, si souvent ignoré malgré sa diversité ; et notamment la Déclaration de Bamako du 3 novembre 2000, instrument juridique de référence de l'Organisation qui, rappelant le lien indéfectible entre démocratie et Francophonie, pose dans son Chapitre 4 les fondements pour la consolidation de l'État de droit - et donc de la justice - dont les atteintes peuvent être sanctionnées sur la base des procédures prévues dans son Chapitre 5. Il ressort alors de la recherche de M. Kassi une véritable grille d'intervention de la Francophonie. Avec, d'abord, l'identification d'une spécificité de l'action francophone dans le domaine de la justice ; ensuite, une incontestable valeur ajoutée qui repose notamment sur le maillage représenté par les différents Réseaux institutionnels de la Francophonie qui interviennent dans le champ judiciaire (Association des hautes juridictions de cassation francophones (AHJUCAF), Association africaine des hautes juridictions francophones (AA-HJF), Association des Cours constitutionnelles francophones (ACCF), Réseau francophone des Conseils de la magistrature judicaire…) ; et enfin, un principe de complémentarité de l'action francophone avec les autres Organisations internationales et régionales.

Qui souhaite connaître l'Organisation internationale de la Francophonie et ses réalisations dans le secteur de la justice doit impérativement lire le travail de M. Kassi pour se rendre compte à la fois de l'ampleur mais aussi des freins à l'action francophone. Et c'est peut-être là le point de départ pour comparer les réalisations de l'OIF à celles d'autres Organisations de capacité similaire, et faire ainsi de belles découvertes.

Fabrice Hourquebie
Professeur de droit public - Université de Bordeaux
Chargé des Relations internationales de la Faculté de droit
Secrétaire général de l'Association française de droit constitutionnel (AFDC)

INTRODUCTION

« *Il ne saurait y avoir d'État de droit sans une justice forte et indépendante, ni de développement sans une justice garante de prévisibilité et de sécurité, ni de paix sans une justice efficace et digne de ce nom.* »

Abdou Diouf, *Passion francophone*, Bruxelles, Bruylant 2014, p. 115.

C'est sur le socle de la justice que se construit la crédibilité de l'État de droit démocratique. Or dans l'espace francophone et au-delà, la justice pâtit encore à bien des égards, de maux à la fois structurels et conjoncturels qui l'empêchent dans des géométries variables, de garantir en toutes circonstances le règne du droit. C'est dès lors à juste titre que l'Organisation Internationale Francophonie (OIF), à la suite d'autres acteurs internationaux, s'est peu à peu appropriée cet enjeu permanent de la justice dans le cadre de sa mobilisation en faveur de l'État de droit, de la démocratie et des droits de l'Homme. Ce positionnement est d'autant plus pertinent que toutes ces valeurs désormais gravées au cœur du projet politique francophone, se rencontrent dans une dialectique féconde dont la justice garantit la cohérence.

Afin de saisir clairement le contenu et la portée de l'action de l'OIF en faveur de la promotion et de la consolidation la justice, il paraît indispensable, à titre liminaire, de clarifier les termes du sujet (Section I), avant de les rapprocher pour dégager l'objet de l'étude (Section II), et de justifier enfin la méthode adoptée (Section III).

SECTION I. LA DELIMITATION DU CADRE CONCEPTUEL DE L'ETUDE

L'examen de la contribution de l'OIF au renforcement de la justice dans l'espace francophone implique avant toute chose, de borner le champ conceptuel de l'étude. Ce qui nous conduira ici, d'une part à préciser notre perception du concept de justice, lui-même inséparable de la démocratie et de l'État de droit (§ 1), et d'autre part à fixer le champ matériel et géographique de la Francophonie et partant, de ses déclinaisons (§ 2).

§ 1. La justice : quelles significations dans notre étude ?

Le thème de la justice occupe une place centrale dans le débat juridique contemporain. Les questions qu'il soulève traversent la pensée juridique car elles se renouvellent continuellement, au gré des contingences politiques. La justice prise dans sa dimension intrinsèque ne peut donc suffire à appréhender la réalité sociale et institutionnelle dans laquelle elle s'insère (A). C'est la raison pour laquelle il paraît indispensable, conformément au canevas de l'action francophone, de rappeler sa connexité à la structure même de l'État de droit (B).

A. La justice : entre vertu et institution

Saisie par essence comme une valeur morale, la justice est considérée par certains auteurs comme un principe inné que chaque être humain porte en lui et qui s'affirme au contact de l'indignation[1]. Cet esprit de justice s'exprimerait alors selon Hegel, dans le besoin naturel de réparation de l'injustice[2]. Pour les philosophes grecs, être juste équivaut à être impartial. Ainsi, pour Aristote par exemple, la justice est le « *refus de toute pleonexia, c'est-à-dire l'acquisition d'avantages pour soi-même en s'emparant de ce qui appartient à quelqu'un d'autre* »[3]. Dans la même logique, Cicéron considère que la justice est « *une disposition de l'esprit qui, tout en sauvegardant l'intérêt général, accorde à chacun ce qu'il mérite* »[4]. Dans cette perspective, la justice désigne une vertu consistant à attribuer à chacun la dignité qui lui revient. Allant plus loin, John Rawls, dans son élan de théorisation de la justice comme équité, confiait à la justice sociale le soin non seulement d'assurer l'égalité de tous devant la loi, mais encore de réparer les inégalités socio-économiques. En tant que vertu compensatoire, la justice dévoile alors une volonté permanente de remettre à chacun non pas la même chose, mais ce qui lui revient de droit. Bien que difficile à délinéer, l'idée du juste reste donc indissociable de l'efficacité du droit. Reconnue dans nombre de constitutions francophones, tantôt comme un idéal[5] ou un principe[6], tantôt comme une valeur fondamentale[7] ou suprême[8], la justice est au fond, « *la première vertu des institutions sociales* »[9]. Mais la justice ne se réduit pas à l'incarnation d'une simple vertu. Elle est elle-même une institution. Dans l'ordre social, observe Maurice Kamto, la justice organique est inséparable du principe moral de justice. La justice désigne alors à la fois un concept éthique se confondant avec l'idée du juste et une institution publique chargée de garantir le règne du droit[10].

---

1 HUME David, *Traité de la nature humaine, Livre 3 : La morale*, Paris, Flammarion, 1999, 282 p. ; CAMUS Albert, *L'homme révolté*, Paris, Gallimard, 1951, p. 82 ; BEN ACHOUR Yadh, « État de droit et droits fondamentaux de la théorie à la pratique réflexions sur l'esprit de justice », *in Les défis des droits fondamentaux*, Bruxelles, Bruylant, 2000, pp. 192-194.

2 HEGEL Georg Wihlem Friedrich, *Principes de la philosophie du droit*, Paris, PUF, 2003, 816 p.

3 RAWLS John, *Théorie de la justice*, Traduction de Catherine Audard, Paris, Seuil, 1987, p. 36.

4 CICERON, *De l'invention*, II, 160, Traduction de Guy Achard, Paris, Les belles lettres, 1994, p. 225.

5 Préambules des constitutions du Bénin, de la République démocratique du Congo, du Tchad, de Djibouti.

6 Préambule de la constitution de la Guinée équatoriale.

7 Préambules des constitutions du Burkina Faso et du Congo.

8 Préambule de la constitution de la Moldavie et article 1er, alinéa 3 de la constitution de la Roumanie.

9 RAWLS John, *Théorie de la justice*, *op. cit.*, p. 29.

10 KAMTO Maurice, cité par LEROY Etienne, « Afrique », *in* CADIET Loïc, *Dictionnaire de la Justice*, Paris, PUF, 2004, p. 9.

Dans son sens organique, la justice renvoie aux institutions qui l'incarnent. Enserrée ainsi dans une dynamique *a priori* contradictoire entre la morale et le droit, entre la vertu et l'institution, entre le pouvoir et la fonction, l'institution juridictionnelle désigne l'ensemble des organes à qui le souverain a confié le pouvoir de trancher les litiges par l'application de la loi. Contribuant comme phénomène d'autorité au maintien de la paix sociale, la fonction juridictionnelle est l'un des attributs essentiels de l'État. Elle est, au même titre que les fonctions exécutive et législative, une prérogative régalienne attachée à l'exercice de la souveraineté[11]. Dans une société démocratique, la justice est rendue au nom du peuple souverain, par les cours et tribunaux légalement investis de ce pouvoir. Dire le droit apparaît ainsi pour la puissance publique, à la fois comme une obligation et comme une prérogative[12]. Une obligation parce que la justice est un droit pour le citoyen. Une prérogative parce que la garantie des droits est un privilège principiel, irréductible des fonctions de l'État. En tant qu'institution chargée de donner forme et sens au droit de l'État, la justice se déploie fondamentalement comme « *un acte de souveraineté : une mission confiée par le souverain et exercée en son nom* »[13]. Elle est un pivot de l'État de droit. En disant le droit par la voix la justice, l'État trace la ligne asymptotique qui sépare le juste de l'injuste. Par ses fonctions, le magistrat « *participe (...), à l'exercice de la puissance publique et à la sauvegarde des intérêts généraux de l'État* »[14]. Ainsi, en s'acquittant de son office, le juge s'inscrit légitimement et naturellement dans la dynamique d'ensemble à travers laquelle l'État se concrétise. Il contribue, par la protection des droits et libertés de tous et de chacun, au maintien de l'ordre et de la paix publique. Si l'enjeu immédiat de l'acte de juger est de trancher les conflits en disant le droit, l'enjeu lointain est quant à lui, d'assurer l'ordre et la paix sociale.

En tant qu'objet d'étude initialement préempté par le droit judiciaire privé, l'institution juridictionnelle est désormais saisie par la doctrine publiciste à la fois comme un pouvoir constitutionnel et comme un service public[15]. La justice désigne alors prosaïquement « *le pouvoir de rendre le droit à chacun* »[16], ou plus

---

11 CC, décision n° 98-399 DC du 5 mai 1998, *Rec.*, p. 245, cons. 13 à 18.

12 HEGEL Georg Wihlem Friedrich, *Principes de la philosophie du droit*, *op. cit.*, p. 308.

13 PACTET Pierre, « Justice interne et justice internationale », *in* Académie internationale de Droit Constitutionnel, *Constitution et Justice*, onzième session, Tunis, 1995, Presses de l'Université des sciences sociales de Toulouse, 1996, p. 120.

14 CE, 6 novembre 2002, *Wargniez*, Req. n° 225341, *AJDA*, 2002, p. 1443.

15 HOURQUEBIE Fabrice, *Le pouvoir juridictionnel en France*, Paris, LGDJ, Lextenso, 2010, 212 p.

16 YEDOH Lath Sébastien, « Utopie et vraisemblance de l'indépendance du service public de la justice constitutionnelle en Afrique francophone », *in* HOURQUEBIE Fabrice (dir.), *Quel service public de la justice en Afrique francophone ?*, Bruxelles, Bruylant, 2013, p. 28.

exactement le pouvoir de rendre à chacun son droit[17]. Le contrat social comporte alors la promesse de justice dont la finalité est d'assurer la juste distribution des biens et de rétablir l'égalité, lorsque celle-ci a été rompue. C'est sur cette trame que semble se tisser l'étoffe de ce que l'on pourrait appeler le droit public juridictionnel, appréhendant la justice dans sa dimension institutionnelle, non seulement à travers sa relation systémique avec l'État de droit et la démocratie, mais encore, dans sa propension à garantir la sécurité juridique des personnes et des biens.

Mais la justice ne renvoie pas seulement à l'ensemble des institutions au moyen desquelles l'État exerce son pouvoir souverain de juger[18]. Elle désigne aussi ici, au sens large, l'ensemble des mécanismes non juridictionnels qui contribuent, de manière complémentaire, à la régulation des rapports sociaux et à la protection des droits fondamentaux. Ainsi, au-delà des appareils judiciaires *stricto sensu*, la présente étude inclura dans les contextes d'affermissement de l'État de droit, et pour en avoir une approche plus complète sur le plan de la régulation, l'ensemble des institutions de contrôle et de médiation, de même que les institutions nationales de promotion et de protection des droits de l'Homme. Dans le cadre des dynamiques post-conflictuelles, l'enjeu de la justice conduira également à intégrer aussi bien les évolutions de la justice pénale internationale, que les phénomènes croissants des tribunaux pénaux internationalisés et des commissions dites de vérité et de réconciliation[19], dans la mesure où tous ces mécanismes concourent, à côté des juridictions nationales, à la lutte contre l'impunité et à l'apaisement. C'est de cette justice-là, entendue au sens large et inclusif, que la Francophonie s'est saisie. Et c'est pour la soutenir et la renforcer dans son rôle de garde-fou de l'État de droit, qu'elle mobilise son action depuis plus d'une trentaine d'années. Tout au long de cette réflexion, la justice sera alors entendue dans sa dimension institutionnelle, et donc systématiquement rattachée à la matrice de l'État de droit démocratique.

B. La justice : un pilier de l'État de droit démocratique

Rendre la justice est une fonction essentielle de l'État de droit démocratique. Sans reprendre ici *in extenso* tous les éléments du débat doctrinal sur les origines[20]

---

17 Ce qui renvoie ici à l'idée de justice consistant à donner à chacun selon ce que la loi lui attribue. Voir FRYDMAN Benoît, HAARSCHER Guy, *Philosophie du droit*, Paris, Dalloz, 3e éd., 2010, p. 12.

18 PERROT Roger, *Institutions judiciaires*, Paris, Montchrestien, Lextenso, 14e éd., 2010, p. 24.

19 Sur le débat autour de la capacité des Commissions vérité à apporter une réponse complémentaire à l'impunité, voir : GUEMATCHA Emmanuel, *Les commissions vérité et les violations des droits de l'Homme et du droit international humanitaire*, Paris, Pedone, 2014, pp. 303-527.

20 L'État de droit n'est pas un phénomène nouveau. Il renvoie à une réalité bien plus ancienne. Pour certains auteurs, il ne serait que la transposition d'une conception du pouvoir qui s'est imposée en Europe

et les évolutions de la théorie de l'État de droit, notons simplement que du *Rechtsstaat* allemand[21] à la théorie kelsenienne de l'État de droit[22], en passant par son appropriation par la doctrine française[23], le système de l'État de droit est

occidentale au moment de la naissance de l'État moderne. Blandine Barret-Kriegel, considère en l'occurrence que cette forme particulière d'État, fondée sur la soumission au droit, serait apparue sous la Monarchie absolue. A l'État despotique fonctionnant « *à la foi* » et basé sur un principe d'assujettissement total au pouvoir s'opposait désormais l'État monarchique, fonctionnant « *à la loi* » et visant la protection des libertés individuelles et la limitation du pouvoir. L'État de droit ainsi fondé, se serait ensuite progressivement renforcé avec le développement de la démocratie libérale. Pour d'autres en revanche, comme Hans Kelsen, la notion d'État de droit ne serait en réalité que pure redondance, tant la consistance de l'État est elle-même, éminemment juridique. Voir RAYNAUD Philippe, *Le juge et le philosophe*, Paris, Armand Colin, 2008, pp. 62-72 ; BARRET-KRIEGEL Blandine, *L'État et les esclaves*, Paris, Calmann-Lévy, 1979, 263 p. ; CHEVALLIER Jacques, *L'État de droit*, 5e éd., Paris, Montchrestien, Lextenso, 2010, p. 11.

21 Néologisme initialement utilisé pour qualifier l'école kantienne, le terme *Rechtssaat* désignait durant la première moitié du XIXe siècle, dans une approche libérale, un État dont la puissance d'action était limitée par le droit naturel des individus. Puis, dans la seconde moitié du XIXe siècle, sous l'influence de Friedrich Julius Stahl, le droit ne sera plus présenté comme un instrument de restriction du pouvoir de l'État au nom des libertés individuelles, mais plutôt comme un moyen de rationalisation de l'exercice du pouvoir. Dans cette perspective, le *Rechtsstaat* n'évoque plus une substance matérielle, mais un mode opératoire de l'État, au point de se réduire presque, au simple respect de la légalité formelle. La seule exigence étant que l'administration soit soumise à la loi et que ses actes soient attaquables devant les tribunaux. Le *Rechtssaat* se présentait donc comme un moyen à la fois de légitimation et d'autolimitation de l'action publique. Si l'État a le pouvoir de faire et défaire les lois positives, il a également l'obligation de les respecter tant qu'il ne les a pas réformées. Voir CHEVALLIER Jacques, *L'État de droit*, *op. cit.*, pp. 16 et ss.

22 Pour Hans Kelsen, l'État de droit repose essentiellement sur un ordre juridique hiérarchisé. Cette conception formelle de l'État s'appuie sur le principe de la hiérarchie des normes. Ainsi, dans un État de droit, une norme n'est valide que si elle satisfait, par ses conditions d'édiction et/ou par son contenu, aux exigences prescrites par d'autres normes supérieures. Dans cette approche systématisée par l'École normativiste de Vienne, le droit est saisi comme un système de normes interconnectées dans une relation à la fois statique et dynamique. Chaque règle de droit tire donc sa validité de sa conformité à la règle qui lui est hiérarchiquement supérieure. Et pour garantir cette conformité, des mécanismes juridictionnels doivent être prévus. L'ordre juridique étatique se caractérise ainsi, non seulement par une rationalisation du processus de création du droit, mais aussi par l'intervention d'organes de contrôle, chargés d'encadrer l'exécution des normes et de sanctionner, le cas échéant, les éventuels manquements. Pour Kelsen, l'État n'est rien d'autre que la personnification de l'ordre juridique. Le droit et l'État ne peuvent donc être conçus séparément. Irréductiblement liés, ils se présupposent mutuellement, car de même le droit s'appuie sur l'État pour s'exercer, l'État s'appuie sur le droit pour exister. Voir KELSEN Hans, *Théorie pure du droit*, Traduction Charles Eisenmann, Paris, Dalloz, 1962, 496 p.

23 En France, la théorie allemande du *Rechtssaat* fut dans un premier temps systématiquement critiquée, puis saisie avec précaution. Si le syntagme français « État de droit », traduction littérale du *Rechtssaat*, paraissait intimement lié à la pensée juridique allemande, il va par la suite se laisser progressivement saisir et reconstruire par la doctrine juridique française. En France, l'édification d'un ordre juridique hiérarchisé trouve des traces lointaines dans la lutte contre l'absolutisme monarchique. L'enjeu était alors de contenir le pouvoir royal en l'assujettissant à des normes supérieures. Mais l'avènement d'un tel ordre ne s'observa véritablement qu'avec la révolution. Le premier essai constitutionnel du 3 septembre 1791 entendait déjà s'appuyer sur la séparation des pouvoirs et consacrer l'existence d'un pouvoir judiciaire indépendant. Seulement, même s'il échafaudait un ordre juridique hiérarchisé et soucieux des droits les plus sacrés de l'homme, le système post-révolutionnaire souffrait d'une double carence. Non seulement il avait la faiblesse d'être marqué par le dogme rousseauiste de la loi infaillible, mais en plus, défiant à l'égard de

devenu aujourd'hui un modèle, une référence systématique du discours politique[24]. Il dévoile l'idée d'une organisation politique entièrement formatée dans la matrice du droit. En pratique, il ne désigne que les États répondant aux axiomes de la démocratie et de la sécurité juridique, avec une administration liée par la loi et des juges indépendants, garantissant les droits et libertés des citoyens. Un tel État, non seulement n'agit qu'au moyen du droit, mais en plus, le droit qu'il secrète et auquel il est lui-même assujetti, comporte certains attributs intrinsèques. L'État de droit revêt alors une dimension à la fois formelle et substantielle.

D'un point de vue formel, l'État de droit se forge autour du principe de légalité et donc de prééminence du droit. Il s'appuie sur une structure juridique ordonnée et sur le postulat d'une séparation équilibrée des pouvoirs[25]. Le système

---

l'autorité judiciaire, il ne prévoyait aucune garantie réelle pour protéger la hiérarchie des normes. Le souvenir d'un corps judicaire réactionnaire, laissé par les parlements de l'ancien régime, avait, dans le contexte de l'époque, contribué à alimenter les réticences des révolutionnaires à l'égard du pouvoir judiciaire. La puissance de juger « *en quelque façon, nulle* » selon le mot de Montesquieu, a donc été dès l'origine, corsetée par les révolutionnaires. Certes, solennellement proclamée, cette autorité n'avait en réalité qu'un caractère purement théorique. Fort heureusement, ces insuffisances ont été progressivement corrigées au cours du XIXe siècle avec notamment la rationalisation du pouvoir réglementaire à l'aune du principe de légalité, puis la consécration de la suprématie constitutionnelle par l'institution du contrôle de constitutionalité des lois. Ce qui sonna le glas du privilège d'incontestabilité dont bénéficiait jusqu'alors la loi en France. Considéré comme l'ultime garant de la primauté du droit, le juge occupe désormais, dans le dispositif de l'État de droit, une place centrale. Sur le passé tumultueux de la magistrature en France, voir notamment SAUVE Jean-Marc, « La justice dans la séparation des pouvoirs », *in La séparation des pouvoirs : efficacité, vertus, intérêts,* Deuxièmes entretiens du Jeu de Paume, organisés par le Château de Versailles et l'Université de tous les savoirs, Versailles, 13 juin 2001 ; BADINTER Robert, « Une si longue défiance », *Pouvoirs,* Les juges, septembre 1995, n° 74, pp. 7-12 ; LAFERRIERE Julien, *Répétitions écrites,* Répétitions écrites de droit constitutionnel rédigées d'après le cours et avec l'autorisation de M. Laferrière, Paris, Les Cours de droit, 1942, p. 54 ; ROYER Jean-Pierre *et. al., Histoire de la justice en France,* 4e éd., Paris, PUF, 2010, p. 254. Sur la lente appropriation du concept d'État de droit par les publicistes français, voir DUGUIT Léon, *L'État, le droit objectif et la loi positive,* Paris, Dalloz, Réimpression de l'édition de 1901, 2003, 636 p. ; *Manuel de droit constitutionnel,* Fontemoing, 1907, 1140 p. ; HAURIOU Maurice, *Précis de droit administratif et de droit public,* 5e éd., Paris, Sirey, 1903, 880 p. ; *Principes de droit public,* Paris, Larose et Ternin, 1910, 494 p. ; CARRE DE MALBERG Raymond, *Contribution à la théorie générale de l'État,* Paris, Sirey, 1920-1922.

24 RIVERO Jean, « L'État de droit », *in L'État de droit, Mélanges en l'honneur de Guy Braibant,* Paris, Dalloz, 1996, pp. 609 et ss ; MIAILLE Michel, « L'État de droit comme paradigme », *in* MAHIOU Ahmed (dir.), *L'État de droit dans le monde arabe,* Éditions du CNRS, Paris, 1997, pp. 29-43 ; CHEVALLIER Jacques, *L'État de droit, op. cit.,* pp. 112 et ss.

25 L'indépendance de la justice se trouve au cœur du système de l'État de droit démocratique. Elle est sous-jacente au régime de la séparation des pouvoirs et est au service de la sauvegarde des droits et libertés. Conçue à l'origine pour combattre l'absolutisme qui caractérisait les monarchies de droit divin, la séparation des pouvoirs a pour but ultime de protéger la personne humaine contre la tyrannie que peut porter toute forme de souveraineté, y compris la souveraineté populaire. Si l'office du juge n'était pas l'objet immédiat des théories de Locke et de Montesquieu, Kant posa quant à lui expressément le principe d'une séparation équilibrée des pouvoirs avant d'en déduire l'exigence d'indépendance de la justice. Voir pour aller plus loin, LOCKE John, *Traité du gouvernement civil,* Traduction de David Mazel, Paris, Flammarion, 1992, p. 251 ; MONTESQUIEU, *De l'esprit des lois,* Paris, Flammarion, 1979, p. 294 et

normatif qu'il institue doit non seulement être hiérarchisé[26], mais il doit aussi et surtout s'imposer à tous, y compris à l'administration et être assorti d'une protection juridictionnelle. Dans un État de droit, les règles doivent être clairement posées et leur méconnaissance, sanctionnée par des magistrats indépendants et efficaces. L'État de droit assure donc le règne de la norme[27]. Ainsi, à l'instar des citoyens, les gouvernants sont tenus au respect des normes juridiques en vigueur. Les organes de l'État ne peuvent agir qu'en vertu d'un titre légal. Ils doivent exercer leurs fonctions dans le cadre et les limites fixés par le droit. Le régime de l'État de droit ne peut se réaliser que pour autant que les citoyens disposent de voies juridictionnelles qui leur permettent de se défendre contre les abus de l'administration[28]. Mais, s'il est vrai que l'État de droit consacre la primauté du droit, il ne saurait se réduire à une simple technique d'agencement et de protection de normes hiérarchisées. En réalité, il prend racine dans un substrat de principes et de valeurs indivisibles.

Dans son contenu substantiel, l'État de droit recouvre une conception profonde des droits de l'Homme, de la démocratie et des libertés. Il n'y a de démocratie que celle fondée sur l'État de droit et le véritable État de droit ne peut prospérer sans la charpente de la justice[29]. S'inscrivant dans le mouvement de mise en œuvre de la démocratie libérale[30], l'État de droit procède d'une méfiance de principe à l'égard de l'État, dont on cherche à contenir la puissance pour éviter qu'elle devienne oppressive. Au cœur de l'État de droit, siège donc l'idée d'une limitation du pouvoir par le jeu de la protection des libertés publiques. Dans un régime démocratique, la puissance publique est donc à la fois légitimée et limitée

---

ss. ; KANT Emmanuel, *Métaphysique des mœurs*, Tome 2, Doctrine du droit, Doctrine de la vertu, Traduction de Alain Renaut, Paris, Flammarion, 1994, §§ 48 et ss.

26 Sous cet angle la notion d'État de droit se distingue de la *Rule of Law* britannique, soucieuse de la protection des droits et libertés individuelles et commandant que la législation présente notamment les qualités intrinsèques de généralité, de non-rétroactivité, de clarté, de cohérence, de stabilité, et prévisibilité. De même, dans une approche stricte, le concept d'État de droit diffère du *due process of law* américain, consacré par le quatorzième amendement de 1868, imposant aux pouvoirs publics une certaine façon d'agir (*procedural due process*) et exigeant une certaine qualité du droit applicable (*substantive due process*).

27 LEISNER Walter, « L'État de droit : une contradiction ? », *in Recueil d'études en hommage à Charles Eisenmann*, Paris, Cujas, 1975, pp. 65 et ss.

28 Ce contrôle peut être aménagé suivant des modalités variées. Dans le système anglo-saxon, l'administration est généralement traitée comme un administré ordinaire et le contentieux administratif relève de la compétence du juge judiciaire. Le modèle français se caractérise pour sa part, par l'existence d'un ordre juridictionnel spécialisé dans le contentieux administratif. Quant au modèle allemand, il prévoit une juridiction administrative spécialisée mais formant une branche de l'organisation judiciaire. Soulignons cependant que ces traits s'effacent peu à peu et que ces modèles tendent en pratique à se rapprocher. Voir CHEVALLIER Jacques, *L'État de droit*, *op. cit.*, p. 70.

29 La démocratie constitutionnelle opère, dans sa conception actuelle, une synthèse de ces deux concepts.

30 GOYARD Claude, « État de droit et démocratie », *in Mélanges René Chapus : Droit administratif*, Paris, Montchrestien, 1991, pp. 299 et ss.

par le droit. Au centre du dispositif se trouve la primauté des droits fondamentaux, dont la sauvegarde constitue à la fois une limitation et une finalité pour la puissance étatique. Le but de l'État serait, à travers des lois positives garanties par le juge, de servir et protéger les libertés, en tant que droits naturels et imprescriptibles. La hiérarchie formelle des normes n'est donc pas une fin en soi. Elle est un moyen de protection des fondamentaux[31], ces droits immanents et impératifs en présence desquels, les législations et pratiques nationales doivent s'incliner. L'État de droit implique dès lors, au-delà des apparences formelles de la hiérarchie des normes, une reconnaissance et une protection juridictionnelle des droits et libertés fondamentaux.

Le système de l'État de droit est aujourd'hui consacré comme un dispositif de protection des droits de l'Homme et un moyen de réalisation de l'idéal démocratique. Au-delà de son cadre originel, il est devenu une référence axiologique incontournable s'imposant à tout État ou projet politique en quête de reconnaissance. En offrant un levier d'homogénéisation des formes d'organisation politique, sa vocation reste simple : restaurer la place du droit et donc la figure du juge dans la régulation des rapports sociaux. L'État de droit doit donc pousser à un affinement permanent de la recherche d'une justice impartiale, accessible et intelligible. Pour ce faire, il s'appuie sur une série de principes essentiels tels, la prééminence du droit, la justiciabilité des droits fondamentaux, l'équité des procédures, l'indépendance des juges et l'impartialité des tribunaux[32]. Sous cet angle, l'État de droit pourrait se définir à partir de deux critères : le droit au droit et le droit au juge[33]. Ainsi, adossé au normativisme, le contrôle juridictionnel conditionne le passage du système de l'État légal à celui de d'État de droit[34]. De même la hiérarchie des normes n'a de sens que si elle est protégée par un contrôle juridictionnel, les droits fondamentaux ne sont garantis que s'il existe des juges pour assurer leur protection. La justice devient alors l'outil opérationnalisant de l'État de droit. Le juge est sacralisé par le droit pour pouvoir en retour, protéger la sacralité du droit.

L'État de droit se caractérise ainsi par sa juridicité. Tous les rapports sociaux sont, par principe, soumis au droit et c'est au juge réputé indépendant et compétent, que le justiciable se réfère pour revendiquer ses droits. Dans une société de plus en plus juridicisée et judiciarisée, l'emprise grandissante de la justice sur la vie collective invite à préserver le rôle et la place du juge. En tant

---

31 CHEVALLIER Jacques, *L'État de droit, op. cit.*, p. 54.

32 MORIN Jean-Yves, « L'État de droit : émergence d'un principe du droit international », *in Recueil des Cours de l'Académie de droit international*, Tome 254, La Haye, Martinus Nijhoff, 1995, pp. 9-462.

33 HEUSCHLING Luc, « État de droit », *in* CADIET Loïc, *Dictionnaire de la Justice*, *op. cit.*, p. 459.

34 REDOR Marie-Joëlle, *De l'État légal à l'État de droit - L'évolution des conceptions de la doctrine publiciste française, 1879-1914*, Paris, Economica, 1992, pp. 52 et ss.

qu'interprète avisé du droit, le juge est incontestablement un levier fondamental de l'État de droit. Plus la justice se consolide, plus l'État de droit s'affermit.

Toutefois, au-delà de la justice institutionnelle, on assiste, dans les sociétés démocratiques contemporaines, à l'émergence de nouvelles figures de légitimité, contribuant elles aussi efficacement à la régulation des conflits sociaux[35]. Ces mécanismes complémentaires de règlement des différends, parce qu'ils contribuent à la sécurisation juridique des personnes et des biens, traduisent également l'idée de justice. Ils seront donc accessoirement pris en compte dans le cadre de cette réflexion, non seulement parce qu'ils participent désormais du dispositif de l'État de droit, mais aussi parce qu'ils reçoivent en tant que tel, l'appui de la coopération francophone.

Au final, incarnant à la fois une vertu et une institution, la justice est indivisiblement rattachée à la démocratie, aux droits de l'Homme et à la séparation des pouvoirs, lesquels concourent solidairement à la réalisation de l'État de droit démocratique. C'est à son propos et à partir de ses exigences que s'est structurée l'action politique francophone dont il importe à présent, de circonscrire le périmètre.

§ 2. La Francophonie : d'une coopération linguistique et culturelle à une organisation au dessein politique

L'examen des termes du sujet ne saurait être complet si l'on ne s'arrêtait un instant sur ce que l'on entend par Francophonie. Créée il y a une quarantaine d'années dans un élan de coopération linguistique et culturelle, la Francophonie s'est, au fil des ans, forgée une identité. Cela, non seulement pour avoir revêtu une dimension politique, mais aussi pour être devenue, depuis sa réforme institutionnelle de 2005, une véritable organisation internationale.

C'est au géographe français, Onésime Reclus[36] que l'on attribue de manière constante la paternité de la notion de « *Francophonie* ». En 1880, il employa ce mot de manière inédite pour désigner la communauté linguistique que la France formait alors avec ses colonies[37]. La langue française se donnait ainsi déjà comme

---

35 ROSANVALLON Pierre, *La légitimité démocratique : impartialité, réflexivité, proximité*, Paris, Seuil, 2008, 367 p.

36 RECLUS Onésime, *France, Algérie et colonies*, Paris, Hachette, 1880, 802 p.

37 Pour aller plus loin sur les origines de la notion de Francophonie, voir DENIAU Xavier, La *Francophonie*, Paris, PUF, 1983, pp. 9-11 ; HAGEGE Claude, *Le Français et les siècles*, Paris, Odile Jacob, 1987, pp. 209-210 ; TETU Michel, *La Francophonie, Histoire, problématique, perspectives*, Montréal, Guérin, 1987, pp. 42-44 ; PINHAS Luc, « Aux origines du discours francophone : Onésime Reclus et l'expansionnisme colonial français », *Communication et langages*, n° 140, juin 2004, pp. 69-82. BARRAT Jacques, MOISEI Claudia et MESSMER Pierre, *Géopolitique de la francophonie : Un nouveau souffle ?*, Paris, La Documentation Française, n° 5195, 2004, pp.15 et ss.

un outil de solidarité et d'échange, un facteur de rassemblement culturel. En 1962, Léopold Sédar Senghor, profondément attaché à la richesse du métissage culturel, rafraîchit ce néologisme pour y voir un « *humanisme intégral qui se tisse autour de la terre* »[38]. L'idée sous-jacente d'une communauté composite et solidaire, rassemblée autour de la langue française mit donc environ un siècle pour se concrétiser. Peu connues, les premières incarnations de la coopération francophone sont nées d'initiatives privées[39]. Et si l'on excepte la Conférence des ministres de l'éducation nationale (CONFEMEN) créée en 1960 et celle des ministres de la jeunesse et des sports (CONFEJES) mise en place en 1969[40], ce n'est au fond qu'en 1970 qu'apparut la première organisation francophone de nature intergouvernementale.

Né de la volonté de regrouper les pays africains désireux, au lendemain des indépendances, de poursuivre avec la France des relations culturelles et linguistiques, le projet francophone fut initié par trois chefs d'État africains, Léopold Sédar Senghor du Sénégal, Habib Bourguiba de la Tunisie et Hamani Diori du Niger, soutenus par le Prince Norodom Sihanouk du Royaume du Cambodge. Le 20 mars 1970, vingt-et-un chefs d'État et de gouvernement signèrent à Niamey, la Convention portant création de l'Agence de coopération culturelle et technique (ACCT)[41]. Construite autour du partage de la langue française, cette première organisation intergouvernementale francophone était chargée de promouvoir et de diffuser les cultures de ses États membres, tout en intensifiant la coopération culturelle et technique entre eux.

Mais très rapidement, l'ambition de la Francophonie s'est étoffée. Le glissement politique est à cet égard saisissant car depuis la Convention de Niamey, le projet francophone n'a cessé d'évoluer pour s'adapter et répondre aux défis de son temps, notamment en matière de justice. Ainsi que le faisait remarquer fort justement Abdou Diouf dans un discours prononcé en 2007, « *tandis que la physionomie du monde changeait, la Francophonie changeait aussi, décidée à être un acteur à part entière sur la scène internationale, décidée à*

---

38 SENGHOR Léopold Sédar, « Le Français, langue de culture », *Esprit*, n° 311, novembre 1962, p. 844.

39 Parmi les initiatives qui ont, à l'origine, permis de matérialiser la coopération francophone, l'on peut citer notamment l'Association internationale des journalistes de langue française (1952), l'Union culturelle française (1954), l'Association des sociologues de langues française (1958), l'Association internationale pour la culture française à l'étranger (1960), l'Association des universités partiellement ou entièrement de langue française (AUPELF, 1961) devenue ensuite l'Agence Universitaire de la Francophonie (AUF), l'Institut international de droit d'expression et d'inspiration françaises (1961) et l'Association internationale des parlementaires de langue française (1967) devenue depuis, l'Assemblée Parlementaire de la Francophonie (APF), etc.

40 Ces Conférences ministérielles sont désormais rattachées de manière permanente à l'OIF.

41 ACCT, *Convention relative à l'Agence de coopération culturelle et technique*, Niamey, 20 mars 1970. Disponible en ligne sur : http://www.francophonie.org/IMG/pdf/acct-textes-fondamentaux-1970-convention-et-charte-3.pdf.

promouvoir un véritable projet de société à l'échelle du monde, décidée à faire valoir une alternative aux menaces potentielles ou avérées qui assombrissent l'horizon planétaire »[42]. Au-delà de la promotion de la langue française, cet « *outil précieux trouvé dans les décombres du régime colonial* »[43], pour reprendre le mot de Senghor, la Francophonie a donc progressivement revêtu une dimension politique, perceptible tant dans l'élargissement de ses objectifs que dans la réorganisation de son appareil institutionnel. En 1997, afin de donner à leur organisation sa pleine envergure politique, les chefs d'État et de gouvernement des pays ayant le français en partage ont créé un poste de Secrétaire général[44] et transformé l'ACCT en Agence internationale de la Francophonie. Huit ans plus tard, la nouvelle Charte adoptée à Antananarivo le 23 novembre 2005 parachevait la réforme institutionnelle en créant, à proprement parler, l'Organisation Internationale de la Francophonie (OIF)[45]. D'abord construite autour d'une langue, la Francophonie s'est ensuite organisée autour d'un dessein culturel commun, avant de revendiquer désormais une ambition politique[46]. Elle s'est peu à peu structurée pour devenir une véritable organisation, dotée d'une personnalité juridique internationale[47]. Et c'est sur ce socle institutionnel qu'elle s'appuie pour déployer son action plurielle en faveur du dialogue des cultures, de l'éducation, du développement économique, de la paix, de la démocratie, des droits de l'Homme et de l'État de droit[48]. Ces mutations institutionnelles assorties de l'élargissement des objectifs de la Francophonie consacrent au fond, une marche ininterrompue

---

42 DIOUF Abdou, Extrait du discours prononcé lors colloque de l'Académie des sciences d'Outremer sur : « *Francophonie : enjeux et perspectives après le Sommet de Bucarest* », Paris, 10 mai 2007. En ligne sur : http://www.francophonie.org/Discours-de-M-Abdou-Diouf-Paris-le-28054.html.

43 SENGHOR Léopold Sédar, « Le Français, langue de culture », *loc. cit.*, p. 844.

44 Depuis 1997, le Secrétaire général de la Francophonie est conçu comme la clé de voûte du système institutionnel francophone. Il incarne la Francophonie multilatérale et conduit l'action politique de l'organisation. Articles 6, 7 et 8 de la Charte de la Francophonie.

45 Article 9 de la Charte de la Francophonie.

46 MASSART-PIERARD Françoise, « La Francophonie, un nouvel intervenant sur la scène internationale », *Revue Internationale de Politique Comparée*, vol. 14, De Boeck Université, 2007, pp. 69-93 ; DEREUMAUX René-Maurice, *L'Organisation Internationale de la Francophonie : l'institution internationale du XXIe siècle*, Paris, L'Harmattan, 2008, 158 p.

47 Par la nature de son acte constitutif, son statut juridique et ses modalités de fonctionnement, la Francophonie présente dans la forme, toutes les caractéristiques d'une organisation internationale. Sur la question générale des critères distinctifs des organisations internationales, voir notamment, NGUYEN Quoc Dinh, DALLIER Patrick, FORTEAU Mathias, PELLET Alain, *Droit international public*, 8e éd., Paris, LDGJ, 2009, pp. 643 et ss. Sur celle plus spécifique de la personnalité juridique de l'OIF, voir, SOME Marcelin, *Le statut juridique de l'Organisation internationale de la Francophonie*, Thèse dactylographiée de doctorat de droit, Université Jean Moulin Lyon 3, 2008, 457 p.

48 OIF, Conférence ministérielle, *Charte de la Francophonie*, 23 novembre 2005, Antananarivo, Article 1er (http://www.francophonie.org/IMG/pdf/charte_francophonie.pdf). Pour creuser davantage la question, lire, BADJI Mamadou, CABANIS André, CROUZATIER Jean-Marie, *et al.*, *Francophonie et relations internationales*, Paris, AUF, Éditions des archives contemporaines, 2009, 98 p.

de l'Organisation vers un dessein à la fois politique et humaniste. Le contexte mondial et le développement de la démocratie dans tous les pays exigeaient que la Francophonie revêtît une dimension politique[49]. Désormais, au-delà de la simple promotion de la langue française et de la diversité culturelle, l'avenir de la Francophonie dépend, ainsi que l'observait Jean Du Bois de Gaudusson, « pour *une très large part, de l'aptitude de ses promoteurs à relever des défis qui sont d'abord d'ordre juridique* »[50]. C'est, consciente de cette réalité, que la communauté francophone s'est progressivement appropriée les défis de l'ancrage de la démocratie et de la consolidation de l'État de droit.

Aux fins de la présente étude, la Francophonie doit donc être entendue comme une organisation internationale qui, au-delà de son objet initial de promotion de la langue française et de la diversité culturelle, s'emploie depuis plusieurs années à consolider l'État de droit, à appuyer les processus de démocratisation et à renforcer la protection des droits et les libertés fondamentaux. Sous cet angle, l'action francophone désignera l'action de la Francophonie en tant qu'organisation internationale ainsi que celle, complémentaire, de son « *puissant maillage* »[51] de réseaux institutionnels. Les États francophones ne renverront pas ici *stricto sensu* aux seuls États ayant en partage l'usage de la langue française, mais incluront plus largement tous les États qui, parce qu'ils sont membres de l'OIF, ont en partage la langue et les valeurs qu'elle promeut. C'est la rencontre de tous ces États autour de l'OIF qui permet de dessiner les contours de ce que l'on appellera tout au long de cette étude, l'espace francophone. Avec une population d'environ 900 millions d'habitants, la communauté francophone rassemble à ce jour, quatre-vingts États et gouvernements, dont vingt-trois siégeant en qualité d'observateurs et trois en qualité d'associés[52]. La communauté francophone désigne donc en réalité un ensemble linguistique hétéroclite[53], traversé par une diversité de culture juridique,

---

49 Voir plus largement : POISSONNIER Ariane, SOURNIA Gérard, LE GOFF Fabrice, *Atlas mondial de la francophonie : du culturel au politique*, Paris, Éditions Autrement, 2006, 79 p.

50 DU BOIS DE GAUDUSSON Jean, « Les enjeux juridiques pour la francophonie », *in* DECAUX Emmanuel (dir.), *Justice et Droits de l'Homme*, XXVIIIe Congrès de l'Institut international de droit d'expression et d'inspiration françaises (IDEF), Paris, IDEF, 2003, p. 65.

51 JEAN Michaëlle, Extrait du discours prononcé lors de la célébration officielle de la Journée internationale de la Francophonie, Paris, 20 mars 2015.
En ligne : http://www.francophonie.org/Discours-de-Michaelle-Jean-a-Paris-45753.html.

52 Ces chiffres sont disponibles en ligne sur le site de l'OIF : http://www.francophonie.org/-80-Etats-et-gouvernements-.html.

53 La Francophonie admet dans ses rangs des États lusophones, anglophones et arabophones notamment. Ce qui dévoile non seulement son attractivité, mais encore sa vocation, au-delà de la valorisation la langue française, à promouvoir le plus largement possible, les valeurs universelles qu'elle porte.

avec des écarts de développement économique et de maturité démocratique, mais rassemblé autour de valeurs communes[54].

Ces précisions théoriques faites sur le contenu des notions de justice et de Francophonie, l'on peut à présent les croiser pour définir concrètement l'objet de notre étude. Il s'agira alors d'identifier et de questionner les voies par lesquelles la Francophonie s'est appropriée l'enjeu de la justice comme pivot de l'État de droit.

SECTION II. L'OBJET DE L'ETUDE : LA JUSTICE SAISIE PAR LA FRANCOPHONIE

Depuis le début des années 1990, l'État de droit est devenu une référence incontournable du discours juridique. La diffusion du principe a conduit, dans l'élan des vagues successives de démocratisation amorcées en Afrique, en Asie et en Europe centrale et orientale, à de profondes mutations juridiques et institutionnelles consacrant formellement la sacralité de la séparation des pouvoirs et partant, l'exigence d'indépendance de la justice. Le défi était par là même, de libérer l'institution juridictionnelle du rôle instrumental dans lequel elle avait été longtemps maintenue sous le règne des partis uniques et des régimes dictatoriaux[55]. Mais, au-delà de la « *référence rituelle* »[56] à l'État de droit, l'édification d'un État véritablement imprégné de droit et de justice n'est guère un exercice aisé[57]. Dans nombre d'États engagés dans des processus de démocratisation, y compris de l'espace francophone, la justice, constamment menacée dans son effectivité et son efficacité, est restée le maillon faible de l'État de droit en construction. C'est donc de manière pertinente que nombre d'organisations internationales ont progressivement intégré à leurs programmes de coopération les questions liées à la consolidation de la justice et de l'État de

54 TAHANI Omar, « La Francophonie au service de valeurs universelles », *Revue Internationale et Stratégique*, n° 71, Paris, Armand Colin, 2008, pp. 121-124.

55 La référence explicite à l'État de droit dans les constitutions des États de ces régions, était conçue comme un indicateur de mutation, une expression formelle de la fin du totalitarisme et de l'autoritarisme des régimes de parti unique.

56 CHEVALLIER Jacques, *L'État de droit*, *op. cit.*, p. 113.

57 Voir notamment MOYRAND Alain, « Réflexions sur l'introduction de l'État de droit en Afrique noire francophone », *Revue Internationale de Droit Comparé*, vol. 43, n° 4, 1991, pp. 853-878.

droit. Du système des Nations Unies[58] aux cadres communautaires européen[59] et africain[60], en passant notamment par l'Organisation Mondiale du Commerce (OMC)[61] et la Banque Mondiale[62], la promotion de l'État de droit a été érigée en priorité.

La Francophonie n'est pas restée en marge de cette mobilisation internationale en faveur de la promotion de l'État de droit et du renforcement de son dispositif institutionnel. Fidèle à ses valeurs et soucieuse de les préserver, elle a également investi ce nouveau champ de coopération afin de soutenir ses États membres dans leurs efforts de redéfinition ou d'affermissement du rôle de l'État et du droit. L'État de droit et la justice constituent un pendant essentiel de l'impératif démocratique qui irrigue l'action politique de l'OIF. Depuis plus d'une vingtaine d'années, l'OIF s'est emparée de l'enjeu en inscrivant la justice et l'État de droit au cœur de ses préoccupations. Elle s'est ainsi engagée à accompagner les États qu'elle rassemble dans le cheminement parfois laborieux vers l'État de droit stabilisé. Interpellée par les mutations démocratiques qui ont transformé le

---

58 Dans le cadre des Nations Unies, l'État de droit a été saisi en relation avec la démocratie et les droits de l'Homme. Au-delà de la Déclaration universelle des droits de l'Homme et de ses pactes internationaux, nombre de déclarations et de résolutions ont réaffirmé de manière directe ou indirecte la nécessité de renforcer les institutions de l'État de droit. L'on peut citer notamment : Conférence mondiale sur les droits de l'Homme, *Déclaration et programme d'action de Vienne*, Doc. A/CONF.157/23, Vienne, 25 juin 1993 ; Assemblée Générale des Nations Unies, *Agenda pour la démocratisation*, 17 décembre 1996 ; *Déclaration du millénaire*, Doc. A/RES/55/2, 8 septembre 2000 ; *Document final du sommet mondial de 2005*, Doc. A/RES/60/1, 16 septembre 2005, § 119 ; *Résolution sur l'État de droit aux niveaux national et international*, Doc. A/RES/61/39, 18 décembre 2006 ; Doc. A/RES/62/70, 08 janvier 2008 ; Doc. A/RES/63/128, 15 janvier 2009. Sur cette base, sous l'égide des Nations Unies, l'ingénierie constitutionnelle s'est déployée dans de nombreux États en transition démocratique, en vue de les aider à se conformer aux exigences normatives et institutionnelles de l'État de droit. Sur ce point, voir notamment : Assemblée Générale des Nations Unies, *L'État de Droit aux niveaux national et international - Unissons nos forces : renforcement de l'action de l'ONU en faveur de l'État de Droit*, Rapport de Secrétaire Général, Doc. A/61/636 - S/2006/980, 14 décembre 2006 ; *Renforcement et coordination de l'action des Nations Unies dans le domaine de l'État de droit*, Rapport du Secrétaire général, Doc. A/63/226, 6 août 2008.

59 Dans le contexte européen, l'État de droit est également saisi comme moyen de réalisation de l'exigence démocratique. L'admission des Pays d'Europe centrale et orientale (PECO) au Conseil de l'Europe a par exemple, été subordonnée à l'introduction de mécanismes de l'État de droit. L'Union Européenne a également fait de l'État de droit, un critère non seulement de sa politique de coopération à l'égard des pays en développement, mais aussi d'admission des PECO en son sein.

60 Voir notamment l'article 3 de l'Acte constitutif de l'Union africaine (Lomé, 11 juillet 2000) ; l'article 2 de la Charte africaine de la démocratie, des élections et de la gouvernance (Addis-Abeba, 30 janvier 2007). Pour un aperçu plus large : *Sélection de documents-clés de l'union africaine relatifs aux droits de l'Homme*, Pretoria University Law Press (PULP), 2006, 285 p.

61 L'adhésion du Vietnam par exemple à l'Organisation Mondiale du Commerce (OMC) l'a conduit à s'engager dans un vaste programme prioritaire de réorganisation des institutions juridiques et judiciaires (Résolution n° 49-NQ/TWW du 2 juin 2005 sur la stratégie de réformes judiciaires jusqu'à 2020).

62 La Banque mondiale pour sa part, subordonne ses aides à la mise en œuvre de réformes destinées favoriser la bonne gouvernance et à consolider l'État de droit.

paysage institutionnel des États, qu'ils soient du Nord ou du Sud, de l'Est ou de l'Ouest, la Francophonie s'efforce de soutenir l'enracinement de la justice en tant que pilier de l'État de droit. Faire de la justice une réalité : tel est l'objectif que s'assigne la Francophonie dans tous les États se revendiquant de son espace. S'il est vrai que l'Afrique reste au centre des préoccupations francophones, il faut noter que l'enjeu de la réalisation de l'État de droit concerne plus largement tous les États. Au-delà des démocraties en chantier dans les États africains, asiatiques ou dans ceux issus de l'ancien bloc communiste, le défi de la consolidation l'État de droit concerne aussi les démocraties occidentales, réputées stabilisées ou avancées[63].

C'est pour toutes ces raisons que nous nous intéresserons ici particulièrement à la problématique de la justice, telle qu'appréhendée au sein de la communauté francophone. Sur ce point, l'on observe que la démarche francophone dans le champ de la justice, non seulement s'appuie sur une série d'engagements forts (§ 1), mais encore se singularise par un mode spécifique d'intervention (§ 2).

§ 1. Le socle normatif de l'engagement francophone en faveur de la justice

Dans tous les États francophones, la justice traverse, à des degrés divers, une crise sans cesse renouvelée. Constamment au cœur du débat public, la justice est, peu ou prou contestée et critiquée, voire dans certains cas, désavouée. Se pose alors régulièrement la question de la légitimité du juge et partant, celle de la crédibilité de l'institution juridictionnelle. Face à ce constat, la Francophonie a fait le choix, depuis plus d'une trentaine d'années, de militer et d'agir en faveur du renforcement du rôle et de la place de la justice dans ses États membres. Son engagement en la matière a pris peu à peu forme dans un dispositif normatif patiemment échafaudé depuis 1980, au fil des Sommets[64] et Conférences ministérielles[65] de l'Organisation (A). Mais s'il est vrai que certains textes de référence permettent en la matière de mesurer l'intérêt de la Francophonie pour les questions de justice, leur normativité peut malgré tout, être discutée (B).

63 Les épisodes de reflux que l'on peut observer dans les démocraties avancées, les révolutions démocratiques intervenues en Tunisie, en Égypte et plus récemment au Burkina Faso, les conflits larvés qui se prolongent ici ou là en République Démocratique du Congo et en République centrafricaine, ainsi que les menaces constantes de rupture de l'ordre constitutionnel en Afrique francophone subsaharienne, montrent bien que la construction l'État de droit reste une conquête permanente dans l'espace francophone.

64 Les Sommets sont des temps forts permettant tous les deux ans aux chefs d'État et de gouvernement de renouveler leur solidarité et de redéfinir les orientations stratégiques de la Francophonie. Article 3, alinéa 1 de la Charte de la francophonie.

65 La Conférence ministérielle de la francophonie (CMF) se réunit chaque année afin d'assurer la continuité politique du Sommet. Article 4 de la Charte de la Francophonie.

A. De 1980 à 2014, un engagement constant dans les textes

La Francophonie a très tôt placé le droit et la justice au cœur de ses priorités. Les premières traces de la mobilisation francophone en faveur de la promotion de la justice remontent au début des années 1980. Dix ans seulement après la création de l'ACCT, la première Conférence sectorielle des Ministres de la Justice réunie à Paris en septembre 1980 mettait l'accent pour la première fois, dans le cadre de la coopération francophone, sur les problèmes d'accès à la justice, de formation des magistrats et d'information dans les domaines juridiques et judiciaires[66].

Si le Sommet de Paris, tenu en 1986[67], ne faisait aucune référence explicite ni à la question de la justice, ni à celle plus large de l'État de droit, le Sommet organisé un an plus tard à Québec retint, quant à lui, l'idée de convoquer une autre Conférence des Ministres de la justice sur la coopération juridique et judiciaire[68].

Cette deuxième Conférence des Ministres francophones de la justice se tint à Paris du 5 au 7 janvier 1989[69]. Intervenue dans le contexte des commémorations du bicentenaire de la Déclaration des droits de l'Homme et du citoyen, cette conférence invitait, dans son communiqué final, les États francophones à réfléchir de manière approfondie sur l'importance des organes judicaires dans le fonctionnement de l'État de droit. Les inégalités et déficiences observées d'un pays à l'autre, tant dans le développement des législations, que dans les moyens matériels et humains consacrés à la justice, exigeaient qu'une action urgente et éclairée fût déployée pour combler les retards dans l'organisation et l'équipement des juridictions francophones.

Au terme du troisième Sommet de la Francophonie tenu à Dakar quatre mois plus tard, les chefs d'États et de gouvernements entérinèrent les conclusions de la deuxième Conférence des Ministres francophones de la justice en ouvrant un nouveau champ de coopération multilatérale destiné à accompagner les mutations amorcées en faveur de la démocratie, de l'État de droit et des droits de l'Homme. Tandis que la Résolution sur les droits fondamentaux appelait au

---

66 OIF, Première Conférence des Ministres de la Justice des pays de droit d'expression française, Paris, 12 septembre 1980.
En ligne : http://www.francophonie.org/IMG/pdf/Actes_1ere_Conf__justice_1980.pdf.

67 OIF, Conférence des chefs d'État et de gouvernement ayant en commun l'usage du français, Paris, 17-19 février 1986 (http://www.francophonie.org/IMG/pdf/actes_som_i_19021986.pdf).

68 OIF, IIe Conférence des chefs d'État et de gouvernement des pays ayant le français en partage, *Déclaration de Québec*, Québec, 4 septembre 1987. La déclaration est disponible en ligne sur : http://www.francophonie.org/IMG/pdf/Declaration_SOM_II_04091987.pdf.

69 OIF, Deuxième Conférence des Ministres de la Justice des pays ayant en commun l'usage du français, Paris, 5-7 janvier 1989.
En ligne : http://www.francophonie.org/IMG/pdf/Actes_2e_Conf_justice_1989.pdf.

respect de la dignité et des droits de la personne humaine[70], la Résolution sur la coopération juridique et judiciaire créait, à proprement parler, un nouveau programme : celui de la coopération juridique et judiciaire[71]. Le secteur de la justice devenait ainsi un objet prioritaire de la mobilisation francophone. Institué sur la base du consensus francophone autour des valeurs de l'État de droit, ce programme a été conçu pour favoriser la construction d'une justice forte, indépendante, accessible et efficace dans chaque État de l'espace francophone.

Après le Colloque de Cotonou[72] qui permit, sous les auspices de l'ACCT, d'esquisser les contours d'une appropriation francophone du concept d'État de droit, chaque Sommet a été une occasion pour rappeler l'importance du rôle de la justice dans un État de droit. Dans le contexte des mutations démocratiques ébauchées dans plusieurs États francophones, les chefs d'État et de gouvernement réunis en Sommet à Chaillot en novembre 1991, prirent « *l'engagement de faire avancer le processus de démocratisation, de consolider les institutions démocratiques et (...) de développer des programmes appropriés dans ce sens* »[73]. Ils réaffirmèrent à cette occasion, leur volonté de poursuivre les actions de coopération en matière de publication, de diffusion et de circulation de la documentation juridique et judiciaire, tout en insistant sur le besoin d'améliorer les équipements des juridictions, ainsi que la formation des magistrats.

Deux ans plus tard, c'est-à-dire en octobre 1993, les chefs d'État et de gouvernement réunis à Maurice, après avoir rappelé que la Francophonie est une communauté de langue et de valeurs, ont clairement hissé la justice, les droits de l'Homme et les libertés fondamentales au rang des valeurs autour desquelles se construisent l'unité et la solidarité francophones. Dans la perspective du développement durable et dans l'esprit de la Conférence mondiale sur les droits de l'Homme de Vienne[74], ils ont, dans la Résolution n° 18 sur la programmation, invité la Francophonie institutionnelle « *à poursuivre et à amplifier ses actions pour donner à tous les pays, grâce à la coopération juridique et judiciaire (...), les moyens*

---

70 OIF, Conférence des chefs d'État et de gouvernement des pays ayant en commun l'usage du français, *Résolution n° 6 sur les droits fondamentaux*, Dakar, 26 mai 1989. Les actes de la conférence sont disponibles en ligne sur :
http://www.francophonie.org/IMG/pdf/actes_som_iii_26051989.pdf.

71 OIF, Conférence des chefs d'État et de gouvernement des pays ayant en commun l'usage du français, *Résolution sur la Coopération juridique et judiciaire*, Dakar, 26 mai 1989. La mise en œuvre de ce programme fut confiée à l'ACCT.

72 ACCT, *État de droit au quotidien : bilan et perspectives dans l'espace francophone*, colloque international organisé à Cotonou du 11 au 14 septembre 1991. Les actes de ce colloque sont disponibles en ligne sur : http://democratie.francophonie.org/article.php3?id_article=322&id_rubrique=555.

73 OIF, IVe Conférence des chefs d'État et de gouvernement des pays ayant le français en partage, *Déclaration de Chaillot*, Chaillot, 21 novembre 1991.
En ligne sur : http://www.francophonie.org/IMG/pdf/declaration_som_iv_21111991.pdf.

74 Conférence mondiale sur les droits de l'Homme, *Déclaration et programme d'action de Vienne*, Doc. A/CONF.157/23, Vienne, 25 juin 1993.

de conjuguer droit et développement et d'établir un État de droit »[75]. Conformément aux recommandations du Conseil permanent de la Francophonie et en vue faire une évaluation du travail accompli par l'ACCT dans le volet du droit au service du développement et de la démocratie, les chefs d'État décidèrent également, au terme de ce Sommet, de convoquer une troisième Conférence des Ministres de la Justice.

Tenue au Caire en novembre 1995, cette troisième Conférence des Ministres de la Justice marqua un tournant majeur dans le développement de la coopération francophone en matière de justice. Dans un contexte international particulièrement riche en évolutions juridiques[76], cette Conférence permit aux États francophones de révéler et de concrétiser leur attachement aux grands principes fondant la justice, l'État de droit, la démocratie et la paix. Dans la Déclaration du Caire qui en résulta, les ministres de la justice affirmaient que « *la Francophonie est un espace de dialogue, de coopération et de partenariat (...), son unité se fonde sur une communauté de valeurs et de langue, consacrée à la promotion de la paix, de la justice, de la sécurité, de la solidarité, de la démocratie, ainsi qu'au respect des droits de l'Homme et des libertés fondamentales, qui sont universels, inaliénables et indivisibles* »[77]. Ils y prirent des engagements forts en faveur d'une justice indépendante et efficace, au service de l'État de droit et du développement. Et c'est autour de ces axes cardinaux que s'est structuré le Plan d'action du Caire[78], afin de tracer de manière directive, le cadre général et opérationnel dans lequel devaient s'inscrire les actions de la Francophonie en matière de coopération juridique et judiciaire. Depuis, le combat pour le droit et la justice n'a plus quitté le champ des préoccupations francophones. Les principes énoncés au Caire ont régulièrement été repris à tous les Sommets.

En décembre 1995, c'est-à-dire deux mois après cette Conférence, le Sommet de Cotonou consacré à la solidarité et à la justice au service du développement,

---

75 OIF, Ve Conférence des chefs d'État et de gouvernement des pays ayant le français en partage, *Résolution n° 18 sur la programmation*, Maurice, 18 octobre 1993. Disponible en ligne sur : http://www.francophonie.org/IMG/pdf/actes_som_v_18101993.pdf.

76 Au milieu des années 1990, la Francophonie s'est particulièrement impliquée dans les concertations relatives aux droits de l'Homme dans le cadre de la Conférence de Vienne et de celle du Caire sur le développement et de la Conférence de Beijing sur les droits de la femme. C'est dans ce contexte qu'ont été également adoptés les principes fondamentaux relatifs à l'indépendance de la magistrature, la Convention internationale des droits de l'enfant.

77 OIF, *Déclaration du Caire*, Troisième Conférence des ministres de la justice des pays ayant le français en partage, Le Caire, 1er novembre 1995. Disponible en ligne sur : http://www.francophonie.org/IMG/pdf/Declo_et_Plan_d_acto_3e_conf_justice_LeCaire_1995.pdf.

78 Le plan quinquennal d'action francophone en faveur de la justice, de l'État de droit, de la démocratie et du développement qui définit pour la période 1996-2000, les orientations et stratégies de la Francophonie en la matière s'articule autour de trois objectifs cardinaux : la construction d'une justice indépendante, accessible et efficace ; d'une justice garante de l'État de droit et d'une justice, facteur de développement.

fut également marqué par une série de résolutions en faveur la justice. Alors que la Résolution n° 2 sur l'appui à la démocratisation, à l'État de droit et aux droits de l'Homme rappelait qu'une justice indépendante, accessible et efficace est le premier garant de l'État de droit, celle sur la justice et le développement allait plus loin en affirmant que la justice est à la fois garante du respect des libertés individuelles et vecteur essentiel de développement. Enfin, par la Résolution n° 3, les chefs d'État et de gouvernement, non seulement se sont appropriés les engagements et programmes mobilisateurs dégagés au Caire, mais encore, ont encouragé l'augmentation substantielle des crédits affectés aux initiatives francophones en faveur de la coopération juridique et judiciaire[79]. Ainsi que cela est ressorti des propositions issues de la troisième Conférence des ministres francophones de la justice, les chefs d'États et de gouvernements francophones proclamèrent la décennie 1995 - 2005, décennie de la justice dans l'espace francophone.

Le Sommet de Hanoi a lui aussi été, en novembre 1997, l'occasion pour les chefs d'État francophones de rappeler les grands principes sur lesquels est fondée la communauté francophone. En réaffirmant leur attachement à l'État de droit, aux droits de l'Homme et à la justice pénale internationale, ils confirmaient leur volonté de faire du territoire francophone, un espace de droit et de justice, un espace de liberté, de démocratie et de développement[80].

Au Sommet de Moncton tenu en septembre 1999, les chefs d'État ont réitéré leur volonté de consolider l'État de droit et les processus démocratiques en soulignant là encore, que les valeurs partagées de paix, de démocratie et de développement durable, sont des objectifs interdépendants[81]. Le Plan d'action adopté à l'issue de ce Sommet, invitait la Francophonie d'une part à approfondir son appui à la Cour pénale internationale et d'autre part à contribuer au renforcement des systèmes de justice nationaux, à promouvoir la diffusion du droit et à appuyer les efforts destinés à harmoniser les règles juridiques applicables à la vie économique[82].

---

79 OIF, VIe Conférence des chefs d'État et de gouvernement des pays ayant le français en partage, *Déclaration de Cotonou*, 4 décembre 1995.
En ligne sur : http://www.francophonie.org/IMG/pdf/actes_som_vi_04121995.pdf.

80 OIF, VIIe Conférence des chefs d'État et de gouvernement des pays ayant le français en partage, *Déclaration de Hanoi*, 16 novembre 1997.
En ligne sur : http://www.francophonie.org/IMG/pdf/Declaration_SOM_VII_16111997.pdf.

81 OIF, VIIIe Conférence des chefs d'État et de gouvernement des pays ayant le français en partage, *Déclaration de Moncton*, 5 septembre 1999.
En ligne sur : http://www.francophonie.org/IMG/pdf/Declaration_SOM_VIII_05091999.pdf.

82 OIF, VIIIe Conférence des chefs d'État et de gouvernement des pays ayant le français en partage, *Plan d'action de Moncton*, 5 septembre 1999.
En ligne sur : http://www.francophonie.org/IMG/pdf/Plan_action_SOM_VIII_05091999.pdf.

Un an après le Sommet de Moncton, les Ministres et chefs de délégation des États et gouvernements des pays ayant le français en partage, réunis à Bamako à l'occasion du symposium international sur le bilan des pratiques de la démocratie, des droits et des libertés dans l'espace francophone, adoptèrent le 3 novembre 2000, la Déclaration de Bamako. Étape majeure et cruciale dans l'affirmation de la Francophonie politique, ce texte historique est expressément consacré à la démocratie. Il trouve son originalité dans le fait qu'il rattache le sort de la Francophonie et de ses États membres à la réalisation de l'idéal démocratique. Puisque Francophonie et démocratie y sont réputés indissociables, on comprend qu'il ne saurait y avoir d'affermissement du projet francophone sans évolution des États vers la démocratie. La Déclaration de Bamako consacrait également la nécessité d'approfondir la dialectique État de droit et justice en la replaçant dans la perspective démocratique. Cette déclaration ne se contentait pas dégager des objectifs généraux en matière de démocratie et de droits de l'Homme. Elle déclinait de manière détaillée, chacun des engagements en faveur la consolidation de l'État de droit, la tenue d'élections libres, fiables et transparentes, la promotion d'une culture démocratique intériorisée et le plein respect des droits de l'Homme. En présentant la démocratie comme le cadre politique par excellence de l'État de droit et de la protection des droits de l'Homme, la Déclaration de Bamako faisait d'elle le régime le plus apte à favoriser la stabilité et la sécurité juridique. Par cet « *acte de foi* »83 solennel, la Francophonie démontra, ainsi que l'affirmait son Secrétaire Général à l'occasion du vingt-huitième Congrès de l'Institut international de droit d'expression et d'inspiration françaises (IDEF), que « *c'est par la démocratie que se fortifie et se consolide le lien entre justice et droits de l'Homme* »[84]. Pour la Francophonie, le « *pacte démocratique* »[85] implique donc de renforcer les capacités des institutions de l'État de droit en veillant notamment à assurer l'indépendance et l'efficacité de la justice[86], à soutenir les institutions mises en place dans le cadre de l'intégration régionale, à appuyer les institutions en charge du contentieux électoral et à parfaire les engagements internationaux en matière de lutte contre l'impunité des crimes graves.

Dans l'élan de Bamako, les chefs d'État et de gouvernement réunis en Sommet à Beyrouth en octobre 2002, affirmaient que « *Francophonie, démocratie et*

---

83 FREMONT Jacques, « De la Déclaration de Bamako à la Déclaration Saint-Boniface », *in* DESOUCHES Christine, *et. al.*, *De Dakar à Dakar, 25 ans d'engagement de la Francophonie au service des droits de l'Homme, de la démocratie et de la Paix*, Bruxelles, Bruylant, 2015, p. 93.

84 DIOUF Abdou, « Discours », *in* DECAUX Emmanuel (dir.), *Justice et droits de l'Homme*, *op. cit.*, p. 29.

85 OIF, Délégation à la paix, à la démocratie et aux droits de l'Homme, *État des pratiques de la démocratie, des droits et des libertés dans l'espace francophone, 2006*, Paris, 2006, p. 11.

86 OIF, *Déclaration Bamako*, 3 novembre 2000, Point 4-A.3.

développement sont indissociables »[87]. En condamnant expressément les génocide, crimes de guerre et crimes contre l'humanité, ils s'engageaient, dans la Déclaration de Beyrouth, à soutenir la Cour pénale internationale dans son action au service de la lutte contre l'impunité. C'est d'ailleurs à l'occasion de ce Sommet que fut adopté le Programme d'action de Bamako, explicitant les moyens à mettre en œuvre pour renforcer les institutions de la démocratie et de l'État de droit dans l'espace francophone[88].

Dans l'esprit des Déclarations de Hanoi, de Moncton et de Beyrouth, la déclaration adoptée en novembre 2004 au Sommet de Ouagadougou, tout en rappelant le lien étroit entre État de droit et développement, réitérait, elle aussi le soutien de la Francophonie à la Cour pénale internationale[89]. Le cadre stratégique décennal adopté à l'issue de ce Sommet définissait quant à lui, pour la décennie 2005-2014, les objectifs de la Francophonie en matière d'appui à la démocratie et à l'État de droit[90].

En 2005, la Charte révisée de la Francophonie plaçait également de manière cohérente, la démocratie, la paix, l'État de droit et les droits de l'Homme au cœur projet politique francophone[91].

Un an plus tard, la Déclaration de Saint-Boniface sur la prévention des conflits et la sécurité humaine marquait une étape importante dans l'affirmation de la Francophonie politique. Elle insistait, en matière de justice, sur la nécessité d'accompagner le mouvement international de lutte contre l'impunité[92]. Entérinée par le Sommet de Bucarest, cette déclaration permit d'insuffler une ambition et une portée nouvelles aux engagements de Bamako[93].

---

87 OIF, IXe Conférence des chefs d'État et de gouvernement des pays ayant le français en partage, *Déclaration de Beyrouth*, 20 octobre 2002.
En ligne sur : http://www.francophonie.org/IMG/pdf/Declaration_SOM_IX_20102002.pdf.

88 OIF, IXe Conférence des chefs d'État et de gouvernement des pays ayant le français en partage, *Programme d'action de Bamako*, Beyrouth, 20 octobre 2002.
En ligne sur : http://democratie.francophonie.org/IMG/pdf/Bamako_TXT-3.pdf.

89 OIF, Xe Conférence des chefs d'État et de gouvernement des pays ayant le français en partage, *Déclaration de Ouagadougou*, 27 novembre 2004.
En ligne sur : http://www.francophonie.org/IMG/pdf/Declaration_SOM_X_27112004.pdf.

90 OIF, Xe Conférence des chefs d'État et de gouvernement des pays ayant le français en partage, *Cadre stratégique décennal de la Francophonie*, 26-27 novembre 2004.
En ligne sur : http://www.francophonie.org/IMG/pdf/Cadre_strategique.pdf.

91 OIF, Conférence ministérielle, *Charte de la Francophonie*, 23 novembre 2005, Antananarivo, Article 1er. Disponible en ligne : http://www.francophonie.org/IMG/pdf/charte_francophonie.pdf.

92 OIF, Conférence ministérielle, *Déclaration de Saint-Boniface sur la prévention des conflits et la sécurité humaine*, 14 mai 2006.
En ligne : http://www.francophonie.org/IMG/pdf/Declaration_Saint-Boniface.pdf.

93 OIF, XIe Conférence des chefs d'État et de gouvernement des pays ayant le français en partage, *Déclaration de Bucarest*, 29 septembre 2006.
En ligne sur : http://www.francophonie.org/IMG/pdf/Declaration_SOM_XI_29092006.pdf.

En février 2008, conformément aux recommandations de la quatrième réunion du Bureau du suivi des engagements du Caire, et aux conclusions du Sommet de Ouagadougou, une quatrième Conférence des ministres francophones de la justice fut organisée à Paris, afin de prendre la pleine mesure des défis restant à relever et de donner un nouvel élan à la coopération francophone dans le domaine de la justice et du droit. Dans la déclaration qui en a résulté, les ministres se sont engagés à mobiliser leurs gouvernements pour que s'établisse ou se renforce dans leurs États respectifs, une justice indépendante, accessible et efficace, au service des droits fondamentaux et du développement durable. Cette déclaration a permis aux États francophones de réaffirmer leur détermination à mettre leur solidarité et leur coopération au service de la démocratie, du respect des droits de l'Homme, du renforcement de l'État de droit et de ses capacités institutionnelles. En élargissant le champ d'action de la Francophonie dans le domaine de la justice, elle distingue clairement trois axes majeurs : la construction d'une justice indépendante et de qualité, l'accompagnement des sorties de crise, et enfin la promotion d'une justice et d'un droit, facteurs d'attractivité et de développement économique[94].

La même année, la déclaration adoptée à l'issue du Sommet de Québec, tout en consacrant les engagements de Paris sur la coopération juridique et judiciaire, invitait à la ratification des principaux instruments internationaux et régionaux relatifs aux droits de l'Homme et à leur pleine mise en œuvre[95].

Enfin, les déclarations de Montreux[96], de Kinshasa[97] et de Dakar[98], successivement adoptées lors des derniers Sommets de la Francophonie en 2010, 2012 et 2014, même si elles ne s'intéressaient pas directement à la question du renforcement des capacités de la justice, rappelaient systématiquement les engagements de Bamako et de Saint-Boniface et réaffirmaient l'attachement de la communauté francophone au respect des droits de l'Homme, aux exigences de

---

94 OIF, Quatrième Conférence des ministres francophones de la justice, *Déclaration de Paris*, 14 février 2008.
En ligne : http://www.francophonie.org/IMG/pdf/Declaration_4e_conf_justice_Paris_2008.pdf.

95 OIF, XIIe Conférence des chefs d'État et de gouvernement des pays ayant le français en partage, *Déclaration de Québec*, 17-19 octobre 2008.
En ligne sur : http://www.francophonie.org/IMG/pdf/Declaration_SOM_XII_19102008.pdf.

96 OIF, XIIIe Conférence des chefs d'État et de gouvernement des pays ayant le français en partage, *Déclaration de Montreux* ; *Résolution sur la déclaration de Bamako dix ans après son adoption*, 23-24 octobre 2010.
En ligne sur : http://www.francophonie.org/-Textes-de-reference-103-.html.

97 OIF, XIVe Conférence des chefs d'État et de gouvernement des pays ayant le français en partage, *Déclaration de Kinshasa*, 13-14 octobre 2012.
En ligne : http://www.francophonie.org/IMG/pdf/SOMMET_XIV_Decl_Kinshasa_2012.pdf.

98 OIF, XVe Conférence des chefs d'État et de gouvernement des pays ayant le français en partage, *Déclaration de Dakar*, 29-30 novembre 2014.
En ligne sur : http://www.francophonie.org/IMG/pdf/sommet_xv_decl_dakar_2014_vf.pdf.

la lutte contre l'impunité et à l'accompagnement des processus de justice transitionnelle. A l'occasion du Sommet de Dakar, et pour relayer le cadre stratégique décennal élaboré à Ouagadougou en 2004, les chefs d'État et de gouvernement ont également adopté un nouveau cadre stratégique d'action pour la période allant de 2015 et 2022. Sur les huit objectifs stratégiques retenus, deux sont en lien direct avec la problématique de justice dans l'espace francophone. L'un vise à renforcer la gouvernance démocratique, les droits de l'Homme, l'État de droit et le rôle de la société civile. L'autre entend contribuer à la prévention et à la gestion des conflits, à l'accompagnement des transitions et à la consolidation de la paix[99].

Le constat est donc évident. Depuis 1980, la coopération francophone s'est indiscutablement saisie de la justice à travers les enjeux qu'elle soulève aussi bien en période normale, qu'en période de sortie de crise. L'objectif qui se dégage de tous ces engagements semble clair et constant. Il s'agit de faire du territoire francophone un espace de solidarité et de promotion des libertés fondamentales, s'appuyant sur le lien indissoluble entre justice, démocratie, État de droit, paix et développement durable. Mais si la lecture croisée de ces textes permet de mesurer la place de la justice dans le discours politique francophone, ces derniers peuvent être questionnés dans leur normativité, laquelle détermine à certains égards, l'efficacité de la coopération.

B. La normativité discutée des textes de la Francophonie

Toutes les organisations internationales reçoivent de manière implicite ou explicite les compétences décisionnelles nécessaires à la réalisation des objectifs fixés par leur Charte constitutive[100]. Elles exercent ainsi une fonction normative liée tantôt à leur activité logistique, tantôt à l'accomplissement de leurs missions spécifiques. Ces actes, lorsqu'ils touchent au fonctionnement de l'organisation, peuvent être de portée individuelle[101] ou générale[102]. Lorsqu'ils touchent aux activités externes de l'organisation, ils peuvent créer à la charge de celle-ci, des obligations vis-à-vis des États, des autres organisations internationales et même des personnes privées. Ces actes dits autonormateurs ont généralement un effet

---

99 OIF, XVe Conférence des chefs d'État et de gouvernement des pays le français en partage, *Cadre stratégique de la Francophonie 2015-2022*, Dakar, 29-30 novembre 2014.
En ligne sur : http://www.francophonie.org/IMG/pdf/sommet_xv_csf_2015_2022.pdf.

100 Jean Combacau et Serge Sur font remarquer à ce propos que « *l'existence d'un pouvoir normatif unilatéral est l'un des aspects les plus originaux du droit des organisations internationales* ». COMBACAU Jean et SUR Serge, *Droit international public*, Paris, Montchrestien, 7e éd., 2006, pp. 721-722.

101 Nomination d'agents, mesures financières, etc.

102 Règlement intérieur des organes, règlement financier, statut des agents, continuité du fonctionnement, etc.

obligatoire[103]. La Francophonie, en tant qu'organisation internationale, est naturellement dotée de ces pouvoirs d'autorégulation. Les actes unilatéraux qu'elle prend dans ce cadre, via la Conférence ministérielle, le Conseil permanent et le Secrétariat général, ont donc une force obligatoire.

Mais au-delà de cette compétence, les organes des Organisations internationales peuvent également adopter des actes qui bien souvent prennent la forme de décisions, de déclarations, de résolutions, de communiqués communs, de protocole ou de recommandations. La plupart du temps, les Statuts des organisations ne définissent pas en amont et expressément la portée de ces actes. Il en va ainsi de la Charte de la Francophonie. Elle confie au Sommet, en tant qu'instance suprême, le soin de définir les grandes orientations et d'adopter en tant que de besoin toute résolution qu'il juge nécessaire au bon fonctionnement de la Francophonie et à la réalisation de ses objectifs[104]. Elle autorise la Conférence ministérielle à se prononcer sur les grands axes de l'action multilatérale francophone[105]. Mais dans l'un ou l'autre cas, la Charte ne fixe pas la valeur juridique des déclarations, résolutions, principes directeurs et autres cadres stratégiques qu'elle autorise les instances collectives de la Francophonie à adopter. Cette imprécision laisse inévitablement planer des incertitudes sur la portée juridique de ces actes. C'est donc l'examen de leurs effets qui permet, à rebours, de déterminer leur portée. Dans le cadre de la coopération francophone, le choix du mode déclaratoire, la recherche permanente du consensus et du compromis, ainsi que le vocabulaire exhortatoire généralement employé, dévoilent une volonté, non pas de contraindre, mais de convaincre106. Les actes qui en découlent doivent donc être regardés comme des incitations d'ordre essentiellement politique. Puisque ces actes se bornent à inviter leurs destinataires à adopter un comportement déterminé, ils s'apparentent pour la plupart à des recommandations[107] ou à tout le moins à des actes concertés non conventionnels[108]. Les textes adoptés depuis 1980 au soutien de la coopération juridique et judiciaire n'ont certes pas de force obligatoire, mais leur contribution à la construction du corpus juridique francophone reste considérable. Non seulement ce corpus est porteur d'engagements concrets, mais en plus il définit

---

103 NGUYEN Quoc Dinh, DALLIER Patrick, FORTEAU Mathias, PELLET Alain, *Droit international public*, *op. cit.*, pp. 407 et ss.

104 Article 3, alinéas 4 et 5 de la Charte de la Francophonie.

105 Article 4, alinéas 3 et 4 de la Charte de la Francophonie.

106 MICHEL Louis, « L'accompagnement francophone des crises et des transitions », *in* DESOUCHES Christine, *et al.*, *De Dakar à Dakar*, *op. cit.*, p. 323.

107 Sur la signification et la portée des recommandations des organisations internationales, voir notamment VIRALLY Michel, « La valeur juridique des recommandations des organisations internationales », *AFDI*, 1956, pp. 69-96.

108 Sur ces catégories d'actes, voir NGUYEN Quoc Dinh, DALLIER Patrick, FORTEAU Mathias, PELLET Alain, *Droit international public*, *op. cit.*, pp. 422 et ss.

et structure, en tant qu'instrument d'action, la démarche francophone en faveur de la consolidation de la justice et de l'État de droit. Même si ces textes programmatoires ne sont, par principe, pas juridiquement opposables aux États, ils permettent assurément d'envoyer des messages forts et peuvent à ce titre, être un moyen indirect de pression politique. L'absence de force obligatoire ne signifie donc pas pour autant que les textes francophones de référence en matière de justice n'ont aucune portée juridique[109]. En réalité, dans la mesure où ils sont adoptés ou validés par l'instance suprême de la Francophonie, au sein de laquelle siègent tous les États membres au plus haut niveau, ces textes ont une valeur juridique non négligeable et un impact politique fondamental[110]. Les engagements qui cimentent les textes déclaratoires de l'OIF sont, certes, dépourvus de force obligatoire, mais n'engagent pas moins les États qui restent *a minima*, tenus par une forme d'obligation de moyen. Le respect du consensus politique s'impose donc de bonne foi[111]. De nature essentiellement politique, ce droit mou des organisations internationales, doit emporter selon Emmanuel Decaux, une obligation de non contradiction[112]. Dans le cadre de l'OIF, il permet de dessiner en matière notamment de démocratie et d'État de droit, une certaine façon de faire qui pourrait laisser poindre l'esquisse d'une pratique subséquente des États.

Ceci dit, bien que les textes de l'OIF ne soient généralement pas contraignants, un texte en particulier peut exceptionnellement être considéré comme porteur de force obligatoire. Il s'agit de la Déclaration de Bamako, dont la substance a été livrée plus haut. Assorti en son chapitre V[113] d'un système novateur de veille et d'alerte précoce[114], le dispositif de Bamako, sans aller jusqu'à envisager l'exclusion des États, prévoit néanmoins des mesures de suspension, en cas de rupture de la démocratie ou de violations graves des droits

---

109 En droit international, ce principe est bien établi par la jurisprudence de la Cour internationale de justice. CIJ, 8 juillet 1996, *Avis consultatif sur la licéité de la menace ou de l'emploi des armes nucléaires*, *Rec.*, 1996, p. 254.

110 Sur le potentiel juridique du droit mou des organisations internationales, voir notamment NGUYEN Quoc Dinh, DALLIER Patrick, FORTEAU Mathias, PELLET Alain, *Droit international public*, *op. cit.*, pp. 417 et ss.

111 VIRALLY Michel, « La distinction entre les textes internationaux ayant une portée juridique entre leurs auteurs et les textes qui en sont dépourvus », *Ann. IDI*, vol. 60, n° 1, 1983, p. 208

112 DECAUX Emmanuel, « Déclaration et convention en droit international », *Les Cahiers du Conseil constitutionnel*, n° 21, Dossier : la normativité, 2006, p. 92.

113 Voir RAJOANA Adriananaivo Ravelone, « Propos sur les mécanismes de sauvegarde de la démocratie du chapitre 5 de la Déclaration de Bamako », *in* DESOUCHES Christine, *et al.*, *De Dakar à Dakar, op. cit.*, pp. 109-118.

114 Voir notamment, OIF, Conseil permanent de la Francophonie, *Note fixant les modalités pratiques de mise en œuvre des procédures du chapitre 5 de la Déclaration de Bamako*, Paris, 24 septembre 2001.

de l'Homme115. Sous cet angle, la Déclaration de Bamako sur la démocratie, les droits de l'Homme et les libertés dans l'espace francophone peut être considérée comme la pierre angulaire de l'édifice normatif de la Francophonie. On ne saurait par conséquent en mésestimer, « *ni l'importance ni la symbolique* »[116]. En dépit de son caractère déclaratoire, ce texte d'ampleur inédite constitue pour certains auteurs, le premier texte contraignant de l'OIF en matière de sauvegarde de l'État de droit et des droits de l'Homme. Pour Christine Desouches par exemple, la Déclaration de Bamako n'a certes pas la valeur juridique d'un traité, mais elle a une force obligatoire qui se justifie tant par son mode d'élaboration et d'adoption, sa forme et les principes qu'elle codifie, que par le mécanisme de suivi qu'elle institue[117]. Au soutien de cette position, Jean du Bois De Gaudusson considère quant à lui que, contrairement aux autres textes de l'Organisation, la Déclaration de Bamako est bien « *un texte normatif, engageant ses signataires* »[118]. Au-delà de ces opinions doctrinales, le Symposium international organisé à l'occasion du cinquième anniversaire de la Déclaration de Bamako a confirmé l'importance fondatrice de ce texte et la place prépondérante qu'il tient dans la mise en œuvre du projet politique francophone[119]. Pour autant, en dépit de son caractère fondamental, la Déclaration de Bamako n'en demeure pas moins empreinte de vertu essentiellement politique.

La question de l'effectivité de la mécanique instituée reste donc entière. Au-delà du *satisfecit* que l'on peut en tirer, la Déclaration de Bamako marque au fond, ainsi que le font observer Jacques Frémont et Georges Naskeu Nguefang, « *le début d'un exercice redoutable : celui de l'élaboration d'un espace francophone de la démocratie, des droits et des libertés* »[120]. Passer de la déclaration de principe à l'effectivité juridique en traduisant les engagements pris, en réalité : tel est le défi que doivent impérativement relever la Francophonie et ses États membres

115 Parmi les États membres ayant déjà été suspendus sur ce fondement, on peut citer notamment la Mauritanie (août 2008 - décembre 2009), Madagascar (avril 2009 - mars 2014), la Guinée (janvier 2009 - janvier 2011), la Guinée-Bissau (avril 2012 - juin 2014) et le Mali (mars 2012 - novembre 2013). La République centrafricaine (depuis mars 2013) et la Thaïlande (depuis juin 2014) sont actuellement suspendues des instances de la Francophonie.

116 FREMONT Jacques et NAKSEU NGUEFANG Georges, « Francophonie, droits de l'Homme, paix et démocratie : des valeurs communes en émergence », *in* DECAUX Emmanuel (dir.), *Justice et Droits de l'Homme, op. cit.*, p. 79.

117 DESOUCHES Christine, « La Déclaration de Bamako : genèse et portée », *in* DECAUX Emmanuel (dir.), *Justice et Droits de l'Homme, op. cit.*, p. 64.

118 DU BOIS DE GAUDUSSON Jean, « Les enjeux juridiques pour la Francophonie », *in* DECAUX Emmanuel (dir.), *Justice et Droits de l'Homme, op. cit.*, p. 71.

119 OIF, *Acte final du Symposium international portant sur les pratiques de la démocratie, des droits et des libertés dans l'espace francophone, Bamako + 5*, Bamako, 8 novembre 2005, § 13. Voir aussi DIOUF Abdou, *Passion francophone*, Bruxelles, Bruylant, 2014, pp. 111-114

120 FREMONT Jacques et NAKSEU NGUEFANG Georges, « Francophonie, droits de l'Homme, paix et démocratie : des valeurs communes en émergence », *loc. cit.*, p.88.

notamment en matière de consolidation de la justice. A cet égard, si l'OIF ne peut se prévaloir que d'un pouvoir de sanction très limité, elle dispose à tout le moins d'un remarquable pouvoir d'interpellation qui lui permet d'agir, non pas pour la formation d'un espace juridique et judiciaire francophone, mais pour faire de l'espace francophone, par le renforcement des systèmes nationaux, un espace de droit et de justice[121]. Ce qui fait la force de la Francophonie, c'est donc non seulement la dynamique qu'elle porte, mais plus encore, l'originalité de sa démarche.

§ 2. La spécificité de la démarche francophone : la solidarité dans la diversité

Par-delà le corps de textes à travers lequel la Francophonie affirme avec constance son attachement à la démocratie et à l'État de droit, elle conduit des actions concrètes en vue de renforcer le rôle et la place de la justice dans les États de l'espace francophone.

Ainsi que nous avons pu l'observer, la Francophonie désigne à la fois une communauté de langue et de valeurs. Et ce sont ces valeurs qui dessinent la trame de fond de son action en faveur de la consolidation de la justice et de l'État de droit. Si l'on admet que l'espace francophone est conçu comme un espace de partage, il faut souligner que la solidarité qui s'y exprime, se déploie dans le respect de la diversité. Telle semble être la sève qui irrigue la démarche francophone et lui confère toute son originalité. La Francophonie, par la solidarité qui la cimente et les facilités de communication qu'elle offre, tant sur le plan de la langue que sur le plan des similitudes entre les systèmes juridiques, dispose d'atouts remarquables pour accompagner ses États membres dans la mise en place d'une justice indépendante, accessible et efficace, au service de l'État de droit, des droits de l'Homme, du développement et de la paix.

A défaut de poursuivre la formalisation d'un espace juridique et judiciaire unifié, la Francophonie peut à tout le moins se prévaloir d'une méthode originale en matière d'appui à la justice, tant par son multilatéralisme que par les synergies qu'elle permet de créer. La spécificité de sa démarche dans le champ de la justice s'observe alors, d'une part dans son mode stratégique d'intervention (A), et d'autre part dans le dispositif institutionnel sur lequel elle s'appuie (B).

121 Sur les initiatives de l'OIF en la matière, voir notamment CARRIE Michel, « Direction de la paix, de la démocratie et des droits de l'Homme », *in* HOURQUEBIE Fabrice (dir.), *Quel service public de la justice en Afrique francophone ?*, *op. cit.*, p. 193.

A. La spécificité des modes d'intervention de l'OIF dans le champ de la justice

Ainsi que cela ressort notamment du paragraphe 6 de la Déclaration de Paris, l'OIF s'appuie, dans son action au soutien de la justice, sur une stratégie pragmatique de coopération, reposant essentiellement sur quatre piliers : le renforcement des capacités des institutions juridictionnelles, le développement de partenariats avec d'autres acteurs internationaux intervenant sur ce terrain, l'approfondissement de la concertation francophone et l'évaluation permanente de la situation de la justice.

L'intervention de la Francophonie dans le domaine de la justice vise prioritairement à améliorer les capacités de fonctionnement des institutions juridictionnelles et au-delà, des institutions qui, de manière complémentaire, participent à la consolidation de l'État de droit et à la protection des droits fondamentaux. Ce qui l'amène ici concrètement à soutenir la formation initiale et continue des magistrats et autres gens de justice, à apporter un appui technique et documentaire aux institutions concernées, à assister les États dans leurs efforts de modernisation du droit et enfin à appuyer les initiatives destinées à faciliter l'accès au droit et à la justice. La spécificité de la démarche francophone réside à ce niveau, dans le fait qu'elle s'inscrive désormais dans une logique rationnalisée, d'accompagnement des plans nationaux de modernisation de la justice.

Pour optimiser son action en faveur du renforcement des capacités de la justice, l'OIF a, conformément aux prescriptions de la Déclaration de Bamako et de son Programme d'action, noué des partenariats stratégiques avec une trentaine d'autres acteurs internationaux. Ce qui, par l'articulation des programmes, permet de rationnaliser l'action de la coopération francophone en matière d'appui à la justice.

D'un autre côté, pour améliorer l'efficacité de son action, la Francophonie a bien compris qu'il était indispensable d'approfondir la concertation francophone sur les enjeux de la justice. Sa démarche consiste, sur ce point, à organiser ou à favoriser l'organisation de rencontres d'échanges sur des sujets d'intérêt commun, afin de faciliter la mutualisation des expériences et des savoirs, et de développer des synergies autour de la problématique de justice. Pour la Francophonie, le but est ici non seulement de constituer une expertise juridique francophone mobilisable en tant que de besoin, mais aussi de la valoriser autour d'une vision commune au sein des forums internationaux de réflexion ou de négociation sur la justice.

Enfin, la mobilisation de l'OIF en faveur la justice se traduit par la mise en œuvre effective du dispositif d'observation et d'évaluation des pratiques de la démocratie, des droits et des libertés dans l'espace francophone. Pour y parvenir, l'OIF s'appuie sur la mise en réseau des professions et des institutions de justice. Ce qui lui permet d'entretenir un espace dynamique de veille et de dialogue permanent. Contrairement aux autres organisations internationales, l'OIF ne privilégie ni la sanction, ni les fortes conditionnalités. C'est son approche participative et coopérative, résolument orientée vers la persuasion plutôt que vers la contrainte, qui fonde l'originalité de sa démarche.

Tous ces modes d'intervention autour desquels s'est structurée la méthode francophone d'action en faveur de la justice ont été renouvelés dans le Cadre stratégique de la Francophonie 2015-2022, à travers les principes de subsidiarité, de pertinence, de partenariat, d'intégration et de mesurabilité[122]. Et c'est à l'aune de ces principes que se déploie depuis plusieurs années, le dispositif institutionnel de l'OIF en matière d'appui à la justice.

B. La spécificité du dispositif institutionnel d'appui à la justice

La Conférence sectorielle des Ministres francophones de la justice qui s'est réunie quatre fois depuis 1980 n'est pas une Conférence ministérielle permanente de la Francophonie. Elle n'est convoquée qu'en tant que de besoin par les chefs d'État et de gouvernement. Alors qu'un bureau de suivi avait été mis en place pour assurer la mise en œuvre effective et efficace des engagements du Caire, la Déclaration de Paris n'a, quant à elle, été assortie d'aucun mécanisme semblable. Pour autant, la situation de la justice reste au cœur des priorités francophones et fait l'objet d'une évaluation constante. En effet, depuis les engagements de Bamako, la Francophonie s'est dotée d'un système permanent d'observation qui se concrétise notamment par la publication en amont de chaque Sommet, d'un Rapport sur l'état des pratiques de la démocratie, des droits et des libertés dans l'espace francophone. Ce qui permet à la coopération francophone d'identifier plus aisément, non seulement les dysfonctionnements de l'État de droit, mais aussi les bonnes pratiques dans le secteur de la justice.

Alors que la mise en œuvre de la programmation francophone en faveur de la justice et de la lutte contre l'impunité relevait initialement des compétences complémentaires de la Direction de la coopération juridique et judiciaire et de la Délégation aux droits de l'Homme et à la démocratie, elle est désormais confiée, sous l'impulsion du Secrétaire général de la Francophonie, à la Direction de la paix, de la démocratie et des droits de l'Homme[123]. L'action de cette Direction s'articule autour de quatre objectifs généraux : renforcer les capacités des institutions judiciaires et des praticiens du droit ; aider à la modernisation et à la diffusion du droit ; promouvoir la diversité et le dialogue des cultures juridiques

---

122 OIF, XVe Conférence des chefs d'État et de gouvernement des pays le français en partage, *Cadre stratégique de la Francophonie 2015-2022*, Dakar, 29-30 novembre 2014.

123 Cette direction remplace l'ancienne Délégation à la démocratie et aux droits de l'Homme. Contrairement à cette dernière qui fonctionnait sur la base d'une délégation de fonction du Secrétaire général, la Direction à la paix est, quant à elle, placée sous la responsabilité de l'Administrateur de l'OIF.

et concourir enfin à la promotion de la lutte contre l'impunité et au développement de la justice pénale internationale dans le respect de la souveraineté des États. Aux termes de l'article 7, alinéa 3 de la Charte de la Francophonie, « *le Secrétaire général se tient informé en permanence de la situation de la démocratie, des droits et des libertés dans l'espace francophone* ». Pour ce faire, il s'appuie notamment sur la Direction de la paix, de la démocratie et des droits de l'Homme, chargée, avec le soutien des réseaux institutionnels et professionnels francophones, de veiller au respect par les États, de leurs engagements à l'égard des exigences de la démocratie, de l'État de droit et des droits de l'Homme. Dans le cadre de la coopération francophone, la richesse et la spécificité du dispositif institutionnel d'appui à la justice réside précisément dans le fait qu'il s'adosse sur la mobilisation de ces réseaux[124]. Leur rôle et leur importance ont été expressément reconnus dans les Plans d'action du Caire et de Moncton et de Bamako, ainsi que dans la Déclaration de Paris et plus récemment dans le Cadre stratégique de la Francophonie 2015-2022[125]. Ce maillage en réseaux est unique dans le paysage institutionnel des organisations internationales, et plus particulièrement dans leurs stratégies d'appui au secteur de la justice et à l'État de droit. Au sein de son espace, la Francophonie a soutenu notamment la mise en réseau des barreaux[126], des institutions supérieures de contrôle des finances publiques[127], des juridictions constitutionnelles[128], des institutions nationales de médiation[129], des hautes juridictions de cassation[130], des institutions nationales de promotion et de protection des droits de l'Homme[131], des institutions

124 OIF, Direction de la paix, de la démocratie et des droits de l'Homme, *Les réseaux institutionnels de la Francophonie : vigies, leviers et viviers de la démocratie*, Paris, OIF, 2014, 40 p. Disponible en ligne sur : http://www.francophonie.org/IMG/pdf/brochure_des_reseaux_institutionnels_2014.pdf.

125 OIF, XVe conférence des chefs d'État et de gouvernement des pays le français en partage, *Cadre stratégique de la Francophonie 2015-2022*, Dakar, 29-30 novembre 2014.

126 La Conférence internationale des Barreaux de tradition juridique commune (CIB) est une association corporatiste internationale d'avocats francophones, créée le 29 novembre 1985 à Paris. www.cib-avocats.org.

127 L'Association des institutions supérieures de contrôle ayant en commun l'usage du français (AISCCUF) a été créée le 22 septembre 1994. Elle compte quarante-trois (43) institutions. www.aisccuf.org.

128 L'Association des Cours constitutionnelles ayant en partage l'usage du français (ACCPUF) a été créée le 9 avril 1997. Elle rassemble quarante-neuf (49) institutions. www.accpuf.org.

129 Créée à Nouakchott en mai 1998, l'Association des ombudsmans et médiateurs et de Francophonie (AOMF), rassemble cinquante-trois (53) institutions. www.aomf-ombudsmans-francophonie.org.

130 Deux associations rassemblent des juridictions francophones de cassation. Il s'agit de l'Association africaine des hautes juridictions francophones (AAHJF), créée à Cotonou en novembre 1998 et de l'Association des hautes juridictions de cassation des pays ayant en partage l'usage du français (AHJUCAF), créée à Paris le 16 mai 2001. www.ahjucaf.org.

131 L'Association francophone des commissions nationales de promotion et de protection des droits de l'Homme (AFCNDH) a été créée à Beyrouth le 30 mai 2002. Elle rassemble trente-six (36) institutions.

francophones de diffusion du droit[132], des procureurs et poursuivants[133] et des conseils de magistrature et institutions équivalentes[134]. Tous ces réseaux institutionnels sont des partenaires privilégiés de l'OIF dans son action au soutien de la justice. Ils poursuivent, dans une logique de partage et d'enrichissement mutuel, des objectifs convergents, destinés à soutenir la consolidation de l'État de droit et la promotion des droits fondamentaux. Précieux instruments de collectes et de traitement de données de terrain, ces réseaux mettent à la disposition de l'OIF des informations susceptibles d'orienter ou d'ajuster son action en faveur du développement institutionnel de la justice. En s'inscrivant dans le dispositif francophone d'observation et d'évaluation déconcentrée des pratiques de la démocratie, des droits et des libertés, ces réseaux contribuent indiscutablement à l'opérationnaliser. De plus, à travers l'échange d'expériences, ils favorisent la constitution d'une banque d'experts sur laquelle la Francophonie s'appuie pour faciliter *in fine* l'échange d'expertises et la mutualisation des savoir-faire dans le secteur de la justice. Les réseaux institutionnels et professionnels francophones sont donc les chevilles ouvrières de l'action francophone en faveur de la justice. Par l'amplification des pratiques positives, ils ouvrent modestement la voie d'un progrès partagé et solidaire, pour une distribution impartiale et efficace de la justice dans l'espace francophone. C'est parce que ces réseaux contribuent à rationnaliser la coopération francophone dans le champ de la justice que l'OIF s'efforce d'entretenir leur vitalité. Là aussi se situe la singularité de sa démarche. Le sens, les spécificités et l'ampleur de l'engagement francophone en faveur de la justice et de l'État de droit permettent ainsi de justifier le cadre méthodologique de cette étude.

SECTION III. LE CADRAGE METHODOLOGIQUE ET LA PROBLEMATIQUE

L'idée d'entreprendre cette recherche sur la contribution de l'OIF à la consolidation de la justice dans les États qu'elle fédère est née d'une première réflexion menée il y a quelques années sur le rôle de cette même organisation dans la promotion et la protection des droits de l'Homme en Afrique francophone. Au-delà de son objet immédiat, l'étude avait alors permis non seulement d'identifier les différents leviers de l'action politique francophone, mais encore d'observer une tendance à l'autonomisation des questions liées à la justice dans le champ de la coopération francophone. L'objet initial de cette recherche était alors

---

132 Le Réseau francophone de diffusion du droit (RF2D) créé en décembre 2007. www.rf2d.org.

133 L'Association internationale des procureurs et poursuivants francophones (AIPPF) a été créée à Yaoundé le 25 février 2009. Elle compte 16 institutions. www.aippf.org.

134 Le Réseau des Conseils francophones de la magistrature judiciaire (RCFMJ) a été créée en novembre 2014 à Gatineau (Québec).

justement de saisir les tenants et les aboutissants de ce processus d'autonomisation de la coopération juridique et judiciaire dans l'espace francophone. Seulement, les évolutions stratégiques au sein de la Francophonie ont, au contraire, fini par réintégrer les enjeux de la justice dans le moule de l'État de droit, et à les rapprocher des défis liés à la protection des droits de l'Homme et à l'accompagnement des processus de sortie de crise. Le rapprochement de ces champs de coopération nous a donc naturellement conduit à dépasser notre objet premier devenu de fait, sans intérêt, pour jauger plus transversalement l'action francophone en matière de promotion et de renforcement de la justice. Ce qui impliquait ici, sous l'angle spécifique de la Francophonie, de revisiter l'exigence de justice au sens large, tant sous ses formes juridictionnelle et non juridictionnelle, que dans ses dimensions nationale et internationale.

La justice est assurément un des pouvoirs de la démocratie. Mieux, elle est, tant le débat qu'elle suscite est intarissable, « *le premier des pouvoirs dans la démocratie constitutionnelle* »[135]. La judiciarisation de la société, la transfiguration du juge désormais régulateur inévitable de tous les types de conflits sociaux, la recherche permanente d'une justice impartiale, l'inépuisable question de la place et de la légitimité du juge au sein de l'État de droit, la diversification de son office et le débat permanent autour de son indépendance et de son efficacité, sont autant d'indices qui le démontrent. « *Lorsqu'un pays choisit la voie démocratique, écrivait Simone Gaboriau, la justice, facteur et acteur de la démocratie, contribue à l'effectivité de ce choix* ». Il est donc nécessaire, poursuit-elle, « *que les instances internationales (...) aident ces pays, afin que la démocratie, avec l'action indépendante de la justice, passe pour les peuples, de l'espérance à l'expérience* »[136]. La Francophonie a fait ce choix : celui d'accompagner les États qu'elle rassemble pour qu'au-delà des déclarations de principe, la justice puisse de manière effective, jouer son rôle de garant de la paix sociale. Si l'intensité des commentaires à l'égard de cette institution charnière de l'État de droit suffit à mesurer son intérêt et sa pertinence sociale, alors assurément, la justice méritait d'être saisie par la Francophonie et plus encore de faire, dans le cadre de la coopération francophone, l'objet d'une réflexion particulière.

Cette recherche part d'un constat simple. Celui d'une connaissance généralement approximative, voire dans certains cas, d'une totale méconnaissance de la Francophonie et *a fortiori*, de son engagement politique sur le terrain de la justice. Les éléments de la présence et de la mobilisation francophones étant la plupart du temps peu ou mal connus, il paraissait nécessaire de mesurer et de

---

135 HOURQUEBIE Fabrice, « L'institution du parquet au sein du pouvoir judiciaire », *in* VERPEAUX Michel et MATHIEU Bertrand, *Le statut constitutionnel du parquet*, Paris, Dalloz, 2012, p. 15.

136 GABORIAU Simone, « L'enjeu démocratique de la justice », *in* GABORIAU Simone et PAULIAT Hélène (dir.), *Justice et démocratie*, Actes du colloque organisé à Limoges les 21 et 22 novembre 2002, Entretiens d'Aguesseau, Limoges, PULIM, 2003, p. 51.

révéler le contenu et la portée de l'action francophone en faveur de la consolidation de la justice et de l'État de droit. Très peu d'éléments portent la doctrine juridique vers ce champ traditionnellement abandonné aux autres disciplines des sciences sociales[137]. Pourtant, réfléchir sur la question de la justice à travers le prisme de la Francophonie et inversement, permet non seulement de comprendre les mécanismes de la coopération juridique et judiciaire francophone et d'évaluer son impact sur la réalité de la justice dans l'espace concerné, mais aussi et surtout de dégager les tendances lourdes et de mettre en perspective les questions qu'elle soulève.

Si le thème de la justice a notoirement provoqué et continue aujourd'hui encore de susciter une littérature à la fois abondante et hétérogène, il en va autrement de la Francophonie qui, en tant qu'organisation internationale n'a fait l'objet que de très peu de travaux universitaires[138]. Certes, des réflexions sur tel ou tel aspect du droit dans l'espace francophone ne manquent pas, mais rares sont celles qui s'inscrivent à proprement parler dans une dynamique de questionnement ou d'évaluation de l'action politique de l'OIF. Mieux, introuvables sont jusqu'ici, les travaux scientifiques qui, à travers la grille de lecture de la coopération juridique et judiciaire francophone, se proposent de réfléchir sur les enjeux de la justice dans l'espace francophone.

Comment l'OIF s'est-elle appropriée la problématique de justice ? En quoi son action a-t-elle contribué à améliorer la place de la justice dans les États de l'espace francophone ? Quels défis reste-t-il encore à relever pour consolider le rôle de la justice comme pivot de l'État de droit ? Telles sont les questions de fond auxquelles la présente étude se veut une tentative réponse. Il s'agira alors ici de jeter un regard extérieur sur l'action politique de l'OIF en faveur de la justice, pour en jauger objectivement le contenu et la portée. L'action francophone n'échappe ni au questionnement ni à la critique. Sa radiographie en matière de coopération juridique et judiciaire permettra donc aussi bien de mesurer la pertinence et l'efficacité de la démarche, que de détecter les limites du dispositif et de faire progresser la doctrine francophone sur la justice.

---

137 Il s'agit notamment de l'histoire, des langues, de la littérature, de la science politique, etc.

138 L'on peut citer notamment ci thèses ci-après : MALONE Marc, *La francophonie 1965-1971 : un cadre institutionnel reflet des réalités francophones*, Thèse dactylographiée de sciences politiques, Université Paris 1 Panthéon Sorbonne, 1971 ; SOME Marcelin, *Le statut juridique de l'Organisation Internationale de la Francophonie*, *op. cit.* ; MOTAMBO Floriane, *Institutions et pratiques de la francophonie en Afrique subsaharienne des années 1970 à nos jours*, Thèse dactylographiée de doctorat d'histoire, Université Michel de Montaigne Bordeaux III, 2010, 786 p. ; NGARLEM Toldé Évariste Beelndoum, *La Francophonie et la résolution des conflits : réflexion sur la notion de tiers*, Thèse dactylographiée de doctorat de droit, Université Jean Moulin Lyon 3, 2012, 395 p. (en ligne sur : http://www.peacepalacelibrary.nl/ebooks/files/371365252.pdf).

On ne peut apprécier toute la portée de l'action francophone au soutien de la justice si on se limite à l'un ou l'autre des champs couverts. C'est pourquoi, cette recherche nous a conduit à balayer l'ensemble de l'espace francophone et des dimensions de la justice. Ceci dit, il faut avouer qu'il s'agit sans doute là d'une entreprise ambitieuse, tant l'objet étudié est large à la fois dans son périmètre géographique et dans son champ matériel. Large dans sa dimension spatiale parce que comme souligné plus haut, la Francophonie rassemble quatre-vingts États et gouvernements. Large dans son contenu matériel parce que la notion de justice est, elle-même, saisie par le discours francophone, dans son acception la plus généreuse et la plus transversale. Aborder tous les aspects de la justice, qui plus est dans le cadre d'un espace aussi vaste et hétéroclite que celui de la Francophonie peut donc paraître hardi, voire même imprudent. Le risque d'occulter certains aspects du sujet ou certains États paraît donc imparable et pourrait, même avec la plus grande circonspection, faire douter de la pertinence d'une telle entreprise. En réalité, la démarche ne consistera pas ici à livrer un examen exhaustif et circonstancié de toutes les situations de la justice dans l'espace francophone. Elle ne se contentera pas non plus d'une description statique de l'action francophone, mais s'efforcera, à partir des terrains d'action de l'OIF et d'exemples topiques, de dégager les tendances lourdes et les lignes de force de la réalité juridictionnelle dans l'espace francophone. En tout état de cause, en ayant bien conscience de sa limite, cette étude offre néanmoins une occasion de renouveler et de formaliser autour de l'OIF et de ses réseaux institutionnels, la réflexion sur la justice dans l'espace francophone.

Plus de vingt ans après l'ouverture de son programme de coopération juridique et judiciaire, la Francophonie a profondément évolué. Elle a, au fil des années, renforcé son engagement et rationalisé son action en faveur du renforcement de l'indépendance et de l'efficacité de la justice, en tant qu'instrument de protection des droits fondamentaux, de sécurisation des investissements, de lutte contre l'impunité et de retour à la paix. En dépit des limites de son action, la coopération francophone a, tant bien que mal, réussi à ratisser le champ relativement vaste de la justice et à approfondir la concertation francophone en la matière.

Pour mieux appréhender l'apport de l'OIF au renforcement de la justice dans ses États membres, il nous a paru utile de nous appuyer sur des paradigmes précis. La première grille d'analyse jugée pertinente a été celle de la méthode fonctionnaliste. Classé parmi les paradigmes de type déterministe, le fonctionnalisme part du principe selon lequel les institutions remplissent dans la société, des fonctions inséparables des circonstances qui les ont vues apparaître ou évoluer. La démarche consiste alors à examiner l'institution sous l'angle de sa fonction ou à son utilité sociale[139]. Ce qui a permis, dans le cadre de notre étude, non seulement de mieux observer et comprendre la démarche de l'OIF dans le champ de la justice, mais aussi de saisir toutes les dimensions de la justice elle-même en tant qu'institution. La méthode juridique a également été convoquée puisque chaque action de l'OIF dans le champ de la justice obéit à un corps de règles programmatiques. Il paraissait alors utile de rappeler, pour chaque enjeu, le cadre normatif francophone de référence. Mais s'il est vrai que l'analyse prend essentiellement appui sur le corpus juridique francophone, elle a par moments, lorsque cela s'est révélé nécessaire à la démonstration, conduit à convoquer des références normatives ou jurisprudentielles de droit interne ou de droit international. Là réside sans doute une autre difficulté de l'exercice car les sources nationales sont fort variées et très souvent d'une accessibilité limitée. De plus, pour une meilleure mise en perspective des tendances juridiques de l'espace francophone, l'approche comparative s'est révélée naturellement indispensable. Cette thèse, il faut le préciser, n'est pas à proprement parler une thèse de droit comparé. Le ciblage de quelques pays *ab initio* n'aurait pas permis d'avoir la vision globale recherchée. C'est pourquoi, des exemples de droit national ont été servis au fur et à mesure de la démonstration, simplement pour appuyer, invalider ou nuancer chaque propos. Ce qui a permis notamment, au-delà de l'action de l'OIF, de questionner la problématique de justice dans l'espace francophone et de comparer en tant que de besoin, les législations et pratiques nationales. Enfin, quoique notre démonstration ne s'inscrive pas réellement dans une logique historique, elle a néanmoins permis d'observer une nette évolution de l'action francophone dans son approche et ses polarités. On observe par exemple que non seulement l'action francophone en matière de renforcement des capacités de la justice ne vient plus désormais qu'en soutien aux plans nationaux de modernisation, mais aussi qu'elle s'intéresse de plus en plus aux processus dits de transition, justice, vérité et réconciliation. Ces deux exemples *a priori* anodins, suffisent en réalité à esquisser les grands axes de la mobilisation francophone en faveur de la justice.

L'un des plus importants défis que doivent relever toutes les démocraties, qu'elles soient stabilisées, en construction ou en reconstruction, est d'établir ou de rétablir une justice impartiale et efficace, fondée sur le respect du droit. Et dans son action en faveur de la justice, l'OIF se déploie dans cette double dynamique : non seulement à l'égard des États inscrits dans un mouvement de consolidation démocratique, mais aussi à l'égard de ceux, engagés dans un processus transitionnel et donc de reconstruction de l'État de droit. Tels sont les deux axes majeurs que nous emprunterons pour tenter de révéler toute la portée l'action de l'OIF dans le secteur de la justice. Le premier nous permettra de jauger

139 Lire notamment, N'DA Paul, *Méthodologie de la recherche : de la problématique à la discussion des résultats*, Abidjan, EDUCI, 2006, pp. 69-70.

la contribution de l'OIF à la consolidation des systèmes judiciaires en période normale (Partie I), tandis que le second nous amènera à mesurer sa mobilisation en faveur de la justice dans les États en sortie de crise (Partie II).

PARTIE I.

UNE CONTRIBUTION A LA CONSOLIDATION DES SYSTEMES JUDICIAIRES EN PERIODE NORMALE

La justice est l'une des pièces maîtresses de l'État de droit. Elle représente dans les démocraties contemporaines le moule dans lequel la science du droit se concrétise et se perfectionne. Il n'y a pas de démocratie sans État de droit. Il n'y a pas non plus d'État de droit qui ne s'appuie sur le socle d'une justice indépendante et crédible, dotée de moyens à la hauteur de sa mission. Pourtant, dans nombre de pays de l'espace francophone, le fonctionnement efficace de la justice se heurte à des difficultés à la fois d'ordre statutaire[140] et d'ordre matériel[141]. Ce qui réduit la capacité de l'institution juridictionnelle à assurer efficacement la protection des droits et à créer la confiance indispensable au développement économique des États.

La coopération francophone a très tôt pris la mesure de cette exigence. Dès 1995, l'enquête sur la justice dans les pays francophones, conduite dans le cadre de la préparation de la troisième Conférence des ministres francophones de la justice, permettait d'identifier un certain nombre de besoins pressants : le rapprochement de la justice du justiciable, la réforme de l'institution judiciaire, la réforme des textes, le renforcement des moyens matériels et humains, l'organisation des professions judiciaires, l'indépendance des magistrats, leurs droits, leurs obligations et leur rémunération, etc. Plus de dix ans après ce diagnostic, ainsi que le résumait Ghislain Otis dans sa synthèse des deuxièmes journées scientifiques du réseau droits fondamentaux de l'Agence Universitaire de la Francophonie, la réalité restait intacte : « *les textes visant la protection de l'indépendance judiciaire sont rarement appliqués, les juges sont mal rémunérés, ils doivent composer avec un manque chronique de locaux adaptés à leur mission et de personnel compétent. Les insuffisances criantes dans la documentation juridique à leur disposition et leur formation professionnelle inadaptée hypothèquent la capacité des magistrats d'affronter les défis posés par la nouvelle donne économique et technologique* »[142].

Aujourd'hui encore, vingt ans après les engagements du Caire, le constat reste sans appel : la justice demeure très souvent « *marginale et délabrée* »[143]. La lenteur des procès, la complexité du langage judiciaire, la dépendance de la justice à l'égard du pouvoir politique, la remise en question de son impartialité et de son efficacité continuent, ici et là, de menacer au quotidien l'autorité et la crédibilité de nombre d'appareils judiciaires francophones. Les reproches que la justice

---

140 AHJUCAF, *L'indépendance de la justice,* Actes du deuxième congrès, Dakar, AHJUCAF, 7-8 novembre 2007. Disponible en ligne sur www.ahjucaf.org.

141 AAHJF, *Rapport général du colloque international sur le thème « Coût et rendement du service public de la justice dans l'espace AAHJF »*, Bissau, 1-5 novembre 2007.

142 OTIS Ghislain, « L'effectivité des droits fondamentaux : une idée, un chantier », *in Les défis des droits fondamentaux*, Bruxelles, Bruylant, 2000, p. 464.

143 LE ROY Etienne, *Les Africains et l'institution de la justice : entre mimétismes et métissages*, Paris, Dalloz, 2004, p. 198 et ss.

essuie sont généralement acerbes et parfois même amènes. Entre illusion et désillusion, les justiciables francophones, qu'ils soient du Nord[144] ou du Sud, poussent en des termes identiques, mais dans des proportions variables, le même cri d'alarme. La justice reste le siège d'un paradoxe[145]. Le sentiment à son égard reflète de manière constante une sorte d'ambivalence. Ce n'est pas la moindre des contradictions que de la voir incarner un idéal messianique au service du droit et de la voir aussitôt après, conspuée, regardée avec méfiance, voire avec défiance. Au fond, l'analyse révèle que la montée de la revendication en matière de justice, contraste proportionnellement avec le sentiment parfois répandu d'injustice. La vertu qui nimbe l'institution la rend symétriquement débitrice d'attentes incomparables. Parce qu'elles peuvent être porteuses des injustices les plus cyniques, les imperfections du système judiciaire sont les plus impatiemment supportées[146]. Il est donc nécessaire de refonder la justice, car nonobstant le fait qu'elle soit en permanence critiquée et contestée, elle demeure la clé de voûte de l'État de droit. C'est certainement la raison pour laquelle elle ne cesse, à temps et à contretemps, de focaliser l'attention, y compris dans l'espace francophone.

Au lendemain de la décision prise au Sommet de Dakar en 1989, d'ouvrir un champ spécifique de coopération juridique et judiciaire, la méthode retenue pour le déploiement de l'action francophone a été celle du renforcement des capacités des institutions judiciaires et des praticiens du droit. La dynamique ainsi engagée, visait à améliorer les conditions de mise en œuvre de la justice, notamment à travers l'affirmation de l'exigence d'indépendance, la mise en œuvre de programmes de formation des professionnels de justice, la diffusion du droit, l'appui aux plans nationaux de réforme judiciaire et les dotations en équipements de base et en documentation. Ces actions de coopération ont été conduites par l'OIF en s'appuyant sur les recommandations du Bureau du suivi de la Conférence des Ministres francophones de la justice[147]. La Francophonie s'est également attachée à œuvrer en faveur de la modernisation des procédés de collecte, de gestion et de diffusion de la documentation juridique, et à accompagner les initiatives d'harmonisation, de codification et de vulgarisation

144 BODIGUEL Jean-Luc, *Les magistrats, un corps sans âme ?*, Paris, PUF, 1991, p. 16.

145 BREDIN Jean-Denis, « Qu'est-ce-que l'indépendance du juge ? », *Justices*, n° 3, janvier-juin 1996, p. 166 ; RENOUX Thierry-Serge, « Le statut des magistrats comme garant de la démocratie », *in* GABORIAU Simone et PAULIAT Hélène (dir.), *Justice et démocratie*, *op.cit.*, p. 59.

146 SAINT-GIRONS Antoine, *Essai sur la séparation des pouvoirs dans l'ordre politique, administratif et judiciaire*, Paris, L. Larose, 1881, p. 412.

147 La troisième Conférence des Ministres francophones de la justice a confié à un Bureau désigné par les États membres, le soin d'assurer le suivi de l'application de la Déclaration et du Plan d'action du Caire. De 1997 à 2000, le Bureau du suivi s'est réuni une fois par an pour évaluer la mise en œuvre des engagements du Caire.

du droit[148]. Autant d'axes qui, depuis, sont restés au cœur de la mobilisation francophone.

Désormais, parée de son engagement politique en faveur de la démocratie, la Francophonie mesure parfaitement l'importance de la justice dans le dispositif institutionnel de l'État de droit. C'est pourquoi, elle s'est engagée à accompagner ses États membres, dans le renforcement de leurs systèmes juridictionnels nationaux. L'action francophone en la matière, vise méthodiquement, non seulement à soutenir les processus de modernisation de la justice et de perfectionnement de la procédure judiciaire, mais aussi à intensifier la formation des magistrats et des auxiliaires de justice. Tout ceci en vue de contribuer à l'édification d'un pouvoir judiciaire indépendant, impartial et efficace, au service des droits fondamentaux et du développement.

Les actions de l'Organisation Internationale de la Francophonie (OIF) en faveur de la justice, s'inscrivent ici de manière plus large, dans une dynamique de consolidation des institutions de l'État de droit, dans le contexte d'une démocratie apaisée et stabilisée. Elles s'adressent donc également aux institutions de contrôle, de régulation et de médiation, de même qu'aux institutions nationales de protection des droits de l'Homme. L'approche francophone est ici essentiellement préventive, puisqu'elle consiste à poursuivre l'effectivité de la justice, afin de conjurer la fragilisation de l'État de droit. Le défi pour la Francophonie est, dès lors, d'aider les États qu'elle fédère, et plus singulièrement, parmi eux, les plus démunis, à se doter de mécanismes indépendants et efficaces de protection des droits et de consolidation de l'État de droit. Pour l'efficacité de son action, l'OIF s'appuie sur la force agissante de ses réseaux institutionnels, dont la mobilisation participe structurellement, au suivi des pratiques de la démocratie dans les États membres. Ces réseaux sont porteurs de la spécificité de l'action francophone. Ils offrent des espaces d'échange et de concertation, de débat et d'examen, des interfaces privilégiées de sensibilisation et d'accompagnement des institutions, en vue de les rendre plus indépendantes, plus fortes et plus efficaces. Dans ce contexte, la Francophonie apporte une aide significative à la tenue des réunions statutaires de ces réseaux, ainsi qu'à leurs différentes activités. Ces mécanismes de concertation font inévitablement apparaître des pratiques et expériences positives, dont peuvent se nourrir réciproquement les institutions, dans l'exercice de leurs missions respectives. Ce qui, dans un esprit d'émulation, permet indirectement d'exercer une pression sur les États.

Depuis les engagements formulés dans la Déclaration et le Plan d'action quinquennal adoptés au Caire par la troisième Conférence des ministres

148 OIF, Délégation à la paix, à la démocratie et aux droits de l'Homme, *État des pratiques de la démocratie, des droits et des libertés dans l'espace francophone, 2004,* Paris, 2004, p 31.

francophones de la justice[149], confirmés à Cotonou[150], et utilement actualisés dans la Déclaration de Paris[151], la coopération francophone s'est mobilisée en faveur non seulement de l'indépendance de la magistrature et de la liberté du Barreau, mais aussi de la promotion d'une justice efficace et accessible, garante de l'État de droit et facteur de développement. En Francophonie, la justice est donc conçue comme un pouvoir investi d'une mission de service public, dont la finalité est d'assurer le règne et la primauté du droit et de favoriser la croissance économique. Il s'agit alors concrètement, par le renforcement des capacités de la justice et de ses acteurs, de faire du droit à un juge indépendant, accessible, compétent et efficace, une réalité dans chaque État francophone.

Dans la perspective francophone, si l'indépendance de la justice en tant que pouvoir, et son efficacité en tant que service public doivent être recherchés et défendues sans complaisance (Titre I), c'est bien pour qu'elle puisse assurer, en toute impartialité, la sécurité juridique des personnes et des biens (Titre II).

---

149 OIF, *Déclaration du Caire* et *Plan d'action francophone en faveur de la justice, de l'État de Droit, de la Démocratie et du développement (1996 - 2000)*, 3e Conférence des ministres de la justice des pays ayant le français en partage, Le Caire, 1er novembre 1995.

150 OIF, *Déclaration de Cotonou*, Sommet, décembre 1995.
En ligne sur : http://www.francophonie.org/IMG/pdf/Declaration_SOM_VI_04121995.pdf.

151 OIF, *Déclaration de Paris*, quatrième Conférence des ministres francophones de la justice, 14 février 2008.

TITRE I.

L'APPUI A LA JUSTICE COMME POUVOIR ET COMME SERVICE PUBLIC

La justice désigne aussi bien une vertu qu'une institution. C'est d'ailleurs la seule institution qui porte le nom de la vertu qu'elle incarne. En tant que telle, elle a pour mission d'assurer le règne du droit. L'on s'accorde à dire que la démocratie est un régime destiné à garantir le droit au droit. Mais que peut bien valoir le droit, s'il n'a d'existence que théorique ? L'effectivité des droits doit donc nécessairement être garantie par l'accès à un juge indépendant et compétent qui donne à la règle de droit son sens concret. Il n'y a point de droit au droit sans droit au juge[152] ; et il n'y a point non plus de droit au juge si ce juge n'est pas indépendant et accessible. Si son indépendance est un attribut inséparable du pouvoir qu'il incarne, son accessibilité et son efficacité permettent, quant à elles, de mesurer la qualité de sa prestation en tant que service public. Puisqu'elle constitue le socle de l'État de droit et de la démocratie, la justice est désormais au centre des priorités francophones. Elle y est saisie et défendue dans sa double dimension : à la fois comme un pouvoir constitué et comme un service public[153].

L'indépendance de la justice en tant que pouvoir a alors pour conséquence de la soustraire fondamentalement de l'influence hiérarchique du gouvernement. Les juges ne doivent ni solliciter, ni recevoir d'instruction quelconque, quant à la manière dont ils instruisent et tranchent les litiges dont ils sont saisis. L'indépendance s'adresse à tous les juges et à toutes les juridictions par lesquelles le pouvoir juridictionnel[154] s'exprime. Elle est au fondement de l'autorité des décisions de justice et détermine la confiance qu'elle inspire. Car au fond, la conception de la justice dans l'État détermine l'état de la justice, ainsi qu'en aval, sa perception par le justiciable. Pourtant, dans beaucoup d'États francophones, le principe d'indépendance reste le principe de fonctionnement de la justice le plus fragilisé. Ceci au point qu'il pèse sur la justice un soupçon récurrent d'inféodation au pouvoir politique. Le délitement progressif de la confiance des citoyens dans la justice, invite à réaffirmer avec force cette exigence d'indépendance. Dans le contexte francophone, étudier la question de la justice comme pouvoir amène inévitablement à aborder la question de la légitimité du juge à partir des fondements de son pouvoir. Si sa légitimité ne découle pas du suffrage, elle repose sur d'autres fondements. La légitimité du pouvoir du juge revêt à la fois un caractère institutionnel, fixé par son statut constitutionnel, et un caractère

152 Le droit au juge est protégé par le Conseil constitutionnel français depuis notamment les décisions : CC, n° 93-335 DC du 21 janvier 1994, *Rec.* p. 40, cons. 4 ; CC, n° 96-373 DC du 9 avril 1996, *Rec.*, p. 43.

153 RENOUX Thierry-Serge, « Le pouvoir judiciaire en France et en Europe continentale : approche comparative », *RDP*, n° 4, 1999, pp. 967-984.

154 Voir RENOUX Thierry-Serge, « Pouvoir juridictionnel », *in* DUHAMEL Olivier et MENY Yves (dir.), *Dictionnaire constitutionnel*, Paris, PUF, 1992, pp. 780-782 ; « Le Conseil constitutionnel et le pouvoir judiciaire en France et dans le modèle européen du contrôle de constitutionnalité des lois », *RIDC*, 1994, pp. 891-899.

fonctionnel déterminé par la qualité de l'exercice qu'il en fait[155]. C'est la bonne application du droit par la justice qui conditionne son acceptation par le corps social.

Ainsi, au-delà de la puissance qu'elle incarne, la justice est conçue comme une activité d'intérêt général, exercée par une personne publique. Elle est à ce titre, un service public organiquement rattaché à l'appareil étatique, au point que certains auteurs ont pu déduire de cette interconnexion ambiguë, l'invraisemblance de son indépendance[156]. Mais au fond, si la séparation des pouvoirs ne signifie guère l'isolement ou le cloisonnement des fonctions, elle suggère à tout le moins que le pouvoir politique ne peut intervenir dans le champ de la justice que par la fixation des normes dont le juge aura la charge d'assurer le respect. La collaboration des pouvoirs est donc une nécessité ; elle doit s'inscrire dans une logique de complémentarité. Prise en charge par l'État, la justice délivre à ses usagers des prestations qui poursuivent un but d'intérêt général. Dans la plupart des États, elle se déploie au moyen d'un appareil administratif à la tête duquel se trouve le garde des sceaux. Le financement de la justice est assuré par l'État et les magistrats ne peuvent être nommés que dans la limite des emplois budgétaires disponibles. Les locaux appartiennent à l'État et relèvent de la domanialité publique. Les marchés passés pour les besoins de la justice sont soumis à la procédure des marchés publics. En tant que service public, la justice obéit, dans son fonctionnement, aux principes traditionnels d'égalité, de continuité et d'adaptabilité. Son régime de responsabilité est emprunté au droit administratif. Mais en dépit de tous ces éléments, la justice n'est pas un service public comme les autres : elle est un service public particulier. Sa spécificité tient à plusieurs facteurs tels son fondement constitutionnel, la souveraineté des tribunaux, l'indépendance des juges et l'autorité de leurs décisions. De plus, en tant que prérogative régalienne de l'État, elle n'est susceptible d'aucune délégation à une personne privée. Elle n'est donc pas une administration ordinaire, d'où l'importance des attentes du justiciable à son égard en termes de qualité du service. Non seulement l'accès au juge doit être garanti pour tous, mais le juge au-delà de son indépendance, doit être compétent.

Mais là encore, dans la plupart des pays francophones africains, la crédibilité du service public de la justice se trouve affectée[157]. Ternie par son manque d'indépendance, de moyens, et parfois d'intégrité, dépréciée en raison de la lenteur et la lourdeur des procès, la justice est bien souvent désavouée par les

---

155 HOURQUEBIE Fabrice, *Sur l'émergence du contre-pouvoir juridictionnel sous la Ve République*, Bruxelles, Bruylant, 2005, pp. 347 et ss.

156 YEDOH Lath Sébastien, « Utopie et vraisemblance de l'indépendance du service public de la justice constitutionnelle en Afrique francophone », *loc. cit.*, pp. 32-42.

157 KAMTO Maurice, « La justice entre tradition et modernité », *Afrique contemporaine*, n° 156 (spécial), La justice en Afrique, 1990, p. 63.

justiciables. L'insuffisance des moyens a ainsi pour conséquence de fragiliser son indépendance et de la rendre moins efficace dans l'accomplissement de sa mission. Il y a donc bien un lien direct entre l'indépendance de la justice et la qualité de son service. En tant qu'institution, la justice se doit d'être indépendante ; et en tant que mission, elle se doit d'offrir, à l'instar et à côté des autres services publics, une prestation de qualité. Dans ces conditions, la réhabilitation de la justice, comme pilier de l'État de droit, apparaît comme une nécessité impérieuse et un véritable enjeu pour les politiques francophones. Elle appelle, en tant que de besoin, une assistance aux États, en vue de l'établissement d'une justice indépendante et accessible, apte à garantir les droits et libertés individuels[158].

Ce défi, l'OIF se l'est approprié. Conscients du fait qu'une justice indépendante, accessible et efficace est le premier garant de l'État de droit, de la démocratie et des droits de l'Homme, les États francophones se sont engagés, ainsi que cela ressort de la Déclaration du Caire, à éliminer toute entrave à l'indépendance des magistrats, en leur assurant les moyens statutaires et matériels, nécessaires à l'exercice de leurs fonctions[159]. Après avoir été réaffirmé aux Sommets de Cotonou[160] et de Moncton[161], l'attachement de la Francophonie aux exigences d'indépendance, d'accessibilité et d'efficacité de la justice a été renouvelé et renforcé dans la Déclaration de Paris, adoptée au terme de la quatrième Conférence des Ministres francophones de la justice.

Le droit à la justice implique donc non seulement le droit à une justice indépendante, mais encore, le droit à une justice accessible et performante. Entre puissance de juger[162] et fonction de juger, entre pouvoir et service public, au-delà des querelles théoriques, la justice doit indispensablement revendiquer et défendre son indépendance (Chapitre I). Mais ainsi que l'on peut le lire dans les textes francophones de référence, il ne suffit pas de clamer l'indépendance de la justice pour que les promesses du droit soient tenues ; il faut également qu'elle soit accessible et qu'elle dispose de moyens suffisants pour accomplir efficacement la mission de service public dont elle est investie (Chapitre II).

---

158 Voir la Recommandation n° 4 relative à la Justice et à l'État de droit, adoptée au terme du colloque international organisé par l'AA-HJF sur « L'État de droit au quotidien : bilan et perspectives dans l'espace francophone », Cotonou, 11-14 septembre 1991.

159 OIF, *Déclaration du Caire*, IIIe Conférence des ministres de la justice des pays ayant le français en partage, Le Caire, 1er novembre 1995.

160 OIF, *Résolution sur l'appui à la démocratie, à l'État de Droit et aux Droits de l'Homme* ; *Résolution sur le suivi de la Déclaration du Caire*, VIe Conférence des chefs d'État et de gouvernement des pays ayant le français en partage, Cotonou, 4 décembre 1995.

161 OIF, *Déclaration de Moncton*, VIIIe Conférence des chefs d'État et de gouvernement des pays ayant le français en partage, Moncton, 5 septembre 1999.

162 GUARNIERI Carlo et PEDERZOLI Patrizia, *La puissance de juger*, Paris, Michalon, 1996, 187 p.

CHAPITRE I.

L'EXIGENCE D'UNE JUSTICE INDEPENDANTE

Le principe de l'indépendance de la justice est intimement rattaché à la théorie de la séparation des pouvoirs, laquelle, par subsomption, fait désormais partie des soubassements classiques de la pensée libérale. Dans sa plus belle représentation, la séparation des pouvoirs s'accompagne d'un rapport pondéré entre les pouvoirs publics constitutionnels. Commandée par le principe, cette séparation ternaire et nécessairement équilibrée des pouvoirs est, à l'exception du Vietnam, consacrée par la plupart des constitutions francophones[163]. Condition nécessaire à la réalisation de l'État de droit, l'indépendance garantit à chaque pouvoir, dans le domaine qui lui est constitutionnellement réservé, la possibilité d'exprimer librement une portion de la souveraineté nationale. C'est donc elle qui permet d'assurer l'équilibre des pouvoirs. Dans un contexte doctrinal où le dogme de la séparation des pouvoirs est de plus en plus démystifié[164], envisagé par certains comme un mythe[165] et conçu par d'autres comme un esthétisme de la théorie constitutionnelle[166], le seul écrou qui pourrait et devrait résister et permettre à l'édifice de l'État de droit de se maintenir paraît être celui de l'indépendance du pouvoir juridictionnel[167]. C'est donc avec pertinence que la question de l'indépendance de la justice a été inscrite à l'agenda de la coopération juridique et judiciaire francophone.

---

163 Voir notamment l'article 7 de la constitution tchadienne, l'article 5 de la constitution gabonaise, l'article 48 de la constitution albanaise, l'article 49 de la constitution bulgare, l'article 50 de la constitution macédonienne, l'article 51 de la constitution de Roumanie, l'article 60 de la constitution du Rwanda, le préambule de la constitution capverdienne, le préambule et les articles 59 et 60 de la constitution haïtienne, les préambules des constitutions du Congo, de la Côte d'Ivoire, de Madagascar, de la tunisienne, du Sénégal, etc. Également affirmé dans le préambule de la constitution libanaise, le principe de la séparation des pouvoirs a été consacré par le juge constitutionnel (CC, décision n° 2/99 du 27 novembre 1999, *Rec.* 1997-2000, p. 410).

164 On observe, notamment en raison du fait majoritaire et des congruences qu'il génère entre l'exécutif et le législatif, un bouleversement des équilibres traditionnels entre les pouvoirs. Ce « dérèglement » se traduit par un déplacement factuel du curseur de la séparation des pouvoirs vers des logiques de concurrence entre partis politiques de la majorité et de l'opposition. Voir pour aller plus loin, PACTET Pierre, MELIN-SOUCRAMANIEN Ferdinand, *Droit constitutionnel*, Paris, Sirey, 28ᵉ éd., 2009, pp. 109-108.

165 GAUDEMET Paul, « La séparation des pouvoirs. Mythe et réalité », *D.*, 1961, Chron., XXIII, pp. 121-150.

166 LE DIVELLEC Armel, *Le gouvernement parlementaire en Allemagne, Contribution à une théorie générale*, Paris, LGDJ, 2004, pp. 58 et 351.

167 ZOLLER Élisabeth, *Droit constitutionnel*, Paris, PUF, 1998, p. 301 ; ARDANT Philippe, *Institutions politiques et droit constitutionnel*, Paris, LGDJ, 23ᵉ éd., 2011, pp. 59 et ss.

Désignant la situation d'une collectivité, d'une institution ou d'une personne qui n'est pas soumise à une autre, l'indépendance implique de la part de son titulaire, qu'il n'ait rien à attendre ni à redouter de personne[168]. Appliquée à la justice, elle suggère dans son acception la plus simple, que ni la magistrature, ni le barreau ne puissent, dans l'exercice de leurs fonctions, être soumis à quelque influence ou pression que ce soit.

Préoccupation universelle, l'indépendance de la justice est affirmée dans nombre de textes internationaux[169] et européens[170] auxquels la Francophonie a exprimé son attachement. A l'échelle nationale, elle prend la forme, dans la plupart des États francophones, d'un principe à valeur constitutionnelle. La proclamation de l'indépendance de la justice est devenue *a minima* un exercice de style incontournable pour tous les États désirant intégrer le cercle respectable des démocraties constitutionnelles. Dans la mosaïque francophone, le principe est affirmé aussi bien dans les démocraties dites avancées que dans celles en construction en Europe centrale et orientale et en Afrique de l'Ouest et du Centre. La consécration constitutionnelle de l'indépendance de la justice se fait de façon générale, soit dans le préambule de la constitution[171], soit dans le corps de la constitution au sens strict. La plupart des constitutions proclament l'indépendance de la justice[172], qu'elles désignent sous la forme soit d'un

---

168 VARAUT Jean-Marc, « Indépendance », *in* CADIET Loïc, *Dictionnaire de la Justice, op. cit.*, p. 622.

169 Voir les articles 7, 8, 10 et 11 de la *Déclaration Universelle des droits de l'Homme*. Voir les *Principes fondamentaux relatifs à l'indépendance de la magistrature*, adoptés par le septième Congrès des Nations Unies pour la prévention du crime et le traitement des délinquants qui s'est tenu à Milan du 26 août au 6 septembre 1985 et confirmés par l'Assemblée générale dans ses résolutions 40/32 du 29 novembre 1985 et 40/146 du 13 décembre 1985. Voir aussi les *Principes de base relatifs au rôle du barreau* adoptés à La Havane, en septembre 1990, par le huitième Congrès des Nations Unies pour la prévention du crime et le traitement des délinquants. Ces principes ne sont certes pas contraignants mais peuvent servir de modèle aux législateurs. Par ailleurs, la Commission des droits de l'Homme de l'ONU a adopté le 19 avril 2004, en sa 55e séance la *Résolution n° 2004/33 sur l'indépendance et impartialité du pouvoir judiciaire, des jurés et des assesseurs et indépendance des avocats*. Toujours dans le système des Nations Unies, le Conseil économique et social a adopté, en juillet 2006, la *Résolution 2006/23 sur le Renforcement des principes fondamentaux relatifs à la conduite des magistrats*. Cette résolution prolonge, par son dispositif, les *Principes de Bangalore sur la déontologie judiciaire* adoptés en 2002.

170 Dans le contexte régional européen, l'exigence d'indépendance de la justice est consacrée par plusieurs textes du Conseil de l'Europe : *Recommandation N° R (94) 12 du Comité des ministres aux États membres sur l'indépendance, l'efficacité et le rôle des juges*, le 13 octobre 1994 ; *Recommandation N° R (2000) 21 du Comité des ministres aux États membres sur la liberté d'exercice de la profession d'avocat*, 25 octobre 2000 ; *Charte européenne sur le statut des juges*, Strasbourg, 10 juillet 1998.

171 C'est le cas notamment dans le préambule de la Constitution de Madagascar.

172 Au Canada, la loi constitutionnelle de 1867 et la Charte des droits et libertés ne protègent pas de manière expresse l'indépendance de la magistrature. Si l'exigence d'indépendance du pouvoir juridictionnel est présentée comme un principe non écrit que l'on peut déduire de la loi constitutionnelle (article 11(d) de la Charte canadienne des droits et libertés et article 23 de la Charte québécoise des droits et libertés de la personne), elle est davantage consacrée par la jurisprudence constitutionnelle (Cour

pouvoir[173], soit d'une autorité[174], ou encore d'une simple fonction[175]. Dans certaines constitutions, l'indépendance de la justice procède de l'indépendance des juges[176], dans d'autres, elle se déduit de celle des juridictions[177].

La justice étant un pilier de l'État de droit, il est important que son indépendance soit garantie au plus haut niveau de la hiérarchie des normes. A cet égard, ainsi que le remarque avec *satisfecit* le premier axe du Plan d'action du Caire[178], l'indépendance de la justice apparaît désormais comme un principe constitutionnel commun, reconnu sous une forme ou une autre, dans tous les États de l'espace francophone. De plus, conformément aux recommandations issues du colloque international sur « *L'État de droit au quotidien : bilan et*

---

suprême du Canada, *Valente c/ La Reine*, 1985, 2 *RCS.*, 673 ; *Beauregard c/ Canada*, 1986, 2 *RCS.*, 56, p. 70).

173 La plupart des constitutions d'Afrique francophone disposent en des termes identiques que « *le pouvoir judiciaire est indépendant du pouvoir législatif et du pouvoir exécutif* ». Voir : article 125, alinéa 1 de la constitution du Bénin ; article 40 de la constitution belge ; article 80 de la constitution de Guinée, article 81 de la constitution du Mali ; article 113 de la constitution du Togo ; article 142 de la constitution du Tchad ; article 37 de la constitution du Cameroun ; article 136 de la constitution du Congo Brazzaville ; article 28 de la constitution des Comores ; article 83 de la constitution de Guinée équatoriale ; article 107 alinéa 1 de la Constitution marocaine ; article 89 de la constitution de la Mauritanie ; article 71 de la constitution du Djibouti ; article 129 de la constitution du Burkina Faso ; article 92 de la constitution du Sénégal ; article 140, alinéa 2 de la constitution du Rwanda ; article 78 de la constitution de la République centrafricaine ; article 209 de la Constitution de la République du Burundi ; article 98 de la Constitution du Niger ; article 101 de la Constitution ivoirienne ; article 184 de la constitution d'Égypte. Voir en dehors de l'Afrique, l'article 117, alinéa 2 de la constitution de la Bulgarie.

174 En France, l'article 16 de la Déclaration des Droits de l'Homme et du Citoyen relayé par les articles 64 et suivants de la constitution affirment dans un énoncé neutre, l'indépendance de l'autorité judiciaire, laquelle ne renvoie d'ailleurs qu'aux magistrats de l'ordre judiciaire. L'autorité judiciaire est également réputée indépendante en Moldavie (article 126), en Suisse (article 191c de la Constitution), en Tunisie (article 65 de la constitution), au Gabon (article 68, alinéa 1), en Bulgarie (article 117, alinéa 2 de la constitution). En Roumanie, la justice est désignée à la fois comme un pouvoir (préambule) et comme une autorité (article 133), selon qu'elle est conçue respectivement comme une fonction ou comme une institution.

175 Le titre III de la constitution malgache désigne chacun des pouvoirs constitués sous la forme d'une fonction.

176 Voir l'article 145 de la constitution d'Albanie ; l'article 20 de la constitution du Liban ; l'article 125 de la constitution de Slovénie. Au Vietnam, certes le principe de la séparation des pouvoirs n'est pas consacré, mais le principe de l'indépendance du juge est affirmé à l'article 130 de la constitution (à l'exclusion des membres du parquet). De plus, l'article 5 de la loi sur l'organisation judiciaire du 2 avril 2002 qui reprend l'article 2 de l'Ordonnance du 14 mai 1994 sur le statut des juges et assesseurs populaires, dispose « *qu'au cours du jugement, les juges et les assesseurs sont indépendants et n'obéissent qu'à la loi* ».

177 Article 10, alinéa 8 de la constitution mauricienne.

178 OIF, *Plan d'action francophone en faveur de la justice, de l'État de Droit, de la Démocratie et du développement (1996-2000)*, Le Caire, 1er novembre 1995. Disponible en ligne sur : http://www.francophonie.org/IMG/pdf/recueil_declarations-2.pdf.

perspectives dans l'espace francophone »[179], la plupart des constituants francophones ont substitué à l'autorité judiciaire, un pouvoir judiciaire, réputé indépendant de ses *alter ego* législatif et exécutif. Dans tous les cas, qu'elle soit conçue comme un pouvoir ou comme une autorité[180], la justice doit être indépendante. Son indépendance n'est pas une option, mais une exigence principielle qui permet de stabiliser la balance des pouvoirs.

Depuis la Déclaration du Caire adoptée en 1995, la Francophonie affirme avec constance, son engagement pour une indépendance plus affirmée de la justice. Convaincue du fait que les États sont les principaux responsables des mesures propres à garantir l'effectivité de la reconnaissance de l'indépendance de la magistrature, tant au niveau des structures et mécanismes, que du statut et des conditions matérielles et financières, elle s'est engagée, dans le Plan d'action du Caire, à accompagner les réformes en apportant, à la demande des États, l'expertise et le soutien nécessaires à l'élaboration des statuts des avocats et des magistrats et à la mise en place de mécanismes institutionnels de garantie de l'indépendance de la justice. Dans la Déclaration de Bamako, tout en affirmant globalement la nécessité de « *renforcer les capacités des institutions de l'État de droit, classiques ou nouvelles, et œuvrer en vue de les faire bénéficier de toute l'indépendance nécessaire à l'exercice impartial de leur mission* », les États francophones se sont engagés, de manière spécifique, à mettre tout en œuvre pour « *assurer l'indépendance de la magistrature, la liberté du Barreau et la promotion d'une justice efficace et accessible, garante de l'État de droit* »[181]. Clairement érigé en priorité francophone, le principe d'indépendance de la justice sera ensuite repris dans les recommandations du Symposium de Bamako + 5[182], décliné dans la Déclaration de Paris, et réaffirmé au Sommet de Montreux, dans la Résolution sur la Déclaration de Bamako dix ans après son adoption[183]. Désormais, la protection de l'indépendance du pouvoir judiciaire apparaît, dans le cadre de la coopération

179 AAHJF, *L'État de droit au quotidien : bilan et perspectives dans l'espace francophone*, colloque international à Cotonou, 11 - 14 septembre 1991.

180 Pour une analyse conceptuelle de ces notions, voir HOURQUEBIE Fabrice, *Sur l'émergence du contre-pouvoir juridictionnel sous la Vᵉ République, op. cit.*, pp. 22-30. En France, le fait que la justice ait été conçue de manière neutre, comme une simple autorité, n'a pas empêché en droit comme en fait, « *l'émergence et la consécration (…), d'un véritable « pouvoir juridictionnel » au sens donné par la doctrine de la séparation des pouvoirs* ». Voir RENOUX Thierry-Serge, « Autorité judiciaire », *in* CADIET Loïc, *Dictionnaire de la Justice, op. cit.*, p. 87. La jurisprudence du Conseil constitutionnel, relayée par la doctrine, a fini par gommer cette distinction. Sur ce point, se référer notamment à CC, décision n° 80-119 DC du 22 juillet 1980, *Rec.*, p. 46.

181 OIF, *Déclaration Bamako*, 3 novembre 2000, Point 4-A.3.

182 OIF, *Acte final du Symposium international portant sur les pratiques de la démocratie, des droits et des libertés dans l'espace francophone Bamako + 5*, Bamako, 8 novembre 2005. Disponible en ligne sur : http://www.francophonie.org/IMG/pdf/Bamako_5.pdf.

183 OIF, XIIIᵉ Conférence des chefs d'État et de gouvernement des pays ayant le français en partage, *Résolution sur la Déclaration de Bamako dix ans après son adoption*, Montreux, 23-24 octobre 2010.

francophone, comme un levier essentiel de consolidation de l'État de droit. Au soutien de ce corpus, des mécanismes de suivi des engagements ont été prévus. Structuré de manière déconcentrée autour des réseaux, le dispositif francophone de veille et d'évaluation des pratiques de l'État de droit permet d'observer, avec une vigilance solidaire, l'effectivité de l'indépendance des institutions juridictionnelles et de leurs animateurs. La Francophonie soutient ainsi ses réseaux institutionnels dans toutes leurs actions en faveur de l'indépendance de la justice.

Dans son Rapport de 2006 sur l'état des pratiques de la démocratie, des droits et des libertés dans l'espace francophone, l'OIF soulignait à juste titre que dans un État de droit, « *la notion d'indépendance est consubstantielle à la notion de justice, dont elle constitue la colonne vertébrale. C'est à propos des institutions juridictionnelles et de celles qui leur sont liées (barreaux notamment) ainsi que des hommes qui les servent et les animent que le principe d'indépendance revêt toute sa signification démocratique* »[184]. Pour la Francophonie, il est donc fondamental de promouvoir et de garantir, en tant qu'exigences incompressibles de l'État de droit, l'indépendance de la magistrature (Section I) ainsi que celle des avocats (Section II).

SECTION I. L'INDEPENDANCE DE LA MAGISTRATURE

Le pouvoir juridictionnel peut être perçu dans une double dimension fonctionnelle et organique. Dans son sens fonctionnel, il désigne la fonction consistant à dire le droit avec force de vérité légale et à exprimer ainsi une part de la souveraineté nationale. Dans son acception organique, il renvoie à l'ensemble des organes constitutionnellement institués pour rendre la justice. Ainsi, au-delà des juridictions, le pouvoir juridictionnel est incarné par les magistrats, dont la mission est, dans le strict respect de la loi, d'exercer impartialement la fonction de juger.

La question de l'indépendance de la magistrature imprègne depuis une vingtaine d'années le discours francophone sur la justice et l'État de droit. Dans le cadre de la coopération juridique et judiciaire francophone, ainsi qu'en témoignent les conclusions de la troisième réunion du Bureau du suivi des engagements du Caire[185], le renforcement des capacités des institutions

---

184 OIF, Délégation à la paix, à la démocratie et aux droits de l'Homme, *État des pratiques de la démocratie, des droits et des libertés dans l'espace francophone, 2006*, *op. cit.*, p. 40.

185 OIF, *Rapport de la troisième réunion du Bureau du suivi de la Conférence des Ministres francophones de la Justice*, Le Caire, 20 février 2001.
En ligne sur : http://democratie.francophonie.org/IMG/pdf/234.pdf.

juridictionnelles implique de promouvoir l'indépendance des magistrats et des juridictions. A cet égard, le dispositif francophone de renforcement de l'indépendance de la magistrature s'appuie sur les réseaux institutionnels qui constituent des relais essentiels. En appuyant notamment les rencontres thématiques organisées par ces réseaux sur l'indépendance de la magistrature, la Francophonie non seulement exprime son attachement au principe, mais encore participe dans une certaine mesure, à l'approfondissement de la réflexion sur la question. Dans l'approche de la coopération francophone, l'indépendance de la magistrature s'apprécie selon une lecture à deux niveaux. Elle s'adresse non seulement aux magistrats pris individuellement (§ 2), mais aussi à la magistrature prise collectivement, à travers les juridictions (§ 1).

§ 1. L'indépendance institutionnelle des juridictions

Dans le cadre de son action pour la consolidation de l'État de droit, l'OIF, à travers la Déclaration de Bamako, s'est engagée à renforcer les capacités des institutions de l'État de droit, et à œuvrer pour qu'elles puissent bénéficier partout, de toute l'indépendance nécessaire à l'exercice impartial de leur mission. En tant qu'institutions de l'État de droit, les juridictions doivent, par principe être indépendantes et impartiales. Leur indépendance institutionnelle est, ainsi que le rappelle la Déclaration de Cotonou, commandée par la séparation des pouvoirs[186].

Mais si le droit de toute personne à faire entendre sa cause devant un tribunal indépendant et impartial est consacré par nombre de textes nationaux et internationaux[187], la question qui se pose est alors de savoir à quoi reconnaît-on véritablement un tribunal indépendant. Dans la dynamique francophone, cette indépendance doit être recherchée au plan fonctionnel, au plan budgétaire et au plan administratif. Mais si l'indépendance organique et fonctionnelle de la magistrature concerne toutes les institutions relevant du pouvoir juridictionnel, elle se pose en des termes différents, selon qu'il s'agit des juridictions appartenant à ses branches ordinaires (A), ou de celles ressortissant de sa dimension constitutionnelle (B).

---

186 Déclaration de Cotonou adoptée le 15 janvier 2004 à l'issue du colloque international sur « *L'État de droit et la séparation des pouvoirs* ». Disponible sur : www.aahjf.org.

187 Voir notamment les articles 1er et 6 de la Convention européenne de sauvegarde des droits de l'Homme ; voir aussi le Statut Universel du Juge, approuvé à l'unanimité par l'Union Internationale des Magistrats (UIM) à Taipei (Taiwan) le 17 novembre 1999 et qui fixe les règles minimales d'une magistrature indépendante.

A. L'indépendance des juridictions ordinaires

L'engagement francophone en faveur de l'indépendance de la magistrature implique en toute logique une mobilisation en faveur de l'autonomie organique des juridictions ordinaires. Dans l'espace francophone, le principe de l'indépendance des juridictions ordinaires est rarement consacré par les textes[188]. En France[189] et au Canada[190] par exemple, le juge constitutionnel a érigé l'indépendance des juridictions administratives en principe constitutionnel au même titre que celle des juridictions judiciaires. Cette indépendance des juridictions ordinaires pour laquelle plaide la Francophonie s'apprécie concrètement à un double niveau : elle appelle au-delà de l'indépendance fonctionnelle (1), une indépendance administrative et budgétaire (2).

1. Une autonomie fonctionnelle indispensable

L'indépendance fonctionnelle des juridictions ordinaires repose avant tout sur un fondement législatif, au nom du principe suivant lequel nul ne peut être distrait du juge que la loi lui assigne[191]. Le droit au juge naturel étant un droit fondamental, il implique que le pouvoir politique ne puisse créer délibérément des juridictions spéciales, ou déléguer la compétence juridictionnelle[192]. Il signifie à rebours qu'aucune juridiction ne doit pouvoir être supprimée sans observer un minimum de garanties pour le justiciable et pour le magistrat affecté par cette suppression[193].

L'indépendance fonctionnelle des juridictions est également perceptible dans les compétences naturelles et exclusives dont elles jouissent dans l'exercice de leur

---

188 L'article 10 de la constitution mauricienne consacre simplement l'indépendance des Cours et tribunaux.

189 CC, décision n° 80-119 DC du 22 juillet 1980, *Rec.* p. 46 ; décision n° 84-179 DC du 12 septembre 1984, *Rec.* p. 73. Y compris la Cour des comptes : CC, décision n° 2001-448 DC du 25 juillet 2001, *Rec.* p. 99.

190 Cour suprême du Canada, *La bande indienne de Matsqui c/ Canadian Pacific Ldt*, 1995, 1, *RCS*, 3.

191 Voir en France l'article 17 de la loi des 16 et 24 août 1970. Voir aussi l'article 13 de la constitution belge, l'article 13 de la constitution luxembourgeoise, l'article 58 de la constitution suisse, l'article 19 de la constitution de la République Démocratique du Congo, l'article 39 *in fine* de la constitution du Burundi.

192 Aucune catégorie de justiciable ne saurait, sans un impérieux motif d'intérêt général, bénéficier d'un privilège de juridiction. Le principe est celui de l'interdiction des juridictions d'exception, sauf en ce qui concerne le Président de la République et les membres du gouvernement pour les actes commis dans l'exercice de leurs fonctions, et les tribunaux militaires. RENOUX Thierry-Serge, « Le droit au juge naturel, droit fondamental », *RTD civ.*, janvier-mars 1993, pp. 33-58.

193 En France, des garanties sont prévues à cet égard à l'article 31 de l'ordonnance n° 58-1270 du 22 décembre 1958 portant loi organique relative au statut de la magistrature.

mission[194]. La réserve constitutionnelle de compétence dont disposent ces juridictions[195], est un corollaire naturel de leur indépendance. Les juridictions doivent donc pouvoir s'acquitter de leurs fonctions à l'abri de toute ingérence. Ce qui implique de la part des autres pouvoirs l'obligation de respecter leurs attributions spécifiques. Exclusivement soumise à la loi dans l'exercice de sa mission de modération des conflits sociaux, l'institution juridictionnelle ne reçoit ni ordre, ni instruction ou directive de la part de quelque autre autorité. Parce que l'indépendance des juridictions et la spécificité de leurs fonctions sont constitutionnellement garanties[196], ni le législateur, ni le gouvernement, non plus qu'aucune autorité administrative, ne doivent pouvoir censurer les décisions qu'elles rendent, encore moins leur adresser des injonctions ou se substituer à elles, pour connaître des litiges qui relèvent de leur compétence[197]. Ce qui assure aux juridictions une certaine liberté dans l'interprétation de la règle de droit et dans la détermination de la solution appropriée.

Ceci dit, l'indépendance institutionnelle des juridictions n'est pas incompatible avec le principe hiérarchique structurant les rapports entre les juridictions. Cette hiérarchie permet de protéger le citoyen. Elle est un principe directeur du procès qui se conjugue avec le double degré de juridiction et le droit à l'exercice de voies de recours qui en résulte[198]. Elle est une garantie de bonne justice, car elle permet au requérant qui n'est pas satisfait de la décision rendue par la première juridiction, de saisir la juridiction hiérarchiquement supérieure. Le fait pour cette dernière de rendre le cas échéant une décision contraire ne constitue pas une atteinte à l'autonomie de la décision de la juridiction inférieure. Chaque juridiction reste donc libre de statuer comme elle l'entend et quelle que soit sa place dans la hiérarchie.

L'OIF, à travers son appui aux réseaux institutionnels, accompagne indirectement le plaidoyer en faveur de l'indépendance fonctionnelle des juridictions ordinaires. A cet égard, les différentes rencontres thématiques organisées autour de l'indépendance de la justice, par l'Association africaine des

---

194 Intangibilité de certaines règles de répartition de compétence. Voir en France CC, décision n° 86-224 DC du 23 janvier 1987, *Rec.*, p. 8.

195 En France cette réserve a été étendue à la juridiction administrative qui seule a le pouvoir d'annuler ou reformer les décisions prises par les autorités administratives, dans l'exercice de leurs prérogatives de puissance publique. CC, décision n° 86-224 DC du 23 janvier 1987, *Rec.*, p. 8, cons. 15.

196 Consécration textuelle : article 104 de la constitution de Sao Tome et Principe. Consécration jurisprudentielle en France : CC, décision n° 80-119 DC du 22 juillet 1980, *Rec.*, p. 46 ; CC, décision n° 86-223 DC, 29 décembre 1986, *Rec.*, p. 184, cons. 5.

197 France : CC, décision n° 80-119 DC du 22 juillet 1980, *Rec.*, p. 46 ; décision n° 2007-551 DC, 1er mars 2007, *Rec.*, p. 86, cons. 10. Liban : CC, décision n° 5/2000 du 27 juin 2000, *Rec.* 1997-2000, p. 453.

198 Le double degré de juridiction et les voies de recours sont consacrés par le Conseil constitutionnel français : CC, décision n° 89-261 DC du 28 juillet 1989, *Rec.*, p. 81.

hautes juridictions francophones (AAHJF)[199], l'Association des institutions supérieures de contrôle (AISCCUF)[200], l'Association des hautes juridictions de cassation des pays ayant en partage l'usage du français (AHJUCAF)[201] et l'Association des cours constitutionnelles ayant en partage l'usage du français (ACCPUF)[202], ont permis en tant que de besoin, de rappeler l'importance de l'indépendance institutionnelle des juridictions. Mais pour être effective, cette indépendance doit, au-delà de l'autonomie fonctionnelle, impliquer une autonomie administrative et budgétaire, qui, dans la plupart des États francophones, reste un défi à relever.

2. Une autonomie administrative et budgétaire à renforcer

La bonne gouvernance juridictionnelle suppose une indépendance administrative et une autonomie financière des juridictions. Outre l'activité juridictionnelle, la justice revêt en effet une dimension administrative et budgétaire qui la rattache, dans la plupart des États, à la tutelle parfois persistante du Ministère de la justice. Or l'indépendance des tribunaux implique que ceux-ci aient la maîtrise de tous les éléments de leur administration, lesquels ont un impact direct sur l'exercice de leurs missions juridictionnelles. Cette indépendance s'oppose ainsi à ce que la répartition des affaires entre les juges s'opère autrement qu'en vertu d'un tableau annuel de roulement. Ainsi, non seulement, la composition d'une juridiction ne doit être fixée que par loi[203], mais encore, l'assignation des juges à une cause, les séances du tribunal, la fixation du rôle, ainsi que la durée du procès doivent échapper au contrôle du pouvoir exécutif.

Dans la plupart des États francophones, la gestion administrative du pouvoir juridictionnel relève *in fine* de la tutelle du ministère de la justice qui, à travers

199 A l'égard de l'AAHJF, l'OIF a appuyé notamment le séminaire du 19 novembre 2000 sur « *La problématique de l'indépendance du pouvoir judiciaire en Afrique de l'Ouest* », ainsi que le colloque international sur « *L'État de droit et la séparation des pouvoirs* », tenu en 2004, à l'occasion du cinquième anniversaire de l'Association. Les actes de ces travaux sont disponibles en ligne sur : www.aahjf.org.

200 La Francophonie a soutenu l'AISCCUF pour l'organisation en 2001 d'un séminaire sur « *L'indépendance des institutions supérieures de contrôle* ».

201 La Francophonie a apporté son soutien à l'AHJUCAF pour l'organisation de son deuxième congrès sur « *L'indépendance de la justice* », tenu à Dakar, les 7 et 8 novembre 2007. Les actes du congrès sont disponibles sur : www.ahjucaf.org.

202 L'OIF a accompagné l'organisation de la conférence des chefs d'institutions de l'ACCPUF sur « *L'indépendance des juges et des juridictions* », à Bucarest, du 31 mai au 1er juin 2005. Les actes de cette conférence ont été publiés dans le bulletin n° 7 de l'ACCPUF disponible sur : http://www.accpuf.org/le-bulletin?id=238.

203 RENOUX Thierry-Serge, « Autorité judiciaire », *in* CADIET Loïc, *Dictionnaire de la Justice*, *op. cit.*, p. 92

ses différents services, contrôle l'action des juridictions[204]. Dans certains États, c'est par exemple au ministre de la justice que revient la prérogative administrative de fixer tous les ans, par arrêté, le début des vacations des cours et tribunaux et d'accorder aux magistrats leurs autorisations d'absence[205]. Dans d'autres, les chefs des différentes juridictions sont investis de compétences administratives propres, qui leur permettent de réglementer l'organisation des audiences, de pourvoir aux affectations et d'évaluer l'activité professionnelle des magistrats placés sous leur autorité. Les chefs des juridictions sont notamment en charge de l'administration et de la discipline, ainsi que de la gestion des crédits de fonctionnement qui leur sont alloués. De ce point de vue, ils apparaissent davantage comme des « *juges administrateurs et gestionnaires des ressources humaines* »[206]. Le rôle de la Francophonie pourrait être ici de plaider auprès des États pour un renforcement de l'autonomie administrative des juridictions.

En plus de l'indépendance administrative, les juridictions doivent disposer d'un budget autonome et de moyens de fonctionnement suffisants car l'absence d'autonomie budgétaire et la faiblesse des moyens diluent les objectifs vertueux d'indépendance et d'efficacité de la justice. L'insuffisance des ressources peut avoir pour effet d'affaiblir l'institution et de la décrédibiliser aux yeux des justiciables. La sécurité financière apparaît donc comme un impératif directement rattaché à l'indépendance des juridictions. Or dans l'espace francophone, les garanties financières des juridictions ne sont, en général, pas constitutionnalisées[207]. La plupart du temps, le budget des juridictions grève le budget national et reste tributaire des disponibilités financières de l'État. Le pouvoir politique est pourvoyeur des fonds et les chefs de Cours n'en sont que les gestionnaires. Là encore les trajectoires sont opposées et à ce niveau, trois tendances semblent se dégager dans l'espace francophone. Dans une minorité de pays francophones, c'est le cas notamment en France, au Gabon[208] et au Canada, la sécurité financière des juridictions est garantie par un budget autonome, présenté par l'institution au Parlement et adopté sans débats. Son exécution ne fait pas non plus l'objet de contrôle *a posteriori*. Au niveau intermédiaire, dans certains pays, le budget des juridictions est établi par le Conseil Supérieur de

204 En France l'on observe cependant une autonomie plus marquée du Conseil d'État (article R. 121-9 du code de justice administrative).

205 Voir notamment au Sénégal, les articles 27 et 28 du statut des magistrats.

206 GUIGOU Élisabeth, « La justice au service du citoyen », *in* GUIGOU Élisabeth *et. al.*, *Le service public de la justice*, Paris, Odile Jacob, 1998, p. 22.

207 Sauf en Bulgarie où l'article 117, alinéa 3 de la constitution dispose que : « *les autorités judiciaires ont un budget indépendant* ». En Bulgarie, le principe a fait l'objet d'une consécration jurisprudentielle : CC de Bulgarie, décision n° 17/96, A.C. n° 18/96, JO n° 88/96 ; décision n° 18/93, A.C. n° 19/93, JO n° 1/94.

208 Il ressort des articles 73.a, 75.b et 77 de la constitution du Gabon, que la Cour de cassation, le Conseil d'État et la cour des comptes sont autonomes dans leur gestion financière.

Justice ou de la Magistrature[209], et transmis sans modification par le gouvernement[210], pour être discuté devant le parlement[211], avant son adoption. Dans la dernière hypothèse, si les juridictions jouissent d'une autonomie de gestion, leur budget est, la plupart du temps, âprement négocié avec le Gouvernement et le Parlement avant son adoption[212]. Telle est la tendance majoritaire qui semble imprégner l'espace francophone. Le constat généralisé est celui d'une dépendance financière et d'une insuffisance des moyens. La plupart des juridictions ne disposent pas de moyens conséquents pour accomplir leur mission efficacement. Elles ne sont pas financièrement autonomes et sont budgétairement rattachées soit au Ministère de la justice[213], soit au Ministère des finances. Les juridictions ont rarement la maîtrise de leurs budgets. Bien souvent, il revient aux autorités politiques de déterminer les besoins des juridictions et d'apprécier, selon les disponibilités de l'État, le niveau des ressources à allouer et la façon dont elles seront utilisées. En Côte d'Ivoire par exemple, si les chefs du siège et du parquet administrent le budget qui leur est alloué, c'est paradoxalement le préfet qui en est l'ordonnateur[214]. Dans l'ensemble, on observe donc un décalage entre la consécration théorique du principe de l'indépendance de la magistrature et la réalité caractérisée par une absence généralisée de garanties budgétaires de fonctionnement. Ce qui place *de facto* les juridictions en situation de dépendance financière et réduit inévitablement leur prétention à l'indépendance.

Puisque l'indépendance de la justice dépend des ressources dont elle dispose et que la dépendance financière des juridictions fait peser de lourdes menaces sur cette indépendance, il est indispensable pour les États francophones de garantir l'autonomie budgétaire des juridictions ordinaires. Dans les déclarations du Caire (1995) et de Paris (2008), la Francophonie a souligné avec lucidité le devoir pour les États de renforcer les moyens matériels et financiers octroyés à la justice. Pour

---

209 Article 149 de la Constitution de la République Démocratique du Congo.

210 Toute modification de la part du gouvernement est alors déclarée contraire à la constitution. C'est notamment le cas en Belgique, au Sénégal, à Madagascar et en Bulgarie (CC de Bulgarie, décisions n° 17/95, A.C. n° 13/95, JO 93/95 ; n° 15/97, A.C. n° 9/97, JO n° 101/97 ; n° 16/2001, A.C. n° 6/01, JO 50/01 ; n° 3 du 3 avril 1992, D.V. n° 30 du 10 avril 1992).

211 En Suisse, le budget des juridictions est défendu devant l'Assemblée par un représentant du Tribunal fédéral.

212 Voir l'article 144 de la Constitution d'Albanie.

213 Au Sénégal par exemple, le Ministre de la justice est l'administrateur principal du budget de la justice, en recettes et en dépenses, en vertu de l'article 22 du Décret 66-458 du 17 juin 1966 portant règlement sur la comptabilité publique de l'État. De plus, l'article 8 de l'Ordonnance 60-16 du 3 septembre 1960 dispose que « *les crédits nécessaires au fonctionnement du Conseil supérieur de la magistrature sont inscrits au budget du ministère de la justice* ».

214 Opération des Nations Unies en Côte d'Ivoire (ONUCI), Unité de l'État de droit, *Rapport sur l'organisation et le fonctionnement du système judiciaire en Côte d'Ivoire*, juin 2007, p. 27. Disponible en ligne sur : http://www.onuci.org/pdf/rulesrapport6.pdf.

que l'indépendance des tribunaux soit assurée avec transparence et réalisme, la Francophonie pourrait, au-delà, plaider par exemple pour que la coordination et la préparation des demandes financières des tribunaux soient confiées au Conseil supérieur de la magistrature ou à tout organe équivalent[215]. Leur estimation doit naturellement tenir compte de l'ensemble du budget de l'État et des besoins propres de chaque juridiction. Une autre piste pourrait conduire les États francophones à fixer constitutionnellement un pourcentage des ressources réservées par la loi de finances à la justice, pour permettre à ses institutions de fonctionner de manière indépendante. L'OIF doit donc s'atteler à agir auprès des États pour que l'indépendance de la justice, consacrée par la plupart les constituants francophones, se concrétise dans l'autonomie fonctionnelle, administrative et budgétaire des juridictions ordinaires. Mais, si au-delà des juridictions ordinaires, la question de l'indépendance institutionnelle concerne les juridictions constitutionnelles, elle ne se pose pas, pour ce qui regarde ces dernières, ni de même manière, ni avec la même acuité.

B. L'indépendance des juridictions constitutionnelles

En tant qu'institution montante de l'État de droit, la justice constitutionnelle fait l'objet d'un accompagnement particulier de la part de la coopération francophone. Elle participe, à côté de la justice ordinaire, à l'exercice du pouvoir juridictionnel. Gardienne de la promesse constitutionnelle d'indépendance de la justice, elle a d'ailleurs en règle générale contribué à la renforcer. Conçus comme des incarnations supérieures du pouvoir juridictionnel, les Cours et Conseils constitutionnels francophones se doivent d'être indépendants des autres pouvoirs. La plupart du temps, constitutionnellement consacrée[216], leur

215 C'est la solution qu'a retenue notamment le législateur congolais (RDC) à l'article 17 de la loi organique n° 08/013 du 05 août 2008 portant organisation et fonctionnement du Conseil supérieur de la magistrature.

216 Comores, Congo, Égypte, Mauritanie, Moldavie, Roumanie, Slovénie, Togo, Bénin, Maurice, Albanie, Bénin, France, Gabon, Niger, etc.

indépendance revêt, au-delà des aspects normatifs[217] et administratifs[218], une dimension essentiellement organique (1) et financière (2).

1. Une indépendance organique en proie à la politisation

Le respect de la suprématie constitutionnelle implique l'existence d'une juridiction constitutionnelle compétente et indépendante. Si « *dans un régime d'authentique séparation des pouvoirs, un juge doit pouvoir faire respecter la loi fondamentale, y compris par le législateur* »[219], c'est bien pour garantir aux citoyens que leur volonté initiale exprimée dans la constitution ne sera pas travestie par les gouvernants ; d'où la nécessité d'un cadre protecteur, assurant aux juridictions constitutionnelles l'autonomie la plus parfaite possible. S'il est vrai qu'en Afrique francophone, le contentieux constitutionnel était à l'origine confié à une chambre spécialisée au sein d'une Cour suprême, il relève désormais d'un ordre constitutionnel distinct et organiquement autonome. De manière générale, l'on note dans les États francophones une volonté du constituant de mettre en place un cadre stable, délimitant et protégeant l'action des juridictions constitutionnelles. Dans la plupart des constitutions francophones, un titre précis est consacré à ces institutions[220] et affirme le principe de leur indépendance. Ce cadre constitutionnel est, dans la plupart des cas, complété par une loi organique renforçant l'autonomie des Cours[221]. L'indépendance des juridictions

---

217 L'autonomie normative ou réglementaire désigne le pouvoir dont dispose la juridiction constitutionnelle pour réglementer son organisation et son fonctionnement. Certes, la constitution et la loi définissent *in globo* les grandes lignes du système, mais les règles de procédure à suivre peuvent être élaborées ou complétées, via le règlement intérieur, par la juridiction constitutionnelle elle-même. En France, l'article 56 de l'ordonnance n° 58-1270 du 22 décembre 1958 portant loi organique relative au statut de la magistrature, autorise le conseil, en tant que de besoin, à compléter, par son règlement intérieur, ses règles de procédure. Voir FAVOREU Louis, GAÏA Patrick, *et al.*, *Droit constitutionnel*, Paris, Dalloz, 16e éd., 2014, pp. 262-263. En France, en se déclarant incompétent à l'égard du règlement intérieur de la juridiction constitutionnelle (CE, Ass., 25 octobre 2002, *Brouant*, *Leb.*, p. 345, concl. G. Goulard), le juge administratif confirme son refus constant de s'immiscer dans son fonctionnement (CE, Ass., 9 avril 1999, *Mme Ba*, *Leb.*, p. 124 ; CE, Ord., 7 novembre 2001, *Tabaka*, *Rec.*, p.789) et la nécessité de respecter son indépendance structurelle et fonctionnelle. De plus, puisqu'en général, seule une loi organique peut déterminer les règles de son fonctionnement, la juridiction constitutionnelle reste en mesure d'exercer un contrôle systématique sur les initiatives du législateur organique. C'est là une condition essentielle de son indépendance. Voir sur ce point, FAVOREU Louis, « Le Conseil constitutionnel régulateur de l'activité normative des pouvoirs publics », *RDP*, 1967, p. 72.

218 La juridiction constitutionnelle doit disposer d'une administration interne autonome, avec un siège distinct et séparé, des experts, assistants et agents administratifs nommés et rémunérés directement par l'institution, et enfin des moyens techniques et bibliographiques adaptés. Elle doit jouir d'une parfaite liberté dans le recrutement et la gestion de son personnel administratif. FAVOREU Louis, GAÏA Patrick, *et al.*, *Droit constitutionnel*, *op. cit.*, pp. 262-263.

219 SAUVE Jean-Marc, « La justice dans la séparation des pouvoirs », *loc. cit.*, p. 5.

220 Titre V de la constitution béninoise.

221 Il s'agit au Gabon par exemple de la loi organique n° 9-91 du 26 septembre 1991, modifiée par la loi organique n° 13-94 du 17 septembre 1994.

constitutionnelles signifie que dans l'exercice de leur compétence, elles ne doivent être soumises qu'à l'autorité de la constitution. Dans des contextes politiques généralement marqués par l'omnipotence des chefs d'État, résoudre l'équation permanente de l'indépendance organique et statutaire des juridictions constitutionnelles francophones invite à étudier leur composition ainsi que les modes de désignation de leurs membres.

Plus que pour toute autre juridiction, l'indépendance de la juridiction constitutionnelle tient pour l'essentiel à l'indépendance de ses membres[222]. En raison de la spécificité et de la dimension incontestablement politique de cette juridiction, son indépendance et son fonctionnement dépendent dans une large mesure des modalités de désignation et du statut de ses membres. Parce que les membres des juridictions constitutionnelles se trouvent dans une situation singulière, leur mode de désignation doit obéir à un certain nombre de principes précis.

La question des modes de désignation des membres des juridictions constitutionnelles concerne tous les États et est régulièrement questionnée par la doctrine constitutionnelle. Dans l'espace francophone, il existe une variété de mécanismes mais aucun système de désignation n'emporte l'adhésion unanime. Qu'elle procède d'une élection ou d'une nomination, la politisation de la désignation paraît inévitable. Elle soulève une question qui s'insère d'ailleurs dans la réflexion plus large autour de la légitimité du pouvoir du juge constitutionnel. Il n'existe certes pas de modèle, mais les États doivent à tout le moins s'efforcer de tempérer les effets du caractère politique des désignations des juges constitutionnels, pour garantir au mieux leur indépendance. Exception faite des Cours constitutionnelles du Togo[223], de la République Démocratique du Congo[224], du Maroc[225], du Niger[226] et de la République centrafricaine[227], dont certains membres sont élus soit par l'assemblée nationale, soit par leurs pairs, la

222 CC du Bénin, décision 15 DC du 16 mars 1993, *Rec.*, 1993, p. 83.

223 Aux termes de l'article 100 de la constitution togolaise du 14 octobre 1992, en plus des trois membres nommés par le Président de la République, la Cour constitutionnelle comporte trois membres élus par l'Assemblée nationale, un magistrat, un avocat et un enseignant de la faculté de droit, élus par leurs pairs. Ils sont tous désignés pour sept ans renouvelables.

224 L'article 158 de la constitution de la République Démocratique du Congo prévoit que sur les neuf membres de la Cour trois sont élus par le Parlement réuni en congrès et trois autres par le Conseil Supérieur de la Magistrature (article 158 de la constitution).

225 Six membres sont nommés par le roi et les six autres sont élus à proportion égale par la chambre des représentants et celle des conseillers à la majorité qualifiée des deux tiers des membres de chaque chambre (article 130 de la constitution).

226 Article 104 de la constitution du Niger.

227 Article 74 de la constitution de la République centrafricaine.

tendance dominante dans l'espace francophone est au rejet du mode électif[228]. En général, selon le modèle européen, les membres des juridictions constitutionnelles sont plutôt nommés par des autorités politiques[229] pour un mandat déterminé et limité. Leur nombre varie suivant les pays, et ils sont nommés, soit exclusivement par le chef de l'exécutif, après approbation du parlement[230], soit exclusivement par le parlement[231], ou encore proportionnellement par le Président de la République et les Présidents des assemblées parlementaires[232].

La plupart des constitutions francophones ont pris le soin d'imposer des procédures et critères pour canaliser la liberté de choix des autorités de désignation. Pour limiter les effets malsains du caractère politique et discrétionnaire de ces nominations, des mécanismes d'encadrement formel et substantiel ont été mis en place. Au plan formel, l'avis du pouvoir politique concurrent est de plus en plus sollicité[233]. Au plan substantiel ce sont au-delà des conditions traditionnelles d'âge et d'intégrité morale, des critères de compétence juridique qui sont aussi parfois exigés[234]. Ce cadre traduit la volonté pour les

---

228 L'élection des membres ferait de la juridiction constitutionnelle une sorte de chambre législative supplémentaire. Elle ferait céder les derniers remparts de la séparation des pouvoirs pour emporter le juge constitutionnel dans le torrent politique de la démocratie majoritaire.

229 Dans certains États, à côté des autorités exécutives et législatives, le Conseil Supérieur de la Magistrature a le pouvoir de désigner certains membres de la juridiction constitutionnelle. C'est le cas au Cameroun (article 51§2 de la constitution) ; à Djibouti (article 76 de la constitution) ; au Mali (article 91 de la constitution) ; en République Démocratique du Congo (article 158 de la constitution). Au Congo la Cour suprême propose deux de ses membres (article 144, alinéa 4 de la constitution).

230 Aux termes de l'article 226 de la constitution du Burundi, les sept membres de la Cour constitutionnelle sont nommés par le président de la République après approbation du Sénat. L'avis du parlement est aussi exigé au Congo (article 144, alinéa 3 de la constitution) et au Sénégal (article 93, alinéa 3 de la constitution).

231 C'est le cas notamment en Pologne et en Hongrie, membres observateurs de l'OIF.

232 En France, les 9 membres nommés à raison de 3 par le Président de la République dont le Président du Conseil, 3 par le Président du Sénat et 3 par le Président de l'Assemblée Nationale (article 56 de la constitution). Il en va de même au Burkina Faso (article 153, alinéa 1 de la constitution) et au Bénin (article 115 de la constitution) notamment. La recherche de proportionnalité se retrouve aussi dans les États ayant un parlement monocaméral. Voir notamment l'article 161 de la constitution du Tchad et l'article 89 de la constitution de Côte d'Ivoire. Il en va autrement au Maroc où le Roi désigne seul la moitié des membres du Conseil alors que les chambres parlementaires se partagent la seconde moitié (article 130, alinéa 1 de la constitution).

233 En France par exemple, depuis la révision constitutionnelle du 21 juillet 2008, ces nominations sont désormais encadrées. A l'instar de la procédure exigée pour la nomination aux plus hautes fonctions de l'État, la nomination d'un membre du Conseil constitutionnel par le Président de la République et par les présidents des assemblées parlementaires est subordonnée à un avis public préalable de la commission des lois de chaque Assemblée (articles 13 et 56 de la constitution). A rebours, au Cameroun, le Président de la République a un pouvoir d'avis conforme sur les choix opérés par les parlementaires.

234 Dans la plupart des pays francophones, au-delà des aspects politiques, les juridictions constitutionnelles présentent une composition hétéroclite. On y trouve des magistrats, des juristes et des personnalités de diverses catégories professionnelles. Si, en France, la loi fondamentale n'exclut que les personnes ne jouissant pas de leurs droits civils et politiques et les membres sortant du Conseil, force est

constituants francophones de dépasser la simple recherche d'un contre-pouvoir, pour façonner une institution véritablement juridictionnelle et capable d'assurer de manière efficiente, ordonnée et indépendante, le respect de l'État de droit. A côté des garanties statutaires d'indépendance, la compétence permet de renforcer la légitimité de la Cour et d'asseoir son autorité. Faut-il alors, ainsi que le suggérait Hans Kelsen lui-même dans sa théorisation du modèle européen de justice constitutionnelle, poser une clause obligatoire de compétence juridique[235] ; ou bien faut-il plaider pour la mixité[236] ? En tout état de cause, s'il est nécessaire de nommer des personnalités aux qualités reconnues et incontestables, il paraît pertinent que celles-ci soient majoritairement des juristes. La Francophonie doit donc inviter les États qu'elle rassemble à objectiver les modes de désignation des juges constitutionnels, afin de renforcer, dans l'opinion collective, l'indépendance objective qui doit s'attacher à l'exercice de son pouvoir juridictionnel.

L'indépendance organique de la juridiction constitutionnelle dépend par ailleurs de la durée du mandat de ses membres. Dans l'espace francophone, la tendance générale est au rejet du principe de la nomination à vie[237]. En dehors de la Belgique qui ne fixe qu'une limite d'âge pour la cessation des fonctions[238], le mandat des membres des juridictions constitutionnelles est en général, limité à

---

néanmoins de souligner qu'en pratique, les autorités de nomination font un usage mesuré de leur pouvoir en désignant assez souvent des professeurs de droit, des avocats, des membres du Conseil d'État ou de la Cour de cassation. Malgré l'absence de condition spécifique de compétence juridique, l'exigence de qualification juridique se trouve satisfaite *de facto*, dans la mesure où plus de 80% des membres nommés jusque-là, sont issus de professions juridiques. Voir pour des statistiques récentes, ROUSSEAU Dominique, *Droit du contentieux constitutionnel*, Paris, LGDJ, Lextenso, 2013, pp. 62-70. En Belgique une moitié des membres de la juridiction constitutionnelle est issue du monde juridique et judiciaire et l'autre est composée d'anciens parlementaires. En Pologne, la compétence juridique exigée doit être confortée par au moins dix ans de pratique. La plupart des constitutions francophones africaines font quant à elles, en dehors de celle de la Mauritanie (seul un critère d'âge est imposé), expressément de la compétence juridique reconnue, une exigence minimale de désignation. Ce critère est posé aux articles 89, alinéa 5 de la constitution gabonaise, 115 de la constitution béninoise, 226 alinéa 2 à 4 de la constitution du Burundi, 139 de la constitution congolaise, 51 alinéa 1er de la constitution du Cameroun, 90 et 91 de la constitution ivoirienne, 100 de la constitution togolaise, 91 de la constitution malienne, 33 de la constitution des Comores, article 76 *in fine* de la constitution du Djibouti, article 91 *in fine* de la constitution du Mali, 130 *in fine* de la constitution du Maroc. L'article 158 de la constitution de la République Démocratique du Congo fixe une proportion de deux tiers de juristes au moins. L'article 165 de la constitution tchadienne va plus loin en exigeant que les neuf membres qui composent la Cour soient tous praticiens du droit de haut niveau.

235 KELSEN Hans, « La garantie juridictionnelle de la constitution », *RDP*, 1928, p. 227.

236 Liban : article 3 de la loi 250/93 du 14 juillet 1993.

237 EISENMANN Charles, *La justice constitutionnelle et la haute cour constitutionnelle d'Autriche*, Paris, LGDJ, 1928, Réédition Economica, PUAM, Droit public positif, 1986, p. 177.

238 En Belgique, le juge constitutionnel exerce son mandat jusqu'à l'âge de 70 ans sans autre forme de limitation.

un nombre précis d'années. Il varie entre cinq et neuf ans[239] et peut, selon les États, être renouvelé240. Si le mandat non renouvelable peut être perçu comme un gage de sérénité et d'indépendance pour le juge n'ayant rien à craindre ni à attendre de l'autorité de nomination[241], le caractère précaire et renouvelable du mandat peut, en revanche, susciter la critique au regard de la situation du membre, en attente de son renouvellement. Tout compte fait, cette dépendance peut être relativisée en tenant compte des conditions d'exercice de la fonction et notamment du principe de collégialité[242], favorisant les décisions *per curiam* et n'admettant pas dans la plupart des États francophones la publication des opinions individuelles ou minoritaires[243]. Autorisée notamment en Albanie, en Belgique, au Canada, en Pologne et au Liban, la publication des opinions séparées peut être certes un outil de transparence, de pédagogie et de construction plus rigoureuse de la décision[244], mais peut constituer aussi une menace pour l'indépendance du juge dont le renouvellement du mandat dépend du pouvoir politique. Dans la mesure où le non-renouvellement du mandat réduit les risques de pression sur le juge constitutionnel, c'est sans doute dans cette voie que doit

---

239 Dans la majorité des États francophones, influencés par le modèle du Conseil constitutionnel français, le mandat des membres de la juridiction constitutionnelle dure neuf ans et n'est pas renouvelable, à l'exception de l'hypothèse dans laquelle un membre est nommé pour terminer, pour une durée inférieure à trois ans, le mandat de son prédécesseur décédé ou démissionnaire d'office. Il est possible dans ce cas d'être nommé ensuite pour 9 ans (voir en France, l'article 12 de l'ordonnance n° 58-1067). Un dispositif similaire est prévu notamment au Sénégal (alinéa 4 de l'article 5 de la loi organique du 30 mai 1992), au Tchad (article 161, alinéa 2 de la constitution), en Mauritanie (article 81 de la constitution) et au Cameroun (article 51, alinéa 3 de la constitution). A Djibouti, les six membres du Conseil constitutionnel sont nommés pour huit ans et leur mandat n'est pas renouvelable (article 76 de la constitution). Au Niger (article 104 de la constitution), en République centrafricaine (article 74 de la constitution) et en République Tchèque, leur mandat est également de sept ans mais n'est pas renouvelable. Dans des États comme la Côte d'Ivoire (article 90 de la constitution), le Sénégal (article 93 de la constitution), le Burundi (article 211 de la constitution) ou le Liban, leur mandat dure 6 ans et est non renouvelable. A l'inverse, au Gabon et au Mali, le mandat des membres de la juridiction constitutionnelle est de sept ans et est renouvelable une seule fois (article 89, alinéa 2 de la constitution du Gabon, article 91 de la constitution du Mali). Au Bénin, le juge constitutionnel est nommé pour cinq ans et son mandat est renouvelable une seule fois. Aux Comores (article 33 de la constitution) et au Togo (article 100 de la constitution), les juges constitutionnels sont désignés respectivement pour six et sept ans renouvelables et le constituant n'a fixé aucune limite au renouvellement de leurs mandats.

240 On observe que dans la plupart de ces États, à l'exception du Gabon, du Bénin, du Mali et des Comores, le mandat des membres de la juridiction constitutionnelle n'est guère renouvelable.

241 Inamovible, nommé pour une période précise, sans perspective d'avancement et avec un mandat non renouvelable, le juge constitutionnel est plus enclin à être indépendant.

242 SCHNAPPER Dominique, « La collégialité au Conseil constitutionnel », *in* MENURET Jean-Jacques et REIPLINGER Charles (dir.), *La collégialité, valeurs et significations en droit public*, Bruxelles, Bruylant, 2012, pp. 83-96.

243 Belgique, Bénin, Burkina Faso, Burundi, France, Gabon, Slovénie, Suisse, Togo, Niger.

244 ROUSSEAU Dominique, « Pour les opinions dissidentes », *in Droit Constitutionnel, Mélanges Patrice GELARD*, Paris, LGDJ, Montchrestien, 2000, pp. 327-328 ; MASTOR Wanda, *Les opinions séparées des juges constitutionnels*, Paris, Economica, PUAM, 2005, 361 p.

d'inscrire le plaidoyer francophone pour le renforcement de l'indépendance de la juridiction constitutionnelle.

La politisation structurelle de la nomination ne saurait donc, en soi, être systématiquement incompatible avec l'exigence d'indépendance du juge constitutionnel. Ce qui paraît déterminant, ce sont les garanties statutaires qui le protègent, une fois nommé[245]. Quel que soit le mode de désignation et la durée de son mandat, qu'il soit reconductible ou pas, le juge constitutionnel, lorsqu'il est saisi par sa fonction, a un « *devoir d'ingratitude* »[246] à l'égard de l'autorité de nomination. Ce devoir l'oblige à ne servir que la constitution et les droits qu'elle garantit.

A côté des membres désignés, certaines constitutions francophones comme celles de la Côte d'Ivoire[247], du Gabon[248], de Djibouti, de la République centrafricaine ou de la France, admettent au sein des Cours constitutionnelles, sauf renonciation expresse de leur part, la présence à vie des anciens présidents de la République, en tant que membres de droit. Constamment critiqué[249], ce régime relèverait d'un anachronisme juridique qui contraste avec le cadre relativement précautionneux aménagé pour la désignation des membres nommés[250]. C'est pourquoi, afin d'atténuer la portée de cette situation, certaines constitutions comme celles du Gabon et de la République centrafricaine ne leur reconnaissent qu'une voix consultative[251]. Dans tous les cas, pour préserver la crédibilité de l'institution, il est impératif de clarifier les implications de cette qualité de membre de droit. Car si la participation irrégulière et discontinue des membres de droit aux délibérations du Conseil peut jeter le discrédit sur l'image de

245 Voir au soutien de ce postulat, EISENMANN Charles, *La justice constitutionnelle et la Haute Cour constitutionnelle d'Autriche*, *op. cit.*, pp.175 et s.

246 C'est à l'occasion d'une interview accordée au quotidien « *Le Monde* » en 1982 que Robert Badinter évoque, au sujet de l'indépendance des membres du Conseil constitutionnel, leur « *devoir d'ingratitude* » à l'égard de leur autorité de nomination. La formule a ensuite été reprise par Louis FAVOREU dans, « La notion de Cour constitutionnelle », *in De la Constitution : Études en l'honneur de Jean-François Aubert*, Bâle, Helbing et Lichtenhahn, 1996, p. 25.

247 Article 89 de la constitution ivoirienne.

248 Article 89 *in fine* de la constitution gabonaise.

249 En France l'expérience reste mitigée (refus de siéger, intervention par intermittence, réserves) au point qu'en 1993, même si l'idée n'a pas été retenue, le Comité pour la révision de la constitution présidée par le Doyen Vedel, en a proposé l'abandon. Sur la présence controversée des anciens Présidents de la République au sein du Conseil, voir notamment LAVROFF Dmitri Georges, *Le droit constitutionnel de la Vᵉ République*, Paris, Dalloz, 2ᵉ éd., 1997, p. 134 ; ROSENBERG Dominique, « Les anciens présidents de la République membres de droit du Conseil constitutionnel, l'impossible retraite », *RDP*, 1985, p. 1263 ; MBORANTSUO Marie-Madeleine, *La contribution des Cours constitutionnelles à l'État de droit en Afrique*, Paris, Economica, 2007, pp. 55-56.

250 HOURQUEBIE Fabrice, *Le pouvoir juridictionnel en France*, *op. cit.*, pp. 105 et ss.

251 Voir l'article 89 de la Constitution gabonaise. Voir aussi l'article 74 de la constitution de la République centrafricaine.

l'institution, leur présence effective pourrait quant à elle, à rebours, être d'un intérêt remarquable. En dehors de cette restriction et de la dispense de serment dont ils bénéficient, les anciens présidents ont un statut identique à celui des autres membres.

Dans l'espace francophone, les membres des juridictions constitutionnelles sont soumis à un régime d'incompatibilités destiné à les préserver de toute forme de dépendance professionnelle ou institutionnelle[252]. Au-delà du fait que la fonction et la singularité du contentieux exigent que l'on s'y consacre pleinement[253], le régime des incompatibilités contribue à préserver tant l'indépendance que la crédibilité de l'institution.

De plus, dans certains États francophones, le juge constitutionnel est pendant toute la durée de son mandat, couvert par une immunité de juridiction[254]. Protégés par la garantie traditionnelle d'inamovibilité[255] qui, en ce qui les concerne, confine davantage à l'irrévocabilité, les membres des juridictions constitutionnelles ne peuvent par principe, être révoqués avant le terme de leur mandat. Ceci dit, la situation de la juridiction constitutionnelle étant généralement dépendante de la stabilité de l'ordre constitutionnel, certains juges constitutionnels d'Afrique francophone se sont hélas plusieurs fois vus évincer de

252 En général, seules les fonctions d'avocat ou de professeur des universités restent compatibles avec la fonction de membre de Conseil constitutionnel. Voir en Côte d'Ivoire, l'article 92 de la constitution et l'article 6 de la loi organique n° 2001-303 du 5 juin 2001 déterminant l'organisation et le fonctionnement du Conseil constitutionnel ; au Niger, l'article 125 de la constitution ; au Mali, l'article 93, alinéa 1 de la constitution ; au Sénégal, l'article 6 de la loi organique 92-23 du 30 mai 1992 sur le Conseil constitutionnel, modifié par la loi n° 99-71 du 17 février 1999 ; au Togo, l'article 15, alinéa 1 de la loi organique sur la Cour constitutionnelle reprenant l'article 103, alinéa 1 de la constitution ; à Madagascar, l'article 111 de la constitution ; en République centrafricaine, l'article 75 de la constitution ; en France, l'article 57 de la constitution, l'article 4 de l'ordonnance n° 58-1270 du 22 décembre 1958 portant loi organique relative au statut de la magistrature et l'article 2 du décret n° 59-1292 du 13 novembre 1959 sur les obligations du Conseil constitutionnel ; au Cameroun, l'article 51§5 de la constitution et l'article 8 de la loi n° 2004/005 du 21 avril 2004 fixant le statut des membres du Conseil constitutionnel ; au Bénin, l'article 9 de la loi n° 91-009 du 4 mars 1991 portant loi organique sur la cour constitutionnelle et le décret n° 94-11 du 26 janvier 1994 portant obligations des membres de la Cour constitutionnelle.

253 RENOUX Thierry-Serge et DE VILLIERS Michel (dir.), *op. cit.*, 2013, p. 698 ; ROUSSILLON Henry et ESPLUGAS Pierre, *Le Conseil constitutionnel*, Paris, Dalloz, 7e éd., 2011, p. 22

254 Cette immunité est destinée à le protéger dans l'exercice de ses fonctions. C'est le cas au Gabon, au Sénégal, au Togo (article 102 de la constitution), en Côte d'Ivoire (article 93 de la constitution), ou encore au Cameroun (article 10 de la loi fixant statut des membres du Conseil constitutionnel).

255 Garantie majeure, l'inamovibilité doit être absolue pour les membres des Cours ou Conseils constitutionnels, durant toute la période de leur mandat. Voir l'article 33 alinéa 3 de la constitution des Comores ; l'article 122 de la constitution du Niger ; l'article 80*bis*, alinéa 6 de la constitution sénégalaise du 7 mars 1963 ; l'article 74 de la constitution de la République centrafricaine ; l'article 9 de la loi camerounaise n° 2004/005 du 21 avril 2004 fixant le statut des membres du Conseil constitutionnel ; pour le Bénin, voir l'article 115 de la constitution et l'article 79 de la loi n° 91-009 du 4 mars 1991, portant loi organique sur la Cour constitutionnelle.

leur mandat[256]. En théorie, la cessation anticipée du mandat des juges ne peut résulter que d'un empêchement définitif pour cause de décès ou d'incapacité physique permanente[257], de démission ou de déchéance prononcée par le Conseil constitutionnel lui-même, en vertu de son pouvoir d'autodiscipline[258]. La juridiction constitutionnelle est en règle générale, le seul juge du mandat de ses membres[259]. Elle seule est compétente pour mettre fin aux fonctions d'un membre qui, en raison d'un manquement à ses obligations statutaires, ne serait plus apte à les exercer. C'est là une garantie essentielle d'indépendance de la juridiction.

C'est autour de ces garanties statutaires que la coopération francophone doit construire sa doctrine et sa grille d'observation et d'évaluation de l'autonomie organique de la juridiction constitutionnelle. C'est donc de manière tout à fait pertinente que la sixième Conférence des chefs des institutions membres de l'ACCPUF s'est intéressée à la question du statut du juge constitutionnel. Soutenue par l'OIF, cette conférence a été l'occasion de rappeler utilement les garanties statutaires nécessaires à la préservation de l'indépendance du juge constitutionnel[260]. Mais au-delà des questions liées à sa composition et au statut de ses membres, l'indépendance de la juridiction constitutionnelle implique nécessairement son autonomie financière.

2. Une indépendance financière de principe

S'il est vrai que la constitution peut offrir un cadre protecteur à la juridiction constitutionnelle, il faut surtout que l'autonomie qui en découle ne soit pas dans les faits, atténuée par une insuffisance de moyens matériels. La question de

256 Au Niger par exemple, la Cour constitutionnelle a été dissoute par le Président de la République le 29 juin 2009 pour avoir donné un avis négatif à l'égard d'un projet de révision de la Constitution de la Ve République (CC du Niger, avis n° 02/CC du 25 mai 2009), et pour avoir ensuite déclaré le projet de révision adopté, contraire à la Constitution (CC du Niger, arrêt n°4 /CC/ME du 12 juin 2009). Le contexte de rupture de l'ordre constitutionnel fait très souvent le lit de la dissolution des institutions de l'État de droit et notamment de la juridiction constitutionnelle.

257 Voir l'article 93 *in fine* de la constitution du Sénégal et l'article 51, aliéna 3 de la constitution du Cameroun.

258 Contrairement aux magistrats ordinaires, les membres de la juridiction constitutionnelle ne relèvent pas d'un organe extérieur en ce qui concerne l'engagement de leur responsabilité disciplinaire. Toute action disciplinaire visant à mettre prématurément fin au mandat d'un membre est, dans la plupart des États, strictement organisée et maîtrisée par la juridiction elle-même. C'est le cas notamment au Bénin, au Niger, en Roumanie, en France et au Sénégal (article 5, alinéa 1 de la loi n° 92-23 du 30 mai 1992 sur le Conseil constitutionnel, modifiée par la loi n° 99-71 du 17 février 1999).

259 Sauf au Canada où la révocation est prononcée par le Gouverneur sur adresse du Sénat et de la Chambre des communes. En pratique, une telle procédure n'a jamais été mise en œuvre.

260 ACCPUF, « Le statut du juge constitutionnel », *Bulletin* n° 10, décembre 2014. Les actes de cette rencontre sont disponibles en ligne sur : http://www.accpuf.org/component/content/article/61-publications/298-bulletin-no-10.

l'indépendance financière des juridictions constitutionnelles se pose certes dans tous les États francophones, mais elle se pose avec une résonnance particulière dans les États du Sud, où les contingences économiques privent certaines Cours de dotations budgétaires conséquentes. Ce qui peut compromettre maladroitement la réalisation du noble objectif d'établissement de l'État de droit qui finalement, reste aussi tributaire de l'état des finances[261]. Les Cours doivent donc disposer d'un budget suffisant, qui leur permette d'assurer leur mission en toute indépendance. L'autonomie financière de la juridiction constitutionnelle, au même titre que celle des autres pouvoirs constitutionnels, relève du strict respect de la séparation des pouvoirs[262]. Dans l'espace francophone, elle n'a pas fait l'objet d'une consécration constitutionnelle à proprement parler, mais les lois organiques relatives à l'organisation et au fonctionnement des juridictions constitutionnelles affirment le principe de leur indépendance financière[263].

Généralement, l'autonomie financière d'une Cour constitutionnelle s'apprécie à deux niveaux : d'une part au niveau de la libre détermination de ses crédits et, d'autre part, au niveau de la libre exécution de ses dotations budgétaires[264]. Au regard des implications de la séparation des pouvoirs, l'appréciation du montant du budget d'une juridiction constitutionnelle ne devrait pas être laissé à la discrétion du pouvoir politique, car l'absence d'autonomie budgétaire atténue sournoisement l'indépendance des juridictions. A cette problématique, les États francophones n'apportent très souvent qu'une réponse peu satisfaisante. Certains États ont réussi à mettre en place un dispositif qui garantit l'indépendance budgétaire de leurs juridictions constitutionnelles. En France et au Gabon par exemple, la juridiction constitutionnelle, en tant que pouvoir public constitutionnel, élabore elle-même son budget à partir de ses besoins. Ce budget est ensuite inscrit sans modification au projet de loi de finances avant d'être adopté sans discussion par le parlement[265]. En Bulgarie, le budget de la Cour est préparé par le Conseil supérieur de la magistrature avant d'être adopté par le Parlement dans les mêmes conditions. Dans ces États, le budget est librement exécuté et l'absence de contrôle extérieur *a posteriori* sur le

---

261 MBORANTSUO Marie-Madeleine, *op. cit.*, p. 49.

262 CC, décision n° 2001-448 DC du 25 juillet 2001, *Rec.*, p. 99, cons. 25 ; décision n° 2001-456 DC du 27 décembre 2001, *Rec.*, p. 180, cons. 46 et 47.

263 Voir en Côte d'Ivoire, l'article 9 de la loi organique n° 2001-303 du 5 juin 2001, déterminant l'organisation et le fonctionnement du Conseil constitutionnel ; au Sénégal, la loi organique 92-23 du 30 mai 1992 relative au Conseil constitutionnel.

264 DI MANNO Thierry, « L'autonomie financière des cours constitutionnelles en Europe », *in* DOUAT Etienne (dir.), *Les budgets de la justice en Europe : études comparées France, Allemagne, Royaume-Uni, Italie, Espagne et Belgique*, Mission de recherche « Droit et Justice », Paris, La Documentation française, 2001, p. 60

265 Au Gabon, la juridiction constitutionnelle peut censurer une loi de finances qui réduit ses moyens financiers.

budget est, dans certains cas, compensé en amont par l'existence d'une commission budgétaire, où siège notamment un membre de la Cour des comptes[266]. D'autres États en revanche, maintiennent budgétairement leurs juridictions constitutionnelles dans une situation de dépendance. Dans la plupart des pays francophones les moins riches, rares sont en effet les Cours jouissant d'une véritable autonomie budgétaire, avec un budget public, conçu en fonction de leurs besoins et voté sans discussion avec la loi de finances. En général, non seulement la juridiction constitutionnelle n'a pas la libre détermination de ses crédits mais en plus, l'exécution du budget fait en aval l'objet d'un contrôle. Dans la quasi-totalité des cas, même s'il constitue un chapitre autonome du budget de l'État, le budget de la juridiction constitutionnelle est logé soit au ministère de la justice, soit au ministère des finances, et résulte de négociations avec le gouvernement et l'assemblée nationale, qui apprécient les nécessités, ainsi que le niveau des ressources. Le budget de la juridiction constitutionnelle est donc accordé au terme d'un double filtrage, en fonction des ressources de l'État[267] et son exécution est généralement contrôlée soit par la Cour des comptes, soit par un délégué du service du Trésor public. Malgré tout, dans la pratique certaines Cours conservent des moyens d'action. Au Bénin par exemple, la Cour constitutionnelle a annulé deux lois de finances qui restreignaient ses moyens de fonctionnement[268].

Dans ce décor économique globalement pâle, la situation budgétaire de certaines Cours paraît en pratique, encore plus alarmante. Comme le remarque la Francophonie dans son rapport de 2006 sur l'état des pratiques de la démocratie dans l'espace francophone, certaines Cours ne perçoivent en réalité que la moitié des ressources initialement prévues ; chaque déplacement officiel du Président dans le cadre de ses fonctions nécessite, pour sa prise en charge, un ordre de mission signé du Président de la République et l'accord du Ministre des Finances. En pratique, la plupart des Cours constitutionnelles subissent donc des pressions de la part de l'exécutif[269].

Les proclamations constitutionnelles ne sauraient donc suffire à créer l'État de droit. L'indépendance de la juridiction constitutionnelle est généralement proclamée, mais reste à parfaire. S'il est vrai que les textes sont nécessaires, il faut

---

266 OIF, Délégation à la paix, à la démocratie et aux droits de l'Homme, *État des pratiques de la démocratie, des droits et des libertés dans l'espace francophone, 2006*, Paris, 2006, p. 115. C'est le cas notamment en Égypte et au Gabon. Pour une évaluation du système en France, voir JACQUELOT Fanny, « L'autonomie financière des Cours constitutionnelles : l'expérience du Conseil constitutionnel français », exposé présenté lors de la conférence sur les budgets des Cours constitutionnelles, organisée par la Commission de Venise, Sarajevo, 14 et 15 octobre 2004.

267 Au Mali, au Niger et en Mauritanie, le budget de la justice est le plus faible des budgets de l'État.

268 OIF, Délégation à la paix, à la démocratie et aux droits de l'Homme, *État des pratiques de la démocratie, des droits et des libertés dans l'espace francophone, 2006*, *op. cit.*, p. 116.

269 *Idem.*

souligner, ainsi que le rappelle l'OIF, qu'ils « *perdent tout impact s'ils ne sont rendus vivants par des pratiques positives de tous les acteurs dans le respect de la séparation des pouvoirs* »[270]. Au-delà des textes, la notion d'indépendance n'a de valeur réelle que si elle est traduite dans la pratique quotidienne à travers des exigences minimales. L'indépendance ne peut être effective que si les juridictions constitutionnelles reçoivent des crédits suffisants. Cette réalité objective doit être prise en compte par les États francophones pour que la justice ne reste pas en pratique reléguée à un simple appendice du pouvoir politique. Formalisée dans les engagements francophones du Caire, érigée en priorité dans la Déclaration d'Hanoi, l'indépendance des juridictions constitutionnelles est l'un des principaux défis de la mobilisation francophone en faveur du renforcement des institutions de l'État de droit. A ce niveau, l'OIF joue un rôle important dans l'interpellation des gouvernants et des acteurs de ces institutions en s'appuyant sur ses réseaux institutionnels. Elle apporte notamment son soutien aux activités de l'Association africaine des hautes juridictions francophones (AAHJF), de l'Association des cours constitutionnelles ayant en partage l'usage du français (ACCPUF) et de l'Association des Hautes Juridictions de Cassation des pays ayant en partage l'usage du français (AHJUCAF) qui, à travers leurs rencontres thématiques, favorisent les échanges d'expériences et de bonnes pratiques pour la promotion et la consolidation de l'indépendance des juridictions constitutionnelles.

L'indépendance structurelle est une exigence légitimante mais elle demeure encore trop souvent tributaire du contexte dans lequel les institutions juridictionnelles évoluent. La Francophonie doit donc plaider pour que l'autonomie organique et budgétaire des juridictions soit érigée en règle de base. Ce n'est que si la justice jouit d'une réelle indépendance institutionnelle, que le juge pourra exercer correctement son office. Il en découle que l'indépendance de la magistrature ne saurait conséquemment se concevoir sans l'indépendance individuelle des magistrats. L'affirmation et la mise en œuvre du principe de la séparation des pouvoirs peuvent formellement suffire à garantir l'indépendance collective de la justice, mais celle des magistrats pris individuellement, appelle d'autres formes de garanties à l'égard desquelles la Francophonie s'est également engagée.

§ 2. L'indépendance individuelle des magistrats

Dans la Déclaration du Caire (1995), la communauté francophone affirmait la nécessité pour tous les magistrats d'avoir un statut adéquat, de disposer de moyens qui leur permettent d'exercer leur pouvoir sans entrave et de jouir d'un

270 *Ibid.*, p. 114.

système de protection sociale approprié. Ceci parce que l'indépendance des magistrats est une condition essentielle d'indépendance de la justice. Mais qu'est-ce qu'un magistrat et en quoi consiste son indépendance ?

Le magistrat renvoie au sens large à toute personne qui dispose d'un pouvoir. Au sens strict, il désigne « *toute personne appartenant au corps judiciaire et investie, à titre professionnel, du pouvoir de rendre la justice ou de la requérir* »[271]. Ce qui inclut non seulement les magistrats du siège et du parquet[272] relevant de l'autorité judiciaire, mais aussi les membres des juridictions administratives[273] et financières[274]. Dans certains États, à côté de ces magistrats professionnels, il existe également des juges non professionnels qui, parce qu'investis d'une mission juridictionnelle, sont généralement assimilés à l'autorité judiciaire[275] et bénéficient d'une indépendance statutaire supérieure à celle des fonctionnaires ordinaires[276]. L'exigence d'indépendance s'adresse donc dans des formes et proportions variables à tous ces magistrats car dans une société démocratique, le

---

271 CORNU Gérard (dir.), « Magistrat », *Vocabulaire juridique*, Paris, PUF, 10e éd., 2014, p. 629. La nécessité objective de séparer les autorités de poursuite et de jugement a fait apparaître, au-delà des ordres juridictionnels, deux types de magistrats : d'un côté les magistrats du siège, dits assis, chargés de trancher les litiges en appliquant la loi ; et de l'autre les magistrats du parquet, dits debout, dont la mission est de requérir l'application de la loi au nom de l'intérêt général.

272 CC, décision n° 93-326 DC du 11 aout 1993, *Rec.*, p. 217 ; décision n° 2002-461 DC du 29 août 2002, *Rec.*, p. 204. De plus, parce que le corps judiciaire comprend à la fois les magistrats du siège et du parquet, « *tout magistrat a vocation à être nommé, au cours de sa carrière, à des fonctions du siège et du parquet* ». En France, voir l'article 1er de l'ordonnance n° 58-1270 du 22 décembre 1958 portant loi organique relative au statut de la magistrature. Voir au le Burkina Faso, l'article 3 de la loi organique n° 036-2001/AN, du 13 décembre 2001, portant statut du corps de la magistrature. C'est également le cas au Niger et au Sénégal.

273 En France, si au sens strict, les membres du Conseil d'État sont juridiquement des fonctionnaires, la pratique leur assure néanmoins des garanties d'indépendance similaires à celles des magistrats. Voir CORNU Gérard (dir.), « Magistrat », *Vocabulaire juridique, op. cit.*, p. 630.

274 Voir en France, l'article L. 222-2 du code de justice administrative. En Tunisie en revanche, les magistrats administratifs et leurs homologues de la juridiction des comptes sont sous la tutelle du premier ministre et n'ont pas vocation à être indépendants. Sur la situation des juges administratifs en Tunisie, voir BACCOUCHE Néji, « La justice comme nécessaire garant des libertés », *in* GABORIAU Simone et PAULIAT Hélène (dir.), *Justice et démocratie, op. cit.*, p. 183.

275 Il s'agit en France, par exemple, des juges consulaires, des conseillers prud'homaux et des juges de proximité. CC, décisions n° 92-305 DC du 21 février 1992, *Rec.*, p. 27 ; n° 98-396 DC du 15 février 1998, *Rec.* p. 153 ; n° 2001-445 DC du 19 juin 2001, *Rec.* p. 63 ; n° 2002-461 DC du 29 août 2002, *Rec.* p. 204.

276 En France, ils ne relèvent pas du statut organique des magistrats mais d'un simple statut législatif. Néanmoins, si « *les fonctions de magistrat de l'ordre judiciaire doivent en principe, être exercées par des personnes qui entendent consacrer leur vie professionnelle à la carrière judiciaire (…), la Constitution ne fait cependant pas obstacle à ce que, pour une part limitée, des fonctions normalement réservées à des magistrats de carrière puissent être exercées à titre temporaire par des personnes qui n'entendent pas pour autant embrasser la carrière judiciaire, à condition que, dans cette hypothèse, des garanties appropriées permettent de satisfaire au principe d'indépendance qui est indissociable de l'exercice de fonctions judiciaires* ». CC, décision n° 94-355 DC du 10 janvier 1995, *Rec.*, p. 151, cons. 29.

magistrat se doit d'être indépendant[277]. Dans la conduite de son rôle de protecteur de la liberté et d'ultime garant de l'éthique sociale, il doit être rigoureusement soumis à la loi, mais indépendant de l'organe qui l'édicte.

Or dans nombres d'États francophones, le justiciable n'a guère confiance en la justice, puisqu'il considère le juge comme un instrument de répression, au service du pouvoir politique. Il est donc primordial de restaurer cette confiance par la réaffirmation de l'indépendance du magistrat et le renforcement de ses corollaires statutaires. C'est aussi à ce niveau que réside la pertinence de l'action francophone en faveur de l'indépendance de la justice. La question de l'indépendance des magistrats est régulièrement soulevée dans le débat francophone autour de la justice. Cette exigence est rappelée et défendue aussi bien dans les textes francophones de référence en matière d'appui à la justice, que dans les travaux des réseaux institutionnels portant sur l'indépendance de la justice. Elle s'adresse indifféremment à tous les magistrats. Certes, le principe de l'indépendance de l'autorité judiciaire impose que des garanties particulières s'attachent à la qualité de magistrat, sans considération d'appartenance au siège ou au parquet[278], mais il faut reconnaître cependant, que les membres du parquet bénéficient, en raison de la spécificité de leurs fonctions, de garanties d'indépendance différentes de celles de leurs homologues du siège. Si dans la plupart des États francophones, la magistrature assise jouit en théorie d'une indépendance pleine et entière[279] (A), la magistrature debout ne semble, quant à elle, pouvoir prétendre qu'à une indépendance toute relative (B).

A. L'indépendance affirmée des magistrats assis

L'engagement de la Francophonie en faveur de l'indépendance des magistrats du siège est un aspect de son engagement plus large en faveur de l'indépendance de la magistrature. L'intérêt de la Francophonie pour ces questions a été constamment affirmé depuis plus de vingt ans dans la plupart des textes de l'organisation. Dans les déclarations du Caire, de Bamako et de Paris notamment, les États francophones se sont méthodiquement engagés à éliminer toutes les entraves à l'indépendance des magistrats et à les doter d'un statut propre. Au-delà de ces textes-clés, les travaux déjà cités de l'AAHJF, de l'ACCPUF et de l'AHJUCAF sur l'indépendance de la justice ont été, à chaque fois, l'occasion de

277 BODIGUEL Jean-Luc, *Les magistrats, un corps sans âme ?*, Paris, PUF, 1991, p. 13.

278 GUYOMAR Mattias, « Conclusions sur CE, Sect., 1er octobre 2010, *Mme Nadège A.* », *Gazette du Palais*, 21 octobre 2010, n° 294, p. 16.

279 GRANGER Marc-Antoine, « Le parquet, une autorité judiciaire indépendante ? », *in* AFDC, *VIIIème Congrès de l'Association Française de Droit Constitutionnel*, Nancy, 2011, p 13.

rappeler la situation statutaire du magistrat dans l'espace francophone et d'insister sur la nécessité de renforcer les garanties de son indépendance.

Dans une société démocratique, si l'indépendance du juge n'est pas expressément proclamée dans la constitution, elle doit revêtir d'office la forme d'un principe à valeur constitutionnelle. De nombreuses constitutions francophones prévoient que le juge, dans l'exercice de sa fonction, est indépendant et n'est soumis à rien d'autre qu'à l'autorité de la loi[280]. Les autres pouvoirs dans l'État ne doivent pas être en mesure, de quelque manière que ce soit, d'influencer une décision judiciaire ou de menacer la sécurité matérielle du juge. Il s'agit de protéger le magistrat dans l'exercice de ses fonctions contre l'ingérence des autres pouvoirs constitués et des intérêts privés. Le procès équitable commence par le droit à un juge indépendant, exclusivement soumis à la loi, dans l'exercice de sa mission de transformation du droit en justice. Titulaires d'un pouvoir, les juges doivent être soumis à un statut protecteur qui les distingue du fonctionnaire ordinaire. Ce statut doit leur offrir des garanties spécifiques, destinées à leur assurer l'indépendance nécessaire à un exercice impartial de leur mission. Dans l'approche francophone de la question, au-delà des garanties statutaires (1), l'indépendance du juge doit s'appuyer sur un traitement décent, destiné à assurer sa sécurité financière (2).

1. Une indépendance statutairement consacrée

Le lien indissoluble entre le statut des magistrats et l'indépendance de la justice a été très tôt perçu par la coopération francophone qui, depuis la Déclaration du Caire, plaide directement ou à travers ses réseaux institutionnels, pour un renforcement du statut de la magistrature. Le statut désigne l'ensemble des règles régissant l'activité d'une personne ou d'un organe. Traduction juridique de l'importance de la fonction de juger, le statut de la magistrature permet ici de garantir l'indépendance du juge ainsi que l'autorité nécessaire à l'exercice de sa mission. Les mesures individuelles affectant le juge ne peuvent intervenir que dans les conditions fixées par son statut[281]. Si le pouvoir politique détient des prérogatives légitimes sur la carrière du juge en matière de nomination, de promotion, d'attribution de distinctions ou de déclenchement de procédures disciplinaires, il serait regrettable que ces prérogatives soient détournées de leur

---

280 Voir les articles 20 de la constitution du Liban ; 65 de la constitution tunisienne ; 151§1er de la constitution belge ; 105 de la constitution malgache ; 100 de la constitution du Niger ; 79 de la constitution de la République centrafricaine ; 94, alinéa 3 de la constitution du Sénégal ; 130 de la constitution du Vietnam ; 184 de la constitution d'Égypte ; 68 de la constitution gabonaise ; 3 de la constitution de Roumanie ; 117 alinéa 2 de la constitution bulgare ; 136 de la constitution du Congo ; 145, alinéa 1 de la constitution d'Albanie.

281 SOLUS Henry et PERROT Roger, *Droit judiciaire privé*, Tome 1, Paris, Sirey, 1961, p. 662, n° 776.

finalité, pour servir de moyen de pression. D'où l'intérêt de la mise en place d'un statut protecteur pour les magistrats, afin de les mettre à l'abri des potentiels abus de pouvoir. Protéger le garant des libertés, sa réserve de compétence et l'autonomie de son pouvoir d'appréciation, tel est le sens du statut organique des magistrats, véritables contre-pouvoirs diffus, nécessaires à l'équilibre des puissances publiques.

Mais au-delà des reconnaissances de principe, l'indépendance statutaire des juges est-elle objectivement déclinée et sanctionnée comme telle dans les États francophones ? Dès lors qu'il organise la carrière des magistrats, le statut implique un certain nombre de présupposés techniques et institutionnels, destinés à protéger chaque juge de l'immixtion des autres pouvoirs. Si le statut des magistrats n'est pas partout uniforme, il se cristallise globalement sur un point pivot autour duquel gravitent d'une part un principe, l'inamovibilité (a) ; et d'autre part une institution indépendante, le Conseil supérieur de la magistrature ou de justice (b), pour lesquels la coopération francophone s'est fortement mobilisée.

a. Un statut garanti par un principe : l'inamovibilité

Considérée comme une garantie minimale dans un système de carrière, l'inamovibilité du juge est le principe le plus évocateur de son indépendance statutaire. Si pour certains auteurs, elle est la première garantie d'indépendance[282], pour d'autres, elle est la garantie d'indépendance des magistrats[283]. Dans tous les cas, elle reste une « *condition nécessaire et essentielle* »[284] de l'indépendance de la justice. Convaincue de cette réalité et soucieuse de l'indépendance de la magistrature, la Francophonie s'est engagée, dans le Plan d'action du Caire, à apporter son soutien aux États dans l'élaboration d'un statut garantissant l'inamovibilité des magistrats du siège. Très peu visible dans les textes francophones de référence en matière d'appui à la justice, la question spécifique de l'inamovibilité des juges s'infère la plupart du temps implicitement, des engagements globaux en faveur de l'indépendance de la magistrature.

---

282 En témoigne l'ordre d'énumération des garanties d'indépendance de la justice. Voir notamment PERROT Roger, *Institutions judiciaires, op. cit.*, p. 300.

283 Pour Esmein par exemple, il est peu utile d'encadrer le mode de nomination des juges d'autant plus que l'inamovibilité suffit à les affranchir de l'emprise du pouvoir exécutif. ESMEIN Adhémar, *Éléments de droit constitutionnel et comparé*, Tome 1, Paris, Recueil Sirey, 8e éd., 1927, p. 559.

284 PLUEN Olivier, *L'inamovibilité des magistrats : un modèle ?*, Clermont-Ferrand, Fondation Varenne, Collection des Thèses, 2012, p. 32.

Consacrée par nombre de textes internationaux[285] et européens[286], l'inamovibilité des magistrats est reconnue par la Francophonie institutionnelle et ses réseaux comme un corollaire fondamental de l'indépendance des juges. Dans l'espace francophone, le principe est inscrit dans la plupart des constitutions[287] et des lois organiques relatives au statut de la magistrature[288]. Sa valeur constitutionnelle est protégée par le juge[289].

Réputée essentielle parmi les garanties objectives de l'indépendance du juge, l'inamovibilité n'est pas toujours clairement définie dans les textes qui l'établissent. Et la Francophonie, même si elle reconnaît l'inamovibilité du juge

285 Congrès des Nations Unies pour la prévention du crime et le traitement des délinquants, *Principes fondamentaux relatifs à l'indépendance de la magistrature*, 7e Session, Milan, 26 août - 6 septembre 1985, Point 12 ; Union Internationale des Magistrats (UIM), *Statut Universel du Juge*, 17 novembre 1999, Article 8. Ces textes rattachent l'indépendance des juges à la sécurité de leur mandat.

286 *Charte européenne sur le statut des juges*, Strasbourg, 10 juillet 1998, article 3.4 ; CCJE, *Avis n°1 (2001) sur les normes relatives à l'indépendance et à l'inamovibilité des juges*, 23 novembre 2001, § 60 (a).

287 Voir l'article 64 de la constitution française ; l'article 126, alinéa 2 de la constitution du Bénin ; l'article 28 de la constitution des Comores ; l'article 186 de la constitution de l'Égypte ; l'article 108 de la constitution de Sao Tome et Principe ; l'article 142 de la constitution du Rwanda ; l'article 130 de la constitution du Burkina Faso ; l'article 141, alinéa 2 de la constitution du Congo ; l'article 106 de la constitution malgache ; l'article 151 de la constitution du Tchad ; l'article 103 de la constitution ivoirienne ; l'article 72 de la constitution du Djibouti ; l'article 80 de la constitution de la Guinée ; l'article 82, alinéa 2 de la constitution du Mali ; l'article 108 de la constitution du Maroc ; l'article 101 *in fine* de la constitution du Niger ; l'article 79 de la constitution de la République centrafricaine ; l'article 94, alinéa 4 de la constitution du Sénégal ; l'article 144 de la constitution du Togo ; l'article 150 de la constitution de la République Démocratique du Congo. L'inamovibilité se déduit aussi de l'article 152, alinéa 3 de la constitution belge, et de l'article 20 de la constitution du Liban. Au Canada, le juge indépendant est nommé à vie, voir l'article 99 de la loi constitutionnelle. Il ne peut être destitué qu'à la suite d'une procédure si longue et si complexe qu'aucune n'a jamais abouti. La constitution bulgare affirme que l'inamovibilité doit être maintenue même en cas de changement du régime politique. Le principe est également consacré par la constitution d'Haïti.

288 Au-delà de la consécration constitutionnelle, l'inamovibilité est protégée par des textes de rang législatif. Voir en France, les articles 4 et 45 de l'ordonnance n° 58-1270 du 22 décembre 1958 portant loi organique relative au statut de la magistrature ; en Albanie, les articles 26 et 29 de la loi sur le pouvoir judiciaire ; au Bénin, l'article 23 de la loi n° 2001-35 du 21 février 2003 portant statut de la magistrature ; en Bulgarie, l'article 131, alinéa 1 de la loi sur le pouvoir judiciaire ; au Sénégal, l'article 5 de la loi organique du 30 mai 1992 portant statut des magistrats ; au Niger, l'article 7 de la loi n° 2007-05 du 22 février 2007 portant statut de la magistrature ; au Togo, les articles 3 et 4 de la loi du 21 août 1996 portant statut des magistrats ; au Mali, l'article 3 de la loi du 16 décembre 2002 portant statut de la magistrature ; au Burkina Faso, l'article 5 de la loi organique n° 036-2001/AN, du 13 décembre 2001, portant statut du corps de la magistrature ; en Côte d'Ivoire, l'article 6 de la loi n° 78-662 du 4 août 1978 portant statut de la magistrature ; au Mali, voir l'article 3 de la loi n° 02-054 du 16 décembre 2002 portant statut de la magistrature ; en République Démocratique du Congo voir l'article 14 de la loi organique n° 06/020 du 10 octobre 2006 portant statut des magistrats.

289 Voir au Bénin, CC, décision DCC 97-033 du 10 juin 1997. Au Canada, Cour suprême, *R. c/ Valente* [1985] 2 *RCS*, 673. Au Liban, CC, décision n° 3/95 du 18 septembre 1995. En France voir : CC, décision n° 67-31 DC du 26 janvier 1967, *Rec.*, p. 19 ; décision n° 67-33 DC du 12 juillet 1967, *Rec.*, p. 189 ; décision n° 80-123 DC du 24 octobre 1980, *Rec.*, p. 24 ; décision n° 94-355 DC du 10 janvier 1995, *Rec.*, p. 151.

comme une garantie de son indépendance, n'en propose pas non plus une définition précise. Dans un sens générique, l'inamovibilité désigne le caractère de ce « *qui ne peut être (...) destitué de sa place arbitrairement* »[290]. Appliquée à la justice, elle signifie que le magistrat ne peut, même par voie d'avancement, être déplacé sans son consentement. Ainsi, en vertu du principe, le magistrat du siège ne peut être ni muté, ni même promu contre son gré. L'inamovibilité exige donc avant tout déplacement, la consultation obligatoire[291] du juge concerné et le consentement préalable de ce dernier[292], sauf s'il est déplacé d'office au terme d'une procédure disciplinaire[293]. Perçue comme la contrepartie stabilisatrice de sa nomination par le pouvoir exécutif[294], l'inamovibilité permet au magistrat de résister aux pressions du gouvernement et des plaideurs puissants, sans avoir à craindre pour leur siège[295]. Elle est donc le point focal de l'indépendance des juges. Cette garantie protège l'indépendance du juge contre les risques d'éviction ou de déplacement arbitraires. Elle dessine une « *sphère de protection à l'intérieur de laquelle le pouvoir exécutif ne peut pénétrer* »[296].

Si l'inamovibilité était traditionnellement conçue comme une garantie accordée aux magistrats judiciaires du siège[297], elle tend aujourd'hui à protéger tous les magistrats, à l'exception de ceux du parquet. Au-delà des juges judiciaires, elle protège tous les magistrats chargés d'une fonction de jugement, qu'ils relèvent

---

290 *Dictionnaire de l'académie française*, 8e éd. 1932-5.

291 La règle du consentement préalable consiste à laisser au juge le pouvoir d'apprécier lui-même l'opportunité de son déplacement. Bénin : DCC, 97-033 du 10 juin 1997, *Dako Fortuné, Kakpo Damien, Rec.*, 1997, p. 137.

292 CC du Bénin, DCC 06-070 du 21 juin 2006, *Hodonou Armand, Rec.*, 2006, p. 339. Plusieurs décisions de la Chambre administrative de la Cour suprême du Congo ont permis à des magistrats d'être réintégrés après avoir été révoqués pour refus d'affectation. OIF, Délégation à la paix, à la démocratie et aux droits de l'Homme, *État des pratiques de la démocratie, des droits et des libertés dans l'espace francophone, 2006, op. cit.*, p. 118.

293 DE LA GRASSERIE Raoul, « La justice en France et à l'étranger », *Sirey*, Vol. 1, Paris, 1914, pp. 168-169. Jurisprudence : CC du Bénin, DCC 06-063 du 20 juin 2006, *Koukpaki A. Fréjus, Rec.*, 2006, p. 307.

294 RENOUX Thierry-Serge, « Autorité judiciaire », *in* CADIET Loïc, *Dictionnaire de la Justice, op. cit.*, p. 92.

295 SOLUS Henry et PERROT Roger, *Droit judiciaire privé, op. cit.*, p. 663 ; GUIHAL Dominique, « L'inamovibilité des juges à l'épreuve des contraintes de gestion », *RFDC*, n° 24, 1995, p. 796.

296 HOURQUEBIE Fabrice, « L'indépendance de la justice dans les pays francophones », *Les Cahiers de la justice*, 2012/2, Dalloz, p. 54.

297 Voir en France l'article 64 de la constitution, ainsi que l'article 4 alinéa 1er de l'ordonnance n° 58-1270 du 22 décembre 1958 portant loi organique relative au statut de la magistrature ; au Sénégal l'article 90 alinéa 3 de la constitution et à l'article 5 de la loi organique du 30 mai 1992 portant statut des magistrats.

de l'ordre administratif[298], incluant les juridictions financières[299], ou de l'ordre constitutionnel. Mieux, en France, les magistrats non professionnels recrutés à titre temporaire peuvent également revendiquer l'application à leur égard de la garantie d'inamovibilité[300].

Certes, la plupart des législations francophones consacrent l'inamovibilité du juge. Mais loin d'être rigide, ce principe connaît souvent des atténuations légales[301] dans sa mise en œuvre. Dans l'espace francophone, en dehors de la situation périphérique et extrême du Cameroun qui a catégoriquement supprimé l'inamovibilité, ou de celle particulière de la Bulgarie qui a mis en place une sorte d'inamovibilité certifiée[302], la pratique nous révèle que celle-ci peut être légalement mise en échec par les notions d' « *inamovibilité temporaire* »[303] et de

---

298 La constitution française n'étend pas cette garantie aux membres des juridictions administratives, mais leur indépendance est consacrée par la loi du 6 janvier 1986, qui proclame l'inamovibilité des « magistrats » des tribunaux administratifs et cours administratives d'appel. L'article L. 231-3 du code de justice administrative, sans reprendre expressément la notion d'inamovibilité, pose le principe à leur égard, sans viser les membres du conseil d'État. Le principe d'indépendance des magistrats administratifs est également consacré par la jurisprudence du conseil constitutionnel (CC, décision n° 80-119 DC du 22 juillet 1980, *Rec.*, p. 46). En France, même si leur statut est désormais fixé par le Code de justice administrative entré en vigueur le 1er janvier 2001, les conseillers d'État ont toujours joui en pratique, de ce que l'on pourrait appeler une inamovibilité coutumière ou de fait, tant ils se sont efforcés au fil des siècles, faute de disposition organique claire, de justifier leur indépendance à grands renforts de jurisprudence et d'avis. Voir PLUEN Olivier, *op. cit.*, pp. 437 et ss. ; CHABANOL Daniel, « Le statut des magistrats administratifs » *in* CADIET Loïc et RICHER Laurent (dir.), *Réforme de la justice, réforme de l'État*, Paris, PUF, Droit et justice, 2003, p. 279.

299 En France par exemple, l'inamovibilité protège les magistrats de la Cour des comptes (article L. 120-1 du code des juridictions financières), ainsi que leurs homologues des chambres régionales des comptes (article L. 212-8 du code des juridictions financières).

300 Voir en France, l'article 41-20, alinéa 3 de l'ordonnance n° 58-1270 du 22 décembre 1958 portant loi organique relative au statut de la magistrature. Le principe de l'exercice à titre temporaire de la fonction de juger a été largement consacré par le juge constitutionnel français qui exige que soient garantis à l'égard des juges non professionnels, aussi bien le principe d'indépendance (CC, décision n° 92-305 DC du 21 février 1992, *Rec.*, p. 27, cons. 64), que l'exigence de compétence (CC, décision n° 2002-461 DC du 29 août 2002, *Rec.*, p. 204, cons. 15), indissociables de l'exercice des fonctions juridictionnelles. Ils ne peuvent donc être mutés sans leur consentement (CC, décision n° 2003-466 DC du 20 février 2003, *Rec.*, p. 156).

301 Au Sénégal, l'article 68, alinéa 2 de l'ordonnance n° 60-16 du 03 Septembre 1960 portant loi organique sur l'organisation et le fonctionnement du Conseil Supérieur de la Magistrature, prévoit que « *si le nombre des magistrats disponibles dans la juridiction ne permet pas de combler toutes les vacances d'emploi, le service peut être assuré par un intérimaire choisi parmi les magistrats des cours et tribunaux* ». C'est également ce que prévoit en Côte d'Ivoire, l'article 19 de la loi n° 78-662 du 04 Août 1978 portant statut de la magistrature. Des dispositions similaires sont prévues en Mauritanie, au Burkina Faso et au Bénin.

302 L'article 132 de la constitution bulgare prévoit que le bénéfice de l'inamovibilité est subordonné à une période probatoire de cinq ans d'exercice. Doctrine : DUPLE Nicole, « Les interventions externes qui menacent l'indépendance et l'impartialité de la justice », *in* AHJUCAF, *L'indépendance de la* justice, *op. cit.*, p. 89.

303 Au Mali, l'inamovibilité est limitée à trois ans pour chaque fonction. En France, pour des questions de mobilité, la loi organique du 25 juin 2001 limite à sept ans l'exercice des fonctions de président ou de

« *nécessités du service* »[304], que les États se réservent pour infléchir la prescription et la neutraliser, même au niveau des plus hautes juridictions[305]. En général, les limitations de la durée d'exercice d'une fonction pour des exigences de mobilité, ou le fait pour un magistrat de pouvoir, pour la continuité du service, être appelé à remplacer temporairement un autre, empêché, pour une durée déterminée, afin d'assurer le traitement du contentieux dans un délai raisonnable, ne sont pas contraires au principe de l'inamovibilité[306]. Ceci dit, un déplacement, même provisoire et justifié par les nécessités objectives du service doit, pour être compatible avec l'indépendance des juges, obtenir la caution du Conseil supérieur de la magistrature (CSM)[307].

Bien sûr, toute tentative d'extrapolation serait par essence malhabile et imprudente. Si, dans certains cas, ces atteintes sont justifiées par des motifs d'ordre purement conjoncturel, elles peuvent dans d'autres cas, mues par des considérations politiques, cacher des abus et constituer des violations sérieuses et délibérées du principe d'inamovibilité des juges[308]. Cette façon de contourner le

---

procureur de la République dans une juridiction de premier ou de second degré, ou à dix, l'exercice des fonctions de juge d'instruction ou de juge des enfants au sein d'un même tribunal. Voir les articles. 28-2, 37 et 38-2 de l'ordonnance n° 58-1270 du 22 décembre 1958 portant loi organique relative au statut de la magistrature. On retrouve un dispositif similaire en Belgique avec la limitation des mandats des chefs de corps, des mandats adjoints et des mandats spécifiques.

304 C'est le cas notamment en Albanie, en Guinée, à Madagascar, au Niger, en Mauritanie, au Maroc, au Mali, au Burkina Faso (voir l'article 5, alinéa 2 de la loi organique n° 036-2001/AN, du 13 décembre 2001, portant statut du corps de la magistrature), au Sénégal (voir l'article 68, alinéa 2 de la loi organique n° 92-27 du 30 mai 1992 portant statut des magistrats).

305 Au Burkina Faso par exemple, le juge de la Cour de cassation peut, au cours de ses fonctions, être affecté pour nécessité de service, même si dans ce cas, il conserve les avantages attachés à sa fonction de juge à la Cour de cassation. Voir OIF, Délégation à la paix, à la démocratie et aux droits de l'Homme, *État des pratiques de la démocratie, des droits et des libertés dans l'espace francophone, 2006, op. cit.*, p. 123.

306 En France, en cas de vacance imprévue, la durée de l'intérim organisant le remplacement des juges empêchés, est limitée à quatre (4) mois maximum.

307 Certes les magistrats du siège sont inamovibles mais en pratique ils peuvent, dès lors que les nécessités du service l'exigent, être provisoirement déplacés par l'autorité de nomination après avis conforme et motivé du Conseil Supérieur de la Magistrature. Voir pour le Niger, l'article 7 alinéas 2 et 3, de la loi n° 2007-05 du 22 février 2007 portant statut de la magistrature. Voir au Mali, l'article 3, alinéa 3 de la loi n° 02-054 du 16 décembre 2002 portant statut de la magistrature. Pour le Sénégal, l'article 5, alinéa 2 de la Loi organique du 30 mai 1992 portant statut du magistrat. Une dérogation équivalente est prévue notamment en Albanie, au Bénin, au Burkina-Faso, à Madagascar.

308 Ces déplacements d'office sont rendus possibles avec la complicité d'un Conseil Supérieur de la Magistrature aux ordres, validant des mutations non consenties et non commandées par des nécessités de service. Voir FALL Alioune Badara, « Les menaces internes de l'indépendance », *in* AHJUCAF, *L'indépendance de la justice, op. cit.*, pp. 60-61. Par exemple, en République Démocratique du Congo, en février 2006, alors que le Conseil supérieur de la magistrature (uniquement composé de magistrats depuis la nouvelle constitution de 2005) n'avait pas encore été formé du fait des retards accusés dans l'adoption de la loi organique relative à son organisation et son fonctionnement, le chef de l'État a pris une série d'ordonnances dites « *d'organisation judiciaire* », portant mesures individuelles de mise en retraite, démission d'office ou de nomination de magistrats du siège ou du parquet. Au-delà de l'atteinte grave à

principe d'inamovibilité ne peut avoir pour effet que de vider insidieusement l'indépendance des magistrats de toute sa substance. Or, ainsi que le considère le juge constitutionnel béninois, ces atténuations, même si elles peuvent se justifier par les circonstances, n'enlèvent rien au caractère absolu du principe d'inamovibilité[309], qui demeure une garantie minimale de référence. Pour la Francophonie, s'il est admis que les nécessités du service et la satisfaction de l'intérêt général peuvent justifier de manière exceptionnelle une certaine mobilité du magistrat, son déplacement ne doit pouvoir se faire que dans les conditions prévues par la loi[310] et sous le contrôle d'une autorité indépendante[311].

L'inamovibilité n'est guère une protection surannée ou archaïque. Au contraire, elle « *est de l'essence même de la justice, parce qu'il n'y a point de justice sans indépendance, ni d'indépendance complète sans la sécurité précieuse que produit l'inamovibilité* »[312]. Elle est donc à promouvoir dans sa double dimension de fonction et de résidence[313].

Promue par la Francophonie et instituée dans la plupart de ses États membres, l'inamovibilité des juges peut sans doute aujourd'hui être érigée en modèle[314]. Mais sa portée doit être relativisée tant des atteintes de droit et de fait continuent de lui être portées dans son principe. Ces résistances appellent de la part de la Francophonie, un positionnement plus affirmé en faveur du principe d'inamovibilité, de ses implications et des modalités de son atténuation.

Évidemment, l'indépendance du magistrat ne saurait se réduire à son inamovibilité. En pratique, elle tient aussi à d'autres facteurs tels le système des carrières et le régime disciplinaire qui en sont la rallonge indispensable. Tel est l'autre volet de l'action francophone en faveur du statut des juges. La carrière du magistrat, de la sélection à la cessation des fonctions, en passant par l'avancement et le régime disciplinaire, ne saurait être abandonnée à la discrétion du pouvoir politique. Pour rester compatible avec l'indépendance du juge, le système des carrières doit se structurer, ainsi que semble l'avoir intégré la Francophonie,

---

la règle de l'inamovibilité, l'on mesure ici l'importance du Conseil supérieur de la magistrature dans la sauvegarde du statut et de l'indépendance des magistrats.

309 *Ibid.*, p. 114.

310 Voir la motion finale adoptée par l'AHJUCAF au terme de son deuxième Congrès. AHJUCAF, *L'indépendance de la justice, op. cit.*, p. 199.

311 OIF, Délégation à la paix, à la démocratie et aux droits de l'Homme, *État des pratiques de la démocratie, des droits et des libertés dans l'espace francophone, 2006, op. cit.*, p. 121.

312 Comte de Peyronnet, Garde des Sceaux, Extrait du discours de présentation du projet de loi du 16 juin 1824 concernant l'admission à la retraite des juges atteints d'infirmités graves et permanentes, Chambre des députés. Cité *in* MACAREL Louis-Antoine, *Des tribunaux administratifs ou introduction à l'étude de la jurisprudence administrative*, J-P Roret Éditeur, Paris, 1828, p. 461.

313 RENOUX Thierry-Serge et DE VILLIERS Michel (dir.), *op. cit.*, p. 781.

314 PLUEN Olivier, *op. cit.*, p. 32.

autour de règles transparentes dont le contrôle doit être confié à une institution indépendante.

b. Un statut garanti par une institution : le Conseil supérieur de la magistrature

C'est dans le Plan d'action du Caire adopté en 1995 que les ministres francophones de la justice ont, pour la première fois, confié à la Francophonie institutionnelle la mission d'accompagner les États dans la mise en place de structures à vocation tutélaire, capables de garantir l'indépendance statutaire de la magistrature. Depuis, cette mission est restée au cœur de la coopération juridique et judiciaire francophone, avant d'être renouvelée en 2008, au terme de la quatrième Conférence des ministres francophones de la justice. Dans la Déclaration de Paris adoptée à cette occasion, les ministres se sont engagés à garantir le plein respect du statut de la magistrature, en veillant à la bonne gestion de la carrière des magistrats.

Le magistrat ne doit pouvoir être nommé et titularisé dans ses fonctions, promu ou sanctionné, que par un organe indépendant relevant de la magistrature[315]. Toute mesure impactant sa carrière doit s'appuyer sur une démarche transparente et des critères objectifs, permettant de sanctionner ses insuffisances[316] ou de promouvoir ses mérites. A cet égard, le Conseil supérieur de la magistrature, ou Conseil supérieur de justice selon les États, constitue l'épine dorsale de l'indépendance statutaire des juges, car son avis conforme est généralement requis à tous les moments importants de la carrière du magistrat du siège[317].

---

315 Principe réaffirmé dans la Motion finale adoptée à Dakar au terme du deuxième congrès de l'AHJUCAF. AHJUCAF, *L'indépendance de la justice, op. cit.*, p. 199 (www.ahjucaf.org).

316 Le magistrat indépendant est inévitablement un magistrat responsable, conscient de sa mission, de ses droits et de ses sujétions. Il appartient donc au Conseil supérieur de la magistrature de veiller rigoureusement au respect, par le magistrat assermenté, de ses obligations statutaires, lesquelles sont aussi conçues pour protéger son indépendance. C'est le cas au Bénin, au Burkina Faso, au Cameroun, en France, en Guinée, à Haïti, au Mali, en Mauritanie, au Niger, au Sénégal, au Togo, au Canada (aux niveaux provincial et fédéral). En Belgique cependant, la discipline des magistrats ne relève pas de la compétence du Conseil supérieur de justice, mais d'un conseil national de discipline qui connaît des appels formés contre les décisions des chefs de corps concernant les peines mineures (avertissement et réprimande), qui émet des avis préalables à la prise d'une peine majeure et qui centralise les peines disciplinaires au niveau national.

317 Contrairement à la tendance forte dans l'espace francophone, au Maroc le Conseil supérieur de la Magistrature n'a en matière de nomination, de promotion et de sanction disciplinaire des magistrats de siège, qu'une fonction consultative. Voir les articles, 7, 23 et 62 de la loi n° 1-74-467 du 11 novembre 1974 portant statut de la magistrature.

Dans la plupart des États francophones, la constitution prévoit expressément une autorité indépendante chargée, conformément à la loi[318], d'assurer l'indépendance de la magistrature et la discipline du corps[319]. A défaut, l'existence du Conseil procède uniquement de la loi[320]. Même si la Francophonie peut se féliciter du fait que la plupart des États francophones aient institué un Conseil supérieur de la magistrature, il faut néanmoins souligner que certains États s'en sont gardés. Certes le plaidoyer francophone a conduit des États comme la Guinée à se doter en 2013 d'un Conseil supérieur de la magistrature[321], mais dans d'autres États, tels que la Guinée équatoriale et l'île Maurice, l'indépendance de la justice restent exclusivement garantie par le Président de la République. De même, au Vietnam, étant donné que la séparation des pouvoirs n'est pas consacrée, aucun organe spécifique n'est chargé de protéger l'indépendance statutaire de la magistrature. La promotion des Conseils supérieurs de la magistrature ou organes équivalents reste donc au cœur du débat francophone sur la préservation de l'indépendance du pouvoir juridictionnel. C'est pourquoi, il convient d'attacher ici un intérêt particulier à cet organe, théoriquement conçu comme gage d'indépendance et de bonne administration de la justice.

Il ne faut pas croire que l'existence d'un Conseil de la magistrature suffit à neutraliser les velléités d'ingérence du pouvoir exécutif dans la sphère du juge.

---

318 En règle générale, une loi organique précise le rôle du Conseil. Au Sénégal par exemple, il s'agit de l'ordonnance du 3 septembre 1960 modifiée par la loi organique n° 92-26 du 30 mai 1992 sur l'organisation et le fonctionnement du Conseil supérieur de la magistrature.

319 Article 104 de la constitution ivoirienne ; article 90 de la constitution sénégalaise ; article 151 de la constitution de Belgique ; article 127 de la constitution du Bénin ; article 131 de la constitution du Burkina Faso ; article 29 de la constitution des Comores ; article 69 de la constitution du Gabon ; articles 147 et suivants de la constitution du Tchad ; article 98, alinéa 1 de la constitution de Madagascar ; article 133 alinéa 1 de la constitution de la Roumanie ; article 145 de la constitution du Tchad ; article 115 de la constitution du Togo ; article 100 de la constitution du Niger ; article 151, alinéa 2 de la constitution belge ; article 246 de la constitution du Cap-Vert ; article 113 de la constitution du Maroc ; articles 64 et 65 de la Constitution française. En France, les magistrats de l'ordre administratif sont certes des magistrats, mais ne relèvent pas du même statut que les magistrats du siège, désignés par l'ordonnance du 22 décembre 1958. Néanmoins, ils bénéficient d'une protection à l'égard de l'exécutif, comparable à celle dont bénéficient leurs homologues du siège. Échappant désormais à la tutelle du ministère de l'intérieur, leur statut (sauf conseillers d'État dont la situation est gérée par le Conseil d'État lui-même) est protégé par le Conseil supérieur des tribunaux administratifs et des Cours administratives d'appel. Voir l'article L. 232-1 du Code de justice administrative. Pour une lecture générale des modalités de gestion de carrière des magistrats administratifs, voir PAULIAT Hélène, « Le modèle français d'administration de la justice : distinctions et convergences entre justice judiciaire et justice administrative », *Revue française d'administration publique*, 2008/1 n° 125, pp. 93-110 ; PERROT Roger, *Institutions judiciaires, op. cit.*, pp. 52-53.

320 Au Liban, c'est l'article 4 du Décret-loi n° 150 du 16 septembre 1983 qui institue le Conseil Supérieur de la Magistrature (voir aussi l'article 4 du Code de l'organisation judiciaire). A Haïti, un Conseil supérieur du pouvoir judiciaire a été créé en 2012 en application de la loi du 13 novembre 2007.

321 En Guinée, c'est la loi organique n° L/2013/ 055/CNT du 17 mai 2013 qui aménage l'organisation, le fonctionnement et les compétences du Conseil supérieur de la magistrature.

Pour que cet organe puisse efficacement protéger l'indépendance statutaire des magistrats, il doit lui-même être indépendant dans son organisation et son fonctionnement[322]. De l'indépendance du Conseil dépend donc l'indépendance des juges. C'est pourquoi, sa composition constitue un enjeu essentiel. A l'exception de certains pays comme le Canada, la Moldavie, la Bulgarie, la Roumanie et le Congo, où il est au premier chef garant de l'indépendance du pouvoir judiciaire[323], dans la majorité des États francophones le Conseil supérieur de la magistrature ou Conseil supérieur de justice n'est conçu que pour assister le chef de l'exécutif dans sa mission constitutionnelle de garant de l'indépendance de la justice[324]. Le Conseil est en règle générale chargé, à côté du Président de la République, de veiller à la sauvegarde de l'indépendance de la justice. A vrai dire, ce choix de confier au chef de l'État le soin de garantir l'indépendance de l'autorité ou du pouvoir judiciaire est assez « *curieux* »[325] et « *incongru* »[326]. L'indépendance de la justice a-t-elle besoin d'un garant paradoxalement issu d'un pouvoir concurrent[327] ? Si dans certains États francophones, la présidence de cet organe a fini par échapper à l'emprise de l'exécutif[328], elle reste dans la plupart des

322 Pour un aperçu de l'évolution historique du Conseil Supérieur de la Magistrature en France, voir PERROT Roger, *Institutions judiciaires*, *op. cit.*, pp. 44-50.

323 Dans ces États le Conseil garantit de manière autonome, l'indépendance de la justice.

324 Article 127 de la constitution béninoise ; article 104 de la constitution ivoirienne ; article 82 de la constitution malienne ; article 100 alinéa 2 de la constitution nigérienne ; article 64 de la constitution française de 1958 ; article 69 de la constitution du Gabon ; article 131 de la constitution du Burkina-Faso ; article 37 alinéa 3 de la constitution du Cameroun ; article 209 *in fine* de la constitution du Burundi ; article 28 de la constitution des Comores ; article 140 de la constitution du Congo ; article 103 alinéa 1 de la constitution de Madagascar ; article 146 de la constitution tchadienne ; article 73 alinéa 1er de la constitution de Djibouti ; article 82, alinéa 3 de la constitution du Mali ; article 89 de la constitution de Mauritanie ; article 115 de la constitution du Togo ; article 80 de la constitution de la République centrafricaine (à côté du Conseil Supérieur de la Magistrature, la Commission Consultative du Conseil d'État et la Conférence des Présidents et du Procureur Général de la Cour des Comptes, assistent le Président de la République dans sa mission de garant de l'indépendance du pouvoir judiciaire).

325 ROBERT Jacques, « La nation et ses juges », *RDP*, 2006, n° 3, p. 547.

326 CARCASSONNE Guy, *La Constitution introduite et commentée*, Paris, Seuil, Points, 9e éd., 2009, p. 312.

327 En France, ce dispositif procédait de la conception gaullienne, que les rédacteurs de la constitution de 1958 avaient de la fonction présidentielle. Le Président de la République était conçu comme un arbitre, comme la clé de voûte des institutions. Voir RENOUX Thierry-Serge, « Le président de la République garant de l'indépendance de l'autorité judiciaire », *Justices*, n° 3, Dalloz, janvier-juin 1996, pp. 100-106.

328 En France, la présidence du Conseil Supérieur de la Magistrature est désormais confiée au premier président de la Cour de cassation et à son procureur général en ce qui concerne respectivement les formations du siège et du parquet. Il en va de même au Togo (article 116 de la constitution) et au Mali, où c'est le Président de la Cour suprême, suppléé par le procureur général près la même cour, qui préside le Conseil Supérieur de la Magistrature. En République Démocratique du Congo, le Conseil Supérieur de la Magistrature est présidé par le président de la Cour constitutionnelle.

États héritiers du modèle juridique français[329], confiée au chef de l'État[330], qui selon les États, est suppléé soit par son Garde des Sceaux[331], soit par le Président de la Cour suprême[332] ou de la cour de cassation[333]. Cette présence de l'exécutif au sein du Conseil supérieur de la magistrature et son intervention dans son fonctionnement, si elle peut à certains égards être perçue comme un moyen de renforcer la légitimité politique des acteurs de la justice[334], est en réalité attentatoire à l'indépendance de la justice. Dans ces États, l'indépendance du Conseil supérieur de la magistrature peut être légitimement questionnée, tant sa configuration renvoie à l'opinion l'image d'un pouvoir judiciaire sous contrôle. Ce paradoxe existentiel observé dans la structure des Conseils supérieurs de la magistrature, nuit fortement à la crédibilité de l'institution, souvent soupçonnée de connivence avec le pouvoir exécutif[335].

Pour assurer l'indépendance du Conseil supérieur de la magistrature dans l'exercice de sa mission de contrôle du respect des garanties statutaires reconnues aux magistrats, il est indispensable, non seulement de dépolitiser l'organe, mais encore de rendre son fonctionnement plus transparent. La question de la composition des Conseils supérieurs de magistrature est depuis plusieurs siècles au cœur du débat politique. Régulièrement indexée, il lui est en effet reproché, selon qu'un pouvoir trop large y soit réservé aux magistrats, ou qu'une place trop large y soit faite à l'exécutif, soit d'entretenir un relent corporatiste, soit d'être inféodé au pouvoir politique. La Francophonie institutionnelle, si elle mesure la place de ces institutions dans le dispositif statutaire de protection de

329 Dispositif qui à côté de bien d'autres, fait partie des inconvenances persistantes du mimétisme constitutionnel en Afrique.

330 Au Bénin (article 1er de l'ordonnance n° 60-16 du 3 septembre 1960, ainsi que la loi organique n° 92-26 du 30 mai 1992), au Burkina-Faso (article 53 de la Constitution), en Guinée (article 28 de la loi organique L/91/011 du 23 décembre 1991 portant création du Conseil supérieur de la magistrature), au Cameroun (article 37(3) de la constitution), au Gabon (article 71 de la constitution), au Maroc (article 115 alinéa 1), à Madagascar (article 103, alinéa 2 de la constitution), au Niger, au Tchad ou encore au Sénégal, article 203 de la constitution du Burundi, au Tchad (article 147 de la constitution), en Côte d'Ivoire (article 104 de la constitution), au Djibouti (article 73, alinéa 1er de la constitution), en Mauritanie (article 89 de la constitution).

331 C'est le cas notamment au Sénégal, au Mali et au Gabon (article 71 de la constitution).

332 Au Bénin, depuis 1999, la première vice-présidence du Conseil supérieur de la magistrature est confiée au Président de la Cour suprême. Au Tchad, le Président de la Cour suprême est deuxième vice-président du Conseil supérieur de la magistrature (article 147, alinéa 2 de la constitution).

333 Article 105 de la constitution de Côte d'Ivoire.

334 RENOUX Thierry-Serge, « Rapport général introductif », *in* RENOUX Thierry-Serge (dir.), *Les Conseils supérieurs de la magistrature en Europe*, Mission de Recherche « Droit et Justice », Paris, La Documentation française, 2000, p. 23.

335 FALL Badara Alioune, « Les menaces internes de l'indépendance », *in* AHJUCAF, *L'indépendance de la justice, op. cit.*, p. 58-59 ; « Le juge, le justiciable et les pouvoirs publics : pour une appréciation concrète de la place du juge dans les systèmes politiques en Afrique », *in Les défis des Droits fondamentaux, op. cit.*, p. 335 ; MASSON Gérard, *Les juges et le pouvoir*, Paris, Moreau, Syros, 1977, pp. 28 et ss.

l'indépendance des magistrats, ne s'est pas véritablement prononcée sur leur composition idéale. Le défi pour la communauté francophone reste donc de rechercher la distance optimale ; celle qui permette aux magistrats de participer à la gestion de leur corps, tout en évitant de verser dans le repli corporatiste. Parce que « *l'indépendance de l'autorité judiciaire ne requiert pas l'autogouvernement de la magistrature* »[336], la tendance contemporaine plaide pour une composition ouverte, mixte et parfois même paritaire du Conseil Supérieur de la Magistrature. La plupart des États francophones ont opté pour la règle de la mixité, avec des conseils composés, dans des proportions variables, de magistrats et de non magistrats[337]. Certains États comme le Burundi ont même poussé la logique plus loin avec la recherche d'un équilibre ethnique, régional, ou encore entre genres[338]. Si le principe de la mixité est largement admis, même en ce qui concerne les formations disciplinaires de ces organes, les États devraient, pour éviter toute pression ou manipulation, veiller à ce que le Conseil soit majoritairement composé de magistrats élus par leurs pairs[339].

A côté de l'exigence de mixité des Conseils supérieurs de la magistrature, l'autre difficulté que soulève la question de leur indépendance dans l'espace francophone est celle de la participation du pouvoir exécutif aux délibérations de l'institution. Dans certains États, le ministre de la justice peut participer aux

---

336 Conseil supérieur de la magistrature, *Rapport annuel 2004-2005*, p. 201. En ligne sur http://www.conseil-superieur-magistrature.fr/sites/all/themes/csm/rapports/rapport2005.pdf.

337 En Côte d'Ivoire par exemple, il ressort de l'article 105 de la constitution que le Conseil supérieur de la Magistrature comprend quatre non magistrats et huit magistrats. En France, le projet de réforme initié par le gouvernement en 2013 prévoyait, avec 7 personnalités extérieures et huit magistrats, une rupture de la parité de la formation plénière du Conseil. Mais après que le l'Assemblée Nationale a maintenu la parité dans le texte adopté en première lecture le 4 juin 2013 et que le Sénat l'a ensuite vidé de sa substance le 4 juillet 2013, le gouvernement a fait le choix de suspendre ce projet de réforme constitutionnelle. En l'état actuel des choses, le Conseil Supérieur de la Magistrature, en ses deux formations du siège et du parquet, présente une composition mixte, elle aussi relativement équilibrée, avec sept magistrats et huit personnalités extérieures. Leur coordination est assurée par une formation plénière qui affiche toujours quant à elle une parité parfaite avec autant de magistrats que de non magistrats. En Belgique, l'article 55 de la constitution qui organise la composition du conseil supérieur de justice, prévoit une parité de magistrats et de représentants de la société civile. Le Conseil compte 22 magistrats sur les 44 membres. DELPEREE Francis, « Le statut et la composition du conseil supérieur de la justice », *in* VERDUSSEN Marc (dir.), *Le Conseil supérieur de la justice*, Bruxelles, Bruylant, 1999, p. 37. Au Liban par contre, comme le prévoit la loi n° 389 du 21 décembre 2001, le Conseil supérieur de la magistrature ne comporte que des magistrats (10) proposés d'ailleurs en partie par le Ministre de la justice.

338 Article 217 de la constitution du Burundi.

339 Cette tendance se dégage de plusieurs textes issus du Conseil de l'Europe : Conseil de l'Europe, *Recommandation R (94) 12 du Comité des ministres*, Principe I.2.c. ; *Charte européenne sur le statut des juges*, Principe 1.3 ; *Recommandation R (2010) 12 du Comité des ministres sur les juges : indépendance, efficacité et responsabilité*, 17 novembre 2010, § 27. Conseil consultatif des juges européens (CCJE), *Avis n° 1 (2001) sur les normes relatives à l'indépendance et l'inamovibilité des juges*, 23 novembre 2001, § 45 ; *Avis n° 10 (2007) sur le Conseil de la Justice au service de la société*, 23 novembre 2006, § 17.

séances du Conseil Supérieur de la Magistrature[340], sauf en matière disciplinaire[341]. Dans d'autres pays, à rebours, c'est l'exécutif, à travers le Président de la République ou le Ministre de la justice, qui préside les réunions de cet organe[342]. Il est alors autorisé à prendre part aux délibérations sans pour autant avoir le droit de vote. Dans ces conditions, l'indépendance du processus décisionnel peut être légitimement questionnée.

La multiplication des Conseils supérieurs de la magistrature ou institutions équivalentes traduit une prise de conscience partagée de la fonction sociale de la justice dans les démocraties contemporaines. La composition de ces organes a un impact réel sur leur indépendance et leur efficacité. C'est pourquoi, ce que la Francophonie doit rechercher pour cet organe en constante mutation, c'est une composition dépolitisée, qui lui permette, en toute indépendance, de protéger le magistrat contre toute forme de pression politique, populaire et médiatique. En raison de l'importance de l'organe et de son rôle crucial dans la protection de l'indépendance des magistrats, la Francophonie doit plaider auprès des États pour que sa composition soit constitutionnalisée[343] et que l'influence du pouvoir exécutif sur son fonctionnement soit minimale. Comme le suggérait la Déclaration de Cotonou adoptée par l'AAHJF en 2004, la coopération francophone doit œuvrer résolument pour l'adoption et l'observation de règles propres à assurer aux Conseils supérieurs de la magistrature une autonomie et une composition propres à garantir sa propre indépendance et *in fine* celle des magistrats.

Dans l'élan des recommandations issues quatorze ans plus tôt de la troisième réunion du Bureau du suivi des engagements du Caire[344], la Francophonie a accompagné la mise en place le 4 novembre 2014, du Réseau des Conseils francophones de la magistrature judiciaire (RCFMJ)[345]. Ce réseau crée ainsi un espace d'échange qui permettra assurément de dégager un corps de principes communs, aptes à garantir l'indépendance de la magistrature et, partant, le fonctionnement efficace des cours et tribunaux dans l'espace francophone. C'est une démarche d'autant plus pertinente qu'elle permettra à la Francophonie, ici encore, à travers les Conseils de magistrature, de mieux jouer son rôle de veille, d'observation et d'accompagnement des institutions de l'État de droit.

---

340 L'article 65, alinéa 9, de la Constitution française l'y autorise.

341 France, Burkina-Faso, Sénégal et Tchad.

342 C'est le cas notamment au Cameroun et au Mali.

343 Certaines constitutions renvoient à la loi organique le soin de fixer la composition du Conseil Supérieur de la Magistrature. C'est le cas notamment de l'article 133 de la constitution du Burkina Faso.

344 OIF, *Rapport général de la troisième réunion du Bureau du suivi de la Conférence des Ministres francophones de la Justice*, Le Caire, 20 février 2001.

345 Les statuts du réseau ont été adoptés par les représentants des conseils de la magistrature de France, du Gabon, d'Haïti, du Liban, du Québec et du Sénégal.

Le Conseil Supérieur de la Magistrature reste donc la clé de voûte de l'indépendance judiciaire[346]. Sa vigilance protège la liberté d'appréciation du juge à toutes les étapes de sa carrière. C'est la raison pour laquelle, contrairement à la position défendue par une partie de la doctrine[347], le magistrat ne saurait être assimilé à un simple fonctionnaire doté d'un statut spécial. Il est certes rémunéré par la puissance publique. Mais là doit s'arrêter sa parenté avec le fonctionnaire ordinaire, car il incarne, avant tout, un pouvoir. Son statut, construit autour de l'inamovibilité et protégé par une institution autonome, pose le cadre juridique de son indépendance. Pour autant, un statut protecteur est certes essentiel, mais il ne saurait suffire à garantir l'indépendance d'un juge. Ainsi que le soulignait à juste titre Thierry-Serge Renoux, « *l'indépendance du juge résulte principalement mais pas exclusivement d'un statut approprié* »[348]. L'indépendance ne saurait donc se réduire à un statut juridique dont la finalité est simplement d'offrir au juge toutes les garanties nécessaires à l'exercice convenable de sa fonction. Au-delà, elle implique nécessairement un statut social adéquat qui, dans beaucoup d'États francophones, reste encore à affermir.

2. Une indépendance matérielle perfectible

L'indépendance des magistrats peut-elle s'accommoder de la précarité de leur situation financière et matérielle ? Au-delà des garanties d'indépendance accordées par son statut, le juge doit être protégé par une situation matérielle et financière, qui le mette à l'abri des pressions et de l'attrait de la corruption. Garantir l'indépendance de la magistrature, c'est donc aussi donner aux magistrats les moyens d'accomplir leur mission. Au-delà des juridictions, ces garanties financières s'adressent aussi personnellement aux juges. Car « *si l'on suppose que les institutions sont raisonnablement justes, alors il est très important pour que les autorités soient impartiales, que des considérations personnelles, financières ou autres, non pertinentes ne les influencent pas dans leur manière de traiter les particuliers* »[349]. C'est donc avec justesse et raison que les États francophones, en prenant en compte les recommandations du Bureau du suivi de la Conférence des ministres francophones de la justice[350], se sont engagés, dans la Déclaration

---

346 KRIEGK Jean-François, « Les conseils supérieurs de justice, clef de voûte de l'indépendance judiciaire ? », *D.*, Chron., 2004, pp. 2166-2171.

347 Voir notamment DEBBASCH Charles, « L'indépendance de la justice », *in Au Carrefour des droits, Mélanges en l'honneur de Louis Dubouis*, Paris, Dalloz, 2002, p. 28.

348 RENOUX Thierry-Serge, « Le statut des magistrats comme garant de la démocratie », *in* GABORIAU Simone et PAULIAT Hélène (dir.), *Justice et démocratie, op. cit.*, p. 58.

349 RAWLS John, (Traduction de AUDARD Catherine), *Théorie de la justice*, Paris, Seuil, 1987, p. 86.

350 Dans le Rapport général de sa 3e Réunion, tenue au Caire le 20 Février 2001, le Bureau du suivi de la Conférence des Ministres francophones de la Justice insistait déjà sur le lien entre indépendance et rémunération et sur la nécessité de renforcer le traitement des juges. OIF, *Rapport général de la troisième*

de Paris, à renforcer le statut de la magistrature par l'amélioration des conditions financières d'exercice de la charge juridictionnelle.

L'indépendance exige que les magistrats perçoivent, pour leur activité, une rémunération conséquente. Qu'elle soit décente[351], appropriée[352], adéquate[353], ou à la mesure de dignité de leur profession, la rémunération des juges doit être juste, sinon leur indépendance sera fragilisée et compromise. Le traitement est un élément concret de l'indépendance, qui, à côté du statut, met le juge à l'abri des tentations d'où qu'elles proviennent. C'est du niveau de la rémunération qui lui est assurée que dépend l'indépendance matérielle du juge. Les magistrats, qu'ils soient de carrière ou non, ont droit à une rémunération suffisante qui leur permette de s'acquitter normalement de leurs fonctions en toute dignité et en toute impartialité[354]. Très peu de textes constitutionnels francophones consacrent ce principe[355]. A ce niveau, la constitution togolaise se démarque en établissant, en son article 118, un lien entre le statut de juge, sa rémunération et son indépendance. Ce sont plus systématiquement les textes de valeur infra-constitutionnelle qui formalisent l'exigence d'indépendance financière des juges. De manière générale, le traitement du juge de l'ordre judiciaire est fixé par la loi[356]. Il varie selon le rang, le grade et l'ancienneté de celui-ci.

Dans la plupart des États francophones, des efforts considérables ont été consentis pour assurer la sécurité financière des magistrats. La tendance révèle ainsi que les magistrats font généralement partie des fonctionnaires les mieux payés. Correspondant généralement à l'indice le plus élevé de la fonction

---

réunion du Bureau du suivi de la Conférence des ministres francophones de la justice, Le Caire, 20 février 2001.

351 AHJUCAF, « Motion sur l'indépendance de la justice », *in* AHJUCAF, *L'indépendance de la justice*, *op. cit.*, p. 199.

352 *Principes fondamentaux relatifs à l'indépendance de la magistrature*, adoptés par le septième Congrès des Nations Unies pour la prévention du crime et le traitement des délinquants qui s'est tenu à Milan du 26 août au 6 septembre 1985 et confirmés par l'Assemblée générale dans ses résolutions 40/32 du 29 novembre 1985 et 40/146 du 13 décembre 1985, Principe 11.

353 *Ibid.*, Principe 7. Dans le même esprit, le *Statut Universel du Juge* de l'Union Internationale des Magistrats prévoit en son article 13, que « *le juge doit recevoir une rémunération suffisante pour assurer son indépendance économique* ».

354 Conseil de l'Europe, *Recommandation N° R (94) 12 du Comité des ministres aux États membres sur l'indépendance, l'efficacité et le rôle des juges*, 13 octobre 1994, Points I.2.b.ii. et III.1.b ; *Charte européenne sur le statut des juges*, 10 juillet 1998, Point 6.1 ; *Recommandation R (2010) 12 du Comité des ministres sur les juges : indépendance, efficacité et responsabilité*, 17 novembre 2010, § 54.

355 La plupart des constitutions francophones renvoient à la loi le soin de traiter de la rémunération des magistrats. C'est le cas notamment de la constitution luxembourgeoise en son article 92 et de la constitution belge en son article 154.

356 Hongrie : Lois de 1989 et 1997 sur le statut et la rémunération des juges. Maroc : *Dahir* de 1974. France : statut de la magistrature de 1958. Togo : loi organique du 21 Août 1996. République Démocratique du Congo : article 25 de la loi organique n° 06/020 du 10 octobre 2006 portant statut des magistrats, etc.

publique, leur traitement est largement supérieur au salaire moyen, et dans bien des cas, à celui des fonctionnaires de rang équivalent. En France, le salaire du magistrat est une fois et demi supérieur à ce que perçoit un agent public de même rang. Au Maroc, son salaire correspond au double de ce que perçoit un fonctionnaire de même rang. Au Bénin, le traitement des magistrats de l'ordre judiciaire[357] est trois fois supérieur, et au Cambodge, dix fois supérieur à celui d'un agent de rang équivalent. En Belgique et en Roumanie, les magistrats perçoivent les salaires les plus élevés de la fonction publique se rapprochant parfois de ceux des secrétaires d'État.

Certes, dans la fonction publique, les magistrats ne sont pas les moins bien lotis, mais dans certains États francophones du sud, les traitements accordés restent en pratique relativement modestes, voire dans bien des cas, insuffisants pour leur assurer une vie décente. Cela d'autant plus qu'ils sont frappés par de nombreuses incompatibilités et qu'ils tirent l'essentiel de leurs revenus de l'exercice de leur fonction juridictionnelle. En dépit des efforts apparents des pouvoirs publics pour améliorer la situation financière des magistrats, il faut admettre que, dans beaucoup de pays francophones, ces derniers perçoivent une rémunération encore dérisoire, au regard de la fonction qu'ils occupent[358]. Cette situation s'aggrave davantage lorsque l'État cumule des mois de retard dans le paiement des salaires de ses agents. Ce faisant, les magistrats ne disposent pas de la sérénité financière qui leur permettrait, en tant que garant de l'État de droit, de résister aux pressions affriolantes de la corruption. Ces traitements, même s'ils s'accompagnent parfois de primes et avantages en nature, exposent hélas nombre de magistrats au charme malicieux de la corruption, qui discrédite l'ensemble de l'institution juridictionnelle. La modestie du traitement salarial conduit en effet de nombreux juges à monnayer la justice selon la loi mercantile du plus offrant[359]. L'insécurité financière des magistrats fait ainsi le nid des rémunérations occultes qui éclaboussent l'intégrité et l'honneur de la justice tout entière. Les États francophones doivent donc prendre conscience de cette menace, car si la rigueur morale et la déontologie du magistrat doivent naturellement l'élever au-dessus de la corruption, force est de reconnaître qu'il n'est « *pas toujours aussi aisé qu'on se l'imagine d'être pauvre et indépendant* »[360]. Un magistrat mal payé est bien plus facile à corrompre. Dans son rapport annuel de 2003, le Rapporteur spécial

357 L'indice de traitement est fixé à l'article 44 de la loi n° 2001-35 du 21 février 2003 portant statut de la magistrature.

358 VEROUGSTRAETE Ivan, « Rapport de synthèse », *in* AHJUCAF, *L'indépendance de la justice, op. cit.*, pp. 170-174.

359 ALOU Mahaman Tidjani, « La justice au plus offrant. Les infortunes du système judiciaire en Afrique de l'Ouest (autour du cas du Niger) », *Politique africaine*, octobre 2001, n° 83, pp. 59-78. Voir aussi DEBENE Marc, « La justice sans juge, d'hier à demain », *in* DU BOIS DE GAUDUSSON Jean et CONAC Gérard, *Afrique contemporaine*, La justice en Afrique, n° 156 (spécial), 1990, p. 90.

360 ROUSSEAU Jean-Jacques, *Les confessions*, Paris, Charpentier Libraire-Éditeur, 1841, p. 381.

des Nations Unies pour l'indépendance des juges et des avocats exprimait son inquiétude face à la croissance du phénomène de la corruption au sein du pouvoir judiciaire[361]. C'est la raison pour laquelle la Francophonie institutionnelle s'est formellement engagée, dans la plupart de ses textes de référence, à combattre la corruption sous toutes ses formes[362], y compris lorsqu'elle s'invite dans le prétoire. Car la corruptibilité des juges est à la fois une menace à leur indépendance et à leur crédibilité et un facteur d'insécurité juridique pour le justiciable. Lorsque la corruption entre dans l'office du juge pour le négocier, elle compromet et trahit pernicieusement l'idéal de justice, au grand désarroi du justiciable doublement infortuné. Condamnable à tous égards, la corruption est, ainsi que l'affirmait la Conférence internationale des barreaux de tradition juridique commune (CIB) dans une résolution adoptée en 2006, « *particulièrement insupportable en matière de justice puisqu'elle en est la négation même* »[363]. Si le juge a immanquablement, comme cela ressort de la réflexion initiée par l'Association Africaine des Hautes Juridictions Francophones (AAHJF) en 2012[364], un rôle décisif à jouer dans la lutte contre la corruption, il doit lui-même, pour que son action soit efficace, pouvoir s'en tenir éloigné. Or, non seulement la justice, traditionnel parent pauvre des pouvoirs constitués, n'a pas toujours institutionnellement les moyens budgétaires de son autonomie, mais encore, les juges, mal rémunérés, succombent, dans certains cas à la corruption pour compenser la faiblesse de leur traitement. Cette image écornée que renvoie la justice entame la confiance que lui portent les justiciables. Stipendiée, la justice voit ainsi son impartialité contestée et sa crédibilité anéantie. Elle n'inspire alors que défiance et méfiance. La corruption des juges représente donc une grave menace pour les garde-fous de l'État de droit. Elle fait partie, à côté de la prégnance parfois absorbante du pouvoir exécutif, des obstacles les plus redoutables à l'indépendance judiciaire.

La communauté francophone, depuis la Déclaration du Caire, a pris toute la mesure de ce mal et de son impact corrosif sur le fonctionnement de la justice. En reconnaissant que la gangrène de la corruption compromet la stabilité de l'État de droit, les États francophones se sont engagés, dans la Déclaration du Caire, à s'y attaquer par tous les moyens appropriés, notamment par la ratification de la

---

361 ONU, *Rapport du Rapporteur spécial sur l'indépendance des juges et des avocats*, E/CN.4/2003/65, 10 février 2003, p. 47.

362 OIF, *Déclaration du Caire*, IIIe Conférence des ministres de la justice des pays ayant le français en partage, Le Caire, 1er novembre 1995.

363 Conférence Internationale des barreaux de tradition juridique commune (CIB), Résolution adoptée lors du congrès de Yaoundé en décembre 2006 sur « La justice et l'argent », *in* OIF, *Recueil des principales déclarations, motions et résolutions adoptées par les réseaux institutionnels de la Francophonie*, 2008, p. 8

364 AAHJF, *Les systèmes juridiques et judiciaires de l'espace AAHJF face à la problématique de la lutte contre la corruption*, Cotonou, 10-12 juillet 2012.

Convention des Nations Unies contre la Corruption[365]. Mais au-delà de la lutte contre la corruption, il est nécessaire de consolider l'indépendance statutaire par un dispositif financier de revalorisation salariale pour les magistrats. Car à défaut de pouvoir éteindre la tentation, une rémunération conséquente peut à tout le moins réduire la propension des magistrats à y succomber.

Pour garantir l'indépendance des juges, le système de rémunération doit être stable et basé sur des critères objectifs fixés par la loi[366], sans qu'aucune autorité ne puisse unilatéralement et arbitrairement les modifier. Si dans certains États francophones, les salaires des magistrats sont fixés par décret[367], dans d'autres en revanche, ils procèdent de la loi[368]. Au Canada par exemple, la loi constitutionnelle de 1867 proclame en son article 100 que les salaires des juges sont fixés par le parlement[369]. Qui plus est, le *Judges Act* de 1985 institue une commission d'examen de la rémunération des juges, « *chargée d'examiner la question de savoir si (...) les avantages pécuniaires consentis aux juges sont satisfaisants* »[370]. Cette garantie a par ailleurs été renforcée par la Cour suprême du Canada qui a entendu élever la sécurité financière du magistrat au rang de « *deuxième condition essentielle de l'indépendance judiciaire* »[371]. L'idée est ici, à

---

365 Tous les États francophones ont ratifié la Convention des Nations Unies contre la corruption adoptée à New York le 31 octobre 2003 et entrée en vigueur le 14 décembre 2005.

366 Selon le modèle britannique par exemple, le traitement d'un juge supérieur est fixé par la loi et ne peut être réduit par le pouvoir exécutif. Le *Lord Chancellor*, en accord avec le ministre de la fonction publique, peut seulement augmenter le salaire des juges, à partir du seuil fixé par le législateur. Voir le *Supreme Court Act* (1981), Chapter 54, Section 12. Aux États-Unis, l'article 3 de la Section 1 de la constitution de 1787 dispose que les juges fédéraux « *recevront à échéances fixes, une indemnité pour leur service qui ne sera pas diminuée tant qu'ils resteront en fonction* ». Cette solution a trouvé un écho en Europe, notamment dans la Recommandation R (94) 12 du Comité des ministres du Conseil de l'Europe qui suggère que la rémunération des juges soit garantie par la loi ; voir les Principes I.2.b.ii et III.1.b.

367 C'est par exemple en Tunisie, ce que prévoit les décrets n° 93-2453 et n° 93-2455 du 13 décembre 1993 respectivement relatifs à l'indemnité de magistrature attribuée aux magistrats du Tribunal administratif et aux magistrats de l'ordre judiciaire. En Côte d'Ivoire, même si le décret n° 2008-15 du 11 février 2008, offre aux magistrats des traitements, indemnités et avantages considérables, leur régime indemnitaire échappe à la loi.

368 Les articles 152 à 154 de la constitution belge renvoient au législateur le soin de fixer les traitements et le régime des pensions des magistrats. Ces traitements sont prévus aux articles 355 à 365 du code judiciaire.

369 L'article 100 de la loi constitutionnelle canadienne de 1867 dispose que « *les salaires, les allocations et les pensions des juges (...), seront fixés et payés par le parlement du Canada* ».

370 *Judges Act*, *RSC*, 1985, c. J-1, § 26. Cette commission indépendante qui se réunit tous les 4 ans, fait des recommandations au gouvernement notamment en ce qui concerne la grille des salaires, le régime des retraites et les conditions de travail des juges. Tout rejet de ces propositions par le gouvernement peut faire l'objet de contrôle judiciaire par une cour supérieure et en ultime instance par la Cour suprême.

371 Cour suprême du Canada, 19 décembre 1985, *Valente c/ La Reine*, 1985, 2, *RCS*, p. 673, § 40. La Cour va ensuite plus loin, en encadrant même le pouvoir du législateur. Dans un arrêt de 1997, la Cour dégage trois règles essentielles. Premièrement, les traitements des juges ne peuvent être réduits, haussés ou bloqués que dans le cadre d'un processus indépendant, efficace et objectif. Deuxièmement, il est

juste titre, de faire en sorte que la rémunération du juge échappe au pouvoir de l'autorité de nomination, de sorte à garantir son indépendance financière. La Francophonie pourrait donc ici, pour renforcer l'indépendance des juges francophones, plaider auprès des États pour qu'ils leur accordent une rémunération adéquate, fixée par la loi.

En matière de sécurité financière, la situation du juge constitutionnel mérite elle aussi d'être analysée. Au regard des nombreuses incompatibilités qui le frappent, le juge constitutionnel doit avoir un traitement et des avantages spécifiques, propres à le mettre à l'abri du besoin et des charmes de la corruption. Cette sécurité financière est d'autant plus importante pour le juge constitutionnel que ses décisions ont un impact décisif sur le fonctionnement de l'État. Dans l'espace francophone, le régime indemnitaire des juges constitutionnels est la plupart du temps fixé par la loi[372] ou par le règlement[373]. Généralement substantielle, la rémunération des membres des juridictions constitutionnelles est soit identique à celle octroyée aux membres des juridictions suprêmes[374], soit

interdit aux magistrats, à titre individuel ou collectif, d'entamer, au sujet de leur rémunération, de quelconques négociations avec l'exécutif ou un membre du parlement. Troisièmement, toute réduction du salaire des juges, fût-ce-t-elle liée à l'inflation, ne saurait avoir pour effet de le porter en deçà du « *minimum requis par la charge des juges* ». Cour suprême du Canada, 18 septembre 1997, *Renvoi relatif à la rémunération des juges de la Cour provinciale de I.P.E.*, 1997, 3 *RCS.*, §§3 et 133-135.

372 Article 1er de la loi belge du 6 janvier 1989 ; article 10 de la loi béninoise du 4 mars 1991, article 6 de l'ordonnance française n° 58-1067 du 7 novembre 1958 portant loi organique sur le Conseil constitutionnel.

373 Le régime indemnitaire des juges constitutionnels peut être fixé par un acte administratif : c'est le cas notamment au Gabon avec le décret du 17 juillet 1992 dont les articles 3 et 4 fixent le traitement forfaitaire global mensuel du Président du Conseil constitutionnel à trois millions deux cent mille et les autres membres à deux millions sept cent mille avec logement. C'est le cas au Burkina Faso où l'article 29 de la loi organique n° 036-2001/AN, du 13 décembre 2001, portant statut du corps de la magistrature, renvoie à un décret le soin de fixer la grille salariale, la nature et le taux des indemnités des magistrats. C'est également le cas en Côte d'Ivoire (articles 3 et 4 du décret du 5 septembre 2003 déterminant les conditions matérielles et financières d'exercice des fonctions de membre du Conseil constitutionnel).

374 C'est la cas au Burkina Faso. En Belgique, les membres de la Cour constitutionnelle ont un salaire aligné sur celui des juges de la Cour de cassation avec majoration à l'ancienneté. En France ils perçoivent l'équivalent de ce que perçoit le Président de section au Conseil d'État. En Roumanie les juges constitutionnels ont un salaire équivalent à celui du Vice-Président de la Haute Cour de cassation.

supérieure[375] ou équivalente[376] à celle des membres du gouvernement[377], soit alignée sur celle des parlementaires[378], ou encore égale à celle des fonctionnaires de catégorie supérieure de l'État. Tout ceci avec, y compris, des avantages annexes. Mais l'exigence de sécurité financière ne s'oppose pas à ce que le juge constitutionnel, lorsqu'il exerce une activité compatible avec ses fonctions, voie son indemnité proportionnellement réduite en application d'une sorte de péréquation financière[379]. Dans l'espace francophone, l'indépendance financière du juge constitutionnel semble donc globalement assurée par une indemnité confortable.

En tout état de cause, la rémunération des juges, qu'ils soient constitutionnels ou ordinaires, doit être suffisante et correspondre au statut, à la dignité et aux responsabilités attachés à leurs fonctions. Bien que l'intégrité et la vertu du magistrat soient les premiers gages de l'indépendance[380], il n'en reste pas moins qu'avec un statut protecteur, le magistrat indépendant résistera plus aisément aux pressions, pour répondre avec sérénité et autorité à la demande en justice. C'est pourquoi « *ce qu'il faut à tout prix garantir, (...) c'est l'indépendance des juges, (...) celle qui fera non pas que les juges soient impartiaux, mais qu'ils ne soient pas empêchés de l'être, s'il est en eux de l'être* »[381]. La Francophonie doit donc non seulement continuer à agir comme elle le fait déjà, en faveur de l'effectivité statutaire et matérielle du « *droit à l'indépendance* »[382], mais encore promouvoir,

---

375 Au Liban, le président du Conseil a des appointements équivalents à ceux du Président de la République.

376 C'est le cas au Gabon, au Niger et en Côte d'Ivoire, au Bénin, au Congo et au Tchad. Au Bénin, les émoluments des juges constitutionnels sont alignés sur ceux des ministres, lesquels correspondent à l'indice le plus élevé de la fonction publique (article 10 de la loi n° 91-009 du 4 mars 1991, portant loi organique sur la Cour constitutionnelle). Pour ce qui est des indemnités supplémentaires, la Cour constitutionnelle béninoise a censuré la disposition qui voulait soumettre ces indemnités à l'aval du ministre des Finances, au motif qu'elle était indépendante du gouvernement. La Cour fixe donc elle-même ses indemnités. Et le ministre des Finances ne peut qu'en prendre acte.

377 En Roumanie, le Président de la Cour constitutionnelle (comme le Président de la Haute Cour de cassation) perçoit la même indemnité semblable à celle du Premier ministre. En Côte d'Ivoire le Président du Conseil a rang de président d'institution.

378 C'est le cas au Maroc.

379 En France, elle est réduite de moitié si le membre du Conseil continue d'exercer une activité professionnelle compatible avec ses fonctions.

380 Sur le lien entre l'indépendance du magistrat et sa personnalité, voir : BREDIN Jean-Denis, « Qu'est-ce-que l'indépendance du juge ? », *loc. cit.*, p. 165 ; HEBRAUD Pierre, « L'autorité judiciaire », *D.*, 1959, Chron., XIII, pp. 77-84 ; TRUCHE Pierre, « L'éthique du juge : les dépendances du juge », *in* GABORIAU Simone et PAULIAT Hélène (dir.), *Justice et démocratie, op. cit.*, pp.141-144 ; VARAUT Jean-Marc, *Le droit au juge*, Paris, Quai Voltaire, 1991, p. 147.

381 EISENMANN Charles, *La justice constitutionnelle et la Haute cour constitutionnelle d'Autriche, op. cit.*, p. 176.

382 CARCASSONNE Guy, « Rapport introductif », *in* AHJUCAF, *L'indépendance de la justice*, Actes du deuxième congrès de l'AHJUCAF, *op. cit.*, p. 36.

ainsi que l'y engage dans le Plan d'action du Caire[383], la nécessaire vertu du magistrat ; celle qui le conduira, vers une véritable culture de l'indépendance, qu'il soit constitutionnel ou ordinaire, administratif ou judiciaire, du siège ou du parquet.

B. L'indépendance recherchée des magistrats debout

Il est impossible d'aborder la question de l'indépendance des magistrats sans s'intéresser à la situation à la fois spécifique et délicate des magistrats du parquet. Acteur majeur de la scène judiciaire, le parquetier requiert au nom de l'intérêt général, l'application de la loi pénale. Mais l'indépendance tant revendiquée de la magistrature implique-t-elle également celle des magistrats du parquet ? A quel degré d'indépendance peuvent-ils prétendre ? A ces différentes questions, la doctrine n'apporte pas une réponse unanime.

Pour une partie de la doctrine, l'indépendance de la justice n'implique pas nécessairement l'indépendance des magistrats du parquet[384]. Pour une autre, parce que la poursuite et l'enquête sont pour le justiciable, des actes aussi importants que l'acte de juger, l'indépendance fonctionnelle et personnelle des magistrats du parquet doit être posée et garantie à l'égard de tous les pouvoirs[385]. Pour une autre encore, cette indépendance doit être relativisée en tenant compte des spécificités de la mission du parquet[386]. La Francophonie, en ce qui la concerne, semble saisir la question de l'indépendance des magistrats de manière large, en y incluant naturellement les magistrats du parquet. Les textes francophones, s'ils posent le principe général d'indépendance des magistrats, ne le déclinent pas en des termes spécifiques, en tenant compte des singularités de la structure et de la fonction du parquet. Pour autant, l'on peut considérer que si l'indépendance des magistrats du parquet doit par principe être consacrée, elle peut, dans une logique de transparence, être aménagée en tenant compte de la nature et des particularités de leurs fonctions. Puisque les magistrats du parquet jouent un rôle fondamental dans l'exercice impartial de la justice pénale, les règles qui leur sont applicables dans l'exercice de leurs fonctions doivent garantir leur indépendance. Affirmée notamment au plan international[387] et au niveau

383 OIF, *Plan d'action francophone en faveur de la justice, de l'État de Droit, de la Démocratie et du développement (Orientations et stratégies) 1996 - 2000*, Novembre 1995.

384 CHAPERNEL Yves, ROUSSEAU Dominique et SOULEZ LARIVIERE Daniel, « Le statut du parquet », *Constitution*, Dalloz, 2011, p. 295. C'est la position défendue par notamment par Daniel Soulez Larivière.

385 *Ibid.* C'est par exemple la thèse défendue par Dominique Rousseau.

386 *Ibid.* C'est l'argument soutenu notamment par Yves Chapernel.

387 Congrès des Nations Unies pour la prévention du Crime et le traitement des délinquants, *Principes directeurs applicables au rôle des magistrats du parquet*, 8e Session, La Havane, 27 août - 7 septembre 1990.

européen[388], cette exigence d'indépendance des magistrats du parquet signifie que ces derniers doivent pouvoir exercer leurs fonctions sans intimidation, ni entrave ou ingérence indue[389]. Généralement écartelé entre l'indépendance légitime que lui confère son appartenance constitutionnelle au pouvoir judiciaire (1), et le lien hiérarchique qui le subordonne au Garde des Sceaux (2), le parquet francophone apparaît littéralement comme « *une institution à la croisée des pouvoirs* »[390]. C'est sans doute à ce point de confluence que la Francophonie doit méthodiquement rechercher son indépendance.

1. Une indépendance constitutionnellement reconnue

Les principes directeurs des Nations Unies applicables au rôle des magistrats du parquet mettent à la charge des États l'obligation de veiller à ce que les magistrats debout puissent s'acquitter de leurs fonctions en toute liberté, sans subir d'ingérence non fondée[391]. Ceci dit, très peu de constitutions francophones consacrent explicitement le principe de l'indépendance des magistrats du parquet. En dehors de la constitution belge qui, en son article 151§1, affirme formellement que : « *le ministère public est indépendant dans l'exercice des recherches et poursuites individuelles* », la plupart des constitutions francophones sont généralement silencieuses sur la question spécifique de l'indépendance des membres du parquet. La Francophonie ne s'est pas non plus clairement et formellement exprimée à l'égard de la nécessité de clarifier la situation statutaire des magistrats du parquet. En l'état actuel des choses, l'indépendance du parquet est dans certains États, consacrée par la jurisprudence constitutionnelle qui, tout en la déduisant de son appartenance au pouvoir judiciaire (a), reconnaît la singularité de ses fonctions (b).

Ces principes ont été conçus pour aider les États à assurer et à promouvoir l'efficacité, l'impartialité et l'équité du parquet dans les poursuites pénales.

388 Conseil de l'Europe, *Recommandation 2000 (19), du comité des ministres du Conseil de l'Europe sur le rôle du ministère public dans le système de justice pénale*, 6 octobre 2000 ; *Avis commun du Conseil consultatif des juges européens (CCJE) et du Conseil consultatif des procureurs européens (CCPE), sur les juges et procureurs dans une société démocratique*, 20 janvier 2010. Bien que dépourvus de valeur contraignante, ces textes constituent néanmoins des guides devant inspirer les législateurs nationaux.

389 Association internationale des Procureurs et Poursuivants, *Normes de conduite professionnelle pour tous les procureurs et poursuivants et la déclaration de leurs droits et devoirs essentiels des Procureurs et poursuivants*, 23 avril 1999.
En ligne sur : http://www.dpcp.gouv.qc.ca/ressources/pdf/AIPP_Standards_French.pdf

390 HOURQUEBIE Fabrice, « L'institution du parquet au sein du pouvoir judiciaire », *loc. cit.*, p. 17.

391 Congrès des Nations Unies pour la prévention du Crime et le traitement des délinquants, *Principes directeurs applicables au rôle des magistrats du parquet*, 8e Session, La Havane, 27 Août - 7 septembre 1990, Principe 4.

a. Une indépendance inférée de l'unité constitutionnelle du corps judiciaire

De manière générale, l'indépendance des magistrats du parquet est inférée de l'indépendance inclusive du pouvoir judiciaire qu'ils servent aussi à incarner. Par ce biais et par celui de l'unité du corps judiciaire qui en découle, l'indépendance des magistrats du parquet se trouve elle aussi en théorie, constitutionnellement reconnue et protégée. En France, c'est à coup d'apports jurisprudentiels que le Conseil constitutionnel[392] a consacré le principe d'indépendance du parquet, via son appartenance à l'autorité judiciaire, affirmée au plus haut niveau normatif[393]. L'autorité judiciaire comprend à la fois les magistrats du siège et ceux du parquet, qui forment, avec les auditeurs de justice, un corps judiciaire unique[394]. Magistrats au même titre que leurs homologues du siège, les parquetiers ont pour mission, en vertu de la constitution, de défendre l'intérêt général, dans le respect des libertés individuelles. Non seulement les magistrats peuvent successivement, au cours de leur carrière, dans une forme d' « *identité réversible* »[395], passer du siège au parquet et inversement, mais encore, leur nomination, leur promotion et leur discipline relèvent du même organe, à savoir le Conseil supérieur de la magistrature, même si son contrôle, en ce qui les concerne, s'opère selon des modalités différentes. Pour toutes ces raisons, le parquet apparaît bel et bien sous l'angle constitutionnel, comme une branche à part entière de la magistrature. Puisqu'il est nécessaire de maintenir le rattachement du parquet à l'autorité judiciaire, l'indépendance de ses membres, loin d'être une simple indépendance par ricochet, constitue au fond un corollaire indispensable de l'indépendance de la magistrature[396]. La coopération francophone doit donc, au-delà de ses

392 Voir notamment, CC, décision n° 92-305 DC du 21 février 1992, *Rec.*, p. 27 ; décision n° 93-323 DC du 5 août 1993, *Rec.*, p. 213 ; décision n° 93-326 DC du 11 août 1993, *RFDC*, 1993, p. 848, note Thierry-Serge Renoux ; décision n° 93-336 DC du 27 janvier 1994, *Rec.*, p. 51 ; décision n° 95-360 DC du 2 février 1995, *RFDC*, 1995, p. 405 ; décision n° 97-389 DC du 22 avril 1997, *Rec.*, p. 45 ; décision n° 2001-445 DC du 19 juin 2001, *Rec.*, p. 63 ; décision n° 2002-461 DC du 29 août 2002, *Rec.*, p. 204 ; décision n° 2003-466 DC du 20 février 2003, *Rec.*, p. 156 ; décision n° 2011-125 QPC du 6 mai 2011, *Rec.*, p. 218, cons. 8.

393 Voir les articles 64 et 65 de la constitution du 4 octobre 1958 et l'article 1er de l'ordonnance 58-1270 du 22 décembre 1958 portant loi organique relative au statut de la magistrature, *JORF*, 23 décembre 1958, p. 11551.

394 L'unité de la magistrature est consacrée à l'article 189 de la constitution égyptienne. En Côte d'Ivoire, voir l'article 1er de la loi n° 78-662 du 04 août 1978 portant statut de la magistrature ; au Mali, voir les articles 1 et 2 de la loi n° 02-054 du 16 décembre 2002 portant statut de la magistrature. Au Bénin également, qu'ils soient du siège ou du parquet, les magistrats relèvent de la loi 83-005 du 17 mai 1983 portant statut de la magistrature.

395 HOURQUEBIE Fabrice, *Sur l'émergence du contre-pouvoir juridictionnel sous la Ve République, op. cit.*, p. 58.

396 Ceci dit, si cette appartenance du parquet français à la magistrature et l'exigence d'indépendance qui en découle, sont maintenues au plan constitutionnel, celles-ci lui sont niées par le juge européen qui considère qu'il n'est pas un magistrat au sens de l'article 5 de la Convention européenne des droits de

engagements lointains et déclaratoires, prendre une part active dans l'approfondissement de la réflexion sur le statut constitutionnel du parquet, pour faire émerger en la matière, un véritable de positionnement francophone.

Mais l'ambiguïté de la situation des magistrats du parquet réside dans le fait que, même s'ils sont constitutionnellement rattachés à l'autorité judiciaire, leur statut ne peut être absolument identique à celui de leurs homologues du siège. L'unité du corps judiciaire n'emporte guère pour autant une uniformité de statut et une miscibilité des fonctions. Même s'ils appartiennent à un corps unique, les magistrats du siège et du parquet remplissent des fonctions spécifiques. L'indépendance du parquetier obéit donc nécessairement à une finalité distincte.

b. Une indépendance inséparable des fonctions de poursuite

Même s'il est vrai que la Francophonie ne s'est pas directement saisie de la question de l'indépendance qui doit s'attacher à la fonction singulière du parquet, force est de relever que celle-ci se pose dans la majorité des États qu'elle fédère. Dans la plupart des États de l'espace francophone, la magistrature se caractérise certes par une unité de corps, mais aussi par une distinction des fonctions du siège et du parquet. S'il possède la qualité de magistrat professionnel et donc de membre de l'autorité judiciaire, le magistrat du parquet n'est pas pour autant juge. Le parquet exerce au sein de l'autorité judiciaire, une mission constitutionnelle spécifique. En matière civile, il surveille et poursuit l'exécution des lois et jugements en lien avec l'ordre public ou la protection des mineurs. En matière commerciale, il contrôle la légalité des procédures collectives. En matière pénale, d'une part, il dirige la police judiciaire, engage les poursuites en légalité ou en opportunité, exerce de l'action publique, requiert l'application de la loi et assure l'exécution des peines ; et d'autre part, il contribue à la mise en œuvre de la politique pénale. Dans l'exercice de toutes ces missions, le parquetier agit au nom de la société pour faire appliquer la loi dans le respect des libertés individuelles. Il a donc lui aussi vocation à être indépendant. La spécificité de sa fonction, si elle implique des aménagements de sa liberté, ne saurait justifier la négation de son droit à l'indépendance qui au reste, est une garantie fondamentale pour le justiciable. Même si en tant que garant de la liberté individuelle, son indépendance pose en matière pénale une série de problèmes

---

l'Homme. Ceci au motif qu'au regard des contraintes fonctionnelles qui pèsent sur eux, ils ne satisfont guère à l'exigence fondamentale d'indépendance à l'égard de l'exécutif. Voir CEDH, 23 novembre 2010, *Moulin c/ France*, Req. n° 37104/06, § 56-58 ; CEDH, Grande chambre, 29 mars 2010, *Medvedyev et autres c/ France*, Req. n° 3394/03. Cet arrêt prolonge en des termes différents, l'arrêt du 10 juillet 2008 sur la même affaire (CEDH, 10 juillet 2008, *Medvedyev et autres c/ France*, Req. n° 3394/03). L'on retrouve aussi des traces indirectes de cette position de la CEDH dans des arrêts antérieurs tels l'arrêt Schiesser (CEDH, 4 décembre 1979, *Schiesser c/ Suisse*, série A, n° 34, § 27-38), et plus fortement encore dans l'arrêt Pantea (CEDH, 3 juin 2003, *Pantea c/ Roumanie*, série A n° 249-A).

techniques, le parquetier est un magistrat et doit demeurer un magistrat. L'unité de la magistrature doit être maintenue pour éviter en cas d'exclusion du corps judiciaire, une fonctionnarisation des magistrats du parquet. Pour autant, l'indépendance qui découle de l'appartenance du ministère public à l'autorité judiciaire est-elle compatible avec les dépendances qu'implique sa fonction ? Le défi est ici, pour les États francophones, de maintenir l'unité judiciaire et de garantir l'indépendance qui en résulte, tout en prenant en compte les exigences fonctionnelles de la mission du parquet. C'est la spécificité des fonctions du parquet qui justifie le statut à géométrie variable de la magistrature[397]. Tout en s'attelant à définir de manière générale les garanties d'indépendance applicables à l'ensemble des magistrats du corps judiciaire, les constituants et législateurs francophones ont pris le soin de distinguer les règles statutaires applicables aux fonctions de jugement, de celles qui atténuées, sont applicables au ministère public[398]. On a donc, dans la plupart des États francophones, une magistrature unique, mais avec un statut à deux vitesses. Au-delà donc du « *trompe l'œil constitutionnel* »[399] de l'unité du corps judiciaire, la plupart des parquetiers francophones se trouvent, en raison de leurs sujétions fonctionnelles, dans une situation statutaire, à bien des égards, différente de celle de leurs collègues du siège.

2. Une indépendance statutaire et fonctionnelle nécessairement atténuée

La question essentielle qui se pose ici à la Francophonie est de savoir si le parquet peut continuer à faire partie d'une magistrature réputée indépendante tout en demeurant sous la tutelle du ministre de la justice. Pour la coopération francophone, le défi en la matière doit être d'amener les États à concilier deux principes *a priori* antagonistes : d'une part l'indépendance suggérée par l'appartenance au pouvoir judiciaire et d'autre part, les limitations fonctionnelles et statutaires commandées par son mandat. On aboutit ainsi en ce qui concerne les magistrats du parquet, à une indépendance atténuée tant par le principe hiérarchique (a), que par les aménagements de son régime statutaire (b).

a. Une indépendance bornée par le principe de subordination hiérarchique

Les magistrats du parquet forment le ministère public. Ils dirigent l'action publique en requérant l'application de la loi et représentent l'intérêt général, tel

---

397 GUINCHARD Serge, MONTAGNIER Gabriel, VARINARD André et DEBARD Thierry, *Institutions juridictionnelles*, Paris, Dalloz, Précis, 12e éd., 2013, p. 163.

398 CANIVET Guy, « Le juge judiciaire dans la jurisprudence du Conseil constitutionnel », *Les Cahiers du Conseil constitutionnel*, n° 16, 2004, p. 129.

399 HOURQUEBIE Fabrice, « L'institution du parquet au sein du pouvoir judiciaire », *loc. cit.*, p. 18.

que défini en matière pénale, par les pouvoirs politiques. Dans l'espace francophone, les parquets sont en règle générale structurés de manière hiérarchique. Le lien historique qui, en France, rattache le ministère public au Garde des Sceaux a été maintenu dans nombres d'États africains, et reste, à quelques exceptions près, une caractéristique constante des parquets des systèmes juridictionnels francophones[400].

Le principe hiérarchique auquel est soumis le ministère public revêt une dimension à la fois interne et externe. Au plan externe, il enserre les parquetiers[401] dans une chaîne hiérarchique au sommet de laquelle se trouve le Garde des Sceaux[402]. Son pouvoir hiérarchique se manifeste alors non seulement dans le droit d'exprimer des directives générales, mais encore dans le fléchage des lignes budgétaires du parquet[403]. Au niveau de la structure interne du parquet, le lien hiérarchique se perçoit dans l'autorité que chaque procureur général exerce sur les officiers du ministère public de son ressort[404]. En raison de cette hiérarchie, les magistrats du parquet peuvent recevoir des injonctions. Si par principe, l'exercice du pouvoir discrétionnaire de poursuite doit se faire de façon libre et indépendante[405], dans nombres d'États francophones, le ministère public peut recevoir de la part du Garde des sceaux, au-delà des orientations générales de politique pénale, des injonctions individuelles écrites et positives[406], auxquelles il

---

400 RAYSSEGUIER Christian, « Le « Parquet à la française » : tensions et apaisements », *Constitutions*, septembre 2011, Dalloz, pp. 281-294.

401 A l'exception en France de ceux du parquet général près la Cour de cassation dont le statut est exceptionnel. LYON-CAEN Pierre, « Le parquet général de la Cour de cassation », *D.*, 2003, Chron., pp. 211-215.

402 De façon générale, ils « *sont placés sous la direction et sous le contrôle de leurs chefs hiérarchiques et sous l'autorité du garde des sceaux, ministre de la justice* ». Voir en France l'article 5 de l'Ordonnance n° 58-270 du 22 décembre 1958 portant statut de la magistrature ; au Sénégal, l'alinéa 1 de l'article 6 de la loi organique n° 92-27 du 30 mai 1992 portant statut des magistrats ; au Burkina Faso, l'article 7 de la loi organique n° 036-2001/AN, du 13 décembre 2001, portant statut du corps de la magistrature ; en Côte d'Ivoire, l'article 7 de la loi n° 78-662 du 04 août 1978 portant statut de la magistrature ; au Mali, l'article 10 de la loi n° 02-054 du 16 décembre 2002 portant statut de la magistrature ; au Bénin, l'article 6 alinéa 1 de la loi n° 2001-35 du 21 février 2003 portant statut de la magistrature ; au Cameroun, l'article 3, alinéas 1 et 2 du décret n° 95/048 du 8 mars 1995 portant statut de la magistrature ; à Madagascar, l'article 107 de la constitution.

403 Pour une mise en évidence de l'impact du budget du ministère de la justice sur l'indépendance du ministère public, voir par exemple, SVABYOVA Darina, « Rôle et statut du ministère public », *in Quel ministère public en Europe au XXIe siècle*, Éditions du Conseil de l'Europe, Strasbourg, 2000, p. 89.

404 Voir en France, l'article 37 du Code de procédure pénale.

405 Association Internationale des Procureurs et Poursuivants (AIPP), *Normes de conduite professionnelle pour tous les procureurs et poursuivants et Déclaration de leurs droits et devoirs essentiels des Procureurs et poursuivants*, 23 avril 1999, § 2.1.

406 De façon générale, le Garde des Sceaux, ministre de la justice a le pouvoir de dénoncer au Procureur général les infractions à la loi pénale dont il a connaissance, lui enjoindre, par instructions écrites et versées au dossier de la procédure, d'engager ou de faire engager les poursuites ou de saisir la juridiction compétente de telles réquisitions écrites que le ministre juge opportunes. Voir notamment l'article 28 du

est tenu, au nom de l'obligation statutaire de loyauté et sous peine de poursuites disciplinaires, de se conformer dans ses réquisitions écrites[407].

Dans ce contexte hiérarchisé, les magistrats du parquet ont-ils véritablement vocation à être indépendants ? Ou, à tout le moins, leur indépendance peut-elle s'exprimer aussi pleinement que celle des magistrats du siège ? Dans leur situation actuelle, la plupart des parquets francophones revêtent un caractère hybride qui les rattache à la fois au pouvoir judiciaire et au pouvoir exécutif. Si l'on ne saurait à proprement parler le qualifier de « *cheval de Troie du gouvernement dans le judiciaire* »[408], ou d' « *agent du pouvoir exécutif auprès des tribunaux* »[409], c'est sans doute au moins à juste titre que le parquet français par exemple a pu être considéré comme une « *branche paradoxale du pouvoir judiciaire* »[410]. La logique hiérarchique qui structure leur activité place en effet les magistrats du parquet dans une situation paradoxale, qui les oblige à travailler sous l'autorité tutélaire du Garde des Sceaux, tout en cultivant la nécessaire indépendance qui s'attache à leur qualité de magistrat. Or, parce qu'en matière de justice la réalité compte au moins autant que les apparences, par sa seule existence, le principe de subordination du parquet au Garde des Sceaux introduit une suspicion syllogistique sur l'indépendance et l'impartialité de la justice. Faut-il dès lors rompre les schémas verticaux au sein des parquets francophones ?

La suppression du lien hiérarchique permettrait de repousser les risques d'abus, mais elle impliquerait en compensation, la mise en place de règles nouvelles, aptes à garantir l'application cohérente de la politique pénale[411]. A défaut, l'absence de lien hiérarchique conduirait à un émiettement désordonné de la politique pénale et à une rupture du principe d'égalité des citoyens devant la loi pénale. Le lien hiérarchique se révèle donc utile dans son fondement car il légitime l'action du parquet en tant que relais institutionnel et fonctionnel, dans la mise en œuvre de la politique pénale du gouvernement. Ce lien obéit au principe constitutionnel partagé par tous les États francophones et selon lequel il

Code de procédure pénale sénégalais ; voir également les articles 30 et 36 du Code de procédure pénale français, tels qu'ils résultent de la loi du 9 mars 2004 ; voir aussi l'article 274 du code belge de l'instruction criminelle.

407 En France, se référer à l'article 25, alinéa 1 du Code de procédure pénale français ; au Bénin, à l'article 7 alinéa 1 de la loi n° 2001-35 du 21 février 2003 portant statut de la magistrature.

408 L'ancien Garde des sceaux français, Jean FOYER, cité dans : ROYER Jean-Pierre, *et. al.*, *Histoire de la justice en France*, 4e éd., Paris, PUF, 2010, p. 879.

409 PERROT Roger, *Institutions judiciaires*, Montchrestien, Lextenso, 14e éd., Paris, 2010, p. 43.

410 SALAS Denis, « Parquets européens : entre pouvoir judiciaire et politiques pénales », *Droit et société*, n° 74, 2010, p. 92.

411 Pour Pascal Mbongo, cette rupture impliquerait soit de créer un procureur de l'Etat, soit de responsabiliser les parquetiers en considérant que la politique pénale s'épuise dans la volonté du législateur. MBONGO Pascal, « Justice et politique : nouvelles réflexions sur le statut du parquet », *Gazette du Palais*, n° 356, 21 décembre 2004, pp. 2-6.

appartient au gouvernement de déterminer et de conduire la politique de la nation[412]. Puisque l'autorité de tutelle tient de la constitution le pouvoir de conduire la politique pénale, la subordination hiérarchique du parquet participe de l'application de la loi. Ainsi que cela ressort de la jurisprudence du Conseil constitutionnel français, le fait, pour le Garde des Sceaux d'exercer sur les magistrats du ministère public une autorité hiérarchique nécessaire à la mise en œuvre cohérente de la politique pénale, ne porte atteinte ni à la séparation des pouvoirs, ni à l'indépendance de la magistrature[413]. Sous l'angle constitutionnel, la subordination hiérarchique des magistrats du parquet ne semble donc pas incompatible avec l'indépendance qui leur est reconnue[414]. Au contraire, loin d'incarner un persistant contrôle de tutelle, elle semble plutôt servir l'intérêt général et l'État de droit[415]. Au-delà donc de l'existence de ce lien, somme toute nécessaire, ce qui est important, c'est donc davantage les conditions dans lesquelles il s'établit et se maintient.

Si les liens entre le parquet et l'exécutif ne sont au fond, « *ni impurs, ni inavouables* »[416], comment doit alors s'opérer concrètement la conciliation entre l'autonomie nécessaire du premier et le pouvoir hiérarchique du second ? Le lien hiérarchique qui les unit doit nécessairement être « *contenu* »[417] et s'efforcer de trouver un équilibre fin et habile entre l'exigence de coordination de la politique pénale et l'indispensable autonomie du ministère public. La compétence du Garde des Sceaux dans la définition et la mise en œuvre de la politique pénale est, certes généralement constitutionnalisée, mais elle doit aussi nécessairement être encadrée car l'indépendance du parquet se fonde elle aussi sur la loi au plus haut niveau. La chaîne hiérarchique doit être limitée par une série de libertés destinées, en contrepoids, à tempérer la subordination et à la rendre compatible avec l'exigence d'indépendance des parquetiers. Si, au-delà des instructions de portée générale, les magistrats du ministère public peuvent recevoir dans certains États, des instructions individuelles, ces dernières ne sont compossibles avec leur autonomie fonctionnelle, que pour autant qu'elles sont exceptionnelles, écrites,

412 Articles 20 de la constitution française ; 54 de la constitution du Bénin ; 61 de la constitution du Burkina Faso ; 50 de la constitution de la Côte d'Ivoire ; 59 de la constitution du Niger ; 52 de la constitution du Sénégal.

413 En France, le Conseil constitutionnel, en empruntant ce raisonnement, a délimité les contours et la portée du principe de subordination hiérarchique du parquet. CC, décision n° 2004-492 DC du 2 mars 2004, *Rec.*, p. 66.

414 GRANGER Marc-Antoine, « Le parquet, une autorité judiciaire indépendante ? », *in* AFDC, *Actes du VIIIe Congrès de l'AFDC*, Nancy, 2011, p. 12.

415 RAYSSEGUIER Christian, « Le « Parquet à la française » : tensions et apaisements », *loc. cit.*, p. 281.

416 Pierre TRUCHE, cité par RIDE André, « Le statut du ministère public : une question d'équilibre des pouvoirs ? », *in* GABORIAU Simone et PAULIAT Hélène (dir.), *Justice et démocratie*, *op. cit.*, p. 87.

417 GABORIAU Simone, « L'enjeu démocratique de la justice », *in* GABORIAU Simone et PAULIAT Hélène (dir.), *Justice et démocratie*, *op. cit.*, p. 28.

positives et impérativement versées au dossier[418], de sorte à préserver leur liberté de parole à l'audience[419]. En France, depuis la loi n° 2013-669 du 25 juillet 2013 relative aux attributions du garde des sceaux et des magistrats du ministère public en matière de politique pénale et de mise en œuvre de l'action publique, le ministre de la justice ne peut plus adresser d'instructions individuelles aux membres du parquet.

Ces libertés permettent de sauvegarder l'indépendance des magistrats du parquet non seulement à l'égard de la chancellerie, mais aussi vis-à-vis des magistrats du siège[420], des parties au procès[421] et des représentants de l'État dans les circonscriptions administratives[422]. Elles permettent de trouver un certain équilibre entre le besoin d'harmonisation des politiques publiques et le respect de la pleine compétence des parquetiers dans l'exercice de leurs prérogatives[423].

Le débat autour de l'indépendance des magistrats du parquet concerne la majorité des États francophones. La Francophonie doit donc impérativement en saisir la spécificité et les implications. A ce jour, ni les textes francophones de

---

418 L'autorité hiérarchique ne peut donner au magistrat du parquet, des instructions tendant à empêcher le déclenchement de l'action publique. Le ministre de la justice a certes le droit de demander l'engagement de poursuites pénales, mais la loi en général, ne l'autorise pas à interdire à un parquetier l'exercice de l'action publique (article 36 du Code de procédure pénale français ; article 151§1 de la constitution belge). Il ne peut donc pas ordonner de classement sans suite. L'autorité hiérarchique ne peut formuler que des instructions positives et motivées, lesquelles lui permettent, par écrit, d'orienter le sens de la poursuite, mais pas de s'y opposer. Mais si, en théorie, le Garde des Sceaux n'est pas juridiquement fondé à intimer au parquet l'ordre de ne pas engager telle ou telle poursuite, en pratique il est tout à fait possible qu'il s'y prête sournoisement.

419 La liberté de parole que conservent les magistrats du parquet dans leurs réquisitions orales à l'audience (en France, article 30 du Code de procédure pénale), est un moyen utile de sauvegarder leur indépendance. L'exigence d'instructions écrites versées au dossier permet de préserver l'intégrité intellectuelle du parquetier, qui, au cours de l'audience, retrouve la liberté d'exprimer ses vues et de se démarquer oralement, des instructions reçues. La propension naturelle du magistrat à l'indépendance revient alors au galop. A l'audience, la parole du parquetier est libre. Il peut ainsi développer « *librement les observations orales qu'il croit convenables au bien de la justice* » (article 33 du Code de procédure pénale français ; article 25, alinéa 2 du Code de procédure pénale du Sénégal ; article 107, alinéa 3 de la constitution de Madagascar). Son indépendance l'autorise à n'exprimer à l'audience que la conviction que lui dictent la loi et sa conscience.

420 En vertu du principe de la séparation des autorités de poursuite et de jugement, les juridictions n'ont pas le pouvoir d'adresser des injonctions au ministère public ni de censurer son action.

421 Si le procureur de la République n'est pas tenu d'agir sur simple plainte, il n'est pas non plus lié par un retrait de plainte ou un désistement. De plus, il ne peut faire l'objet de récusation de la part des parties.

422 En France, le procureur échappe précisément à l'autorité du préfet. Voir CC, décision n° 2003-484 DC du 20 novembre 2003, *Rec.*, p. 438, cons. 74 à 77.

423 Notamment en matière de traitement des plaintes, de direction de l'enquête, de poursuite des auteurs d'infraction et d'exécution des peines. Le procureur dispose de pouvoirs propres qu'il tient de la loi. Ce qui signifie qu'appréciant souverainement la légalité et l'opportunité des poursuites, il doit pouvoir décider non seulement d'engager ou pas l'action publique, mais encore, des formes procédurales selon lesquelles, il entend l'engager. Si, seules des instructions écrites et motivées de son supérieur immédiat peuvent contraindre le parquetier à agir, ce dernier demeure maître du choix des voies d'action.

référence, ni les travaux de l'Association Internationale des Procureurs et Poursuivants Francophones (AIPPF) ne s'intéressent véritablement au principe hiérarchique au cœur du fonctionnement des parquets francophones et aux conditions de sa compatibilité avec le principe d'indépendance. Or, l'indépendance des magistrats du parquet est loin d'être un acquis ou une évidence. Elle doit être recherchée dans l'équilibre entre d'une part la cohérence qu'exige la mise en œuvre de la politique pénale et d'autre part, les pouvoirs propres du parquetier. C'est certainement autour de cet équilibre que pourrait se construire, au moins en partie, la doctrine francophone en matière d'appréciation de l'indépendance du parquet. Si en raison du positionnement du parquet, le cordon qui le lie au Ministre de la justice doit être maintenu[424], il doit être aménagé dans une logique de transparence et d'interdépendance en tenant compte des spécificités de la fonction. Le défi est ici de trouver la distance optimale[425] qui permette, tout en maintenant le nécessaire lien de subordination fonctionnel, de préserver l'indépendance organique du parquet. Certes, le Garde des Sceaux doit pouvoir légitimement donner des directives générales aux procureurs, mais cela doit se faire de manière transparente et en harmonie avec les lignes directrices établies, de façon à protéger la réalité et la perception de l'indépendance du parquetier. La Francophonie doit donc plaider pour que les liens hiérarchiques, lorsqu'ils sont maintenus, ne puissent entraver le devoir d'indépendance des parquets francophones.

Au final, l'exigence d'indépendance et la structure hiérarchisée du parquet ne sont pas systématiquement inconciliables. Au fond, la hiérarchie n'est un danger pour l'indépendance du parquet et par là même, pour les libertés individuelles, que si les relations qui en découlent sont opaques et si le titulaire du pouvoir de nomination possède aussi le pouvoir de décider de la carrière et de la responsabilité des membres du corps. Dans l'espace francophone, le compromis entre la rupture totale et la dépendance absolue doit sans doute être recherché dans la transparence, laquelle permettra de réconcilier les logiques de hiérarchie et d'indépendance. Puisque sans elle l'indépendance pourra toujours être contestée, la transparence doit gouverner au quotidien les rapports entre la chancellerie et les magistrats du parquet, aussi bien dans l'exercice de leurs fonctions, que dans la gestion de leur carrière. Ainsi que le déclarait avec justesse Jean-Paul Jean, « *on ne peut pas, d'une part, revendiquer le statut de magistrat et, d'autre part, ne pas disposer des garanties d'indépendance et d'impartialité attachées*

424 En France le Comité Balladur chargé de réfléchir et de faire des propositions pour la modernisation et le rééquilibrage des institutions de la Ve République avait en 2007 exprimé dans son rapport son attachement au pouvoir hiérarchique du ministre de la justice sur les magistrats du Parquet. BALLADUR Édouard, *Une Ve République plus démocratique*, Comité de réflexion et de proposition sur la modernisation et le rééquilibrage des institutions de la Ve République, p. 155.

425 HOURQUEBIE Fabrice, *Le pouvoir juridictionnel en France*, *op. cit.*, pp. 38-43.

à cette qualité, car l'exercice des fonctions judiciaires ne se limite pas à la fonction de juger »[426]. A l'instar des magistrats du siège, l'autorité de poursuite ne doit pas non plus être soupçonnée de subir des influences autres que celles relevant de son appréciation souveraine des faits. Son indépendance et sa carrière doivent donc également être protégées par un traitement approprié[427] et par un organe indépendant. Pour autant, dans la plupart des États francophones, l'autonomie du parquet demeure relativement ambiguë, au point de transparaître dans les flottements de son statut. D'où l'intérêt d'un positionnement francophone à ce niveau.

b. Un statut spécifique controversé

A côté du lien hiérarchique, le statut en demi-teinte des magistrats du parquet contribue lui aussi à relativiser leur indépendance. Membre à part entière du corps judiciaire, le magistrat du parquet est, quoique relevant du Conseil supérieur de la magistrature, soumis à un statut édulcoré et moins protecteur. En effet, dans la plupart des États francophones, les attributions du Conseil supérieur de la magistrature dans la gestion de la carrière des magistrats du parquet sont en général assez restreintes. Le principe généralement retenu est celui de l'avis simple, tant au niveau de sa nomination, qu'au niveau de son déplacement, de sa promotion et de son régime disciplinaire. Comme les magistrats du siège, les magistrats du parquet doivent être recrutés et promus selon des critères objectifs et au terme de procédures justes et impartiales. Recrutés en général dans les mêmes conditions que leurs homologues du siège, les parquetiers sont nommés par le Président de la République, dans certains pays francophones, sans l'avis du Conseil supérieur de la magistrature[428] et dans d'autres, après un avis simple qui ne lie pas le Garde des Sceaux[429] ; ce qui a pour effet de mettre à mal l'unité du corps.

---

426 JEAN Jean-Paul, « L'enjeu de l'affaire Medvedyev », *J'essaime… pour une autre justice*, n° 8, 2009, p. 4.

427 Congrès des Nations Unies pour la prévention du crime et le traitement des délinquants, *Principes directeurs applicables au rôle des magistrats du parquet*, 8e Session, La Havane, 27 août - 7 septembre 1990, Principe 6.

428 Au Burkina Faso (article 134 de la constitution et article 10, alinéa 3 de la loi organique n° 036-2001/AN, du 13 décembre 2001, portant statut du corps de la magistrature) et au Niger (article 101, alinéa 2 de la constitution du Niger) par exemple, l'avis du Conseil Supérieur de la Magistrature n'est pas exigé pour la nomination des magistrats du ministère public.

429 En France par exemple, leurs nominations ne sont pas subordonnées à une proposition ou à un avis conforme du Conseil supérieur de la magistrature, comme le veut la règle pour les magistrats du siège, mais plutôt à un avis consultatif de la formation du parquet y compris en ce qui concerne les procureurs généraux et le procureur général près la Cour de cassation dont le postes sont pourvus en conseil des ministres. Ceci dit, selon une pratique initiée en 1997, le Garde des Sceaux a généralement tendance à suivre l'avis du conseil, bien qu'il n'y soit pas tenu.

Par ailleurs, dans l'espace francophone, le système d'évaluation et de promotion des magistrats du parquet est en règle générale très hiérarchisé[430] et soumis *in fine* à l'autorité du Garde des Sceaux. Ce qui a pour effet ici encore d'atténuer leur indépendance statutaire.

D'un autre côté, l'inamovibilité reconnue aux magistrats du siège ne s'étend pas à ceux du parquet en raison de la nature et de la spécificité de leur mission. Dans la plupart des États francophones, les magistrats du parquet, bien que relevant de la magistrature, sont exclus du bénéfice de l'inamovibilité. Ils peuvent donc être déplacés d'office dans l'intérêt du service, « *sans que soit méconnu aucun principe général du droit* »[431]. Si ce régime dérogatoire, justifié par le devoir d'obéissance hiérarchique, ne porte pas, selon le juge constitutionnel français, atteinte au principe d'unité de la magistrature judiciaire[432], il est tout de même nécessaire de préserver les magistrats du parquet de mesures arbitraires, en soumettant leur déplacement, à tout le moins, à un avis du Conseil supérieur de la magistrature[433]. Le principe semble acquis dans la plupart des États concernés, mais l'avis n'a pas partout la même force. Dans certains États, l'avis requis est simple[434], dans d'autres, il est conforme[435].

Aussi, acteur essentiel de l'administration de la justice, le parquetier doit-il toujours préserver la dignité et l'honneur de sa charge[436]. Sans revenir ici sur le sens de la responsabilité dans une démocratie, notons que si les magistrats du

---

430 Au Sénégal, les magistrats du Parquet sont notés par le Procureur général près la Cour d'Appel après avis du Président de cette juridiction et au vu, s'il y a lieu, de l'appréciation donnée par le Procureur de la République après avis du Président du Tribunal régional (voir les articles 35 et 36 de la loi organique n° 92-27 du 30 mai 1992 portant statut des magistrats). Voir en Côte d'Ivoire, l'article 9 du décret n° 78-697 du 24 août 1978, pris pour application de la loi n° 78-662 du 4 août 1978 portant statut de la magistrature ; au Bénin, l'article 50 de la loi n° 2001-35 du 21 février 2003 portant statut de la magistrature ; au Cameroun, l'article 31 du décret n° 95/048 du 8 mars 1995 portant statut particulier de la magistrature.

431 Voir CE, 27 juillet 1979, *Jeol*, *Rec.* p. 338.

432 CC, décision n° 92-305 DC du 21 février 1992, *Rec.* p. 27. Doctrine : RENOUX Thierry-Serge, « Le Conseil constitutionnel et le statut des magistrats de l'ordre judiciaire : vers une décision constitutionnelle ? », *Gazette du Palais*, n° 125-126, 1993, p. 7.

433 Mali : article 10, alinéa 2 de la loi n° 02-054 du 16 décembre 2002 portant statut de la magistrature.

434 En France, le déplacement d'un magistrat du parquet, dans l'intérêt du service, est subordonné à un avis simple du Conseil supérieur de la magistrature. En pratique, on peut observer un rapprochement avec la situation des magistrats du siège, puisque les magistrats du parquet bénéficient d'une inamovibilité de fait. En dehors des sanctions disciplinaires, les déplacements d'office sont résiduels voire quasi inexistants. DALLE Hubert, « Magistrats (Sortes et statuts) », *in* CADIET Loïc, *Dictionnaire de la Justice*, *op. cit.*, p. 856.

435 C'est le cas au Bénin. Article 6 alinéa 2 de la loi n° 2001-35 du 21 février 2003 portant statut de la magistrature.

436 Congrès des Nations Unies pour la prévention du Crime et le traitement des délinquants, *Principes directeurs applicables au rôle des magistrats du parquet*, 8e Session, La Havane, 27 août - 7 septembre 1990, Principe 3.

parquet doivent pouvoir répondre de leurs manquements professionnels, la procédure disciplinaire dirigée contre eux se doit d'être conforme à la loi et aux règlements, objective, rapide, équitable et respectueuse de son indépendance[437]. De manière générale, dans l'espace francophone, la procédure disciplinaire peut être déclenchée par le Garde des Sceaux[438] et les procureurs généraux près les Cours d'appel, auxquels s'ajoute dans certains États et sous certaines conditions, le justiciable[439]. Au-delà de cette initiative partagée, les magistrats du parquet continuent, en matière disciplinaire, de relever de l'autorité de nomination à travers le Garde des Sceaux. L'écart statutaire entre les magistrats du siège et ceux du parquet trouve ainsi un appendice naturel en matière d'action disciplinaire puisque là encore, comme en matière de nomination, de déplacement ou de promotion, le Garde des Sceaux conserve le pouvoir de décision[440]. Deux tendances fortes se dégagent. Dans certains pays comme la France le Sénégal, le Mali et la Belgique, la décision finale est prise par l'exécutif, après un avis simple et motivé du Conseil supérieur de la magistrature[441], qui siège comme un simple organe consultatif[442]. Dans d'autres, comme la Côte d'Ivoire[443] et le Cameroun[444], l'avis exigé continue d'émaner d'une commission de discipline instituée à leur

---

437 *Ibid.*, Principe 21.

438 Ce pouvoir d'appréciation de l'opportunité des poursuites lui est reconnu notamment en Côte d'Ivoire, à l'article 54 de la loi n° 78-662 du 4 août 1978 portant statut de la magistrature.

439 En France par exemple, la recevabilité de la plainte d'un justiciable est subordonnée à plusieurs conditions : la plainte ne peut être dirigée contre un magistrat du parquet dont le parquet ou parquet général demeure saisi de la procédure ; elle ne peut être présentée après l'expiration d'un délai d'une année suivant une décision irrévocable, mettant fin à la procédure. Elle doit être signée par le justiciable et indiquer son identité, son adresse ainsi que les éléments permettant d'identifier la procédure en cause.

440 L'avis du Conseil Supérieur de la Magistrature ici ne lie pas le Garde des Sceaux. CE, 6 avril 2001, *Lapertot*, Req. 214059.

441 C'est le cas en France où l'article 65, alinéa 7 de la Constitution française dispose que « *la formation du conseil supérieur de la magistrature compétente à l'égard des magistrats du parquet, donne son avis sur les sanctions disciplinaires qui les concernent* ». Le Garde des Sceaux n'est pas lié par l'avis qui lui est donné. Il peut prononcer une peine plus faible ou plus élevée que celle prononcée par le conseil supérieur de la magistrature. S'il entend prononcer une sanction plus lourde que celle proposée, le Garde des Sceaux doit solliciter de nouveau l'avis du Conseil supérieur de la magistrature. PERROT Roger, *Institutions judiciaires*, *op.cit.*, p. 316. C'est également le cas au Sénégal et au Mali. En Belgique, conformément à l'article 153 de la Constitution, le Roi dispose, sur proposition du ministre de la justice et après avis du Conseil national de discipline, de la compétence disciplinaire pour les peines majeures infligées au Ministère public.

442 CE, 8 octobre 2000, *Terrail*, *Leb.*, p. 430, Concl. A. Seban.

443 En Côte d'Ivoire, bien que l'article 106 de la constitution fasse désormais du Conseil Supérieur de la Magistrature, le Conseil de discipline des magistrats du parquet, il reste, en attendant l'adoption de la loi organique, en vertu de l'article 57 de la loi n° 78-662 du 4 août 1978 portant statut de la magistrature, à l'écart de la discipline des magistrats du parquet.

444 Cameroun : article 52 du décret n° 95/048 du 8 mars 1995 portant statut particulier de la magistrature.

égard auprès de la chancellerie. Cette situation remet profondément en question l'indépendance recherchée des magistrats du parquet dans l'espace francophone. Conçu pour être l'avocat du peuple, le ministère public doit pouvoir veiller à l'application de la loi dans les conditions les plus objectives, sans crainte, ni parti pris ou préjugé. La Francophonie ne s'est pas directement saisie de la question spécifique de son indépendance statutaire. Néanmoins, consciente de l'importance du rôle des procureurs dans le fonctionnement de la justice, elle s'est employée jusque-là, à soutenir la présence francophone aux rencontres et forums internationaux, notamment aux conférences annuelles de l'Association Internationale des Procureurs et Poursuivants (AIPP)[445]. Elle a, dans cet élan, appuyé la création d'une section francophone au sein de l'AIPP, pour défendre la spécificité des systèmes judiciaires de droit civil. Créée à Yaoundé en février 2009, l'Association Internationale des Procureurs et Poursuivants Francophones (AIPPF) offre, par la concertation, l'échange et le partage d'expériences qu'elle favorise, un cadre d'observation et de promotion de l'indépendance des magistrats du parquet dans l'espace francophone. En accompagnant ainsi les procureurs francophones dans la conduite de leurs activités, la Francophonie contribue indirectement à approfondir la réflexion sur la question de leur indépendance. Le champ réflexif reste donc encore à défricher pour dégager en Francophonie, les critères minima d'indépendance du parquet et de ses membres, car l'indépendance des poursuites reste au cœur des préoccupations actuelles sur l'indépendance de la justice.

Dans ce contexte, militer pour l'indépendance statutaire du parquet appelle un questionnement à la fois d'opportunité et de fond. Faut-il aligner les statuts en renforçant, à l'égard des magistrats du parquet, la compétence du Conseil supérieur de la magistrature ? Voici un autre axe majeur autour duquel doit s'articuler la réflexion francophone au sujet de l'indépendance des magistrats du parquet. Au-delà de la nécessaire rationalisation du principe hiérarchique, l'autre voie de renforcement de l'indépendance des magistrats du parquet reste sans doute celle de l'amélioration de leurs garanties de carrière. Faudrait-il, comme le suggère avec constance le Conseil supérieur de la magistrature français, étendre aux magistrats du parquet les garanties statutaires reconnues à ceux du siège[446] en matière de nomination[447], de déplacement, de promotion et de sanction ?

---

445 Participation aux conférences annuelles de l'AIPP, tenues en septembre 2001 à Sydney, en août 2003 à Washington, en aout 2005 à Copenhague, en 2006 à Paris, à Dubaï et 2014, etc.

446 Conseil Supérieur de la Magistrature, *Rapport d'activité 2003-2004*, p. 38 ; *Rapport annuel 2004-2005*, p. 191-193 ; *Rapport annuel 2007*, p. 70-71. Proposition au reste partagée par une partie de la doctrine : GIQUEL Jean, « Service public de la justice et structure de l'Etat », *in* GUIGOU Élisabeth *et. al.*, *Le service public de la justice*, Paris, Odile Jacob, 1998, p. 119.

447 En France, cette solution a été proposée en 1997 par le rapport « Truche ». TRUCHE Pierre (dir.), *Rapport de la Commission de réflexion sur la justice*, Paris, La Documentation française, juillet 1997, p. 35.

Là encore les textes francophones de référence en matière d'appui à la justice restent silencieux. Dans tous les cas, l'exercice des fonctions judiciaires ne se limite guère à la fonction de juger. S'il est, de toute évidence, nécessaire de marquer de manière nette la frontière entre les fonctions de poursuite et les fonctions de jugement, il faut aussi souligner que, pour les libertés, poursuivre est aussi important que juger. Les États francophones doivent donc en tirer toutes les conséquences pour corriger les paradoxes de la magistrature et assurer à leurs parquets des garanties statutaires identiques à celles accordées au siège. Si l'intervention du Garde des Sceaux dans l'exercice de l'action publique peut, sans préjudice de l'indépendance du parquet, s'expliquer par les exigences de cohérence dans la mise en œuvre de la politique pénale, celle-ci ne saurait valablement et rigoureusement se justifier à l'égard de la carrière des magistrats du parquet. La fin des variantes statutaires permettrait ainsi de redonner son sens à l'unité théorique du corps. La solution consisterait alors, dans le respect de leurs fonctions, à renforcer le statut des parquetiers en exigeant, au-delà de la piste parfois évoquée du simple avis motivé, un avis conforme du Conseil supérieur de la magistrature[448], à chacun des moments décisifs de leur carrière. Mettre fin à la modulation des compétences du Conseil supérieur de la magistrature qui, selon qu'il s'agit d'un magistrat du siège ou du parquet, exerce en matière disciplinaire, des fonctions juridictionnelles ou consultatives[449], transformerait enfin cette institution en véritable organe-clé de l'indépendance statutaire des magistrats, qu'ils soient du siège ou du parquet. Dans l'espace francophone cette réalité n'est pas totalement inédite. Certains États francophones offrent déjà aux magistrats du parquet des garanties statutaires globalement identiques à celles des magistrats du siège. Au Congo[450] et en République démocratique du Congo[451] par exemple, les magistrats du parquet, même s'ils restent amovibles et soumis au principe

La même proposition se retrouve dans le Rapport d'activité de 2001 du Conseil Supérieur de la Magistrature français, ainsi que dans l'avis du CNCDH sur l'indépendance de la justice (*JORF* n° 0176, 31 juillet 2013, Texte n° 102). Elle est également relayée par la doctrine. Voir PRADEL Jean et LABORDE Jean-Paul, « Du ministère public en matière pénale. A l'heure d'une éventuelle autonomie ? », *D.*, 1997, Chron., n° 19, p. 142.

448 L'adoption de garanties statutaires supplémentaires, telle une nomination sur avis conforme du Conseil Supérieur de la Magistrature, ainsi que de garanties procédurales d'impartialité dans l'exercice de leurs fonctions pourraient permettre de lever les soupçons à propos de l'indépendance et de l'impartialité des magistrats du parquet : RENOUX Thierry-Serge et DE VILLIERS Michel (dir.), *op. cit.*, p. 768. En France, une réforme ambitieuse pourrait même conduire à étendre cette harmonisation statutaire aux magistrats administratifs et financiers.

449 GIQUEL Jean, « Le Conseil Supérieur de la Magistrature : une création continue de la République », *in Droit et politique à la croisée des cultures, Mélanges en l'honneur de Philippe Ardant*, Paris, LGDJ, 1999, p. 301.

450 Loi n° 023-92 du 20 août 1992 portant statut de la magistrature ; loi 024-92 du 20 août 1992 portant institution du Conseil Supérieur de la Magistrature.

451 La loi organique n° 06-020 du 10 octobre 2006 portant statut des magistrats ; loi organique n° 08-013 du 05 août 2008 portant organisation et fonctionnement du Conseil Supérieur de la Magistrature.

hiérarchique, sont nommés, promus et sanctionnés, dans les mêmes conditions que leurs homologues du siège, c'est-à-dire par le président de la république, sur proposition du Conseil supérieur de la magistrature. Au Bénin, les juges et les parquetiers sont nommés et déplacés après avis conforme du Conseil supérieur de la magistrature. En France, même s'il est à ce jour suspendu, le projet de loi constitutionnelle portant réforme du Conseil supérieur de la magistrature, en son article 2 modifiant l'article 65 de la constitution, non seulement exigeait l'avis conforme du Conseil supérieur de la magistrature pour la nomination des magistrats du parquet, mais encore il semblait véritablement faire du Conseil, leur organe de discipline. Il faut donc espérer au-delà des États précurseurs, que de telles réformes puissent prospérer dans l'espace francophone, pour ainsi réduire les écarts statutaires qui séparent les magistrats du siège et de ceux du parquet et renforcer ainsi l'indépendance de toute la magistrature. Tel est le plaidoyer auquel la coopération francophone doit en la matière, s'attacher.

Le parquet ne pourra légitiment être considéré à la fois comme garant des libertés et autorité de poursuite que si son indépendance est clairement affirmée et garantie à l'égard du pouvoir exécutif. Si la structure hiérarchique du parquet tend à faire écran à son indépendance, l'appartenance au corps judiciaire destine naturellement le magistrat du parquet à être indépendant. Son indépendance demeure donc « *une grande exigence de notre temps* »[452] et de notre espace. Par-delà la nécessité de lui garantir, à l'instar du magistrat du siège, une rémunération suffisante[453], le défi est là encore, pour la communauté francophone, de rechercher la bonne distance, celle qui permettra au parquetier francophone de participer, sous l'autorité hiérarchique du Garde des Sceaux, à la mise en œuvre de la politique pénale telle que définie par le gouvernement, tout en conservant l'irréductible liberté qui s'attache à sa qualité de magistrat.

Mais dans un État de droit, l'indépendance des magistrats ne saurait rigoureusement subsister en l'absence d'un barreau autonome. La question de l'indépendance de la justice ne s'épuise donc pas dans l'indépendance de la magistrature ; elle va au-delà pour inclure celle des avocats. Dans un État démocratique, c'est au juge et à l'avocat qu'il appartient de veiller au respect de la primauté du droit. Sans la liberté de l'avocat, il n'y a pas de justice indépendante et sans indépendance de la justice, il n'y a point d'État de droit. Sur le terrain de la justice, le juge et l'avocat sont appelés à œuvrer en commun

---

452 PRADEL Jean et LABORDE Jean-Paul, « Du ministère public en matière pénale. A l'heure d'une éventuelle autonomie ? », *Dalloz*, 1997, p. 141.

453 Ils doivent avoir des conditions de service raisonnables et bénéficier d'une rémunération adéquate, proportionnée au rôle crucial qu'ils jouent et ne pas voir leur salaire ou autres avantages diminués de façon arbitraire. AIPP, *Normes de conduite professionnelle pour tous les procureurs et poursuivants - Déclaration des droits et devoirs essentiels des Procureurs et poursuivants*, 23 avril 1999.

pour assurer la sentinelle de l'État de droit et de la démocratie[454]. Ils exercent des missions certes distinctes, mais fondamentalement complémentaires. La garantie des droits et libertés ne saurait donc se concevoir sans l'indépendance des avocats. Telle est l'autre levier de l'engagement francophone en faveur de l'indépendance de la justice.

SECTION II. L'INDEPENDANCE DES AVOCATS

L'indépendance de la justice, telle qu'elle est saisie par la coopération francophone, implique au-delà de l'indépendance de la magistrature, l'indépendance de l' « *avocature* »[455]. La protection adéquate des droits et libertés commande en effet que tout citoyen puisse, en cas de besoin, accéder aux prestations juridiques d'un avocat indépendant pour faire valoir ses droits. La primauté du droit et l'indépendance judiciaire seraient vidées de contenu réel si les avocats étaient individuellement ou collectivement privés de liberté dans l'exercice de leur mission d'assistance ou de représentation.

L'avocat est un professionnel libéral et assuré, qui conseille ses clients en droit et/ou les représente, en plaidant leurs causes devant les cours et tribunaux[456]. Il appartient à un Barreau et est soumis à une déontologie généralement appliquée par un ordre ou une association professionnelle, sous le contrôle de la juridiction suprême de son lieu d'exercice. Il est vrai que l'avocat ne fait pas partie du pouvoir judiciaire à proprement parler mais il concourt à son expression. Et sur la scène du théâtre juridictionnel, l'avocat n'est pas un simple figurant, mais un acteur-clé. Son indépendance est donc un élément central de l'identité de la profession. La liberté de l'avocat étant la condition fondamentale de la défense, les sociétés libérales l'ont progressivement reconnue dans son principe.

Aux niveaux international[457] et européen[458], un ensemble de règles ont été fixées en vue de promouvoir et de concrétiser la liberté d'exercice de la profession d'avocat. N'ayant qu'une valeur déclaratoire, ces textes ont pour objet de guider

---

454 Pour reprendre la formule retenue pour le thème du vingtième congrès de la CIB, sur « *Les rôles respectifs et les rapports entre le juge et l'avocat comme sentinelles de l'état de droit, de la démocratie et des libertés collectives et individuelles* », Ouagadougou, 9-13 décembre 2005.

455 SOULEZ LARIVIERE Daniel, *L'avocature*, Paris, Seuil, 1995, 396 p.

456 Article 1er de la loi n° 81-588 du 27 juillet 1981 réglementant la profession d'avocat en Côte d'Ivoire.

457 Dans le cadre des Nations Unies l'on peut évoquer les *Principes de base relatifs au rôle du Barreau*, adoptés par le Congrès des Nations Unies pour la prévention du Crime et le traitement des délinquants, en sa 8e Session, à La Havane, 27 août - 7 septembre 1990. Ces principes ont ensuite été accueillis par l'Assemblée Générale des Nations Unies dans sa *Résolution 45/121* du 14 décembre 1990.

458 Dans le cadre régional européen, l'on peut citer la *Recommandation Rec (2000)21 du Comité des Ministres du Conseil de l'Europe, sur la liberté d'exercice de la profession d'avocat*, 25 octobre 2000.

les États dans l'élaboration et la mise en place d'un cadre normatif garantissant le libre exercice de la profession d'avocat.

Si la Francophonie n'a pas directement adopté de textes spécifiques à cette fin, elle reconnaît néanmoins que l'indépendance de l'avocat constitue l'une des conditions fondamentales de l'indépendance de la justice dans sa globalité. Si dans la Déclaration et le Plan d'action du Caire, les États francophones ont entendu prendre une part active à la réflexion sur le statut de l'avocat, dans la Déclaration de Bamako, ils se sont formellement engagés en faveur de la liberté des barreaux comme garantie fondamentale de l'État de droit. Quoique statutairement reconnue par la loi dans la plupart des États francophones[459], l'indépendance de l'avocat reste en pratique, très souvent menacée par les immixtions et pressions du pouvoir politique, par la précarité des conditions de travail et à certains égards, par les lacunes de sa formation. C'est pourquoi la Francophonie, dans sa dynamique d'approfondissement d'un espace juridique francophone, soutient et consolide les actions solidaires et confraternelles de la Conférence Internationale des Barreaux de tradition juridique commune (CIB) en faveur de l'indépendance des avocats et des barreaux francophones[460]. Par ce biais, la Francophonie accompagne la conception et la mise en œuvre d'initiatives destinées à permettre aux avocats de remplir sans entrave leur fonction fondamentale d'auxiliaire de justice.

Dans son action en faveur de la liberté de la défense, la Francophonie a bien compris que dans un État de droit, il n'y a pas d'avocat indépendant (§ 1) sans barreau indépendant (§ 2) et inversement.

§ 1. L'indépendance individuelle des avocats

Dans l'exercice de ses fonctions de conseil, d'assistance et de représentation, l'avocat doit être indépendant. Si le serment de l'avocat l'invite à respecter les règles de son ordre, il affirme aussi clairement le principe de son indépendance[461]. Par-delà le débat autour de la pertinence de l'usage à son égard du qualificatif

---

459 Voir en Côte d'Ivoire, la loi n° 81-588 du 27 juillet 1981 réglementant la profession d'avocat.

460 La Francophonie apporte son soutien et participe aux rencontres statutaires et scientifiques, ainsi qu'aux congrès annuels de la Conférence internationale des barreaux de tradition juridique commune (CIB) créée à Paris le 25 novembre 1985.

461 En France, la formule du serment, prévue à l'article 3 de la loi n° 71-1130 du 31 décembre 1971, engage l'avocat à exercer ses fonctions de défense et de conseil « *avec dignité, conscience, indépendance, probité et humanité* ». Au Burkina Faso, en vertu de l'article 31 de la loi n° 016-2000 du 23 mai 2000, l'avocat jure d'exercer sa profession avec dignité, conscience, indépendance, probité et humanité et de ne jamais s'écarter du respect dû aux cours et aux tribunaux, aux bonnes mœurs et aux règles de son ordre.

d'auxiliaire de justice[462], l'avocat se donne incontestablement comme un partenaire ou un « *collaborateur de la justice, (...) appelé à fournir en toute indépendance et dans l'intérêt supérieure de celle-ci, l'assistance légale dont le client a besoin* »[463]. S'il est vrai que la coopération francophone s'est saisie, depuis la Déclaration du Caire, de la question de l'indépendance des avocats, elle ne l'a en revanche pas définie à proprement parler dans ses composantes. Ceci dit, cette indépendance individuelle de l'avocat, pour laquelle plaide la Francophonie, s'appuie sur deux arguments essentiels. Elle est indispensable premièrement parce que la profession d'avocat est par essence libérale[464] (A), et deuxièmement parce qu'elle a pour finalité d'assurer la défense libre des citoyens devant les tribunaux (B).

A. Une indépendance construite autour du principe de liberté

L'indépendance de l'avocat est liée au concept de liberté dans lequel il prend forme. Toute justice réputée indépendante doit donc indispensablement être soutenue par des avocats libres. Puisqu' « *il n'y a pas de justice, ni de démocratie, sans défense libre* »[465], l'indépendance de l'avocat apparaît comme un élément fondamental et imprescriptible[466] de la bonne gouvernance judiciaire. Comme celle des magistrats, l'indépendance des avocats est indispensable à une saine administration de la justice et à la garantie des libertés individuelles[467]. Elle reste donc un défi permanent. Aucun texte francophone ne décline concrètement le sens et les implications de la liberté de l'avocat. Ceci dit, dans le cadre de la coopération francophone, la question a été abordée lors du vingtième congrès de la Conférence internationale des Barreaux de tradition juridique commune (CIB) qui s'est tenu à Ouagadougou en décembre 2005, et dont les travaux ont porté sur « *les rôles respectifs et les rapports entre le juge et l'avocat comme sentinelles de*

---

462 Dans l'élan de revendication de l'indépendance des avocats, certains auteurs n'ont pas hésité à contester et à réfuter le qualificatif d'auxiliaire de justice. Voir notamment KRIKORIAN Philippe, « Le statut constitutionnel de l'avocat défenseur », *Gazette du Palais*, n° 338, 4 déc. 2007, p. 3.

463 CJCE, 18 mai 1982, *AM et S Europe c/ Commission*, (155/79), *Rec.* p. 1575, attendus 24 et 27.

464 Voir en France, l'article 1er de la loi n° 71-1130 du 31 décembre 1971 portant réforme de certaines professions judiciaires et juridiques ; au Sénégal l'article 10 de la loi du 4 janvier 1984 créant l'Ordre des Avocats au Sénégal ; en Côte d'Ivoire, l'article 47 la loi n° 81-588 du 27 juillet 1981 réglementant la profession d'avocat.

465 MAGENDIE Jean-Claude, *in* CIB, « Actes du XXe Congrès sur les rôles respectifs et les rapports entre le juge et l'avocat comme sentinelles de l'état de droit, de la démocratie et des libertés collectives et individuelles », Ouagadougou, 9-13 décembre 2005, *Bulletin du Bâtonnier, Périodique d'information des barreaux du Burkina Faso*, numéro V, Edition spéciale, mai 2006, p. 30.

466 Union Internationale des Avocats, *Principes fondamentaux de la profession d'avocat*, adoptés par l'assemblée générale du XXe congrès de l'UIA à Bonn le 4 avril 1964, Point 4 et 12.

467 Association Internationale des Jeunes Avocats, *Déclaration d'Athènes*, 27 août 1966, Point 2.

l'état de droit, de la démocratie et des libertés collectives et individuelles »[468]. Une lecture attentive des actes de ce congrès soutenu par la Francophonie permet d'observer que s'il est vrai que l'avocat doit rester indépendant à l'égard de tous, sa liberté s'exprime en des termes différents selon qu'elle rencontre le pouvoir politique, le juge, l'opinion publique, ou son client.

A l'égard de son client, l'indépendance morale et intellectuelle de l'avocat peut le conduire, au nom du principe de la liberté du choix des affaires, à refuser un dossier, s'il estime en conscience devoir le faire. En revanche, il ne peut refuser de plaider une cause simplement pour des motifs d'opportunité. Son indépendance lui confère la maîtrise de son argumentation juridique devant les tribunaux, car l'avocat est libre dans le choix de sa stratégie de défense[469]. L'indépendance de l'avocat l'oblige aussi à garder une bonne distance avec les activités politiques ou sociales de ses clients. Si par principe, il négocie librement ses honoraires avec le client, il lui est interdit, dans nombre de pays francophones, de proposer une rémunération contingente basée exclusivement sur un pacte de *quota litis*, c'est-à-dire un pourcentage convenu à l'avance sur le résultat à venir[470]. Enfin, l'avocat ne doit pas, du fait de l'exercice de ses fonctions, être assimilé à son client ou à sa cause[471]. Il en est le défenseur devant le juge, mais pas le complice. Les États francophones doivent donc garantir aux avocats le respect de leur liberté dans le choix et la conduite de leurs affaires.

A l'égard des magistrats, l'avocat a le droit de mener librement sa cause. Il a la maîtrise du dossier et du choix des procédures. L'indépendance de l'avocat doit lui permettre d'exercer son activité dans l'intégrité et la ferveur, « *sans peur, ni faveur* »[472]. Elle est la condition de sa crédibilité. En tant qu'auxiliaire de justice, l'avocat doit s'abstenir, dans sa relation avec les magistrats, d'adopter une attitude arrogante, agressive ou même familière. A ce propos, Jean-Marc Varaut fait observer fort justement que « *la défense ne doit être ni de rupture, ni de connivence,*

---

468 CIB, « Actes du XXe Congrès sur les rôles respectifs et les rapports entre le juge et l'avocat comme sentinelles de l'état de droit, de la démocratie et des libertés collectives et individuelles », Ouagadougou, 9-13 décembre 2005, *Bulletin du Bâtonnier, Périodique d'information des barreaux du Burkina Faso*, numéro V, Edition spéciale, mai 2006.

469 HAMELIN Jacques et DAMIEN André, *Les règles de la profession d'avocat*, Paris, Dalloz, 2000, 563 p.

470 Article 10 de la loi n° 71-1130 du 31 décembre 1971 portant réforme de certaines professions judiciaires et juridiques (France) ; voir en Côte d'Ivoire, l'article 89 de la loi n° 81-588 du 27 juillet 1981 réglementant la profession d'avocat.

471 Congrès des Nations Unies pour la prévention du Crime et le traitement des délinquants, *Principes de base relatifs au rôle du Barreau*, 8e Session, La Havane, 27 août - 7 septembre 1990. Principe 18.

472 FISH John, « L'indépendance des avocats est-elle dans l'intérêt des consommateurs », *in L'indépendance des avocats*, Actes du 28e colloque de droit européen, en coopération avec l'Université de Pau et des Pays de l'Adour, Bayonne, 25-26 février 2002, p. 75.

mais judiciaire »[473]. Il y va de la préservation de sa liberté. Le principe est celui de l'immunité de la parole et des écrits de l'avocat en toute procédure, tant que son propos se rapporte à la défense qu'il assume. Mais aucune liberté ne peut raisonnablement s'exprimer sans un minimum de contraintes. L'avocat est certes par essence libre, mais il est tenu au devoir de délicatesse à l'égard des adversaires et des juges. Il est vrai que la critique est permise, mais l'avocat est tenu d'adopter un langage respectueux et mesuré à l'égard du juge, en raison de l'autorité qu'il incarne. En cas de propos injurieux à l'encontre du tribunal, il se rend coupable de délit d'audience. En France, ne pouvant être à la fois juge et partie, le tribunal n'a plus le droit de sanctionner directement l'avocat. Il appartient désormais au Conseil de l'ordre, saisi de la question par le procureur général, de prononcer une éventuelle sanction, bien entendu sous le contrôle de la Cour d'appel. Au Canada, les ordonnances d'outrage ne sont émises que dans les hypothèses graves où l'avocat viole consciencieusement les règles de preuve, de procédure, de décorum et de respect de la magistrature[474]. L'avocat doit donc pouvoir mener librement sa défense dans le respect de l'autorité des magistrats. Pour ce faire, les États francophones doivent protéger la liberté de l'avocat dans la conduite de sa cause et prendre le soin d'encadrer les modalités de sanction des délits d'audience.

S'il doit se montrer indépendant à l'égard de ses clients et des juges, pour ne complaire ni à l'un ni à l'autre, l'avocat doit aussi l'être à l'égard des pouvoirs publics. Il doit, dans l'exercice de son activité, être libre de toute ingérence ou pression politique, même dans le cadre d'une affaire sensible. Ils ne doivent faire l'objet ni de menace, ni de sanction dès lors qu'ils agissent dans le respect de leurs obligations déontologiques. C'est au nom de la liberté de réunion et d'expression des avocats que la CIB a, à l'occasion de son vingt-huitième Congrès, adopté une Résolution invitant les autorités burundaises à retirer la demande de radiation du Bâtonnier Rufyikiri et de mettre fin à toutes les mesures de rétorsion et d'intimidation dont il a fait l'objet, pour avoir commenté et critiqué un projet de réforme constitutionnelle[475]. Pour les États francophones, le défi est donc ici de veiller, ainsi que le recommandent les principes de base des Nations Unies relatifs au rôle du barreau, à ce que « *les avocats puissent s'acquitter de leur profession, sans entrave, intimidation, harcèlement, ni ingérence indue* »[476].

---

473 VARAUT Jean-Marc, « Indépendance », *in* CADIET Loïc, *Dictionnaire de la Justice*, *op. cit.*, p. 628.

474 Elles peuvent condamner l'avocat au paiement d'une amende élevée, voire à une peine privative de liberté. WAGNER Richard, « La liberté des avocats et les garanties de l'exercice des droits de la défense », *in* DECAUX Emmanuel (dir.), *Justice et Droits de l'Homme*, *op. cit.*, p. 194.

475 CIB, *Motion Rufyikiri*, 28e Congrès, Abidjan, 18-22 décembre 2013, Disponible en ligne sur : http://www.cib-avocats.org/actualites/colloques.html.

476 Congrès des Nations Unies pour la prévention du Crime et le traitement des délinquants, *Principes de base relatifs au rôle du Barreau*, 8e session, La Havane, 27 août - 7 septembre 1990, Principe 16.

L'indépendance étant pour l'avocat un principe déontologique, elle s'exprime aussi et enfin à l'égard de lui-même[477]. Selon le principe, l'avocat a le devoir de préserver son indépendance de toute pression et même de celle résultant de ses propres intérêts. Il doit s'abstenir de toute occupation susceptible d'y porter atteinte car l'indépendance exclut toute idée de subordination. Même si l'exercice salarié de la profession d'avocat est admis, « *en aucun cas, les contrats ou l'appartenance à une société, une association ou un groupement, ne peuvent porter atteinte (...), à la faculté pour l'avocat collaborateur ou salarié de demander à être déchargé d'une mission qu'il estime contraire à sa conscience ou susceptible de porter atteinte à son indépendance* »[478]. Les États francophones doivent donc veiller à ce que l'exercice salarié de la profession n'ait pas pour effet de priver l'avocat collaborateur de la liberté statutaire inséparable de sa fonction.

La coopération francophone doit donc, à travers l'OIF et la CIB, militer auprès des États pour que le principe de la liberté de l'avocat puisse s'exprimer dans toutes ses dimensions, car, plus qu'un privilège de la profession, cette liberté est destinée à répondre aux exigences du procès équitable et à préserver les droits de la défense.

B. Une liberté au service de la défense

La liberté de l'avocat, dont la Francophonie s'emploie à promouvoir et à soutenir le respect, se justifie, au-delà des caractéristiques intrinsèques de la profession, par sa vocation à protéger *in fine* les droits de la défense. L'avocat contribue, par ses conseils, à améliorer l'accessibilité de la justice et le respect des garanties attachées au procès équitable. En veillant au respect des droits de la défense et en assurant l'égalité des armes, l'avocat joue un rôle important dans la sauvegarde des droits des citoyens. Mais l'avocat ne peut jouer le rôle déterminant qui est le sien que s'il est véritablement indépendant. Plus qu'une simple technique destinée à assurer l'équilibre vital du débat judiciaire, la liberté de l'avocat se conçoit comme un principe fondamental attaché aux droits de la défense. Elle participe au renforcement de l'État de droit.

L'indépendance de l'avocat est au cœur du système judiciaire contradictoire, pour lequel ont opté la plupart des pays francophones. Dans l'espace

---

477 A l'échelle européenne, le code de déontologie du Conseil des barreaux européens, (CCBE) arrêté à Milan en novembre 1987 et adopté le 28 octobre 1988 à Strasbourg, puis révisé le 28 novembre 1998, fait figurer au premier rang des principes généraux de la déontologie, l'indépendance de l'avocat.

478 MORET-BAILLY Joël, « Déontologie », *in* CADIET Loïc, *Dictionnaire de la Justice*, *op. cit.*, p. 330. Sur ce point, voir en Côte d'Ivoire, l'article 5 la loi n° 81-588 du 27 juillet 1981 réglementant la profession d'avocat.

francophone, le droit à l'assistance d'un avocat a été constitutionnalisé[479] à travers l'exigence du respect des droits de la défense[480]. Au-delà des textes constitutionnels qui considèrent la défense comme un droit absolu à toutes les étapes de la procédure[481], la jurisprudence constitutionnelle l'a, dans certains États francophones, érigée en principe fondamental[482] auquel ni une mesure de suspension[483], ni une procédure disciplinaire[484] ne saurait déroger. Sans les droits de la défense, véritables instruments du droit au droit[485], la protection des droits ne serait qu'une gageure. Car il ne peut y avoir de sauvegarde des droits fondamentaux sans l'égalité des armes prescrite par l'équité du procès. Plus qu'un principe général du droit opposable à l'administration, le respect des droits de la défense est un droit à valeur constitutionnelle, opposable au législateur. L'indépendance individuelle des avocats, telle que promue par la Francophonie, vise donc *in fine* à garantir le libre exercice des droits de la défense.

Traduction de la vieille tradition anglaise de l'*habeas corpus*, destinée à garantir qu'une personne ne soit pas jugée sans avoir été en mesure de s'expliquer, les droits de la défense s'écrivent sur la trame de deux idées maîtresses. D'une part, nul ne peut être juge de sa propre affaire ; d'autre part, le juge ne saurait statuer sans avoir écouté l'argumentation des deux parties. L'avocat ayant le monopole de la défense[486], son rôle est d'aider les parties à préparer, à organiser et à présenter leur défense, pour garantir l'équilibre des droits. La liberté de la défense, qui en est le corollaire, fait partie du « *noyau dur des « garanties fondamentales de bonne justice* » »[487]. L'indépendance de l'avocat contribue donc à l'exercice d'une justice éclairée et équitable.

---

479 Le droit à l'avocat est reconnu à l'article 10 de la Charte canadienne des droits et libertés et à l'article 29 de la Charte québécoise des droits et libertés de la personne.

480 Article 7-1-c de la Charte africaine des droits de l'Homme et des peuples ; article 47 de la Charte des droits fondamentaux de l'Union européenne. Jurisprudence : CJCE, 18 mai 1982, *A. M. et S. c/ Commission*, affaire 155/79, *Rec.* 1982, p. 1575.

481 Article 9, alinéa 2 de la constitution sénégalaise ; article 17, alinéa 1 de la constitution béninoise.

482 Au Liban, l'on peut se référer aux décisions : CC, décisions n° 3/95 du 18 septembre 1995, *Rec.* 1994-1997, p. 47 ; n° 5/2000 du 27 juin 2000, *Rec.* 1997-2000, p. 453. En France, les sages en ont fait un principe fondamental reconnu par les lois de la République : CC, décision n° 76-70 DC du 2 décembre 1976, *Rec.* p. 39 ; décision n° 80-127 DC des 19 et 20 janvier 1981, *Rec.* p. 15 ; décision n° 93-326 DC du 11 août 1993, *Rec.* p. 217.

483 CC du Bénin, DCC 00-024 du 10 mars 2000, *ABJC*, 2013, p. 605.

484 CC du Bénin, DCC 06-160 du 19 octobre 2006 ; DCC 09-009 du 05 février 2009. Disponible en ligne sur : http://www.cour-constitutionnelle-benin.org.

485 VARAUT Jean-Marc, *Le droit au droit : pour un libéralisme institutionnel*, PUF, 1986, Paris, 244 p.

486 C'est ce que prévoit notamment l'article 4 de la loi n° 84-04 du 4 janvier 1984 portant création de l'ordre des avocats du Sénégal.

487 GIUDICELLI-DELAGE Geneviève, « Droits de la défense », *in* CADIET Loïc, *Dictionnaire de la Justice, op. cit.*, 2004, p. 365.

La liberté de la défense implique, pour l'avocat, le droit d'accès à son client. Il doit pouvoir communiquer sans entraves avec son client, et cela quand bien même ce dernier serait en détention. Pour la préparation de la défense, l'avocat et son client doivent avoir un droit d'accès aux informations, renseignements et pièces des dossiers[488]. Il est en effet une exigence élémentaire du procès équitable que de donner à chaque partie la « *possibilité raisonnable de présenter sa cause dans des conditions qui ne la placent pas dans une situation de net désavantage par rapport à son adversaire* »[489].

Dans sa relation avec son client, l'avocat est aussi tenu au secret professionnel. Principe crucial, le secret professionnel est un corollaire de l'indépendance de l'avocat et du droit à une défense pleine et entière. A la fois privilège pour la défense et obligation pour l'avocat[490], le droit de communiquer en confidence avec son conseiller juridique a été consacré par la jurisprudence de la Cour suprême canadienne comme un principe fondamental de la justice[491]. L'État et les forces de police ne peuvent par principe, prétendre accéder aux confidences échangées entre l'avocat et son client, en effectuant des perquisitions ou en récupérant des correspondances ou des conversations téléphoniques[492]. La règle d'or est donc ici celle de la confidentialité des communications et de l'inviolabilité du cabinet et des correspondances[493]. La protection des communications entre l'avocat et son client, fût-il en détention, est essentielle au fonctionnement d'un système processuel équitable[494]. Les États doivent prendre toutes les mesures nécessaires pour y veiller. Le privilège du secret professionnel de l'avocat ne peut être levé que lorsqu'il entre en conflit avec d'autres droits fondamentaux constitutionnellement protégés[495]. Les exceptions ne sont admises que pour autant qu'elles restent compatibles avec l'État de droit. La Cour suprême du Canada ne retient à cet égard que trois exceptions à l'inviolabilité du secret

---

488 *Ibid.*, Principe 21 - Conseil de l'Europe, *Recommandation Rec (2000)21 du Comité des Ministres sur la liberté d'exercice de la profession d'avocat*, 25 octobre 2000, § I, 5,7 et 8.

489 CEDH, *Dombo Beheer B.V. c/ Pays-Bas,* 27 octobre 1993, série A, n° 274, p. 19, § 33. Voir aussi, Cour Suprême du Canada, *R. c/ Stinchombe*, 1991, 3 *RCS*. 326 ; Comité des droits de l'Homme des Nations Unies, *J. Campbell c/ Jamaïque*, A/48/40, 1993.

490 En Côte d'Ivoire, l'obligation est posée à l'article 77 de la loi n° 81-588 du 27 juillet 1981 réglementant la profession d'avocat.

491 Cour suprême du Canada, *Anderson c/ Bank of British Columbia*, 1876, 2 Ch.d.644 (C.A) ; *Solosky c/ La Reine*, 1980, 1 *RCS*. 821 ; *Descôteaux c/ Mierzwinski*, 1982, 1 *RCS*. 860 ;

492 CEDH, 25 mars 1998, *Kopp c/ Suisse, Rec.*, 1998-II, pp. 541 et ss. Sauf s'il apparaît que l'avocat s'est manifestement rendu coupable de faits délictueux. A ce moment-là, la perquisition est effectuée par le juge d'instruction lui-même, en présence du bâtonnier, pour distinguer et séparer les éléments étrangers aux faits reprochés à l'avocat.

493 CJCE, *AM & S c/ Commission du 18 mai 1982*, (155/79), *Rec.* p. 1575.

494 Cour suprême du Canada, *R. c/ Gruenke*, 1991, 3 *RCS*. 263.

495 Cour suprême du Canada, *R. c/ McClure*, 2011, 1 *RCS*. 445.

professionnel : soit l'innocence de l'accusé peut être établie par la divulgation d'une information protégée par le secret professionnel ; soit le conseil juridique participe à la commission de l'acte criminel avec son client ; ou encore la violation du secret professionnel permettrait de porter secours à des personnes dont la vie ou la sécurité sont gravement menacées[496]. En France également, s'il est vrai que la levée du secret professionnel peut être autorisée par la loi à raison de la valeur qu'elle permet de protéger[497], ou justifiée par l'état de nécessité[498], elle est en revanche imposée notamment par l'obligation d'assistance à personne en danger[499] et l'obligation de dénonciation de disparition de mineur[500]. Dans cette perspective, et pour limiter les effets de l'atteinte, le régime des perquisitions dans les cabinets juridiques doit être rigoureusement encadré par la loi, et tenir compte des exigences de prudence, de proportionnalité et de spécificité des situations. Ceci dit, au-delà de la noblesse du principe et de la pureté de ses intentions, le droit au secret professionnel n'est pas toujours garanti aux avocats. Très souvent, les conditions dans lesquelles les perquisitions sont pratiquées dans les cabinets peuvent porter atteinte au droit du secret professionnel des avocats[501]. C'est donc à juste titre qu'interpellée par les menaces constantes qui pèsent sur le secret professionnel de l'avocat, la CIB a, au terme de son vingt-huitième congrès tenu à Abidjan en décembre 2013, réaffirmé la « *nécessité de veiller à l'autorégulation de la profession pour garantir l'indépendance de l'avocat et pour veiller au respect de ses devoirs au service des droits fondamentaux* »[502].

---

496 WAGNER Richard citant la Cour suprême du Canada dans « La liberté des avocats et les garanties de l'exercice des droits de la défense », *in* DECAUX Emmanuel (dir.), *Justice et Droits de l'Homme*, *op. cit.*, p. 188.

497 Article 226-14 du Code pénal.

498 Dans l'intérêt de la personne concernée ou dans la nécessité pour l'avocat de se défendre en justice. Cass. Crim., 29 mai 1989, *Bulletin Criminel*, n° 218, *Gazette du Palais*, 1989. 2. 884, note Damien.

499 Article 223-6 du Code pénal.

500 Article 434-4-1 du code pénal.

501 Sur la réalité ou plutôt le mythe du secret professionnel dans certains États francophones africains, voir : OIF, Délégation à la paix, à la démocratie et aux droits de l'Homme, *État des pratiques de la démocratie, des droits et des libertés dans l'espace francophone, 2006*, *op. cit.*, p. 143. En Europe, l'obligation de déclaration de soupçon (Directive 2005/60/CE du Parlement européen et du Conseil du 26 octobre 2005 relative à la prévention de l'utilisation du système financier aux fins du blanchiment de capitaux et du financement du terrorisme) qui invitait l'avocat à signaler aux autorités de son pays, les transactions suspectes relatives aux affaires de leurs clients, a été encadrée tant par la jurisprudence communautaire (CJCE, Grande Chambre, 26 juin 2007, *Ordre des barreaux francophones et germanophone et autres c/ Conseil des ministres*, affaire C-305/05 ; CEDH, 6 décembre 2012, *Michaud c/ France*, Req. n° 12323/11), que par la jurisprudence interne de certains États pour préserver au mieux la liberté de la défense (Belgique : CC, décision n° 10/2008 du 23 janvier 2008 ; France : CE, 10 avril 2008, *Conseil national des Barreaux*, *Leb.*, 2008, p. 129).

502 CIB, *Motion indépendance*, 28e Congrès, Abidjan, 18-22 décembre 2013. En ligne sur : http://www.cib-avocats.org/actualites/colloques.html.

L'indépendance de l'avocat est assurée par une liberté inséparable de la nature de la profession d'avocat et commandée par le respect des droits de la défense. Elle doit donc être protégée. Au-delà des références sommaires et lointaines dont on peut trouver des traces dans le Plan d'action du Caire et dans la Déclaration de Bamako, la Francophonie doit s'approprier davantage la question de l'indépendance des avocats et s'assurer, grâce à la veille de la CIB, de son effectivité dans l'espace francophone.

Au service de l'efficacité de la défense, l'indépendance de l'avocat exige que sa liberté intellectuelle et sa liberté de parole soient garanties et protégées par un organe indépendant. L'indépendance individuelle doit dès lors, pour s'exercer pleinement, s'insérer dans un cadre collectif. Ainsi, dans l'exercice de sa charge, l'avocat se doit, à lui-même et à son ordre, de demeurer indépendant. Son indépendance se trouve intimement liée à celle de son barreau d'obédience ou de rattachement. Le barreau doit donc lui-même être indépendant pour mieux protéger la fonction de l'avocat et *in fine* les droits et intérêts du justiciable.

§ 2. L'indépendance des Barreaux

Une société libre et démocratique se caractérise par l'indépendance du Barreau. D'utilité publique, le Barreau est l'instance ordinale des avocats. Il est doté d'une personnalité morale[503] et a vocation à être indépendant. L'exercice libre et efficace de la fonction d'avocat est indissociable de l'existence d'un barreau lui-même indépendant. Si le Barreau désigne par principe, l'ensemble des avocats établis dans le ressort d'une cour d'appel[504], l'ordre renvoie quant à lui à l'organe de régulation qui, au nom du barreau, contrôle et protège l'exercice de la profession d'avocat. L'ordre a une organisation interne spécifique. Il dispose d'un pouvoir normatif qui lui permet de définir les conditions d'accès à la profession, ainsi que les règles déontologiques encadrant l'activité de l'avocat. Il dispose également d'un pouvoir de contrôle et de sanction de l'exercice de la profession.

La coopération francophone mesure clairement le caractère fondamental de l'indépendance des Barreaux dont elle a consacré le principe dans la Déclaration de Bamako. Attachée à la liberté des Barreaux, la Francophonie apporte, conformément aux prescriptions du Plan d'action du Caire, son soutien à la Conférence Internationale des Barreaux de tradition juridique commune (CIB) qui, à chacune de ses conférences annuelles, réaffirme constamment l'exigence d'indépendance des avocats et exprime sa solidarité à l'égard de tous les barreaux

503 En Côte d'Ivoire, voir l'article 19 de la loi n° 81-588 du 27 juillet 1981 réglementant la profession d'avocat.

504 Dans la plupart des États francophone d'Afrique, il n'existe qu'un Barreau national compétent à l'égard de tous les avocats. En Côte d'Ivoire par exemple, l'article 4 de la loi n° 81-588 du 27 juillet 1981 réglementant la profession d'avocat, institue un barreau national.

dont l'indépendance est menacée[505]. Ce réseau sert ainsi de cadre d'approfondissement à la réflexion francophone sur le statut des avocats et sur les exigences d'un exercice libre des droits de la défense.

Le statut de l'avocat est protégé par son ordre dont la mission est de garantir en toute indépendance « *la défense de la défense* »[506]. Cette dimension collective de l'indépendance des avocats s'apprécie d'une part à travers la liberté de désignation des instances ordinales (A), et de l'autre à travers leur libre administration (B).

A. La libre désignation des instances ordinales

Tout comme il n'y a pas de magistrat indépendant sans une magistrature indépendante, il n'y a pas non plus d'avocat libre sans un barreau indépendant[507]. L'autonomie du barreau est donc un élément essentiel du droit à l'avocat, lequel induit l'indépendance de ce dernier par rapport à l'État. Les principes de base relatifs au rôle du Barreau, s'ils reconnaissent que la protection adéquate des libertés fondamentales exige que chacun ait un accès effectif aux services d'avocats indépendants, soulignent, par ailleurs, le rôle crucial que les associations professionnelles d'avocats doivent « *jouer en ce qui concerne le respect des normes établies et de la déontologie de leur profession, la défense de leurs membres contre toute restriction ou ingérence injustifiée* »[508]. La revendication d'indépendance de l'ordre des avocats ne relève donc pas de préoccupations simplement corporatistes. Ayant pour mission de préserver l'honneur et la dignité de la profession, l'ordre est un acteur essentiel de l'administration de la justice. Les pouvoirs publics ont, par conséquent, l'obligation positive de veiller à ce que l'ordre professionnel des avocats puisse se constituer et s'acquitter de ses missions sans entrave, ni intimidation ou ingérence indues.

---

505 La défense de l'indépendance des ordres est un objectif statutaire de la CIB. Lors de sa 23e conférence tenue à Bruxelles les 21 et 22 janvier 2009, la CIB a adopté une motion de soutien au barreau de la République centrafricaine. A l'occasion de sa 27e conférence tenue à Kigali du 16 au 20 décembre 2012, la CIB a apporté son soutien notamment aux barreaux du Rwanda, du Burundi et du Gabon.

506 Ce fut le thème du colloque organisé par la CIB avec le soutien de l'OIF et tenu les 23 et 24 avril 2009 à Hammamet en Tunisie. En ligne : http://www.cib-avocats.org/textes-et-resolutions/resolutions-des-congres/119-tunisie-hammamet-avril-2009.html.

507 FAVREAU Bertrand, « L'indépendance des avocats et des magistrats : une condition de l'État de droit » *in Séminaire sur la promotion de la règle de droit comme élément du développement durable*, Bruxelles, 3-4 juillet 2003, p. 4.
En ligne sur : http://www.favreaucivilise.com/pdf/090901.indep.pdf.

508 Congrès des Nations Unies pour la prévention du crime et le traitement des délinquants, *Principes de base relatifs au rôle du barreau* adoptés, 8ème session, La Havane, 27 août - 7 septembre 1990. Ces principes ont été consacrés par l'Assemblée générale des Nations Unies en sa 45e session le 18 décembre 1990 (A/RES/45/166).

Le premier droit collectif des avocats[509] est sans doute celui de pouvoir se regrouper autour d'organes professionnels autonomes et indépendants des autorités et du public[510]. Le droit d'assurer l'autoréglementation de leur corporation est, pour les Barreaux, un droit fondamental que les États se doivent impérativement de garantir. Chaque Barreau est administré par un conseil de l'ordre, dirigé par un bâtonnier dont la mission est de représenter l'ordre, de gérer le personnel et les services, de recevoir les plaintes de toute nature des clients et des confrères, de concilier les différends, d'arbitrer les litiges entre avocats employeurs et avocats collaborateurs et de désigner des avocats au titre de l'assistance judiciaire[511]. De manière générale, la liberté des Barreaux francophones dans la désignation de leurs organes ordinaux est reconnue. Les avocats élisent leurs représentants au cours d'une assemblée générale, comprenant tous les avocats inscrits au Barreau[512], ainsi que les avocats honoraires. Les organes politiques ne doivent en aucune façon pouvoir interférer dans leur désignation, qui ne peut en règle générale être contestée que devant la Cour d'appel de rattachement du Barreau[513].

Si, par principe, le Barreau ne doit pas être sous l'emprise des pouvoirs publics, en réalité son indépendance est très souvent l'objet de sérieuses atteintes de la part du pouvoir politique. Dans certains cas, l'État exerce de fortes pressions politiques, faisant obstacle à l'expression indépendante des Barreaux, au moment de la mise en place des instances ordinales[514]. Tel fut le cas par exemple au début des années 2000, en Mauritanie où l'ordre avait dû faire face à une immixtion insistante des autorités publiques, dans la mise en place des autorités ordinales. La Conférence internationale des Barreaux de tradition juridique commune s'était alors, avec le soutien de la Francophonie, mobilisée pour que la liberté du Barreau mauritanien puisse être restaurée[515]. De façon plus large, la Conférence

509 En Suisse, le rattachement à l'ordre n'est pas obligatoire. Il est tout à fait possible d'exercer la profession d'avocat en dehors de toute inscription à l'ordre.

510 Sur la liberté des avocats de se constituer en associations professionnelles autonomes, voir : Congrès des Nations unies pour la prévention du crime et le traitement des délinquants, *Principes de base relatifs au rôle du Barreau*, 8e Session, La Havane, 27 août - 7 septembre 1990, Principe 24.

511 Côte d'Ivoire : articles 5 et 19 de la loi n° 81-588 du 27 juillet 1981 réglementant la profession d'avocat. Dans les grands barreaux, la tâche est telle qu'elle justifie parfois, l'allocation d'une indemnité de fonction.

512 En Côte d'Ivoire, le droit de vote est ici réservé aux avocats inscrits au tableau depuis au moins six ans. Article 9 de la loi n° 81-588 du 27 juillet 1981 réglementant la profession d'avocat.

513 En Côte d'Ivoire, article 12 de la loi n° 81-588 du 27 juillet 1981 réglementant la profession d'avocat.

514 Au titre des tentatives permanentes du pouvoir politique de contrôle du barreau, l'on peut évoquer notamment les crises qui ont touché les Barreaux mauritaniens et guinéens. Voir sur ce point, SOW Boubacar, « Le combat des juges et des avocats pour la naissance et le renforcement de l'État de droit en Guinée », *loc. cit.*, pp. 29-30.

515 En 2002, un Bâtonnier, régulièrement élu au premier tour, avait vu son élection contestée et remise en cause après l'intervention des pouvoirs publics. Il a fallu l'intervention de l'OIF, la pression de l'Union

internationale des Barreaux de tradition juridique commune aide à la création de barreaux là où ils n'existent pas. Ce fut le cas notamment avec le parrainage du Barreau du Tchad en 1996 et du Barreau du Rwanda en 1997. En plus, la CIB accompagne les jeunes barreaux et affirme sa présence aux côtés des Barreaux membres, chaque fois que ceux-ci rencontrent des difficultés ou que leur indépendance est rudoyée par le pouvoir politique. Sur ce point, elle a notamment apporté son soutien aux Barreaux du Cameroun, de la Centrafrique, du Burkina Faso, du Congo, de l'Algérie, de la Guinée, de la Mauritanie, du Niger, de la Tunisie.

Mais l'autonomie du barreau ne se réduit pas au droit de choisir librement ses représentants. Elle vise aussi à règlementer la discipline des avocats et à défendre leur statut vis-à-vis du pouvoir politique.

B. La libre administration de l'Ordre

L'indépendance du Barreau induit une autonomie totale dans son administration interne, avec un bâtonnier et un conseil de l'Ordre aptes à défendre les intérêts de la profession, à recruter ses membres selon des critères établis par la loi et le règlement intérieur, à les administrer, à sanctionner leurs fautes et à veiller à leur formation. Au-delà donc des tâches réglementaires et administratives, l'Ordre accomplit des tâches de contrôle et de surveillance. Il statue disciplinairement sur les cas de manquements aux principes déontologiques commis par des avocats. Il veille à maintenir les principes de probité, de désintéressement, de modération et de confraternité sur lesquels repose la profession. Il veille également à ce que les avocats se comportent aux audiences en loyaux auxiliaires de la justice. L'Ordre présente de ce point de vue une figure hétérodoxe par rapport aux exigences traditionnelles de la séparation des pouvoirs, puisqu'il cumule des fonctions quasi normatives, des fonctions exécutives et des fonctions juridictionnelles. De manière générale, il a vocation à traiter toute question relative à l'accès à la profession d'avocat et à son exercice.

---

des avocats arabes et celle déterminante de la CIB pour qu'à l'occasion des élections ordinales de 2005, l'indépendance du barreau puisse s'exprimer librement et que soit porté à la tête de l'Ordre des avocats de la Mauritanie un Bâtonnier légitime et reconnu de tous. OIF, Délégation à la paix, à la démocratie et aux droits de l'Homme, *État des pratiques de la démocratie, des droits et des libertés dans l'espace francophone, 2006*, *op. cit.*, pp. 141-142. Sur le mouvement progressif d'assainissement de la justice mauritanienne et d'affranchissement du barreau de l'emprise du pouvoir politique, voir aussi OULD EBETY Brahim, « Le combat de l'avocat mauritanien pour la naissance ou le renforcement de l'État de droit », *Bulletin du Bâtonnier, Périodique d'information des barreaux du Burkina Faso*, numéro V, Edition spéciale, Actes du XXe Congrès de la CIB sur les rôles respectifs et les rapports entre le juge et l'avocat comme sentinelles de l'État de droit, de la démocratie et des libertés collectives et individuelles, mai 2006, pp. 17-21.

Nul ne peut accéder à la profession d'avocat et l'exercer s'il n'est admis au barreau[516]. Et puisque l'autorisation d'exercer la profession doit être délivrée par un organe indépendant[517], l'indépendance de l'ordre commande qu'il ait la maîtrise de son tableau. Il appartient ainsi au Conseil de recueillir, de vérifier et de valider les demandes d'inscription au tableau, en veillant au maintien des exigences d'aptitude, de moralité et de dignité au sein de la profession. Si le Conseil est libre dans l'appréciation des qualités morales et intellectuelles requises, l'équité des procédures ordinales implique qu'il motive ses décisions. Ces instances doivent avoir, sous réserve de recours juridictionnel, la maîtrise effective de l'accès à la profession[518]. Sur ce point, la Conférence internationale des barreaux de tradition juridique commune, lors de sa vingt-septième conférence tenue à Kigali du 16 au 20 décembre 2012, a adopté des résolutions de soutien au barreau du Gabon, en rappelant fort utilement que la maîtrise, par le barreau, de son tableau fait partie des principaux critères de son indépendance, elle-même conçue comme une garantie essentielle de l'État de droit[519].

Mais au-delà de la maîtrise de l'accès à la profession, l'Ordre garantit le respect de la déontologie du corps et sanctionne son inobservation. En la matière, son rôle est d'édicter la norme disciplinaire et de contrôler son respect. Contribuant à garantir leur indépendance, les principes déontologiques fournissent aux avocats les règles de conduite compatibles avec leurs fonctions et permettent de leur assurer la confiance des citoyens520. On observe de la part des barreaux francophones réunis au sein de la CIB, une tendance à l'harmonisation des règles d'exercice de la profession d'avocat. La déontologie concerne, certes, l'honneur et la morale professionnelle, mais elle a une force juridique déterminée par la loi. Formalisés en général dans des codes de déontologie, ces principes comportent à la fois des devoirs et des droits. Encadrant l'activité des avocats notamment en France, en Belgique, en Suisse, au Luxembourg, au Canada, en Côte d'Ivoire, au Sénégal, au Maroc, au Cameroun et au Congo[521], ce corps de règles est à la fois un instrument de contrôle de la discipline de leurs membres et un instrument de protection de leur indépendance à l'égard de leurs interlocuteurs, qu'ils soient

516 Voir en Côte d'Ivoire, les articles 34 et 71 de la loi n° 81-588 du 27 juillet 1981 réglementant la profession d'avocat. L'exercice irrégulier de la profession est, à ce titre, sanctionné.

517 Conseil de l'Europe, *Recommandation Rec (2000)21 du Comité des Ministres sur la liberté d'exercice de la profession d'avocat*, 25 octobre 2000, § I.2.

518 Sous réserve des voies de recours légalement prévues. Ainsi, en cas de refus d'admission, le candidat peut former un recours auprès de la cour d'appel à laquelle est rattaché le barreau.

519 Conférence internationale des Barreaux de tradition juridique commune, 27e Congrès, Kigali, 16-20 décembre 2012 (http://www.cib-avocats.org/images/congres/resolutions_Kigali.pdf).

520 La déontologie désigne l'ensemble des règles destinées à la régulation de certains groupes professionnels en vue d'encadrer l'exercice de leurs professions ou activités. Elle renvoie aux devoirs qui s'imposent à eux, au nom de certaines valeurs fondamentales, dans l'exercice de leurs fonctions.

521 BEMBA Joseph, *La profession d'avocat dans l'espace francophone*, Paris, L'Harmattan, 2004, 567 p.

professionnels ou non. L'avocat doit, par son comportement, préserver l'honorabilité de la profession en respectant les obligations qui s'imposent à lui-même à titre individuel et dans sa relation avec ses clients, ses confrères et les juges. L'indépendance pour l'avocat se pratique donc au quotidien ; elle se mérite. Et seul un ordre professionnel libre dans son organisation et son fonctionnement peut en assurer la garantie, par l'exercice du pouvoir disciplinaire. La discipline des avocats touche non seulement aux manquements aux obligations professionnelles résultant des lois, des règlements intérieurs et usages, mais aussi, dans sa vie publique ou privée[522], à tout manquement à la dignité, à l'honneur et à la probité de la profession. En tant que responsables de l'application de ces règles, les instances ordinales doivent en toute indépendance, exercer l'activité répressive dans le cadre du groupe professionnel, en vue de maintenir l'ordre en son sein[523]. Le barreau et son ordre ont donc pour mission non seulement d'encadrer la liberté de l'avocat, mais encore de le protéger contre toute ingérence ou restriction injustifiée dans l'exercice libre de son activité. L'autorité ordinale doit exercer ses prérogatives avec prudence, pour préserver la liberté de l'avocat. Car l'indépendance du barreau n'est pas en soi une fin. Elle sert à protéger la fonction, le statut et la liberté de l'avocat, lesquels sont eux-mêmes destinés à garantir les droits de la défense.

Si tous ces éléments permettent de mesurer l'importance de la libre administration du barreau, force est cependant de noter qu'en pratique, les barreaux francophones, dans l'exercice de leurs prérogatives, se heurtent bien souvent à des obstacles de nature à diluer leur indépendance. Dans nombre de pays francophones, l'indépendance des barreaux est menacée par le manque crucial de moyens matériels et financiers[524]. A défaut de disposer d'un siège à proprement parler, dit « Maison de l'Avocat », des bureaux sont mis à la disposition des Barreaux au sein du palais de justice[525]. Au-delà du symbole, l'existence de telles Maisons, dotées de moyens documentaires et techniques suffisants, facilite la gestion et le fonctionnement de l'ordre et conforte son indépendance. A ce niveau, en soutenant les activités de la CIB, l'action francophone participe à la promotion de la solidarité et à l'enrichissement mutuel, par le partage d'expérience entre avocats. Le vingtième congrès de la CIB, réuni à Ouagadougou en décembre 2005, invitait à cet égard les Barreaux

522 Les déviances de la vie privée peuvent faire l'objet de sanction disciplinaire dès lors qu'elles entachent l'image de la corporation.

523 En France, à l'exception du Barreau de Paris, des conseils de discipline ont été mis en place en 2004 dans le ressort de chaque cour d'appel.

524 C'est le cas notamment à Conakry où la faiblesse des cotisations et l'absence de subvention de l'Etat atténuent la prétention du barreau à l'indépendance. SOW Boubacar, « Le combat des juges et des avocats pour la naissance et le renforcement de l'Etat de droit en Guinée », *loc.cit.*, p. 30.

525 Côte d'Ivoire, Congo.

francophones à assurer leur autonomie financière, notamment par la création de Caisses de règlements pécuniaires des avocats[526]. La solidarité des barreaux francophones s'exprime aussi par la voie des jumelages, qui permettent aux barreaux disposant de moyens importants, de venir en aide aux barreaux handicapés par la faiblesse de leurs moyens.

Une justice moderne et performante implique l'existence d'un barreau indépendant et efficace. La coopération francophone en a conscience, mais n'y contribue que de manière assez timide et médiate. Son adhésion au principe est molle, car, exception faite des références au statut des avocats dans le Plan d'action du Caire et à la liberté des barreaux dans la Déclaration de Bamako, l'engagement francophone à l'égard de l'indépendance des avocats se déduit plus largement de son engagement transversal en faveur de l'indépendance de la justice et des droits de la défense. De plus, son action n'est qu'indirecte, puisqu'elle s'appuie essentiellement sur les initiatives de la CIB. Son action en la matière mérite donc d'être renforcée.

526 CIB, « Résolution sur la bonne gouvernance judiciaire », *Bulletin du Bâtonnier, Périodique d'information des barreaux du Burkina Faso*, numéro V, Edition spéciale, Actes du XXe Congrès de la CIB sur les rôles respectifs et les rapports entre le juge et l'avocat comme sentinelles de l'état de droit, de la démocratie et des libertés collectives et individuelles, mai 2006, p. 42.

CONCLUSION DU CHAPITRE

S'il n'y a guère de démocratie sans justice indépendante, il n'y a guère non plus de justice indépendante sans défense libre. L'indépendance de la justice implique que les magistrats et les avocats ne subissent, dans l'exercice de leurs missions respectives, ni contrainte, ni influence. Mais l'indépendance n'a pas qu'une dimension juridique. Elle se situe dans une zone dynamique, où se croisent inévitablement le droit, la politique, la sociologie, la psychologie, et reste, à cet égard, un idéal subtil et difficile à atteindre. Indispensable à la garantie des droits, l'indépendance ne peut dans aucun État être réputée, ni totalement, ni définitivement acquise. En témoigne la récurrence de l'argument d'indépendance dans le discours réformateur de la justice au Nord comme au Sud. Elle relève d'un vieux débat auquel la présente réflexion ne fait qu'apporter un nouvel éclairage inclusif : un éclairage francophone.

Certes le magistrat doit être indépendant pour assurer efficacement son rôle de gardien du pacte social. Mais son indépendance ne saurait non plus être galvaudée dans le corporatisme et s'opposer systématiquement à l'action légitime des autres pouvoirs sur la justice. Car en réalité, les pouvoirs exécutif et législatif ont un rôle important à jouer dans la sauvegarde de cette indépendance. Ils doivent être capable, si telle a été la volonté du constituant, de prononcer les mesures individuelles en lien avec la carrière des juges tout en respectant scrupuleusement les règles relatives notamment à l'inamovibilité et aux attributions du conseil supérieur de la magistrature. Il faut donc trouver une juste distance, un équilibre pondéré entre le contrôle politique et le corporatisme. A condition de s'appuyer sur des méthodes transparentes et des critères objectifs, la participation des pouvoirs exécutif et législatif à la sélection des juges et à la gestion de leur carrière peut être compatible avec l'indépendance de la justice, au cœur des priorités francophones. Les pouvoirs exécutif, législatif et judiciaire sont interdépendants[527] et ne peuvent être calfeutrés isolément dans une autonomie statutaire étanche. Dans une démocratie, l'indépendance des institutions ne s'entend donc pas de manière absolue. Elle « *relève d'une sémantique ambitieuse qui désigne un objectif dont il s'agit de se rapprocher le plus possible en pratique* »[528]. Sa mesure n'est pas aisée. Du siège au parquet, d'un contexte démocratique à un contexte de transition démocratique, d'un pays développé à un pays en voie de développement, le problème de l'indépendance du juge se pose en des termes différents et renvoie à une réalité polymorphe.

---

527 Pour une lecture méthodique de l'interdépendance systémique des pouvoirs, sous l'angle juridictionnel, voir notamment HOURQUEBIE Fabrice, *Sur l'émergence du contre-pouvoir juridictionnel sous la Ve République, op. cit.*, pp. 451-516 ; *Le pouvoir juridictionnel en France, op. cit.*, pp. 34-38.

528 OIF, Délégation à la paix, à la démocratie et aux droits de l'Homme, *État des pratiques de la démocratie, des droits et des libertés dans l'espace francophone, 2006, op. cit.*, p. 42.

Si dans bien des cas les dispositions constitutionnelles et législatives semblent théoriquement aptes à assurer l'indépendance et la crédibilité de la justice, celle-ci reste, en pratique, une quête permanente. Au-delà des garanties constitutionnelles, l'indépendance de la justice dans l'espace francophone n'est encore hélas, dans nombre d'États, que très contingente et relativisée par l'environnement politique dans lequel les juridictions, quelles qu'elles soient, opèrent[529]. La séparation des pouvoirs demeure imparfaite dans bien des États de l'espace francophone. Les efforts restent donc à parfaire, tant le pouvoir exécutif continue ici et là d'influencer la carrière des magistrats et leurs décisions. Dans cet élan, il est important de souligner la mobilisation constante et la solidarité des juges francophones pour, à travers leurs réseaux institutionnels, préserver partout leur capacité et leur droit à exercer leurs fonctions de manière indépendante. L'indépendance est certes consacrée par des principes statutaires et protégée par des institutions, mais les acquis restent encore fragiles et appellent une vigilance de tous. L'indépendance du juge n'est-elle pas, selon la formule de Georges Burdeau, une pédagogie[530] qui se conquiert au quotidien ? La question de l'indépendance de la justice demeure donc entière. Elle ne renvoie pas à une réalité statique. Au contraire, elle reste un défi pour les États francophones et donc un enjeu sans cesse renouvelé pour la coopération francophone, méthodiquement structurée autour de ses réseaux institutionnels. S'il ne peut y avoir de décision de justice sans magistrat qui la rende, il ne peut non plus y avoir de justice équitable sans défense libre. Les magistrats et les avocats exercent des fonctions certes contraires, mais nécessairement complémentaires. Au service d'une cause commune, ils se conçoivent comme les deux faces d'une même réalité : celle la justice. De la sorte, leur indépendance est une condition *sine qua non* de l'État de droit. Et comme le suggérait la Déclaration du Caire, les États doivent, pour une bonne administration de la justice, créer les conditions d'optimisation du partenariat entre la magistrature et les auxiliaires de justice.

Dans l'espace francophone, certes la figure du juge que l'on tente de suborner, d'intimider ou de déstabiliser subsiste, mais l'indépendance et l'autorité de la justice exigent de la part des autres pouvoirs, qu'ils fassent preuve de la même retenue et qu'ils n'aillent pas au-delà de l'autorité qu'ils tirent de la constitution. Ainsi que cela ressort de la première réunion du Bureau du suivi de la Conférence des ministres de la justice, le défi est en matière d'indépendance de la justice, d'identifier au-delà des divergences, les principes communs, afin de les

529 HOURQUEBIE Fabrice, « L'indépendance de la justice dans les pays francophones », *loc. cit.*, p. 47.

530 Georges Burdeau cité par RENOUX Thierry-Serge, « Le statut des magistrats comme garant de la démocratie », *in* GABORIAU Simone et PAULIAT Hélène (dir.), *Justice et démocratie*, *op. cit.*, p. 58.

rapprocher et de garantir partout dans l'espace francophone l'indépendance des institutions juridictionnelles[531].

Mais au-delà du fait qu'elle soit un pouvoir, la justice poursuit une finalité sociale, un but d'intérêt général : elle est à ce titre un service public. Son indépendance doit la protéger des ingérences extérieures, pour mieux garantir *in fine* les droits de ses usagers. La sauvegarde de l'indépendance et de l'impartialité de la justice conditionne donc la qualité et la bonne administration du service public juridictionnel. L'indépendance statutaire et matérielle sert l'efficacité de la justice, laquelle n'a d'autre finalité que celle d'assurer la prééminence du droit et la protection optimale des libertés individuelles. Les magistrats et les avocats participent ainsi à la mise en œuvre du service public de la justice. Leur indépendance est un fondement essentiel de la qualité et de l'efficacité de ce service. Mais l'indépendance de la justice serait ainsi vaine, si elle n'était assortie de mécanismes destinés à la rendre accessible, si elle n'était animée par des magistrats compétents, et si elle ne disposait de moyens suffisants pour assumer correctement sa mission. Garantir l'indépendance d'une institution, c'est donc aussi lui donner les moyens d'assurer efficacement ses fonctions, car l'intérêt et la légitimité d'un pouvoir ne peuvent résulter que de la fonction sociale qu'il exerce[532].

Par-delà sa propension naturelle à être un pouvoir, la justice est donc concrètement saisie dans le cadre de la coopération francophone, comme un service public. A ce titre, elle doit pouvoir offrir à ses usagers une prestation de qualité.

531 OIF, *Rapport de synthèse de la première réunion du Bureau du suivi de la Conférence des ministres francophones de la justice*, Le Caire, 19 octobre 1997. Disponible en ligne : http://democratie.francophonie.org/IMG/pdf/232.pdf.

532 WIEDERKEHR Georges, « De la légitimité de la justice », *in Mélanges dédiés à la mémoire du doyen Jacques Huron*, Paris, LGDJ, 2009, pp. 585-586.

CHAPITRE II.

L'EXIGENCE D'UN SERVICE PUBLIC DE LA JUSTICE DE QUALITE

Au titre de son engagement en faveur du renforcement des capacités des juridictions nationales, la Francophonie s'est assignée l'objectif prioritaire d'agir auprès de ses États membres, pour la construction d'une justice accessible et apte à assurer efficacement sa mission de protection des droits et libertés fondamentaux. Son action s'inscrit dans le sillage de la montée en puissance des enjeux liés à la qualité de la justice. Évoquer la question de l'accessibilité et de l'efficacité de la justice revient à la saisir comme un service public et donc à « *poser un regard administratif sur la fonction constitutionnelle de juger* »[533]. Mais la Francophonie peut-elle sobrement concevoir la justice comme un service public, sans risquer de fragiliser l'indépendance et l'autorité du pouvoir qu'elle incarne ?

La justice relève des fonctions souveraines de l'État. Sous cet angle, elle apparaît comme un service public administratif, voire comme un service public régalien[534] ou un service public constitutionnel[535]. Insusceptible de privatisation ou de délégation à une personne privée, on peut d'ailleurs la considérer comme le premier des services publics. Le service public désigne une activité d'intérêt général assurée ou assumée par l'administration, au sens de la structure institutionnelle globale sur laquelle s'appuie l'État pour agir et exercer sa souveraineté. Au plan organisationnel, la justice, qu'elle relève de l'ordre administratif ou de l'ordre judiciaire, est donc bel et bien un service public[536], puisque les actes touchant à son organisation et à sa gestion sont considérés

533 RENOUX Thierry-Serge, « Autorité judiciaire », *in* CADIET Loïc, *Dictionnaire de la Justice*, *op. cit.*, p. 87

534 Au sens de ce qui relève par nature de la compétence de l'État. Voir BRACONNAY Nicolas et DELAMARRE Manuel, *Institutions juridictionnelles*, Vuibert, 2007, p. 63 ; HOURQUEBIE Fabrice, « Quelques observations sur le fonctionnement du service public de la justice », *in* HOURQUEBIE Fabrice (dir.), *Quel service public de la justice en Afrique francophone ?*, *op. cit.*, p. 19.

535 RENOUX Thierry-Serge, « Le poids de la constitution dans les réformes de la justice », *in* CADIET Loïc, RICHER Laurent (dir.), *Réforme de la justice, réforme de l'État*, *op. cit.*, p. 106 ; ESPLUGAS Pierre, *Conseil constitutionnel et service public*, Paris, LGDJ, 1994, pp. 41 et ss.

536 Jurisprudence française : CE, 17 mars 1953, *Falco et Vidaillac*, *Leb.*, p. 175 ; TC, 27 novembre 1957, *Préfet de Guyane*, Req. n° 01420. Critiqués par la doctrine, ces arrêts n'ont pas moins le mérite d'avoir affirmé l'existence d'un service public de la justice. Doctrine : TRUCHET Didier, « La justice comme service public », *in* GUIGOU Élisabeth *et. al.*, *Le service public de la justice*, Paris, Odile Jacob, 1998, pp. 31 et ss.

comme des actes administratifs[537]. Rattachée à un ministère, la justice poursuit un but d'intérêt général et à ce titre, elle prend la forme d'un instrument au service du gouvernement. La justice se trouve donc par essence dans une situation paradoxale et ambivalente, voire ambiguë. Dans ce contexte, elle doit trouver le bon équilibre pour être capable, tout en agissant comme un pouvoir indépendant, de s'inscrire efficacement dans le mouvement d'ensemble par lequel l'État agit, car la crédibilité de la justice conditionne aussi *in fine*, l'autorité de l'État.

Dans l'accomplissement de sa mission de satisfaction de l'intérêt général, la justice obéit aux grands principes traditionnels d'organisation et de fonctionnement du service public que sont l'égalité[538], la continuité[539] et la mutabilité[540]. Mais en raison des spécificités de la justice, l'on leur adjoint les

537 Chambre administrative de la Cour suprême de Côte d'Ivoire, arrêt n° 25 du 26 juillet 2006, *Zunon Seri Alain Stanislas c/ Assemblée générale de la Cour d'appel* ; arrêt n° 2001-442 REP du 24 octobre 2001, *Fofana Idrissa c/ Commission d'avancement des magistrats.*

538 L'égalité est un principe cardinal de fonctionnement du service public quel qu'il soit et plus encore du service public de la justice. Pour un exercice correct de la charge judiciaire, il est essentiel de garantir l'égalité de tous devant les tribunaux. L'égalité devant la justice, c'est donc pour les justiciables, le droit à être jugé par les mêmes juges et selon les mêmes règles de procédure et de fond. Mais au-delà de l'accès au juge, l'égalité se prolonge dans le déroulement de l'instance, dans le jugement qui en découle et dans son exécution.

539 La continuité du service public de la justice est un principe fondamental. Elle implique un fonctionnement régulier et ininterrompu du service public. Ceci dit, si le principe de la permanence du service public de la justice n'exclut pas que certaines juridictions puissent siéger par sessions, il s'oppose en revanche à ce que les magistrats puissent faire usage du droit de grève.

540 En tant que service public, la justice est naturellement soumise au principe de mutabilité ou d'adaptabilité. Ce principe signifie que le service public de la justice doit pouvoir évoluer au gré de circonstances de droit et de fait, pour apporter une réponse optimale à la demande de justice.

principes complémentaires de hiérarchie[541], de collégialité[542], de gratuité[543] et de publicité[544].

Tous ces principes cardinaux au cœur de l'organisation judicaire sont destinés à assurer la qualité du service public de la justice, laquelle suppose d'abord et avant tout, l'égal accès de tous les justiciables au droit. Une démocratie moderne doit donc ouvrir les voies d'accès les plus larges possibles au juge. Aucun obstacle de droit ou de fait ne doit pouvoir entraver l'accès à la justice et l'action judiciaire.

Or en pratique, dans les États francophones du Nord comme dans ceux du Sud, l'appareil judiciaire inspire défiance et son fonctionnement est constamment improuvé. Au-delà du reproche classique de son assujettissement au pouvoir politique, les critiques portent essentiellement sur les inégalités d'accès et de traitement. Non seulement la justice paraît inaccessible en raison du coût, de la

---

541 Le principe de hiérarchie se retrouve aussi bien dans les rapports entre les juridictions, que dans les rapports entre les membres du corps judiciaire. Si le lien vertical qui touche les magistrats, réside dans l'évaluation de l'activité professionnelle par les chefs de service, celui qui existe entre les juridictions se manifeste dans le principe du double degré de juridictions, qui, parce qu'il permet l'exercice des voies de recours, est conçu comme un principe directeur du procès. Destinée simplement à structurer l'organisation du corps et de l'institution, elle n'atteint pas l'activité juridictionnelle du juge et l'autonomie dont il jouit dans sa prise de décision.

542 La collégialité n'est pas un principe de rang constitutionnel. Le choix entre un juge unique et une formation collégiale se fait en fonction des objectifs assignés à la formation de jugement. Si elle est regardée sous l'angle du service public, le juge unique sera préféré pour satisfaire des exigences de performance et de rentabilité. Si elle est saisie au contraire dans sa dimension de pouvoir, la collégialité sera retenue, car elle renforce l'indépendance et d'impartialité de la juridiction. Dans tous les cas, en permettant de parer aux défaillances individuelles, volontaires ou involontaires des magistrats, la collégialité assure au justiciable une décision de meilleure qualité. Doctrine : RASSAT Marie-Laure, LEMOYNE DE FORGES Jean-Michel, LEMOYNE DE FORGES Patricia, *Institutions administratives et juridictionnelles*, Paris, Ellipses, 2005, pp. 144-145 ; HOURQUEBIE Fabrice (dir.) *Principe de collégialité et cultures judiciaires*, Bruxelles, Bruylant, 2010, 270 p. ; « Valeurs et enjeux de la collégialité », *in* MENURET Jean-Jacques, et REIPLINGER Charles (dir.), *La collégialité, valeurs et significations en droit public*, *op. cit.*, pp. 15-26.

543 Le principe de gratuité est un corollaire de l'égalité des citoyens devant le service public de la justice. Mais si les plaideurs ne rémunèrent pas leurs juges, une partie du financement du service, repose sur eux, sous la forme de taxes et de dépens. Intimement rattaché à la problématique de l'accès à la justice, ce principe suppose que toute personne, quelles que soient ses capacités financières, puisse saisir la justice pour faire valoir son droit.

544 La publicité de la justice désigne *lato sensu* l'ensemble des leviers destinés à permettre d'informer le public de l'existence, du déroulement et du dénouement d'une instance juridictionnelle. Elle concerne le rôle, les audiences et la décision qui en résulte. Destiné à garantir une justice régulière et impartiale, le principe de la publicité est proclamé par des textes internationaux et est reconnu en droit interne, dans les constitutions de tous les États francophones. En France, le Conseil d'État le considère comme un principe général, dont, seul le législateur peut déterminer les limites (CE, 4 octobre 1974, *Dame David*, *Rec.*, p. 464). En dehors du secret commandé par l'instruction ou le délibéré et du huis clos justifié par l'intérêt des parties ou par l'intérêt général, la justice doit être publique. Dans une société démocratique, la justice ne saurait être secrète. La publicité est un corollaire du principe de transparence, qui trouve lui-même son fondement à la fois dans l'intérêt général et dans celui du particulier. Elle est à la fois pédagogie et contrôle.

lenteur et de la lourdeur des procédures taillées dans un formalisme ésotérique, mais encore, elle souffre de la faiblesse de ses crédits de fonctionnement et de son incapacité à garantir l'exécution de ses décisions. Le service public de la justice n'est pas toujours à la portée du citoyen. Le chemin qui mène à lui est bien souvent jonché d'obstacles. La situation est plus alarmante encore dans les États d'Afrique, où l'accessibilité de la justice est d'autant plus réduite qu'elle tient à des pesanteurs à la fois matérielles et sociologiques. La distance qui sépare le justiciable du juge procède tant de l'éloignement géographique des tribunaux, que de la complexité et de la lenteur chronique des procédures[545]. Pourtant, sans accès au juge, la garantie des droits n'est que théorique. L'accès à la justice doit donc être considérée comme la première garantie des droits de l'Homme[546]. Ce droit n'est ni un droit résiduel, ni un droit accessoire. Il est un droit certes indirect, mais fondamental, que l'on n'invoque que pour protéger d'autres droits.

Sans justice il n'y a pas d'État de droit et sans justice accessible, il n'y a point de justice. La Francophonie a bien intégré cette réalité dans son engagement en faveur de l'État de droit. Son discours et ses actions convergent depuis plusieurs décennies vers la nécessité de garantir à tout citoyen, l'accès à la justice. Dans la Déclaration du Caire adoptée en 1995, les États francophones, préoccupés par les difficultés d'accès à la justice, en raison de l'éloignement des juridictions, du coût élevé des procès, de l'ignorance du droit et des carences dans l'assistance judiciaire, se sont engagés à améliorer les conditions d'accès et de fonctionnement de la justice. Dans le même élan, dans la Déclaration de Paris, les ministres francophones de la justice ont pris l'engagement de placer le citoyen au cœur du système de justice, lequel doit être accessible et efficace. Ils sont même allés plus loin en affirmant que l'exigence du procès équitable, motivée par la recherche d'un équilibre entre les parties, se mesure, au-delà de l'accès effectif au tribunal, au respect scrupuleux des garanties procédurales et à l'exécution des décisions de justice. L'accessibilité et l'efficacité y sont donc identifiées comme les principaux indicateurs de la qualité du service public de la justice. Pour la Francophonie, la promotion de la qualité du service public de la justice implique non seulement de résorber les carences structurelles et matérielles qui endiguent l'accès au juge

---

545 Sur les obstacles textuels et contextuels d'accès à la justice en Afrique, voir DEGNI-SEGUI René, « L'accès à la justice et ses obstacles », *in* AUF, *L'effectivité des droits fondamentaux dans les pays de la communauté francophone*, Actes du colloque international organisé les 29, 30 septembre et 1er octobre 1993 à Port-Louis (Maurice), Vanves, EDICEF, 1998, pp. 241-256 ; DIARRA Eloi, « Le juge des droits de l'Homme en Afrique noire francophone », *in* TAVERNIER Paul (dir), *Regards sur les droits de l'Homme en Afrique*, Paris, L'Harmattan, 2008, p. 199.

546 Le droit de toute personne à faire entendre sa cause devant un tribunal indépendant et impartial, est affirmé à l'article 8 de la Déclaration Universelle des Droits de l'Homme du 10 décembre 1948, aux articles 2 et 14 du Pacte international relatif aux droits civils et politiques du 16 décembre 1966, aux articles 6 et 13 de 1a Convention Européenne des Droits de l'Homme, à l'article 25 de la Convention américaine relative aux droits de l'Homme, à l'article 7 de la Charte africaine des droits de l'Homme et des peuples du 27 juin 1981.

(Section I), mais encore de prendre toutes les mesures sous-jacentes nécessaires pour améliorer l'efficacité de son office (Section II).

SECTION I. L'ACCESSIBILITE DE LA JUSTICE : CONDITION ESSENTIELLE A L'EXERCICE DES DROITS

Sans accès au juge et à son prétoire, il n'y a guère de justice. Le droit au juge est donc une composante essentielle de l'État de droit. Il réside dans la possibilité pour tout citoyen, de s'adresser librement à la justice en vue de faire valoir son droit. En tant qu'objet médiat des droits fondamentaux, ce « *droit à une réclamation contentieuse* »[547], pour reprendre le mot du doyen Hauriou, doit, dans les sociétés modernes, être garanti à tout citoyen.

Dans un État de droit, la faculté de demander et d'obtenir jugement doit être reconnue à tous. Étant donné que le recours à la justice assure la protection effective des droits[548], l'accès au juge ne doit pas être subordonné à des conditions excessives. Il en résulte l'obligation primaire pour les États de mettre à la disposition de leurs citoyens, les moyens matériels, juridiques et procéduraux aptes à faciliter leur accès à la justice. Dans nombre de constitutions francophones le libre et égal accès à la justice a été consacré comme un droit fondamental[549]. Mais dans la pratique, plusieurs obstacles se dressent sur le chemin de son effectivité. Dans beaucoup d'États, l'exercice de ce droit reste entravé par une série de barrières matérielles et formelles. L'éloignement des tribunaux, le coût du procès et la technicité du langage juridico-juridictionnel, aggravés par les lacunes de l'assistance judiciaire, sont autant d'obstacles qui jonchent la voie de la justice.

En tant qu'idéal vers lequel doit tendre tout État de droit, l'accès au droit et à la justice est une préoccupation constante de la communauté francophone. Le chemin qui mène au juge étant dans certains États, long et parsemé d'embûches, des actions d'envergure sont déployées par l'OIF en vue d'assurer au justiciable un accès effectif au droit et à la justice. Depuis le Plan d'action du Caire, l'accessibilité de la justice a été érigée en axe prioritaire de la coopération juridique et judiciaire francophone. Dans cette dynamique, les principaux

---

547 HAURIOU Maurice, « Note sous CE, 1er juillet 1910, *Empis et Association professionnelle du personnel de la marine* », *Sirey*, 1911, III, p. 89.

548 CC, décision n° 89-261 DC du 28 juillet 1989, cons. 29, *Rec.*, p. 81 ; décision n° 96-373 DC du 9 avril 1996, *Rec.* p. 43 ; 2005-532 DC du 19 janvier 2006, cons. 11, *Rec.*, 31 ; décision n° 2006-540 DC du 27 juillet 2006, cons. 11, *Rec.*, p. 88.

549 Voir notamment l'article 20 de la Constitution ivoirienne ; l'article 17 de la constitution béninoise ; les articles 15 et 19 de la constitution du Togo ; l'article 9 de la constitution du Sénégal, l'article 21 de la constitution de la Roumanie ; les articles 29 et 29(a) de la constitution fédérale de la confédération suisse ; l'article 68 de la constitution égyptienne.

engagements et projets de l'OIF se sont articulés autour de l'accessibilité géographique des tribunaux, de la lenteur et des coûts du procès, de l'aide juridique et enfin, de l'information des citoyens. Dans la logique francophone, la justice étant un service public fondamental, son accessibilité est pour le justiciable, un droit fondamental qui doit être structurellement garanti (§ 1) et facilité par l'accès au droit (§ 2).

§ 1. L'accès à la justice : un droit structurellement menacé

Le droit d'accès au juge est un droit impératif qui conditionne l'exercice de tous les autres droits reconnus au justiciable. L'exercice de ce droit fondamental ne doit pas être contrarié. Mais si l'accès à la justice est un droit sacré permettant au justiciable de faire valoir devant le juge ses droits et intérêts légitimes, ce droit, dans bien des États francophones, reste encore formellement difficile à mettre en œuvre du fait de l'éloignement des tribunaux et de la lenteur excessive du procès. C'est donc à juste titre que la rhétorique de la proximité de la justice a trouvé sa place dans le débat au sein de la coopération francophone. Parce qu'aucune atteinte ne doit être portée au droit des personnes à un recours effectif devant les juridictions, les États francophones se sont engagés, dans la Déclaration du Caire, à ne ménager aucun effort pour améliorer les conditions d'accès à la justice.

La justice doit être accessible à la fois dans l'espace et dans le temps car le positionnement spatial de la justice est étroitement lié à son positionnement temporel. Or, tributaire des capacités financières des États, la justice pâtit dans son fonctionnement, de maux classiques qui la maintiennent éloignée du justiciable. D'un point de vue structurel, l'inaccessibilité de la justice procède dans les États francophones, aussi bien de l'éloignement géographique des tribunaux (A), que de la lenteur dissuasive avec laquelle les jugements sont rendus (B).

A. Les menaces liées à l'accessibilité géographique des tribunaux

L'accessibilité de la justice renvoie ici à la possibilité pour le justiciable d'accéder aux locaux des tribunaux pour y défendre sa cause. La proximité géographique des juridictions est alors conçue comme une condition essentielle de l'accessibilité de la justice. D'un point de vue spatial, elle implique que le justiciable n'ait pas à parcourir une trop longue distance pour atteindre le siège du tribunal[550].

---

550 En France, la prise en compte de cette exigence se traduit par le fait que le siège du tribunal ne doit théoriquement pas être à plus d'une heure de route du domicile du justiciable.

Si la plupart des États modernes ont rejeté le principe de la justice itinérante et opté pour la fixité du service public de la justice, il faut noter cependant que des audiences foraines peuvent exceptionnellement, si des raisons particulières le justifient, conduire le juge à statuer hors de son siège. Les États francophones africains recourent très souvent à ce correctif qui permet à la justice elle-même de se déplacer pour aller vers les justiciables. Ces initiatives sont soutenues par la Francophonie d'autant plus qu'elles s'inscrivent dans une logique d'amélioration de l'accessibilité de la justice.

Au-delà de ces solutions ponctuelles, la plupart des États francophones ont pris, dans des proportions variables, des dispositions pour définir une carte judiciaire et résorber les arriérés de justice. S'il est vrai que dans les États francophones du Nord la question de l'accessibilité géographique de la justice est moins alarmante[551], elle se pose en des termes différents dans les États du Sud où les efforts demeurent insuffisants. Dans de nombreux États francophones, en raison de contraintes budgétaires, les cartes judiciaires ne répondent pas ou plus à la nécessité démocratique de rapprocher le juge du justiciable. La plupart de ces cartes affichent une répartition déséquilibrée des juridictions.

Il existe un lien direct entre l'insuffisance des juridictions et leur éloignement géographique. L'insuffisance des cours et des tribunaux oblige les justiciables dans nombre d'États francophones africains, à parcourir des distances considérables pour porter leurs différends devant le juge[552]. En plus, la distance physique qui sépare le justiciable des tribunaux se trouve aggravée par l'insuffisance des moyens de transport. Cette situation qui alourdit le coût du procès au sens large, constitue

551 En France l'on compte dans l'ordre judiciaire, une Cour de Cassation, 36 Cours d'appel, 161 tribunaux de grande instance, 4 tribunaux de première instance, 155 tribunaux pour enfants, 115 tribunaux des affaires de sécurité sociale, 307 tribunaux d'instance et tribunaux de police, 210 conseil de prud'hommes, 6 tribunaux du travail, 134 tribunaux du commerce. Dans l'ordre administratif, l'on compte en dehors du Conseil d'État, 8 cours administratives d'appel, 42 tribunaux administratifs, 26 chambres régionales des comptes. Voir pour davantage de chiffres, le site du ministère de la justice de France (http://www.justice.gouv.fr/budget-et-statistiques-10054/chiffres-cles-de-la-justice-10303/). Pour autant, le débat autour de la représentativité de la carte judiciaire reste d'autant plus présent que la dernière réforme de la carte judiciaire entamée en 2007 et achevée en 2010, en réduisant au nom de la mutabilité, le nombre des tribunaux, plutôt que de s'inscrire dans une logique de rapprochement de la justice, obéissait à des finalités comptables et managériales. Voir sur ce point COMMAILLE Jacques, *Territoires de justice. Une sociologie politique de la carte judiciaire*, Paris, PUF, Droit et justice, 2000, 296 p.

552 DEGNI-SEGUI René, « L'accès à la justice et ses obstacles », *in* AUF, *L'effectivité des droits fondamentaux dans les pays de la communauté francophone*, *op. cit.*, p. 252. En Côte d'Ivoire par exemple, il existe sur les 322462 km2 du territoire national, trois cours d'appel, sept tribunaux de première instance et vingt-cinq sections détachées de tribunaux de première instance pour une population d'environ 22 millions d'habitants. Ce qui signifie approximativement, la présence d'un tribunal de première instance, tous les dix mille kilomètres. Voir le site du Portail officiel du gouvernement de Côte d'Ivoire : http://www.gouv.ci/coursupreme_1.php. Au Sénégal, la situation n'est pas plus rassurante. SAMB Moussa, « L'accès des justiciables à la justice au Sénégal : vers une justice de proximité ? », *Afrique contemporaine*, 2014/2, n° 250, p. 82.

un handicap sérieux qui, en général, dissuade fatalement les justiciables habitants loin des grands centres urbains à agir en justice.

L'éloignement physique des tribunaux demeure un vice tenace dans l'espace francophone. Pour la Francophonie, il est donc nécessaire, pour réduire le fossé qui sépare les tribunaux du justiciable, de plaider en faveur de la déconcentration les services judiciaires. Ceci d'autant plus que la multiplication des tribunaux a un impact positif non seulement sur l'accessibilité physique de la justice, mais encore sur le temps et le coût financier de la procédure[553]. Ce qui implique pour chaque État, par-delà les arguments tirés des contraintes budgétaires[554], de redessiner la cartographie juridictionnelle en rationalisant la répartition des tribunaux, pour tenir compte de critères proportionnels basés notamment sur l'étendue de la zone territoriale couverte, le nombre d'habitants et la densité du contentieux. Cette idée constante de territorialisation de la justice révèle des enjeux à la fois politiques, sociaux et institutionnels. Elle impose dans le contexte francophone, de rompre avec l'immobilisme ambiant pour assurer la présence judiciaire tout en veillant aux équilibres locaux. Dans les déclarations du Caire et de Paris, les ministres francophones de la justice ont parfaitement pris la mesure de l'enjeu en prenant l'engagement de veiller à une répartition adaptée des juridictions dans leurs États respectifs. Réformer la carte judiciaire en vue de rapprocher la justice des justiciables commande aussi, au-delà de l'arithmétique augmentation du nombre des juridictions, de veiller à l'ajustement rationnel de leur répartition en tenant compte des réalités géographiques, démographiques, sociales et économiques. Tel est le plaidoyer de l'OIF auprès de ses États membres, qu'elle accompagne en tant que de besoin, dans la mise en œuvre de leurs plans nationaux de modernisation de la justice. Au titre des actions entreprises pour rapprocher le juge du justiciable, l'OIF a par exemple, en 1997, avec l'appui de la MINUSTAH[555] et du Programme des Nations Unies pour le Développement (PNUD), contribué à la mise en place à Haïti, de relais de justice adaptés aux besoins locaux.

Mais que vaut l'accès à la justice, si le justiciable doit attendre plusieurs années avant d'obtenir un jugement ? Au-delà donc de l'accessibilité spatiale, la justice doit également être accessible dans le temps.

---

553 L'éloignement des tribunaux a un effet sur le temps et sur le coût financier de la procédure. Pour une analyse économique de la distance géographique des tribunaux, voir CHAPPE Nathalie et GIRAUD Raphael, « Analyse économique de l'accès au juge », *in* DONIER Virginie, LAPEROU-SCHNEIDER Béatrice, *L'accès au juge, Recherche sur l'effectivité d'un droit*, , Bruxelles, Bruylant, 2013, pp. 381 et ss.

554 D'ailleurs selon la jurisprudence de la CEDH un État ne peut tirer prétexte du manque de crédit pour justifier une entrave à l'accès à la justice : CEDH, 7 mai 2002, *Burdov c/ Russie, D.*, 2002, p. 25574.

555 Mission des Nations Unies pour la Stabilisation en Haïti.

B. Les menaces liées à la durée du procès

La justice est à la fois une fonction de l'État et un droit pour le justiciable. Rendre convenablement la justice, ce n'est pas simplement rendre une décision juridiquement correcte ; c'est aussi la rendre dans un délai raisonnable[556]. Dans ce mouvement, le juge joue un rôle essentiel car il est chargé de veiller au bon déroulement de l'instance, en tenant compte des contraintes temporelles. Si la justice a nécessairement besoin de temps pour être rendue, force est de souligner que la préparation de la défense, l'échange contradictoire des pièces et des conclusions et leur examen serein, requièrent du temps. Mais ce temps ne doit pas être non plus trop long au point de renvoyer aux calendes grecques la résolution du litige. Il doit s'efforcer de concilier l'impératif de rigueur avec l'exigence de célérité si chère au justiciable. Car si tout prévenu doit pouvoir « *disposer du temps et des facilités nécessaires à la préparation de sa défense* »[557], il a surtout le droit d'être jugé dans un délai raisonnable. Au-delà donc du droit à un recours juridictionnel effectif, le délai raisonnable du jugement apparaît comme une composante du procès équitable, un indicateur de la qualité du service public de la justice, un droit désormais invocable.

S'il est vrai qu'une justice qui n'intervient pas à temps est une justice de mauvaise qualité, il faut souligner que le caractère raisonnable du délai ne se détermine pas dans l'absolu. Le temps n'a pas à être rapide ou lent ; il doit tout simplement être à la mesure de la nature et de la complexité de la matière litigeuse[558]. Le juge doit y consacrer le temps, la rigueur et l'énergie nécessaires à la maturation de son jugement, tout en s'efforçant de préserver au mieux le droit

---

556 Dans l'espace francophone, la valeur constitutionnelle de l'exigence de célérité dans le traitement de la demande en justice est consacrée dans certains États. Voir notamment l'article 31(2) de la Charte des droits et libertés de la personne du Québec et l'article 68 de la constitution égyptienne. En France, c'est formellement l'article L. 111-3 du code de l'organisation judiciaire qui consacre l'obligation pour les juridictions, de se prononcer dans un délai raisonnable. Au Bénin, la célérité de la justice a été consacrée par le juge constitutionnel : CC du Bénin, décision DCC 98-059 du 4 juin 1998 ; décision DCC 00-007 du 2 février 2000.

557 Article 6§1 et §3(b) de la Convention européenne de sauvegarde des droits de l'Homme. Dans le même esprit, l'article 14§3 du Pacte international relatif aux droits civils et politiques, tout en proclamant le droit à « *être jugé sans retard excessif* », prend le soin de préciser que le plaideur doit disposer du temps nécessaires à la l'organisation de sa défense.

558 GUINCHARD Serge, « Les normes européennes garantes d'un procès de qualité », *in* CAVROIS Marie-Luce, DALLE Hubert Dalle et JEAN Jean-Paul (dir.), *La qualité de la justice*, Paris, Mission de recherche « Droit et justice », La Documentation française, 2002, p. 104. AMRANI-MEKKI Soraya, « Le principe de célérité », *Revue française d'administration publique*, n° 125, 2008/1, pp. 43-53. Jurisprudence : CEDH, 29 mai 1986, req. n° 9384/81, *Demeuland c/ Allemagne* ; CEDH, 24 octobre 1989, *H. c/ France*, série A, n° 162, *RFDA*, 1990, p. 203 ; 26 mars 1992, *Ed. Périscope c/ France*, série A, n° 234-B ; 28 avril 1994, *Alain Vallée c/ France*, série A, n° 289-A, *RUDH*, 1994, p. 183.

du justiciable[559]. Si le temps est clairement nécessaire dans la conduite du procès[560], ce qu'il faut dénoncer, c'est plutôt la négligence et l'excès de lenteur qui frappent toutes les juridictions et contribuent à ternir l'image de la justice dans son ensemble[561]. La célérité doit par conséquent être poursuivie avec mesure pour que le gain de temps n'engendre pas une perte de qualité.

Le problème de la lenteur des procédures judiciaires n'est pas inhérent aux États du Sud ; il touche tous les États de la communauté francophone. S'il est une lapalissade que d'affirmer que le procès est par essence long et lent, il faut observer que faute de moyens, la question prend en Afrique un relief particulier[562]. La complexité des procédures, doublée de l'insuffisance des moyens, conduit à un ralentissement déraisonnable du procès et aggrave l'engorgement des prétoires. Certains actes et décisions judiciaires sont difficiles à obtenir et le temps de transmission des dossiers querellés en appel est dans la plupart des cas, anormalement long[563]. Si au niveau européen, tout manquement à l'obligation de célérité de la justice, suffit à engager la responsabilité des États devant la Cour européenne des droits de l'Homme[564], ce n'est pas encore le cas dans le contexte régional africain au regard de la jurisprudence de la Cour africaine des droits de l'Homme et des peuples. Dans l'espace francophone européen, la France et la Belgique notamment, ont maintes fois été condamnées en raison de l'incapacité de leurs juridictions respectives, à rendre la justice dans un délai raisonnable. Selon la jurisprudence de la Cour, les États manquent à leur devoir de protection juridictionnelle, dès lors qu'ils n'accordent pas à leurs juridictions, « *les moyens d'un fonctionnement conforme à l'exigence démocratique de célérité* »[565], elle-même conçue comme un critère d'appréciation d'une justice de qualité.

La coopération juridique et judiciaire francophone l'a bien compris. La gestion du temps judiciaire est une question essentielle et incontournable pour tout système juridictionnel se voulant performant. Il faut donc combattre objectivement les freins à la célérité de la justice. Dans la Déclaration de Paris, les

559 NORMAND Jacques, « Le traitement de l'urgence : exception ou principe ? », *in* CADIET Loïc et RICHET Laurent (dir.), *Réforme de la justice, réforme de l'État*, Paris, PUF, p. 159.

560 MAGENDIE Jean-Claude, *Célérité et qualité de la justice. La gestion du temps dans le procès*, Rapport remis au Garde des sceaux, La documentation française, 2004, p. 19.

561 CHOLET Didier, *La célérité de la procédure en droit processuel*, Paris, LGDJ, Thèses, 2006, 736 p.

562 DIARRA Eloi, « Le juge des droits de l'Homme en Afrique noire francophone », *loc. cit.*, p. 209.

563 FALL Badara Alioune, « L'accessibilité de la justice en Afrique », *in* DECAUX Emmanuel (dir.), *Justice et Droits de l'Homme*, *op. cit.*, pp. 323-340.

564 La célérité de la justice fait en effet partie des exigences les plus fortes de la CEDH à l'égard des États qui, très souvent, sont sanctionnés lorsque le prolongement anormal de la procédure a pour effet de compromettre *in fine* l'exercice des droits de la défense.

565 GUINCHARD Serge, « Temps (Point de vue du juriste) », *in* CADIET Loïc, *Dictionnaire de la Justice*, *op. cit.*, p. 1289.

États francophones se sont engagés à améliorer la qualité de la justice dans l'intérêt du justiciable. Dans cette dynamique, l'OIF s'est assignée pour mission de les accompagner dans leurs efforts de simplification et d'accélération des procédures juridictionnelles, en vue de réduire les délais de traitement des dossiers et de rendre la justice plus rapide.

Dans l'espace francophone, le souci de rapidité a poussé un certain nombre d'États à instituer des procédures simplifiées ou accélérées en vue de réduire les effets négatifs des délais d'évacuation parfois trop longs, des procédures contentieuses ordinaires. Le sursis à exécution, maintenu sous sa forme traditionnelle dans nombre d'États francophones africains[566], s'il peut en théorie permettre de contenir les effets négatifs de la lenteur du procès administratif, se révèle en général, inopérant dans la pratique[567]. D'où le renforcement du dispositif avec la mise en place dans la plupart des États, d'un référé administratif[568]. En France, pour remédier dans une certaine mesure aux effets pervers de la lenteur du procès administratif, la loi du 30 juin 2000 a mis à la disposition du juge administratif, l'instrument du référé. Au Bénin, l'ordonnance d'abréviation de délai instituée dans le cadre du contentieux administratif, ainsi que les voies d'accélération prévues à l'article 51 de l'ordonnance n° 21/PR du 26 avril 1966, remise en vigueur par la loi n° 90-012 du 1er juin 1990 et portant composition, organisation, attributions et fonctionnement de la Cour suprême, permettent de raccourcir efficacement les délais d'instruction et d'obtenir rapidement une réponse juridictionnelle. Ces efforts en vue de l'amélioration du temps juridictionnel sont certes appréciables, mais restent insuffisants, car à titre d'exemple, la durée d'instance moyenne des arrêts rendus par la chambre administrative de la Cour suprême béninoise est de cinq ans[569].

L'accélération des procédures suggérée par la Francophonie, passe aussi dans certains États par la simplification du circuit de traitement des demandes. Dans

566 Au Bénin par exemple, il peut être accordé de manière exceptionnelle, à condition que les moyens invoqués soient sérieux, et que le préjudice auquel le requérant est exposé, soit irréparable. La procédure prévue à l'article 73 de l'ordonnance n° 21/PR du 26 avril 1966, reprise par la loi n° 90-012 du 1er juin 1990 et portant composition, organisation, attributions et fonctionnement de la Cour suprême. Elle a été consacrée par la chambre administrative de la cour suprême notamment dans son arrêt n° 82/CA du 18 novembre 1999, *Bertin C. Amoussou c/ Préfet de l'Atlantique*, *Rec.*, 1999, p. 390. En Côte d'Ivoire, voir l'article 76 de la loi n° 94-440 du 16 août 1994 déterminant la composition, l'organisation, les attributions et le fonctionnement de la Cour suprême.

567 SALAMI Ibrahim, « L'efficacité de la justice administrative au Bénin : cas du recours pour excès de pouvoir », *in* HOURQUEBIE Fabrice (dir.), *Quel service public de la justice en Afrique francophone*, *op. cit.*, p. 79.

568 Voir au Bénin, les articles 848 à 850 du nouveau code de procédure civile, commerciale, sociale, administrative et des comptes ; en Côte d'Ivoire, l'article 79 de la loi n° 94-440 du 16 août 1994 déterminant la composition, l'organisation, les attributions et le fonctionnement de la Cour suprême.

569 SALAMI Ibrahim, « L'efficacité de la justice administrative au Bénin : cas du recours pour excès de pouvoir », *loc. cit.*, p. 87.

le souci d'alléger la justice et d'améliorer la vitesse de traitement des affaires, des juges de proximité ou juges de paix[570] selon les États, ont été institués afin de traiter le petit contentieux civil et pénal. L'institution de ces juges a eu pour effet de désengorger certaines juridictions et de rapprocher ainsi la justice du justiciable. La Francophonie doit donc encourager la mise en place de ce type de dispositifs. Par ailleurs, institué notamment en France et au Canada, le filtrage des appels[571] et des pourvois en cassation[572], même s'il peut *a priori* être perçu comme une lourdeur supplémentaire, permet aussi, par une décision simple[573], d'abréger les procès et de réaliser des gains de temps, en évacuant les demandes manifestement irrecevables ou ne reposant guère sur des moyens sérieux. Au-delà des réserves qu'il suscite çà et là, le filtrage n'est pas radicalement antinomique avec le droit au juge[574]. Au contraire, en permettant d'éviter l'engorgement de son rôle, il renforce l'efficacité du juge, qui peut ainsi utilement, redéployer son temps et son énergie vers des questions les plus pertinentes. Dans certains États, l'abondance du contentieux et les lenteurs qui en résultent ont poussé le législateur à sacrifier dans bien des cas la collégialité au profit du juge unique[575]. Dans d'autres, pour rendre la justice plus rapide, des solutions ont également été recherchées, non seulement dans la réduction du temps des délibérés et dans la réduction des délais de transmissions des pièces, mais aussi dans la promotion des voies conciliatoires, qui ainsi que le rappellent les États francophones dans la Déclaration de Paris, doivent se conjuguer avec la recherche d'une justice accessible et efficace. De manière transversale, l'introduction des nouvelles technologies dans l'administration judiciaire et la dématérialisation des

570 En Belgique, c'est le juge de paix qui incarne la figure de base de la justice de proximité.

571 Au Canada, l'augmentation spectaculaire du contentieux a poussé à la limitation des droits d'appel ou de révision judiciaire. Au Québec par exemple, la plupart des appels en matière civile et administrative ne sont plus de plein droit, mais requièrent désormais l'autorisation préalable de la Cour.

572 La loi organique du 25 juin 2001, institue des formations restreintes, en s'inspirant de la procédure préalable d'admission des demandes devant le Conseil d'État. Doctrine : CANIVET Guy, « La procédure d'admission du pourvoi devant la Cour de cassation », *D.*, 2002, pp. 2195-2199 ; PERDRIAU André, « La non-admission des pourvois », *JCP*, 2002, I, 181 ; COTTIN Marianne, « La Cour de cassation se dote d'une procédure d'admission des pourvois en cassation », *D.*, 2002, Chron., pp. 748-750.

573 En France, par principe, la décision rejetant un pourvoi en cassation n'est pas motivée. Mais en pratique depuis 2005, le rapporteur rédige un document expliquant la non admission du pourvoi. Il s'agit d'un exposé complet et objectif de l'ensemble des données de l'affaire, d'une synthèse des moyens de cassation invoqués, des précédents jurisprudentiels de nature à éclairer la solution et surtout des raisons prévisibles qui justifient l'orientation vers la non admission.

574 CEDH, 17 janvier 2006, *Barbier c/ France*, *D.*, 2006, p. 1208.

575 En France, les affaires simples sont tranchées par un juge unique (loi du 10 juillet 1970), qui a également été préféré pour les juridictions spécialisées (famille, mise en état, exécution, accident de circulation (loi du 5 juillet 1985)) ou de proximité (loi du 9 septembre 2002). Qui plus est, dans certains cas, le juge peut statuer seul en matière pénale (article du 398-1 du Code de procédure pénale) et en matière administrative (au-delà des référés, un juge unique tranche les litiges énumérés à l'article R 222-13 du code de justice administrative).

procédures, peuvent également offrir aux États francophones, des pistes de solution pour réduire la durée des procédures juridictionnelles. Ceci dit, la modélisation des décisions, si elle peut permettre d'accélérer la rédaction des décisions de justice, ne doit pas conduire à automatiser la motivation et donc avoir pour effet d'altérer leur qualité[576].

Dans tous les cas, de la rapidité avec laquelle une affaire est traitée dépend ses chances de succès. Mais quelle que soit la voie retenue pour la réduction du temps judiciaire, les États doivent se garder de sacrifier des garanties de bonne organisation de la justice, pour satisfaire le besoin certes important mais non primordial de diligence dans la procédure juridictionnelle. Pour autant, au Nord comme au Sud, la longueur déraisonnable des procès n'est pas exclusivement liée à la lourdeur des procédures. Elle est aussi en lien direct avec le manque de moyens matériels et humains pour faire fonctionner efficacement l'institution judiciaire[577].

De toute évidence, la proximité géographique des tribunaux n'est pas une fin. Dans la dynamique francophone, une justice proche doit être certes, facile d'accès, mais elle doit également être diligente. La proximité de la justice s'apprécie donc à la fois dans l'espace et dans le temps. Elle implique non seulement un accueil et une information aptes à faciliter l'orientation du justiciable, mais aussi, une procédure simple devant un juge s'exprimant lui-même dans un langage accessible. Si l'accès à la justice permet de valider l'effectivité du droit, il est lui-même en amont déterminé dans une large mesure, par l'accès au droit.

§ 2. L'accès au droit : un moyen éclairé d'accès à la justice

Le droit au juge postule une égalité de principe devant la loi et devant la justice. L'égalité d'accès aux tribunaux est donc inséparable de l'égalité d'accès au droit, car la demande en justice est avant tout une demande en droit. Ce qui signifie que le droit existant doit être connu et compris de tous. C'est là une exigence démocratique élémentaire. Le droit au droit est une condition d'exercice du droit au juge, lui-même destiné en aval à servir le premier[578].

---

576 CCJE, *Avis n° 14 (2011) sur la justice et les technologies de l'information (TI)*, 9 nov. 2011, § 6.

577 DIAGNE Pathé, « Accès à la justice dans les quartiers urbains pauvres : Dakar, Abidjan, Niamey, Ouagadougou », *in Pauvreté urbaine et accès à la justice en Afrique, Impasses et Alternatives*, Paris, L'Harmattan, 1995, p. 64.

578 Plus théoriquement, sur la relation à la fois ontologique et dialectique entre le droit et la justice, voir PFERSMANN Otto, « Droit et justice », *Revue de métaphysique et de morale*, 2002/1 n° 33, pp. 27-41 ; FRISON-ROCHE Marie-Anne, « Le droit d'accès à la justice et au droit », *in* CABRILLAC Remy, FRISON-ROCHE Marie-Anne, REVET Thierry (dir.), *Libertés et droits fondamentaux*, 15e éd., Paris,

Ainsi que le rappelaient les ministres francophones de la justice lors de la troisième réunion du bureau du suivi des engagements du Caire, la bonne administration de la justice implique des mesures visant à faciliter l'accès au droit[579]. La même idée a ensuite été consacrée par la cinquième conférence des ministres francophones de la justice qui, dans la Déclaration de Paris, ont reconnu que la connaissance et la compréhension du droit par le justiciable sont des conditions élémentaires d'une justice de qualité. Pour la Francophonie, il paraît donc indispensable de mettre à la disposition des États, un répertoire des pratiques positives tant en matière de mécanismes de réduction des inégalités financières et cognitives d'accès au droit (A), que de politique plus large de diffusion du droit (B).

A. Le renforcement des correctifs traditionnels d'accès au droit et à la justice

Consacrée par toutes les constitutions francophones[580], l'égalité devant la loi ne saurait se concevoir sans un égal accès au juge[581]. Or l'accès au droit est lui-même compromis par le caractère ésotérique de la matière, laquelle appelle le plus souvent, l'éclairage de spécialistes dont peu de justiciables peuvent s'offrir les services. En Francophonie, plaider pour l'accessibilité de la justice, c'est donc plaider pour le droit se rapproche rationnellement du justiciable. Le droit au juge est un droit fondamental et universel dont la portée et l'exercice ne sauraient être

---

Dalloz, 2009, pp. 485-489 ; SAYN Isabelle, « Accès au juge et accès au droit dans le contentieux de la protection sociale », *Revue française des affaires sociales*, 2004/3, n° 3, p. 113.

579 OIF, *Rapport général de la troisième réunion du Bureau du suivi de la Conférence des Ministres francophones de la Justice*, Le Caire, 20 février 2001.
En ligne sur : http://democratie.francophonie.org/IMG/pdf/234.pdf.

580 L'égalité devant la loi est consacrée notamment à l'article 2 de la constitution ivoirienne, l'article 4 de la constitution suisse, l'article 6 de la constitution tunisienne, l'article 10 de la constitution belge, les articles 1er et 7 de la constitution sénégalaise, l'article 1er de la constitution camerounaise, l'article 14 de la constitution de Sao Tome et Principe, article 12 de la constitution de République démocratique du Congo, article 26 de la constitution du Bénin, article 7 de la constitution du Liban, article 16 de la constitution du Rwanda, l'article 4 de la constitution du Burkina Faso, articles 13 et 22 de la constitution du Burundi, articles 7 et 8 de la constitution malgache, article 8 de la constitution du Congo, article 1er alinéa 2 de la constitution du Djibouti, articles 13 et 14 de la constitution du Tchad, article 2 alinéa 2 de la constitution du Gabon, article 8 de la constitution de la Guinée, article 2 de la constitution du Mali, article 8 alinéa 2 de la constitution du Niger, article 5 de la constitution de la République centrafricaine, article 7, alinéa 4 de la constitution du Sénégal, article 2 de la constitution du Togo, article 52 de la constitution du Vietnam et par la loi française des 16 et 24 août 1790.

581 Le principe d'égalité devant le juge n'est pas expressément affirmé dans la constitution française. Le conseil constitutionnel l'a déduit au fil de sa jurisprudence, de l'égalité des citoyens devant la loi : CC, décision n° 75-58 DC 23 juillet 1975, *Rec.*, p. 16. Doctrine : voir MELIN SOUCRAMANIEN Ferdinand, *Le principe d'égalité dans la jurisprudence du Conseil constitutionnel*, Paris, Economica, 1997, pp. 78-80 ; « Le principe d'égalité dans la jurisprudence du Conseil constitutionnel. Quelles perspectives pour la question prioritaire de constitutionnalité ? », *Les Cahiers du Conseil constitutionnel*, n° 29, 2010, pp. 89-100.

déterminés par la condition sociale du justiciable. C'est pourquoi, ainsi que cela ressort de l'approche francophone, l'égalité d'accès au droit et à la justice ne doit être menacée, ni par les coûts du procès (1), ni par la complexité du langage juridico-juridictionnel (2).

1. Le dépassement des obstacles financiers

La problématique de l'accessibilité de la justice et de son rapprochement du justiciable a évidemment une dimension pécuniaire. En dépit du principe de gratuité destiné à assurer l'accès de tous au juge, la justice a bien un coût, au point que nombre de justiciables ne peuvent y prétendre que pour autant qu'ils bénéficient d'une aide juridictionnelle. Dépasser les obstacles financiers d'accès à la justice implique donc, de la part des États francophones, non seulement de reconnaître les limites du principe de gratuité (a), mais aussi de renforcer les dispositifs d'assistance judiciaire (b).

a. Le principe de gratuité à l'épreuve des frais de justice

Même si le principe de gratuité n'a pas fait l'objet d'un positionnement spécifique de la part de la Francophonie, on peut néanmoins l'entrevoir dans l'engagement francophone en faveur de l'accessibilité de la justice. Pour rappel, le principe de gratuité ne fait pas partie des grands principes de fonctionnement du service public de la justice. Mais parce que la justice n'est pas un service public ordinaire, plus encore que tous les autres, elle se doit par essence d'être gratuite[582]. Sa prestation ne saurait être refusée à un tiers au motif qu'il n'aurait pas suffisamment de ressources. La gratuité permet ainsi à tous les justiciables, sans distinction de fortune, d'accéder à la justice. Elle préserve à la fois leur égalité et leur droit au juge. Consacré dans nombre de législations francophones[583], le principe de gratuité de la justice signifie au sens strict, que les parties ne rémunèrent pas les juges, ni ne paient de droits pour les actes de procédure. Pour autant le service public de la justice n'est pas totalement gratuit. La justice n'a peut-être pas de prix mais elle a assurément un coût. Le coût de la justice

---

582 DESDEVISES Yvon, « Frais de justice/Gratuité de la justice », *in* CADIET Loïc, *Dictionnaire de la Justice*, *op. cit.*, p. 536.

583 En France, le principe est posé par la loi des 16 et 24 août 1790 qui sonne le glas du système des épices et donc de la vénalité de l'office judiciaire. Les perceptions fiscales sur les actes de procédure en matière civile et administrative, seront ensuite supprimées par la loi n° 77-1468 du 30 décembre 1977 établissant la gratuité de la justice, et cette règle sera étendue en 1993 (loi du 4 janvier) aux procédures pénales. Ceci dit, ces perceptions ont été subtilement réintroduites depuis 1991 par les lois de finances, avec notamment les taxes sur les actes d'huissiers et la TVA sur les prestations juridiques, et plus récemment avec le taxe perçue au titre de la contribution à l'aide juridictionnelle (voir l'article 54 de la loi de finances rectificative n° 2011-900 du 29 juillet 2011). Au Cameroun, le principe de gratuité de la justice est affirmé à l'article 8 de la loi n° 2006/015 du 29 décembre 2006, portant organisation judiciaire.

correspond au travail des juges et des auxiliaires des parties, ainsi qu'à tous les autres frais matériels nécessaires à sa mise en œuvre. Le principe de gratuité qui gouverne le fonctionnement du service public de la justice est donc relativisé par les frais qu'impliquent l'action en justice et le déroulement de l'instance. Si l'État prend en charge les coûts de fonctionnement du service public de la justice, c'est-à-dire les locaux et matériels ainsi que les rémunérations des magistrats et des autres agents contribuant à la marche de l'institution, les plaideurs doivent quant à eux, rémunérer eux-mêmes les auxiliaires et s'acquitter des frais de procédure. L'efficacité de la justice supposant *a priori* l'intervention de professionnels indépendants, les plaideurs assument non seulement les frais de constitution du dossier, le dépôt de consignation[584], les droits de greffe, de timbre et d'enregistrement, mais aussi, les honoraires et émoluments des avocats ainsi que la rémunération des experts judiciaires. Les parties doivent donc supporter elles-mêmes tant ces dépens, généralement mis à la charge de la partie qui succombe au procès[585], que les frais irrépétibles, c'est-à-dire toutes les dépenses n'entrant pas dans le fonctionnement du service public de la justice, mais juridiquement nécessaires au déroulement du procès et à la manifestation de la vérité juridictionnelle. Le principe est ainsi de faire supporter à chaque justiciable, quel que soit son état de fortune, le coût du procès le concernant. Or en règle générale, ces frais et débours sont très élevés et ne peuvent être assumés par les justiciables les plus démunis. Ce qui peut avoir pour effet de dissuader l'action en justice et donc de nuire à l'égalité des citoyens devant la justice. Par conséquent, les États ont l'obligation de prendre en compte tous les obstacles matériels susceptibles de compromettre l'accès à la justice, et par là même, l'exercice des droits garantis. A défaut, l'égalité d'accès au droit et à la justice ne serait qu'un leurre. C'est pourquoi, lorsque l'inégale répartition des ressources aboutit à priver certains justiciables de l'exercice effectif de leur droit au recours juridictionnel, les États sont tenus[586] de prendre des « *mesures de compensation ou de rééquilibrage* »[587], en vue de réduire les effets des inégalités de revenus et par ricochet, d'accès au droit. L'égalité d'accès à la justice, pour se réaliser pleinement, doit donc tenir compte des inégalités de fait. Ce qui, pour les États francophones, doit revenir concrètement à instituer, au-delà du principe théorique de gratuité de la justice, un système d'aide juridictionnelle et d'accès au droit au profit des justiciables les plus modestes.

---

584 Sur l'impact négatif du dépôt de consignation sur l'effectivité du droit d'accès au juge, voir notamment ASSONTSA Robert, « Un virus en pleine expansion contre l'accès à la justice civile au Cameroun : la consignation », *Juris périodique*, janvier-février-mars 2010, n° 81, p. 115.

585 En matière civile par exemple, il est d'usage que les dépens soient supportés par la partie perdante.

586 CEDH, 9 octobre 1979, *Airey c/ Irlande*, Req. n° 6289/73.

587 CALVES Gwenaëlle, « Égalité », *in* CHAGNOLLAUD Dominique, DRAGO Guillaume, BENZIMRA-HAZAN Jérôme, *Dictionnaire des droits fondamentaux*, Paris, Dalloz, 2006, p. 371.

b. L'efficacité relative des dispositifs d'assistance judiciaire

Pour les justiciables n'ayant pas les moyens de prendre en charge la partie des coûts du procès qui incombe aux plaideurs, l'accès au droit reste subordonné au bénéfice d'une assistance judiciaire. Cette assistance désigne concrètement l'ensemble des moyens mis à la disposition des justiciables les plus démunis pour leur assurer un accès effectif à la justice. Elle est un instrument de solidarité dont la vocation est de corriger les inégalités d'accès au droit et donc au service public de la justice. Commandée par nombre de textes internationaux[588], cette aide permet aux justiciables défavorisés de faire valoir en demande comme en défense, leurs droits devant toute juridiction. De ce point de vue, l'assistance judiciaire participe à l'opérationnalisation du droit à un recours effectif. C'est la raison pour laquelle, elle trouve naturellement écho dans la réflexion francophone sur l'accessibilité de la justice. Attachés à l'égalité des citoyens face à la loi et à la justice, les ministres francophones de la justice se sont engagés, dans la Déclaration de Paris, à proposer des mesures visant, dans leurs États respectifs, à assurer la mise en œuvre et le développement de l'aide juridictionnelle. Si le système d'aide judiciaire tend de plus en plus à s'institutionnaliser dans les États francophones[589], en pratique, son efficacité reste sanglée par la faiblesse des enveloppes budgétaires consacrées et par son manque de visibilité.

Dans l'espace francophone, le système d'assistance judiciaire est généralement institué et organisé par la loi[590]. Il permet aux justiciables dont les ressources sont

588 Congrès des Nations Unies pour la prévention du Crime et le traitement des délinquants, *Principes de base relatifs au rôle du Barreau*, 8e Session, La Havane, 27 août - 7 septembre 1990, Principes 2, 3 et 4. Voir aussi la *Charte des droits fondamentaux de l'Union Européenne*, 18 décembre 2000, article 47§3.

589 L'on trouvera des exceptions à cette tendance forte, notamment en République Démocratique du Congo où le système d'assistance judiciaire n'est pas institutionnalisé et au Niger où le régime de l'assistance juridique est organisé autour des cliniques juridiques et repose sur un partenariat entre les autorités nationales nigériennes, la société civile et les bailleurs de fonds internationaux.

590 Au Mali, c'est la loi n° 2001-082 du 24 août 2001 qui organise l'assistance judiciaire. Au Cameroun, elle est encadrée par la loi n° 2009/004 du 14 avril 2009. En Côte d'Ivoire le système général d'assistance judiciaire est régi par les dispositions des articles 27 à 31 du code de procédure civile, commerciale et administrative, complété par du décret n° 75-319 du 9 mai 1975 fixant les modalités d'application du code de procédure civile en ce qui concerne l'assistance judiciaire. Au Liban, le système de l'aide juridictionnelle est prévu aux articles 425 et s. du Code de Procédure Civile. Au Canada, apparue, en 1967, l'aide juridictionnelle est institutionnalisée par le législateur québécois en 1972. Elle est actuellement régie par la loi L.R.Q. c. A-14 sur l'aide juridique. En France, après le premier essai de solidarité organisé par la loi du 22 janvier 1851, l'assistance judicaire a été mise en place avec la loi n° 72-11 du 3 janvier 1972 instituant « l'aide judiciaire » proportionnée et indemnisant même le cas échéant, les auxiliaires de justice. La loi du 31 décembre 1982 va élargir ensuite les commissions d'office en matière pénale complète la mécanique. Le dispositif actuel de l'aide juridictionnel est aménagé par la loi n° 91-647 du 10 juillet 1991, relative à l'aide juridique. Accordée aussi bien pour les recours gracieux que pour les procédures contentieuses, cette aide peut prendre la forme soit d'une aide juridictionnelle, soit d'une aide à l'accès au droit dans les procédures non juridictionnelles. Pour aller plus loin, voir PERROT Roger, *Institutions judiciaires, op. cit.*, pp. 71-81.

inférieures à un certain seuil, d'obtenir la prise en charge par la collectivité, de tout ou partie des frais de justice incombant normalement aux plaideurs. En dépit de l'institutionnalisation, subsistent encore un certain nombre de difficultés pratiques, qui soulignent la nécessité de rechercher des solutions pour renforcer dans l'espace francophone, les dispositifs d'assistance judiciaire. Dans nombre d'États francophones, les frais de justice sont parfois bien supérieurs au pouvoir d'achat des justiciables. L'aide juridictionnelle présente donc un caractère essentiel. Si l'on peut saluer la mise en place d'un système d'aide judiciaire dans la plupart des États francophones, il faut néanmoins déplorer quelques lacunes liées notamment à son éloignement par rapport au justiciable, à l'insuffisance de son financement et à la complexité ou à l'opacité de la procédure d'octroi. Entretenir un système d'aide juridictionnelle crédible, propre à garantir l'accès à la justice et les droits de la défense, reste donc, pour la Francophonie et les États qu'elle rassemble, un défi majeur.

De manière générale, une amélioration de la visibilité du système d'assistance juridictionnelle auprès des justiciables et une simplification des procédures d'octroi de l'aide s'imposent[591]. Dans les États où les textes ne prévoient pas de seuil d'admissibilité, il paraît nécessaire de clarifier les choses en fixant des critères objectifs d'éligibilité, avec un barème précis[592], en accordant une attention particulière aux femmes issues des milieux vulnérables[593]. De plus, la centralisation de la procédure limite gravement l'accès à l'assistance judiciaire et entretient l'ignorance des populations sur l'existence même de cette assistance. Pour y remédier, la Francophonie pourrait plaider pour une déconcentration du système, par la création auprès de chaque juridiction, de bureaux locaux de l'assistance judiciaire. Son action pourrait également contribuer ici à sensibiliser les populations sur l'existence de ce mécanisme et à mettre en place des voies d'appel ou de révision des demandes rejetées. D'un autre côté, les avocats

---

591 En France même si la loi du 18 décembre 1998 a permis de simplifier la procédure, le dispositif reste lacunaire au regard notamment de l'engorgement des bureaux d'aide juridictionnelle et de la diversité des pratiques ; Voir BRACONNAY Nicolas et DELAMARRE Manuel, *op. cit.*, pp. 74-76.

592 Ceci dit, en France et au Canada par exemple, même si les plafonds de ressources sont clairement fixés chaque année par la loi de finances, ils excluent en pratique, une part importante des justiciables aux revenus moyens, pour lesquels, la seule solution, semble être celle offerte par le phénomène certes croissant, mais encore insuffisant, des assurances de protection juridique. Voir LACHAUD Yves, « Les nouvelles exigences d'accès au droit et à la justice et la place des professions de conseil et de défense », *in* MIGNARD Jean-Pierre et VOGELWEITH Alain, *Justice pour tous*, Paris, La Découverte, Cahiers libres, 2001 p. 219 ; ou encore ECKLY Pierre, « Aide juridictionnelle et assurance de protection juridique : deux modes non alternatifs de financement de l'accès au juge et à la justice », *in* DONIER Virginie et LAPEROU-SCHNEIDER Béatrice, *op. cit.*, pp. 397-414. Voir aussi pour le Canada, LACOURSIERE Marc, « Le consommateur et l'accès à la justice », *Les Cahiers de droit*, vol. 49, n° 1, Université Laval, 2008, pp. 102-105.

593 ONU, Conseil des Droits de l'Homme, *Promotion et protection de tous les droits de l'Homme, civils, politiques, économiques, sociaux, culturels, y compris le droit au développement*, Rapport de la rapporteuse spéciale sur l'indépendance des juges et avocats, Gabriela KNAUL, A/HCR/17/30, 20 juin 2011.

perçoivent dans bien des États, au titre de leur participation à l'assistance judiciaire, des honoraires dérisoires et indécents, voire indignes[594], qui en plus, sont parfois versés avec beaucoup de retard. Les États francophones doivent à ce niveau, faire des efforts pour leur garantir une juste et effective rémunération. Une augmentation substantielle de l'enveloppe budgétaire consacrée à l'aide juridictionnelle permettrait ici, non seulement de revaloriser les indemnités versées aux auxiliaires de justice sollicités, mais surtout d'améliorer plus largement l'efficacité du système dans son ensemble.

L'aide judiciaire permet de réduire la distance sociale qui sépare la justice du justiciable. Elle est la pierre angulaire sans laquelle, il ne peut y avoir de véritable accès à la justice pour tous. Elle appelle donc une réponse claire des États francophones pour éviter que les « *égarés du droit* »[595], à vrai dire écartés du droit, ne deviennent fatalement des oubliés de la justice. Mais la sauvegarde des intérêts des justiciables les plus démunis ne se réduit pas à leur accès au procès. Elle commence dès la phase précontentieuse, avec l'accès à l'information juridique qui peut permettre au justiciable de décoder en amont les différents schémas offerts par le droit matériel et procédural. C'est pourquoi, au-delà de la nécessité de corriger les inégalités financières d'accès au droit et à la justice, la Francophonie s'est aussi appropriée l'enjeu de réduction des écarts de compréhension du droit.

2. Le franchissement des barrières procédurales et langagières

Pour être capable de revendiquer ses droits, le justiciable doit au moins les connaître et les comprendre. Or, le langage juridique et les procédures judiciaires se caractérisent généralement par leur complexité et donc par leur difficulté à se laisser saisir par le citoyen ordinaire. Pour le non initié, dans un contexte, qui plus est, de faible pénétration sociale du droit, l'action en justice peut se transformer assez rapidement en un chemin de croix[596], un véritable écheveau juridique inextricable[597]. La sophistication du droit le rend inaccessible et provoque chez les justiciables, des inégalités de connaissance et de compréhension. Ces inégalités dans l'accès à l'information juridique induisent inévitablement une inégalité dans l'accès la justice tant l'inobservation des règles

594 En France, pour chaque participation à l'assistance judiciaire, l'avocat perçoit 300 euros. Cette situation décriée est pire encore dans les pays du Sud. Au Cameroun par exemple la loi fixe le montant de l'indemnité à 5000 FCFA (soit environ 8 euros) par audience.

595 Selon la formule de Didier PEYRAT, rapportée par LEROY Marie-Christine, « Les expériences d'accès au droit en France », *in* GABORIAU Simone et PAULIAT Hélène (dir.), *Justice et démocratie*, *op. cit.*, p. 225.

596 SALAMI Ibrahim, « L'efficacité de la justice administrative au Bénin : cas du recours pour excès de pouvoir », *loc. cit.*, p. 56.

597 DIARRA Eloi, « Le juge des droits de l'Homme en Afrique noire francophone », *loc. cit.*, p. 210.

de procédure peut compromettre l'examen du litige au fond[598]. Sauf à être un citoyen avisé[599], il est très souvent difficile d'obtenir par exemple, l'annulation d'un acte administratif illégal, tant les règles de procédure, complexes et parfois absurdes[600], sont méconnues du justiciable africain, peu averti des rouages de la justice moderne. Au-delà des obstacles matériels, cet éloignement tient à des considérations à la fois culturelles et sociologiques. Il part d'une conception ontologiquement différente des missions assignées à la justice pour se cristalliser dans l'inaccessibilité du langage juridico judiciaire. L'analphabétisme des populations, doublé de la technicité du droit et de sa faible diffusion, renforce le caractère hermétique et impénétrable de l'univers juridico-judiciaire. Desservi par son ignorance du droit et bien souvent incapable de se faire accompagner par un spécialiste pour décrypter le langage ésotérique du droit et de la procédure judiciaire, le citoyen éprouve *in concreto*, de profondes difficultés à invoquer la loi à son profit. Il est donc nécessaire de moderniser et de simplifier le cadre légal afin de faciliter l'accès à la justice et de faire ainsi du droit au juge, une réalité. Dans cette perspective, pour améliorer l'accessibilité de l'information juridique, la Francophonie invite ses États membres à agir sur deux leviers. D'une part en simplifiant le langage juridique et judiciaire (a) et d'autre part en mettant en place des voies d'information au bénéfice des justiciables (b).

a. La nécessaire simplification du langage juridico judiciaire

Le langage désigne une manière de s'exprimer propre à un groupe social ou professionnel, à une discipline ou à un domaine d'activité. Sur cette base, le langage juridique et judiciaire apparaît comme le langage des spécialistes du droit et de la justice. Cette spécificité de la nomenclature juridico juridictionnelle, qui ne se laisse hélas pas comprendre aisément, contribue à tenir le justiciable à la périphérie de la sphère judiciaire. Elle dessine les traits d'une justice incomprise et donc fatalement compromise.

---

598 Voir FALL Badara Alioune, « L'accessibilité de la justice en Afrique », *in* Emmanuel DECAUX, *Justice et Droits de l'Homme*, *op. cit.*, p. 333 ; « Le Juge, le justiciable et les pouvoirs publics : pour une appréciation concrète de la place du juge dans les systèmes politiques en Afrique » *in Les défis des droits fondamentaux. Universalité et diversité, droit au développement, liberté de religion, statut du juge en Afrique*, Bruxelles, Bruylant, 2000, p. 316-320 ; BLEOU Martin, « La chambre administrative de la cour suprême de Côte d'Ivoire », *in* DU BOIS DE GAUDUSSON Jean et CONAC Gérard (dir.), *Les Cours suprêmes en Afrique*, Tome 3, La jurisprudence administrative, Paris, Economica, 1988, pp. 120-131 ; SALAMI Ibrahim, « L'efficacité de la justice administrative au Bénin : cas du recours pour excès de pouvoir », *loc. cit.*, pp. 61-68.

599 Et là encore, cela ne garantit rien. CONAC Gérard, « Le Juge et la construction de l'État de droit en Afrique francophone », *in État de droit, Mélanges en l'honneur de Guy Braibant*, Paris, Dalloz, 1996, p. 117.

600 KOBO Pierre-Claver, « Le recours administratif préalable, une condition de recevabilité absurde du recours pour excès de pouvoir », *Actualités juridiques*, Abidjan, 2007, n° 55, pp. 112 et ss.

C'est un fait, le langage du droit est un langage hermétique et malaisément intelligible[601]. La complexité de la phraséologie judiciaire a pour conséquence de dissuader le justiciable en général et africain en particulier, de s'adresser à la justice institutionnelle pour faire entendre sa cause. A cet égard, l'assouplissement du langage judiciaire pourrait permettre d'améliorer l'intelligibilité du droit matériel, de la procédure et de la décision de justice[602]. Il s'agirait ici pour les législateurs francophones, par un minimum de discipline du langage[603], de débarrasser les textes juridiques de leurs éléments de complexité, d'obscurité ou même de contradiction, pour favoriser ainsi leur accessibilité.

A l'instar d'autres organisations internationales[604], la Francophonie s'est théoriquement intéressée à cette problématique. Même si la coopération francophone n'a pas à proprement parler, mené d'action concrète en faveur de la simplification du langage juridico judiciaire, la Déclaration de Paris a clairement posé le principe de la compréhension du droit par les justiciables comme condition élémentaire d'accès à la justice. Pour les États francophones, l'accessibilité du droit positif constitue donc, au nom des principes de sécurité juridique et d'égalité devant la loi, un défi majeur. Dans cet élan, au-delà des initiatives gouvernementales destinées à favoriser la simplification de la loi[605], l'exigence d'accessibilité a été consacrée par la jurisprudence constitutionnelle de certains pays francophones. En France par exemple, pour améliorer la qualité de la norme législative, le juge constitutionnel a hissé sa clarté et son intelligibilité, au rang d'objectifs à valeur constitutionnelle[606]. En consacrant ainsi le droit à la compréhension du droit, le Conseil se réserve même le droit d'annuler les textes

---

601 COUVRAT Pierre, « L'accès à la justice et ses obstacles », *in* AUF, *L'effectivité droits fondamentaux dans les pays de la communauté francophone*, *op. cit.*, p. 262.

602 GARAPON Antoine, *Bien juger : essai sur le rituel judiciaire*, Paris, Odile Jacob, 1997, p. 257 ; CORNU Gérard, *Linguistique juridique*, Paris, Montchrestien, 2e éd., 2000, p. 17. Voir aussi Association Syndicale des Magistrats, Fondation Roi Baudouin, Bureau du conseil en lisibilité du Ministère fédéral de la fonction publique, *Dire le droit et être compris, Comment rendre le langage judiciaire plus accessible ? Vade-mecum pour la rédaction de jugements*, Bruxelles, Bruylant, 2003, 111 p.

603 CORNU Gérard, *Linguistique juridique*, *op. cit.*, p. 311.

604 Au niveau européen, la recommandation n° R(81)7 du Conseil de l'Europe sur les moyens de faciliter l'accès à la justice du 14 mai 1981, ainsi que le guide pratique « Mieux légiférer » adopté en décembre 2003 répondent au souci de promouvoir la simplicité, la clarté et la cohérence des textes juridiques. A ce propos, au-delà des efforts qu'elle fait pour, sans sacrifier la rigueur du droit, faciliter la compréhension de ses décisions, la Cour Européenne des Droits de l'Homme considère que la complexité excessive des modalités d'exercice d'un droit, méconnaît le droit d'accès effectif à un tribunal. CEDH, 16 décembre 1992, *Geouffre de la Pradelle c/ France*, Req. n° 12964/87.

605 En France, au-delà de la création d'une commission de modernisation du langage judiciaire, une « *charte de la qualité de la réglementation* » a été adoptée dans chaque ministère.

606 CC, décision n° 98-401 DC du 10 juin 1998, *Rec.*, p. 258 ; décision n° 99-421 DC du 16 décembre 1999, *Rec.* p. 136 ; décision n° 2001-455 DC du 12 janvier 2002, *Rec.*, p. 49 ; décision n° 2003-473 DC du 26 juin 2003, *Rec.*, p. 38. Doctrine : RRAPI Patricia, *L'accessibilité et l'intelligibilité de la loi en droit constitutionnel : étude du discours sur la « qualité de la loi »*, Paris, Dalloz, 2014, 280 p.

qui présentent une « *complexité excessive* »[607]. Au Bénin également, pour faire œuvre de pédagogie, le juge constitutionnel a modifié la structure de ses décisions, en s'efforçant de les rendre plus lisibles et donc plus accessibles au citoyen[608], car l'accès au juge et au droit, c'est aussi l'accès à un jugement intelligible. Mais par-delà ces quelques exemples qui révèlent fort à propos, les efforts consentis ici et là en vue de simplifier le langage juridique et judiciaire, le droit conserve tout de même ses hermétismes naturels, sans doute parce que la technicité de la matière est au fond la contrepartie de sa précision[609]. Pour les États francophones, l'allègement tant souhaité des formes doit, dans ces conditions, s'opérer autour d'un équilibre optimal. Certes il faut simplifier en épurant et en débarrassant les textes juridiques et judiciaires des circonlocutions désuètes et surabondantes, mais il faut aussi et surtout les simplifier sans les dénaturer ni les banaliser. Car la simplification du langage juridique ne saurait faire disparaître sa singularité et suffire à garantir l'accessibilité du droit, laquelle exige en plus, au regard de la prolifération des textes, que l'information juridique soit utilement portée à la connaissance du justiciable.

b. L'exigence d'information et d'orientation des justiciables

L'inaccessibilité formelle et matérielle du droit positif explique sa méconnaissance de la part du justiciable. Dans les États de l'espace francophone, cette réalité trouve son explication dans les limites des voies traditionnelles de publication des normes juridiques, dans l'absence de politiques d'information et dans l'inexistence de services d'accueil et d'information au sein des juridictions. Or, l'État de droit doit, par essence, s'efforcer de combler ces lacunes en améliorant les voies classiques de publication et en prévoyant des mécanismes institutionnels d'information juridique. Pour la Francophonie, la facilitation de l'accès à la justice implique non seulement d'informer le justiciable de l'étendue de ses droits et obligations, mais aussi de prévoir des mécanismes pour le guider vers le prétoire dont relève sa cause.

La coopération juridique et judiciaire francophone s'est emparée depuis environ une vingtaine d'années de l'exigence d'information du justiciable comme facteur d'amélioration de l'accessibilité du droit et de la justice. La question de l'ignorance ou de la mauvaise compréhension du droit a été déplorée dans la Déclaration et le Plan d'action du Caire, ainsi que dans la Déclaration de Paris. Elle est au fondement même des actions de l'OIF au soutien des cliniques d'aide

---

607 CC, décision n° 2005-530 DC du 29 décembre 2005, *Rec.*, p. 168.

608 AIVO Frédéric Joël, *Le juge constitutionnel et l'État de droit en Afrique : l'exemple du modèle béninois*, Paris, L'Harmattan, 2006, p. 137.

609 RASSAT Marie-Laure, LEMOYNE DE FORGES Jean-Michel, LEMOYNE DE FORGES Patricia, *Institutions administratives et juridictionnelles*, *op. cit.*, pp. 184-185.

juridique, des services d'assistance juridique et des maisons du droit, censés offrir aux justiciables, des espaces de familiarisation aux notions élémentaires du droit, à l'organisation et au fonctionnement de l'appareil judiciaire et aux procédures applicables devant les juridictions. Conçues comme des centres permanents et gratuits d'écoute et d'orientation, ces structures d'accès à l'information juridique poursuivent une triple finalité. Il s'agit d'informer les justiciables sur leurs droits et devoir pendant le procès, ainsi que sur les coûts et les délais de délivrance des actes judiciaires et extrajudiciaires. Il s'agit également de les assister ou de les orienter vers les services compétents. Il s'agit enfin de faciliter la médiation, pour la résolution des affaires qui n'appellent pas nécessairement une réponse judiciaire. En la matière, l'attention francophone s'est singulièrement portée sur l'accès des femmes à la justice et au droit. De manière spécifique, la Francophonie s'est engagée à promouvoir la réflexion sur les modalités de l'aide que peuvent apporter les associations professionnelles dans le conseil, l'assistance et la représentation des femmes devant la justice. Dans cette perspective, l'OIF soutient classiquement la création et le développement de structures d'information et de consultation spécialisées, pour faciliter, quel que soit leur degré d'instruction et leur niveau de fortune, l'accès des femmes à leurs droits les plus élémentaires. *In concreto*, dans le prolongement de la Conférence de Pékin, l'OIF apporte son soutien aux associations francophones de femmes juristes, regroupées en réseau au sein du Comité international francophone « Femmes et Droit » (CIFFED)[610]. Dans le cadre de son action en faveur de l'information juridique des justiciables, la Francophonie offre ainsi un appui technique et financier aux initiatives du réseau des centres d'aide et de consultation juridique des femmes en Francophonie[611]. L'OIF soutient donc les associations de femmes juristes qui, au travers des cliniques juridiques, contribuent au rapprochement de la justice et au renforcement de l'égalité juridique entre l'homme et la femme. Dans cet élan, l'action de l'OIF a permis en 2001, l'élaboration de guides sur les droits de la femme, distribués dans les cliniques juridiques au Sénégal et en Tunisie. La démarche francophone en faveur de l'accès effectif des femmes à

610 La Conférence mondiale des femmes tenue à Pékin en septembre 1995 invitait les femmes juristes des pays membres de la Francophonie à mettre en place un réseau technique, exclusivement consacré à des études, échanges, recherches, aide et assistance en matière de promotion et de protection des droits de la femme, dans l'optique de leur universalisation. Dans cette dynamique, le Comité International Francophone Femmes et Droit (CIFFED) a été créé en 1996 en vue d'assurer la coordination et la rationalisation du travail des différentes Associations des Femmes juristes et autres ONG évoluant dans le domaine des droits de la Femme. Ce réseau a vocation à accompagner la création de centres d'aide juridique dans les pays où ils n'existent pas encore et de consolider les centres qui existent déjà dans l'espace francophone.

611 Ce réseau mis en place en 1992, à l'initiative du Ministère de la justice du Canada, avec le soutien de la Francophonie, compte dix-neuf associations issues de quinze pays d'Afrique francophone dont le Bénin, le Cameroun, le Cambodge, le Cap-Vert, l'Égypte, le Mali, le Maroc, Maurice, le Niger, la Roumanie, le Sénégal, le Tchad et le Togo.

l'assistance et aux services juridiques et judiciaires consiste également dans l'appui à des ateliers ou séminaires de réflexion consacrés à la question[612], et dans l'appui à l'équipement informatique et bureautique des cliniques juridiques en vue d'améliorer leur efficacité.

Mais si l'on ne peut que saluer à leur juste valeur les efforts de ces associations, il convient cependant de souligner que dans un État de droit, la question de l'accès au droit ne saurait être abandonnée à la dévotion des initiatives privées. Les États francophones doivent dès lors se réapproprier directement cet enjeu qui relève au premier chef de leur responsabilité.

Dans nombre d'États francophones, des efforts considérables ont été déployés pour la mise en œuvre de politiques d'information, à travers la création auprès des juridictions, de services d'accueil, d'information, d'orientation et d'assistance juridique. Dans cette dynamique certains États francophones ont opté pour la création de Maisons dites de justice et du droit[613], ou plus simplement de points d'accès au droit, qui, avec la participation de magistrats, d'avocats, d'huissiers de justice, de notaires, d'associations d'accès au droit spécialisé et d'aide aux victimes et de travailleurs sociaux, assurent une présence judiciaire de proximité. Ces services permettent globalement à toute personne s'adressant à la justice d'être informée sur ses droits et ses obligations et d'être orientée vers l'interlocuteur approprié. Leur prestation peut prendre la forme d'une aide à la consultation ou à la rédaction d'actes juridiques. Elle peut également consister dans l'orientation et l'assistance du justiciable dans les procédures non contentieuses. Ces cliniques soutenues par la Francophonie facilitent l'accès au droit et à la justice. Revêtant

---

612 L'OIF a notamment, en partenariat avec la Banque mondiale, soutenu la tenue d'un atelier de réflexion sur : « *Accès de la femme aux services juridiques et judiciaires en Afrique subsaharienne* », par la prise en charge de certaines participantes, Lomé, 27-30 novembre 2000.

613 En France, les Maisons de justice et du droit ont été inaugurées dès le début des années 1990 pour favoriser l'accès au droit et à l'institution judiciaire. L'aide à l'accès au droit instituée en 1991, a été renforcée par la loi n° 98-657 du 29 juillet 1998 d'orientation relative à la lutte contre les exclusions et consolidée par la loi n° 98-1163 du 18 décembre 1998 relative à l'accès au droit et à la justice et à la résolution amiable des conflits. Ce dispositif a été complété par le décret n° 2001-1009 du 29 octobre 2001 modifiant le code de l'organisation judiciaire et relatif aux Maisons de justice et du droit. Voir l'article R. 131-1 du code de l'organisation judiciaire. Voir à ce sujet, PEYRAT Didier, « Les maisons de justice et du droit : la distance comme problème, la proximité comme solution ? », *Revue française des affaires sociales*, 2001/3 n° 3, pp. 115-126 ; LEJEUNE Aude, « Accès au droit, accès à la justice ou accès au juge ? L'activité judiciaire dans les maisons de justice et du droit », *in* DONIER Virginie et LAPEROU-SCHNEIDER Béatrice, *op. cit.*, pp. 425-436 ; WYVEKENS Anne et FAGET Jacques, *La justice de proximité en Europe : pratiques et enjeux*, Ramonville Saint-Agne, Erès, 2001 ; WYVEKENS Anne, « Justice de proximité et proximité de la justice. Les maisons de justice et du droit », *Droit et Société*, n° 33, 1996, pp. 363-388. Le Sénégal compte quant à lui, onze Maisons de justice. SAMB Moussa, « L'accès des justiciables à la justice au Sénégal : vers une justice de proximité ? », *op. cit.* p. 82.

une dimension à la fois territoriale et temporelle[614], relationnelle[615] et sociale[616], ces services d'accès au droit et à la justice apparaissent comme des passerelles juridiques qui permettent à l'institution judiciaire, non seulement de propager une culture judiciaire, mais encore de renforcer son assise et sa légitimité sociale. Les initiatives visant la mise en place progressive de dispositifs nationaux d'accès au service public de la justice dans l'espace francophone, doivent donc être soutenues et les moyens de ces services d'information juridique doivent être renforcés. Il est également indispensable de développer des synergies avec les autres initiatives développées dans ce domaine[617] tant à l'échelle locale et nationale que dans le cadre régional et communautaire. Mais si la création de bureaux gratuits d'information et d'orientation auprès des tribunaux doit être encouragée, elle ne suffit pas non plus dans l'absolu à garantir la proximité de la justice. Encore faut-il que leur existence soit connue du justiciable. Sur cette base, faciliter l'accès à la justice implique aussi de développer des actions d'information et de communication tant sur le rôle et le fonctionnement des institutions, que sur les droits et devoirs des citoyens. Pour la Francophonie, l'enjeu est de privilégier le renforcement des capacités d'information et de communication des institutions juridictionnelles d'une part, par l'élaboration de documents pédagogiques et d'autre part, par la publication systématique de leurs décisions, avis et recommandations. C'est un impératif qui s'adresse aussi bien à la justice ordinaire, qu'à la justice constitutionnelle[618]. Conformément au mandat reçu de la Déclaration de Paris, l'OIF favorise le rapprochement des citoyens avec leur justice en appuyant les efforts entrepris au plan national et au plan international pour donner aux justiciables et aux praticiens du droit, les moyens d'accéder à une information juridique crédible et à jour. L'accès à la justice implique d'abord et avant tout l'accès au droit. Au-delà de l'intelligibilité interne, l'accessibilité du droit passe aussi par sa diffusion. C'est donc à bon droit que l'OIF a fait de la

614 BASTARD Benoit, MOUHANNA Christian, *Une justice dans l'urgence. Le traitement en temps réel des affaires pénales*, Paris, PUF, 2007, 256 p.

615 FAGET Jacques, *Médiations, les ateliers silencieux de la démocratie*, Paris, Erès, Trajets, 2010, 304 p.

616 PEYRAT Didier, « La politique judiciaire de la ville », *Gazette du Palais*, 2000, pp. 564-573.

617 C'est l'idée au cœur même de la création en France, par la loi du 18 décembre 1998, des Conseils Départementaux de l'Accès au Droit dont la mission est, en tant que groupement d'intérêt public, dans une démarche participative, d'évaluer les besoins et les politiques mises en place. La même idée se retrouve dans la création, en février 2002, au sein du ministère de la justice, d'un service de l'accès au droit et à la justice et de la politique de la ville. LEROY Marie-Christine, « Les expériences d'accès au droit en France », *in* GABORIAU Simone et PAULIAT Hélène, *Justice et démocratie*, *op. cit.*, pp. 223-230.

618 L'accès au juge constitutionnel constitue un moyen privilégié de protection des droits et libertés fondamentaux et de consolidation de l'État de droit. Les bouleversements normatifs observés dans l'ouverture progressive des voies de saisine du juge constitutionnel méritent d'être portés à la connaissance du justiciable. A cet égard, sensible à cette question de la démocratisation de l'accès à la justice constitutionnelle, l'OIF a soutenu l'organisation du deuxième congrès de l'ACCPUF sur : « L'accès au juge constitutionnel : modalités et procédures », Libreville, 14-15 septembre 2000.

diffusion du droit, l'un de ses principaux champs d'intervention en matière d'appui au service public de la justice.

B. La diffusion du droit : une clef d'accès à la justice

L'accessibilité du droit applicable est une condition élémentaire de la bonne distribution de la justice. Car le droit au juge, c'est aussi d'abord et avant tout, le droit au droit[619]. L'accès à la justice est donc déterminé par l'accès au droit, et inversement, l'accès au droit conditionne l'accès à la justice. A ce niveau, s'il est important que le droit soit intelligible, il est aussi indispensable qu'il soit systématiquement porté à la connaissance des justiciables et des professionnels chargés de veiller à son application. A la nécessaire disponibilité matérielle ou physique du droit, se double son accessibilité intellectuelle. Le droit doit donc par principe, être physiquement accessible. Or en pratique, dans bien des États francophones, la norme juridique, quand bien même elle existe, ne fait hélas pas toujours l'objet de publication au Journal officiel[620]. Le problème de la non diffusion du droit positif s'étend aussi, au-delà des sources législatives et réglementaires, à la jurisprudence et même à la doctrine[621]. Ce qui a pour effet d'obérer la circulation du droit et d'aggraver la distance entre les autorités et la population.

Si la plupart des États francophones du Nord[622], en tirant tout le potentiel des nouvelles technologies, ont développé des systèmes remarquables de diffusion de droit, très peu d'États francophones du Sud disposent en revanche, d'un système structuré et efficace de diffusion du droit[623]. Face à ce constat, la mobilisation

---

619 VARAUT Jean-Marc, *Le droit au droit. Pour un libéralisme institutionnel*, Paris, PUF, 1986, 244 p.

620 Mode de publication qui a pourtant été conservé par les États francophones africains après leur accession à l'indépendance. Voir PAMBOU TCHIVOUNDA Guillaume, *Essai sur l'État africain postcolonial*, LGDJ, Paris, 1982, p. 132.

621 TAGADOE Amavi, « Diffusion du droit et internet en Afrique de l'Ouest », *Lex Electronica*, vol. 11, n° 1, printemps 2006, pp. 11-17.

622 En France, si la plupart des hautes juridictions disposent d'un service de documentation et d'études, assurant notamment la diffusion de leur jurisprudence, le service public de la diffusion du droit sur Internet est assuré via le site *Legifrance* (http://www.legifrance.gouv.fr). Au Luxembourg, le gouvernement a mis en place le site *Legilux* (http://www.legilux.public.lu). En Suisse, la diffusion officielle du droit fédéral est assurée via le site des autorités fédérales de la Confédération (http://www.admin.ch). En Belgique, c'est le site *Juricat*, portail du pouvoir judiciaire qui permet d'accéder à la législation et la jurisprudence. Au Canada, c'est le site du Ministère de la justice (http://lois.justice.gc.ca) qui met à la disposition du citoyen, les lois et règlements de l'État. Celui de la Cour suprême (http://www.scc-csc.gc.ca) offre un accès aux jugements rendus essentiellement depuis 1948.

623 En Afrique francophone, l'on peut saluer notamment les sites officiels et gratuits de diffusion du droit du Burkina Faso (http://www.legiburkina.bf), du Sénégal (http://www.gouv.sn/textes/codes.cfm), du Togo (http://www.legitogo.gouv.tg), du Mali (http://www.justicemali.org/codes.htm). Dans d'autres cas les carences de l'État la matière sont suppléées par des initiatives de la société civile.

francophone trouve toute sa justification. La diffusion de l'information juridique et judiciaire fait partie des champs d'investissement privilégiés de l'action francophone. L'objectif est ici de favoriser l'accès au droit francophone par la modernisation, la collecte et la diffusion du droit positif et des décisions juridictionnelles. Il s'agit dans cette perspective, pour la Francophonie, de collecter et de mettre à la disposition des justiciables et des professionnels du droit, l'information juridique et judiciaire appropriée. Si la démarche francophone était initialement orientée vers la collecte et la diffusion de l'information sur support papier, la méthode a rapidement évolué pour s'approprier également les nouvelles technologies de l'information, lesquelles offrent à ce niveau des potentialités inouïes[624]. Pour la Francophonie, l'objectif est ici de mettre en place une plateforme juridique permettant au public francophone d'accéder non seulement au droit national de chaque État membre, mais aussi aux sources juridiques internationales et communautaires qui alimentent le droit francophone[625]. A ce niveau, l'analyse fait observer que l'approche francophone en matière de diffusion du droit, telle que définie avec constance, notamment dans les déclarations du Caire (1995), de Moncton (1999) et de Paris (2008), emprunte deux voies parallèles. Elle passe d'une part, par la constitution d'une base de données juridiques francophone (1) et d'autre part, par la sensibilisation directe des justiciables via des campagnes d'information (2).

1. La constitution d'une banque de données juridiques francophone

Pour être efficacement garanti par la justice, le droit doit être connu non seulement des professionnels de justice, mais aussi des populations. D'où la nécessité de mettre en place des mécanismes de diffusion du droit à grande échelle pour porter à tous, l'information juridique. Dans cette dynamique, la coopération francophone particulièrement attachée à l'enjeu fondamental de diffusion de

---

624 Voir sur le principe, BOURGOIS Jean Pierre, « Les nouvelles technologies de l'information et de la communication et l'accès au droit : entre marché et service public », *in* LEDUC Fabrice (dir.), *L'accès au droit*, Tours, Imprimerie de l'Université de Tours, 2002, pp. 60 et ss.

625 L'expression « droit francophone » ne postule pas ici l'existence d'une famille juridique francophone au sens stricte. Elle ne renvoie pas non plus spécifiquement au dispositif normatif sécrété par la Francophonie institutionnelle. L'expression désigne simplement ici, le droit issu de chacun des États membres de l'Organisation Internationale de la Francophonie. Pour un aperçu du débat doctrinal autour de ce vivant mais, « *introuvable* » droit francophone, voir notamment, DU BOIS DE GAUDUSSON Jean « Droit francophone et droit continental », *in* AHJUCAF, *Internationalisation du Droit, internationalisation de la justice*, Actes du troisième congrès, Ottawa, AHJUCAF, 21-23 juin 2010, pp. 141-146. Les actes de ce congrès sont disponibles en ligne sur : http://www.ahjucaf.org/IMG/pdf/Internationalisation_du_droit.pdf. Voir aussi plus largement, ROUSSILLON Henry (dir.), *Existe-t-il une culture juridique francophone ?*, Conférence internationale des facultés de droit ayant en commun l'usage du français, Université Toulouse 1 - Sciences sociales, 5-6 novembre 2007, Toulouse, PUSS, 2007, 307 p.

droit, a fait de la création d'une banque de données globale du droit francophone, l'un de ses terrains d'action privilégiés. Il s'agissait, par ce moyen, de rassembler progressivement les textes législatifs et réglementaires, ainsi que la jurisprudence significative de l'espace francophone, et de les organiser autour de thématiques et par pays, pour les diffuser à l'échelle mondiale.

Les déclarations charnières du Caire (1995) et de Paris (2008) autour desquelles s'est forgée la coopération francophone en matière de justice, affirment avec la même clarté et la même la fermeté, la volonté francophone de consolider la banque de données juridiques législatives et jurisprudentielles, informatisées et régulièrement mises à jour, et de favoriser, en liaison avec les réseaux institutionnels, le transfert de ressources bibliographiques et pédagogiques via leur publication en ligne.

La constitution d'une base de données juridique, à travers le portail droit francophone, appelait le développement de techniques modernes de compilation, de traitement automatique et de transmission des ressources juridiques collectées. Un système d'information juridique, institutionnel et politique (SIJIP) a été mis en place à cet effet. Pour rendre ce système véritablement opérationnel, la Francophonie s'est appuyée sur les structures nationales de gestion et de diffusion du droit (a) et sur une stratégie d'aide à la publication du droit positif et jurisprudentiel (b).

a. L'appui aux structures nationales de diffusion du droit

La diffusion du droit positif et des décisions judiciaires est une mission de service public de première importance. Et la Francophonie s'est engagée à encourager toutes les initiatives dont l'objet est de faciliter la gestion et la diffusion du droit dans les États de son espace. Elle a ainsi, de manière pragmatique, apporté son appui aux structures nationales de gestion et de diffusion du droit. Ceci non seulement en réhabilitant ou en créant des centres de documentation dans les différents États, mais encore en assurant la formation du personnel chargé de les gérer. Initié depuis le début des années 1990, le programme de collecte, de gestion et de diffusion du droit (COGEDI) a été conçu comme un facteur de structuration de la communauté juridique francophone. L'objectif direct était d'aider les États membres à se doter de structures et de moyens permettant la collecte de l'ensemble des textes formant le corpus juridique national, et capables d'assurer leur diffusion sur des supports variés. Il avait pour finalité d'une part, de répondre au besoin des États et des citoyens en matière d'accès au droit national en vigueur, et d'autre part de faciliter, au sein de l'espace francophone, la circulation de la production juridique. Cet appui à la diffusion du droit francophone visait donc le développement d'un espace d'échange juridique francophone dans lequel, l'accès à l'information juridique serait garanti à tous, au moyen des nouvelles technologies de l'information et de la communication. S'adressant principalement aux professionnels de justice, le programme COGEDI avait également vocation à assurer la visibilité et la cohérence de l'action francophone en matière de promotion de l'accès au droit et à la justice. L'évaluation du programme COGEDI, décidée en 1999 au Sommet de Moncton par les chefs d'État et de gouvernement francophones, et intervenue en octobre 2000 et en mai 2001, fit ressortir la nécessité de parfaire le fonctionnement et la gestion du programme, en l'adaptant aux besoins des pays concernés. Cette démarche de rationalisation a conduit la Francophonie à abandonner le programme COGEDI, dont l'objet sera ensuite inséré dans le volet « diffusion du droit », intégré dans les stratégies plus larges de modernisation de la justice. Dans le cadre du Programme COGEDI, la Francophonie a par exemple, accompagné, par son expertise, la mise en place de centres d'information ou de documentation juridique[626]. Elle est intervenue auprès de divers opérateurs nationaux de diffusion du droit en mettant à leur disposition du matériel informatique en vue de favoriser la mise en ligne des ressources juridiques nationales[627]. Les banques de données nationales créées, étaient ensuite mises en ligne sur les sites des institutions nationales partenaires pour alimenter régulièrement, par le biais d'hyperliens, le portail droit francophone. Créé en 2003 et mis officiellement en ligne en novembre 2004, ce portail était conçu pour assurer la collecte et la diffusion libre du droit de langue française, auprès des professionnels de justice et du grand public francophone. Cette banque de données globales et thématiques de droit francophone a pendant plusieurs années été régulièrement enrichie, par l'intégration de textes législatifs, règlementaires et jurisprudentiels, fournis par les États eux-mêmes. Ce portail proposait plus de 3500 hyperliens conduisant notamment vers les sites officiels des services étatiques chargés de la collecte et de la diffusion du droit national. A ce jour, le portail droit francophone n'est plus actif. Néanmoins, dans le sillage francophone, a été mis en place, par l'AHJUCAF, la base de données jurisprudentielle *Juricaf*, outil permettant la diffusion des arrêts des Cours suprêmes francophones et facilitant la comparaison de leur production prétorienne. Dans le même esprit, la Commission de Venise, organe consultatif du Conseil de l'Europe, bénéficie d'un appui de l'OIF pour la

626 A la fin des années 1990 en Égypte et au Bénin. En 2004, la Francophonie a appuyé la mise en place d'un centre d'information juridique au Burkina Faso. Elle a par ailleurs contribué à la mise en œuvre et au développement du projet *Juriburkina*, qui, à côté du journal officiel, se donne comme un organe autonome de gestion et de diffusion de la jurisprudence.

627 Soutien à la mise en place et à l'utilisation des logiciels (EDIBASE) de gestion des banques de données juridiques au Burkina Faso, en Guinée, en Côte d'Ivoire, en République démocratique du Congo, à Madagascar, au Mali, au Sénégal, au Tchad. Au Niger l'OIF a en mai 2004, mis des experts à la disposition de la Cour suprême et de la Cour d'appel de Niamey pour la réorganisation de leurs banques de données.

publication, en langue française, du Bulletin sur la jurisprudence constitutionnelle comportant des résumés de décisions adressées à elle, par des Cours constitutionnelles francophones. L'action francophone en la matière s'est donc historiquement construite, dans une dynamique complémentaire, autour du portail droit francophone, qui justifiait le soutien aux structures nationales de gestion et de diffusion du droit. L'OIF a ainsi contribué à améliorer le traitement et la gestion des banques de données juridiques et judiciaires dans nombre d'États du Sud. Dans la même dynamique, la Francophonie a parrainé la création en décembre 2007, du Réseau francophone de diffusion du droit (RF2D)[628], dont l'objectif est non seulement d'œuvrer à la création de structures appropriées de gestion et de diffusion du droit, mais encore, d'améliorer le partage de l'information et de maîtriser les stratégies et techniques de préparation, d'acquisition et de publication des documents juridiques. Le renforcement des capacités des structures nationales de gestion et de diffusion du droit s'est prolongé par ailleurs dans la formation de leurs personnels et des différents acteurs impliqués dans le processus de libéralisation de l'accès au droit. A ce titre, dans le cadre de la coopération francophone, plusieurs séminaires et nationaux[629] et régionaux[630] de formation aux techniques et méthodes de diffusion libre du droit, ont été organisés à destination des responsables et/ou techniciens des structures nationales chargées de la gestion et de la diffusion du droit. Mais au-delà, la mise en place du portail droit francophone impliquait de la part de la Francophonie, un appui à la publication des textes législatifs et jurisprudentiels.

b. L'aide à la publication des textes de loi et de jurisprudence

Au-delà de la création d'un portail de droit francophone et du soutien subséquent qu'il a impliqué au bénéfice des structures nationales de diffusion de droit, le projet francophone de constitution d'une banque de données juridiques s'est concrétisé dans l'aide à la publication des textes de loi et de jurisprudence, en incluant le cas échéant leur traduction. Dans la Déclaration de Paris (2008),

628 Le réseau rassemble une dizaine d'institutions. Huit structures nationales : la Direction des journaux officiels du Burkina Faso, le Plan camerounais de diffusion du droit, le Centre national de documentation juridique de Côte d'Ivoire, le Centre de formation et de documentation judiciaire de Guinée, la Direction générale des journaux officiels de la République démocratique du Congo, le Centre national *Légis* de Madagascar, la Direction des journaux officiels du Niger et le Centre d'étude et de formation pour le développement du Tchad). Et deux structures privées : Tics du droit au Mali et *Afrilexis* au Cameroun.

629 En 2011, la Francophonie a contribué au renforcement des capacités d'intervention du Centre d'étude et de formation pour le développement (CEFOD) du Tchad, du Centre national de documentation juridique (CNDJ) de la Côte d'Ivoire et du Centre international d'éducation aux droits humains d'Haïti.

630 OIF, *Formation en diffusion libre du droit*, Ouagadougou, 23-27 février 2004. Disponible en ligne sur : https://lexum.com/conf/formation_ouaga/index.html.

au titre des engagements en faveur de l'intensification de la diffusion et la circulation de l'information juridique, les ministres francophones de la justice ont réaffirmé leur volonté inaltérée d'assurer, ou à tout le moins de favoriser, non seulement la publication régulière des textes législatifs, réglementaires et jurisprudentiels, mais aussi leur diffusion auprès des juridictions et des citoyens, tout en œuvrant au développement de banques de données numériques, accessibles à distance. La stratégie de la Francophonie institutionnelle consiste à ce niveau, à soutenir l'édition des journaux officiels et l'établissement systématique de recueils de jurisprudence nationale, régionale ou internationale. Il s'agit ici pour l'organisation, d'appuyer les initiatives les plus pertinentes d'une part, en matière d'édition de codes, de textes de lois et de manuels, au besoin en les traduisant et d'autre part, en matière de tenue de recueils de jurisprudence, en appui aux plans nationaux de modernisation de la justice ou aux politiques d'intégration régionale.

Au titre de l'aide à l'édition de codes et textes législatifs, la Francophonie est intervenue notamment au Mali (2001), au Burundi, au Djibouti, au Niger (2004). En 2005, elle a soutenu la publication des lois votées par le parlement béninois de 1990 à 2004, et a également apporté son soutien au Secrétaire Général de la Présidence de la République du Cameroun pour la mise en ligne de son fichier législatif et réglementaire.

La traduction et la publication de lois en français représentent également un enjeu essentiel de garantie de l'égalité de tous les citoyens devant la loi et devant la justice. C'est pourquoi la Francophonie a soutenu par exemple la publication du code civil égyptien en français en 1999. En 2001, elle a financé, au Vietnam, l'édition de la traduction française de la loi sur l'investissement. Au Vanuatu, elle a accompagné pendant plusieurs années, le vaste projet de restauration de la place des textes législatifs en français[631]. Ce qui a permis aux citoyens francophones de ce pays, de disposer d'un accès facile au droit. Dans le même esprit, la Francophonie a, en 1999, financé la traduction et la publication de la Déclaration Universelle des droits de l'Homme en une trentaine de langues nationales, avant, quelques années plus tard, d'aider à l'édition et à la diffusion de mille exemplaires de la version française du manuel des droits de l'Homme de l'Association internationale des procureurs et poursuivants[632]. Au-delà du droit positif et de la doctrine, l'OIF a appuyé techniquement les États dans le traitement et la diffusion de leurs jurisprudences. La publication des arrêts permet de rompre l'isolement des juges et favorise l'unité de la jurisprudence. Elle participe de

631 Dans le cadre du projet de réhabilitation de la place du français dans la législation du Vanuatu, la Francophonie a contribué notamment à la mise en place et l'équipement de la cellule technique chargée de la relecture, la traduction et la codification des textes législatifs.

632 MYJER Egbert, HANCOCK Barry et COWDERY Nicholas, *Manuel des droits de l'Homme à l'intention des procureurs et poursuivants*, La Haye, AIPP, Wolf Legal Publishers (WLP), 2002, 152 p.

l'exigence de publicité de la justice qui elle-même, peut être considérée comme « *le dernier adjuvant de l'indépendance* »[633] du juge. L'exigence d'accessibilité s'impose à tout acte juridictionnel comportant une réponse en droit. L'accès au droit francophone passe donc aussi par une large diffusion de sa jurisprudence car il n'y a pas d'accès à la justice et au droit, sans accès à la réponse juridictionnelle. Dans cette perspective, en plus des dotations en matériels informatiques pour la saisie des jugements et arrêts, l'OIF a soutenu notamment la publication des arrêts rendus par les juridictions suprêmes de la Centrafrique[634], du Cameroun[635], du Niger[636] et du Togo[637].

Tous ces textes législatifs et jurisprudentiels dont la Francophonie a soutenu, par divers moyens, la publication, étaient systématiquement destinés à enrichir la banque de données juridique francophone, conçue à l'époque pour être l'outil documentaire de référence du droit francophone. Mais aujourd'hui, ce dispositif de longue haleine, patiemment échafaudé et porté à bout de bras par la Francophonie pendant plus d'une vingtaine d'années est malheureusement inopérant. Le portail droit francophone n'est plus qu'un souvenir de plus en plus lointain. Le site internet du RF2D[638], créé en décembre 2008 avec le soutien de l'OIF, a quant à lui été refondu en 2014, après plusieurs années de léthargie. Initialement conçu à côté du portail droit francophone, le site du RF2D est devenu, ainsi que le reconnaît le Secrétaire général de la Francophonie dans son Rapport de 2014, le principal outil de vulgarisation et de diffusion du droit des pays francophones[639]. Les relais nationaux de diffusion du droit ne se portent pas mieux ; ils semblent pour la plupart, en dehors de ceux des États du Nord, végéter dans des sites de diffusion du droit, qui, s'ils ne sont pas la plupart du temps fantomatiques, restent lacunaires et parfois même payants. Le noble objectif de facilitation de l'accès à la justice par la diffusion du droit dans l'espace francophone semble au final s'être dissout au grand dam de la plupart des justiciables francophones. L'important travail de coordination qu'assurait l'OIF pour la diffusion et la circulation du droit dans l'espace francophone, mérite certainement d'être capitalisé et réanimé, pour améliorer l'accès au droit et

---

633 VEROUGSTRAETE Ivan, « Rapport de synthèse », *in* AHJUCAF, *L'indépendance de la justice, op. cit.*, p. 184.

634 Aide à la publication des arrêts rendus par la Chambre administrative de la Cour suprême de 1982 à 1985.

635 Financement en 2004 de l'édition des répertoires chronologiques de la jurisprudence de la Cour suprême.

636 Publication des arrêts rendus par la Cour suprême du Niger de 1969 à 1995.

637 Publication en juin 2005 du recueil des décisions et avis de la Cour constitutionnelle du Togo.

638 http://www.rf2d.org.

639 OIF, *Rapport du Secrétaire général de la Francophonie, 2012-2014 : de Kinshasa à Dakar*, Paris, 2014, p. 92.

réimprimer plus de sens et de cohérence à l'action francophone au service de la justice.

Si les actions initiées en son temps par la Francophonie pour la constitution d'une banque de données juridiques francophone, s'intéressaient essentiellement aux professionnels du droit, une autre série d'actions s'adressait quant à elle, directement aux justiciables, afin de leur permettre de mieux connaître leurs droits et de mieux comprendre le fonctionnement de l'institution judicaire. Il s'agit là, par l'éducation juridique du citoyen, de démocratiser l'accès au droit, pour faciliter l'accès à la justice.

2. La vulgarisation du droit auprès des justiciables

La diffusion du droit auprès des justiciables participe de l'idée de socialisation juridique du citoyen[640]. Elle consiste dans l'approche francophone, à aller vers le citoyen pour l'informer, l'éduquer et lui porter l'information juridique afin de réduire de fait, la distance cognitive qui le sépare du droit. Il s'agit, par ces moyens, de permettre au justiciable, quelle que soit sa situation sociale, de saisir au quotidien le contenu vivant du droit. Dans le Plan d'action du Caire, la coopération francophone s'est engagée à soutenir les programmes d'information et de sensibilisation des justiciables, à travers des brochures ou via des canaux de télédiffusion et de radiodiffusion. L'OIF encourage ainsi les opérations à grande échelle de vulgarisation d'informations sur le fonctionnement des institutions judiciaires, en partenariat avec les acteurs sociaux. Le but est de permettre aux populations de connaître leurs droits et de se familiariser avec les textes. Impliquant la mobilisation des médias, des associations et des ONG, suggérant la contribution des juristes et para juristes, la démarche s'appuie sur des programmes de formation, d'enseignement et de sensibilisation privilégiant le cas échéant, pour une plus large diffusion, l'usage des langues locales.

Pour pouvoir atteindre le maximum de justiciables, l'OIF a donc fait le choix d'encourager les initiatives d'informations juridiques par l'intermédiaire de canaux informatifs de proximité. Elle soutient, au bénéfice surtout des catégories vulnérables et des minorités, des programmes d'éducation citoyenne au droit, en partenariat avec des organisations de la société civile, dont elle contribue au reste, au renforcement des capacités. La démarche francophone en la matière consiste à offrir une assistance technique aux médias locaux et aux associations de promotion et de protection des droits de l'Homme pour le développement et la mise en œuvre d'actions d'information en faveur notamment des jeunes, des

640 Le ROY Etienne, *Le jeu des lois, une anthropologie dynamique du droit*, LGDJ, 1999, 432 p. ; FOUDA Guillaume, « L'accès au droit, richesse et fécondité d'un principe pour la socialisation juridique et l'Etat de droit en Afrique noire francophone », *Afrilex*, n° 1, novembre 2000, Université Montesquieu Bordeaux IV (http://afrilex.u-bordeaux4.fr/sites/afrilex/IMG/pdf/1doc3fouda.pdf).

femmes et des populations rurales. L'OIF a en effet, pendant plusieurs années, soutenu des campagnes de diffusion du droit en langues locales, par les radios rurales au Bénin, au Burkina Faso, au Burundi, au Cameroun, en Guinée, au Mali et au Sénégal notamment. Ces campagnes étaient préparées et animées par des journalistes, des juristes et des linguistes autour de thématiques prioritaires comme l'État de droit, la bonne gouvernance, l'organisation de la justice et l'accès à la justice, le droit foncier, les droits des femmes et les droits de l'Homme en général. Au regard de la pertinence et de l'efficacité avérée de cette approche en matière vulgarisation du droit, ces campagnes ont connu un vif succès non seulement auprès des populations rurales[641], mais aussi auprès du public urbain, lui aussi confronté au problème de l'accès au droit[642]. Ceci au point qu'un travail en réseau identique avait été développé et mis en place au début des années 2000, dans les pays francophones de l'Est de l'Afrique et de l'océan indien.

L'action francophone en faveur de la vulgarisation du droit en Afrique a aussi et surtout pris la forme d'un soutien constant aux initiatives privées ou publiques de sensibilisation aux droits de la femme et de l'enfant. En matière de vulgarisation des droits de la femme, l'OIF a en l'occurrence, apporté un appui technique aux activités des associations francophones de femmes juristes, dont elle contribue à entretenir le dynamisme. Pour mieux lutter contre les violences faites aux femmes, la Francophonie a également appuyé le centre d'information juridique de la Guinée pour l'élaboration en 2004, d'un guide sur les lois nationales et internationales condamnant ces violences. Elle a dans le même élan, apporté son soutien financier aux activités de l'association « *Haguruka* », dont l'objet est de promouvoir et de défendre les droits de la femme et de l'enfant au Rwanda[643]. Pour ce qui concerne spécifiquement la promotion à grande échelle des droits de l'enfant, la Francophonie a accompagné la section belge de l'ONG « *Avocats sans frontières* » et l'association « *Droit des enfants International* », pour le lancement de la « *La nouvelle tribune internationale des droits de l'enfant* », première revue francophone consacrée à la question.

Comme nous avons pu l'observer en ce qui concerne le projet de constitution d'une banque francophone de données juridiques, les actions de l'OIF en matière de vulgarisation du droit auprès des justiciables, semblent, elles aussi, se raréfier. La dynamique impulsée dans ce domaine à la fin des années 1990, a perdu de sa vitalité, alors que dans l'espace francophone, nombre de justiciables restent

---

641 DIENG Adama, « Assistance juridique aux populations rurales », *in* DU BOIS DE GAUDUSSON Jean et CONAC Gérard, *Afrique contemporaine*, La justice en Afrique, n° 156 (spécial), 1990, pp.106-110.

642 DIAGNE Pathé, *loc. cit.*, pp. 27-116.

643 L'OIF a, en partenariat avec la Banque Mondiale, financé notamment l'organisation d'un atelier sous-régional sur le thème « Aspects juridiques liés à la problématique hommes/femmes et accès aux services juridiques dans les pays sortants de conflits », organisé à Kigali en juin 2003.

encore en marge du droit et de sa garantie juridictionnelle. Les actions initiées dans les États francophones du Sud ont certes contribué à améliorer la tendance en matière d'accessibilité du droit et de la justice, mais certainement pas à l'inverser. Ces efforts demeurent largement insuffisants et restent à parfaire pour relever le défi de l'accès au droit et à la justice. La cohérence du discours et de l'action francophones commande impérativement une réappropriation de l'enjeu de diffusion du droit, dont la satisfaction est somme toute, une exigence fondamentale de l'État de droit, revendiqué par l'ensemble idéel de la communauté francophone.

L'accès à la justice est une condition *sine qua non* de l'effectivité de la règle de droit. Il reste un défi permanent pour tout État de droit. L'accès au droit étant indispensable à l'émergence d'une véritable culture du droit, la Francophonie doit revitaliser son engagement en faveur de l'éducation juridique des citoyens. Mais rapprocher le droit et la justice du justiciable, ce n'est pas seulement réduire la distance physique qui les sépare en créant plus de tribunaux, mais c'est aussi rationnaliser le coût de la justice et optimiser les systèmes d'assistance et d'information des justiciables. Si l'accès à la justice est un droit pivot dont le sens et la portée n'échappent désormais à personne, il n'est pas pour autant une fin en soi. Pour être utile, il doit pouvoir conduire en toute équité et dans un délai raisonnable, à une solution juridictionnelle effective. Au-delà du droit d'accès à la justice, l'équité des procédures doit ensuite être préservée jusqu'au bout. L'égalité d'accès au tribunal doit s'accompagner d'une égalité de traitement des parties au procès, quelle que soit la nature du contentieux. Consacré dans une série de textes supranationaux, le procès équitable est étroitement lié à l'accessibilité et à l'efficacité du service public de la justice. Il constitue un « *fonds commun procédural* »[644], dont la trame se tisse autour des principes d'égalité et de légalité. Assurer l'accès à la justice, c'est donc garantir à la fois, l'accès au juge, l'accès à la défense et enfin l'accès au jugement et à son exécution. Le plaidoyer francophone en faveur de l'accessibilité du service public de la justice n'a donc de sens que pour autant qu'il intègre la nécessité de lui donner les moyens d'accomplir efficacement sa mission.

SECTION II. L'EFFICACITE DU SERVICE PUBLIC DE LA JUSTICE : UN ENJEU AU CŒUR DE LA MOBILISATION FRANCOPHONE

L'objectif de construction dans chaque État francophone, d'un appareil judiciaire efficace et performant fait partie, depuis la Déclaration du Caire, des

644 FERRAND Frédérique, « Procès équitable », *in* CADIET Loïc, *Dictionnaire de la Justice*, *op. cit.*, p. 1094.

axes prioritaires de la coopération juridique et judiciaire francophone. Il est parti du constat général, dans la plupart des États francophones du Sud, d'un service public de la justice blafard, sous-équipé, submergé, inaccessible, lent, incompris et parfois même corrompu. Cet état anémique dans lequel se trouve la justice dans nombre d'États est la conséquence directe de l'insuffisance des moyens juridiques, financiers, matériels et humains mis à la disposition de l'institution. L'efficacité du service public de la justice reste donc dans une large mesure, tributaire des moyens qui lui sont octroyés. Ainsi, au regard de l'universalité de ces questions, la coopération francophone s'est organisée autour de stratégies communes d'intervention, en vue, dans une logique de modernisation, de revigorer les systèmes judiciaires nationaux, en leur donnant les moyens nécessaires à l'accomplissement de leur mission. Le constat de la détérioration d'une institution étant le point de départ du mouvement destiné à la réformer[645], la Francophonie s'est attachée à développer une expertise capable d'accompagner techniquement les programmes nationaux de réforme juridique ou judiciaire. L'amélioration de l'efficacité de la justice est un enjeu stratégique pour l'ensemble des États francophones et plus encore pour ceux du Sud. Elle est au service d'un dessein plus large : celui de la bonne administration de la justice[646], laquelle implique le respect de l'autorité de la chose jugée. La démarche francophone restitue parfaitement la logique et la portée de ces enjeux. Tout en menant une action d'envergure en faveur de la modernisation de l'office du juge (§ 1), la Francophonie ne semble pas perdre de vue les corollaires d'une administration judiciaire efficace. Elle s'intéresse ici en particulier à l'exigence d'exécution des décisions de justice (§ 2).

§ 1. La modernisation de l'environnement de l'office du juge

La modernisation de l'office du juge a vocation à servir l'objectif général de bonne administration de la justice. Puisque le juge permet au droit de se réaliser, il est indispensable qu'il puisse exercer son office dans les meilleures conditions. L'État démocratique, dès lors qu'il a le souci de garantir à ses justiciables un égal accès à la justice, doit offrir au juge un environnement de travail, s'appuyant sur des règles juridiques claires et des moyens adéquats. Ce qui permettra au juge d'exercer son office dans le respect des principes du procès équitable et dans des délais appropriés, avec en aval, la certitude de voir ses décisions, exécutées.

La Francophonie, depuis plusieurs décennies, s'est appropriée la problématique de l'efficacité de la justice. Depuis les engagements du Caire, elle

---

645 DURKHEIM Émile, *Leçons de sociologie*, Paris, PUF, 4e éd., 2003, p. 61.

646 ROBERT Jacques, « La bonne administration de la justice », *AJDA*, 1995, n° spécial, p. 117 ; LAVAL Nathalie, « La bonne administration de la justice », *Les Petites Affiches*, 12 août 1999, n° 160, pp. 12-21.

dénonce avec constance soit directement soit, à travers ses réseaux institutionnels[647], les conditions parfois très difficiles dans lesquelles travaille le juge dans certains États. Pour la Francophonie, l'amélioration de l'efficacité de la justice appelle la mise en œuvre de plans nationaux de modernisation incluant l'équipement des juridictions et la réforme des textes et procédures. Ces plans nationaux dont la francophonie accompagne l'élaboration et la mise en œuvre sont destinés à imprimer plus de cohérence et de rationalité aux projets globaux de réforme et de revalorisation des systèmes juridictionnels. Ainsi, pour aider les États qu'elle fédère à relever ce défi, la Francophonie a fait le choix, par la concertation et la mutualisation des expériences, de valoriser l'expertise des systèmes judiciaires francophones les plus performants afin de dégager des schémas d'ensemble et de soutenir les États effectivement engagés dans des processus de réhabilitation de la justice. L'objectif est ici, par le développement d'un savoir-faire francophone, d'accompagner les réformes de la justice afin d'améliorer à la fois qualitativement[648] et quantitativement[649] ses services. En la matière, l'action francophone vient, dans une dynamique complémentaire, soutenir les efforts des États, à qui il incombe en amont, de définir un cadre légal matériel et procédural clair, et d'accroître la part de budget national consacrée à la justice. Dans ce mouvement de restauration de la crédibilité de la justice, la Francophonie a accompagné les projets de modernisation de la justice notamment au Mali[650], au Burkina Faso[651], au Sénégal, en Guinée[652], en

---

647 Appui de l'OIF à l'organisation des neuvièmes assises statutaires de l'AA-HJF tenues à Bissau du 1er au 5 novembre 2007 sur le thème : « Coût et rendement du service public de la justice dans l'espace AAHJF ». Ce colloque s'était assigné l'objectif de mettre en exergue la distance les exigences d'une justice de qualité et les moyens dont elle dispose, en vue de proposer des solutions utiles à leur mise en adéquation. Disponible sur :
http://democratie.francophonie.org/IMG/pdf/Rapport_general_Colloque_AAHJF_Bissau.pdf.

648 Motivation des décisions et spécialisation des magistrats et des juridictions.

649 Résorption du passif judiciaire, gestion et traitement rapide des dossiers, réduction des délais de jugement.

650 Programme décennal de développement de la justice (PRODEJ) : ce plan de modernisation de l'institution judiciaire était destiné à répondre à 4 difficultés majeures : la dispersion des sites judiciaires ; l'inadaptation du droit positif aux réalités nationales et le manque de diffusion des textes ; l'insuffisance et la vétusté des infrastructures judiciaires et de leur équipement ; le manque de formation des personnels. L'élaboration du plan de réforme a associé non seulement tous les acteurs du système judiciaire, mais aussi de la société civile. La démarche s'est concrétisée par l'organisation du 30 mars au 2 avril 1999, d'un forum national sur la justice, soutenu par la Francophonie, la banque mondiale, le Canada et la France.

651 La Francophonie a soutenu la mise en œuvre du Plan d'action national pour la réforme de la justice (PAN-RJ) et du Programme d'appui à la consolidation du processus démocratique, l'Etat de droit et la bonne gouvernance (PADEG).

652 La Francophonie a d'abord soutenu les états généraux de la justice guinéenne en mars 2011, qui ont notamment permis d'identifier les dysfonctionnements du système et de formuler les recommandations qui ont servi de base à l'élaboration d'un programme pluriannuel de modernisation de la justice. Puis, elle a soutenu l'élaboration du Plan d'action en faveur de la justice : voir OIF, *Rapport du Secrétaire général de la Francophonie : de Québec à Montreux*, Paris, 2010, p. 74.

République centrafricaine[653], au Rwanda[654], au Niger[655], au Bénin, au Cameroun, à Haïti, à Madagascar, en Roumanie, au Tchad, au Congo et au Vietnam. Dans le cadre de son Plan d'appui à la modernisation de la justice, l'OIF a également soutenu la préparation des états généraux de la justice nigérienne en juin 2012 et a envoyé un expert en Côte d'Ivoire pour la réforme du secteur de la justice[656].

Une justice moderne, indépendante et efficace doit disposer de moyens adéquats. Au-delà des pistes de solutions inclusives suggérées par les plans nationaux de modernisation, la plupart des systèmes juridictionnels des États du Sud connaissent d'importantes difficultés de fonctionnement en raison du sous-équipement chronique dont ils souffrent. Dans la quasi-totalité des cas, cette situation inconfortable et décrédibilisante dans laquelle se trouve les tribunaux, est directement imputable à la faiblesse de ses ressources juridiques, financières, matérielles et humaines. Par-delà le soutien aux plans nationaux qui obéissent à une démarche globale, l'engagement francophone en faveur de la modernisation de la justice, s'il se traduit par une contribution directe au renforcement des capacités de fonctionnement des juridictions (B), crée avant tout à la charge des États, une série d'obligations concrètes (A).

A. Les efforts attendus des États francophones

Il revient aux États de fixer clairement le cadre normatif de l'activité juridictionnelle et d'allouer à la justice les moyens nécessaires à son fonctionnement, dans des conditions qui ne portent pas atteinte à l'indépendance des juridictions. Car l'absence d'autonomie financière et l'insuffisance des crédits sont des facteurs indirects d'inhibition de l'indépendance judicaire.

Dans la Déclaration du Caire, les États francophones se sont engagés à favoriser les réformes juridiques et judiciaires nécessaires et à œuvrer à un accroissement substantiel de la part des crédits affectés à justice dans le budget national. La Francophonie encourage donc les États à consacrer à l'institution juridictionnelle, des moyens budgétaires suffisants, en vue de renforcer l'État de

---

653 L'expertise francophone a accompagné la République Centrafricaine dans son processus d'élaboration d'un programme décennal de réforme de la justice, depuis l'organisation des états généraux de la justice, jusqu'à la mise en œuvre du plan. Voir OIF, *Rapport du Secrétaire général de la Francophonie : de Québec à Montreux,* Paris, 2010, p. 78.

654 Appui au projet d'instauration du juge unique et d'institution d'un inspectorat général investi de pouvoirs d'investigation et de contrôle de l'action des juges et officiers du Ministère public.

655 L'OIF a assuré la préparation, la tenue et le suivi des états généraux de la justice du Niger. OIF, *Rapport du Secrétaire général de la Francophonie, 2012-2014 : de Kinshasa à Dakar,* Paris, 2014, p. 91.

656 OIF, *Rapport du Secrétaire général de la Francophonie : de Québec à Montreux,* Paris, 2010, p. 73.

droit, la démocratie, la protection des droits de l'Homme[657]. Dans le cadre de son engagement en faveur de la modernisation de l'office du juge, la Francophonie invite ses États membres non seulement à mettre à jour leur droit positif national (1), mais encore, à accroître la part du budget national consacrée à la justice (2).

1. L'actualisation du droit positif national

La justice est indissociable du droit. Cela, non seulement parce que le droit est une forme d'expression de la justice, mais aussi parce que, à rebours, la justice fait respirer le droit. Le destin de la justice est donc implacablement lié à celui du droit. Même si le droit ne s'épuise pas dans le contentieux, il n'en reste pas moins, ainsi que l'affirmait le Doyen Jean Carbonnier, qu'est réputé juridique, « *ce qui est propre à provoquer un jugement* »[658]. Et pour que le droit à la justice permette effectivement de rétablir la justice du droit, il faut bien entendu que le droit applicable soit lui-même clair, adapté et stable. Au-delà de la référence à la légalité, ce qu'il faut, c'est surtout que le contenu de la loi et son étendue offrent au juge des bases solides, justes et opportunes, pour lui permettre de dire le droit efficacement. Dans cette perspective, c'est aux États qu'il revient au premier chef de veiller à la qualité de la loi.

Sans la loi, toute vie sociale bien ordonnée est impossible. Mais si la loi est indispensable à la vie en société, sa légitimité et son efficacité tiennent surtout à sa qualité et à sa justesse, car la loi de la cité doit être ordonnée autour du principe de justice. Le droit régit les rapports sociaux, prescrit un mode de conduite et reflète les valeurs de la société. Il doit donc par essence être bon et juste[659]. Mais le droit est un concept vivant qui se fonde sur une réalité factuelle, elle-même en constante mutation. C'est pourquoi, « *lorsque la réalité sociale change, le droit lui aussi doit changer* »[660]. Il doit nécessairement pouvoir s'adapter aux besoins évolutifs de la société car l'État de droit est intimement rattaché à l'état du droit.

De même une législation silencieuse, vague et imprécise est source d'insécurité juridique, de même à l'inverse, l'inflation des normes peut être source d'étourdissement et d'incertitude. La loi, naguère adulée, est désormais très vite décriée, car dans certains cas, absente ou surannée, dans d'autres, lacunaire ou surchargée, et parfois même supplantée par un droit flexible et contingent. Le

---

657 OIF, Sommet de Cotonou, *Résolution sur le suivi de la déclaration du Caire*, décembre 1995. Disponible en ligne sur : http://democratie.francophonie.org/IMG/pdf/208.pdf.

658 CARBONNIER Jean, *Flexible droit*, Paris, LGDJ, 5e éd., 1983, p. 22.

659 BELL John, « Le règne du droit et le règne du juge, vers une interprétation substantielle de l'État de droit », *in L'État de droit, Mélanges en l'honneur de Guy Braibant*, *op. cit.*, p. 16.

660 AHARON Barak, « L'exercice de la fonction juridictionnelle vu par un juge : le rôle de la Cour suprême dans une démocratie », *RFDC*, 2006/2 n° 66, p. 232.

désordre juridique, en entrainant le déclin de la loi[661], tue le droit et nuit ainsi à l'efficacité de la justice. La protection des droits étant un défi universel et permanent, elle exige de tout État de droit qu'il sache judicieusement se remettre en question et se perfectionner en adaptant sa législation aux transformations sociales, économiques et technologiques. Il doit être capable de légiférer de manière cohérente et rationnelle, car pour exercer sereinement son office, le juge a besoin d'une trame juridique stable et lisible. Ainsi, l'action de légiférer, bien qu'extérieure à l'intervention du juge, conditionne la qualité de son office. Une bonne législation doit fournir au juge des bases légales qui lui permettent de proposer des solutions efficaces à tous les litiges que les justiciables souhaitent voir tranchés par le droit. Le juge ne peut exercer correctement son office, que pour autant que les lois qu'il est censé appliquer, sont claires et appropriées. L'État de droit exige donc que le droit de l'État soit adapté pour être mieux protégé par le juge.

Or en réalité, dans beaucoup d'États de l'espace francophone, sur bien des sujets, le droit positif reste parfois vétuste et inadapté, distancé par une réalité fuyante. Le vent de démocratisation qui a soufflé sur les États francophones africains à partir de la décennie 1990, n'a hélas pas toujours entrainé des réformes en profondeur dans le secteur de la justice[662]. Nombre d'États francophones accusent des retards considérables dans l'actualisation de leur droit positif. Ce qui compromet la bonne distribution de la justice et la protection effective des droits. Il est donc indispensable pour les États, de combler leur déficit législatif, pour adapter leur droit interne aux enjeux nouveaux et au droit international. Le législateur national francophone a donc le devoir de se remettre à l'ouvrage pour faire évoluer avec cohérence son droit. Il se doit de légiférer là où la production normative est silencieuse, de corriger ou de compléter la loi, là où elle est imparfaite ou lacunaire, de la mettre à jour là où elle est dépassée et enfin de prendre toutes les précautions pour juguler l'inflation législative, là où elle se multiplie de manière déroutante. Car, ainsi que l'affirmait Portalis, « *il ne faut point de lois inutiles ; elles affaibliraient les lois nécessaires ; elles compromettraient la certitude et la majesté de la législation* »[663].

A cet égard, la Francophonie, depuis la Déclaration et le Plan d'action du Caire, relayés en 2008 par la Déclaration de Paris, s'efforce de créer par son accompagnement, un environnement propice à la réforme des textes et des

---

661 RIPERT Georges, *Le déclin de la loi : Étude sur la législation contemporaine*, Paris, LGDJ, 1946, Réédition 1998, 225 p.

662 OIF, Délégation à la paix, à la démocratie et aux droits de l'Homme, *Rapport sur l'état des pratiques de la démocratie, des droits et des libertés dans l'espace francophone, Bamako Dix ans après 2000 - 2010*, Paris, 2010, p. 34.

663 PORTALIS Jean-Etienne-Marie, *Discours préliminaire prononcé lors de la présentation du projet de code civil*, 21 janvier 1801, Éditions Confluences, Bordeaux, 2004, 78 pp.

procédures judiciaires dans les États qu'elle rassemble. Chaque réunion du Bureau du suivi des engagements du Caire a été par exemple l'occasion de réaffirmer l'attachement francophone à la nécessité d'appuyer les États dans leurs projets de réforme des textes et procédures judiciaires, en vue non seulement de les adapter aux évolutions politiques, économiques et sociales, mais aussi de les rendre conformes aux exigences du droit international. La nécessité pour les États de se conformer aux engagements internationaux auxquels ils ont souscrit, produit en règle générale, une charge exponentielle sur leur propension à réformer leurs lois et leurs institutions internes[664]. Le rôle que la Francophonie s'assigne à ce niveau, est de mobiliser l'expertise nécessaire pour accompagner les États dans leurs efforts de modernisation du droit. Cette dialectique participe du phénomène montant d'internationalisation du constitutionnalisme[665], de « *juris-globalisation* »[666] ou encore de mondialisation du droit[667], qui imprègne de plus en plus le débat doctrinal et qui révèle l'émergence de valeurs transnationales que les États se doivent impérativement d'intérioriser.

---

664 La dynamique de réforme et de consolidation de l'État de droit est dans bien des cas, dictée par des influences extérieures. L'adhésion des États francophones aux grands ensembles régionaux de coopération, ou aux organisations internationales à vocation universelle, appelle très souvent au niveau interne, par capillarité, de profondes mutations législatives et institutionnelles. Les États doivent donc adapter leurs législations pour satisfaire aux exigences internationales d'intégration ou de protection des droits de l'Homme. Dans le contexte européen par exemple, l'adhésion des pays d'Europe centrale et orientale (Hongrie (2004), la Pologne (2004), la République Tchèque (2004), Bulgarie (2007) et de la Roumanie (2007)) à l'Union a eu pour effet de renforcer la stabilité intérieure de ces pays et de faciliter l'adoption de réformes législatives plus audacieuses. Elles ont favorisé dans ces États, des avancées notamment dans l'édification d'un système judiciaire indépendant, professionnel et efficace. Dans le cadre de l'intégration sous-régionale Ouest-africaine, le Niger a dû par exemple en 2004, réviser sa constitution pour mettre en place une cour des comptes et se conformer ainsi à ses obligations à l'égard de l'UEMOA. Dans le cadre de l'Organisation Mondiale du Commerce (OMC) dont la plupart des États francophones sont membres, l'adhésion de certains États comme le Vietnam ou le Cambodge a par exemple ouvert la voie à de profondes réformes du système judiciaire en vue de créer un cadre propice aux affaires et à la sécurisation des échanges commerciaux internationaux. Dans la même dynamique, l'adhésion aux instruments internationaux de lutte contre la corruption et de lutte contre la criminalité transnationale organisée, a également exigé de la part des États francophones parties, une série de réformes législatives et institutionnelles importantes.

665 Consulter : TOURAD Hélène, *L'internationalisation des constitutions nationales*, Paris, LGDJ, Thèses, 2000, 744 p. ; DEHOUSSE Renaud, « Naissance d'un constitutionnalisme transnational », *Pouvoirs*, n° 96, Les Cours européennes. Luxembourg et Strasbourg, 2001, pp. 19-30 ; Centre de droit public (CDP) de l'Université de Lomé et le Centre de d'études et de recherche sur les droits africains et le développement institutionnel (CERDRADI-GRECCAP) de l'Université Montesquieu Bordeaux IV, *L'Afrique et l'internationalisation du constitutionnalisme : actrice ou séparatrice ?*, colloque des 21 et 22 avril 2010 à l'Université de Lomé.

666 HOURQUEBIE Fabrice, « La réception des décisions étrangères », *in* AHJUCAF, *Internationalisation du Droit, internationalisation de la justice,* Actes du troisième congrès, Ottawa, 21 - 23 juin 2010, p. 96.

667 DELMAS-MARTY Mireille, « La mondialisation du droit : chances et risques », *D.*, 1999, Chron., pp. 43 et ss.

Pour essentielles qu'elles soient à la modernisation du droit national, ces réformes mettent *in fine* à la disposition du juge, les moyens normatifs dont il a besoin, pour relever les défis juridiques de son temps. Les États francophones doivent dès lors, veiller à ce que, conformément aux principes énoncés dans les textes internationaux auxquels ils ont adhéré, leurs législations internes garantissent le droit de tout citoyen à un recours effectif devant les juridictions, dans des conditions qui garantissent que sa cause soit entendue équitablement et publiquement par un tribunal indépendant et impartial. Le cadre législatif et réglementaire dans lequel le juge exerce son office doit être clair, intelligible et adapté. La réforme de la procédure judiciaire a fait l'objet dans nombre d'États francophones de profondes réflexions, qui ont porté notamment sur le régime de la garde à vue, la nécessité de rendre plus contradictoires les enquêtes du parquet, la limitation la détention provisoire, la suppression du juge d'instruction, l'aménagement du secret de l'instruction, le renforcement de l'exercice des droits de la défense, l'amélioration de la qualité des expertises, la meilleure protection des intérêts des enfants, la responsabilisation des magistrats et la réforme des Conseils supérieurs de la magistrature. Dans la seconde moitié des années 1990, la Francophonie a apporté son soutien à des projets de réforme des textes dans une douzaine de pays africains[668]. Elle a accompagné la mise en place et le travail, dans certains États, de commissions chargées de la relecture des textes législatifs[669]. Les réformes constitutionnelles et législatives suggérées par les textes internationaux et régionaux, ainsi que par les évolutions économiques, politiques et sociales, ont ouvert la voie, dans nombre d'États francophones, à des mutations significatives qui méritent d'être poursuivies et appuyées par la Francophonie. Dans les États africains, la construction d'une justice accessible, en phase avec les exigences et les valeurs de son temps, appelle aussi de la part du législateur, en convoquant des éléments de « *sociologie législative* »[670], un positionnement juridique responsable, au confluent de l'héritage et de l'innovation[671]. Elle commande spécifiquement, dans une dynamique d'endogénéisation du droit, de

668 Ce fut le cas au Bénin (dans cadre du Programme intégré de renforcement des systèmes juridique et judiciaire), au Cambodge, au Cap-Vert, en Égypte, au Mali, au Maroc, à Maurice, au Niger, en Roumanie, au Sénégal, au Tchad et au Togo (dans le cadre du Programme national de modernisation de la justice).

669 Au Niger, cet accompagnement s'est traduit par le soutien à la conception et à la mise en œuvre du plan quinquennal de réforme des textes lancé en 2002. Au Mali, en appuyant le Programme de développement décennal de la justice (PRODEJ), la Francophonie a favorisé la réforme notamment du code de procédure civile, commerciale et sociale, du code pénal et du code de procédure pénale.

670 Voir sur cette notion, PERRIN Jean-François, « Jean Carbonnier et la sociologie législative », *L'Année sociologique*, 2007/2, vol. 57, pp. 403-415 ; CARBONNIER Jean, *Sociologie juridique*, Paris, 2e éd., PUF, 2004, 415 p. ; *Essais sur les lois*, Paris, LGDJ, 2013, 174 p.

671 BRETON Jean-Marie, « Légalité et État de droit : statut et perception du juge de l'administration en Afrique noire francophone, Contribution à une réflexion transversale », *in Les défis des Droits fondamentaux*, *op. cit.*, p. 420.

trouver un équilibre adéquat entre les normes induites par le droit et la justice entendus au sens légal et libéral, et la réalité coutumière ou sociologique qui pénètre quotidiennement les rapports sociaux. D'où là encore, l'intérêt de l'action de l'OIF en faveur de la diversité des cultures juridiques[672].

En tout état de cause, la réflexion, le plaidoyer et l'assistance de l'OIF en matière de modernisation du droit et de réforme du secteur de la justice[673], doivent être poursuivis auprès des États pour deux raisons au moins. D'une part parce que les instruments juridiques internationaux, pour être convenablement appliqués par les juges, doivent être domestiqués, c'est-à-dire, être réceptionnés en droit interne. D'autre part parce que le comblement du déficit législatif contribue à renforcer la sécurité juridique et ainsi, à accroître la confiance du justiciable dans son système judiciaire. La qualité de la loi est de toute évidence un facteur d'effectivité de la justice car elle facilite l'office juge et renforce la protection juridique et judiciaire du justiciable. Mais au-delà de la qualité du cadre normatif, la justice, pour être efficace, doit disposer d'un budget à la hauteur de sa fonction sociale.

2. L'accroissement du budget de la justice

Le budget de la justice est un facteur déterminant de son indépendance et de son efficacité. L'État de droit a un coût et la justice ne pourra en être véritablement garante que pour autant que des moyens suffisants sont mis à sa disposition. Il ne peut donc se concevoir, s'instaurer et se développer en dehors des contingences économiques, qui peuvent, par-delà les intentions, obérer l'indépendance et le fonctionnement de l'institution judicaire. La bonne administration de la justice a certes un coût financier, mais c'est la condition même de son efficacité et son effectivité.

Dans nombre d'États francophones, l'on observe une inadéquation des moyens financiers, matériels et humains par rapport à l'ampleur de la mission impartie à la justice. L'indépendance et l'efficacité de la justice se trouvent ainsi tempérées par sa dépendance financière et par l'insuffisance des crédits dont elle bénéficie. Dans l'espace francophone, en règle générale, la justice a le budget le plus faible et ne semble pas être un secteur prioritaire de dépense publique. Alors

---

672 OIF, Délégation à la paix, à la démocratie et aux droits de l'Homme, *Promouvoir la diversité des cultures juridiques*, Paris, 2011, 26 p.

673 La Francophonie a par exemple organisé, en partenariat avec le Réseau africain pour le secteur de sécurité (RASS) et le Centre régional des Nations unies pour la paix et le désarmement en Afrique (UNREC), un séminaire sur « *Les spécificités et enjeux de la réforme des secteurs de sécurité et de justice en Afrique francophone* », tenu à Lomé les 28 et 29 mai 2009. Les contributions à ce séminaire ont été compilées dans un ouvrage de référence ci-après : OIF, Délégation à la paix, à la démocratie et aux droits de l'Homme, *La réforme des systèmes de sécurité et de justice en Afrique francophone*, Paris, OIF, 2010, 319 p.

que dans certains États, essentiellement du Nord, le budget de la justice progresse tous les ans[674], dans d'autres en revanche, il est chaque année, réduit à la portion congrue. A quelques exceptions près[675], le budget de la justice n'excède pas 3% du budget de l'État[676]. Au Sénégal par exemple, le budget de la justice ne représente que 1,8% du budget national. En République Démocratique du Congo, l'enveloppe allouée en la justice correspondait en 2006 à 3% du budget national[677]. En Côte d'Ivoire, de 2003 à 2007, les crédits alloués au secteur de la justice représentaient entre 0,8 et 1,4% du budget général de l'État[678]. En Guinée, les fonds affectés au système judiciaire représentent environ 0,29% du budget national. Ces proportions permettent séparément et ensemble, de saisir le contraste patent entre l'utilité proclamée de la justice et la modestie des moyens mis à sa disposition. Ce qui a un impact négatif sur le bon fonctionnement des juridictions[679]. Il paraît donc inconséquent d'ériger la justice en pouvoir tout en se gardant de lui donner les moyens de remplir efficacement sa mission. L'insuffisance des moyens limite l'efficacité de la justice et atténue pernicieusement le principe vertueux d'indépendance inséparable du pouvoir qu'elle incarne. Une justice dépourvue de moyens est une justice exsangue et par conséquent, faible et inefficace. Les crédits et moyens affectés à l'institution judiciaire sont donc essentiels car ils conditionnent l'exercice effectif et indépendant de la mission de juger.

Les textes internationaux imposent aux États de veiller à ce que les moyens budgétaires qu'ils allouent à la justice, permettent à celle-ci de remplir correctement son office. Par exemple, le paragraphe 7 des Principes fondamentaux relatifs à l'indépendance de la magistrature, met à la charge des

---

674 En France, entre 2002 et 2008, la mission justice a vu son budget augmenter de 45%. De 2006 à 2010, le budget de la justice est passé de 5.900.000 d'euros à 6.859.000 d'euros. Voir AAHJF, *Coût et rendement du service public de la justice dans l'espace AA-HJF*, *op. cit.*, p. 5 ; PERROT Roger, *Institutions judiciaires*, *op. cit.*, p. 57.

675 L'on peut citer ici par exemple le Bénin, la Belgique, la Bulgarie, la France, le Maroc, etc.

676 Pour le détail des chiffres, voir notamment : LE ROY Etienne, *Les Africains et l'institution de la justice : entre mimétismes et métissages*, *op. cit.*, pp. 202 et ss. ; VEROUGSTRAETE Ivan « Rapport de synthèse », *in* AHJUCAF, *L'indépendance de la justice*, *op. cit.*, p. 167.

677 AAHJF, *Rapport général du colloque international sur le thème « Coût et rendement du service public de la justice dans l'espace AA-HJF »*, Bissau, 1-5 novembre 2007, p. 10.

678 *Ibid.*, p. 14.

679 Les bureaux sont insuffisants, exigus et vétustes, les personnels sont insuffisants et parfois incompétents, la documentation est rare, les machines à dactylographier ne sont guère en nombre suffisant pour permettre la rédaction rapide des jugements et autres actes. Tout cela contribue inéluctablement à la lenteur chronique de la justice précédemment évoquée. Les déboires de la justice procèdent donc du manque crucial de moyens. Sur les conditions difficiles de travail du juge en Afrique, voir notamment SY Demba, « La condition de juge en Afrique : l'exemple du Sénégal », *in Les défis des droits fondamentaux. Universalité et diversité, droit au développement, liberté de religion, statut du juge en Afrique*, Bruxelles, Bruylant, 2000, pp. 365-368.

États, l'obligation de fournir à la justice les ressources nécessaires pour qu'elle puisse s'acquitter normalement de ses fonctions[680]. La coopération francophone a elle aussi saisi l'intérêt de cette exigence. Dans les déclarations de Chaillot (1991), de Maurice (1993), du Caire (1995), de Cotonou (1995)[681] et de Paris (2007), les États francophones ont avec constance, exprimé leur volonté d'œuvrer à l'accroissement de la part des crédits affectés à l'institution judiciaire. Ils se sont engagés à ne ménager aucun effort pour que soient consacrés à la justice, les moyens budgétaires nécessaires à un exercice efficace de sa mission.

En donnant à la justice les moyens qui lui permettent de mieux répondre aux attentes des citoyens, les États renforcent sa place et sa crédibilité au sein de la société. La revitalisation de la justice doit donc être une priorité pour tous les États francophones. Puisque le financement de la justice doit substantiellement provenir des États, ceux-ci doivent veiller à accroître de manière significative, la part du budget national qu'ils affectent à la justice. Pour autant, bien qu'il appartienne au premier chef, aux États et gouvernements francophones d'octroyer à leurs institutions judiciaires les moyens appropriés, ceux-ci peuvent bénéficier, dans le cadre de programmes d'appui à la bonne gouvernance, de fonds dégagés par la coopération internationale, bilatérale ou multilatérale. A ce titre, l'Organisation internationale de la Francophonie a, depuis le début des années 1990, déployé au soutien des efforts nationaux, une action multiforme en faveur du renforcement des capacités des juridictions pour résorber leurs carences en infrastructures, en personnel et en matériels.

B. L'action francophone en faveur du renforcement des capacités de fonctionnement de la justice

L'institution judiciaire ne peut prétendre garantir efficacement l'État de droit que si les tribunaux disposent des ressources nécessaires à l'exercice de leur fonction. Or les États francophones les moins développés ne disposent pas toujours des moyens suffisants pour donner parfaitement corps au dispositif juridictionnel qu'appelle l'État de droit. Ils n'ont ni les moyens matériels, ni les moyens humains capables de faire de la justice un service public efficace. Dans nombres d'États francophones du Sud, les moyens accordés à la justice sont très largement en deçà de son importance sociale. La question de la formation des magistrats et des auxiliaires de justice, ainsi que celle des ressources matérielles,

680 Congrès des Nations Unies pour la prévention du crime et le traitement des délinquants, *Principes fondamentaux relatifs à l'indépendance de la magistrature*, 7e session, 1985, § 7.

681 OIF, « Résolution n° 3 sur le suivi de la Conférence du Caire », *in Actes de la sixième Conférence des chefs d'État et de gouvernement des pays ayant le français en partage*, Sommet de Cotonou, 4 décembre 1995, p. 141.
En ligne sur : http://www.francophonie.org/IMG/pdf/actes_som_vi_04121995.pdf.

s'y posent avec une intensité qui interpelle au point que la Francophonie institutionnelle s'en est directement saisie.

Dès le Plan d'action du Caire, les États francophones ont érigé en priorité la question du renforcement des capacités des systèmes nationaux de justice, en vue d'améliorer la qualité de leurs prestations. L'objectif est ici de mettre à la disposition de la justice, un personnel qualifié et des moyens de travail adéquats. Cet engagement a été renouvelé au Sommet de Moncton (1999) à l'occasion duquel, les chefs d'État et de gouvernement francophones ont précisé que la modernisation de l'office du juge implique non seulement la formation qualifiée et suivie des magistrats et des personnels judiciaires, mais aussi l'équipement matériel et technique des juridictions. Dans le Programme d'action de Bamako, les États francophones ont rafraîchi leur profession de foi à l'égard du renforcement des capacités des institutions judiciaires, en retenant de structurer la coopération en la matière, autour de sessions de formation au bénéfice des gens de justice, et de dotations en équipements.

La consolidation de l'État de droit exige une justice efficace, animée par des professionnels qualifiés et dotée de moyens matériels et techniques suffisants. C'est la raison pour laquelle la Francophonie a, en vertu de ses engagements, donné un relief concret à son action en faveur de la modernisation des systèmes judiciaires nationaux en la structurant autour deux axes complémentaires. D'un côté en renforçant les capacités humaines des juridictions (1) et de l'autre, en renforçant leurs capacités matérielles (2).

1. Le renforcement des capacités humaines de la justice

La question des capacités humaines de la justice se pose en des termes à la fois qualitatifs et quantitatifs. Si la problématique n'est pas inhérente aux États francophones du Sud, elle y prend singulièrement une ampleur critique[682]. Le manque criard de magistrats et de personnels judiciaires qualifiés s'explique dans ces États, par la modicité des ressources financières affectées au pôle justice dans le budget national. C'est donc de manière tout à fait pertinente que dans la Déclaration du Caire, les ministres francophones de la justice, après avoir dénoncé l'insuffisance des effectifs de la magistrature comme entrave au bon fonctionnement de la justice, ont pris l'engagement d'agir dans leurs États respectifs, en faveur de leur renforcement.

Du point de vue qualitatif, l'exigence de compétence a pour pendant naturel l'impératif de formation. La qualité de la justice impose alors de questionner objectivement l'aptitude du magistrat à accéder à ses fonctions et à s'y maintenir.

682 L'Afrique a moins de juges par habitant que n'importe quelle autre région du monde. Voir notamment Office des Nations Unies contre la drogue et le crime, *Criminalité et développement en Afrique*, juin 2005.

Si dans la plupart des États francophones, une formation initiale est prévue, elle s'appuie parfois sur des programmes généralistes[683], parfois dépassés, et n'est pas toujours assortie d'un cycle régulier formation continue. Or la compétence des magistrats est à la fois une un outil légitimant[684] et un moyen d'indépendance. Pour assumer efficacement et légitimement son rôle de régulateur des rapports sociaux, le magistrat doit être parfaitement qualifié et avoir, durant toute sa carrière, un accès permanent à l'information juridique. Dans ces conditions, le défi pour les États francophones est non seulement de recruter des magistrats en nombre suffisamment important pour couvrir l'ensemble du contentieux national, mais surtout de leur assurer une formation de qualité pour entretenir la vitalité intellectuelle de la justice. C'est donc là aussi à juste titre que la Déclaration et le Plan d'action du Caire ont fait de la qualification des magistrats, un gage de leur indépendance.

La communauté des États francophones a très tôt pris la mesure des enjeux liés à la formation des gens de justice. Dès le Sommet de Dakar (mai 1989), la résolution sur la Coopération juridique et judiciaire a érigé la formation des magistrats et du personnel judiciaire en objectif prioritaire. En 1995, la Déclaration du Caire, en relevant que les lacunes dans l'information et la formation des magistrats entravent le bon fonctionnement de la justice, invitait les États à faire une plus large place à la formation initiale, continue et spécialisée, des magistrats et des personnels auxiliaires de justice, dans le cadre de plans nationaux et régionaux. Dans la Déclaration de Paris, les ministres francophones de la justice ont une fois de plus réitérer leur volonté de renforcer les compétences des professionnels de justice, par le soutien à la formation initiale, continue et spécialisée. La coopération francophone en faveur de l'amélioration de la formation initiale et continue des magistrats et de tous les autres personnels judiciaires s'est donc déployée dans une dynamique de mutualisation et de spécialisation. Elle s'articule autour du soutien aux structures pérennes de formations (a) et de l'appui direct aux cycles de formation spécialisée et/ou sectorielle (b).

a. L'appui aux structures nationales chargées de la formation judiciaire

Les personnels judiciaires et les praticiens du droit des ministères de la justice, des juridictions et des barreaux doivent être bien formés et régulièrement informés du droit positif applicable, des principes généraux du droit, des pratiques juridiques et de l'actualité juridique et judiciaire. Dans cette

---

683 PLUEN Olivier, *L'inamovibilité du magistrat : un modèle ?*, *op. cit.*, p. 910.

684 Ce qui fait l'originalité du juge par rapport aux autres pouvoirs, c'est que son autorité est d'abord fondée sur son savoir. WIEDERKHER Georges, « Qu'est-ce qu'un juge ? », *in Nouveaux juges, nouveaux pouvoirs ? Mélanges en l'honneur de Roger Perrot*, Paris, Dalloz, 1996, p. 584.

perspective, les structures nationales chargées de la formation judiciaire, tant initiale que continue ont un rôle essentiel à jouer. C'est pourquoi la Francophonie apporte son soutien au renforcement des capacités nationales de formation au regard de leur positionnement stratégique dans le dispositif global d'amélioration de la qualité de la justice. Si l'action francophone était initialement tournée vers le soutien aux centres de formation, elle s'intéresse directement, depuis 1994, à la formation des formateurs des personnels judiciaires. La démarche consiste ici à renforcer les capacités didactiques des structures de formation pour assurer une formation de qualité aux professionnels de justice et *in fine* une meilleure garantie des droits. Dans le Plan d'action du Caire, les États francophones se sont engagés à agir en faveur de l'amélioration du professionnalisme des formateurs, dont le rôle est de construire une démarche pédagogique concrète et pratique et de concevoir une documentation adéquate. Les structures de formation étant un levier important pour l'identité des professions judiciaires, l'OIF se donne ici pour mission de pourvoir ces établissements en documentation et outils pédagogiques et de favoriser la concertation et la coopération entre eux, en encourageant les échanges d'enseignants et d'experts. A cet égard, elle organise ou appuie des séminaires de formation des formateurs en mettant l'accent sur l'élaboration d'outils méthodologiques et didactiques qui serviront de support d'enseignements, adaptables aux spécificités locales. Conçues pour l'ensemble des professions judiciaires et s'appuyant sur l'expertise des structures spécialisées francophones, ces sessions de formation ont vocation à favoriser les échanges et transferts de pédagogie.

Conformément aux engagements du Caire, la Francophonie, à travers son ancienne Direction à la Coopération juridique et judiciaire a dans un premier temps, apporté son soutien à la mise en réseau des responsables nationaux de la formation judiciaire, en vue de resserrer leurs liens et de favoriser le partage et la libre circulation des matériaux pédagogiques entre professionnels francophones de la formation. La création de ce réseau devait permettre de développer des modules de formation à distance et de mutualiser les expériences. Il avait aussi pour vocation d'évaluer les besoins des structures nationales et de rechercher les compétences internes ou externes mobilisables. Le site internet lancé à cette fin en 2000, mais aujourd'hui inopérant, avait été conçu comme une plateforme d'échange destinée à faciliter l'identification, la collecte et la diffusion des instruments didactiques et modules pédagogiques existants. Il permettait, par l'échange et la mutualisation des moyens et informations, de faciliter la mise en place des politiques nationales de formation. Particulièrement attachés à ce réseau et à ces objectifs, les ministres francophones de la justice ont, dans la Déclaration de Paris, invité l'OIF à le revitaliser afin d'impliquer davantage les structures nationales dans la définition et la réalisation de politiques et stratégies intégrées dans le domaine de la formation initiale et spécialisée des personnels judiciaires en privilégiant la formation des formateurs. Dans le même esprit, la programmation 2010-2013 s'est assignée l'objectif de redynamiser le réseau des responsables nationaux de la formation judiciaire, en vue d'aider, par l'échange et la mutualisation des moyens, à la mise en place de politiques nationales de formation[685].

Au-delà du cycle de visioconférences organisé en 2005 au bénéfice des responsables nationaux de la formation judiciaire d'une douzaine de pays francophones d'Afrique[686], la Francophonie a soutenu la participation de responsables nationaux à des rencontres internationales de formation des formateurs. Dans la dynamique de valorisation de la concertation et de l'expertise francophones, l'OIF a par exemple financé en décembre 2004, la participation de représentants du réseau francophone des responsables nationaux de la formation judiciaire, aux travaux de la deuxième Conférence internationale sur la formation de la magistrature, à Ottawa. Dans la même lancée, elle a appuyé en 2006, l'organisation par l'Académie internationale des droits de l'Homme, de l'Université d'été internationale de formation de formateurs, à Vichy, sur le thème « *Droits de l'Homme et gouvernance à l'ère des nouvelles technologie*s ». Elle a par ailleurs soutenu en novembre 2011, la participation de responsables francophones de structures nationales de formation judiciaire, à la cinquième Conférence de l'Organisation internationale pour la formation judiciaire tenue à Bordeaux[687].

Les structures nationales de formation judiciaire et leur réseau jouent un rôle important dans le développement de programmes adaptés de formation initiale et continue à l'égard des magistrats. Mais au-delà du renforcement de leurs capacités, la Francophonie conduit ou accompagne aussi des initiatives de formation directe, au bénéfice des magistrats et autres professionnels de la justice.

---

685 OIF, *Programme 2010-2013*, Paris, OIF, septembre 2010, p. 23.

686 Bénin, Burkina Faso, Burundi, Cameroun, Côte d'Ivoire, Guinée, Madagascar, Mali, Niger, Rwanda, Sénégal, Tchad.

687 Grâce au soutien de la Francophonie, onze responsables de structures nationales de formation judiciaire d'Afrique francophone ont pu être associés aux travaux de la Ve Conférence de l'Organisation internationale pour la formation judiciaire (IOJT), organisée à Bordeaux, du 31 octobre au 3 novembre 2011, sur « *La formation judiciaire dans un monde globalisé* ». En marge de cette rencontre, l'OIF a organisé les 7 et 8 novembre 2011 à son siège, une concertation francophone sur le renforcement de l'offre francophone de formation judiciaire, à laquelle ont participé des représentants des structures internationales et régionales partenaires, ainsi que ceux des réseaux institutionnels francophones intervenant dans les secteurs du droit et de la justice.

b. L'appui direct à la formation continue et spécialisée des magistrats et autres gens de justice

« *D'un magistrat ignorant, c'est la robe qu'on salue* »[688]. La connaissance parfaite du droit est donc pour le juge, à la fois une arme et une source de légitimité. Si l'impéritie du magistrat est un danger pour l'État de droit, le magistrat éclairé et impartial lui sert en revanche, de lanterne. Pour un exercice parfait et efficace de son office, le juge doit donc être maître du droit, dans sa lettre et son esprit. Ce qui lui permettra de rendre la justice en faisant une saine application de la loi. Or, l'on remarque bien souvent qu'après une formation initiale parfois d'excellente qualité, peu de programmes de formation continue sont mis en œuvre pour maintenir le niveau de compétence du magistrat et l'adapter à l'évolution constante de la science du droit. D'où l'intérêt pour la Francophonie, de soutenir la formation continue et spécialisée des magistrats.

Depuis le Plan d'action du Caire, les textes déclaratoires de la Francophonie invitent, afin de suppléer le manque de juridictions spécialisées dans certains États, à organiser régulièrement des stages et sessions de formation continue et spécialisée à l'intention des professions juridiques et judiciaires[689], sur des thèmes précis et prioritaires. En vue d'entretenir leur qualification professionnelle et de leur donner les moyens de mieux saisir les mutations juridiques qui s'opèrent continuellement, la formation continue doit prendre en compte les besoins spécifiques des pays sur des questions transversales[690], en intégrant impérativement des exigences liées à la protection des droits fondamentaux et à la libéralisation de l'économie. Dans tous les cas, seule une analyse concrète du contexte juridique peut permettre de définir pertinemment des programmes de formation continue adaptés. C'est pourquoi la mobilisation de l'OIF en matière de formation spécialisée des professionnels de justice se manifeste soit à travers des actions directes autour de problématiques montantes (i), soit à travers le soutien aux réseaux institutionnels francophones dans la mise en œuvre de leurs programmes de formation (ii).

i. L'organisation de rencontres thématiques

La formation initiale reçue par le magistrat ne saurait lui assurer la maîtrise du droit pendant toute la durée de sa carrière. Et la complexification du droit paraît de plus en plus incompatible avec le principe de la polyvalence fonctionnelle du

---

688 DE LA FONTAINE Jean, « L'âne portant des reliques », *Fables*, Livre V, Fable 14.

689 Magistrats, greffiers, avocats, huissiers, notaires, etc.

690 Les axes prioritaires d'intervention sont notamment les Principes Généraux du Droit, les garanties du procès équitable, les techniques rédactionnelles, l'organisation judiciaire générale et la déontologie, les conventions internationales pénales et de protection, ainsi que les instruments d'entraide.

magistrat, qui doit être capable d'évoluer avec les mutations juridiques de son temps. C'est pourquoi, pour donner sens et consistance à son action en matière de formation continue et spécialisée des professionnels de justice, l'OIF organise des rencontres thématiques ciblées, en partenariat avec ses réseaux institutionnels et les centres de formation spécialisés dans l'ingénierie institutionnelle. Elle appuie les initiatives nationales et régionales favorisant l'échange d'expériences et de bonnes pratiques, ainsi que la réflexion sur les évolutions juridiques contemporaines et leurs enjeux. Dans le cadre de la coopération juridique et judiciaire francophone, la formation sectorielle des magistrats, auxiliaires de justice et autres praticiens du droit s'articule autour de thématiques prioritaires telles les droits de l'enfant et la justice pénale des mineurs, le contentieux administratif, le droit des affaires, le droit commercial, le droit économique, la diffusion libre du droit, la protection de la propriété intellectuelle, le droit du commerce électronique, le droit international public, les droits de l'Homme et la justice pénale internationale.

La protection juridique de l'enfant a été érigée, depuis les engagements du Caire, en priorité absolue pour l'ensemble des pays francophones. Elle implique la spécialisation des magistrats, chargés des enfants et la mise en place de procédures permettant aux enfants de faire valoir leurs droits en justice. La question de la justice pénale des mineurs est sur ce point, d'un objet et d'un intérêt singuliers pour la Francophonie[691]. Forte de ces engagements et soucieuse du respect des droits de l'enfant dans la procédure pénale, la Francophonie a notamment apporté son soutien au séminaire international de l'Association pénitentiaire africaine (APA), sur l'analyse et la critique des procédures pénales d'enquête, d'instruction, de jugement et d'exécution des peines applicables aux mineurs en Afrique. Elle a financé en 2000, un séminaire sur les droits de l'enfant en Tunisie et a organisé en décembre 2004, à Ouagadougou, un séminaire régional africain de formation sur la justice des mineurs.

En ce qui concerne le contentieux administratif, il est désormais classique de déplorer en Afrique francophone notamment, la non-maîtrise du droit administratif et de son contentieux par les magistrats judiciaires chargés d'en connaître dans les systèmes juridictionnels monistes. Dans ces systèmes, l'unité de juridiction n'emporte pas pour autant une unité de régime juridique et le magistrat de l'ordre judiciaire, généralement peu formé au droit administratif, ne

---

691 Dans la déclaration du Caire les États se sont engagés à tout mettre en œuvre pour que les droits de l'enfant soient largement connus et respectés. Ils y ont affirmé leur attachement à la Convention internationale relative aux droits de l'enfant et à la Déclaration mondiale en faveur de la survie, la protection et le développement de l'enfant ainsi qu'au Plan d'action qui en est résulté. De plus, dans la résolution sur l'appui à la démocratisation, à l'État de droit et aux droits de l'Homme, adoptée à l'occasion du Sommet de Cotonou, les chefs d'État francophones appelaient même à une ratification universelle de la convention relative aux droits de l'enfant et à sa mise en application effective.

le connaît que de façon très incomplète[692]. Dans les systèmes juridictionnels monistes, il est nécessaire de renforcer la formation des juges de droit commun en droit public car le développement du droit administratif appelle des juges qualifiés et bien formés aux spécificités de la matière. Consciente de cette réalité, la Francophonie a appuyé l'organisation de séminaires nationaux et régionaux de formation continue et spécialisée sur les caractéristiques du contentieux administratif.

En matière de protection de la propriété intellectuelle, la Francophonie a organisé plusieurs séminaires régionaux[693] et sous-régionaux[694] de formation à l'intention des magistrats. Le droit d'auteur et ses droits voisins ont fait l'objet d'une attention particulière dans le cadre du renforcement des compétences des magistrats des pays francophones d'Afrique[695] et de l'océan indien[696]. Les enjeux montants du droit du commerce électronique, intimement rattachés à la propriété intellectuelle, n'ont pas non plus été ignorés[697]. Ils font partie des thématiques nouvelles que le juge francophone doit impérativement maîtriser dans un monde décloisonné, où les relations commerciales se dématérialisent de plus en plus.

Enfin, le droit international public, à travers les droits de l'Homme et la justice pénale internationale fait également partie des champs de formation spécialisée dont la Francophonie soutient la promotion auprès des magistrats francophones.

---

692 BLEOU Martin, « La chambre administrative de la Cour suprême de Côte d'Ivoire », *in* DU BOIS DE GAUDUSSON Jean et CONAC Gérard, *Les Cours suprêmes en Afrique*, *op. cit.*, pp. 134-135.

693 L'OIF a par exemple organisé un séminaire régional de formation sur la gestion collective dans le développement des industries culturelles, des marques et brevets (Ouagadougou, avril 2005). Elle a par ailleurs, en partenariat avec l'OMPI, organisé en octobre 2012, à Abidjan, un séminaire de formation sur l'harmonisation jurisprudentielle dans l'application des droits de propriété intellectuelle en Afrique subsaharienne. Ce séminaire a réuni 120 magistrats ressortissants de 16 pays d'Afrique. OIF, *Rapport du Secrétaire général de la Francophonie, 2012-2014 : de Kinshasa à Dakar*, Paris, 2014, p. 92.

694 En octobre 2004, l'OIF a organisé à Brazzaville, un séminaire sous-régional sur la protection de la propriété intellectuelle.

695 L'OIF a apporté son soutien au séminaire de formation sur le droit d'auteur et ses droits voisins à l'intention des magistrats et policiers nigériens en avril 2004. La Francophonie a apporté son soutien à l'AAHJF pour l'organisation d'une session de formation sur la protection du droit d'auteur et des droits voisins à l'intention des magistrats et des professionnels de la justice (Ouagadougou, avril 2011). En 2006, une cinquante de hauts magistrats du Burkina Faso a bénéficié d'une formation sur la lutte contre la piraterie des œuvres littéraires et artistiques. Cette session de formation organisée par l'OIF, en partenariat avec l'OMPI, a permis de jauger le rôle de la juge dans l'application des droits de propriété littéraire et artistique au Burkina Faso.

696 L'OIF a organisé un séminaire de formation au droit d'auteur à Maurice en octobre 2005. Elle a par ailleurs organisé, en partenariat avec l'OMPI, des sessions régionales de formation sur la protection du droit d'auteur et des droits voisins, à l'intention des magistrats et des auxiliaires de justice à Seychelles en octobre 2009.

697 Une cinquantaine de magistrats ont été formés au droit du commerce électronique dans le cadre d'un séminaire sous-régional Ouest-africain tenu à Conakry en juin 2005.

Dans cette dynamique, elle organise par exemple des programmes de formation sur la CPI[698] et prend en charge la participation de magistrats francophones à des programmes internationaux de formation[699].

Au-delà de ces thématiques, la Francophonie a organisé et soutenu des séminaires de formation sur des sujets fondamentaux comme le processus de jugement en matière civile[700], la gestion du contentieux pénal[701], l'arbitrage commercial international[702], ou encore la diffusion libre du droit[703]. Mais à côté de l'approche thématique, l'OIF privilégie aussi une approche par corps, essentiellement structurée autour de ses réseaux institutionnels.

ii. Le soutien aux programmes de formation des réseaux institutionnels

L'efficacité des gens de justice passe indispensablement par une formation adéquate. Conformément à leurs objectifs, les réseaux institutionnels soutenus par la Francophonie organisent donc périodiquement des sessions de formation au profit des institutions membres, sur des thématiques majeures, en lien direct avec leur office. Dans la Déclaration de Paris (2008), les États francophones se

698 Formation d'une centaine d'avocats maliens et congolais au fonctionnement de la CPI. Organisation de deux séminaires régionaux de sensibilisation et de formation au travail de la CPI en Afrique centrale (Yaoundé, 2010) et en Afrique du Nord et Moyen-Orient (Tunis, septembre 2011). L'OIF a financé le premier séminaire conjoint de la CPI et de l'Union africaine sur « Les aspects techniques du Statut de Rome et la pratique de la CPI » (Addis-Abeba, juillet 2011) à l'intention de représentants de la commission de l'Union africaine et des conseillers juridiques des délégations permanentes des États membres de l'Union africaine.

699 La contribution de l'OIF au renforcement des capacités professionnelles des magistrats des institutions de l'État de droit s'est concrétisée par la prise en charge de leur participation au programme de droit international public organisé par l'Académie de droit international de La Haye en août 2006.

700 La Francophonie a organisé en 1996 un séminaire sur le processus de jugement en matière civile au Vietnam.

701 En matière de contentieux pénal, la Francophonie a organisé par exemple, un séminaire sur la pratique judiciaire des magistrats du parquet et leur lien avec la police judiciaire (Cambodge), la gestion du contentieux pénal (Laos). En 2006, la Francophonie a appuyé la formation continue des professionnels de justice d'Asie du Sud-Est à travers les sessions de formation organisée en partenariat avec la Maison du droit, à destination des magistrats, procureurs et autres agents chargés de l'exécution des décisions de justice au Vietnam, au Cambodge et au Laos.

702 L'OIF a soutenu l'organisation d'un séminaire sur l'arbitrage commercial international en Égypte en 1996. Elle a financé un séminaire de sensibilisation au droit OHADA, à Conakry en avril 2004, au bénéfice d'une cinquantaine d'acteurs juridiques et économiques guinéens. En Octobre 2004, une centaine de professionnels et de magistrats congolais ont été formés au dispositif OHADA dans le cadre d'un séminaire tenu à Kinshasa. En juin 2005, une cinquantaine de professionnels ont été formés à la médiation commerciale à l'occasion d'un séminaire tenu au Caire.

703 La Francophonie a organisé des séminaires régionaux et sous-régionaux de formation à la diffusion libre du droit (Ouagadougou, Février 2004 et Madagascar, Octobre 2005). Dans le cadre de la promotion du libre accès au droit, la Francophonie a soutenu l'AHJUCAF pour la formation technique des correspondants de plus de 20 Cours suprêmes francophones, chargés de l'alimentation de la base de données *Juricaf* qui compte plus de 44000 arrêts rendus par 35 Cours francophones.

sont engagés à faciliter l'élaboration de programmes de formation continue et adaptés, aussi bien pour les magistrats, que pour l'ensemble des auxiliaires de justice et des personnels chargés des enquêtes judiciaires. Ceci, en s'appuyant sur l'expérience et le savoir-faire des réseaux institutionnels partenaires, dont l'action ciblée de formation continue, spécialisée et sectorielle, renforce la concertation et la coopération francophones.

La Francophonie apporte son soutien aux activités de l'ACCPUF en faveur du renforcement des capacités des juridictions constitutionnelles francophones. Au fil des années, elle a, pour une meilleure garantie de l'État de droit, accompagné des programmes de formation à l'adresse des membres des juridictions constitutionnelles d'Europe centrale et orientale[704] et d'Afrique de l'Ouest[705]. De manière plus transversale, au-delà du soutien aux congrès de l'association, dont le quatrième portait spécifiquement sur les compétences des Cours constitutionnelles et institutions équivalentes[706], l'OIF appuie traditionnellement la tenue des séminaires annuels de formation et d'échanges des correspondants nationaux de l'ACCPUF[707].

La Francophonie soutient également les initiatives de formation des membres des juridictions suprêmes ordinaires. Elle a par exemple appuyé le plan triennal de formation de la Cour suprême du Bénin, ainsi que les activités l'AHJUCAF[708] et de l'AAHJF[709] en la matière.

En matière de justice financière, l'OIF soutient les cycles réguliers de formation initiés par l'Association des institutions supérieures de contrôle ayant en commun l'usage du français (AISCCUF), au bénéfice des membres des Cours des comptes et institutions équivalentes, en vue du renforcement de leurs méthodes de contrôle[710].

---

704 Le 29 mars 1999, la Francophonie a accompagné l'organisation d'un séminaire régional au bénéfice des juridictions constitutionnelles de Bulgarie, de Moldavie et de Roumanie.

705 La Francophonie a soutenu la session de formation au profit des membres de la Cour constitutionnelle du Bénin, dans le cadre de la préparation des élections législatives de mars 2003. En Juin 1999, elle a également contribué à l'organisation, à Abidjan, d'un séminaire au profit des membres des juridictions constitutionnelles d'Afrique occidentale.

706 ACCPUF, *Les compétences des Cours constitutionnelles et institutions équivalentes*, Paris, 2006.

707 Elle a notamment appuyé l'organisation des séminaires de formation annuels des correspondants nationaux de l'ACCPUF tenus à Alexandrie en mars 2001 ; à Paris en novembre 2003 sur « *Le rôle et le fonctionnement des Cours constitutionnelles en période électorale* » ; en décembre 2005 sur « *Les méthodes de travail des cours constitutionnelles et institutions équivalentes* ». En ligne sur : http://wwwaccpuf.org.

708 En 2004, la Francophonie a accompagné l'AHJUCAF organisé une session de formation sur « *Le juge de cassation et les nouvelles technologies* ». En ligne sur http://www.aahjf.org.

709 L'OIF a apporté son soutien à l'AAHJF pour l'organisation de la session régionale de spécialisation des compétences des magistrats des Cours suprêmes africaines (Cotonou, décembre 2010).

710 L'OIF a accompagné l'AISCCUF dans l'organisation de séminaires de formation sur « *Les fonctions du greffe, des archives et de la documentation dans les juridictions financières* » (Rabat, septembre 1999) ; «

Les magistrats débout ne sont pas en reste des efforts mobilisés par la Francophonie pour assurer la formation continue des professionnels de la justice. A cet égard, l'OIF soutient la formation des parquetiers francophones à travers le financement de leur participation aux congrès annuels de l'Association internationale des procureurs et poursuivants (AIPP). Ce qui permet aux procureurs francophones non seulement de prendre part aux grandes réflexions internationales sur les fonctions du ministère public, mais et surtout d'y valoriser l'expertise, la vision et la spécificité francophone en la matière.

Le soutien francophone à la formation continue des gens de justice concerne aussi les avocats, car un avocat alerte et prompt à défendre les droits et libertés est d'abord et avant tout un avocat bien formé. La Francophonie appuie donc les actions de formation ciblées à l'égard des avocats. Le défi est ici notamment de permettre aux avocats francophones de maîtriser les outils modernes de communication, de promouvoir la déontologie avec laquelle aucun barreau crédible ne saurait transiger et d'assurer la formation des avocats en ce qui concerne les mécanismes de protection des droits et libertés fondamentaux et les techniques nouvelles du système OHADA. Dans cette perspective, la Francophonie apporte précisément son soutien à la CIB, pour chaque session annuelle du Centre international de formation en Afrique des avocats francophones (CIFAF). Conçu et mis en place à Cotonou en 2000 par les sept bâtonniers des pays membres de l'Union Économique et Monétaire Ouest Africaine, le CIFAF est chargé d'assurer de manière complémentaire, la formation des avocats stagiaires d'Afrique francophone. Ce centre organise ainsi, avec l'appui de l'OIF, des sessions multilatérales de formation, dans le respect des principes de liberté et d'indépendance de l'avocat, proclamés dans la Déclaration de Bamako. L'OIF a ainsi soutenu des sessions de formation de la CIFAF à l'égard notamment des avocats stagiaires du Liban et d'une douzaine de pays d'Afrique francophone[711], via un cycle régulier de formation à distance. En Asie, elle a soutenu le programme national de formation des avocats et magistrats vietnamiens, ainsi que les séminaires régionaux de formation préparés et organisés par l'ancienne Maison du droit vietnamo-française.

Si la formation est un droit et un devoir pour les professionnels du droit, elle constitue surtout un gage d'efficacité du système judiciaire. La Francophonie doit

---

Les fonctions du secrétariat général et le rôle du Ministère public dans les institutions supérieures de contrôle » (Nouakchott, 2000) ; « *Le contrôle des collectivités locales* » (Montpellier, 2001) ; « *La gestion des personnels des Institutions supérieures de contrôle, et leur formation continue* » (Bruxelles, 2002) ; « *Les procédures juridictionnelles relative au jugement des comptes des institutions supérieures de contrôle* » (Ouagadougou 2004) ; « *Le contrôle des dépenses de personnel de l'État* », (Djibouti, 2006) ; « *Le contrôle des délégations de service public* » (Tunis, 2009) ; « *Le contrôle de la dette de l'État* », (Tanger, 2010). (http://www.aisccuf.org).

711 Bénin, Burundi, Burkina Faso, Côte d'Ivoire, Cameroun, Guinée, Mali, Niger, Rwanda, Sénégal, Togo, Tchad.

donc continuer à appuyer les initiatives de ses réseaux professionnels en matière de formation des magistrats et autres gens de justice. Ceci dit, au-delà du potentiel légitimant de la qualification professionnelle de ses animateurs, la justice a besoin, pour être performante, de moyens matériels adéquats. Tel est l'autre axe de l'action francophone en faveur du renforcement des capacités des institutions juridictionnelles.

2. Le renforcement des capacités matérielles de la justice

La mise en place d'une justice de qualité appelle la mobilisation de moyens subséquents. A cette fin, la modernisation des infrastructures judiciaires se révèle complémentaire à la formation des magistrats ci-dessus évoquée. La précarité des conditions matérielles des juridictions déprécie et décrédibilise la fonction juridictionnelle. Or, contrairement à ce que prescrivent la plupart des textes internationaux[712], qui obligent les États à fournir à la magistrature les équipements nécessaires pour qu'elle puisse s'acquitter efficacement de sa mission, nombre d'appareils judiciaires francophones manquent de moyens matériels. Les bureaux et salles d'audiences sont insuffisants, vétustes et ne disposent que de moyens matériels forts limités, avec une faiblesse des capacités informatiques et bureautiques[713]. Ces difficultés matérielles auxquelles se heurtent les juridictions des pays du Sud, obèrent leur fonctionnement régulier et contribuent à la lenteur excessive de la justice. C'est la raison pour laquelle la Francophonie, dès le Plan d'action du Caire, s'est engagée en faveur à la modernisation des appareils judicaires. Dans la Déclaration de Paris, les ministres francophones de la justice ont réaffirmé leur position en s'engageant à assurer l'informatisation des juridictions. L'objectif de la coopération francophone est ici de remettre progressivement à niveau les locaux des institutions judiciaires pour les rendre dignes de l'autorité qu'elles incarnent, et de les équiper en technologies modernes de l'information et de la communication, ainsi qu'en ressources documentaires.

Dans le cadre de la coopération juridique et judiciaire francophone, deux types d'actions visent à accroître les capacités de fonctionnement des institutions : d'une part celles qui, d'un point de vue technique, visent à améliorer le cadre de travail des magistrats via des dotations en équipements informatiques et

---

712 Congrès des Nations Unies pour la prévention des crimes et le traitement des délinquants, *Principes fondamentaux relatifs à l'indépendance des juges*, 26 novembre 1985, confirmés par l'Assemblée générale de l'ONU dans ses Résolutions n° 40/32 du 29 novembre 1985 et n° 40/160 du 13 décembre 1985 ; voir aussi, Union Internationale des Magistrats, *Statut Universel du Juge*, 17 novembre 1999, article 14.

713 Voir notamment : Opérations des Nations Unies en Côte d'Ivoire (ONUCI), Unité de l'État de droit, *Rapport sur l'organisation et le fonctionnement du système judiciaire en Côte d'Ivoire*, juin 2007.

bureautiques (a), et d'autre part celles qui visent à améliorer la qualité des décisions judiciaires via des ressources documentaires suffisantes (b).

a. L'appui technique

L'informatisation de l'appareil judiciaire permet de rationaliser la gestion du contentieux, d'améliorer la vitesse de traitement des affaires, ainsi que le contenu et la visibilité des décisions de justice. Or dans nombre d'États francophones du Sud, la justice rencontre des difficultés matérielles considérables, qui fragilisent son pouvoir d'intervention et rallongent inutilement les délais de procédure[714]. Le défi est donc ici, pour la coopération francophone, d'équiper en matériel informatique l'ensemble des services de la justice, de faciliter leur gestion et d'automatiser les tâches répétitives. Pour la Francophonie l'accent doit dès lors être mis sur les technologies de l'information et de la communication qui offrent de nouvelles facilités en matière de recherche documentaire et communication institutionnelle notamment. Le recours aux nouvelles technologies est de toute évidence, un facteur d'amélioration de la qualité de la justice[715]. Convaincue de cette réalité, l'OIF, dans l'élan de son engagement en faveur du renforcement des capacités des institutions de l'État de droit, met à la disposition des juridictions, des équipements informatiques et bureautiques de base, qui viennent soutenir les schémas nationaux d'informatisation. Depuis 1996, l'action francophone en ce domaine s'adresse non seulement aux juridictions et aux Barreaux, mais aussi aux ministères de la justice des États membres.

En ce qui concerne le soutien au renforcement des capacités matérielles des chancelleries, la Francophonie a, en une vingtaine d'années, apporté un appui informatique et bureautique aux ministères de la justice du Togo, de Djibouti, de la Roumanie, de Madagascar, de la Guinée Bissau, du Gabon[716], du Niger[717], du Tchad[718], de la République centrafricaine, du Burundi, du Cap-Vert, du Rwanda, du Mali et de la Côte d'Ivoire. Elle a octroyé par ailleurs une subvention

714 En revanche, de manière générale les États francophones du Nord ont doté leurs appareils judiciaires, de systèmes informatisés très avancés. En France par exemple, la politique d'informatisation du Ministère de la justice a été lancée dans les années 1980 avec notamment l'automatisation du casier judiciaire national, puis la généralisation de la gestion automatisée des procédures. Ensuite ont été mis en place des systèmes permettant la gestion des plaintes et procès-verbaux reçus par les parquets, l'audiencement des procédures et l'édition des jugements et pièces d'exécution. Ce qui a conduit à la fin de l'an 2002, à la mise en œuvre d'un important plan d'équipement des juridictions.

715 CADIET Loïc, « Case management judiciaire et déformalisation de la procédure », *Revue française d'administration publique*, 2008/1 n° 125, pp. 145-147.

716 Dans le cadre des états généraux de la justice.

717 Dans le cadre du programme d'appui aux réformes judiciaires.

718 Dans la mise en œuvre de son plan national de réforme de la justice.

aux autorités judiciaires capverdiennes en soutien aux efforts d'équipement des services en charge de la lutte contre la drogue et les crimes connexes.

La coopération francophone a également apporté un soutien aux activités de l'ACCPUF en faveur du renforcement des capacités de fonctionnement des juridictions constitutionnelles francophones. Elle a accordé des dotations en équipements informatiques et bureautiques aux Cours constitutionnelles de Bulgarie, de Moldavie et de Roumanie, ainsi qu'à celles du Bénin[719], du Burkina Faso, de la Côte d'Ivoire, de la Guinée Bissau, du Mali, du Togo, du Burkina Faso, du Niger et du Tchad[720], du Burundi, de Djibouti. A côté des juridictions constitutionnelles, la Francophonie contribue au renforcement des capacités techniques des juridictions suprêmes ordinaires. Elle a par exemple, fourni des équipements informatiques aux Cours suprêmes du Tchad, du Bénin, du Cameroun, du Burundi, du Rwanda, du Mali, et a contribué au renforcement des capacités informatiques et bureautiques de la Cour de cassation et du Conseil d'État du Burkina Faso.

Les Cours d'appel et tribunaux francophones bénéficient également de cet appui technique. A cette échelle, la Francophonie a contribué à l'amélioration du parc informatique des tribunaux du Cap-Vert, du Burkina Faso, du Rwanda, du Cameroun, du Niger, de Djibouti, du Burundi[721] et de Côte d'Ivoire[722]. Elle a renforcé les capacités techniques des Cours d'appel à Madagascar et au Bénin.

Le renforcement des capacités techniques de la justice s'adresse enfin aux Barreaux, dont ceux du Burundi et du Mali ont pu bénéficier de dotations informatiques et bureautiques pour une meilleure administration des ordres et donc un meilleur exercice de la profession d'avocat.

Toutes ces actions ont un impact certain sur le fonctionnement de la justice car l'outil informatique est manifestement au service de son efficacité. Mais pour utile qu'elle soit à l'optimisation du travail juridictionnel, la révolution technologique resterait insuffisante si le juge ne pouvait accéder à l'information juridique, afin de rendre des décisions de qualité. C'est la raison pour laquelle l'OIF apporte également, en tant que de besoin, un appui documentaire aux juridictions francophones.

719 Notamment dans le cadre des élections législatives de mars 2003.

720 OIF, Délégation aux droits de l'Homme et à la démocratie, *Rapport sur l'état des pratiques de la démocratie, des droits et des libertés dans l'espace francophone, 2004*, Paris, 2004, p. 33.

721 L'OIF a apporté son appui à l'ONG RCN-Justice et démocratie, qui dans la mise en œuvre de son projet d'appui à la justice au Burundi, a contribué à l'informatisation des parquets burundais.

722 A travers l'informatisation du greffe.

b. L'appui bibliographique à la décision judiciaire

La situation de la documentation juridique et judiciaire est préoccupante dans la plupart des États francophones du Sud[723]. Soit parce qu'elle est inexistante, faute de bibliothèque, soit parce qu'elle est mal gérée ou mal repartie. Le magistrat ne dispose parfois même pas des codes et lois en vigueur lorsqu'il siège dans une localité éloignée de la capitale ou des grands centres urbains. Les bibliothèques juridiques sont sous-équipées et les tribunaux, démunis d'ouvrages de référence récents, n'ont pas non plus accès aux revues juridiques spécialisées. Au-delà des codes et du journal officiel, la documentation juridique comprend la jurisprudence et les ouvrages de doctrine sur lesquels le juge doit pouvoir s'appuyer pour renforcer la motivation de sa décision. Pour la Francophonie, le défi est donc ici de mettre à la disposition du magistrat francophone, où qu'il se trouve, une documentation juridique de qualité, qui lui permette de rendre des jugements motivés et éclairés.

Si l'on peut trouver des traces subtiles et lointaines de l'engagement francophone en faveur du renforcement des capacités documentaires des juridictions dans la Résolution sur la Coopération juridique et judiciaire adoptée au Sommet de Dakar en mai 1989, c'est surtout dans le Plan d'action du Caire en faveur de la justice que l'aide bibliographique à la décision judiciaire trouve son expression la plus claire. Pour la Francophonie, le but est ici d'accroître les moyens documentaires des institutions juridictionnelles en mettant à la disposition des magistrats, des ouvrages et des textes de référence, propres à motiver leurs décisions et donc à améliorer la qualité de la justice rendue. Dans la logique du Plan d'action du Caire, le renforcement des capacités documentaires passe par un appui bibliographique à la décision et par une aide à la publication des textes législatifs, réglementaires et jurisprudentiels. Mais cette dernière démarche, s'inscrivant dans la dynamique de diffusion du droit déjà traitées dans la section précédente[724], nous ne retiendrons ici que deux séries d'actions menées au titre de l'aide bibliographique : la dotation en ouvrages et les abonnements à des revues juridiques.

---

723 Ceci dit, au Bénin, conformément à l'article 46 de la loi n° 2001-35 du 21 février 2003 portant statut de la magistrature, le juge perçoit une indemnité dite de bibliothèque et de recherche.

724 L'aide à la publication est liée à la question de la compilation et à la diffusion des textes. Au-delà des textes législatifs et réglementaires, la prévisibilité qui est un facteur de sécurité juridique, commande que les décisions de justice soient accessibles et donc publiées. Voir *supra*, pp. 188-190.

L'appui documentaire via les dotations en ouvrages généraux et spécialisés a bénéficié essentiellement aux juridictions[725] et aux ministères de la justice[726] des États francophones du Sud et d'Europe de l'Est.

A côté de cela, l'OIF a offert des abonnements à des revues juridiques spécialisées aux hautes juridictions, aux ministères de la justice, aux instituts de formation et aux centres de documentation d'une quarantaine de pays francophones du Sud. La souscription à des périodiques juridiques comme la « *Revue internationale de droit économique* », le « *Recueil Penant* », la « *Revue juridique et politique* » et la « *Revue sur le droit africain du travail* », permettait ainsi aux professionnels de justice d'Afrique francophone, d'accéder à des informations ciblées et récentes. Ces dotations en ouvrages et en abonnements à des revues juridiques spécialisées ont permis d'aboutir à des résultats certes intéressants, mais insuffisants. La pratique a laissé observer une tendance à la concentration des ouvrages offerts au niveau des instances judiciaires supérieures et des structures gouvernementales, sans que leur accès soit garanti à l'ensemble des professionnels du droit. Les efforts francophones en la matière, aujourd'hui hélas décrépits, sont donc à renforcer et à poursuivre sur le long terme, car le droit et la réflexion juridique sont en constante évolution. Non seulement la Francophonie doit poursuivre l'envoi de fonds documentaires, mais elle doit veiller, ainsi que l'y engage la Déclaration de Paris, à une meilleure répartition géographique et professionnelle de ces ressources. La mise en place de bibliothèques juridiques équipées, informatisées et régulièrement actualisées reste donc un défi pour la coopération francophone afin de garantir dans les États qu'elle fédère, une distribution éclairée de la justice.

Désormais, l'appui francophone au développement institutionnel de la justice porte davantage sur le soutien à l'élaboration et à la mise en œuvre de plans nationaux, que sur la fourniture d'équipements informatiques ou de ressources documentaires. Cette démarche s'attache à prendre en compte, de manière plus réaliste, les moyens effectifs dont disposent les États, pour mieux évaluer leurs besoins et adapter ainsi l'action francophone tant aux évolutions du temps qu'aux spécificités de chaque contexte. Ce n'est qu'en rationalisant ses actions en faveur de la modernisation de la justice que la Francophonie parviendra véritablement à optimiser ses prestations. Mais si le service public de la justice désigne au sens organique l'ensemble des juridictions, il vise dans une approche fonctionnelle,

---

725 L'action de l'OIF s'est traduite par l'envoi d'ouvrages aux juridictions constitutionnels, aux juridictions suprêmes ordinaires, aux cours d'appel et tribunaux du Mali, du Bénin, du Tchad, de la Guinée équatoriale, de Haïti (en partenariat avec le PNUD), du Burkina Faso, du Niger, du Cap-Vert, de la Roumanie et du Vietnam. Les magistrats de ces pays ont aussi parfois bénéficié d'un programme d'envoi de mallettes juridiques.

726 Cet appui documentaire a concerné notamment les ministères de la justice du Cap-Vert, de Djibouti, d'Égypte, de Madagascar, de la République Démocratique du Congo, du Burundi, du Rwanda (mai 2005), de Haïti (avril 2005), du Niger (mai 2005), du Mali (novembre 2005).

leur activité juridictionnelle matérialisée par le jugement. L'office du juge trouve donc son prolongement naturel dans l'exécution des décisions qu'il rend. Les efforts consentis par la Francophonie et ses réseaux en vue de renforcer les capacités de la justice seraient donc totalement vains s'ils n'étaient accompagnés de mesures complémentaires, destinées à assurer l'effectivité de ses décisions. Au-delà de l'accès à un juge compétent et équipé, l'effectivité de la garantie des droits est déterminée en aval, par le sort réservé au jugement qu'il rend. C'est là aussi une exigence essentielle de la bonne administration de la justice, chère à la Francophonie.

§ 2. L'exécution des décisions de justice

Ainsi que le rappelait pertinemment le bureau du suivi des engagements du Caire lors de sa quatrième réunion, « *sans une bonne administration de la justice, l'accès à tous les droits garantis par les textes normatifs, (...) est, au mieux, théorique* »[727]. Consacrée par le juge constitutionnel français comme un objectif à valeur constitutionnelle[728], la bonne administration de la justice implique indispensablement le respect de la chose jugée, en tant que corollaire de l'indépendance du juge[729]. L'existence d'un juge indépendant, accessible, qualifié et équipé n'épuise guère le débat autour de la bonne administration de la justice. Au-delà de l'accès au juge et au jugement, celle-ci exige *in fine* que les jugements soient exécutés.

La coopération juridique et judiciaire francophone l'a parfaitement intégré. Dans la Déclaration de Paris, les ministres francophones de la justice se sont engagés à œuvrer au plein respect de l'autorité ou du pouvoir judiciaire, en veillant à ce que les décisions de justice soient pleinement exécutées. A travers le soutien aux rencontres scientifiques de ses réseaux institutionnels, la Francophonie accompagne la réflexion sur l'exigence d'exécution des décisions de justice dans l'espace francophone[730]. Cette exigence d'exécution, si elle se justifie dans son principe (A), peut néanmoins connaître quelques atténuations (B).

---

727 OIF, *Rapport de la quatrième réunion du Bureau du suivi de la Conférence des ministres francophones de la justice*, Paris, Juin 2003.
En ligne : http://democratie.francophonie.org/article.php3?id_article=2040.

728 CC, décision n° 2009-595 DC du 3 décembre 2009, cons. 4, *Rec.*, p. 206.

729 Le lien entre l'indépendance de la justice et l'autorité de la chose jugée a été consacré notamment par le juge constitutionnel béninois dans sa décision : DC 04-004 du 23 avril 2004, *Tanimomo Pascal, Rec.*, 2004, p. 193.

730 L'OIF a notamment apporté son soutien à l'AHJUCAF pour l'organisation du colloque de sur « *L'exécution des décisions de justice dans l'espace francophone* », Paris, 23 mars 2012. Les actes de ce colloque sont disponibles en ligne sur : http://www.ahjucaf.org/actes-congres.html#288.

A. La justification et le contenu du principe

Le droit à l'exécution des décisions de justice, même s'il n'est pas toujours constitutionnellement consacré dans l'espace francophone, relève des principes fondamentaux rattachés au droit à un procès équitable[731]. Il est une exigence de l'État de droit. Et puisque la Francophonie s'est donnée pour mission de contribuer à l'ancrage de l'État de droit dans les États qu'elle rassemble, alors l'exécution des décisions de justice devient pour elle, un enjeu majeur. Non seulement parce qu'elle matérialise l'autorité du juge, mais aussi parce qu'elle permet de fonder la confiance du justiciable dans sa justice. Le bon sens ordonne donc que les décisions de justice soient exécutées. A défaut, le jugement et le droit dans son ensemble ne se réduiraient qu'à de simples vœux pieux. Dès lors qu'une décision de justice est rendue de manière définitive, elle doit être exécutée pour être traduite en réalité sociale. Il y va de l'efficacité et de la crédibilité du système légal, car la majesté de la loi s'exprime en pratique dans la force de la justice. L'exécution du jugement est donc, pour reprendre la formule de Loïc Cadiet, l'aboutissement de l'œuvre juridictionnelle[732]. C'est elle qui révèle les effets concrets et tangibles de l'application de la loi et de la réhabilitation d'un droit substantiel.

L'office du juge ne se réduit guère à la détermination et à l'application de la loi, car en faisant usage de son pouvoir d'interprétation, le juge dit le droit (*jurisdictio*). Dès lors, la loi étant aussi ce que la décision de justice dit qu'elle est[733], le mépris de la chose jugée, vaut mépris de la loi[734]. Qu'elle soit considérée dans sa nature, comme un effet rattaché au jugement ou perçue au contraire comme un attribut intrinsèque du jugement[735], l'autorité de la décision de justice s'impose à tous[736] avec force de vérité légale[737]. Revêtus de la *res judicata*[738], le

---

731 Le juge communautaire européen considère l'exécution du jugement comme une partie intégrante du procès équitable : CEDH, *Hornsby c/ Grèce*, 19 mars 1997, Affaire 107/1995/613/701, *Rec.* 1997. En France, le Conseil d'État adopte un raisonnement identique : CE, 15 mars 2000, *Allais*, Req. n° 189042.

732 CADIET Loïc, « L'exécution des jugements entre tensions et tendances », *in La justice civile au vingt et unième siècle, Mélanges Pierre Julien*, Aix-en-Provence, Edilaix, 2003, p. 49

733 AHARON Barak, *loc. cit.*, p. 229.

734 CE, 8 juillet 1904, *Botta, Rec.*, p. 557.

735 Pour avoir une idée globale du débat doctrinal sur la nature et l'étendue de la notion, lire WIEDERKHER Georges, « Sens, signifiance et signification de l'autorité de la chose jugée » *in Justice et droits fondamentaux, Études offertes à Jacques Normand*, Paris, Litec, LexisNexis, Éditions Juris-Classeur, 2003, pp. 507-518.

736 Non seulement aux parties et aux tiers, mais aussi aux autres pouvoirs et au juge lui-même.

737 Au sens de ce que la loi commande de tenir pour vrai dans une relation juridique donnée. VEDEL Georges et DEVOLVE Pierre, *Droit administratif*, Tome 1, Paris, PUF, 1997, p. 489.

738 « *Res judicata pro veritate habetur* » : selon cet adage, ce qui a été jugé est tenu pour être la vérité et ne peut être remis en cause.

jugement a une force obligatoire et doit par conséquent, sous réserve de l'exercice des voies de recours ouvertes par la loi[739], produire des effets[740].

Évidemment, le seul prononcé d'un jugement ne suffit pas à rétablir son bénéficiaire dans ses droits. Il faut ensuite que le jugement soit exécuté. En aval de la procédure, la justice doit être capable de garantir aux justiciables, la bonne exécution des jugements rendus définitifs et exécutoires741. Le droit au juge emporte alors naturellement le droit au jugement et à son exécution. Si l'exécution du jugement est un droit pour le justiciable vainqueur du procès, elle est *a contrario*, une obligation pour le plaideur débouté. Sauf dans des cas bien précis[742], l'exécution de la décision de justice est laissée aux parties. Elle peut alors intervenir soit spontanément, soit en cas de réticences, par la contrainte[743]. Le titre exécutoire dont la décision s'accompagne, donne à la personne au bénéfice de laquelle elle est définitivement rendue, la possibilité de recourir aux moyens de contrainte prévus par la loi pour obtenir son exécution. Revêtu de l'*imperium*, le jugement peut ainsi, le cas échéant, être mis en œuvre grâce à des voies coercitives. Ces voies d'exécution sont des procédés légaux qui permettent au créancier d'un droit, d'obtenir avec l'appui de la force publique, sa restitution commandée par le juge. Si certaines voies apparaissent davantage comme des moyens de pressions[744], d'autres en revanche constituent de véritables mesures

739 Seules les voies de recours ordinaires peuvent permettre de contester la régularité formelle et matérielle du jugement. L'exécution forcée n'est possible qu'à partir du moment où le jugement devient exécutoire et passe en force de chose jugée, c'est-à-dire après forclusion des délais de recours ou après épuisement des voies de recours suspensives : l'opposition et de l'appel. Au-delà de l'obligation de la motivation de ses jugements, une justice conséquente et rigoureusement attachée au respect des garanties du procès équitable doit, dans son organisation, prévoir un système cohérent de voies de recours. Le double degré de juridiction que cela suggère, est, au même titre que la collégialité par exemple, un principe structurant de l'organisation judiciaire. L'existence de voie de recours est un droit fondamental de la défense. Reconnu notamment par le pacte international relatif aux droits civils et politiques et par la Convention Européenne des Droits de l'Homme, il permet à tout plaideur, de faire examiner, par une juridiction supérieure, la décision rendue en sa défaveur, conformément à la loi. Le droit de relever appel, est une garantie de bonne distribution de la justice et revêt une double dimension à la fois préventive et curative. L'appel est donc une garantie essentielle du procès équitable, qui met en veille l'exécution de la décision de justice, jusqu'à ce qu'elle soit rendue définitive.

740 WIEDERKHER Georges, « Sens, signifiance et signification de l'autorité de la chose jugée » *in Justice et droits fondamentaux, Études offertes à Jacques Normand, op. cit.*, p. 508.

741 Le degré d'autorité varie selon la nature des recours susceptibles d'être exercés et se renforce au fur et à mesure de leur épuisement : on distingue dès lors l'autorité simple (appel possible), chose jugée (pourvoi en cassation ouvert), et de l'irrévocabilité (plus de recours possible).

742 Mineur en danger, abandon de famille, atteintes à l'autorité parentale, non-représentation d'enfant mineur, condamnation de nature alimentaire, matière pénale.

743 LEBORGNE Anne, *Le droit de l'exécution*, 2e éd., Paris, Dalloz, 2014, 1111 p.

744 Il s'agit notamment des incitations à l'exécution : l'astreinte ou la sanction pénale de l'organisation frauduleuse d'insolvabilité, l'utilisation de la procédure règlementée de recouvrement amiable, les mesures conservatoires telles la saisie conservatoire ou les diverses sûretés judiciaires.

d'exécution forcée[745], mobilisables en cas de besoin. Dans tous les cas, en tant que principe de sécurité juridique et de prééminence du droit[746], l'exécution des jugements est un curseur de l'autorité et de l'efficacité de la justice. La Francophonie doit dès lors, dans l'élan de son engagement en faveur de la bonne administration de la justice, plaider plus ouvertement pour que ses États membres aménagent des voies de droit[747] qui puissent permettre de manière effective au bénéficiaire d'un jugement, d'obtenir, au besoin par la force légale, la restitution de son droit. Qu'elle soit volontaire ou forcée, l'exécution du jugement doit en toute hypothèse permettre « *de vaincre la résistance de celui qui paralyse la mise en œuvre du droit, d'une liberté ou plus généralement d'une prérogative juridique quelconque* »[748]. Mais la force exécutoire du jugement, il faut le souligner, ne s'exerce pas toujours avec la même rigueur.

B. La portée du principe

Dans un État de droit, le pouvoir exécutif est tenu, dans l'esprit de la collaboration des pouvoirs, de prêter son concours à l'exécution des décisions de justice, ou à tout le moins de ne pas y faire obstacle[749]. Ce qui implique, de sa part, de respecter effectivement l'autorité de la chose jugée ou ordonnée, y compris à son encontre. Car l'effectivité de la protection des administrés est aussi subordonnée à l'exécution des décisions rendues par le juge administratif. Ceci dit, en pratique, plusieurs résistances de fait ou de droit peuvent atténuer la portée du droit à l'exécution auquel la coopération francophone a exprimé son attachement dans la Déclaration de Paris. Pour la Francophonie et les États qu'elle rassemble, le défi est donc ici de surmonter les obstacles à l'exécution des jugements, lesquels varient selon qu'il s'agit d'un jugement administratif (1) ou d'un jugement judiciaire (2).

---

745 L'on peut citer par exemple les saisies-vente des meubles corporels, de droit commun ou spéciales telles celles des récoltes sur pied, des biens placés en coffre-fort ou des véhicules terrestres à moteur, saisie-attribution portant sur des créances de sommes d'argent, paiement direct ou même recouvrement public des pensions alimentaires, saisie des rémunérations, saisie enfin des immeubles.

746 HUGON Christine, « L'exécution des décisions de justice » *in* CABRILLAC Rémy, *Libertés et droits fondamentaux*, Paris, Dalloz, 19e éd., 2013, pp. 753-756.

747 En ce qui concerne la France par exemple, ces voies sont prévues par la loi du 9 juillet 1991 accompagnée du décret du 31 juillet 1992 pour les biens meubles ainsi que par l'ordonnance du 21 avril 2006 et le décret du 27 juillet 2006 pour les biens immeubles.

748 THERY Philippe, « Exécution des décisions de justice », *in* CADIET Loïc, *Dictionnaire de la Justice*, *op. cit.*, p. 496.

749 Le refus de l'État de prêter son concours à l'exécution d'un jugement engage sa responsabilité et ouvre pour le justiciable, un droit à réparation. Prévu notamment dans le cadre de l'OHADA, à l'article 29 de l'Acte uniforme, portant organisation des procédures simplifiées de recouvrement et des voies d'exécution.

1. Les obstacles à l'exécution des jugements administratifs

La problématique de l'exécution des jugements rendus à l'encontre de l'administration se présente au premier abord comme une équation paradoxale. Si dans certains États francophones, le principe, après avoir été longtemps nié[750], a fini par être consacré, dans d'autres, il peine encore à s'affirmer, tant le juge éprouve toujours des difficultés à mettre en œuvre les voies d'exécution contre l'administration. En France, la recherche d'une meilleure exécution des décisions juridictionnelles s'est traduite, dans le cadre du contentieux administratif, par la mise en place le 16 juillet 1980[751], au-delà des voies incitatives, d'une véritable procédure d'astreinte[752], puis par l'introduction de nouveaux moyens non seulement destinés à combattre les refus d'exécution, mais aussi à prévenir les risques d'inexécution[753]. Le nouveau code de justice administrative, entré en vigueur le 1er janvier 2001, autorise désormais, au-delà du Conseil d'État, les juges administratifs de première instance et d'appel, à prononcer des astreintes et injonctions pour assurer la bonne exécution de la chose jugée[754]. L'autorité attachée à la chose jugée s'impose donc désormais à tous, y compris à l'État et à ses démembrements, grâce à la possibilité enfin offerte au juge, de prononcer à leur encontre, des injonctions ou astreintes[755]. Dans la même logique, au Bénin, le législateur a institué une astreinte, dont l'intérêt a été consacré par le juge constitutionnel qui considère que la sauvegarde de l'autorité de la chose jugée est inséparable de la possibilité d'exercer un pouvoir d'injonction à l'égard du Parlement et du gouvernement[756]. Pour le juge constitutionnel béninois, une décision du conseil des ministres suspendant l'exécution des décisions de justice

---

750 Au Bénin par exemple, sous l'empire de l'ordonnance n° 21/PR du 26 avril 1966, portant composition, organisation, attributions et fonctionnement de la Cour suprême, le juge administratif était incompétent pour prononcer des injonctions ou des astreintes à l'encontre de l'administration récalcitrante, pour la contraindre à exécuter un jugement. Le justiciable pouvait alors, soit demander la condamnation pécuniaire de l'administration, soit négocier un arrangement avec l'agent judicaire du trésor, lorsque l'administration invoque des difficultés financières : SALAMI Ibrahim, « L'efficacité de la justice administrative au Bénin : cas du recours pour excès de pouvoir », *in* HOURQUEBIE Fabrice (dir.), *Quel service public de la justice en Afrique francophone ?*, *op. cit.*, 2013, p. 91.

751 Loi n° 80-539 du 16 juillet 1980 relative aux astreintes prononcées en matière administrative et à l'exécution des jugements par les personnes morales de droit public.

752 TERCINET Josiane, « La loi du 16/07/1980 : vers la fin de l'inexécution des décisions juridictionnelles par l'administration ? », *AJDA*, 1981, pp. 3-13 ; LINOTTE Didier, « Exécution des décisions de justice administrative et astreintes en matière administrative », *JCP*, 1981, I, n° 3011.

753 Injonction et astreinte préventive.

754 En France, voir notamment l'article L 911-3 et 4 du Code de Justice administrative.

755 LONY Bertrand, *Un remède à la mauvaise volonté de l'administration : l'astreinte*, Thèse, Paris, 1994 ; MALVASIO Florence, « Les nouveaux pouvoirs d'injonction du juge administratif », *Les Petites Affiches*, 10 février 1997, n° 18, p. 4.

756 CC du Bénin, décision DCC 05-132 du 26 octobre 2005. Voir SINDJOUN Luc, *Les grandes décisions de la justice constitutionnelle africaine*, Bruxelles, Bruylant, 2009, pp. 348-351.

est contraire à la constitution[757]. A côté du juge constitutionnel, le juge administratif béninois estime dans la même dynamique, que la remise en question, par un acte administratif, de la jouissance d'un droit juridictionnellement reconnu, est une atteinte à la loi[758]. La portée de l'État de droit et la stabilité de l'ordre juridique et social dépendent dans une large mesure de la confiance que les citoyens portent à l'institution judiciaire. L'administration a donc le devoir d'exécuter avec promptitude les jugements définitifs qui la condamnent. Cette obligation ne peut être tempérée que par des considérations tenant à la sauvegarde de l'ordre public. Dans cette hypothèse, le justiciable lésé au nom de l'intérêt général, par l'inexécution d'une décision de justice consacrant son droit, doit être indemnisé en raison d'une rupture de l'égalité devant les charges publiques[759].

Pour rassurantes que soient ces évolutions, elles restent néanmoins atténuées par nombre de résistances de droit et de fait. Dans les États francophones où ces moyens de pressions sont autorisés, le juge en fait un usage circonspect, dans les autres, il n'y a ni exécution forcée, ni mesures conservatoires contre l'État, les collectivités locales et les établissements publics. Au-delà de l'absence ou de la difficulté de mise en œuvre de voies d'exécution à l'égard de l'administration, en droit, l'exécution des jugements administratifs bute sur l'obstacle des immunités d'exécution et sur celui des validations législatives.

En vertu de la loi, certains débiteurs sont, dans l'espace francophone, couverts par une immunité d'exécution[760] et ne peuvent à ce titre, faire l'objet d'exécution forcée ou de mesures conservatoires. Par exemple, selon le droit[761] et la jurisprudence communautaires de l'OHADA, les biens des entreprises publiques sont, quelle que soit leur forme, insaisissables[762]. Ce qui peut être, dans les États francophones membres de cet espace, une source d'insécurité juridique. Les entreprises publiques intégrées dans le circuit des affaires doivent-elles continuer

---

757 Décision DCC 07-175 du 27 décembre 2007. Voir SINDJOUN Luc, *Les grandes décisions de la justice constitutionnelle africaine*, Bruxelles, Bruylant, 2009, pp. 15-25.

758 Chambre administrative de la Cour suprême du Bénin, Arrêt n° 24/CA, 15 avril 1999, *Collectivité Tohon c/ Préfet de l'Ouémé, Rec.*, 1999, p. 238.

759 CE, 30 novembre 1923, *Couitéas, Leb.*, p. 789. Le principe a ensuite été formalisé en France à l'article 16 de la loi 91-650 du 9 juillet 1991.

760 Voir notamment OULD BOUBOUTT Ahmed Salem, « Les voies d'exécution contre les personnes publiques en droit mauritanien », *in* AUF, *L'effectivité droits fondamentaux dans les pays de la communauté francophone, op. cit.*, pp. 583-592 ; LEWALLE Paul, « Les voies d'exécution à l'encontre de la personne publique », *in* AUF, *L'effectivité droits fondamentaux dans les pays de la communauté francophone, op. cit.*, pp. 595-616.

761 OHADA, *Acte uniforme portant organisation des procédures simplifiées de recouvrement et voies d'exécution*, Article 30.

762 CCJA, arrêt n° 043/2005 du 7 juillet 2005, *Aziablévi Yovo c/ Togo Télécom, Recueil jurisprudence CCJA*, juillet-décembre 2005, n° 6, pp. 25 et ss. Principe repris par la Cour d'Appel de Lomé : Chambre sociale, arrêt n° 186/2003 du 26 septembre 2003.

à bénéficier d'une telle immunité de saisie ? Pour corriger cette situation, la Francophonie pourrait plaider pour que les États non seulement fassent évoluer, *mutatis mutandis*, leurs législations de sorte à ce que les juges puissent prononcer à leur encontre, des mesures d'exécution forcée, mais encore pour qu'ils s'abstiennent de généraliser les immunités d'exécution. Dans certains États, une distinction est déjà opérée entre les établissements publics soumis au droit public et les entreprises publiques soumises aux règles de droit privé[763]. Si l'immunité d'exécution qui couvre, au nom de l'intérêt général, les personnes morales de droit public, y compris les Établissements publics à caractère industriel et commercial, peut objectivement être relativisée à certains égards, celle qui protège, au nom des relations diplomatiques, les chefs d'État étrangers, leurs représentants, ainsi que les fonctionnaires des organisations internationales, reste en revanche pour le moins étanche. Ces derniers sont couverts par une immunité de juridiction qui, par voie de fait, les protège de toute exécution forcée.

A côté des immunités d'exécution, la pratique des validations législatives a également pour effet d'assouplir dans certains États francophones, la portée de l'exigence d'exécution des jugements administratifs. Il s'agit d'un moyen par lequel le parlement, à l'initiative du gouvernement, valide rétroactivement, par une loi, les actes pris en application d'une décision administrative annulée par le juge de l'excès de pouvoir[764]. C'est là une forme d'ingérence perverse du pouvoir législatif dans la fonction juridictionnelle. Elle peut être perçue comme une négation de l'autorité de la chose jugée, remettant en question *a posteriori*, l'indépendance même de la justice[765]. Dans certains États, ce pouvoir de validation est désormais encadré par la jurisprudence constitutionnelle[766]. En France par exemple, le juge constitutionnel considère que même si le législateur est le seul à pouvoir prévenir, par cette voie, les difficultés nées ou susceptibles de naître de l'annulation d'une décision administrative, il ne saurait pour autant valider directement l'acte administratif annulé. Il ne peut agir que s'il existe un motif suffisant d'intérêt général[767]. Dans ce cas, il doit prendre le soin de préciser

---

763 Cette distinction est opérée au Cameroun dans la loi n° 99/016 du 22 décembre 1999 portant statut général des établissements publics et des entreprises du secteur public et para public. Au Togo c'est la loi n° 90-26 du 4 décembre 1990 portant réforme du cadre institutionnel et juridique des entreprises publiques qui établit le départ. Il en va de même au Burkina Faso.

764 CHAPUS René, *Droit du contentieux administratif*, Paris, Montchrestien, 13ᵉ éd., 2008, pp. 1147 et ss.

765 SCHRAMECK Olivier, « Les validations législatives », *AJDA*, 1996, p. 369.

766 LUCHAIRE François, « Le Conseil constitutionnel et les lois de validation », *RDP*, n°1, 1998, pp. 23-36.

767 CEDH, 28 octobre 1999, *Zielinski, Pradal et autres c/ France, D.*, 2000, p. 184 ; CE, 23 juin 2004, *Laboratoires Genévrier, Rec.*, p. 256 ; Cass. Soc., 24 avril 2001, *Association Être enfant au Chesnay, Bulletin civil*, 2001, n° 130, p. 101. Il peut s'agir de questions liées au fonctionnement continu du service public ou encore du déroulement normal des carrières.

la portée de la validation et agir dans le respect de la séparation des pouvoirs et du droit à un recours juridictionnel effectif[768]. Pour la Francophonie, le défi serait ici de faire en sorte que le recours à ce mécanisme reste exceptionnel car par principe, aucune décision de justice ne doit pouvoir être directement mise en échec par une loi.

Au-delà de ces cas spécifiques qui neutralisent de droit l'exécution des jugements administratifs, celle-ci se heurte dans nombre d'États d'Afrique francophones, à des obstacles de fait qui retardent l'obtention du titre exécutoire. L'exécution des jugements se trouve compromise par les lenteurs observées dans la délivrance des grosses. L'on déplore en plus, une persistance des retards dans l'exécution des jugements administratifs[769]. L'inexécution ou les retards dans l'exécution est une faute de nature à engager la responsabilité de l'administration et à justifier de la part du justiciable, une action en réparation en cas de préjudice. Dans nombre de pays francophones africains, même si ce n'est pas toujours de bon gré, l'administration, peut être condamnée à réparer les préjudices causés aux administrés du fait de la lenteur dans l'exécution, ou de la non-exécution d'un jugement[770]. Le contentieux en réparation, contentieux complémentaire de pleine juridiction existe bien, mais connaît des faiblesses dans son effectivité. La problématique de l'exécution des jugements rendus à l'encontre de l'administration demeure donc actuelle et le juge francophone ne doit point capituler devant l'illégalité d'où qu'elle provienne. Pour ne pas qu'elle demeure une sempiternelle « *comédie contentieuse* »[771], la question de l'exécution des jugements administratifs doit être entendue par les États francophones, afin de parfaire leur conversion à l'État de droit. Car il serait inutile que de proclamer des droits et de leur assurer une protection juridictionnelle, si au final, le droit dit par le juge se trouve privé d'autorité.

---

768 CC, décision n° 99-422 DC du 21 décembre 1999, *Rec.*, p. 143. Doctrine : MATHIEU Bertrand, « Les validations législatives devant le juge de Strasbourg : une réaction rapide du conseil constitutionnel. A propos des décisions de la Cour européenne des droits de l'Homme du 28 octobre 1999, et du Conseil constitutionnel 99-422 et 99-425 DC », *RFDA*, mars-avril 2000, p. 289 ; ARDANT Philippe, « Comment les cours constitutionnelles peuvent-elles, par les garanties données à la justice, contribuer à la démocratie ? », *in* GABORIAU Simone et PAULIAT Hélène, *Justice et démocratie*, *op. cit.*, pp. 107-108.

769 Au Bénin, seulement 5% des arrêts d'annulation, rendus par la chambre administrative, sont exécutés dans les trois années qui suivent le prononcé de la décision. Voir SALAMI Ibrahim, « L'efficacité de la justice administrative au Bénin : cas du recours pour excès de pouvoir », *in* HOURQUEBIE Fabrice (dir.), *Quel service public de la justice en Afrique francophone ?*, *op. cit.*, 2013, p. 92.

770 OIF, Délégation à la paix, à la démocratie et aux droits de l'Homme, *Rapport sur l'état des pratiques de la démocratie, des droits et des libertés dans l'espace francophone, 2012*, Paris, OIF, 2012, p. 127.

771 PACTEAU Bernard, *Contentieux administratif*, Paris, PUF, 1985, p. 284.

2. Les obstacles à l'exécution des jugements judiciaires

Dans l'espace francophone, l'exécution des jugements de droit commun peut, elle aussi, connaître des assouplissements. Si nul ne peut contester le caractère fondamental du droit à l'exécution des jugements, il faut néanmoins souligner que son exercice peut être tempéré dès lors qu'il est susceptible de menacer directement les droits fondamentaux de la personne déboutée. Devant les juridictions judiciaires francophones, l'exigence d'exécution des décisions de justice peut être traditionnellement assouplie par une série de tempéraments juridiques[772].

En matière civile[773], l'exigence d'exécution des jugements est traditionnellement adoucie par la règle de l'effet suspensif des voies de recours ordinaires. Dans la plupart des États francophones[774], ce principe neutralise l'exécution de la décision de justice, aussi longtemps qu'elle est susceptible de recours ordinaires[775]. Cependant, l'effet suspensif de l'appel dans le procès civil peut être lui-même atténué par l'exécution provisoire dont peuvent être assorties certaines décisions, en vue de prévenir les risques de recours délibérément dilatoires[776]. Mais là encore, lorsque l'exécution provisoire n'est pas de droit et qu'elle peut avoir des conséquences manifestement excessives, elle

---

772 En raison de leur caractère spécial, nous laissons délibérément de côté les questions liées notamment aux procédures collectives, au surendettement et aux patrimoines affectés.

773 Dans le contentieux administratif, de même l'acte introductif d'instance ne neutralise pas l'autorité de la chose décidée (sauf intervention du juge des référés ou décision particulière de sursis à exécution), l'exercice d'une voie de recours ordinaire ne produit pas d'effet suspensif sur le caractère exécutoire du jugement administratif attaqué (CE, 28 mai 1993, *Dame Bastien*, *Rec.*, T, p. 972), sous réserve bien sûr de ne pas être entaché d'erreur matérielle et de la possibilité laissée aux parties de transiger.

774 Ce n'est pas le cas en Belgique.

775 En tant que voie de recours extraordinaire, le pourvoi en cassation dont l'objet est de vérifier la conformité du jugement au droit, ne fait pas obstacle à l'exécution de la décision attaquée (sauf en Ile Maurice). Au contraire, la recevabilité du pourvoi est dans certains cas, subordonnée à celle-ci, à peine de radiation du rôle ou de péremption de l'instance en cassation. Bien que par principe, le pourvoi en cassation ne produise pas d'effet suspensif, la plupart des Etats francophones, admettent des exceptions notamment dans les affaires relatives au droit foncier, au droit pénal ou encore au droit des personnes et de la famille. Le pourvoi dans ces matières produit donc de fait, un effet suspensif.

776 Le juge de première instance peut en effet, en vertu de la loi ou selon sa propre appréciation, assortir son jugement d'un ordre d'exécution provisoire. Cet ordre permet exceptionnellement au gagnant, en dépit de l'effet suspensif des voies de recours ordinaires, d'exécuter le jugement dès sa signification. On dit alors que le jugement est exécutoire par provision. Si le dispositif présente la double vertu de dissuader les appels dilatoires d'une part, et d'atténuer la souffrance du créancier indigent d'autre part, il laisse néanmoins subsister le risque majeur de voir exécuter un jugement qui au final, peut se révéler mal fondé. L'exécution provisoire peut avoir donc des conséquences graves. C'est pourquoi plusieurs législations francophones, en dehors des cas où elle est prévue de plein droit, ont pris le soin d'en énumérer limitativement les cas facultatifs d'ouverture. Aux termes de l'article 3 de la loi camerounaise n° 92/008 du 14 août 1992, le juge ne peut prononcer d'exécution provisoire qu'en matière de créance alimentaire, de créance contractuelle exigible, de réparation des dommages corporels et d'expulsion fondée sur un titre foncier ou sur un bail écrit.

peut, à la demande de la partie appelante, être paralysée par le juge d'appel au moyen d'une défense à exécution provisoire[777].

A côté de l'effet suspensif des voies de recours ordinaires et des défenses à exécution provisoire, le délai de grâce judiciaire a, lui aussi, pour effet d'atténuer la rigueur du principe d'exécution des décisions de justice. Il s'agit concrètement d'une faveur exceptionnelle que le juge peut accorder, conformément à la loi, au débiteur en difficulté pour lui permettre de différer ou d'échelonner l'exécution de son obligation[778]. Pour être admise, cette grâce ne doit pas être préjudiciable au créancier. Prévu notamment à l'article 39 alinéa 2 de l'Acte uniforme de l'OHADA portant organisation des procédures simplifiées de recouvrement et des voies d'exécution, ce dispositif ne remet pas en question l'obligation d'exécution, mais se contente d'en différer la mise en œuvre. Il ne s'agit donc que d'un obstacle temporaire, dont la vocation est simplement de concilier les attentes du créancier avec celle du débiteur, dans l'intérêt du commerce juridique. Dans le même esprit, le sursis à exécution en attendant l'issue d'un recours extraordinaire, permet lui aussi d'obtenir la suspension de l'exécution d'une décision attaquée par la voie d'un recours non suspensif devant une juridiction de cassation. Prévu dans nombre de législations francophones[779], le sursis à exécution a pour objectif de préserver les intérêts de tous, en évitant les conséquences fâcheuses et irrémédiables que pourrait avoir une exécution précipitée, avant l'issue du pourvoi. Il s'agit de surseoir à l'exécution de la décision attaquée, lorsque celle-ci est susceptible d'entraîner un préjudice manifestement excessif et irréparable. Les cas de sursis sont soit expressément prévus par la loi, soit laissés à l'appréciation du juge. Ces atténuations, loin de remettre en question l'obligation d'exécution des décisions de justice, contribuent davantage à l'humaniser en favorisant un exercice serein des voies de recours[780].

D'un autre côté, en matière pénale, l'exigence d'exécution des jugements peut être également tempérée. L'exécution des peines renvoie à une mise en œuvre concrète du jugement répressif par le paiement d'une amende ou l'enfermement dans un établissement pénitentiaire. Elle constitue la quatrième étape du procès pénal après l'enquête, l'instruction et le jugement. L'inexécution ou la mauvaise exécution des peines remettrait en cause l'effectivité de la sanction pénale.

---

777 Au Cameroun, ces défenses sont prévues à l'article 4 de la loi n° 97-018 du 17 août 1997, modifiant la loi n° 92-008 du 14 aout 1992 fixant certaines conditions relatives à l'exécution des décisions de justice.

778 Voir en France, l'article 1244-1 du code civil. Ce délai peut être octroyé en aval du procès civil par le juge de l'exécution institué par l'article L. 213-5 du code de l'organisation judiciaire. Doctrine : SERIAUX Alain, « Réflexions sur les délais de grâce », *RTD Civ.*, 1993, pp. 789-801.

779 Voir en ce qui concerne le Cameroun par exemple, l'article 5 de la loi n° 92/008 du 14 août 1992.

780 KENFACK Pierre Etienne, « Les obstacles juridiques à l'exécution des décisions de justice au Cameroun », *in* HOURQUEBIE Fabrice (dir.), *Quel service public de la justice en Afrique francophone ?*, *op. cit.*, p. 191.

Classiquement, il revient au ministère public de poursuivre l'exécution des jugements et des autres titres exécutoires en requérant, en tant que de besoin, l'assistance de la force publique. Si le paiement d'une amende doit être impérativement exécuté, même dans l'exercice d'une voie de recours, le principe de l'autorité de la chose jugée peut, en ce qui concerne les peines privatives de liberté, être en pratique, assoupli. Les aménagements laissés dans certains États, à la discrétion du juge chargé de l'application des peines[781], si elles répondent à la nécessité de prise en compte des contraintes de la « *science pénitentiaire* »[782], atténuent tout de même la rigueur du jugement. De même il existe en matière pénale, des alternatives aux poursuites et au prononcé de telle ou telle peine d'emprisonnement, il existe aussi des alternatives à leur exécution. La possibilité d'aménager le traitement pénitentiaire ou le droit de grâce peuvent ainsi dispenser le système pénal de l'exécution effective d'une peine. Mais pour conserver son sens, le principe d'individualisation des peines sur lequel s'appuient ces alternatives, doit s'appliquer dans les limites fixées par la loi. C'est à ce niveau que la Francophonie pourrait se positionner car il s'agit par là même, de garantir la crédibilité du système pénal dans les États qu'elle rassemble.

Tous ces assouplissements qui limitent la portée du droit à l'exécution des décisions de justice, ne remettent pas en question le principe dans son essence. Les jugements doivent impérativement être exécutés avec diligence pour donner consistance à la justice et au droit. Même si la plupart des textes francophones de référence restent, en dehors de la Déclaration de Paris, silencieux sur la question, la Francophonie doit rester attachée à la problématique de l'exécution des jugements, indispensable à l'affermissement de l'État de droit. Ceci, d'autant plus que l'exécution des décisions de justice demeure dans nombre d'États de la communauté, menacée par des obstacles de droit et de fait. La Francophonie doit dès lors s'attacher à sensibiliser les pouvoirs publics sur la nécessité d'assurer l'exécution des décisions de justice en vue de garantir la sécurité juridique.

---

781 En France, création en 1958 du juge de l'application des peines et consécration de la notion d'exécution des peines dans la loi du 15 juin 2000 renforçant la présomption d'innocence et la protection des victimes. Le juge de l'application des peines existe aussi au Sénégal.

782 CERE Jean-Paul, HERZOG-EVANS Martine, PECHILLON Éric, « Actualité du droit de l'exécution des peines », *D.*, 2003, n° 14, Chron., p. 919.

Chaque mois, il [illegible] bulletin d'[illegible] [illegible] de [illegible] de [illegible]

[illegible]

CONCLUSION DU CHAPITRE

Les développements qui précèdent nous révèlent clairement que la qualité du service public de la justice[783] est bel et bien une préoccupation au cœur des enjeux de la coopération juridique et judiciaire francophone. Ainsi que nous avons pu l'observer, l'action de l'OIF au soutien de ce service public spécifique s'articule autour de deux axes complémentaires : l'accessibilité et l'efficacité. En ce qui concerne la facilitation de l'accès à la justice, la Francophonie a décliné son action autour des défis liés à l'accessibilité géographique des tribunaux, à la durée et au coût des procès, à la complexité du langage et des procédures judiciaires et enfin à la diffusion du droit. Pour ce qui regarde son action au soutien de l'efficacité du service public de la justice, la Francophonie s'est également appuyée sur plusieurs leviers stratégiques. Sa démarche l'a conduite d'une part à plaider en faveur de la modernisation du droit et de l'accroissement du budget de la justice et d'autre part à agir soit directement, soit par le biais de ses réseaux institutionnels, en faveur du renforcement des capacités humaines et matérielles de la justice. Mais l'État de droit est une construction permanente. L'OIF a sans doute contribué à améliorer l'accessibilité et les capacités de fonctionnement du service public de la justice dans nombre d'États, mais la portée de son action doit être constamment questionnée. La qualité de la justice n'est jamais ni totalement, ni définitivement acquise. Elle est une quête inépuisable qui appelle de la part de la coopération francophone, une mobilisation constante.

La justice est certes un service public, mais elle est aussi et surtout un pouvoir. Or, selon les principes du constitutionnalisme moderne, « *chaque (...) zone de pouvoir est une zone de responsabilité* »[784]. La responsabilité étant pour tout pouvoir intervenant dans l'espace public, à la fois un gage de crédibilité et d'efficacité, une justice de qualité se doit d'être responsable devant ses usagers. Le juge doit fonder son autorité sur une indépendance, une impartialité et une justesse sur lesquelles, il paraît normal dans un contexte démocratique, de demander des comptes[785], chaque fois que les manquements vont au-delà de la marge d'erreur que toute activité humaine oblige à consentir. Dans un contexte où prospère un peu

---

783 BERTHIER Laurent, *La qualité de la justice*, Thèse dactylographiée de droit public, 2011, Université de Limoges, 687 p.

784 RICOEUR Paul, « Postface » *in* LENOIR Frédéric, *Le temps de la responsabilité. Entretiens sur l'éthique*, Paris, Fayard, 1991, p. 255. A propos de ce lien indissoluble entre pouvoir et responsabilité, voir avec intérêt, AVRIL Pierre, « Pouvoir et responsabilité », *in Le pouvoir, Mélanges offertes à Georges BURDEAU*, Paris, LGDJ, 1977, pp. 9-23 ; CAPPELLETTI Mauro, *Le pouvoir des juges*, Paris, Economica, 1990, p. 119 ; HOURQUEBIE Fabrice, *Sur l'émergence du contre-pouvoir juridictionnel sous la Vᵉ République, op. cit.*, pp. 329-334.

785 Article 15 de la Déclaration des droits de l'Homme et du citoyen de 1789. Doctrine : PERROT Roger, *Institutions judiciaires, op. cit.*, p. 492.

partout, la logique montante d'*accountability*[786], l'exigence de bonne administration de la justice implique aussi à l'égard des juridictions, l'obligation de rendre compte de l'usage rationnel et efficient des ressources humaines, matérielles et financières, à elles, octroyées.

Cette rationalité de type managérial, construite autour des notions de coût, d'efficacité et de qualité, semble s'imposer de manière de plus en plus prégnante dans le fonctionnement de toutes les institutions. Et le service public de la justice ne saurait s'abriter derrière ses spécificités, pour rester en marge de ce mouvement par lequel l'exigence de performance imprègne l'État de droit. Mais est-il véritablement judicieux d'introduire au sein du service public de la justice, des méthodes de management parfois éloignées de l'univers et des missions de la justice ? Ce questionnement qui interpelle également la Francophonie, pose le problème à la fois fondamental et pratique, de la compatibilité entre l'exigence constitutionnelle d'indépendance, avec les exigences managériales de performance du service public de la justice[787].

S'inscrivant dans une dynamique de rentabilité, la démarche d'évaluation de la justice permet de mesurer les résultats obtenus par rapports aux objectifs assignés et aux moyens octroyés. Bien ancrée dans les systèmes de *common law*[788], la culture du résultat irrigue peu à peu les États de tradition civiliste, appartenant pour la plupart, à l'espace francophone. Ainsi, la Francophonie, à l'instar d'autres cadres de coopération interétatique[789], n'échappe pas à cette réflexion. Il s'agit par

---

786 Sur l'émergence et le sens de cette logique de « reddition des comptes », voir notamment, FRISON-ROCHE Marie-Anne, « La responsabilité des magistrats comme mise à distance », *in* GABORIAU Simone et Hélène PAULIAT (dir.), *La responsabilité des magistrats*, Actes du colloque organisé à Limoges, le 18 novembre 2005, Entretiens d'Aguesseau, Limoges, PULIM, 2008, pp. 238-239.

787 VIGOUR Claude « Justice : l'introduction d'une rationalité managériale comme euphémisation des enjeux politiques », *Droit et société*, 2006, n° 63-64, pp. 425-455 ; ROUSSEAU Dominique, « Exigences constitutionnelles d'indépendance de la justice et exigences managériales », *in* FRYDMAN Benoît et JEULAND Emmanuel, *Le nouveau management de la justice et l'indépendance des juges*, Paris, Dalloz, 2011, pp. 57-62 ; HOURQUEBIE Fabrice, « Les mutations du service public de la justice. Quand la justice se confronte à la performance », *in* MELIN-SOUCRAMANIEN Ferdinand (études réunies par), *Espace du service public, Mélanges en l'honneur de Jean Du Bois de Gaudusson*, Tome 1, Presses Universitaires de Bordeaux, 2014, pp. 1063-1080.

788 L'on peut citer notamment aux États-Unis, le « *Civil justice reform act* » de 1990 destiné à rationaliser les coûts et délais de la justice fédérale et le « *Trial court performance standards* » pour les juridictions des Etats fédérés. L'on peut citer par ailleurs, la « *Nova scotia judicial development project* » expérimentée au Canada, ou encore le « Programme pour le renforcement de l'organisation judiciaire » mis en place aux Pays-Bas. Voir pour aller plus loin : SIBONY Anne-Lise, « Quelles leçons tirer des expériences étrangères ? », *in* BREEN Emmanuel (dir.), *Évaluer la Justice*, PUF, juin 2002, pp. 77-141 ; « Les éclairages des expériences étrangères », *in* CAVROIS Marie-Luce, DALLE Hubert Dalle et JEAN Jean-Paul (dir.), *La qualité de la justice*, *op. cit.*, pp. 149-168.

789 L'Office des Nations Unies contre la drogue et le crime, dans un rapport de 2008 sur « L'accès à la justice, l'indépendance, l'impartialité et l'intégrité de la magistrature », a compilé un certain nombre d'outils d'évaluation de la justice pénale. En Europe, le conseil des ministres du conseil de l'Europe s'est saisi de l'enjeu de la qualité du service public de la justice en instituant en 2002, la Commission

ce nouveau référentiel de gestion publique, de mesurer la qualité du service public de la justice, pour mieux corriger ses faiblesses. En substance, le but est de parfaire le fonctionnent et l'efficacité de la justice en trouvant le bon calibrage entre le coût, la qualité et le temps ; le bon équilibre entre la distance commandée par l'indépendance et la proximité commandée par qualité ; la bonne distance entre l'accessibilité du langage juridique et sa nécessaire technicité. Perçue à travers les éléments substantiels ci-dessus esquissés, la qualité de la justice doit pouvoir se mesurer à partir d'indicateurs opérationnels de performance. Les grilles de lecture, bien qu'elles soient difficilement transposables dans tous les systèmes judiciaires, peuvent néanmoins s'articuler autour de standards minima.

La Francophonie n'est pas restée en marge de cette réflexion. Au-delà de son soutien à l'Association africaine des hautes juridictions francophones (AAHJF), pour l'organisation notamment d'un séminaire sur « *le coût et le rendement du service public de la justice* », elle a proposé dans son rapport de 2008 sur l'état des pratiques de la démocratie, des droits et des libertés dans l'espace francophone, une grille d'indicateurs, traduisant un seuil d'exigence commun de qualité de la justice[790]. Ce modèle viserait, en vue de faire émerger une logique commune d'évaluation, à dégager les « *plus petits indicateurs communs* »[791] de la qualité de la justice dans l'espace francophone. Cela, afin de mieux accompagner les réformes de la justice. Cette grille d'évaluation francophone s'est construite autour de plusieurs leviers de performance : la qualité du service et des prestations[792], l'efficacité socioéconomique[793], la bonne gestion[794] et l'internationalisation de la justice[795]. Pour légitime et ambitieux que soit cet essai francophone de

européenne pour l'efficacité de la justice (CEPEJ), afin, par l'évaluation des systèmes judiciaires, d'aider les États membres à rendre la justice avec équité et rapidité. Le Conseil de l'Europe a par ailleurs mis au point en 2003, une grille comparative d'évaluation de la qualité des systèmes judiciaires qui lui permet, à intervalle régulier, de publier des rapports sur l'efficacité de la justice en Europe et de proposer aux États, des pistes de réforme. Pour une vue d'ensemble des différentes actions entreprises par les instances européennes en vue de promouvoir la qualité au sein des système judiciaires, consulter : BOILLAT Philippe et LEYENBERGER Stéphane, « L'administration et l'évaluation du service public de la justice, vu du conseil de l'Europe », *Revue française d'administration publique*, 2008/1, n° 125, pp. 55-66.

790 OIF, Délégation à la paix, à la démocratie et aux droits de l'Homme, *Rapport sur l'État des pratiques de la démocratie, des droits et des libertés dans l'espace francophone, 2008*, Paris, 2008, p. 30.

791 *Ibid.*, p. 29.

792 Le nombre de magistrats, les garanties d'indépendance, le dispositif de formation initiale et continue, l'accessibilité de la justice, le double degré de juridiction, l'optimisation du temps judiciaire, l'exécution des décisions, le règlement des conflits de compétences, la motivation des décisions, la publication des décisions, l'existence d'un code de déontologie.

793 L'accueil et l'information des justiciables, la transparence, l'acceptabilité des décisions et leur capacité à contribuer à la paix sociale, l'existence de syndicats judiciaires.

794 La part du budget national consacré à la justice, le degré d'autonomie financière, le coût du service public de la justice, l'élaboration de rapports annuels.

795 La ratification des engagements internationaux relatifs aux droits de l'Homme et à la justice et leur réception en droit interne, l'adhésion des États aux statuts des juridictions internationales.

modélisation de la démarche d'évaluation de la qualité de la justice, elle se heurte aux difficultés d'évaluation de l'indépendance de la justice, laquelle exige une connaissance parfaite et un examen rigoureux des pratiques.

Dans tous les cas, tournée à la fois vers le renforcement de l'indépendance et l'amélioration du fonctionnement de la justice, la démarche francophone permet de saisir la justice dans sa double nature de pouvoir et de service public. Le principe d'indépendance qui est l'épine dorsale du pouvoir juridictionnel, est aussi le premier critère de qualité du système judiciaire. La Francophonie doit donc maintenir son engagement en agissant sur les leviers de l'indépendance de la justice et de la qualité de sa prestation, pour la revaloriser et restaurer sa crédibilité. Ceci d'autant plus que la préservation de l'autorité de l'État passe aussi par l'effectivité de l'autorité du juge. Ainsi que les chefs d'État et de gouvernement francophones l'avaient reconnu lors du Sommet de Cotonou, dans la résolution sur l'appui à la démocratisation, à l'État de droit et aux droits de l'Homme[796], une justice indépendante, accessible et efficace, animée par des magistrats intègres et compétents, est le premier garant de l'État de droit. Elle est un rempart tant pour la protection des droits et libertés, que pour le développement d'une économie saine et attractive. L'entropie qui semble s'être emparée de certains aspects de la mobilisation francophone, en matière d'amélioration de la qualité de la justice, doit donc être repoussée.

Une justice indépendante et efficace est une nécessité à la fois sociale et économique, non seulement parce qu'elle est légitimée par sa contribution à la paix civile, mais aussi parce qu'elle participe à la sécurisation des droits. La justice ne saurait revendiquer son indépendance pour elle-même. Elle ne saurait non plus se réduire à une simple administration sans courir le risque de se rabougrir et de se délayer dans la banalité. Sa vocation sociale et institutionnelle est plus profonde, car dans le contexte de l'État de droit, ainsi que l'a bien intégré la démarche francophone, elle incarne au fond une institution au service du droit et de la sécurité juridique.

---

796 OIF, Sommet de Cotonou, « Résolution sur l'appui à la démocratisation, à l'État de droit et aux droits de l'Homme », *in Actes de la VIe Conférence des chefs d'État et de gouvernement des pays ayant le français en partage*, Cotonou, 2-4 décembre 1995, pp. 139-140. Disponible en ligne sur : http://www.francophonie.org/IMG/pdf/actes_som_vi_04121995.pdf.

TITRE II.

L'APPUI A LA JUSTICE COMME FACTEUR DE SECURISATION JURIDIQUE

L'indépendance et l'efficacité de la justice ci-avant longuement déclinées ne sont pas simplement conçues pour le confort du juge. Elles sont surtout destinées à garantir *in fine* la sécurité juridique et judiciaire des personnes, ainsi que celle des transactions économiques. Sur cette base, la justice apparaît comme une institution au service du droit et du développement. Au-delà de la garantie des droits, la vocation du principe de sécurité juridique est aussi de faire en sorte que les opérateurs économiques ne soient pas trop bousculés dans leurs prévisions, par les changements intempestifs de législation. Construite autour des principes de clarté, de stabilité, de prévisibilité et de non rétroactivité des normes[797], la sécurité juridique obéit à une logique de cohérence et de lisibilité du système. Tout acte produisant des effets juridiques doit donc être clair, précis et protégé par le juge.

Même si la notion de sécurité juridique est admise et partagée dans la plupart des États francophones, elle n'est expressément consacrée par aucune de leurs constitutions. En France par exemple, bien que l'on puisse le percevoir implicitement dans les principes de sûreté[798] et de garantie des droits[799], proclamés dans la Déclaration des droits de l'Homme et du citoyen de 1789, le principe de sécurité juridique est formellement absent du corpus constitutionnel. Ceci dit, il reste tout de même perceptible sous des formes dérivées dans la jurisprudence du Conseil constitutionnel, à travers notamment la limitation de la rétroactivité de la loi, la protection de l'économie des contrats légalement conclus, le renforcement du contrôle sur les lois de validation[800] et la sauvegarde de la clarté et de la normativité de la loi[801]. Sous cet angle, l'on s'aperçoit qu'il existe un lien étroit entre la sécurité juridique et le principe de confiance légitime qui a vocation à protéger le citoyen contre l'instabilité du droit. La radioscopie de la jurisprudence du Conseil constitutionnel français[802] laisse ainsi poindre une constitutionnalisation progressive du principe de sécurité juridique, qui a ensuite été réceptionnée par les juridictions suprêmes ordinaires[803]. Le but

---

797 BERGEL Jean-Louis, *Théorie générale du droit*, Paris, Dalloz, 5e éd., 2012, p. 42.

798 Articles 2 et 7 de la Déclaration des droits de l'Homme et du citoyen de 1789.

799 Article 16 de la Déclaration des droits de l'Homme et du citoyen de 1789.

800 CC, décision n° 99-425 DC du 29 décembre 1999, *Rec.*, p. 168.

801 LEPAGE Corine, « Le principe de sécurité juridique est-il devenu un principe de valeur constitutionnelle ? », *Gazette du Palais,* 27-29 juin 1999, p. 2 ; LUCHAIRE François, « La sécurité juridique en droit constitutionnel français », *Les Cahiers du Conseil constitutionnel*, n° 11, décembre 2001, pp. 67-69 ; VALEMBOIS Anne-Laure, *La constitutionnalisation de l'exigence de sécurité juridique en droit français*, Paris, LGDJ, 2005, 468 p.

802 BORDES Elodie, « Radioscopie jurisprudentielle du principe de sécurité juridique », *in* AFDC, *Actes du VIIIe*, Nancy, 16-18 juin 2011.
En ligne : http://www.droitconstitutionnel.org/congresNancy/comN7/bordesTD7.pdf.

803 Voir pour la Cour de cassation : Cass. Civ. I, 9 octobre 2001, 00-14564, *Bulletin*, 2001, n° 249, p. 157. Pour le Conseil d'État : CE, 24 mars 2006, *Société KPMG et autres*, *Rec.*, p. 154.

est de rechercher dans l'existence de la règle de droit et sa protection par le juge, non seulement le socle de la sûreté individuelle, mais aussi un moyen de sécurisation des échanges commerciaux. Car en effet, le progrès économique et social auquel aspirent les populations francophones ne peut être durablement envisageable que dans un environnement économique, politique et social, gouverné et sécurisé par le droit. Puisqu'un droit ne vaut véritablement que par ses garanties, la justice a elle aussi un rôle fondamental à jouer dans la construction du principe actif de sécurité juridique et donc dans l'édification de la forteresse normative et institutionnelle de l'État de droit.

La Francophonie a fait de la recherche d'un cadre juridique et judiciaire stable, au service de l'État de droit et du développement, l'un de ses champs d'actions prioritaires. S'il est vrai que la notion de sécurité juridique n'apparaît pas explicitement dans la lettre des textes francophones de référence, elle n'est pas pour autant absente ou éloignée des préoccupations francophones. Le corps de valeurs acté par le discours politique francophone montre bien que la coopération juridique et judiciaire engagée depuis 1980 s'est, elle-même, à travers l'État de droit, implicitement structurée autour de l'objectif oblique de sécurisation juridique des personnes et des biens. Dès le Sommet de Dakar en 1989, les chefs d'État et gouvernement francophones ont reconnu que l'État de droit est le premier garant des droits de l'Homme et du développement. Six ans plus tard, dans la Déclaration du Caire, les ministres francophones de la justice, après avoir exprimé leur attachement à la Déclaration et au Programme d'action, adoptés à Vienne le 25 juin 1993 par la Conférence mondiale sur les droits de l'Homme, ainsi qu'aux conclusions du neuvième Congrès des Nations Unies sur la prévention du crime et le traitement des délinquants, se sont engagés à renforcer les systèmes judiciaires nationaux, en vue de consolider l'État de droit dans sa double dimension formelle et substantielle. Dans la foulée, au Sommet de Cotonou, les chefs d'État francophones sont allés plus loin. Dans la résolution sur la justice et le développement adopté à cette occasion, non seulement ils ont réaffirmé la vocation de la justice à garantir le respect des libertés individuelles, mais en plus, ils ont reconnu qu'une justice indépendante et efficace était un facteur essentiel d'attractivité économique. La justice en Francophonie a donc désormais pour mission de servir l'État de droit et le développement. Cette mission transparaît dans le soutien francophone en faveur de la justice comme facteur de consolidation de l'État de droit démocratique (Chapitre I) et comme moteur de développement économique (Chapitre II).

CHAPITRE I.

LA SECURITE JURIDIQUE ET JUDICIAIRE AU SERVICE DE L'ETAT DE DROIT

C'est depuis la Déclaration de Bamako que la Francophonie s'est formellement appropriée les valeurs impératives de la démocratie et de l'État de droit. Elle s'est ainsi donnée pour mission d'amener les États, par la reconnaissance des libertés et droits fondamentaux et la garantie de leur protection, à assurer la primauté du droit. Pour chaque État, le défi est donc ici de mettre en place des mécanismes spécifiques et efficients, aptes à protéger l'État de droit et les droits fondamentaux qu'il garantit.

L'État de droit ayant été conçu comme un moyen de limiter l'action de l'État par le droit, son contenu formel s'épuise dans le principe de la primauté du droit. La sécurité juridique qu'il implique, doit en amont, permettre « *aux destinataires du droit de calculer à la fois les conséquences de leur propre comportement et celles du comportement d'autrui* »[804]. Elle se structure autour de la légalité. Le principe selon lequel les individus ont droit à un environnement juridique stable et prévisible, dans lequel ils peuvent avoir confiance, est ainsi saisi par la Francophonie comme une exigence démocratique fondamentale. Au-delà de sa généralité et de son impersonnalité, la règle de droit doit être suffisamment claire, accessible et stable. Dans un État de droit, il est donc nécessaire, non seulement que le justiciable, avant d'agir, sache où se situe la frontière normative entre le licite et l'illicite[805], mais encore, que le juge puisse en aval, sanctionner les comportements qui méconnaissent ou restreignent indument des droits reconnus, ou qui plus largement, menacent la sécurité juridique de l'État et dans l'État. De ce point de vue, le juge est bien un acteur-clé de la sécurisation juridique. Mais l'État de droit ne se réduit guère à sa dimension formelle. Il revêt aussi un caractère substantiel, dont l'enjeu réside dans la sécurisation des droits fondamentaux.

Dans son contenu matériel, le système de l'État de droit place l'individu au cœur de l'architecture normative. Il en est la finalité. Les droits fondamentaux, inséparables de la dignité humaine, forment ainsi le socle de l'État de droit[806], le pilastre autour duquel il se construit, aussi bien dans sa dimension normative,

---

804 HABERMAS Jürgen, *Droit et démocratie*, Paris, Gallimard, 1997, p. 162.

805 Pour une approche plus idéologique, voir notamment HAARSCHER Guy, *Philosophie des droits de l'Homme*, Bruxelles, Éditions de l'Université de Bruxelles, 1993, p. 25.

806 Pour une analyse plus poussée de ce glissement sémantique et de ses implications, lire notamment BELL John, « Le règne du droit et le règne du juge, vers une interprétation substantielle de l'État de droit », *in L'État de droit, Mélanges en l'honneur de Guy Braibant*, Paris, Dalloz, 1996, pp. 15-28.

que dans sa dimension institutionnelle. Dans un régime démocratique, ces droits ont une valeur sacrée et primordiale. Proclamés dans nombre de textes internationaux, ils bénéficient dans tous les pays francophones, d'une protection au sommet de l'ordonnancement juridique. Désormais, la sphère du droit constitutionnel ne se limite plus aux institutions et à la régulation des pouvoirs ; elle s'étend également aux libertés fondamentales. Mais l'effectivité de ces prérogatives est incontestablement liée à leur justiciabilité. C'est là que le rôle du juge, dans la structure institutionnelle de l'État de droit, prend tout son sens. Que la justice soit regardée dans sa branche constitutionnelle ou dans sa branche ordinaire, elle incarne un idéal : garantir le règne du droit pour assurer la protection des droits. En soumettant à la fois les citoyens et l'ensemble des organes de l'État à la règle de droit, le juge donne corps à la sécurité juridique. Il a vocation, par un exercice mesuré et éclairé de son office, à contribuer à la création d'un environnement juridique sécurisé et sécurisant.

La Francophonie l'a bien compris. L'exigence de sécurité juridique est inséparable de l'État de droit. C'est dans sa matrice qu'elle puise ses fondements. Dans la Déclaration et le Plan d'action du Caire qui ont marqué les premiers temps forts de l'engagement francophone en faveur de la justice, les ministres francophones, après avoir exprimé leur attachement au principe de l'État de droit et aux valeurs de la démocratie, ont fait de la construction d'une justice garante de l'État de droit, un des axes majeurs de la coopération juridique et judiciaire francophone. Conformément à l'agenda du Caire, la Francophonie a, pendant plusieurs années, apporté son appui aux organes juridictionnels et aux institutions et mécanismes non juridictionnels chargés, au niveau national, du contrôle et de la protection de l'État de droit. C'est ensuite à juste titre qu'elle a intégré, à la faveur des engagements historiques de Bamako, son action pour la consolidation des systèmes judiciaires nationaux, dans une dynamique plus inclusive au soutien de l'État de droit démocratique. Le renforcement de la garantie juridictionnelle de l'État de droit et des droits fondamentaux fait désormais partie, à travers le dispositif de Bamako, des principaux leviers de l'action politique francophone. Cette action plurielle de renforcement et de consolidation des institutions de l'État de droit s'appuie en pratique sur le dynamisme saillant des réseaux institutionnels, dont l'ambition légitime est de créer dans chaque État, sous l'égide de la Francophonie, un environnement porteur d'une réelle sécurité juridique et judiciaire. Par leur mobilisation constante, ces réseaux contribuent à enraciner au sein de la Francophonie les principes cardinaux de la justice et l'État de droit. Le ton est donc donné. Il reste à espérer que la notion soit absorbée par la doctrine francophone et qu'elle trouve toute sa place dans le patrimoine juridique francophone.

Si l'institution juridictionnelle est en règle générale désignée par la constitution et la loi pour garantir le respect de la légalité et l'effectivité de l'État de droit, il n'en reste pas moins que dans certains cas, la sécurité juridique peut être efficacement recherchée dans l'intermédiation des modes alternatifs de règlement des litiges, eux aussi au service de l'État de droit démocratique. C'est pourquoi l'action francophone en faveur de la sécurisation des droits se déploie aussi bien à l'égard des juridictions supérieures (Section I), qu'à l'égard des institutions alternatives de règlement des différends (Section II).

SECTION I. LA JUSTICE INSTITUTIONNELLE : GARDIENNE DES LIBERTES ET DE L'ÉTAT DE DROIT

La protection des libertés est un corollaire indispensable du principe démocratique au cœur du projet politique francophone. Le véritable État de droit démocratique est celui dans lequel tout citoyen peut accéder à des mécanismes juridictionnels, qui lui permettent de faire cesser et de faire sanctionner toute atteinte à ses droits et libertés. Le juge n'est plus seulement conçu comme la « *bouche de la loi* »[807] ou sa caisse de résonnance inanimée ; il est devenu à la fois une instance de protection des libertés et un véritable acteur de la démocratie[808].

Par principe, l'État de droit est celui qui se structure autour du droit, c'est-à-dire, qui consent à être lié par le droit et à agir au moyen du droit. Dans un tel système, l'État est soumis au droit et le citoyen bénéficie de garanties qui assurent sa protection. Le régime de l'État de droit se caractérise par le fait qu'il fournit aux citoyens, par sa seule vertu, la garantie que rien ne pourra être exigé d'eux, en dehors ou au-delà, de ce qui est fixé par les lois ou la Constitution. D'un côté, il « *met en relation le pouvoir et l'individu par le médium du droit* »[809]. De l'autre, il garantit la protection juridictionnelle de la personne humaine et de la hiérarchie des normes. Une magistrature indépendante doit veiller à ce que ces droits fondamentaux soient respectés par tous, y compris par le législateur, qui ne doit pas pouvoir les restreindre, au-delà des bornes fixées le constituant. C'est là, ainsi que le reconnaissaient les ministres francophones de la justice, dans la Déclaration de Paris, une exigence élémentaire de l'État de droit.

---

807 Sur cette émancipation du juge du carcan dans lequel certains épigones controuvés de la séparation des pouvoirs avaient semblé vouloir l'enserrer, voir notamment TROPER Michel, « La liberté de l'interprète », *in* DARCY Gilles, DOAT Mathieu, LABROT Véronique (dir.), *L'office du juge*, Actes du colloque organisé au Sénat les 29 et 30 septembre 2006, Les colloques du Sénat, p. 28.

808 SALAS Denis, « Le Magistrat dans la cité », *in* CADIET Loïc, *Dictionnaire de la Justice*, PUF, Paris, 2004, p. 841.

809 BEN ACHOUR Yadh, « État de droit et droits fondamentaux de la théorie à la pratique : réflexions sur l'esprit de justice », *in Les défis des droits fondamentaux. Universalité et diversité, droit au développement, liberté de religion, statut du juge en Afrique*, Bruxelles, Bruylant, 2000, p. 190.

Il existe divers mécanismes juridictionnels de protection de l'État de droit. Du contrôle de la constitutionnalité des lois, au contrôle de la légalité des actes administratifs, en passant plus discrètement par le contrôle juridictionnel des finances publiques, la justice constitue l'arrière-garde solide du dispositif normatif et institutionnel de l'État de droit. C'est sans doute la raison pour laquelle, la Francophonie apporte son soutien, non seulement aux juridictions supérieures ayant une vocation générale à garantir le respect de la hiérarchie des normes (§ 1), mais aussi aux juridictions financières, qui jouent un rôle spécifique dans la promotion de la bonne gouvernance (§ 2).

§ 1. La protection du droit et de la hiérarchie des normes : un impératif pour les juridictions supérieures

Le Sommet de Dakar tenu en 1989 a jeté les bases du consensus francophone autour de l'État de droit. La primauté du droit qui en résulte, a ensuite été consacrée dans le Plan d'action du Caire comme un outil de sauvegarde des libertés et de légitimation du pouvoir. Elle se trouve au cœur de l'État de droit dont l'ordre juridique se construit autour d'une pyramide de normes hiérarchisées, solidaires et interdépendantes. Une norme n'est valable que si elle satisfait dans son contenu et sa forme, aux exigences de la norme qui lui est supérieure : le règlement doit être conforme à la loi, qui elle-même ne puise sa validité que de sa conformité à la matrice normative de la Constitution. La protection juridictionnelle de cet ordre juridique hiérarchisé est assurée par le juge, à travers les principes de légalité[810] et de constitutionalité. Ici, la pyramide des contrôles se mire dans la pyramide des normes. Le contrôle sert à encadrer les pouvoirs et à vérifier la normativité des actes qu'ils prennent, pour assurer *in fine*, la protection des droits fondamentaux[811]. La prééminence du droit ne se matérialise *in concreto*, que grâce à la vigilance des juges. L'État de droit n'a donc de réalité que pour autant que les hautes juridictions jouent efficacement le rôle qui est le leur, à savoir, protéger la hiérarchie des normes, pour mieux garantir les libertés. La justice étant l'ultime gardienne des valeurs du peuple, elle se doit de contrôler l'action des autres pouvoirs constitués et d'en vérifier la légalité, voire le cas échéant, l'opportunité ou la proportionnalité[812]. Le juge se doit ainsi, par son contrôle, de tenir la boussole de l'État de droit.

---

810 LATEBOULLE Daniel, « Principe de légalité et principe de sécurité », *in L'État de droit, Mélanges en l'honneur de Guy Braibant, op. cit.*, pp. 403-412.

811 MORIN Jacques-Yvan, « L'État de droit, émergence d'un principe du droit international », *in Recueil des cours de l'Académie de droit international*, Tome 254, La Haye, Nijhoff, 1995, p. 36.

812 CE, 19 mai 1933, *Benjamin*, *Rec.*, p. 541.

Dans les Déclaration et Plan d'action du Caire, la Francophonie s'est engagée à appuyer en tant que de besoin, dans chacun des États qu'elle rassemble, la mise en place d'un cadre juridique garantissant la primauté du droit. Conformément à ces engagements qui prescrivent l'instauration généralisée d'un contrôle de la hiérarchie des normes, la quasi-totalité des États francophones a mis en place une juridiction, gardienne de l'ordre constitutionnel et des mécanismes assurant le contrôle juridictionnel de la légalité des actes administratifs. La finalité est de soumettre les pouvoirs publics et les gouvernés, au droit, car les droits les plus fondamentaux de la personne humaine s'imposent à tous, y compris aux pouvoirs législatifs et réglementaires. De ce point de vue, l'État de droit, se donne comme une affirmation quotidienne du règne du droit par le juge[813].

L'État de droit crée une pyramide de normes hiérarchisées et interconnectées, au service de la cohérence du système juridique et donc *in fine*, de la sécurité juridique. Il trouve son harmonie et sa complétude dans l'organisation d'un contrôle juridictionnel assuré, selon la matière et de manière complémentaire, par le juge constitutionnel (A) et par les juges suprêmes ordinaires (B).

A. La montée en puissance de la justice constitutionnelle

La constitution détermine les règles auxquelles doivent se conformer les pouvoirs publics, pour un équilibre harmonieux du système. Et le respect de cet équilibre ne peut être garanti que par un arbitre indépendant, dont les décisions s'imposent à tous.

La justice constitutionnelle est prévue par la plupart des constitutions démocratiques modernes. Elle assure la primauté du droit, aussi bien dans les démocraties dites nouvelles que dans les démocratiques anciennes, réputées bien établies. Partout, l'arrivée de la justice constitutionnelle a été porteuse de changement dans le sens du renforcement de l'État de droit. Elle est donc à l'avant-garde de la démocratisation des régimes politiques[814]. A quelques

813 Déclaration de Cotonou, adoptée par les participants au colloque international organisé à l'occasion de la célébration du cinquième anniversaire de l'Association Ouest Africaine des Hautes Juridictions Francophones (AAHJF) sur « L'État de droit et la séparation des pouvoirs ».

814 Si en France la création du Conseil constitutionnel répondait à l'origine, à une logique de rationalisation du parlementarisme par la sanction des intrusions du législateur dans les matières relevant du domaine réglementaire, elle se révèle désormais comme une tournant décisif dans la protection juridictionnelle des droits fondamentaux. Loin de sa figure originelle d' allié du pouvoir exécutif, le juge constitutionnel français a su, au fil de sa jurisprudence, s'émanciper pour devenir, par l'usage de ses facultés de statuer et d'empêcher, un véritable contre-pouvoir, reflet dynamique de ce que l'on peut désormais appeler, le pouvoir juridictionnel. Dans la plupart des États francophones africains, la justice constitutionnelle du lendemain des indépendances avait été confiée à une chambre ou section spécialisée au sein de la cour suprême polyvalente. Puis, les mouvements de démocratisation amorcés durant les années 1990, vont, dans le souci de garantir la protection juridictionnelle des droits fondamentaux, favoriser la création de véritables juridictions constitutionnelles et consacrer ainsi l'autonomie de la justice

exceptions près[815], la plupart des constitutions francophones organisent un contrôle de constitutionnalité. Qu'il s'agisse d'une Cour constitutionnelle[816], d'un Conseil constitutionnel[817], d'une Cour suprême[818], ou d'un simple tribunal constitutionnel[819], ces institutions jouissent peu ou prou de compétences semblables. En sauvegardant la ligne de démarcation qui sépare le domaine législatif du domaine réglementaire, elles veillent à contenir les intempérances des pouvoirs constitués en s'assurant qu'ils exercent leurs compétences normatives dans le respect de la norme constitutionnelle et de la séparation horizontale des pouvoirs. La justice constitutionnelle s'impose désormais comme une nécessité, et aucun État de droit moderne ne saurait aujourd'hui se passer de ce régulateur juridictionnel de la démocratie et de l'État de droit[820].

La Francophonie mesure parfaitement la place de la justice constitutionnelle dans le dispositif de l'État de droit. Dans le cadre de son action en faveur de la consolidation des institutions de l'État de droit, s'est engagée à promouvoir et à soutenir les juridictions constitutionnelles. Dans le Plan d'action du Caire, les États francophones ont invité la Francophonie institutionnelle à appuyer les organes juridictionnels chargés au niveau national, du contrôle de la constitutionnalité des lois et du contentieux électoral, en favorisant les échanges d'expérience et en renforçant les capacités de fonctionnement de ces institutions. Dans la Déclaration de Bamako, à travers leur engagement en faveur d'élections libres et transparentes, les États francophones ont réaffirmé leur soutien aux juridictions constitutionnelles en charge du contentieux électoral. Ils se sont engagés, dans le Programme d'action de Bamako, à renforcer la crédibilité des juridictions constitutionnelles, en accordant un appui significatif au perfectionnement des magistrats et membres des hautes juridictions, appelés à jouer un rôle prépondérant dans les opérations préparatoires au scrutin et dans

constitutionnelle à l'égard des juridictions suprêmes ordinaires. La plupart des constitutions africaines ont sans équivoque et pour ne pas laisser planer de doute sur la nature juridictionnelle de l'institution, opté pour une Cour constitutionnelle.

815 Le Vietnam et le Laos notamment.

816 Voir par exemple, l'article 83 de la constitution du Gabon ; article 114 de la constitution du Bénin ; article 225 de la constitution du Burundi ; article 194 de la constitution égyptienne ; article 99 de la constitution du Togo ; article 166 de la constitution du Tchad (depuis la réforme constitutionnelle de 1996) ; article 144 de la constitution du Congo ; article 73 de la constitution de la République centrafricaine ; article 157 de la constitution de la République démocratique du Congo ; article 129 de la constitution du Maroc.

817 C'est le cas en Côte d'Ivoire (Titre VII de la constitution), au Cameroun (article 46 de la constitution), au Tchad (article 160 de la constitution), au Burkina Faso, en France, au Sénégal, à Djibouti, en Mauritanie, au Liban, etc.

818 Canada, Suisse, Maurice, Guinée, Rwanda.

819 Guinée équatoriale.

820 FAVOREU Louis, *La politique saisie par le droit : alternance, cohabitation et Conseil constitutionnel*, Paris, Economica, 1988, 152 p.

l'ensemble des contentieux subséquents. A Montreux, dans la même logique d'accompagnement des processus électoraux, le Sommet de la Francophonie s'est engagé, dans la Résolution sur la Déclaration de Bamako dix ans après son adoption, à conforter les capacités et le caractère professionnel des organes de gestion des élections et de leur contentieux, afin de garantir leur efficacité et leur crédibilité.

En pratique, au-delà du soutien à la mise en place et aux travaux de l'Association des Cours constitutionnelles ayant en partage l'usage du français (ACCPUF), la Francophonie apporte son appui technique à la création de Cours constitutionnelles[821] et les accompagne, par son expertise, dans la gestion du contentieux de la constitutionnalité des lois et du contentieux des élections[822]. L'action francophone emprunte donc ici essentiellement deux directions. Au-delà de ses fonctions consultatives[823] et de régulation des pouvoirs publics, les prérogatives du juge constitutionnel se cristallisent, pour la Francophonie, autour du contrôle de constitutionnalité des lois (1) et du contrôle de la régularité des élections (2).

1. Le juge constitutionnel : juge de la constitutionnalité des lois

La justice constitutionnelle est sans doute l'une des expressions les plus abouties de la fonction de gardien des principes et valeurs de l'État de droit. Ceci parce qu'elle peut conduire le juge constitutionnel à écarter, voire à censurer la loi au nom des principes, des droits et des libertés prescrits et garantis par la norme suprême. Puisque la constitution énonce les droits fondamentaux et les valeurs essentielles de l'État, sa suprématie signifie la suprématie de ces valeurs. Et cette prééminence de la constitution doit par conséquent être protégée. Alors que l'autorité intrinsèque de la constitution lui confère une suprématie statique, sa protection juridictionnelle l'installe dans une hiérarchie dynamique qui renforce la protection du droit constitutionnel substantiel, qu'il ait été construit

---

821 Appui de l'OIF à la mise en place en 1997 de la Cour constitutionnelle du Togo, instituée par la Constitution du 14 octobre 1992.

822 Mise à disposition d'une expertise à la Cour constitutionnelle des Comores pour les élections des présidents des îles (mai 2007 et juin 2008).

823 FAVOREU Louis et MASTOR Wanda, *Les Cours constitutionnelles*, Paris, Dalloz, 2011, pp. 121-122.

ab initio[824] ou par voie jurisprudentielle[825]. Mais l'énumération des droits et libertés n'épuise pas la question de leur portée. Le juge constitutionnel a pour mission de garantir le respect de la norme suprême et par là même, la sauvegarde des droits fondamentaux. Le plaidoyer francophone en faveur du contrôle de constitutionalité doit donc se poursuivre, tant pour le renforcement des modalités du contrôle (a) que pour le respect de l'autorité des décisions qui en résultent (b).

a. Le renforcement des modalités du contrôle

Dans la taxinomie classique du contrôle de constitutionalité, deux modèles cohabitent : le modèle américain et le modèle européen. Selon le modèle américain, le contrôle de constitutionnalité s'opère par voie d'exception. Dans ce système à la fois diffus et déconcentré, les tribunaux sont directement liés par la constitution et il leur appartient de déclarer la nullité des actes législatifs qui lui sont contraires. Le modèle européen quant à lui, confie le monopole du contrôle à un organe spécialisé en vue d'assurer l'uniformité de l'interprétation de la constitution. Inauguré en Autriche en 1920 à l'initiative de Kelsen[826], ce modèle va se répandre progressivement dans la plupart des États d'Europe après la seconde guerre mondiale, avant de séduire en Amérique latine, en Afrique et en Asie. C'est pour ce modèle qu'ont opté, la plupart des constituants francophones.

Le contrôle, même s'il peut s'opérer suivant des modalités variées, présente un trait constant : celui de la préservation de la suprématie constitutionnelle. Ce qui importe, ce n'est pas tant le choix du modèle en lui-même[827]. Ce qui compte vraiment, c'est surtout l'existence même du contrôle, qui, lorsqu'il fonctionne efficacement, offre l' « *une des plus puissantes barrières (…) élevées contre la tyrannie*

---

824 La plupart des nouvelles constitutions d'Afrique et d'Europe centrale et orientale, dans une démarche plus formelle, s'apparentent quant à elles de plus en plus, à de véritables bréviaires de droits fondamentaux. Au-delà de la référence systématique à la Déclaration Universelle des Droits de l'Homme de 1948, ainsi qu'à la Déclaration des Droits de l'Homme et du Citoyen de 1789, dans la plupart des préambules, ces constitutions prévoient un catalogue de droits et libertés fondamentaux s'imposant aux pouvoirs politiques, et dont le juge constitutionnel doit assurer la protection.

825 En France par exemple, au-delà du corps même de la constitution *stricto sensu*, s'est construit peu à peu un ensemble normatif de référence, incluant une série textes complémentaires. Le « procès constitutionnel » est ainsi devenu un lieu de création du droit constitutionnel. La création progressive de cet ensemble normatif suprême, désigné sous le vocable de bloc de constitutionnalité est le résultat d'une jurisprudence initiée par les juridictions constitutionnelles. Avec ce corpus de référence, conçu comme une véritable charte jurisprudentielle des droits et libertés, le juge constitutionnel se donne les moyens d'un contrôle au fond de la loi. Dans les États du Nord, de l'Est et du Sud, l'on a également assisté à l'émergence de ce droit constitutionnel jurisprudentiel, s'imposant au législateur.

826 KELSEN Hans, « La garantie juridictionnelle de la Constitution », *RDP*, 1928, pp. 197-257.

827 Ce choix obéit généralement à des considérations contingentes liées à l'histoire, à la réalité politique et à l'expérience judiciaire de chaque État.

des assemblées politiques »[828]. De plus, au-delà des approches théoriques, la praxis constitutionnelle laisse de plus en plus apparaître une convergence autour de l'idée force selon laquelle, la loi n'est guère l'expression de la volonté générale que dans le respect de la constitution[829]. La « *contrôlabilité objective* »[830] de la loi est donc, non seulement un gage de qualité et de validité, mais aussi un moyen de protection de l'édifice constitutionnel.

Dans l'espace francophone, la plupart des constitutions ont opté, à quelques nuances près, pour la technique du contrôle par voie d'action. Ce contrôle dit *a priori*, s'opère entre le vote définitif de la loi par le Parlement et sa promulgation par le chef de l'État. Il est, suivant le texte, obligatoire ou facultatif. Le contrôle *a priori* est traditionnellement obligatoire pour les lois organiques[831], les règlements des assemblées parlementaires[832] et les propositions de lois référendaires[833]. En plus de ces textes, certains États soumettent les règlements intérieurs de certaines institutions à un contrôle systématique. Il s'agit par exemple au Congo, des règlements des exécutifs locaux[834], et au Bénin et au Togo, des règlements de la Haute autorité de l'audiovisuel et de la communication et du Conseil économique et social[835].

En dehors de ces hypothèses spécifiques dans lesquelles il est systématique, le contrôle par voie d'action est en général, facultatif pour les lois ordinaires, les lois de ratification des engagements internationaux[836], et dans certains États, pour les

---

828 DE TOCQUEVILLE Alexis, *De la démocratie en Amérique*, Tome 1, Paris, Calmann Levy, 1888, p. 179.

829 CC, décision n° 85-197 DC du 23 août 1985, *Rec.*, p. 70, cons. 27.

830 LEISNER Walter, « L'État de droit : une contradiction ? », *loc. cit.* , p. 67.

831 La spécificité des lois organiques justifie le caractère obligatoire du contrôle car ces lois sont le prolongement de la constitution en matière notamment d'organisation des pouvoirs publics. Elles viennent opérationnaliser les dispositions constitutionnelles en précisant les modalités de fonctionnement des institutions. C'est pourquoi leur élaboration et leur adoption doivent obéir à une procédure particulière plus stricte que celle prévue pour les lois ordinaires. L'objectif est ici de faire en sorte que le législateur ne puisse insidieusement, se substituer au pouvoir constituant, pour modifier par exemple le statut du juge.

832 Le contrôle des règlements des assemblées parlementaires est lui aussi généralement obligatoire, avant leur mise en application, car ces règlements peuvent modifier en profondeur l'exercice des pouvoirs tels que définis par le constituant. Voir pour aller plus loin, VIER Claude-Louis, « Le contrôle du Conseil constitutionnel sur les règlements des assemblées », *RDP*, 1972, p. 165.

833 Si les juridictions constitutionnelles francophones dans leur majorité se refusent par principe à contrôler les lois adoptées par référendum, les projets de lois référendaires font en revanche, l'objet d'un contrôle juridictionnel préalable avant d'être soumis au vote. Il s'agit s'assurer de manière préventive, que le texte soumis au référendum ne comporte pas de dispositions portant atteinte aux droits et libertés protégés par la constitution.

834 Article 147 de la constitution du Congo.

835 Article 123 de la constitution du Bénin, article 104 de la constitution du Togo.

836 En règle générale, le traité international comportant des dispositions contraires à la constitution, ne pourra être ratifié qu'après révision de cette dernière. Voir notamment l'article 54 de la constitution

actes réglementaires[837]. Dans cette hypothèse, l'initiative de la saisine par voie d'action du juge constitutionnel appartient limitativement et concurremment au Président de la République ou au Roi, au premier ministre, et aux présidents des assemblées parlementaires[838]. Au-delà de ces personnalités qui sont traditionnellement désignées comme autorités de saisine, certaines constitutions ont reconnu à d'autres autorités le pouvoir de déclencher *a priori*, le contrôle de la conformité d'une loi à la constitution. Par exemple, la plupart des constitutions ont ouvert, dans des formes quasiment identiques, la saisine des Cours constitutionnelles aux parlementaires[839]. L'ouverture du pouvoir d'initiative permet ici de corriger les abus du parlementarisme majoritaire[840] car il est possible d'avoir juridiquement raison, quand bien même l'on est politiquement minoritaire. Dans d'autres États, au-delà des parlementaires, ce sont pour diverses raisons, le président de la Cour suprême[841], l'Ombudsman[842], le président du

---

française et l'article 86 de la constitution ivoirienne. Jurisprudence : CC, décision n° 80-116 DC du 17 juillet 1980, *Rec.*, p. 36

837 La possibilité d'un contrôle abstrait et objectif des actes réglementaires est prévue notamment à l'article 85, alinéa 2 de la constitution du Gabon et à l'article 117 de la Constitution béninoise.

838 De manière assez exceptionnelle, il n'y a que la constitution de Madagascar qui en son article 110, ne reconnaît qu'au Président de la République la qualité d'autorité de saisine.

839 En France, à la faveur de la révision constitutionnelle du 29 octobre 1974, l'office du juge constitutionnel a été ouvert à soixante députés et à soixante sénateurs. Dans nombre d'autres États francophones, les parlementaires se sont également vus reconnaître un droit de saisine du juge constitutionnel : ce droit est ouvert à un dixième des parlementaires au Sénégal (article 74 de la constitution), au Gabon (article 85, alinéa 2 de la constitution), au Tchad (article 166 de la constitution), au Mali (article 88, alinéa 2 de la constitution), article 112, alinéa 2 de la constitution du Niger. Au Burkina Faso (article 157 de la constitution) et au Togo (article 104 de la constitution), le juge constitutionnel peut être saisi par un cinquième des députés. Au Burundi (article 230 de la constitution), à Madagascar (article 113 alinéa 4 de la constitution) et au Maroc (article 132 alinéa 3 de la constitution), la juridiction constitutionnelle peut être saisie par un quart des membres de chaque assemblée. Au Cameroun, en Mauritanie (article 86 de la constitution) et en République centrafricaine (article 71 de la constitution), le contrôle peut être initié par un tiers des députés ou sénateurs. Au Liban le juge constitutionnel peut être saisi par dix députés (article 19 de la constitution). Au Cambodge, il peut l'être par un dixième des députés et un quart des sénateurs (article 140 de la constitution). Pour ne pas rendre cette faculté illusoire ou contre-productive, la proportion de parlementaire exigée doit être raisonnable. Si de manière trop restrictive certaines constitutions exigent que l'initiative du contrôle émane d'un tiers des députés ou des sénateurs, le constituant béninois a quant à lui opté, à l'inverse, pour un contrôle très large, en permettant à tout parlementaire de demander individuellement le contrôle de la constitutionnalité d'une loi avant sa promulgation (voir l'article 121 de la constitution du Bénin).

840 En France, cette extension a été décisive dans l'évolution du rôle du Conseil, car elle a entrainé une augmentation quantitative du nombre de saisines. Désormais, pour reprendre le mot de Georges Gurvitch, la démocratie n'est plus seulement le règne du nombre, mais celui du droit. Doctrine : PHILIP Loïc, « L'élargissement de la saisine du Conseil constitutionnel », *AJDA*, 1975, p. 15.

841 Voir l'article 85, alinéa 2 de la constitution du Gabon ; l'article 147 de la constitution du Congo ; l'article 88, alinéa 2 de la constitution du Mali ; l'article 144(a) de la constitution de la Roumanie. La reconnaissance du droit de saisine aux présidents de cour suprême aurait pour effet de rééquilibrer à ce niveau, les rapports entre les trois pouvoirs.

842 C'est le cas au Burundi (voir l'article 230, alinéa 1 de la constitution).

Conseil supérieur de l'information et de la communication[843], les chefs des communautés religieuses reconnues par la loi[844], les présidents des exécutifs locaux[845], et même les associations de défense des droits de l'Homme[846], qui peuvent également saisir la Cour constitutionnelle par voie d'action. En Belgique, au Bénin et au Gabon, l'ouverture de la saisine par voie d'action est encore plus large puisqu'au-delà des requérants institutionnels, toute personne physique ou morale peut, en dehors de tout procès, saisir le juge constitutionnel par voie d'action[847].

Cet élargissement de la saisine traduit de la part des constituants francophones, une volonté ferme et partagée, de prévenir le plus possible, le risque de voir des dispositions législatives inconstitutionnelles, intégrer l'ordonnancement juridique des États. Mais comme on peut l'observer dans les développements qui précèdent, le contrôle *a priori*, reste pour l'essentiel, aléatoire et procède d'une initiative politisée, restreinte et enfermée dans des délais parfois très courts. Qui plus est, il n'est pas toujours aisé pour les parlementaires de déceler l'inconstitutionnalité d'une loi ou de ses dispositions, tant elles sont pour certaines, à la fois techniques et complexes. Ce contrôle abstrait et préventif connaît donc des limites. Il « *ne permet pas d'expurger totalement les vices d'inconstitutionnalité du corpus normatif* »[848] puisqu'à l'examen, une loi en apparence conforme à la constitution peut, en réalité, se révéler contraire à elle et attentatoire aux droits et libertés qu'elle garantit. Le contrôle par voie d'action ne se suffit donc pas. C'est pourquoi la Francophonie institutionnelle plaide

843 Voir l'article 147 de la constitution du Congo.

844 C'est le cas au Liban.

845 Voir l'article 147 de la constitution du Congo. L'article 47, alinéa 2 de la constitution du Cameroun reconnaît également aux élus régionaux, le pouvoir de saisine, à condition que les intérêts de leurs régions soient en cause. L'article 88 de la constitution du malienne ouvre aussi ce droit au Président du Haut conseil des collectivités ainsi qu'à un dixième de ses membres.

846 En Côte d'Ivoire, ces associations peuvent saisir par voie d'action le Conseil pour faire vérifier la constitutionnalité des lois relatives aux libertés publiques. WODIE Francis, « Le Conseil constitutionnel de Côte d'Ivoire », *Les Nouveaux Cahiers du Conseil constitutionnel*, n° 40, juin 2013, p. 144.

847 Cela renvoie à la procédure dite d'*amparo*. Si en Belgique l'article 2 de la loi du 6 janvier 1989 sur la Cour constitutionnelle exige un intérêt à agir pour exercer un recours individuel contre une loi, au Bénin par contre, l'article 29 du règlement intérieur de la Cour constitutionnelle, conformément à l'article 122 de la constitution et à l'article 24 de la loi organique 91-009 du 4 mars 1991 sur le conseil constitutionnel, autorise tout citoyen ou toute association à exercer « *une action populaire en inconstitutionnalité* » contre une loi ou un acte réglementaire, sans que besoin ne soit, de justifier d'un intérêt. Il en va de même au Gabon où ce droit est reconnu au citoyen à l'article 85 alinéa 2 de la constitution. Doctrine : NDIAYE Ameth, *La nouvelle juridiction constitutionnelle en Afrique noire francophone et la construction de l'État de droit : exemple du Gabon et du Sénégal*, Thèse, Montpellier, décembre 2003, 581 p.

848 MBORANTSUO Marie-Madeleine, *op. cit.*, p. 123.

également pour la mise en place, dans ses États membres, d'un contrôle après promulgation.

Ce correctif a été trouvé dans la plupart des États francophones[849] avec l'adjonction au contrôle *a priori*, d'un contrôle *a posteriori* ou par voie d'exception, pouvant s'exercer sur une loi déjà promulguée. En France, la « *question prioritaire de constitutionnalité* »[850] n'a été introduite qu'à la faveur de la réforme constitutionnelle du 23 juillet 2008[851], bien longtemps après certains États francophones africains[852]. L'objectif ici est de renforcer l'État de droit par la protection constitutionnelle des droits et libertés fondamentaux. Ouvert à tout citoyen et parfois à certaines personnes morales[853], contre tout texte législatif *stricto sensu* ou contre tout acte administratif[854] présumé inconstitutionnel ou méconnaissant ses droits fondamentaux[855], ce contrôle concret intervient en général, de manière incidente et défensive, à l'occasion d'un procès privé[856]. Au-delà des autorités politiques, le contrôle de constitutionnalité des lois est désormais à la portée du justiciable qui peut le déclencher soit directement[857], soit

849 Sauf au Cameroun, au Mali, en Mauritanie, au Liban.

850 Cet énoncé traduit la volonté du législateur d'imposer au juge, lorsqu'il est saisi d'une question de conformité à la constitution, de lui donner la priorité sur toute autre question.

851 Article 61, alinéa 2 de la constitution française. L'exception d'inconstitutionnalité naguère « *introuvable* » est enfin là. CHAGNOLLAUD Dominique et QUERMONNE Jean-Louis, *La Ve République*, Paris, Flammarion, 2000, p. 99.

852 ESSONO ENOVO Alexis, « La question préjudicielle de constitutionnalité dans les constitutions africaines », *in* AÏVO Frédéric Joël (dir.), *La constitution béninoise du 11 décembre 1990 : un modèle pour l'Afrique ?, Mélanges en l'honneur de Maurice Ahanhanzo-Glèlè*, Paris, L'Harmattan, 2014, pp. 525 et ss.

853 En Côte d'Ivoire par exemple, « *les associations des Droits de l'Homme légalement constituées peuvent, par voie de requête, déférer au Conseil constitutionnel, les lois relatives aux libertés publiques* » : article 20 de la loi organique n° 2001-303 du 5 juin 2001 déterminant l'organisation et le fonctionnement du Conseil constitutionnel.

854 Certaines constitutions offrent en plus à tout citoyen, la possibilité de contester devant le juge constitutionnel, la constitutionnalité d'un acte administratif menaçant l'exercice effectif de ses libertés. Voir notamment l'article 3, alinéa 3 de la constitution du Bénin. Voir aussi pour le Gabon, l'article 85, alinéa 2 de la constitution, ainsi que l'article 36 de la loi organique n° 9-91 du 26 septembre 1991, modifiée par la loi n° 13/94 du 17 septembre 1994 sur la Cour constitutionnelle. Pour une analyse doctrinale de cette faculté, voir KEUTCHA TCHAPNGA Célestin, « Le juge constitutionnel, juge administratif au Bénin et au Gabon ? », *RFDC*, 2008/3, n° 75, pp. 551-583.

855 Cour suprême du Canada, *Borowski c/ Canada* (n° 2), [1989] 1 *RCS*. p. 342.

856 Au Sénégal, l'exception d'inconstitutionnalité ne peut être soulevée que devant la Cour suprême.

857 En plus du contrôle incident, certaines constitutions offrent à tout citoyen la possibilité, indépendamment de tout litige, de saisir directement, par voie principale, le juge constitutionnel, aux fins de contester la constitutionnalité d'une loi. Voir l'article 122 de la constitution du Bénin ; l'article 230, alinéa 2 de la constitution du Burundi ; l'article 31 alinéa 3 de la constitution des Comores ; l'article 149 de la constitution du Congo ; l'article 73 alinéa 3 de la constitution de la République centrafricaine et l'article 85 de la constitution du Gabon. La constitution canadienne reconnaît également au citoyen, la possibilité d'agir dans l'intérêt public. Le principe de la plainte constitutionnelle est également consacré par certaines constitutions d'Europe centrale et orientale. Voir en Pologne les articles 59 et 79 de la

indirectement, par la voie préjudicielle[858]. Pour éviter que cet élargissement de la saisine ne conduise à un engorgement juridictionnel et à une inflation jurisprudentielle, certains États comme la France et Djibouti ont prévu un système de filtrage[859]. Pour la coopération francophone, le lien entre l'effectivité de la justice constitutionnelle et son accessibilité paraît incontestable. C'est la raison pour laquelle l'OIF a soutenu notamment le sixième Congrès de l'ACCPUF dans sa réflexion sur la relation entre le citoyen et la justice constitutionnelle[860].

Désormais, la loi promulguée n'est ni infaillible, ni immuable. Elle « *ne bénéficie plus d'une présomption irréfragable de constitutionnalité* »[861]. Dans la plupart des États francophones, sa conformité à la constitution peut être contestée par le justiciable, qui devient désormais un acteur à part entière du contrôle de constitutionnalité. L'émancipation des « *mineurs constitutionnels* »[862] d'antan, aura permis un peu partout avec la mise en place d'un contrôle *a posteriori* de dépasser les travers de ce qui pouvait être considéré comme un infantilisme constitutionnel. Le contrôle *a posteriori* complète utilement le contrôle *a priori*, dont il permet de suppléer les lacunes. Le contrôle de constitutionnalité y trouve sa complétude[863]. En faisant du juge constitutionnel une sorte de « *juge de l'excès de pouvoir législatif* »[864], ce dispositif juridictionnel complémentaire contribue au renforcement de la protection des droits et à la consolidation d'État de droit. Il est un « *principe appartenant désormais au patrimoine constitutionnel commun des*

---

constitution, en Hongrie l'article 48 de la constitution, en République Tchèque, l'article 87§72 de la constitution.

858 Dans le modèle « européen » de justice constitutionnelle, pour lequel a opté la majorité des pays francophones, le juge saisi au fond n'étant pas compétent en la matière, doit surseoir à statuer et porter la question préjudicielle au juge constitutionnel qui en général, doit intervenir dans un délai de trente jours.

859 En France, saisi de la question, à la suite d'un double filtrage, exercé par la juridiction de fond, puis par le Conseil d'État ou la Cour de cassation selon la nature du litige, le Conseil pourra contrôler la loi et la censurer si elle est entachée d'inconstitutionnalité. Le filtrage permet certes d'éviter l'encombrement du rôle du juge constitutionnel, mais dilue à certains égards son monopole de l'appréciation de la constitutionnalité. Un filtrage mal organisé peut nuire à l'effectivité du contrôle. Le constituant gabonais y a d'ailleurs finalement renoncé depuis la révision constitutionnelle du 22 avril 1997.

860 ACCPUF, *Le citoyen et la justice constitutionnelle*, Marrakech, Juillet 2012. Disponible en ligne sur : http://www.accpuf.org/actualites-de-l-association/271-juillet-2012-6eme-congres.

861 RENOUX Thierry-Serge et DE VILLIERS Michel (dir.), *Code constitutionnel*, Paris, LexisNexis, 2013, p. 727.

862 Robert Badinter cité dans ROUSSEAU Dominique, *Sur le Conseil constitutionnel : la doctrine BADINTER et la démocratie*, Paris, Descartes et Cie, 1997, p. 70.

863 Sur le caractère complémentaire de ces deux contrôles, lire notamment VEDEL Georges, « L'exception d'inconstitutionnalité, garantie nécessaire du citoyen », *JCP*, G 1992, I, 3584.

864 MEDE Nicaise, « Décision CC du Bénin, DCC 02-058, 04 juin 2002, *FAVI Adèle*, Recueil, 2002, p. 243 - Note », *Afrilex*, n° 4, pp. 353-372.

États »[865]. Mais pour ne pas rester théorique, l'exception d'inconstitutionnalité doit s'organiser autour d'une procédure claire et accessible.

La mobilisation francophone en faveur du contrôle de constitutionnalité des lois aura globalement permis de généraliser son institutionnalisation dans l'espace francophone. Ceci dit, des États comme le Vietnam et le Laos restent en marge du mouvement. Au Vietnam, le principe qui était à l'ordre du jour des débats qui ont précédé la révision constitutionnelle de 2013, n'a finalement pas été retenu dans le texte final adopté. La Francophonie doit donc poursuivre à l'égard de ces États, son action en vue de la mise en place de juridictions constitutionnelles aptes à garantir la légalité constitutionnelle. Bien qu'ils aient pour la plupart, opté pour le modèle « européen » de justice constitutionnelle, les États francophones ont fini, dans bien des cas, par introduire dans leurs systèmes de contrôle de constitutionnalité, des techniques empruntées au modèle américain. Le contrôle y devient désormais mixte, revêtant un caractère à la fois abstrait et concret. A ce niveau également, certains États membres de la Francophonie comme le Cameroun, le Mali, la Mauritanie ou le Liban, quoiqu'ils aient mis en place une justice constitutionnelle, ne l'ont pas ouverte aux citoyens par le biais du contrôle par voie d'exception. La Francophonie doit ici encore, si elle veut permettre à tous les justiciables francophones de pouvoir questionner la constitutionnalité d'une loi, poursuivre auprès de ces États, ses actions de sensibilisation, de sorte que des voies de saisine du juge constitutionnel leur soient ouvertes. Mais au-delà de l'élargissement des voies de contrôle, l'effectivité de l'État de droit se mesure au sort réservé aux décisions du juge constitutionnel.

b. La relativisation des effets du contrôle

À la fois régulateur et contrôleur de la production normative, le juge constitutionnel est devenu protecteur des droits fondamentaux. Qu'il soit déclenché par voie d'action ou par voie d'exception, le contrôle de constitutionnalité, parce qu'il est dirigé contre un acte, fait naître un contentieux objectif[866], qui fait du juge constitutionnel le juge de la normativité de la loi. En théorie, ses décisions sont revêtues de l'autorité absolue de la chose jugée[867] et s'imposent à tous, non seulement aux citoyens, mais aussi aux pouvoirs exécutif[868]

---

865 RENOUX Thierry-Serge, « Séparation des pouvoirs », *in* CADIET Loïc, *Dictionnaire de la Justice*, *op. cit.*, p. 1222.

866 Voir notamment SCHMITT Sylvie, « La nature objective du contentieux constitutionnel des normes : les exemples français et italien», *RFDC*, n° 72, 2007/4, pp. 719-747.

867 Pour une analyse de l'interprétation jurisprudentielle de cette autorité, voir GUILLAUME Marc, « L'autorité des décisions du conseil constitutionnel : vers de nouveaux équilibres ? », *Les Nouveaux Cahiers du Conseil constitutionnel*, 2011/1, n° 30, pp. 49-75.

868 Voir notamment CC Bénin, DCC 05-132, 26 octobre 2005.

et législatif[869]. Elles sont insusceptibles de recours[870] et sont immédiatement exécutoires. C'est cette autorité qui protège la suprématie de la constitution. Elle doit donc être une quête permanente.

Dans l'espace francophone, le juge constitutionnel vérifie généralement la constitutionnalité externe[871] et interne[872] du texte soumis à son examen. Dans le cadre d'un contrôle *a priori*, il peut rendre une décision de conformité ou de non-conformité totale ou partielle. La déclaration d'inconstitutionnalité empêche la promulgation de la loi ou de certaines de ses dispositions, si celles-ci sont détachables[873]. La déclaration d'inconstitutionnalité est totale, soit lorsque toutes les dispositions de la loi sont réputées non conformes à la constitution, soit lorsque les dispositions non conformes sont inséparables de l'ensemble de la loi. La promulgation de la loi et son entrée en vigueur sont alors neutralisées. Lorsque au contraire, les dispositions réputées inconstitutionnelles sont séparables de l'ensemble de la loi, elle n'est pas déclarée inconstitutionnelle dans sa totalité. Dans cette hypothèse, le président de la République qui en règle générale, est l'autorité de promulgation, peut soit promulguer la loi expurgée des dispositions inconstitutionnelles, soit renvoyer le texte dans son entièreté devant le parlement pour une nouvelle délibération.

Dans le cadre du contrôle *a posteriori*, la décision intervient après l'entrée en vigueur de la loi attaquée. La plupart des constitutions d'Afrique francophone ayant institué un contrôle de constitutionnalité par voie d'exception ne précisent pas la portée de la déclaration d'inconstitutionnalité qui en résulte. Elles se contentent d'indiquer que la loi réputée inconstitutionnelle ne peut être mise en application. A cet égard, commentant l'imprécision de la constitution et de la loi organique relative au Conseil, Francis Wodié, ancien Président du Conseil constitutionnel ivoirien, estimait que la loi déclarée inconstitutionnelle par voie d'exception devrait en toute logique « *être privée d'effet pour toujours* » [874]. En

869 La souveraineté parlementaire ne s'exprime que dans le respect de la constitution et partant, des décisions de la Cour constitutionnelle. CC du Bénin, DCC 05-110 du 15 septembre 2005.

870 Il en va ainsi pour toutes les juridictions constitutionnelles de l'espace francophone, à l'exception de celle de la Roumanie, pour laquelle l'objection d'inconstitutionnalité peut, conformément à l'article 145 de la constitution, être contournée par un vote de la loi à une majorité renforcée des 2/3 dans chaque assemblée.

871 Ce contrôle porte sur le respect des formes et procédures de fabrication de la norme législative. Un texte législatif peut être déclaré non conforme à la constitution, pour incompétence du législateur ou pour vice de procédure.

872 Ce contrôle sanctionne la méconnaissance par la loi, des droits fondamentaux garantis par la constitution.

873 En France, pour ce qui est des règlements des assemblées parlementaires, le critère de « détachabilité » ou de séparabilité n'est pas invocable. La promulgation ne peut intervenir qu'après un quitus total de constitutionnalité.

874 WODIE Francis, « Le Conseil constitutionnel de Côte d'Ivoire », *loc. cit.*, pp. 146-147.

attendant donc que le juge constitutionnel ivoirien se prononce au fond sur un recours par voie d'exception, on peut supposer d'ores et déjà que sa décision sera revêtue d'un effet absolu, voire d'un effet abrogatif. En France[875] et au Maroc[876], l'autorité de la décision par voie d'exception est plus clairement affirmée. L'inconstitutionnalité déclarée *a posteriori* a une fonction curative qui anéantit *erga omnes*, la loi ou certaines de ses dispositions. La disposition ou la loi déclarée inconstitutionnelle au terme d'un contrôle par voie d'exception, est abrogée *ex post facto* et sort ainsi purement et simplement de l'ordonnancement juridique.

Ceci dit, au-delà de l'alternative binaire entre une déclaration de conformité ou une déclaration de non-conformité, l'appréciation du juge constitutionnel francophone pèse plus largement sur le processus de production des normes. A travers les réserves d'interprétation[877], il précise le contenu et les implications de la loi et indique les conditions auxquelles sa validité est subordonnée. Cette technique dite de la conformité sous réserve permet au juge constitutionnel, lorsque la loi est susceptible de recevoir plusieurs interprétations, d'éliminer celles qui sont contraires à la constitution et de préciser celle qui devra être retenue[878].

Quoi qu'il en soit, les décisions du juge constitutionnel francophone sont généralement revêtues de l'autorité absolue de la chose jugée et s'imposent à tous. En France, une disposition législative déclarée conforme à la constitution ne pourra faire l'objet d'un réexamen, que pour autant qu'intervient un changement de circonstances[879]. Sinon, la censure du juge constitutionnel ne pourra être

---

875 BLACHER Philippe, « QPC. Censure vaut abrogation », *Les Petites Affiches*, n° 89, mai 2011, pp. 14-17. Cependant, le principe peut être atténué par la possibilité pour le juge constitutionnel de moduler dans le temps les effets de la censure d'une disposition législative, en différant son abrogation ou en lui reconnaissant un effet rétroactif.

876 Article 134 de la Constitution.

877 L'on distingue trois types de réserves interprétatives : les réserves restrictives, les réserves constructives (additives ou substitutives) et les réserves directives. Voir pour aller plus loin, RENOUX Thierry-Serge et DE VILLIERS Michel (dir.), *Code constitutionnel, op. cit.*, p. 723.

878 Au sujet de cette technique, lire plus largement DI MANNO Thierry, *Le juge constitutionnel et la technique des décisions interprétatives en France et en Italie*, Paris, Economica, PUAM, 1997 ; VIALA Alexandre, *Les réserves d'interprétation dans la jurisprudence du Conseil constitutionnel*, Paris, LGDJ, 1999. Voir aussi pour un aperçu de la réalité en Afrique francophone, CONAC Gérard, « Le juge constitutionnel en Afrique : censeur ou pédagogue », *in* DU BOIS DE GAUDUSSON Jean et CONAC Gérard (dir.), *Les Cours suprêmes en Afrique*, Tome 2, Paris, Economica, 1989, pp. XVI et ss. C'est le cas au Gabon (CC, décision n° 016bis/ des 12, 13 et 14 octobre 1992, *Rec.* p. 47) et aux Comores (CC, arrêt n° 04-003/CC du 23 décembre 2004). C'est également le cas au Bénin (voir BOLLE Stéphane, *Le nouveau régime constitutionnel du Bénin. Essai sur la construction d'une démocratie africaine par la Constitution*, Thèse, Montpellier I, 1997, pp. 717 et ss).

879 Il peut s'agir non seulement d'un changement de circonstances de droit, procédant d'une évolution de la jurisprudence du Conseil ou d'une modification des normes de référence constitutionnelles, mais encore d'un changement des circonstances de fait, provoqué par une mutation de l'environnement économique et social. Voir GERVIER Pauline, « Le changement des circonstances dans la jurisprudence du Conseil constitutionnel », *RDP*, n° 1, 2012, pp. 89-112.

surmontée que par le constituant lui-même[880]. En tant que pouvoir constitué, le parlement n'exprime la volonté générale que dans le respect de la constitution. Parce que le représentant ne désigne que celui qui agit dans la limite de ses compétences constitutionnelles, la loi ne peut désigner qu'un texte adopté conformément à la procédure prescrite par la constitution. L'action du juge constitutionnel permet donc, par la régulation de la production normative, de « *discipliner l'exercice du pouvoir* »[881] et de relever la qualité du travail parlementaire. Par le droit jurisprudentiel qu'il sécrète, le juge constitutionnel contribue dans nombre d'États francophones, à côté des pouvoirs législatif et exécutif, au perfectionnement de la construction normative[882].

Mais s'il est admis que le pouvoir d'interprétation est indissociable de la fonction de juger, le juge constitutionnel doit, à l'ombre de l'exigence prudentielle, trouver le bon équilibre en agissant avec pondération, pour ne pas se substituer au législateur. De plus, s'il est vrai que la stabilité de la jurisprudence assure une garantie minimale de sécurité juridique, le juge constitutionnel ne saurait pour autant, renoncer à toute inflexion ou revirement, alors même que le contexte juridique, économique ou social l'exige. C'est là aussi, une affirmation de son autorité.

Dans tous les cas, l'autorité de la chose jugée doit garantir avec force de vérité constitutionnelle, la suprématie de la constitution. Si en principe la décision du juge constitutionnel, qu'elle soit modulée ou pas, a un effet absolu, en pratique, cette absoluité est à relativiser. L'on peut en effet déplorer dans certains États francophones africains, une négation de fait de l'autorité des décisions du juge constitutionnel[883]. L'indépendance des juges et des juridictions

---

880 Sur la pratique des validations constituantes, voir JAN Pascal, « Le Conseil constitutionnel », *Pouvoirs*, 2001/4, n° 99, pp. 74-75.

881 BOLLE Stéphane, « Des constitutions « *made in* » Afrique », AFDC, *Actes du VIème Congrès*, Montpellier, 9-11 juin 2005.
En ligne : http://www.droitconstitutionnel.org/congresmtp/textes7/BOLLE.pdf.

882 Sur le pouvoir normatif du juge constitutionnel, consulter ARRIGHI DE CASANOVA Jacques, « Pouvoir normatif du Conseil constitutionnel et stabilité de la norme », *Les Cahiers du Conseil constitutionnel*, n° 24, Juillet 2008, pp. 109-112 ; DE BECHILLON Denys, « Comment encadrer le pouvoir normatif du juge constitutionnel ? », *Les Cahiers du Conseil constitutionnel*, n° 24, Juillet 2008, pp. 79-85. Voir pour une analyse plus profonde, ESSONO EVONO Alexis, *Théorie de l'interprétation et pouvoir créateur du juge constitutionnel français*, Thèse de doctorat en droit, Université Toulouse 1 sciences sociales, 2000, 459 p.

883 L'on peut citer par exemple au Niger, la convocation du corps électoral en 2009, nonobstant le fait que le décret qui le prévoyait eut été déclaré inconstitutionnel (CC du Niger, arrêt du 12 juin 2009). En Côte d'Ivoire, la décision n° CI-2010-EP-34/03-12/CC/SG du 3 décembre 2010 portant *proclamation des résultats définitifs de l'élection présidentielle du 28 novembre 2010,* a vu son autorité contestée avant d'être désavouée par la Décision n° CI-2011-EP-036/04-05/CC/SG du 4 mai 2011, portant *proclamation de Monsieur Alassane Ouattara en qualité de Président de la République de Côte d'Ivoire.* En Égypte, alors que la composition du Parlement avait été déclarée anticonstitutionnelle par la Haute Cour constitutionnelle (arrêt du 14 juin 2012), le Président Mohamed Morsi a, au mépris de l'autorité de la

constitutionnelles, leur accessibilité et l'autorité de leurs décisions, restent dans beaucoup de nouvelles démocraties francophones, autant d'objectifs à atteindre et de défis à relever. Le dispositif reste donc encore à parfaire dans bien des États. Le contrôle de constitutionnalité y connaît certes des insuffisances dans sa mise en œuvre, mais n'est pas un leurre. C'est une réalité qui participe peut-être mollement, mais incontestablement au mouvement incubateur de l'État de droit. De manière générale, l'égalité, la liberté, et plus modestement, les droits économiques et sociaux, sont les piliers autour desquels se construit le contrôle des droits fondamentaux. En France, le Conseil a, au fil de sa remarquable jurisprudence, balayé le champ relativement vaste des droits fondamentaux[884]. De leur côté, les juridictions constitutionnelles d'Afrique francophone s'efforcent elles aussi, de s'approprier leur mission de gardiennes des droits et libertés fondamentaux. Au Bénin, par exemple, la logique est poussée à son extrême. La loi fondamentale donne au juge constitutionnel béninois, une compétence large en la matière, en lui donnant le pouvoir de contrôler les faits portant atteinte aux droits fondamentaux. Ce qui transforme ici le contentieux constitutionnel, en contentieux de pleine juridiction. Après avoir quelque peu hésité[885], le juge constitutionnel béninois a fini par ouvrir le droit à réparation en cas d'inconstitutionnalité liée à la méconnaissance de droits fondamentaux[886]. En reconnaissant ce droit à réparation, le juge constitutionnel béninois renforce la subjectivation du contentieux constitutionnel des droits fondamentaux, mais ne va pas au bout de sa logique, puisque tout en s'interdisant de quantifier cette réparation[887], il se déclare en règle générale[888], incompétent pour prononcer des injonctions et astreintes à l'encontre des pouvoirs publics[889]. Ce qui a pour effet

chose jugée, pris le 8 juillet 2012 un décret de convocation du Parlement dissout le 16 juin 2012. Il a fallu une autre intervention de la Haute juridiction constitutionnelle le 10 juillet 2012 pour rétablir son autorité, via l'anéantissement du décret litigieux.

884 Pour aperçu de l'étendue du champ exploré par le juge constitutionnel français en matière de protection des droits fondamentaux, voir CHAGNOLLAUD Dominique et QUERMONNE Jean-Louis, *La Ve République*, *op. cit.*, pp. 101-102.

885 CC du Bénin, décision DCC 95-029 du 17 août 1995, *Dankoro* ; décision DCC 95-034 du 1er septembre 1995, *Odjo* ; décision DCC 98-101 du 23 décembre 1998, *Kounasso et consorts.*

886 CC du Bénin, décision DCC 02-052 du 31 mai 2002, *Fanou* ; décision DCC 02-058 du 4 juin 2002, *Favi* ; décision DCC 02- 065 du 5 juin 2002, *Boya Comlan.*

887 CC du Bénin, décision DCC 02-037 du 17 avril 2002, *Tawès.*

888 En dehors du sursaut éphémère de la décision CC du Bénin, décision DCC 05-067 du 12 juillet 2005.

889 CC du Bénin, décision DCC 03-003 du 18 février 2003 ; décision DCC 03-052 du 14 mars 2003 ; décision DCC 04-047 du 18 mai 2004, *Tchiakpè* ; décision DCC 08-025 du 3 mars 2008 ; décisions DCC 08-051 et DCC 08-061 du 20 mai 2008, décision DCC 12-131 du 19 juin 2012.

de créer des difficultés dans l'exécution des ordonnances de réparation[890] et donc de relativiser l'autorité des décisions rendues en la matière.

Certes, dans bien des États, le dispositif de la justice constitutionnelle, à la fois ambitieux et lacunaire, connaît ses imperfections. Mais cela ne saurait faire de l'ombre au travail remarquable et parfois audacieux accompli par certains juges constitutionnels d'Afrique francophone, en matière de protection des droits fondamentaux. En censurant des actes en matière de liberté d'association et de réunion[891], de détentions arbitraires[892], de liberté religieuse[893] et de liberté d'entreprendre[894], de protection du droit de propriété[895], de respect de l'autorité de la chose jugée[896], de sauvegarde du droit à la vie[897], le juge constitutionnel africain, s'approprie peu à peu, dans un contexte encore faiblement imprégné de la culture judiciaire, sa mission de gardien de la légalité constitutionnelle et des droits fondamentaux. Même si le juge constitutionnel d'Afrique francophone semble avoir pris conscience de la substance de son office, de nombreux exemples révèlent que son autorité est parfois mise à mal. La Francophonie doit donc à ce niveau, accompagnée de l'ACCPUF, continuer à plaider auprès des États pour la reconnaissance et le respect de l'autorité des décisions du juge constitutionnel, qui lui-même, doit s'approprier son office et le mettre au service du droit.

En plus de l'examen de la constitutionnalité des lois, le juge constitutionnel contrôle la régularité des élections. Il est également, dans l'exercice de cette mission, soutenu par la Francophonie. L'ouverture du contrôle de constitutionnalité dans la forme et dans le fond, même si elle peut avoir pour effet d'accroître la charge du juge constitutionnel, ne saurait pour autant justifier, qu'il fut amputé de ses compétences en matière électorale. Parce que le juge constitutionnel est gardien de l'ordre constitutionnel, et que ce rôle le positionne

---

890 Ce manque d'effectivité de la réparation qui affecte la crédibilité du juge constitutionnel, peut-il être résorbé par le juge ordinaire compétent, quant à lui, pour prononcer des astreintes et injonctions à l'égard de l'administration ? Voir Cour Suprême du Bénin, 4e Chambre civile, décision n° 007/04 du 09 février 2004. Doctrine : AIVO Gérard, « Les recours individuels devant le juge constitutionnel béninois : étude comparée », *in* AÏVO Frédéric Joël (dir.), *La constitution béninoise du 11 décembre 1990 : un modèle pour l'Afrique ?, Mélanges en l'honneur de Maurice Ahanhanzo-Glèlè*, Paris, L'Harmattan, 2014, pp. 535 et ss.

891 CC du Bénin, décision DCC 95-033 du 1er septembre 1995 ; décision DCC 98-030 du 27 mars 1998 ; décision DCC 06-034 du 4 avril 2006.

892 CC du Bénin, décision DCC 96-015 des 20, 21 et 22 février 1996.

893 CC du Bénin, décision DCC n° 97-039 du 7 juillet 1997 ; décision DCC 97-019 des 29 avril et 6 mai 1997.

894 CC du Bénin, décision DCC 98-047 du 15 mai 1998.

895 CC du Burkina Faso, décision n° 2007-04/CC du 29 août 2007, *Société EROH* ; CC du Bénin, décision DCC 07-175 du 27 décembre 2007.

896 Au Sénégal, dès le lendemain de sa création, le Conseil constitutionnel s'est affirmé en annulant une loi organique méconnaissant à la fois l'autorité de la chose jugée, l'indépendance du pouvoir judiciaire et l'égalité des citoyens (CC du Sénégal, décision n° 11-93 du 23 juin 1993).

897 CC du Niger, Arrêt n° 013/11/CCT/MC du 30 juin 2011.

d'office entre le droit et la démocratie, c'est à lui qu'il revient naturellement de veiller au respect des règles par lesquelles le pouvoir s'établit et se transmet dans l'État.

2. Le juge constitutionnel : juge des élections

L'élection renvoie à la consultation du corps électoral selon une régularité fixée par la loi. C'est un moment crucial et déterminant dans la vie politique d'un État, surtout lorsqu'il est engagé, comme c'est le cas pour beaucoup d'États francophones, dans un processus de démocratisation. Outil essentiel de pacification et de stabilisation de la démocratie, l'élection fait l'objet d'une mobilisation particulière dans le cadre de la coopération francophone[898]. En tant que mode démocratique de légitimation du pouvoir politique, elle s'est imposée dans l'espace francophone comme un exercice certes difficile, mais nécessaire. Après avoir longtemps secoué la scène politique en Europe[899], les crises électorales gangrènent à présent à quelques exceptions près, la plupart des démocraties africaines en construction[900]. Depuis l'établissement des listes, jusqu'à la proclamation de résultats définitifs, en passant par la réception des candidatures, l'organisation de la campagne et le dépouillement des bulletins de votes, le processus électoral demeure fragile dans de nombreux États d'Afrique francophone. Il fait souvent l'objet de contestations violentes, qui peuvent parfois déboucher sur un conflit ouvert. Nonobstant les progrès importants enregistrés dans l'affirmation et la diffusion du principe de la démocratie pluraliste, l'on déplore toujours çà et là, la persistance de turbulences post-électorales, qui tendent à remettre fatalement en question les promesses de la démocratie. Si l'élection se présente par principe comme un élément d'ancrage de la démocratie et de raffermissement de la paix sociale, elle peut paradoxalement être, en pratique, un facteur d'instabilité et d'exacerbation des tensions politiques et sociales. Il est donc difficile de concevoir une démocratie rigoureuse et viable, sans l'arbitrage impartial d'un juge électoral fiable.

---

898 DESOUCHES Christine, « Francophonie et accompagnement des processus électoraux en Afrique : construction et consolidation du dispositif », *in* AÏVO Frédéric Joël (dir.), *La constitution béninoise du 11 décembre 1990 : un modèle pour l'Afrique ?, Mélanges en l'honneur de Maurice Ahanhanzo-Glèlè*, Paris, L'Harmattan, 2014, pp. 411 et ss. ; BOURGI Albert, « L'assistance électorale au cœur de la diplomatie multilatérale », *in* DESOUCHES Christine, *et al.*, *De Dakar à Dakar, op. cit.*, pp. 183-192 ; SANGARE Siaka, « Francophonie et élections », *ibid.*, pp. 193-197 ; LATORTUE Gérard, « Coopérations francophones et processus électoraux », *ibid.*, pp. 215-220.

899 GARRIGOU Alain, *Histoire sociale du suffrage universel en France : 1848-2000*, Paris, Seuil, 2002, pp. 109 et ss.

900 Sur les balbutiements du contentieux électoral en Afrique, voir MELEDJE Djedjro Francisco, « Le contentieux électoral en Afrique », *Pouvoirs*, 2009/2, n° 129, pp. 141 et ss.

Dans l'espace francophone, l'examen de la régularité des élections nationales a été confié en règle générale, à la juridiction constitutionnelle[901], ou à tout le moins, à la plus haute juridiction de l'ordre judiciaire[902]. L'action du juge électoral[903] est déterminante car elle permet, par le quitus de la régularité du processus, consacrer la légitimité démocratique de la personne élue.

Faisant l'objet d'attentes considérables, le contrôle de la régularité des élections paraît être la mission la plus délicate et la plus controversée du juge constitutionnel africain[904]. En sa qualité de juge électoral, il a pour mission, dans un contexte parfois passionné et sensible, de stabiliser, de pacifier et de démocratiser le jeu politique en l'encadrant par le droit. Or la transe qui, sur fond de boycott actif ou passif, s'empare souvent des processus électoraux, « *est bien peu propice à la sérénité nécessaire à la qualité de la décision juridictionnelle* »[905]. Le défi partagé des Cours constitutionnelles francophones est donc, quel que soit le contexte, d'apaiser le climat politique et d'assurer avec fermeté, la régularité et la sincérité des élections. Tel est le sens de l'action de l'OIF en faveur du renforcement des capacités des institutions en charge du contentieux électoral. En apportant son soutien au juge constitutionnel, la coopération francophone entend accompagner le mouvement démocratique et contribuer ainsi à la consolidation de l'État de droit. Si d'un État à un autre, l'étendue des compétences du juge constitutionnel en matière électorale, peut varier (a), l'autorité de ses décisions doit impérativement être partout, respectée (b).

---

901 Il s'agit des élections présidentielle et législatives, ainsi que du référendum. En général, le contentieux des élections régionales et locales relève quant à lui de la compétence des juridictions ordinaires. Il relève du juge administratif suprême, soit en premier et en dernier ressort (Cote d'Ivoire, Madagascar, Mauritanie, Bénin), soit en appel (Burkina Faso, Cameroun, Mali, Togo).

902 Au Rwanda par exemple, le contentieux constitutionnel relève de la compétence de la Cour suprême (article 145, alinéa 7 de la constitution).

903 PHILIP Loïc, « Le Conseil constitutionnel, juge électoral », *Pouvoirs*, n° 13, 1986, p. 67-86 ; DELPEREE Francis, « Le contentieux électoral », *AIJC*, décembre 1996, pp. 397 et ss. ; *Le Contentieux électoral*, Paris, PUF, 1998, 127 p. ; CAMBY Jean-Pierre, *Le Conseil constitutionnel, juge électoral*, Paris, Dalloz, 2e éd., 2001, 182 p. ; MELIN-SOUCRAMANIEN Ferdinand, « Le Conseil constitutionnel, juge électoral », *Pouvoirs*, n° 105, Le Conseil Constitutionnel, 2003, pp. 117 et ss.

904 Voir KOKOROKO Dodzi, « Les élections disputées : réussites et échecs », *Pouvoirs*, n° 129, 2009, pp. 115-125 ; MELEDJE Djedjro Francisco, « Le contentieux électoral en Afrique », *loc. cit.*, pp. 139-155.

905 MBORANTSUO Marie-Madeleine, *op. cit.*, p. 232.

a. Une diversité des attributions en matière électorale

En tant que juge électoral, le juge constitutionnel apparaît comme un arbitre du jeu démocratique, un régulateur de la compétition politique par le droit[906]. La réalité, le contenu et la portée de son arbitrage sont subordonnés à plusieurs facteurs tels, l'étendue des compétences, les modalités de saisine et l'autorité des décisions. Quoique profondément attachée à soutenir le rôle crucial du juge constitutionnel en période électorale, la coopération francophone n'a pas établi de standards en ce qui concerne l'étendue de ses compétences en la matière. Ceci dit, la tendance qui semble se dégager dans l'espace francophone est celle de l'élargissement des missions des Cours constitutionnelles. Si ses compétences s'exercent généralement à l'égard des élections nationales, elles peuvent dans certains pays, s'étendre à tous les types de scrutins[907]. Au-delà du contentieux des résultats, qui relève traditionnellement de son office, le juge constitutionnel peut aussi, au gré des choix du législateur, être juge du découpage des circonscriptions électorales, juge des listes électorales, juge de l'éligibilité[908], du déroulement de la campagne[909] et des opérations de votes. De plus en plus omniprésent dans le processus électoral, le juge constitutionnel est à la fois juge des opérations préliminaires, juge des phases intermédiaires et en aval, juge des résultats. Il veille donc globalement à la régularité de l'ensemble des opérations électorales et proclame les résultats définitifs du scrutin[910]. Cette concentration du contrôle des élections présente l'avantage de simplifier le paysage institutionnel et de favoriser l'unité du processus électoral, qu'il soit présidentiel, législatif ou référendaire.

En matière de contrôle de l'élection présidentielle, le juge constitutionnel est à la fois juge de l'égalité entre les candidats, dont il contrôle l'éligibilité et la campagne, et juge de l'égalité entre les électeurs. Arbitre exclusif du contentieux

---

906 DU BOIS DE GAUDUSSON Jean, « Les solutions constitutionnelles des conflits politiques », *Afrique contemporaine*, numéro spécial consacré à « L'Afrique face aux conflits », 4e trimestre 1996, pp 250-256.

907 Dans certains États comme le Burkina Faso (article 152, alinéa 3 et 4 de la Constitution), le Niger (articles 103, alinéa 2 de la constitution du Niger) ou la Guinée, le juge constitutionnel est aussi juge des élections locales.

908 Inéligibilité ordinaire (CC du Bénin, décision EL 95-092 du 19 mai 1995 ; décision EL 11-005 du 13 avril 2011) ; invalidation d'une élection pour constat d'inéligibilité *a posteriori* (CC du Bénin, décision EL 95-099 du 24 mai 1995) ; déchéance (CC du Bénin, décision EL 95-129 du 17 août 1995).

909 Notamment au Bénin, en Côte d'Ivoire, en Guinée, à Madagascar et en Mauritanie.

910 Article 84 constitution du Gabon ; article 48 de la constitution du Cameroun ; article 228 de la constitution du Burundi ; article 31, alinéa 1 de la constitution des Comores ; article 94 de la constitution ivoirienne ; articles 86 et 87 de la constitution du Mali ; articles 83 à 85 de la constitution de la Mauritanie ; article 109 de la constitution du Niger ; article 104 de la constitution du Togo ; articles 58 et suivants de la constitution de France ; article 117 de la constitution du Bénin ; article 149 de la Constitution de Bulgarie ; articles 144 et suivants de la Constitution de Roumanie ; article 105 de la constitution de la Lituanie ; article 101 de la constitution de la Slovaquie.

des résultats[911], son rôle est de veiller à la régularité et à la sincérité du scrutin, d'examiner les réclamations et de proclamer les résultats définitifs. Mais l'étendue de ses attributions varie selon les États[912]. Dans certains États comme le Bénin, le juge constitutionnel est doté de très larges pouvoirs en matière électorale[913]. Dans d'autres à rebours, et c'est le cas notamment au Sénégal, la juridiction constitutionnelle a des attributions plus limitées[914], qui la maintiennent quelque peu à l'écart des opérations électorales[915].

A l'égard des élections législatives[916] le contrôle du juge constitutionnel porte généralement sur le contentieux de l'éligibilité[917] et sur le contentieux des résultats.

Le juge constitutionnel est enfin juge du référendum. Technique de démocratie directe, le référendum permet de donner directement la parole au peuple. Par-delà la controverse doctrinale sur les risques de dérive et de

---

911 Bénin, Burkina Faso, Cambodge, Cameroun, Congo, France, Gabon, Guinée-Bissau, Liban, Madagascar, Mali, Maroc, Mauritanie, Niger, République Démocratique du Congo, Rwanda, Sénégal, Tchad, Togo, etc.

912 MELEDJE Djedjro Francisco, « Le contentieux électoral en Afrique », *loc. cit.*, pp. 139-155.

913 De ce point de vue, la Cour constitutionnelle du Bénin par exemple, fait figure d'exception. Ses attributions vont de la fixation de la date du scrutin, à la proclamation des résultats, en passant par la réception des candidatures, l'établissement des listes des candidats et le traitement du contentieux des élections. Voir l'article 106 de la loi n° 2010-33 du 7 janvier 2011 portant règles générales pour les élections en République du Bénin. Pour une analyse plus complète des prérogatives du juge constitutionnel béninois en matière de contrôle des élections, voir, BADET Gilles, *Cour constitutionnelle et régularité des élections au Bénin*, Cotonou, Friedrich Ebert, 2000, 210 p.

914 Le Conseil constitutionnel n'intervient alors qu'au début et la fin du processus : c'est-à-dire, au moment du dépôt des candidatures et pour la proclamation des résultats définitifs. Entre ces deux temps, ce sont le tribunal départemental, le juge judiciaire (lorsque les droits et libertés sont menacés dans le scrutin), le conseil d'État (pour les actes détachables) et le juge pénal (pour la répression des fraudes) qui sont mobilisés. Cette limitation des attributions du juge constitutionnel sénégalais obéirait, au souci de le tenir éloigné de la gestion quotidienne du processus électoral, de sorte à lui laisser suffisamment de distance pour prendre des décisions sereines et exemptes de toute influence.

915 C'est également le cas en Belgique, en Bulgarie, au Canada, en Haïti, en Moldavie, en Roumanie, en Slovénie, en Suisse, en République tchèque, etc. Si la technique de la vérification des pouvoirs est parfaitement utilisée en Belgique, le contentieux électoral est confié à Monaco aux juridictions de droit commun. Le Canada associe les juridictions ordinaires à une administration électorale puissante. La Suisse pour sa part, a réparti les compétences électorales entre les cantons, le Parlement et le Tribunal fédéral. Quant aux Cours constitutionnelles d'Europe centrale, elles n'interviennent que de manière résiduelle dans la gestion du contentieux électoral. Voir OIF, Délégation à la paix, à la démocratie et aux droits de l'Homme, *Rapport sur l'état des pratiques de la démocratie, des droits et des libertés dans l'espace francophone, 2008*, *op. cit.*, p. 65.

916 Compétence consacrée notamment à l'article 59 de la constitution française et à l'article 117, alinéa 3 de la constitution du Bénin.

917 Voir au Bénin les articles 29 et 33 de la loi 2010-35 du 30 décembre 2010 portant règles particulières pour l'élection des membres de l'Assemblée nationale.

dévoiement qu'il porte en lui[918], le référendum est prévu dans la plupart des constitutions francophones et permet au citoyen, en tant qu'expression de la souveraineté populaire, de prendre part au processus décisionnel. S'il est bien organisé et bien contrôlé, il est un instrument au service de la démocratie et de l'État de droit. Dans la plupart des pays francophones, le juge constitutionnel s'est déclaré incompétent[919] pour contrôler la constitutionnalité des lois référendaires, de même que celle des lois constitutionnelles[920], au motif qu'elles sont l'expression directe du pouvoir constituant. Dans d'autres pays en revanche, il s'autorise à interpréter les lois constitutionnelles comme toutes les autres lois, limitant ainsi la souveraineté du pouvoir constituant dérivé[921]. Au-delà de ses variantes, il n'en reste pas moins que le juge constitutionnel est en règle générale, désigné par nombre de constitutions francophones, comme l'organe de validation du processus référendaire[922]. Parce que la loi référendaire est généralement insusceptible de contrôle, les actes préparatoires qui entourent son adoption doivent faire l'objet d'un encadrement et d'un contrôle scrupuleux. Dans cette perspective, il appartient au juge constitutionnel de contrôler la régularité des opérations référendaires, dont la contestation, à quelques exceptions près, est ouverte à tout citoyen[923].

Par-delà les dissemblances au niveau de l'étendue de leurs attributions, toutes les juridictions constitutionnelles francophones se sont vues reconnaître généralement une compétence exclusive en matière de gestion du contentieux électoral et de proclamation des résultats définitifs. C'est à l'autorité de leurs décisions que se mesure véritablement la portée de leur contrôle. Et c'est dans cette direction que la Francophonie doit désormais, orienter ses efforts.

---

918 Le référendum n'est pas toujours et dans l'absolu un gage de démocratie. ROUSSILLON Henri, « Contre le référendum ! », *Pouvoirs*, n° 77, Le référendum, avril 1996, pp. 184-190.

919 Au Gabon, ce n'est pas le juge qui s'autolimite, car l'article 110 de la constitution consacre l'immunité juridictionnelle de la loi référendaire, qui ne peut être attaquée ni par voie d'action, ni par voie d'exception.

920 Jurisprudence initiée par le conseil constitutionnel français avec l'arrêt : CC, décision n° 2003-469 DC du 26 mars 2003, *Rec.*, p. 293. La même position a été adoptée par le juge constitutionnel sénégalais : voir CC, décision n° 1/C/2003 du 11 juin 2003 et Décision n° 3/C/2005 du 18 janvier 2006.

921 Au Bénin voir la décision DCC 06-074 du 8 juillet 2006. Il en va de même au Mali où le principe a été inauguré, dans la jurisprudence de la Cour constitutionnelle avec l'arrêt n° 01-128 du 12 décembre 2001.

922 Ce fut notamment le cas au Niger en 2009 et au Mali en 2001. OIF, Délégation à la paix, à la démocratie et aux droits de l'Homme, *Rapport sur l'état des pratiques de la démocratie, des droits et des libertés dans l'espace francophone, 2014*, Paris, 2014, p. 36. En France le Conseil constitutionnel (CC, décision n° 87-226 DC du 2 juin 1987, *Rec.* p. 34) et le Conseil d'État (CE, 4 décembre 2003, *Feler*, n° 262009, *Leb.*, p. 491) s'autorisent également à contrôler la sincérité de la question posée.

923 L'article 48, alinéa 3 de la constitution camerounaise en réserve le droit au Président de la République, au Président des assemblées parlementaires ou encore à un tiers des membres de chaque assemblée.

b. Une autorité à renforcer

Le juge constitutionnel francophone trouve peu à peu sa place dans les dispositifs électoraux. C'est désormais devant lui que sont portées les contestations électorales, et les décisions qu'il rend dans ce cadre, sont par principe, irrévocables. Dans sa conception stricte, le contentieux des élections se résume à celui des résultats, mais au sens large, il inclut toutes les étapes qui précèdent le scrutin à proprement parler. Si pour les actes préparatoires, le juge constitutionnel est juge de la légalité des opérations, dans le cadre du contentieux des résultats[924], il est juge de leur loyauté, de leur sincérité et de leur exactitude. Ainsi, en cas de constat d'irrégularités, le juge doit apprécier leur influence déterminante, avant de prononcer la confirmation, l'annulation ou la reformation des résultats[925].

La mission du juge constitutionnel est d'arbitrer la confrontation politique à partir du régulateur constitutionnel. Son autorité de juge électoral est constitutionnellement consacrée. A ce titre, ses décisions revêtues de l'autorité de la chose jugée, s'imposent à toutes les autorités administratives et juridictionnelles, y compris celles impliquées dans l'organisation des élections. Les processus électoraux sont en effet animés par une pluralité d'organes, institués pour améliorer la régulation de la compétition politique. A côté des Commissions électorales indépendantes ou autonomes[926] et d'autres autorités spécialisées telles,

---

924 Voir les articles LO. 136 et L. 185 du code électoral sénégalais, l'article 107 du code électoral nigérien, l'article 106 de la loi 2010-33 du 7 janvier 2011 portant règles générales pour les élections en République du Bénin.

925 L'ensemble des Cours disposent en effet d'un pouvoir d reformation, mais elles ne l'exercent en réalité que très rarement à l'égard des scrutins présidentiels. Voir HOLO Théodore, « Le contentieux des résultats, Bénin », *in* MASCLET Jean-Claude, ZINZINDOHOUE Abraham et DESOUCHES Christine, *Aspects du contentieux électoral en Afrique*, Actes du Séminaire de Cotonou, 11-12 novembre 1998, pp.161-171 ; MELEDJE Djedjro Francisco, « Le contentieux électoral en Afrique », *loc. cit.*, pp. 139-155.

926 Si en principe, l'organisation des élections relève de la compétence de l'administration d'État et du ministère de l'intérieur, dans la majorité des États francophones africains, elle relève de commissions spéciales. Ces commissions sont conçues comme des organismes distincts de l'administration d'État, chargés en totalité ou en partie, de l'organisation, de la supervision et du contrôle des opérations électorales. Leur mise en place obéit au souci de suppléer les carences de l'État, en confiant l'organisation des élections à un organe neutre, capable d'en garantir la sincérité et la transparence. Ceci dit, l'expérience révèle que leur configuration et leur fonctionnement peuvent parfois conduire à des blocages. Ce fut le cas notamment en Côte d'Ivoire où les conflits au sein de la Commission Électorale Indépendante, lors du second tour de l'élection présidentielle de 2010, nous en livrent un exemple archétypique. Il est donc nécessaire de clarifier leurs compétences et de rationaliser leur composition. Voir pour aller plus loin, DU BOIS DE GAUDUSSON Jean, « Les élections à l'épreuve de l'Afrique », *Les Cahiers du Conseil constitutionnel*, n° 13, La sincérité du scrutin, janvier 2003 ; ZINZINDOHOUE Abraham, « Répartition des compétences entre l'administration électorale et le juge électoral en Afrique francophone », *in* AÏVO Frédéric Joël (dir.), *La constitution béninoise du 11 décembre 1990 : un modèle pour l'Afrique ?, Mélanges en l'honneur de Maurice Ahanhanzo-Glèlè*, Paris, L'Harmattan, 2014, pp. 397 et ss. ; DIOP El Hadji Omar, « La crise des Commissions électorales africaines », *in* MELIN-SOUCRAMANIEN Ferdinand

les instances de régulation des médias[927], ou encore les commissions des comptes de campagnes[928] et de financement des partis politiques, le juge électoral participe du dispositif institutionnel échafaudé pour garantir la liberté, l'égalité et la sincérité du vote. En outre, l'on assiste depuis quelques années à un phénomène d'internationalisation de l'élection présidentielle en Afrique. De plus en plus, l'observation et la supervision des élections implique, au-delà des États, des acteurs internationaux, qui en plus des financements et de l'envoi de missions d'observations, s'invitent parfois de manière très active, dans le règlement du contentieux électoral[929]. Ces interférences diluent l'autorité et la crédibilité du juge constitutionnel qui, dans un État de droit, est censé être l'arbitre naturel du jeu démocratique. Pour éviter les chevauchements de compétences, il est indispensable d'articuler les missions des Cours avec celles des autres institutions impliquées dans le processus électoral. Dans cette perspective, c'est au juge constitutionnel que doit revenir le pouvoir de préserver la volonté du suffrage et d'imposer avec force de droit, la décision finale.

Si dans les démocraties avancées, les opérations électorales ne présentent *a priori*, pas de risques particuliers, dans les pays africains par contre, où la démocratie reste encore fragile, la gestion du contentieux électoral relève d'un exercice fort délicat. Le contentieux électoral place le juge dans une situation ingrate et difficile, partout où les mécanismes démocratiques ne sont pas suffisamment rodés pour inspirer la confiance. En matière électorale, l'autorité du juge constitutionnel est, à bien des égards, conditionnée par le contexte politique dans lequel il officie. Si son impartialité se présume en période normale, elle peut en revanche, en période de crise, être fortement compromise et contestée[930]. Le fonctionnement des Cours reste dans les États en construction démocratique, marqué par des problèmes liés essentiellement au défaut d'indépendance et de moyens. Or, c'est de son indépendance à l'égard du pouvoir politique que dépend la capacité du juge électoral à exercer avec autorité et efficacité sa mission. L'indépendance des juridictions constitutionnelles doit

(études réunies par), *Espace du service public, Mélanges en l'honneur de Jean Du Bois de Gaudusson, op. cit.*, pp. 175-210.

927 L'égalité d'accès des candidats aux moyens de propagande est en général, assurée par une haute autorité de l'audiovisuel et de la communication. A ce sujet, l'OIF a soutenu l'ACCPUF pour l'organisation de la 7e Conférence des chefs d'institutions, tenue à Ottawa (Canada) en avril 2014 sur le thème « Médias et juridictions constitutionnelles ». En ligne sur www.accpuf.org.

928 MELIN-SOUCRAMANIEN Ferdinand, « Le Conseil constitutionnel, juge électoral », *loc.cit.*, pp. 127-130.

929 Par exemple, dans le cadre de l'élection présidentielle ivoirienne de 2010, les Nations Unies avaient même reçu mandat pour certifier la régularité du processus électoral. Voir Conseil de sécurité des Nations Unies, Résolution n° 1765 du 16 juillet 2007.

930 BOLLE Stéphane, « Les juridictions constitutionnelles africaines et les crises électorales », *in* ACCPUF, *Les cours constitutionnelles et les crises*, 5e Congrès, Cotonou, 22-28 juin 2009. Disponible en ligne sur : http://www.accpuf.org/les-actes-de-congres?id=257.

donc être garantie par un statut solide et par un renforcement de leurs capacités humaines et matérielles. Et c'est là, un domaine d'action central de la coopération francophone.

Dans un contexte de démocratisation inachevée, les transformations constitutionnelles s'opèrent, dans beaucoup d'États francophones du Sud, sur fond de crises politiques dont l'ampleur tend parfois à fragiliser l'ordre constitutionnel et à menacer la justice constitutionnelle dans sa sérénité, voire dans son existence. Entre soupçon désavouant et attente légitime, entre activisme et autolimitation, voire inertie, entre audace et prudence, entre arrangements politiques[931] déconstitutionnalisant et ordre public constitutionnel, entre succès et échecs, entre cohérences et incohérences[932], le juge électoral, tantôt contesté et tantôt courtisé, cherche encore, dans beaucoup d'États francophones, son équilibre sur le terrain graveleux de l'État de droit en chantier. Pourtant, par leurs décisions courageuses, certaines juridictions constitutionnelles ont démontré, dans l'espace francophone, leur capacité à contribuer à l'édification et à la consolidation de l'État de droit en Afrique. Ces juridictions constitutionnelles ont parfois su, par leur autorité, contribuer au règlement de crises politiques ou de blocages institutionnels[933]. Certes, l'on déplore encore ici et là, quelques travers[934], mais le juge constitutionnel tend de plus en plus à s'affirmer. Sur des scènes politiques parfois agitées, les juridictions constitutionnelles francophones sont parvenues au fil des années à se positionner bon an, mal an, comme des acteurs-clés des élections. Le juge constitutionnel est désormais, partie intégrante du processus électoral, car c'est à lui qu'il revient de valider une élection et de légitimer ainsi le pouvoir qui en résulte. Son rôle est d'autant plus crucial que chacun des actes qu'il pose peut faire progresser ou entraver *a contrario*, le cheminement vers l'État de droit. Chaque décision qu'il rend, prend finalement

---

931 Sur les rapports controversés entre constitutionnalisme et accords politiques de sortie de crise en Afrique, voir notamment : MAMBO Paterne, « Les rapports entre la constitution et les accords politiques dans les États Africains : Réflexion sur la légalité constitutionnelle en période de crise », *Revue de droit de McGill*, 2012, vol. 57, n° 4, pp. 921-952 ; DU BOIS DE GAUDUSSON Jean, « L'accord de Marcoussis, entre droit et politique », *Afrique contemporaine*, 2/2003, n° 206, pp. 41-55 ; ATANGANA AMOUGOU Jean-Louis, « Les accords de paix dans l'ordre juridique interne en Afrique », *Revue de la recherche juridique, Droit prospectif*, 2008, n° 3, pp. 1723-1745.

932 DOSSO Karim, « Les pratiques constitutionnelles dans les pays d'Afrique noire francophone : cohérences et incohérences », n° 90, *RFDC*, 2012/2, pp. 57-85.

933 En 2012 par exemple, la Cour constitutionnelle égyptienne a remis en cause l'ensemble du processus institutionnel ayant abouti à la mise en place de l'assemblée constituante. Aux Comores, l'arrêt rendu par la Cour constitutionnelle le 8 mai 2010 a permis, après avoir censuré une tentative de fraude à constitution, d'organiser une transition suivie d'élections et d'éviter ainsi une rupture de l'ordre constitutionnel.

934 L'on peut citer notamment la dissolution de la Cour constitutionnelle nigérienne le 29 juin 2009, après qu'elle eut objectivement annulé par son arrêt n° 04/CC/ME du 12 juin 2009, le décret n° 2009-178/PRN/MI/SP/D du 5 juin 2009 portant convocation du corps électoral, pour référendum sur la constitution de la VIe République.

la forme d'un nouveau pari pour la démocratie, qui peut soit renforcer l'ordre constitutionnel, soit le corrompre et le fragiliser. Il est donc nécessaire d'encadrer le rôle du juge constitutionnel, pour freiner tout risque de banalisation, d'instrumentalisation ou d'extrapolation de son office[935]. Dans le cheminement laborieux vers la démocratie, le juge constitutionnel doit être, en cas de blocage ou d'échec des autres pouvoirs, le rempart de l'État de droit. Son autorité de juge électoral ne s'imposera véritablement que s'il se place avec fermeté au-dessus des

---

935 Dans un contexte où le juge constitutionnel est au service du pouvoir en place, il peut, soit détourner son office en faisant preuve d'un activisme militant, soit le contourner en faisant cette fois, preuve d'une retenue militante ou d'un activisme passif. Le détournement de son office peut s'observer dans la perversion des équilibres institutionnels, la régulation partiale et servile de la vie politique, la protection minimaliste des droits fondamentaux et une interprétation neutralisante de la constitution, destinées à légitimer des stratégies politiques et autres abus de pouvoir. En Côte d'Ivoire par exemple, les contorsions du juge constitutionnel au terme de l'élection présidentielle de 2010, illustrent clairement, combien son office est déterminé par le contexte politique dans lequel il intervient. Au terme du second tour de l'élection présidentielle, le candidat Alassane Ouattara est déclaré vainqueur par une Commission électorale indépendante divisée. Le candidat Laurent Gbagbo saisit donc légitimement le juge constitutionnel, juge du contentieux électoral, pour existence d'irrégularités graves ayant entaché la sincérité du scrutin dans certaines circonscriptions. Dans sa décision du 3 décembre 2010, après avoir fait droit aux griefs invoqués, le juge constitutionnel annule le scrutin dans huit départements et proclame, sans doute porté par l'hystérie collective et la frénésie du contexte, Laurent Gbagbo vainqueur de l'élection, alors même que l'article 64 du code électoral, modifié par l'article 28 de l'ordonnance portant ajustement du code électoral pour les élections générales de sortie de crise, prescrivait d'annuler l'élection dès lors que le résultat d'ensemble s'en trouverait affecté, c'est-à-dire dès lors que la prise en compte des irrégularités conduirait à une inversion des résultats. Le juge constitutionnel a, pour ainsi dire mal dit le droit. Certes ! Mais la question est ensuite de savoir si cela peut pour autant justifier une remise en question de l'autorité de la chose jugée. Ce qui, en transformant le contentieux électoral en conflit électoral, aura au reste conduit à une tragique guerre post-électorale. A l'issue de ce conflit politico-militaire ouvert, dans un contexte marqué cette fois, par la victoire militaire des forces d'Alassane Ouattara, le même juge constitutionnel fait, là encore, preuve de servilité en se dédisant, pour légitimer le nouveau pouvoir en place. On remarque alors qu'au-delà du montage argumentatif d'opportunité, la décision (n° CI-2011-EP-036/04-05/CC/SG) qu'il rend le 4 mai 2011, au contraire de la première (n° CI-2010-EP-34/03-12/CC/SG du 3 décembre 2010), qui portait objectivement, « *proclamation des résultats définitifs de l'élection présidentielle du 28 novembre 2010* », portait quant à elle, de manière plus fléchée, « *proclamation de M. Alassane Ouattara en qualité de président de la République de Côte d'Ivoire* ». Cette décision, elle aussi, évidemment plus politique que juridique ne dit pas non plus le droit qui, s'il ne prévoyait pas le recomptage des voix, prescrivait l'annulation pure et simple de l'élection et l'organisation d'un nouveau scrutin dans les quarante-cinq jours. Les circonstances politico militaires rendaient de toute évidence ce scénario improbable. L'on mesure ainsi, à travers cet épisode électoral ivoirien, non seulement la place désormais incontestable du juge constitutionnel dans la légitimation du pouvoir politique, mais surtout le caractère déterminant du contexte politique dans lequel il officie.
D'un autre côté, le militantisme du juge constitutionnel peut être plus passif. Dans cette hypothèse, le contournement du contrôle peut être perçu dans le recours abusif à l'argument tiré de l'irrecevabilité des requêtes et du défaut de compétence de la Cour. Voir sur toutes ces questions, BOLLE Stéphane, « Des constitutions « made in » Afrique », *loc. cit* ; DU BOIS DE GAUDUSSON Jean, « Défense et illustration du constitutionnalisme en Afrique après quinze ans de pratique du pouvoir », *in Renouveau du droit constitutionnel, Mélange en l'honneur de Louis Favoreu*, Paris, Dalloz, 2007, pp. 609-627 ; HOURQUEBIE Fabrice et MASTOR Wanda, « Les Cours constitutionnelles et suprêmes étrangères et les élections présidentielles », *Les Nouveaux Cahiers du Conseil constitutionnel*, 2012/1, n° 34, pp. 143-162.

influences partisanes, en mettant son office au service du droit[936]. Le juge constitutionnel doit, à l'instar de chacun des autres pouvoirs, prendre la juste mesure de sa responsabilité dans la protection du pacte social. L'avènement de l'État de droit procèdera uniquement de cet équilibre vital.

Consciente du rôle spécial et central des juridictions constitutionnelles francophones dans la construction des jeunes démocraties de son espace, l'OIF s'est engagée pertinemment à les soutenir pour contenir les digressions de la rationalité électorale. Elle leur apporte un appui polymorphe soit directement[937], soit par le truchement du réseau des juridictions constitutionnelles francophones (ACCPUF) dont elle a contribué à la mise en place et dont elle soutient les activités. Le but est de faire en sorte que le juge constitutionnel puisse corriger les imperfections de l'État de droit, afin que le mirage[938] ou l'illusion[939] démocratique de l'élection, se transforme en réalité, partout dans l'espace francophone. L'action de l'OIF s'inscrit ici dans le cadre de sa mobilisation en faveur du renforcement des capacités des institutions nationales de l'État de droit et de l'appui aux processus électoraux. Rappelons à ce niveau que les instances de la Francophonie, profondément attachées au suivi des processus de démocratisation, ont adopté en décembre 1996, des principes directeurs devant guider l'envoi d'une mission d'observation[940]. Mais au-delà de l'observation traditionnelle des élections, l'OIF apporte son soutien aux institutions et acteurs impliqués dans l'organisation et le contrôle des élections[941]. Dans le cadre de son appui au renforcement des capacités du « *service public électoral* »[942], la Francophonie, en plus de son soutien aux Commissions électorales, appuie le perfectionnement technique et humain des structures nationales en charge du

936 Sur la nécessité de conjurer ces risques de déviation, lire notamment AIVO Frédéric Joël, *Le juge constitutionnel et l'État de droit en Afrique : l'exemple du modèle béninois*, *op. cit.*, 222 p.

937 Au Mali par exemple, l'OIF a organisé en juin 2013, au bénéfice de la Cour constitutionnelle, un séminaire d'échange d'expériences sur le contentieux électoral. OIF, *Rapport du Secrétaire général de la Francophonie, 2012-2014 : de Kinshasa à Dakar*, Paris, 2014, p. 83.

938 DARRACQ Vincent et MAGNANI Victor, « Les élections en Afrique : un mirage démocratique ? », *Politique étrangère*, 2011/4 (Hiver), IFRI, pp. 839-850.

939 HERMET Guy, « L'illusion électorale », *in* BADIE Bertrand et VIDAL Dominique (dir.), *Nouveaux acteurs, nouvelle donne*, L'état du monde 2012, Paris, La Découverte, 2011, pp. 147 et ss.

940 OIF, *Principes directeurs devant guider l'envoi d'une mission d'observation d'élections, Marrakech*, décembre 1996. En ligne sur : http://democratie.francophonie.org/IMG/pdf/229.pdf.

941 Au titre de l'action de l'OIF en faveur du renforcement des capacités des organes de gestion et de contrôle des élections, voir pour les plus récentes, OIF, *Rapport du Secrétaire général de la Francophonie, 2012-2014 : de Kinshasa à Dakar*, Paris, 2014, p. 85. Il faut également souligner ici que l'OIF soutient les activités du Réseau des compétences électorales francophones (RECEF), créé en 2011.

942 MELEDJE Djedjro Francisco, « De l'impossible service public électoral en Côte d'Ivoire. Le phénomène des crises électorales », *in* MELIN-SOUCRAMANIEN Ferdinand (études réunies par), *Espace du service public, Mélanges en l'honneur de Jean Du Bois de Gaudusson*, *op. cit.*, pp. 455-478.

contentieux électoral. Outre les dotations en équipement[943] et les séminaires qu'elle organise944, l'OIF apporte son appui aux travaux de ses réseaux institutionnels sur le rôle des juridictions constitutionnelles dans les processus électoraux[945]. Sensible à la question électorale et aux enjeux qu'elle soulève, la Francophonie soutient de manière générale les réunions statutaires et scientifiques de l'ACCPUF et en particulier les séminaires consacrés au traitement du contentieux électoral[946]. Convaincue de la centralité du juge dans la sécurisation des processus électoraux, l'OIF a par exemple, en novembre 2013, en partenariat avec l'ACCPUF et la Cour constitutionnelle du Bénin, organisé à Cotonou un colloque sur la pratique du contentieux électoral dans l'espace francophone. En facilitant la réflexion, la formation et les échanges de bonnes pratiques sur la gestion du contentieux électoral, le réseau des juridictions constitutionnelles francophones ayant en partage l'usage du français, peut permettre à ses institutions membres de prendre conscience de l'importance de leur rôle dans la conduite des processus électoraux et donc dans la stabilisation de la démocratie et dans l'enracinement de l'État de droit.

La justice constitutionnelle est indéniablement l'une des avancées les plus remarquables de l'histoire constitutionnelle de l'État démocratique moderne. Si elle n'est pas une innovation réelle du point de vue de la technique juridique, elle marque tout de même, à l'aune des droits fondamentaux, une profonde évolution dans les modalités d'exercice du pouvoir. C'est donc avec conviction que la Francophonie doit continuer à appuyer les juridictions constitutionnelles et à renforcer leurs capacités.

---

943 Voir *supra*, pp. 218.

944 Du 7 au 10 août 2015, l'OIF a par exemple organisé, en partenariat avec la Cour constitutionnelle centrafricaine, un séminaire de renforcement des capacités sur le contentieux électoral.

945 La Francophonie a apporté notamment son soutien à l'organisation en novembre 1998, du colloque international de l'Association Africaine des Hautes juridictions Francophones (AAHJF) sur « Le contentieux électoral et l'État de droit ».

946 La Francophonie apporte son soutien aux congrès et autres conférences des chefs d'institutions de l'ACCPUF. Elle a accompagné notamment le congrès tenu à Ottawa en Juin 2003 sur : « Le rôle et le fonctionnement des Cours constitutionnelles en période électorale ». Elle a également contribué à l'organisation de la conférence des chefs d'institution de l'ACCPUF, qui s'est tenue à Bucarest du 31 mai au 1er juin 2005 et qui portait sur « L'indépendance des juges et des juridictions ». L'OIF a apporté son appui au cinquième congrès de l'ACCPUF qui s'est tenu à Cotonou du 23 au 26 juin 2009 sur « Les juridictions constitutionnelles et les crises ». A côté du soutien aux congrès de l'association, la Francophonie appuie les séminaires des correspondants nationaux de l'ACCPUF. Elle a accompagné celui qui s'est tenu à Paris du 1er au 3 décembre 2004 sur « Le statut, le financement et le rôle des partis politiques : un enjeu de la démocratie ». Elle a soutenu celui qui s'est tenu à Paris du 29 novembre au 1er décembre 2005 sur « Les méthodes de travail des Cours constitutionnelles et institutions équivalentes ». En 2007, l'OIF a organisé en partenariat avec le PNUD, un séminaire sur le bilan du contentieux électoral de 2006 en République Démocratique de Congo. www.accpuf.org.

Qu'il intervienne dans sa fonction de juge électoral ou de juge de la constitutionnalité des lois, le trait dominant du juge constitutionnel le conduit à inscrire son action dans l'élan d'édification d'un ordre juridique et démocratique, protecteur des droits fondamentaux. Mais son impact sur le parachèvement de l'État de droit ne pourra objectivement se mesurer qu'au regard de la qualité et de l'autorité de ses décisions.

Si la proclamation constitutionnelle des droits fondamentaux marque partout, un tournant historique dans la progression des idées démocratiques, en pratique, l'application des principes reste lacunaire dans de nombreux États. Ceci dit, la persistance de problèmes ne doit conduire, ni sous-estimer, ni à mésestimer les évolutions observées. Certes, l'existence d'une justice constitutionnelle n'est pas toujours systématiquement un indicateur de démocratie et inversement[947], mais elle constitue néanmoins un curseur déterminant de l'évolution démocratique. En Afrique francophone, la justice constitutionnelle demeure en construction, éprouvée ici et là par des crises politiques et institutionnelles. C'est pourquoi, bien que l'on puisse, à raison, déplorer les insuffisances de certaines juridictions constitutionnelles et critiquer leur jurisprudence, l'on ne saurait pour autant, ni récuser leur institutionnalisation[948], ni contester à certains égards leur montée en puissance. Dorénavant, la science constitutionnelle échafaude la structure l'État en voie de consolidation démocratique, et la légalité est de plus en plus perçue comme la seule source de légitimité. De ce point de vue, les juridictions constitutionnelles participent incontestablement à la mise en forme du jeu démocratique, autour de la constitution comme « *référentiel suprême* »[949]. Par leur vigilance et leur fonction interpellatrice, ces juridictions apportent une contribution certes molle, mais encourageante et à encourager, aux processus de démocratisation et de stabilisation de l'État de droit. En inscrivant son action dans le mouvement d'affirmation nécessaire du pouvoir juridictionnel, la justice constitutionnelle se positionne dans une double perspective de protection des libertés et de sauvegarde de l'ordre juridique et social. Elle s'efforce de canaliser et d'orienter l'action des autres pouvoirs dans les limites tracées par la constitution, mais leur action reste à parfaire. L'action francophone pourrait donc s'attacher ici, via l'ACCPUF, à décloisonner le juge pour renforcer son indépendance et son action. Elle pourrait aussi faciliter la circulation de la jurisprudence constitutionnelle francophone.

Certes, le juge constitutionnel francophone a généralement le monopole de l'interprétation de la constitution, mais en pratique, tous les juges participent

---

947 JOUANJAN Olivier, GREWE Constance, MAULIN Éric, WACHSMANN Patrick (dir.), *La notion de justice constitutionnelle*, Paris, Dalloz, 2005, pp. 13-48.

948 SINDJOUN Luc, *Les grandes décisions de la justice constitutionnelle africaine*, *op. cit.*, p. 1.

949 GLELE-AHANHANZO Ahanhanzo, « La Constitution ou loi fondamentale », *in Encyclopédie juridique de l'Afrique*, Tome 1, Abidjan, Dakar, Lomé, Nouvelles Éditions Africaines, 1982, pp. 31-32.

d'une façon ou d'une autre à la protection de la légalité constitutionnelle. S'il est vrai qu'en raison de l'ampleur de sa mission, le juge constitutionnel porte avec noblesse et gravité le titre de gardien des droits fondamentaux, il faut souligner cependant que, dans leur activité quotidienne, les juridictions suprêmes ordinaires contribuent elles aussi efficacement, par la force et la rigueur de leurs contrôles, à garantir le règne du droit. De sorte que si aujourd'hui, l'État de droit ne saurait se concevoir sans la présence des « *gardiens de la constitution* »[950], il ne saurait non plus, en vérité, se passer des juridictions suprêmes ordinaires, chargées de veiller, avec vigilance, au respect de la légalité et à la cohérence du droit prétorien. Elles constituent elles aussi, dans une logique de complémentarité et non de concurrence, des pièces maitresses de la mécanique juridictionnelle sur laquelle repose l'État de droit. D'où l'attention dont elles font également l'objet dans le cadre de la coopération francophone.

B. La sauvegarde de la légalité par les juridictions suprêmes ordinaires

Depuis la Déclaration de Bamako, la démocratie est devenue la boussole de l'action politique francophone. Et puisqu'au-delà du régime politique qu'elle désigne, la démocratie renvoie fondamentalement au règne de la loi[951], la Francophonie s'emploie également à promouvoir le principe de légalité et à renforcer les mécanismes juridictionnels destinés à le garantir. Car s'il est vrai que dans une démocratie, le droit fonde et limite l'action de tous, y compris des pouvoirs publics, la positivité, l'impérativité et la prééminence du droit ne seraient que théoriques s'il n'était pas assorti d'un contrôle juridictionnel efficace.

Dans la répartition des compétences juridictionnelles, les tribunaux ordinaires se partagent la gestion des contentieux touchant aux droits patrimoniaux ou extrapatrimoniaux, ceux susceptibles d'impliquer l'administration active, ainsi que ceux touchant à la reddition des comptes publics. Ces tribunaux sont organisés de manière hiérarchique de sorte à assurer la qualité du discours juridictionnel et à lui imprimer une certaine trajectoire. Tous les systèmes juridictionnels francophones sont chapeautés par une haute juridiction de

---

950 FAVOREU Louis, « Cours suprêmes et cours constitutionnelles », *in* CADIET Loïc, *Dictionnaire de la Justice*, *op. cit.*, p. 282.

951 La légalité ne saurait se réduire *stricto sensu*, aux seuls textes d'origine législative et par extension à leur source constitutionnelle. Elle inclut de plus en plus aujourd'hui, des sources supranationales, qui viennent se superposer au droit national, et dont le juge doit également assurer l'application. Ce faisant, le juge devient le gardien d'un système juridique dont les principes sont issus, à la fois du droit local et du « *droit venu d'ailleurs* » : MELIN SOUCRAMANIEN Ferdinand, « La constitution, le juge et le droit venu d'ailleurs », *in Mélanges en l'honneur de Slobodan Milacic*, Bruxelles, Bruylant, 2007, pp. 177-184. Voir aussi VEDEL Georges, *Manuel élémentaire de droit constitutionnel*, Paris, 1949, Dalloz, Réimp. 2002, p. 118.

cassation[952], chargée de veiller en aval, à la protection uniforme des droits et des libertés. Dans la mise en œuvre de cette prérogative générale de distribution de la justice, deux systèmes coexistent dans l'espace francophone : le monisme[953] et le dualisme[954] juridictionnel.

Alors qu'au lendemain des indépendances, le système juridictionnel moniste avait, pour des raisons de simplicité, fait recette dans la plupart des États francophones africains, la tendance dans nombre de ces pays est, depuis le début des années 1990, à l'éclatement des Cours suprêmes avec une séparation des ordres judiciaire et administratif. Des États comme le Gabon, le Bénin, la Côte d'Ivoire, le Congo, le Burkina Faso[955] et le Cameroun[956] sont théoriquement passés d'un système moniste à un système dualiste. Le phénomène est d'une ampleur telle que l'Association Africaine des Hautes Juridictions francophones (AAHJF) s'en est saisie à l'occasion d'un colloque organisé en mai 2002 avec le soutien de l'OIF, sur « *l'opportunité de l'éclatement ou non des Cours suprêmes en plusieurs juridictions distinctes* ». Faut-il voir dans cet éclatement, un affaiblissement de l'autorité judiciaire face à un pouvoir exécutif uni et parfois hypertrophié ? Doit-on au contraire, voir dans la spécialisation croissante des compétences, un élément de renforcement de l'efficacité des hautes juridictions ? Telles étaient les questions de fond de cette rencontre. Dans tous les cas, cette tendance, au-delà de ses soubassements mimétiques, traduit sans doute la volonté des constituants francophones africains de renforcer le contrôle de l'action

---

952 OIF, Délégation à la paix, à la démocratie et aux droits de l'Homme, *État des pratiques de la démocratie, des droits et des libertés dans l'espace francophone, 2006*, *op. cit.*, pp. 160-163.

953 Le système juridictionnel moniste obéit au principe de l'unicité. Dans ce système, le juge de droit commun connaît de manière polyvalente, à la fois du contentieux judiciaire et du contentieux administratif. C'est pour ce système qu'avaient opté la plupart des États francophones africains au moment de leur accession à l'indépendance. En instituant par l'effet de leurs constitutions, une Chambre administrative au sein d'une Cour suprême unique, ces États se sont efforcés de concilier l'unité juridictionnelle, avec la nécessaire autonomie du droit et du contentieux administratif. Car l'unité de juridiction doit pouvoir ici, se conjuguer efficacement avec la dualité juridique et fonctionnelle, justifiée par les privilèges de la puissance publique.

954 Le système juridictionnel dualiste se distingue quant à lui, par la conjugaison de deux ordres juridictionnels séparés et souverains. Dans ce système, le pouvoir juridictionnel se compose deux ordres hiérarchisés : d'un côté l'ordre judiciaire au sommet duquel se trouve la cour de cassation, et de l'autre, l'ordre administratif au sommet duquel se trouve le Conseil d'État. Si le premier doit naturellement veiller à la protection de la liberté individuelle, le second est quant à lui compétent pour contrôler l'action de l'administration. Évidemment, la dualité des contentieux ne se justifie que dans la mesure où elle s'appuie concrètement sur une dualité de régimes juridiques au fond. En France, le dualisme juridictionnel découle d'une certaine conception de la séparation des pouvoirs. Voir ROYER Jean-Pierre, JEAN Jean-Paul, DURAND Bernard, DERASSE Nicolas, DUBOIS Bruno, *Histoire de la justice en France*, 4e éd., Paris, PUF, 2010, pp. 86 et ss.

955 Éclatement de la Cour suprême à la faveur de la révision constitutionnelle du 11 avril 2000.

956 Voir la loi n° 2006/002 du 29 décembre 2006 fixant l'organisation et le fonctionnement des tribunaux administratifs. Ceci dit le contentieux administratif continue de relever, en cassation, de la Cour suprême, à travers sa Chambre administrative.

administrative. En plus, faute de moyens matériels et humains, force est de remarquer que dans beaucoup de pays de l'espace francophone, l'éclatement des hautes juridictions, annoncé par les réformes constitutionnelles, relève encore de la théorie. Dans le sens inverse, le Sénégal, après avoir expérimenté pendant plusieurs années[957] la dualité de juridiction, y a finalement renoncé au profit du système moniste, avec une Cour suprême unique. Ces revirements dans un sens ou dans un autre, dont nous ne commenterons pas ici l'opportunité, montrent bien qu'au-delà du débat, en partie démodé sur l'unité ou la dualité de juridiction, l'enjeu ultime d'un système juridictionnel est de parvenir, par le respect de la légalité, à garantir la sécurité juridique et juridictionnelle, chère à tout État de droit.

Que l'on soit dans un système organisé selon le principe de l'unité ou selon celui de la dualité de juridiction, le défi de la justice suprême ordinaire est double. Il s'agit, pour garantir la sécurité juridique et judiciaire des justiciables, d'une part, d'assurer l'unité du discours judiciaire (2) et d'autre part, de veiller à la légalité de l'action administrative (1). Chacune de ces deux branches de la justice ordinaire est soutenue, dans l'exercice de ses missions, par la coopération francophone.

1. Le juge administratif suprême : juge de la légalité administrative

C'est dans le Plan d'action du Caire que les États francophones se sont engagés, au titre de leur action en faveur de la justice comme garant de l'État de droit, à appuyer les organes juridictionnels chargés du contrôle de la légalité des actes administratifs. Ce contrôle qui joue un rôle important dans la régulation de tout système démocratique, est confié selon les États, à un juge administratif spécialisé[958] ou à un juge de droit commun. Dans l'un ou l'autre cas, il offre aux administrés, la possibilité de se défendre contre les éventuels abus, erreurs ou fautes des autorités administratives.

Dans un État de droit, le droit n'est pas conçu comme un facteur d'affaiblissement de l'État mais au contraire, comme un instrument de son exercice et de sa légitimation. Seulement, dans la mise œuvre du droit, l'administration doit être capable de concilier l'ordre public dont elle est la

---

957 De 1992 à 2008. Voir la loi organique n° 2008-35 du 7 août 2008 portant création de la Cour suprême.

958 En France, dans sa décision du 23 janvier 1987, le Conseil constitutionnel français a confirmé que l'annulation ou la reformation des décisions prises dans l'exercice des prérogatives de puissance publique, par les autorités exerçant le pouvoir exécutif, relève de la compétence de la juridiction administrative. CC, décision n° 86-224 DC du 23 janvier 1987, *Rec.*, p. 8, cons. 15. Voir aussi CC, décision n° 89-261 DC du 28 juillet 1989, *Rec.*, p. 81, cons. 19 ; décision n° 2001-451 DC du 27 novembre 2001, *Rec.*, p. 145, cons. 42.

gardienne, avec le respect des libertés individuelles[959]. C'est dans cet équilibre concret et dynamique entre ordre public et libertés publiques que se cristallise le principe de sécurité juridique[960], cher à la Francophonie. Si l'administration active abuse des pouvoirs qu'elle tire de la constitution et des lois, le juge doit pouvoir intervenir, en vertu des pouvoirs qu'il tient, lui aussi, de la constitution et des lois, pour canaliser son action et « *assurer la sécurité et la dignité de l'administré* »[961]. Telle est l'idée au cœur du principe de légalité. Le juge administratif examine les circonstances dans lesquelles l'administration, dans l'exercice son pouvoir est susceptible de porter atteinte aux droits et libertés des administrés et veille à ce que les restrictions de liberté n'aillent pas au-delà des limites imposées par les nécessités de l'intérêt général. Le juge administratif a donc ici une mission délicate : celle de veiller à la protection de la liberté individuelle, sans sacrifier l'ordre public. Pour garantir la sécurité juridique des citoyens, le juge peut être amené à vérifier, au-delà de la légalité, la nécessité[962] et la proportionnalité[963] des mesures prises par l'administration.

Le contrôle de la légalité des actes administratifs est organisé dans tous les États francophones. Il relève en ultime instance d'une juridiction administrative suprême, conçue soit comme une chambre spécialisée au sein d'une Cour suprême unique, soit comme une juridiction autonome à la tête d'un ordre distinct. Dans l'espace francophone, s'il est vrai que le juge administratif suprême exerce des fonctions variées, (a), il faut souligner que ses compétences sont toutes au service de la légalité et des libertés publiques (b).

a. Des compétences variées

Au sommet de l'ordre juridictionnel en charge du contentieux administratif[964], le juge administratif suprême exerce une variété de compétences.

---

959 En sachant, ainsi que l'a énoncé le conseil d'Etat français, que la liberté est le principe et l'interdiction, l'exception. CE, 19 mai 1933, *Benjamin*, *Leb.*, p. 541.

960 MATHIEU Bertrand, « Réflexions en guise de conclusion sur le principe de sécurité juridique », *Les Cahiers du Conseil constitutionnel*, n° 11, Dossier sur le principe de sécurité juridique, décembre 2001, pp. 106-111.

961 RIVERO Jean, « Le juge administratif : gardien de la légalité administrative ou gardien administratif de la légalité ? », *in Mélanges offerts à Marcel Waline*, Paris, LGDJ, 1974, p. 701.

962 En France, il subordonne la légalité des mesures de police administrative, à leur stricte nécessité.

963 Sur la prise en compte désormais systématique de l'exigence de proportionnalité par le Conseil d'État français, voir : TERNEYRE Philippe et de BECHILLON Denys, « Le Conseil d'État, enfin juge ! », *Pouvoirs*, 2007/4, n° 123, pp. 66-68.

964 Voir au Sénégal, l'article 96 de la constitution ; au Niger l'article 116 de la constitution ; au Togo l'article 125 de la constitution. En France, voir l'article L. 111-1 du Code de justice administrative. Voir aussi : DELVOLVE Pierre, « Le Conseil d'État, Cour suprême de l'ordre administratif », *Pouvoirs*, 2007/4, n° 123, pp. 51-60.

Essentiellement juge de cassation, le juge administratif suprême peut à ce titre connaître de tous les jugements rendus en dernier ressort en matière administrative. Il peut, au terme de son contrôle normatif, soit rejeter le pourvoi, soit casser la décision attaquée devant lui, avec ou sans renvoi. S'il ne se prononce en principe qu'en droit, il peut, dans l'intérêt de la bonne administration de la justice, être amené, après cassation, à statuer lui-même au fond[965].

En plus de sa fonction de cassation, le juge administratif suprême est aussi juge de l'excès de pouvoir. Sur cette base, il connaît dans la plupart des États francophones, en premier et dernier ressort des recours contentieux dirigés contre les actes administratifs individuels, contraires à la loi. Ce recours en annulation est un mécanisme redoutable, permettant d'anéantir les décisions administratives illégales, de sorte qu'elles ne produisent pas ou plus d'effet à l'égard du requérant. Au-delà de cette apparence de subjectivité, le recours pour excès de pouvoir, parce qu'il est dirigé contre un acte, est conçu comme un recours objectif renforçant la sécurité juridique des administrés. Pourchassant l'illégalité administrative pour un toilettage constant de corpus réglementaire, le recours pour excès de pouvoir a même été considérée par la majorité de la doctrine française comme « *l'arme la plus efficace, la plus économique et la plus pratique (...) pour défendre la liberté* »[966], devant la toute puissante administration active.

Au-delà de ces compétences de base, dans certains États francophones, le juge administratif suprême exerce également une compétence d'appel[967] ; il peut être juge des référés[968], juge de certaines élections[969] ou encore juge de la recevabilité

---

965 En France, cette compétence critiquée est prévue à l'article L. 821-2 du Code de justice administrative. Doctrine : GABARDA Olivier, « L'intérêt d'une bonne administration de la justice », *RDP*, n° 1, janvier-février 2006, pp. 153-184.

966 JEZE Gaston, « Les libertés individuelles », *Annuaire de l'institut international de droit public*, 1929, p. 180.

967 En France, cette est réduite aux recours dirigés contre certaines décisions rendues en premier ressort par des juridictions administratives spéciales et contre certaines décisions des tribunaux administratifs

968 Si en raison du privilège du préalable dont ils bénéficient, les actes administratifs unilatéraux sont par principe, d'applicabilité immédiate (HAURIOU Maurice, *Précis de droit administratif et de droit public*, 12ᵉ éd., Paris, Dalloz, 1933, p. 356), leur exécution peut cependant, dans certaines conditions, être suspendue par une décision juridictionnelle. En France, la procédure du référé-suspension (article L. 521-1 du Code français de justice administrative), conçue pour supplanter l'obsolète sursis à exécution permet, dans l'urgence et en présence de doute sur sa légalité, de suspendre l'exécution d'une décision administrative visée par une requête en annulation. Le référé-liberté (article L. 521-2 du Code français de justice administrative) permet quant à lui au juge d'ordonner, en cas d'urgence, toutes les mesures qu'il estime nécessaires à la sauvegarde d'une liberté fondamentale, à laquelle une personne publique aurait illégalement porté atteinte dans l'exercice de ses pouvoirs. Certes il ne s'agit que de mesures conservatoires, mais elles sont utiles à l'efficacité de la justice et à la sauvegarde des droits.

969 En France, il est compétent pour connaître du contentieux des élections régionales, cantonales, professionnelles, syndicales. PAULIAT Hélène, « Le rôle des juridictions administratives françaises », *in* GABORIAU Simone et PAULIAT Hélène, *Justice et démocratie*, *op. cit.*, pp. 421-426.

des questions préjudicielles de constitutionnalité[970]. En France, au Gabon, en Tunisie et au Congo notamment, au-delà des compétences contentieuses ci-avant évoquées, le juge administratif suprême a aussi une fonction consultative. Il a ainsi le pouvoir d'émettre des avis sur toutes demandes que lui adressent les juridictions inférieures, au sujet de questions de droit nouvelles, présentant une difficulté sérieuse et susceptible de se poser dans de nombreux litiges[971].

Dans l'espace francophone, le juge administratif suprême a donc dans l'ensemble, des compétences variées, destinées à lui permettre de soumettre l'administration au droit. De ce point de vue, il joue un rôle à la fois central et polyvalent qui lui permet, par le contrôle de la légalité des actes administratifs, d'être l'un des gardiens les plus vigilants du respect des libertés publiques[972].

b. Des compétences au service de la légalité et des libertés

L'office du juge administratif suprême est au service de la sauvegarde de la légalité et des libertés. Il contribue de ce fait à la réalisation du principe démocratique. Mais si dans l'espace francophone le contrôle de la légalité des actes de l'administration semble s'être généralisé, il n'est pas pour autant vécu partout de la même façon.

En France, le juge administratif s'est très tôt efforcé de combler les lacunes de la loi en la complétant avec un ensemble de principes d'origine jurisprudentielle. Au fil de sa jurisprudence, le Conseil d'État a inventé les règles de droit administratif[973] en précisant notamment le contenu des notions d'État, d'intérêt général, de puissance publique, de service public, d'ordre public et en définissant un régime spécifique de la responsabilité administrative. Le Conseil a ainsi réussi, par une construction lente et continue du contentieux de l'administration[974], à

---

970 En France, il joue un rôle de filtre des Question Prioritaires de Constitutionnalité.

971 En France le Conseil d'État cumule les fonctions de conseiller du gouvernement et de contrôleur de l'administration. Il émet des avis aussi bien sur la légalité des projets de décisions à lui soumis, que sur leur opportunité. La consultation est obligatoire pour les projets de loi et d'ordonnance et pour certains décrets. Mais que la consultation soit facultative ou obligatoire, l'autorité de l'avis reste simple car il ne lie pas le gouvernement. Pour garantir l'impartialité de la juridiction, le dédoublement fonctionnel commandé par la dualité des attributions, s'accompagne d'une séparation des fonctions de conseil et de jugement. Voir DOUENCE Maylis et AZAVANT Marc, *Institutions juridictionnelles*, Paris, Dalloz, 2010, pp. 203-208.

972 SEILLER Bertrand, « Conseil d'État », *in* CHAGNOLLAUD Dominique, DRAGO Guillaume, BENZIMRA-HAZAN Jérôme, *Dictionnaire des droits fondamentaux*, *op. cit.*, p. 62.

973 Notamment à travers la des principes généraux du droit. Lancés en France en 1913 avec l'arrêt *Roubeau* (CE, 9 mai 1913, *Rec.* p. 521), les Principes généraux du droit se sont construits autour des idées de liberté, d'égalité, de sécurité juridique. Ils ont été maintenus dans le patrimoine juridique de la plupart des États issus de la colonisation française.

974 TRUCHET Didier, « Conseil d'État », *in* CADIET Loïc, *Dictionnaire de la Justice*, *op. cit.*, p. 212.

suppléer la légalité pour assurer la protection des libertés publiques. Ceci dit, même si le juge administratif a, peu à peu, réussi à s'affirmer comme protecteur des libertés, il reste cependant l'exception de l'acte de gouvernement qui entache la pureté de l'État de droit, en mettant certains actes de l'administration à l'abri de tout contrôle juridictionnel[975]. Nonobstant l'extension progressive du domaine détachable en France, l'acte de gouvernement demeure l'expression d'une « *survivance de la raison d'État* »[976]. En tout état de cause, et la doctrine publiciste en convient unanimement : en France, « *jusqu'à la montée en puissance du conseil constitutionnel (…), les progrès de l'État de droit se lisaient surtout dans la jurisprudence administrative* »[977].

Mais si dans les États francophones du Nord, le juge administratif offre aux administrés, l'une des plus sérieuses protections contre les abus de pouvoir, il n'en va pas toujours ainsi dans tous les États francophones. Les expériences africaines et est-européennes[978] de justice administrative restent fort mitigées. En Afrique par exemple, la mise en place d'une justice chargée de contrôler les activités de l'administration s'est révélée, au lendemain des indépendances, peu satisfaisante. En reconnaissant aux tribunaux, la possibilité de censurer des actes réglementaires illégaux, les constituants francophones entendaient à juste titre, mettre l'action de l'administration sous contrôle juridictionnel. Pourtant, dans beaucoup d'États africains, la pratique a longtemps laissé observer, en raison de la complexité des procédures et de la transcendance parfois suspecte de la notion d'ordre public[979], une faiblesse, voire une quasi inexistence du contentieux administratif[980]. Si à

---

975 France : CE, Ass., 2 mars 1962, *Rubin de Servens, et autres, Rec.*, p. 143. Il en va de même du juge administratif sénégalais qui lui aussi, se refuse de contrôler certains actes de l'administration du fait de leur caractère hautement politique (CE, 24 juin 1998, ***Abdoulaye FAYE c/ État du Sénégal***).

976 GROS André, *Survivance de la raison d'État*, Paris, Dalloz, 1932, 391 p. Pour un aperçu de la critique à l'égard des actes de gouvernement, voir : VIRALLY Michel, « L'introuvable acte de gouvernement », *RDP*, 1952, pp. 317-358 ; AUVRET-FINCK Josiane, « Les actes de gouvernement, irréductible peau de chagrin? », *RDP*, 1995, n° 1, p. 131 ; FAVOREU Louis, « Pour en finir avec la « théorie » des actes de gouvernement », *in Mélanges en l'honneur de Pierre Pactet, L'esprit des institutions, l'équilibre des pouvoirs*, Paris, Dalloz, 2003, pp. 607 et ss ; MELLERAY Fabrice, « En a-t-on fini avec la « théorie » des actes de gouvernement ? », *in Renouveau du droit constitutionnel : Mélanges en l'honneur de Louis Favoreu*, Paris, Dalloz, 2007, pp. 1317 et ss.

977 CAILLOSSE Jacques, « Justice administrative », *in* CADIET Loïc, *Dictionnaire de la Justice*, *op. cit.*, p. 728.

978 FALL Alioune Badara, « Les juridictions administratives dans les pays de l'Est », *in Mélanges en l'honneur de Slobodan Milacic*, Bruxelles, Bruylant, 2007, pp. 443-464.

979 Un ordre public réputé selon les besoins de la cause, fonctionnel, de développement ou d'adaptation. Sur cette référence excessive à l'ordre public pour justifier les restrictions de libertés, voir notamment KAMTO Maurice, « Le contentieux électoral au Cameroun », *Lex Lata*, Chronique juridique, n° 20, novembre 1995, pp. 8 et ss.

980 Dans nombre d'États, l'inégalité des armes résultant du déséquilibre naturel qui imprègne la relation administrative, est aggravée lors le procès administratif, du fait de la trop grande puissance de l'appareil étatique. Ce qui a eu pour conséquence, au-delà de la complexité des procédures, de dissuader les

certains égards, le juge administratif d'Afrique francophone a, tant bien que mal, réussi à capitaliser l'héritage postcolonial du droit administratif français[981], il a aussi parfois su s'émanciper de l'ombre tutélaire, en assumant sa spécificité. Dans cet élan, le travail remarquable et parfois même avant-gardiste, abattu par nombre de juridictions administratives d'Afrique francophone, mérite d'être relevé[982]. L'on peut évoquer notamment, la sagacité relativement précoce du juge administratif ivoirien[983], l'annulation d'actes administratifs illégaux par le juge administratif sénégalais[984] ou par son homologue béninois[985] et la protection de certaines libertés par le juge administratif tunisien[986]. Il n'en reste pas moins qu'en général, dans l'espace francophone africain, le contrôle juridictionnel de l'administration reste encore assez restreint, timoré et peu crédible. Ceci en raison non seulement de l'apparente dépendance, voire connivence du juge administratif à l'égard de l'exécutif, mais encore, du caractère aléatoire de la

---

demandes en la matière. Par exemple, la Chambre administrative de la Cour suprême du Niger, entre 1960 et 1973, n'avait rendu que deux arrêts avant de connaître un regain d'activité à partir de 1992 (à titre illustratif, de 1992 à 1996, l'on est passé de 8 à 36 arrêts rendus). Celle du Togo n'a rendu qu'un arrêt de 1990 à 2006. Au Tchad et au Congo, la situation n'était pas plus reluisante. Doctrine : DU BOIS DE GAUDUSSON Jean, « La jurisprudence administrative des Cours suprêmes d'Afrique », *in* DU BOIS DE GAUDUSSON Jean et CONAC Gérard, *Les Cours suprêmes en Afrique*, *op. cit.*, pp 7-9. Sur la faiblesse du contentieux administratif au Congo, voir, BRETON Jean-Marie, « La jurisprudence administrative de la Cour suprême de la République populaire du Congo », *ibid.*, pp 70-71.

981 DU BOIS DE GAUDUSSON Jean, « La jurisprudence administrative des Cours suprêmes d'Afrique », *ibid.*, pp. 1-9 ; KAMTO Maurice, « La fonction administrative contentieuse de la Cour suprême du Cameroun », *ibid.*, pp. 53 et ss ; BLEOU Martin, « La chambre administrative de la Cour suprême de Côte d'Ivoire », *ibid.*, pp. 137 ; SY Demba, « Justice administrative et droit administratif en Afrique. Un bilan », *in* MELIN-SOUCRAMANIEN Ferdinand (études réunies par), *Espace du service public, Mélanges en l'honneur de Jean Du Bois de Gaudusson*, *op. cit.*, pp. 653-670.

982 Voir sur ce point FALL Alioune Badara, « Le juge, le justiciable et les pouvoirs publics : pour une appréciation concrète de la place du juge dans les systèmes politiques en Afrique », *in Les défis des Droits fondamentaux*, *op. cit.*, p. 338.

983 Voir, Chambre administrative de la Cour Suprême de Cote d'Ivoire, 14 janvier 1970, *Société des centaures routiers*, *AJDA*, 1970, p. 560. Doctrine : WODIE Francis et BLEOU Martin, *La Chambre administrative de la Cour suprême et sa jurisprudence*, Economica, Annales des Universités d'Abidjan, Série A, vol. 6, 1981. Sur les évolutions récentes, voir, YEDOH Lath Sébastien, « Les caractères du droit administratif des États africains de succession française : vers un droit administratif africain francophone ? », *RDP*, n° 5, septembre-octobre 2011, pp. 1255-1288 ; BLEOU Martin, « Le service public dans la jurisprudence de la Chambre administrative de la Cour suprême de Côte d'Ivoire », *in* MELIN-SOUCRAMANIEN Ferdinand (études réunies par), *Espace du service public, Mélanges en l'honneur de Jean Du Bois de Gaudusson*, *op. cit.*, pp. 45-56.

984 CE, 25 novembre 1999, *LD/MPT c/ État du Sénégal*, Bull. 2, p. 27.

985 Voir pour plus détails, SALAMI Ibrahim, « L'efficacité de la justice administrative au Bénin : cas du recours pour excès de pouvoir », *in* HOURQUEBIE Fabrice (dir.), *Quel service public de la justice en Afrique francophone*, *op. cit.*, p. 84.

986 En Tunisie, la jurisprudence administrative a consacré notamment l'inviolabilité du domicile (TA, 14 juin 1982, *Smaoui c/ Municipalité de Tunis*, *R.*, p. 83), la liberté de circulation (TA, 12 juin 1981, *H. Achour c/ Ministre de l'intérieur*, *R.*, p. 189) et la liberté de commerce et d'industrie (TA, 15 février 1982, *Chambre Syndicale c/ Municipalité de Tunis*, *R.*, p. 10).

sanction, voire de son inexécution. Pour améliorer l'efficacité du contrôle, la Francophonie doit plaider pour une simplification de la procédure devant le juge administratif et pour une exécution plus rapide des jugements administratifs rendus à l'encontre de l'administration987.

Le principe de légalité ne peut être effectivement garanti que si le juge chargé de contrôler l'action de l'administration est indépendant. Que l'on soit dans un système juridictionnel dualiste ou moniste, le contrôle juridictionnel doit s'exercer dans toute sa plénitude, tant en matière de légalité des actes administratifs, qu'en matière de plein contentieux. En arrière-plan de son rôle immédiat et apparent de censeur de l'administration, le juge administratif doit se positionner comme un véritable régulateur de l'activité administrative[988]. Il doit opérer un contrôle rigoureux sur les actes et activités de l'administration active, sans la priver de ses moyens d'action.

Le contrôle de la légalité administrative, même s'il est formellement institué dans la plupart des États francophones, reste un défi constant et inépuisable. Dans un État de droit, il permet de contenir les potentiels excès de l'action administrative, et de protéger les droits et libertés des citoyens, pour garantir ainsi, leur sécurité juridique et judiciaire. C'est une exigence à laquelle la coopération francophone reste attachée. Depuis le Plan d'action du Caire, relayé par les engagements solennels de Bamako, la Francophonie s'est engagée en faveur du renforcement des capacités des institutions et mécanismes de protection des droits et libertés, et contribuant par là même, à la consolidation de l'État de droit. Fort de cet engagement, elle apporte son soutien aux activités de l'Association internationale des hautes juridictions administratives[989], à laquelle participent nombre d'institutions francophones, en qualité de membres, d'observateurs ou d'invités. Dans le dispositif institutionnel francophone, l'OIF apporte son appui à l'Association africaine des hautes juridictions francophones (AAHJF)[990], ainsi qu'à l'Association des Hautes juridictions de cassation des pays ayant en partage l'usage du français (AHJUCAF), qui se sont globalement données pour mission de contribuer au renforcement de la sécurité juridique et judiciaire en vue de la consolidation de la démocratie et de l'État de droit. C'est donc à travers des actions directes et un appui constant à ces associations que la Francophonie concrétise son engagement aux côtés des juridictions administratives suprêmes, pour qu'elles puissent en toutes circonstances, affirmer la prééminence du droit et assumer efficacement, à l'égard des citoyens, leur fonction restitutive. Mais au-

---

987 Voir *supra*, pp. 225-229.

988 AUBY Jean-Bernard, « Autorégulations et droit administratif », *Droit administratif*, octobre 2008, n° 8, p. 17.

989 Créée en 1983, l'AIHJA a pour objectif prioritaire de promouvoir les échanges entre les juridictions compétentes pour statuer en dernier ressort sur les contentieux intéressant l'action de l'administration.

990 L'AAHJF qui a pris le relai de l'AOA-HJF en septembre 2005.

delà du juge administratif suprême, le juge judiciaire suprême, par l'harmonisation du discours judiciaire, contribue lui aussi, dans le contentieux relevant de sa compétence, à la sécurisation des droits.

2. Le juge judiciaire : juge de l'unité du discours judiciaire

L'action francophone en faveur des juridictions judiciaires de cassation s'inscrit dans le cadre de son engagement en faveur de la légalité comme facteur de sécurité juridique et donc de consolidation de l'État de droit. Le soutien de la Francophonie au juge judiciaire suprême vise, ainsi que nous avons pu le voir dans le titre précédent, à renforcer son indépendance, son accessibilité et son efficacité. L'OIF s'appuie pour ce faire, sur le réseau des hautes juridictions francophone de cassation (AHJUCAF) dont elle a soutenu la création et dont et elle appuie les activités. Pour mieux cerner le rôle des juridictions judiciaires de cassation dans un État de droit, et mieux faire ressortir la nécessité pour la Francophonie de poursuivre son action en faveur leur consolidation, nous montrerons ici en quoi leur contrôle (a) et leur autorité (b) contribuent, par la sauvegarde de l'unité jurisprudentielle, à la sécurisation juridique et judiciaire des justiciables.

a. Un contrôle multiforme au service de l'unité jurisprudentielle

Tout justiciable peut, par principe, devant la juridiction suprême de l'ordre judiciaire, se pourvoir en cassation contre tout jugement qu'il considère contraire au droit[991]. Placée au sommet de la hiérarchie judiciaire, la juridiction judiciaire de cassation statue sur les pourvois formés contre les jugements rendus en dernier ressort par les juridictions du fond, relevant de l'ordre qu'elle chapeaute. Le rôle du juge suprême est alors « *de veiller au respect de la loi (...) et de faire régner l'unité d'interprétation du droit* »[992]. Dans l'espace francophone, le juge judiciaire de cassation ne connaît ni des faits, ni du fond des affaires. Il examine les jugements qui lui sont déférés, sous l'angle de leur conformité au droit. Saisi ici dans l'intérêt de la loi, en tant qu'ultime garant du juste droit, il statue en droit uniquement, à travers un double contrôle. D'une part un contrôle de légalité portant sur la bonne application de la loi et permettant de censurer les décisions des juges de

---

991 Ceci dit, l'encombrement d'une juridiction suprême peut altérer la limpidité de sa doctrine et nuire à l'efficacité de sa vocation unificatrice. Si ce droit est reconnu à tout plaideur, son exercice peut, selon les États et pour maîtriser le flux sans cesse croissant des pourvois, être rationalisé par un système de filtrage (France, Suisse) ou d'autorisation préalable (Canada). En France, depuis janvier 2002, a été mise en place une formation chargée de filtrer les pourvois, par l'examen de leur recevabilité et du sérieux des moyens.

992 CORNU Gérard (dir.), « Cour de cassation », *Vocabulaire juridique, op. cit.*, p. 280.

fond, qui seraient dépourvues de base légale[993]. Et d'autre part un contrôle de régularité ou de rationalité, dit de discipline judiciaire, portant sur la cohérence et la rigueur de la motivation. Le pourvoi n'étant qu'une voie d'annulation, la juridiction judiciaire suprême n'a par principe, que deux possibilités : soit elle rejette le pourvoi si elle estime que la loi n'a pas été méconnue ; soit elle casse le jugement mal fondé en droit, avant de renvoyer l'affaire devant une autre cour de même nature et de même degré. Ceci dit, dans certains États francophones, la juridiction de cassation peut exceptionnellement, dans un souci de bonne administration de la justice, casser sans renvoyer[994], lorsque la cassation n'implique pas qu'il soit de nouveau statué sur le fond, ou lorsque les faits, tels que souverainement établis par le juge du fond, permettent de mettre fin au litige, par une application directe de la règle de droit appropriée. Dans tous les cas, sa décision ayant force de chose jugée, est insusceptible de recours[995].

Par ailleurs, le juge de cassation peut avoir des attributions non juridictionnelles. En matière civile et en matière pénale, il peut, dans certains États, être saisi par le juge du fond, pour avis, sur une question de droit qui par leur nouveauté, présentent une difficulté sérieuse[996]. En France, il joue en plus un rôle important dans l'effectivité du contrôle de constitutionnalité *a posteriori* puisque c'est à lui qu'il revient, selon la nature du litige, du filtrer les questions préjudicielles et de décider de leur renvoi ou pas, devant le juge constitutionnel. Les attributions du juge judiciaire francophone de cassation, qu'elles soient juridictionnelles ou consultatives, doivent lui permettre d'assurer avec autorité, l'harmonie du discours judiciaire et par là même, la sécurité juridique et judiciaire chère à la Francophonie.

b. Une autorité au service de l'unité jurisprudentielle

Les lois ne pouvant ni tout dire, ni tout prévoir, leur application cohérente requiert indispensablement une jurisprudence, laissée à la science de magistrats « *pénétrés de l'esprit des lois* »[997]. En veillant avec autorité à l'interprétation

---

993 Voir en France, l'article 604 du code de procédure civile.

994 Cette sorte de pouvoir d'évocation est reconnu à certaines juridictions francophones de cassation : en France, même si le juge de cassation peut user de cette faculté depuis la loi du 3 janvier 1979, il ne le fait en pratique que très rarement (voir l'article L 411-3 du Code de l'organisation judiciaire). Au Tchad, elle est prévue à l'article 61 de loi n° 006/PR/98 du 7 août 1998 portant organisation et fonctionnement de la Cour suprême.

995 Si ce n'est en grâce ou en révision.

996 Prévue dans certains États la procédure dite de saisine pour avis, contribue également à uniformiser l'interprétation du droit. Voir en France les articles L 441-1 et suivants du Code de l'organisation judiciaire.

997 PORTALIS Jean-Etienne-Marie, *Discours préliminaire prononcé lors de la présentation du projet de code civil, op. cit.*

uniforme du droit, le juge de cassation garantit l'égalité des justiciables devant la loi et la justice. Institution unique dans le panorama juridictionnelle de l'État de droit, la juridiction de cassation incarne l'autorité judiciaire suprême. Sa vocation est de dire le droit, d'interpréter la loi, de lever ses ambiguïtés, de combler s'il y a lieu ses lacunes, et d'éclairer les juridictions de fond par des « *décisions normatives* »[998]. Les juridictions judiciaires suprêmes ont donc une fonction régulatrice et unificatrice du discours judiciaire. Au-delà de la simple protection de l'intérêt individuel des parties, elles ont une mission pastorale[999], celle veiller à l'unité et à l'uniformité de la jurisprudence judiciaire. Gardiennes dans chaque État, du droit et de son unité d'interprétation, elles suggèrent une doctrine judiciaire et contribuent à orienter l'évolution du droit. Bien plus qu'une solution à un litige, le jugement suprême est un acte de communication ; il est une réponse à une interrogation qui intéresse collectivement, l'ensemble du système de justice. Le juge judiciaire suprême assure la cohérence et la stabilité de la jurisprudence judiciaire. En prononçant ainsi la norme, le juge judiciaire suprême exerce son pouvoir créateur du droit. Mais « *si la juridiction de cassation crée du droit, ce n'est pas du droit comparable au droit légiféré. Le droit légiféré vaut par raison d'autorité, le droit jurisprudentiel ne vaut que par l'autorité de ses raisons et il faut donc convaincre de la pertinence des raisons pour justifier la pertinence de la solution* »[1000]. Et puisque ces raisons sont susceptibles d'évoluer, la jurisprudence peut elle aussi par conséquent, évoluer dans une logique de transparence et de cohérence. Si la stabilité et la prévisibilité de la jurisprudence, sont des gages de sécurité juridique, elles ne sauraient pour autant conférer de droit acquis à une jurisprudence pétrifiée et immuable. Le juge judiciaire suprême joue donc un rôle crucial dans le développement et la pondération des évolutions du droit.

La Francophonie mesure l'importance de ces hautes juridictions dans le dispositif institutionnel de l'État de droit, dont elle s'est donnée pour mission d'assurer la promotion et la consolidation. Le soutien francophone aux juridictions de cassation se fait essentiellement à travers l'appui aux réseaux institutionnels réunissant les hautes juridictions francophones, et dont elle a favorisé la création. Conformément aux recommandations de la deuxième réunion du bureau du suivi des engagements du Caire qui appelaient à la mise en place d'un cadre de rencontre des présidents des hautes juridictions de cassation, en vue de leur permettre d'échanger sur les besoins et l'évolution des systèmes judiciaires dans leurs pays respectifs, la Francophonie a soutenu la création de

---

998 BUFFET Jean, « Cour de cassation », *in* CADIET Loïc, *Dictionnaire de la Justice, op. cit.*, p. 261.

999 TUNC André, « La Cour suprême idéale », *RIDC*, 1978, p. 437.

1000 CADIET Loïc, « Rapport de synthèse sur le premier sous-thème : « L'accès au juge de cassation » », *in Le juge de cassation à l'aube du 21e siècle,* Actes du premier congrès de l'Association des hautes juridictions de cassation des pays ayant en partage l'usage du français, Marrakech, AHJUCAF, 17-19 mai 2004, p. 204.

l'AHJUCAF, dont l'assemblée constitutive s'est tenue en mai 2001. Structure d'information et de communication, l'AHJUCAF a pour objectif de favoriser l'entraide, la solidarité, la coopération, les échanges d'idées et d'expérience, de promouvoir le rôle des hautes juridictions dans la consolidation de l'État de droit, le renforcement de la sécurité juridique, la régulation des décisions judiciaires et l'harmonisation du droit au sein des États membres. Au-delà du financement des congrès triennaux de l'association, des réunions annuelles de son bureau, ou encore de ses colloques et séminaires, l'OIF a apporté son soutien financier et matériel à la mise en œuvre du projet *Juricaf*, visant à constituer une base documentaire de jurisprudence des Cours de cassation francophones. La Francophonie appuie par ailleurs l'Association Africaine des Hautes Juridictions Francophones (AAHJF) dans ses activités, en soutenant par exemple l'organisation de ses assises statutaires. Par le biais de ces associations, l'OIF continue à soutenir la réflexion sur le rôle des hautes juridictions de cassation dans un État de droit, pour leur donner les moyens de garantir efficacement la sécurité juridique et judiciaire des justiciables.

Mais cette sécurité ne pourra être garantie que pour autant que la justice, dans toutes ses branches, tient un discours cohérent. Or en pratique, les rapports entre les juridictions suprêmes ordinaires et les juridictions constitutionnelles, peuvent parfois sembler concurrents, au point de susciter de vives inquiétudes quant à leur aptitude à garantir ensemble, la sécurité juridique des citoyens. Dans certains États francophones, les relations entre le juge constitutionnel et le juge suprême ordinaire sont teintées de rivalités[1001]. Dans d'autres, elles sont parfaitement complémentaires. En France par exemple, les juridictions suprêmes ordinaires, qu'elles relèvent de l'ordre administratif[1002] ou de l'ordre judiciaire[1003], reconnaissent l'autorité attachée aux décisions du juge constitutionnel, et permettent ainsi de former un ensemble juridictionnel interactif et synergique[1004].

1001 C'est le cas notamment dans des États postcommunistes d'Europe centrale comme la République Tchèque, la Pologne et la Roumanie. Voir GOUAUD-TENDEAU Christiane, « Justice constitutionnelle et démocratie dans les pays d'Europe centrale et orientale », *in* GABORIAU Simone et PAULIAT Hélène, *Justice et démocratie*, *op. cit.*, p. 353. DU BOIS DE GAUDUSSON Jean, « La complexité de la participation des Cours suprêmes des pays en voie de développement au dialogue des juges », *Les Petites Affiches*, 4 juin 2008, n° 112, p. 22.

1002 Voir pour le cas de la France : CE, Ass, 20 décembre 1985, *SA Ets Outters*, *Rec.*, p. 382 ; *RFDA*, 1986, p. 513 ; *Dalloz* 1986, p. 283, note Louis Favoreu. Doctrine : MODERNE Franck, « Complémentarité et compatibilité des décisions du Conseil constitutionnel et des arrêts du conseil d'État », *in Conseil constitutionnel et Conseil d'État*, LGDJ, Montchrestien, 1988, pp. 313-380.

1003 Cass. Crim. 25 avril 1985, *D.*, 1985, p. 329 ; Cass. Soc., 25 mars 1998, *CRCAM et Sud-Alliance c/ Tallagnon*, *Dalloz*, 1998, p. 113 ; Cass. Ass. Plén., 10 octobre 2001, *Breisacher*, *Dalloz*, 2001, Chron. p. 3365.

1004 Pour une analyse plus complète de la situation en France, voir : DERRIEN Arnaud, *Les juges français de la constitutionnalité, étude sur la construction d'un système contentieux : Conseil constitutionnel, Conseil d'État, Cour de cassation : trois juges pour une norme*, Bruxelles, Bruylant, 2003, 505 p. ; STELZIG-

Au Bénin, après les tergiversations de départ[1005], le juge administratif a fini par reconnaître l'autorité des décisions du juge constitutionnel, qu'il considère désormais comme faisant « *partie du droit positif et de la légalité* »[1006]. A rebours, le juge constitutionnel béninois considère comme une violation de l'autorité de ses décisions, le fait pour une juridiction ordinaire, fut-elle suprême, de ne pas tirer les conséquences des décisions, par elle, rendues[1007]. Si le juge constitutionnel béninois se déclare à bon droit, incompétent, chaque fois qu'il est saisi pour un contrôle de légalité[1008], il s'autorise en revanche, alors qu'aucune disposition ne lui en donne expressément compétence, à contrôler la constitutionnalité des arrêts de la Cour suprême pourtant revêtus de l'autorité de la chose jugée[1009].

Dans le contexte de la coopération francophone, la problématique de l'articulation des rapports entre les hautes juridictions n'est pas absente des réflexions et débats. A cet égard, la Francophonie a soutenu en 2003, l'organisation, par l'ACCPUF, d'un séminaire sur « *les relations entre Cours constitutionnelles et Cours suprêmes* », et a contribué à l'organisation, en juillet 2004, du colloque de l'Association Africaine des Hautes Juridictions Francophones (AAHJH) sur « *les contrariétés des décisions entre hautes juridictions constitutionnelles, administratives et judiciaires* ». Ces séminaires ont objectivement permis de mettre en lumière les difficultés d'aménagement des relations entre les hautes juridictions, ainsi que les risques de tensions et de chevauchements entre elles. Or dans un État de droit, la « *guerre des juges* »[1010] doit être évitée par tous les moyens. Il est donc vital, pour améliorer l'efficacité

CARON Slovia, *La Cour de cassation et le dialogue des juges*, Thèse Droit privé, Université de Grenoble, 2011, 438 p.

1005 Sur le dialogue difficile qui s'était noué entre la Chambre administrative de la Cour suprême et la Cour constitutionnelle du Bénin au sujet notamment du contrôle des actes administratifs, voir SALAMI Ibrahim, « L'efficacité de la justice administrative au Bénin : cas du recours pour excès de pouvoir », *in* HOURQUEBIE Fabrice (dir.), *Quel service public de la justice en Afrique francophone*, *op. cit.*, pp. 84, 88-89.

1006 Chambre administrative de la Cour suprême du Bénin, Arrêt n° 70/CA, 16 novembre 2000, *Syndicat national des enseignements secondaires technique et professionnel (SYNESTP) c/ Etat béninois*, *Rec.*, 2000, p. 317.

1007 Cour constitutionnelle du Bénin, Décision DCC 09-087 du 13 août 2009.

1008 Voir SALAMI Ibrahim, « L'efficacité de la justice administrative au Bénin : cas du recours pour excès de pouvoir », *loc. cit.*, p. 89, note 264.

1009 CC du Bénin, décision DCC 09-087 du 13 août 2009. Sur la portée de ce contrôle, voir AIVO Frédéric Joël, « La Cour constitutionnelle du Bénin », *Revue française de droit constitutionnel*, 2014/3, n° 99, p. 730 ; ou encore DJOGBENOU Joseph, « Le contrôle de constitutionalité des décisions de justice : une fantaisie de plus ? », *Afrilex*, avril 2014, Université Montesquieu Bordeaux IV. Disponible en ligne sur : http://afrilex.u-bordeaux4.fr/sites/afrilex/IMG/pdf/DJOGBENOU_Quelques_propos_sur_le_controle_de_constitutio_nalite_des_decisions_de_justice_type_2_co-.pdf.

1010 CE, 22 décembre 1978, *Ministre de l'Intérieur c/ Cohn-Bendit*, *Dalloz*, 1979, p. 155, Concl. Bruno Genevois.

de l'action publique en matière de justice, de s'interroger sur la nécessité et les modalités d'articulation des rapports entre les hautes juridictions. C'est une question qui doit naturellement interpeller la Francophonie puisqu'elle est directement rattachée au défi de l'amélioration du discours juridictionnel, lequel se pose aussi dans le cadre du contrôle des comptes publics.

§ 2. Le contrôle juridictionnel des finances publiques : un outil spécifique de gouvernance financière

Dans un État de droit, le contrôle juridictionnel des finances publiques est un dispositif singulier au service de la démocratie et de la gouvernance financière, laquelle recouvre deux dimensions. Au sens large elle désigne la gestion rationnelle des finances publiques, incluant le processus d'élaboration budgétaire, l'exécution et la gestion des dépenses publiques[1011]. Au sens strict, elle renvoie à une gestion des deniers publics, conforme à leurs affectations et en parfaite adéquation avec les objectifs assignés au chapitre budgétaire.

Il existe un lien étroit entre État de droit, bonne gouvernance et développement. L'existence d'un contrôle juridictionnel est donc essentielle pour une gestion rigoureuse des fonds publics. Elle se fonde sur les principes de transparence, de reddition des comptes et de responsabilité, exigés dans la gestion des deniers publics. A cet égard, la corruption apparaît comme une entrave au bon fonctionnement du secteur public. A la fois réprouvée par tous et répandue partout, elle est l'une des menaces les plus pernicieuses et les plus corrosives de l'État de droit. La corruption étant un obstacle redoutable à la gouvernance financière et au développement économique, elle doit être combattue sans relâche. C'est la raison pour laquelle la Francophonie a fait de la lutte contre la corruption l'un des axes prioritaires de son action. Conscients du fait que la corruption est un obstacle majeur à la bonne gouvernance et un frein au développement, les chefs d'État et de gouvernement francophones se sont formellement engagés, dans la Déclaration de Bamako, à respecter les impératifs de transparence, d'indépendance et de contrôle, pour une meilleure gestion des affaires publiques. La Déclaration de Ouagadougou a rappelé l'importance du combat contre corruption. Dans la Déclaration de Paris, les États francophones ont renouvelé leur volonté d'intensifier la lutte contre la corruption, le détournement des deniers et biens publics ainsi que l'enrichissement illicite. Dans cet élan, la Francophonie s'est donnée pour mission d'amener les États à adhérer à la Convention des Nations Unies contre la corruption et aux autres instruments

1011 OIF, Délégation à la paix, à la démocratie et aux droits de l'Homme, *Rapport sur l'état des pratiques de la démocratie, des droits et des libertés dans l'espace francophone, 2008*, *op. cit.*, p. 38.

régionaux pertinents, et de leur apporter un appui technique pour la transposition et l'application de ces instruments en droit interne.

La lutte contre la corruption implique une recherche constante d'éthique dans la gestion des institutions publiques. Dans cette perspective, la justice, en tant que gardienne de l'État de droit et de la gouvernance, a de toute évidence un rôle décisif à jouer à travers les institutions supérieures de contrôle des finances publiques. C'est donc avec pertinence que l'Organisation Internationale de la Francophonie, dans le cadre de son action en faveur de la consolidation de l'État de droit, apporte un soutien spécifique au renforcement des capacités des institutions en charge du contrôle de l'usage des fonds publics. S'il est vrai que le principe de la nécessité d'un contrôle juridictionnel des finances publiques est admis dans la plupart des États francophones (A), force est d'observer que dans la pratique, nombre de contraintes persistent (B).

A. La reconnaissance de la nécessité d'un contrôle des finances publiques

Suggéré par certains mécanismes régionaux et sous-régionaux d'intégration économique[1012], le principe du contrôle des fonds publics peut trouver des traces lointaines dans la Déclaration des droits de l'Homme et du citoyen[1013]. L'État de droit appelle l'existence d'un contrôle, partout où il y a maniement de deniers publics. Indispensable au fonctionnement d'une société démocratique, le contrôle indépendant et transparent des comptes publics est une garantie de bonne gestion publique des affaires. Il est à la fois un impératif de bonne gouvernance et un moyen de renforcement de l'État de droit. Dans le cadre de la coopération francophone, la reconnaissance de l'importance du contrôle juridictionnel des finances publiques s'est traduite par le soutien à la mise en réseau des institutions nationales compétentes en la matière. Pour la Francophonie, le but est non seulement de favoriser dans tous les États, la création d'instances nationales de contrôles des finances publiques, mais encore de renforcer leur efficacité dans les États où elles existent déjà. Le contrôle juridictionnel des comptes publics a connu, dans l'espace francophone, une évolution institutionnelle remarquable. La plupart des États membres de la Francophonie ont mis en place un système autonome de contrôle des finances

1012 Les traités UEMOA et de la CEMAC par exemple, suggèrent la création par les États d'une juridiction financière autonome. Chaque État doit en effet, prendre des dispositions pour que les comptes puissent être contrôlés selon des procédures offrant des garanties de transparence et d'indépendance requises. En l'absence de juridiction financière autonome, le traité prévoit soit le recours au contrôle juridictionnel de la Cour des comptes de l'UEMOA, soit à un système d'audit externe.

1013 L'article 15 de la DDHC du 27 août 1789 dispose que « *la société a le droit de demander compte à tout agent public de son administration* ».

publiques[1014]. Le modèle dominant est celui d'un contrôle constitutionnalisé et confié à une juridiction administrative spécialisée. Il s'agit d'un organe juridictionnel et collégial qui prend la forme, soit d'une Cour des comptes autonome[1015] ou d'une institution supérieure équivalente de contrôle des finances publiques[1016], soit d'une chambre ou section spécialisée des comptes, incorporée au sein de la Cour suprême[1017]. La mise en place de ces organes s'inscrit parfois

1014 A l'exception notamment de l'Albanie, du Cambodge, de Dominique, de l'Égypte, de Macédoine, de la Guinée Équatoriale, du Laos, de Maurice, du Rwanda, de Sainte Lucie, des Seychelles et du Vanuatu.

1015 Au Burundi, créée par la loi du 31 mars 2004, la Cour des comptes est prévue à l'article 178 de la constitution. Au Congo, prévue par la constitution de 1992, la Cour des comptes et de discipline budgétaire est régie par la loi 19-99 du 15 août 1999 modifiant et complétant la loi n° 022-92 du 20 août 1992, la loi n° 17-2004 du 27 octobre 2004 et les décrets des 26 mai 2001, 24 avril 2002 et 24 décembre 2004. A Djibouti, prévue par la Constitution de 1992, la Cour des comptes est créée par la loi n° 136/AN/97 du 2 juillet 1997 modifiée en 2001. Au Gabon, la Chambre des comptes créée par la constitution de 1962 a été transformée en Cour des comptes à la faveur de la révision constitutionnelle du 18 mars 1994. Au Maroc, la Cour des comptes créée en 1979, a été constitutionnalisée en 1996. Au Burkina Faso, la Cour des comptes instituée par la Constitution de 1991 révisée en 2000, a été créée par la loi organique du 16 mai 2000. Au Luxembourg, instituée par l'article 105 de la Constitution et la loi du 8 juin 1999, la Cour des comptes a pris le relais de la Chambre des comptes créée en 1840 par un arrêté royal grand-ducal. Au Liban, prévue par la constitution de 1926, la Cour des comptes n'a été créée qu'en 1951. En Mauritanie, la Cour des Comptes a été instituée par l'article 68 de la constitution du 20 juillet 1992, pour succéder à l'organe de contrôle général d'État. En Moldavie, la Cour des comptes a été créée par la loi n° 312-XIII du 8 décembre 1994, sur le fondement de l'article 133 de la Constitution. A Madagascar la Cour des comptes a été créée en 2004. En Roumanie, la Cour des comptes, dans sa forme actuelle a été instituée par la constitution de 1991. Au Sénégal, la Cour des comptes qui était une section du conseil d'État, a été érigée en juridiction autonome à la faveur de la réforme constitutionnelle de 1999. En Tunisie, la Cour des comptes instituée par la Constitution du 1er juin 1959, n'a été effectivement mise en place qu'en 1968. En Belgique la Cour des comptes est prévue à l'article 180 de la constitution. Une Cour des comptes existe également au Togo et République Centrafricaine. En France, la justice financière, créée en 1807 est désormais consacrée à l'article 47-2 de la constitution, et organisée par la loi n° 2001-1248 du 21 décembre 2001 relative aux chambres régionales des comptes et à la Cour des comptes. Le modèle français de reddition des comptes publics prévoit également un dispositif de contrôle, de gestion et de sanction des ordonnateurs. Rattachée depuis 1948 à la Cour des comptes, la Cour de discipline budgétaire et financière, est une juridiction administrative spécialisée, compétente à l'égard des représentants, administrateurs ou agents de l'État ou des collectivités territoriales qui auraient méconnus les règles d'exécution des recettes et dépenses publiques.

1016 La Commission de vérification des comptes de l'union des Comores, a été créée par l'ordonnance n° 00-07/CE du 5 avril 2000 avant d'être constitutionnalisée à l'article 29 de la constitution du 23 décembre 2001. Le Tribunal des comptes d'Andorre a été mis en place en 2000. Le Tribunal des comptes du Cap-Vert, prévu à l'article 216 de la constitution, est organisé par la loi n° 84/IV/93 du 12 juillet 1993. Il existe également un Tribunal des comptes de Guinée-Bissau. Au Canada, on peut citer, le Bureau du vérificateur général du Canada créé en 1878, et le vérificateur général du Québec institué par la loi du 20 juin 1985. En Suisse, le système de contrôle fédéral des finances a été institué par la loi fédérale du 28 juin 1967, révisée en 1999.

1017 La Chambre des comptes et de discipline budgétaire du Niger a été créée en 2000. Celle de Djibouti a été créée en 2001. La Section des comptes de la Cour suprême du Mali, prévue à l'article 83 de la constitution du 25 mai 1992, s'est vue définir ses missions par la loi organique n° 96-071 du 16 décembre 1996 portant organisation de la Cour suprême. La Chambre des comptes de la Cour suprême du Cameroun, prévue à l'article 41 de la constitution, est régie par la loi n° 2003/005 du 21 avril 2003 fixant

dans le cadre d'un processus de réformes institutionnelles. Dans certains pays par exemple, le mouvement de décentralisation des structures administratives s'est accompagné de la création d'institutions régionales de contrôle, compétentes à l'égard des collectivités locales et de leurs établissements publics. Les Cours des comptes sont ainsi parfois relayées au niveau local, par des chambres régionales des comptes[1018], chargées d'assurer en première instance, le contrôle des comptes et de la gestion des collectivités territoriales et de leurs satellites[1019].

Les institutions supérieures de contrôle des finances publiques contribuent à la consolidation de l'État de droit et à la gouvernance financière en s'appuyant sur les principes d'information et de transparence. Au sein de l'espace francophone, elles exercent des fonctions variées qui peuvent être juridictionnelles, administratives et consultatives[1020]. Dans l'exercice de ses compétences juridictionnelles, le juge financier est essentiellement juge des comptes publics. Cette fonction traditionnelle le conduit à vérifier la régularité des écritures comptables. Son contrôle s'exerce sur la régularité et l'exactitude matérielle des comptes que doivent présenter les comptables publics dans les délais et formes prescrits par la loi. Il exerce donc à la fois un contrôle financier et un contrôle de légalité. Mais si la justice financière s'adresse principalement aux comptables patents, soumis aux règles de la comptabilité publique, elle concerne aussi les comptables de fait, c'est-à-dire, à toutes les personnes et notamment les ordonnateurs, qui se seraient irrégulièrement immiscées dans leurs fonctions. La Cour déclare et apure donc également les gestions de fait. L'objectif est de vérifier que les comptes ont été tenus, les recettes, encaissées et les dépenses, exécutées, dans le respect des prescriptions et diligences légales et

---

les attributions, l'organisation et le fonctionnement de la Chambre des comptes de la Cour suprême. Celle de la Cour suprême du Bénin, créée en 1960, est régie par l'ordonnance n° 21/PR du 26 avril 1966. Au Tchad, la Chambre des comptes est instituée à l'article 157 de la Constitution de 1996 et son fonctionnement est régi par la loi du 7 août 1998 relative à la Cour Suprême. En Côte d'Ivoire, la Cour des comptes prévue à l'article 102 de la constitution de 2000 n'a toujours pris son autonomie. En attendant l'adoption de la loi organique, la chambre des comptes de la Cour suprême, instituée depuis 1961, continue d'exercer les fonctions de juge et de contrôleur des comptes publics.

1018 En France il existe vingt-six chambres régionales ou territoriales des comptes. Au Maroc en 2002, neuf Cours régionales des comptes ont été créées sur le fondement de l'article 98 de la constitution. En Tunisie les quatre Cours régionales dont la création a été décidée en 2001 ont été progressivement installée. A Madagascar, six tribunaux financiers ont été installés dans les Provinces. Au Gabon, les chambres provinciales des comptes dont la loi organique du 16 septembre 1994 prévoyait la création, ont été installées en 2006. Au Cameroun, les tribunaux régionaux des comptes ont été créés conformément à l'article 41 de la constitution, par la loi n° 2006/017 du 29 décembre 2006, fixant l'organisation, les attributions et le fonctionnement des tribunaux régionaux des Comptes.

1019 Associations, établissements publics, société d'économie mixte, etc.

1020 Article 124 de la constitution malgache ; article 76 de la constitution gabonaise ; articles 147 et ss. de la constitution du Maroc ; article 116/ter de la constitution du Niger ; article 96 alinéa 4 de la constitution du Sénégal ; article 90 de la Constitution de la République Centrafricaine ; article 107 de la constitution du Togo.

réglementaires. L'institution supérieure de contrôle donne en cas de comptabilité conforme aux règles budgétaires, un *quitus*, sinon elle rend un arrêt de débet. Elle contrôle soit en premier et dernier ressort, soit dans certains États, en appel[1021], les comptes des comptables publics[1022], sous réserve de pourvoi en cassation devant le juge administratif suprême[1023]. Sa mission est donc ici de garantir la sincérité et l'équilibre des comptes publics.

A côté des fonctions juridictionnelles classiquement partagées par les juridictions financières francophones, celles-ci exercent des compétences administratives. Le contrôle des états financiers est un contrôle administratif qui porte sur l'exécution des lois de finances et du budget de l'État[1024], ainsi que sur la gestion des organismes publics. Le juge financier a ici pour mission de vérifier la régularité des recettes et des dépenses et de s'assurer du bon usage des crédits, fonds et valeurs gérés par les services de l'État ou par les autres personnes morales de droit public. Au-delà des comptes publics, la justice financière peut être chargée de l'examen de l'emploi des deniers publics au sens large : elle assure à ce titre, la vérification des comptes des collectivités locales, des entreprises publiques et des organismes à participation financière publique[1025]. Elle vérifie que les structures relevant de leur compétence, conduisent leurs opérations de manière régulière et efficiente, et qu'elles en rendent compte auprès de la représentation nationale et du public. Ce contrôle s'étend à tous les organismes publics ou assimilés. Il est parfois assorti d'une mission de certification des comptes[1026] qui permet à la Cour de se prononcer sur la conformité des états financiers d'une entité, aux règles comptables auxquelles sa gestion est soumise. Dans l'accomplissement de cette mission, elle n'a pas de pouvoir d'enjoindre car les décisions qu'elle rend, n'ont pas ici force de chose jugée. Elle fonctionne alors comme une autorité administrative indépendante et ne peut que rendre publiques, par lettres ou rapports particuliers, ses critiques et recommandations. Dans certains États, la juridiction financière est même compétente pour contrôler

1021 La Cour des comptes connaît en appel des décisions rendues par les chambres locales des comptes, dans les pays où elles existent.

1022 A Madagascar, elle statue en appel des jugements rendus en matière financière par les juridictions ou les organismes administratifs à caractère juridictionnel.

1023 Voir notamment, l'article 91 de la Constitution de la République centrafricaine.

1024 Dans certains États, il peut aussi porter sur le budget des organismes de sécurité sociale. C'est le cas notamment en France et au Bénin.

1025 Établissements publics à caractère industriel et commercial, Sociétés d'État, d'économie mixte, société à participation financière public majoritaire, etc.

1026 C'est le cas en France. C'est également le cas au Burundi (voir l'article 5 de la loi du 31 mars 2004).

les dépenses des partis politiques[1027] ou la gestion des organismes privés bénéficiant de subventions publiques[1028].

De très nombreuses institutions suprêmes de contrôle financier ont pour mission d'apporter une assistance technique au gouvernement et au parlement. L'exercice de cette mission mobilise à la fois des compétences administratives et des compétences consultatives. A l'égard du parlement, les institutions supérieures de contrôle des finances publiques ont vocation, dans des géométries variables, à l'accompagner dans le vote de la loi de finances, le contrôle de l'exécution du budget et l'évaluation des politiques publiques. A l'égard du gouvernement, l'institution supérieure de contrôle doit répondre aux demandes portant notamment sur la gestion de l'État. Dans une dynamique de régulation budgétaire, elle donne donc des avis et procède à toutes les études de finances et de comptabilité publiques qui lui sont demandées par le gouvernement ou le parlement. La publicité de leurs travaux, observations et recommandations, est un indicateur de l'autorité et de l'indépendance de ces institutions. La plupart des textes établissant les institutions supérieures de contrôle dans l'espace francophone, prévoient la production d'un rapport public annuel, d'un rapport sur l'exécution des lois de finances et le cas échéant, de rapports thématiques. Ces rapports, même s'ils s'adressent à l'exécutif et ou au parlement, participent de la mise en œuvre du droit des citoyens à être informés de l'usage faits des deniers publics. Les juridictions financières ont donc aussi une mission d'information du public. Ce qui, par la vertu de la transparence, doit contribuer à l'amélioration de la gestion publique et donc au renforcement de l'État de droit.

Les institutions supérieures de contrôle des finances publiques sont ainsi chargées de veiller au bon emploi des deniers publics. Il est évident que l'exercice optimal de leurs compétences commande qu'elles soient indépendantes. Ces institutions doivent donc être libres dans l'établissement de leur programme de travail et dans la détermination de l'étendue et de l'intensité de leur contrôle. Elles doivent pouvoir exercer leurs compétences sans interférence avec l'administration, pour une meilleure sécurisation des deniers publics. Or à ce niveau, la réalité n'est pas toujours conforme au principe. Même si l'exigence du contrôle des finances publiques est reconnue par la Francophonie et largement partagée dans l'espace francophone, de nombreuses contraintes méritent d'être levées pour garantir son effectivité et son efficacité.

1027 Au Mali, la loi n° 05-047 du 18 août 2005 portant Charte des partis politiques prévoit que la section des comptes de la Cour suprême doit produire tous les ans un rapport annuel de vérification des comptes des partis politiques.

1028 Elle vérifie que l'emploi des fonds est conforme à l'intention des donateurs. Voir en France l'article L. 111-7 du Code des juridictions financières. C'est également le cas au Bénin.

B. La persistance de certaines contraintes

En dépit de l'affirmation de son importance et de sa multiplication dans l'espace francophone, la juridiction financière reste un édifice dont la construction est loin d'être achevée. Le cadre institutionnel du contrôle des finances publiques n'est pas partout affermi[1029]. Seuls quelques pays disposent d'une Cour des comptes totalement indépendante. Dans nombre de systèmes africains notamment, le contrôle juridictionnel des finances publiques continue de relever d'une formation spécialisée de la Cour suprême. L'autonomisation des Cours parfois constitutionnellement prévue n'est pas encore partout effective. Dans d'autres États, la juridiction supérieure de surveillance financière partage sa mission de contrôleur des comptes publics avec d'autres institutions[1030]. Ce qui ne va pas sans créer des difficultés en termes de chevauchement de compétences. Même si certaines institutions ont une capacité d'auto saisine plus ou moins générale, la plupart d'entre elles ne peuvent être saisies que par le citoyen, le pouvoir exécutif et/ou par le Parlement. Qui plus est, ces institutions évoluent bien souvent dans un contexte fragile qui ne leur permet pas toujours à remplir efficacement leurs missions. D'un côté les nombreux retards observés dans la production des comptes de l'État ne permettent pas aux institutions de contrôle des finances publiques, d'exercer convenablement leurs fonctions et de transmettre au parlement les informations utiles sur l'exécution du budget. De l'autre, non seulement les membres de ces institutions ne sont pas toujours désignés selon des modalités transparentes[1031] mais en plus, la faiblesse des moyens mis à leur disposition, contraste avec l'accroissement des besoins en la matière. Tous ces obstacles persistants sont évidemment de nature à limiter l'impact du contrôle des institutions supérieures de contrôle des finances publiques. Si pour inverser cette tendance, les institutions de contrôle doivent en ce qui les concerne, sanctionner plus sévèrement les retards persistants dans la production des comptes, les États doivent quant à eux, consacrer au plus niveau de la hiérarchie des normes, leur mandat et leur indépendance. Ils doivent également mobiliser des efforts substantiels afin de renforcer les capacités de fonctionnement des institutions de contrôle et de leur permettre d'assurer de manière transparente et efficace, leurs fonctions.

1029 Pour illustrer cette réalité, voir notamment SIETCHOUA DJUITCHOKO Célestin, « La réforme inachevée du contrôle juridictionnel des comptes au Cameroun », *Revue Juridique et Politique des États Francophones*, janvier-mars 2004, n° 1, pp. 70-118 ; « La difficile gestation des juridictions inférieures des comptes au Cameroun », *Juris Périodique*, 2006, n° 68, pp. 101-113.

1030 Au Burundi la Cour des comptes partage ses compétences avec l'inspection générale de l'État. Au Cameroun, c'est avec les services du contrôle supérieur de l'État que la Chambre des comptes de la Cour suprême partage son champ de compétences matérielles.

1031 OIF, Délégation à la paix, à la démocratie et aux droits de l'Homme, *État des pratiques de la démocratie, des droits et des libertés dans l'espace francophone, 2006*, *op. cit.*, pp. 139-141.

De plus, l'obligation légale de publication de rapport, qui pèse de manière générale sur les institutions supérieures de contrôle des finances publiques, n'a hélas pas encore, dans nombre d'États, reçu de traduction effective. Si certaines institutions publient chaque année de véritables rapports, d'autres en revanche ne publient que des rapports d'activité ou des rapports sur l'exécution du budget. Ce qui, du point de vue du contenu des rapports, est bien souvent, en deçà des enjeux. Du point de vue de leur régularité, l'on observe que la périodicité, en principe annuelle, des rapports, reste encore un défi pour nombre d'institutions. A ce niveau, les juridictions financières doivent donc améliorer le contenu des rapports et veiller à la régularité de leur publication, alors que les pouvoirs publics se doivent de donner une suite à leurs observations. Si les institutions supérieures de contrôle, en général, ne disposent pas de mécanismes formalisés de suivi, il appartient aux représentations nationales, de veiller à ce que leurs recommandations soient suivies par l'exécutif.

Dans l'accomplissement de leur mission, les institutions de contrôle des finances publiques exercent un magistère d'influence. Pour que la capacité d'influence de ces « *chevaliers sans épée* »[1032], puisse véritablement contribuer à l'approfondissement de l'État de droit, leur situation statutaire et matérielle doit être renforcée. La consécration de leur autonomie fonctionnelle, organisationnelle et financière doit les mettre à l'abri de toutes formes de tutelle, de hiérarchie ou d'immixtion, pour leur permettre d'opérer librement leurs vérifications. Ce qui permettra, *in fine*, par la promotion des logiques de transparence et de reddition des comptes, de responsabiliser davantage les gestionnaires et donc d'améliorer la performance du secteur public dans son ensemble.

La Francophonie, consciente de l'importance du rôle des institutions supérieures de contrôle dans un État droit, s'attache particulièrement à renforcer leurs capacités par l'aide à la publication et à la diffusion des rapports, par l'amélioration de leur positionnement institutionnel et enfin par des programmes de formation et d'échanges, en soutenant notamment les rencontres thématiques de l'Association des Institutions Supérieures de Contrôle ayant en Commun l'Usage du Français (AISCCUF). Ce réseau des professionnels du contrôle des finances publiques a été créé il y a une vingtaine d'années dans le but de favoriser au sein de l'espace francophone, l'approfondissement de l'État de droit, par un développement effectif des finances publiques. A travers ses séminaires réguliers, soutenus par la Francophonie[1033], l'AISCCUF, non seulement permet à ses

---

1032 ROSENEAU Christophe « Le rôle des juridictions financières », *in* GABORIAU Simone et PAULIAT Hélène, *Justice et démocratie*, *op. cit.*, p. 450.

1033 L'on peut citer notamment les séminaires sur « Le contrôle de l'exécution du budget de l'État », tenu à Dakar du 10 juin au 14 juin 1996 ; « Les fonctions du greffe, des archives et de la documentation, dans les juridictions financières », tenu à Rabat du 20 au 23 septembre 1999 ; « Les fonctions de

membres de réfléchir sur des problématiques essentielles, mais encore facilite entre eux, des échanges d'expérience et la diffusion de bonnes pratiques en matière de contrôle des finances publiques. Puisque les conditions d'autonomie ne sont pas toujours réunies et que des risques d'atteinte subsistent, les efforts francophones doivent être maintenus, pour parvenir à une gestion saine et efficace des finances publiques dans tous les États de l'espace francophone. Cette mobilisation francophone implique certes la formation des personnels des juridictions financières, mais aussi le renforcement de leur indépendance, de leur autorité et de leurs capacités de fonctionnement. Car l'assainissement des finances publiques fait aussi partie des mécanismes de sécurisation de la démocratie et de l'État de droit.

Mais à côté des institutions juridictionnelles, le développement des droits fondamentaux a conduit la plupart des constituants francophones à explorer des voies de contrôle, organiquement séparées de la justice institutionnelle. Quoique non juridictionnels, les mécanismes alternatifs de règlement des différends participent eux aussi à l'objectif de protection des droits de l'Homme et à l'équilibre du système de l'État de droit. S'il est un truisme d'affirmer que l'État de droit exige, pour la protection de l'ordre juridique et des droits fondamentaux, la mise en place d'une justice formelle, indépendante, rapide et efficace, il convient de souligner qu'il ne peut durablement se réaliser et se maintenir que s'il est assorti de mécanismes non juridictionnels de règlement des conflits. Tel est l'autre versant du défi au cœur de l'action francophone en faveur de la consolidation de l'État de droit.

SECTION II. LES MODES ALTERNATIFS DE REGLEMENT DES DIFFERENDS : UN COMPLEMENT INDISPENSABLE POUR LA REGULATION DES CONFLITS SOCIAUX ET LA GARANTIE DES DROITS

Face aux nombreuses faiblesses de la justice institutionnelle tantôt dévoyée, tantôt en crise, voire en faillite, la recherche d'une éthique humaine et sociale de la justice a conduit à l'expérimentation de méthodes participatives sur lesquelles

---

secrétariat général et le rôle du Ministère public dans une Cour des comptes », tenu à Nouakchott du 12 au 16 novembre 2000 ; « Le contrôle des collectivités locales », tenu à Montpellier du 28 mai au 1er juin 2001 ; « La gestion des personnels des institutions supérieures de contrôle et leur formation continue comme élément fondamental de l'indépendance des institutions supérieures de contrôle », tenu à Bruxelles en novembre 2002 ; « Les procédures juridictionnelles relative au jugement des comptes des institutions supérieures de contrôle », tenu à Ouagadougou en 2004 ; « Le contrôle des dépenses du personnel de l'État », tenu à Djibouti du 26 mars au 1er avril 2006 ; « Le contrôle des délégations de service public et des marchés publics », tenu à Tunis du 5 au 8 avril 2009 ; « Le contrôle de la dette de l'État », tenu à Tanger du 4 au 6 octobre 2010, etc.

s'appuie, ce que l'on appelle aujourd'hui de manière générique, les modes alternatifs de règlement des différends[1034].

Au-delà des voies de médiation, de conciliation et de gestion qui, dans un souci de régulation et de rapprochement de la justice, ont pour intérêt, par leur flexibilité, de soulager les juridictions nationales, la plupart des États ont, toujours en quête de solutions alternatives, mis en place des autorités administratives indépendantes, lesquelles se sont enracinées dans le paysage institutionnel au point de devenir aujourd'hui une modalité de l'action étatique au sens large. Leur mise en place obéit par principe à une volonté de dé-juridictionnalisation. Elle procède d'une « *prise de conscience des limites et insuffisances du recours au juge* »[1035]. L'engorgement des tribunaux, leur rigidité et leur formalisme conduisent ainsi à rechercher des voies alternatives de règlement des litiges, s'inscrivant dans une dynamique de régulation. Les instances nationales de médiation et institutions nationales de protection des droits de l'Homme participent de cette dynamique. Dans la recherche de voies souples, pragmatiques et non juridictionnelles de protection des droits fondamentaux, la plupart des États leur ont reconnu une place particulière dans la structure de l'État de droit[1036].

La coopération francophone a parfaitement compris l'intérêt de ces mécanismes dans l'architecture institutionnelle de l'État de droit. Dans le Plan d'action du Caire la Francophonie s'est donnée pour mission d'appuyer les institutions non juridictionnelles de médiation et de conciliation, ainsi que les mécanismes nationaux et internationaux de contrôle du respect des droits de l'Homme. Ces institutions et mécanismes non juridictionnels de règlement des différends contribuent également à renforcer l'étanchéité de la digue de l'État de droit. Dans leurs sphères d'intervention respectives, les instances nationales de médiations (§ 1) et les commissions nationales des droits de l'Homme (§ 2), apparaissent, pour la Francophonie, comme des leviers essentiels d'une bonne distribution de la justice et comme des observateurs attentifs de l'exigence fondamentale de garantie des droits.

1034 Équivalents dans la tradition romano germanique, des « *alternative dispute resolution* » des systèmes de *common law*, ces mécanismes alternatifs suggèrent une application souple et pragmatique de la relation juridique. Voir notamment GOLBERG Stephen, GREEN Eric, SANDER Frank, *Dispute resolution*, Aspen Publishers, 2007, 864 p.

1035 CHEVALLIER Jacques, « Autorités administratives indépendantes », *in* CADIET Loïc, *Dictionnaire de la Justice*, *op. cit.*, p. 95.

1036 JACOBY Daniel, « L'ombudsman, comme mécanisme non juridictionnel de protection des droits », *in* AUF, *L'effectivité droits fondamentaux dans les pays de la communauté francophone*, *op. cit.*, pp. 465-504.

§ 1. La promotion des instances nationales de médiation

Les instances nationales de médiation permettent, par des voies non juridictionnelles, de désamorcer les conflits entre l'administration et ses usagers. Elles contribuent ainsi à prévenir le contentieux et donc à désengorger les tribunaux. Ces alternatives à la justice répondent à la nécessité impérieuse de soutenir le service public de la justice qui, comme on le sait, pâtit de l'écart parfois abyssal entre ses capacités de fonctionnement et la quantité des demandes qu'il doit satisfaire. Les dysfonctionnements liés à la distance, à la lenteur, au formalisme et au coût de la justice, expliquent en grande partie, son incapacité à réguler efficacement l'ensemble des conflits sociaux. Puisque l'appareil judiciaire est partout, submergé par la croissance du contentieux de masse, l'instance de médiation apparaît aujourd'hui, comme un nouveau mode de régulation sociale, destiné à protéger les usagers des effets dommageables de la « *maladministration* ». Si la médiation en elle-même, n'est pas un phénomène nouveau, elle a été réinventée et recomposée dans un cadre plus institutionnalisé, en vue de répondre, dans un contexte profondément marqué par la crise de la justice, à la dégradation générale des rapports entre le service public administratif et ses usagers. Dans ces circonstances, les instances de médiations, en exerçant un contrôle extérieur plus accessible, moins formaliste et moins coûteux sur le service public, quel qu'il soit, permettent à la fois de restaurer la confiance du public et de renforcer la protection les droits et libertés.

Inaugurée en Suède en 1809, la formule des ombudsmans connaît un réel succès dans les démocraties contemporaines, soucieuses de garantir les droits et la dignité du citoyen face à l'arbitraire de l'appareil étatique[1037]. Elle s'est très vite généralisée dans le monde francophone, lui aussi à bien des égards, touché par la crise de l'administration et de la justice. Déjà en 1995, les États francophones estimaient dans le Plan d'action du Caire, qu'il était souhaitable qu'à côté des procédures juridictionnelles rigides et parfois inéquitables, coexistent des procédures de régulation plus informelles et plus souples. Ce qui a suscité, dans nombre d'États francophones, la mise en place, sur le modèle de la très ancienne institution de l'Ombudsman, d'autorités de régulation, indépendantes des pouvoirs institués, et chargées de servir d'intermédiaire entre les administrés et l'administration, pour résoudre les problèmes qui échappent aux voies de droit normales. L'existence d'un Médiateur de la République[1038], d'un Médiateur

---

1037 Le lecteur intéressé par une approche conceptuelle pourra consulter notamment BOUSTA Rhita, « Contribution à une définition de l'Ombudsman », *Revue française d'administration publique*, n° 123, 2007, pp. 387-398.

1038 Belgique (médiateur fédéral, médiateur de la région wallonne), Burkina Faso (médiateur du Faso). Un médiateur de la République est également institué au Bénin, au Gabon, au Mali, au Sénégal, au Congo, en République centrafricaine (article 104 de la constitution), au Togo (article 154 de la constitution). En Côte d'Ivoire, le médiateur de la République institué par l'article 115 de la constitution,

national[1039], d'une institution du Médiateur[1040], d'un Médiateur de justice[1041], d'un Défenseur des droits[1042], d'un Protecteur du citoyen[1043], Commissaire aux langues officielles[1044], d'un Avocat du peuple[1045] ou Ombudsman[1046], révèle la mobilisation de l'ensemble des États francophones à l'égard de cet enjeu. Le développement de cet organe, autrefois « *inconnu* »[1047], et aujourd'hui, figure incontournable du dispositif de l'État de droit démocratique, traduit une irréfutable volonté de renforcer la sécurité juridique des citoyens face aux abus de l'administration.

L'instance de médiation est un organe non juridictionnel de protection des citoyens dans leurs rapports avec l'administration. L'essence de son mandat doit conduire le Médiateur à trouver une solution raisonnable, respectueuse de l'équilibre entre l'intérêt individuel et l'intérêt collectif. Ayant aussi vocation à protéger les droits et libertés, le Médiateur propose en théorie, contrairement aux cours et tribunaux, un office beaucoup plus facile d'accès. Il offre, à côté des recours administratifs internes et des recours juridictionnels, une voie non contentieuse de règlement des litiges administratifs. Il n'a vocation, ni à se substituer au juge, ni à le concurrencer. Au contraire, son mandat doit relayer le juge en cas de besoin, et faciliter l'accès à la justice au sens large, c'est-à-dire, en équité. Sous cet angle, il contribue par son action, à améliorer la qualité de la justice. Mais pour qu'il puisse accomplir efficacement sa mission et contribuer à l'amélioration du service public de la justice (B), le Médiateur doit être indépendant (A).

---

remplace l'ancien Organe Présidentiel de Médiation (OPREM), créé par le décret n° 95-816 du 29 Septembre 1995. Ses attributions, son organisation et son fonctionnement ont été fixés par la loi organique n° 2007-540 du 1er août 2007.

1039 Au Tchad.

1040 Au Maroc l'institution du Médiateur a été créée par le Dahir (décret royal) n° 1-11-25 du 17 mars 2011, pour moderniser l'ancienne institution du *Diwan Al Madhalim*.

1041 Au Cap-Vert.

1042 Un Défenseur public des droits a été institué en République tchèque (loi n° 349-1999 du 8 décembre 1999). En France, depuis la réforme constitutionnelle de 2008, l'institution du Défenseur des droits incarne à elle toute seule le Médiateur de la République, le Défenseur des enfants, la Commission nationale de déontologie de la sécurité et à la Haute autorité de lutte contre les discriminations et pour l'égalité.

1043 Canada, Haïti (office de la protection du citoyen et de la citoyenne).

1044 Prévu au Canada à côté des ombudsman et protecteur du citoyen.

1045 Roumanie, Albanie, Moldavie (avocat parlementaire).

1046 Maurice, Burundi (Titre IX de la constitution), Canada, Bulgarie (voir la loi relative à l'Ombudsman, D.V. n° 48 du 23 mai 2003), Nouveau-Brunswick.

1047 LE CLAINCHE Michel, « L'ombudsman, cet inconnu », *Revue française d'administration publique*, n° 64, octobre-décembre 1992, pp. 563-566.

A. La nécessaire autonomie du Médiateur

De plus en plus considéré comme un marqueur essentiel de la gouvernance démocratique, le Médiateur est généralement compétent pour examiner les décisions de l'administration publique et évaluer les modalités d'application des lois et règlements. Sa neutralité est donc indispensable pour garantir aux citoyens, un traitement crédible et objectif de leurs réclamations. Par essence, le Médiateur ne doit dépendre, ni ne recevoir d'instruction d'aucune autre autorité. Il ne saurait se trouver dans une quelconque situation de subordination, qui pourrait avoir pour effet de pervertir sa fonction, d'entacher sa crédibilité et de miner son autorité[1048]. Son indépendance est donc un élément important de sa légitimité. Hélas, cette nécessaire indépendance n'est pas toujours respectée ou peut, à tout le moins être nuancée[1049]. La pratique laisse observer que le Médiateur, qu'il se trouve dans une démocratie rodée ou dans une démocratie en construction, doit se battre quotidiennement pour conquérir l'effectivité de son indépendance. Conçue comme une autorité indépendante de défense des droits individuels, l'instance nationale de médiation ne peut exercer pleinement sa fonction que si elle dispose d'une autonomie organique, de pouvoirs clairs et de moyens suffisants. Elle doit avoir un statut et des moyens qui lui permettent de promouvoir et de défendre les droits des citoyens dans leurs rapports avec l'administration.

C'est un enjeu auquel la Francophonie est particulièrement attachée. Dans le cadre de son action en faveur de la consolidation des institutions anciennes et nouvelles de l'État droit, la Francophonie apporte son appui aux institutions nationales de médiation, dont elle a soutenu, en 1998, la mise en place du réseau francophone. A travers son soutien aux activités de l'Association des Ombudsmans et Médiateurs de la Francophonie (AOMF), l'OIF contribue au renforcement des capacités de ces institutions, dont elle a conscience de la place désormais incontestable, dans un État de droit démocratique. L'exigence d'indépendance questionnée et défendue par l'association[1050], est soulignée dans ses statuts, qui en font, une condition du bénéfice de la qualité de membre

---

1048 OIF, Délégation à la paix, à la démocratie et aux droits de l'Homme, *État des pratiques de la démocratie, des droits et des libertés dans l'espace francophone, 2006, op. cit.*, p. 146.

1049 Voir BAUDOT Pierre-Yves et REVILLARD Anne, « Le Médiateur de la République : périmètre et autonomisation d'une institution », *Revue française d'administration publique*, 2011/3, n° 139, pp. 339-352 ; BOUSTA Rhita, « Le défenseur des droits : une apparence trompeuse d'innovation », VIIIe Congrès de l'AFDC, Nancy, 16-18 juin 2011. Disponible en ligne sur : http://www.droitconstitutionnel.org/congresNancy/comN6/boustaT6.pdf.

1050 AOMF, *Ombudsmans et Médiateurs : l'indépendance de l'institution au service de la démocratie*, Nouakchott, mai 1998.

votant[1051]. En s'appuyant sur les prescriptions des Principes de Paris, les Ombudsmans et Médiateurs francophones ont dégagé, pour mesurer leur indépendance, une série de critères cumulatifs : l'identité juridique, la procédure de nomination et la stabilité du mandat, la liberté de choix des collaborateurs, la transparence des travaux, les modalités de saisine et l'autonomie financière[1052].

L'identité juridique renvoie à la nature du texte fondateur de l'institution de médiation. Elle est un indicateur de son niveau d'indépendance. Le positionnement textuel du Médiateur est fort important car, selon leur niveau dans la hiérarchie normative, les textes n'offrent pas les mêmes garanties de stabilité à l'institution. Si la plupart des institutions francophones de médiation ont été créées par la loi[1053], d'autres trouvent leur fondement juridique dans la constitution[1054], ou a minima dans un acte réglementaire[1055]. La source réglementaire du mandat du Médiateur, le place dans une situation de précarité statutaire. Ce qui peut poser de réels problèmes en ce qui concerne son indépendance organique. A rebours, le statut constitutionnel offre quant à lui, à l'institution une garantie solide. Il la met davantage à l'abri des menaces potentielles du pouvoir politique. La Francophonie doit donc plaider pour que soient consacrés dans la loi fondamentale, l'indépendance et les pouvoirs des Médiateurs francophones.

L'indépendance du Médiateur dépend par ailleurs des modalités de sa nomination et de la stabilité de sa fonction. Généralement représenté par un

1051 L'institution nationale de médiation qui ne répond pas à ce critère d'indépendance ne saurait appartenir à l'association qu'en qualité de simple membre associé. De même, l'institution membre qui ne satisferait plus à cette exigence pourrait être suspendue ou radiée de l'association. Voir l'article 7.1.1 des statuts de l'AOMF.

1052 OIF, Délégation à la paix, à la démocratie et aux droits de l'Homme, *État des pratiques de la démocratie, des droits et des libertés dans l'espace francophone, 2006*, *op. cit.*, p. 41.

1053 C'est le cas au Burkina Faso avec la loi organique n° 22/94/ADP du 17 mai 1994. En Belgique, c'est la loi du 22 mars 1995 modifiée en 2004 et en 2007, qui a institué le Médiateur fédéral. Au Mali, le médiateur a été institué par la loi n° 97-002 du 14 mars 1997. En République Tchèque, il est créé par loi du 8 décembre 1999. Au Sénégal, il est régi par la loi n° 99-04 du 29 janvier 1999 abrogeant et remplaçant la loi n° 91-14 du 11 février 1991. Au Liban, c'est la loi n° 664 du 4 février 2005 qui institue le médiateur de la République. Au Bénin, après avoir été institué par décret (décret n° 2006-417 portant création, attributions, organisation et fonctionnement de l'Organe Présidentiel de Médiation abrogé et remplacé par le décret n° 2008-158), le médiateur est désormais régi par la loi n° 2009-22 du 11 août 2009. Le médiateur est également institué par la loi au Luxembourg, en Moldavie, en Roumanie et au Canada (commissaire des langues officielles, protecteur du citoyen du Québec, Bureau de l'ombudsman et service de défenseur des enfants et de la jeunesse du Nouveau-Brunswick).

1054 Voir notamment l'article 115 de la constitution ivoirienne, les articles 60 à 63 de constitution d'Albanie, les articles 207 et suivants de la constitution de Haïti, l'article 71-1 de la constitution française, les articles 237 et suivants de la constitution burundaise, l'article 154 de constitution togolaise, les articles 127 et suivants de la constitution guinéenne, les articles 104 et suivants de la constitution centrafricaine.

1055 C'est le cas au Gabon avec le décret n° 1337/PR du 16 juillet 1992 ; au Maroc avec le décret royal n° 1-11-25 du 17 mars 2011 ; le médiateur de la région wallonne relève du décret du 22 décembre 1994. C'est également le cas en Mauritanie, au Bénin, à Madagascar.

titulaire, l'organe national de médiation est fortement personnalisé. Dès lors, son efficacité dépend, dans une large mesure, de la personnalité de son titulaire, qui doit présenter des qualités liées à la compétence, au charisme, à l'éthique, à l'impartialité et au sens de l'initiative. Élus dans une minorité d'États[1056], les Médiateurs francophones sont dans la plupart des États, désignés soit par le pouvoir législatif, soit par le pouvoir exécutif. Dans la majorité des cas, le titulaire est directement nommé par le pouvoir exécutif[1057], parfois après avis du parlement[1058]. Dans les autres, il est désigné par un vote parlementaire à une majorité qualifiée[1059]. Mais qu'elle procède de l'exécutif ou du législatif, la nomination du Médiateur ne doit pas revêtir un caractère politique. Une fois désigné, le Médiateur doit pouvoir agir de façon indépendante. Les modalités de nomination du médiateur réputé compétent, expérimenté et de bonne moralité[1060] doivent, pour garantir son indépendance, s'accompagner d'une certaine stabilité du poste. Dans l'idéal, le mandat doit être ferme, d'une durée suffisamment longue, non révocable et non renouvelable. Dans l'espace francophone, la durée du mandat varie entre trois et dix ans[1061]. Si en général le mandat du médiateur est unique, dans certains États, il est renouvelable[1062]. De manière générale, les Médiateurs et Ombudsmans francophones sont irrévocables et protégés de l'ingérence des pouvoirs politiques par des garanties d'inamovibilité

1056 Bulgarie, Luxembourg, République centrafricaine.

1057 France, Belgique (Service fédéral de médiation pour les pensions), Bénin, Burkina Faso, Maurice, Mali, Guinée, Sénégal, Haïti, Togo, Canada (Commissaire aux langues officielles).

1058 Nommé par le Président de la république après avis du président de l'Assemblée nationale – article 116 de la constitution ivoirienne.

1059 C'est le cas en Albanie, en Belgique (médiateur fédéral, médiateur de la région wallonne), en Moldavie, en Roumanie, au Maroc, au Canada (protecteur du citoyen du Québec, ombudsman de Montréal, bureau de l'ombudsman et le service du défenseur des enfants et de la jeunesse du Nouveau-Brunswick), au Burundi (article 239 de la constitution).

1060 Sur les critères de nomination des médiateurs francophones, voir AOMF, *Recueil de la doctrine de l'ombudsman*, Analyse comparative des statuts et des pratiques des membres de l'Association des Ombudsmans et Médiateurs de la Francophonie, Québec, 2013, Annexe, pp. 64-66.

1061 Le mandat dure trois ans au Togo ; quatre ans à Maurice ; cinq ans en Albanie, en Bulgarie, en Moldavie, en Roumanie, au Bénin, au Burkina Faso, au Maroc, en république centrafricaine, au Québec ; six ans en Belgique, en Côte d'Ivoire, en France, à Madagascar et au Sénégal ; sept ans au Mali, en Guinée, en Haïti et au Canada en ce qui concerne le commissaire aux langues officielles ; huit ans au Luxembourg ; dix ans au Burundi et au Canada en ce qui concerne le Bureau de l'ombudsman et le service du défenseur des enfants et de la jeunesse du Nouveau-Brunswick Québec. Au Gabon, le décret n° 1337/PR du 16 juillet 1992 ne précise pas la durée du mandat du médiateur. Ce qui peut être une menace pour la stabilité du mandat.

1062 Albanie, Belgique, Bulgarie, Moldavie, Roumanie, Maurice, Maroc, Canada (protecteur du citoyen du Québec, ombudsman de Montréal, Commissaire aux langues officielles). Au Togo, l'article 104 de la constitution affirme le caractère renouvelable du mandat, sans fixer de limite au niveau du nombre de mandats.

et d'immunité[1063]. Leur indépendance doit également être protégée par un régime d'incompatibilités à l'égard des mandats électifs ou gouvernementaux, ainsi que de toute fonction susceptible de compromettre le bon exercice et la dignité de leur mission ou porter atteinte à leur indépendance, leur impartialité ou la dignité de leurs fonctions[1064].

L'indépendance du Médiateur se mesure en outre à la liberté qui doit lui être laissée dans le choix de ses collaborateurs. De ce point de vue, l'on observe que la plupart des institutions francophones de médiation disposent d'un personnel propre. La possibilité pour le Médiateur de choisir librement son personnel, constitue une garantie d'indépendance de l'institution. Le personnel doit être conscient de sa fonction sociale et son recrutement doit s'opérer suivant des critères basés sur l'expérience et sur la capacité à traiter les situations conflictuelles de manière neutre et impartiale.

Pour l'institution nationale de médiation, la transparence des interventions est aussi un facteur d'indépendance. Cette transparence des actions obéit à une double exigence. Non seulement elle renforce la crédibilité de l'institution, mais elle permet en plus, d'obtenir en retour, la transparence de l'administration pour une médiation fructueuse.

La faculté d'auto saisine a également été retenue par les Médiateurs francophones comme un critère d'indépendance de leur institution. A vrai dire, si le fait pour le Médiateur, de pouvoir, de sa propre initiative, procéder à des enquêtes sur les matières relevant de sa compétence, élargit sa marge de manœuvre, cela ne saurait être considéré comme un critère d'indépendance à proprement parler, mais plutôt comme un facteur de renforcement de cette autonomie. Dans l'espace francophone, bien souvent, le Médiateur n'a pas la faculté de s'autosaisir. Le déclenchement de son intervention est subordonné à la saisine des administrés ou de certaines autorités publiques. Le plus important est qu'une fois saisi, le Médiateur ait les moyens pour exercer librement et efficacement sa fonction de médiation.

Une institution, quelle qu'elle soit, ne saurait fonctionner faute de moyens. L'absence d'autonomie financière et l'insuffisance des crédits impacte donc négativement l'efficacité des institutions nationales de médiation. Il est heureux de noter qu'à quelques exceptions près[1065], la plupart des institutions francophones de médiation, disposent d'un budget de fonctionnement

1063 JACOBY Daniel, « L'ombudsman comme mécanisme non juridictionnel de protection des droits », *loc. cit.*, p. 466.

1064 Voir par exemple en Belgique, l'article 4, alinéa 7, du décret du 22 décembre 1994 instituant le Médiateur de la Région wallonne.

1065 Il s'agit notamment du Mali, de Madagascar et de la République centrafricaine. Au Gabon, les crédits nécessaires au fonctionnement du cabinet du médiateur sont rattachés au budget de la Présidence de la République.

autonome[1066]. Ceci dit, quel que soit le degré d'autonomie financière de l'institution, il est tout à fait légitime que son budget soit contrôlé *a posteriori* par un contrôleur d'État, et que sa certification soit rendue publique dans un souci de transparence. Selon les États, le contrôle du budget est assuré, soit par la juridiction financière suprême[1067] soit par le Parlement. Cette obligation de rendre des comptes ne saurait être assimilée à une atteinte à l'indépendance du Médiateur. Au contraire, elle obéit à une logique de transparence et de collaboration.

En somme, l'Ombudsman doit disposer de pouvoirs clairs et de ressources suffisantes pour s'acquitter de sa fonction de manière indépendante et efficace. Cette indépendance est un impératif pour toutes les institutions de médiation, qu'elles soient dotées de pouvoirs coercitifs ou pas. Dans l'espace francophone, la majorité des Médiateurs ne dispose pas d'un pouvoir de contrainte ou de coercition. Pour autant, quoique leurs décisions ne soient pas contraignantes, les institutions de médiations doivent, pour être crédible, être en mesure de s'autonomiser et de se distancier des pouvoirs publics, pour défendre avec neutralité et équité, les droits des administrés.

Des garanties minimales sont prévues dans la plupart des États pour garantir l'indépendance des Médiateurs, mais les moyens d'action ne suivent pas toujours. La Francophonie doit donc maintenir, en s'appuyant sur l'AOMF, son action en faveur des Médiateurs francophones pour renforcer leur statut juridique, leurs moyens, leur légitimité et leur capacité à contribuer à la sécurisation des droits et libertés.

B. Le rôle du Médiateur dans la réalisation de la justice et la protection des droits

Le Médiateur est un organe de liaison entre l'administration et l'administré. Au service de l'État de droit, son action en équité replace le citoyen et ses droits fondamentaux au cœur du service public. L'objectif est ici de protéger les citoyens contre toutes les formes d'abus de l'administration publique. Si dans son objet, la mission du Médiateur semble se rapprocher de l'office du juge administratif, elle s'en distingue au moins dans la forme et dans l'esprit. Dans la forme, l'Ombudsman n'est pas enfermé dans une procédure légaliste et contentieuse. Dans l'esprit, sa démarche obéit à une logique de conciliation et peut donc de ce point de vue permettre de prévenir le contentieux juridictionnel ou de suppléer

---

1066 AOMF, *Recueil de la doctrine de l'ombudsman*, *op. cit.*, pp. 20 et 63.

1067 Au Burkina Faso par exemple, cette autonomie financière est indiquée dans la loi organique du 17 mai 1994, qui précise que « *le médiateur n'est pas soumis au contrôle financier du ministère des Finances, mais présente ses comptes au contrôle a posteriori de la chambre des comptes de la Cour suprême* ».

ses lacunes. Sa fonction de contrôle va au-delà du contrôle de légalité. Elle permet, dans un souci d'équité[1068], de sortir du paradigme conflictuel binaire, pour rechercher un juste équilibre entre les intérêts individuels et collectifs[1069]. La Médiateur apparaît ainsi à la fois comme un instrument d'amélioration des relations entre l'administration et les administrés, et outil de défense des droits et libertés[1070].

Si les médiateurs disposent de pouvoir variés et variant selon les pays, ils exercent de manière générale, un certain nombre de prérogatives communes, convergeant autour de la promotion des droits du citoyen face à l'administration. Une décision administrative, qu'elle soit légale ou non, peut avoir des conséquences iniques à l'égard de l'administré. Il revient alors au Médiateur, de recevoir, d'examiner et d'offrir ses bons offices pour la satisfaction des réclamations dont il est saisi. En dressant, par le dialogue, une passerelle entre l'administration et ses usagers, le Médiateur crée un espace de communication qui facilite, en dehors de tout rapport de force, la résolution des litiges en équité. Le Médiateur est un observateur et un contrôleur privilégié de la qualité de l'action administrative. Son action s'inscrit parfaitement dans une logique de régulation. Il constate les problèmes, pose les diagnostics et propose des solutions en vue de réformer le service public et de restaurer sa crédibilité. Il contribue ainsi, via son pouvoir de d'interpellation et de recommandation, à la correction des dysfonctionnements de l'administration.

Tous les Ombudsmans et Médiateurs francophones sont compétents pour recevoir et traiter les réclamations qui leur sont adressées au sujet du fonctionnement des administrations de l'État, des collectivités territoriales et établissements publics. Les personnes autorisées à saisir le médiateur varient d'un État à un autre. Mais en règle générale, toute personne physique[1071] ou morale, citoyenne ou étrangère, constatant une défaillance de l'administration dans le

---

1068 Formellement introduite en France dans le fonctionnement de l'institution, à la faveur de la loi de 1976, la notion d'équité est devenue la marque de fabrique de l'institution de médiation. Voir notamment LEGATTE Paul et BARBE Anne, *Le principe d'équité : défendre le citoyen face à l'administration*, Presses de la Renaissance, 1998, 201 p. ; GILLET Sylvie, *Le Médiateur de la République : inventions et formalisations*, Thèse de doctorat en science politique, Université Paris I, 1994, 508 p. ; WARIN Philippe, *Les dépanneurs de justice. Les petits fonctionnaires entre qualité et équité*, Paris, LGDJ, 2002, 142 p.

1069 BONAFE-SCHMITT Jean-Pierre, *La médiation, une justice douce*, Paris, Syros-alternatives, 1992, 279 p.

1070 BAUDOT Pierre-Yves et REVILLARD Anne, « Le Médiateur de la République au prisme de la démocratie administrative », *Revue française d'administration publique*, n° 137/138, 2011, pp. 193-207.

1071 Ce droit s'étend également aux personnes détenues.

cadre d'une affaire la concernant, peut, par une réclamation individuelle ou collective, porter sa situation devant le Médiateur en vue d'obtenir réparation[1072].

Que la saisine soit directe ou indirecte, le Médiateur a le devoir d'intervenir, dès lors qu'il est saisi d'une réclamation au sujet du fonctionnement d'un service public. Il peut par exemple, en ce qui concerne le service public de la justice, recevoir les réclamations des justiciables usagers de l'administration judiciaire, ainsi que celles des détenus, usagers de l'administration pénitentiaire. A ce niveau, l'action du médiateur ne doit en aucune façon porter atteinte à l'indépendance de la justice. Elle doit se borner, dans les limites de ses attributions, à surveiller le bon fonctionnement du service public de la justice, dans le strict respect de son indépendance. L'interaction entre le juge et le Médiateur ne doit pas s'exprimer dans une logique de concurrence. Elle doit au contraire, être gouvernée par une logique de déférence et de complémentarité. En général, le Médiateur ne peut, ni interférer dans un litige faisant déjà l'objet d'une procédure juridictionnelle, ni remettre en cause le bien-fondé une décision de justice. Qui plus est, il ne peut contrôler que les actes d'administration du service public de la justice. Ces limites permettent d'éviter les chevauchements de compétences et de situer l'action du Médiateur à l'égard de la justice institutionnelle, à un double niveau. D'un côté, il peut être perçu comme un instrument de prévention du contentieux juridictionnel, apte à anticiper la saturation des circuits judiciaires, lourdement impactés par la faiblesse des capacités de traitement. De l'autre, il peut être perçu comme un palliatif aux dysfonctionnements de la justice. A ce niveau, la procédure de médiation, parce qu'elle présente l'avantage d'être simple, gratuite et diligente, se conjugue parfaitement avec l'objectif de construction d'une justice accessible et efficace.

A côté de la réception et du traitement des plaintes, qui sont des missions traditionnelles au cœur de leur activité, les institutions francophones de médiation offrent des clés d'information sur les recours et procédures les plus

---

1072 L'analyse de la situation des différents Médiateurs francophones laisse apparaître deux principales modalités de saisine. Si dans la plupart des États, le Médiateur peut être directement saisi par toute personne physique ou une personne morale, dans d'autres, il ne peut l'être que par le truchement d'un parlementaire ou plus largement d'un élu. A côté des voies de saisine directe et indirecte qui, dans une minorité d'États peuvent se combiner, certains médiateurs disposent d'une faculté d'auto-saisine. Le filtrage induit par la saisine indirecte rajoute de la lourdeur à une procédure se voulant par essence accessible, alors que le pouvoir d'auto saisine constitue un facteur d'autonomisation de l'institution. La médiation institutionnelle est, par principe, d'une structure souple et d'un accès facile. Dans l'espace francophone, les réclamations sont, selon les institutions, adressées au médiateur, soit par écrit, soit à l'oral. Le recours est en général gratuit et dans certains États, déconcentré. L'instance nationale de médiation est alors relayée par des représentants territoriaux, assurant une permanence locale et pouvant être saisis directement. La proximité des délégués régionaux ou provinciaux permet de renforcer l'accessibilité et l'efficacité du bureau du Médiateur pour une protection effective des droits fondamentaux. Elle est donc à promouvoir dans les États francophones. Sur les personnes autorisées dans l'espace francophone à saisir le médiateur, voir AOMF, *Recueil de la doctrine de l'ombudsman*, Québec, 2013, pp. 75-76.

pertinentes et d'orientation des administrés vers les institutions les plus aptes à répondre à leur demande. Au-delà de cette fonction d'information, d'orientation et de conseil, le traitement des réclamations implique, pour l'institution de médiation, une capacité à mener des investigations[1073]. Dans l'exercice de son pouvoir d'enquête ou d'instruction, le Médiateur est généralement chargé de rassembler les informations nécessaires au traitement en équité des plaintes qui lui sont déférées. Les autorités administratives et gouvernementales sont, pour ce faire, tenues de coopérer avec ses services.

Dans l'accomplissement de leur mission, les Médiateurs doivent s'appuyer sur les réclamations individuelles traitées, pour faire plus largement des recommandations en équité aux organismes mis en cause. Leur mission est ici de détecter les situations d'inégalité et les mauvaises pratiques dans le fonctionnement de l'administration, pour aboutir, à travers des rapports officiels, à des propositions objectives. De manière générale, ils doivent pouvoir, en vue de remédier à ces dysfonctionnements, attirer l'attention des autorités compétentes et leur suggérer les réformes législatives ou réglementaires, jugées opportunes et conformes à l'intérêt général. La plupart des institutions francophones de médiation exercent donc un magistère d'influence. En dehors des injonctions que certains Médiateurs peuvent adresser à l'administration pour la contraindre, dans des circonstances parfois difficiles, à exécuter les décisions juridictionnelles qui la condamnent[1074], les décisions des Médiateurs n'ont en général, pas de force contraignante. Ils n'ont pas un pouvoir impératif de décision ou d'annulation, mais peuvent, au terme de leurs enquêtes, interpeller les pouvoirs publics et recommander des solutions. En tant que défenseur de la bonne gouvernance, le Médiateur doit pouvoir diagnostiquer les grands problèmes, questionner l'administration et persuader les pouvoirs publics, pour provoquer ainsi des transformations structurelles nécessaires.

Par ailleurs, l'obligation de rendre des comptes étant une exigence démocratique, tous les Médiateurs francophones sont statutairement tenus de publier chaque année un rapport[1075]. Ceci, en vue non seulement de faire connaître leur action, mais aussi de jauger sa portée. L'objet est aussi, d'informer les opinions publiques nationales et internationales sur l'état des droits de

---

1073 En Côte d'Ivoire par exemple, le Médiateur de la République n'a pas de pouvoir d'enquête.

1074 En France, le médiateur peut enjoindre un organisme public à exécuter un jugement le condamnant, dans un certain délai, avec le cas échéant, publication d'un rapport spécial (voir l'article 11 de la loi du 3 janvier 1973). Le Médiateur est également chargé d'une mission de suivi de l'exécution des arrêts de la Cour européenne des droits de l'Homme.

1075 Article 125 de la constitution du Burundi ; articles 13 et 17 de la loi du 14 mars 1997 instaurant le Médiateur du Mali. Le Médiateur national du Tchad n'est pas obligé de publier un rapport mais il peut en produire de sa propre initiative. OIF, Délégation à la paix, à la démocratie et aux droits de l'Homme, *État des pratiques de la démocratie, des droits et des libertés dans l'espace francophone, 2006, op. cit.*, pp. 64-66.

l'Homme dans le pays et de contribuer, dans une logique pédagogique, à la formation d'une véritable culture démocratique. Au-delà de ces rapports généralement remis au chef de l'exécutif et aux assemblées parlementaires, le Médiateur peut, dans certains États, présenter de sa propre initiative, des rapports spéciaux[1076] sur les dysfonctionnements systémiques des administrations judiciaire et pénitentiaire notamment. Ces rapports doivent être largement diffusés pour informer le citoyen du rôle du Médiateur et de sa capacité défendre ses droits. Sur ce point, certaines institutions francophones de médiation ont un pouvoir de proposition plus important qui leur permet de prendre part au débat législatif. Le protecteur du citoyen du Québec a par exemple, un pouvoir de proposition d'autant plus large qu'il a la possibilité d'intervenir en amont du travail parlementaire[1077].

Par principe les recommandations des Médiateurs ne sont pas contraignantes. Pour autant, il est très important dans un État de droit démocratique, que les pouvoirs publics prennent en compte les recommandations formulées et les avis exprimés par le Médiateur. Dans l'espace francophone, les propositions et recommandations des instances de médiation semblent généralement prises en compte par les administrations indexées[1078]. A ce niveau, la coopération francophone doit maintenir, à l'égard des États, son plaidoyer en faveur du suivi des recommandations des Médiateurs francophones, pour une meilleure protection des droits des administrés.

A côté du pouvoir de traiter les réclamations et de faire des propositions, certaines instances nationales de médiation peuvent introduire des actions en justice[1079], d'autres ont le pouvoir de saisir le juge constitutionnel[1080], d'autres encore peuvent saisir le Conseil Supérieur de la Magistrature[1081] ou en sont membres de droit[1082].

1076 En cas silence de l'administration face aux propositions du Médiateur, celui a dans la plupart des États, la possibilité de transmettre un rapport officiel au ministère concerné, ou un rapport spécial au Parlement.

1077 A la veille de chaque session parlementaire l'institution commente les projets de lois qui seront examinés et formule le cas échéant des propositions. Elle est même invitée à défendre ses arguments en commission parlementaire. OIF, Délégation à la paix, à la démocratie et aux droits de l'Homme, *Etat des pratiques de la démocratie, des droits et des libertés dans l'espace francophone, 2006, op. cit.*, p. 68.

1078 Voir le tableau sur la force des propositions et recommandations en annexe du *Recueil de la doctrine de l'ombudsman, op. cit.*, pp. 85-86.

1079 C'est le cas notamment en ex-République yougoslave de Macédoine et en République Tchèque.

1080 Voir l'article 64 de la loi sur la Cour constitutionnelle de la République Tchèque ; l'article 13 de la loi de 1997 sur le fonctionnement de l'institution de l'Avocat du Peuple en Roumanie ; l'article 23 de la loi albanaise sur l'Avocat du Peuple du 4 février 1999 ; l'article 150§3 de la Constitution de la Bulgarie.

1081 Voir notamment l'article 211 de la constitution du Burundi.

1082 Le Médiateur du Royaume du Maroc est vertu de l'Article 115 de la Constitution, membre de droit du Conseil Supérieur du Pouvoir Judiciaire.

L'on observe globalement que le Médiateur dispose dans l'ensemble d'une variété de voies d'action qui se conjugue, au fond, avec une variété de domaines d'intervention. En tant qu'acteurs essentiels de la bonne gouvernance et de la défense des libertés publiques, les Médiateurs francophones déploient leur action sur un champ matériel relativement vaste. Avec une activité de plus en plus intense[1083], ils occupent une place singulière dans l'environnement politique et institutionnel de leurs pays respectifs. En se saisissant des questions liées à l'exécution des décisions de justice, aux droits des détenus[1084], à la responsabilité du service public de la justice et à la protection des droits de l'Homme et de l'enfant, le Médiateur est rapidement passé d'une médiation purement administrative, à une médiation au service des droits fondamentaux. L'élargissement progressif du mandat du Médiateur et le développement de ses missions, traduisent l'importance des attentes en matière de sécurisation des droits.

Dans le domaine de la justice, le Médiateur jouit d'une autorité morale qui lui permet de jouer un rôle très important dans la correction des dysfonctionnements et le contrôle des lieux d'enfermement. Les manquements de la justice faisant de plus en plus l'objet de réclamations auprès des institutions nationales de médiation, celles-ci devraient pouvoir jouer un rôle dans la réforme du droit et dans l'amélioration de la qualité de la justice. Sans avoir aucune compétence en matière judiciaire, le Médiateur joue néanmoins un rôle éminent dans la distribution de la justice, la protection des droits de l'Homme, la régulation des conflits sociaux et le maintien de l'harmonie sociale.

Certes des progrès importants ont été observés, mais dans nombre d'États francophones, l'instance nationale de médiation éprouve encore des difficultés à trouver sa place dans l'engrenage institutionnel de l'État de droit. Pour nombre de citoyens, une solution rendue par un organe non juridictionnel dont l'indépendance et l'efficacité ne sont, au reste, pas encore clairement perceptibles, n'offre pas de garantie suffisante. D'où la nécessité, pour renforcer la crédibilité du Médiateur, de déterminer clairement et de promouvoir sa mission et son autorité. Il importe aussi de trouver une articulation optimale entre l'organe de médiation et la justice institutionnelle, pour ne pas qu'elle interfère sur la procédure judiciaire, ni ne concurrence les décisions judiciaires. Ce qui implique de préciser dans quelles conditions, elle doit relayer l'appareil judiciaire et

[1083] En France, l'institution nationale de médiation reçoit chaque année plus de 70000 réclamations. Voir notamment, Défenseur des droits, *Rapport annuel d'activité de 2014*, pp. 38 et ss. (http://www.defenseurdesdroits.fr/sites/default/files/atoms/files/raa_court_2014_0.pdf).

[1084] Rôle de plus en plus important dans le contrôle des lieux de détention : en France au-delà de la présence des délégués des prisons, le médiateur peut saisir le Contrôleur général des lieux de privation de liberté. En Belgique et en Bulgarie les délégués du Médiateur assurent une présence permanente dans les prisons. Au Luxembourg et en République Tchèque, c'est au médiateur même qu'a été confié le soin de contrôler les conditions privation de liberté.

dénoncer les dysfonctionnements systémiques de son administration. Tout cela permettrait de mieux jauger l'efficacité et l'utilité sociale du médiateur.

Le défi de la protection des droits reste d'actualité dans tous les États francophones. C'est la raison pour laquelle l'OIF s'emploie à renforcer des capacités des instances nationales de médiation, en tant qu'institutions nouvelles de l'État de droit. Essentiellement construite autour de l'AOMF, l'action de l'OIF en la matière, emprunte trois directions. Premièrement la Francophonie apporte son appui aux rencontres thématiques de formation et d'échange au bénéfice des Médiateurs francophones et de leurs collaborateurs[1085]. Deuxièmement, l'appui au fonctionnement des institutions nationales de médiation prend la forme de dotations en équipements, et d'aides à la publication de leurs travaux. La coopération francophone a permis, à ce niveau, de renforcer les capacités informatiques, bureautiques et documentaires des institutions

---

1085 L'OIF a soutenu l'organisation d'une session de formation régionale sur la médiation et l'État de droit à Sofia (Bulgarie) du 28 septembre au 2 octobre 1998. Elle a apporté son soutien en novembre 1999, à la tenue à Ouagadougou, du 1er congrès de l'Association des Ombudsmans et Médiateurs de la Francophonie (AOMF), précédé d'une réunion de formation des acteurs de ces institutions. En 2001, l'OIF soutenu l'organisation du séminaire sur : « Protection des droits de l'Homme et proximité avec le citoyen : les prérogatives de l'Ombudsman et du Médiateur ». Elle a soutenu l'organisation du 3e congrès statutaire de l'AOMF sur « L'organisation, le fonctionnement et la professionnalisation des bureaux d'Ombudsmans et de Médiateurs », à Tunis, 14 au 17 octobre 2003. Elle a financé l'organisation d'un séminaire international à l'initiative du Médiateur du Mali, sur « L'institution du Médiateur et sa contribution à l'amélioration du fonctionnement de l'administration », à Bamako, en février 2003. Elle a appuyé la tenue de la 8ème Conférence régionale des Ombudsmans et Médiateurs africains et la création de l'Association correspondante à Ouagadougou, en juillet 2003, sur « La tradition africaine de la médiation et l'avenir de l'Ombudsman africain ». Elle a soutenu en octobre 2003, la tenue du congrès de l'AOMF et du séminaire de formation à Hammamet sur le thème de « L'Ombudsman / Médiateur : Acteur de la transparence administrative ». En novembre 2005, l'OIF a apporté son soutien à l'organisation à Paris du congrès de l'AOMF sur « Le médiateur : interprète des attentes, acteur des réformes ». Elle a soutenu en 2007 le Congrès de l'AOMF à Bamako qui a évoqué le fonctionnement de la justice sous l'angle du contrôle des lieux d'enfermement. Elle a accompagné en septembre 2009, les travaux du 6e congrès de l'AOMF, tenu à Québec sur « Le médiateur, le politique et la justice : vers une accessibilité équitable aux droits », ainsi que le séminaire régional sur la contribution des institutions nationales de médiation, à la gouvernance démocratique et à la protection des droits fondamentaux. En novembre 2011, l'OIF a apporté son soutien au 7e Congrès de l'AOMF, tenu au Luxembourg sur « Les spécificités de l'institution du médiateur/ombudsman ». Les activités menées par le médiateur du Mali, à des fins d'information, de formation et de sensibilisation de la société civile sur le code des personnes et de la famille du Mali, ont bénéficié de l'appui de l'OIF. De même, le colloque organisé au Liban par le Centre professionnel de médiation de l'Université Saint-Joseph de Beyrouth sur le thème : « Médiateur de la république, protecteur du citoyen » a bénéficié du soutien de la Francophonie. Dans la même dynamique, l'OIF a soutenu les activités du Centre de formation en médiation, mis en place par l'ancien *Diwan Al Madhalim* du Maroc en liaison avec l'AOMF, à l'intention des collaborateurs des ombudsmans et médiateurs sur les techniques de médiation, ainsi que sur le rôle du médiateur dans la réforme de l'administration (Rabat, novembre 2008, mai et novembre 2009, mai 2010). Parallèlement, l'OIF a contribué à la mise en œuvre en décembre 2008, à Dakar, du programme de formation à la médiation de l'Institut de formation à la médiation et à la négociation.

nationales de médiation du Mali, de Djibouti, du Gabon[1086] et du Tchad. Troisièmement, l'action francophone est perceptible dans le soutien à la création d'institutions nationales de médiation là où elles n'existent pas. A travers l'action efficace et éclairée de l'AOMF, la Francophonie institutionnelle, accompagne les pays francophones dans la mise en place de nouvelles institutions de médiation, en mettant à leur disposition l'expertise nécessaire. Elle a par exemple contribué à la mise en place de l'instance de médiation du Liban en 2005.

L'AOMF est donc un levier d'action fondamental pour la coopération francophone en faveur de la promotion des mécanismes de règlement simplifié et non contentieux des litiges. Sa mobilisation en faveur du renforcement des capacités des institutions nationales de médiation, de leur indépendance, et plus largement, de leur effectivité, offre solidairement une ouverture contre l'isolement fragilisant et un tremplin pour le plein exercice de la fonction de médiation. A travers ses colloques, ses séminaires d'échanges et sa politique de formation, qui participent à la circulation de l'information et des techniques de médiation, l'AOMF apporte une plus-value précieuse à l'action francophone.

En défendant les principes de justice et d'équité, les Médiateurs contribuent, par la lutte contre la mauvaise administration, au renforcement de la bonne gouvernance. A travers leur action quotidienne aux côtés des victimes des abus de l'administration, les Médiateurs de l'espace francophone apparaissent, à l'instar de leurs homologues d'ailleurs, comme de véritables garants complémentaires de l'effectivité de la démocratie et de l'État de droit, dont ils participent au renforcement. Dans leur domaine d'intervention, ils constituent un excellent champ d'observation des pratiques de l'État de droit. Les États francophones doivent par conséquent garantir l'indépendance des instances nationales de médiations et leur octroyer les moyens et ressources indispensables à l'exercice libre et efficace de leur mission. Ce qui leur permettra, à côtés des autres institutions de l'État de droit, de contribuer à la sécurisation des droits fondamentaux.

§ 2. L'influence des institutions nationales de promotion et de protection des droits de l'Homme sur l'effectivité de la justice

La protection des droits de l'Homme est un enjeu central qui mobilise depuis plus d'une vingtaine d'années la vigilance de la coopération francophone. Elle constitue, depuis les engagements de Bamako, un levier spécifique fondamental de l'action francophone en faveur de la démocratie. Dans la Déclaration de Bamako, les États francophones se sont formellement engagés, pour la

1086 La Francophonie a soutenu l'édition d'un document de présentation sur le rôle et sur le fonctionnement du Médiateur du Gabon et de son rapport d'activités 2002-2003.

consolidation de l'État de droit, à créer ou à renforcer les institutions nationales des droits de l'Homme. De manière générale, il incombe à chaque État qui ratifie un texte international relatif aux droits de l'Homme, de respecter et de garantir l'exercice des droits visés, en créant des mécanismes de sauvegarde. Dès lors qu'ils adhérent à un instrument de protection des droits de l'Homme, les États s'obligent à prendre toutes les mesures positives nécessaires, afin d'en assurer l'effectivité sur leurs territoires respectifs. Les institutions nationales des droits de l'Homme font partie de ces mesures. Elles ont pour mandat générique de promouvoir et protéger les droits de l'Homme. Ces instituions occupent une position spécifique dans le dispositif de l'État de droit car elles offrent au citoyen, à côté des garanties juridictionnelles classiques, un espace alternatif et complémentaire de sécurisation des droits. Elles s'inscrivent ainsi dans un schéma intégré, permettant de relayer et de consolider au niveau national, les efforts internationaux en matière de protection des droits de l'Homme. C'est pourquoi, consciente du rôle essentiel que sont appelées à jouer les institutions nationales des droits de l'Homme dans les systèmes nationaux de garantie des droits, la Francophonie s'est attachée à accompagner, non seulement leur création et leur renforcement, mais aussi leur mise en réseau. La création en mai 2002, de l'Association francophone des commissions nationales des droits de l'Homme (AFCNDH) répondait au souci de fédérer et d'amplifier les actions des commissions nationales, conseils ou comités nationaux de promotion et de protection des droits de l'Homme, au sein de l'espace francophone. Car la présence des institutions sur la scène internationale et leur participation à des réseaux et coalitions, leur confère une reconnaissance internationale et leur procure une meilleure protection au plan national. Désormais, au-delà du Comité international de coordination (CIC)[1087] et des réseaux régionaux[1088], les institutions nationales des droits de l'Homme disposent, dans le cadre de la coopération francophone, d'un cadre solidaire d'échange, d'enrichissement mutuel et de perfectionnement, pour un meilleur suivi de la situation des droits de l'Homme. En plus de l'appui aux activités de l'association francophone des Commissions nationales des droits de l'homme[1089], la Francophonie apporte son

---

1087 Le Comité International de Coordination des institutions nationales des droits de l'Homme (CIC) est l'instance internationale de coordination des activités des Institutions nationales. Il a été établi aux fins de créer des institutions nationales conformes aux Principes de Paris et de renforcer celles qui existent déjà.

1088 Il s'agit du réseau des institutions nationales africaines des droits de l'Homme, du réseau des institutions nationales pour la promotion et la protection des droits de l'Homme dans les Amériques, du Forum des institutions nationales des droits de l'Homme de la région Asie-Pacifique et Groupe européen d'institutions nationales pour la promotion et la protection des droits de l'Homme.

1089 La Francophonie s'est impliquée dans l'organisation du premier congrès de l'Association francophone des Commissions nationales des droits de l'Homme (AFCNDH), tenu à Montréal au Canada en 2005, et qui a porté sur les droits économiques, sociaux et culturels. En 2007, la Francophonie a soutenu l'organisation du deuxième congrès de l'AFCNDH tenu à Rabat au Maroc, et qui a consacré

soutien aux efforts internationaux de promotion des droits de l'Homme. Elle a par exemple, dans une approche inclusive, développé un partenariat avec le Haut-Commissariat des Nations Unies aux Droits de l'Homme, ainsi qu'avec la Commission africaine des droits de l'Homme et des peuples, pour une mise en œuvre plus efficace des instruments et mécanismes de promotion des droits de l'Homme, dans l'espace francophone.

Au cours des trente dernières années, l'on a assisté à une augmentation substantielle du nombre des institutions nationales des droits de l'Homme dans l'espace francophone. Le plaidoyer et l'assistance de l'OIF pour la mise en place, dans chaque État francophone, de structures dynamiques de promotion des droits de l'Homme, ont été à cet égard, essentiels. Pour la Francophonie, le but est ici de parvenir, à travers des structures nationales indépendantes, crédibles et conformes aux principes de Paris[1090], à implanter les droits de l'Homme dans la pratique quotidienne. Mais pour parvenir à cet objectif, les institutions nationales des droits de l'Homme doivent avoir un statut adéquat et des moyens suffisants. Pour la Francophonie, s'il est vrai que leur indépendance statutaire et matérielle varie d'un État à l'autre (A), leurs capacités méritent globalement d'être renforcées pour une meilleure protection des droits de l'Homme (B).

A. Un impact variable selon les statuts et attributions de l'institution

L'institution nationale des droits de l'Homme est un organe de l'État, dont la mission spécifique est de protéger et de promouvoir les droits de l'Homme. Elle fait structurellement partie de l'appareil de l'État et relève du budget de l'État. L'institution nationale des droits de l'Homme n'est donc pas un Organisation Non Gouvernementale. En tant que mécanisme relai entre les normes internationales des droits de l'Homme et l'État de rattachement, elle est la pierre angulaire des systèmes nationaux de protection des droits de l'Homme. A côté des institutions classiques de l'État de droit, les Commissions nationales des droits de l'Homme contribuent à l'expression de la justice et de la gouvernance démocratique. Il n'y a certes pas de modèle, ni de nomenclature standard, mais pour être indépendantes et efficaces, les structures nationales doivent satisfaire aux exigences des Principes de Paris concernant le statut des institutions nationales de défense et de promotion des droits de l'Homme. En s'appuyant sur ces Principes, l'Association Francophone des Commissions Nationales de

ses travaux aux droits culturels. En 2009 la Francophonie a appuyé l'AFCNDH dans l'organisation de son troisième congrès, tenu à Lomé au Togo en 2009 et dont les travaux ont porté sur les droits de l'enfant.

1090 Principes de Paris concernant le statut des institutions nationales de défense et de promotion des droits de l'homme. Ces principes ont été rédigés lors des premières rencontres internationales des Institutions nationales des droits de l'Homme à Paris en 1991. Ils ont été ensuite adoptés par l'Assemblée générale des Nations unies dans sa résolution 48/134 du 20 décembre 1993.

promotion et de protection des Droits de l'Homme (AFCNDH), créée en 2002, a dégagé un ensemble de critères d'appréciation de l'indépendance des institutions membres : elles doivent avoir un fondement constitutionnel ou législatif, une composition pluraliste, un mandat stable, des moyens de fonctionnement suffisants[1091].

Dans l'espace francophone, la plupart des institutions francophones des droits de l'Homme ont, conformément aux principes de Paris, soit une base législative[1092], soit un fondement constitutionnel[1093]. Dans tous les cas, le texte instituant l'organe national de protection des droits de l'Homme doit définir clairement son mandat, ses compétences, sa composition, les mécanismes de nomination et la durée du mandat de ses membres. Il doit aussi préciser ses sources de financement et définir ses responsabilités. Leur indépendance s'appuie sur une composition pluraliste. Selon les Principes de Paris, la composition des institutions nationales de promotion et de protection des droits de l'Homme doit « *être établie selon une procédure présentant toutes les garanties nécessaires pour assurer la représentation pluraliste des forces sociales* ». Les Commissions nationales des droits de l'Homme doivent donc compter des représentants des Organisations Non Gouvernementales, des syndicats, des organisations professionnelles, des leaders religieux, des universitaires et experts qualifiés, des parlementaires et des représentants de l'administration qui, s'ils sont admis, ne doivent participer aux délibérations qu'à titre consultatif[1094]. Les Principes de Paris ne précisent ni le nombre de membres, ni l'autorité de nomination. Pour autant, le processus de nomination doit être ouvert et transparent.

Qu'elle procède du parlement, du Président de la République ou du Premier Ministre, la nomination des commissaires doit être formalisée dans un acte

---

1091 La qualité de membre de l'Association est subordonnée au respect des Principes de Paris.

1092 Au Tchad par exemple, c'est la loi n° 031/PR/91 du 9 septembre 1994 qui institue la Commission nationale des droits de l'Homme. Voir au Niger, la loi organique n°98-55 du 29 décembre 1998, modifiée par la loi n°2001-05 du 20 août 2001 qui détermine la composition, l'organisation et le fonctionnement de la Commission nationale des droits de l'Homme et des libertés fondamentales. En France la Commission nationale consultative des droits de l'Homme créée par arrêté ministériel en 1947 est désormais régie par la loi n°2007-292 du 5 mars 2007 qui proclame son indépendance. En Côte d'Ivoire, voir désormais la loi n° 2012-1132 portant création, attributions, organisation et fonctionnement le Commission nationale des droits de l'Homme ; au Cameroun la loi n° 2004/016 du 22 juillet 2004 instituant la Commission nationale des droits de l'Homme et des libertés. Voir au Mali la loi n° 09-042 du 19 novembre 2009 ; au Sénégal, la loi n° 97-04 du 10 mars 1997 relative au Comité sénégalais des Droits de l'Homme ; au Burundi la loi n° 1/04 du 5 janvier 2011 portant création de la commission nationale indépendante des droits de l'Homme.

1093 Voir notamment l'article 152 de la constitution du Togo qui institue une Commission Nationale des Droits de l'Homme indépendante et renvoie à une loi organique pour sa composition, son organisation et son fonctionnement (loi n° 96-12 du 11 décembre 1996).

1094 C'est le cas en France, au Niger et au Sénégal où les représentants de l'administration n'ont pas le droit de vote au sein de la Commission.

officiel précisant, pour une période déterminée, la durée du mandat. Le mandat est en général renouvelable et la qualité de membre ne peut être retirée que pour des motifs très exceptionnels. Ce qui permet de garantir la stabilité du mandat des membres, sans laquelle il n'y a guère de réelle indépendance. Dans certains cas, les textes constitutifs prévoient l'immunité des membres, surtout lorsque l'institution a des pouvoirs quasi juridictionnels. A vrai dire, au-delà des garanties offertes par les exigences de pluralisme et de stabilité de la fonction, l'indépendance de l'institution dépend de la volonté de ses membres qui, convaincus de leur mission, doivent garder un regard vigilant et critique sur la situation des droits de l'Homme.

Par ailleurs, pour être indépendante, l'institution nationale de défense des droits de l'Homme doit avoir des moyens de fonctionnement autonomes et suffisants[1095]. Elle doit pouvoir disposer des fonds publics alloués et décider librement de leur affectation. Le financement public de l'institution ne doit en aucune façon, avoir pour effet de la placer sous le contrôle direct de l'un quelconque des pouvoirs constitués ou de compromettre sa capacité à s'acquitter de sa mission de manière indépendante et efficace. Dans l'espace francophone, les institutions nationales des droits de l'Homme sont soit totalement autonomes, soit rattachées au Parlement[1096] ou à la Primature[1097]. Néanmoins, elles ont pour l'essentiel, un siège autonome et peuvent déterminer librement leurs priorités, ainsi que l'ordre du jour et la périodicité de leurs réunions. Compétente sur toute l'étendue du territoire nationale, l'institution examine librement toutes les questions relevant de sa compétence. Même si le gouvernement ne la saisit pas automatiquement de tous les projets de loi ou de toute politique en rapport avec les droits de l'Homme, la Commission peut les examiner d'office et exprimer sa position. Elle intervient donc auprès des autorités publiques, à la demande de celles-ci ou de sa propre initiative, pour signaler les cas de graves violations aux droits de l'Homme, et contribuer aux processus de modernisation des normes internes[1098].

Pour le fonctionnement indépendant de la Commission, l'impératif de transparence doit prévaloir. Les institutions nationales des droits de l'Homme ont une compétence généraliste qui leur permet de couvrir l'ensemble des droits de l'Homme, qu'ils s'expriment de manière générale ou dans une dimension catégorielle. Elles fournissent à titre consultatif, des avis ou des propositions sur

---

1095 Elle doit disposer d'un personnel propre, de locaux adaptés et de crédits suffisants.

1096 Maurice, Québec.

1097 France.

1098 OIF, Délégation à la paix, à la démocratie et aux droits de l'Homme, *État des pratiques de la démocratie, des droits et des libertés dans l'espace francophone, 2006*, *op. cit.*, p. 154.

toute question relative à la justice[1099] et à la protection des droits de l'homme. Leur mission spécifique est donc d'observer le respect ou les violations des droits de l'Homme, tels que définis dans tous les instruments juridiques internationaux et dans la Constitution, en vue de faire des propositions, lesquelles peuvent conduire à des réformes législatives et au renforcement des institutions judiciaires et sécuritaires incluant la police et le système pénitentiaire. Il s'agit, non seulement de dénoncer les situations de violations des droits, mais encore, de vérifier la conformité des lois et règlements nationaux avec les obligations juridiques internationales de l'État et de suggérer le cas échéant, la ratification d'autres instruments.

En tant que relais nationaux du Conseil des droits de l'Homme des Nations Unies, les institutions nationales doivent pouvoir, dans leurs États respectifs, contribuer à titre complémentaire, directement ou indirectement, à la préparation des rapports exigés par le nouveau dispositif de suivi des traités qu'est l'examen périodique universel (EPU). Elles sont ainsi impliquées dans le processus de contrôle du respect par les États, de leurs obligations conventionnelles en matière de protection des droits de l'Homme. La Francophonie est profondément attachée à ces questions. Grâce à ses réseaux institutionnels, elle a pu se constituer un véritable vivier d'expertise qu'elle met à la disposition des États qui en font la demande, pour les accompagner dans l'élaboration et la présentation de leurs rapports nationaux sur l'état des droits de l'Homme[1100]. Elle a par ailleurs publié en avril 2013 un « *Guide pratique sur le plan de mise en œuvre des recommandations et des engagements issus de l'EPU* »[1101]. Cet ouvrage méthodologique développé à partir de l'expérience acquise par l'OIF dans le cadre de ses missions d'assistance technique, offre aux institutions nationales des droits de l'Homme, une boite à outil pour à les aider dans leur mission de coordination du suivi et de la mise en œuvre de cet examen cyclique.

Les institutions nationales de promotion des droits de l'Homme jouent un rôle important, non seulement d'observation, de contrôle et de dénonciation, mais encore de sensibilisation et d'information aux droits de l'Homme. Elles ont, dans cette perspective, l'obligation de produire des rapports et de les diffuser publiquement[1102]. Du fait de leur nature consultative, les institutions

---

1099 Consulter par exemple en France, CNCDH, *Avis sur l'indépendance de la justice*, *JORF*, n° 0176, 31 juillet 2013, texte n° 102.

1100 Pour un aperçu de la mobilisation francophone en faveur de l'EPU et du renforcement des institutions étatiques chargées de la mise en œuvre des recommandations qui en résultent, voir OIF, Délégation à la paix, à la démocratie et aux droits de l'Homme, *Rapport sur l'état des pratiques de la démocratie, des droits et des libertés dans l'espace francophone, 2014*, Paris, 2014, pp. 59 et ss. ; ROY Jean-Louis, « La Francophonie et l'examen périodique universel du Conseil des droits de l'Homme des Nations Unies », *in* DESOUCHES Christine, *et al.*, *De Dakar à Dakar, op. cit.*, pp. 247-249.

1101 Disponible en ligne sur : http://www.francophonie.org/IMG/pdf/oifguide-pratique-web.pdf.

1102 Canada-Québec, France, Maurice, Niger, Sénégal, Togo, Côte d'Ivoire, Tchad, Mali.

nationales des droits de l'Homme ne disposent d'aucun moyen de contrainte directe. Leur seule force réside dans la confiance que leur porte l'opinion publique. La publication des rapports est donc un gage d'indépendance ; elle participe de la logique de transparence. Mais dans l'espace francophone, les recommandations des institutions nationales des droits de l'Homme, non contraignantes par principe, ne sont pas toujours suivies d'effet[1103].

A côté de ces fonctions classiques, certaines commissions sont habilitées à recevoir et à examiner des plaintes et requêtes relevant de situations individuelles[1104]. S'il est vrai que la plupart des institutions nationales des droits de l'Homme ne possèdent pas cette compétence quasi juridictionnelle, les avis et conclusions qu'elles rendent en la matière, peuvent être transmis par la suite aux juridictions. A ce niveau, elles contribuent à déceler et à instruire les violations des droits de l'Homme, pour traduire leurs auteurs en justice et aider ainsi les victimes à obtenir réparation.

Au confluent du pouvoir politique et de la société civile, de l'ordre international et de l'ordre interne, les institutions nationales des droits de l'Homme sont un relais précieux de diffusion et de protection des droits de l'Homme[1105]. Elles ont vocation à conseiller les gouvernements et les parlements, à veiller au suivi permanent de la situation des droits de l'Homme et à coopérer avec la justice et avec les mécanismes internationaux conventionnels ou spéciaux de protection des droits de l'Homme. Mais dans l'espace francophone, toutes les institutions nationales ne disposent pas toujours de moyens qui leur permettent d'influencer véritablement les gouvernements de leur pays respectifs et d'améliorer la situation des droits de l'Homme. Leur efficacité est conditionnée, tant par l'étendue de leurs mandats et de leurs moyens, que par le contexte dans lequel ils interviennent[1106]. C'est pourquoi il est absolument nécessaire, pour une meilleure sécurisation des droits, de renforcer le cadre juridique et les moyens des commissions nationales francophones des droits de l'Homme.

1103 OIF, Délégation à la paix, à la démocratie et aux droits de l'Homme, *État des pratiques de la démocratie, des droits et des libertés dans l'espace francophone, 2006, op. cit.*, pp. 68-69. Voir aussi « Entretien avec Koffi Kounté », *in* OIF, Délégation à la paix, à la démocratie et aux droits de l'Homme, *Regards sur l'État de droit, la déclaration de Bamako, dix ans après*, Paris, 2010, pp. 19-21.

1104 En Côte d'Ivoire par exemple, l'article 2 de la loi n° 2012-1132 portant création, attributions, organisation et fonctionnement la commission, reconnaît à l'institution, le pouvoir de recevoir des plaintes et dénonciations.

1105 DECAUX Emmanuel, « Le dixième anniversaire des principes directeurs des institutions nationales des droits de l'Homme dits « principes de Paris » », *Droits fondamentaux*, n° 3, janvier-décembre 2003, p. 29.

1106 Sur la mesure de l'efficacité des institutions nationales des droits de l'Homme, voir : Conseil international pour l'étude des droits humains, Haut-Commissariat des Nations unies aux Droits de l'Homme, *Évaluer l'efficacité des institutions nationales des droits de l'Homme*, 2005, 57 p.

B. Un statut et des moyens à renforcer pour une meilleure garantie des droits

Si de façon générale, les commissions francophones tendent, par leurs statuts et leurs attributions, à se rapprocher des Principes de Paris, en réalité, seules quelques-unes satisfont véritablement en la forme, à leurs exigences[1107]. Les autres institutions nationales francophones n'y répondent que de manière partielle[1108], voire pas du tout[1109]. Certes, l'on observe une percée de ces mécanismes dans le paysage institutionnel de l'État de droit, mais d'un État à un autre, les statuts offrent des garanties extrêmement variables, et hélas, par moments en-déca des exigences d'indépendance fixées par les Principes de Paris. D'où la nécessité de renforcer leurs capacités pour asseoir leur légitimité et améliorer leur action au service du droit et de la justice.

La coopération francophone a donc ici, un champ à défricher. Elle doit, dans l'élan de la résolution 2005/74 de la Commission des droits de l'Homme[1110], poursuivre son action en vue de l'établissement d'institutions nationales des droits de l'Homme indépendantes et pluralistes, conformes aux Principes de Paris. C'est donc à juste titre que, lors de son cinquième congrès tenu à Paris en novembre 2013 et soutenu par l'OIF, l'Association Francophone des Commissions Nationales de promotion et de protection des droits de l'Homme (AFCNDH) s'est interrogée sur son rôle dans la dynamique de promotion d'institutions nationales des droits de l'Homme conformes aux Principes de Paris. A cette occasion, le réseau a réaffirmé sa vocation à encourager et à accompagner la création d'institutions nationales des droits de l'Homme dans les pays ne disposant pas encore de ce genre de mécanismes, et à promouvoir l'indépendance et l'action des institutions existantes, notamment à travers le renforcement de leurs capacités humaines et matérielles. La protection des droits de l'Homme passe indispensablement par la réception dans le droit interne des États, des instruments universels et régionaux auxquels ils ont adhéré. Elle appelle aussi nécessairement la formation des responsables nationaux, des professions juridiques et sociales et des ONG, aux mécanismes de contrôle. C'est donc à juste

1107 En mai 2014, Le sous-comité d'accréditation du comité international de coordination des institutions nationales des droits de l'Homme n'a conféré l'accréditation de niveau A, qu'aux institutions des États francophones suivants : Cameroun, Ghana, Togo, Maurice, Mauritanie, Maroc, Haïti, Égypte, Rwanda, Burundi, Arménie, France, Luxembourg, Pologne, Bosnie Herzégovine, Croatie, Géorgie, Serbie, Suisse, Albanie, Thaïlande, Canada, Mexique.

1108 Les institutions de la catégorie B, c'est à dire, qui ne satisfont que partiellement aux principes de Paris sont celles du Burkina Faso, du Congo, du Mali, du Sénégal, du Tchad, de la Tunisie, de la Belgique, de la Bulgarie, de Macédoine, de la Moldavie, de la Slovénie, de la Slovaquie (mai 2014).

1109 Les institutions du Bénin, de Madagascar, de la Roumanie, de la Suisse et du Niger sont de catégorie C (mai 2014). Cet état des accréditations est disponible sur le site du CIC : http://nhri.ohchr.org/EN/AboutUs/ICCAccreditation/Pages/default.aspx.

1110 Commission des droits de l'Homme, Résolution 2005/74 du 20 avril 2005 sur les institutions nationales pour la promotion et la protection des droits de l'Homme.

titre que la Francophonie accompagne les États, non seulement pour la transposition locale des textes internationaux de protection des droits de l'Homme, mais encore pour le renforcement des capacités humaines, techniques et matérielles des institutions nationales des droits de l'Homme. L'action de la Francophonie en la matière prend des formes variées. Elle vise à soutenir aussi bien l'organisation de rencontres et séminaires de réflexion, que la participation francophone aux sessions internationales de formation aux droits de l'Homme. Elle passe aussi par la mise à disposition de l'expertise nécessaire, de ressources documentaires pertinentes et de matériels pédagogiques. Par son étroite collaboration avec l'AFCNDH, la Francophonie contribue au renforcement des capacités des commissions nationales des droits de l'Homme à travers l'aide à la publication de brochures d'information[1111], l'aide à l'organisation de campagnes médiatiques et radiophoniques[1112], l'appui à l'organisation de séminaires de formation au système international des droits de l'Homme[1113], la dotation en matériel informatique et en fonds documentaires[1114]. Ainsi que le révèle le Rapport 2014 du Secrétaire général de la Francophonie, des États comme le Bénin, la Côte d'Ivoire, le Gabon (mars et décembre 2012), la Guinée, Haïti, le Mali (mars 2014), le Maroc, la République démocratique du Congo (février 2012), le Sénégal (juin 2013), l'Union des Comores et le Vietnam (octobre 2013), ont bénéficié du soutien de l'OIF pour le renforcement de leurs institutions nationales[1115]. En ce qui concerne l'aide à la création de nouvelles institutions, l'OIF a par exemple, par la mise à disposition d'une expertise, accompagné la création et le démarrage des activités[1116] de la Commission nationale indépendante des droits de l'Homme du Burundi.

Sur le plan budgétaire, la plupart des commissions, non seulement ne disposent pas d'une véritable autonomie, mais en plus, les ressources qui leur sont allouées sont insuffisantes et limitées. Leur budget est de manière générale, rattaché, soit à la présidence de la République, soit à un ministère[1117]. Ce qui conduit certaines institutions à faire appel à des donateurs tiers pour financer des

---

1111 Au Mali la coopération francophone a aidé à la réalisation d'une brochure de sensibilisation sur le droit de vote et d'un carnet du visiteur des lieux de détention.

1112 En Côte d'Ivoire.

1113 Au Mali sur l'universalité et la diversité culturelle ; au Togo.

1114 En Côte d'Ivoire et au Togo.

1115 OIF, *Rapport du Secrétaire général de la Francophonie, 2012-2014 : de Kinshasa à Dakar*, 2014, p. 97.

1116 Organisation de missions d'enquête, traitement des plaintes et des requêtes, élaboration du rapport 2012.

1117 En Côte d'Ivoire par exemple, la dépendance financière de la commission tend à la placer sous la tutelle du ministre en charge des droits de l'Homme. Voir les articles 25, 35 et 38 de la loi n° 2012-1132 portant création, attributions, organisation et fonctionnement le Commission Nationale des Droits de l'Homme.

projets spécifiques. La Francophonie doit donc plaider auprès de ses États membres, afin qu'ils accroissent le budget de leurs institutions des droits de l'Homme. Car l'indépendance statutaire, lorsqu'elle est couplée avec l'autonomie financière, garantit à l'institution, une plus grande liberté d'action et donc une plus grande efficacité.

Ceci dit, au-delà des obstacles matériels et financiers, les institutions nationales des droits de l'Homme rencontrent des difficultés techniques et leurs recommandations ne sont pas toujours prises en compte par les pouvoirs publics. Ce qui appelle de la part de la coopération francophone, non seulement un appui technique aux institutions nationales des droits de l'Homme, mais encore un plaidoyer auprès des États pour un suivi plus systématique de leurs propositions. Pour améliorer leur visibilité auprès des citoyens, les commissions nationales doivent communiquer à la fois sur le sens de leur action, sur ses modalités et sur son impact social. Leur accessibilité doit par ailleurs être améliorée par la création de délégations régionales qui leur permettront d'être présentes sur l'ensemble du territoire. A tous ces niveaux, l'action de l'OIF peut avoir un effet catalyseur, si elle entend véritablement, à l'aulne des engagements de Bamako, contribuer à la consolidation des institutions nationales des droits de l'Homme et de leur rôle dans l'État de droit.

En matière de protection de droits de l'Homme, la volonté politique est essentielle. Certes des évolutions sont perceptibles, mais nombre de résistances subsistent. Certains États francophones coopèrent avec les mécanismes onusiens et régionaux de protection des droits de l'Homme[1118], d'autres au contraire leur refusent l'accès à leurs territoires[1119]. La Francophonie doit donc rester vigilante et constante dans l'observation des mécanismes nationaux de promotion et de sauvegarde des droits de l'Homme. Elle doit poursuivre son action d'interpellation auprès des États et maintenir son soutien aux Commissions nationales des droits de l'Homme, en tant qu'institutions au service de la garantie des droits.

Loin d'être un facteur de dilution du paysage institutionnel de l'État de droit, l'institution nationale de promotion et de protection des droits de l'Homme participe à la création continue de l'État de droit matériel. L'efficacité de son action appelle indispensablement une relation de coopération, non seulement

---

1118 Accueil de rapporteurs spéciaux au Burundi, en Mauritanie, en République Centrafricaine, en République Démocratique du Congo, au Sénégal. Voir Observatoire pour la Protection des Défenseurs des Droits de l'Homme : FIDH, OMCT, *L'obstination du témoignage – Rapport Annuel 2010,* Paris, Genève, 2010, p. 84.

1119 Tunisie, Algérie, Égypte, Guinée Équatoriale, Mozambique. Voir Observatoire pour la Protection des Défenseurs des Droits de l'Homme : FIDH, OMCT, *L'obstination du témoignage : Rapport Annuel 2010,* Paris, Genève, 2010, pp. 17 et 84.

avec le parlement, les administrations, les juridictions et la société civile, mais encore avec l'organe national de médiation. En réalité, la notion d'institution nationale des droits de l'Homme, telle qu'appréhendée par les Nations Unies, regroupe de manière inclusive, à la fois les Médiateurs et les Commissions des droits de l'Homme. Le lien entre ces deux institutions est si étroit qu'en décembre 2010, l'Assemblée Générale des Nations Unies a adopté une Résolution invitant les Ombudsmans à participer aux efforts nationaux de promotion et de protection des droits de l'Homme[1120]. Désormais saisi par la problématique des droits de l'Homme[1121], le Médiateur participe de plus en plus, en tant que membre de droit, aux activités des institutions nationales des droits de l'Homme[1122]. Il y a là une réalité dont la Francophonie doit également tenir compte.

1120 ONU, Assemblée Générale, *Le rôle l'ombudsman, du médiateur et des autres institutions nationales de défense des droits de l'Homme dans la promotion et la protection des droits de l'Homme*, Résolution A/RES/65/207, 21 décembre 2010.

1121 BENGALY Abraham, *Évolution dans l'exercice des missions des institutions nationales de médiation depuis l'adoption de la Déclaration de Bamako : grandes tendances, contraintes et recommandations pour la consolidation de l'État de droit et de la gouvernance démocratique dans l'espace francophone*, Étude réalisée pour l'Association des Ombudsmans et des Médiateurs de la Francophonie, mai 2010, p. 16

1122 Voir en Côte d'Ivoire, l'article 8 de loi n° 2012-1132 portant création, attributions, organisation et fonctionnement le CNDH.

CONCLUSION DU CHAPITRE

S'il est vrai que la notion d'État de droit répond à une préoccupation commune dans l'espace francophone, elle n'a cependant pas toujours été saisie, ni appliquée de manière uniforme. Or, l'approfondissement d'un espace juridique francophone commande de dégager, dans le respect de la diversité et autour de valeurs transcendantales communes, les critères de base de l'État de droit.

Dans un État de droit, l'efficacité du système de protection des droits fondamentaux, trouve son équilibre dans la conjugaison de mécanismes juridictionnels et non juridictionnels. Il est donc indispensable d'affirmer l'importance et de renforcer le rôle de chaque institution dans le système de garantie des droits. La démarche francophone au soutien de l'État de droit démocratique s'inscrit parfaitement dans cette perspective. L'attachement de la Francophonie à la sécurité juridique des personnes s'est exprimé avec constance dans les déclarations de Dakar (1989), du Caire (1995), de Cotonou (1995) et de Bamako (2000). Cette sécurité juridique implique que les droits et libertés fondamentaux soient protégés dans le respect de l'ordre légal. C'est convaincue de cette exigence que la Francophonie, en s'appuyant sur la vitalité agissante ses réseaux institutionnels[1123], apporte son soutien aux institutions juridictionnelles et non juridictionnelles chargées de manière complémentaire, de garantir le règne du droit.

Mais les mutations institutionnelles ne bouleversent pas toujours automatiquement les habitudes, qui, parfois, résistent avec ténacité. L'État de droit ne se réduit pas à une construction purement juridique. Son ancrage effectif dépend d'une pratique quotidienne toujours en quête de perfectionnement. Il ne doit pas seulement être proclamé et construit au sommet de l'État. Il doit également être vécu à la base pour imprégner les relations quotidiennes entre les citoyens et pour humaniser les liens de pouvoir. L'affermissement de la démocratie dans le temps, appelle donc une profonde conversion des citoyens, ainsi que de l'ensemble des acteurs institutionnels. Il appelle à l'égard de tous, la consolidation d'une culture constitutionnelle[1124] et d'une culture des droits de l'Homme. Cette culture doit intégrer les exigences et mécanismes de contrôle de l'État de droit. Elle passe par l'intériorisation des valeurs de responsabilité, de transparence et de respect de la primauté du droit. La Francophonie doit donc,

---

1123 Il s'agit ici de l'ACCPUF, de l'AHJUCAF, de l'AAHJF, de l'AISCCUF, de l'AOMF et de l'AFCNDH.

1124 DU BOIS DE GAUDUSSON Jean, « Constitution sans culture constitutionnelle n'est que ruine du constitutionnalisme », *in Mélanges en l'honneur de Slobodan Milacic*, Bruxelles, Bruylant, 2007, pp. 333-348.

au nom de son attachement à la sécurité juridique des personnes, maintenir son action en faveur de la promotion et de la consolidation non seulement des juridictions constitutionnelles et des juridictions suprêmes ordinaires à vocation générale ou financière, mais aussi des institutions nationales de médiation et des Commissions nationales des droits de l'Homme.

Mais si la sécurité juridique a naturellement vocation à servir l'État de droit à travers la protection des droits fondamentaux et le respect de la hiérarchie des normes, elle peut aussi, par la confiance et la sérénité qu'elle inspire, être un facteur d'impulsion du développement économique. Lorsque la corruption entache la crédibilité de la justice, elle crée à l'égard des investisseurs, une insécurité dissuasive. Une justice corrompue, incompétente et dépendante est un frein à l'investissement et au développement des affaires. Une justice indépendante, accessible et efficace est au contraire un instrument de sécurisation des relations d'affaire. La coopération francophone a parfaitement intégré cette réalité, qu'elle a d'ailleurs érigée en priorité. Elle s'emploie depuis plusieurs années à instituer, dans les États qu'elle rassemble, un ordre juridique et juridictionnel respectueux de la loi et garantissant effectivement les droits des justiciables. Par son soutien aux groupements régionaux et sous-régionaux d'intégration économique, la Francophonie participe à la mise en place d'un cadre juridique et juridictionnel intègre, apte à garantir la sécurité des investissements et à favoriser ainsi le développement économique des États francophones.

CHAPITRE II.

LA SECURITE JURIDIQUE ET JUDICIAIRE AU SERVICE DU DEVELOPPEMENT

L'État de droit est la première condition du développement durable. Il implique une justice moderne et apte à créer et à préserver les conditions d'un exercice sécurisé des activités commerciales et financières. A cet égard la justice, au-delà de sa vocation traditionnelle à préserver l'État de droit démocratique, apparaît comme un élément de gouvernance et comme un facteur essentiel de développement économique. Une justice servile, corrompue et opaque est bien évidemment une source d'insécurité juridique qui altère la capacité des États à attirer des investisseurs étrangers. Une justice indépendante et de qualité est au contraire, source de sécurité juridique et donc de confiance et de croissance. Les États francophones doivent dès lors mettre tout en œuvre pour assurer la transparence et la sécurité des relations d'affaires. Le bon fonctionnement des institutions juridictionnelles est à cet égard indispensable. Cette perception du droit et de la justice comme facteur de développement s'inscrit clairement dans le sillage des développements doctrinaux sur l'analyse économique du droit[1125].

Ainsi que le soulignait fort à propos Antoine Saint-Girons il y a plus d'un siècle, « *plus la magistrature est éclairée et indépendante, plus la patrie est aimée et florissante* »[1126]. Aujourd'hui encore, ces mots conservent toute leur pertinence et semblent avoir trouvé écho au sein de l'espace francophone, dont les acteurs ont bien perçu le lien propitiatoire entre justice et développement. Par la promotion de la gouvernance judiciaire, la moralisation et la modernisation des appareils judiciaires, la Francophonie s'emploie, dans les États qu'elle fédère, à accompagner l'édification d'une justice viable, efficace, impartiale et donc favorable au développement des affaires.

Il est difficile d'attirer des investisseurs dans un environnement où les marchés sont morcelés, où le droit est à la fois dissuasif et hétérogène, où la justice,

1125 Pour une approche concrète, voir GAUDREAULT-DESBIENS Jean-François, MACKAAY Ejan, *et al.*, *Convergence, concurrence et harmonisation des systèmes juridiques*, Montréal, Thémis, 2009, 300 p. ; BOLLEE Sylvain, LAITHIER Yves-Marie et PERES Cécile (dir.), *L'efficacité économique en droit*, Paris, Economica, 2010, 178 p. Pour une lecture ontologique de ce mouvement réflexif, voir HARNAY Sophie et MARCIANO Alain, *Posner : L'analyse économique du droit*, Paris, Michalon, 2003, 120 p. ; FEREY Samuel, *Une histoire de l'analyse économique du droit*, Bruxelles, Bruylant, 2009, 318 p. ; DEFFAINS Bruno, LANGLAIS Éric, *Analyse économique du droit : principes, méthodes, résultats*, Bruxelles, De Boeck, 2009, 416 p.

1126 SAINT-GIRONS Antoine, *Essai sur la séparation des pouvoirs dans l'ordre politique, administratif et judiciaire*, Paris, L. Larose, 1881, p. 412.

dépourvue de moyens, a une jurisprudence aléatoire et instable, et est incapable d'assurer l'exécution de ses décisions[1127]. Dans ces conditions, la mise en place d'un espace juridique harmonisé apparaît comme l'une des meilleures voies qui puissent permettre aux États individuellement fragiles, de rejoindre progressivement l'économie mondiale. Dans un contexte économique marqué par l'internationalisation et l'accroissement du flux des échanges commerciaux, l'intégration régionale et sous-régionale s'impose, pour les petites économies, comme un facteur d'attractivité et de compétitivité. Si l'intégration économique est un impératif stratégique de développement, elle implique pour se réaliser pleinement, une intégration juridique. La régionalisation par le droit et la justice doit permettre ainsi aux échanges économiques de s'épanouir. Les États francophones, loin de se tenir à l'écart de ce mouvement suggéré par la mondialisation, s'intègrent à l'ordre juridique et économique mondial par le biais de leurs regroupements régionaux et sous-régionaux respectifs. Ces ensembles constituent des espaces privilégiés de rapprochement et d'échanges économiques.

Il n'y a pas de développement économique durable sans la prévisibilité et sans la sécurité que garantissent le droit et la justice. C'est fort de ce postulat que la Francophonie s'attache depuis plusieurs années à soutenir les initiatives destinées à créer au sein de ses États membres, un environnement juridique et judiciaire favorable à la compétitivité. Son action en faveur de la tonification des économies par le droit, passe par l'appui à la mise en place d'instruments juridiques adaptés, maîtrisés par les professionnels du droit et appliqués par des magistrats indépendants. Le défi est donc ici de faire en sorte que les États francophones disposent d'un cadre et d'une expertise juridiques suffisantes en matière de droit économique et de droit des affaires, afin d'attirer les investissements et de répondre plus efficacement aux enjeux juridiques du commerce international.

La sécurité juridique et judiciaire des échanges et des investissements étant un facteur de confiance et une condition du développement des affaires, la Francophonie a pris, au fil des déclarations, une série d'engagements forts, non seulement pour réprimer la corruption sous toutes ses formes, mais encore pour faire de la justice un véritable facteur de compétitivité et de développement. L'objectif constamment réaffirmé dans le discours francophone est d'instaurer dans chaque État, via le soutien aux ensembles régionaux, un cadre juridique garantissant dans l'espace francophone, la sécurité des investissements. La démarche de l'OIF vise ici à soutenir l'attractivité économique de ses États membres en les accompagnant dans leurs efforts d'intégration régionale et de mise en place d'un environnement juridique sécurisé et propice aux affaires. Ainsi, au Sommet de Maurice en 1993, les chefs d'État francophones ont réitéré leur appui

---

1127 TIGER Philippe, *Le droit des affaires en Afrique - OHADA*, Paris, PUF, Que sais-je ?, 1999, p. 24 ; DIOUF Abdou, « Afrique : l'intégration régionale face à la mondialisation », *Politique étrangère*, IFRI, 2006/4 Hiver, p. 796.

aux processus régionaux d'intégration économique à travers deux Résolutions. Dans la première, sur l'Afrique, ils proclamaient qu'il n'y a pas démocratie sans développement économique, ni de véritable développement durable sans démocratie. Dans la seconde, sur la coopération économique francophone, ils s'engageaient à faciliter la mise en place d'un environnement juridique favorable à la compétitivité.

Dans le Plan d'action du Caire[1128], les États francophones affirmaient la nécessité, dans le respect de la liberté contractuelle, d'adapter le droit économique aux exigences de sécurité qu'appellent la promotion des investissements et le développement du commerce international. Ce plan érigeait l'action francophone en faveur de la justice comme facteur de développement en axe autonome et prioritaire. Les États francophones, tout en y affirmant que le soutien aux économies n'a de chance de prospérer que si la sécurité juridique est garantie, se sont engagés à appuyer les institutions chargées au niveau régional, de soutenir les politiques d'intégration et d'affermissement de la sécurité juridique. Dans la même dynamique, au Sommet de Cotonou, les chefs d'État et de gouvernements francophones ont adopté une Résolution sur la justice et le développement[1129] dans laquelle, ils ont invité la Francophonie institutionnelle à soutenir spécifiquement les efforts déployés pour l'harmonisation du droit des affaires en Afrique. Deux ans plus tard, le Plan d'action de Hanoi[1130], après avoir également réaffirmé le lien entre sécurité juridique et développement économique, a rappelé qu'il est essentiel pour la coopération francophone de favoriser l'établissement d'un environnement juridique et institutionnel favorable au développement des affaires. En 1999, la Déclaration de Monaco adoptée par la première conférence des ministres de l'économie et finances de la Francophonie engageait les États à favoriser, via l'intégration régionale, la création d'un environnement juridique stable et propice à l'accroissement de l'investissement et de l'activité commerciale[1131]. Dans le texte adopté à l'issue du Sommet de Beyrouth, en octobre 2002, les États francophones ont formellement déclaré que

1128 OIF, *Plan d'action francophone en faveur de la justice, de l'État de Droit, de la Démocratie et du développement (1996-2000)*, Le Caire, 1er novembre 1995.
En ligne sur : http://www.francophonie.org/IMG/pdf/recueil_declarations-2.pdf.

1129 OIF, VIe Conférence des chefs d'État et de gouvernement des pays ayant le français en partage, *Déclaration de Cotonou*, 4 décembre 1995.
En ligne sur : http://www.francophonie.org/IMG/pdf/actes_som_vi_04121995.pdf.

1130 OIF, VIIe Conférence des chefs d'État et de gouvernement des pays ayant le français en partage, *Déclaration de Hanoi*, 16 novembre 1997.
En ligne sur : http://www.francophonie.org/IMG/pdf/Declaration_SOM_VII_16111997.pdf.

1131 OIF, Première Conférence des Ministres de l'économie et des finances de la Francophonie, Déclaration de Monaco, Monaco, 14-15 avril 1999.
En ligne sur : http://www.francophonie.org/IMG/pdf/Conf_eco_Monaco.pdf.

« *Francophonie, démocratie et développement sont indissociables* »[1132]. Deux ans plus tard, la Déclaration de Ouagadougou renchérissait en affirmant que le droit est au service du développement. La Déclaration de Paris adoptée par la quatrième conférence des ministres francophones de la justice a renouvelé et redéfini les grands axes de la coopération juridique et judiciaire francophone[1133]. Pour la construction d'une justice et d'un droit facteurs d'attractivité économique et de développement, les États francophones se sont engagés, dans ce texte, à appuyer les efforts destinés à renforcer, en matière économique, la capacité d'adaptation des systèmes juridiques et judiciaires nationaux. En affirmant que l'efficacité de la justice est un enjeu de développement, les ministres francophones de la justice ont pris l'engagement de faire de la justice un atout pour améliorer l'attractivité économique de leurs États. Ils ont rappelé à cet égard, la pertinence du modèle de diffusion du droit harmonisé des affaires, pour une meilleure protection du droit de propriété. Les ministres ont enfin invité l'OIF à soutenir l'édification d'un socle législatif moderne opérationnel, afin de garantir la sécurité juridique des transactions et de faire de la Francophonie un espace de prospérité, de liberté et de sécurité.

A travers cet engagement constamment rafraîchi au fil des années dans le discours francophone, on peut lire la volonté des États de relever, par le droit et l'intégration juridique, les défis économiques qui se dressent devant eux. Dans un contexte économique mondialisé, sur fond de concurrence des systèmes juridiques, l'OIF a mobilisé ses efforts, à côté d'autres institutions[1134], pour

---

1132 OIF, IXe Conférence des chefs d'État et de gouvernement des pays ayant le français en partage, *Déclaration de Beyrouth*, 20 octobre 2002.
En ligne sur : http://www.francophonie.org/IMG/pdf/Declaration_SOM_IX_20102002.pdf.

1133 OIF, Quatrième Conférence des ministres francophones de la justice, *Déclaration de Paris*, 14 février 2008
En ligne : http://www.francophonie.org/IMG/pdf/Declaration_4e_conf_justice_Paris_2008.pdf.

1134 Réaction de l'Association Henri Capitant des amis de la culture juridique française en 2006. Création de la Fondation pour le droit continental. Réaction des autorités françaises à travers le lancement en 2005 d'un programme de recherche portant sur l'« attractivité économique du droit » destiné à promouvoir l'efficacité des systèmes droit de tradition civiliste. Dans ce contexte nombre de travaux se sont attelés à déconstruire la logique des Rapports Doing Business et restaurer la crédibilité du droit continental. Sur l'efficacité comparée des systèmes juridiques dans le domaine des affaires, voir notamment DU BOIS DE GAUDUSSON Jean et FERRAND Frédérique (dir.), *La concurrence des systèmes juridiques*, Actes du colloque de Lyon, 20 octobre 2006, PUAM, 2008, 162 p. ; CANIVET Guy, FRISON-ROCHE Marie-Anne, KLEIN Michael (dir.), *Mesurer l'efficacité économique du droit*, Paris, LGDJ, 2005, 176 p. ; GRIMALDI Michel (dir.), *Les droits de tradition civiliste en question, A propos des rapports Doing Business de la Banque mondiale*, Association Henri Capitant, Société de législation comparée, 2006, 161 p. ; BOLLEE Sylvain, LAITHIER Yves-Marie, PERES Cécile (dir.), *L'efficacité économique en droit, op. cit.*, 178 p. ; GAUDREAULT-DESBIENS Jean-François, « La critique économiste de la tradition romano-germanique », *Revue Trimestrielle de Droit Civil*, 2010, pp. 683-704 ; BEAUCHARD Renaud, « L'évaluation des systèmes juridiques ou l'illusion du microscope », *La note de convention-s*, Réguler la mondialisation, n° 8, 2011 (en ligne sur : http://convention-s.fr/wp-content/uploads/2012/04/CNV_Note8_20121.pdf). Voir aussi les Actes du XXIIe Congrès de

contribuer à la mise en œuvre d'un programme de recherche sur l'attractivité économique du droit continental. Ceci en réponse aux conclusions de la Banque Mondiale dans ses rapports « *Doing Business* »[1135], selon lesquels, dans une approche utilitariste, le modèle juridique romano-germanique, duquel se nourrissent la plupart des États francophones, serait moins favorable aux investissements et donc à la croissance économique. Le but de cette contre-attaque doctrinale était de mettre en commun les moyens matériels et intellectuels, pour opposer à cette approche tronquée, une contradiction scientifique. En réalité le droit continental, droit écrit, constitue davantage comme un gage de stabilité et de prévisibilité dans les rapports de droit. Il est à ce titre un facteur par excellence de sécurité juridique. Mais par-delà la compétition des systèmes de droit, la Francophonie suggère une alternative à l'uniformisation culturelle et juridique de la planète. Elle promeut un modèle de développement s'appuyant, sur la démocratie et la bonne gouvernance, la justice et l'équité.

Outre la promotion de l'attractivité de l'expression juridique francophone dans sa diversité, la concertation francophone s'emploie essentiellement à soutenir les programmes et activités des organisations régionales et sous-régionales d'intégration, pour renforcer la sécurité juridique et judiciaire de l'environnement économique. A cet égard, l'OIF incite les États à participer aux groupements d'intégration économique et les assiste dans la mise en place des réformes internes qui en découlent. Interpellée par l'évolution des espaces de coopération et d'intégration, l'OIF accompagne les institutions régionales et spécialisées d'intégration, tant dans leur travail de production et d'adaptation des règles juridiques, que dans leur mission d'information, de sensibilisation et de formation. S'il est vrai que les États francophones sont répartis sur différents espaces régionaux d'intégration[1136], c'est essentiellement en direction du continent africain que l'action de l'OIF en faveur de l'intégration économique par le droit, s'est orientée. Au-delà de son appui général aux dynamiques régionales et sous-régionales d'intégration en Afrique (Section I), la Francophonie apporte un soutien plus spécifique au processus d'harmonisation en Afrique du droit des affaires (Section II).

l'IDEF sur, « Le face à face droit civil/common law en droit des affaires. Cas du Canada, de l'Afrique et du Monde Arabe », tenu à Montréal les 16 et 17 mai 2013 et publiés dans la *Revue de l'ERUSMA*, numéro spécial, Mars 2014.

1135 Lancé en 2003, le programme « Doing Business » est destiné à mesurer l'attractivité économique des modèles de droit.

1136 L'Afrique, le Monde arabe, l'Europe, l'Amérique, les Caraïbes, le Pacifique et l'Asie.

SECTION I. L'APPUI GENERAL DE L'OIF AUX DYNAMIQUES REGIONALES ET SOUS-REGIONALES D'INTEGRATION

La redéfinition du cadre juridique international sous l'influence irrésistible de la loi du marché, impose la construction de nouveaux espaces normatifs intégrés, structurés autour d'une gestion communautaire des intérêts nationaux. Elle appelle une réponse régionale au phénomène évolutif et absorbant de la mondialisation, car les ensembles régionaux constituent des lieux privilégiés de rapprochement et d'échanges économiques[1137]. Ainsi que le rappelaient fort justement les ministres francophones de la justice dans la Déclaration de Paris en 2008, l'efficacité de la justice et l'approfondissement des processus d'intégration juridique et judiciaire constituent aujourd'hui des enjeux stratégiques de développement et de bonne gouvernance. La sécurité juridique et judiciaire qu'ils garantissent aux investissements et aux relations d'affaire, permet aux États de s'insérer plus facilement dans les circuits, de plus en plus denses et emmêlés, des échanges internationaux. C'est la raison pour laquelle les États francophones, depuis environ une vingtaine d'années, accordent une attention particulière à l'adaptation de l'environnement juridique aux évolutions de l'économie.

Les États francophones du Nord et du Sud ont bien compris qu'ils doivent, à l'instar de tous les autres États de la planète, faire face aux enjeux de la mondialisation du droit[1138] et des échanges. En dehors des grandes puissances incarnées par les États-Unis et la Chine, aucun pays ne peut durablement se défendre seul sans affaiblir son pouvoir de négociation. Les États pris individuellement sont parfois impuissants face à certaines sociétés transnationales qui, en raison de leur puissance économique, sont capables de leur imposer des choix normatifs[1139]. Étant donné qu'aucun pays ne peut aujourd'hui échapper à ce mouvement fédérateur, toutes les régions du monde s'organisent autour d'espaces intégrés pour apporter des réponses communes et efficaces aux défis économiques, géopolitiques ou culturels de la mondialisation. L'objectif de ces unions régionales est ainsi de créer des entités plus fortes, capables de peser sur une scène internationale, désormais fortement marquée par les logiques de la

---

1137 Voir à ce propos, SUAREZ Alfredo, *Intégration régionale et mondialisation*, Paris, Hachette Éducation, 2009, 160 p. ; GAUTRON Jean-Claude, « Le fait régional dans la société internationale », *Régionalisme dans le droit international contemporain*, colloque Société Française pour le Droit Internationale, Bordeaux, 1976, Paris, Pedone, 1977, pp. 3-43.

1138 LOQUIN Éric et KESSEDJIAN Catherine (dir.), *La mondialisation du droit*, Paris, Litec, Travaux du CREDIMI, 2000, 612 p. ; ISSA-SAYEGH Joseph et LOHOUES-OBLE Jacqueline, *Harmonisation du droit des affaires*, Bruxelles, Bruylant, 2002, pp. 5 et ss.

1139 OIF, Délégation à la paix, à la démocratie et aux droits de l'Homme, *Rapport sur l'état des pratiques de la démocratie, des droits et des libertés dans l'espace francophone, 2008*, *op. cit.*, p. 32.

globalisation. Du continent américain[1140] au continent asiatique[1141], en passant par l'Europe[1142] et par l'Afrique[1143], la création de blocs régionaux permet inévitablement de lutter contre la fragmentation et de renforcer le poids des États dans la balance du commerce international.

L'Afrique est le continent de la planète qui compte le plus d'organisations régionales et sous-régionales, mais les processus d'intégration y restent encore à parfaire[1144]. C'est certainement la raison pour laquelle elle focalise toute l'attention de la Francophonie dans son action en faveur de la sécurisation juridique et judiciaire de la vie des affaires.

L'OUA dont la vocation principale était de contribuer à la libération de l'Afrique, ne s'est pas véritablement donnée les moyens de promouvoir au niveau régional le développement économique du continent. Mais les États africains ont très vite pris conscience de la nécessité de redresser leurs économies sur des bases régionales. La multiplication des groupements régionaux et sous-régionaux d'intégration en Afrique est révélatrice de cet éveil. Convaincue de l'importance de ces regroupements communautaires en Afrique, l'OIF accompagne leurs initiatives afin de contribuer au renforcement de la sécurité juridique et judiciaire dans l'espace francophone. Mais s'il est vrai que l'établissement du lien entre le droit et l'économie a favorisé, en Afrique, le foisonnement des groupements régionaux et sous-régionaux (§ 1), la Francophonie doit garder à l'esprit le fait que leur superposition sur un même espace peut soulever un certain nombre de difficultés matérielles (§ 2).

§ 1. Le foisonnement des ordres juridiques régionaux et sous-régionaux

Les groupements régionaux et sous-régionaux d'intégration obéissent à une stratégie de développement dont la finalité est de faciliter l'accès des États à la structure désormais globalisée des marchés et des économies[1145]. Ils visent, par la création de nouveaux ordres juridiques supranationaux, à créer un marché

1140 L'Accord de Libre-Échange Nord-Américain (ALENA) et le Marché Commun du Sud (MERCOSUR).

1141 L'Association des Nations du Sud-Est asiatique (ASEAN).

1142 L'Union Européenne (UE).

1143 L'Union Africaine (UA). Consulter WODIE Francis, *Les institutions internationales et régionales en Afrique occidentale et centrale*, Paris, LGDJ, 1970, 274 p. ; GLELE-AHANHANZO Maurice, *Introduction à l'Organisation de l'Unité Africaine et aux organisations régionales africaines*, Paris, LGDJ, 1986, 574 p.

1144 DIOUF Abdou, « Afrique : l'intégration régionale face à la mondialisation », *loc. cit.*, p. 786.

1145 Sur cette question, voir notamment BAKHOUM Mor, « Cohérence institutionnelle et effectivité d'une politique régionale de la concurrence : le cas de l'Union Économique et Monétaire Ouest-Africaine (UEMOA) », *Revue Internationale de Droit Économique*, 2011/3, T. XXV, pp. 305-332.

commun, une union douanière ou encore une zone de libre-échange. Créés pour favoriser l'augmentation des échanges commerciaux, ces ensembles régionaux dessinent des espaces économiques intégrés, s'appuyant notamment sur un régime de tarifs préférentiels entre membres, des tarifs extérieurs communs, une suppression des droits de douane et sur un ensemble de règles harmonisées ou uniformisées[1146]. Ces ensembles intégrés impliquent un transfert de compétences à des institutions communautaires, chargées d'édicter les droits et obligations des États membres et de leurs ressortissants, afin de garantir l'objectivité, l'applicabilité et la stabilité de l'ordre juridique. L'interprétation et le suivi du respect du droit communautaire sont généralement confiés à des juridictions supranationales qui garantissent la mise en œuvre complète et uniforme des dispositions communautaires dans tous les États membres.

Dans le cadre de son action en faveur de la sécurité juridique et judiciaire comme facteur de compétitivité et de développement, l'OIF apporte son soutien aux processus d'intégration économique en Afrique, qu'ils s'expriment au niveau régional (B) ou à l'échelle sous-régionale (A).

A. La multiplication des instruments sous-régionaux d'intégration

La nécessité pour les États de s'insérer dans le circuit du commerce international les a conduits à inscrire leur stratégie de développement dans le cadre d'un marché ouvert et sécurisé par un environnement juridique harmonisé. Il faut certes ouvrir le marché, mais il faut aussi et surtout le sécuriser par le droit. Dans le contexte économique actuel, libéralisé et mondialisé, l'intégration sous-régionale apparaît à la fois comme un facteur de sécurisation juridique et judiciaire, et comme un moyen efficace de développement économique durable. L'intégration exige la mise en commun partielle et progressive des souverainetés nationales au profit d'une communauté pour la promotion et la sauvegarde d'un intérêt collectif. Sur le continent africain, les États se sont appropriés ces enjeux en se regroupant autour d'espaces économiques et juridiques sous-régionaux. Très vite, ces ensembles sous-régionaux se sont multipliés, formant ainsi des blocs solidaires et juxtaposés de coopération, au service du développement. Soutenues et accompagnées par la Francophonie, ces dynamiques sous-régionales d'intégration se sont multipliées aussi bien en Afrique de l'Ouest (1), qu'en Afrique centrale et australe (2)[1147].

1146 Sur la distinction, voir KANDEM Fetze Innocent, « Harmonisation, unification et uniformisation. Plaidoyer pour un discours affiné sur les moyens d'intégration juridique », *Revue Juridique Thémis*, n° 43, 2009, pp. 616-624.

1147 Le phénomène de l'intégration économique traverse également l'Afrique du Nord mais est incarné par une seule organisation : l'Union du Maghreb Arabe (UMA). Cette Union créée à Marrakech le 17

1. Les organisations d'intégration en Afrique de l'Ouest

En Afrique de l'Ouest, l'Union Économique et Monétaire Ouest Africaine (UEMOA), coexiste avec la Communauté des États de l'Afrique de l'Ouest (CEDEAO). La CEDEAO est un regroupement sous-régional d'intégration créé par le traité de Lagos le 28 mai 1975[1148]. Il réunit quinze États de la sous-région Ouest-africaine[1149] : le Bénin, le Burkina Faso, la Côte d'Ivoire, la Guinée, le Mali, le Niger, le Sénégal, le Togo, le Ghana, la Gambie, le Libéria, le Nigéria, la Sierra Leone, le Cap-Vert et la Guinée-Bissau. Avec une population d'environ 210 millions d'habitants et un Produit Intérieur Brut (PIB) d'environ 106,7 milliards de dollars, la CEDEAO s'étend sur un territoire d'environ 6,1 millions de Km^2. Cette communauté a pour objectif de stimuler et d'accélérer le progrès économique et social de ses États membres. Elle vise à garantir la croissance économique des États et à améliorer les conditions de vie de ses populations par la création d'un marché commun[1150], d'une union économique et monétaire[1151], d'un environnement juridique favorable au progrès et au développement[1152]. Sa mission est de promouvoir l'intégration et l'harmonisation des politiques nationales dans tous les domaines de l'activité économique[1153]. Pour réaliser ses objectifs, la CEDEAO s'appuie sur une structure institutionnelle placée sous l'autorité de la conférence des chefs d'État et de gouvernement. Institution suprême de l'organisation, la conférence est chargée de déterminer la politique générale et les grandes orientations de la communauté, de donner des directives, d'harmoniser et de coordonner les politiques sectorielles. Ses décisions sont prises

---

février 1989 regroupe cinq Etats dont trois membres de l'Organisation Internationale de la Francophonie (le Maroc, la Tunisie et la Mauritanie).

1148 Le traité a été révisé à Cotonou le 24 juillet 1993, puis à Abuja la 11 juin 2006.

1149 La Mauritanie a décidé de quitter la Communauté en 2000.

1150 Le marché commun implique la suppression des droits de douane, l'établissement d'un tarif extérieur commun (article 37 du traité) et d'une politique commerciale commune, et enfin la suppression des barrières à la libre circulation des personnes, des biens, des services et des capitaux.

1151 Création dans cette dynamique, de l'Agence Monétaire de Afrique de l'Ouest (AMAO).

1152 Voir l'article 3 du traité. Ceci dit, la communauté a également revêtu une dimension politique qu'elle met au service de la paix, de la sécurité, de la stabilité et de la gouvernance, comme facteurs de développement. Cet engagement s'est traduit notamment par l'adoption d'un protocole de non-agression en 1978 et d'un protocole d'assistance en matière de défense en 1981, par la mise en place d'une force de maintien de la paix (ECOMOG) en 1990, et par l'adoption des principes politiques de la CEDEAO en 1991.

1153 Au-delà de l'intégration du commerce et du marché (articles 35, 42, 43 du traité) et de l'intégration monétaire et financière (articles 51 et 55 du traité), la communauté vise à harmoniser les politiques sectorielles relatives à l'industrie (article 26 du traité), aux transports et aux télécommunications (articles 32 et 33 du traité), aux sciences et technologie (article 27 du traité), à l'énergie (article 28 du traité), à l'agriculture et à l'alimentation (article 25 du traité), aux ressources naturelles (article 31 du traité), à l'environnement (article 29 du traité), aux douanes (article 36 et 46 du traité), à la fiscalité (article 40 du traité), aux questions sociales et culturelles (articles 61 et 62 du traité).

à l'unanimité et ont une force obligatoire[1154]. Le Conseil des Ministres a pour mission d'édicter des règlements de force obligatoire[1155] et de formuler des recommandations à l'intention de la conférence. La Commission qui, à la faveur des transformations institutionnelles intervenues en 2006, a remplacé le Secrétariat de l'organisation, est chargée d'adopter les règles obligatoires de mise en œuvre des actes édictés par le Conseil. Elle a également une compétence consultative. Pour renforcer son intégration, la communauté dispose d'un Parlement conçu comme un forum de dialogue et de consultation[1156] et d'un Conseil économique et social aux fonctions consultatives[1157]. A côté de ces organes, la communauté s'est dotée d'une Cour de justice qui veille à l'interprétation et à l'application des textes de la communauté[1158]. Le traité prévoit également la mise en place d'un tribunal arbitral[1159]. Pour soutenir son action en faveur du développement économique des États de la sous-région Ouest-africaine, la CEDEAO s'est dotée d'une Banque d'investissement et de développement (BIDC)[1160] dont les activités sont facilitées par la politique économique et monétaire commune.

L'Union Économique et Monétaire Ouest Africaine (UEMOA), dont le traité constitutif a été signé à Dakar le 10 janvier 1994[1161], participe elle aussi de la dynamique d'amélioration de l'attractivité économique de la sous-région. Elle a été créée par les chefs d'État et de gouvernement du Bénin, du Burkina Faso, de la Côte d'Ivoire, du Mali, du Niger, du Sénégal et du Togo, auxquels s'est jointe

---

1154 Article 9, alinéa 4 du traité de la CEDEAO.

1155 Article 12, alinéa 3 du traité de la CEDEAO. Les règlements sont, d'application générale et directement exécutoires.

1156 Conformément aux articles 6 et 13 du Traité de la CEDEAO, le protocole instituant le parlement, a été signé à Abuja le 6 août 1994 et entré en vigueur depuis le 14 mars 2002. Il comporte 115 sièges. Chaque État membre dispose de cinq sièges d'office et les sièges restants sont répartis au prorata de la population de chaque État. En attendant leur élection au suffrage universel direct, les membres du parlement de la communauté sont détachés auprès de l'institution par les parlements nationaux, pour une période de quatre années.

1157 Article 14 du traité de la CEDEAO.

1158 Prévue aux articles 6 à 15 du traité de la CEDEAO la Cour de justice de la communauté a aussi désormais un mandat explicite en matière de protection des droits de l'Homme. Voir le protocole additionnel A/SP.1/01/05 du 19 Janvier 2005 portant amendement du Protocole A/P/17/91 relatif à la Cour de justice de la Communauté.

1159 Voir l'article 16 du traité de la CEDEAO. Le protocole auquel renvoie le traité n'a pas encore été adopté.

1160 Il s'agit d'une institution financière internationale dont l'objectif est de contribuer à l'essor économique de l'Afrique de l'Ouest à travers le financement des projets publics et privés relevant des domaines du transport, de l'énergie, des télécommunications, de l'industrie, des services, de la réduction de la pauvreté, de l'environnement et des ressources naturelles, promotion du secteur privé et du secteur public. Elle doit contribuer à créer les conditions d'émergence d'une Afrique de l'Ouest économiquement forte, industrialisée, prospère et parfaitement intégrée au système économique mondial.

1161 Le traité est entré en vigueur le 1er aout 1994.

la Guinée-Bissau le 2 mai 1997. L'UEMOA a été mise en place afin de favoriser le développement économique et social des États membres, grâce à l'uniformisation de leurs législations, à l'unification de leurs marchés intérieurs et à la mise en œuvre de politiques sectorielles communes dans les secteurs essentiels de leurs économies. Le postulat est simple : étant donné que les économies de la sous-région sont complémentaires et interdépendantes, elles doivent s'articuler autour de politiques convergentes[1162]. L'UEMOA a donc pris le relai de l'UMOA[1163], pour, au-delà de la simple union monétaire, renforcer la compétitivité économique et financière des États membres, par la mise en place d'un marché commun[1164], ouvert et concurrentiel, et d'un environnement juridique rationalisé et harmonisé[1165]. Les articles 60 et 61 du traité de l'UEMOA suggèrent, dans la mesure nécessaire au bon fonctionnement du marché commun, une harmonisation des législations des États membres notamment en ce qui concerne, les régimes monétaires et bancaires, comptables, financiers et fiscaux. Pour atteindre ses objectifs de croissance et de développement, l'Union s'est structurée atour d'organes de direction, d'organes de contrôle et d'organes consultatifs.

L'UEMOA dispose de trois organes de directions : la Conférence des chefs d'État et de gouvernement, le Conseil des ministres et la Commission. La Conférence des chefs d'État est l'autorité suprême de l'Union[1166]. Elle tranche toute question n'ayant pas été résolue par un accord du Conseil des Ministres. Elle décide de l'adhésion éventuelle de nouveaux membres[1167] et prend acte du retrait ou de l'exclusion des participants. Elle est compétente pour adopter les actes additionnels au traité et prend ses décisions à l'unanimité. Le Conseil des ministres met en œuvre les orientations générales définies par la Conférence des chefs d'État et de Gouvernement. Il définit la politique monétaire et de crédit de l'union et édicte des règlements, des directives communautaires. Il peut également formuler des avis[1168]. En ce qui concerne la Commission de l'UEMOA, elle a le pouvoir, en vue du bon fonctionnement et de l'intérêt général de l'Union, de prendre des règlements d'exécution en vertu d'une délégation

1162 L'Union entend par ailleurs coordonner les politiques sectorielles nationales en matière de ressources humaines, d'aménagement du territoire, d'agriculture, d'énergie, d'industrie, de mines, de transports, d'infrastructures et de télécommunication. Voir les articles 63 et ss. et 101 du traité de l'UEMOA.

1163 Union Monétaire Ouest Africaine créée le 12 mai 1962.

1164 Ce marché commun, dans une approche similaire à celle de la CEDEAO s'appuie sur la libre circulation des personnes, des biens, des services et des capitaux, ainsi que sur un tarif extérieur commun et une politique commerciale commune.

1165 Article 4 du traité de l'UEMOA.

1166 Articles 17 à 19 du traité de l'UEMOA.

1167 Conformément aux articles 103 et suivants du traité de l'UEMOA.

1168 Articles 20 à 25 du traité de l'UEMOA.

reçue du Conseil des Ministres[1169]. Elle transmet à la Conférence et au Conseil, les recommandations et avis qu'elle juge utiles au maintien et au développement de l'Union. Elle exécute le budget de l'Union et peut saisir la Cour de Justice en cas de manquement des États membres aux obligations qui leur incombent en vertu du droit communautaire. A côté des organes de direction, le dispositif institutionnel de l'UEMOA se compose d'organes de contrôle. Le contrôle juridictionnel est exercé par la Cour de justice et par la Cour des comptes de l'union. En vertu de l'article 38 du traité de l'UEMOA, la Cour de justice veille à l'interprétation et à l'application uniformes du droit communautaire. Elle connaît notamment des manquements des États à leurs obligations conventionnelles. Elle arbitre aussi les conflits entre les États membres ou entre l'Union et ses agents. La Cour des comptes contrôle quant à elle, les comptes des organes de l'Union, ainsi que la fiabilité des données budgétaires nécessaires à l'exercice de la surveillance multilatérale. Un contrôle parlementaire est prévu aux articles 35 à 37 du traité. Mais en attendant la mise en place du Parlement de l'union, un comité interparlementaire joue un rôle consultatif et d'animation des débats sur l'intégration. Ce comité reçoit le rapport annuel de la Commission et se prononce par le biais de rapports ou de résolutions. L'UEMOA dispose enfin d'un organe consultatif incarné par la chambre consulaire régionale. Regroupant les chambres consulaires nationales, les associations professionnelles et les organisations patronales des États membres de l'Union, cet organe offre un lieu privilégié de dialogue entre l'UEMOA et les principaux opérateurs économiques. Ce qui permet d'associer de manière effective le secteur privé au processus d'intégration. A son initiative ou à celle de la Commission, la Chambre donne des avis sur toute question relative à la réalisation des objectifs de l'Union[1170]. En plus de ces organes ci-avant évoqués, l'UEMOA s'appuie, pour la réalisation des objectifs du traité, sur les institutions spécialisées et autonomes que sont la Banque Centrale des États de l'Afrique de l'Ouest (BCEAO) et la Banque Ouest Africaine de Développement (BOAD). Cet ensemble institutionnel et normatif a été conçu pour faciliter l'harmonisation des législations nécessaires à la réalisation de l'union économique et monétaire, au cœur des objectifs de l'organisation. Une autre illustration de la prolifération des ensembles sous-régionaux peut être trouvée dans les parties centrale, orientale et australe de l'Afrique.

1169 Article 24 du traité de l'UEMOA.

1170 Les législations commerciales, fiscales, douanières et sociales ; les négociations commerciales auxquelles participent l'Union ; la création et le fonctionnement de bourses de valeur ou de commerce, d'observatoires économiques ; la politique économique et monétaire.

2. Les organisations d'intégration en Afrique centrale, australe et orientale

En Afrique centrale, la multiplication des instruments sous-régionaux d'intégration s'observe notamment dans la superposition de la Communauté Économique des États de l'Afrique Centrale (CEEAC) et de la Communauté Économique et Monétaire d'Afrique Centrale (CEMAC).

Le traité instituant la Communauté Économique des États de l'Afrique Centrale a été signé à Libreville le 18 octobre 1983 et est entré en vigueur en décembre 1984. Il rassemble dix États d'Afrique centrale[1171], tous membres de la Francophonie, autour d'un objectif fondamental : engager un processus d'intégration régionale visant à promouvoir et à renforcer la coopération, pour un développement dynamique et équilibré, dans tous les domaines de l'activité économique et sociale[1172]. Équivalent de la CEDEAO dans la sous-région d'Afrique centrale, la CEEAC entend, par l'élimination des droits de douane[1173], l'abolition des restrictions quantitatives, l'établissement d'un tarif douanier commun[1174], la suppression des obstacles à la libre circulation des personnes, des biens, des services et des capitaux[1175] et par l'harmonisation fiscale et douanière, créer une union douanière et une zone de libre-échange[1176]. Au-delà des missions traditionnelles de coopération et d'intégration régionale, la CEEAC agit pour la promotion de la paix et de la stabilité en Afrique centrale[1177].

La CEEAC s'appuie sur une structure institutionnelle à six niveaux. La Conférence des chefs d'État et de gouvernement est l'organe suprême qui, ici encore, définit la politique générale et les grandes orientations de la Communauté. Elle oriente et harmonise, via ses décisions et directives obligatoires[1178], les politiques socio-économiques des États membres[1179]. Le Conseil des ministres est chargé, conformément aux articles 12 et suivants du traité, de formuler des recommandations à l'intention de la Conférence sur toute

---

1171 L'Angola, le Burundi, le Cameroun, la République Centrafricaine, le Congo, la République Démocratique du Congo, le Gabon, la Guinée Équatoriale, Sao Tome & Principe et le Tchad.

1172 Il s'agit en particulier des domaines de l'industrie (articles 45 et 46 du traité), des transports et des communications (articles 47 et suivants), de l'agriculture (article 43 du traité), de l'énergie et des ressources naturelles (articles 54 et suivants du traité), du commerce, des douanes, des questions monétaires et financières (article 41 du traité), des ressources humaines (articles 59 et suivants du traité), du tourisme (article 64 et suivants du traité), de l'enseignement (article 61 du traité), de la culture (article 62 du traité), de la science et de la technologie (article 51 et suivants du traité) et du mouvement des personnes).

1173 Article 28 du traité de la CEEAC.

1174 Article 29 du traité de la CEEAC.

1175 Articles 4 et 40 du traité de la CEEAC.

1176 Article 27 du traité de la CEEAC.

1177 Création du conseil de paix et de sécurité en Afrique centrale (COPAX). La CEEAC appuie également les processus électoraux dans les États membres.

1178 Article 11 du traité de la CEEAC.

1179 Articles 8 et suivants du traité de la CEEAC.

action tendant à la réalisation des objectifs de la Communauté. La Cour de justice, non encore opérationnelle, est statutairement destinée à assurer le respect du droit, dans l'interprétation et l'application du Traité instituant la Communauté. La Cour sera compétente pour statuer sur les litiges dont elle peut être saisie en vertu des articles 16 et suivants du Traité. Elle pourra contrôler la légalité des textes communautaires, se prononcer sur les recours en incompétence, statuer à titre préjudiciel sur la validité des décisions et l'interprétation du traité, et donner des avis consultatifs à la demande du conseil ou de la conférence. Ces arrêts ont force obligatoire dans les États membres[1180]. Le Secrétariat général est le principal administrateur de la communauté. Il établit annuellement le programme d'action de la Communauté, prépare et exécute les décisions et les directives de la Conférence et les règlements du Conseil et assure la promotion des programmes de développement et des projets communautaires[1181]. La Commission consultative étudie ou instruit, sous la responsabilité du Conseil des ministres, les questions et les projets que lui soumettent les autres institutions[1182]. Enfin, les comités techniques spécialisés sont créés pour agir dans les domaines spécifiques de la coopération économique. Ce processus d'intégration est soutenu par la Francophonie, au même titre que celui impulsé dans le même espace, par la Communauté Économique et Monétaire d'Afrique Centrale (CEMAC).

La CEMAC a succédé à l'Union Douanière et Économique de l'Afrique Centrale (UDEAC), qui, elle-même, avait pris, en décembre 1964, le relai de l'Union Douanière Équatoriale (UDE) instituée en juin 1959. Elle regroupe les six pays d'Afrique centrale : le Cameroun, le Gabon, la Guinée équatoriale, la République Démocratique du Congo, la République Centrafricaine et le Tchad. Le traité instituant la CEMAC a été signé le 16 mars 1994 à N'Djaména (Tchad) et est entré en vigueur en juin 1999, avant d'être ensuite révisé à Yaoundé le 25 juin 2008. La mission de la communauté est de promouvoir un développement harmonieux des États membres, dans le cadre d'un véritable marché commun, basé sur la libre circulation des personnes, des biens, des capitaux et des services. La CEMAC assure une gestion stable de la monnaie commune et sécurise l'environnement des affaires, via l'harmonisation des réglementations et des politiques sectorielles nationales. Le processus engagé entend faciliter la mise en place progressive d'un espace économique intégré et juridiquement sécurisé. Contrairement à l'UEMOA qui a une structure unifiée, à vocation à la fois économique et monétaire, la CEMAC s'appuie sur deux unions : l'Union économique de l'Afrique centrale (UEAC) et l'Union monétaire de l'Afrique centrale (UMAC), qui sont régies par deux conventions distinctes, mais restent

---

1180 Article 17 du traité de la CEEAC.

1181 Article 19 et suivants du traité de la CEEAC.

1182 Articles 23 et suivants du traité de la CEEAC.

unies autour d'objectifs complémentaires. L'Union économique de l'Afrique centrale (UEAC) a pour objectif de renforcer la compétitivité des activités économiques et financières par l'harmonisation des règles qui régissent la vie des affaires. Elle coordonne les politiques économiques, budgétaires et sectorielles des États, pour assurer leur convergence vers un marché sous-régional commun et vers une politique monétaire commune. L'Union monétaire de l'Afrique centrale (UMAC) est quant à elle, en charge de la politique monétaire. Elle s'appuie opérationnellement sur la Banque des États de l'Afrique Centrale, chargée d'émettre la monnaie commune.

Comme le suggère la nomenclature traditionnelle des institutions supranationales d'intégration, la CEMAC, en dehors des institutions spécialisées, se structure autour d'organes de décision et de contrôle. L'organe suprême de décision de la Communauté est la Conférence des chefs d'État qui détermine sa politique et oriente l'action des organes de décision des deux unions, au moyen d'actes additionnels[1183]. Annexés au Traité, ces actes le complètent sans le modifier et s'imposent aux institutions de la Communauté ainsi qu'aux autorités des États membres. Les Conseils des ministres de l'UEAC[1184] et le Comité ministériel de l'UMAC, examinent les grandes orientations des politiques économiques de chacun des États membres de la Communauté et s'assurent de leur cohérence avec la politique monétaire commune[1185]. Ils agissent aux moyens de règlements[1186], de directives[1187], de décisions[1188], de recommandations ou d'avis. La Commission est le troisième organe de décision de la CEMAC. Elle coordonne de manière collégiale les actions au niveau de la communauté et assure le secrétariat de la Conférence des chefs d'État[1189]. A côté des organes de décision, des organes de contrôle échafaudent la structure institutionnelle de la CEMAC : le Parlement, la Cour de justice et la Cour des comptes. Le Parlement communautaire est l'instance chargée du contrôle démocratique des institutions

---

1183 Voir les articles 12 et suivants du traité de la CEMAC.

1184 Articles 17 et suivants du traité de la CEMAC.

1185 Articles 21 et suivants du traité de la CEMAC.

1186 Les règlements et les règlements cadres ont une portée générale. Mais contrairement aux règlements qui sont obligatoires dans tous leurs éléments et directement applicables dans tout État membre, les règlements cadres ne sont directement applicables que pour certains de leurs éléments. Voir l'article 41, alinéa 2 du traité de la CEMAC.

1187 Les directives lient tout État membre destinataire quant au résultat à atteindre, tout en laissant aux organes nationaux leur compétence en ce qui concerne la détermination de la forme et des moyens. Voir l'article 41, alinéa 3 du traité de la CEMAC.

1188 Les décisions sont obligatoires dans tous leurs éléments pour les destinataires qu'elles désignent. Voir l'article 41, alinéa 4 du traité de la CEMAC.

1189 Elle s'appuie sur quatre départements : Marché commun ; Infrastructure et développement durable ; Politiques économiques, monétaires et financières ; Droit de l'homme, Bonne gouvernance, Développement humain et social. Voir les articles 25 et suivants du traité.

et organes participant au processus décisionnel de la Communauté[1190]. En attendant la création du Parlement communautaire prévu par le traité, il a été institué une Commission interparlementaire chargée de contribuer, par le dialogue et le débat, aux efforts d'intégration de la Communauté dans les domaines couverts par le Traité et les textes subséquents. Ici encore, la Commission exprime ses vues sous la forme de résolutions ou de rapports. La Cour de justice de la CEMAC est l'institution communautaire en charge du contrôle juridictionnel des activités et de l'exécution budgétaire des institutions de la CEMAC. Siégeant à N'Djaména, au Tchad, la Cour harmonise la jurisprudence dans les matières relevant du champ de la coopération. La Cour des comptes assure quant à elle, le contrôle des comptes des institutions, organes de la communauté, à l'exception de ceux dont les conventions spécifiques ou les statuts en disposent autrement[1191].

La partie australe de l'Afrique n'échappe pas à cette tendance à la multiplication des espaces d'intégration. L'on y récence au moins six communautés économiques à vocation sous-régionale : le Marché commun de l'Afrique orientale et australe (COMESA)[1192], la Communauté de développement de l'Afrique australe (SADC)[1193], la Communauté d'Afrique de l'Est[1194], l'Autorité intergouvernementale pour le développement (IGAD)[1195], la Commission de l'océan indien (COI)[1196], et l'Union Douanière d'Afrique Australe (SACU)[1197]. En raison de leur envergure dans la sous-région et du soutien qu'elles reçoivent de la Francophonie, nous nous focaliserons ici sur les deux premières pour illustrer la dynamique d'intégration économique sous-régionale en Afrique orientale et australe.

1190 Article 47 du traité de la CEMAC.

1191 Article 48, alinéa 2 du traité de la CEMAC.

1192 En anglais « Common Market for Eastern and Southern Africa ».

1193 En anglais « Southern African Development Community ».

1194 Fondée en 1967, la Communauté d'Afrique de l'Est a été dissoute en 1977 avant de se reconstituer le 7 juillet 2000. Elle regroupe dans un objectif d'intégration, le Kenya, la Tanzanie, l'Ouganda, le Burundi, et le Rwanda

1195 En anglais « Intergovernmental Authority on Development ». L'IGAD est un groupement régional créé en 1986 et qui regroupe sept (7) pays d'Afrique de l'Est : Djibouti, Érythrée, Éthiopie, Kenya, Somalie, Soudan Ouganda. Initialement construite autour de la promotion du développement par la lutte contre la sécheresse, l'organisation se fixe désormais pour mission d'assurer l'intégration économique des États membres.

1196 La Commission de l'océan Indien (COI) est une organisation intergouvernementale créée en 1982 à Port-Louis (Maurice) et institutionnalisée en 1984 par l'Accord de Victoria (Seychelles). Elle réunit cinq (5) pays de la région océan indien : Union des Comores, Madagascar, Maurice, Seychelles, France (La Réunion). Elle vise, dans une logique d'intégration, à favoriser la construction et le développement solidaire des États de la région.

1197 En anglais « Southern African Custom Union ». Créée en 1969, l'Union regroupe cinq (5) pays : l'Afrique du Sud, le Botswana, le Lesotho, la Namibie et le Swaziland.

Conçu pour remplacer l'ancienne zone de commerce préférentielle, créée en 1981, le Marché commun de l'Afrique orientale et australe (COMESA) a été institué à Kampala en novembre 1993 et son traité constitutif est en entré en vigueur en décembre 1994. Ce marché commun est formé par dix-neuf États : l'Égypte, le Soudan, Djibouti, les Comores, le Burundi, l'Érythrée, l'Éthiopie, le Kenya, Madagascar, la Lybie, le Malawi, l'île Maurice, la République Démocratique du Congo, le Rwanda, les Seychelles, le Swaziland, l'Ouganda, la Zambie et le Zimbabwe. La zone COMESA regroupe une population totale d'environ 340 millions d'habitants, avec un produit intérieur brut total d'environ 170 milliards de dollars américains. Le COMESA a pour objectif, à l'instar de ses organisations sœurs d'Afrique de l'Ouest et du Centre, de créer une union douanière[1198] et une zone de libre-échange, d'instituer un tarif extérieur commun, de simplifier et d'harmoniser les règles applicables au marché[1199]. En œuvrant à la création d'un environnement juridique propice aux investissements étrangers et locaux, le COMESA entend favoriser le développement durable, équilibré et harmonieux de ses États membres.

Pour atteindre ces objectifs, le COMESA s'appuie globalement sur une architecture institutionnelle classique. La Conférence des chefs d'État et de gouvernement est l'organe directeur suprême. Elle détermine la politique et l'orientation générale du marché commun au moyen de traités, de directives et décisions contraignantes[1200]. Le Conseil des ministres peut adopter des règlements ou des directives ou encore faire des recommandations pour renforcer le dynamisme du marché commun[1201]. Le Comité des gouverneurs des banques centrales élabore des programmes d'action dans le domaine de la coopération monétaire et financière[1202], alors que le Comité intergouvernemental élabore des programmes d'action dans toutes les autres matières, en vue d'assurer le bon fonctionnement et le développement du marché commun[1203]. Ces différents programmes d'action sont mis en œuvre par les Comités techniques[1204]. Le Secrétariat général, en tant que responsable exécutif du marché commun, assure le suivi permanent du bon fonctionnement du marché[1205]. Un Comité consultatif des milieux d'affaires et des autres groupes d'intérêt est institué afin de servir de

---

1198 Avec suppression des barrières tarifaires internes.

1199 Domaine de coopération : libéralisation de l'économie, agriculture, transport et communication, industrie et énergie, question monétaires et financières (voir les articles 3 et 45 et suivants du traité).

1200 Article 8 du traité du COMESA.

1201 Article 9 du traité du COMESA.

1202 Article 13 du traité du COMESA.

1203 Article 14 du traité du COMESA.

1204 Articles 15 et 16 du traité du COMESA.

1205 Article 17 du traité du COMESA.

pont entre les milieux d'affaires et les organes du marché commun[1206]. Enfin, pouvant être saisie par les États membres, par le Secrétaire général et par toutes personnes physiques et morales relevant du marché commun, la Cour de justice du COMESA est chargée de l'interprétation et de l'application correcte des objectifs du Traité[1207]. Ses décisions sont exécutoires et ne nécessitent, pour leur exécution, qu'une vérification de l'authenticité du titre[1208]. La Cour exerce également des fonctions consultatives. Le cadre institutionnel et normatif du COMESA est donc conçu pour favoriser l'intégration juridique et économique des États de la sous-région. La Francophonie, empiriquement attachée à ces dynamiques et particulièrement soucieuse du développement économique des pays membres de cette sous-région, a signé avec le COMESA, le 21 mai 2003, une entente de coopération destinée à renforcer le partenariat entre les deux institutions, et à contribuer plus efficacement à la réalisation des objectifs du marché commun.

Dans la même sous-région de l'Afrique orientale et australe, une autre organisation à vocation économique conduit un processus dynamique d'intégration. Il s'agit de la Communauté de Développement d'Afrique Australe (SADC), créée le 17 août 1992, pour succéder à la Conférence de Coordination pour le Développement de l'Afrique Australe (SADCC)[1209]. La SADC regroupe quinze États de l'Afrique australe et de l'océan indien : l'Afrique du Sud, l'Angola, le Botswana, le Lesotho, Madagascar, le Malawi, Maurice, le Mozambique, la Namibie, la République Démocratique du Congo, les Seychelles, le Swaziland, la Tanzanie, la Zambie et le Zimbabwe. Les objectifs au cœur du projet de la SADC sont de favoriser le développement socio-économique, durable et équitable des États membres, de réduire la pauvreté et d'augmenter le niveau et la qualité de vie des peuples de l'Afrique australe. La paix étant une condition indispensable au développement, la SADC entend également consolider, défendre et maintenir la démocratie, la paix, la sécurité et la stabilité dans la sous-région[1210]. D'un point de vue organisationnel, ici encore, le Sommet est l'instance suprême chargée de définir la politique générale de la communauté. Le Conseil des ministres a pour mission de superviser le processus et le fonctionnement de la SADC, de veiller à la mise en œuvre effective des politiques de l'organisation et de préparer les

---

1206 Article 18 du traité du COMESA.

1207 Articles 7 et 19 du traité du COMESA.

1208 Article 40 du traité du COMESA.

1209 La SADC avait été créée le 1er avril 1980.

1210 En 1995, un comité interrégional destiné à traiter de l'ensemble des questions relatives à la sécurité dans la sous-région a été mis en place et une force de paix a été créée. En 1996 l'organe pour la politique, la défense et la coopération en matière de sécurité est créé. En 2003, un pacte de défense mutuelle et signé et deux plans stratégiques indicatifs à long terme sont adoptés : l'un consacré au développement de la région et l'autre aux questions de politique, de défense et de sécurité.

réunions du Sommet. Un Comité intégré des ministres (ICM) a été créé pour rompre avec la logique sectorielle qui prévalait avant la restructuration de 2001[1211]. Placé sous l'autorité du Conseil des ministres, ce comité se réunit une fois par an pour orienter, superviser et coordonner au niveau politique, les activités dans les différents secteurs. Des sous-comités sectoriels se réunissent sur une base *ad hoc* pour approfondir certaines questions. Le Secrétariat est l'organe d'harmonisation et de pilotage stratégique du processus d'intégration de la SADC. Il assure la coordination de la mise en œuvre des plans stratégiques régionaux. Le tribunal de la SADC, institué conformément au traité, par un protocole adopté au Sommet de Windhoek en 2000, a été mis en place le 18 août 2005 et a pris fonction le 18 novembre 2005. Deux ans plus tard, le 17 août 2012, à Maputo le Sommet décida de suspendre les activités du tribunal. Des négociations sont donc actuellement en cours, en vue de mettre en place une nouvelle Cour, désormais, chargée uniquement de l'application et de l'interprétation uniforme du traité de la SADC et du droit dérivé de l'organisation. Enfin, la SADC dispose d'un forum parlementaire créé le 8 septembre 1997. Elle constitue, à côté du COMESA, le deuxième plus important groupement d'intégration économique dans la sous-région orientale et australe de l'Afrique.

Toutes ces organisations qui imprègnent d'un bout à l'autre, l'ensemble du continent, sans épargner aucun État francophone, illustrent parfaitement la prolifération des groupements sous-régionaux d'intégration économique en Afrique. Ces processus institutionnalisés, présentent à bien des égards, des similitudes frappantes. Ils poursuivent globalement les mêmes objectifs et s'appuient sur une structure institutionnelle quasi identique. De plus, au-delà de la conception classique de l'intégration basée sur l'union douanière[1212], la recherche de sécurité juridique est devenue une référence constante destinée à créer les conditions structurelles du développement. Elle se traduit non seulement par la volonté de simplifier et d'harmoniser le droit économique, mais aussi par la mise en place quasi systématique, dans tous les groupements sous-régionaux identifiés, d'un organe juridictionnel supranational chargé de garantir une application et une interprétation uniforme du droit communautaire. L'importance du droit et du juge dans la mise en place d'un espace économique attractif n'est donc plus à démontrer. Elle est une exigence de base qui doit pouvoir efficacement s'articuler avec les ordres concurrents, pour assurer la sécurité de la propriété et de l'investissement. Car en réalité, le foisonnement des

1211 Marquée par les conseils spécialisés.

1212 Sur cette conception de l'intégration basée sur la fiscalité douanière, voir VINER Jacob, *The customs union issue*, The Carnegie Endowment for International Peace, 1950, 221 p. ; LIPSEY Richard George, « The theory of customs unions : trade diversion and welfare », *Economica*, Vol. 24, 1957, pp. 40-60.

instruments d'intégration économique en Afrique n'est pas un phénomène inhérent aux espaces sous-régionaux. Il prend aussi une dimension régionale.

B. La multiplication des instruments régionaux d'intégration

Nombre d'instruments d'intégration économique fourmillent sur le continent africain. Ils sont destinés à favoriser au niveau régional, les échanges économiques et le développement. Alors que les organisations sous-régionales regroupent à l'intérieur du continent, des États selon leur proximité géographique, les organisations régionales dépassent quant à elles ces subdivisions pour s'adresser en théorie à tous les États d'Afrique. Au-delà de l'Organisation pour l'harmonisation en Afrique du droit des Affaires (OHADA), sur laquelle nous reviendrons dans des développements ultérieurs, plusieurs organisations sectorielles d'intégration ont été instituées à l'échelle régionale. Pour les besoins de l'analyse, nous illustrerons notre propos en nous appuyant sur deux organisations dont l'OIF favorise, à travers l'École régionale supérieure de la magistrature[1213] notamment, la promotion du droit. Il s'agit de la Conférence Interafricaine des Marchés d'Assurances (1) et l'Organisation Africaine de la Propriété Intellectuelle (2).

1. La Conférence interafricaine des marchés d'assurances (CIMA)

La Conférence interafricaine des marchés d'assurances (CIMA) est le résultat d'un long processus destiné à rationaliser et à unifier le marché des assurances en Afrique[1214]. Signé à Yaoundé le 10 juillet 1992, le traité instituant une organisation intégrée de l'industrie des assurances dans les États africains membres de la zone franc et portant création de la Conférence interafricaine des marchés d'assurances (CIMA), est entré en vigueur le 15 février 1995. Il a pour objet d'uniformiser le droit des assurances dans les pays membres[1215] et de renforcer la protection des assurés, par la mise en place d'un marché et d'une législation uniques[1216]. Dans un espace économique soucieux de la sécurité des opérateurs économiques, le renforcement du secteur des assurances apparaît comme une exigence économique et financière. Il participe de la nécessité de créer un cadre juridique et économique intégré, propre à favoriser et à sécuriser

---

1213 Cette école régionale est chargée dans le cadre de l'OHADA, d'assurer la formation des magistrats.

1214 Voir pour aller plus loin, ASSI ESSO Anne-Marie, ISSA-SAYEGH Joseph, LOHOUES-OBLE Jacqueline, *CIMA, Droit des assurances*, Bruylant, Bruxelles, 2003, 508 p.

1215 Il s'agit du Bénin, du Burkina Faso, du Cameroun, de la Centrafrique, des Comores, de la République démocratique du Congo, de la Côte d'Ivoire, du Gabon, de la Guinée équatoriale, du Mali, du Niger, du Sénégal, du Tchad et du Togo. La Guinée-Bissau a adhéré à la Conférence le 15 avril 2002.

1216 Le code des assurances CIMA annexé au traité.

l'investissement. Le but est ici de consolider la coopération des États africains dans le domaine des assurances, afin que leurs marchés soient aptes, par des garanties adaptées aux réalités africaines, à couvrir les risques attachés notamment à la vie des affaires. La Conférence entend non seulement poursuivre la politique d'harmonisation et d'unification des dispositions législatives et réglementaires relatives aux opérations techniques d'assurance, mais encore renforcer la formation des cadres et techniciens en assurance de chaque État membre[1217].

Du point de vue institutionnel, la CIMA a certes conservé les institutions autonomes créés dans le cadre de la Conférence Internationale des Contrôles d'Assurance[1218], mais a aussi mis en place des organes nouveaux, chargés complémentairement, de la mise en œuvre des objectifs du traité. Le Conseil des ministres des assurances est l'organe directeur de la Conférence. Il veille à la réalisation des objectifs du traité, par l'adoption d'une législation unique des assurances, qu'il peut modifier par voie de règlement. Ses délibérations sont acquises à l'unanimité. Il s'assure de l'application de la législation unique par les États membres et de l'exécution par eux, des obligations découlant du Traité. Unique instance de recours contre les sanctions disciplinaires prononcées par la Commission de contrôle, le Conseil des ministres statue, faute d'organe juridictionnel, sur l'interprétation du traité, du code et des règlements pris pour leur application[1219]. Le Conseil définit la politique de la Conférence en matière de formation dans le secteur des assurances et donne toutes les directives qu'il juge utiles aux commissaires aux comptes. Un comité des experts examine les dossiers inscrits à l'ordre du jour des réunions du Conseil des Ministres et dégage, sous forme d'avis et de recommandations, des propositions concrètes. Ce comité émet un avis sur le programme annuel d'activité et le projet de rapport annuel au Conseil, au sujet de la situation du secteur des assurances[1220]. A côté du Conseil des ministres, assisté par le comité d'expert, la Commission Régionale de Contrôle des Assurances fait office d'organe régulateur de la Conférence[1221]. Indépendante, elle exerce un contrôle sur pièces et sur place des sociétés[1222]. En cas de non observation de la réglementation des assurances, la Commission enjoint à la société concernée de prendre les mesures de redressement qu'elle

1217 Article 1er du traité CIMA.

1218 Il s'agit d'une part de l'Institut International des Assurances créé en 1972, conformément aux prescriptions de la convention de coopération en matière de contrôle des entreprises et opérations d'assurance signée à Paris le 27 juillet 1962 par les États Membres de la Conférence Internationale des Contrôles d'Assurance (CICA) et d'autre part, de la Compagnie Commune de Réassurance des États membres, créée en 1981 par les États membres de la CICA.

1219 Article 49 du traité CIMA.

1220 Article 15 du traité CIMA.

1221 Articles 16 et suivants du traité CIMA.

1222 Article 17 du traité CIMA.

désigne. En cas d'infraction à la réglementation des assurances, elle prononce des sanctions disciplinaires[1223]. Elle assure aussi la surveillance des marchés nationaux[1224] en formulant les avis qui conditionnent la délivrance de l'agrément par le ministre en charge du secteur des assurances et en transmettant au Conseil et aux États ses observations et ses propositions sur le fonctionnement du secteur des assurances, ainsi que sur les modifications du Traité et de la législation unique qui lui paraissent appropriées. Lorsque la situation financière d'une entreprise soumise à son contrôle est telle que les intérêts des assurés et bénéficiaires de contrats sont compromis ou susceptibles de l'être, la Commission peut prendre des mesures d'urgence et de sauvegarde[1225]. Lorsqu'une entreprise soumise à son contrôle ne dispose pas d'une marge minimale de solvabilité et/ou est incapable de couvrir ses engagements réglementés, la Commission peut prendre à son encontre, des mesures de redressement[1226]. Le Secrétariat général assure la préparation, l'exécution et le suivi des travaux du Conseil et de la Commission. Il exécute toute mission que lui confient le président du Conseil et le président de la Commission. Le Secrétaire général peut, s'il l'estime nécessaire, faire au Conseil, toutes propositions tendant à modifier ou à compléter la législation unique et donner des avis sur la mise en œuvre des objectifs du traité. Chargé de l'organisation des services de la Conférence, il exerce, de manière indépendante, le pouvoir réglementaire qu'il tient des articles 31 et 34 du Traité. Les règlements et décisions sont motivés, obligatoires et directement applicables. Les premiers ont une portée générale alors que les seconds s'appliquent à des situations spécifiques[1227]. Tout ce dispositif vise à intégrer progressivement les marchés nationaux dans un grand marché d'assurances, doté d'un cadre juridique et institutionnel commun. Dans l'espace régional africain, une démarche similaire a été suivie, toujours dans une dynamique sectorielle, pour harmoniser et renforcer la protection internationale de la propriété intellectuelle.

1223 L'avertissement, le blâme, la limitation ou l'interdiction de tout ou partie des opérations, toutes autres limitations dans l'exercice de la profession, la suspension ou la démission d'office des dirigeants responsables, le retrait d'agrément. La commission peut aussi, le cas échéant, infliger des amendes et prononcer le transfert d'office du portefeuille des contrats.

1224 Article 20 du traité CIMA.

1225 Mise de l'entreprise sous surveillance permanente ; restriction ou interdiction de la libre disposition de tout ou partie des actifs de l'entreprise ; désignation d'un administrateur provisoire à qui sont transférés les pouvoirs nécessaires à l'administration et à la direction de l'entreprise.

1226 Il peut s'agir d'un plan de redressement ou d'un plan de financement.

1227 Articles 40 et 41 du traité CIMA.

2. L'Organisation Africaine de la Propriété Intellectuelle (OAPI)

L'Organisation Africaine de la Propriété Intellectuelle (OAPI) est née de l'accord de Bangui du 2 mars 1977 et modifié le 24 février 1999[1228]. Cette organisation qui saisit la protection de la propriété intellectuelle comme un facteur de développement[1229], regroupe 16 pays africains, tous membres de la Francophonie[1230]. Conformément aux dispositions des articles 2 et 5 de son traité constitutif, l'OAPI se donne pour mission de mettre en œuvre et d'appliquer les procédures administratives communes découlant non seulement de son régime uniforme de protection de la propriété intellectuelle[1231], mais aussi des stipulations des conventions internationales auxquelles ses États membres ont adhéré en la matière[1232]. Elle entend promouvoir le développement économique des États membres au moyen d'une promotion et d'une protection efficace de la propriété intellectuelle, littéraire et artistique. Conçue comme un office de propriété industrielle commun à tous les États membres, l'Organisation tient lieu,

1228 Cet accord prenait le relai de l'accord portant création de l'Office Africain et Malgache de la Propriété Industrielle (OAMPI), signé le 13 septembre 1962 à Libreville

1229 Voir sous cet angle, AGBOYIBOR Pascal, « Droit des affaires en Afrique : OAPI », *Revue de droit des affaires internationales*, 2000, n° 1, pp. 91-93.

1230 Le Bénin, le Burkina Faso, le Cameroun, le Congo, la Côte d'Ivoire, le Gabon, la Guinée, la Guinée-Bissau, la Guinée équatoriale, le Mali, la Mauritanie, le Niger, la République Centrafricaine, le Sénégal, le Tchad et le Togo.

1231 La législation commune de protection internationale de la propriété intellectuelle annexée au traité de l'OAPI, concerne notamment les brevets d'invention, les modèles d'utilité, les marques de produits ou de services, les dessins ou modèles industriels, les noms commerciaux, les appellations d'origine, les droits d'auteur et le patrimoine culturel, etc.

1232 Il s'agit notamment de la Convention de Paris pour la protection de la propriété industrielle du 20 mars 1883, telle que modifiée le 28 septembre 1979 ; de la Convention de Berne pour la protection des œuvres littéraires et artistiques du 9 septembre 1886, telle que révisée à Paris le 24 juillet 1971, et/ou de la Convention universelle sur le droit d'auteur révisée à Paris le 24 juillet 1971 ; de l'Arrangement de La Haye concernant le dépôt international des dessins et modèles industriels du 6 novembre 1925, tel que révisé à La Haye le 28 novembre 1960 et à Stockholm le 14 juillet 1967 ; de l'Arrangement de Lisbonne concernant la protection des appellations d'origine et leur enregistrement international du 31 octobre 1958, tel que révisé à Stockholm le 14 juillet 1967 ; de la Convention instituant l'Organisation Mondiale de la Propriété Intellectuelle signée à Stockholm le 14 juillet 1967 ; du Traité de coopération en matière de brevets signé à Washington le 19 juin 1970 ; du Traité de Nairobi concernant la protection du symbole olympique de 1981 ; du Traité de Budapest sur la reconnaissance internationale du dépôt des micro-organismes aux fins de la procédure en matière de brevets de 1977 ; de la Convention internationale pour la protection des obtentions végétales du 02 décembre 1961, modifiée à Genève le 10 novembre 1972, le 23 octobre 1978 et le 19 mars 1991 ; de l'Accord de Marrakech instituant l'Organisation mondiale du commerce, notamment l'Accord sur les aspects des droits de propriété intellectuelle qui touchent au commerce du 15 avril 1994 ; du Traité concernant l'enregistrement des marques signé à Vienne le 12 juin 1973 ; de la Convention de Rome sur la protection des artistes interprètes ou exécutants, des producteurs de phonogrammes et des organismes de radiodiffusion de 1961.

pour chaque État membre, de service national de la propriété industrielle[1233], et d'organisme central de documentation et d'information en matière de marques et de brevets[1234]. Elle simplifie les procédures de délivrance des titres et assure, avec un seul dépôt, une protection de large portée. Les décisions définitives rendues par les juridictions nationales sur la validité des titres dans l'un des États membres, font autorité dans tous les autres États membres[1235]. Ces décisions de justice ne peuvent être attaquées en ultime recours que devant la Commission Supérieure de Recours de l'OAPI[1236]. Cette Commission prévue à l'article 33 du Traité de l'OAPI, statue sur les recours dirigés contre les rejets de demandes de titre de protection concernant la propriété industrielle, contre les rejets de demandes de maintien ou de prolongation de la durée de protection et contre les rejets des demandes de restauration. Elle connaît aussi des décisions concernant les oppositions. Au-delà de cette Commission, l'OAPI s'appuie, pour atteindre ses objectifs statutaires, sur deux autres institutions. Elle se fonde d'une part sur un Conseil d'administration composé des représentants des États membres, et qui, conçu comme la plus haute instance de l'Organisation, arrête sa politique générale, réglemente et contrôle son activité[1237]. Elle se fonde d'autre part sur la Direction Générale qui, exerçant la fonction exécutive, assure la gestion quotidienne de l'Organisation et met en œuvre les directives du Conseil d'administration[1238].

Toutes ces organisations ci-avant citées, qu'elles soient à vocation régionale ou sous-régionale, partagent un objectif commun : unifier le droit pour construire un environnement juridique simple et adapté, capable de rapprocher les systèmes juridiques et économiques nationaux et de réduire les inégalités dans l'exercice de la concurrence commerciale et industrielle. En tant que telles, elles reçoivent le soutien de la Francophonie. La multiplication des ordres juridiques et juridictionnels transnationaux est révélatrice, non seulement de mutations profondes dans les rapports internationaux, mais aussi de la place de plus en plus importante qui y est faite au droit et à la justice. Cependant, l'appartenance à plusieurs groupements régionaux et sous-régionaux d'intégration économique

---

1233 Au sens de l'article 12 de la Convention de Paris pour la protection de la propriété industrielle du 20 mars 1883, telle que modifiée le 28 septembre 1979.

1234 L'organisation tient lieu d'office national, d'office désigné, d'office élu ou d'office récepteur pour la délivrance des brevets et l'enregistrement des marques, dessins, modèles industriels, noms de domaines, indications géographiques, schémas de configuration des circuits intégrés et variétés végétales.

1235 Seul des arguments tirés de la sauvegarde de l'ordre public et des bonnes mœurs peuvent limités la portée de ces décisions. Voir les articles 15 et 18 du traité OAPI.

1236 Article 19 du traité OAPI.

1237 Article 28 du traité OAPI.

1238 Articles 34 et suivants du traité OAPI.

générale ou sectorielle, dont les activités font parfois double emploi ou se chevauchent, peut être d'un autre côté, et paradoxalement, source d'insécurité juridique, et poser de réels problèmes d'articulation de compétences.

§ 2. Les difficultés liées à la superposition des ordres juridiques et juridictionnels

Dans le contexte actuel de la mondialisation des échanges, l'intégration peut, sans exagération, être regardée comme un impératif de survie économique et de développement. Mais le paysage institutionnel africain, constellé d'organisations poursuivant des objectifs parfois croisés et similaires peut laisser s'échapper, à l'analyse, une impression de surabondance que la Francophonie doit, pour être cohérente, regarder également avec objectivité. La prolifération institutionnelle des groupements régionaux et sous-régionaux d'intégration est potentiellement porteuse de risques de chevauchements de compétences, d'insuffisance en moyens matériels et humains et donc d'affaiblissement de leur autorité et de leur efficacité.

D'applicabilité directe et immédiate, les normes de ces organisations d'intégration se concurrencent puisqu'elles couvrent parfois les mêmes matières et les mêmes territoires, et qu'elles sont, qui plus est, protégées par des juridictions supranationales, dont les décisions ont force de chose jugée dans chaque État membre. Les différents ordres juridiques supranationaux ne sont pas des univers calfeutrés sur eux-mêmes. Au contraire, ils se rencontrent sur les mêmes espaces et entretiennent entre eux des relations de complémentarité ou de contradiction[1239]. La juxtaposition de ces organisations d'intégration révèle donc dans la pratique une cohabitation parfois difficile. La superposition des ordres et la duplication des objectifs créent inévitablement des conflits de compétence[1240] qui peuvent être facteur d'insécurité juridique. Bien souvent, la question de l'intégration, marquée par un foisonnement institutionnel et normatif, se pose sur un mode concurrentiel[1241]. Nous nous focaliserons ici, sur les difficultés d'articulation des organisations régionales et sous-régionales qui se superposent sur les territoires des États de la zone Franc, dont la plupart sont membres de la Francophonie. L'appartenance croisée d'un État francophone à plusieurs organisations communautaires peut générer sur son territoire, une concurrence des ordres juridiques auxquels il appartient. Cette concurrence est perceptible,

---

1239 COMBACAU Jean et SUR Serge, *Droit international public*, 2e éd. Paris, Montchrestien, 1995, p. 17.

1240 Voir notamment DIALLO Ibrahima Khalil, « La problématique de l'intégration africaine : l'équation de la méthode », *Le bulletin du transport multimodal*, janvier-mars 2004, p. 10.

1241 Consulter pour aller plus loin, FAU-NOUGARET Matthieu (dir.), *La concurrence des organisations régionales en Afrique*, Paris, L'Harmattan, 2012, 456 p.

non seulement au niveau des normes qu'elles secrètent (A), mais encore au niveau des juridictions supranationales chargées de leur application (B).

A. La concurrence des normes

La prééminence du droit communautaire exclut toute possibilité de révocation ou de modification de la législation communautaire par le droit national. Le problème qui se pose ici est alors essentiellement celui de l'interpénétration de la production normative des organisations régionales et sous-régionales d'intégration.

Les traités respectifs de la CEDEAO, de l'UEMOA, de la CEMAC, de la CEEAC et de l'OHADA ne laissent *a priori* entrevoir aucune incompatibilité du point de vue des objectifs poursuivis. Par exemple, le préambule du traité de l'UEMOA rappelle la fidélité de l'organisation aux objectifs de la CEDEAO, quand l'article 14 du même traité résout les problèmes d'incompatibilité et de double emploi. A rebours, le traité de la CEDEAO ne fait pas barrage à l'existence de l'UEMOA. Et il en va de même en Afrique centrale, dans les rapports entre la CEEAC et la CEMAC. En ce qui concerne l'OHADA, ses objectifs ne sont pas non plus incompatibles avec ceux des organisations sous-régionales d'intégration de la zone Franc. Mieux, ils paraissent complémentaires et interdépendants. Si aucune incompatibilité n'est *a priori* recevable du point de vue des objectifs poursuivis, c'est certainement dans leur mise en œuvre et dans leurs moyens d'actions respectifs, qu'il faut chercher les complications. Ces organisations ont la possibilité de légiférer sur les mêmes matières pour régir le même espace géographique. Or les systèmes normatifs de la plupart des organisations d'intégration ont une dimension supranationale[1242]. Leur droit principal ou dérivé s'insère en droit interne[1243]. Les normes juridiques d'essence communautaire sont directement et immédiatement applicables dans les États membres[1244]. Ces normes se superposent et s'imposent aux lois internes antérieurs

---

1242 La supranationalité se traduit par le fait que les articles 6 du traité de l'UEMOA, 10 du traité du COMESA, 11 du traité de la CEEAC, 41 du traité de la CEMAC et 10 du traité de l'OHADA notamment, consacrent expressément la primauté du droit communautaire dans les matières relevant de sa compétence. Cette primauté a vocation à assurer la cohérence et l'efficacité de l'ordre juridique institué.

1243 Si la primauté du droit communautaire vise à résoudre d'emblée les conflits qui peuvent potentiellement l'opposer aux droits nationaux, elle est surtout au fond, la condition de sa viabilité et de son efficacité.

1244 La notion d'applicabilité directe recouvre deux réalités. Elle a, d'une part, une dimension formelle revoyant à l'introduction du droit communautaire dans les droits nationaux selon le principe de l'applicabilité immédiate. Elle a, d'autre part, une dimension matérielle qui renvoie à la capacité du droit communautaire à créer, au bénéfice ou à la charge des particuliers, des droits et obligations dont ils peuvent, après publicité (article 43 du traité de l'UEMOA, article 9 du traité de l'OHADA et articles 40 et 47 du traité de la CIMA), se prévaloir directement, sans mesure interne d'application (effet direct). L'applicabilité directe des normes communautaires traduit donc leur supériorité sur le droit national. Il

ou postérieurs, ainsi qu'aux juges nationaux des États membres. Puisque ces organisations ont vocation à couvrir partiellement ou totalement les mêmes espaces, leurs compétences peuvent se croiser. Cette imbrication est aggravée par le concours de supranationalité des législations communautaires autonomes et de même rang. La juxtaposition sur le même espace, de normes communautaires d'autorité identique est inévitablement source de difficultés, puisque chacune d'elles, parée de sa suprématie et de sa prééminence, aura une propension égale et légitime à s'imposer. En matière comptable par exemple, ont coexisté dans l'espace UEMOA, le Système Comptable Ouest Africain (SYSCOA) adopté par le règlement n° 04/CM/UEMOA du 20 décembre 1996 et entré en vigueur le 1er janvier 1998, et l'acte uniforme OHADA du 20 mars 2000 portant organisation et harmonisation de la comptabilité des entreprises. Face à cette situation de concurrence, l'UEMOA a dû modifier en septembre 2001 le SYSCOA pour le concilier avec les exigences du droit OHADA. Ce qui a abouti à la mise en place du SYSCOHADA[1245]. A côté des organisations à vocation économique générale, des institutions à vocation sectorielle comme la CIMA et l'OAPI peuvent aussi directement interférer sur les matières relevant de la compétence des espaces sous-régionaux. Par exemple, le régime particulier de constitution, de fonctionnement, de dissolution et de liquidation des entreprises d'assurance, déroge aux dispositions des actes uniformes OHADA relatifs aux sociétés commerciales et aux procédures collectives d'apurement du passif. L'entrelacement normatif peut donc déboucher sur des incompatibilités majeures.

Face à ce labyrinthe normatif qui peut à la fois être déroutant et contre-productif, il est indispensable, pour les ordres juridiques supranationaux d'intégration, de trouver le bon positionnement, aussi bien entre eux, que par rapport au droit mondial unifié[1246]. Conscientes de ces risques, les organisations africaines d'intégration ont, elles-mêmes, dans certains cas, envisagé en amont des solutions juridiques. A ce titre, les traités respectifs de la CEDEAO[1247], de

ne faut pas y voir un abandon de souveraineté mais plutôt un renforcement de l'État de droit et de la sécurité juridique.

1245 Voir notamment FEUDJO Jules Roger, « Harmonisation des normes africaines (OHADA) et internationales (IAS/IFRS) : une urgence ou une exigence ? », *Revue des Sciences de Gestion*, 2010/5, n° 245-246, pp. 149-158 ; SAWADOGO Filiga Michel et SERE Souleymane, *Droit comptable, Système comptable OHADA, Système comptable Ouest-africain*, Ouagadougou, Découverte, 2002, 159 p. D'autres situations d'interférence peuvent être observées en matière de gestion des établissements bancaires, de régulation des activités sur le marché financier régional. Sur le désordre due peut engendrer ces compétentes concurrentes, voir ISSA-SAYEGH Joseph, « Quelques aspects techniques de l'intégration juridique : l'exemple des actes uniformes de l'OHADA », *loc. cit.*, p. 12.

1246 DELMAS-MARTY Mireille, *Pour un droit commun*, Paris, Seuil, 1994, pp. 283-284.

1247 Article 5, alinéa 1 du traité de la CEDEAO.

l'UEMOA[1248], de la CEEAC[1249], de la CEMAC[1250] et de OHADA[1251], engagent les États à mettre tout en œuvre pour éliminer les risques de blocages institutionnels et d'incompatibilités. Ces dispositions traduisent une volonté partagée de prévenir et de corriger les contrariétés pour une articulation harmonieuse des règles communautaires juxtaposées. L'expérience révèle à ce niveau que la clé se trouve soit dans le critère chronologique, soit dans le critère de spécialité. Dans l'impasse, les organisations doivent se concerter et coopérer entre elles pour éliminer ou limiter les risques d'incompatibilité. La solution se trouve certainement dans un partage plus rigoureux des compétences. La Francophonie doit alors, dans son accompagnement des dynamiques africaine d'intégration régionale et sous-régionale, plaider pour que chaque organisation, dans l'exercice de son mandat, veille à ne pas empiéter sur les matières ayant déjà fait l'objet de réglementation par une autre organisation d'intégration ou à tout le moins, à produire des normes compatibles avec celles déjà édictées par d'autres institutions régionales d'intégration. Mais les difficultés d'articulation des ordres communautaires ne se situent pas uniquement au niveau de leur activité normative ; elles s'observent également dans la concurrence des juridictions supranationales.

B. La concurrence des juridictions

Il ne sert à rien de bâtir un ordre juridique, si aucun mécanisme institutionnel n'est prévu pour assurer sa sauvegarde. C'est pourquoi l'évolution de la part prise par le droit dans les organisations de coopération et d'intégration régionale et sous-régionale s'est traduite au-delà de l'édiction de normes supranationales autonomes, par la création de juridictions, chargées d'interpréter de manière uniforme le droit communautaire et de contribuer ainsi à l'effectivité du droit sécrété. Ainsi, une Cour commune de justice et d'arbitrage (CCJA) a été instituée pour uniformiser l'interprétation du droit l'OHADA, une Cour de justice et une Cour des comptes ont été mises en place dans le cadre de l'UEMOA et de la CEMAC. La CEDEAO, la CEEAC et le COMESA disposent aussi, chacun, d'une Cour de Justice chargée de garantir l'application uniforme du droit communautaire. Ces organisations, en substituant le mode juridictionnel au mode diplomatique de règlement des différends, marquent une volonté de juridicisation et de sécurisation juridique des processus d'intégration[1252]. Mais là

[1248] Articles 14 et 60 du traité UEMOA.

[1249] Article 5 du traité de la CEEAC.

[1250] Article 4 du traité de la CEMAC.

[1251] Article 8 du traité de l'OHADA.

[1252] IBRIGA Luc Marius, « La cohabitation des différentes juridictions des systèmes d'intégration en Afrique de l'Ouest », *in* DECAUX Emmanuel (dir.), *Justice et Droits de l'Homme*, *op.cit.*, p. 543.

encore, des difficultés peuvent surgir quant au risque de contrariété des jugements communautaires, qui peuvent concurremment faire l'objet d'exécution forcée. Ce risque procède du fait qu'il n'y a ni hiérarchie, ni passerelle entre les juridictions communautaires, qui sont autonomes dans leurs ordres respectifs.

Dans le dispositif communautaire de la zone Franc par exemple, les juridictions nationales de première instance, d'appel ou de cassation peuvent connaître de l'application du droit communautaire UEMOA et CEMAC, sous réserve des questions exclusivement dévolues[1253] aux Cours de justice de l'UEMOA et de la CEMAC. Ces juridictions communautaires ne peuvent être saisies par les juges nationaux qu'à titre préjudiciel. Le modèle est ici celui du partage de compétences. Dans le cadre de l'OHADA en revanche, s'il est vrai que les juridictions nationales peuvent connaître du contentieux relatif à l'application des actes uniformes, il convient de préciser que la compétence de cassation revient ici, de manière exclusive, à la CCJA[1254]. Ce qui traduit la supranationalité judiciaire de la CCJA, qui se substitue explicitement aux juridictions nationales de cassation, sans pour autant être assimilable à une juridiction nationale[1255]. Le modèle est ici celui de la superposition des compétences. Même si les relations entre les juridictions nationales et les juridictions communautaires peuvent revêtir par moments, un caractère conflictuel, elles sont par principe organisées de manière complémentaire. En revanche, l'institution de juridictions communautaires verticales et d'autorité similaire, dont les compétences matérielles et spatiales se recoupent, ne peut, en l'absence de toute hiérarchisation ou répartition, que donner lieu à des conflits de compétence[1256]. Cette concurrence à la fois organique et jurisprudentielle[1257] peut en pratique constituer

---

1253 Il s'agit des manquements des États membres aux obligations conventionnelles, du contrôle de la légalité des règlements, directives et décisions, de l'exception d'illégalité à l'encontre d'un acte du Conseil ou de la Commission et des litiges relatifs à la réparation des dommages causés par les organes ou agents de l'Union.

1254 De manière générale, l'agencement juridique voulu par le législateur OHADA met à l'abri la CCJA des possibles conflits qu'il pourrait y avoir avec les Cours de cassation et les Cours suprêmes nationales qui ne connaissent pas du droit OHADA.

1255 Cour de Justice de l'UEMOA, Avis n° 001, 2 février 2000.

1256 BOUMAKANI Benjamin, « Les juridictions communautaires en Afrique noire francophone : la Cour commune de justice et d'arbitrage de l'OHADA, les cours de justice de l'UEMOA et de la CEMAC », *Annales de la FSJP*, Yaoundé, Presses Universitaires Africaines, 1999, Tome 3, pp. 67-86 ; MAIGAGI Maïnassara, « La cohabitation des hautes juridictions communautaires en Afrique francophone (Cour commune de justice et d'arbitrage (CCJA) de l'OHADA, Cour de justice de la CEMAC et Cour de justice de l'UEMOA) », *Revue congolaise de droit et des affaires*, n° 1, octobre-décembre 2009, pp. 23 et ss.

1257 KAMTO Maurice, « Les Cours de justices des communautés et des organisations d'intégration économique africaines », *Annuaire africain de droit international*, vol. 6, 1998, pp. 107-150.

une menace pour la sécurité juridique[1258] et compromettre l'avenir des processus d'intégration.

Un autre écueil peut venir du fait qu'un État appartenant à plusieurs organisations d'intégration puisse violer simultanément plusieurs traités. Dans une telle hypothèse, le problème qui se pose est que les juridictions des organisations concernées peuvent concurremment se déclarer compétentes. Pour les litiges dont la résolution requiert l'application simultanée et coordonnée des règles communautaires de l'UEMOA, de la CEDEAO et des actes uniformes de l'OHADA, il n'est guère aisé de délimiter les compétences respectives de chaque Cour. En pratique, le dispositif semble laisser de fait le dernier mot à la CCJA. Le constat est donc à la fois clair et flagrant : le chevauchement des communautés économiques régionales est un frein à leur efficacité[1259].

Le dédoublement des programmes et les contradictions dans leur mise en œuvre, ainsi que les adhésions multiples aux organisations d'intégration, entraînent par ailleurs des difficultés de financement de ces organisations. En moyenne, un tiers des pays membres ne s'acquitte pas de ses obligations statutaires et cette proportion peut atteindre la moitié des membres dans certaines organisations[1260]. La multiplication des organisations internationales d'intégration poursuivant des objectifs parfois croisés, entraîne une duplication des efforts et un émiettement des ressources. Il paraît donc nécessaire de rationaliser les initiatives sous-régionales, pour optimiser les chances d'approfondissement et de réussite de l'intégration régionale en Afrique[1261]. Il est indispensable de créer une synergie entre les différentes organisations pour éviter que les difficultés observées, nuisent maladroitement à leur efficacité et les éloignent de leur objectif d'intégration et de développement économique. Pour ce faire, une collaboration constante est nécessaire, d'une part entre les ordres communautaires dans une logique horizontale et d'autre part, entre les ordres communautaires et les ordres nationaux, dans une logique verticale.

Au final, les communautés économiques régionales et sous-régionales sont les socles sur lesquels s'appuie l'intégration économique du continent africain. Mais ces processus d'intégration fortement encouragés et soutenus par la

---

1258 MEYER Pierre, « Les conflits de juridictions dans les espaces OHADA, UEMOA et CEDEAO », *La sensibilisation au droit communautaire de l'UEMOA*, Actes du Séminaire sous-régional tenu à Ouagadougou du 6 au 10 octobre 2003, AIF, GIRAF, Paris, 2004, pp. 177-191.

1259 DIOUF Abdou, « Afrique : l'intégration régionale face à la mondialisation », *op. cit.*, p. 793.

1260 Dans le cadre de la CEDEAO par exemple, la plupart des États cumulent des arriérés de cotisation. Seuls la Côte d'Ivoire, le Bénin, le Burkina Faso, le Mali et le Nigéria sont à jour de leurs cotisations. Voir notamment OIF, Délégation à la paix, à la démocratie et aux droits de l'Homme, *État des pratiques de la démocratie, des droits et des libertés dans l'espace francophone, 2006*, *op. cit.*, p. 73.

1261 Secrétariat exécutif de la CEDEAO, *Mémorandum sur les axes de coopération entre l'UEMOA, la CILSS et la CEDEAO*, ECW/MINCFN/3, septembre 1998, p. 1.

Francophonie, connaissent des faiblesses structurelles. Au-delà de la concurrence des normes et des juridictions, les processus d'intégration sont fragilisés par l'instabilité politique des États, la mauvaise gouvernance, la non application des décisions, la faiblesse des économies nationales, le manque d'infrastructures pour accompagner le développement, la persistance des barrières tarifaires et des contrôles routiers et par l'ineffectivité des tarifs douaniers communs. La stabilisation politique des États, la mise en place d'un système juridique et judiciaire transparent et la formation des acteurs de ces institutions, sont des impératifs fondamentaux qui conditionneront le succès des processus d'intégration. De plus, la problématique de l'intégration ne doit plus être envisagée sur un mode concurrentiel, mais doit être conçue dans une logique de coordination et de complémentarité entre les différentes organisations. La Francophonie qui suit attentivement le phénomène de l'intégration économique et juridique en Afrique, ainsi que ses mutations, encourage toutes les initiatives destinées à renforcer les capacités des organisations qui l'incarne et à assurer l'effectivité du droit uniforme conventionnel et dérivé, car c'est par le droit que se réalisera l'intégration économique. Dans le cadre de la coopération francophone, ainsi que cela ressort des Déclarations charnières du Caire (1995) et de Paris (2008), la sécurité juridique des échanges et des investissements est une condition indispensable du développement économique. Elle passe inévitablement par une adaptation de l'environnement juridique aux évolutions et à la mondialisation de l'économie. C'est forte de cette conviction que l'Organisation Internationale de la Francophonie, par-delà son engagement de principe en faveur de la consolidation des regroupements régionaux et sous-régionaux d'intégration économique et sociale par le droit, apporte, depuis ses premiers pas, un soutien spécifique à l'Organisation pour l'Harmonisation en Afrique du Droit des Affaires.

SECTION II. LE SOUTIEN SPECIFIQUE DE LA FRANCOPHONIE A L'ORGANISATION POUR L'HARMONISATION EN AFRIQUE DU DROIT DES AFFAIRES (OHADA)

Il n'y a guère de développement économique durable et prospère sans sécurité juridique et judiciaire[1262]. C'est la raison pour laquelle les États francophones se

1262 Sur le lien désormais immuable entre droit et marché, voir notamment CISSE Abdoullah, « L'harmonisation du droit des affaires en Afrique : l'expérience de l'OHADA à l'épreuve de sa première décennie », *Revue internationale de droit économique*, 2004, n° 2, T. XVIII, 2, p. 199 ; AKAM AKAM André, « L'OHADA et l'intégration juridique en Afrique », *in* AKAM AKAM André (dir.), *Les mutations juridiques dans le système OHADA*, Paris, L'Harmattan, 2009, pp. 21-36 ; POUGOUE Paul Gérard, « OHADA, instrument d'intégration juridique », *Revue Africaine de Sciences Juridiques*, vol. 2, n° 2, 2001, pp. 11-30.

sont engagés à mobiliser en tant que de besoin, tous les moyens nécessaires à l'harmonisation des règles juridiques applicables à la vie des affaires. Dans son élan d'accompagnement des initiatives destinées à favoriser la mise en place d'un système cohérent du droit des affaires, c'est en direction de l'Organisation pour l'Harmonisation en Afrique du droit des affaires (OHADA) que les principales actions de l'OIF se sont orientées1263. Créée en 1993 à Port-Louis (Ile Maurice)[1264], cette organisation ouverte à tous les États membres de l'Union Africaine[1265], regroupe à ce jour dix-sept États, tous membres de l'OIF[1266]. Sa mission est de mettre en place un environnement normatif et institutionnel rationalisé et sécurisant, afin de créer un climat de confiance, favorable à l'investissement et au développement des affaires[1267]. Le but est de doter les États d'un droit des affaires, harmonisé, simple, moderne, techniquement performant et adapté à la situation de leurs économies. Ceci afin d'éliminer les conflits de lois dans l'espace juridiquement intégré et faciliter les échanges transfrontaliers. Il s'agit, par la mise en place de cet outil technique d'intégration économique régional, de contribuer à l'instauration, en Afrique noire francophone, d'un espace juridique et économique unifié, apte à répondre au besoin de sécurisation des investissements.

Si l'appui francophone aux processus régionaux d'harmonisation du droit des affaires, comme facteur de développement, s'exprime dans son principe, depuis le Sommet de Maurice en 1993, c'est dans le Plan d'action du Caire que la coopération francophone a, pour la première fois, affirmé son soutien singulier au processus d'harmonisation du droit des affaires en Afrique. Ce soutien a été ensuite formellement renouvelé dans la Résolution sur la justice et le développement, adoptée au Sommet de Cotonou en 1995, avant d'être consacré

1263 COSSI COSSA Dorothé, « Francophonie et OHADA : la contribution de l'OIF à l'émergence d'un État de droit économique en Afrique subsaharienne », *in* DESOUCHES Christine, *et al.*, *De Dakar à Dakar, op. cit.*, pp. 153-156.

1264 Adopté le 17 octobre 1993, le traité de Port Louis est entré en vigueur le 1 septembre 1995. Il a été révisé à Québec le 17 octobre 2008.

1265 Article 53, alinéa 1 du traité OHADA.

1266 le Bénin, le Burkina Faso, le Cameroun, la Centrafrique, les Comores, le Congo, la Côte d'Ivoire, la Gabon, la Guinée (depuis le 21 novembre 2000), la Guinée-Bissau, la Guinée Équatoriale, le Mali, le Niger, la République Démocratique du Congo (depuis le 13 juillet 2012), le Sénégal, le Tchad et Togo.

1267 Sur la genèse de l'OHADA, voir KIRSCH Martin, « Historique de l'Organisation pour l'harmonisation du droit des affaires en Afrique », *Penant*, 1998, n° 827, spécial OHADA, pp. 129-135 ; KENFACK DOUAJNI Gaston, « Les conditions de la création dans l'espace OHADA d'un environnement juridique favorable au développement », *Revue juridique et politique indépendance et coopération*, janvier-avril 1998, pp. 39-47 ; LOHOUES-OBLE Jacqueline, « L'apparition d'un droit international des affaires en Afrique », *RIDC*, n° 3, 1999, pp. 543-591 ; MBAYE Keba, « L'histoire et les objectifs de l'OHADA », *Les Petites Affiches*, n° 205, octobre 2004, pp. 4-7. Voir aussi MOULOUL Alhousseini, *Le régime juridique des sociétés commerciales dans l'espace OHADA : l'exemple du Niger*, Paris, LGDJ, EJA, Thèse, mars 2005, pp 13-20.

dans la Déclaration de Paris en 2008, comme un modèle original et spécifique de diffusion du droit harmonisé des affaires. Système juridique novateur et porteur de perspectives de développement pour le continent africain, l'OHADA est encouragée et soutenue par l'OIF depuis sa création en 1993. Cet appui spécifique à l'OHADA s'inscrit dans le cadre du soutien francophone aux initiatives d'édification d'un socle législatif moderne et opérationnel, apte à garantir la sécurité juridique et judiciaire des transactions économiques et commerciales. Dès le départ, l'OIF a appuyé la réflexion sur ce mécanisme majeur de sécurisation de la vie des affaires en Afrique. Elle a accompagné sa mise en place et en tant qu'observateur, a suivi avec attention les évolutions qui ont conduit en 2008, en marge du Sommet de la Francophonie à Québec, à la révision de son traité fondateur[1268]. Ce réaménagement institutionnel marquait la volonté des États membres de moderniser et de pérenniser le dispositif de l'OHADA, pour renforcer de façon durable la confiance des investisseurs nationaux et étrangers. D'un point de vue pratique, l'OIF conduit des actions en faveur de la promotion et de la consolidation des institutions de l'OHADA. Son action s'est essentiellement déployée en faveur de l'appui aux organes de l'OHADA[1269], de la sensibilisation des autorités politiques des États parties, et du développement d'une réflexion prospective sur les stratégies de l'organisation[1270]. L'approche paraît claire. L'uniformisation du droit ne se réduit pas aux textes ; elle doit s'étendre aux personnes impliquées dans sa mise en œuvre. C'est pourquoi, la Francophonie, au-delà du soutien à la construction du cadre normatif et institutionnel de l'OHADA (§ 1), promeut l'arbitrage et favorise l'appropriation, par les magistrats, de ce droit harmonisé des affaires (§ 2).

1268 Parmi les perfectionnements apportés, figurent notamment l'institution de la Conférence des chefs d'État et d'une réunion des principaux partenaires techniques et financiers.

1269 La Francophonie a par exemple apporté son appui au secrétariat permanent en juillet 2003, pour l'organisation de l'assemblée plénière des Commissions nationales OHADA, en vue de l'examen de l'avant-projet d'acte uniforme portant droit du travail. En mai 2006, elle a participé au conseil extraordinaire des ministres de l'OHADA tenu à Bamako. Elle a participé à la session ordinaire du conseil des ministres de l'OHADA tenue à Bamako en décembre 2006.

1270 La Francophonie a appuyé en novembre 2007, la tenue de la réunion des forces vives de l'OHADA, qui a porté un regard rétrospectif et prospectif sur le devenir de l'organisation. En mai 2004, elle a apporté son soutien à l'association pour le renouveau et la promotion des échanges juridiques internationaux, pour l'organisation, à Porto Novo, d'un séminaire de réflexion et de bilan sur l'OHADA, dans ans après sa mise en place. De plus, face à la crise institutionnelle qu'a traversé l'organisation, il y a quelques années, la Francophonie a mobilisé des experts pour conduire une réflexion sur les questions liées notamment aux arrangements de N'Djaména, au renforcement des commissions nationales, aux modifications du statut de l'ERSUMA.

§ 1. La construction d'un cadre normatif et juridictionnel harmonisé

La sécurité juridique implique un environnement normatif crédible. Et la création d'un environnement juridique attractif appelle nécessairement la mise en place d'un cadre normatif suffisamment clair, précis et stable, pour que la justice ait les moyens juridiques de sécuriser la propriété et les investissements.

La création de l'OHADA répond à ce souci de remédier aussi bien aux incertitudes que portaient les législations nationales africaines jusqu'alors, éparses, confuses, contradictoires, obsolètes et inadaptées au contexte économique local[1271], qu'à l'incapacité des systèmes juridictionnels nationaux à garantir le respect des droits économiques[1272]. L'objectif était alors ici, pour sécuriser les transactions commerciales dans la zone, non seulement de sécréter des règles simples, modernes et adaptées (A), mais encore de les assortir des garanties juridictionnelles appropriées (B).

A. L'édification d'un corpus juridique favorable à l'investissement

La sécurité juridique des activités économiques, telle que poursuivie par le traité de l'OHADA, implique l'élaboration d'un droit harmonisé des affaires, protecteur des investissements et des relations commerciales. Elle fait partie des préoccupations majeures de la Francophonie, exprimées notamment dans les engagements du Caire, de Moncton et de Paris. Dans ces textes, les États francophones affirment leur volonté d'appuyer les processus d'intégration, destinés à harmoniser les règles applicables à la vie économique en vue d'instaurer, dans chaque État, un cadre juridique garantissant la sécurité des personnes et des biens.

La mise en place d'un environnement commercial attractif passe par l'harmonisation sectorielle et régionale du droit des affaires. Cette intégration suppose une harmonisation ou une uniformisation progressive des législations

---

1271 L'insécurité juridique se trouvait notamment dans l'obsolescence et l'inaccessibilité des textes législatifs et réglementaires applicables aux affaires. La plupart de ces textes, lorsqu'ils existaient, dataient en effet de l'époque coloniale et de toute évidence ne correspondaient plus au contexte économique, s'inscrivant désormais dans la dynamique de la mondialisation. Très peu de réformes d'envergure ont été entreprises et chaque État légiférait sans tenir compte de la législation des autres États de la zone franc. Voir notamment MARTOR Boris et THOUVENOT Sébastien, « L'uniformisation du droit des affaires en Afrique par l'OHADA », *La Semaine Juridique*, n° 44, 28 octobre 2004, supplément n° 5, pp. 5-11 ; ISSA-SAYEGH Joseph, « L'intégration juridique des États africains de la zone franc », *Penant*, n° 823, janvier-avril 1997, pp. 5 et ss.

1272 L'insécurité judiciaire se traduit notamment par la corruption des juges, la lenteur des procédures, l'imprévisibilité des tribunaux et les difficultés d'exécution des jugements.

économiques[1273]. Elle implique un transfert de compétence[1274] à une organisation internationale, en vue de réaliser un ensemble juridique ordonné dans lequel les législations nationales s'insèrent pour atteindre des objectifs économiques et sociaux communs[1275]. Ce droit unifié, simple et accessible est conçu en théorie comme une garantie de prévisibilité et donc de sécurité juridique. Dans le cadre de l'OHADA, le pouvoir normatif appartient au Conseil des ministres[1276], qui adopte les règles communes, à l'unanimité[1277]. Son rôle est de moderniser progressivement le droit des affaires des États membres, pour l'adapter aux particularismes des économies africaines et garantir la sécurité des investissements[1278]. Le droit est désormais un support incontestable de l'activité économique[1279] ; il est une condition nécessaire au développement[1280]. Dans un contexte redessiné par l'internationalisation des affaires, l'harmonisation juridique devient un impératif économique auquel les États francophones d'Afrique ne peuvent échapper. Avec l'OHADA, ils entendent, par l'adoption de « *règles communes, simplifiés, modernes et adaptées* »[1281], mettre en place d'un environnement juridique favorable à la compétitivité et à la promotion des investissements. Le droit harmonisé doit offrir aux investisseurs, une meilleure lisibilité du droit applicable à leurs opérations, en vue de leur permettre d'anticiper les risques inhérents à leurs activités.

1273 Sur la distinction, voir KANDEM Fetze Innocent, « Harmonisation, unification et uniformisation. Plaidoyer pour un discours affiné sur les moyens d'intégration juridique », *Revue Juridique Thémis*, n° 43, 2009, p. 616-624 ; POUGOUE Paul Gérard et KALIEU Elongo Yvette Rachel, *Introduction critique à l'OHADA*, Préface d'Abou DIOUF, Presses Universitaires Africaines, 2008, pp. 50 et ss.

1274 KENFACK-DOUAJNI Gaston, « L'abandon de la souveraineté dans le Traité OHADA », *Penant*, n° 830, mai-août 1999, pp. 125-134.

1275 ISSA-SAYEGH Joseph, « L'intégration juridique des États Africains de la zone franc », *Penant*, n° 823, janvier-avril 1997, p. 5.

1276 Composé des ministres chargés de la justice et des ministres chargés des finances des États parties au Traité, le Conseil est chargé de mettre en œuvre la politique commune de l'organisation. Il est soutenu dans ses activités par la Francophonie.

1277 Ce consensus exigé pour l'adoption des actes uniformes communautaires, est destiné à renforcer l'unité de l'organisation. Seul un vote négatif peut y faire obstacle (article 8 du traité OHADA). Les États n'ont pas non plus la possibilité d'émettre des réserves (article 54 du traité OHADA). Ceci dit, les règlements d'application sont quant à eux, adoptés à la majorité absolue (article 4 du traité OHADA).

1278 Voir PAILLUSSEAU Jean, « Le droit de l'OHADA - Un droit très important et original », *La Semaine Juridique*, n° 44, 28 octobre 2004, Supplément n° 5, pp 1-5.

1279 TATY Georges, « Brèves réflexions à propos de l'entrée en vigueur d'une réglementation commune du droit des affaires des États membres de la zone franc », *Penant*, 1999, pp. 223 et ss.

1280 GUYON Yves, « Conclusion », *Les Petites Affiches*, n° 205, 13 octobre 2004, pp 59-63.

1281 Article premier du traité de l'OHADA.

La technique juridique choisie dans le cadre de l'OHADA est celle des règles matérielles unifiées qui permettent, à travers des actes uniformes[1282], d'harmoniser de manière substantielle les législations nationales et de résoudre ainsi en partie, le problème de la dispersion du droit des affaires. Le champ d'intervention large et ductile de l'OHADA lui permet en théorie, de légiférer dans toutes les matières relevant du droit des affaires[1283]. Résultant d'une production normative consensuelle et d'une vision substantielle de la communautarisation, les actes uniformes s'imposent directement dans les ordres juridiques nationaux, pour former un ensemble normatif, complet, précis et cohérent[1284]. A cet égard, il faut souligner que l'instance normative de l'OHADA a réalisé un travail législatif remarquable. Depuis 1997, neuf actes uniformes ont été adoptés, couvrant des champs relativement variés du droit des affaires.

En matière commerciale, trois actes uniformes ont été adoptés. Il s'agit de l'acte uniforme relatif au droit commercial général[1285], de l'acte uniforme relatif au droit des sociétés commerciales et du groupement d'intérêt économique[1286] et

---

1282 Voir l'article 5 du traité OHADA. Doctrine : sur la spécificité des actes uniformes, voir ISSA-SAYEGH Joseph, « Quelques aspects techniques de l'intégration juridique : l'exemple des actes uniformes de l'OHADA », *Revue de droit uniforme UNIDROIT*, vol. IV, n° 17, 1999, pp. 5-34. Voir aussi SAWADOGO Filiga Michel, « Les actes uniformes de l'OHADA : aspects techniques généraux », *Revue Burkinabé de Droit*, n° 39-40, n° spécial, 2001, pp. 37 et ss.

1283 Conformément à l'article 2 du traité OHADA, le Conseil des ministres peut intervenir, non seulement dans les matières énumérées (droit des sociétés et statut juridique des commerçants, recouvrement des créances, sûretés et voies d'exécution, régime du redressement des entreprises et de la liquidation judiciaire, droit de l'arbitrage, droit du travail, droit comptable, droit de la vente et des transports), mais encore dans toute autre matière du droit des affaires, qu'il voudra inclure. Les matières du droit des affaires, à harmoniser, ont ainsi été étendues, par une décision du Conseil des ministres prises à Bangui le 23 mars 2001, à la vente aux consommateurs, au droit bancaire, au droit de la concurrence, à la propriété intellectuelle, au droit des sociétés coopératives et mutualistes, au droit des sociétés civiles et au droit de la preuve. Doctrine : voir notamment, NDOYE Doudou, *La Cour commune de justice et d'arbitrage des pays de l'OHADA : organisation - procédure et jurisprudence*, Dakar, Éditions Juridiques Africaines, 2009, pp. 16-28.

1284 MEYER Pierre, « La sécurité juridique et judiciaire dans l'espace OHADA », *Penant*, n° 855, 2006, pp. 151-175.

1285 Cet acte uniforme a été révisé à Lomé (Togo), le 15 décembre 2010 et le texte révisé est entré en vigueur 15 mai 2011. Voir *J.O. OHADA*, n° 23 du 15 février 2011. Doctrine : Voir DELABRIERE Antoine et FENEON Alain, « Présentation générale de l'Acte uniforme sur le droit commercial général », *Penant*, n° 82, 1998, pp. 136-144 ; CARTRON Aude-Marie, « La réforme de l'acte uniforme sur le droit commercial général », *Penant*, n° 865, 2008, pp. 433-445 ; ISSA-SAYEGH Joseph, POUGOUE Paul Gérard, SAWADOGO Filiga Michel (dir.), *OHADA, Traité et actes uniformes commentés et annotés*, Poitiers, Juriscope, 2014, pp. 231-363.

1286 Cet acte uniforme adopté le 17 avril 1997 a été révisé à Ouagadougou (Burkina Faso) le 31 janvier 2014 et les dispositions modifiées sont entrées en vigueur le 5 juin 2014. Voir *J.O. OHADA*, n° spécial du 4 février 2014. ISSA-SAYEGH Joseph, POUGOUE Paul Gérard, SAWADOGO Filiga Michel (dir.), *OHADA, Traité et actes uniformes commentés et annotés*, *op. cit.*, pp. 365-656.

de l'acte uniforme portant organisation des sûretés[1287]. En matière de voies d'exécutions et de procédures collectives, deux actes ont été édictés : l'acte uniforme portant organisation des procédures simplifiées de recouvrement des créances et des voies d'exécution[1288] et l'acte uniforme portant organisation des procédures collectives d'apurement du passif[1289], adoptés à Libreville, le 10 avril 1998 et entrés en vigueur respectivement le 10 juillet 1998 et le 1er janvier 1999. En matière de règlement des différends commerciaux, l'acte uniforme relatif au droit de l'arbitrage adopté à Ouagadougou le 11 mars 1999[1290], est entré en vigueur le 11 juin 1999. En matière comptable, l'acte uniforme portant organisation et harmonisation des comptabilités des entreprises[1291], auquel était annexé le système comptable OHADA, a été adopté le 24 mars 2000 à Yaoundé et est entré en vigueur le 1er janvier 2001 pour les comptes personnels des entreprises et le 1er janvier 2002 pour les comptes consolidés et les comptes combinés. En matière de transport de marchandises, l'acte uniforme relatif aux contrats de transport de marchandises par route, adopté le 22 mars 2003 à Yaoundé, est entré en vigueur le 1er janvier 2004[1292]. En matière de droits des sociétés, l'acte uniforme relatif au droit des sociétés coopératives, adopté à Lomé le 15 décembre 2010 est entré en vigueur le 16 juin 2011[1293]. Le droit du

---

1287 Cet acte uniforme a été révisé à Lomé (Togo), le 15 décembre 2010 et les dispositions modifiées sont entrées en vigueur le 16 juin 2011. Voir *J.O. OHADA*, n° 23 du 13 février 2011. Voir : ISSA-SAYEGH Joseph, POUGOUE Paul Gérard, SAWADOGO Filiga Michel (dir.), *OHADA, Traité et actes uniformes commentés et annotés*, *op.cit.*, pp. 847-973.

1288 *J.O. OHADA*, n° 6 du 1er juin 1998. Voir ANOUKAHA François et TJOUEN Alexandre Dieudonné, *Les procédures simplifiées de recouvrement et les voies d'exécution en OHADA*, Presses Universitaires d'Afrique, Droit Uniforme, Yaoundé, 1999, 193 p. ; ASSI ESSO Anne-Marie et DIOUF Ndiaw, *Recouvrement des créances*, Bruylant, Bruxelles, Droit Uniforme Africain, 2002, 254 p. ; ISSA-SAYEGH Joseph, POUGOUE Paul Gérard, SAWADOGO Filiga Michel (dir.), *OHADA, Traité et actes uniformes commentés et annotés*, *op.cit.*, pp. 975-1118.

1289 *J.O. OHADA*, n° 7 du 1er juin 1998. Voir ASSOGBAVI Komlan, « Les procédures collectives d'apurement du passif dans l'espace OHADA », *Penant*, 2000, n° 832, pp. 55-67 ; ANOUHAKA François, « L'émergence d'un nouveau droit des procédures collectives d'apurement du passif dans les États africains membres de l'OHADA », *Afrique juridique et politique*, Revue du CERDIP, n° 1, vol. 1, janvier-juin 2002, pp. 62 et ss. ; ISSA-SAYEGH Joseph, POUGOUE Paul Gérard, SAWADOGO Filiga Michel (dir.), *OHADA, Traité et actes uniformes commentés et annotés*, *op.cit.*, pp. 1121-1302.

1290 Cet acte a été complété par le règlement de l'arbitrage de la Cour commune de justice et d'arbitrage, adopté au même moment et entré en vigueur le 12 avril 1999. ISSA-SAYEGH Joseph, POUGOUE Paul Gérard, SAWADOGO Filiga Michel (dir.), *OHADA, Traité et actes uniformes commentés et annotés*, *op.cit.*, pp. 129-184.

1291 *Ibid.* pp. 767-845.

1292 *Ibid.*, pp. 1305-1334 ; BROU Kouakou Mathurin, « Le nouveau droit des contrats de transport de marchandises par route dans l'espace OHADA », *Penant*, n° 845, octobre-décembre 2003, pp. 394 et ss.

1293 Voir, *J.O. OHADA*, n° 23 du 15 février 2011. ISSA-SAYEGH Joseph, POUGOUE Paul Gérard, SAWADOGO Filiga Michel (dir.), *OHADA, Traité et actes uniformes commentés et annotés*, *op.cit.*, pp. 659-765.

travail[1294], le droit des contrats[1295], le droit de la concurrence et le droit de la consommation sont les matières du droit des affaires qui ne sont pas encore couvertes par le droit OHADA. Dans tous les cas, ce processus d'intégration par le droit est à la fois profond, ambitieux et inédit, car les actes uniformes ci-dessus cités ont une valeur impérative. Leur supranationalité et leur réception immédiate, impriment une certaine homogénéité au dispositif normatif communautaire. Ces actes assurent, via une « *unification descendante* »[1296], la convergence des droits nationaux dans les matières harmonisées du droit des affaires.

Ceci dit, certaines difficultés sont apparues dans la pratique. Une première difficulté a été observée dans la superposition des ordres juridiques, dont nous avons esquissé précédemment les contours. L'article 10 du traité de l'OHADA prévoit que « *les actes uniformes sont directement applicables dans les États parties, nonobstant toute disposition contraire de droit interne, antérieure ou postérieure* ». Cette supranationalité[1297] des actes uniformes leur confère ainsi une primauté et une portée abrogatoire sur toutes les dispositions de droit interne qui leur sont identiques ou contraires. En cas de conflit entre une norme du droit harmonisé et une norme interne, la seconde devra être écartée au profit de la première. En pratique, cette suprématie normative a fait l'objet de controverse car, d'un État à un autre, elle était diversement interprétée, notamment en ce qui concerne la valeur abrogatoire des actes uniformes. Il a fallu un avis de la CCJA pour clarifier le débat. Dans cet avis, la Cour considère sans ambigüité, que l'article 10 du traité

1294 L'avant-projet d'acte uniforme relatif au droit du travail élaboré à Douala (Cameroun), le 24 novembre 2006 n'a toujours pas été adopté. Voir : FOKO Athanase, « La négociation collective en droit du travail : contribution à l'analyse prospective des normes applicables à la veille de l'adoption d'un nouvel acte uniforme OHADA », *Penant*, n° 858, janvier-mars 2007, pp. 7-39 ; LAGER Florent, « Le projet d'Acte uniforme OHADA Droit du travail du 24 novembre 2006 permettra-t-il de faire rentrer l'économie informelle dans le secteur formel ? », *Penant*, n° 866, 2009, pp. 85-115.

1295 A ce jour, l'avant-projet d'acte uniforme relatif au droit des contrats, transmis en mai 2006, n'a pas encore été adopté. Doctrine : ANO Bénié Yvonne-Bernard, « L'avant-projet d'Acte uniforme sur le droit des contrats : son impact sur la formalisation des garanties », *Revue de droit uniforme UNIDROIT*, 2008, n° 1/2, pp. 477-479 ; BILE Kangah Émile, « Quelques considérations sur l'avant-projet d'Acte uniforme sur le droit des contrats », *Revue de droit uniforme UNIDROIT*, 2008, n° 1/2, p. 481 ; FONTAINE Marcel, « Le projet d'Acte uniforme sur les contrats et les Principes d'Unidroit relatifs aux contrats du commerce international », *Revue de droit uniforme UNIDROIT*, numéro spécial, 2004, vol. IX, pp. 253-267 ; KENFACK DOUAJNI Gaston, « La coordination de l'avant-projet d'Acte uniforme sur le droit des contrats avec les autres Actes uniformes de l'OHADA », *Revue de droit uniforme UNIDROIT*, 2008, n° 1/2, pp. 367-377 ; KERE Idrissa, « L'OHADA et l'harmonisation du droit des contrats : propos et questions préliminaires », *Revue de droit uniforme UNIDROIT*, 2008, n° 1/2, pp. 197-202.

1296 DELMAS-MARTY Mireille et IZORCHE Marie-Laure, « Marge nationale d'appréciation et internationalisation du droit : réflexions sur la validité formelle d'un droit commun en gestation », *in* DELMAS-MARTY Mireille, *et al*, *Variations autour d'un droit commun*, UMRDC, Société de Législation Comparée, Paris, 2001, p. 78.

1297 Voir ABARCHI Djibril, « La supranationalité de l'organisation pour l'harmonisation du droit des affaires en Afrique », *Revue Burkinabé de Droit*, n° 37, 2000, pp. 9-27.

a pour effet d'abroger pour l'avenir toute disposition législative ou réglementaire nationale ayant le même objet que les actes uniformes et étant en conflit avec ces derniers[1298]. Ce qui signifie qu'il faut, dans les textes nationaux, distinguer les dispositions qui sont purement abrogées, de celles qui doivent faire l'objet de modifications pour être rendues complémentaires ou compatibles avec les actes uniformes. Des clarifications ou harmonisations doivent donc être opérées au plan interne dans tous les États pour éviter toute confusion et réduire les difficultés d'application du droit OHADA.

Une seconde difficulté se trouve dans la relativité de la sanction pénale dans l'espace OHADA. En renvoyant aux législations et aux juridictions nationales, le soin de déterminer librement les peines applicables aux atteintes au droit OHADA, dans leur nature et leur sévérité, le traité de Port-Louis entame d'une certaine manière l'unité d'application du droit harmonisé au cœur du projet communautaire. D'un État à un autre, la violation d'une norme pénale communautaire peut donc être diversement sanctionnée par le juge répressif. Ce qui ne favorise pas l'émergence d'un droit pénal des affaires harmonisé[1299]. De plus, le recours en manquement n'étant pas prévu par le traité, la Cour ne peut être saisie lorsqu'un État n'exécute pas l'obligation de sanctionner, découlant de l'article 5 alinéa 2 du Traité OHADA. Il paraît dès lors nécessaire d'harmoniser la sanction pénale dans l'espace communautaire[1300], pour éviter le risque de multiplication des « *forum shopping* »[1301].

De façon générale, en dépit de ces difficultés, le cadre juridique supranational et harmonisé défini par l'OHADA s'est progressivement substitué aux droits des affaires nationaux hétérogènes et démodés. Il offre aux États parties un droit moderne, simple et adapté à la situation de leurs économies. C'est la raison pour laquelle, la Francophonie, à côté d'autres partenaires internationaux[1302], s'est

---

1298 Voir CCJA, avis n° 001/2001/EP, *RJ CCJA*, n° spécial, janvier 2003, p. 75. Doctrine : ISSA-SAYEGH Joseph, « La portée abrogatoire des actes uniformes de l'OHADA sur le droit interne des États parties », *Revue Burkinabé de Droit*, n° 39-40, n° spécial, 2001, p. 51.

1299 Voir pour aller plus loin, DIOUF Ndiaw, « Actes uniformes et droit pénal des États signataires du Traité de l'OHADA : la difficile émergence d'un droit pénal communautaire des affaires dans l'espace OHADA », *Revue Burkinabé de Droit*, 2001, n° spécial, pp. 63-73 ; YAWAGA Spener, « Regard sur l'émergence d'un droit pénal des affaires en Afrique : le cas du droit pénal OHADA », *in* AKAM AKAM André (dir.), *Les mutations juridiques dans le système OHADA*, *op. cit.*, pp. 71-98.

1300 DELMAS-MARTY Mireille, « La mondialisation du droit : chances et risques », *loc. cit.*, p. 43 et ss.

1301 Cette expression anglaise traduite en français par « *course aux tribunaux* » ou « *élection des juridictions* », est une notion de droit international privé qui désigne la possibilité de choisir une juridiction en fonction des avantages de procédure ou de fond qu'on peut en tirer. La personne qui intente une action en justice peut être ainsi naturellement tentée de choisir le for dont les règles de conflits de lois conduiront à l'application de la loi la plus favorable à ses intérêts.

1302 France, Belgique, Suisse, Banque mondiale, Banque africaine de développement, Union européenne.

particulièrement impliquée dans la mise en place, la vulgarisation et la consolidation de ce nouveau droit harmonisé des affaires.

Mais derrière chaque norme de droit uniforme se cache un risque d'interprétations divergentes de la part des juges nationaux. Or l'effort d'uniformisation juridique initié par l'OHADA serait compromis si les normes qu'elle adopte, étaient diversement interprétées d'un État à un autre. Au-delà de la qualité des textes, l'attractivité du dispositif impliquait qu'il fut assorti d'une juridiction supranationale indépendante, transparente, diligente et efficace, capable d'imposer une interprétation uniforme du droit unifié. A la sécurité juridique poursuivie par le droit uniforme, les États ont donc adjoint, à travers la Cour commune de justice et d'arbitrage, une sécurité judiciaire.

B. Le rôle de la Cour commune de justice et d'arbitrage dans le dispositif institutionnel de l'OHADA

La Cour commune de justice et d'arbitrage (CCJA) participe, à côté des autres institutions de l'OHADA[1303], à la mise en œuvre du processus régional de sécurisation des investissements par le droit. Elle est, à cet égard, soutenue dans son activité, par l'Organisation Internationale de la Francophonie.

Créée en application de l'article 14 du Traité de Port-Louis, la CCJA est entrée en fonction le 4 avril 1997. Elle a pour mission de garantir de manière

1303 Pour parvenir à son objectif de création d'un environnement juridique protecteur des investissements et de la liberté contractuelle, l'OHADA s'appuie sur un dispositif institutionnel classique à quatre niveaux. Au-delà de la Cour Commune de Justice et d'Arbitrage chargée de la gestion du contentieux des affaires au niveau communautaire, la structure organisationnelle de l'OHADA repose sur la Conférence des chefs d'État et de gouvernement, sur le Conseil des ministres et sur le Secrétariat permanent. Depuis la révision du traité de Port-Louis, à Québec, le 17 octobre 2008, l'OHADA s'est en effet, dotée d'une Conférence des chefs d'État et de gouvernement, qui n'a tenu avec le soutien de l'OIF, sa première réunion statutaire que le 17 octobre 2013, à l'occasion du vingtième anniversaire de la signature du Traité de Port-Louis. Conçue comme l'institution suprême de l'organisation, cette conférence est compétente pour connaître de toutes les questions relatives au Traité. Ses décisions sont prises par consensus ou, à défaut, à la majorité absolue des États présents. Le Conseil des ministres est chargé de mettre en œuvre la politique commune de l'organisation. Conçu comme un organe législatif, il adopte les actes uniformes, prend les règlements d'application du traité et approuve le programme annuel d'harmonisation. Le Secrétariat permanent est l'organe administratif qui coordonne les activités des institutions. Il assiste le conseil des ministres (article 3 du traité OHADA) et lui propose son ordre du jour (article 29 du traité OHADA). C'est la cheville ouvrière de l'organisation car il prête son concours à l'élection des juges de la CCJA et joue un grand rôle sur le plan de la production normative. A ce niveau, c'est lui qui prépare les projets d'actes uniformes, en concertation avec les commissions nationales et les soumet pour avis, à la CCJA. Il met au point le texte définitif et en propose l'inscription à l'ordre du jour du Conseil des Ministres (articles 6 et 7 du traité OHADA). Rattachée au secrétariat permanent, l'École régionale supérieure de la magistrature (ERSUMA) est chargée de la formation des magistrats pour une meilleure application du droit intégré. Pour une analyse plus complète des institutions de l'OHADA, voir ISSA-SAYEGH Joseph, LOHOUES-OBLE Jacqueline, *Harmonisation du droit des affaires*, *op. cit.*, pp. 155 et ss.

indépendante, la bonne application et l'interprétation uniforme du droit harmonisé. En tant que juridiction unique et spécialisée, elle garantit l'homogénéité de la justice et renforce la sécurité judiciaire des relations économiques. Elle centralise l'interprétation des textes communautaires et traite avec célérité les litiges nés de leur application. Siégeant à Abidjan, la Cour est composée de sept juges élus par le conseil des ministres pour une durée de sept ans[1304]. Leur compétence, leur statut juridique, leur inamovibilité et leur rémunération, leur garantissent une certaine indépendance. La CCJA étant, du fait de sa supranationalité, théoriquement à l'abri de l'incompétence, de la corruption et des pressions politiques, elle apparaît comme un instrument de crédibilisation et renforcement de l'attractivité du système OHADA. Elle remplit à ce titre, une triple fonction juridictionnelle[1305], consultative et arbitrale.

La CCJA est compétente pour connaître de toutes les questions relatives à l'application du traité et des règlements pris pour son application, des actes uniformes et des décisions, exception faite des celles appliquant des sanctions pénales[1306]. La délimitation des compétences se fait ici selon une clé de répartition traditionnelle : les juridictions nationales connaissent en première instance et en appel du contentieux relatif à l'application des actes uniformes[1307], tandis que la juridiction régionale statue en cassation. Il s'agit, par ce moyen, d'externaliser le règlement du contentieux des affaires, afin de le soustraire à l'emprise des États et de contrôler ainsi, la qualité et l'impartialité des jugements nationaux. Face aux risques d'applications divergentes des actes uniformes par les juges nationaux, la CCJA a ici, une mission régulatrice : celle d'uniformiser la jurisprudence communautaire en matière de droit des affaires. Elle est un instrument d'harmonisation de la pratique juridictionnelle et de sécurisation de l'environnement judiciaire. Puisque la sécurité juridique commande une sécurité judiciaire, à l'unité du droit, doit répondre une unité de son interprétation. Saisie

1304 Les membres de la Cour sont élus par le Conseil des ministres sur une liste de candidats proposés par les États parties (deux candidats au plus par États).

1305 ISSA-SAYEGH Joseph, « La fonction juridictionnelle de la Cour commune de justice et d'arbitrage de l'OHADA », *in Mélanges en l'honneur de Roger Decottignies*, Grenoble, Presses universitaires de Grenoble, 2003, pp. 175-184.

1306 Voir l'article 14, alinéa 3 du traité OHADA.

1307 Article 13 du Traité. Jurisprudence : CCJA, arrêt n° 002/2002 du 10 janvier 2002, *RJ CCJA*, n° spécial, janvier 2003, p. 5. Doctrine : MBOSSO Jacques, « Le rôle des juridictions nationales et le droit harmonisé », *Revue de droit des affaires internationales*, n° 2, 2000, pp. 216-226 ; BROU Kouakou Mathurin, « Le contentieux des actes uniformes : de la compétence de la Cour commune de justice et d'arbitrage », *Le Juris-Ohada*, n° 2, 2003, avril-juin 2003, pp. 2 et ss. ; « Bilan de l'interprétation des actes uniformes par la Cour commune de justice et d'arbitrage », *Le Juris-Ohada*, n° 3, 2003, pp. 2 et ss ; DIALLO Boubakar, « La Cour commune de justice et d'arbitrage et le contentieux des actes uniformes, *Penant*, n° 850, janvier-mars 2005, pp. 22-45.

en tant que juridiction supranationale de cassation[1308] pour les questions relevant du droit des affaires, la CCJA se prononce sans renvoi[1309] sur le fond, et ses décisions, chargées de force exécutoire, s'imposent sans exequatur sur le territoire de chacun des États membres[1310]. Ceci dit, chaque État conserve une marge nationale d'appréciation[1311] qui lui permet d'apposer la formule exécutoire sur les arrêts de la CCJA, après un simple contrôle de l'authenticité du titre, par l'autorité nationale compétente. Ce qui permet de faciliter, d'accélérer ou de forcer, le cas échéant, l'exécution des jugements.

La fonction consultative de la CCJA porte quant à elle, en amont, sur les projets d'actes uniformes et en aval, sur toutes les questions liées à l'interprétation et l'application du droit OHADA. La Cour peut ainsi être consultée par tout État partie, par le conseil des ministres et par les juridictions nationales[1312] sur toutes les questions relatives à l'application du droit communautaire unifié[1313]. Les avis qu'elle émet n'ont en revanche pas de force obligatoire.

A côté des compétences contentieuses et consultatives, la CCJA fait office de centre international d'arbitrage[1314]. En effet, la recherche de simplicité et de

---

1308 Le juge interne du fond reste en première instance et en appel, juge de droit commun du le contentieux relatif à l'application des actes uniformes de l'OHADA (article 13 du traité de l'OHADA). Ce qui signifie que les juridictions suprêmes nationales doivent, lorsqu'elles sont maladroitement saisies en cassation pour ces matières, se déclarer incompétente et renvoyer l'affaire devant la CCJA. Voir sur la question, ASSI Assepo Eugène, « La Cour commune de justice et d'arbitrage de l'OHADA : un troisième degré de juridiction ? », *Revue Internationale de Droit Comparé*, 2005, vol. 57, n° 4, pp. 943-955 ; TCHANTCHOU Henri, *La supranationalité judiciaire dans le cadre de l'OHADA : étude à la lumière du système des communautés européennes*, L'Harmattan, Paris, 2009, 370 p. ; WAMBO Jérémie, *La saisine de la Cour Commune de Justice et d'Arbitrage de l'OHADA en matière contentieuse : guide pratique à la lumière de la jurisprudence*, 2012, 236 p.

1309 Prévu à l'article 14, alinéa 5 du Traité de l'OHADA, ce droit d'évocation qui s'exerce sur toute question relative au droit des affaires harmonisé, à l'exception de celle portant la sanction pénale, permet de réaliser des gains de temps dans la procédure. DIALLO Bakary, « Réflexions sur le pouvoir d'évocation de la CCJA dans le cadre du Traité de l'OHADA », *Revue trimestrielle de droit et jurisprudence des affaires*, n° 1, p. 55 ; *Penant* n° 858, p. 40.

1310 L'autorité nationale ne peut ni d'office, ni à la demande d'une partie, arguer d'un motif de non-exécution.

1311 DELMAS-MARTY Mireille et IZORCHE Marie-Laure, « Marge nationale d'appréciation et internationalisation du droit : réflexions sur la validité formelle d'un droit commun en gestation », *in* DELMAS-MARTY Mireille *et al.*, *Variations autour d'un droit commun, op. cit.*, pp. 73 et ss.

1312 Les juridictions nationales ne peuvent saisir la Cour par la voie d'un renvoi préjudiciel, mais peuvent la solliciter à des fins consultatives.

1313 ISSA-SAYEGH Joseph, LOHOUES-OBLE Jacqueline, *Harmonisation du droit des affaires, op. cit.*, pp. 169 et ss.

1314 Sur la compétence arbitrale de la CCJA, voir notamment AMOUSSOU-GUENOU Roland, « L'arbitrage dans le traité relatif à l'harmonisation du droit des affaires en Afrique », *Revue de droit des affaires internationales*, n° 3, 1996, pp. 321 et ss. ; LOHOUES-OBLE Jacqueline, « L'apparition d'un droit international des affaires en Afrique », *loc. cit.*, pp. 543 et ss. ; SECK Tom Amadou, « L'effectivité de la pratique arbitrale de la Cour Commune de Justice et d'Arbitrage (CCJA) et les réformes nécessaires

sécurité a conduit les architectes de l'OHADA à doter la juridiction communautaire d'une compétence arbitrale et à promouvoir ainsi l'arbitrage, comme instrument rapide et discret de règlement des différends commerciaux internationaux. La contractualisation du litige emporte l'incompétence du juge national. La CCJA n'est pas à proprement parler une Cour d'arbitrage. Elle n'arbitre pas elle-même les litiges qui lui sont soumis mais organise l'arbitrage[1315], non seulement en nommant les arbitres ou en confirmant leur nomination[1316], mais aussi en veillant à ce que le tribunal arbitral officie conformément à son règlement d'arbitrage[1317]. Investie ici de compétence administrative[1318], elle reste informée du déroulement de l'instance et examine préalablement les projets de sentence, auxquels elle ne peut proposer que des modifications de pure forme[1319]. Les sentences arbitrales ont force de chose jugée sur le territoire de chaque État partie[1320]. Elles peuvent faire l'objet d'une exécution forcée, en vertu d'une décision d'exequatur, qui ne peut être prise que par la Cour elle-même, exerçant à ce niveau sa compétence juridictionnelle[1321].

La CCJA veille au respect du droit uniforme dans chaque État membre de l'OHADA, en assurant, par sa substitution aux juridictions suprêmes nationales, l'unité et la transparence de la jurisprudence du droit des affaires. Le droit unifié est ainsi appliqué dans tout l'espace OHADA, de manière identique et avec une

à la mise en place d'un cadre juridique et judiciaire favorable aux investissements privés internationaux », *Penant*, n° 833, mai-août 2000, pp. 188-198 ; FOUCHARD Philippe, « Le système d'arbitrage de l'OHADA : le démarrage », *Les Petites Affiches*, n° 205, 13 octobre 2004, pp 52-58 ; PILKINGTON Nanette et THOUVENOT Sébastien, « Les innovations de l'OHADA en matière d'arbitrage », *La Semaine Juridique*, n° 44, 28 octobre 2004, supplément n° 5, pp 28-35 ; PONSOT Dominique, « L'expérience de l'OHADA en matière d'arbitrage », *Les Petites Affiches*, n° 241, 3 décembre 2009, pp. 8-13 ; KODO Mahutodji Jimmy Vital, *L'application des actes uniformes de l'OHADA*, Bruylant-Academia, Louvain-La-Neuve, 2010, pp. 209-256 ; NDOYE Doudou, *La Cour commune de justice et d'arbitrage des pays de l'OHADA : organisation - procédure et jurisprudence*, *op.cit.*, 143 p.

1315 Sur la base d'une clause compromissoire, d'un compromis d'arbitrage ou d'une convention d'arbitrage.

1316 Voir l'article 3 du Règlement d'arbitrage de la CCJA de l'OHADA.

1317 Règlement d'arbitrage de la CCJA de l'OHADA adopté le 11 mars 1999 et entré en vigueur le 11 juin 1999.

1318 Voir l'article 1er alinéa 1.1 du Règlement d'arbitrage de la CCJA de l'OHADA.

1319 Règlement n° 01/2014/CM/OHADA du 31 janvier 2014, modifiant et complétant le Règlement de procédure de la Cour Commune de Justice et d'Arbitrage du 18 avril 1996. Doctrine : BOURDIN René, « Le règlement d'arbitrage de la Cour commune de justice et d'arbitrage », *Revue camerounaise de l'arbitrage*, n° 5, Avril-Mai-Juin 1999, pp. 10 et ss. ; KENFACK DOUAJNI Gaston, « L'arbitrage CCJA », *Revue Camerounaise de l'arbitrage*, n° 6, juillet-août-septembre 1999, pp. 3 et ss.

1320 Voir l'article 25 du traité OHADA. Voir aussi l'article 27 du Règlement d'arbitrage de la CCJA de l'OHADA ou encore l'article 31 du Règlement n° 01/2014/CM/OHADA du 31 janvier 2014, modifiant et complétant le Règlement de procédure de la Cour Commune de Justice et d'Arbitrage du 18 avril 1996.

1321 ISSA-SAYEGH Joseph, LOHOUES-OBLE Jacqueline, *Harmonisation du droit des affaires*, *op. cit.*, pp. 218 et ss.

relative célérité. A travers ce dispositif original, l'unification législative, se double d'une unification jurisprudentielle. Le fait que la CCJA soit à la fois une juridiction supranationale et une institution internationale d'arbitrage pourrait *a priori* nourrir la confusion[1322], mais ce risque est neutralisé en amont par la séparation fonctionnelle clairement établie entre les activités juridictionnelles et les activités d'organisation des arbitrages[1323]. Ceci dit, le nombre de juges paraît aujourd'hui insuffisant au regard du volume de plus en plus croissant des différends dont est saisie la Cour. Un renforcement du nombre de juges pourrait non seulement permettre à la CCJA de mieux remplir les objectifs de sécurité et de célérité judiciaire au fondement de sa création, mais aussi, avoir un impact positif sur la séparation fonctionnelle des activités de la Cour[1324]. La Francophonie, conformément aux engagements du Caire et de Bamako notamment, s'emploie à faciliter le fonctionnement des institutions de l'OHADA et singulièrement de la CCJA. Son plaidoyer en faveur de l'arbitrage comme mode de règlement souple, rapide et approprié des différends commerciaux trouve écho dans les activités de la CCJA. Sur ce point, la Francophonie s'attache concrètement, par des sessions de formation et d'échanges, à conforter les activités des centres et associations d'arbitrage, actifs dans l'espace francophone et à vulgariser la procédure, pour renforcer sa crédibilité auprès des investisseurs.

Si la place de la CCJA dans le dispositif institutionnel de l'OHADA n'est certainement plus à démontrer[1325], elle mérite néanmoins d'être consolidée en pratique. Car la sécurité juridique et judiciaire des relations d'affaires ne pourra être véritablement garantie que si les magistrats et autres professionnels du droit s'approprient les textes et les mécanismes, de ce droit harmonisé des affaires.

§ 2. L'appropriation, par les magistrats, du droit harmonisé des affaires

Dans le Plan d'action du Caire, les États francophones affirmaient, au titre de leur engagement en faveur de la justice comme facteur de développement, que la sécurité des transactions ne peut résulter que d'instruments juridiques adaptés,

---

1322 LEBOULANGER Philippe, « L'arbitrage et l'harmonisation du droit des affaires en Afrique », *Revue de l'arbitrage*, 1999, n° 3, pp. 541-591 ; POUGUE Paul Gérard, « Le système d'arbitrage de la Cour commune de justice et d'arbitrage », *in* FOUCHARD Philippe (dir.), *L'OHADA et les perspectives de l'arbitrage en Afrique*, Bruxelles, Bruylant, 2000, p. 129.

1323 CCJA, arrêt n° 028/2007 du 19 juillet 2007, *Société Nestlé sahel c/ Société commerciale d'importation AZAR et SALAM, dite SCIAMAS.*

1324 KENFACK-DOUAJNI Gaston, « L'expérience internationale de la Cour commune et de justice et d'arbitrage de l'Organisation pour l'Harmonisation en Afrique du Droit des Affaires », *in* AHJUCAF, *L'indépendance de la justice, op. cit.*, pp. 152-153.

1325 Voir BAYO BYBI Blandine, *Le rôle de la Cour commune de Justice et d'Arbitrage dans la sécurisation de l'espace OHADA*, Thèse soutenue à l'Université de Caen Basse-Normandie, 16 novembre 2009, 766 p.

dont le maniement est familier aux magistrats et dont l'application est cohérente et conforme aux principes de bonne administration de la justice. Le juge communautaire et ses homologues nationaux doivent, chacun à leur niveau, servir de courroie de diffusion et d'application des actes uniformes OHADA. La Francophonie institutionnelle s'est résolument engagée à agir en faveur de l'appropriation de ces textes, par les praticiens du droit. Elle a, dans cette perspective, appuyé l'organisation, tant au niveau national, que régional, de plusieurs séminaires de formation, conférences et colloques sur le nouveau droit harmonisé des affaires.

Au-delà de la modicité de leurs moyens matériels, les juridictions nationales souffrent d'une insuffisance de formation des magistrats et des auxiliaires de justice, en matière économique et financière. Ce qui constitue, pour les opérateurs économiques, une source d'insécurité judiciaire. La question de la formation des magistrats nationaux et de l'articulation de leurs compétences avec celles de la CCJA se pose donc avec acuité. Car pour que la sécurité juridique et judiciaire attendue, soit effective, il faut impérativement que les magistrats nationaux soient informés et formés au droit des affaires (A) et qu'ils s'insèrent dans l'ordre régional, en collaborant avec le juge communautaire (B).

A. La formation sectorielle et l'information des magistrats

Dans un État de droit, il est d'une exigence élémentaire que le droit en vigueur soit porté à la connaissance des personnes auxquelles il est censé s'appliquer et des personnes chargées de son application. L'efficacité du droit communautaire OHADA commande donc qu'il soit connu, non seulement des justiciables, mais encore et surtout, des praticiens du droit et plus spécifiquement, des magistrats. L'entreprise d'harmonisation du droit pour la sécurisation des investissements serait en effet vaine si elle n'était pas accompagnée d'une dynamique de formation, destinée à faire connaître le droit unifié et à favoriser son application efficace et uniforme. Il paraît donc indispensable d'informer et de former les magistrats dans le domaine de la finance et des affaires, pour qu'ils aient une parfaite connaissance du système mis en place, et que leurs décisions ne soient pas en déphasage avec la réalité juridique et économique. L'Organisation Internationale de la Francophonie, en tant que partenaire institutionnel de l'OHADA, apporte ainsi son soutien à la formation et à l'information des magistrats au droit des affaires harmonisé.

En matière de soutien à la formation au droit des affaires, la Francophonie est restée constante dans ses engagements. Dès 1995, c'est-à-dire au moment où se dessinait véritablement le gabarit des grands axes de la coopération juridique et judiciaire francophone, les ministres francophones de la justice ont invité, dans la Déclaration du Caire, la Francophonie à mettre l'accent sur la constitution de filières de formation spécialisées pour l'ensemble des professions juridiques et judiciaires, pour que la formation des magistrats francophones soit à la hauteur des exigences, non seulement du droit des affaires, mais aussi de son internationalisation. La même année, au Sommet de Cotonou, les chefs d'État et de gouvernement francophones ont, dans la Résolution sur la justice et le développement, confirmé la nécessité, dans une dynamique d'intégration, de favoriser la création d'un corps judiciaire spécialisé dans les domaines économique et financier. Dans la Déclaration et le Programme d'action de Bamako, qui ont marqué un tournant majeur dans l'affirmation de la Francophonie politique, les États francophones se sont de nouveau engagés à soutenir le renforcement des capacités des institutions judiciaires communautaires, par l'organisation de sessions de perfectionnement, par la promotion des échanges d'expériences et de textes, et par le passage aux nouvelles technologies de l'information. Ils entendaient aussi favoriser, au niveau régional, la création d'établissements de formation, ainsi que le partage des acquis dans le domaine du droit des affaires. Les États ont ainsi invité l'OIF à favoriser la mutualisation des compétences et moyens de formation disponibles dans l'espace francophone et à promouvoir la création, au niveau régional, d'établissements de formation telle l'École régionale supérieure de la magistrature (ERSUMA) créée dans le cadre de l'OHADA. L'action de l'OIF en faveur de la formation des magistrats au droit des affaires, passe donc à la fois par l'organisation de séminaires thématiques et par le soutien aux activités de l'ERSUMA.

De manière générale, l'OIF organise ou appuie des sessions de formation spécialisée à l'intention des magistrats, des auxiliaires de justice, des juristes, et des opérateurs économiques impliqués dans la mise en œuvre du droit des affaires. A ce niveau, elle accorde, dans ces séminaires thématiques, un intérêt particulier à la promotion des mécanismes internationaux de régulation du commerce international[1326], du système de l'OHADA[1327] et de l'arbitrage commercial. De manière plus spécifique, l'OIF apporte un appui institutionnel à l'École Régionale Supérieure de la Magistrature (ERSUMA), créée en application des dispositions de l'article 41 du Traité de Port-Louis. Basée à Porto Novo, au Bénin, l'ERSUMA est organiquement rattachée au Secrétariat permanent de l'OHADA pour contribuer, par la formation des magistrats, à l'amélioration de

1326 Soutien à la Conférence Internationale des Barreaux francophones (CIB) pour l'organisation de séminaires de sensibilisation sur les accords de l'OMC, au Mali, au Burkina Faso (1996) et au Maroc (1997).

1327 Soutien à la Conférence Internationale des Barreaux francophones (CBI) pour l'organisation de séminaires de sensibilisation sur les structures et mécanismes de l'OHADA au Mali, au Burkina Faso (1996) et au Maroc (1997). En 2002, le Francophonie a appuyé à la tenue d'un séminaire de vulgarisation du traité OHADA et de ses mécanismes, au profit de magistrats togolais. En 2004, elle a apporté son soutien à l'organisation de séminaires sur le système OHADA, au bénéfice d'acteurs juridiques et économiques en Guinée et au Congo.

l'environnement juridique et judiciaire dans l'espace intégré. L'institution a certes, pour principale mission, d'assurer la formation continue et le perfectionnement des magistrats et des auxiliaires de justices des pays membres au droit harmonisé des affaires, mais elle sert aussi désormais de centre de recherche et de documentation. Les enseignements que propose l'ERSUMA sont destinés aux praticiens du droit en vue de leur permettre de s'imprégner du nouveau droit harmonisé et d'en faire une juste application. L'objectif de l'OIF est donc ici d'optimiser le potentiel de l'ERSUMA pour faciliter l'appropriation du dispositif OHADA, par les professionnels du droit et de la justice des États membres, et pour assurer de manière effective la sécurité juridique et judiciaire des activités économiques. Au départ, essentiellement tournée vers le droit OHADA, le contenu matériel de la formation proposée par l'ERSUMA s'ouvre de plus en plus à certains aspects des droits communautaires de l'OAPI, de la CIMA, de l'UEMOA, de la CEMAC, pour permettre aux magistrats d'avoir une vue d'ensemble sur le panorama juridique intégré.

A côté de la formation à proprement parler, l'autre volet de l'action francophone en faveur de l'appropriation du droit harmonisé des affaires par les praticiens du droit porte sur sa diffusion. Dans le Plan d'action du Caire, les États francophones se sont en effet engagés à favoriser une meilleure circulation de l'information relative au droit des affaires et de l'arbitrage. La démarche vise ici, dans la dynamique plus large de diffusion du droit francophone, à constituer une banque de données juridiques et judiciaires, s'appuyant à la fois sur le droit positif et jurisprudentiel[1328], et sur l'ensemble de la doctrine existante sur le thème de la justice comme facteur du développement. Dans l'élan du Programme d'action de Bamako qui invitait la coopération francophone à faciliter la diffusion de l'information relative au droit des affaires et de l'arbitrage au niveau national et au niveau régional, la Francophonie institutionnelle a fortement contribué à la publication et à la diffusion du droit OHADA. Elle a, par exemple, financé l'édition et la diffusion de plusieurs milliers d'exemplaires des textes de droit communautaire de l'OHADA[1329], accompagné *Juriscope*1330 pour la création d'une revue sur le droit uniforme africain de l'OHADA, et soutenu la création, en novembre 2000, du site internet de l'OHADA[1331], qui est devenu une véritable

1328 En matière de publication de la jurisprudence OHADA, l'action de l'OIF vient ici soutenir les prescriptions de l'article 42 du Règlement de procédure de la CCJA.

1329 L'OIF a soutenu la diffusion de 1500 exemplaires de la deuxième édition du Code commenté et annoté de l'OHADA auprès des institutions de l'OHADA et de ses pays membres, et de plus de 1000 exemplaires à destination des institutions judiciaires et des juristes africains.

1330 Basé à Poitiers, *Juriscope* se donne essentiellement pour mission de promouvoir et de diffuser le droit français et les droits francophones à l'étranger.
Consulter pour aller plus loin : http://www.juriscope.org.

1331 www.ohada.com.

plate-forme d'échanges sur le droit des affaires, avec plus de 25000 abonnés[1332]. La Francophonie a aussi financé une collection de recueils et s'est, par ailleurs, particulièrement investie dans la diffusion de l'information relative à l'arbitrage. A cet égard, elle a pris en charge la participation de magistrats francophones à des rencontres internationales de concertation et d'approfondissement des questions liées à l'arbitrage[1333]. Pour valoriser l'expertise francophone en la matière, elle a contribué, aux côtés de l'Association internationale *Francarbi* et de l'Université de Liège, à la mise à jour du répertoire pratique sur l'arbitrage commercial international[1334]. Au total, l'action francophone en faveur de la formation et de l'information des praticiens du droit, vient soutenir utilement le dispositif de l'OHADA, pour renforcer la sécurité juridique et judiciaire dans l'espace francophone africain et favoriser son développement.

Mais il ne suffit pas que les juges nationaux et communautaires soient bien informés et formés au droit des affaires, pour que la promesse de sécurisation des investissements, au cœur du projet OHADA, soit tenue. Il faut en plus, que les juges nationaux et régionaux, dans une dynamique complémentaire, articulent leurs compétences pour parvenir à un dialogue juridique constructif et efficace.

B. Le renforcement du dialogue des juges par l'intégration juridique et judiciaire

Le dispositif de l'OHADA participe à l'échelle régionale, du phénomène global d'internationalisation du droit et de la justice. La superposition des règles et des institutions qui en découle, appelle inévitablement, pour être harmonieuse, un dialogue transnational des juges. Les juges nationaux sont les partenaires des juges supranationaux dans la mise en œuvre du droit communautaire harmonisé. Si le recours aux décisions étrangères, en tant qu'instruments de légitimation ou éléments du processus interprétatif, peut se faire traditionnellement, dans le sillage des influences de la tradition juridique, ou au regard des similitudes textuelles, dans le cadre d'un espace judiciaire régionalisé, il relève en revanche de l'impératif[1335]. Dans le contexte d'un système judiciaire d'intégration, comme c'est le cas en ce qui concerne la CCJA de l'OHADA, la réception de l'argument

---

1332 OIF, Délégation à la paix, à la démocratie et aux droits de l'Homme, *État des pratiques de la démocratie, des droits et des libertés dans l'espace francophone, 2006*, *op. cit.*, p. 76.

1333 Rencontres organisées notamment par organisées par l'Institut International d'arbitrage commercial (IDLI) et par l'Association UNIDROIT.

1334 Francarbi, *Répertoire pratique sur l'arbitrage commercial international*, Bruylant, Bruxelles, 2011, 581 p.

1335 HOURQUEBIE Fabrice, « La réception des décisions étrangères », *in* AHJUCAF, *Internationalisation du Droit, internationalisation de la justice,* Actes du troisième congrès, Ottawa, AHJUCAF, 21 – 23 Juin 2010, pp. 95 et ss. En ligne sur www.ahjucaf.org.

jurisprudentiel communautaire n'a donc pas qu'un effet informatif ou persuasif[1336] ; elle procède au fond, d'un système de contrainte, s'imposant obligatoirement aux juges nationaux. Le dialogue entre juge communautaire et juges nationaux est donc ici nécessairement vertical.

En se substituant aux juridictions nationales suprêmes, la CCJA s'insère dans la hiérarchie juridictionnelle des États membres. En tant que juridiction supranationale de cassation, elle est un instrument d'unification de la jurisprudence communautaire en matière de droit des affaires. Il est donc nécessaire de renforcer l'interaction et la synergie entre les juridictions nationales et la CCJA. Les arrêts SOCOM SARL[1337], rendus par la CCJA le 19 juin 2003, ont implicitement reconnu le caractère essentiel de cette complémentarité en énonçant en l'espèce que la CCJA n'est pas compétente pour statuer sur les procédures de défense à l'exécution provisoire, lesquelles relèvent de la compétence d'attribution des Cours suprêmes nationales. Cette complémentarité ordonne que la distribution des compétences soit clairement aménagée, de sorte que la CCJA demeure compétente pour connaître des pourvois en cassation formés devant elle, et que les Cours suprêmes nationales continuent accessoirement à connaître, à travers les requêtes en défense à exécution provisoire et la détermination des sanctions pénales des litiges en lien avec le droit uniforme de l'OHADA.

Une bonne réception de la jurisprudence communautaire par les juges nationaux est vitale pour la réalisation en aval des objectifs sécuritaires de l'intégration juridique et économique. Le juge national doit faire respecter la norme communautaire, chaque fois que les conditions de son application sont réunies. Mais dans la pratique, les rapports entre les juridictions nationales et la CCJA peuvent poser problème pour plusieurs raisons[1338]. Lorsque les parties conviennent que le pourvoi soit porté devant une Cour de cassation nationale, cette dernière doit se déclarer incompétente et renvoyer l'affaire devant la

---

1336 Sur ce point, voir notamment MAUS Didier, « Le recours aux précédents étrangers et le dialogue des cours constitutionnelles », *RFDC*, n° 80, 2009, pp. 675-696.

1337 CCJA, *SOCOM SARL c/ SGBC*, arrêts n° 013 et 014 du 19 juin 2003, *Recueil des décisions de la CCJA*, janvier-juin 2003, p. 16 et p. 19.

1338 Sur l'ambiguïté des rapports entre la CCJA et les juridictions nationales, voir ; FOMETEU Joseph, « Le clair-obscur de la répartition des compétences entre la CCJA de l'OHADA et les juridictions nationales de cassation », *in* AKAM AKAM André (dir.), *Les mutations juridiques dans le système OHADA*, *op. cit.*, pp. 37-70 ; ZINZINDOHOUE Abraham, « Les juges nationaux et la loi aux prises avec le droit harmonisé », *Revue de droit des affaires internationales*, n° 2, 2000, pp. 227-237 ; BENKEMOUN Laurent, « Les rapports entre les juridictions de cassation nationale et la CCJA de l'OHADA : aspects conceptuels et évaluation », *Penant*, n° 860, juillet-septembre 2007, pp. 299 et ss ; TIGER Philippe, « Les rapports entre les juridictions de cassation nationale et la CCJA de l'OHADA : aspects conceptuels et évaluation », *Penant*, n° 860, juillet-septembre 2007, pp. 284 et ss.

CCJA[1339]. Ce qu'elle ne fait pas toujours systématiquement. Lorsque le litige porte à la fois sur des questions de droit uniforme et de droit national, il n'est pas toujours aisé de fractionner le procès. Certaines hautes juridictions nationales ont d'ailleurs revendiqué le droit de connaître entièrement de tels contentieux. Ce qui aurait pour effet de mettre profondément en péril l'unité de la jurisprudence, gage de la sécurité juridique et judiciaire que garantit l'organisation. La collaboration entre le juge communautaire et les juges nationaux est donc indispensable pour la « *convergence juridique et jurisprudentielle (…) au cœur des processus d'harmonisation sectorielles par le droit* »[1340]. C'est pourquoi, il est heureux de noter qu'après les résistances de départ, les juridictions nationales réservent finalement un bon accueil à la jurisprudence communautaire de l'OHADA[1341]. Le dialogue harmonieux des juges aura fini par l'emporter sur le dialogue de sourd des premières heures. Ce commerce rationnel des juges[1342] doit être entretenu et parfait.

L'autre versant de la difficulté d'articulation des rapports entre les juges nationaux et le juge communautaire de l'OHADA est celui de l'exécution régionale des jugements relatifs au droit des affaires. Pour ne pas être un frein à l'harmonisation judiciaire, les difficultés d'exécution des décisions doivent être surmontées par un dialogue permanent et éclairé des juges. La question se pose ici, non seulement pour les décisions rendues par la CCJA, mais aussi pour celles rendues par les juridictions nationales. Si par principe, les arrêts de la CCJA sont revêtus de force exécutoire et peuvent, sans exequatur, faire l'objet d'exécution forcée dans tous les États membres de l'OHADA[1343], il subsiste néanmoins une procédure nationale de certification, qui consiste en un contrôle minimum dont l'objet est de conduire le greffe, à vérifier simplement l'authenticité du titre, avant d'autoriser son exécution par une formule exécutoire. La suppression de l'exequatur, dont la mise en œuvre est parfois longue et coûteuse, constitue incontestablement, dans le cadre de l'OHADA, une évolution remarquable[1344].

1339 Ceci parce que la CCJA ne peut être saisie que soit directement par l'une des parties à l'instance, soit sur renvoi d'une juridiction nationale statuant en cassation et saisie d'une affaire soulevant des questions relatives à l'application des actes uniformes (article 15 du traité OHADA).

1340 HOURQUEBIE Fabrice, « La réception des décisions étrangères », *in* AHJUCAF, *Internationalisation du Droit, internationalisation de la justice, op. cit.*, p. 97.

1341 Voir notamment pour aller plus loin, OLIVEIRA Antoine, « Influence de la jurisprudence internationale », *in* AHJUCAF, *Le juge de cassation à l'aube du 21e siècle,* Actes du premier congrès, Marrakech, AHJUCAF, 17-19 mai 2004, p. 134.

1342 Consulter notamment ALLARD Julie et GARAPON Antoine, *Le juge dans la mondialisation : la nouvelle révolution du droit*, Paris, Seuil, 2005, 95 p.

1343 Article 20 du traité OHADA.

1344 L'exequatur est la procédure par laquelle un juge autorise l'exécution sur le territoire d'un État, d'une décision rendue à l'étranger. Elle peut être demandée en matière civile, commerciale, sociale et administrative. Dans certains Etats la demande adressée à un juge du contentieux de l'exécution. Après vérification, l'exéquatur peut être accordé totalement ou partiellement ou être refusé. Le rejet d'exéquatur

Cependant, même si la procédure d'authentification du titre, est *a priori* simple et rapide, certains États peuvent en tirer prétexte pour ralentir l'exécution d'un arrêt communautaire. Qui plus est, la formule exécutoire, lorsqu'elle est souverainement apposée par un État, sur une décision de la CCJA, ne lie pas tous les États membres de l'OHADA. Ce qui signifie par exemple qu'un créancier dont le débiteur possède des biens dans plusieurs États de l'OHADA, doit renouveler la démarche de certification dans chacun de ces États pour faire exécuter le jugement communautaire et recouvrer la totalité de sa créance. Dans un espace se voulant sécurisé, cela peut paradoxalement être une source de lourdeur et donc d'insécurité. Deux solutions semblent s'échapper de la doctrine pour favoriser la libre circulation et l'exécution rapide des décisions de la CCJA dans l'espace OHADA. La première consisterait, dans le prolongement naturel et conséquent de la logique d'harmonisation, à créer un titre exécutoire communautaire qui permettrait d'obtenir l'exécution directe des arrêts de la CCJA, sans formalité intermédiaire, dans tous les États membres de l'OHADA[1345]. La seconde consisterait *a minima*, à imposer aux États un délai de certification à l'expiration duquel, l'arrêt acquiert automatiquement une force exécutoire sur leurs territoires.

Le problème se pose en des termes plus troublants encore en ce qui concerne l'exécution régionale des jugements nationaux, rendus en application du droit harmonisé des affaires. A ce niveau, il faut rappeler que l'exécution transfrontalière ou régionale des arrêts de la CCJA, telle qu'ordonnée par le Traité de Port-Louis, ne s'étend pas aux jugements rendus par les juridictions nationales en application du droit unifié. Ce qui ne facilite pas de circulation des jugements dans l'espace OHADA[1346]. Un jugement relatif au contentieux des affaires, rendu dans un État partie, devra, pour être exécuté dans un autre État partie, faire l'objet de reconnaissance et d'exequatur, selon les conditions de fond et de procédure fixées par le droit commun ou le droit conventionnel éventuellement applicable[1347]. Or, exception faite notamment de la Côte

peut faire l'objet d'un recours en cassation. Dans le cadre de l'OHADA, parce que CCJA assure l'unité d'interprétation du droit des affaires unifié, il paraissait pertinent, pour garantir l'autorité de ces décisions, de ne pas soumettre leur exécution à une procédure d'exéquatur.

1345 Voir notamment KENFACK Pierre Etienne, « Les obstacles juridiques à l'exécution des décisions de justice au Cameroun », *in* HOURQUEBIE Fabrice (dir.), *Quel service public de la justice en Afrique francophone*, *op. cit.*, p. 190.

1346 Voir SAWADOGO Filiga Michel, « Les actes uniformes de l'OHADA : aspects techniques généraux », *op. cit.*, p. 42 ; MEYER Pierre, « La sécurité juridique et judiciaire dans l'espace OHADA », *loc. cit.*, pp. 151-175.

1347 On pourrait citer notamment la Convention générale de coopération en matière de justice du 12 septembre 1961. La convention de coopération en matière judiciaire du 21 avril 1987 entre les pays de l'Accord de Non-Agression et d'Assistance en matière de Défense n'est qu'en à elle, jamais entrée en vigueur.

d'Ivoire[1348], du Sénégal[1349], de la Guinée[1350], du Burkina Faso[1351], du Cameroun[1352] et du Gabon[1353], dans la plupart des États membres de l'OHADA, les législations nationales restent lacunaires en ce qui concerne la compétence internationale des juridictions nationales et l'exécution des jugements étrangers. Pour pallier cette lacune du dispositif, non seulement chaque État membre de l'OHADA doit renforcer le régime de la compétence internationale des juridictions nationales, mais encore les juges nationaux doivent établir un dialogue horizontal entre eux. Ce qui permettra de garantir aux acteurs économiques, par la circulation des jugements, une sécurité juridique et judiciaire plus large. Il n'y a donc pas d'intégration judicaire sans amélioration de la qualité de la justice nationale, sans juridiction communautaire régulatrice et encore moins sans articulation de leurs rapports, qu'ils soient verticaux ou horizontaux.

Le manque de circulation de l'information juridique et de concertation formelle ou informelle entre les juges a tendance à freiner l'émergence d'un véritable espace judiciaire régional. Pourtant, la construction d'une jurisprudence cohérente et convergente implique que des liens structurels soient établis entre les différentes juridictions associées à l'application du droit communautaire. Elle passe par un renforcement du dialogue des juges et par un rapprochement de leur jurisprudence. Le dialogue transnational des juges, par le recours à des arguments de droit étranger ou communautaire, s'inscrit dans cet élan de convergence et d'harmonisation du droit des affaires. Ce dialogue qui doit servir la gouvernance globale, mérite d'être consolidé par la facilitation de la circulation et de l'exécution des décisions de justice. Il y va de la cohérence et la crédibilité du système OHADA, dans sa propension, par la sécurisation des relations d'affaires, à créer un environnement juridique et judiciaire, économiquement attractif. L'intégration économique appelle, pour garantir la sécurité juridique, une véritable intégration judiciaire. Pour ce faire, la juridiction communautaire et les juridictions nationales ont un défi à relever : celui de veiller complémentairement à l'application uniforme du droit unifié.

Au final, le système OHADA présente encore, ici et là, des insuffisances et son impact réel sur le dynamisme et l'attractivité des économies nationales d'Afrique

---

1348 Articles 345 et suivants du Code de Procédure Civile, Commerciale et Administrative.

1349 Articles 787 et suivants du Code de Procédure Civile.

1350 Articles 585 et suivants du Code de Procédure Civile, Commerciale et Administrative.

1351 Articles 993 et suivants du Code des Personnes et de la Famille et les articles 668 et suivants du Code de Procédure Civile.

1352 Voir la loi n° 2007/001 du 19 avril 2007, instituant le juge du contentieux de l'exécution et fixant les conditions de l'exécution au Cameroun, des décisions judiciaires et actes publics étrangers ainsi que les sentences arbitrales étrangères.

1353 Articles 71 à 77 du Code Civil.

francophone, reste mitigé[1354]. Vingt ans après le Traité de Port Louis, peu d'éléments peuvent permettre d'affirmer que l'OHADA a empiriquement contribué à affermir la confiance des investisseurs. L'OHADA reste donc globalement auréolée d'un succès formel. Elle est un ensemble remarquable de textes et d'institutions, au reste, pas toujours maîtrisés par les acteurs économiques et les professionnels du droit. Néanmoins, l'impérativité des normes harmonisées et leur protection juridictionnelle au niveau supranational, ont indubitablement favorisé l'effectivité et l'efficacité de ce dispositif communautaire de sécurisation des investissements. L'OHADA a ainsi réussi à imprimer au multilatéralisme régional, une dynamique proprement juridique. L'impact économique de son travail juridique et judiciaire est légèrement perceptible dans le développement des activités de crédit[1355]. Soutenu par la Francophonie, le système garde tout son attrait et sa démarche reste pertinente. En 2012, les membres fondateurs de l'organisation ont été rejoints par la République Démocratique du Congo. Plusieurs autres États africains semblent lui porter un intérêt de plus en plus croissant[1356]. La réflexion et l'action francophone[1357] doivent donc continuer à accompagner l'OHADA dans ses efforts constants d'optimisation de ses normes et de ses institutions, pour renforcer la sécurité juridique et judiciaire indispensable au développement des affaires.

1354 MASAMBA Roger, « L'OHADA et le climat d'investissement en Afrique », *Penant*, n° 855, avril-juin 2006, pp. 137-150.

1355 OIF, Délégation à la paix, à la démocratie et aux droits de l'Homme, *Rapport sur Etat des pratiques de la démocratie, des droits et des libertés dans l'espace francophone, Bamako Dix ans après 2000 – 2010*, Paris, 2010, p. 38.

1356 Il s'agit du Burundi, du Rwanda, de l'Angola, du Cap-Vert, de Sao Tomé et Principe, du Ghana, du Nigéria et de l'Éthiopie.

1357 A ce sujet, la Francophonie a appuyé notamment le colloque organisé en juin 2006 à Lomé par l'Association africaine des Hautes Juridictions francophones (AAHJF) sur « Les rapports entre la CCJA et les juridictions de cassation nationales ».

CONCLUSION DU CHAPITRE

Dans la mise en œuvre de son engagement en faveur de la promotion de la justice comme facteur de développement, l'Organisation Internationale de la Francophonie s'est appuyée sur une démarche simple, en apportant son concours au renforcement des processus régionaux et sous-régionaux d'intégration juridique et économique en Afrique. Dans cette dynamique, elle s'est singulièrement intéressée à l'OHADA dont elle a soutenu en amont la création et dont elle accompagne aujourd'hui de manière attentive, le renforcement et les mutations.

La multiplication des ordres communautaires, même si elle ne se fait pas toujours de manière ordonnée, traduit indiscutablement une volonté profonde et partagée de créer un environnement juridique et judiciaire favorable au développement économique. Leur vocation commune est de favoriser la captation des investissements, en les sécurisant par le droit et la justice. L'OHADA, l'OAPI, la CIMA, l'UEMOA et la CEMAC en sont des illustrations topiques. Ces organisations s'appuient sur des mécanismes normatifs et institutionnels supranationaux, dont la mission essentielle est de garantir la sécurité juridique et judiciaire de l'espace intégré et de restaurer la confiance des investisseurs. Mais leur pouvoir de séduction ne doit pas masquer les difficultés que soulève leur fonctionnement parfois concurrentiel et difficile.

Ces processus d'intégration soutenu par la Francophonie, même s'ils ont pour la plupart réussi à mettre en place un dispositif normatif considérable, sont d'une effectivité moyenne au regard des objectifs de départ. La multiplicité des organisations régionales qui se superposent et se concurrencent ne permet de donner au contexte économique africain, l'impulsion décisive qui permettrait d'accroître le commerce extérieur de ces États, ainsi que leurs échanges intra-communautaires. L'intégration régionale et sous-régionale, nonobstant l'harmonisation sectorielle des législations et la convergence des politiques douanières et fiscales, ne parvient pas véritablement à doper les échanges et les investissements en Afrique. En dépit des efforts déployés pour assurer l'insertion des économies africaines au marché globalisé, leur part dans le commerce mondial reste faible. Les regroupements régionaux n'arrivent pas réellement à lever les obstacles de fond qui ankylosent à plusieurs niveaux, les économies africaines[1358].

1358 D'abord, les systèmes de production s'articulent toujours essentiellement, selon une logique de spécialisation traditionnelle, autour des matières premières d'exportation, qui en réalité ne tirent pas profit de l'intégration, puisqu'elles ne sont pas destinées aux marchés communautaires. L'investissement productif reste faible en Afrique, alors que dans le même temps, en Amérique latine et en Asie du Sud-Est, le niveau élevé des investissements permet aux États de réaliser des performances économiques remarquables. Par ailleurs, au-delà de l'inadaptation des systèmes de production, les économies africaines

Face la persistance des difficultés, les processus africains d'intégration économique doivent, pour améliorer leur efficacité, relever un certain nombre de défis auxquels la Francophonie doit être attentive. Par-delà la nécessité d'articuler les compétences des organisations d'intégration pour prévenir les risques de contrariété, trois défis majeurs sont à relever. Le premier consiste à impliquer davantage les populations pour qu'elle s'approprie les processus d'intégration. Le second doit permettre d'améliorer la compétitivité des États intégrés, en opérant une transformation structurelle des systèmes productifs. Il doit, au-delà de l'exportation des matières premières agricoles et minières, conduire à la formation d'un capital humain, doté d'un savoir-faire technologique. L'intégration régionale ne pourra véritablement impulser le développement des économies africaines que pour autant qu'elle leur permet de sortir de leur corset traditionnel de pourvoyeuse de matières premières, pour investir le champ de la production technologique[1359]. Le dernier défi, mais certainement pas le moindre, est celui de veiller impérativement à la stabilisation de la démocratie en Afrique francophone. L'État de droit, à travers la transparence, la sécurité juridique et la confiance qu'il inspire, est un facteur essentiel de progrès et de développement. Il est la première condition pour assurer un développement économique durable aux États francophones africains, car le juge ne peut efficacement exercer son office que dans un contexte politique stabilisé. Il y a, faut-il le rappeler, un lien étroit entre le droit et la performance économique. La capacité du continent africain à attirer sur son sol les fonds nécessaires à son développement, tiendra donc à sa capacité à garantir la sécurité juridique et judiciaire des investissements, qui elle-même, reste structurellement tributaire de la stabilité institutionnelle des États[1360].

Le renforcement de la justice et de l'État de droit est une condition primordiale du développement économique. Si le succès des processus d'intégration est conditionné par l'État de droit, force est de noter qu'ils constituent eux-mêmes, un socle déterminant de consolidation de l'État de

---

restent vulnérables en raison des revirements récurrents de la conjoncture politique. Évidemment, il ne peut y avoir de sécurité juridique et judiciaire que dans un contexte politique pacifié et stabilisé. Or en Afrique francophone, l'instabilité politique semble être la tare la mieux partagée. Dans un contexte juridique et économique intégré, il suffit qu'un État soit déstabilisé, pour que toute la région s'en trouve affectée et que les résultats longuement et patiemment obtenus soient menacés, voire anéantis. Enfin, l'autre défaut du modèle africain d'intégration, est qu'il opère des mutations institutionnelles, sans veiller à ce que les populations se sentent véritablement concernées par l'idée d'une communauté de destin économique et social.

1359 Lire notamment BEKOLO-EBE Bruno, « L'intégration régionale en Afrique : caractéristiques, contraintes et perspectives », *Mondes en développement*, 2001/3, n° 115-116, pp. 81-88.

1360 DE SABA Apollinaire Amèvi, « Un nouveau droit des affaires pour attirer les investisseurs en Afrique. Est-ce suffisant ? », *Finance & Bien Commun*, De Boeck Université, 2007/3, n° 28-29, pp. 96-104.

droit[1361]. Les efforts d'intégration économique par le droit sont à poursuivre et à parfaire. La coopération francophone doit donc maintenir et rationaliser son soutien institutionnel aux organisations d'intégration, pour affermir dans chaque État francophone le rôle de la justice comme un facteur de sécurité juridique et donc de développement économique.

1361 OIF, Délégation à la paix, à la démocratie et aux droits de l'Homme, *État des pratiques de la démocratie, des droits et des libertés dans l'espace francophone, 2006*, *op. cit.*, pp. 73-74.

CONCLUSION DE LA PREMIERE PARTIE

L'action francophone en faveur du renforcement des capacités des systèmes juridictionnels nationaux s'est déployée au soutien de l'indépendance de la justice comme pouvoir et au soutien de la qualité de sa prestation, en tant que service public. Mais l'indépendance et l'efficacité de la justice n'ont de sens que pour autant qu'elles sont mises au service de l'État de droit démocratique, des droits fondamentaux et du développement. Le défi est ici de rompre avec la figure d'une justice moribonde, sans juges, sans moyens et sans justiciables[1362], incapable de préserver l'ordre constitutionnel et d'accompagner sereinement le développement. Ce qui, pour la Francophonie et ses États membres, oblige à juguler la crise d'autorité et de légitimité de la justice pour lui permettre d'accomplir efficacement sa mission.

La nécessité de renforcer, de réformer et de moderniser les systèmes judicaires nationaux est un impératif qui s'impose à tous les pays, qu'ils soient développés ou en voie de développement, qu'ils soient démocratiques ou en voie de consolidation démocratique. Car au fond, « *aucune démocratie au Sud comme au Nord, ne peut désormais se prétendre à l'abri d'une crise de la démocratie* »[1363]. En s'appuyant sur des axes d'intervention clairs et sur une méthode spécifique de coopération, la Francophonie a fait un choix explicite en faveur de la consolidation de la justice et de l'État de droit dans l'espace francophone. Pour elle, il ne peut y avoir de sécurité juridique, sans justice indépendante et de qualité. Ainsi que l'affirmait Abou DIOUF, ancien Secrétaire général de la Francophonie, dans son discours d'ouverture de la quatrième conférence des ministres francophones de la justice, « *il ne saurait y avoir d'État de droit sans une justice forte et indépendante, il ne saurait y avoir de développement sans une justice garante de prévisibilité et de sécurité, il ne saurait y avoir de paix durable sans une justice efficace et digne de confiance* »[1364]. Ces mots résument avec une précision

---

1362 Lire notamment HAIMOUD Ramdan, *Le fonctionnement de la justice dans les pays en voie de développement : le cas de la Mauritanie*, Paris, L'Harmattan, 2011, pp. 22-23 ; DU BOIS DE GAUDUSSON Jean, « La justice en Afrique : nouveaux défis, nouveaux acteurs », Introduction thématique, *Afrique contemporaine*, 2014/2, n° 250, pp. 13-28.

1363 DIOUF Abdou, Extrait du discours prononcé à l'ouverture de la 33e session de l'Assemblée Parlementaire Francophone, Dakar, 6 juillet 2010.
En ligne : http://www.francophonie.org/Discours-de-M-Abdou-Diouf-Dakar.html.

1364 DIOUF Abdou, Extrait du discours prononcé à l'ouverture de la IVème Conférence des Ministres de la justice ayant le français en partage, Paris, 13 février 2008.
En ligne : http://www.francophonie.org/Discours-de-M-Abdou-Diouf-Paris-le-28020.html.

remarquable, tout le sens et l'étendue de l'engagement francophone en faveur de la justice.

Pourtant, en dépit des acquis enregistrés, le bilan des engagements du Caire (1995), de Bamako (2000) et de Paris (2008) en faveur de la justice, reste contrasté. La mise en œuvre des plans nationaux de modernisation et des vastes programmes de coopération connaît des limites considérables, notamment en ce qui concerne les ressources budgétaires et humaines. Malgré ces faiblesses, il faut reconnaître qu'un long chemin a été parcouru et a permis de faire évoluer à bien des égards, la situation de la justice dans l'espace francophone. La consécration constitutionnelle de l'indépendance de la justice, la généralisation des statuts de la magistrature, la reconnaissance de l'importance de la professionnalisation des personnels de justice, les efforts déployés en matière d'accès au droit et à la justice, de contrôle de constitutionnalité des lois, de protection des droits fondamentaux et de formation au droit économique, constituent autant d'avancées significatives que l'on peut dans une certaine mesure, mettre au crédit de la coopération francophone. Les réseaux institutionnels ou d'expertise dont la Francophonie a favorisé la mise en place, relaient et optimisent efficacement, chacun dans son domaine, l'action francophone en faveur du renforcement des capacités des systèmes judiciaires nationaux.

Mais le combat pour l'indépendance et la qualité de la justice, ainsi que pour la sécurité juridique et judiciaire des biens et des personnes est un combat perpétuel et continu. Au-delà de sa consécration comme pouvoir dans la plupart des constitutions francophones, la justice demeure très souvent, dans les faits, dépendante du pouvoir exécutif. D'un autre côté, les questions liées à l'accessibilité de la justice et du droit, à la corruption des juges, à l'exécution des décisions de justice, à la capacité de la justice à protéger les droits et libertés fondamentaux, à garantir la sincérité des élections et à sécuriser les investissements, se posent, elles aussi, de manière permanente. La Francophonie doit donc continuer à plaider et à mobiliser ses moyens, son expertise et ses réseaux, pour promouvoir et renforcer la place de la justice, à la fois comme colonne vertébrale de l'État de droit et comme régulatrice de la vie économique et sociale.

Certes, Francophonie, État de droit et développement sont indissociables[1365], mais s'il ne peut y avoir de développement soutenable sans paix, il ne peut non plus y avoir d'État de droit sans paix civile ni de paix durable sans justice. Dans l'approche francophone, l'État de droit, la justice, la démocratie, le développement, la sécurité et la paix sont donc aussi nécessairement

---

1365 OIF, *Déclaration de Beyrouth*, IXe Conférence des chefs d'État et de gouvernement des pays ayant le français en partage, 20 octobre 2002.

interdépendants[1366]. La justice n'a pas seulement vocation à consolider l'État de droit et à prévenir les menaces à la paix[1367]. Elle peut aussi avoir une dimension curative, dont la finalité est d'accompagner et de faciliter les processus de sortie de crise. La Francophonie n'ignore pas cette dimension de la justice. En s'appropriant les enjeux politiques et juridiques de sécurité humaine, de paix et de lutte contre l'impunité, la Francophonie s'approprie également l'ensemble des enjeux de la justice post-crise.

1366 OIF, *Déclaration de Cotonou*, VIe Conférence des chefs d'État et de gouvernement des pays ayant le français en partage, 4 décembre 1995.

1367 OIF, *Plan d'action de Moncton*, VIIIe Conférence des chefs d'État et de gouvernement des pays ayant le français en partage, 5 septembre 1999.

PARTIE II.

UNE CONTRIBUTION A LA CONSTRUCTION D'UNE JUSTICE DE SORTIE DE CRISE

Dans son engagement politique en faveur de l'État de droit, la Francophonie saisit la justice dans sa dimension curative, c'est-à-dire dans sa capacité à contribuer à la reconstruction d'une société avilie par les crimes de masse et déstructurée par le conflit. L'enjeu est, dans cette perspective, d'accompagner les États en sortie de crise par la réhabilitation des systèmes judiciaires fragilisés, la promotion de la lutte contre l'impunité et l'appui aux processus nationaux de réconciliation. Pour la Francophonie, il s'agit donc, dans le temps intermédiaire de la transition, de soutenir la mise en place d'une justice inclusive, apte à faciliter le passage d'un passé fragmenté à un avenir solidaire[1368].

La justice post-crise ou post-conflit se conçoit de plus en plus comme l'un des champs privilégiés de mobilisation des acteurs francophones, ceci d'autant plus qu'elle s'inscrit dans la logique des engagements formés dans les textes francophones de référence en matière d'appui à la justice, à la démocratie, à l'État de droit et aux droits de l'Homme. Dans une allocution prononcée en 2010, à l'ouverture du trente-septième Congrès de la Fédération Internationale des Droits de l'Homme, Abdou Diouf, alors Secrétaire Général de la Francophonie, affirmait qu'il était un devoir pour son organisation, d' « *apporter une attention toute particulière à la question de la justice dans les situations de crise et de transition dans la mesure où la lutte contre l'impunité est un élément essentiel de la consolidation de la paix* »[1369]. Cet engagement francophone en faveur de la justice de sortie de crise est donc étroitement rattaché à l'impératif de recherche de la paix. Il s'inscrit dans le sillage de la dynamique internationale de lutte contre l'impunité, impulsée par les Nations Unies[1370]. Dans un rapport transmis au Conseil de sécurité en 2004, le Secrétaire Général des Nations Unies reconnaissait en effet, au regard de l'expérience de son organisation en la matière, qu'il n'était possible, après un conflit, de consolider la paix et de la préserver, que si la population était « *assurée d'obtenir réparation à travers un système légitime de règlement des différends et d'administration équitable de la justice* »[1371]. C'est la raison pour laquelle, dans les sociétés en sortie de crise, la justice doit cristalliser une volonté de dépasser les codes et le formalisme de la logique judiciaire répressive, pour favoriser, dans une dynamique restauratrice, l'établissement de la vérité, le rétablissement de l'État

1368 OIF, Délégation à la paix, à la démocratie et aux droits de l'Homme, *Rapport sur l'état des pratiques de la démocratie, des droits et des libertés dans l'espace francophone, Bamako Dix ans après 2000 - 2010*, Paris, 2010, p. 135.

1369 DIOUF Abdou, Extrait du discours prononcé à l'ouverture du 37e Congrès de la FIDH, Erevan, 6 avril 2010. En ligne : http://www.francophonie.org/Discours-de-M-Abdou-Diouf-Erevan.html.

1370 ONU, Conseil économique et social, Commission des droits de l'Homme, *Ensemble de principes actualisé pour la protection et la promotion des droits de l'Homme par la lutte contre l'impunité*, 61e session, 8 février 2005. Doc. E/CN.4/2005/102/Add.1.

1371 Conseil de Sécurité des Nations Unies, *Rapport du Secrétaire général sur le rétablissement de l'État de droit et administration de la justice pendant la période de transition dans les sociétés en proie à un conflit ou sortant d'un conflit*, Doc. S/2004/616, 23 août 2004, p. 5.

de droit et l'instauration d'une paix durable. Au-delà de sa vocation traditionnelle à réprimer et à assurer la protection des droits de l'Homme, la justice doit également conduire, à travers une série de mécanismes, à rechercher la vérité et à faciliter la réconciliation nationale. Ce sont ces mécanismes mis en place pour combler ou pallier les lacunes de la justice de l'État fragilisé, que l'on désigne globalement sous le concept de justice transitionnelle. Ils traduisent l'idée selon laquelle l'État en sortie de crise serait en cours de transformation vers un système plus démocratique et plus respectueux des droits de l'Homme. Pour Mark Freeman et Dorothée Marotine, la justice transitionnelle renvoie globalement à « *la manière dont les sociétés en transition de la guerre vers la paix ou d'un régime autoritaire à la démocratie peuvent (...) aborder le legs des exactions massives* »[1372]. La question se pose donc lorsqu'à la suite d'un épisode conflictuel ou de la chute d'un régime autoritaire, les violations graves et massives aux droits de l'Homme commises sur les populations ne peuvent être efficacement sanctionnés par des institutions judiciaires légitimes. C'est cette incapacité des États à proposer une justice crédible et conforme aux prescriptions du droit international qui rend le plus souvent indispensable, le recours à des solutions plus larges et plus inclusives.

Dans un contexte post-crise, les circonstances invitent donc, soit à réhabiliter le système judiciaire défectueux, soit à mettre en place, en dehors du cadre strictement étatique, des institutions particulières susceptibles de répondre efficacement au besoin de réparation et de lutte contre l'impunité. Difficilement saisissable[1373], la notion de justice transitionnelle reste, dans tous les cas, intimement rattachée aux contextes de sortie de crise et se singularise par ses caractères intérimaire, dérogatoire et opérationnel. Il s'agit d'une justice en action, qui non seulement obéit à une approche finaliste, mais encore traduit une conception plus large et plus profonde de la justice. La notion de justice transitionnelle est d'autant plus polymorphe qu'elle recouvre une variété de mécanismes juridictionnels et non juridictionnels, destinés à favoriser l'établissement de la vérité, la sanction des crimes, la réparation des préjudices, la refondation du lien social et la reconstruction de l'État de droit. Elle englobe notamment les tribunaux pénaux internationaux (TPI), les tribunaux mixtes, les tribunaux nationaux ainsi que les Commissions d'enquêtes et les Commissions de vérité et de réconciliation. Le processus transitionnel s'appuie donc sur une palette de mécanismes complémentaires, au service de la vérité, de la justice et de

---

1372 FREEMAN Mark et MAROTINE Dorothée, *Justice transitionnelle : un aperçu du domaine*, Bruxelles, Centre International de Justice Transitionnelle, 19 novembre 2007, p. 1. Ce document est disponible en ligne sur : https://www.ictj.org/sites/default/files/ICTJ-Global-Apercu-Domaine-2007-French.pdf.

1373 Sur la difficulté à saisir le concept, voir, EUDES Marina, « La justice transitionnelle », *in* ASCENCIO Hervé, DECAUX Emmanuel et PELLET Alain (dir.), *Droit international pénal*, Paris, Pedone, 2012, pp. 594-595. Sur l'imprécision des contours de la notion, voir TURGIS Noémie, *La justice transitionnelle en droit international*, Bruxelles, Bruylant, 2014, pp. 14 et ss.

la paix[1374]. Il doit s'inscrire dans une démarche certes inclusive, mais nécessairement flexible, car chaque situation post-crise est unique. La doctrine s'accorde à dire que la justice transitionnelle n'offre ni schéma, ni mode d'articulation systématique. Elle propose simplement une boîte à outil dans laquelle chaque État en transition peut choisir, suivant les spécificités du contexte, des acteurs et du moment, les moyens les plus aptes à lui permettre de passer d'une situation d'affrontement et de chao, à une situation de dialogue et d'apaisement[1375].

Cet enjeu de la justice, en lien avec la recherche de la vérité et de la réconciliation, questionne de plus en plus la communauté francophone, convaincue du fait que la mobilisation en faveur de l'État de droit ne peut prospérer que dans un environnement politique apaisé[1376]. Pourtant, malgré l'engagement résolu de la Francophonie en faveur de la paix, de la démocratie et des droits de l'Homme, l'on observe depuis plusieurs années au sein de l'espace francophone, une persistance des situations de crise ou de conflit, très souvent marquées par de graves violations des droits de l'Homme. Parce que le besoin de tourner la page d'un passé sombre et douloureux, s'exprime aussi dans nombre d'États francophones, c'est de manière tout à fait pertinente que la Francophonie institutionnelle s'est peu à peu intéressée à la question de la justice transitionnelle et de sa mise en œuvre.

L'engagement francophone en faveur de la justice de sortie de crise trouve un fondement exprès ou implicite dans la plupart des textes adoptés depuis plus de vingt ans en matière d'appui à la justice, à la démocratie, aux droits de l'Homme et à la paix. Les Déclarations du Caire (1995), de Bamako (2000), de Saint-Boniface (2006), de Montreux (2010), de Paris (2008), de Kinshasa (2012), le cadre stratégique décennal de Ouagadougou (2004) et l'acte final du symposium international organisé à l'occasion du cinquième anniversaire de la Déclaration

---

1374 Consulter BESSONE Magali, « Le Tribunal Pénal International pour l'ex-Yougoslavie : la justice en vue de la paix ? », *Le philosophoire*, 2005/1, n° 24, pp. 51-74 ; BERNARD Antoine et BONNEAU Karine, « Chapitre 9 - Punir, dissuader, réparer » Quelle justice pénale internationale ?, *in* DEVIN Guillaume, *Faire la paix*, Paris, Presses de Sciences Po, 2009, pp. 241-266.

1375 OLINGA Alain Didier, « Justice et paix : comment se combinent-elles et s'enrichissent-elles mutuellement dans les processus de paix ? », *in* Département fédéral des affaires étrangères de la Suisse, Ministère des Affaires étrangères de la République française, Centre international pour la justice transitionnelle, Centre sous-régional des Nations Unies pour les droits de l'Homme et la démocratie en Afrique centrale, *La justice transitionnelle dans le monde francophone : une voie vers la réconciliation et la construction d'une paix durable*, Actes du séminaire tenu du 17 au 19 novembre 2009 à Yaoundé, Mô Bleeker, General Editor, 2011, pp. 38 et ss.

1376 OIF, *Rapport du Secrétaire général de la Francophonie, 2012-2014 : de Kinshasa à Dakar*, Paris, OIF, 2014, p. 5.

de Bamako (2005)[1377], sont autant de textes de référence par la voie desquels la coopération francophone a constamment affirmé sa volonté d'accompagner les processus de transition et de consolidation de la paix. L'ensemble de ce corpus donne ainsi naturellement à l'OIF, mandat pour intervenir dans la mise en œuvre des processus transitionnels francophones. Au-delà des engagements théoriques ou de principe, l'enjeu pour l'OIF était aussi, conformément aux engagements de Montreux, de saisir pleinement la question et de définir, à travers des lignes de force, le périmètre et le contenu de sa propre démarche en matière de justice transitionnelle. La journée de réflexion initiée à cet effet par la Francophonie en janvier 2012 sur les questions de transition, de justice, de vérité et de réconciliation a ainsi permis d'ouvrir le débat en vue de l'appropriation des concepts et de la définition d'une véritable stratégie francophone d'accompagnement des processus transitionnels. En investissant ce champ de réflexion, l'enjeu pour la Francophonie était aussi, sous l'impulsion de son Secrétaire général, de constituer une expertise francophone et de prendre ainsi toute sa place dans le débat international sur la justice transitionnelle, par trop souvent monopolisé par la doctrine anglo-saxonne. Ceci en vue de proposer un accompagnement toujours plus adapté aux besoins des États francophones engagés dans des processus de réappropriation et de reconstruction de l'État de droit. Dans la démarche francophone, l'appui à ces processus de sortie de crise passe immanquablement par la promotion des droits de l'Homme, la participation à l'élan international de lutte contre l'impunité, le renforcement des capacités des institutions judiciaires en période de transition et le soutien aux processus non juridictionnels de réconciliation. L'OIF entend ainsi privilégier « *une approche globale qui, au-delà des réponses immédiates aux situations de fragilité ou de crise, vise à développer et ancrer les pratiques démocratiques dans l'espace francophone* »[1378].

Dans son positionnement à l'égard des enjeux de la justice transitionnelle et de la lutte contre l'impunité, la Francophonie institutionnelle, à travers sa Direction de la paix, de la démocratie et des droits de l'Homme (DDHDP), a publié en octobre 2013, un guide pratique sur les processus de transition, justice, vérité et réconciliation dans l'espace francophone[1379]. Conçu comme un outil d'information et de documentation, ce guide, non seulement recense et analyse les expériences francophones en matière de justice transitionnelle, mais encore

1377 OIF, *Acte final du Symposium international portant sur les pratiques de la démocratie, des droits et des libertés dans l'espace francophone Bamako + 5*, Bamako, 8 novembre 2005. Disponible en ligne sur http://www.francophonie.org/IMG/pdf/Bamako_5.pdf.

1378 OIF, *Rapport du Secrétaire général de la Francophonie, 2012-2014 : de Kinshasa à Dakar*, *op. cit.*, p. 79.

1379 OIF, Direction de la paix, de la démocratie et des droits de l'Homme (DDHDP), *Les processus de transition, justice, vérité et réconciliation dans l'espace francophone*, OIF, Paris, octobre 2013, 132 p. En ligne sur : http://www.francophonie.org/IMG/pdf/guide-oif-tjvrbat-web1003.pdf.

formalise pour la Francophonie[1380], une démarche spécifique d'accompagnement des processus de sortie de crise. A travers cet ouvrage présenté en janvier 2014 au siège des Nations Unies à New York, la Francophonie semble saisir le défi majeur de la justice transitionnelle aujourd'hui : celui de l'articulation des exigences de justice et de lutte contre l'impunité avec le besoin vital de vérité, de réconciliation et de paix. Certes la philosophie de l'OIF en la matière ne reprend à son compte le concept ambigu de « *justice transitionnelle* » qui traduit littéralement formule anglaise de « *transitional justice* », mais elle en épouse parfaitement le contenu à travers ce qu'elle désigne comme des « *processus de transition, justice, vérité et réconciliation* »[1381].

Le ton est donc donné. La mobilisation en faveur de la justice transitionnelle entre désormais à part entière dans le champ de la coopération juridique et judiciaire francophone. Elle s'intéresse à tous les leviers de la justice en période de transition, laquelle a vocation, au-delà des spécificités contextuelles, non seulement à satisfaire le droit à la vérité, le droit à la justice et le droit à une réparation adéquate, mais aussi à garantir la non répétition des crimes du passé. La mise en jeu des responsabilités, le rétablissement de la vérité, les réparations et les réformes institutionnelles sont autant d'exigences théoriquement inséparables, destinées à favoriser la réconciliation et la paix. Toutes ces dimensions de la justice transitionnelle tracent ensemble, après un conflit ou un régime autoritaire, la voie d'apaisement et de normalisation qui permettra à la société effondrée de regarder son passé en face et d'organiser sa mutation vers un État de droit.

Pour les États francophones engagés dans un processus de transition et de traitement du passé, le défi est de réussir à concilier l'enjeu de recherche de la paix avec l'impératif internationalement proclamé de lutte contre l'impunité. L'équation n'est jamais facile à résoudre car, non seulement le temps de la justice coïncide rarement avec le temps de la paix, mais encore, la question de la justice de sortie de crise, en raison des difficultés qu'elle soulève et de la dimension parfois universelle de ses enjeux, se pose à la fois au plan national et au plan international. C'est pourquoi, dans son action en faveur de la justice en période de sortie de crise, la Francophonie se positionne à ce double niveau. D'une part elle apporte son soutien à la justice pénale internationale, conçue comme le fer de lance de la lutte contre l'impunité (Titre I), et d'autre part elle accompagne au

1380 La démarche francophone en la matière vient ici compléter celle du Haut-Commissariat des Nations Unies aux droits de l'Homme qui propose également aux États, des guides de bonnes pratiques en matière de justice transitionnelle. Voir : Haut-commissariat des Nations Unies aux droits de l'Homme, *Les instruments de l'État de droit dans les sociétés sortant d'un conflit. Les commissions de vérité*, Doc. HR/PUB/06/1, Nations Unies, New York et Genève, 2006, 36 p. ; *Étude sur les activités relatives aux droits de l'Homme et à la justice de transition menées par les composantes du système des Nations Unies œuvrant dans le domaine des droits de l'Homme*, Doc. E/CN/4/2006/93, 2006.

1381 HOURQUEBIE Fabrice, « L'OIF et les processus de transition, justice, vérité et réconciliation », *in* DESOUCHES Christine, *et al.*, *De Dakar à Dakar, op. cit.*, pp. 285-293.

niveau national, les mécanismes juridictionnels et non juridictionnels de recherche de la vérité (Titre II).

TITRE I.

L'ENGAGEMENT FRANCOPHONE EN FAVEUR DE LA LUTTE CONTRE L'IMPUNITE

Dans le cadre de la coopération juridique et judiciaire francophone, la lutte contre l'impunité est de plus en plus saisie comme une problématique émergente et stratégique. Elle s'insère dans une dynamique internationale dont l'enjeu est de sanctionner les crimes qui, par leur gravité, touchent l'ensemble de la conscience universelle.

Alors que les États et les organisations internationales étaient initialement les seuls acteurs du droit international, ils ont été, depuis quelques années, rejoints par l'homme, désormais conçu comme un véritable sujet de droit international, soit en tant que victime d'une violation des droits attachés à sa personne, soit en tant qu'auteur de cette violation. L'évolution de la justice pénale internationale sonne ainsi la fin de la vieille dimension interétatique du droit international public[1382]. Désormais, l'individu jouit d'une personnalité juridique internationale qui fait de lui un sujet actif ou passif du droit international public. Le principe qui sous-tend cette évolution est simple. A des crimes qui touchent l'humanité toute entière, doit répondre une justice rendue au nom de la communauté humaine dans son universalité[1383]. Le but est de mettre tout en œuvre pour que les atteintes à l'ordre international et les crimes les plus odieux ne restent pas impunis. L'humanité est désormais érigée en fil d'Ariane des relations internationales. Elle impose de punir les crimes internationaux qui, en raison de leur exceptionnelle gravité, transcendent les singularités étatiques et appellent la mobilisation de tous les États. Ces crimes imprescriptibles engagent la responsabilité pénale individuelle de leurs auteurs, y compris celle des gouvernants. Il est désormais impossible d'invoquer une quelconque cause d'irresponsabilité en s'abritant derrière l'acte d'État, l'ordre de la loi ou le commandement de l'autorité supérieure. Toute personne peut donc voir sa responsabilité individuelle engagée de manière directe ou indirecte devant la justice pénale internationale. La mise en jeu de cette responsabilité est un élément fondamental du processus transitionnel, car il ne peut y avoir de paix sans justice, ni de justice sans vérité. La scène judiciaire occupe donc désormais une place essentielle dans le dispositif de purgation du passé. Et parce qu'elle incarne au premier chef la mobilisation universelle en faveur de la lutte contre l'impunité, la justice pénale internationale apparaît d'une façon ou d'une autre, au-delà de sa dimension protectrice des droits de l'Homme, comme un élément majeur des processus globaux de sortie de crise. Mais si les auteurs des crimes internationaux sont justiciables des juridictions internationales, ils le sont aussi d'abord et avant tout, devant les juges nationaux. A ce niveau, les compétences territoriale et universelle des juridictions nationales se combinent dans l'ordre pénal

---

1382 TRINDADE Antônio Augusto Cançado, *Évolution du droit international au droit des gens : l'accès des individus à la justice internationale : le regard d'un juge*, Paris, Pedone, 2008, 188 p.

1383 HENZELIN Marc, *Le principe de l'universalité en droit pénal international : droit et obligation pour les États de poursuivre et de juger selon le principe de l'universalité*, Bruxelles, Bruylant, 2000, 527 p.

international avec la compétence subsidiaire de la Cour Pénale Internationale, pour ne laisser aucun espace de survie à l'impunité.

La Francophonie a bien intégré cette exigence et le défi qu'elle représente pour la communauté universelle des États. Ainsi que le faisait remarquer avec raison le Rapport de 2014 du Secrétaire général de la Francophonie, « *il ne peut y avoir de sortie de crise viable et de véritable retour à la paix sans lutte contre l'impunité* »[1384]. Si, dans certains textes francophones, le mandat de l'OIF en matière d'appui à la lutte contre l'impunité est clair, dans d'autres, il peut être inféré de son attachement continu à l'État de droit, aux droits de l'Homme, à l'apaisement social, aux sorties de crise et à la réconciliation. Dans les déclarations du Caire[1385], de Bamako[1386], de Beyrouth[1387], de Saint-Boniface[1388], de Paris[1389] et de Montreux[1390] notamment, la Francophonie a régulièrement exprimé sa mobilisation en faveur du mouvement international de lutte contre l'impunité. Cela non seulement à travers la condamnation des génocides, crimes de guerre et crimes contre l'humanité, mais encore à travers le soutien au développement de la justice pénale internationale. Dans un discours prononcé en 2013, Abdou Diouf affirmait que « *la lutte contre l'impunité est un devoir d'humanité, une responsabilité éthique, un impératif catégorique pour tous ceux qui croient dans l'universalité des valeurs fondamentales que sont la démocratie et les droits de l'Homme* »[1391]. La Francophonie étant profondément attachée à ces valeurs universelles, c'est en toute logique qu'elle s'est appropriée l'enjeu fondamental de

---

1384 OIF, *Rapport du Secrétaire général de la Francophonie, 2012-2014 : de Kinshasa à Dakar*, *op. cit.*, p. 78.

1385 OIF, *Déclaration du Caire*, 3e Conférence des ministres de la justice des pays ayant le français en partage, Le Caire, 1er novembre 1995.

1386 OIF, *Déclaration Bamako*, adoptée par les Ministres et chefs de délégation des États et gouvernements des pays ayant le français en partage lors du « Symposium international sur le bilan des pratiques de la démocratie, des droits et des libertés dans l'espace francophone », 3 novembre 2000. Disponible en ligne sur : http://www.francophonie.org/IMG/pdf/Declaration_Bamako_2000_modif_02122011.pdf.

1387 OIF, *Déclaration de Beyrouth*, IXe Conférence des chefs d'État et de gouvernement des pays ayant le français en partage, 20 octobre 2002.
En ligne : http://www.francophonie.org/IMG/pdf/decl-beyrouth-2002.pdf.

1388 OIF, *Déclaration de Saint-Boniface sur la prévention des conflits et la sécurité humaine*, Conférence ministérielle, 14 mai 2006.
En ligne : http://www.francophonie.org/IMG/pdf/Declaration_Saint-Boniface.pdf.

1389 OIF, *Déclaration de Paris*, IVe Conférence des ministres francophones de la justice, 14 février 2008 (http://www.francophonie.org/IMG/pdf/Declaration_4e_conf_justice_Paris_2008.pdf).

1390 OIF, *Déclaration de Montreux*, XIIIe Conférence des chefs d'État et de gouvernement des pays ayant le français en partage, Montreux (Suisse), 24 octobre 2010. Disponible en ligne sur : http://www.francophonie.org/IMG/pdf/Declaration_SOM_XIII_24102010.pdf.

1391 DIOUF Abdou, Extrait du discours prononcé à l'ouverture de la 12e session de l'Assemblée des États parties au Statut de Rome de la Cour pénale internationale, La Haye, 20 novembre 2013. En ligne : http://www.francophonie.org/Discours-de-M-Abdou-Diouf-a-La.html.

lutte contre l'impunité, qui imprègne désormais son discours et son action politique. Mais le dispositif international de lutte contre l'impunité auquel la Francophonie adhère par principe et auquel elle invite ses États membres à participer activement (Chapitre I), connaît des difficultés dans son déploiement et pose pour le renforcement de son efficacité une série de défis concrets à relever (Chapitre II).

CHAPITRE I.

L'ATTACHEMENT DE LA FRANCOPHONIE A LA JUSTICE PENALE INTERNATIONALE

Il appartient par principe aux États de réprimer, dans le cadre de leurs systèmes pénaux nationaux, les atteintes les plus graves aux droits de l'Homme et au droit international humanitaire. Mais l'inertie dont ont historiquement fait preuve les États dans la plupart des cas a rendu indispensable, pour la garantie des droits, l'organisation de la répression au niveau international. L'institutionnalisation de la justice pénale internationale répondait ainsi à la nécessité de pallier les défaillances de la justice nationale pour ne laisser à l'impunité aucun espace de repli. Pour autant, l'émergence de cette justice pénale internationale a été lente et difficile[1392] tant elle s'est longtemps heurtée à l'enveloppe parfois opaque des souverainetés étatiques. L'idée d'une réponse collective et institutionnalisée de la société internationale aux crimes internationaux est apparue dans le contexte de la première guerre mondiale. Le principe est simple : parce que certains crimes sont d'une gravité particulière et qu'ils touchent l'homme dans son universalité, ils méritent d'être condamnés par l'humanité tout entière. Après l'échec du tribunal spécial mis en place en 1919 pour juger l'empereur allemand Guillaume II[1393], cette idée ancienne va se concrétiser en 1945, au lendemain de la seconde guerre mondiale, avec la création des Tribunaux militaires internationaux de Nuremberg[1394] et de Tokyo[1395], qui inaugurent, à proprement parler, la matérialisation de la justice pénale internationale. Compétentes pour connaître

1392 ASCENCIO Hervé, « La justice pénale internationale de Nuremberg à La Haye », *in* GABORIAU Simone et PAULIAT Hélène (dir.), *La justice pénale internationale*, Limoges, PULIM, 2002, pp. 29-44.

1393 Ce tribunal spécial a été créé par le traité de Versailles du 28 juin 1919 en vue de juger l'empereur allemand Guillaume II pour « *offense suprême à la moralité internationale et à l'autorité sacrée des traités* » (article 227). Mais ce procès n'a jamais pu se tenir car les Pays-Bas avaient refusé de l'extrader.

1394 Le Tribunal militaire international de Nuremberg a été créé par l'accord de Londres du 8 août 1945 en vue de juger « les grands criminels de guerre des pays européens de l'axe ». Initialement conclu entre les États-Unis, la France, le Royaume-Uni et l'URSS, cet accord a ensuite été ratifié par vingt-trois États et gouvernements membres des Nations Unies. Le statut et les jugements du tribunal ont également été reconnus par l'Assemblée générale des Nations Unies.

1395 Le Tribunal militaire international pour l'Extrême-Orient ou plus communément le Tribunal de Tokyo procède quant à lui d'une proclamation spéciale du commandement des forces alliées en Extrême-Orient, du 19 janvier 1946. Le Statut du tribunal fut annexé à la proclamation. Si la création de ce tribunal par décision unilatérale des autorités américaines diminuait naturellement sa dimension internationale, cette réalité fut cependant compensée par sa composition, avec la participation de juges australiens, canadiens, chinois, américains, britanniques, indiens, néo-zélandais, hollandais, philippins et soviétiques.

des crimes de guerre[1396], des crimes contre la paix[1397] et des crimes contre l'humanité[1398], ces premières incarnations de la justice pénale internationale ont marqué une étape importante dans la répression des atteintes les plus graves au droit international humanitaire[1399]. Quoique qualifiée de justice des vainqueurs[1400], ces tribunaux ont le mérite d'avoir posé non seulement le principe-clé de la responsabilité pénale individuelle[1401] mais encore d'avoir affirmé, en dépit de la gravité des crimes, l'exigence du respect des droits des accusés[1402]. Ces tribunaux ont jeté ainsi les bases du nouveau droit international pénal qui seront ensuite reprises par les tribunaux pénaux internationaux *ad hoc* pour l'ex-Yougoslavie et pour le Rwanda, avant d'aboutir, le 17 juillet 1998 à Rome, à la création de la Cour Pénale Internationale.

La Francophonie n'est pas restée en marge du débat et de la réflexion autour de la justice pénale internationale comme moyen efficace de lutte contre

---

1396 Il s'agit ici de la violation des lois et coutumes de guerre : assassinat, mauvais traitements et déportation des populations civiles pour travaux forcés ou tout autre but, assassinat ou mauvais traitement des prisonniers de guerre, exécution des otages, pillage des biens publics ou privés, destruction ou dévastation sans motif de villes ou villages. Voir les conventions de la Haye (1907) et les conventions de Genève (1929).

1397 Il s'agit ici de la direction, de la préparation, du déclenchement ou de la poursuite d'une guerre d'agression en violation des traités. Voir notamment le Traité général de renonciation à la guerre, Paris, 27 août 1928 (Pacte Briand-Kellog).

1398 Les crimes contre l'humanité renvoient ici aux actes d'assassinat, d'extermination, de réduction en esclavage, de déportation, à tout autre acte inhumain commis contre les populations civiles, avant ou pendant la guerre, et aux actes de persécution mus par des motifs politiques, raciaux, ou religieux.

1399 DONNEDIEU DE VABRES Henri, « Le procès de Nuremberg devant les principes modernes du droit pénal international », *RCADI*, 1947, vol. 70, pp. 481-581 ; MERLE Maurice, *Le procès de Nuremberg et le châtiment des grands criminels de guerre*, Paris, Pedone, 1949, 187 p. ; BAZELAIRE Jean-Paul et CRETIN Thierry, *La Justice pénale internationale : son évolution, son avenir de Nuremberg à La Haye*, Paris, PUF, 2000, 261 p. ; VERHAEGEN Jacques, *Le droit international pénal de Nuremberg - Acquis et régressions*, Bruxelles, Bruylant, 2003, 227 p.

1400 Les procès de Nuremberg n'ont concerné que les hauts responsables nazis, allemands et autrichiens. Au Japon, l'empereur Hirohito a été exonéré de sa responsabilité pénale, au motif qu'il en allait de la stabilité du pays.

1401 La responsabilité pénale individuelle est mise en œuvre pour les auteurs, les co-auteurs, les complices et même pour les actes d'omission. Pour la première fois dans l'histoire du droit international, l'objection d'immunité tirée de l'exercice d'une fonction officielle est expressément écartée. Désormais, la qualité de chef d'État ou de haut fonctionnaire ne constitue ni une excuse absolutoire, ni un motif de diminution de la peine. De plus, le fait d'agir en exécution d'un ordre reçu du gouvernement ou d'un supérieur hiérarchique n'exonère pas non plus de sa responsabilité. Toute justification tirée du commandement de la loi ou de l'ordre supérieur est exclue dès lors que la liberté morale de l'accusé est établie.

1402 Notification des charges dans un délai raisonnable, assistance d'un interprète, possibilité de répondre aux charges, d'apporter des preuves et d'interroger des témoins, droit d'assurer personnellement sa défense ou de se faire assister par un avocat.

l'impunité des crimes graves. Dans les Déclarations d'Hanoi[1403], de Bamako[1404], de Saint-Boniface[1405] et de Montreux[1406], les États francophones ont invité le Secrétaire général de la Francophonie à accorder une priorité à la question de la justice pénale internationale et aux instruments juridiques de sa mise en œuvre. Dès lors, dans le sillage de son action en faveur de la démocratie et des droits de l'Homme, la Francophonie accorde depuis plusieurs années, une attention particulière à la question incandescente de la justice post-conflit. Ainsi que cela ressort notamment du Rapport 2012 de son Secrétaire général, la promotion de la lutte contre l'impunité et le renforcement de la justice pénale internationale, font désormais partie des chantiers prioritaires de l'action politique francophone[1407]. La mobilisation en faveur du développement du droit pénal international et de la lutte contre l'impunité constitue donc aujourd'hui un axe essentiel de la coopération juridique et judiciaire francophone. Dans les Déclarations de Kinshasa[1408] et de Dakar[1409], respectivement adoptées en octobre 2012 et en novembre 2014, les chefs d'État et de gouvernement des pays ayant le français en partage, en reprenant globalement les termes de la Déclaration de Paris[1410], ont réaffirmé l'importance de la justice pénale internationale et son rôle majeur dans la protection des droits de l'Homme, le rétablissement de l'État de droit et la lutte contre l'impunité. Le message paraît donc clair. Pour la Francophonie, il est d'un devoir absolu de lutter sans relâche pour que soient poursuivis, jugés et condamnés les auteurs de crimes internationaux[1411]. Dans cet élan, elle apporte son soutien à l'ensemble du dispositif institutionnel et normatif destiné, au niveau international, à juguler la violence et l'impunité des crimes les

1403 OIF, *Déclaration et Plan d'action d'Hanoi*, VIIe Conférence des chefs d'État et de gouvernement des pays ayant le français en partage, 16 novembre 1997. En ligne : http://www.francophonie.org/Plan-d-action-de-Hanoi.html.

1404 OIF, *Déclaration Bamako*, adoptée par les Ministres et chefs de délégation des États et gouvernements des pays ayant le français en partage lors du « Symposium international sur le bilan des pratiques de la démocratie, des droits et des libertés dans l'espace francophone », 3 novembre 2000.

1405 OIF, *Déclaration de Saint-Boniface sur la prévention des conflits et la sécurité humaine*, Conférence ministérielle, 14 mai 2006.

1406 OIF, *Déclaration de Montreux*, XIIIe Conférence des chefs d'État et de gouvernement des pays ayant le français en partage, Montreux (Suisse), 24 octobre 2010.

1407 OIF, *Rapport du Secrétaire général de la Francophonie : de Québec à Montreux*, Paris, 2012, p. 65.

1408 OIF, *Déclaration de Kinshasa*, XIVe Conférence des chefs d'État et de gouvernement des pays ayant le français en partage, Kinshasa, 14 octobre 2012, § 34.

1409 OIF, XVe Conférence des chefs d'État et de gouvernement des pays ayant le français en partage, *Déclaration de Dakar*, 29-30 novembre 2014.
En ligne sur : http://www.francophonie.org/IMG/pdf/sommet_xv_decl_dakar_2014_vf.pdf.

1410 OIF, *Déclaration de Paris*, IVe Conférence des ministres francophones de la justice, 14 février 2008.

1411 DIOUF Abdou, Extrait du discours prononcé à l'ouverture de la 12e session de l'Assemblée des États parties au Statut de Rome de la Cour pénale internationale, La Haye, 20 novembre 2013. En ligne sur : http://www.francophonie.org/Discours-de-M-Abdou-Diouf-a-La.html.

plus graves touchant l'humanité dans son essence. Parce que la justice pénale internationale désigne l'ensemble des règles et des institutions qui organisent la répression des violations graves du droit international, l'action francophone emprunte ici pour sa promotion, deux voies connexes : d'une part celle du soutien au travail des juridictions pénales internationales (Section I), et d'autre part, celle du plaidoyer en faveur de la ratification des instruments juridiques internationaux de lutte contre l'impunité (Section II).

SECTION I. LE SOUTIEN DE L'OIF AUX JURIDICTIONS PENALES INTERNATIONALES

Après l'expérience controversée des procès de Nuremberg et Tokyo qui ont marqué le point de départ dans l'expérimentation de la justice pénale internationale, l'idée de créer une juridiction permanente est restée en sommeil pendant environ une cinquantaine d'années. En effet, dans le contexte de la guerre froide, les négociations initiées par les Nations Unies n'avaient guère permis de parvenir à la création d'une juridiction pénale internationale permanente. Il a fallu attendre les évènements tragiques survenus en ex-Yougoslavie en 1993 et au Rwanda en 1994, pour que la nécessité de la mise en place d'une justice pénale internationale redevienne une priorité pour la communauté universelle des États. Avec la création des tribunaux pénaux internationaux *ad hoc* pour l'ex-Yougoslavie et pour le Rwanda, les procès de Nuremberg et de Tokyo, qui, jusque-là, étaient restés d'un intérêt politique et historique, vont enfin véritablement révéler leur intérêt juridique. La jurisprudence de ces tribunaux pénaux internationaux *ad hoc* va s'approprier le principe de la responsabilité pénale individuelle, le renforcer et le décliner avant de transmettre le patrimoine et les défis de la justice pénale internationale à la Cour pénale internationale, finalement instituée en juillet 1998. Désormais, les auteurs et complices de violations graves et massives des droits de l'Homme et du droit international humanitaire répondront de leurs actes.

Si la Francophonie institutionnelle n'existait pas encore au moment des premiers essais de la justice pénale internationale à Nuremberg et à Tokyo, elle a cependant su se saisir de l'enjeu pour accompagner, avec un intérêt particulier et une conviction profonde, ses évolutions les plus récentes et vraisemblablement les plus marquantes. A ce niveau, non seulement la Francophonie a, dès la déclaration et le Plan d'action du Caire en faveur de la justice[1412], exprimé son

---

[1412] OIF, *Plan d'action francophone en faveur de la justice, de l'État de Droit, de la Démocratie et du développement (1996-2000)*, Le Caire, 1er novembre 1995. Disponible en ligne sur : http://www.francophonie.org/IMG/pdf/recueil_declarations-2.pdf.

soutien aux juridictions pénales internationales *ad hoc* pour l'ex-Yougoslavie et pour le Rwanda (§ 1), mais encore, elle s'est mobilisée activement, au nom de la lutte contre l'impunité, pour la mise en place et le fonctionnement efficace de la Cour pénale internationale (§ 2).

§ 1. Un appui sommaire aux tribunaux pénaux internationaux *ad hoc*

Après plusieurs décennies de tergiversations internationales au sujet de la création d'une Cour pénale internationale permanente[1413], c'est la pression des circonstances politiques et humanitaires qui va contraindre les Nations Unies à impulser une nouvelle dynamique au mouvement de construction d'un système pénal international. Deux épisodes tragiques vont successivement indigner la conscience universelle et l'alerter de la nécessité impérieuse de la mise en place d'une justice pénale internationale. Ce sont les atrocités commises lors du conflit dans les Balkans qui vont, dans un premier temps, pousser le Conseil de sécurité des Nations Unies, par les résolutions 808 du 22 février 1993 et 827 du 25 mai 1993, à instituer un Tribunal pénal international pour l'ex-Yougoslavie (TPIY)[1414]. Puis, un an plus tard, c'est le génocide perpétré au Rwanda[1415] qui va de nouveau conduire le Conseil de sécurité à réaffirmer le besoin d'une justice pénale internationale. En s'inspirant du modèle adopté pour la répression des massacres commis en ex-Yougoslavie, il approuve alors, par la résolution 955 du

---

1413 Les efforts de mise en place d'une juridiction pénale internationale permanente ont commencé avec la Société des Nations (SDN) et se sont poursuivis après la seconde guerre mondiale dans le cadre des Nations Unies. Au sein des Nations Unies, la commission du droit international (CDI) était invitée dès 1948 à réfléchir sur la question de l'opportunité et des modalités de création d'une cour criminelle internationale et à travailler à l'élaboration d'un projet de code des crimes contre la paix et la sécurité de l'humanité (Doc. ONU A/CN 4/15, 3 mars 1950). Sans aller plus loin, la convention pour la prévention et la répression du génocide (1948) et la convention sur l'élimination et la répression du crime d'*apartheid* (1973) évoquent également l'idée d'une cour criminelle internationale. En 1989, l'Assemblée générale des Nations Unies demandait à nouveau à la CDI d'examiner la question de la création d'une Cour pénale internationale (Résolution 44/39 du 4 décembre 1989). Le 8 juillet 1996, la Commission du droit international des Nations Unies proposait un Projet de code des crimes contre la paix et la sécurité de l'humanité (Doc. off. A/CN.4/L.532). Voir pour aller plus loin, BASSIOUNI Cherif, « L'expérience des premières juridictions pénales internationales », *in* ASCENCIO Hervé, DECAUX Emmanuel et PELLET Alain (dir.), *Droit international pénal*, Paris, Pedone, 2012, pp. 747 et ss.

1414 DAVID Éric, « Le tribunal international pénal pour l'ex-Yougoslavie », *RBDI*, 1992, pp. 565-598 ; LESCURE Karine, *Le tribunal pénal international pour l'ex-Yougoslavie*, Paris, Montchrestien, 1994, 203 p. ; PELLET Alain, « Le tribunal criminel international pour l'ex-Yougoslavie - Poudre aux yeux ou avancée décisive ? », *RGDIP*, 1994, pp. 7-60, WECKEL Philippe, « L'institution d'un tribunal international pour la répression des crimes de droit humanitaire en Yougoslavie », *AFDI*, 1993, pp. 232-261.

1415 GUICHAOUA André, *Rwanda, de la guerre au génocide. Les politiques criminelles au Rwanda (1990-1994)*, Paris, La découverte, 2010, 624 p. ; HATZFELD Jean, *Une saison de machettes, Récits*, Paris, Seuil, 2003, 312 p. ; DALLAIRE Roméo, *J'ai serré la main du diable. La faillite de l'humanité au Rwanda*, Québec, Libre expression, 2003, 685 p.

8 novembre 1994, le Statut du Tribunal pénal international pour le Rwanda (TPIR)[1416].

La Francophonie a très vite été interpellée par ces deux situations. Dès 1995, les États francophones se sont engagés, dans la Déclaration du Caire, à faire tout ce qui est en leur pouvoir pour que ne restent pas impunis les auteurs présumés des massacres commis en ex-Yougoslavie et au Rwanda. Dans le même élan, ils se sont engagés à « *accélérer l'élaboration et la mise en œuvre des dispositions législatives internes, la mise à disposition en personnel et le versement des contributions financières permettant la mise en œuvre effective des tribunaux internationaux d'ex-Yougoslavie et du Rwanda* »[1417]. De plus, dans les Plans d'action du Caire[1418] et de Moncton[1419] qui ont suivi, la Francophonie a renouvelé sa disposition à appuyer les efforts des TPI *ad hoc* dans leur mission de répression des crimes ayant entaché en Afrique la région des grands lacs et, en Europe, celle des Balkans. Vingt ans après leur mise en place, force est d'observer que ces TPI *ad hoc* ont constitué une étape majeure dans l'effort international de lutte contre l'impunité. Même si pour la Francophonie, le soutien à ces juridictions ne fût essentiellement que de principe, il n'en reste pas moins qu'elle était directement touchée par le phénomène au moins pour deux raisons. Premièrement, parce que la dignité humaine que s'efforcent de restaurer ces tribunaux est au cœur même des valeurs qui sous-tendent l'action politique francophone. Et deuxièmement, parce que le Rwanda est un État membre de l'Organisation Internationale de la Francophonie et qu'à ce titre, elle se devait d'accompagner toutes les initiatives destinées à y rétablir l'État de droit. Évoquer ici la question du soutien de l'OIF aux travaux des tribunaux pénaux internationaux *ad hoc* ne consistera pas à analyser à proprement parler son action à leur égard. Ceci d'autant plus que le positionnement francophone à ce niveau se réduit essentiellement au corpus de ses déclarations. Mais sur la base de cet attachement francophone aux tribunaux pénaux internationaux, la démarche nous conduira ici simplement à faire ressortir la singularité de ces juridictions tant dans les modalités de leur mise en place et

---

1416 MUBIALA Mutoy, « Le Tribunal pénal international pour le Rwanda : vraie ou fausse copie du tribunal pénal international pour l'ex-Yougoslavie ? », *RGDIP*, 1995, pp. 929-954 ; DUPAQUIER Jean-François (dir.), *La justice internationale face au drame rwandais*, Paris, Karthala, 1996, 227 p. ; MEGRET Frédéric, *Le Tribunal pénal international pour le Rwanda*, Paris, Pedone, 2002, 249 p.

1417 OIF, *Déclaration du Caire*, 3e Conférence des ministres de la justice des pays ayant le français en partage, Le Caire, 1er novembre 1995, § 4(c), alinéa 12.

1418 OIF, *Plan d'action francophone en faveur de la justice, de l'État de Droit, de la Démocratie et du développement (1996 – 2000)*, 3e Conférence des ministres de la justice des pays ayant le français en partage, Le Caire, 1er novembre 1995.

1419 OIF, *Plan d'action de Moncton*, VIIIe Conférence des chefs d'État et de gouvernement des pays ayant le français en partage, Moncton, 5 septembre 1999. Disponible en ligne sur : http://www.francophonie.org/IMG/pdf/Plan_action_SOM_VIII_05091999.pdf.

de leur fonctionnement (A), que dans l'actualité qu'elles soulèvent aujourd'hui, au moment où s'ouvrent les voies d'achèvement de leurs travaux (B).

A. Un appui justifié par les modalités de mise en place et de fonctionnement

Les Tribunaux pénaux internationaux pour l'ex-Yougoslavie et pour le Rwanda ont été créés par le Conseil de sécurité, sur la base du mandat que lui donne le chapitre VII de la Charte des Nations Unies pour agir en cas de menace à la paix et à la sécurité internationales[1420]. Mais le Conseil de sécurité avait-t-il véritablement, au regard des compétences que lui reconnaît la Charte, le pouvoir de créer ce type d'organes ? Cette question qui coïncide parfaitement avec celle de la légitimité des tribunaux a été soulevée devant chacune des deux juridictions qui, après avoir reconnu leur compétence, ont conclu successivement que le Conseil de sécurité pouvait valablement, sur le fondement de l'article 41 de la Charte des Nations Unies, instituer un tribunal pénal international pour répondre à une menace à la paix et à la sécurité internationales[1421]. La création d'organes judicaires entre donc bel et bien dans le cadre des mesures pouvant être envisagées par le Conseil de sécurité pour le maintien ou le rétablissement de la paix. A ce sujet, l'on peut observer que la Francophonie et les États qu'elle fédère ne se sont guère embarrassés de la question de la licéité des tribunaux. En mai 1995, avant même que ces juridictions se prononcent concrètement sur leurs compétences respectives, les États francophones leur avaient déjà exprimé, dans la Déclaration du Caire, leur soutien, au nom de la légitimité qu'ils tirent naturellement de leur objet et de la matrice du Conseil de sécurité. Pour la Francophonie la conviction était alors qu'il fallait tout mettre en œuvre pour que les crimes commis en ex-Yougoslavie et au Rwanda ne restent pas impunis.

Matériellement compétents pour connaître des crimes contre l'humanité[1422], des crimes de guerre[1423] et du crime de génocide[1424], les Tribunaux pénaux internationaux pour l'ex-Yougoslavie et pour le Rwanda ont cependant des

---

1420 Voir pour le TPIY : Nations Unies, *Rapport du Secrétaire général établi conformément au Paragraphe 2 de la Résolution 808 (1993) du Conseil de Sécurité*, Doc. S/25704, 3 mai 1993. Pour le TPIR : Nations Unies, Conseil de sécurité, *Rapport du Secrétaire général sur la situation au Rwanda*, Doc. S/1994/640, 31 mai 1994 ; *Rapport du Secrétaire général sur la constitution d'une Commission d'expert conformément au paragraphe 1 de la Résolution 935(1994) du Conseil de sécurité en date du 1er juillet 1994*, Doc. S/1994/879, 26 juillet 1994.

1421 TPIY, Chambre d'appel, IT-94-1-AR72, *Le Procureur c/ Dusko Tadic alias « Dule », Arrêt relatif à l'appel de la défense concernant l'exception préjudicielle d'incompétence*, 2 octobre 1995. TPIR, ICTR-95-1-T, Chambre de première instance II, *Le Procureur c/ Clément Kayishema et Obed Ruzindana*, 21 mai 1999.

1422 Articles 5 du Statut du TPIY et 3 du Statut du TPIR.

1423 Articles 2 et 3 du Statut du TPIY et article 4 du Statut du TPIR.

1424 Articles 4 du Statut du TPIY et 2 du Statut du TPIR.

compétences spatiale[1425] et temporelle[1426] limitées. De plus, exerçant leur compétence selon le principe de la responsabilité pénale individuelle[1427], ils ne sont compétents que pour les crimes commis sur des territoires précis et au cours d'une période déterminée[1428]. Leur mission est d'apporter des réponses ponctuelles aux défis de la restauration de l'État de droit en ex-Yougoslavie et au Rwanda, en veillant à ce que les atrocités commises dans ces deux régions soient sanctionnées.

Pour rappel, les TPI *ad hoc* ont été institués par le Conseil de sécurité sur le fondement du chapitre VII de la Charte des Nations Unies. Tous les États, y compris bien entendu ceux de l'espace francophone, sont donc tenus par l'obligation statutaire de coopérer avec eux[1429]. Les TPI n'ayant pas de moyens de

---

1425 Les tribunaux pénaux internationaux *ad hoc* ont une compétence limitée dans l'espace. Le TPIY a reçu compétence pour juger les violations graves du droit international humanitaire commises sur le territoire de l'ex-Yougoslavie, alors que le TPIR a une compétence géographique limitée au territoire du Rwanda, laquelle est étendue aux territoires d'États voisins pour les crimes commis par des citoyens rwandais.

1426 Les tribunaux pénaux internationaux ont une compétence temporelle également limitée dans le temps. Le TPIY est compétent pour juger les crimes commis depuis 1991, ce qui le distingue du TPIR dont la compétence est enfermée dans la période allant du 1er janvier au 31 décembre 1994 (même si les juges admettent des éléments de preuve antérieurs).

1427 Le principe de la responsabilité pénale individuelle est posé aux articles 1ers des statuts des deux tribunaux. Les tribunaux pénaux internationaux ont compétence pour juger les personnes physiques présumées coupables des crimes relevant de leur compétence (articles 6 du Statut du TPIY et 5 du Statut du TPIR). Contrairement aux tribunaux de Nuremberg et de Tokyo, ils ne sont pas compétents à l'égard des personnes morales. Le critère du rang ou du niveau hiérarchique est mis en échec car les tribunaux pénaux internationaux sont compétents aussi bien à l'égard des autorités politiques et militaires qu'à l'égard des exécutants. L'invocation de la qualité officielle d'un accusé soit comme chef de d'État ou de gouvernement, soit comme haut fonctionnaire, ne l'exonère pas de sa responsabilité pénale et n'est pas une source de diminution de la peine (articles 7§2 du statut du TPIY et 6§2 du statut du TPIR). Au contraire, elle est une circonstance aggravante. L'exécutant ne peut pas non plus justifier son acte en arguant d'avoir agi sur ordre d'un supérieur (articles 7§4 du Statut du TPIY et 6§4 du statut du TPIR). Mais cette situation peut être un motif de diminution de la peine, car un subordonné peut se trouver dans une situation où il lui est difficile de s'abstenir d'exécuter un ordre. Quoique la situation soit assimilable à une forme de contrainte, l'accusé encourt une peine tout de même, d'autant plus que son acte a eu pour conséquence la mort d'êtres humains innocents (TPIY, Chambre d'appel, IT-96-22-A, *Erdemovic*, 7 octobre 1997). Le critère d'âge n'a pas non plus été retenu car les tribunaux pénaux internationaux peuvent juger des mineurs. Au-delà de la commission de l'acte principale (acte positif ou omission) ou de la participation à une entreprise criminelle commune (TPIY, Chambre d'appel, IT-94-1-T, *Tadic*, 15 juillet 1999), le fait de planifier, d'ordonner, d'inciter, d'aider ou d'encourager la commission du crime engage également la responsabilité internationale. Ceci dit, la tentative n'est pas retenue.

1428 Sur les compétences des tribunaux pénaux internationaux *ad hoc*, lire notamment, CASTILLO Maria, « La compétence du tribunal pénal pour la Yougoslavie », *RGIDP*, 1994, n° 1, pp. 61-87 ; ASCENCIO Hervé, « Les tribunaux *ad hoc* pour l'ex-Yougoslavie et pour le Rwanda », *in* ASCENCIO Hervé, DECAUX Emmanuel et PELLET Alain (dir.), *Droit international pénal*, *op. cit.*, pp. 799 et ss.

1429 ADJOVI Roland et FOMETE Jean-Pélé, « Les relations entre le Tribunal Pénal International pour le Rwanda et les États : l'obligation de coopération dans l'exécution du mandat du tribunal », *Annuaire français de relations internationales*, 2005, vol. 6, pp. 180-196.

coercition, la coopération des États leur est indispensable non seulement en amont pour la réunion des témoignages, le rassemblement des preuves, l'identification, la recherche, l'arrestation, la détention et le transfert des accusés, mais encore en aval pour l'accueil des personnes condamnées à des peines d'emprisonnement. A cet égard, la Francophonie peut se féliciter du fait que certains de ses États membres comme le Cameroun, la Côte d'Ivoire, le Bénin ou le Burkina Faso aient, conformément à leurs obligations internationales, livré des accusés au TPIR. De plus, le Mali[1430], le Bénin[1431], la France[1432] et le Rwanda[1433] ont signé des accords bilatéraux avec l'ONU pour l'exécution des peines prononcées par le TPIR. Ainsi, sur les sept États ayant signés des accords d'exécution des peines avec ce tribunal, quatre (4) appartiennent à l'espace francophone. Au 15 novembre 2014, sur les personnes déclarées coupables par le Tribunal pénal international pour le Rwanda, seize (16) purgent leur peine au Mali et treize (13) au Bénin[1434]. La France, la Belgique, l'Albanie, la Pologne, la Slovaquie, l'Estonie, l'Ukraine et l'Autriche accueillent quant à elles des condamnés du TPIY[1435]. Ce qui révèle bien la volonté des États francophones d'accompagner les tribunaux pénaux internationaux *ad hoc* dans l'accomplissement de leur mission de lutte contre l'impunité et d'éclairage des tragédies rwandaise et yougoslave. Pour autant, par-delà leur mobilisation en faveur de la lutte contre l'impunité et leur disposition à coopérer avec ces tribunaux *ad hoc*, certaines difficultés subsistent. La Francophonie pourrait, sur ce point, inviter ses États membres à accueillir les accusés de ces tribunaux et s'attacher notamment à soutenir des États comme le Mali et le Bénin dans leurs

1430 Accord entre le gouvernement de la République du Mali et l'Organisation des Nations Unies concernant l'exécution des peines prononcées par le Tribunal pénal international pour le Rwanda, 12 février 1999. Disponible en ligne sur : http://www.unictr.org/sites/unictr.org/files/legal-library/mali-fr.pdf.

1431 Accord entre le gouvernement de la République du Bénin et l'Organisation des Nations Unies concernant l'exécution des peines prononcées par le Tribunal pénal international pour le Rwanda, 26 août 1999. Disponible en ligne sur : http://www.unictr.org/sites/unictr.org/files/legal-library/benin-fr.pdf.

1432 Accord entre le gouvernement de la République française et l'Organisation des Nations Unies relatif à l'exécution des peines prononcées par le Tribunal pénal international pour le Rwanda, 14 mars 2004. Disponible en ligne sur : http://www.unictr.org/sites/unictr.org/files/legal-library/france-fr.pdf.

1433 Accord entre le gouvernement de la République du Rwanda et l'Organisation des Nations Unies relatif à l'exécution des peines prononcées par le Tribunal pénal international pour le Rwanda, 4 mars 2008. Disponible en ligne sur : http://www.unictr.org/sites/unictr.org/files/legal-library/rwanda-fr.pdf.

1434 ONU, *Évaluation et rapport sur l'avancement des travaux du Mécanisme international appelé à exercer les fonctions résiduelles des Tribunaux pénaux, présentés par le Président du Mécanisme, M. Theodor Meron, et portant sur la période comprise entre le 16 mai et le 19 novembre 2014*, Doc. S/2014/826, p. 8

1435 *Idem.* Voir aussi BOKA Marie, *La CPI entre droit et relations internationales : les faiblesses du statut de Rome à l'épreuve de la politique internationale*, Bayonne, Institut universitaire Varenne, Collection des Thèses, 2014, 425 p.

efforts de sécurisation des prisons et d'amélioration des conditions de détention des condamnés du TPIR.

Pour juger les crimes relevant de leurs compétences respectives, les tribunaux pénaux internationaux *ad hoc* ont une compétence concurrente à celle des juridictions nationales. Ainsi, pour éviter le cumul des poursuites, cette concurrence a été organisée à l'avantage des premiers, qui jouissent ici d'une primauté de juridiction[1436]. Tout État qui se soustrait à son obligation de coopération avec ces tribunaux engage sa responsabilité internationale. C'est pourquoi nombre d'États francophones ont adapté leurs législations pour faciliter leur coopération avec ces juridictions pénales internationales *ad hoc*. En Belgique par exemple, c'est une loi du 22 mars 1996, modifiée en 2004, puis en 2006, qui organise les rapports de coopération entre les tribunaux belges et la justice pénale internationale[1437]. En France, cette coopération est régie par les lois n° 95-1 du 2 janvier 1995[1438] et n° 96-432 du 2 mai 1996[1439]. Ces lois organisent notamment le transfert des accusés vers les juridictions pénales internationales, les conditions de dessaisissement des juridictions nationales ainsi que les demandes d'entraide. Si en théorie aucun problème de collaboration ne devrait se poser, force est de souligner qu'en pratique le TPIR notamment a connu des réticences dommageables de la part de certains États, y compris du Rwanda[1440]. Pour la

---

1436 Les TPI *ad hoc* peuvent, à tout moment de la procédure devant une juridiction nationale, lui demander de se dessaisir à son profit (article 9 du Statut du TPIY et article 8 du statut du TPIR). La primauté de compétence des TPI s'exprime aussi dans l'interdiction faite aux juridictions nationales de juger des personnes pour des crimes ayant déjà été jugées par ceux-ci. C'est le principe fondamental *non bis in idem*. Il ne supporte ici aucune exception et s'applique même en cas d'acquittement. Le principe n'opère pas forcément dans l'autre sens, c'est-à-dire dans l'hypothèse où des crimes relevant des compétences des TPI ont déjà été jugés par une juridiction pénale interne (article 10 du statut du TPIY et article 9 du statut du TPIR). Ce qui signifie que les TPI peuvent engager de nouvelles poursuites, si elles concluent que la justice nationale a été complaisante, qu'elle n'a pas statué de manière indépendante et impartiale ou que la procédure nationale visait simplement à soustraire l'accusé de sa responsabilité pénale internationale. Dans ce cas, le tribunal pénal international doit tenir compte de la peine déjà exécutée pour les mêmes faits. Le principe *non bis idem* retrouve *in fine*, par ce moyen, sa place dans la procédure pénale internationale.

1437 Belgique : loi du 22 mars 1996 relative à la reconnaissance du TPIY et du TPIR et à la coopération avec ces tribunaux, *Moniteur belge*, 27 avril 1996, p. 10260.

1438 France : loi n° 95-1 du 2 janvier 1995 portant adaptation de la législation française aux dispositions de la résolution 827 du Conseil de sécurité des Nations Unies instituant un tribunal international en vue de juger les personnes présumées responsables de violations graves du droit international humanitaire commises sur le territoire de l'ex-Yougoslavie depuis 1991.

1439 France : loi n° 96-432 du 2 mai 1996 portant adaptation de la législation française aux dispositions de la résolution 955 du Conseil de sécurité.

1440 Pour aller plus loin, consulter : GUILOT Philippe, « Les relations entre le Rwanda et le TPIR », *in* BURGORGUE-LARSEN Laurence, *La répression du génocide rwandais*, Bruylant, Bruxelles, 2003, pp. 21-40 ; LAUCCI Cyril, « Quelques aspects de l'actualité des tribunaux pénaux internationaux pour l'ex-Yougoslavie et le Rwanda », *Observateur des Nations Unies*, n° 2, 1997, pp. 133-134 ; ADJOVI Roland

Francophonie, la démarche doit donc consister ici, au-delà des déclarations de principe, à se positionner clairement par rapport à ces réticences en incitant les États francophones à parfaire leur coopération à l'égard des Tribunaux pénaux internationaux, pour leur permettre de conduire leurs travaux de manière optimale. Mais vingt ans après leur création, après avoir défriché et balayé avec succès le champ relativement vaste du droit international pénal, ces tribunaux *ad hoc* s'inscrivent aujourd'hui dans une stratégie d'achèvement de leurs mandats respectifs. Ce qui appelle, de la part de la Francophonie, un renouvellement et une réorientation de son positionnement à leur égard.

B. Un appui à réinscrire dans le cadre des stratégies d'achèvement des travaux

Conçus comme des juridictions provisoires, les tribunaux pénaux internationaux pour l'ex-Yougoslavie et pour le Rwanda n'avaient naturellement pas vocation à la pérennité. C'est la raison pour laquelle ils devaient s'attelés à inscrire leur action dans une logique qui leur permette de se conformer aux mandats et aux délais à eux fixés[1441]. Après avoir, dès leur installation, affirmé leur compétence et leur légitimité, les tribunaux pénaux internationaux ont ensuite fait le choix de rationaliser leur action en se focalisant sur les accusés les plus importants. Dès 2002, le Conseil de sécurité des Nations Unies approuvait, par la voix de son Président, la stratégie d'achèvement proposée par le Tribunal pénal international pour l'ex-Yougoslavie[1442]. Un an plus tard, par sa Résolution 1503 (2003) du 28 août 2003, le Conseil de sécurité invitait le Tribunal pénal international pour le Rwanda à arrêter, à l'instar de son institution sœur de La Haye, une stratégie d'achèvement de ses travaux à l'échéance 2010[1443]. Cette échéance a été ensuite rappelée dans la Résolution 1534 (2004) du Conseil de sécurité[1444], avant d'être finalement reportée, pour les deux juridictions, à la fin 2014, en raison notamment de l'arrestation tardive de certains accusés comme Bernard Munyagishari[1445] et Goran Hadžić, transférés respectivement au TPIR

---

et MAZERON Florent, « Chronique de la jurisprudence du Tribunal pénal pour le Rwanda (1995-2002) », *AYIL*, n° 10, 2002, pp. 500-510.

1441 Le procureur a fait par exemple le choix de ne poursuivre que les principaux responsables, laissant ainsi aux juridictions nationales le soin de juger les subalternes, exécutants ou acteurs de second degré.

1442 Conseil de sécurité des Nations Unies, *Déclaration du Président du Conseil de sécurité*, 23 juillet 2002, Doc. S/PRST/2002/21.

1443 Les Tribunaux devaient achever leurs enquêtes au plus tard en 2004, leurs jugements d'instance en 2008 et l'ensemble de leurs travaux à l'horizon 2010. Conseil de Sécurité des Nations Unies, *Résolution 1503 (2003)*, 28 août 2003, §7.

1444 Conseil de Sécurité des Nations Unies, *Résolution 1534 (2004)*, 26 mars 2004, Doc. S/RES/1534 (2004).

1445 L'affaire a finalement été renvoyée aux autorités rwandaises. TPIR, Chambre de première instance, ICTR-2005-89-B11*bis*, *Le Procureur c/ Bernard Munyagishari*, 6 juin 2011. Décision confirmée par le

en juin 2011 et au TPIY en juillet 2011. La Résolution 1966 (2010) du Conseil de sécurité qui prorogeait jusqu'au 31 décembre 2014 l'échéance d'achèvement des travaux, a institué pour une période initiale de quatre (4) ans, un Mécanisme international chargé d'exercer les fonctions résiduelles des tribunaux pénaux et de préserver leur héritage[1446]. Ce Mécanisme pour les tribunaux pénaux internationaux (MTPI)[1447] s'appuie sur deux divisions. La première, qui a débuté ses travaux le 1er juillet 2012, siège à Arusha et a pour mission d'exercer les fonctions essentielles du TPIR après sa fermeture. La seconde siège quant à elle, à La Haye, et est chargée depuis le 1er juillet 2013 de mener à terme les travaux du TPIY après sa fermeture. Chacune de ces deux branches du mécanisme a pour mission de rechercher et poursuivre les derniers fugitifs, connaître des appels[1448], des nouveaux procès et des demandes en révisions, protéger les témoins, superviser l'exécution des peines, assister les juridictions nationales, conserver et gérer les archives des tribunaux pénaux internationaux en fin de mandat.

Après une vingtaine d'années d'exercice, les TPI *ad hoc* pour l'ex-Yougoslavie et pour le Rwanda laissent un bilan globalement satisfaisant. Leur contribution à la lutte contre l'impunité des crimes graves n'est plus à démontrer. A ce jour, le TPIY a émis cent soixante-et-un (161) actes d'accusation et en a retiré trente-six (36)[1449]. Soixante-quatorze (74) personnes ont été condamnées et dix-huit (18) acquittées. Vingt (20) jugements sont toujours en cours dont seize (16) en appel et treize (13) affaires ont été renvoyées devant une juridiction nationale des pays de l'ex-Yougoslavie. Le TPIR a quant à lui émis quatre-vingt-treize (93) actes d'accusation et en a retiré deux (2). Il a prononcé cinquante-deux (52) condamnations et quatorze (14) acquittements. Quatre affaires ont été renvoyées devant des juridictions nationales[1450], sept (7) procès sont en cours dont 6 en appel et neuf (9) accusés sont encore en fuite[1451]. Ceci dit, au-delà de la

Mécanisme pour les tribunaux pénaux internationaux : MTPI, *Le Procureur c/ Bernard Munyagishari*, MICT-12-20, 26 juin 2014. Le 3 mars 2015, l'accusé a introduit une nouvelle requête aux fins d'obtenir l'annulation de l'ordonnance de renvoi.

1446 Conseil de sécurité des Nations Unies, *Résolution 1966(2010)*, 22 décembre 2010, Doc. S/RES/1966 (2010).

1447 Ci-après : « Le mécanisme ».

1448 La Chambre d'appel du Mécanisme international appelé à exercer les fonctions résiduelles des Tribunaux pénaux a confirmé, le 18 décembre 2014, la culpabilité de d'Augustin Ngirabatware pour incitation directe et publique à commettre le génocide mais a réduit sa peine à 30 ans d'emprisonnement. Voir, MTPI, Chambre d'appel, MTPI-12-29-A, *Augustin Ngirabatware c/ Le Procureur*, 18 décembre 2014.

1449 Seize (16) actes d'accusations ont été retirés pour cause de décès.

1450 Deux en France (Laurent Bucyibaruta et Wenceslas Munyeshyaka) et deux au Rwanda (Bernard Munyagishari et Jean Uwinkindi).

1451 Même si l'arrestation et la poursuite des neuf derniers fugitifs restent l'une des priorités du Mécanisme, il ne reste compétent que pour juger trois d'entre eux : Félicien Kabuga (MICT-13-38),

satisfaction que l'on peut tirer de ces chiffres, l'achèvement des travaux des tribunaux pénaux internationaux reste un défi. Il appelle lui aussi de la part des États et, précisément ici, de ceux de l'espace francophone, un renouvellement de l'obligation de coopération, pour permettre au Mécanisme d'accomplir dans les délais[1452] sa mission d'achèvement des mandats des tribunaux pénaux internationaux *ad hoc*. Le plaidoyer francophone pourrait là encore se révéler fort utile à l'égard d'États comme la République Démocratique du Congo et le Rwanda dont la coopération avec le Mécanisme est indispensable à l'arrestation des fugitifs et donc à l'achèvement efficace des travaux du Tribunal pénal international pour le Rwanda.

Dans la mesure où le renvoi des accusés de rang intermédiaire ou subalterne devant les juridictions nationales fait désormais partie des voies privilégiées d'achèvement des travaux, le Conseil de sécurité encourage les États concernés dans leurs efforts de réforme législative et de mise en place de mécanismes internes spécialement destinés à permettre la poursuite et le jugement des personnes relevant de la compétence des TPI. A cet égard, des chambres spécialisées ont été créées avec le soutien des Nations Unies, au sein des systèmes pénaux des États issus de l'ancienne Yougoslavie[1453] et du Rwanda[1454]. Ces chambres exercent leurs compétences conformément aux lois nationales de leurs États respectifs, sur la base des actes d'accusation des tribunaux pénaux internationaux et des preuves fournies par leurs procureurs. Elles devraient contribuer non seulement à solder le contentieux des crimes de masses commis il y a une vingtaine d'années en ex-Yougoslavie et au Rwanda, mais aussi à consolider l'État de droit et à favoriser la réconciliation dans les États qui doivent en assumer l'héritage. L'enjeu pour la Francophonie devrait donc être ici d'appuyer les initiatives nationales et internationales destinées à renforcer les capacités de ces juridictions nationales chargées de suppléer les TPI *ad hoc* et de faciliter ainsi l'achèvement de leurs mandats. Ceci d'autant plus que le Rwanda est un État membre de l'OIF et que la Bosnie-Herzégovine, la Croatie et la Serbie en sont des membres observateurs. La coopération francophone a donc là encore assurément un rôle majeur à jouer.

Augustin Bizimana (MICT-13-39) et Protais Mpiranya (MICT-12-02). Les affaires des six autres fugitifs ont, quant à elles, été renvoyées devant les autorités rwandaises.

1452 Le Conseil de sécurité des Nations Unies entend examiner l'état de l'avancement des travaux du Mécanisme en 2016, puis tous les deux ans.

1453 Une Chambre spéciale chargée de juger les crimes de guerre a été créée le 9 mars 2005 au sein de la Cour d'État de Bosnie-Herzégovine. En Serbie, une chambre similaire a été créée en 2003 au sein du tribunal de district de Belgrade. En Croatie, des chambres spéciales ont également été créées au sein des tribunaux des cantons de Zagreb, d'Osijek, de Rijeka et de Split.

1454 Au Rwanda, une Chambre spécialisée dans les crimes internationaux a été créée au sein de la Haute Cour de la République afin de juger les génocidaires extradés par des pays tiers ou par le TPIR.

Certes, les TPI *ad hoc* ont essuyé de nombreux reproches[1455], mais ils n'ont pas trahi leur grande ambition. Ces tribunaux auxquels la Francophonie a très tôt exprimé son soutien ont le mérite d'avoir profondément modifié l'ordre juridique pénal en mettant un terme à l'exclusivité de la compétence pénale étatique. Le remarquable travail jurisprudentiel de ces tribunaux[1456] a incontestablement enrichi, sur le plan matériel et procédural, le droit international pénal, tout comme leur fonctionnement a contribué, de manière décisive, à relancer la réflexion sur la nécessité et les modalités de mise en place d'une juridiction pénale internationale permanente et à vocation universelle. C'est un débat auquel la Francophonie a pris part de manière active puisque depuis les travaux préparatoires jusqu'à ce jour, elle n'a cessé de militer pour l'effectivité et l'efficacité de la Cour pénale internationale.

§ 2. Un appui substantiel à la Cour pénale internationale

Si l'évolution du droit international pénal n'a pas eu pour effet de faire disparaître pour autant l'horreur et le crime, elle permet à tout le moins de faire reculer les limites de l'impunité. Dans la continuité du chemin pavé par les Tribunaux pénaux internationaux a*d hoc*, le processus initié par les Nations Unies a abouti, le 17 juillet 1998, au terme de plusieurs années de négociations[1457], à l'adoption du Statut de Rome portant création de la Cour pénale internationale (CPI)[1458].

Quatre ans après son adoption, le Statut de Rome entre en vigueur le 1er juillet 2002, après le dépôt du soixantième instrument de ratification. Il s'agit sans doute là de l'un des évènements juridiques les plus marquants de l'après-Guerre froide,

---

1455 Ces critiques portent notamment sur leur mode de création, leurs limites statutaires, sur leur éloignement, leur coût, sur la longueur des procédures, sur la sélectivité des poursuites.

1456 LA ROSA Anne-Marie, « Réflexions sur l'apport du TPIY au droit à un procès équitable », *RGDIP*, 1997, pp. 945-986 ; *Juridictions pénales internationales - La procédure et la preuve*, Paris, PUF, 2003, 507 p. ; ADJOVI Rolande et MAZERON Florent, *loc. cit.* ; GUICHAOUA André, « L'instrumentalisation politique de la justice internationale en Afrique centrale », *Revue Tiers Monde*, n° 205, 2011/1, pp. 65-83.

1457 Le Statut de Rome est le fruit d'un compromis politique et juridique, obtenu à la suite d'un long processus de négociations. Il procède d'un équilibre entre les défenseurs de la justice pénale internationale et les souverainistes. Voir pour aller plus loin, DELLA MORTE Gabriele, « Les frontières de la compétence de la Cour pénale internationale : observations critiques », *Revue internationale de droit pénal*, 2002/1, vol. 73, pp. 23-57.

1458 DOBELLE Jean-François, « La convention de Rome portant statut de la CPI », *AFDI*, 1998, pp. 356-369 ; WECKEL Philippe, « La CPI, présentation générale », *RGDIP*, 1998, pp. 983-993 ; BOURDON William et DUVERGER Emmanuelle, *La Cour pénale internationale*, Paris, Seuil, 2000, 369 p. ; CONDORELLI Luigi, « La CPI : un pas de géant (pourvu qu'il soit accompli…) », *RGDIP*, n° 1, 1999, pp. 7-22 ; DAVID Éric, *Éléments de droit pénal international et européen*, Bruxelles, Bruylant, 2009, pp. 929 et ss.

puisque la mise en place de cette Cour pénale internationale chargée de gérer le contentieux des crimes internationaux, consacre, à travers la lutte contre l'impunité, l'exigence du respect des droits de l'Homme et celle de la moralisation de la vie politique. Contrairement aux TPI *ad hoc* pour l'ex-Yougoslavie et pour le Rwanda, la Cour pénale internationale a été créée par voie conventionnelle. De ce fait, elle n'a pas été conçue comme un organe subsidiaire du Conseil de sécurité des Nations Unies, mais plutôt comme une véritable organisation internationale indépendante, jouissant d'une personnalité juridique propre[1459]. A vocation universelle[1460] et permanente, la Cour pénale internationale est compétente à titre complémentaire[1461] pour juger les auteurs des crimes les plus graves, ayant une portée internationale, à savoir le crime de génocide, les crimes contre l'humanité, les crimes de guerre et le crime d'agression[1462]. Si la compétence *ratione temporis* de la Cour ne connaît pas de restriction pour le futur, elle ne s'exerce cependant qu'à l'égard de crimes commis après le 1er juillet 2002[1463], dans les conditions

1459 Article 4 du Statut de Rome. Néanmoins, la Cour a un lien étroit avec l'ONU puisque le Conseil de sécurité peut, en agissant en vertu du chapitre VII de la Charte des Nations Unies, renvoyer une situation au procureur ou lui demander de suspendre ses enquêtes ou poursuites. Un accord a d'ailleurs été conclu en ce sens entre la Cour et l'ONU. Voir CPI, *Accord négocié régissant les relations entre la Cour pénale internationale et l'Organisation des Nations Unies*, 4 octobre 2004, Doc. ICC-CPI-20041004-78.

1460 Potentiellement universelle, la Cour n'est compétente que si l'État sur le territoire duquel a été commis le crime, ou l'État dont la personne accusée de crime est un ressortissant, est partie au Statut de Rome ou a accepté la compétence de la Cour ; compétence pouvant être encore élargie à tout autre État si la situation est déférée au procureur par le Conseil de sécurité en vertu de l'article 13 c) du statut.

1461 Contrairement aux tribunaux pénaux internationaux *ad hoc*, la Cour pénale internationale ne se substitue pas aux juridictions nationales et ne prime pas sur elles. Elle leur est complémentaire. Au-delà de l'article 1 du Statut de Rome qui pose expressément le principe de la complémentarité, c'est l'article 17 qui en délimite les contours. Selon le principe, l'obligation de poursuivre les crimes relevant de la compétence de la Cour pénale internationale incombe au premier chef aux juridictions nationales. La Cour pénale internationale ne peut en principe être saisie qu'en ultime recours, en cas de carence d'un État, c'est-à-dire dès lors qu'elle constate que la justice nationale n'a ni la volonté, ni les moyens de mener à bien les poursuites. Voir *infra*, pp. 484-485.

1462 L'article 5 du Statut de Rome prévoit la compétence de la Cour à l'égard du crime d'agression, mais les États n'ayant pu se mettre d'accord en 1998 sur les éléments constitutifs de cette infraction, il a fallu attendre la Résolution RC/Res.6 du 11 juin 2010 pour que la Conférence de révision, réunie à Kampala, propose une définition par l'insertion de l'article 8*bis* au Statut de Rome. Dans tous les cas, la Cour n'exercera sa compétence à l'égard du crime d'agression qu'à partir du 1er janvier 2017 (Articles 15*bis* et 15*ter* du Statut de Rome).

1463 La compétence de la Cour n'est pas rétroactive. Dans l'hypothèse où un État devient partie au Statut après l'entrée en vigueur de celui-ci, la Cour ne peut exercer sa compétence qu'à l'égard des crimes commis après l'entrée en vigueur du Statut pour cet État, sauf déclaration de l'État concerné. Certes, en ratifiant le Statut de Rome, les États acceptent automatiquement la compétence de la CPI pour les crimes de génocide, les crimes contre l'humanité et les crimes d'agression. Mais ils gardent, sur le fondement de l'article 124 du Statut de Rome, la possibilité d'exclure pour une période de sept ans la compétence de la Cour en ce qui concerne les crimes de guerre. Ce qui a pour effet d'atténuer ou de relativiser les compétences *ratione materie* et *ratione temporis* de la Cour.

prévues par le Statut[1464]. Ce qui constitue une avancée historique dans l'élan international de lutte contre l'impunité. Les juges, le procureur et le greffier ont pris fonction en 2003. Les activités de la Cour ont commencé en 2004 et le premier procès a débuté le 26 janvier 2009.

La Francophonie a suivi avec beaucoup d'intérêt la mise en place de la Cour pénale internationale et continue à ce jour d'accompagner son fonctionnement. Cela non seulement parce que la Cour a indiscutablement enrichi le panorama institutionnel de la lutte contre l'impunité, mais encore parce que l'espace francophone se trouve lui-même directement saisi par sa juridiction. En effet, sur les neuf situations actuellement ouvertes devant la Cour[1465], quatre concernent des crimes commis sur les territoires d'États membres de la communauté francophone. Il s'agit de la République Démocratique du Congo[1466] qui a d'ailleurs inauguré l'activité contentieuse de la Cour, de la République

1464 L'exercice de sa compétence par la Cour pénale internationale obéit aux critères classiques de territorialité et de nationalité (article 12 du Statut de Rome). Elle peut être déclenchée, soit sur renvoi des États parties (article 14, alinéa 1 du Statut de Rome) ou du Conseil de sécurité agissant en vertu du chapitre VII de la Charte des Nations Unies (article 13 (b) du Statut de Rome), soit à l'initiative du procureur lui-même agissant *proprio motu*. Mais le renvoi d'une situation, qu'elle procède d'un État partie ou du Conseil de sécurité des Nations Unies, ne signifie pas automatiquement, l'ouverture d'une enquête, car le procureur n'est pas soumis à une obligation absolue de poursuivre. Il est libre dans le choix de l'exercice de poursuites et reste le *dominus* de l'action pénale internationale. En évaluant de manière autonome la situation, il apprécie librement l'opportunité des poursuites en tenant compte à la fois de l'existence d'une base raisonnable et des intérêts de la justice (article 53, alinéa 1 du Statut du Rome). Ce qui laisse tout de même subsister une zone grise dans le périmètre de laquelle le procureur doit s'efforcer de trouver une politique conciliant au mieux les exigences de la justice et celles de la paix. Sur la prise en compte de la dialectique entre la paix et la justice dans l'orientation de la politique du procureur, voir POITEVIN Arnaud, « La Cour Pénale Internationale : les enquêtes et la latitude du procureur », *Droits fondamentaux*, n° 4, janvier-décembre 2004, pp. 97-112.

1465 Il s'agit des situations de l'Ouganda, du Soudan, du Kenya, de la Lybie, de la République Démocratique du Congo, de la République centrafricaine, de la Côte d'Ivoire et du Mali.

1466 Le 3 mars 2004, le gouvernement de la République Démocratique du Congo a renvoyé au Procureur de la Cour pénale internationale la situation prévalant sur l'ensemble du territoire de son pays depuis l'entrée en vigueur du Statut de Rome. Le procureur a ainsi ouvert une enquête en 2004 d'abord en Ituri, puis en 2008 dans le Kivu. En mars 2006, Thomas Lubanga Dyilo, président de l'Union des patriotes congolais, a été le premier accusé, arrêté à la demande de la Cour. Il a été définitivement condamné le 1er décembre 2014 à 14 ans de prison, pour conscription et enrôlement d'enfants-soldats. En octobre 2007, Germain Katanga, de la Force de résistance patriotique en Ituri est à son tour transféré à la Cour. Le 23 mai 2014, il a été condamné par la chambre de première instance II à 12 ans de prison. La troisième affaire concerne Matthieu Ngudjolo Chui, membre de la force nationale intégrationniste. Arrêté en février 2008 et poursuivi pour crime de guerre et crimes contre l'humanité, il a été définitivement acquitté en première instance puis en appel le 27 février 2015. La Chambre préliminaire I ayant refusé le 16 décembre 2011, de confirmer les charges contre Callixte Mbarushimana, il a été remis en liberté le 23 décembre 2011. Bosco Ntaganda, ancien allié de Thomas Lubanga et chef d'état-major adjoint des forces patriotiques pour la libération du Congo (FPLC), s'est rendu volontairement à la Cour le 22 mars 2013. Les charges retenues contre lui ayant été confirmées, son procès s'est ouvert le 2 septembre 2015. Quant à Sylvestre Mudacumura, membre des Forces Démocratiques pour la Libération du Rwanda (FDLR), contre lequel la Cour a émis un mandat d'arrêt le 13 juillet 2012, il est toujours en fuite.

centrafricaine[1467], de la Côte d'Ivoire[1468] et du Mali[1469]. Si la Francophonie se trouve à travers ces situations, incontestablement saisie par la justice pénale

1467 En janvier 2005, par courrier adressé au procureur de la Cour pénale internationale, le gouvernement de la République centrafricaine a renvoyé à la Cour les crimes commis sur l'ensemble du territoire centrafricain depuis le 1er juillet 2002 (situation ICC-01/05). Cela pour une double raison. D'une part les autorités centrafricaines n'avaient pas les capacités juridictionnelles de juger ces crimes (appareil judiciaire défectueux, aucun engagement à poursuivre les responsables des criminels de guerre, absence de loi d'adaptation de la législation centrafricaine au Statut de Rome, etc.). D'autre part, les juridictions centrafricaines avaient elles-mêmes décliné leur compétence en soutenant que « *les crimes de sang, viols, assassinats, destruction des biens immobiliers et mobiliers, les pillages (...) consécutifs aux évènements de 2002, relèvent de la compétence de la Cour Pénale Internationale* » (Chambre d'accusation de la Cour d'appel de Bangui, 16 décembre 2004). Au terme de l'enquête ouverte en mai 2007, les charges contre Jean-Pierre Bemba sont confirmées le 15 juin 2009 par la deuxième chambre préliminaire de la CPI, estimant au regard des éléments de preuve qu'il y a des motifs substantiels de croire qu'il pourrait être responsable d'actes constitutifs de crimes de guerre et de crimes contre l'humanité, commis par ses troupes du Mouvement pour la libération du Congo, opérant en République centrafricaine. Il serait, dans cette affaire, responsable en tant que chef militaire sous le régime de la responsabilité pénale individuelle du supérieur hiérarchique. Son procès s'est ouvert le 22 novembre 2010 et l'affaire a été mise en délibéré. Par ailleurs, le 11 novembre 2014, la Chambre préliminaire II a confirmé, en partie, les charges contre Jean-Pierre Bemba Gombo, Aimé Kilolo Musamba, Jean-Jacques Mangenda Kabongo, Fidèle Babala Wandu et Narcisse Arido, avant de les renvoyer en procès pour des atteintes présumées à l'administration de la justice dans le contexte de l'affaire *Le Procureur c/ Jean-Pierre Bemba Gombo*. Le 21 octobre 2014, la Chambre préliminaire II avait ordonné la mise en liberté provisoire des quatre derniers. Le procès de ces cinq (5) coaccusés devrait s'ouvrir le 29 septembre 2015. En outre, le 24 septembre 2014, sur saisine des autorités centrafricaines, le bureau du procureur a ouvert une deuxième enquête concernant les crimes commis sur le territoire centrafricain depuis le 1er août 2012.

1468 Le 18 avril 2003, la Côte d'Ivoire a fait, en vertu de l'article 12-3 du Statut de Rome, une déclaration de reconnaissance de la compétence de la CPI et lui a renvoyé sa situation en raison de l'incapacité de la justice ivoirienne de faire face, seule, aux enjeux de la lutte contre l'impunité. Cette acceptation de la compétence de la Cour a été confirmée le 14 décembre 2010 et le 3 mai 2011. Le 15 février 2013, la Côte d'Ivoire ratifiait le Statut de Rome. Poursuivi pour crimes contre l'humanité, l'ancien Président Laurent Gbagbo a vu ses charges confirmées par la chambre préliminaire en juin puis en septembre 2014. Arrêté au Ghana avant d'être extradé en Côte d'Ivoire, puis transféré à la CPI, Charles Blé Goudé, ancien ministre de Laurent Gbagbo, est passé en comparution initiale le 27 mars 2014. Les charges retenues par le procureur contre lui ont été confirmées par la Chambre préliminaire en décembre 2014. Le 11 mars 2015, la Chambre de première instance I a fait droit à la demande du Procureur de joindre les affaires concernant Laurent Gbagbo et Charles Blé Goudé, afin d'assurer l'efficacité et la rapidité de la procédure. D'abord annoncée pour le 10 novembre 2015, l'ouverture de leur procès a finalement été reportée au 28 janvier 2016. En revanche, après avoir émis un mandat d'arrêt contre Simone Gbagbo le 29 février 2012, la Cour a plusieurs fois exigé son transfèrement aux autorités ivoiriennes qui, sur ce dossier, ont clairement refusé de coopérer avec la Cour. L'ancienne première dame a finalement été jugée et condamnée par la Cour d'assise d'Abidjan le 10 mars 2015 à 20 ans de prison ferme pour atteinte à la sûreté de l'État, participation à un mouvement insurrectionnel et trouble à l'ordre public. La décision a été attaquée en cassation. L'information judiciaire ouverte contre elle pour les crimes de sang auxquels elle aurait participé durant la crise post-électorale de 2010 est quant à elle toujours en cours.

1469 Après que le gouvernement du Mali a renvoyé la situation du pays à la Cour le 13 juillet 2012, le bureau du procureur a ouvert, le 16 janvier 2013, une enquête sur les crimes qui auraient été commis sur le territoire malien depuis janvier 2012. Arrêté et transféré à la CPI le 26 septembre 2015 grâce à la coopération des autorités nigériennes, Ahmad Al Faqi Al Mahdi est poursuivi pour des actes de

internationale, force est de remarquer que réciproquement, la Francophonie a su elle-même, auréolée de son engagement politique, se saisir du défi qu'incarne la Cour pénale internationale. Dès les premiers instants, l'OIF s'est mobilisée en faveur de cette Cour. Dans la Déclaration du Caire, les États francophones ont exprimé leur attachement à la lutte contre l'impunité en s'engageant à participer activement aux travaux relatifs à la création d'une cour criminelle internationale. Depuis l'adoption du Statut de Rome dont ils ont au reste fortement contribué à l'entrée en vigueur, les États francophones ont continuellement réaffirmé, dans les déclarations de Bamako (2000)[1470], de Saint-Boniface (2006) et de Paris (2008), la nécessité de soutenir le développement de la justice pénale internationale, comme instrument majeur de protection des droits de l'Homme, de lutte contre l'impunité et de rétablissement de la paix et de l'État de droit. A cette fin, la Francophonie conduit concrètement deux types d'actions. Les premières visent à promouvoir le rôle de la Cour auprès des États (A), alors que les secondes s'efforcent de consolider la relation institutionnelle entre la Francophonie et la Cour (B).

A. Une démarche rationnalisée de promotion de la Cour auprès des États

Dans sa démarche de promotion du rôle et de l'importance de la Cour pénale internationale, l'OIF se positionne à un double niveau. D'un côté, elle plaide pour une plus large ratification du Statut de Rome et de l'autre, elle aide utilement à une meilleure appropriation de son contenu.

Depuis le Sommet de Moncton tenu en septembre 1999 et au terme duquel les États francophones étaient invités à adhérer massivement au Statut de Rome afin d'en accélérer l'entrée en vigueur[1471], l'OIF n'a cessé de renouveler son appui à la Cour pénale internationale et de plaider auprès de ses États membres pour une ratification généralisée de son Statut. A ce niveau, le plaidoyer francophone aura été fort utile puisque le premier pays au monde à avoir ratifié le Statut de Rome était un État francophone, à savoir le Sénégal[1472]. La Francophonie peut naturellement s'en féliciter tant, de manière générale, la mobilisation de ses États aura été décisive à l'entrée en vigueur de ce Statut. Trois mois après l'entrée en

---

destruction de monuments historiques et religieux commis en 2012 et constitutifs de crimes de guerre. L'audience de confirmation de ces charges est prévue pour le 18 janvier 2016.

1470 OIF, *Déclaration Bamako,* adoptée par les Ministres et chefs de délégation des États et gouvernements des pays ayant le français en partage lors du « Symposium international sur le bilan des pratiques de la démocratie, des droits et des libertés dans l'espace francophone », 3 novembre 2000. Article 22.

1471 OIF, *Plan d'action de Moncton,* VIIIe Conférence des chefs d'État et de gouvernement des pays ayant le français en partage, Moncton, 5 septembre 1999.

1472 La Sénégal a ratifié le Statut de Rome le 2 février 1999.

vigueur du Statut de Rome, le Sommet de Beyrouth[1473] a été l'occasion pour la Francophonie de saluer la mise en place de la Cour, et de renouveler, à l'égard de ses États membres, son plaidoyer pour une ratification aussi large que possible du Statut de la Cour. Tout en condamnant les génocide, crimes de guerre et crimes contre l'humanité, les chefs d'État et de gouvernement des pays ayant le français en partage se sont engagés, à travers le soutien à la Cour pénale internationale, à s'inscrire résolument dans l'élan international de lutte contre l'impunité des auteurs de tels crimes. Cette mobilisation francophone en faveur de la ratification du Statut de Rome a, par la suite, été systématiquement renouvelée notamment dans les déclarations de Bamako, de Saint-Boniface et de Paris. Dans le dispositif institutionnel francophone, c'est au Secrétaire Général qu'il appartient d'impulser le travail de persuasion auprès des chefs d'État et de gouvernement, pour qu'ils mettent leurs droits positifs internes en conformité avec les textes internationaux auxquels ils ont souscrit. Au-delà de la simple adhésion au bloc normatif de référence en matière de protection internationale des droits de l'Homme et de lutte contre l'impunité, il incombe surtout aux États, pour parfaire leurs engagements, de l'intégrer méthodiquement à leurs corpus législatifs nationaux. C'est la raison pour laquelle, convaincus de ce besoin, les États francophones se sont engagés dans la Déclaration de Ouagadougou[1474], à s'assister réciproquement et à mutualiser leurs expériences afin de faciliter la ratification et la mise en œuvre des instruments juridiques internationaux de protection des droits de l'Homme et de lutte contre l'impunité. Ainsi, au-delà de ses appels à ratification, l'OIF accompagne ses États membres en leur apportant toute l'assistance technique nécessaire à la mise en adéquation de leurs législations internes avec les exigences normatives du Statut de Rome. C'est ainsi qu'en facilitant la mise en commun des expertises, la Francophonie aide à la transposition en droit interne des dispositions du Statut de Rome en vue de garantir leur opérationnalité et leur efficacité. Elle conseille les États et articule ses interventions autour de séminaires de sensibilisation, d'ateliers de travail et de manuels pratiques d'information. L'OIF a par exemple apporté son soutien financier aux autorités camerounaises pour l'organisation d'un séminaire de sensibilisation sur la Cour pénale internationale en février 2001[1475]. Elle a soutenu

---

1473 OIF, *Déclaration de Beyrouth*, IXe Conférence des chefs d'État et de gouvernement des pays ayant le français en partage, Beyrouth, 20 octobre 2002.

1474 OIF, *Déclaration de Ouagadougou*, Xe Conférence des chefs d'État et de gouvernement des pays ayant le français en partage, Ouagadougou, 27 Novembre 2004.

1475 Séminaire sous-régional d'information et de sensibilisation sur le thème « Les pays de la Communauté économique des États d'Afrique centrale et la Cour pénale internationale : enjeux et perspectives », Yaoundé (Cameroun), 13 au 15 février 2001. Ce séminaire a été organisé par le gouvernement camerounais avec l'appui technique et logistique des Ministères français des Affaires Étrangères et de la Justice, de L'Agence intergouvernementale de la Francophonie et du programme canadien d'assistance technique pour la Cour pénale internationale. Les travaux ont regroupé des participants venus notamment du Burundi, du Cameroun, de la République centrafricaine, du Congo,

financièrement la conférence des experts nationaux sur la ratification et la mise en œuvre du Statut de Rome instituant la Cour pénale internationale, tenue à Kinshasa, en décembre 2001[1476]. Elle a également organisé un séminaire sur la ratification et la mise en œuvre du Statut de Rome, à Maurice, du 27 au 29 mai 2002[1477]. La même année, l'OIF a financé, à l'initiative d'organisations de la société civile, deux séminaires nationaux de sensibilisation à la ratification du Statut de Rome en République Démocratique du Congo et au Burundi[1478]. Elle a aussi soutenu l'édition d'un ouvrage sur la mise en œuvre du Statut de Rome au Sénégal.

Toutes ces actions intervenues dans la foulée de l'entrée en vigueur du Statut de Rome avaient certainement pour objectif de maintenir la mobilisation francophone et de l'inscrire efficacement dans le mouvement de réforme insufflé par la mise en place de la Cour pénale internationale, en vue de créer les conditions d'une articulation optimale des compétences aux niveaux national et international. A ce jour, cinquante-six (56) États membres ou observateurs de la Francophonie sont parties au Statut de Rome, ce qui est révélateur de la tendance francophone clairement favorable à la juridiction de la Cour. Pour autant, l'adhésion des États francophones à cet instrument international de lutte contre l'impunité reste perfectible. Plus d'un tiers des États membres de la Francophonie n'a toujours pas reconnu la compétence de la Cour. Aujourd'hui, vingt-trois (23) États membres de plein droit ou membres observateurs[1479] de la Francophonie n'ont pas ratifié le Statut de Rome. Le Vietnam par exemple, 17 ans après avoir voté contre la création de la Cour[1480], fait partie des pays membres de l'OIF n'ayant toujours pas reconnu sa compétence. En ce qui concerne l'adhésion au Statut de Rome, l'autre bémol est que les amendements apportés à cet instrument en 2010, lors de la Conférence de révision tenue à Kampala, n'ont fait l'objet que de très peu de ratifications dans l'espace francophone. L'amendement à l'article

---

de la République démocratique du Congo, du Gabon, de la Guinée équatoriale, du Rwanda, de Sao Tomé-et-Principe et du Tchad.

1476 OIF, *Déclaration de Kinshasa*, XIVe Conférence des chefs d'État et de gouvernement des pays ayant le français en partage, Kinshasa, 14 octobre 2012.

1477 L'Agence intergouvernementale de la Francophonie en partenariat avec l'Action Mondiale des Parlementaires, a organisé du 27 au 29 mai 2002, à Maurice, un Séminaire sur la ratification et la mise en œuvre du statut de la Cour pénale internationale. Ce séminaire a vu la participation de représentants des gouvernements, des Parlements et de la société civile de neuf (9) États francophones de l'Océan indien et d'Afrique centrale, de l'Est et du Nord (Burundi, Comores, Djibouti, Égypte, Madagascar, Maroc, Maurice, Rwanda et Seychelles).

1478 En partenariat notamment avec la ligue burundaise des droits de l'Homme (*Itéka*).

1479 Arménie, Cameroun, Comores, Égypte, Émirats Arabes Unis (observateur), ex-République yougoslave de Macédoine, Guinée-Bissau, Guinée Équatoriale, Haïti, Laos, Liban, Maroc, Mauritanie, Moldavie, Mozambique, Qatar (associé), Rwanda, Sao Tome et Principe, Thaïlande (observateur), Togo, Ukraine (observateur), Vietnam.

1480 A côté des États-Unis, de l'Inde, de la Chine, d'Israël, de Bahreïn et du Qatar.

8[1481] et celui sur le crime d'agression[1482] n'ont été ratifiés chacun que par treize (13) États francophones sur les vingt-quatre (24) et vingt-trois (23) États respectivement liés à ce jour. Les efforts restent donc ici encore à parfaire tant à l'égard du texte de base que de ses amendements, pour assurer l'universalité de la Cour pénale internationale dans l'espace francophone. La Francophonie doit ainsi, avec patience et méthode, poursuivre auprès des États membres son plaidoyer constant en faveur non seulement de la ratification du Statut de Rome, mais aussi de son appropriation. Sur ce point, la Francophonie a bien compris que la domestication des mécanismes et enjeux de la justice pénale internationale passe par la formation des praticiens du droit et de tous les acteurs nationaux ou internationaux pouvant être directement concernés. Pour citer quelques actions concrètes à ce niveau, notons que la Francophonie a par exemple pris en charge, en juin 2002, la participation d'un représentant du Barreau du Burundi à la Conférence de Montréal instituant le Barreau Pénal International (BPI), ainsi qu'à une réunion du Conseil du Barreau pénal international à La Haye, en avril 2004. En décembre 2009, l'OIF accompagné la Cour pénale internationale dans l'organisation d'un séminaire sous-régional de formation, tenu à Dakar sur les enjeux et perspectives de la justice pénale internationale[1483]. Ce séminaire qui avait pour objet d'inciter l'ensemble des partenaires à remplir leurs obligations de coopérer, s'adressait aux représentants des ministères de la justice, des ministères des affaires étrangères et des barreaux d'États francophones d'Afrique de l'Ouest[1484]. Dans la même perspective, l'OIF a organisé deux autres séminaires sous-régionaux de sensibilisation et de formation aux spécificités du fonctionnement de la Cour Pénale Internationale en Afrique centrale[1485] et en Afrique du Nord[1486]. Elle a par ailleurs accompagné la Cour pénale internationale

---

1481 L'amendement à l'article 8 du Statut de Rome de la Cour pénale internationale, adopté le 10 juin 2010 et entré en vigueur le 26 septembre 2012, a été ratifié dans l'espace francophone par Andorre, l'Autriche, la Belgique, la Croatie, l'Estonie, la Lettonie, le Luxembourg, Maurice, la Pologne, la République Tchèque, la Slovaquie, la Slovénie et l'Uruguay.

1482 L'amendement sur le crime d'agression du Statut de Rome de la Cour pénale internationale, adopté le 11 juin 2010, a été ratifié dans l'espace francophone par Andorre, l'Autriche, la Belgique, la Croatie, l'Estonie, la Géorgie, la Lettonie, le Luxembourg, la Pologne, la République Tchèque, la Slovaquie, la Slovénie et l'Uruguay

1483 OIF, CPI, « *Regards croisés sur les enjeux et perspectives de la justice pénale internationale : la Cour pénale internationale et les juridictions nationales* », Dakar, 7-11 décembre 2009.

1484 Bénin, Burkina Faso, Côte d'Ivoire, Guinée, Niger, Mali, Togo et Sénégal.

1485 OIF, CPI, « *Regards croisés sur les enjeux et perspectives de la justice pénale internationale : la Cour pénale internationale et les juridictions nationales* », Yaoundé, 4-8 octobre 2010. Ce séminaire s'adressait aux représentants des ministères des affaires étrangères et de la justice, aux avocats, aux juges et aux représentants de la société civile du Burundi, du Congo, du Cameroun, du Gabon, de la République centrafricaine, de la République démocratique du Congo et du Tchad.

1486 OIF, CPI, « *Regards croisés sur les enjeux et perspectives de la justice pénale internationale : la Cour pénale internationale et les juridictions nationales* », Tunis, septembre 2011.

dans son processus de dialogue et d'échange avec l'Union Africaine à travers l'organisation de séminaires conjoints. A cet égard l'OIF a apporté, en juillet 2011[1487] et en octobre 2012[1488], son soutien financier à l'organisation, à Addis-Abeba (Éthiopie), des séminaires conjoints de l'Union africaine et de la Cour pénale internationale, sur les aspects techniques du Statut de Rome et la pratique de la CPI. Organisés à l'intention de représentants de la Commission de l'Union africaine et des conseillers juridiques des délégations permanentes des États membres de l'Union africaine, ces séminaires avaient pour objectifs de renforcer les capacités des juristes et décideurs des États parties à la Cour et d'améliorer ainsi la coopération entre les professionnels du droit et la Cour pénale internationale. Toutes ces actions montrent bien que la Francophonie s'est appropriée l'enjeu fondamental de lutte contre l'impunité des crimes internationaux. Pour elle, l'adhésion à la Cour pénale internationale relève d'un engagement à la fois politique et juridique, d'un engagement en faveur d'un système de valeurs universelles, qui, au demeurant, reste parfaitement compatible avec la souveraineté des États.

Dans un contexte où la légitimité et la politique de la Cour sont de plus en plus questionnées, voire contestées, en Afrique notamment, la Francophonie doit continuer à sensibiliser ses États membres non seulement pour provoquer de nouvelles adhésions et ratifications, mais encore pour éviter le retrait des États déjà liés. Car nonobstant les critiques foisonnantes dont elle fait l'objet, notamment celles relatives à son instrumentalisation, la Cour demeure un mécanisme indispensable à la mise en œuvre du droit international humanitaire, tant par son caractère répressif, que par son effet dissuasif. C'est la raison pour laquelle, au-delà du travail essentiel de promotion de la Cour pénale internationale auprès des États, la Francophonie a fait le choix de tisser, avec la Cour, des liens institutionnels privilégiés.

B. Une relation consolidée avec la Cour

Mue par les convictions et les valeurs qui l'avaient portée à soutenir les travaux des juridictions pénales internationales *ad hoc*, l'OIF a, dès le départ et jusqu'à aujourd'hui, exprimé son indéfectible attachement à l'existence d'une justice pénale internationale permanente. Cet engagement s'est traduit dans les faits aussi bien par sa participation active aux différentes négociations sur la Cour, que par la récente rénovation de son partenariat avec elle.

1487 CPI, UA, Séminaire sur les aspects techniques du statut de Rome, Addis-Abeba, 18-19 juillet 2011.

1488 CPI, UA, Séminaire sur les aspects techniques du statut de Rome, Addis-Abeba, 17-18 octobre 2012.

L'OIF s'est particulièrement impliquée dans la création de la Cour pénale internationale. Elle s'est, dès les premiers instants, ainsi qu'en témoignent notamment les déclarations et Plan d'action du Caire, d'Hanoi[1489] et de Bamako, mobilisée en faveur d'une juridiction pénale internationale permanente. Dès la fin des années 1990, convaincue du fait que la création d'une juridiction pénale internationale permanente contribuerait de façon significative à la promotion de l'État de droit, la Francophonie n'a cessé de s'y impliquer, en assistant et en appuyant la présence des délégations francophones aux négociations initiées par le Comité préparatoire des Nations Unies, en vue de l'élaboration du Statut de Rome et du Règlement de procédure et de preuve de la Cour.

Depuis l'adoption du Statut de Rome en 1998, la Francophonie a, de manière constante, porté une attention singulière à la question de l'effectivité de la justice internationale et a maintes fois réaffirmé son attachement à la lutte contre l'impunité comme garantie de paix, de sécurité et de renforcement de l'État de droit. En 2000, la Francophonie a participé aux négociations de Syracuse[1490] et de New York[1491] destinées à harmoniser et à valoriser les positions francophones au sujet notamment des éléments de crimes et de la place des victimes dans le procès pénal international. Toujours en ce qui concerne la participation aux négociations internationales sur la CPI, une délégation francophone a pris part, en juin 2010, aux négociations de la première Conférence de révision du Statut de Rome, tenue à Kampala[1492]. En novembre 2013, la Francophonie a participé à travers son Secrétaire général d'alors, à la douzième session de l'Assemblée des États parties au Statut de Rome (AEP). Ce fut pour Abdou Diouf l'occasion de rappeler que « *la lutte contre l'impunité est un impératif pour tous ceux qui croient dans l'universalité de ces valeurs fondamentales que sont la démocratie et les droits de l'Homme* »[1493]. En décembre 2014, la Francophonie a aussi, conformément au point 6(c) de la Déclaration de Paris (2008), appuyé la candidature et favorisé l'élection de Sidiki Kaba, avocat et actuel ministre sénégalais de la justice, à la présidence de l'Assemblée des États parties[1494]. Par ailleurs, sur les dix-huit juges

1489 OIF, *Plan d'action francophone en faveur de la justice, de l'État de Droit, de la Démocratie et du développement (1996 – 2000)*, Le Caire, 1er novembre 1995 ; *Plan d'action d'Hanoi*, VIIe Conférence des chefs d'État et de gouvernement des pays ayant le français en partage, 16 novembre 1997.

1490 Comme plusieurs autres, la Conférence de Syracuse avait pour objet la discussion des éléments constitutifs des crimes relevant de la compétence de la CPI. Syracuse (Italie), 30 janvier - 5 février 2000.

1491 Commission Préparatoire de la Cour Pénale Internationale, Quatrième session, New York, 13-31 mars 2000.

1492 CPI, Conférence de révision du Statut de Rome, Kampala (Ouganda), 31 mai - 11 juin 2010.

1493 DIOUF Abdou, Extrait du discours prononcé à l'ouverture de la douzième session de l'Assemblée des États parties au Statut de Rome de la Cour pénale internationale, La Haye, 20 novembre 2013. En ligne : http://www.francophonie.org/Discours-de-M-Abdou-Diouf-a-La.html.

1494 Cette treizième session de l'Assemblée des États Parties (AEP) s'est tenue au siège des Nations Unies à New York du 8 au 17 décembre 2014.

siégeant actuellement à la CPI, sept sont originaires d'États membres ou observateurs de l'OIF[1495]. Tout ceci révèle là encore la volonté de la communauté francophone de jouer un rôle majeur dans la mobilisation internationale en faveur de la lutte contre l'impunité des crimes graves. La Francophonie prend donc une part active à la réflexion et au débat autour de la Cour pénale internationale, à laquelle elle reste étroitement attachée, et avec laquelle elle a renforcé et rénové au fil des années, son partenariat.

La recherche constante d'effectivité de la justice pénale internationale a conduit la Francophonie institutionnelle à formaliser son partenariat avec la Cour pénale internationale en signant solennellement avec elle, le 28 septembre 2012, un accord-cadre de coopération, dessinant désormais un cadre global et pérenne de collaboration entre les deux institutions. Par cet accord, l'OIF et la Cour pénale internationale conviennent de mettre en œuvre des actions conjointes afin de promouvoir le droit international humanitaire. Dans cette perspective, les deux organisations entendent renforcer le partage et l'échange réciproque d'informations et s'inviter mutuellement à leurs réunions et conférences, pour développer ainsi des synergies entre leurs organes respectifs. Le but est aussi ici, pour renforcer le dispositif international de lutte contre l'impunité, de conforter la présence et l'expression de la diversité des cultures juridiques dans le fonctionnement de la Cour. Pour l'OIF, la démarche obéit à la volonté de mettre tout en œuvre pour rendre intelligible le système mis en place par le Statut de Rome et inciter ses États à y souscrire et à y participer de manière effective.

Sous le bénéfice des observations ci-avant esquissées, l'on peut s'autoriser à penser, sans exagérer que la Francophonie a particulièrement intériorisé l'enjeu de la justice pénale internationale. Mais au-delà de ce *satisfecit*, il importe de souligner que les efforts restent à parfaire dans l'encouragement et l'accompagnement des États. Pour le triomphe de l'État de droit sur la barbarie, l'Organisation Internationale de la Francophonie doit donc maintenir sa mobilisation à l'égard de la justice pénale internationale et au-delà, à l'égard de tous les instruments juridiques internationaux de lutte contre l'impunité.

1495 Il s'agit, pour la section d'appel, de la Belge Christine Van Den Wyngaert et du Polonais Piotr Hofmański, pour la section de première instance de Olga Venecia Del C. Herrera Carbuccia (République dominicaine) et de Robert Fremr (République tchèque), et pour la section préliminaire du Français Marc Perrin De Brichambaut, du Congolais (RDC) Antoine Kesia-Mbe Mindua et du Hongrois Péter Kovács.

Section II. Le plaidoyer pour la ratification des instruments juridiques internationaux de lutte contre l'impunite

Parallèlement à l'émergence de la justice pénale internationale, dont la Francophonie a suivi avec attention les évolutions les plus marquantes, s'est progressivement développé un véritable droit international pénal, délimitant les contours normatifs de l'infraction internationale et définissant en amont les modalités de sa sanction. Le bloc normatif de référence encadrant la justice pénale internationale rencontre l'adhésion de la plupart des États démocratiques modernes, y compris ceux de l'espace francophone. Mais il ne s'agit pas uniquement pour les États de souscrire par principe à ce corps de règles imprégnant désormais le discours ambiant des droits de l'Homme dans les relations internationales. Il s'agit surtout pour eux de l'intégrer à leurs corpus législatifs nationaux pour le rendre opérationnel et assurer ainsi l'effectivité du dispositif international de lutte contre l'impunité. La Francophonie est bien consciente de cette réalité. C'est pourquoi, par-delà son soutien aux juridictions pénales internationales, elle s'attache à plaider auprès de ses États membres pour qu'ils résorbent leurs carences législatives et se mettent à la hauteur des enjeux de la construction d'un espace pénal international de lutte contre l'impunité.

C'est la Déclaration de Bamako qui, en tant que qu'instrument normatif de référence, fixe le cadre général sur lequel reposent les jalons de l'engagement francophone en faveur de la paix et de l'État de droit. Dans ce texte, au titre de leur engagement en faveur de la promotion d'une culture démocratique et du plein respect des droits de l'Homme, les États francophones se sont engagés à ratifier les principaux instruments internationaux et régionaux relatifs aux droits de l'Homme et à s'assurer de leur mise en œuvre effective[1496]. De manière plus spécifique, pour soutenir la lutte contre l'impunité, ils se sont engagés à prendre toutes les mesures afin de poursuivre et de sanctionner les auteurs de violations graves des droits de l'Homme. Sur ce point, le Programme d'action[1497] qui opérationnalise les objectifs de Bamako invite de manière générale les États à honorer et à parfaire leurs engagements internationaux en faveur des droits de l'Homme, en mettant un accent particulier sur ceux destinés à organiser la répression des crimes internationaux. A côté de la Déclaration de Bamako, la Déclaration de Saint-Boniface réaffirme de manière plus spécifique l'appropriation francophone des enjeux de la lutte contre l'impunité. Adoptée le

---

1496 OIF, *Déclaration Bamako*, adoptée par les Ministres et chefs de délégation des États et gouvernements des pays ayant le français en partage lors du « Symposium international sur le bilan des pratiques de la démocratie, des droits et des libertés dans l'espace francophone », 3 novembre 2000, Article 21.

1497 OIF, *Programme d'action de Bamako*, IXe Conférence des chefs d'État et de gouvernement des pays ayant le français en partage, Beyrouth, 20 octobre 2002.

14 mai 2006 par la Conférence ministérielle sur la prévention des conflits et la sécurité humaine, la Déclaration de Saint-Boniface est venue consolider le dispositif de Bamako en tant qu'instrument privilégié d'observation et de prévention des conflits dans l'espace francophone. Elle a enrichi le lexique politique francophone des exigences montantes de sécurité humaine et de responsabilité de protéger. En soulignant la nécessité de promouvoir de manière générale le respect des droits de l'Homme et du droit international humanitaire, les États se sont engagés à prévenir et à sanctionner les violations graves ou massives de ces droits, en traduisant en justice toute personne qui les méconnaîtrait gravement. Pour ce faire, la Conférence appelait solennellement à la ratification de tous les instruments internationaux et régionaux de lutte contre l'impunité et invitait l'OIF à renforcer, en tant que de besoin, son assistance aux États pour leur permettre d'assumer les obligations prévues par le Statut de Rome. Cet appel à ratification a été ensuite renouvelé en des termes quasi identiques en 2010 au Sommet de Montreux, puis en octobre 2012 au Sommet de Kinshasa[1498]. Fidèles aux valeurs francophones, les Déclarations de Montreux et de Kinshasa encourageaient elles aussi les processus de ratification des principaux textes internationaux relatifs aux droits de l'Homme. La lecture croisée de ces différents textes francophones permet ainsi d'observer que le plaidoyer de l'OIF en faveur de la ratification des principaux instruments juridiques internationaux de lutte contre l'impunité opère non seulement en faveur des prescriptions du droit international humanitaire (§ 1), mais encore à l'égard des conventions entrant plus largement dans le champ d'application du droit international pénal (§ 2).

§ 1. Les prescriptions du droit international humanitaire

Le droit international humanitaire désigne l'ensemble des règles juridiques qui organisent, au plan international, la protection de la personne humaine en situation de crise. Ce droit a vocation à limiter les effets des conflits armés internes ou internationaux, en protégeant les personnes qui ne participent pas ou plus aux combats et en restreignant les moyens et méthodes de guerre. D'origine conventionnelle ou coutumière, les règles du droit humanitaire font aujourd'hui partie des normes impératives du droit international et marquent la détermination de la communauté universelle des États à garantir le respect des droits individuels et collectifs même dans le conflit. L'on comprend alors que le droit international humanitaire et les droits de l'Homme sont deux disciplines certes distinctes, mais complémentaires, l'une destinée à s'appliquer en situation

1498 OIF, *Déclaration de Kinshasa*, XIVe Conférence des chefs d'État et de gouvernement des pays ayant le français en partage, Kinshasa, République Démocratique du Congo, 14 octobre 2012, Point 32.

ordinaire, et l'autre réputée intervenir dans le contexte d'un conflit armé, qu'il soit international ou non.

Dans le cadre de son engagement politique en faveur du droit et de la justice, l'Organisation Internationale de la Francophonie (OIF) s'est également appropriée les enjeux du droit international humanitaire. En raison des nombreux conflits qui touchent notamment les États francophones d'Afrique, la Francophonie est, de toute évidence, particulièrement sensible à ces enjeux car c'est bien dans le cadre conflictuel que sont commises les violations les plus graves et les plus infamantes des droits de l'Homme. S'il est vrai que la Déclaration de Bamako ne fait pas expressément référence à la notion de droit international humanitaire, il n'en demeure pas moins que celle-ci prend en compte cet ensemble de normes destiné somme toute à garantir les droits de l'Homme même en période de conflit armé. Mais c'est véritablement avec la Déclaration de Saint-Boniface que les États francophones vont rapprocher les droits de l'Homme du conflit, pour affirmer avec plus de précision leur sensibilité à l'égard du droit international humanitaire. En s'appropriant le concept émergent de sécurité humaine, proclamé par l'ONU à l'occasion du Sommet du millénaire, la Déclaration de Saint-Boniface consacre le principe de la responsabilité de protéger. Si cette responsabilité implique la protection des populations contre les crimes internationaux, elle appelle aussi conséquemment la poursuite en justice des auteurs de tels actes[1499]. La justice pénale internationale pour laquelle la Francophonie se mobilise, est donc un corollaire du droit international humanitaire puisqu'elle en sanctionne l'inobservation. A travers la Déclaration de Saint-Boniface, la Francophonie se convertit à proprement parler au droit humanitaire[1500] en saisissant parfaitement les liens à la fois subtiles et irréductibles qui le rattachent aux droits de l'Homme et aux enjeux de la lutte contre l'impunité. Pour la Francophonie, les enjeux de la promotion du droit international humanitaire, en tant qu'élément du dispositif normatif de lutte contre l'impunité, se situent essentiellement à deux niveaux. Ils invitent, tout en plaidant en faveur de la ratification des principales sources du droit international humanitaire classique (A), à accorder une attention toute particulière à la protection juridique des catégories les plus vulnérables en période de conflit (B).

1499 OIF, *Déclaration de Saint-Boniface sur la prévention des conflits et la sécurité humaine*, Conférence ministérielle, 14 mai 2006, § 2.

1500 *Ibid.*, § 27 ; OIF, *Déclaration de Paris*, IVe Conférence des ministres francophones de la justice, 14 février 2008, § 2(b).

A. L'adhésion francophone aux règles générales du droit international humanitaire

Le droit international humanitaire forme un pilier essentiel de la sécurité humaine, au cœur des préoccupations francophones. Il repose en fait sur un ensemble de règles qui tendent à limiter les effets des conflits armés au strict minimum. Construit autour des principes de nécessité et d'humanité, le droit international humanitaire vise à tempérer la tendance à la guerre totale. Outre l'encadrement du droit de faire la guerre (*jus ad bellum*)1501, sa finalité est de fixer les limites au-delà desquelles les affrontements ne doivent pas aller, afin de réduire leurs excès, leurs débordements et leurs outrances (*jus in bello*)1502. Pour ce faire, les règles du droit international humanitaire limitent les moyens et méthodes de combats. Elles proscrivent les attaques contre les populations civiles et fixent les règles relatives à la protection des victimes et des prisonniers de guerre. Elles déterminent enfin le régime de protection de l'environnement ainsi que des biens civils, culturels et cultuels.

Les États francophones, qui ont formellement exprimé dans la Déclaration de Saint-Boniface leur attachement à ces règles du droit international humanitaire, les ont-ils concrètement transposées dans leurs ordonnancements juridiques internes ? La démarche consistera ici à jauger l'efficacité du plaidoyer francophone en faveur de la ratification, d'une part du droit de Genève destiné à assurer de manière générale la protection des individus ne participant pas ou plus aux hostilités (1) ; et d'autre part des traités relatifs à la restriction et au contrôle des moyens et méthodes de guerre auxquels peuvent recourir les belligérants (2).

1. Les Conventions de Genève et leurs Protocoles additionnels

Les Conventions de Genève et leurs Protocoles additionnels sont au cœur du dispositif normatif autour duquel se développe le droit international humanitaire. C'est le 12 août 1949, qu'ont été adoptées les quatre Conventions de Genève portant respectivement sur l'amélioration du sort des blessés et des malades dans les forces armées en campagne (I)[1503] ; l'amélioration du sort des blessés, des

---

1501 Cette branche du droit humanitaire renvoyant plus exactement au droit des conflits armés, définit les règles relatives à l'ouverture des hostilités, aux effets du commencement de la guerre et à la fin de la guerre. Elle s'intéresse aussi aux techniques de limitation des armements.

1502 Le droit dans la guerre réglemente la conduite des hostilités, en déterminant les espaces, les biens et les personnes protégées, en limitant les moyens de combat autorisés et en organisant enfin la sanction de la violation de ces règles. Voir BETTATI Mario, *Droit humanitaire*, Paris, Seuil, 2000, pp. 25 et ss.

1503 Cette convention succède à celles adoptées en 1864, 1906 et 1929. Avec ses 64 articles, la convention assure non seulement la protection des blessés et des malades, mais encore celle du personnel sanitaire et religieux et des unités et moyens de transport sanitaires dont elle reconnaît les emblèmes distinctifs.

malades et des naufragés des forces armées sur mer (II)[1504] ; le traitement des prisonniers de guerre (III)[1505] ; et enfin la protection des personnes civiles en temps de guerre (IV)[1506]. Entrées en vigueur le 21 octobre 1950, ces conventions aménagent un régime de protection aussi bien pour les combattants que pour les non-combattants. Alors que les premiers n'ont droit à une protection que dès lors qu'ils sont blessés ou faits prisonniers, les seconds doivent, quant à eux, en tout temps être épargnés des horreurs de la guerre. Tous les États et gouvernements membres et observateurs de l'OIF ont ratifié ces quatre (4) Conventions désormais universellement applicables[1507].

Par ailleurs, en réponse à la recrudescence des conflits armés internes et des guerres de libération nationale, deux Protocoles additionnels aux Conventions de Genève ont été adoptés le 8 juin 1977. Ces Protocoles ont eux aussi été largement intégrés dans la sphère juridique francophone. Le premier relatif à la protection des victimes des conflits armés internationaux a été ratifié par tous les États et gouvernements membres de plein droit de la Francophonie[1508]. Le second relatif à la protection des victimes des conflits armés non internationaux[1509] a, lui aussi, été ratifié par tous les États membres de la Francophonie[1510], à l'exception du Vietnam. Le Kosovo et la Thaïlande, membres observateurs de la Francophonie, n'ont quant à eux, ratifié aucun de ces deux Protocoles.

Au titre de la déclaration prévue par l'article 90 du Protocole I, il convient de souligner qu'à ce jour, sur les soixante-quinze (75) États ayant déclaré accepter la compétence de la Commission internationale humanitaire d'établissement des faits, trente-deux (32) appartiennent à la communauté francophone[1511]. Officiellement instituée en 1991, cette Commission soutenue par les Nations Unies est un organe permanent dont la mission est d'effectuer des enquêtes

---

1504 La deuxième convention remplace la Convention de La Haye de 1907 pour adapter à la guerre maritime les principes des Conventions de Genève.

1505 La troisième convention remplace la Convention sur les prisonniers de guerre de 1929. Elle définit de manière plus précise les conditions et le régime de captivité.

1506 La quatrième convention définit les obligations de la puissance occupante à l'égard de la population civile. Elle encadre de manière détaillée les secours humanitaires en faveur des populations en territoire occupé.

1507 Il faut souligner cependant que certaines de leurs dispositions ont fait l'objet de réserves de la part de l'Albanie, du Vietnam et de la Guinée-Bissau.

1508 Avec des réserves formulées par la Belgique, le Canada, l'Égypte, la France, la Grèce, Maurice et l'ex-République yougoslave de Macédoine.

1509 Jusqu'à l'adoption de ce Protocole, l'article 3, commun aux quatre Conventions de Genève de 1949, était la seule disposition applicable dans les conflits armés non-internationaux.

1510 Avec des réserves du Canada, de l'Égypte, de la France et de Maurice.

1511 Belgique, Bosnie, Bulgarie, Burkina Faso, Canada, Cap-Vert, Costa Rica, Croatie, Estonie, Grèce, Guinée, Hongrie, Laos, Macédoine, Lituanie, Luxembourg, Madagascar, Mali, Monaco, Pologne, République Démocratique du Congo, Monténégro, République Tchèque, Roumanie, Rwanda, Serbie, Slovaquie, Slovénie, Suisse, Togo, Ukraine, Uruguay.

concernant des violations graves du droit international humanitaire ou de prêter ses bons offices pour le retour à l'observation des dispositions des Conventions de Genève et du Protocole I. Mais ce mécanisme international de suivi de l'observation des règles du droit humanitaire ne peut mener d'enquête sans le consentement des États concernés. L'OIF doit donc à ce niveau continuer à inciter davantage ses États parties au Protocole I, qui ne l'ont pas encore fait, à reconnaître par voie déclaratoire la compétence de cette Commission pour une meilleure protection des victimes des conflits armés internationaux dans l'espace francophone.

Enfin, le 8 décembre 2005 a été adopté le Protocole additionnel III aux Conventions de Genève relatif à l'adoption d'un signe distinctif supplémentaire. Environ dix ans après son adoption, ce protocole a fait l'objet de vingt-neuf (29) ratifications dans l'espace francophone. La Belgique, la Bosnie-Herzégovine, le Burkina Faso, le Burundi, le Cap-Vert, le Congo, Haïti, Madagascar, la Roumanie et le Togo ont signé ce protocole mais ne l'ont pas encore ratifié. La Francophonie doit donc poursuivre son plaidoyer en invitant les États francophones signataires de ce troisième protocole à parfaire leur engagement, et en invitant les autres États qui, jusqu'à présent, restent en marge de ce texte, à le rejoindre en le faisant directement rentrer dans leurs législations internes, pour une meilleure organisation du secours aux victimes des conflits armés.

Les États francophones se sont globalement efforcés de parfaire leurs engagements internationaux par rapport aux instruments majeurs du droit de Genève. Ils sont en totalité liés par les quatre Conventions de Genève et en matière de protection des victimes des conflits armés, c'est à l'égard d'Andorre, du Kosovo, de la Thaïlande et du Vietnam que la Francophonie doit poursuivre son appel à ratification des Protocoles de 1977. En revanche, l'espace francophone est encore loin d'une reconnaissance généralisée de la compétence de la Commission internationale humanitaire d'établissement des faits et d'une adhésion parfaite au troisième Protocole additionnel aux Conventions de Genève relatifs à l'adoption du cristal rouge. Ce qui montre clairement que, nonobstant la satisfaction globale que l'on peut tirer de la forte adhésion des États francophones au droit de Genève, l'effort reste à parachever pour une Francophonie se voulant de plus en plus garante des droits de l'Homme en toutes circonstances. Quid alors du positionnement des États francophones à l'égard des instruments juridiques internationaux restrictifs des moyens de guerre ?

2. Les conventions internationales relatives à la restriction et au contrôle des armements

Les règles internationales relatives au contrôle des armements relèvent du droit international humanitaire que les États francophones se sont engagés à respecter et à faire respecter dans la Déclaration de Saint-Boniface. Le concept de sécurité humaine auquel ils ont souscrit dans ce texte implique également, pour être plus effectif, la responsabilité de protéger les individus contre certains types d'armes. Ainsi, le droit international humanitaire interdit aux combattants de faire usage d'armes qui produisent, par leur nature même, des effets indiscriminés, ou encore d'armes infligeant des souffrances manifestement disproportionnées par rapport à ce qu'exige la mise hors combat d'un adversaire. C'est la raison pour laquelle des traités spécifiques prohibent, entre autres, l'emploi d'armes causant au milieu naturel des dommages graves, étendus et à long terme, l'emploi des armes bactériologiques, chimiques et nucléaires ou encore des mines antipersonnel. C'est à Saint-Boniface que les États francophones ont sans équivoque défini leurs objectifs en matière de contrôle des armements nucléaires et non nucléaires, en s'engageant à souscrire aux principaux instruments juridiques internationaux y afférant[1512].

Au plan universel, nombre de textes juridiques ont pour objet de limiter le recours aux armements non nucléaires, mais nous ne retiendrons ici qu'un certain nombre d'instruments majeurs. Le premier a été adopté le 17 juin 1925. Il s'agit du Protocole concernant la prohibition d'emploi à la guerre de gaz asphyxiants, toxiques ou similaires et de moyens bactériologiques. Entré en vigueur le 8 février 1928, ce Protocole dit de Genève est le premier texte international à interdire l'utilisation des armes chimiques et des armes biologiques. Si le Protocole a la faiblesse de ne pas interdire la production, le développement, l'acquisition et le stockage de ces armes chimiques et biologiques, il a au moins le mérite d'en interdire l'emploi et appelle, à ce titre, l'adhésion des États. A ce jour le Protocole de Genève a été ratifié par cinquante (50) États membres de plein droit ou observateurs de la Francophonie[1513]. La coopération francophone doit donc continuer à plaider pour que les vingt-trois (23) États francophones qui restent en marge de ce texte, le ratifient[1514].

Pour combler les lacunes du Protocole de Genève ci-dessus évoqué, l'Assemblée Générale des Nations Unies a adopté, le 10 avril 1972, la Convention sur l'interdiction de la mise au point, de la fabrication et du stockage des armes bactériologiques (biologiques) ou à toxines et sur leur destruction. Usuellement appelé Convention sur l'interdiction des armes biologiques, ce texte est le premier traité multilatéral de désarmement à bannir une catégorie entière d'armes. Si, convaincus de son importance, la plupart des États francophones l'ont ratifié,

---

1512 OIF, *Déclaration de Saint-Boniface sur la prévention des conflits et la sécurité humaine*, Conférence ministérielle, 14 mai 2006. §§ 22 et ss.

1513 Sans tenir compte du Nouveau Brunswick, du Québec et de la Wallonie.

1514 Andorre, l'Arménie, la Bosnie-Herzégovine, le Burundi, les Comores, le Congo, Djibouti, les Émirats arabes unis, le Kosovo, l'ex-République yougoslave de Macédoine, le Gabon, la Géorgie, la Guinée, Haïti, le Mali, la Mauritanie, la Moldavie, le Monténégro, le Mozambique, Sao Tomé et Principe, les Seychelles, le Tchad et le Vanuatu.

l'effort reste à parfaire en ce qui concerne la Côte d'Ivoire, l'Égypte, Haïti, et la République centrafricaine qui ont signé la Convention en 1972, et en ce qui concerne Andorre, les Comores, Djibouti, la Guinée, Haïti, le Kosovo, la Mauritanie, la Moldavie, la République dominicaine et le Tchad qui ne sont en aucune façon liés par ce texte.

Pour compléter utilement ce dispositif normatif de restriction des armements non nucléaires, la Convention sur l'interdiction ou la limitation de l'emploi de certaines armes classiques qui peuvent être considérées comme produisant des effets traumatiques excessifs ou comme frappant sans discrimination a été adoptée à Genève le 10 octobre 1980 avant d'entrer en vigueur le 2 décembre 1983. Cette convention s'applique à tous les conflits armés, qu'ils soient internationaux ou non internationaux. Son principal objectif est d'interdire ou de limiter l'utilisation de certaines armes conventionnelles considérées comme pouvant provoquer des dommages excessifs ou inutiles aux combattants ou comme pouvant frapper de manière indiscriminée les personnes impliquées dans les conflits armés et celles qui ne le sont pas. Aujourd'hui, cinquante-deux (52) États francophones ont ratifié cette convention alors que l'Égypte et le Vietnam se sont contentés de la signer. Le plaidoyer francophone doit donc ici continuer à s'adresser non seulement à ces deux États signataires, mais encore aux vingt-deux (22) autres États non liés[1515], afin qu'ils ratifient cette convention conformément aux engagements de Saint-Boniface. Cela dit, cette convention sur certaines armes classiques ne constitue en elle-même qu'un accord-cadre, un document introductif qui ne comporte que des dispositions générales. Ce sont les cinq protocoles qui lui sont annexés qui déclinent concrètement les interdictions et limitations de l'emploi des armes visées. D'ailleurs, ainsi que le prévoit l'article 4§3 de la Convention, l'adhésion des États est subordonnée à leur consentement à être lié par au moins deux de ses protocoles. De manière générale, le taux de ratification, même s'il varie d'un protocole à un autre, est assez moyen dans l'espace francophone. Sur les cinquante-deux (52) États francophones parties à la Convention, huit (7) n'ont pas ratifié le Protocole I relatif aux éclats non localisables du 10 octobre 1980[1516] ; neuf (9) n'ont pas ratifié le Protocole II sur l'interdiction ou la limitation de l'emploi des mines, pièges et autres dispositifs[1517] ; cinq (5) n'ont pas ratifié le Protocole III sur l'interdiction ou la limitation de l'emploi des armes incendiaires du 10 octobre 1983[1518] ; sept (7) n'ont pas ratifié le Protocole IV relatif aux armes à laser aveuglantes adopté le 13

1515 Andorre, Arménie, République centrafricaine, Comores, Congo, République Démocratique du Congo, Côte d'Ivoire, Dominique, Ghana, Guinée, Guinée équatoriale, Haïti, Kosovo, Liban, Mauritanie, Mozambique, Rwanda, Sainte-Lucie, Sao Tomé et Principe, Tchad, Thaïlande, Vanuatu.

1516 Burundi, Cameroun, Gabon, Maroc, République dominicaine, Sénégal.

1517 Bénin, Burundi, Djibouti, Émirats-arabes unis, Hongrie, Laos, Maurice, Mexique, Togo.

1518 Burundi, Cameroun, Maroc, Monaco, République dominicaine.

octobre 1995 et entré en vigueur le 30 juillet 1998[1519] ; et quinze (15) n'ont pas ratifié le Protocole V relatif aux restes explosifs de guerre adopté le 28 novembre 2003 et entré en vigueur le 12 novembre 2006[1520]. Ces chiffres montrent bien que même si le plaidoyer francophone a conduit nombre d'États à parfaire les engagements de Saint-Boniface à l'égard de la Convention et de ses protocoles, il n'est pas suffisant. La Francophone doit donc continuer sans relâche à inviter ses États membres à s'inscrire résolument, au nom des exigences de la sécurité humaine auxquelles elle est attachée, dans ce mouvement international de limitation des armements.

En ce qui concerne l'interdiction des armes chimiques, une convention a été signée à cette fin, le 13 janvier 1993 à Paris. Entrée en vigueur le 29 avril 1997, cette convention interdit la mise au point, la fabrication, le stockage, le transfert et l'emploi des armes chimiques. Elle exige la destruction, non seulement des installations de production des armes chimiques, mais aussi celle des armes elles-mêmes. Afin de vérifier le respect des dispositions de cette convention, un mécanisme international de suivi a été mis en place avec la création de l'Organisation pour l'interdiction des armes chimiques. Presqu'universellement reconnue, la Convention sur l'interdiction des armes chimiques a fait l'objet de soixante-onze (71) ratifications dans l'espace francophone.

Par ailleurs, pour lutter contre l'usage des mines antipersonnel comme moyen de combat, la Convention sur l'interdiction de l'emploi, du stockage, de la production et du transfert des mines antipersonnel et sur leur destruction a été adoptée le 18 septembre 1997. Parce qu'elle fixe une norme claire et simple d'interdiction totale, cette convention a incontestablement marqué un tournant majeur dans la mobilisation en vue de l'élimination des mines antipersonnel. Malgré le large soutien international qu'elle a reçu, cette convention n'a eu au départ qu'un succès mitigé puisque nombre d'États producteurs et/ou utilisateurs de mines antipersonnel refusaient d'adhérer au texte. Les choses ont bien évolué depuis, puisque le texte a été ratifié par cent soixante-deux (162) États à travers le monde. Dans l'espace francophone, cette convention dite d'Ottawa a été ratifiée par soixante-six (66) États. La Francophonie peut s'en féliciter mais doit rester mobilisée pour amener le Vietnam, l'Égypte, l'Arménie, les Émirats-arabes unis, la Géorgie, le Kosovo, le Laos, le Liban et le Maroc, à honorer les engagements formés au paragraphe 24 de la Déclaration de Saint-Boniface en faveur de l'élimination des mines antipersonnel.

Dans son aspiration à limiter les effets excessifs de la guerre, le droit international humanitaire s'attache également, au-delà des mécanismes ci-avant

---

1519 Burundi, Djibouti, Émirats-arabes unis, Laos, Monaco, Sénégal, Togo.

1520 Bénin, Burkina-Faso, Burundi, Cambodge, Cap-Vert, Djibouti, Maroc, Maurice, Mexique, Monaco, Monténégro, Niger, Serbie, Seychelles, Togo.

cités, à restreindre l'emploi des armes nucléaires. En la matière, il est frappant d'observer le caractère quasi-universel du Traité sur la non-prolifération des armes nucléaires[1521], qui a été ratifié par l'ensemble des États membres de la Francophonie. Au regard de l'importance des enjeux, la restriction a été renforcée avec le Traité sur l'interdiction complète des essais nucléaires, signé à New York le 24 septembre 1996. Ce traité a été ratifié par tous les États francophones à l'exception des Comores, de l'Égypte, de la Guinée équatoriale et Sao Tomé et Principe, qui l'ont signé, et de la Dominique et de Maurice qui ne l'ont ni signé ni ratifié. Dix-neuf ans après son adoption, cet instrument n'est toujours pas entré en vigueur car certains États comme l'Égypte, qui figurent à l'annexe 2 du traité et dont la ratification est indispensable, ne l'ont toujours pas ratifié.

Enfin, au titre de la création des zones exemptes d'armes nucléaires, il est à noter avec satisfaction que les États francophones concernés par les Traités de Tlatelolco[1522], de Rarotonga[1523], de Bangkok[1524], de Pelindaba[1525] et par le traité sur l'Antarctique[1526] ont tous ratifiés ces instruments régionaux.

Au total, l'on observe que le taux de ratification, dans l'espace francophone, des textes juridiques internationaux restreignant les moyens de combats varie suivant l'instrument considéré. A bien des égards, la Francophonie, à travers ses appels à ratifications, aura contribué à faire progresser le droit humanitaire conventionnel dans ses États membres. Pour autant, qu'il s'agisse du droit de Genève organisant la protection des victimes et le traitement des personnes au pouvoir de l'ennemi, ou des conventions restrictives des armements, l'effort francophone est à poursuivre pour renforcer la place du droit dans la guerre et assurer ainsi, dans le respect de la dignité humaine, la protection des combattants blessés ou capturés, ainsi que celle des populations civiles, surtout les plus vulnérables.

1521 *Traité sur la non-prolifération des armes nucléaires*, Londres, Moscou, Washington, 1er juillet 1968. Entrée en vigueur le 5 mars 1970. Adopté au départ pour une durée initiale de 25 ans, le traité a, lors de la Conférence de 1995, été prorogé pour une durée indéfinie.

1522 *Traité visant à l'interdiction des armes nucléaires en Amérique Latine et dans les Caraïbes*, Mexico, 14 février 1967. Entrée en vigueur le 22 avril 1968. Les États francophones concernés ici sont la Dominique, la France, Haïti, la République dominicaine, Sainte-Lucie et l'Uruguay.

1523 *Traité sur la zone dénucléarisée du Pacifique Sud*, Rarotonga, 6 août 1985. Entrée en vigueur le 11 décembre 1986. L'État francophone concerné ici est le Vanuatu.

1524 *Traité créant une zone dénucléarisée en Asie du Sud-Est*, Bangkok, 15 décembre 1995. Les États francophones parties à ce traité sont le Cambodge, le Laos, la Thaïlande et le Vietnam.

1525 *Traité sur la zone exempte d'armes nucléaires en Afrique*, Le Caire, 11 avril 1996. Entrée en vigueur le 15 juillet 2009.

1526 *Traité multilatéral interdisant la militarisation de l'Antarctique*, Washington, 1er décembre 1959. Entrée en vigueur le 23 juin 1961.

B. L'attachement particulier à la protection des catégories dites vulnérables dans les situations de conflit

Que l'on soit en période de conflit ou non, il est indéniable que certaines personnes, du fait de leur fragilité, ont besoin d'une protection plus vigilante de la part des États. Ainsi, face aux problèmes spécifiques rencontrés par les enfants, les femmes et les réfugiés en temps de guerre, le droit international humanitaire a apporté des réponses particulières, auxquelles les États francophones ont majoritairement souscrit. Dans la Déclaration de Saint-Boniface, après avoir réitéré son attachement aux règles du droit humanitaire, la Conférence ministérielle de la Francophonie a insisté de manière singulière, sur la nécessité absolue de protéger, conformément aux règles du droit international, les femmes (2) et les enfants (1) en raison de leur vulnérabilité aggravée en période de guerre.

1. La protection des enfants contre leur utilisation dans le cadre du conflit

Le conflit armé, qu'il soit interne ou international, a des conséquences tragiques sur les plus jeunes. C'est donc à juste titre que le droit international s'est saisi de la question de la protection spécifique des enfants en temps de guerre[1527]. Outre la protection accordée aux civils, le droit international humanitaire accorde aux enfants une double protection contre le recrutement et contre la participation directe[1528] ou indirecte[1529] aux hostilités. L'engagement des États et gouvernements francophones en la matière a été expressément affirmé au paragraphe 32 de la Déclaration de Saint-Boniface, qui condamnait notamment l'enrôlement des enfants dans les combats et appelait les États qui ne l'auraient pas encore fait, à ratifier et à mettre en œuvre les principaux instruments juridiques internationaux et régionaux relatifs à la protection des enfants dans les conflits armés[1530].

A l'échelle universelle, au-delà des dispositions pertinentes que l'on peut trouver dans les Conventions de Genève et leurs protocoles additionnels, ainsi que dans le Statut de Rome[1531], l'instrument fondamental de protection des droits

1527 Voir notamment, Conseil de sécurité des Nations Unies, *Résolution 1612 (2005)*, Doc. S/RES/1612 (2005), 26 juillet 2005.

1528 *Protocole additionnel aux Conventions de Genève du 12 août 1949 relatif à la protection des victimes des conflits armés internationaux* (Protocole I), 8 juin 1977, article 77.

1529 *Protocole additionnel aux Conventions de Genève du 12 août 1949 relatif à la protection des victimes des conflits armés non internationaux* (Protocole II), 8 juin 1977, article 4§3(c).

1530 OIF, *Déclaration de Saint-Boniface sur la prévention des conflits et la sécurité humaine*, Conférence ministérielle, 14 mai 2006.

1531 Article 8§2 du Statut de Rome.

de l'enfant reste la Convention des Nations Unies du 20 novembre 1989[1532], à laquelle les États francophones ont exprimé leur attachement dans la Déclaration du Caire. En rappelant que les règles du droit international humanitaire protègent également les enfants, l'article 38 de cette Convention engage les États parties à prendre toutes les mesures nécessaires pour éviter l'enrôlement des mineurs de moins de quinze ans et leur participation aux hostilités. Les États francophones réalisent un score parfait à l'égard de ce texte qu'ils ont tous ratifié[1533]. La Convention a été assortie le 25 mai 2000 de deux Protocoles facultatifs dont la première porte justement sur l'implication d'enfants dans les conflits armés[1534]. Entré en vigueur le 12 février 2002, ce Protocole vient compléter utilement les dispositions controversées de l'article 38 de la Convention, en précisant que non seulement les mineurs de plus de quinze ans ne peuvent faire l'objet que d'un enrôlement volontaire, mais encore que ces derniers ne peuvent, avant l'âge de 18 ans, participer directement aux hostilités. Ce Protocole a fait l'objet de soixante-quatre (64) ratifications dans l'espace francophone. Il a été signé par Haïti, le Liban et la République centrafricaine ; alors que les Comores, les Émirats arabes unis, la Guinée, la Guinée Équatoriale, le Kosovo, la Mauritanie et Sao Tomé ne l'ont ni signé ni ratifié. Au total, dix (10) États membres et observateurs de la Francophonie ne sont pas liés par ce protocole et c'est à leur égard que la Francophonie doit maintenir son plaidoyer pour une meilleure protection des droits de l'enfant en période de conflit.

En outre, le recrutement des enfants et leur utilisation dans les conflits armés peut être considéré comme une forme extrême de travail des enfants, au sens de l'article 3(a) de la Convention n° 182 sur les pires formes de travail des enfants, adoptée par l'Organisation Internationale du Travail (OIT) le 17 juin 1999. Dans l'espace francophone, seuls Andorre et le Kosovo n'ont pas ratifié ce texte essentiel dans le dispositif international de protection des droits de l'enfant.

Au plan régional africain, l'article 22 de la Charte africaine des droits et du bien-être de l'enfant[1535] engage les États parties au respect du droit international humanitaire, en les invitant à prendre toutes les mesures utiles à la protection des enfants affectés par le conflit et à l'interdiction de leur enrôlement et de leur participation aux hostilités. A l'instar de la Convention n° 182 de l'OIT, ci-dessus évoquée, la Charte africaine des droits et du bien-être de l'enfant protège sans

1532 ONU, *Convention internationale relative aux droits de l'enfant*, adoptée le 20 novembre 1989 et entrée en vigueur le 2 septembre 1990.

1533 Soulignons ici que tous les États membres des Nations Unies ont ratifié la convention, à l'exception de la Somalie et des États-Unis.

1534 Le second protocole concerne, quant à lui, la vente d'enfants, la prostitution des enfants et la pornographie mettant en scène des enfants.

1535 UA, *Charte africaine des droits et du bien-être de l'enfant*, Addis-Abeba, 1er juillet 1990. Entrée en vigueur le 29 novembre 1999.

distinction, toutes les personnes âgées de moins de 18 ans. Elle a été ratifiée par vingt-quatre (24) États sur les 30 États francophones africains concernés. Tandis que Djibouti, la Guinée-Bissau, la République centrafricaine et la Tunisie ont signé la Convention et doivent à présent parfaire leur engagement, la République Démocratique du Congo et Sao Tomé et Principe n'ont quant à eux, aucun lien avec elle. Très attentive à la question des droits des enfants, la Francophonie a, là encore, beaucoup à faire pour renforcer la protection juridique des enfants durant le conflit armé. Mais au-delà des enfants, c'est aussi à l'égard des droits spécifiques reconnus aux femmes par le droit humanitaire que la Francophonie doit rester mobilisée.

2. La protection des femmes contre les violences sexuelles

En raison de leur vulnérabilité, les femmes font partie des personnes auxquelles le droit international accorde une attention spéciale. Cette vulnérabilité étant aggravée en période de conflit armé[1536], le droit international humanitaire s'est efforcé, au-delà de la protection générale qu'il octroie aux populations civiles durant le conflit, de leur aménager un régime particulier de protection en temps de guerre. Le droit de Genève, auquel les États francophones ont largement adhéré, pose les bases de cette protection catégorielle[1537]. Les viols et autres actes de violences sexuelles[1538] auxquels elles sont exposées à l'occasion des conflits sont aujourd'hui strictement incriminés et réprimés par le droit international, comme des crimes de guerre et des crimes contre l'humanité[1539]. La lutte contre l'impunité des violences sexuelles à l'égard des femmes est devenue un défi universel pour lequel la Francophonie s'est elle aussi, particulièrement mobilisée.

La coopération francophone est d'autant plus sensible à cet enjeu qu'elle plaide depuis plusieurs années à la fois pour le respect du droit humanitaire et pour la protection des droits des femmes. Dans cette logique, elle a notamment, dans les Déclarations du Caire, de Luxembourg[1540] et de Paris, régulièrement exprimé sa volonté d'agir efficacement en faveur de l'élimination de toutes les

---

1536 Conseil de sécurité des Nations Unies, *Résolution 1325 (2000)*, Doc. S/RES/1325 (2000), 31 octobre 2000 ; *Résolution 1820 (2008)*, Doc. S/RES/1820 (2008), 18 juin 2008.

1537 Voir notamment l'article 14 de la Convention III de Genève du 12 août 1949 ; l'article 27 de la Convention IV de Genève du 12 août 1949 ; l'article 76 du Protocole additionnel aux Conventions de Genève du 12 août 1949 relatif à la protection des victimes des conflits armés internationaux (Protocole I), 8 juin 1977.

1538 L'on peut citer notamment l'esclavage sexuel, la prostitution forcée, la grossesse forcée, la stérilisation forcée, etc.

1539 Articles 7 et 8 du Statut de Rome.

1540 OIF, *Déclaration finale de Luxembourg, Conférence des femmes de la Francophonie sur « Femmes, pouvoir et développement »*, Luxembourg, 5 Février 2000.

formes de violences à l'égard des femmes. Mais sur l'ensemble du corpus normatif de la Francophonie, c'est certainement au paragraphe 36 de la Déclaration de Saint-Boniface que l'engagement de l'OIF en faveur de la protection des femmes contre les violences sexuelles, trouve son expression la plus explicite. Dans ce texte, après avoir condamné les violences, exploitations et abus sexuels perpétrés contre les femmes et les enfants pendant les conflits armés, les États francophones se sont engagés à agir en vue de les prévenir et de mettre fin à leur impunité. Mais au-delà de la mobilisation que l'on peut percevoir dans ce texte, et plus largement de l'adhésion aux Conventions de Genève et à leurs Protocoles additionnels, les États francophones ont-ils réceptionné d'autres instruments juridiques internationaux destinés à assurer, de manière spécifique, la protection des femmes durant le conflit ?

De manière générale, la Convention des Nations Unies sur l'élimination de toutes les formes de discrimination à l'égard des femmes, du 18 décembre 1979, constitue le principal instrument international de sauvegarde des droits de la femme. Presqu'universellement approuvée, cette convention a été ratifiée par l'ensemble des États membres de l'OIF.

Au niveau régional[1541], seul le Protocole facultatif à la Charte africaine des droits de l'Homme et des peuples relatif aux droits des femmes, dit Protocole de Maputo, du 11 juillet 2003, consacre la nécessité d'accorder aux femmes une protection particulière en période de conflit[1542]. Ce texte a été ratifié par vingt-et-un (21) États sur les trente (30) États francophones africains concernés. Si le Burundi, Maurice, Madagascar, le Niger, la République centrafricaine, Sao Tomé et Principe et le Tchad ont signé le protocole et doivent à présent parfaire leur engagement, l'Égypte et la Tunisie ne l'ont quant à eux, ni signé ni ratifié. La Francophonie doit donc continuer à plaider auprès de ces neuf (9) États, pour les amener à ratifier le Protocole de Maputo et améliorer ainsi la protection juridique des femmes en temps de guerre.

Ces textes qui renforcent la protection des femmes en essayant, autant que faire se peut, de les préserver des violences sexuelles qu'elles pourraient spécifiquement subir à l'occasion des conflits, méritent d'être promus par la Francophonie et ratifiés par ses États membres. Car en encadrant la conduite des belligérants et en organisant le respect de la personne humaine en période de conflit armé, les règles de droit humanitaire contribuent, à côté d'autres

---

1541 La Convention interaméricaine sur les violences contre les femmes (9 juin 1994) et la Convention du Conseil de l'Europe sur la protection des enfants contre l'exploitation et les abus sexuels (25 octobre 2007) abordent également la question des violences faites aux femmes, mais pas sous l'angle du conflit armé.

1542 UA, *Protocole à la Charte africaine des droits de l'Homme et des peuples relatifs aux droits des femmes en Afrique*, Maputo, 11 juillet 2003, Article 11.

instruments juridiques spécifiques, à ouvrir et à nourrir le champ du droit international pénal.

§ 2. Les instruments complémentaires de mise en œuvre du droit international pénal

Le droit international pénal désigne la branche du droit pénal qui s'intéresse aux infractions directement saisies par le droit international. Ce droit à la fois évolutif et varié a vocation à assurer la préservation de l'ordre international en organisant la répression des infractions internationales. Ici, le caractère international des infractions ne réside pas simplement dans leur incrimination internationale, mais doit également être recherché dans leur nature et leur matérialité, en ce qu'elles portent atteinte à la dignité humaine et à l'ordre public international. Tout en définissant les crimes, le droit international pénal fixe les règles permettant d'assurer leur sanction. Ce faisant, il va au-delà du droit pénal international classique renvoyant à la simple coordination des systèmes pénaux internes, pour mettre en place un véritable système international de répression des crimes internationaux. La référence à ces crimes et la mise en place d'une juridiction pénale internationale chargée de les sanctionner, relèvent de ce processus d'internationalisation normative et institutionnelle du droit pénal. A cet égard, le Statut de Rome constitue un texte essentiel puisque non seulement il incrimine les actes ou comportements les plus odieux, mais surtout, il met en place une Cour pénale internationale permanente, institutionnalisant le défi ambiant de la lutte contre l'impunité. Ainsi que nous avons pu le constater dans les développements antérieurs, le mécanisme qu'il institue est largement soutenu par la Francophonie et ses États membres. Mais au-delà de l'adhésion au Statut de Rome, l'appui à la justice pénale internationale invite nécessairement à promouvoir tous les instruments juridiques internationaux de lutte contre l'impunité. La Francophonie semble avoir saisi le sens de cet enjeu. Par-delà le soutien qu'elle apporte aux juridictions pénales internationales, elle invite continuellement ses États membres, conformément aux engagements de Bamako et de Saint-Boniface, à parfaire leurs engagements à l'égard des règles juridiques qui alimentent le droit international pénal. Destiné à préserver l'ordre public international, ce corpus juridique en formation se nourrit d'un ensemble d'incriminations internationales dont la vocation à protéger soit les États (A), soit les individus et les peuples (B).

A. Les instruments au service de la protection des États

Dans sa prétention à assurer la sauvegarde de l'ordre public international, le droit international pénal s'appuie sur des instruments juridiques internationaux destinés à protéger les États. A ce stade de la réflexion, la démarche consistera à jauger, à partir de la pratique législative des États, l'efficacité du plaidoyer francophone en faveur des traités internationaux organisant la répression des crimes de guerre et des actes de terrorisme.

Les crimes de guerre peuvent être commis dans le cadre d'un conflit armé, qu'il soit international ou non international[1543]. Ils visent généralement les États, même s'il est vrai que ce sont la plupart du temps, les personnes physiques qui en sont les victimes directes. Violant les règles coutumières du droit international humanitaire[1544], les crimes de guerre ont peu à peu fait l'objet d'une incrimination conventionnelle. Ainsi, au-delà des Conventions de Genève de 1949[1545] et de leurs Protocoles additionnels[1546], des Statuts des Tribunaux pénaux internationaux *ad hoc*[1547] et du Statut de Rome[1548], à l'égard desquels nous avons déjà évaluer le positionnement des États francophones, c'est dans la Convention de La Haye de 1954 et dans son deuxième Protocole de 1999, ainsi que dans la Convention de Genève du 10 octobre 1976, que l'on trouve des sources complémentaires de l'incrimination internationale des crimes de guerre. Adoptée le 14 mai 1954 et entrée en vigueur le 7 août 1956, la Convention de La Haye pour la protection des biens culturels en cas de conflit armé met à la charge des États contractants, l'obligation de prendre toutes les mesures nécessaires pour sanctionner les responsables des crimes de guerre, objets de la Convention. Cinquante-huit (58) États francophones sont parties à ce texte, alors que dix-neuf (19) autres ne l'ont pas encore ratifié[1549]. Le second Protocole duquel cette

---

1543 TPIY, Chambre d'appel, *Kunarac et al.*, IT-96-23 et 23/1-A, 12 juin 2002, §§ 58 et 59 ; TPIR, Chambre de première instance III, *Semanza*, ICTR-97-20-T, 15 mai 2003, §§ 518-522, 535 ; TPIR, Chambre d'appel, *Rutaganda*, ICTR-96-3-A, 26 mai 2003, §§ 570 et ss.

1544 Les crimes de guerre portent atteinte au droit international coutumier car il n'y avait pas d'incrimination à proprement parler dans les dispositions du Code Lieber (24 avril 1863), de la déclaration de St-Petersbourg, interdisant l'usage de certains projectiles en temps de guerre (29 novembre - 11 décembre 1868), de la déclaration de Bruxelles (projet d'une déclaration internationale concernant les lois et coutumes de la guerre. Bruxelles, 27 août 1874), des Conventions de la Haye de 1899 et 1907, de la Convention de Genève du 27 juillet 1929 relative au traitement des prisonniers de guerre.

1545 Au-delà de l'article 3 commun aux quatre Convention, les crimes de guerre sont respectivement incriminés aux articles 50, 51, 130 et 147.

1546 *Protocole additionnel aux Conventions de Genève du 12 août 1949 relatif à la protection des victimes des conflits armés internationaux* (Protocole I), 8 juin 1977, Article 11 § 4.

1547 Les crimes de guerre sont incriminés aux articles 6 du statut du Tribunal Militaire International de Nuremberg et 5 de la Charte du tribunal de Tokyo, qui parlent de « *violations des lois et coutumes de la guerre* ». L'article 2 du statut du TPIY les saisit comme des « *infractions graves aux conventions de Genève du 12 aout 1949* », alors que l'article 4 du statut du TPIR parle de violations de l'article 3 commun aux Conventions de 1949 et du protocole additionnel II.

1548 L'article 8 du Statut de Rome les désigne comme des crimes à caractère massif et planifié.

1549 Andorre, Burundi, Cap-Vert, République centrafricaine, Comores, Congo, Djibouti, Dominique, Émirats arabes unis, Guinée-Bissau, Haïti, Kosovo, Laos, Mozambique, Sainte-Lucie, Sao Tomé et Principe, Togo, Vanuatu, Vietnam.

convention a été assortie le 26 mars 1999[1550] incrimine la destruction ou l'appropriation indue des biens réputés appartenir au patrimoine culturel de l'humanité, le vandalisme contre ces biens et leur utilisation à l'appui d'une action militaire[1551]. Sur les cinquante-huit (58) États francophones parties à la Convention de 1956, seuls trente-quatre (34) ont ratifié ce Protocole[1552]. La Francophonie doit donc ici continuer à plaider non seulement auprès des États non parties à la Convention pour qu'ils la ratifient, mais aussi auprès des États parties qui ne l'ont pas encore fait, pour qu'ils ratifient son deuxième Protocole.

Les crimes de guerre sont également incriminés dans la Convention sur l'interdiction d'utiliser des techniques de modification de l'environnement à des fins militaires ou toutes autres fins hostiles. Cet instrument adopté par l'Assemblée Générale des Nations Unies à Genève le 10 octobre 1976 et entré en vigueur le 5 octobre 1978, interdit aux parties contractantes l'utilisation « *à des fins militaires ou toutes autres fins hostiles des techniques de modification de l'environnement ayant des effets étendus, durables ou graves, en tant que moyens de causer des destructions, des dommages ou des préjudices à tout autre État partie* »[1553]. Il crée ainsi à la charge des États une obligation d'interdiction et de prévention. Un peu moins de 40 ans après son adoption, cette convention n'a été ratifiée que par trente (30) États francophones. Elle a été signée par le Liban, le Luxembourg et le Maroc alors qu'une quarantaine d'autres États francophones restent complétement en marge du texte[1554]. Ce qui rappelle ici encore à la Francophonie qu'elle doit maintenir sa veille et sa vigilance pour amener progressivement l'ensemble des États francophones à souscrire véritablement à ces instruments complémentaires du dispositif international de répression des crimes de guerre.

La seconde catégorie d'incriminations internationales pouvant être considérée comme protectrice des États est celle qui se rapporte aux actes de terrorisme.

1550 *Protocole relatif à la Convention pour la protection des biens culturels en cas de conflit armé*, La Haye, 26 mars 1999 (Protocole II), Entrée en vigueur le 9 mars 2004.

1551 Article 15 du Protocole.

1552 États parties à la Convention de La Haye de 1949, l'Albanie, le Burkina Faso, le Cameroun, la République Démocratique du Congo, la Côte d'Ivoire, la France, la Guinée, la Lettonie, le Liban, Madagascar, le Rwanda, le Sénégal, les Seychelles, le Tchad, la Thaïlande et l'Ukraine n'ont pas encore ratifié ce protocole.

1553 Article 1er de la Convention sur l'interdiction d'utiliser des techniques de modification de l'environnement à des fins militaires ou toutes autres fins hostiles.

1554 Albanie, Andorre, Bosnie-Herzégovine, Burkina Faso, Burundi, Cambodge, République centrafricaine, Comores, Congo, République Démocratique du Congo, Côte d'Ivoire, Croatie, Djibouti, Émirats arabes unis, ex-République yougoslave de Macédoine, France, Gabon, Géorgie, Guinée, Guinée-Bissau, Guinée Équatoriale, Haïti, Kosovo, Lettonie, Madagascar, Mali, Mauritanie, Mexique, Moldavie, Monaco, Monténégro, Mozambique, République dominicaine, Rwanda, Sénégal, Serbie, Seychelles, Tchad, Thaïlande, Togo, Vanuatu.

Notion quelque peu difficile à circonscrire[1555], l'acte terroriste renvoie généralement à un « *acte de violence grave commis par un individu ou un groupe d'individus contre des personnes innocentes dans la poursuite d'un objectif idéologique* »[1556]. Le terrorisme est donc, par sa nature et par son mode d'incrimination, une infraction internationale sanctionnée non seulement dans sa matérialité, mais encore dans les faits ou comportements pouvant y conduire[1557]. Même si l'on peut trouver des éléments d'incriminations du terrorisme dans des conventions destinées à assurer la sécurité de la circulation internationale[1558], c'est essentiellement autour de trois textes universels et d'une série de textes régionaux que sa répression internationale s'est organisée. Au niveau universel, le premier texte significatif que l'on peut évoquer ici est sans doute la Convention des Nations Unies pour la répression des attentats à l'explosif, adoptée le 15 décembre 1997[1559]. Cette convention qui oblige les États à organiser dans leurs systèmes pénaux internes, la répression des actes terroristes a été ratifié par tous les États francophones exception faite du Congo, d'Haïti, du Kosovo, du Liban, du Tchad, du Vanuatu et enfin du Burundi qui en est signataire. A côté de ce texte, la Convention des Nations Unies pour la répression du financement du terrorisme[1560] interdit la fourniture de fonds en sachant qu'ils seront directement ou indirectement utilisés aux fins de commettre des actes terroristes. Cet instrument qui oblige les États à réprimer de tels actes par l'exercice de leurs compétences territoriale, personnelle et universelle, a été réceptionné par tous les États francophones à l'exception du Burundi qui l'a signé et d'Andorre, du Kosovo, du Liban et du Tchad qui ne l'ont ni signé ni ratifié. Quant à la Convention des Nations Unies sur le terrorisme nucléaire[1561], qui incrimine le fait de fabriquer, de détenir ou d'utiliser un explosif nucléaire dans

1555 MARTENS Paul, « L'introuvable terrorisme », *in Réflexions sur la définition et la répression du terrorisme*, Bruxelles, Éditions de l'Université de Bruxelles, 1974, pp. 27 et ss. ; DAVID Éric, « Le terrorisme en droit international », *ibid.*, pp. 108 et ss. ; HENNEBEL Ludovic et LEWKOWICZ Gregory, « Le problème de la définition du terrorisme », *in* HENNEBEL Ludovic et VANDERMEERSCH Damien (dir.), *Juger le terrorisme dans l'État de droit*, Bruxelles, Bruylant, 2009, pp. 17 et ss.

1556 David Éric, *Éléments de droit pénal international et européen*, *op. cit.*, p. 1100.

1557 Incitation publique, recrutement, entrainement, complicité, etc.

1558 *Convention pour la répression de la capture illicite d'aéronefs*, La Haye, 16 décembre 1970 ; *Convention pour la répression d'actes illicites dirigés contre la sécurité de l'aviation civile*, Montréal, 23 septembre 1971 ; *Convention pour la répression d'actes illicites contre la sécurité de la navigation maritime*, Rome, 10 mars 1988.

1559 *Convention internationale pour la répression des attentats terroristes à l'explosif*, New York, 15 décembre 1997. Entrée en vigueur le 23 mai 2001.

1560 Assemblée Générale des Nations Unies, *Convention internationale pour la répression du financement du terrorisme*, 9 décembre 1999 ; entrée en vigueur le 10 avril 2002.

1561 *Convention des Nations Unies pour la répression des actes de terrorisme nucléaire*, New York, 13 avril 2005 ; entrée en vigueur le 7 juillet 2007.

le but de causer des dommages graves à une personne[1562], elle n'a été ratifiée que par quarante-sept (47) États francophones. Le Cameroun, le Cap-Vert, le Congo, la Dominique, les Émirats arabes unis, la Guinée équatoriale, Haïti, le Kosovo, le Laos, le Tchad, le Vanuatu et le Vietnam se sont pour l'instant, contentés de le signer, alors que vingt-quatre (24) autres États l'ignorent complètement[1563]. Ce regard panoramique sur le positionnement des États francophones à l'égard des principaux instruments universels de répression du terrorisme, permet certes de constater une tendance majoritaire à la ratification, mais oblige tout de même à constater certaines réticences à l'égard desquels la diplomatie francophone doit rester mobilisée.

D'un autre côté, les espaces régionaux auxquels appartiennent les États francophones se sont également dotés de conventions contre le terrorisme. L'on peut citer notamment ici la Convention de l'OUA sur la prévention et la lutte contre le terrorisme. Adoptée à Alger le 1er juillet 1999, cette convention invite les États parties à réviser leurs législations nationales afin d'établir et de juger comme des crimes, les actes terroristes. Les 30 États francophones africains concernés par ce Protocole l'ont ratifié. L'on peut également citer la Convention interaméricaine contre le terrorisme, signée à Bridgetown le 3 juin 2002. Cette convention a été ratifiée par l'Uruguay, le Mexique, la République dominicaine, la Dominique, le Costa Rica et le Canada, tandis que Haïti et Sainte-Lucie se sont contentés de la signer. Au niveau européen, plusieurs textes organisent la répression du terrorisme, en dépolitisant certains faits et créant à la charge des États une obligation de juger ou d'extrader. La Convention de Strasbourg pour la répression du terrorisme[1564] a été ratifiée par tous les États francophones concernés, à l'exception d'Andorre qui l'a tout de même signée le 8 novembre 2001. Cependant, le Protocole d'amendement de cette convention, qui a été adopté le 15 mai 2003, n'a pas encore été ratifié par l'Autriche, la Bosnie-Herzégovine, la Grèce, la Hongrie, Monaco et la République Tchèque. La Convention du Conseil de l'Europe pour la prévention du terrorisme, adoptée à Varsovie le 16 mai 2005 et entrée en vigueur le 1er juin 2007, n'a pas fait non plus l'objet d'une ratification généralisée. L'Arménie, la Belgique, la Géorgie, la Grèce et la Suisse ne sont que signataires du texte, alors que Monaco et la République tchèque ne l'ont ni signé, ni ratifié. Il en va de même pour la Convention du Conseil de l'Europe relative au blanchiment, au dépistage, à la saisie et à la confiscation des produits du crime et au financement du terrorisme,

---

1562 Articles 1 et 2 de la Convention.

1563 Albanie, Andorre, Bénin, Bosnie-Herzégovine, Bulgarie, Burkina Faso, Cambodge, Égypte, Estonie, Ghana, Grèce, Guinée, Madagascar, Maurice, Monaco, Monténégro, Mozambique, Rwanda, Sao Tomé et Principe, Sénégal, Seychelles, Thaïlande, Togo, Uruguay.

1564 Conseil de l'Europe, *Convention européenne pour la répression du terrorisme*, Strasbourg, le 27 janvier 1977. Entrée en vigueur le 4 août 1978.

qui connaît elle aussi, un succès mitigé. Elle a été signée par l'Autriche, l'Estonie, la France, la Grèce et le Luxembourg, et n'a suscité aucune réaction de la part d'Andorre, de la Lituanie, de Monaco, de la République Tchèque et de la Suisse. Profondément attachée à la lutte contre le terrorisme et contre la criminalité transnationale, la Francophonie a soutenu l'AIPPF dans l'organisation en 2013[1565] et en 2014[1566] de séminaires sous-régionaux sur la question. Pour autant, elle doit ici encore continuer son plaidoyer et rappeler aux États francophones leurs engagements de Bamako[1567], de Paris[1568] et de Saint-Boniface[1569] notamment en faveur de la ratification des instruments juridiques internationaux et régionaux de lutte contre l'impunité, qu'ils protègent les États ou les individus.

B. Les instruments au service de la protection des individus

Les crimes les plus odieux qui frappent les individus et les peuples dans leur dignité et leur intégrité constituent par leur nature même des infractions internationales. Pour autant, aux fins de marquer l'universalité de leur réprobation, ces crimes ont fait l'objet de conventions internationales destinées à organiser leur répression. Au-delà de la traite des êtres humains et de l'esclavage[1570] et de l'*apartheid*[1571], qui entrent également dans la catégories des incriminations destinées à protéger les individus, les principales incriminations internationales à l'égard desquelles nous vérifierons ici le positionnement des États francophones sont celles relatives au génocide, à la torture, aux disparitions forcées et aux crimes contre l'humanité. Ceci parce qu'elles entrent dans le champ des compétences de la Cour pénale internationale, que la Francophonie

---

1565 Ce premier séminaire s'est tenu à Bamako du 12 au 14 décembre 2013. Rapport en ligne sur : http://www.francophonie.org/IMG/pdf/rapport_de_synthese_bamako.pdf.

1566 Le second séminaire sur la criminalité transnationale en Afrique de l'Ouest s'est tenu à Dakar du 1er au 3 octobre 2014. Synthèse en ligne sur : http://www.aippf.org/pdf/Conclusions-DAKAR.aspx.

1567 OIF, *Déclaration Bamako*, adoptée par les Ministres et chefs de délégation des États et gouvernements des pays ayant le français en partage lors du « Symposium international sur le bilan des pratiques de la démocratie, des droits et des libertés dans l'espace francophone », 3 novembre 2000.

1568 OIF, *Déclaration de Paris*, IVe Conférence des ministres francophones de la justice, 14 février 2008.

1569 OIF, *Déclaration de Saint-Boniface sur la prévention des conflits et la sécurité humaine*, Conférence ministérielle, 14 mai 2006.

1570 Plusieurs textes internationaux obligent les États parties à réprimer l'esclavage : *Convention relative à l'esclavage*, Genève, 25 septembre 1926, entrée en vigueur le 7 juillet 1955 ; *Convention supplémentaire relative à l'abolition de l'esclavage, de la traite des esclaves et des institutions et pratiques analogues à l'esclavage*, Genève, 7 septembre 1956 ; OIT, *Convention (n° 29) sur le travail forcé obligatoire*, Genève, 28 juin 1930 ; *Convention (n° 105) sur l'abolition du travail forcé*, Genève, 25 juin 1957 ; *Protocole de 2014 relatif à la Convention sur le travail forcé de 1930*, Genève, 11 juin 2014.

1571 La Convention internationale sur l'élimination et la répression du crime d'*apartheid*, du 30 novembre 1973 (entrée en vigueur le 18 juillet 1976), désigne son objet comme un crime contre l'humanité, engageant la responsabilité de ses auteurs.

accompagne depuis les premiers instants dans l'exercice de sa mission de lutte contre l'impunité des crimes les plus graves.

Le génocide fait l'objet d'une incrimination à la fois coutumière[1572] et conventionnelle. Au-delà des Statuts des Tribunaux pénaux internationaux *ad hoc*[1573] et du Statut de Rome[1574], le texte international de référence en la matière reste la Convention pour la prévention et la répression du crime de génocide, adoptée par l'Assemblée Générale des Nations Unies le 9 décembre 1948[1575]. Cette Convention désigne le génocide comme la destruction d'un groupe[1576] en tout ou partie[1577] et oblige les États parties non seulement à le prévenir, mais aussi et surtout, à le réprimer[1578]. Elle a été majoritairement ratifiée dans l'espace francophone, mais sous de nombreuses réserves. Sur les cinquante-sept (57) États francophones parties la Convention, seize (16) ont assorti leur adhésion de réserves[1579]. La République dominicaine, soixante-sept ans après avoir signé la Convention en 1948, ne l'a toujours pas ratifiée, alors que dix-sept (17) autres États francophones ne l'ont à ce jour, ni signée ni ratifiée[1580].

Par ailleurs, bien qu'elle trouve également en droit international un fondement coutumier[1581], l'interdiction de la torture a été consacrée par le droit international conventionnel. La Convention des Nations Unies contre la torture et autres peines ou traitements cruels, inhumains ou dégradants, du 10 décembre 1984[1582], a été ratifiée par la plupart des États membres de l'OIF, à ceci près qu'elle ne lie toujours pas les Comores, Sao Tomé et Principe et Haïti qui l'ont

---

1572 TPIR, Chambre de première instance I, *Rutaganda*, ICTR-96-3-T, 6 décembre 1999, § 46 ; *Akayesu*, ICTR-96-4-T, 2 septembre 1998, § 495.

1573 Article 4 du statut du TPIY ; Article 2 du statut du TPIR.

1574 Article 6 du statut de Rome.

1575 Assemblée Générale des Nations Unies, *Convention pour la prévention et la répression du crime de génocide*, 9 décembre 1948 ; entrée en vigueur le 12 janvier 1951.

1576 Exclusion des groupes politiques : TPIR, Chambre de première instance I, *Akayesu*, ICTR-96-4-T, 2 septembre 1998, § 764.

1577 Article 2 de la Convention pour la prévention et la répression du crime de génocide.

1578 Au-delà de la commission du génocide à proprement parler, la Convention incrimine l'entente en vue de commettre le génocide, l'incitation directe et publique à le commettre, la complicité et la tentative.

1579 Il s'agit de l'Albanie, de la Belgique, de la Bosnie-Herzégovine, de la Bulgarie, de la Croatie, des Émirats arabes unis, de l'Estonie, de la Grèce, de la Hongrie, du Maroc, du Mexique, de la Pologne, de la Roumanie, du Rwanda, de l'Ukraine et du Vietnam.

1580 Bénin, Cameroun, République centrafricaine, Congo, Djibouti, Dominique, Guinée équatoriale, Kosovo, Madagascar, Maurice, Mauritanie, Niger, Sainte-Lucie, Sao Tomé et Principe, Tchad, Thaïlande, Vanuatu.

1581 TPIR, Chambre de première instance I, *Akayesu*, ICTR-96-4-T, 2 septembre 1998 ; TPIY, Chambre de première instance, *Furundzija*, IT-95-17/1-T, 10 décembre 1998, § 160. TPIY, Chambre de première instance, *Delacic et al.*, IT-96-21-T, 16 novembre 1998, § 459.

1582 ONU, Convention des Nations Unies contre la torture et autres peines ou traitements cruels, inhumains ou dégradants, New York, 10 décembre 1984. Entrée en vigueur le 26 juin 1987.

signée et encore moins la République centrafricaine, la Dominique, le Kosovo et Sainte-Lucie qui ne l'ont ni signée, ni ratifiée. Le plaidoyer francophone doit donc, à l'égard de ce texte, continuer à s'adresser à ces sept (7) États pour faire de la Convention contre la torture une réalité universelle dans l'espace francophone. Au niveau régional américain, la Convention interaméricaine contre la torture, du 9 novembre 1985[1583], a été ratifiée par l'Uruguay, le Mexique, la République dominicaine et le Costa Rica. Également concerné par ce texte, Haïti l'a signé mais ne l'a pas encore ratifié, tandis que le Canada, la Dominique et Sainte-Lucie n'y ont pas encore adhéré.

Par-delà les dispositions que comportent les Statuts des TPI *ad hoc* et le Statut de Rome à leur égard, les disparitions forcées ont elles aussi fait l'objet d'un traité international spécifique. Le 20 décembre 2006, l'Assemblée générale des Nations Unies a adopté, à New York, la Convention internationale pour la protection de toutes les personnes contre les disparitions forcées. Entré en vigueur le 23 décembre 2010, ce texte oblige les États parties à prendre toutes les mesures nécessaires pour introduire l'incrimination des disparitions forcées dans leurs droits internes et l'assortir de peines appropriées. Là encore, les États parties ont une obligation de poursuivre ou d'extrader. A ce jour, seuls vingt-deux (22) États francophones sont liés par ce texte. Vingt-huit (28) l'ont signé[1584] et vingt-cinq (25) ne l'ont ni signé, ni ratifié[1585]. Ce qui signifie qu'au total, cinquante-trois (53) États francophones restent en dehors du champ d'application géographique de ce texte. Dès lors, le défi pour la Francophonie est à ce niveau, de mettre tout en œuvre pour inverser cette tendance. Elle doit continuer à inciter et à accompagner ses États membres, signataires de la Convention, à parfaire leur engagement, et ses États membres non signataires, à y adhérer, pour renforcer, dans l'espace francophone, la protection juridique des individus contre les disparitions forcées. Au niveau régional, la Convention interaméricaine sur la disparition forcée des personnes[1586] n'a été ratifiée que par le Costa Rica, le Mexique et l'Uruguay. Le Canada, la Dominique, la République dominicaine, Haïti et Sainte-Lucie ne sont toujours pas liés par ce texte régional entré en vigueur le 28 mars 1996. Au-delà de la Convention internationale pour la

---

1583 OEA, *Convention interaméricaine contre la torture*, Cartagena de Indias, 9 novembre 1985 ; entrée en vigueur le 28 février 1997.

1584 Bénin, Burundi, Cap-Vert, Cameroun, Comores, Congo, Croatie, ex-république yougoslave de Macédoine, Grèce, Chypre, Ghana, Guinée-Bissau, Haïti, Liban, Luxembourg, Madagascar, Monaco, Mozambique, Niger, Pologne, Laos, Moldavie, Roumanie, Slovénie, Suisse, Tchad, Thaïlande, Vanuatu.

1585 Andorre, Canada, République centrafricaine, République Démocratique du Congo, Côte d'Ivoire, Djibouti, Dominique, Égypte, Émirats-arabes unis, Estonie, Géorgie, Guinée, Guinée équatoriale, Hongrie, Kosovo, Lettonie, Maurice, République dominicaine, République tchèque, Rwanda, Sainte-Lucie, Sao Tomé et Principe, Seychelles, Ukraine, Vietnam.

1586 OEA, *Convention interaméricaine sur la disparition forcée des personnes*, Belém do Pará (Brésil), 9 juin 1994.

protection de toutes les personnes contre les disparitions forcées, la Convention interaméricaine sur la disparition forcée des personnes mérite elle aussi d'être promue par la Francophonie auprès de ses États membres concernés, ceci d'autant plus qu'elle organise la répression d'un crime contre l'humanité.

Notion générique renvoyant à une variété d'éléments constitutifs[1587], les crimes contre l'humanité procèdent eux aussi d'une incrimination à la fois coutumière et conventionnelle dont on trouve des traces dans les dispositions statutaires des Tribunaux pénaux internationaux *ad hoc* et de la Cour pénale internationale[1588]. Ils désignent un « *ensemble d'infractions de droit commun constituées de violences graves, planifiées et commises massivement contre une population civile, à l'occasion ou en dehors d'un conflit armé, contre des nationaux ou des étrangers, parfois à des fins politiques, raciales ou religieuses* »[1589]. Ces violences qui touchent l'homme dans son humanité sont si graves qu'elles doivent être sanctionnées sans considération des exceptions que l'on peut tirer des immunités, du commandement de la loi ou de l'état de nécessité, du caractère politique de l'infraction, de son amnistie ou de sa prescription. Sur ce point, l'Assemblée générale des Nations Unies a adopté, le 26 novembre 1968, une Convention sur l'imprescriptibilité des crimes de guerre et des crimes contre l'humanité. Entrée en vigueur le 11 novembre 1970, la Convention organise à l'égard de ces crimes une impossibilité d'extinction des poursuites par prescription. Depuis son adoption, ce texte, résolument au service de la lutte contre l'impunité, n'a été ratifié que par vingt-neuf (29) États membres de l'OIF. A ce jour, quarante-cinq (45) États francophones restent donc en marge de cette Convention[1590]. Ce qui appelle de la part de la Francophonie un renouvellement de son plaidoyer à l'égard de ce texte désormais complémentaire aux prescriptions du Statut de Rome[1591].

1587 Parmi les éléments constitutifs du crime contre l'humanité, l'on peut citer l'assassinat, l'extermination, la réduction en esclavage, la déportation, l'expulsion, les persécutions pour des motifs politiques, raciaux, religieux, nationaux, culturels, sexistes, l'emprisonnement arbitraire, la torture, le viol, la pratique systématique des disparitions forcées et tout acte inhumain commis contre toutes populations civiles et causant des souffrances physiques ou mentales.

1588 Article 6.c du Statut du Tribunal militaire international de Nuremberg ; article 5 du Statut du Tribunal de Tokyo ; article 5 du Statut du TPIY ; article 3 du Statut du TPIR.

1589 David Éric, *Éléments de droit pénal international et européen*, *op. cit.*, pp. 1241 et ss.

1590 Andorre, Autriche, Belgique, Bénin, Burkina Faso, Burundi, Cambodge, Canada, Cap-Vert, République centrafricaine, Comores, Congo, République Démocratique du Congo, Côte d'Ivoire, Djibouti, Dominique, Égypte, Émirats arabes unis, France, Gabon, Grèce, Guinée-Bissau, Guinée Équatoriale, Haïti, Kosovo, Liban, Luxembourg, Madagascar, Mali, Maroc, Maurice, Mauritanie, Monaco, Mozambique, Niger, République dominicaine, Sainte-Lucie, Sao Tomé et Principe, Sénégal, Seychelles, Suisse, Tchad, Thaïlande, Togo, Vanuatu.

1591 L'article 29 du Statut de Rome qui dispose à ce propos que « *les crimes relevant de la compétence de cour ne se prescrivent pas* ».

L'examen de l'efficacité du plaidoyer francophone en faveur de la ratification des instruments juridiques internationaux de lutte contre l'impunité nous livre deux enseignements. Le premier conduit à observer une tendance généralement forte des États francophones à adhérer à ces textes. Le deuxième oblige à constater objectivement une insuffisance de la mobilisation à l'égard de certains de ces textes parfois essentiels. Ainsi, nonobstant la satisfaction globale que l'on peut tirer de la forte adhésion des États francophones à ces instruments et mécanismes internationaux de lutte contre l'impunité, l'effort reste à parachever à bien des égards, dans un espace francophone se voulant de plus en plus garant des droits de l'Homme et de la justice en toutes circonstances.

CONCLUSION DU CHAPITRE

Pour lutter efficacement contre l'impunité, il est indispensable, affirmait Abdou Diouf, alors Secrétaire Général de la Francophonie, de « *répondre à l'ubiquité du crime par l'universalité de la justice* »[1592]. Ce propos, tenu à l'ouverture de la douzième session de l'Assemblée des États parties au Statut de Rome, rend parfaitement compte de l'attachement de la Francophonie à l'existence même de la justice pénale internationale. Cette conviction, adossée au devoir d'humanité qui se trouve au cœur du principe de la responsabilité de protéger, a conduit la Francophonie, par son positionnement et ses actions, à accompagner, au fil des années, le phénomène montant de mondialisation du droit pénal[1593]. Ce phénomène marque un progrès à la fois technique et éthique puisque non seulement il construit un système de valeurs autour duquel se dessine la légalité internationale, mais il met également en place un mécanisme de répression qui perfore l'abri des immunités traditionnelles, pour assurer efficacement la lutte contre l'impunité.

Il ne peut y avoir de justice pénale internationale sans droit pénal international. La Francophonie a donc pertinemment construit sa stratégie d'action autour de ces deux axes nodaux et complémentaires. D'un côté elle apporte son soutien aux juridictions pénales internationales. De l'autre, elle met tout en œuvre pour que progressent les ratifications des principaux instruments juridiques internationaux de lutte contre l'impunité. Même s'il se révèle parfois insuffisant, le plaidoyer francophone s'est révélé, dans bien des cas, fort utile et déterminant. Comme le démontre par exemple l'expérience du Statut de Rome instituant la Cour pénale internationale, la communauté francophone, rassemblée autour de ses valeurs, peut constituer une force politique majeure, véritablement capable d'influencer les choix internationaux sur les grands enjeux de notre temps.

Ainsi que cela ressort du sixième rapport de l'OIF sur l'état des pratiques de la démocratie, des droits et des libertés dans l'espace francophone, il ne peut y avoir de plein respect des droits de l'Homme si la lutte contre l'impunité n'est pas érigée en priorité par les États[1594]. De manière générale, les États et gouvernements francophones ont, dans des proportions variables, souscrits aux

---

1592 DIOUF Abdou, Extrait du discours prononcé à l'ouverture de la douzième session de l'Assemblée des États parties au Statut de Rome de la Cour pénale internationale, La Haye, 20 novembre 2013. En ligne : http://www.francophonie.org/Discours-de-M-Abdou-Diouf-a-La.html.

1593 CASSESE Antonio et DELMAS-MARTY Mireille, *Crimes internationaux et juridictions internationales*, Paris, PUF, 2002, p. 8.

1594 OIF, Délégation à la paix, à la démocratie et aux droits de l'Homme, *Rapport sur l'état des pratiques de la démocratie, des droits et des libertés dans l'espace francophone, 2014*, Paris, 2014, p. 7.

principaux instruments juridiques internationaux de mise en œuvre du droit international humanitaire et, plus largement, du droit international pénal. Cependant, si les efforts de ratifications sont à saluer, il n'en reste pas moins qu'ils doivent être poursuivis, pour que l'espace francophone reflète effectivement les valeurs de justice et d'État de droit qu'il a la prétention d'incarner. Car la ratification de ces instruments constitue sans nul doute pour la Francophonie, le moyen le plus concret de valoriser ses engagements, de conforter son crédit et de s'affirmer sur la scène internationale comme un acteur-clé des stratégies de promotion et de sauvegarde des droits de l'Homme.

En matière de lutte contre l'impunité, la principale satisfaction réside sans nul doute dans la mise en place de la Cour pénale internationale qui reste, à travers son pouvoir de sanction, le seul organe susceptible de dissuader, dans une certaine mesure, les velléités de crimes de masse. En se nourrissant de l'héritage considérable des TPI *ad hoc*, la CPI révèle la viabilité de la justice pénale internationale et marque, pour reprendre la formule de Martin Kirsch, le « *passage (…) d'une culture de l'impunité à une culture d'imputabilité* »[1595]. L'OIF doit donc continuer à encourager ses États membres non seulement à reconnaître la compétence de la Cour et à accompagner le mécanisme d'achèvement des travaux des tribunaux pénaux internationaux *ad hoc*, mais aussi à parfaire leurs engagements à l'égard de l'ensemble des instruments juridiques internationaux de lutte contre l'impunité. Pour autant, il faut admettre que le droit international pénal soulève de réelles difficultés de mise en œuvre et requiert, de la part des États, une vigilance constante. Pour que les engagements contractés ne se banalisent pas dans la formalité, le plus grand défi reste celui de l'efficacité des mécanismes de suivi. S'il est vrai que l'éducation à la citoyenneté et la formation aux droits de l'Homme peuvent de manière préventive jouer un rôle essentiel dans la l'installation d'une paix durable et dans la construction d'une culture plus respectueuse de la dignité humaine[1596], il n'en reste pas moins que les États se doivent, pour donner effet à leurs engagements, de prendre toutes les mesures utiles afin d'accompagner la justice pénale internationale dans l'exercice de sa mission de poursuite et de jugement des auteurs de crimes internationaux. C'est avant tout à l'aune des pratiques nationales à cet égard que s'apprécie véritablement la capacité d'engagement international de la Francophonie.

Même si la CPI est aujourd'hui la pierre angulaire du dispositif international de lutte contre l'impunité, force est de reconnaître qu'elle n'est qu'à ses débuts et que nombre de défis restent à relever pour une répression efficace des crimes

1595 KIRSCH Martin, « Les enjeux et les défis de la mise en œuvre de la CPI : la construction des institutions », Conférence prononcée à l'Université de Montréal, les 2 et 3 mai 2003.

1596 A cet égard, il faut souligner que l'OIF, conformément aux prescriptions du programme d'action de Bamako et de la déclaration de Saint-Boniface, porte une attention soutenue à la sensibilisation et la formation aux droits de l'Homme et au droit international humanitaire.

internationaux. Questionner l'efficacité de la justice pénale internationale, ce n'est remettre en question ni son utilité, ni la pureté des objectifs au fondement de sa création. C'est au contraire ouvrir une voie de renversement de la tendance contradictoire qui sépare parfois la grandeur du dessein de l'efficacité de l'action. Un tel questionnement permettra aux États francophones de prendre la mesure des enjeux que soulève le passage de la rhétorique aux actes, de la positivité à la justiciabilité. Si le premier défi de la Cour pénale internationale était, à l'origine, celui d'exister, elle pose aujourd'hui à la communauté francophone, pour être effective et opérationnelle, une autre série de défis à relever.

CHAPITRE II.

LES DEFIS A RELEVER PAR COMMUNAUTE FRANCOPHONE POUR AMELIORER L'EFFECTIVITE DE LA JUSTICE PENALE INTERNATIONALE

« *S'il y a une cause qui mérite que nous mettions tout en œuvre pour transcender nos différences, nos divergences, nos intérêts immédiats, (…), c'est bien celle de la lutte contre l'impunité* »[1597]. Ces mots d'Abdou Diouf, tenus alors qu'il était encore Secrétaire général de la Francophonie, s'inscrivent dans la continuité des engagements du Caire[1598], de Bamako[1599], de Saint-Boniface[1600] et de Paris[1601]. Ils traduisent clairement l'attachement de la Francophonie à la justice pénale internationale. Pour l'OIF, les enjeux au cœur de cette justice mondialisée sont tels, qu'ils commandent impérativement de dépasser tous les antagonismes factuels afin d'apporter une réponse ferme et commune à l'impunité des crimes de masse. Car si les droits de l'Homme sont tenus par principe pour être ce qui unit tous les hommes par-delà leurs altérités, alors le système juridictionnel qui internationalise leur protection, apparaît lui-même comme un instrument de consolidation de la paix.

Après un long cheminement institutionnel et normatif dont la Francophonie a été à la fois un témoin privilégié et un acteur, la justice pénale internationale est désormais une réalité tangible et pérenne, incarnée par la Cour pénale internationale. La création de cette Cour consacre le rôle désormais pivot du droit dans la moralisation des relations internationales[1602]. En permettant de sanctionner les comportements négateurs de l'humanité et les atteintes à l'ordre

---

1597 DIOUF Abdou, Extrait du discours prononcé à l'ouverture de la douzième session de l'Assemblée des États parties au Statut de Rome de la Cour pénale internationale, La Haye, 20 novembre 2013. En ligne : http://www.francophonie.org/Discours-de-M-Abdou-Diouf-a-La.html.

1598 OIF, *Déclaration du Caire*, IIIe Conférence des ministres de la justice des pays ayant le français en partage, Le Caire, 1er novembre 1995.

1599 OIF, *Déclaration Bamako*, Conférence ministérielle, 3 novembre 2000.

1600 OIF, *Déclaration de Saint-Boniface sur la prévention des conflits et la sécurité humaine*, Conférence ministérielle, 14 mai 2006.

1601 OIF, *Déclaration de Paris*, IVe Conférence des ministres francophones de la justice, 14 février 2008.

1602 Elle permet de faire reculer les limites de l'arbitraire et de la toute puissante raison d'État. APTEL Cécile, « Justice pénale internationale : entre raison d'État et État de droit », *Revue internationale et stratégique*, 2007/3, n° 67, pp. 71-80 ; ZAPPALA Salvatore, *La justice pénale internationale*, Paris, Montchrestien, 2007, p. 133 ; MAZABRAUD Bertrand, « La justice pénale internationale : moralisation du monde, mondialisation d'une morale », *Revue d'éthique et de théologie morale*, 2012/2, n° 269, pp. 25-48 ; COLONOMOS Ariel, *La morale dans les relations internationales*, Paris, Odile Jacob, 2005, 288 p.

public international, la Cour pénale internationale participe à la mise en œuvre de la responsabilité de protéger, en faveur de laquelle la Francophonie s'est clairement prononcée dans la Déclaration de Saint-Boniface. Elle garantit que les violations les plus graves des droits de l'Homme et du droit international humanitaire ne resteront pas impunies.

S'il est vrai que de manière générale, la Cour s'inspire de l'expérience des Tribunaux pénaux internationaux *ad hoc*, une démarche exigeante oblige à constater cependant qu'elle innove à bien des égards. Elle a ceci de singulier qu'elle est conçue pour être universelle et permanente, que sa compétence est complémentaire de celle des juridictions nationales et que sa procédure reconnaît désormais aux victimes un véritable statut dans le procès pénal international. C'est essentiellement autour de ces innovations que se dressent les nouveaux défis de la justice pénale internationale. Pour que la Cour pénale internationale puisse accomplir pleinement son mandat et réaliser les promesses de la lutte contre l'impunité, non seulement elle doit en pratique résoudre les paradoxes du compromis statutaire qui la rend dépendante de la volonté des États, mais encore elle doit démontrer l'efficacité du droit pénal international substantiel et procédural. Or parce que la Cour pénale internationale est le produit d'une volonté politique, son efficacité est dans une large mesure tributaire de la volonté des États. Pour que le souffle suscité par la création de la Cour ne soit pas tempéré par son incapacité de fait à exercer efficacement son mandat, la Francophonie et ses États membres doivent agir activement en vue de renforcer sa légitimité, sa crédibilité et son efficacité.

A ce niveau de la réflexion, il ne s'agira assurément pas d'identifier et de commenter à proprement parler les actions de l'Organisation internationale de la Francophonie sur ce terrain, mais plus exactement de mettre en perspective les implications de l'engagement francophone en faveur la lutte contre l'impunité, à l'aune des aménagements et des efforts qu'impose le fonctionnement optimal de la Cour pénal internationale. A l'heure où la Cour semble de plus en plus contestée dans sa légitimité, dans sa stratégie, dans son indépendance et dans son impartialité, la Francophonie doit impérativement prendre toute la mesure des défis à relever, tant en ce qui concerne la nécessaire collaboration des États avec la Cour (Section I) qu'à l'égard de l'exigence d'équité dans les procédures devant la Cour (Section II).

SECTION I. LA COLLABORATION DES ÉTATS : UNE CONDITION NECESSAIRE AU DEPLOIEMENT EFFECTIF DE LA JUSTICE PENALE INTERNATIONALE

La Cour pénale internationale reconfigure l'architecture du système international. Mais pour être efficace dans l'exercice de son office, elle a indispensablement besoin de la collaboration effective des États. Cette exigence de bon sens, exprimée dans le préambule du Statut de Rome, invite les États à prendre au niveau national, toutes les mesures nécessaires afin de réprimer les crimes les plus graves tout en facilitant à cette fin, la coopération internationale. Les États jouent donc un rôle central dans l'effectivité de la justice pénale internationale et la Francophonie a très vite mesuré la portée des obligations que cela crée à leur charge. En 1995, c'est-à-dire avant même l'adoption du Statut de Rome, les ministres francophones de la justice rappelaient dans la Déclaration du Caire, l'importance de la conjugaison des efforts aux niveaux national et international pour une sanction efficace et coordonnée des crimes internationaux. De plus, dans la Déclaration de Saint-Boniface, après avoir appelé les États à parfaire leurs engagements en ratifiant les principaux instruments juridiques internationaux de lutte contre l'impunité, la Conférence ministérielle de la Francophonie les a engagés à développer leurs échanges et leur concertation aux niveaux régional et international sur toutes les questions en rapport avec la sécurité humaine et la lutte contre l'impunité[1603]. Deux ans plus tard, dans la Déclaration de Paris, la mobilisation francophone à cet égard demeurait intacte. Ce texte complet invitait à une coopération pleine et entière des États pour le développement de la justice internationale. Afin d'assurer la répression efficace des crimes internationaux, les États francophones s'y sont engagés à porter une attention soutenue à l'entraide judiciaire internationale. Ce positionnement est d'autant plus important que l'un des principaux objectifs du droit international pénal est de veiller à ce que les auteurs présumés d'infractions internationales n'échappent guère à la justice grâce aux frontières qui bornent le territoire et la compétence pénale des États. C'est la raison pour laquelle la Francophonie porte un regard attentif sur la qualité des rapports entre ses États membres et la Cour pénale internationale. Pour une articulation optimale des compétences entre les mécanismes nationaux et internationaux de lutte contre l'impunité (§ 1), il est indispensable que chaque État francophone mette en adéquation son droit national avec les exigences prégnantes de la justice pénale internationale (§ 2).

§ 1. L'articulation des compétences des juridictions nationales avec celles de la Cour pénale internationale

La question de la collaboration des États avec la Cour pénale internationale renvoie nécessairement à celle de l'articulation de ses compétences avec celles des

1603 OIF, *Déclaration de Saint-Boniface sur la prévention des conflits et la sécurité humaine*, Conférence ministérielle, 14 mai 2006, Paragraphe 44. Disponible en ligne : http://www.francophonie.org/IMG/pdf/Declaration_Saint-Boniface.pdf.

juridictions répressives nationales. La création de la Cour n'a pas eu pour effet de neutraliser la compétence du juge pénal étatique, car le droit de juger et de punir les crimes les plus graves reste un attribut régalien de l'État souverain, assurant sur son territoire la sécurité juridique et judiciaire des personnes et des biens. Elle a simplement institué un mécanisme international subsidiaire, destiné à suppléer le cas échéant les carences ou l'inertie des juridictions nationales dans la répression des crimes internationaux commis sur des territoires ou par des individus relevant de leur compétence. Parce que la lutte contre l'impunité des crimes de masse mobilise à la fois la justice internationale et les juridictions nationales, il est essentiel que les ordres juridiques internes des États parties au Statut de Rome soient aptes à répondre au souci d'emboîtement de leurs compétences respectives. C'est une exigence que la coopération francophone a formellement actée puisque dans la Déclaration de Paris, les États francophones ont exprimé leur volonté d'apporter une attention soutenue à l'articulation des compétences entre les juridictions nationales et internationales, afin de faciliter la mise en œuvre de la responsabilité pénale individuelle des auteurs de crimes internationaux[1604].

Dans le dispositif international de répression de ces crimes, la Cour pénale internationale doit être capable de se positionner efficacement en tenant compte non seulement de la subsidiarité de sa compétence par rapport aux juridictions nationales territorialement compétentes (B), mais encore de la compétence universelle de toutes les juridictions étatiques en la matière (A). Pour les États francophones l'enjeu est donc de saisir la complémentarité de ces différents régimes afin de prendre une part plus active dans la coordination du système international de lutte contre l'impunité.

A. La prise en compte de la compétence universelle des juridictions étatiques

Même si la Francophonie ne s'est pas à proprement parler saisie de la question de la compétence universelle des juridictions étatiques, son intérêt pour la question peut s'inférer en toute logique de son engagement plus large en faveur du mouvement international de lutte contre l'impunité. Pour les États francophones, le défi est ici de comprendre le contenu et les implications de cette compétence extraterritoriale, pour mieux l'articuler avec celle de la Cour pénale internationale. Puisqu'ils portent atteinte *per se*, à la dignité humaine dans son universalité, les crimes internationaux peuvent, sur le seul fondement de leur nature, donner lieu à des poursuites, sans considération des critères traditionnels de la compétence pénale. L'idée au fondement du principe est que toute personne qui, par des actes intolérables, blesse l'humanité, mérite, indépendamment du

1604 OIF, *Déclaration de Paris*, IVe Conférence des ministres francophones de la justice, 14 février 2008, § 2(c).

lieu de commission de son crime et sans égard à sa nationalité ou à celle de sa victime, d'avoir la réprobation de l'humanité tout entière. Tel est le sens du principe dit de la compétence universelle[1605]. L'universalité postule ici que les États doivent solidairement, en dehors des règles classiques de rattachement, réprimer toutes les infractions qui offensent la société internationale[1606]. Cette compétence permet ainsi à tout État, au-delà des limites de la territorialité, de poursuivre devant ses juridictions, les auteurs des crimes odieux, niant à l'homme son humanité. En se substituant au juge territorial défaillant, le juge étranger agit comme gardien suppléant des droits rattachés à la dignité humaine et participe ainsi à l'élan universel de lutte contre l'impunité.

En droit international, le principe de la compétence universelle est conçu comme une obligation à la fois conventionnelle et coutumière notamment en ce qui concerne les crimes contre l'humanité[1607] et le génocide. S'il est vrai que le Statut de Rome reste curieusement silencieux sur la question de la compétence universelle, celle-ci se trouve cependant, expressément inscrite dans la Convention des Nations Unies contre la torture et autres peines ou traitements cruels, inhumains ou dégradants[1608], ainsi que dans les quatre Conventions de Genève du 12 août 1949[1609] et leur Protocole additionnel I du 8 juin 1977[1610]. Ces textes conventionnels obligent les États à participer à l'élan international répression des crimes les plus graves, en jugeant leurs auteurs ou en les extradant à tout le moins vers un État qui a l'intention de les juger[1611].

Si en vertu de ce principe, les juridictions pénales nationales se réservent la faculté de poursuivre, indépendamment des liens de territorialité ou de personnalité active ou passive, elles ne le peuvent en général, que pour autant que les auteurs présumés de crimes internationaux se trouvent effectivement sur leurs

---

1605 DE LA PRADELLE Géraud, « La compétence universelle », *in* ASCENCIO Hervé, DECAUX Emmanuel et PELLET Alain (dir.), *Droit international pénal*, *op. cit.*, pp. 1007-1025.

1606 Le principe de la répression universelle des crimes graves a été défendu par Grotius déjà au XVIIe siècle. Le principe de la territorialité ne résiste pas à cet argument dans la mesure où les valeurs protégées sont partagées par toute l'humanité et s'imposent aux États comme des normes impératives de droit international.

1607 PEYRO LLOPIS Ana, *La compétence universelle en matière de crimes contre l'humanité*, Bruxelles, Bruylant, 2003, 178 p.

1608 ONU, Convention des Nations Unies contre la torture et autres peines ou traitements cruels, inhumains ou dégradants, New York, 10 décembre 1984, Article 5.

1609 Voir respectivement les articles 49, 50, 129, et 146 des Conventions I, II, III et IV qui obligent les parties contractantes à rechercher les auteurs présumées d'infractions graves au droit international humanitaire et de les déférer, quelle que soit leur nationalité, devant leurs propres tribunaux ou de les remettre pour jugement à une autre Partie contractante.

1610 Protocole additionnel aux Conventions de Genève du 12 août 1949 relatif à la protection des victimes des conflits armés internationaux (Protocole I), 8 juin 1977, Articles 85 et 86§1.

1611 Il s'agit là du principe « *aut dedere aut judicare* », qui désigne en matière de répression des infractions internationales, l'obligation alternative des États d'extrader ou de poursuivre.

territoires. Cette présence suppose que l'accusé ne soit pas simplement de passage, mais qu'il séjourne un certain temps sur le territoire du for qui entend exercer l'action pénale. Sur ce point, alors que la Belgique, État membre de l'OIF, avait initialement une conception large, absolue et *in absentia* de la compétence universelle, elle a fini par rejoindre l'approche réaliste et largement partagée de la compétence universelle conditionnée. En effet, face aux nombreuses difficultés observées dans sa mise en œuvre, le dispositif de 1993[1612], modifié en 1999[1613], a été finalement abrogé et supplanté par la loi du 5 août 2003 relative aux violations graves du droit international humanitaire. Cette loi introduit désormais un critère de rattachement territorial et institue un système de filtrage des plaintes lorsque l'auteur des violations graves du droit international humanitaire, n'est ni belge, ni résident en Belgique. La compétence universelle désigne donc désormais, y compris en Belgique, « *le système donnant vocation aux tribunaux de tout État sur le territoire duquel se trouve l'auteur de l'infraction pour connaître cette dernière quel que soit le lieu de perpétration de l'infraction et la nationalité de l'auteur ou de la victime* »[1614].

L'exemple belge invite à réfléchir plus largement sur la manière dont la compétence universelle est vécue dans l'espace francophone et sur ce qui doit être fait pour que son exercice soit compatible avec le mandat de la Cour pénale internationale. La compétence universelle n'a certes pas fait l'objet d'une promotion spécifique dans l'espace francophone, mais y a néanmoins connu un développement judiciaire important (1), voire à certains égards, innovant (2). Les lignes qui suivent auront donc pour objet, à travers des illustrations topiques, d'analyser la compétence universelle dans la pratique judiciaire de l'espace francophone, pour mieux y dégager les difficultés et spécificités de sa mise en œuvre.

1. L'exercice traditionnel de la compétence universelle dans l'espace francophone

En pratique, la compétence universelle n'a été véritablement inaugurée qu'à la fin années 1990, à l'occasion de l'affaire Pinochet[1615], grâce aux tribunaux

---

1612 Loi du 16 juin 1993 relative à la répression des infractions graves aux Conventions internationales de Genève du 12 août 1949 et aux protocoles I et II du 8 juin 1977, additionnels à ces Conventions, *Moniteur Belge*, 5 août 1993.

1613 Loi relative à la répression des violations graves du droit international humanitaire, 10 février 1999, *Moniteur Belge*, 23 février 1999, pp. 9286 et ss. Cette loi donnait concrètement compétence aux tribunaux belges pour poursuivre toute personne accusée de génocide, crimes contre l'humanité et crimes de guerre, indépendamment d'une quelconque connexion entre le crime et la Belgique. La présence de l'accusé sur le territoire belge n'était alors pas exigée.

1614 LA ROSA Anne-Marie, *Dictionnaire de droit international pénal*, Paris, PUF, 1998, p. 10.

1615 STERN Brigitte, « Pinochet face à la justice », *Études*, 2001/1, Tome 394, pp. 7-18.

espagnol[1616], belge[1617] et surtout britannique. En janvier 1999, la Chambre des Lords britannique marqua en effet en la matière, un véritable précédent[1618]. En s'appuyant sur les dispositions de la Convention contre la torture, le juge britannique a en effet conclu qu'en aucune circonstance, un ancien chef d'État ne pouvait opposer une quelconque immunité du fait de son statut antérieur, dès lors qu'il était poursuivi pour des crimes de nature internationale. Parce qu'ils ne relèvent pas de la fonction publique, les crimes internationaux commis dans l'exercice d'un mandat officiel ne sauraient être couverts par quelque immunité que ce soit. La compétence universelle ainsi consacrée, sera ensuite progressivement incorporée dans nombre de législations nationales, y compris bien entendu dans l'espace francophone où elle a connu un développement judiciaire particulier.

En France, cette compétence extraterritoriale est consacrée aux articles 689-1 et suivants du Code de Procédure Pénale[1619]. Subordonnée à la résidence habituelle de l'accusé, elle ne s'exerce que pour autant que le crime international est puni dans l'État sur territoire duquel il a été commis. La poursuite ne peut alors être lancée qu'à la requête du Ministère public à condition qu'aucune juridiction nationale ou internationale ne demande l'extradition de l'accusé[1620]. En pratique, sur le fondement de sa compétence universelle, la Cour d'assise de Nîmes a par exemple, en s'appuyant sur la Convention contre la torture du 10 décembre 1984, à laquelle la France a adhéré le 26 juin 1987, rendu le 1er juillet 2005, une décision condamnant par défaut, à dix ans de réclusion, l'officier mauritanien Ely Ould Dah, pour des actes de tortures et barbaries commis en Mauritanie sur des citoyens mauritaniens de 1990 à 1992[1621]. Ce jugement a été

1616 Le mandat d'arrêt contre Augusto Pinochet a été émis par le juge espagnol Baltasar Garzón.

1617 La justice belge, à travers l'ordonnance du juge d'instruction Damien Vandermeersch s'est déclarée compétente le 6 novembre 1998 pour poursuivre Pinochet.

1618 L'arrestation de Pinochet à Londres le 16 octobre 1998 a été rendue possible par l'intégration à la législation du Royaume-Uni du principe de compétence universelle, tel qu'il résulte de la Convention sur la torture. Voir notamment la section 134 du *Criminal Justice Act* de 1988.

1619 Ces articles ont été introduits par les lois du 2 janvier 1995 et du 22 mai 1996, applicables aux crimes commis en ex-Yougoslavie et au Rwanda, ainsi que par la loi n° 2010-390 du 9 août 2010 portant adaptation du droit pénal à l'institution de la Cour pénale internationale. Doctrine : POISSONNIER Ghislain, « Mise en œuvre par la France du statut de la Cour pénale internationale : la compétence extraterritoriale menacée », *Gazette du Palais*, août 2010, pp. 2095-2099.

1620 Au-delà des crimes relevant de la compétence de la CPI, la compétence universelle des juridictions françaises s'applique à l'égard des actes de torture, de terrorisme, des disparitions forcées, des atteintes à la protection physique des matières nucléaires, des atteintes à la sécurité de la navigation maritime et à l'aviation civile, des atteintes aux intérêts financiers de l'Union européenne et des actes de corruption de fonctionnaires européens.

1621 Suite à une plainte déposée par plusieurs réfugiés politiques mauritaniens, soutenus par la Fédération internationale des droits de l'Homme (FIDH) et la ligue française des droits de l'Homme (LDH), Ely Ould Dah a été arrêté en juillet 1999, alors qu'il effectuait un stage de perfectionnement militaire à Montpellier. Placé sous contrôle judiciaire en septembre 1999, il parvint en avril 2000 à

confirmé en mars 2009 par la Cour européenne des droits de l'Homme[1622]. Cette procédure qui en 1999 avait jeté un sérieux coup de froid sur les relations franco mauritaniennes, constitue au fond la première application en France du principe de la compétence universelle car elle sanctionne un étranger pour des crimes commis à l'étranger sur des victimes étrangères. Même si ce procès n'a permis que la condamnation par contumace de cet officier mauritanien, il démontre que les lois d'amnistie ne sont guère solubles dans le droit international. Ceci dit, nonobstant sa condamnation par la justice française, Ely Ould Dah est toujours en fonction dans l'armée mauritanienne. Non seulement il est protégé par les autorités de son pays, mais en plus aucune demande d'extradition n'a été faite par les autorités françaises pour l'exécution de sa peine.

Au-delà de ce cas, la justice française a également exercé avec les mêmes difficultés sa compétence universelle dans l'affaire Khaled ben Saïd. Cet ancien haut fonctionnaire tunisien a lui aussi, au terme l'une longue procédure judiciaire, été condamné par contumace le 15 décembre 2008 par la Cour d'assises du Bas-Rhin à huit (8) ans de prison, pour complicité d'actes de torture commis en Tunisie sur une citoyenne tunisienne[1623]. La Cour avait alors pertinemment considéré que les actes qui lui étaient reprochés ne pouvaient être couverts par l'immunité de juridiction à laquelle il pouvait prétendre en sa qualité de vice-consul de Tunisie à Strasbourg, au moment de son arrestation[1624]. Cette décision contestée en appel par le parquet de Colmar pour insuffisance de preuves, a ensuite été confirmée le 24 septembre 2010 par la Cour d'assises de Nancy, qui a d'ailleurs alourdit la peine en la portant de huit (8) à douze (12) années d'emprisonnement. Pour autant, Khaled Ben Saïd n'a pas non plus été extradé en France pour l'exécution de sa peine. Il faut espérer que les nouvelles autorités tunisiennes, soucieuses de sanctionner et de réparer les crimes commis sous l'ancien régime, favorisent, au nom de la lutte contre l'impunité, l'exécution de ce jugement.

Par ailleurs, dans l'affaire des « *Disparus du Beach* »[1625] ouverte en décembre 2001, la justice française a après quatorze années de procédure, sur le fondement

---

s'enfuir pour regagner la Mauritanie, où ont été amnistiés les faits dont il est accusé. Malgré l'inexécution par les autorités mauritaniennes du mandat d'arrêt international dont fait l'objet depuis le 7 avril 2002, la Chambre d'accusation de Nîmes ordonna le 8 juillet 2002 sa mise en accusation devant la cour d'assises du Gard. Ce renvoi aux assises fut confirmé le 23 octobre 2002 par la Cour de cassation écartant ainsi l'exception de la loi d'amnistie. Cass. Crim., 23 octobre 2002, 02-85379, *Bulletin criminel*, 2002, n° 195, p. 725.

1622 CEDH, 17 mars 2009, *Ould Dah c/ France*, Requête n°13113/03.

1623 Cour d'assises du Bas-Rhin, 15 décembre 2008, *Ministère public c/ Khaled Ben Saïd*, n° CA 08/36.

1624 Le personnel consulaire ne bénéficie de l'immunité qu'en ce qui concerne les actes accomplis pendant l'exercice de leurs fonctions.

1625 Alors que le Congo était en décembre 1998, en proie à une violente guerre civile, plusieurs centaines de milliers de personnes furent contraintes de fuir Brazzaville pour se réfugier en République

de sa compétence universelle, finalement confirmé la mise en examen du Général congolais Norbert Dabira, pour des crimes contre l'humanité commis alors qu'il occupait les fonctions d'inspecteur général des armées congolaises[1626]. Même si ni l'immunité qu'il peut tirer de ses actuelles fonctions ministérielles, ni l'acquittement dont il a bénéficié au Congo ne semblent guère freiner la justice française dans la poursuite de cette affaire, force est de souligner que Norbert Dabira reste en liberté et que l'efficacité de la procédure dont il est l'objet en France, dépendra dans une large mesure de la coopération des autorités congolaises.

Dans l'affaire des milices de Reliage, le tribunal de grande instance de Nîmes a enfin décidé le 26 décembre 2014, après plus de dix années d'instruction[1627], de

---

Démocratique du Congo (RDC). Dans ce contexte, un accord tripartite fut signé le 10 avril 1999 entre la RDC, la République du Congo et le Haut-Commissariat des Nations unies aux Réfugiés, en vue de mettre en place un couloir humanitaire et d'organiser par bateau, le rapatriement de ces réfugiés. C'est à leur sortie des bateaux, au port fluvial Brazzaville baptisé le « *Beach* », que des centaines de réfugiés congolais auraient, entre le 5 et le 14 mai 1999, été sélectionnés et arrêtés avant de disparaître dans d'étranges conditions. Deux ans plus tard, le 5 décembre 2001, la Fédération internationale des Ligues des Droits de l'Homme (FIDH), la Ligue française pour la défense des droits de l'Homme et du Citoyen (LDH) et l'Observatoire congolais des droits de l'Homme (OCDH) déposèrent à cet égard une plainte auprès du Procureur de la République du Tribunal de Grande Instance de Paris, contre Denis Sassou Nguesso, Président de la République du Congo et d'autres personnalités congolaises dont Norbert Dabira, ancien inspecteur général des armées du Congo, ayant une résidence à Paris. Le 1er février 2002, une information judiciaire fut ouverte pour crimes contre l'humanité. De mai à juillet 2002, Norbert Dabira fut arrêté, interrogé, libéré puis de nouveau auditionné en qualité de témoin assisté. Mais suite à l'ouverture de l'enquête en France, les autorités congolaises décidèrent, en juin 2002, de relancer la procédure judicaire au niveau national. Au terme de leur procédure, les juridictions congolaises acquittèrent le 17 août 2005, l'ensemble des personnes poursuivies en se contentant de condamner l'Etat à payer des indemnités aux familles des victimes. Mais avant d'en arriver là, « indignées » par l'exercice par les juridictions françaises de leur compétence universelle à l'égard de ces faits, les autorités congolaises déposèrent le 9 décembre 2002, auprès du greffe de la Cour Internationale de Justice, une requête contre la France aux fins de faire annuler les actes d'instruction et de poursuite effectués par les juridictions françaises dans cette affaire. Dans ces circonstances, la Cour d'appel de Paris annula le 22 novembre 2004, l'ensemble de la procédure des disparus du Beach pour vice de forme (Cass. Crim., 10 janvier 2007, 04-87.245, *Bulletin criminel*, 2007, n° 7, p. 17). Cette décision attaquée en cassation fut ensuite cassée le 10 janvier 2007 et l'affaire, renvoyée devant la Cour d'appel de Versailles qui a de nouveau, le 20 juin 2007, validé la légalité de l'instruction en excipant pour des motifs procéduraux, la mise en examen de Ndengue, Directeur de la police congolaise. Dans son arrêt du 9 avril 2008, la Cour de cassation française rejeta le pourvoi formé par la défense en ne retenant pas le moyen tiré du fait que les personnes visées par la procédure en France, aient déjà été jugées et acquittées par la justice congolaise. Par lettre datée du 5 novembre 2010, le Congo retira sa requête introductive d'instance et l'affaire fut rayée du rôle de la Cour internationale de Justice, le 16 novembre 2010 (CIJ, Ordonnance du 16 novembre 2010, *Affaires relatives à certaines procédures pénales engagées en France (République du Congo c/ France), C.I.J. Recueil 2010*, p. 635). En 2012, l'instruction fut renvoyée au Tribunal de grande instance de Paris via son pôle spécialisé dans les crimes contre l'humanité, les crimes de génocide, les crimes de guerre et les actes de torture. La mise en examen dont il est de nouveau l'objet depuis août 2013, a été confirmée par la Chambre d'instruction de la Cour d'appel de Paris le 9 octobre 2014.

1626 Cour d'appel de Paris, Chambre d'instruction, 9 octobre 2014.

1627 Le 10 octobre 2003, la FIDH et la LDH déposent une plainte devant le Tribunal de grande instance de Nîmes, contre Hocine Mohamed et son frère Abdelkader Mohamed, anciens leaders des milices de

mettre en accusation Hocine Mohamed et son frère Abdelkader Mohamed, pour actes de torture et de barbarie perpétrés sur des populations civiles, dans le contexte de la guerre civile qui a frappé l'Algérie dans les années 1990. Cette affaire en cours révèle elle aussi, à l'instar de la précédente, les difficultés pratiques que soulève l'exercice de la compétence universelle tant au plan juridique qu'au plan politique.

A l'égard des crimes commis dans le cadre du génocide rwandais, les juridictions françaises se sont déclarées compétentes pour juger Wenceslas Munuyeshyaka, prêtre rwandais résidant en France[1628], et Laurent Bucyibaruta, ancien préfet de Gikongoro (Rwanda), lui aussi résidant en France[1629]. Le Tribunal pénal international pour le Rwanda qui s'était saisi de ces deux dossiers en juin 2007, a finalement décidé le 20 novembre 2007, en application de la politique d'achèvement de ses travaux, de confirmer la compétence des juridictions françaises, en renvoyant devant elles, ces deux affaires. Le 20 février 2008, la justice française a réaffirmé sa volonté de poursuivre les deux accusés, mais à ce jour, les affaires Munyeshyaka et Bicyibaruta restent pendantes[1630]. Par

---

Relizane (Algérie), pour torture, actes de barbarie et crimes contre l'humanité. Le 30 mars 2004, les deux frères qui résident en France et dont le premier a entre-temps, obtenu la nationalité française, sont mis en examen et placés sous contrôle judiciaire. En 2005, la commission rogatoire internationale demandée par le juge d'instruction français pour les besoins de l'enquête fut refusée par les autorités algériennes au motif que l'Algérie avait déjà pris toutes les mesures législatives nécessaires à la répression des actes de torture commis sur son territoire. Après une longue série de confrontations et d'auditions, la procédure a néanmoins abouti à une ordonnance de mise en accusation.

1628 Saisie sur le fondement de sa compétence universelle, la justice française a ouvert le 25 juillet 1995, une information contre Wenceslas Munyeshyaka, ex-vicaire de l'église de la Sainte Famille, à Kigali, devenu curé de Gisors, en Normandie, pour génocide, crimes contre l'humanité commis au Rwanda en 1994. Le juge d'instruction après s'être déclaré compétent le 9 janvier 1996 pour instruire uniquement les crimes de tortures et les traitements inhumains ou dégradants, a vu sa compétence totalement infirmée par la Cour d'appel de Nîmes le 20 mars 1996. Le 6 janvier 1998, cet arrêt fut cassé par la Cour de cassation qui reprocha à la Cour d'appel d'avoir qualifié les faits de génocide et de ne pas avoir retenu la qualification pénale de torture, pour laquelle l'article 689-2 du Code de procédure pénale donne compétence universelle aux juridictions françaises. La Cour de cassation renvoya donc l'affaire devant la Cour d'appel de Paris qui, le 23 juin 1999, déclara les juridictions françaises compétentes pour juger le crime de génocide et les crimes contre l'humanité, en se fondant sur la loi du 22 mai 1996 attribuant compétence universelle au juge français. Cette loi, adoptée après l'ouverture de l'action publique était applicable aux procédures en cours. Pour autant, cinq (5) ans plus tard, les deux commissions rogatoires internationales programmées par le juge d'instruction n'avaient toujours pas été exécutées. Ce qui conduisit la Cour européenne des droits de l'Homme, à condamner la France le 8 juin 2004, pour la lenteur de la procédure. Wenceslas Munyeshyaka a entre-temps, été condamné par contumace le 16 novembre 2006, à la prison à vie par la Cour militaire de Kigali.

1629 Le 30 mai 2000, Laurent Bucyibaruta fut mis en examen par les autorités françaises à la suite d'une plainte déposée, le 5 janvier 2000, par la Fédération internationale des droits de l'Homme (FIDH) et par la Ligue des droits de l'Homme (LDH), l'accusant d'avoir participé au génocide de 1994. Il fut alors incarcéré du 6 juin au 20 décembre 2000, puis placé sous contrôle judiciaire.

1630 Le dossier est en cours d'instruction alors que les deux accusés sont toujours en liberté, mais sous contrôle judiciaire. Le 19 août 2015, le parquet de Paris a requis un non-lieu pour le père Wenceslas Munyeshyaka.

ailleurs, toujours sur la base de leur compétence universelle, les juridictions françaises ont engagé des poursuites contre d'autres ressortissants rwandais. Sosthène Munyemana, ancien médecin à l'hôpital de Butare (Rwanda), fait l'objet d'une instruction depuis 1995, alors qu'Agathe Kanziga Habyarimana, veuve de l'ancien président rwandais, a été arrêtée, le 3 février 2010, dans l'Essonne, en vertu d'un mandat d'arrêt international émis par les autorités rwandaises. En outre, bien que la justice française ait refusé leur extradition vers le Rwanda pour défaut de garanties juridictionnelles suffisantes, elle n'a toujours engagé de poursuites contre Isaac Kamali, ancien agent du ministère rwandais de la jeunesse et Marcel Bivugabagabo, ancien responsable militaire au Rwanda. En mai 2014, Octavien Ngenzi et Tito Barahira, anciens maires de la commune Kabarondo, dans l'est du Rwanda, ont été renvoyés devant les assises à Paris pour leur participation présumée au génocide des Tutsis de 1994. Au final, pour l'instant, dans le cadre du génocide rwandais, seul Pascal Simbikangwa, ancien capitaine de l'armée rwandaise, a fait l'objet d'une condamnation par la justice française. Le verdict rendu le 14 mars 2014 par la Cour d'assises de Paris et contre lequel il a interjeté appel, l'a condamné à vingt-cinq (25) ans de réclusion criminelle pour crime de génocide et complicité de crimes contre l'humanité commis au Rwanda entre avril et juillet 1994[1631]. Toutes ces affaires, doublées de la mise en place en décembre 2011 d'un pôle « crimes internationaux » au tribunal de grande instance de paris[1632], révèlent en dépit des obstacles et de nombreux classement sans suite[1633], la volonté des juridictions françaises de prendre, en vertu de leur compétence universelle, une part active dans la répression des crimes internationaux.

Dans l'espace francophone, la Suisse a également consacré dans son code pénal, la compétence universelle de ses juridictions à l'égard des crimes contre

---

1631 Voir pour un récit du procès, SALAS Denis, « Punir et réparer après un génocide à propos du procès de M. Simbikwanga, jugé pour faits de génocide sur les tutsis du Rwanda » (Cour d'Assises de Paris, 4 février-14 mars 2014), *Archives de politique criminelle*, 2014/1, n° 36, pp. 147-159.

1632 Loi n° 2011-1862 du 13 décembre 2011 relative à la réparation des contentieux et à l'allègement de certaines procédures juridictionnelles, *JORF*, 14 décembre 2011, p. 21105. Voir aussi les articles 628 et suivants du code de procédure pénal. Doctrine : DEVOS Aurélia, « La création d'un pôle judiciaire crimes contre l'humanité, crimes et délits de guerre. Histoire et enjeux », *AJ pénal*, mai 2013, n° 5, pp. 225-256 ; BELLEVIER Florence et EUDES Marina, « Le pôle « crimes internationaux » du Tribunal de grande instance de Paris : une prometteuse spécialisation de la justice française dans la lutte contre l'impunité des crimes les plus graves », *in* BERNARD Diane et SCALIA Damien (dir.), *Vingt ans de justice internationale pénale*, Bruxelles, La Charte, 2014, pp. 19-32.

1633 Parmi les affaires classées sans suite par la justice française saisie en vertu de sa compétence universelle, l'on peut citer l'affaire Laurent-Désiré Kabila (République Démocratique du Congo), l'affaire Javor et autres (Bosnie-Herzégovine), l'affaire Nezzar (Algérie), l'affaire Rumsfeld (États-Unis), les affaires Laurent Serubuga, Fabien Neretse, Eugène Rwamucyo, Claver Kamana (Rwanda). Ces affaires ont été classées sans suite soit parce que la condition de résidence n'était pas remplie, soit parce que l'accusé était couvert par une immunité de juridiction.

l'humanité, des crimes de guerre et du crime de génocide[1634]. Elle subordonne, elle aussi, l'exercice de cette compétence à la présence sur son territoire, de l'auteur présumé du crime. Jusqu'à présent, les poursuites judiciaires exercées en Suisse sur le fondement de la compétence universelle n'ont abouti à une condamnation que dans un seul cas[1635]. Ancien maire de la ville de Mushubati au Rwanda, Fulgence Niyonteze, a été condamné en appel[1636] le 26 mai 2000, à 14 ans de prison et à 15 ans d'expulsion du territoire suisse, pour crimes de guerre. Cette décision du tribunal militaire d'appel fut confirmée le 27 avril 2001[1637] par le tribunal militaire de cassation, puis par le tribunal fédéral le 11 septembre 2006.

Au Canada, depuis le 23 octobre 2000, c'est la loi concernant le génocide, les crimes contre l'humanité et les crimes de guerre et visant à la mise en œuvre du Statut de Rome de la Cour pénale internationale, qui organise la compétence universelle des juges canadiens. Sur les quatre affaires instruites avant l'entrée en vigueur de cette loi, sur le fondement de l'ancien article 7(3.71) du Code criminel du Canada, seule celle concernant Imre Finta, ancien capitaine de la gendarmerie hongroise, agissant sous le régime nazi, a fait l'objet d'un jugement. Décédé en décembre 2003, le prévenu avait été définitivement acquitté par la Cour suprême du Canada en 1994[1638]. Depuis l'entrée en vigueur de la nouvelle loi, la justice canadienne s'est saisie en vertu de sa compétence universelle, de deux affaires. La première concerne Désiré Munyaneza, ancien dirigeant de l'*Interahamwe*, arrivé

1634 Articles 12*bis*, 12*ter*, 264*m* du Code pénal suisse.

1635 Le rwandais Félicien Kabuga et le tunisien Habib Ammar n'ont finalement pas fait l'objet de poursuites. Faute de preuves suffisantes, Goran Grabez a été acquitté le 18 avril 1997 par le tribunal militaire de Lausanne. Les rwandais Alfred Musema et Emmanuel Rukundo ont été mis à la disposition du TPIR. Le premier a été condamné à la prison à vie et le second à 23 ans de réclusion. Si Gaspard Ruhumuliza, ancien Ministre rwandais de l'Environnement et du Tourisme n'a pas été extradé en 2008 comme l'avait formellement demandé le gouvernement rwandais, il n'a, à ce jour fait l'objet d'aucune poursuite non plus de la part des juridictions suisses. A cet égard, la Suisse méconnaît son obligation internationale de juger ou d'extrader. Quant à Khaled Nezzar, ancien ministre algérien de la défense, la procédure engagée contre pour actes de torture et disparitions forcées commis en Algérie dans les années 1990, a été confirmée par le tribunal pénal fédéral qui, dans sa décision du 25 juillet 2012, a rejeté le moyen des immunités. L'instruction suit son cours.

1636 Le 30 avril 1999, le tribunal de division de Lausanne l'avait condamné en première instance, à la réclusion à perpétuité, pour sa participation au génocide.

1637 Tribunal militaire de cassation (Suisse), *Affaire Niyonteze Fulgence*, 27 avril 2001.

1638 Cour Suprême du Canada, *La Reine c/ Finta*, 24 mars 1994, *RCS*, 1994, p. 701. Pour les autres, les poursuites ont été abandonnées pour insuffisance de preuves. Ce fut le cas pour Michael Pawlowski, accusé en 1989 de crimes de guerre et de crimes contre l'humanité, commis en 1942 en République soviétique de Biélorussie. Ce fut également le cas pour Stephen Reistetter, fonctionnaire slovaque accusé en 1990 d'avoir enlevé 3000 juifs en 1942 avec l'intention de les envoyer vers les camps d'extermination nazis. Radislav Grujicic, ancien agent de police yougoslave est poursuivi depuis décembre 1992 pour avoir, pendant la deuxième guerre mondiale, participé à la classification puis à l'assassinat de personnes soupçonnées d'activités, d'idéologie ou de sympathie communistes. Son procès s'est ouvert en avril 1994, mais la procédure est à ce jour en suspens en raison de l'état mental et physique de l'accusé.

au Canada en 1997. Il a été convaincu le 22 mai 2009, par la Cour supérieure du Québec, de génocide et crimes contre l'humanité commis au Rwanda entre le 1er avril et le 31 juillet 1994. Sa condamnation à une peine d'emprisonnement à perpétuité, avec possibilité de libération conditionnelle après 25 ans, a été confirmée en appel le 7 mai 2014[1639]. La deuxième concerne Jacques Mungwarere, un ancien enseignant rwandais résidant au Canada depuis avril 2001. Son procès s'est quant à lui terminé par un acquittement le 5 juillet 2013.

Au-delà de la France, de la Suisse et du Canada, la Belgique a elle aussi, depuis l'affaire Pinochet, été très active dans l'exercice de sa compétence universelle. Sous l'empire de l'ancien régime de la compétence universelle, Vincent Ntezimana, professeur d'université, Alphonse Higaniro, directeur d'une usine, Consolata Mukangango et Julienne Mukabutera, membres d'une communauté religieuse, ont été arrêtés sur le territoire belge pour avoir participé en 1994 aux massacres des Tutsis de la préfecture de Butare au Rwanda. Poursuivis pour violations des Conventions de Genève et du Code pénal belge, ils ont été condamnés le 8 juin 2001, par le Cour d'assises de Bruxelles, à des peines de réclusion allant de 12 à 20 ans. Depuis la réforme de 2003, rationalisant l'exercice de la compétence universelle en Belgique, plusieurs autres procès se sont tenus. Le 29 juin 2005, la Cour d'assises de Bruxelles a condamné respectivement Etienne Nzabonimana et Samuel Ndashyikirwa, à 12 et 10 ans de prison, pour leur participation au génocide. Par ailleurs, après que le TPIR a retiré son acte d'accusation contre Bernard Ntuyahaga, ex-major des Forces Armées Rwandaises, ce dernier s'est rendu en mars 2004 en Belgique1640, où il a été poursuivi pour l'assassinat de dix casques bleus belges et d'un grand nombre de civils rwandais. Le 5 juillet 2007, il a été condamné par la Cour d'assises de Bruxelles, à 20 ans d'emprisonnement. Par-delà le procès des génocidaires rwandais, la justice belge, avant de s'en dessaisir, a également tenté d'exercer sa compétence universelle dans

1639 Cour d'Appel du Québec (Montréal), 7 mai 2014, n° 500-10-004416-093, 2014 QCCA 906,.

1640 La Tanzanie avait, avant cela, refusé de l'extrader au Rwanda.

le cadre notamment des affaires Sharon et Yaron[1641], Bush[1642], Total[1643] et Habré[1644]. Mais parmi les affaires à l'égard desquelles la justice belge a tenté d'exercer sa compétence universelle, celle concernant Abdoulaye Yérodia Ndombasi, ancien ministre congolais (RDC) des affaires étrangères, paraît être la plus symptomatique des difficultés que peut soulever l'exercice de la compétence universelle. Au-delà du débat autour du rattachement de l'accusé au territoire du for, ce cas posait la question de la compatibilité de l'exercice de la compétence universelle avec les immunités diplomatiques. Dans cette affaire dite du mandat d'arrêt du 11 avril 2000, qui a opposé la République Démocratique du Congo à la Belgique[1645], si la Cour Internationale de Justice (CIJ), dans son arrêt du 14

1641 Plusieurs plaintes ont été déposées en juin 2001, devant la justice belge, contre Ariel Sharon, alors ministre de la Défense de l'Etat d'Israël, Amos Yaron, commandant de division dans l'armée israélienne et d'autres responsables politiques et militaires israéliens, du fait de crimes de génocide, crimes contre l'humanité et crimes de guerre commis en septembre 1982 au Liban, dans les camps de réfugiés palestiniens de Sabra et Chatila et à leurs alentours. Ces plaintes ont suscité de très vives réactions de la part des autorités israéliennes. Mais à la suite de l'abrogation de la loi de 1993 et de la mise en place du nouveau régime de compétence universelle, la Cour de cassation, sur requête du Procureur général, a prononcé le 24 septembre 2003, le dessaisissement des juridictions belges aux motifs que, ni les critères de compétence personnelle active « élargie », ni ceux de compétence personnelle passive « élargie » n'étaient satisfaits en l'espèce et qu'aucune règle de droit international ne consacrait la compétence universelle des juridictions du for en l'absence de l'inculpé sur le territoire de l'État.

1642 Le 18 mars 2003, une plainte a été déposée contre le président George Bush senior et d'autres dirigeants américains, du chef de plusieurs infractions aux Conventions de Genève, commises lors de la première guerre du Golfe en 1991. Après l'abrogation de la loi de 1993 sous le régime duquel la plainte été déposée, la Cour de cassation a prononcé le 24 septembre 2003, à la demande du Ministère public, le dessaisissement des juridictions belges.

1643 En 2002, deux plaintes ont été enregistrées à l'encontre de la société Total pour des faits ayant eu lieu en Birmanie. La première introduite en France, a abouti à une transaction, alors que la seconde, déposée en Belgique pour complicité de crimes contre l'humanité, a été malgré l'avis contraire du juge constitutionnel, jugée irrecevable par la Cour de cassation, qui a conclu au dessaisissement des juridictions belges. Il n'y a que dans cette affaire que la compétence universelle ait été invoquée à l'encontre d'une personne morale.

1644 En novembre 2000, la justice belge est saisie, sur le fondement de sa compétence universelle, par trois belges d'origine tchadienne, des crimes perpétrés par le régime d'Hissène Habré. La plainte ayant été déposée avant la réforme du 23 avril 2003, aucun critère de résidence n'était exigé pour la poursuite du prévenu. Une instruction fut alors ouverte. Elle conduisit au bout de quatre ans, à l'émission d'un mandat d'arrêt international contre Hissène Habré. Face au refus d'extradition opposé par les autorités sénégalaises le 25 novembre 2005, la Belgique déposa en février 2009, une requête introductive d'instance contre le Sénégal devant la Cour Internationale de Justice (CIJ). Dans son arrêt du 20 juillet 2012, la Cour condamna le Sénégal, au regard de ses obligations internationales, à soumettre sans délai, l'affaire Hissène Habré à ses juridictions compétentes, à défaut de vouloir, comme réaffirmé le 10 janvier 2012, l'extrader vers la Belgique. Le Sénégal a donc, un mois après, avec le soutien de l'Union Africaine, mis en place un dispositif juridictionnel spécifique, chargé de juger les principaux responsables des crimes internationaux perpétrés au Tchad de 1982 à 1990. Ce qui a eu pour effet de dessaisir la justice belge. Voir *infra*, pp. 481-483.

1645 En avril 2000, la justice belge émet un mandat d'arrêt international contre Abdoulaye Yérodia Ndombasi, à l'époque, ministre des affaires étrangères de la République Démocratique du Congo, pour des crimes constituant des violations graves au droit international humanitaire et qu'il aurait commis

février 2002, sanctionne, en vertu des règles du droit international coutumier ou positif, la violation par la justice belge de l'immunité de juridiction pénale et de l'inviolabilité reconnues aux chefs d'État, chefs de gouvernement et ministres des affaires étrangères pendant la durée de leurs fonctions[1646], elle ne remet aucunement en question le principe de la compétence universelle des juridictions nationales[1647]. Au fond, sans contester les fondements du principe, la Cour en relativise la portée en renforçant au passage le bouclier des immunités fonctionnelles[1648] et personnelles[1649]. Ainsi, tant qu'elles occupent leurs fonctions, ces autorités ne peuvent être soumises à la juridiction d'un juge étranger, ni pour les actes accomplis à titre officiel, ni pour ceux commis à titre privé[1650]. En revanche, après la cessation des fonctions officielles, seuls les crimes internationaux commis à titre privé[1651], avant, pendant ou après, l'exercice de ses fonctions peuvent être poursuivis et punis par un juge étranger. Cette solution médiane et quelque peu équivoque de la CIJ permet au moins de concilier habilement les exigences de la coopération internationale avec celles de la justice pénale internationale. Au fond, les immunités n'ont qu'une valeur procédurale. Elles ne sauraient exonérer leurs bénéficiaires de leur responsabilité pénale individuelle. Pour autant, si les Statuts des juridictions pénales internationales excluent expressément la possibilité d'invoquer une situation officielle pour se soustraire à la responsabilité pénale internationale[1652], il reste néanmoins difficile

---

avant d'assumer sa charge ministérielle. La RDC saisit donc la CIJ pour contester la licéité du mandat d'arrêt au regard du droit international coutumier. Doctrine : HENZELIN Marc, « La compétence pénale universelle, une question non résolue par l'arrêt Yérodia », *RGDIP*, vol. 4, 2002, pp. 819-854.

1646 VERHOEVEN Joe, « Mandat d'arrêt international et statut de ministre », *Actualité et droit international*, mai 2002. Disponible en ligne sur : http//www.ridi.org/adi.

1647 QUENEUDEC Jean-Pierre, « Un arrêt de principe : l'arrêt de la CIJ du 14 février 2002 », *Actualité et droit international*, mai 2002. En ligne sur : http://www.ridi.org/adi.

1648 Les immunités fonctionnelles couvrent les actes accomplis par tout individu-organe d'un Etat dans l'exercice de ses fonctions publiques.

1649 Les immunités personnelles protègent, pendant toute la durée de leur mandat, les hauts fonctionnaires exerçant leurs fonctions sur le territoire d'un Etat étranger. Elles couvrent, indépendamment de leur nature, les actes accomplis par ces personnes dans l'exercice de leur mandat officiel ou avant. Elles cessent avec la fonction, sauf si l'Etat accréditaire décide de les lever avant.

1650 Bien que les crimes internationaux ne puissent être regardés comme des actes publics, les Etats, dans la pratique, continuent paradoxalement de faire prévaloir les immunités diplomatiques.

1651 CIJ, *Affaire relative au mandat d'arrêt du 11 avril (République démocratique du Congo c/ Belgique)*, Arrêt, 14 février 2002, *C.I.J. Recueil 2002*, p. 3, § 61. Sauf cas de crimes internationaux, les actes publics échappent par nature à la compétence des juridictions étrangères, même après la cessation des fonctions.

1652 La qualité officielle ne peut être considérée, ni comme une excuse absolutoire, ni comme un motif de diminution des peines (article 7 du statut du tribunal de Nuremberg, article 6 du statut du tribunal de Tokyo, article 7§2 du statut du TPIY et article 6§2 du statut du TPIR). Le défaut de pertinence de la qualité officielle a ensuite été repris et consolidé par le statut de la CPI qui prévoit en son article 27 alinéa 2 que « *les immunités et règles de procédures spéciales qui peuvent s'attacher à la qualité officielle d'une personne en vertu du droit interne ou du droit international, n'empêche pas la Cour d'exercer sa compétence à l'égard de cette personne* ». Mieux encore, la haute position hiérarchique peut même, au regard de la jurisprudence

aujourd'hui de mettre en œuvre la responsabilité pénale internationale d'un chef d'État en exercice.

Dans tous les cas, la pratique judiciaire de ces États révèle que la Francophonie se trouve saisie par la question de la compétence universelle comme élément déterminant du dispositif international de lutte contre l'impunité. Ceci dit, toutes les affaires citées nous renseignent d'une façon ou d'une autre sur les difficultés d'exercice de cette compétence qui, au-delà des enjeux purement juridiques, emporte la plupart du temps, des conséquences politiques et diplomatiques considérables. C'est pourquoi, en plus de la volonté et des ressources qu'elle mobilise, la compétence universelle appelle indispensablement, pour sa mise en œuvre effective, un renforcement de la coopération judiciaire entre les États francophones.

Si ce bref aperçu de la compétence universelle en France, en Suisse, en Belgique et au Canada, nous a permis de mesurer en partie l'importance du phénomène dans l'espace francophone, il oblige surtout à reposer la question essentielle de l'appropriation de la lutte contre l'impunité par les institutions africaines. Car la propension des juridictions occidentales à exercer leur compétence universelle, est proportionnellement inverse à la capacité des juridictions africaines, à assurer par elles-mêmes, la répression des crimes internationaux relevant de leur compétence territoriale. Ainsi, face à ce qu'ils considèrent comme un usage « *abusif* »[1653], de leur compétence universelle par les juridictions occidentales, les États africains ont entendu, à travers l'affaire Hissène Habré, se réapproprier la leur. Là encore, la Francophonie se trouve directement touchée par la question, puisque c'est le Sénégal, État membre de l'organisation, qui s'emploie ici de manière assez originale d'ailleurs, à exercer sa compétence universelle à l'égard de crimes internationaux commis sur le territoire d'un autre État francophone, à savoir le Tchad.

---

des TPI *ad hoc*, être considérée comme une circonstance aggravante. TPIY, Chambre de première instance I, *Le procureur c/ Blaskic*, IT-95-14-T, 3 mars 2000, § 788 ; TPIR, Chambre de première instance I, *Le procureur c/ Kambanda*, ICTR-97-23-S, 4 septembre 1998, § 44. Doctrine : DE ANDRADE Aurélie, « Les supérieurs hiérarchiques », *in* ASCENSIO Hervé, DECAUX Emmanuel et PELLET Alain, *Droit international pénal*, Pedone, 2000, pp. 201-210.

1653 Après s'être saisie de la question à la demande du Rwanda, l'Union Africaine a, conformément à la recommandation de la Conférence des ministres et des procureurs généraux organisée le 18 avril 2008, établi une Commission sur l'utilisation abusive du principe de compétence universelle. Conférence de l'Union Africaine, *Décision sur le rapport relatif à l'utilisation abusive du principe de compétence universelle*, Doc. Assembly/AU/Dec. 199 (XI) (2009) 2. Doc. Assembly/AU/14(XI), Sharm El Sheikh, 1er juillet 2008.

2. Les Chambres africaines extraordinaires : un exercice inédit de la compétence universelle dans l'espace francophone

Chargées de juger les crimes internationaux commis au Tchad durant la présidence d'Hissène Habré, les Chambres africaines extraordinaires (CAE) au sein des juridictions sénégalaises se distinguent par leur spécificité organique et fonctionnelle. La ligne de crête qui les sépare des procédés classiques d'exercice de la compétence universelle, se situe dans leur tendance singulière à emprunter, dans leur mode de création comme dans leur composition et leur fonctionnement, des caractéristiques qui jusqu'ici étaient inhérentes aux juridictions mixtes. En cela, ces chambres contribuent à esquisser une forme hybride d'exercice de la compétence universelle, dont les contours pourraient rappeler à s'y méprendre, ceux des tribunaux pénaux internationalisés[1654].

Les Chambres africaines extraordinaires procèdent d'un accord conclu entre le gouvernement du Sénégal et la Commission de l'Union Africaine, le 22 août 2012. Cet accord est lui-même l'aboutissement d'un long processus de négociation, entamé avec la décision sur « *le procès Hissène Habré et l'Union africaine* »[1655], adoptée par la Conférence des chefs d'Etat et de gouvernement de l'Union africaine, à Banjul, en juillet 2006. Par cette décision, l'Union Africaine se reconnaissait une sorte de « *compétence régionale* »[1656] pour juger les auteurs présumés des actes incriminés par son acte constitutif[1657]. Entre compétence universelle des juridictions sénégalaises et justice pénale régionale, ces chambres formalisent l'épilogue d'un long feuilleton politique, juridique et financier, dont il ne serait pas oiseux de rappeler ici les moments les plus marquants. Le 26 janvier 2000, sept (7) tchadiens soutenus par l'Association des victimes des crimes et de la répression politique au Tchad (AVCRP), déposaient une plainte devant le tribunal régional hors-classe de Dakar contre Hissène Habré pour torture et crime contre l'humanité, en vertu de la Convention contre la torture, ratifiée par le Sénégal en 1986. Installé au Sénégal depuis son éviction du pouvoir en 1990, l'ancien président tchadien est alors inculpé le 3 février 2000 pour complicité de crimes contre l'humanité, d'actes de torture et de barbarie. Pourtant, dans une décision du 20 mars 2001, la Cour de cassation du Sénégal se déclara

1654 Nous ne sommes pas ici en présence d'un tribunal pénal internationalisé puisque les chambres ont été instituées auprès des tribunaux sénégalais pour connaître de crimes internationaux commis dans un autre pays : le Tchad.

1655 Conférence de l'Union Africaine, septième session ordinaire, *Décision sur le Procès d'Hissène Habré et l'Union africaine*, Doc. Assembly/AU/Dec. 127 (VII) (2006), Banjul, 2 juillet 2006.

1656 MUBIALA Mutoy, « Chronique de droit pénal de l'Union africaine. Vers une justice pénale régionale en Afrique », *Revue internationale de droit pénal*, 2012/3, vol. 83, p. 548.

1657 Il s'agit des crimes de guerre, du génocide, des crimes contre l'humanité, des assassinats politiques, des actes de terrorisme, ainsi que des activités subversives prévus aux articles 3(h), 4(h) et 4(o) de l'Acte constitutif de l'Union africaine.

incompétente pour juger les crimes commis à l'étranger. Un mois après cette décision, en réponse à une requête des victimes, le Comité des Nations Unies contre la torture invitait les autorités sénégalaises à prendre toutes les mesures nécessaires pour empêcher que Hissène Habré quitta le territoire sénégalais autrement qu'en vertu d'une procédure d'extradition. Après que la Chambre d'accusation de la Cour d'appel de Dakar se déclara, par son arrêt du 25 novembre 2005, incompétente pour statuer sur la requête d'extradition formulée par les autorités judiciaires belges, saisies du dossier depuis novembre 2000, l'affaire Habré fut portée par le Président de la République sénégalaise devant la Conférence des chefs d'État de l'Union africaine réunie à Khartoum les 23 et 24 janvier 2006[1658]. Il se dégagea de cette rencontre, une volonté des chefs d'État africains de circonscrire la portée du principe de la compétence universelle à la territorialité du continent et donc de ne pas extrader Hissène Habré vers la Belgique. C'est dans ce contexte que les chefs d'État et de gouvernement mirent en place un Comité d'éminents juristes africains chargé d'examiner tous les aspects et toutes les implications du procès d'Hissène Habré, ainsi que les options disponibles pour son jugement[1659]. Ce Comité, tout en tenant compte des exigences de la lutte contre l'impunité et des garanties procédurales qu'elle implique, préconisait de privilégier un mécanisme africain dans la désignation de la juridiction compétente. Le 2 juillet 2006, les chefs d'État et de gouvernement réunis au Sommet de Banjul, en s'appuyant sur les recommandations du Comité de juristes africains, confia à la République du Sénégal, la mission de « *poursuivre et de faire juger, au nom de l'Afrique, Hissène Habré par une juridiction sénégalaise compétente avec les garanties d'un procès juste* »[1660]. Sur cette base, l'Assemblée nationale sénégalaise adopta le 31 janvier 2007, une nouvelle loi permettant aux juridictions nationales d'instruire et de juger les crimes de génocide, crimes contre l'humanité et crimes de guerre commis hors du territoire sénégalais. Le 23 juillet 2008, le Congrès sénégalais adopta ensuite un amendement constitutionnel qui, en ouvrant une exception au principe de non-rétroactivité de la loi pénale pour les crimes internationaux, confirmait la compétence de la justice sénégalaise à poursuivre Hissène Habré. Mais en dépit de tout cela, rien ne fut concrètement mis en place. En février 2009, face à l'inertie du Sénégal et aux irrecevabilités opposées à ses demandes d'extradition, la Belgique déposa contre lui une requête introductive d'instance devant la Cour internationale de justice. Dans la décision

---

1658 Voir notamment OKIEMY Bienvenu, « Le parcours judiciaire de monsieur Hissène Habré devant les juridictions sénégalaises », *Revue juridique et politique des Etats francophones*, n° 3, juillet-septembre 2006, pp. 362-390.

1659 Conférence de l'Union Africaine, sixième session ordinaire, Décision sur le procès d'Hissène Habré et l'Union Africaine, Assembly/AU/Dec.103 (VI), Doc. EX.CL/Assembly/AU/8 (VI), Khartoum, 24 janvier 2005.

1660 Conférence de l'Union Africaine, septième session ordinaire, *Décision sur le Procès d'Hissène Habré et l'Union africaine*, Doc. Assembly/AU/Dec. 127 (VII) (2006), Banjul, 2 juillet 2006.

qu'elle rendit le 20 juillet 2012, la Cour ordonnait au Sénégal, en vertu de l'article 7 de la Convention contre la torture et autres peines ou traitements cruels, inhumains ou dégradants, d'engager sans délai des poursuites judiciaires contre l'ancien dictateur tchadien à défaut de vouloir l'extrader[1661]. Un mois plus tard, le 22 août 2012, le gouvernement sénégalais et l'Union africaine signèrent l'accord relatif à la création des « Chambres africaines extraordinaires », chargées de juger les principaux responsables[1662] des crimes internationaux[1663] perpétrés au Tchad entre le 7 juin 1982 et le 1er décembre 1990[1664]. Le Statut des Chambres fut annexé de cet accord. Après leur insertion au sein du système judiciaire sénégalais par la loi n° 2012-29 du 28 décembre 2012, les Chambres africaines extraordinaires furent inaugurées à Dakar, le 8 février 2013.

En plus du caractère international de leur acte constitutif, ces chambres se distinguent dans leur vocation à matérialiser l'exercice de la compétence universelle au Sénégal, par la source de leur financement. L'enveloppe qui alimente le budget des Chambres africaines extraordinaires, est essentiellement constituée de financements extérieurs auxquels participent bien entendu, certains États francophones[1665].

Par-delà la spécificité de son mode de création, ce mécanisme sénégalais d'exercice de la compétence universelle se démarque par la mixité de sa composition et de son droit applicable. En effet, si les chambres d'instruction et d'accusation sont exclusivement composées de juges sénégalais, les chambres d'Assises et d'appel sont quant à elles, présidées par des juges issus d'autres États africains, nommés par le président de la Commission de l'Union africaine, sur proposition du Ministre sénégalais de la justice. Le Procureur général et ses trois adjoints sont nommés par le Ministre de la justice du Sénégal[1666]. Il en va de même pour le greffier et ses collaborateurs[1667], ainsi que pour l'administrateur des chambres. Pour ce qui regarde le droit applicable, les chambres obéissent naturellement aux principes généraux régissant désormais la procédure pénale

1661 CIJ, arrêt du 20 juillet 2012, *Affaire des questions concernant l'obligation de poursuivre ou d'extrader (Belgique c/ Sénégal)*, *C.I.J. Recueil 2012*, p. 422, En ligne sur : http://www.icj-cij.org/docket/files/144/17065.pdf.

1662 Les auteurs présumés des crimes sont tenus individuellement responsables de leurs actes et ne pourront invoquer d'excuses du fait de l'ordre du gouvernement ou du supérieur hiérarchique. Article 10 du Statut des Chambres.

1663 La compétence *ratione materiae* des Chambres est définie aux articles 3 à 8 de leur Statut.

1664 Période correspondant à la présidence de Hissène Habré. Article 1er du Statut des Chambres.

1665 Les contributeurs internationaux sont le Tchad, l'Union européenne, les Pays-Bas, l'Union africaine, les États-Unis, l'Allemagne, la Belgique, la France et le Luxembourg.

1666 Article 12 du Statut des Chambres.

1667 Article 13 du Statut des Chambres.

internationale à savoir notamment, le principe *non bis in idem*[1668], l'irrecevabilité des immunités et des lois d'amnistie[1669], ainsi que l'équité des procédures[1670]. Certes, elles se réfèrent par principe à leur Statut, mais elles peuvent en cas de silence du Statut, s'appuyer sur les dispositions du Code pénal sénégalais[1671]. Qui plus est, l'exécution des peines peut se faire soit au Sénégal, soit dans un autre pays africain, suivant la législation du pays concerné[1672].

Plus de vingt-cinq (25) ans après les faits et quinze (15) ans après en avoir été saisie, la justice sénégalaise semble à présent outillée et prête à mobiliser sa compétence universelle pour sanctionner les principaux responsables des crimes commis sous le régime d'Hissène Habré[1673]. Alors que la Chambre africaine extraordinaire d'instruction a ordonné le 13 février 2015, le renvoi en procès d'Hissène Habré, pour crimes contre l'humanité, crimes de guerre et tortures[1674], elle a dans la même décision, constaté avec regret son incapacité à procéder au renvoi de ses co-accusés que sont Abakar Torbo[1675], Zakaria Berdei[1676], Saleh Younous et Guihini Korei[1677] et enfin Mahamat Djibrine dit « El Djonto »[1678], toujours en fuite nonobstant les mandats d'arrêt dont ils font l'objet. Il s'ensuit que ces Chambres ont elles aussi, pour accomplir efficacement leur mandat, besoin de la coopération de tous les États concernés et principalement du Tchad[1679].

Certes la Francophonie ne s'est pas directement impliquée dans l'échafaudage de ce dispositif atypique d'exercice de la compétence universelle, mais elle a, aux travers du huitième appel à propositions du Fonds francophone d'initiatives pour la démocratie, les droits de l'Homme et la paix (FFIDDHOP)[1680], apporté un

---

1668 Article 19 du Statut des Chambres.

1669 Article 20 du Statut des Chambres.

1670 Articles 21, 22 et 23 du Statut des Chambres.

1671 Article 16 du Statut des Chambres.

1672 Article 26 du Statut des Chambres.

1673 Sur les massacres perpétrés par le régime d'Hissène Habré, voir, MAHAMAT Hassan Abakar, *Chronique d'une enquête criminelle nationale : le cas du régime de Hissein Habré, 1982-1990*, Paris, L'Harmattan, 2007, 184 p. ; Human right Watch, *La pleine des morts*, 2013, 714 p. (http://www.refworld.org/pdfid/52a5c5884.pdf)

1674 CAE, Chambre d'instruction, *Ordonnance de non-lieu partiel, de mise en accusation et de renvoi devant la Chambre extraordinaire d'assises*, 13 février 2015.

1675 Ancien régisseur du service pénitencier.

1676 Ancien conseiller spécial à la sécurité d'Hissène Habré.

1677 Deux anciens directeurs de la Direction de la Documentation et de la Sécurité.

1678 Réputé pour être l'un des tortionnaires les plus redoutés au Tchad sous le régime d'Hissène Habré.

1679 A cette fin, un accord de coopération judiciaire a été conclu entre le Sénégal et le Tchad le 3 mai 2013

1680 Le Fonds francophone d'initiatives pour la démocratie, les droits de l'Homme et la paix (FFIDDHOP) finance chaque année des projets d'organisations non gouvernementales ou

appui financier à l'Association tchadienne pour la promotion et la défense des droits de l'Homme (ATPDH), dans son action au service de la défense efficace des parties civiles au procès de Hissène Habré devant les Chambres africaines extraordinaires[1681]. La Francophonie mesure donc parfaitement les enjeux de ce procès inaugurant devant la justice sénégalaise, l'exercice en Afrique de la compétence universelle. Elle doit donc apporter son soutien à ces Chambres et inviter tous les États francophones concernés, à les soutenir et à coopérer effectivement avec elles pour optimiser leur action en faveur de la lutte contre l'impunité.

Les conditions dans lesquelles les Chambres africaines extraordinaires ont été instituées, ainsi que leurs modalités de fonctionnement, révèlent qu'au-delà du fondement qu'elles tirent de la compétence universelle, elles s'inscrivent en filigrane dans une dynamique de régionalisation de la justice pénale[1682]. En cours de négociation, le projet de l'Union africaine visant à élargir les compétences de la Cour africaine de justice et des droits de l'Homme aux questions de droit international pénal pourrait-il alors avoir pour effet d'absorber la compétence universelle des États africains ? Viendrait-il compléter utilement l'action de la juridiction pénale universelle ou au contraire, l'encombrer d'un doublon contre-productif ? La question reste ouverte. Dans tous les cas, la pratique oblige à constater qu'il existe un lien incontestable entre justice et souveraineté. Si le risque d'impunité peut assurément légitimer l'intervention d'une juridiction étrangère au titre de sa compétence universelle, c'est encore pour autant que les tribunaux nationaux territorialement compétents soient incapables d'engager des poursuites ou peu enclins à le faire[1683]. Ce qui signifie que dans l'hypothèse où les autorités territorialement compétentes demandent la remise du prévenu, c'est la vieille règle du « *aut dedere aut judicare* », qui doit déterminer la priorité de juridiction.

Par principe subsidiaire, la compétence universelle vient combler le vide juridique qui existait entre le refus ou l'incapacité des États de juger eux-mêmes les crimes commis sur leurs territoires et l'absolue nécessité de combattre l'impunité. Elle institue un système pénal transfrontière qui permet, ainsi que le reconnaît le rapport 2008 de l'OIF sur l'état des pratiques de la démocratie, des droits et des libertés dans l'espace francophone, de lutter contre les « *angles*

---

d'organisations de la société civile, destinés à favoriser la promotion, la vulgarisation et l'enseignement des droits de l'Homme et de la démocratie. Ci-après le site du fonds : http://ffiddhop.francophonie.org/content/qu'est-ce-que-le-ffiddhop.

1681 Devant les chambres africaines extraordinaires, les victimes ont le droit de participer aux procédures en qualité de parties civiles et peuvent obtenir réparation. Article 27 et 28 du statut des Chambres.

1682 Ces Chambres ont été mises sur pied parce que l'Union africaine ne possède pas encore de Cour pénale régionale.

1683 GOGORZA Amane, « Répression universelle et concurrence des compétences pénales », *Les Petites Affiches*, n° 138, 11 juillet 2007, pp. 3-9.

morts »[1684] de l'impunité. Plus qu'un droit, l'exercice de la compétence universelle est un devoir pour tous les États désireux de s'inscrire résolument dans l'élan international de lutte contre l'impunité. Au-delà des objections que l'on peut tirer du grief d'ingérence dans les affaires intérieures d'un autre pays et de son impact potentiel sur les relations diplomatiques des États concernés[1685], la compétence universelle garde toute sa pertinence. Ceci d'autant plus qu'elle permet, par la répression des crimes internationaux, d'assurer la protection de valeurs fondamentales qui transcendent la souveraineté des États.

La plupart des crimes internationaux à l'égard desquels les juridictions francophones ont jusque-là exercé leur compétence universelle, ont été commis avant l'entrée en vigueur du Statut de Rome. La question qui se pose est alors de savoir ce qu'il doit fondamentalement rester de la compétence universelle, pour les crimes commis après l'entrée en vigueur du Statut de Rome. Outil essentiel de lutte contre l'impunité, la compétence universelle doit permettre de sanctionner non seulement les crimes internationaux commis avant l'entrée en vigueur du Statut de Rome, mais encore aujourd'hui ceux commis après, sur les territoires ou par les citoyens d'États non parties à ce Statut. Pour ce qui concerne en revanche les États parties au Statut de Rome, l'inertie ou la paralysie de leurs systèmes judiciaires ne doit plus être suppléée, pour les crimes commis après l'entrée en vigueur de ce Statut, par une juridiction étrangère sur la base de sa compétence universelle, mais plutôt par la Cour pénale internationale, en vertu de sa compétence subsidiaire.

B. Le rappel de la subsidiarité de la compétence de la Cour pénale internationale

Dans son action au soutien de l'universalisation de la justice pénale internationale, la Francophonie a bien compris que le mandat de la Cour pénale internationale devait rationnellement s'inscrire dans le respect de la souveraineté des États et conformément au principe de complémentarité qui encadre son

---

1684 OIF, Délégation à la paix, à la démocratie et aux droits de l'Homme, *Rapport sur l'état des pratiques de la démocratie, des droits et des libertés dans l'espace francophone, 2008*, *op. cit.*, p. 141.

1685 BENNOUNA Mohamed, « La création d'une juridiction pénale internationale et la souveraineté des États », *AFDI*, vol. 36, n° 36, 1990, pp. 299-306 ; GARAPON Antoine, « De Nuremberg au TPI : naissance d'une justice universelle ? », *Critique internationale*, n° 5, automne 1999, pp. 178 et ss. ; « Chapitre 13 : La justice pénale internationale humiliation ou dynamisation de la souveraineté des états ? », *in* ANDREANI Gilles et HASSNER Pierre, *Justifier la guerre ?*, Paris, Presses de Sciences Po, 2e éd., 2013, pp. 337-358 ; CASSESE Antonio, « Y a-t-il un conflit insurmontable entre souveraineté des États et justice pénale internationale ? », *in* CASSESE Antonio et DELMAS-MARTY Mireille, *Crimes internationaux et juridictions internationales*, *op. cit.*, pp. 26-28 ; KIRSCH Philippe, « La Cour pénale internationale face à la souveraineté des États », *ibid.*, p. 31 et ss. ; CHILSTEIN David, « Le nouveau régime de la lutte contre les crimes internationaux », *D.*, 2010, p. 1856 ; GOGORZA Amane, « Compétence universelle et réconciliation sociale », *RSC*, n° 2, 2010, pp. 353-365.

office[1686]. A cet égard, participant à la douzième session de l'Assemblée des États parties au Statut de Rome, Abdou Diouf affirmait en sa qualité de Secrétaire Général de la Francophonie, qu'il était indispensable de « *tout mettre en œuvre pour que le principe de complémentarité prenne sa pleine mesure, car (…) c'est d'abord aux États qu'il incombe de juger les auteurs présumés de crimes graves* »[1687]. Ce propos a le mérite de saisir sobrement le sens et les enjeux de cette subsidiarité en faveur de laquelle les États francophones se sont formellement prononcés dans la Déclaration de Paris[1688]. Elle y est appréhendée non seulement comme un principe pivot du fonctionnement de la Cour pénale internationale, mais encore comme une condition de l'effectivité de la coopération des États.

Si la compétence de la Cour pénale internationale est complémentaire, c'est bien parce que la sanction des crimes les plus odieuses relèves, au premier chef, de la compétence des juridictions étatiques. Même si elle atténue le monopole naturel des États en matière pénale, la justice internationale n'érode pas vraiment leur souveraineté judiciaire puisqu'ils conservent ici, la primauté de juridiction. L'obligation de poursuivre les crimes relevant de la compétence de la Cour pénale internationale incombe donc en priorité aux juridictions nationales qui restent en la matière, juges de droit commun. En rappelant que les États ont le devoir de soumettre à leurs juridictions, les responsables de crimes internationaux, le préambule du Statut de la Cour, pose le principe de sa complémentarité[1689]. Ainsi, contrairement aux TPI *ad hoc*[1690], la Cour pénale internationale a ceci de singulier qu'elle n'est pas compétente par défaut. Sa compétence n'est que subsidiaire, c'est-à-dire destinée à suppléer les carences des juridictions nationales prioritairement compétentes[1691]. Cette subsidiarité permet de compenser les limites juridictionnelles de l'État déliquescent. Elle est essentielle puisqu'elle permet de trouver un équilibre concret entre l'obligation de poursuivre et la nécessité objective de préserver la souveraineté des États. Au-delà de l'article 1er du statut de Rome qui pose expressément le principe de la complémentarité de la compétence de la Cour pénale internationale, c'est l'article 17 qui en délimite les

1686 OIF, *Rapport du secrétaire général de la Francophonie, 2012-2014 : de Kinshasa à Dakar*, *op. cit.*, p. 78 ; OIF, Délégation à la paix, à la démocratie et aux droits de l'Homme, *Rapport sur l'état des pratiques de la démocratie, des droits et des libertés dans l'espace francophone, 2014*, Paris, 2014, pp. 7, 85.

1687 DIOUF Abdou, Extrait du discours prononcé à l'ouverture de la douzième session de l'Assemblée des États parties au Statut de Rome de la Cour pénale internationale, La Haye, 20 novembre 2013. En ligne : http://www.francophonie.org/Discours-de-M-Abdou-Diouf-a-La.html.

1688 OIF, *Déclaration de Paris*, IVe Conférence des ministres francophones de la justice, 14 février 2008, § 2(c).

1689 Voir les considérants 6 et 10 du préambule du Statut de Rome.

1690 La CPI se distingue sur ce point des TPI *ad hoc* qui avaient la priorité sur les juridictions nationales auxquelles ils pouvaient de se dessaisir à tout stade de la procédure (article 9 du Statut du TPIY et article 8 du Statut du TPIR).

1691 Les ONG avaient à l'époque, plaidé en vain pour une primauté de la Cour.

contours. En vertu du principe, la Cour pénale internationale ne peut exercer sa compétence que dans l'hypothèse où la juridiction nationale ayant l'obligation première d'agir, n'a ni la volonté, ni les moyens d'engager efficacement des poursuites sur une situation de violations graves des droits de l'Homme. Mais à quoi renvoient véritablement ces conditions d'impuissance ou de réticence des États[1692] ? Le manque de volonté peut s'observer *in concreto* dans une procédure certes engagée, mais dont la seule finalité est, par une parodie judicaire, de protéger certains caciques en les soustrayant à la justice internationale[1693]. Il peut également s'inférer des retards injustifiés dans la procédure, ou encore du caractère partial de la procédure engagée au niveau national. L'incapacité renvoie quant à elle, à la situation d'un système judiciaire soit totalement ou partiellement détruit ou effondré, soit indisponible dans sa structure, ou encore crucialement dépourvu de ressources matérielles et humaines pour appréhender l'accusé, réunir les éléments de preuve et mener à bien la procédure. Elle peut aussi résulter de l'inadaptation de la législation pénale nationale. Tous ces éléments dont la charge de la preuve incombe au bureau du Procureur, n'ont pas encore été affinés par la jurisprudence de la Cour. Dans tous les cas, à moins qu'elle ait été saisie par le Conseil de sécurité des Nations Unies[1694], la Cour est seule juge de sa compétence[1695] et ne peut intervenir que si aucune procédure nationale n'est activée, ou si les poursuites engagées ne l'ont été que de manière manifestement superficielle et inefficace. La Cour n'exerce donc qu'une fonction régulatrice, destinée à corriger les errements des tribunaux répressifs nationaux. Ceci dit, s'il est statutairement établi que la compétence de la Cour pénale internationale est complémentaire de celle des juridictions nationales, la question qui se pose est de savoir si cette subsidiarité s'étend aux juridictions d'États parties au Statut de Rome, désireuses d'exercer leur compétence universelle. Sur ce point, même si le Statut de Rome brille par son silence, la logique suggère que le principe de subsidiarité n'opère qu'à l'égard des juridictions nationales territorialement compétentes. Dès lors, si la compétence de la Cour est subsidiaire de la compétence territoriale des États parties, elle ne l'est assurément pas à l'égard de la compétence universelle des juridictions étrangères, qu'elles relèvent d'un État

---

1692 Lire pour aller plus loin, MEGRET Frédéric, « Qu'est-ce qu'une juridiction « incapable » ou « manquant de volonté » au sens de l'article 17 du traité de Rome ? Quelques enseignements tirés des théories du déni de justice en droit international », *Revue québécoise de droit international*, vol. 17, 2004, pp. 185-216.

1693 C'est la raison pour laquelle la règle *non bis in idem* n'a pas vocation à s'appliquer dès lors qu'il est établi que la juridiction nationale a statué dans le seul but de soustraire l'accusé à sa responsabilité pénale internationale.

1694 Article 13(b) du Statut de Rome.

1695 Articles 119§1 du Statut de Rome. Ceci dit des exceptions d'incompétence et d'irrecevabilité peuvent être soulevées devant la Chambre préliminaire ou devant la Chambre de première instance soit par l'accusé, soit par l'État concerné (articles 58§1, 19§6 et 82 du Statut de Rome).

partie au statut de Rome ou non. C'est de notre point de vue, sous cet angle que les États francophones devraient saisir et régler la concurrence des compétences entre la Cour pénale internationale et leurs juridictions nationales. Dans l'espace francophone, c'est en l'occurrence la voie qu'emprunte la France lorsqu'elle subordonne à l'article 689-11 de son code de procédure pénale, la compétence extra territoriale des juridictions françaises à l'égard des crimes relevant de la compétence de la Cour pénale internationale, à la vérification par le ministère public, de la renonciation de la Cour à exercer sa compétence. Tout en ayant pour effet d'inverser théoriquement en France, le sens de la priorité de juridiction[1696], cette disposition règle de fait, la question de la priorité de la Cour pénale internationale sur l'exercice par les juridictions françaises de leur compétence universelle. En tout état de cause, en permettant mécaniquement de pallier les défaillances judiciaires des États parties dans l'exercice de leur obligation internationale de lutte contre l'impunité, la Cour pénale internationale ne laisse à la compétence universelle, que les crimes commis avant l'entrée en vigueur de son statut ou sur le territoire d'un État tiers.

Le principe de complémentarité est un pilier sur lequel repose la charpente organisationnelle et fonctionnelle de la Cour pénale internationale. Désormais construite autour de ce principe, la justice pénale internationale s'appuie sur les juridictions nationales et trouve un équilibre serein dans l'arrière-garde de la Cour. Deux conséquences majeures en résultent. Premièrement la subsidiarité place les États sous le contrôle de la Cour qui, sans chercher à les dessaisir, les met en demeure de faire justice pour éviter l'affront de voir leurs criminels jugés par un juge étranger ou un juge international. Deuxièmement, elle invite indirectement les États à adapter leurs propres systèmes juridictionnels en se dotant d'outils de procédure qui leur permettent de juger eux-mêmes leurs criminels. La Cour peut donc ici, dans une logique de complémentarité positive[1697], avoir un effet stimulant sur la justice étatique en l'incitant à jouer un rôle plus efficace dans la lutte contre l'impunité des crimes les plus graves. Ceci dit, la Cour pénale internationale ne dispose pas de moyens de coercition. Dans l'hypothèse où elle est amenée à exercer sa juridiction de manière complémentaire, l'efficacité de son action est largement subordonnée à la volonté des États. La coopération volontaire des États est donc à la fois cruciale et indispensable. C'est la raison pour laquelle, l'OIF encourage continuellement ses États membres, en tant que de besoin, à mettre tout en œuvre pour se conformer à leurs obligations internationales et faciliter ainsi le travail de la Cour.

1696 Consulter par exemple, BAROUDY Jinane, « La compétence universelle en mutation… (A propos de la loi française n° 2010-930 du 9 août 2010) », *RSC*, 2011, p. 228.

1697 MUBIALA Mutoy, « Chronique de droit pénal de l'Union africaine. Vers une justice pénale régionale en Afrique », *loc. cit.*, p. 552.

§ 2. La mise en adéquation du droit national avec les exigences de la justice pénale internationale

C'est par la volonté politique et par le droit que les États francophones pourront assumer pleinement leurs engagements à l'égard de la CPI, laquelle, en plus de n'avoir qu'une compétence complémentaire, n'a ni les moyens coercitifs pour appréhender les personnes recherchées, ni la capacité de faire exécuter elle-même, les jugements prononcés. L'efficacité de la CPI dans l'exercice de son mandat dépend donc fondamentalement de la collaboration des États. Le défi pour les États francophones parties au Statut de Rome est donc ici, comme rappelé dans la Déclaration de Paris, de se mettre au diapason des exigences de la justice pénale internationale pour empêcher que les auteurs de crimes internationaux puissent trouver refuge sur leurs territoires[1698]. A cet égard, la Francophonie doit continuellement inviter ses États membres à prendre toutes les mesures nécessaires afin, non seulement de donner à leurs juridictions nationales les moyens juridiques et matériels qui leur permettent de sanctionner les crimes relevant de la compétence de la Cour (A), mais encore d'organiser efficacement leur coopération avec elle (B).

A. La nécessité d'adaptation des législations nationales

La satisfaction des obligations découlant du Statut de Rome appelle de la part des États, une actualisation de leurs législations internes. La Cour pénale internationale n'ayant qu'une compétence complémentaire, les États parties à son Statut constitutif ont le devoir de réformer leur droit pénal national afin de permettre aux juges nationaux d'exercer de manière effective et efficace leur primauté de juridiction[1699]. C'est donc à bon droit que dans le cadre de la coopération francophone, la Déclaration de Saint-Boniface invitait en 2006 « *l'Organisation internationale de la Francophonie à renforcer, en tant que de besoin, son assistance aux États pour leur permettre d'assumer les engagements prévus par le Statut de Rome* »[1700]. Cette déclaration s'inscrit elle-même dans le sillage du Plan

---

1698 OIF, *Déclaration de Paris*, IVe Conférence des ministres francophones de la justice, 14 février 2008, §2(b).

1699 Consulter pour aller plus loin, DELMAS-MARTY Mireille, « La Cour pénale internationale et les interactions entre droit interne et international », *RSC*, janvier-mars 2003, pp. 1-11 ; DELMAS-MARTY Mireille, PIETH Mark et SIEBRE Ulrich, *Les chemins de l'harmonisation pénale - Harmonising criminal law*, Société de législation comparée, Paris, 2008, 447 p. ; HENZELIN Marc et ROTH Robert (dir.), *Le droit pénal à l'épreuve de l'internationalisation*, Paris, LGDJ, 2002, 355 p.

1700 OIF, *Déclaration de Saint-Boniface sur la prévention des conflits et la sécurité humaine*, Conférence ministérielle, 14 mai 2006.

d'action du Caire[1701] et de la déclaration historique de Bamako[1702] qui, tout en invitant les États francophones à honorer et à parfaire leurs engagements internationaux, engageait l'OIF à appuyer les efforts nationaux en vue de la réception en droit interne des instruments internationaux et régionaux auxquels ils ont souscrit. Ce corpus nous révèle non seulement que la Francophonie a compris la nécessité de transposer en droit interne les prescriptions du Statut de Rome, mais encore qu'elle entend y contribuer en accompagnant ses États membres dans la conduite des réformes nécessaires au renforcement de leurs cadres législatifs.

La réalisation de l'État de droit implique la réception en droit interne des instruments internationaux et régionaux auxquels les États ont adhéré. En droit international public, les États ont le devoir, au nom de la *pacta sunt servanda*, d'exécuter de bonne foi les traités auxquels ils ont souscrit[1703]. Ce principe consacré à l'article 26 Convention de Vienne sur le droit des traités de 1969[1704], même s'il n'est pas expressément repris dans le Statut de Rome, semble découler de l'esprit même du traité[1705]. Dans un avis du 25 février 1925, la Cour permanente de justice internationale (CPJI), considérait comme allant de soi le fait qu'un État qui a valablement contracter des obligations internationales, soit tenu d'apporter à sa législation, les correctifs nécessaires à leur exécution[1706]. Ici, l'exécution de bonne foi du Statut de Rome implique, pour les États, qu'ils mettent tout en œuvre pour que leur droit interne permette d'engager des poursuites contre les auteurs de crimes internationaux[1707]. Ce sont précisément les aménagements constitutionnels, législatifs et règlementaires, auxquels les États procèdent dans leur élan de ratification du statut de Rome, qui permettent de

1701 OIF, *Plan d'action francophone en faveur de la justice, de l'État de Droit, de la Démocratie et du développement (1996 - 2000)*, Le Caire, 1er novembre 1995.
En ligne sur : http://www.francophonie.org/IMG/pdf/recueil_declarations-2.pdf.

1702 OIF, *Déclaration Bamako*, 3 novembre 2000, § 22.

1703 Pour une analyse en profondeur du sens et des implications de cette obligation, voir notamment KOLB Robert, *La bonne foi en droit international public : Contribution à l'étude des principes généraux de droit*, Paris, PUF, 2000, 756 p.

1704 ONU, *Convention de Vienne sur le droit des traités*, Vienne, 23 mai 1969. Entrée en vigueur le 27 janvier 1980. « *Tout traité en vigueur lie les parties et doit être exécuté par elles de bonne foi* » (article 26). Exécuter de bonne foi signifie alors « *s'abstenir de tout acte visant à réduire à néant l'objet et le but du traité* » (article 18). Jurisprudence : CPA, *Affaire des pêcheries de la côte septentrionale de l'Atlantique (États-Unis c/ Grande-Bretagne)*, 7 septembre 1910, *RSA* XI, p. 188 ; CIJ, Arrêt du 27 août 1952, *Affaires relative aux droits des ressortissants des États-Unis d'Amérique au Maroc (France c/ États-Unis)*, *Rec.*, 1952, p. 212 ; Arrêt du 2 février 1973, *Compétence en matière de pêcherie (Royaume Uni c/ Irlande)*, *Rec.*, 1973, p. 18.

1705 MANACORDA Stefano et WERLE Gerhard, *loc. cit.*, pp. 501-516.

1706 CPJI, Avis du 25 février 1925, *Échange des populations turques et grecques*, série B, n° 10, p. 20.

1707 DE LAMY Bertrand, « Le droit pénal à l'épreuve du contrôle constitutionnel », *RSC*, 2011, p. 173 ; MANACORDA Stefano et WERLE Gerhard, « L'adaptation des systèmes pénaux nationaux au statut de Rome. Le paradigme du « Völkerstrafgezetzbuch » allemand », *RSC*, 2003, pp. 501-516.

donner forme à l'« *universalisme normatif* »[1708] dans lequel nous projette le mouvement international de lutte contre l'impunité.

Puisque dans le dispositif global de lutte contre l'impunité, la répression nationale reste la règle et la répression internationale, l'exception, les États parties ont l'obligation de prendre toutes les mesures internes nécessaires à la sanction des crimes relevant de la compétence de la Cour. L'adaptation des droits nationaux aux exigences du système pénal international permet ainsi d'aboutir, dans une dynamique de convergence, à un seuil commun d'exigibilité en matière de protection des droits de l'Homme et de répression des crimes internationaux. Parce qu'elles ne sont pas en règle générale, *self executing*, les règles du droit international pénal appellent bien souvent, pour être effective, une modification des législations nationales. Et pour s'acquitter de cette obligation d'adaptation du droit interne, les États doivent organiser un régime juridique complet qui, au-delà de l'incrimination des actes visés par le statut de Rome[1709], définit utilement les conditions de mise en jeu de la responsabilité pénale, fixe les règles de compétences des juridictions nationales en déterminant le cadre de la coopération internationale[1710]. André Huet et Renée Koering-Jouling, en commentant l'obligation pour les États de mettre leurs lois pénales en adéquation avec leurs engagements internationaux en matière de lutte contre l'impunité, identifient et distinguent deux voies d'adaptation : celle de l' « *adaptation par incorporation* » et celle de l' « *adaptation par référence* »[1711]. Dans la première hypothèse le législateur national reprend à son compte dans le texte interne la définition de l'infraction internationale. Dans la seconde, il se borne à renvoyer expressément aux dispositions internationales concernées. Dans l'un ou l'autre cas, l'adaptation oblige les États à juguler les carences de leurs législations nationales pour les mettre à la hauteur de l'enjeu de la construction d'un espace pénal international de lutte contre l'impunité. Sous cet angle, la modernisation du droit interne devient pour les États, un moyen de récupération de leur compétence pénale en matière de répression des crimes internationaux.

Convaincue de cette exigence et soucieuse de renforcer le dispositif global de lutte contre l'impunité, l'OIF a fait le choix, depuis ses engagements du Plan d'action du Caire, relayés ensuite par les déclarations de Bamako, de Saint-

---

1708 CASSESE Antonio et DELMAS-MARTY Mireille, *Crimes internationaux et juridictions internationales*, Paris, PUF, 2002, p. 8.

1709 L'incrimination implique la définition des éléments constitutifs de l'infraction et la fixation des peines.

1710 FICHET-BOYLE Isabelle et MOSSE Marc, « L'obligation de prendre des mesures nécessaires à la prévention et à la répression des infractions », *in* ASCENCIO Hervé, DECAUX Emmanuel et PELLET Alain (dir.), *Droit international pénal*, Paris, Pedone, 2012, pp. 1058-1059.

1711 HUET André et KOERING-JOULIN Renée, *Droit pénal international*, Paris, PUF, 3e éd., 2005, p. 13.

Boniface et de Kinshasa, d'aider ses États membres à adopter toutes les mesures nécessaires à la mise en œuvre effective de leurs obligations à l'égard du Statut de Rome. L'action francophone en la matière s'est construite notamment autour de l'organisation de séminaires de sensibilisation et de formation et de la mise à disposition d'experts, en vue d'aider à la réforme des textes.

Pour la plupart parties au Statut de Rome, les États de l'espace francophone ne sont pas en reste du mouvement de réforme insufflé par la mise en place de la CPI et par le développement du droit international pénal. Si nombre d'États francophones ont en effet réformé leurs législations pénales pour les rendre compatibles avec l'enjeu universel de répression des crimes internationaux[1712], plusieurs autres n'ont pas encore opéré les réformes législatives nécessaires à la mise en œuvre au plan interne, du statut de Rome[1713]. Derrière chaque procès

---

1712 En France par exemple, s'il est vrai que les crimes contre l'humanité ont été introduits dans le code pénal en 1994 et que la réforme constitutionnelle du 9 juillet 1999 a permis de rendre la responsabilité pénale du chef de l'État compatible avec les exigences du Statut de la CPI, c'est véritablement la loi n° 2010-930 du 9 août 2010 portant adaptation du droit pénal à l'institution de la Cour pénale internationale qui, en dépit de ses faiblesses, parachève l'entreprise de mise en adéquation du droit pénal substantiel et procédural avec les exigences de la justice pénale internationale. Doctrine : AKTYPIS Spyridon, « L'adaptation du droit pénal français au statut de la cour pénale internationale : État des lieux », *Droits fondamentaux*, n° 7, janvier 2008 - décembre 2009 ; VIRIOT-BARRIAL Dominique, « La réception de la justice pénale internationale par les États ? L'exemple français », *in* PHILIPPE Xavier, VIRIOT-BARRIAL Dominique, *L'actualité de la justice pénale internationale*, Aix-en-Provence, Presses Universitaires d'Aix-Marseille, 2008, pp. 33 et ss. ; POISSONNIER Ghislain, « La Cour pénale internationale : ma France refuse de respecter l'ensemble de ses engagements internationaux », *D.*, n° 41, 25 novembre 2010, p. 2728-2099 ; VERGES Etienne, « La loi n° 2010-930 du 9 aout 2010 portant adaptation du droit pénal à l'institution de la Cour pénale internationale, une avancée marquante de la répression en France des crimes de guerre et des crimes contre l'humanité », *RSC*, 2010, p. 896 ; ASCENCIO Hervé, « Une entrée mesurée dans la modernité du droit international pénal - A propos de la loi du 9 Août 2010 », *La Semaine Juridique*, Edition générale, n° 37, 13 septembre 2010, pp. 1691-1698. Au Niger le Code pénal et le Code de procédure pénale ont été modifiés en mai 2003 pour être mis en conformité avec les obligations internationales en matière de répression du génocide, des crimes contre l'humanité, crimes de guerre et des crimes et d'esclavage (loi n° 2003-025 du 13 juin 2003 modifiant le loi 61-27 du 15 juillet 1961 portant institution du Code pénal). Des réformes sont également intervenues en Belgique (loi du 5 août 2003 relative aux violations graves du droit international humanitaire), au Sénégal (loi n° 2007-02 du 12 février 2007 modifiant le Code pénal), au Burundi (loi n° 1/004 du 9 mai 2003 portant répression du crime de génocide, des crimes contre l'humanité et des crimes de guerre), au Burkina Faso (Loi du 31 décembre 2009) au Canada (loi sur les crimes contre l'humanité et les crimes de guerre, du 29 juin 2000), au Mali (loi n° 01-079 du 20 août 2001 modifiant le Code pénal), en République dominicaine (loi du 18 novembre 2014 modifiant les articles 89 à 95 du Code pénal), en Uruguay (loi n° 18-026 du 11 octobre 2006), en Albanie (loi n° 8733 du 24 janvier 2001 modifiant le Code pénal), en Estonie (réforme pénale de 2002), à Andorre (loi du 7 décembre 2008 modifiant le Code pénal), en Lituanie (nouveau Code pénal du 26 novembre 2000), en Suisse (loi du 14 juin 2010), en Serbie (réforme pénale de 2006).

1713 Parmi les États francophones parties au statut de Rome et qui n'ont pas encore adopté de loi de mise en œuvre, l'on peut citer notamment le Bénin, la Côte d'Ivoire, le Cap-Vert, Djibouti, le Gabon, le Ghana, la Guinée, Madagascar, le Congo, la République Démocratique du Congo, le Tchad, la Tunisie, les Seychelles, le Togo, le Costa Rica, la Dominique, Sainte-Lucie, le Cambodge, le Vanuatu, l'Autriche, la Roumanie, la Géorgie.

devant la CPI, se cachent les faiblesses des systèmes juridictionnels nationaux. Il est donc indispensable que les États francophones prennent leurs responsabilités en créant les conditions pour que les juridictions nationales soient en mesure, en s'appuyant sur la loi nationale, d'apporter elles-mêmes, une réponse pénale appropriée aux génocide, crimes de guerre, crimes contre l'humanité et crimes d'agression. La Francophonie doit à cet égard, continuer à encourager ses États membres et à les accompagner par son assistance technique, dans leurs efforts de transposition du Statut de Rome, en tenant compte des évolutions enregistrées en 2010[1714] et des enjeux liés à l'obligation de coopération avec la Cour.

B. L'opérationnalisation de l'obligation de coopérer avec la Cour

Si le premier défi de la CPI était à l'origine celui d'exister, elle appelle aujourd'hui, pour être opérationnelle, la coopération effective des États. Parce qu'elle ne dispose d'aucun pouvoir de contrainte, ni d'aucun appareil coercitif[1715], la CPI est conçue comme un colosse aux pieds d'argile[1716] dont l'effectivité des actes juridictionnels dépend de la coopération des États[1717]. Elle ne peut accomplir efficacement son mandat que pour autant que les États la soutiennent et coopèrent avec elle, tant pour la collecte des éléments de preuve que pour l'appréhension des personnes recherchées. La coopération des États est donc à la fois cruciale et indispensable. C'est la raison pour laquelle, l'OIF encourage continuellement ses États membres certes à ratifier le statut de Rome, mais surtout, en tant que de besoin, à mettre tout en œuvre pour faciliter le travail de la Cour. A cet égard, la Déclaration de Paris adoptée en 2008 par la quatrième conférence des ministres francophones de la justice, tout en rappelant l'engagement francophone en faveur de la lutte contre l'impunité, exhortait les États à rendre effective leur coopération avec la Cour[1718]. Ainsi que le

---

1714 La première Conférence de révision du Statut de Rome, qui s'est tenue à Kampala en 2010, a adopté une série d'amendements se rapportant notamment aux éléments constitutifs du crime de guerre et à la définition du crime d'agression. Voir *supra*, p. 430.

1715 Elle ne dispose ni d'une police judiciaire autonome, ni de voies d'exécution centralisées et opérantes. Et quand bien même elle disposerait d'une police judiciaire, la coopération des États lui serait indispensable.

1716 Dans une allocution qu'il prononça le 7 novembre 1995 devant l'Assemblée générale des Nations Unies, Antonio Cassese alors président du Tribunal pénal international pour l'ex-Yougoslavie, comparait pour des raisons similaires, sa juridiction à un « *géant qui n'aurait ni bras ni jambes* ». Cité *in* DUPAQUIER Jean-François (dir.), *La justice internationale face au drame rwandais*, Paris, Karthala, 1996, p. 114.

1717 UBEDA-SAILLARD Muriel, « L'obligation de coopérer avec les juridictions internationales », *in* ASCENCIO Hervé, DECAUX Emmanuel et PELLET Alain, (dir.), *Droit international pénal*, Paris, Pedone, 2012, pp. 1137-1157.

1718 OIF, *Déclaration de Paris*, IVe Conférence des ministres francophones de la justice, 14 février 2008, § 2(c)

reconnaissait Abdou Diouf dans son propos tenu à l'ouverture de la douzième session de l'Assemblée des États parties, la CPI a besoin de la coopération des États pour affermir son rôle et son efficacité[1719]. C'est l'article 86 du Statut de Rome qui met à la charge des États parties, une obligation générale de coopérer avec la Cour. Cette obligation conventionnelle peut être complétée le cas échéant, par des accords de coopération[1720]. Chaque État membre de la communauté conventionnelle doit alors agir conjointement avec la Cour pour la prévention et la répression des crimes internationaux. Mais s'il est vrai que seuls les États parties sont en principe tenus par l'obligation de coopérer, celle-ci peut s'étendre aux États tiers sur la base d'un arrangement *ad hoc* ou d'un accord spécial de coopération volontaire, conclu avec la Cour[1721] ou dans l'hypothèse où la situation est déférée à la Cour par le Conseil de Sécurité des Nations Unies dans l'exercice de sa mission de sauvegarde de la paix et de la sécurité internationale[1722]. Certes, il s'agit pour les États parties, d'une obligation conventionnelle, mais rien ne peut *in fine* les y contraindre. En cas de défaillance d'un État dans la mise en œuvre de son obligation de coopération, la CPI peut en référer soit à l'Assemblée des États Parties, soit au Conseil de Sécurité des Nations Unies lorsqu'il est à l'origine du renvoi de la situation[1723]. Par ailleurs, même si le Statut de Rome n'est ouvert qu'aux États, il reconnaît néanmoins à la Cour le droit de demander des renseignements ou autres formes d'assistance à quelque organisation intergouvernementale que ce soit[1724]. Ainsi, sauf accord exprès conclu avec la Cour, l'organisation requise n'est guère tenue de coopérer avec la Cour. Sur cette base, l'accord-cadre de coopération, conclu le 28 septembre 2012 entre l'OIF et la CPI, oblige la première à coopérer si besoin est, avec la seconde[1725].

1719 DIOUF Abdou, Extrait du discours prononcé à l'ouverture de la 12e session de l'Assemblée des États parties au Statut de Rome de la Cour pénale internationale, La Haye, 20 novembre 2013. En ligne : http://www.francophonie.org/Discours-de-M-Abdou-Diouf-a-La.html.

1720 En vertu des articles 54§3(d) du Statut de Rome. C'est sur cette base qu'un accord de coopération judiciaire a été conclu entre le Bureau du Procureur et la République démocratique du Congo en vue de pallier l'absence de loi nationale de coopération et de loi de ratification de l'accord sur les privilèges et immunités de la Cour.

1721 Article 87§5 du Statut de Rome.

1722 Par exemple, la résolution 1593 (2005) du 31 mars 2005 par laquelle le Conseil de Sécurité des Nations Unies renvoie la situation du Darfour à la Cour, crée à la charge des États, qu'ils soient tiers ou parties, une obligation de coopérer avec elle. Cette obligation découle de l'article 25 de la Charte des Nations Unies. Consulter notamment, DAVID Éric, *Droit des organisations internationales*, Bruxelles, PUB, 2008, vol. II, p. 20.

1723 Article 87§7 du Statut de Rome. Doctrine : SUR Serge, « Vers une Cour Pénale Internationale : la convention de Rome entre les ONG et le Conseil de Sécurité », *RGDIP*, 1999, n° 1, p. 43.

1724 Article 87§6 du Statut de Rome.

1725 La Cour a également signé des accords de coopération avec l'Organisation des Nations Unies (Accord du 4 octobre 2004) ainsi qu'avec l'Union Européenne (Accord du 10 avril 2006, entré en vigueur le 1er mai 2006).

Cette obligation internationale de coopérer s'inscrit dans une perspective verticale justifiée par l'universalité des buts poursuivis et par l'autorité attachée à la CPI. Parce que la réticence et le défaut de coopération des États rend difficile la conduite des enquêtes et randomise la tenue des procès des criminels, le triomphe de la justice pénale internationale dépendra, dans une importante mesure, de la disposition des États à collaborer avec la Cour. Les États débiteurs de l'obligation de coopérer doivent non seulement aider à la recherche, à l'arrestation et au transfèrement des personnes accusées de crimes internationaux, mais ils doivent encore faciliter la conduite des enquêtes et veiller à l'exécution des peines. L'exécution des mandats d'arrêts est un point crucial de la coopération des États, car sans elle, l'action de la Cour se trouve d'autant plus paralysée qu'elle ne peut conduire de procès par contumace. En témoigne par exemple la réticence des États à exécuter les mandats d'arrêt émis par la Cour dans le cadre du traitement de la situation au Darfour. En témoigne encore le refus des autorités ivoiriennes de transférer Simone Gbagbo à la CPI pour les crimes internationaux auxquels elle aurait été associée au lendemain des élections présidentielles de 2010[1726]. Le rôle de la Francophonie pourrait être à ce niveau de rappeler à ces États membres, leur obligation conventionnelle d'arrêter et de transférer à la CPI, les personnes par elle, poursuivies. Au-delà, les États parties ont le devoir de coopérer avec la Cour dans le cadre des enquêtes et des poursuites qu'elle engage. Ce qui implique de la part de l'État requis, un appui substantiel à la recherche, au rassemblement, à la préservation et à la transmission des informations et éléments de preuve[1727]. La coopération des États est enfin indispensable à l'exécution des peines d'emprisonnement et des ordonnances de réparation prononcées par la CPI. C'est là aussi un enjeu essentiel de la justice pénale internationale. En l'absence de prison internationale, les peines d'emprisonnement prononcées par la Cour sont exécutées dans les établissements pénitentiaires des États parties, disposés à recevoir des condamnés[1728]. Ces États

1726 Sous le coup d'un mandat d'arrêt émis par la CPI depuis le 29 février 2012 et rendu public le 22 novembre 2012 (ICC-02/11-01/12), l'ancienne première dame de Côte d'Ivoire a été condamnée en mars 2015 par la justice ivoirienne, en même temps que quatre-vingt-deux (82) autres proches de Laurent Gbagbo, pour atteinte à la sûreté de l'État, participation à un mouvement insurrectionnel et trouble à l'ordre public. L'exception d'irrecevabilité soulevée par la Côte d'Ivoire le 1er octobre 2013 et s'appuyant sur le fait qu'elle fasse déjà l'objet, au niveau national, de poursuites judiciaires pour les mêmes faits, a été rejetée par la Chambre préliminaire de la CPI le 11 décembre 2014. Pour autant les autorités ivoiriennes ne semblent pas disposées à remettre Simone Gbagbo à la Cour et donc à honorer leur obligation de coopérer avec elle.

1727 L'État requis a ici l'obligation de faciliter le recueil des témoignages et la collecte des éléments de preuve matériels. Il doit répondre avec diligence aux ordonnances et demandes d'assistance, recevoir les dépositions, convoquer, interroger et protéger les témoins, notifier les pièces, exécuter les perquisitions ou saisies (article 54§2 du Statut de Rome ; article 93§§1 et 3). A cette fin, il doit naturellement faciliter l'accès à son territoire au procureur.

1728 Les peines d'emprisonnement sont accomplies dans les établissements pénitentiaires des États parties disposés à recevoir les condamnés de la Cour. C'est le principe du double consentement qui

ont l'obligation de reconnaître les décisions de la Cour comme telles et de les exécuter sans exequatur[1729]. Ils peuvent en vue d'établir un cadre juridique de réception des personnes condamnées, signer des accords bilatéraux avec la Cour. A ce jour, sur les huit (8) États ayant signé un accord d'exécution des peines avec la CPI[1730], quatre (4) sont membres de l'OIF. Il s'agit de la Serbie[1731], de la Belgique[1732] et du Mali[1733] et l'Autriche, membre observateur[1734].

Mais pour assumer pleinement leurs obligations statuaires à l'égard de la Cour, les États doivent se doter d'une législation qui organise de manière claire et précise les procédures de coopération, qui désigne les organes nationaux chargés de relations avec la Cour et qui définit les modalités d'exécution des peines sur leurs territoires. La plupart des États francophones ayant transposé dans leurs ordres juridiques internes les dispositions du Statut de Rome, ont adopté des lois destinées à aménager leur coopération avec la Cour[1735]. Pour autant, dans l'espace francophone, là encore la tendance forte reste celle de l'absence de texte encadrant la coopération des États avec la Cour. Ce qui commande de la part de la Francophonie institutionnelle, non seulement un

---

s'applique alors. L'État est libre de faire connaître ses disponibilités en général, puis au cas par cas, lorsqu'il est saisi d'une telle demande. Il peut s'il le souhaite assortir son acceptation de conditions (article 103§1(b) du Statut de Rome) qu'il peut modifier à tout moment (Règle 200§3 du Règlement de procédure et de preuve de la CPI).

1729 Article 105§1 du Statut de Rome.

1730 Autriche, Belgique, Danemark, Finlande, Royaume-Uni, Serbie, Colombie, Mali.

1731 L'accord entre la Cour pénale internationale et la Serbie a été signé à La Haye le 20 janvier 2011.

1732 Accord entre la Cour pénale internationale et le gouvernement du Royaume de Belgique sur l'exécution des peines prononcées par la Cour, ICC/PRES/06-01-10, Kampala, 1er juin 2010. Cet accord a été modifié le 8 décembre 2014.

1733 Accord entre la Cour pénale internationale et le gouvernement de la république du Mali concernant l'exécution des peines prononcées par la Cour, ICC/PRES/11-01-12, Bamako, 13 janvier 2012.

1734 L'Autriche est le premier État au monde à avoir signé un accord sur l'exécution des peines avec la CPI. Cet accord signé à La Haye le 27 octobre 2005, est entré en vigueur le 26 novembre 2005 (*Gazette de la Loi fédérale autrichienne*, n° 201/2005).

1735 La Belgique a adopté le 29 mars 2004 une loi concernant la coopération avec la CPI et les TPI, *Moniteur belge*, 1er avril 2004. Le Canada organise sa coopération avec la Cour autour de la loi sur l'extradition et de la loi sur l'entraide juridique en matière criminelle, telles que modifiées pour la mise en œuvre du statut de Rome. En France c'est la loi n° 2002-268 du 26 février 2002 qui organise les modalités de mise en œuvre de l'obligation de coopérer avec la CPI. Le dispositif qu'il institue a été complété par la loi n° 2010-930 du 9 août 2010 portant adaptation du droit pénal à l'institution de la CPI. En Suisse, la coopération avec la CPI est aménagée par une loi fédérale du 22 juin 2001. En Autriche, c'est une loi du 1er octobre 2002 (*Gazette officielle*, n° 135/2002), en Croatie, une loi du 24 octobre 2003 et en Albanie, la loi n° 10193 du 3 mars 2009, qui organisent la coopération avec la Cour. En Afrique francophone, la République Démocratique du Congo en application du statut de la CPI, s'est dotée en septembre 2005, d'une loi compétant et modifiant certaines dispositions son Code pénal, de son Code de l'organisation et de la compétence judiciaires, de son Code pénal militaire et de son Code pénal militaire judiciaire. Au Sénégal, c'est la loi n° 2007-05 du 12 février 2007 modifiant le Code de procédure pénal, qui facilite la coopération avec la CPI (*JORS*, 10 mars 2007, p. 2384).

rappel constant des enjeux de la coopération judiciaire internationale, mais encore un accompagnement éclairé des États dans leurs initiatives législatives en la matière.

D'un autre côté, la Francophonie et ses États membres doivent rester vigilants face aux menaces directes que font peser sur l'obligation de coopération, les accords bilatéraux initiés par les États-Unis depuis 2002, en vue de garantir au citoyen américain son « injusticiabilité » devant la CPI[1736]. Ces accords d'immunité proposés en vertu de l'article 98§2 du Statut de Rome, vont en réalité au-delà de son esprit et de sa lettre[1737], et semblent prospérer en pratique sur fond de menace de suppression d'aides financières et militaires. S'inscrivant dans la continuité de la loi de protection des citoyens américains[1738], ces accords ont pour objectif d'entraver purement et simplement l'action de la Cour, en privant l'État partie sur le territoire duquel ont été commis des crimes internationaux impliquant des citoyens américains, de son droit à les transférer devant la CPI. Les États parties, signataires de ces accords bilatéraux d'immunité seraient alors tenus soit d'exercer leur compétence territoriale, soit d'extrader le citoyen américain poursuivi, vers les États-Unis. Si certaines organisations comme le Conseil de l'Europe ont expressément mis en cause la licéité de ces accords[1739], d'autres en revanche, y compris l'OIF, se sont jusque-là gardées de se prononcer sur cette question pourtant cruciale. Reste que dans l'espace francophone, même si nombre d'États ont refusé de signer ces accords d'impunité[1740], la majorité des

---

1736 FERNANDEZ Julian, *La politique juridique extérieure des États-Unis à l'égard de la Cour pénale internationale*, Paris, Pedone, 2010, 650 p. ; BOUQUEMONT Clémence, *La Cour pénale internationale et les États-Unis*, Paris, L'Harmattan, 162 p.

1737 Non seulement l'article 98 n'ouvre la voie de ces accords qu'à l'égard des militaires et des membres du personnel civil qui leur sont étroitement associés, en mission officielle sur le territoire d'un Etat partie, mais le fait sans préjudice de la capacité de la CPI à exercer sa compétence si elle estime qu'une enquête ou des poursuites n'ont pas été menées comme il sied de bonne foi. Il est donc exagéré d'en tirer prétexte pour l'étendre à tous les citoyens américains.

1738 Congrès américain, *American Service-members' Protection Act (ASPA)*, 3 août 2002.

1739 Union Européenne, Conseil des Affaires générales et relations externes, *Conclusions et Principes directeurs sur les arrangements et accords entre un État partie au Statut de Rome de la CPI et les États-Unis*, 30 septembre 2002, *ILM*, 2003, Annexe, 2e principe, p. 241. Avant cela, le Conseil européen avait même adopté, le 11 juin 2001, une position commune (2001/443/PESC) sur la Cour pénale internationale, laquelle a été révisée et renforcée le 20 juin 2002 (2002/474/PESC) et le 16 juin 2003 (2003/444/PESC). Doctrine : David Éric, *Éléments de droit pénal international et européen*, Bruxelles, Bruylant, 2009, pp. 995-998.

1740 Il s'agit notamment de l'Albanie, de l'Autriche, de la Belgique, de la Bosnie-Herzégovine, de la Bulgarie, du Canada, de la Croatie, de l'Estonie, de la France, de la Grèce, de l'Estonie, de la Lettonie, de la Lituanie, du Luxembourg, du Mali, du Monténégro, de la Pologne, de la Serbie, de la Slovaquie, de la Slovénie, de la Suisse, de l'Ukraine, de l'Uruguay, du Niger, le Costa Rica, le Mexique, Sainte-Lucie.

États s'y est prêtée sans que la ratification suive forcément[1741]. Dans tous les cas, la coopération judiciaire étant un vrai défi pour l'opérationnalisation de la justice pénale internationale, les États francophones doivent faire bloc contre cette stratégie américaine de neutralisation de la CPI. La Francophonie institutionnelle gagnerait elle aussi, pour renforcer la crédibilité de son discours en faveur de la justice pénale internationale, à se prononcer clairement contre ces accords manifestement contraires à l'objet et au but du Statut de Rome.

Au final, dépourvue de moyens de contrainte, la CPI est totalement dépendante de la coopération des États. Elle peut donc, dans la pratique, buter contre le mur de la souveraineté, qui, loin d'être vraiment érodé, met désormais chaque État en face de ses responsabilités. L'effectivité de la collaboration avec la CPI reste donc un défi majeur. Commandée par la responsabilité de protéger à laquelle la Francophonie est attachée depuis la Conférence ministérielle de Saint-Boniface, cette collaboration appelle une articulation des compétences au niveau national et international. Elle appelle aussi une mise en conformité du droit national avec les exigences matérielles et procédurales du Statut de Rome. Même si son fonctionnement et son efficacité dépendent indiscutablement de la volonté politique des États, la Cour pénale internationale doit rester indépendante. Son indépendance est essentielle pour garantir l'équité du procès pénal international ; défi qui appelle de la part des États francophones, ainsi que cela ressort de la Déclaration de Kinshasa[1742], une attention singulière.

SECTION II. L'EQUILIBRE DANS LA PROCEDURE DEVANT LA COUR PENALE INTERNATIONALE

Instituée pour assurer la protection juridictionnelle des valeurs les plus fondamentales de l'humanité, la Cour pénale internationale est tenue, dans l'exercice de sa compétence, de veiller au respect des règles les plus élémentaires du procès équitable. Consacré à l'article 14 du Pacte international relatif aux droits civils et politiques, le droit à un tribunal légalement constitué, indépendant

---

1741 Parmi les États francophones parties au statut de Rome et ayant signé ces accords bilatéraux d'immunité, l'on peut citer par exemple le Cap-Vert, la République centrafricaine, Djibouti, le Bénin, le Burkina Faso, le Burundi, le Congo, la Côte d'Ivoire, de la République Démocratique du Congo, le Gabon, la Guinée, le Ghana, le Sénégal, Madagascar, Maurice, Seychelles, la Dominique, la République dominicaine, le Cambodge, la Roumanie, la Géorgie, la Bosnie-Herzégovine, le Monténégro et la Tunisie. Des États francophones non parties au Statut de Rome mais susceptibles comme tout État tiers d'être touchés par une obligation de coopération, ont également signé ces accords. Il s'agit notamment du Cameroun, des Comores, de l'Égypte, des Émirats arabes unis, de l'ex République Yougoslave de Macédoine, de la Guinée équatoriale, du Laos, du Maroc, de la Mauritanie, de la Thaïlande et du Togo.

1742 OIF, *Déclaration de Kinshasa*, XIVe Conférence des chefs d'État et de gouvernement des pays ayant le français en partage, Kinshasa, 14 Octobre 2012, Point A-1, alinéa 3.

et impartial a été successivement réaffirmé par les Statuts des tribunaux pénaux internationaux *ad hoc*[1743], puis par le Statut de Rome. On comprend alors que la qualité de la justice pénale internationale ne se mesure pas seulement au nombre des affaires inscrites à son rôle et à leur vitesse de traitement. Elle se jauge aussi à l'aune de l'équité des procédures à laquelle la Francophonie se trouve ici rattachée à un double titre. D'un côté parce qu'elle a fait le choix, dans les déclarations de Bamako[1744], de Saint-Boniface[1745] et de Paris[1746], de soutenir et d'accompagner efficacement le développement de la justice pénale internationale. De l'autre parce qu'elle saisit depuis la Déclaration du Caire[1747], le droit à un procès équitable comme une caractéristique intrinsèque de l'État de droit. Il n'y a point de justice sans procès équitable. Pour la Cour pénale internationale, le défi est donc de faire en sorte que l'objectif de répression des crimes les plus odieux, gravé au cœur de son mandat ne soit pas poursuivi au détriment des droits irréductibles reconnus à toute personne, fut-elle accusée de crimes massifs. Si de ce point de vue, la CPI doit s'efforcer d'inscrire son action dans le prolongement du travail accompli par ses devancières des TPI *ad hoc*, d'un autre côté elle inaugure, avec les incertitudes que cela implique, le principe de la participation des victimes au procès pénal international. Il s'ensuit que pour la Francophonie, l'engagement en faveur de la lutte contre l'impunité doit nécessairement tenir compte des défis que posent non seulement l'inépuisable question des droits de la défense (§ 1), mais encore la question plus récente de la place des victimes dans le procès pénal international (§ 2).

§ 1. Le respect des droits de la défense devant la CPI

La tentation de s'affranchir des règles procédurales est d'autant plus grande que le crime est grave. Pourtant, l'atrocité des crimes internationaux ne saurait de quelque manière que ce soit justifier la mise en veilleuse des garanties impératives dues à tout justiciable, ni même *a minima* le recours à un régime procédural d'exception. Le Statut de Rome instituant la CPI n'occulte point la question. D'ailleurs les règles relatives aux droits de la défense y sont bien plus élaborées que dans les statuts des TPI *ad hoc*[1748]. L'efficacité de la justice pénale

1743 Article 21 du Statut du TPIY et article 20 Statut du TPIR.

1744 OIF, *Déclaration Bamako*, Conférence ministérielle, 3 novembre 2000.

1745 OIF, *Déclaration de Saint-Boniface sur la prévention des conflits et la sécurité humaine*, Conférence ministérielle, 14 mai 2006.

1746 OIF, *Déclaration de Paris*, IVe Conférence des ministres francophones de la justice, 14 février 2008.

1747 OIF, *Déclaration du Caire*, IIIe Conférence des ministres de la justice des pays ayant le français en partage, Le Caire, 1er novembre 1995.

1748 Élevé néanmoins par la jurisprudence du TPIY au rang de norme impérative de droit international à laquelle aucun tribunal ne saurait déroger, le respect des droits de la défense est un invariant commandé

internationale trouve donc son équilibre dans le respect des droits de l'accusé[1749]. Le système accusatoire sur la charpente duquel la CPI organise ses procédures, dessine un modèle théoriquement respectueux des droits des parties, où l'égalité des armes qui en résulte se manifeste dans un débat contradictoire, sous l'arbitrage d'un juge neutre. Sans revenir ici sur l'attachement francophone au respect des droits de la défense[1750], les lignes qui suivent nous conduiront simplement à le replacer dans le contexte de la justice pénale internationale, tout aussi chère à la Francophonie. Parce que la lutte contre l'impunité passe impérativement par le respect des garanties procédurales reconnues aux accusés, la CPI doit y veiller en s'appuyant à la fois sur les garanties matérielles (A) et organiques (B) prévues par son statut.

A. Les enjeux matériels du respect des droits de la défense

La justice pénale internationale doit, pour être juste, s'articuler autour d'une procédure équitable. Cette équité du procès appelle de manière générale des garanties minimales construites notamment autour de l'indépendance et d'impartialité des juges et de l'accusation, de l'égalité entre les parties et du respect des droits de la défense[1751]. Présumé innocent devant la Cour[1752], tout accusé est

---

par la nécessaire cohérence du système international de protection des droits de l'Homme. TPIY, Chambre d'appel, *Le Procureur c/ Tadic, Arrêt confirmatif relatif aux allégations d'outrage formulées à l'encontre du précédent conseil, Milan Vujin*, IT-94641-A-AR77,27 février 2001.

1749 La lutte contre l'impunité ne doit pas se faire aux dépens du droit fondamental à un procès équitable. Les acquittements auxquels ont abouti certaines procédures devant la CPI suffisent à convaincre de la pertinence de l'exigence d'équité dans le procès pénal international. CPI, Chambre de première instance II, *Le Procureur c/ M. Ngudjolo, Jugement rendu en application de l'article 74 du Statut*, ICC-01/04-02/12-3, 18 décembre 2012. Voir pour aller plus loin, SOULELIAC Anne, « Les juridictions pénales internationales : conditions d'accès et spécificités de la pratique de l'avocat », *in* PHILIPPE Xavier et VIRIOT-BARRIAL Dominique, *L'actualité de la justice pénale internationale*, Aix-en-Provence, Presses Universitaires d'Aix-Marseille, 2008, p. 106. CHIAVARIO Mario, « Droits de l'accusé... et autres dans la perspective de la justice pénale internationale », *in* CHIAVARIO Mario (dir.), *La justice pénale internationale entre passé et avenir*, Paris, Dalloz ; Milan, Giuffrè, 2003, pp. 329 et ss. ; FOURCANS Claire, « Les droits de la défense devant la Cour pénale internationale », *La Revue des Droits de l'Homme*, n° 3, juin 2013 (en ligne : http://revdh.revues.org/207) ; KOT Jean-Philippe, « Les droits de la défense », *in* ASCENCIO Hervé, DECAUX Emmanuel et PELLET Alain, (dir.), *Droit international pénal*, Paris, Pedone, 2012, pp. 909-925 ; SIMOES E SILVA Ana Carolina, « L'organisation de la défense devant les juridictions pénales internationales », *ibid.*, pp. 893-907.

1750 Voir *supra*, pp. 140-144.

1751 La défense désigne l'ensemble des moyens juridiques mis à la disposition des parties au procès pour leur permettre de faire valoir leurs droits.

1752 Il n'y a pas de procès équitable sans présomption d'innocence et inversement. Ainsi que le prévoit l'article 66§1 du Statut de Rome, « *toute personne est présumée innocente jusqu'à ce que sa culpabilité ait été établie devant la Cour conformément au droit applicable* ». Jurisprudence : CPI, Section préliminaire, ICC-01/04-01/10, *Le Procureur c/ Callixte Mbarushimana, Décision relative à la requête de la Défense sollicitant une ordonnance aux fins de préserver l'impartialité de la procédure*, 31 janvier 2011.

titulaire d'une série de droits fondamentaux qui lui sont formellement reconnus à l'article 67§1 du Statut de Rome[1753]. Parmi ces droits figure notamment le droit à un procès public. Fondamentale, la publicité des débats permet d'assurer que la justice est rendue dans le respect de la loi. Si la publicité a une vertu pédagogique, elle est aussi un moyen de contrôle qui protège le justiciable contre les déviances potentielles d'une justice secrète, et permet, par la transparence, de préserver la confiance dans la justice[1754]. Mais au-delà du principe, la pratique laisse observer devant la Cour une multiplication non seulement des classements confidentiels de documents et de noms de témoins, mais aussi des passages à huis clos total ou partiel. En réalité aucune procédure n'est donc entièrement publique devant la CPI. Mais pour limiter les effets de la nécessaire protection des témoins, sur la publicité des débats, la jurisprudence de la Cour s'est efforcée de l'encadrer en limitant notamment les demandes de passage en audience à huis clos aux situations dans lesquelles il existe un risque sérieux et établi[1755].

L'accusé doit par ailleurs être dûment informé des charges pesant contre lui. Il peut alors soit se défendre lui-même, soit désigner librement un défenseur de son choix sur la liste des conseils inscrits au greffe ou ailleurs, pour autant que les conditions d'expérience et de compétence soient satisfaites[1756]. S'il se déclare indigent, l'accusé peut se voir commettre d'office un conseil rémunéré aux frais de la Cour[1757]. Ce qui, même dans cette hypothèse, contrairement à ce que fut la pratique devant les TPI *ad hoc*[1758], ne doit pas remettre en question le principe du libre choix du conseil[1759]. Évidemment le droit à l'assistance d'un conseil emporte le droit à une communication libre et secrète avec ce dernier[1760]. Il

1753 Il s'agit notamment du principe de la légalité des incriminations et des peines (articles 22 et 23 du statut de Rome), sur du principe du *non bis in idem* (article 20 du Statut de Rome) et du principe de non rétroactivité de la loi pénale (article 24 du Statut de Rome). Pour un commentaire de l'article 67§1 du Statut de Rome, voir KEÏTA Xavier-Jean et FOURCANS Claire, « Article 67 - Droits de l'Accusé », *in* FERNANDEZ Julian et PACREAU Xavier (dir.), *Statut de Rome de la Cour pénale internationale. Commentaire article par article*, Paris, Pedone, 2012, pp. 1498-1529.

1754 DOUCHY-OUDOT Mélina, « Garanties procédurales et encadrement constitutionnel et européen du service public de la justice », *in* CHAGNOLLAUD Dominique, DRAGO Guillaume, BENZIMRA-HAZAN Jérôme, *Dictionnaire des droits fondamentaux*, Paris, Dalloz, 2006, p. 465.

1755 CPI, Chambre de première instance II, *Le Procureur c/ Germain Katanga et Mathieu Ngudjolo, Décision orale*, Transcrit n° ICC-01/04-01/07-T-189-FRA, 20 septembre 2010, pp. 7-12.

1756 Le défenseur n'est pas obligatoirement un avocat mais doit avoir acquis par ses fonctions, une bonne expérience en droit pénal ou en droit international. Se référer pour plus de précisions à la Règle 22§1 du Règlement de procédure et de preuve de la CPI et à la Norme 67 du Règlement de la Cour.

1757 Article 67§1(d) du Statut de Rome ; Règles 20 et 21 du Règlement de procédure et de preuve de la CPI ; Normes 83 à 85 du Règlement de la Cour ; Normes 130 à 139 du Règlement du Greffe.

1758 Article 45 commun aux Règlements de procédure et de preuve du TPIY et du TPIR.

1759 Règle 21§2 du Règlement de procédure et de preuve de la CPI.

1760 Ce droit a été consacré par la jurisprudence des tribunaux pénaux internationaux *ad hoc* : TPIY, IT-04-74-T, *Prlic et consorts*, *Ordonnance portant sur les modalités de l'interrogatoire d'un accusé en vertu*

implique l'accès de la défense à tous les éléments de preuve à charge et à décharge[1761].

De plus, conformément à l'article 67§1(c) du Statut de Rome, l'accusé doit être jugé sans retard excessif. La maîtrise du temps judiciaire est un principe de bonne administration de la justice et la justice pénale internationale n'échappe pas à cette exigence. Or devant la CPI, la question de la longueur de la procédure se pose avec une résonance singulière. Le temps entre la comparution initiale et la décision de confirmation des charges peut parfois se révéler assez long[1762]. Dans l'affaire qui oppose par exemple le Procureur à Laurent Gbagbo, trente mois se sont écoulés entre sa comparution initiale le 5 décembre 2011 et la confirmation définitive des charges à son encontre, le 12 juin 2014. Callixte Mbarushimana a quant à lui été gardé en détention pendant quatorze mois avant de voir les charges retenues contre lui, infirmées. De plus, sans compter les mois qui précèdent l'ouverture du procès, l'on remarque que la durée du procès à proprement parler est généralement longue. Le procès contre Thomas Lubanga a duré par exemple 3 ans. Celui contre Germain Katanga et Mathieu Ngudjolo a débouché au bout de trois ans sur une décision de disjonction d'instance. Le premier a été condamné après deux autres années de procédures alors que le second a été acquitté trois mois plus tard. A l'égard de ce dernier, la question se pose en des termes encore plus embarrassants quand on se rend compte qu'il a finalement été acquitté après environ cinq (5) années de détention[1763]. Même si elles peuvent en cas d'acquittement, justifier des demandes de réparation au sens de l'article 85 du Statut, ces situations nous montrent qu'il est tout à fait pertinent de questionner le droit à être jugé sans retard excessif devant la CPI. Pour autant l'appréciation de l'excessivité du retard reste subjective puisqu'elle dépend de la complexité de chaque procédure. Dans tous les cas, parce que le temps de traitement des affaires

---

de l'article 85C du Règlement, 1er juillet 2008 ; TPIR, ICTR-99-50-T, *Le Procureur c/ Mugiraneza et consorts, Decision on the defence of the UNDF from obstructing the course of international criminal justice*, 19 septembre 2001, § 8.

1761 Le procureur sur qui pèse le fardeau de la preuve (article 66 du Statut de Rome), doit enquêter à charge et à décharge (articles 54§1 et 67§2 du Statut de Rome ; règle 77 du Règlement de procédure et de preuve). La Cour considère ainsi de manière constante la communication par l'accusation des éléments de preuve à décharge comme un aspect fondamental du droit à un procès équitable. Jurisprudence : CPI, Chambre de première instance I, *Le Procureur c/ Thomas Lubanga Dyilo, Décision relative aux conséquences de la non-communication de pièces à décharge couvertes par les accords prévus à l'article 54-3-e du Statut, à la demande de suspension des poursuites engagées contre l'accusé et à certaines autres questions soulevées lors de la conférence de mise en état du 10 juin 2008*, ICC-01/04-01/06-1401-tFRA, 13 juin 2008 ; CPI, Chambre d'appel, *Le Procureur c/ Thomas Lubanga Dyilo, Arrêt relatif à l'appel interjeté par Thomas Lubanga Diylo contre la décision rendue oralement par la Chambre préliminaire I le 18 janvier 2008*, ICC-01/04-01/06-1433-tFRA, 11 juillet 2008, §2.

1762 Elle a été par exemple de quatre (4) mois pour Bosco Ntaganda, de sept (7) mois pour Mathieu Ngudjolo, de neuf (9) mois pour Charles Blé Goudé, de dix (10) mois pour Thomas Lubanga Dyilo et de onze (11) mois pour Germain Katanga et Jean-Pierre Bemba.

1763 Du 6 février 2008 au 21 décembre 2012.

est aussi un indicateur de sa crédibilité et de son efficacité, la CPI doit s'employer à concilier autant que faire se peut, la complexité et l'envergure des affaires traitées devant elle, avec la durée raisonnable des procès. Ceci d'autant plus que l'accusé doit disposer du temps et des facilités nécessaires à la préparation de sa défense. Là encore le contexte est très souvent assez éloigné du texte puisque la défense n'a pas toujours le temps suffisant pour s'organiser. Arrivant relativement tard dans la procédure, elle doit se familiariser avec un dossier généralement très consistant, avant d'en vérifier la crédibilité et de rassembler ensuite les témoignages et documents à décharge. C'est donc de manière pertinente que la jurisprudence de la Cour laisse observer le rejet de plusieurs requêtes tardives de communication d'éléments de preuve à charge au motif qu'elles ne pouvaient être acceptées sans contrevenir au droit de l'accusé de préparer sa défense[1764]. La Cour doit donc rester vigilante sur ce point pour réduire les inégalités de moyens entre l'accusation et la défense et permettre ainsi à la seconde de construire efficacement sa réponse aux arguments du procureur.

S'il est vrai que ces enjeux liés à la protection matérielle des droits de la défense ne s'adressent pas directement à la Francophonie, celle-ci doit pouvoir, par son observation, avoir sur les questions qu'ils soulèvent, un regard critique et objectif. Ce qui, loin de remettre en question l'attachement francophone à la Cour pénale internationale, contribuerait plutôt à alimenter le débat et à renforcer la veille sur l'efficacité des voies juridictionnelles de lutte contre l'impunité. Le soutien francophone à la CPI n'a de sens que pour autant que celle-ci, à travers ces organes, rend la justice de manière exemplaire, c'est-à-dire respectueuse des droits de la défense.

B. Les enjeux institutionnels du respect des droits de la défense

Dans le dispositif institutionnel de sauvegarde des droits de l'accusé devant la CPI, le greffe et les avocats jouent un rôle majeur. Mais leur action en la matière soulève bien des difficultés qui méritent assurément d'être regardées de près par toute personne ou organisation préoccupée par la qualité de la justice pénale internationale. A cet égard, le soutien que la Francophonie apporte à la CPI dans l'exercice de sa mission de mise en jeu de la responsabilité pénale individuelle, suffit à justifier son intérêt médiat pour ces questions, qui appellent une rationalisation des fonctions et des rapports entre le Greffe et les avocats.

Principal responsable de la gestion financière et administrative de la Cour, le Greffier est chargé de l'organisation des procédures judiciaires et joue à ce titre,

1764 CPI, Chambre de première instance II, *Le Procureur c/ Germain Katanga et Mathieu Ngudjolo, Decision on the disclosure of evidentiary material relating to the Prosecutor's site visit to Bogoro on 28, 29 and 31 march 2009*, 7 octobre 2009, ICC-01/04-01/07-1515.

un rôle singulier dans la garantie des droits de la défense. Il organise le travail du Greffe de façon à faire valoir les droits de la défense dès le stade initial de l'enquête, conformément aux exigences du procès équitable. A cette fin, il tient à jour une liste de Conseils de la défense et conseille le cas échéant le procureur et les chambres sur les questions relatives aux droits de la défense. Administrativement rattaché au greffe, mais fonctionnellement indépendant, le Bureau du conseil public pour la défense veille au respect des droits de la défense en fournissant aide et assistance à tous les conseils de la défense[1765]. Au-delà des avis qu'il peut leur délivrer sur des points de droit[1766], ce Bureau leur apporte en tant que de besoin, son appui lorsque les services d'enquêteurs professionnels sont nécessaires à la conduite effective et efficace de la défense. Il met à la disposition de la défense les installations et les informations dont elle peut avoir besoin dans l'exercice de ses fonctions[1767]. Pour toutes ces raisons, l'on peut affirmer sans risquer de se fourvoyer que le Greffe a une responsabilité particulière dans l'exercice effectif des droits de la défense.

Mais si toutes ces prérogatives font incontestablement du Greffe une figure essentielle du dispositif global de préservation des droits de la défense[1768], elles tendent paradoxalement à placer la défense sous sa tutelle administrative. Par-delà ses compétences en matière de sélection et de formation des conseils près la Cour, le Greffier est chargé d'administrer le régime de l'aide judiciaire[1769]. C'est donc lui qui en cette qualité, apprécie et détermine l'ampleur des moyens financiers nécessaires à la préparation de la défense. Sans doute héritière des lacunes des TPI *ad hoc*[1770] qui ont formellement écarté l'exigence de pleine égalité[1771], la CPI souffre elle aussi en la matière de deux maux. D'un côté les moyens matériels et financiers octroyés aux Conseils commis d'office sont insuffisants, de l'autre ils dépendent entièrement du greffe qui n'autorise en

---

1765 Consulter pour aller plus loin, PATRY Didier, « La défense… au cœur de la justice pénale internationale », *Gazette du palais*, 18 février 2006, pp. 2-4.

1766 Voir la Norme 77 du Règlement de la Cour, ainsi que les Normes 143 à 146 du Règlement du Greffe.

1767 Dans leur mission de diffusion des informations et de la jurisprudence de la Cour auprès des conseils de la défense, le greffe et ses services assurent si besoin est, la formation des avocats sur le droit et les procédures prévus par les textes statutaires et du réglementaires de la Cour. Normes 140 et 141 du Règlement du Greffe.

1768 La défense était également rattachée au greffe dans le cadre des tribunaux pénaux internationaux *ad hoc*. Consulter notamment, MANIRAKIZA Pacifique, « Les défis de la défense devant le Tribunal pénal international pour le Rwanda », *Revue générale de droit*, n° 38, 2008, pp. 43-108.

1769 Norme 83§1 du Règlement de la Cour.

1770 DE ROUX Xavier, « La défense devant le Tribunal Pénal pour l'ex-Yougoslavie », *in* GABORIAU Simone et PAULIAT Hélène (dir.), *La justice pénale internationale*, Limoges, PULIM, 2002, pp. 122-126.

1771 TPIR, Chambre d'appel, *Le Procureur c/ Clément Kayishema et Obed Ruzindana*, ICTR-95-1-A, 1er juin 2001, § 69.

amont que les dépenses nécessaires et raisonnables. Face à un tel constat, l'on est naturellement porté à se demander si la limitation des moyens matériels de la défense ne constitue pas une menace réelle pour l'effectivité des droits fondamentaux reconnus à la défense par les textes. En tout état de cause, l'égalité des armes proclamée par le Statut de Rome doit être recherchée au-delà du droit, dans ses implications financières, pour ne pas que faute de moyen, la défense se retrouve désarmée. Il n'y a ni justice, ni procès équitable sans « *défense effective et efficace* »[1772]. La Cour devrait donc s'attacher à conforter les moyens de la défense plutôt que de les réduire comme elle tend à le faire en les considérant comme des inducteurs de coûts[1773]. La Francophonie pourrait à ce niveau, plaider par exemple auprès de ses États membres pour qu'ils pèsent du poids qui est le leur sur l'Assemblée des États parties afin que soient renforcés les fonds affectés à l'aide judiciaire. Car l'égalité des armes suppose que la défense dispose de ressources matérielles suffisantes pour se préparer.

A côté de ces considérations matérielles, le Greffier dispose sur les défenseurs assermentés et accrédités auprès la Cour, d'un pouvoir de surveillance puisque non seulement il dresse et tient à jour la liste des conseils[1774], mais en plus il peut avoir l'initiative de la procédure disciplinaire. Cette forme d'organisation de l'exercice de la profession d'avocat devant la CPI oblige à s'interroger sur l'intérêt de la création d'une instance indépendante représentative des conseils, telle qu'elle est prévue par la règle 20(3) du règlement de procédure et de preuve de la Cour. L'association Barreau Pénal International (BPI) créée en 2002 en vue de promouvoir le développement d'une défense libre devant la CPI[1775], obéit à cette logique[1776]. Toujours pas officiellement reconnu par la Cour comme instance indépendante représentative des avocats, le BPI ne reste à ce jour qu'une association régie par le droit hollandais. Il ne tient pas lieu de Barreau à proprement parler puisqu'il n'a compétence ni pour édicter de manière autonome des règles applicables à l'exercice des activités de conseil devant la CPI, ni pour en sanctionner le respect. Pour autant, la présence du BPI est affirmée auprès du

---

1772 Norme 83 du Règlement de la Cour.

1773 CPI, Assemblée des États parties, *Rapport du comité du budget et des finances sur les travaux de sa dix-septième session*, ICC-ASP/10/15, New York, 18 novembre 2011, §15. Disponible en ligne sur : http://www.icc-cpi.int/iccdocs/asp_docs/ASP10/ICC-ASP-10-15-FRA.pdf.

1774 Au 31 décembre 2014, 558 avocats issus de toutes les traditions juridiques étaient inscrits sur la liste des conseils.
En ligne : http://www.icc-cpi.int/iccdocs/PIDS/other/WebList_of_Counsel31.12.2014_FR.pdf.

1775 Le Barreau pénal international a été créé le 15 juin 2002 lors de la Conférence de Montréal. Ses statuts ont été adoptés à Berlin le 21 mars 2003. Il rassemble des Ordres ainsi que des avocats de plus de cinquante (50) pays, profondément attachés à la promotion d'une justice pénale internationale.

1776 PETTITI Laurent, « La création d'un Barreau international des conseils de la défense », *in* TAVERNIER Paul (dir.), *Actualité de la jurisprudence pénale internationale : à l'heure de la mise en place de la Cour pénale internationale*, Bruxelles, Bruylant, 2004, pp. 195-230.

Greffe qui en vertu de l'article 20(3) du RPP, l'a associé notamment à l'élaboration du code de conduite applicable aux conseils devant la CPI. Dans le cadre du dispositif disciplinaire dont la Cour s'est spécifiquement dotée, s'il est heureux d'observer que les organes disciplinaires[1777] sont composés d'avocats élus par leurs pairs, il n'en reste pas moins que la norme déontologique de référence procède formellement de l'Assemblée de États parties[1778]. La liberté de l'avocat défenseur est indispensable à l'équilibre du procès pénal international. Pour autant, ni la Francophonie, ni ses États membres ne se sont véritablement mobilisés en faveur du Barreau pénal international. La question a certes été abordée lors du XXe Congrès de la Conférence internationale des barreaux de tradition juridique (CIB), mais n'a fait *in fine* l'objet d'aucune motion ni résolution spécifique[1779]. Or, même si en dépit de ses faiblesses en la matière, la CPI s'efforce de garantir le respect des droits des accusés, la reconnaissance officielle par la Cour du BPI permettrait de libérer les conseils de la tutelle du Greffe et de renforcer l'exercice indépendant de la défense pénale internationale, laquelle a également vocation devant la Cour, à assurer une meilleure représentation des intérêts des victimes.

§ 2. La place de la victime dans le procès pénal international

La lutte contre l'impunité à l'égard de laquelle la Francophonie a amplement fait sa profession de foi dans les déclarations de Bamako, de Saint-Boniface et de Paris notamment, ne se résume plus seulement à la sanction des criminels de guerre. Elle implique désormais la prise en compte des victimes dans leur capacité à contribuer à la l'établissement de la vérité judiciaire et leur droit à obtenir une réparation appropriée. Si la Francophonie s'intéresse à la justice pénale internationale, c'est qu'elle doit aussi s'intéresser aux droits des victimes qui lui sont désormais rattachés.

Devant la CPI, la victime n'est plus le figurant au rôle marginal qu'elle était autrefois. L'éclairage nouveau qu'elle reçoit fait désormais d'elle, un acteur essentiel du procès pénal international[1780]. Plus qu'un simple privilège, la

---

1777 Le Comité de discipline et le Comité disciplinaire d'appel.

1778 CPI, Assemblée des États parties, *Résolution ICC-ASP/4/Res.1, Code de conduite professionnelle des conseils*, 2 décembre 2005. Entrée en vigueur : 1er janvier 2006.
Disponible en ligne sur : http://www.icc-cpi.int/NR/rdonlyres/BD397ECF-8CA8-44EF-92C6-AB4BEBD55BE2/140122/ICCASP432Res1_French.pdf

1779 CATHALA Bruno, « Les avocats devant le cour pénale internationale », *Bulletin du Bâtonnier, Périodique d'information des barreaux du Burkina Faso*, numéro V, Edition spéciale, Actes du XXe Congrès de la CIB sur les rôles respectifs et les rapports entre le juge et l'avocat comme sentinelles de l'Etat de droit, de la démocratie et des libertés collectives et individuelles, mai 2006, p. 33.

1780 SCOMPARIN Laura, « La victime du crime et la juridiction pénale internationale », *in* CHIAVARIO Mario (dir.), *La justice pénale internationale entre passé et avenir*, *op. cit.*, pp. 335-336.

participation de la victime au procès est véritablement conçue comme un droit[1781]. C'est donc à juste titre que dans son message adressé le 31 mai 2010 à l'occasion de la première Conférence de révision du Statut de Rome, tenue à Kampala, l'ancien Secrétaire Général de la Francophonie invitait pertinemment la Cour à tout mettre en œuvre pour que les « *victimes soient confortées dans leur droit à la vérité, à la justice, à la réparation* »[1782]. Ce propos résume l'ensemble des enjeux que soulève la question. Si cette nouveauté institutionnelle ne fait pas de la victime une partie civile au procès, ni ne lui reconnaît le droit de mettre en mouvement l'action publique, elle a au moins le mérite de lui aménager des voies de participation au procès (A) et de réparation des préjudices qu'elle a subis (B).

A. Le droit de participation au procès

Pour la première fois dans l'histoire de la justice pénale internationale, les victimes peuvent, à travers leurs représentants légaux[1783] et selon des modalités variées, exposer leurs vues et préoccupations à différentes étapes de la procédure. Ce droit de participation des victimes n'est pas nuisible à la sérénité du débat judiciaire. Au contraire, non seulement il peut aider à établir la vérité factuelle, mais il est en plus un facteur d'humanisation et d'équilibrage de la justice. En permettant à la victime d'être reconnue en tant que telle[1784], la participation à la procédure pénale internationale, contribue ainsi à lui rendre l'humanité que le crime a entendu lui nier.

Si la notion de victime n'est pas expressément définie dans le statut de Rome, le Règlement de procédure et de preuve de la Cour en propose cependant une définition. Ainsi, aux fins des statuts et règlement de la cour, la victime désigne « *toute personne physique qui a subi un préjudice du fait de la commission d'un crime relevant de la compétence de la Cour* »[1785]. Cette définition extensive permet alors,

---

1781 CPI, Chambre de première instance I, *Le Procureur c/ Thomas Lubanga Dyilo, Décision sur la participation des victimes*, ICC-01/04-01/06, 18 janvier 2007, § 13, p. 59.

1782 DIOUF Abdou, Extrait du Message prononcé à l'occasion de la première conférence de révision du Statut de Rome, Kampala, 31 mai 2010.
En ligne sur : http://www.francophonie.org/IMG/pdf/Message_Sg_Kampala_2.pdf.

1783 La victime a le droit d'être assistée par un représentant légal, rémunéré par la Cour si elle est en situation d'indigence. Ce droit à une aide judiciaire et à une assistance juridique et consacré notamment aux Règles 89 et 90 du Règlement de procédure et de preuve de la Cour. Il a même été réaffirmé par les Nations Unies en 2012. Voir, Conseil économique et social, Commission de la prévention du crime et justice pénale, *Principes et lignes directrices des Nations Unies sur l'accès à l'assistance juridique dans le système de justice pénale*, 25 avril 2012, E/CN.15/2012/L.14/Rev.1.

1784 JOINET Louis, *Lutter contre l'impunité : dix questions pour comprendre et agir*, Paris, La découverte, 2002, p. 25.

1785 Règle 85(a) du Règlement de procédure et de preuve de la CPI.

dans l'esprit de Déclaration des Nations Unies sur la justice pour les victimes[1786], de prendre en compte individuellement ou collectivement, aussi bien les victimes directes que les victimes indirectes[1787]. Même si l'article 85(b) du Règlement de procédure et de preuve de la Cour, donne théoriquement aux organisations et institutions ayant directement pâti du crime, le droit de revendiquer le statut de victime[1788], la jurisprudence des chambres préliminaires de la Cour, semble limiter la qualité de victime aux personnes physiques, lesquelles doivent avoir subi, qu'elles relèvent de l'affaire ou de l'ensemble de la situation[1789], un préjudice corporel, moral ou matériel, résultant de la commission d'un crime relevant de la compétence de la Cour[1790].

C'est l'article 68§3 du Statut de Rome qui organise concrètement la participation des victimes à la lutte contre l'impunité. Cette participation est libre mais se fait selon les modalités et dans les limites de ce que le juge estime approprié[1791]. Elle peut intervenir à la demande de la Cour[1792] ou à l'initiative des victimes elles-mêmes, à tous les stades de la procédure, y compris au stade de l'enquête[1793]. Il appartient alors au juge de donner des directives quant à la forme et au moment de cette participation en veillant à ce qu'elle ne soit ni préjudiciable

---

1786 Assemblée Générale des Nations Unies, *Déclaration des principes fondamentaux de justice relatifs aux victimes de la criminalité et aux victimes d'abus de pouvoir*, 29 novembre 1985, Résolution 40/34. Voir aussi, Assemblée Générale des Nations Unies, *Résolution 60/147 sur les principes fondamentaux et les directives concernant le droit à un recours et à réparation des victimes de violations flagrantes du droit international des droits de l'Homme et de violations graves du droit international humanitaire*, 16 décembre 2005.

1787 Au-delà de la victime directe, la notion de victime s'étend le cas échéant à la famille proche ou aux personnes à charge de la victime directe et même aux personnes qui ont subi un préjudice en se portant à son secours.

1788 La Règle 85(b) du Règlement de procédure et de preuve de la Cour dispose que la notion de victime « *peut aussi s'entendre de toute organisation ou institution dont un bien consacré à la religion, à l'enseignement, aux arts, aux sciences ou à la charité, un monument historique, un hôpital ou quelque autre lieu ou objet utilisé à des fins humanitaires a subi un dommage direct* ».

1789 CPI, Chambre préliminaire I, *Décision sur les demandes de participation à la procédure de VPRS 1, VPRS 2, VPRS 3, VPRS 4, VPRS 5 et VPRS 6*, ICC-01/04-101, 17 janvier 2006, §§ 65 et ss. Doctrine : BITTI Gilbert, « Les droits procéduraux des victimes devant la Cour pénale internationale », *Criminologie*, vol. 44, n° 2, automne 2011, Les Presses de l'Université de Montréal, pp. 65 et ss.

1790 CPI, Chambre préliminaire I, *Décision sur les demandes de participation à la procédure de VPRS 1, VPRS 2, VPRS 3, VPRS 4, VPRS 5 et VPRS* 6, ICC-01/04-101, 17 janvier 2006, §§ 79, 94, 115 et 116 ; Chambre d'appel, *Arrêt relatif à la Requête du Procureur aux fins d'obtenir l'examen extraordinaire de la décision rendue le 31 mars 2006 par laquelle la Chambre préliminaire I rejetait une demande d'autorisation d'interjeter appel*, ICC-01/04-168 , 13 juillet 2006.

1791 CARIO Robert, « Les droits des victimes devant la Cour pénale internationale », *Actualité juridique pénal*, n° 6, juin 2007, pp. 261 et ss.

1792 Règle 93 du Règlement de procédure et de preuve.

1793 Article 15§3 du Statut de Rome. Jurisprudence : CPI, décision n° ICC-01/04-101, *Décision sur les demandes de participation à la procédure de VPRS 1, VPRS 2, VPRS 3, VPRS 4, VPRS 5 et VPRS* 6, 17 janvier 2006, §§ 59, 61 et 63.

ni contraire aux droits de la défense et aux exigences du procès équitable. Mais une chose est de reconnaître le droit de participation des victimes au procès pénal international et une autre est d'en assurer l'effectivité. Dans cette perspective, la Francophonie attachée à la lutte contre l'impunité et donc par ricochet aux droits des victimes, pourrait construire sa grille d'observation autour des questions cruciales que soulèvent leur protection et leur représentation.

La protection des victimes est un corollaire naturel de leur participation au procès pénal international[1794]. Au regard du contexte et des enjeux qui environnent la tenue des procès devant la CPI, cette protection doit permettre à la victime d'exercer ses droits de manière sereine. A cette fin, les Chambres peuvent ordonner, soit d'office, soit sur requête du procureur, de la défense, de la victime elle-même ou de son représentant légal, des mesures propres à assurer la sécurité, le bien-être physique et psychologique, la dignité et le respect de la vie privée des victimes[1795]. La division d'aide aux victimes et aux témoins, instituée auprès du Greffe en vertu de l'article 43§6 du Statut de Rome a dans cette perspective, pour mission, en collaboration avec le Bureau du Procureur, de conseiller, d'aider et surtout de veiller à la protection des témoins et des victimes qui comparaissent devant la Cour[1796], ainsi que celle des personnes auxquelles leurs dépositions peuvent faire courir un risque quelconque. La coopération francophone gagnerait à s'approprier cet enjeu montant de la protection des victimes car il est tout aussi essentiel à l'équilibre et à la crédibilité du système pénal international de lutte contre l'impunité.

Mais une bonne protection des victimes ne peut se concevoir sans représentation légale. Dans le système mis en place par le Statut de Rome et le Règlement de procédure et de preuve de la Cour, les victimes sont par principe libres dans le choix de leurs représentants légaux. Ceci dit, lorsqu'elles sont trop nombreuses, le greffe peut à la demande des chambres, les aider à choisir, un ou plusieurs conseils communs pour assurer l'efficacité de la procédure[1797]. Si les

1794 FERNANDEZ Julian, « Variations sur la victime et la justice pénale internationale », *Amnis, Revue de civilisation contemporaine Europes/Amériques*, n° 6, 2006, La Guerre et ses victimes, p. 7.

1795 Voir les articles 54§1(b) ; 57§3(c) ; 68§§1 et 2 du Statut de Rome ; ou encore les Règles 87 et 88 du Règlement de procédure et de preuve de la CPI.

1796 Article 68§4 du Statut de Rome. Dans l'exercice de sa fonction d'accompagnement des victimes, le Greffe s'appuie la Direction des victimes et des conseils. Dans cette Direction, au-delà de la Section de la participation des victimes et des réparations et de la Division d'aide aux victimes et aux témoins, c'est plus spécifiquement le Bureau du conseil public pour les victimes qui est chargé de garantir, de manière indépendante, la participation effective des victimes au procès pénal international. Créé par le Greffe le 19 septembre 2005, en vertu de l'article 81 du Règlement de procédure et de preuve de la Cour, ce Bureau apporte aux victimes l'assistance juridique et le cas échéant financière, dont elles ont besoin pour faciliter leur représentation et *in fine* l'exercice de leur droit à réparation. Voir pour aller plus loin, PATRY Didier, « Les victimes... au cœur de la Cour pénale internationale », *Gazette du Palais*, 11 juin 2005, n° 162, pp. 2-4.

1797 Règle 90 du Règlement de procédure et de preuve.

victimes ne parviennent pas à désigner un représentant légal commun, les juges peuvent demander au Greffier d'en désigner un, en prenant en considération des intérêts spécifiques de chaque victime[1798]. Cette approche collective des demandes de participation des victimes semble biaiser le principe-clé de la liberté de choix de l'avocat[1799]. La Cour doit donc à ce niveau, veiller à ce que les préoccupations comptables ne prennent pas le pas sur les droits des victimes à participer au procès. Mais si les victimes ne participent au procès pénal international que via leurs représentants légaux et dans les limites fixées par les chambres, elles jouent en revanche un rôle plus offensif dans la procédure de réparation, dont le régime est indépendant et qui ne s'ouvre à proprement parler qu'après la condamnation de l'accusé.

B. Le droit à une réparation appropriée

L'enjeu ultime de la participation des victimes au procès pénal international est bien celui de la réparation du dommage qu'elle a subi. Parce que nier à la victime son droit à la justice et la réparation tend à aggraver le processus de déshumanisation initié par le crime, « *le temple de la justice pénale internationale doit (...) être ouvert à toutes les victimes* »[1800]. Le procès pénal international doit donc s'inscrire, dans une double perspective à la fois punitive et curative. Même si la lutte contre l'impunité à travers la répression des criminels peut être déjà en soi considérée comme une première source de satisfaction morale pour la victime, c'est la réparation qui permet plus concrètement de réduire les marques laissées au plus profond de la victime dans son patrimoine, dans son intégrité et parfois même dans son identité. Il s'agit autant que faire se peut, de rétablir les victimes dans la situation qui aurait été la leur si le crime n'avait pas été commis. Ainsi, au-delà de sa symbolique dissuasive, le procès pénal doit, par une réparation adéquate, faciliter aussi la réhabilitation des victimes et servir plus largement, dans un pays déchiré, l'enjeu de la réconciliation.

Devant la CPI, les victimes ont droit à une réparation appropriée, qui ne peut être que consécutive à la condamnation par la Cour du ou des accusés. Les Chambres peuvent alors, *proprio motu*[1801] ou sur demande, ordonner la réparation des préjudices subis par les victimes[1802]. Cette réparation est accordée

---

1798 Norme 79§2 du Règlement de la Cour.

1799 FIDH, *Les droits des victimes devant la CPI : manuel à l'attention des victimes, de leurs représentants légaux et des ONG*, p. 5.

1800 DECAUX Emmanuel, « Problématique générale », *in* DECAUX Emmanuel (dir.), *Justice et Droits de l'Homme*, *op. cit.*, p. 44.

1801 Si des circonstances exceptionnelles l'exigent. Il peut s'agir ici pour la Cour d'octroyer par exemple des compensations à des victimes dont les bourreaux ne subissent pas leur procès devant sa juridiction.

1802 Article 75 du statut de Rome ; Règle 94 du Règlement de procédure et de preuve.

à la victime ou à ses ayants droit de manière individuelle et/ou collective[1803]. Au-delà de la simple compensation pécuniaire, elle doit permettre la reconstruction psychologique de la victime. Ainsi, conformément à l'article 75§2 du statut de Rome et à la Règle 94§5 du Règlement de procédure et de preuve de la Cour, la réparation peut prendre la forme d'une restitution, d'une indemnisation, d'une réhabilitation ou toutes autres formes telles des excuses ou déclarations publiques, des cérémonies officielles, des édifications de monuments ou encore des réformes législatives[1804]. L'individu jugé coupable de crimes internationaux doit par principe assumer les réparations matérielles. Mais s'il est en situation d'indigence, la Chambre peut ordonner au Fonds au profit des victimes de la CPI d'assurer les réparations[1805]. Ce Fonds mis en place en septembre 2002, conformément aux dispositions de l'article 79 du Statut Rome, a pour objet de faciliter l'indemnisation financière des victimes[1806]. Il est géré par un Conseil de direction[1807], assisté dans sa tâche par le Greffier. Indépendant, il dispose d'un budget distinct de celui de la Cour et d'un financement propre, alimenté par les subventions et dotations volontaires publiques ou privées et par le produit des amendes et des biens confisqués en vertu des ordonnances de la Cour.

Le droit à réparation accordé aux victimes est une innovation majeure dans le système international de lutte contre l'impunité, mais il connaît dans sa mise en œuvre des limites liées notamment à l'éloignement de la Cour, à la sélectivité des poursuites, au manque d'information, à la longueur des procès, à la complexité

1803 Règle 97§1 du Règlement de procédure et de preuve. Jurisprudence limitée : CPI, ICC-01/04-01/06-2904, Chambre de première instance, *Le Procureur c/ Thomas Lubanga Dyilo, Décision fixant les principes et procédures applicables en matière de réparations*, 7 août 2012, § 222.

1804 Ces formes de réparation ont été reprises dans la Résolution 2005/35 du 19 avril 2005, traçant les lignes directrices devant guider la réparation à accorder aux victimes des violations graves aux droits humains. Cette résolution distingue quatre modalités de réparation : la restitution, la compensation, la réadaptation et la satisfaction et les garanties de non-répétition. ONU, Commission des droits de l'Homme, *Principes fondamentaux et directives concernant le droit à un recours et à réparation des victimes de violations flagrantes de droit international relatif aux droits de l'Homme et de violations graves du droit international humanitaire*, Résolution 2005/35, 19 avril 2005. Voir également, Haut-Commissariat des Nations Unies aux droits de l'Homme, *Les instruments de l'Etat de droit dans les sociétés sortant d'un conflit. Programmes de réparation*, New York et Genève, 2008. Doctrine : WEMMERS Jo-Ann (dir.), *Reparation and the International Criminal Court : Meeting the needs of victims*, Montréal, International Centre of Comparative Criminology, University of Montreal, 2006, pp. 18-31.

1805 Règles 98 du Règlement de procédure et de preuve.

1806 PARODI Florence, « Les fonds internationaux en faveur des victimes », *in* ASCENCIO Hervé, DECAUX Emmanuel et PELLET Alain, (dir.), *Droit international pénal*, Paris, Pedone, 2012, pp. 722 et ss.

1807 Le Fonds est responsable de la mise en œuvre des ordonnances de réparation de la Cour et de l'élaboration de projets d'assistance aux victimes et à leurs familles. Règles 48 et 50 du Règlement de Procédure et de Preuve de la CPI.

et à l'imprécision de la procédure de participation[1808]. De plus en plus saisie comme un inducteur de coûts[1809] et de charge administrative supplémentaire, la présence des victimes dans le procès pénal international fait l'objet de nombreuses discussions qui révèlent immanquablement la nécessité de parfaire le dispositif. Nonobstant les efforts déployés par la Cour, il demeure particulièrement difficile, dans un contexte de crimes massifs, de réparer les dommages subis par chacune des personnes affectées. Cela non seulement parce que les ressources du Fonds sont limitées, mais encore parce qu'en matière de restitution notamment, l'action de la CPI ne pourra jamais être effective qu'avec la coopération des États. Parce que les droits de la victime constituent désormais un pilier du système échafaudé par la Statut de Rome[1810], la communauté francophone doit y être attentive à un double niveau. D'un côté les États doivent coopérer pleinement avec la Cour pour assurer l'exécution des ordonnances de réparation, de l'autre ils doivent renforcer leurs contributions volontaires au financement du fonds d'affection spéciale au profit des victimes. A ce jour, sur les trente-deux (32) États contribuant ou ayant contribué au financement du Fonds, douze (12) appartiennent à la communauté francophone[1811]. L'OIF doit donc à cet égard non seulement plaider auprès de ses États membres pour qu'ils participent en plus grand nombre et plus substantiellement au financement du Fonds, mais elle pourrait elle-même autant que faire se peut, rejoindre la liste des donateurs.

Ceci dit, pour importante qu'elle soit, l'indemnisation ne doit pas masquer les attentes fondamentales des victimes en matière d'accès à la vérité. La Cour qui inaugure leur participation au procès pénal international doit donc répondre de manière indépendante et impartiale à leur besoin ardent de justice. Son principal défi est de faire en sorte que la prise en compte des victimes se fasse sans préjudice des droits de la défense, car c'est précisément dans cet équilibre délicat que doit se réaliser la justice pénale internationale.

1808 BITTI Gilbert, « Les victimes devant la Cour pénale internationale. Les promesses faites à Rome ont-elles été tenues ? », *Revue de science criminelle et de droit pénal comparé*, n° 2, 2011, pp. 293-342 ; voir aussi KOUASSI Rachelle, « Le système de réparation de la CPI : analyse à la lumière de l'ordonnance de réparation dans l'affaire *Thomas Lubanga Dyilo* », *in* BERNARD Diane et SCALIA Damien (dir.), *Vingt ans de justice internationale pénale*, *op. cit.*, pp. 178 et ss.

1809 Ceci, alors que les frais proprement liés à la participation des victimes correspondent à 10% du budget de la Cour en 2014. CPI, Assemblée des États Parties, *Rapport du Bureau sur l'aide judiciaire à la représentation légale des victimes*, 28 octobre 2008, § 3 ; *Rapport du Comité du budget et des finances sur les travaux de sa dix-huitième session*, 9 août 2012, ICCASP/11/5, §36. Voir aussi CPI, Assemblée des États Parties, onzième session, *Rapport du Bureau sur l'aide judiciaire* (ICC-ASP/11/2/Add.1), La Haye, 22 novembre 2012, § 8.

1810 CPI, Assemblée des États parties, *Victimes et communautés affectées, réparations et fonds au profit des victimes, Résolution ICC-ASP/12/Res.5*, douzième séance plénière, 27 novembre 2013.

1811 Il s'agit d'Andorre, de l'Autriche, de la Belgique, de la France, de la Hongrie, de la Lettonie, du Luxembourg, du Mexique, de la Pologne, de la République Tchèque, du Sénégal, de la Slovénie et de la Suisse.

CONCLUSION DU CHAPITRE

La justice pénale internationale est l'expression du rejet collectif des crimes internationaux. Son ultime finalité est de préserver l'ordre international en opposant avec vigueur et exemplarité, la force du droit au droit à la force. Ce faisant, elle a une fonction à la fois répressive, dissuasive et restauratrice dont tous les États, y compris ceux de l'espace francophone, doivent nécessairement saisir les contours et les enjeux pour que les crimes les plus abjects ne restent pas impunis. Pivot d'un dispositif juridictionnel gouverné par le principe de subsidiarité, la CPI n'est au fond qu'un acteur d'exception, compétent dans l'hypothèse où les juridictions nationales sont incapables de réprimer les crimes internationaux relevant au premier chef de leur compétence. La nécessaire coordination des mécanismes nationaux et supra nationaux de lutte contre l'impunité appelle de la part des États francophones, une actualisation de leurs législations pénales et une mise en œuvre pleine et entière de leur obligation de coopérer avec la Cour.

D'un autre côté, si la CPI peut, dans son action, se nourrir de l'expérience enrichissante des tribunaux pénaux internationaux *ad hoc* en matière de respect des droits de la défense, elle doit en revanche construire rigoureusement son propre modèle de protection des droits des victimes pour assurer l'équilibre du procès pénal international. A ce niveau, la Francophonie et ses États membres doivent se mobiliser pour promouvoir tant la rationalisation de la durée des procédures[1812], que la nécessité de préserver les droits des victimes devant la Cour. Une attention particulière pourrait à cet égard, être accordée au financement du Fonds au profit des victimes afin de permettre à ces dernières, à l'ombre des projecteurs, de se reconstruire une vie, une identité.

On le voit, la CPI qui pérennise la justice pénale internationale relève d'un processus dynamique. En pleine construction, elle n'échappe ni au questionnement, ni à la critique. D'un côté, l'on se félicite de son existence et de son évolution, de l'autre l'on s'inquiète de son instrumentalisation. Sur ce point, certains observateurs la jugent sélective et asymétrique[1813], quand d'autres la

---

1812 Pour rappel, entre le transfèrement de Thomas Lubanga Dyilo à La Haye et sa condamnation définitive, huit (8) années se sont écoulées.

1813 Le risque est de voir la justice instrumentalisée et mise au service d'un dessein politique n'est sans doute pas si éloigné de la justice pénale internationale. Parce que dans certaines situations comme en Côte d'Ivoire et en Ouganda, les poursuites ne visent en pratique que les vaincus, l'on peut craindre de voir au-delà de l'argument séquentiel, la Cour se transformer en justice des vainqueurs. Voir pour aller plus loin, VERGES Jacques, « Une justice internationale ? », *Gazette du Palais*, n° 30-31, 26-27 novembre 2010, n° 331, pp. 12-15 ; HAZAN Pierre, *Juger la guerre, juger l'histoire : du bon usage des commissions vérité et de la justice internationale*, Paris, PUF, 2007, pp. 208 et ss. ; CAPITANT Sylvie, « « Introduction », Réponse judiciaire aux crimes contre l'humanité versus responsabilité de lutter contre

conçoivent à tort ou à raison, comme un nouvel outil de domination, l'incarnation d'une forme de néo impérialisme judiciaire occidental[1814]. Les poursuites engagées par la Cour, jusque-là essentiellement tournées vers l'Afrique, ont par exemple suscité une telle indignation auprès de l'Union Africaine qu'elle a clairement affirmé en 2009 qu'elle ne coopèrerait pas avec elle pour la mise en œuvre du mandat d'arrêt délivré contre le Président soudanais Omar el-Béchir[1815]. Au plus haut point de cette crise, l'Union Africaine a tenu en 2013 une session extraordinaire en vue de réexaminer son rapport avec la CPI. Alors que l'hypothèse du retrait de ses membres avait même été évoquée, le principe n'a finalement pas été retenu. On ne peut que se réjouir de la sagesse du choix. Dans tous les cas, en creux de cette histoire dont l'on peut objectivement contester les soubassements[1816], c'est surtout la question de l'indépendance et de l'impartialité objective de la Cour qui est soulevée. La Francophonie qui a contribué sinon à dénouer cette tension, du moins à la réduire, ne doit donc pas sous-estimer la portée de cette affaire qui a directement impliqué une trentaine de ses Etats membres. Si ces contradictions éloignent naturellement le leurre de la surenchère, elles interpellent surtout de manière légitime sur la nécessité de revoir la stratégie et le fonctionnement de la Cour, laquelle doit opérer une sélection objective des affaires[1817] et incarner par son indépendance, un véritable

---

leur commission ? », *Revue Tiers Monde*, 2011/1, n° 205, pp. 14 et ss ; BOURDON William, « Un ordre juridique international au-delà des États : ombres et lumières », *Revue internationale et stratégique*, 2003/1, n° 49, p. 194 ; JEANGENE VILMER Jean-Baptiste, *Pas de paix sans justice ? Le dilemme de la paix et de la justice en sortie de conflits armés*, Paris, Presses de Sciences Po, 2011, p. 29 ; MAZABRAUD Bertrand, « La justice pénale internationale : moralisation du monde, mondialisation d'une morale », *loc. cit.*, pp. 37 et ss.

1814 MADI Djabakaté Mohamed, *Le rôle de la Cour Pénale Internationale en Afrique*, Paris, L'Harmattan, 2014, pp. 69-92 ; MANIRABONA Amissi Melchiade, « Vers la décrispation de la tension entre la Cour Pénale Internationale et l'Afrique : quelques défis à relever », *Revue Juridique Thémis*, n° 45-2, 2012, pp. 269-313 ; DUPLESSIS Isabelle, « Le droit international a-t-il une saveur coloniale ? L'héritage des institutions internationales multilatérales », *Revue Juridique Thémis*, n° 42, 2008, pp. 311-356 ; HAZAN Pierre, *Juger la guerre, juger l'histoire : du bon usage des commissions vérité et de la justice internationale*, *op. cit.*, p. 15 ; KABA Sidiki, *La justice universelle en question, justice de blancs contre les autres*, Paris, L'Harmattan, 2010, pp. 253 et ss.

1815 UA, *Décision sur le rapport de la réunion des États africains parties au statut de Rome de la Cour Pénale Internationale*, Doc., Assembly/AU/13, Treizième session ordinaire de la Conférence, Syrte, 3 juillet 2009.

1816 Même si la cartographie des situations actuellement traitées par la Cour peut au premier abord servir à entretenir l'idée d'une fixation de la Cour sur l'Afrique, il faut cependant rappeler que les États africains représentent environ le tiers des États ayant reconnu la compétence de la Cour et que le continent africain reste le théâtre de nombreux conflits et donc de nombreuses violations des droits de l'Homme. De plus, dans la plupart des cas, ce sont les États africains qui ont eux-mêmes, volontairement renvoyé leurs situations devant la Cour, reconnaissant par là même leur incapacité à poursuivre les auteurs des crimes internationaux commis sur leurs territoires respectifs.

1817 Dans tous les systèmes pénaux, la sélection des poursuites est nécessaire. Elle est commandée par les contraintes financières et humaines qui obligent le procureur à dégager des priorités. Ces choix doivent plus encore dans le cadre de la CPI, se faire sans complaisance, selon des critères transparents, objectifs

tiers pouvoir international[1818], à l'abri des pressions politiques de la diplomatie internationale[1819]. La Francophonie doit dès lors, au nom de son attachement à la lutte contre l'impunité, militer en faveur d'une Cour pénale internationale véritablement indépendante. Considérée par Abdou Diouf comme une « *véritable force de dissuasion* » et comme un « *élément essentiel de prévention des crises* », la CPI reconnaît-t-il, est « *porteuse d'immenses promesses* »[1820]. Mais son efficacité dépend de la volonté des États et à cet égard, les États francophones doivent, en vertu de leur engagement constant en faveur de la lutte contre l'impunité, prendre toute la mesure de l'exigence. La justice pénale internationale n'étant mobilisée que pour autant que les juridictions nationales sont en faillite, elle implique, et l'OIF l'a également intégré, d'accompagner les États en sortie de crise dans leurs processus internes de recherche de vérité et de justice.

---

et cohérents. MBOKANI Jacques, « L'impact de la stratégie de poursuite du procureur de la CPI sur la lutte contre l'impunité et la prévention des crimes de droit international », *Droits fondamentaux*, n° 7, janvier 2008 - décembre 2009.

1818 JOUANNET Emmanuelle, « Actualité des questions d'indépendance et d'impartialité des juridictions internationales : la condition d'un tiers pouvoir international ? » *in* RUIZ FABRI Hélène et SOREL Jean-Marc (dir.), *Indépendance et impartialité des juges internationaux*, Paris, Pedone, 2010, pp. 271-302.

1819 APTEL Cécile, « Justice pénale internationale : entre raison d'État et État de droit », *loc. cit.*, p. 78.

1820 DIOUF Abdou, Extrait du discours prononcé à l'ouverture de la douzième session de l'Assemblée des États parties au Statut de Rome de la Cour pénale internationale, La Haye, 20 novembre 2013 (http://www.francophonie.org/Discours-de-M-Abdou-Diouf-a-La.html).

TITRE II.

L'ACCOMPAGNEMENT DES ETATS EN TRANSITION DANS LEUR QUETE DE VERITE ET DE JUSTICE

Dans un contexte de sortie de crise, rendre la justice et établir la vérité sur les violations graves et massives des droits de l'Homme sont des objectifs centraux qui déterminent *in fine* la réussite du processus de réconciliation et de transformation sociale. Au-delà de sa dimension internationale, la justice apparaît alors comme un enjeu concret et crucial des dynamiques internes de sortie de crise. Elle est à ce titre, de plus en plus perçue comme un moyen incontournable de réussite des processus transitionnels, un instrument essentiel de retour à la paix et à l'État de droit. Pour la reconstitution du tissu social fragmenté, la recherche de la vérité et de la justice reste donc pour les États fragilisés, une nécessité impérieuse, car elle ouvre la voie de l'apaisement et de la réconciliation. Elle permet de dépasser les haines et les rancœurs pour reconstruire la démocratie et restaurer le sentiment national d'appartenance à une communauté de destin.

Depuis son apparition en Amérique latine dans les années 1980[1821], jusqu'aux processus en cours, en passant naturellement par la singulière expérience Sud-africaine en 1993[1822], la justice transitionnelle s'est progressivement structurée et institutionnalisée au point de devenir une constante dans l'approche onusienne des situations de post-conflictuelles, ou post-dictatoriales[1823]. Elle désigne dans

1821 Au lendemain de la chute des régimes dictatoriaux notamment en Argentine et au Chili.

1822 La « *Truth and Reconciliation Commission* » d'Afrique du Sud qui en la matière, offre une illustration paradigmatique avait pour mission, dans une dynamique de catharsis partagée, d'établir publiquement la vérité, de réparer les préjudices et d'accorder des amnisties conditionnelles, en vue de tourner la page sombre du régime de l'apartheid et de reconstruire la nation arc-en-ciel. Pour aller plus loin, voir : BORAINE Alex, *A Country Unmasked*, Oxford, Oxford University Press, 2000, 488 p. ; TUTU Desmond, « Pas d'amnistie sans vérité », *Esprit*, 1997, n° 12, pp. 65-66 ; *Il n'y a pas d'avenir sans pardon*, Paris, Albin Michel, 2000, 284 p. ; JEWSIEWICKI Bogumil, « De la vérité de mémoire à la réconciliation, Comment travaille le souvenir ? », *Le Débat*, 2002/5, n° 122, pp. 63-77 ; LEMAN-LANGLOIS Stéphane, « La mémoire et la paix, la notion de justice post-conflictuelle dans la Commission vérité et réconciliation en Afrique du Sud », *Déviance et Société*, 2003/1, vol. 27, pp. 43-57 ; « Le modèle « vérité et réconciliation », victimes, bourreaux et institutionnalisation du pardon », *Informations sociales*, 2005/7, n° 127, pp. 112-121 ; « La vérité réparatrice dans la Commission vérité et réconciliation d'Afrique du Sud », *Les Cahiers de la justice*, n° 1, 2006, pp. 209-218 ; KAMBALA Wa Kambala Olivier, « Afrique du Sud », *in* Département fédéral des affaires étrangères de la Suisse, Ministère des Affaires étrangères de la République française, Centre international pour la justice transitionnelle, Centre sous-régional des Nations Unies pour les droits de l'Homme et la démocratie en Afrique centrale, *La justice transitionnelle dans le monde francophone : état des lieux*, *op. cit.*, pp. 83 et ss. ; PHILIPPE Xavier, « La justice transitionnelle : les commissions vérité et réconciliation, l'exemple de l'Afrique du Sud », *in* MOSTAFA-KAMEL Taïmour, *La justice transitionnelle*, *op. cit.*, pp. 185-196.

1823 Rapports : Secrétaire Général des Nations Unies, *Rétablissement de l'État de droit et administration de la justice pendant la période de transition dans les sociétés en proie à un conflit ou sortant d'un conflit*, Rapport devant le Conseil de Sécurité, Doc. S/2004/616, 23 août 2004 ; *Unissons nos forces : renforcement de l'action de l'ONU en faveur de l'État de droit*, Doc. A/6/636-S/2006/980, 14 décembre 2006, *Note d'orientation sur l'approche des nations en matière de justice transitionnelle*, 10 mars 2010. Résolutions : Conseil de sécurité des Nations Unies, *Résolution 1325 (2000)*, Doc. S/RES/1325 (2000), 31 octobre 2000 ; Commission des droits de l'Homme, *Résolution 2005/70 sur les droits de l'Homme et la justice de transition*, 20 avril 2005 ; *Résolution 2005/81 sur l'impunité*, 21 avril 2005. Assemblée Générale des Nations Unies, *Résolution 60/147 sur les principes fondamentaux et les directives concernant le droit à un recours et à réparation des victimes de violations flagrantes du droit international des droits de l'Homme et de*

son acception générale, « *l'éventail complet des divers processus mis en place par une société pour tenter de faire face à des exactions massives commises dans le passé en vue d'établir les responsabilités, de rendre la justice et de permettre la réconciliation* »[1824]. Ce faisant, la justice transitionnelle permet de dresser un pont entre un ordre ancien marqué par la violence et l'oppression, et un ordre nouveau se voulant quant à lui, respectueux des droits de l'Homme. Elle s'appuie à la fois sur des mécanismes juridictionnels et non juridictionnels pour offrir aux populations, dans une dynamique restauratrice, la promesse d'une recomposition harmonieuse du lien social érodé par la violence et le crime[1825]. Elle ne s'oppose pas à la justice pénale mais propose une vision de la justice plus profonde, plus riche et plus large. Ce qui présente l'avantage considérable de laisser aux populations la possibilité de s'engager ensemble sur le chemin qui conduit à la guérison des blessures individuelles et collectives. Parce qu'elle s'inscrit dans un temps intermédiaire, la justice transitionnelle a naturellement un caractère temporaire et exceptionnel1826. Elle trouve sa singularité dans le fait qu'elle opère dans un contexte profondément fragile et complexe, qui l'oblige à emprunter parfois, des voies transactionnelles et compromissoires. Là se situe son originalité.

Les processus transitionnels doivent s'efforcer de résoudre la dichotomie entre paix et justice car le temps de la justice ne coïncide pas toujours avec le temps de la paix[1827]. Autant l'attente d'une justice *hic et nunc* ne doit pas obérer le processus de réconciliation, autant la recherche de la paix ne doit pas servir d'alibi au mépris du droit et de la justice. Le défi de la justice transitionnelle est donc à ce niveau, de réduire autant que faire se peut, la distance qui sépare très souvent ces deux objectifs, en les articulant dans une « *dialectique temporalisée* »[1828]. S'il est vrai que

---

violations graves du droit international humanitaire, 16 décembre 2005 ; Conseil des droits de l'Homme, *Résolution 4/102 sur la justice de transition*, 23 mars 2007 ; *Résolution 12/11 sur les droits de l'Homme et la justice de transition*, 1er octobre 2009 ; *Résolution A/HCR/RES/18/L22 portant création du mandat de rapporteur spécial sur la promotion de la vérité, de la justice, des réparations et des garanties de non-répétition*, 29 septembre 2011.

1824 ONU, Secrétaire Général, *Rétablissement de l'État de droit et administration de la justice pendant la période de transition dans les sociétés en proie à un conflit ou sortant d'un conflit*, Rapport devant le Conseil de Sécurité, Doc. S/2004/616, 23 août 2004, p. 7, § 8.

1825 LEFRANC Sandrine, « Introduction. Créer du lien social », *in* LEFRANC Sandrine (dir.), *Après le conflit, la réconciliation ?*, Paris, Michel Houdiard, 2006, p. 20.

1826 Le caractère exceptionnel de la justice transitionnelle ne doit pas faire d'elle pour autant, une justice d'exception. Sur le principe du rejet des juridictions d'exception, voir *supra*, note 192.

1827 JEANGENE VILMER Jean-Baptiste, *Pas de paix sans justice ? Le dilemme de la paix et de la justice en sortie de conflits armés*, *op. cit.*, 300 p.

1828 KAMTO Maurice, « Réflexions sur la notion de justice transitionnelle », *in* Département fédéral des affaires étrangères de la Suisse, Ministère des Affaires étrangères de la République française, Centre international pour la justice transitionnelle, Centre sous-régional des Nations Unies pour les droits de l'Homme et la démocratie en Afrique centrale, *La justice transitionnelle dans le monde francophone : une voie vers la réconciliation et la construction d'une paix durable*, Actes du séminaire tenu du 17 au 19 novembre 2009 à Yaoundé, Mô Bleeker, General Editor, 2011, pp. 33-34.

la paix ne peut se forger qu'au creuset de la justice, l'enjeu essentiel en période de transition est alors de déterminer le moment de leur rencontre. Le processus transitionnel doit par conséquent être séquencé. Certes l'apaisement commandé par l'impératif de survie est indispensable à l'amorce du processus de transition, mais la paix véritable ne se réalise pleinement que dans un temps long, consolidé par le droit et la justice. La recherche d'équilibre entre les objectifs complémentaires de paix et de justice est un exercice d'autant plus délicat que chaque situation post-conflictuelle est spécifique dans son histoire, ses caractéristiques et sa structure. Dans la mesure où les situations ne se ressemblent ni ne s'équivalent, la justice transitionnelle doit se déployer *in situ*, en tenant compte des singularités du contexte, des acteurs et des défis locaux. Elle se pose ainsi comme une équation à plusieurs variables dont la Francophonie et ses États membres doivent également saisir les subtilités et les implications, pour déterminer efficacement la nature de chaque processus et les modalités de son séquençage. A cet égard, l'acte final du Symposium international portant sur les pratiques de la démocratie, des droits et des libertés dans l'espace francophone, tenu cinq années après l'adoption de la Déclaration de Bamako, suggérait fort pertinemment à la Francophonie institutionnelle d'adapter son appui aux processus de sortie de crise, « *dans le respect de la créativité et des dynamiques endogènes* »[1829].

La multiplication des reflux démocratiques et donc des situations de transition dans l'espace francophone a irrésistiblement poussé l'OIF à ouvrir et à approfondir sa réflexion sur la problématique justice vérité, réconciliation. Ceci, afin de mieux accompagner ses États membres en situation de crise ou de sortie de crise, dans la conduite de leurs processus cathartiques de recherche de la vérité et de recomposition de l'État de droit[1830]. Dans la formalisation de son approche, l'OIF appréhende la justice transitionnelle comme un moyen privilégié de lutte contre l'impunité puisqu'elle permet, au-delà de l'établissement de la vérité et de la justice, de garantir la réparation des préjudices subis et leur non-répétition[1831].

1829 OIF, *Acte final du Symposium international portant sur les pratiques de la démocratie, des droits et des libertés dans l'espace francophone Bamako + 5*, Bamako, 8 novembre 2005, §12(c). Disponible en ligne sur http://www.francophonie.org/IMG/pdf/Bamako_5.pdf.

1830 OIF, *Rapport du Secrétaire général de la Francophonie, 2012-2014 : de Kinshasa à Dakar*, Paris, 2014, p. 77

1831 Ces quatre piliers de la justice transitionnelle ont été identifiés par Louis Joinet dans son rapport présenté à la commission des droits de l'Homme en 1997. JOINET Louis, « Ensemble des principes pour la protection et la promotion des droits de l'Homme par la lutte contre l'impunité », *in* ONU, Conseil économique et social, Commission des droits de l'Homme, Sous-Commission de la lutte contre les mesures discriminatoires et de la protection des minorités, *L'administration de la justice et les droits de l'Homme des détenus*, E/CN.4/Sub.2/1997/20, 26 juin 1997, pp. 17 et ss.

Ainsi, conformément aux déclarations de Bamako[1832], de Saint-Boniface[1833] et de Paris[1834], qui l'invitent à promouvoir les mécanismes nationaux propres à faciliter le règlement des crises, la Francophonie appuie ses États membres, en transition, dans leur quête de vérité, de justice et de réconciliation. Au niveau interne, au-delà du renforcement des capacités des juridictions nationales, la réussite des processus de justice transitionnelle implique de plus en plus de recourir, dans l'esprit des modes alternatifs de règlement des litiges, à des mécanismes non juridictionnels complémentaires. La justice transitionnelle ayant une dimension à la fois rétributive[1835] et reconstructive[1836], la Francophonie soutient ses États membres en transition, non seulement en les aidant à redynamiser leurs systèmes juridictionnels nationaux (Chapitre I), mais encore en les accompagnant le cas échéant, dans la mise en place de Commissions vérité et réconciliation (Chapitre II).

1832 OIF, *Déclaration Bamako*, Conférence ministérielle, 3 novembre 2000. Disponible en ligne : http://www.francophonie.org/IMG/pdf/Declaration_Bamako_2000_modif_02122011.pdf.

1833 OIF, *Déclaration de Saint-Boniface sur la prévention des conflits et la sécurité humaine*, Conférence ministérielle, 14 mai 2006, § 39
En ligne : http://www.francophonie.org/IMG/pdf/Declaration_Saint-Boniface.pdf.

1834 OIF, *Déclaration de Paris*, IVe Conférence des ministres francophones de la justice, 14 février 2008, § 1(a).

1835 RAOULT Sacha, *La théorisation de l'évolution pénale*, Marseille, Presses universitaires d'Aix-Marseille (PUAM), 2011, 358 p.

1836 GARAPON Antoine, « La justice reconstructive », *in* GARAPON Antoine, PECH Thierry et GROS Frédéric, *Et ce sera justice : punir en démocratie*, Paris, Odile Jacob, 2001, pp. 248 et ss. ; CARIO Robert, *Justice restaurative : principes et promesses*, Paris, L'Harmattan, 2e éd., 2010, 302 p. ; ZEHR Howard, *La justice restaurative, pour sortir de l'impasse de la logique punitive*, Genève, Labor et fides, 2012, 98 p.

CHAPITRE I.

L'ENJEU DE LA JUSTICE DANS LES PROCESSUS TRANSITIONNELS NATIONAUX

Pour la Francophonie, la lutte contre l'impunité est un enjeu capital des processus nationaux de réconciliation. Sans justice, la paix est précaire et illusoire. Les États en transition doivent donc se garder de sacrifier la justice sur l'autel de la réconciliation. Ils doivent tout mettre en œuvre pour que les responsables de violations graves et massives des droits de l'Homme soient poursuivis, jugés et condamnés selon une procédure équitable, respectueuse des droits de la défense et de ceux des victimes. Sanctionner les auteurs d'exactions graves et permettre ainsi aux victimes d'obtenir justice et réparation est un élément indispensable à la reconstitution du tissu social défaufilé et à l'établissement d'une paix durable. L'expertise francophone doit donc pouvoir être mobilisée en tant que de besoin, pour aider les États, sur le terrain judiciaire, à réécrire lucidement leur histoire[1837].

L'établissement de la vérité est le premier grand défi des processus de réconciliation. C'est un droit pour les citoyens et un devoir pour les États, à qui il revient au premier chef, dans le contexte actuel de relocalisation de la lutte contre l'impunité, de sanctionner les auteurs de crimes massifs et systématiques. La justice transitionnelle est donc ici entendue dans sa dimension sanctionnatrice. Elle doit impérativement être rendue pour ne pas que les souffrances niées ou occultées reviennent obliquement hanter le présent et menacer l'avenir commun. Or de manière générale, la justice transitionnelle intervient dans un contexte de récession économique et surtout d'effondrement de la structure institutionnelle de l'État de droit. Dans un tel environnement, non seulement les institutions judiciaires dévastées ou inexistantes sont matériellement incapables de jouer leur rôle curatif, mais il se pose en amont la question de leur légitimité à sanctionner un système d'oppression auquel elles ont elles-mêmes parfois été associées. La reconstruction d'un système juridictionnel et normatif stable se révèle alors essentielle, tant pour rétablir la vérité judiciaire et surmonter le passé douloureux, que pour rebâtir une nouvelle légitimité étatique. Plus tôt la justice pourra être introduite dans le processus transitionnel, mieux elle contribuera à la restauration de la confiance des citoyens. Dans un contexte de sortie de crise, « *mal faire, c'est faire mal* »[1838]. La justice doit donc se garder de servir la vindicte. Elle doit au

---

1837 JEAN Jean-Paul, « Comment la justice peut-elle contribuer à ce qu'un pays écrive lucidement son histoire », *in* GABORIAU Simone et PAULIAT Hélène, *Justice et démocratie, op. cit.*, pp. 239-257.

1838 GARAPON Antoine, PECH Thierry et GROS Frédéric, *Et ce sera justice : punir en démocratie, op. cit.*, p. 253.

contraire, par son objectivité et son impartialité, contribuer sereinement au retour d'une paix durable. Tout ceci invite dans bien des cas, à reconstruire l'appareil judiciaire déstructuré, démuni ou contesté dans sa légitimité.

La coopération francophone s'est très vite positionnée à l'égard de ces questions. Du Plan d'action du Caire[1839] à la Déclaration de Montreux[1840], en passant par le Plan d'action de Hanoi[1841] et par les Déclarations de Ouagadougou[1842], de Québec[1843] et de Paris[1844], les États francophones ont affirmé avec constance leur mobilisation générale en faveur des pays en situation d'urgence. Ce corpus donne ainsi mandat à l'OIF pour identifier et évaluer les besoins de la justice de sortie de crise, afin d'élaborer des plans d'action appropriés. La démarche francophone en la matière consiste alors essentiellement, dans le respect de la souveraineté de chaque État, à contribuer au renforcement des capacités matérielles et humaines des institutions juridictionnelles en période de transition. Elle vise à consolider la paix, par le soutien aux initiatives destinées à réformer le secteur de la justice et de la sécurité. La Francophonie est donc bel et bien sensible à l'enjeu de la justice dans les processus transitionnels nationaux. Cet enjeu implique inévitablement de résorber les carences des juridictions nationales soit en les réhabilitant (Section I), soit en leur adjoignant un renfort international (Section II).

Section I. Le redressement des appareils judiciaires nationaux

La mise en place de la justice pénale internationale n'a pas libéré les États de leur obligation première de poursuivre et de sanctionner les crimes de masses perpétrés sur leurs territoires. Premièrement parce que la Cour pénale internationale n'a qu'une compétence subsidiaire[1845]. Deuxièmement parce que d'un point de vue technique, elle ne peut en réalité juger qu'un nombre fort limité de criminels. C'est donc aux juridictions nationales qu'il incombe au premier chef

---

1839 OIF, *Déclaration du Caire*, IIIe Conférence des ministres de la justice des pays ayant le français en partage, Le Caire, 1er novembre 1995.

1840 OIF, *Déclaration de Montreux*, XIIIe Conférence des chefs d'État et de gouvernement des pays ayant le français en partage, Montreux, 24 octobre 2010.

1841 OIF, *Plan d'action d'Hanoi*, VIIe Conférence des chefs d'État et de gouvernement des pays ayant le français en partage, 16 novembre 1997.

1842 OIF, *Déclaration de Ouagadougou*, Xe Conférence des chefs d'État et de gouvernement des pays ayant le français en partage, Ouagadougou, 27 Novembre 2004.

1843 OIF, *Déclaration de Québec*, XIIe Conférence des chefs d'État et de gouvernement des pays ayant le français en partage, Québec, 19 octobre 2008.

1844 OIF, *Déclaration de Paris*, IVe Conférence des ministres francophones de la justice, 14 février 2008.

1845 Voir *supra*, pp. 487-490.

de lutter contre l'impunité en traduisant en justice les responsables de violations graves des droits de l'Homme. Seulement, conçus pour fonctionner en période normale, les systèmes pénaux nationaux ne sont pas toujours outillés pour faire face aux situations d'urgence, lesquelles ont d'ailleurs généralement pour conséquence de bousculer, voire de bouleverser les repères institutionnels de l'État de droit. Dans la plupart des cas, les appareils judiciaires sont dévastés et démunis, inaptes à apporter une réponse pénale crédible au besoin ambiant de justice. Il paraît alors indispensable de compenser les faiblesses institutionnelles de l'État déliquescent, pour lui permettre de rétablir l'ordre juridique et de restaurer ainsi la primauté du droit. L'institution publique de la justice doit impérativement être réformée pour avoir les moyens normatifs et matériels de répondre efficacement à la demande légitime de vérité, de justice et de réparation. Dès le début du processus transitionnel, la priorité doit être donnée à la réforme du système de justice et du système de sécurité. Au-delà des objectifs liés à la recherche de la vérité judiciaire, l'assainissement de la justice et de son administration (*vetting*) obéit à la nécessité d'assurer pour l'avenir, la non-répétition des crimes que la transition entend expurger. Il s'agit ici, par cette forme de lustration, de récuser à l'issue d'une procédure objective, les agents publics ayant participé directement ou indirectement à la commission des crimes du passé. L'intérêt de cette démarche est qu'elle permet non seulement de démanteler les réseaux criminels, y compris dans leurs connexions avec l'appareil d'État, mais encore de rétablir la confiance des citoyens dans leur justice. Un tribunal réformé est assurément plus apte à juger les crimes du passé en toute indépendance. C'est une exigence à laquelle la coopération francophone est particulièrement attachée puisqu'elle place l'affermissement de l'institution juridictionnelle au cœur de son action au soutien des processus internes de transformation.

Depuis les engagements du Caire, la Francophonie a étendu à son champ d'action politique, le défi de la réhabilitation des systèmes judiciaires, qu'elle considère dans un contexte transition, comme primordial pour la lutte contre l'impunité et la restauration d'un climat de confiance. Cet engagement a été constamment réaffirmé et formellement renouvelé en 2008 au terme de la quatrième conférence des ministres francophones de la justice. Dans la Déclaration de Paris qui en a résulté, les ministres invitaient la coopération francophone à porter une attention particulière « *au renforcement des capacités de l'institution judiciaire en période de transition, non seulement parce qu'elle est au service de la vérité sur les exactions commises et leurs auteurs, mais parce que, dans ce contexte particulier, elle peut ouvrir la voie à la réconciliation* »[1846]. C'est fort de ce mandat explicite que l'OIF mobilise depuis plusieurs années son expertise et ses

1846 OIF, *Déclaration de Paris*, IVe Conférence des ministres francophones de la justice, 14 février 2008, §2(d).

moyens afin aider ses États membres en transition, à réhabiliter leurs systèmes judicaires nationaux (§ 1). Son action en la matière est d'autant plus pertinente que, dans un contexte de sortie de crise, la lutte contre l'impunité et l'établissement de la vérité représentent des défis majeurs pour les juridictions nationales (§ 2).

§ 1. Le soutien de l'OIF à la réhabilitation des systèmes judiciaires des États en situation d'urgence

Au lendemain d'un conflit ou d'une crise grave, la justice, comme la plupart des institutions de l'État de droit, se retrouve sinistrée. Affaiblie tant du point de vue de ses capacités de fonctionnement que du point de vue de sa légitimité, elle est généralement incapable de sanctionner efficacement les auteurs de crimes graves et d'assurer la réparation des préjudices subis par les victimes. L'ampleur des enjeux liés à la recherche de la vérité judiciaire contraste alors avec l'inadaptation des outils juridiques et la faiblesse des moyens des juridictions nationales. Or l'exercice du droit à un recours effectif devant un tribunal indépendant en vue de l'établissement des responsabilités pour violation grave des droits de l'Homme est lui-même directement subordonné à la capacité des systèmes pénaux nationaux à conduire des investigations et à engager des poursuites. L'enjeu de l'établissement de la vérité passe donc nécessairement par la réhabilitation des systèmes légaux et institutionnels des États défaillants. Mais, puisque les États structurellement fragilisés, sont rarement en mesure d'apporter une réponse rapide et efficace aux défis des situations d'urgence, la reconstruction des appareils juridictionnels appelle nécessairement une mobilisation de la solidarité internationale. La coopération francophone n'est pas en retrait de cet élan international en faveur de la restauration des systèmes juridictionnels déconstruits par le conflit. Au-delà de son engagement formel (A), la Francophonie conduit des actions concrètes en vue de renforcer les capacités des juridictions francophones en période de transition (B).

A. Un engagement formalisé dans les textes de l'OIF

Convaincue de la permanence du défi de la justice dans les États en transition, la Francophonie a pris une série d'engagements en vue d'aider ses États membres, en tant que de besoin, à redresser et à viabiliser leurs systèmes judiciaires nationaux. Dès le Plan d'action du Caire adopté en 1995, la coopération francophone affirmait dans le cadre de sa mobilisation pour la Paix, la nécessité d'intensifier ses actions à l'égard des États en situation d'urgence[1847]. Il s'agissait alors pour la Francophonie dans un premier temps, d'apporter de manière spécifique son soutien à l'élaboration et à la mise en œuvre de plans d'action en faveur de la réhabilitation des systèmes judiciaires au Rwanda et au Burundi, puis de systématiser son approche et sa démarche en la matière en vue de l'étendre le cas échéant, à d'autres États francophones en transition. Deux ans plus tard, conformément aux recommandations de la première réunion du Bureau du suivi de la Conférence des Ministres francophones de la justice[1848], le Plan d'action d'Hanoi engageait formellement la Francophonie institutionnelle à accorder une priorité à l'assistance judiciaire des pays en situation d'urgence dans leurs initiatives en faveur de la lutte contre l'impunité des crimes graves[1849]. Dans la Déclaration de Paris adoptée en 2008, les États francophones ont réaffirmé leur volonté de contribuer à prévenir la fragilisation de l'État et à préparer les sorties de crise[1850]. Ils se sont précisément engagés à favoriser une assistance adaptée de la communauté francophone au renforcement des capacités institutionnelles, matérielles et humaines des pays en situation de sortie de crise. Sur ce point, ils ont entendu porter une attention particulière au renforcement des capacités des institutions judiciaires en période de transition, non seulement parce qu'elles sont au service de la vérité, mais aussi parce qu'elles pourraient ouvrir durablement la voie de la réconciliation et de la paix. Trois ans plus tard, au Sommet de Montreux, la mobilisation francophone en faveur du renforcement des capacités de la justice dans les États francophones en sortie de crise restait entière. Dans la résolution sur la Déclaration de Bamako dix ans après son adoption[1851], les chefs d'État et de gouvernement des pays ayant le français en partage ont renouvelé leur engagement à œuvrer pour la consolidation de la paix, par la promotion de la gouvernance démocratique et l'accompagnement des réformes des systèmes de sécurité (RSS). Au-delà de l'exigence de modernisation du dispositif législatif, la redynamisation des systèmes juridictionnels nationaux implique un renforcement des capacités humaines et matérielles tant des appareils judiciaires stricto sensu,

---

1847 OIF, *Plan d'action francophone en faveur de la justice, de l'État de Droit, de la Démocratie et du développement (1996–2000)*, Le Caire, 1er novembre 1995. Disponible en ligne sur : http://www.francophonie.org/IMG/pdf/recueil_declarations-2.pdf

1848 OIF, *Rapport de synthèse de la première réunion du Bureau du suivi de la Conférence des ministres francophones de la justice*, Le Caire, 19 octobre 1997. Disponible en ligne sur : http://democratie.francophonie.org/IMG/pdf/232.pdf

1849 OIF, *Déclaration et Plan d'action d'Hanoi*, VIIe Conférence des chefs d'État et de gouvernement des pays ayant le français en partage, 16 novembre 1997. En ligne : http://www.francophonie.org/Plan-d-action-de-Hanoi.html

1850 OIF, *Déclaration de Paris*, IVe Conférence des ministres francophones de la justice, 14 février 2008.

1851 OIF, *Résolution sur la Déclaration de Bamako dix ans après son adoption*, XIIIe Conférence des chefs d'État et de gouvernement des pays ayant le français en partage Montreux (Suisse), 23-24 octobre 2010.

que des services de police et des établissements pénitentiaires[1852]. C'est donc de manière tout à fait pertinente que la Déclaration de Paris a invité le Secrétaire général de la Francophonie à amplifier son appui aux efforts de consolidation de la paix dans les pays en sortie de crise, en agissant en synergie avec les initiatives des autres partenaires internationaux et régionaux. Le mandat de l'OIF consiste donc ici notamment à mettre à la disposition des États en situation de sortie de crise, dès lors qu'ils en expriment le besoin, une expertise francophone apte à les accompagner dans la restauration et la réorganisation de leurs appareils juridictionnels.

De la lecture croisée de ces différents textes, il découle que la Francophonie s'est depuis plusieurs années engagée de manière spécifique et formelle en faveur de la réhabilitation des systèmes judiciaires fragilisés. Mais si cet engagement a bel et bien pris forme dans le corpus déclaratoire de l'organisation, il s'est en pratique incarné dans une série d'actions concrètes.

B. Des actions concrètes au soutien des systèmes judiciaires fragilisés

Dans un pays en sortie de crise, la justice transitionnelle commande, pour la restauration de l'État de droit, de réhabiliter le système légal et institutionnel déstructuré par le conflit. A cet égard, l'institution judiciaire, quand elle est encore en place et en état minimal de fonctionner, joue un rôle essentiel dans les processus nationaux de transition puisqu'elle contribue à satisfaire à la fois le droit à la vérité, le droit à la justice et le droit des victimes à une réparation appropriée. De plus, parce qu'elle permet de restaurer le règne du droit et de rétablir l'ordre, la justice fait naturellement partie des piliers institutionnels autours desquels doivent être construites les garanties structurelles de non-répétition des crimes du passé. Mais si la reconstruction de l'État de droit et de ses institutions est une problématique constante des dynamiques de sortie de crise, chaque contexte transitionnel est spécifique. C'est la raison pour laquelle, la Francophonie, dans le cadre de son soutien général au renforcement des capacités de la justice, accorde une attention particulière aux pays dont l'appareil juridictionnel traverse une crise exceptionnelle. Pour optimiser les effets de son action à leur égard, la

1852 Dans un contexte de sortie de crise, la réhabilitation de l'État de droit commande de donner complémentairement et simultanément la priorité aux organes juridictionnels, à la police et aux établissements pénitentiaires, en prenant en compte les spécificités du genre et les exigences de la justice pénale des mineurs. Le système carcéral est un maillon essentiel de la justice pénale. Si elle est déjà alarmante en période normale, la situation des prisons est encore plus dramatique en période de crise ou de sortie de crise. Les risques d'abus sont d'autant plus grands que certains centres de détention restent bien souvent secrets ou officieux. Les États en phase de transition étant généralement en faillite, l'aide extérieure leur est indispensable pour la modernisation et l'humanisation des prisons. Voir pour aller plus loin, Haut-Commissariat des Nations Unies aux Droits de l'Homme, *Les instruments de l'État de droit dans les sociétés sortant d'un conflit, Cartographie du secteur de la justice*, New York et Genève 2006, 71 p.

Francophonie organise sa démarche autour de deux moments-clés, expressément fixés dans le Plan d'action du Caire. Dans un premier temps elle s'emploie à identifier et à évaluer les besoins de chaque État pour mieux adapter son action. Dans un second temps, elle met à la disposition des États concernés, des experts chargés non seulement de les assister dans la réforme des textes, mais encore d'assurer la formation des magistrats et autres professionnels de justice. Ainsi, dans le cadre de son appui aux initiatives de rétablissement de la paix et sur le fondement des textes ci-dessus rappelés, la Francophonie a initié et conduit à côté d'autres partenaires internationaux, un programme d'appui à la réhabilitation des systèmes judiciaires du Rwanda et du Burundi. Ce Plan d'actions intégré en faveur de la justice, des droits de l'Homme et l'État de droit dans les situations d'urgence a ensuite, conformément aux recommandations issues de la deuxième réunion du Bureau du suivi de la Conférence du Caire[1853], été étendu à la République Démocratique du Congo dont la guerre civile a profondément désorganisé l'appareil juridictionnel. A côté de son soutien au Rwanda et au Burundi, la Francophonie a aussi envoyé une mission d'expertise en République Démocratique du Congo en mai 2000, afin de saisir la réalité de la situation et d'identifier ainsi concrètement les modalités de son intervention. De manière générale, les plans d'action francophones mis en œuvre au bénéfice de institutions juridictionnelles du Rwanda, du Burundi et de la République Démocratique du Congo, s'articulaient autour de trois axes prioritaires : la formation des professionnels de justice, la réforme et la diffusion des textes et enfin le renforcement des capacités matérielles.

En matière d'appui à la formation, la coopération francophone a mis en place au Rwanda, à la fin des années 1990, en partenariat avec l'École Nationale de Magistrature, un programme de formation au profit des magistrats, des greffiers et des autres praticiens du droit. L'OIF a également pris en charge la formation de magistrats rwandais en France. En 2000, la Francophonie a apporté son soutien à l'ONG « Réseau de citoyens - Citizens network »[1854] pour la formation de magistrats, dans le cadre de son projet d'appui à la justice burundaise. La même année, elle a pris en charge la participation de la responsable nationale de la formation judiciaire du Burundi, à la rencontre de mise en réseau des structures francophones de formation judiciaire. Les avocats des pays en transition ont également bénéficié de l'appui francophone à la formation, puisque l'OIF a financé par exemple, la participation des avocats stagiaires du Burundi, à la

1853 OIF, *Rapport général de la deuxième réunion du Bureau du suivi de la Conférence des Ministres francophones de la Justice*, Le Caire, 26 octobre 1999. Disponible en ligne sur : http://democratie.francophonie.org/IMG/pdf/233.pdf

1854 Créée en octobre 1994, l'ONG belge RCN Justice et Démocratie, a initié de nombreux programmes d'appui à la reconstruction des systèmes judiciaires du Rwanda, d'Haïti, de la République Démocratique du Congo, du Tchad et du Burundi. Voir pour plus d'information : http://www.rcn-ong.be

session 2001 du Centre international de formation en Afrique des avocats francophones (CIFAF)[1855]. Toutes ces actions s'inscrivent dans la perspective du renforcement des capacités humaines des systèmes juridictionnels fragilisés. Mais au-delà de la formation des professionnels de justice, la reconstruction de l'Etat de droit doit, pour être effective, s'appuyer sur des textes adaptés, conformes aux exigences du Statut de Rome et propres à satisfaire le besoin prégnant de justice. La capacité à juger les crimes internationaux suppose alors en amont une reconstruction de l'ordre légal et une large réception en droit interne, des principaux instruments internationaux et régionaux de lutte contre l'impunité. C'est la raison pour laquelle la Francophonie a également mis à la disposition du Rwanda, du Burundi et de la République Démocratique du Congo, des experts francophones afin de les accompagner tant dans la modernisation de leurs législations respectives, que dans l'édition et la diffusion des textes auprès des populations, des magistrats et des auxiliaires de justice. Dans le cadre de son action en faveur du soutien à l'information juridique, la Francophonie a par exemple soutenu en décembre 2000, une campagne de diffusion du droit sur la radio nationale burundaise. Elle a par ailleurs financé la publication des Actes du colloque organisé en décembre 1997 par l'Université du Burundi et l'Université Paris X - Nanterre, sur le thème : « *La reconstruction de l'État de droit : les crises politico-ethniques au Burundi et dans la région des grands lacs* »[1856]. En République Démocratique du Congo, la Francophonie a également financé en 2000, l'édition d'une collection des codes et textes législatifs et réglementaires.

Cependant, ainsi que l'a pleinement intégré la coopération francophone dans son approche, il ne suffit pas d'assurer la formation des professionnels de la justice ou de réformer le système légal pour que le défi de la lutte contre l'impunité en période de transition soit relevé. Il faut encore que la justice ait les moyens matériels de son indépendance et de son efficacité. A cet égard, l'action de la Francophonie en faveur de la réhabilitation de l'État de droit et des droits de l'Homme dans les États en situation d'urgence l'a également conduite entre 1996 et 2001, à apporter un appui matériel aux juridictions du Rwanda, du Burundi et de la République démocratique du Congo. L'action francophone en la matière, au-delà de la reconstruction ou du réaménagement des infrastructures juridictionnelles, a consisté à fournir aux cours et tribunaux de ces États fragilisés par la guerre, de la documentation juridique ainsi que des équipements bureautiques et informatiques. Ces dotations en équipements techniques ont également profité aux services centraux du Ministère de la justice du Burundi et

---

1855 Pour rappel, le Centre International de Formation en Afrique des Avocats Francophones (CIFAF) a été créé en 2000 par les États membres de l'UEMOA pour assurer de manière complémentaire, la formation des avocats stagiaires d'Afrique francophone.

1856 DE LESPINAY Charles et MWOROHA Émile (éd.), *Construire l'État de droit : Le Burundi et la région des grands lacs*, Paris, L'Harmattan, 2001, 300 p.

au Rwanda, au Centre national de formation judiciaire et à la cellule chargée par le ministère de la justice, de mettre à jour et de publier les textes législatifs.

S'il est vrai que la Francophonie s'est formellement et concrètement appropriée l'enjeu stratégique de la réhabilitation des systèmes judiciaires nationaux en période transition, force est cependant d'observer que la plupart de ses actions en la matière ont été conduites avec des résultats mitigés, entre la deuxième moitié des années 1990 et les premières années de la décennie 2000. Depuis, l'action francophone en faveur de la justice dans les États en sortie de crise semble s'être essoufflée. D'un côté elle n'a pas véritablement permis aux juridictions burundaises et congolaises d'exercer efficacement leurs compétences à l'égard des crimes commis avant l'entrée en vigueur du Statut de Rome et pour lesquels d'ailleurs, la mise en place de juridictions mixtes a été proposée en vue de pallier les défaillances des tribunaux nationaux. De l'autre, elle ne s'est pas non plus spécifiquement mobilisée en faveur des systèmes juridictionnels ivoiriens, maliens et centrafricains, eux aussi pourtant profondément affectés dans leur indépendance et leur efficacité, par le contexte politico-militaire.

Dans tous les cas, en dépit des limites de son action, la Francophonie s'est clairement assignée pour mission de faciliter la reconstruction de l'État de droit dans ses États membres engagés dans un processus de sortie de crise. Au-delà du Rwanda, du Burundi et de la République Démocratique du Congo, l'actualité l'oblige à étendre son assistance aux juridictions de bien d'autres États francophones en transition comme la Côte d'Ivoire, le Mali, la République centrafricaine[1857] ou encore l'ex-République yougoslave de Macédoine[1858]. Car en s'attachant spécifiquement à améliorer les capacités de fonctionnement des systèmes juridictionnels fragilisés ou anéantis par le conflit, la Francophonie contribue à rétablir leur légitimité, pour leur permettre de résorber le passif de la guerre et de répondre plus efficacement au défi permanent de la lutte contre l'impunité.

§ 2. La lutte contre l'impunité : un défi pour les juridictions francophones

Dans la stratégie internationale de lutte contre l'impunité, c'est aux juridictions nationales qu'il revient au premier chef de relever le défi de la lutte contre l'impunité. Le droit de punir reste un attribut fondamental de l'État souverain. Dans un contexte de sortie de crise, rétablir la crédibilité de la justice nationale, c'est donc lui permettre de contribuer à la recherche de la vérité, à

1857 Amnesty International, *Rapport 2014/15, La situation des droits humains dans le monde*, *op. cit.*, 2015, p. 373.

1858 *Ibid.*, p. 283.

l'établissement des responsabilités et à la restauration de la dignité des victimes. C'est à la fois un droit et un devoir pour l'État fragilisé, à qui il incombe de rappeler les valeurs fondamentales de la société, de restaurer la confiance dans les institutions et de rebâtir l'État de droit.

La répression pénale des crimes de masse est une exigence incontournable du processus transitionnel. Elle doit permettre de surmonter les horreurs du passé, d'accompagner la réconciliation nationale et de contribuer ainsi à la consolidation de la paix. C'est cela qui est au fondement de la mobilisation francophone en faveur du redressement des appareils judiciaires nationaux en période de transition. Dans les engagements du Caire qui, dès 1995, dessinaient le canevas du positionnement francophone en la matière, les États francophones ont clairement affirmé l'importance de la justice dans la lutte contre l'impunité et dans la recherche de la paix et de l'équilibre social[1859]. Dix-sept ans après les engagements du Caire, la Déclaration de Kinshasa adoptée en 2012, réaffirmait avec une conviction inaltérée l'attachement de la Francophonie à la mise en place de systèmes judiciaires indépendants, impartiaux et équitables, capables de mettre fin au règne de l'impunité[1860]. Si l'engagement de poursuites judiciaires est un exercice parfois difficile même en période normale, c'est qu'il pose en période de transition, des questions encore plus délicates. Dans l'espace francophone, l'on observe alors que la justice étatique, pour relever le défi de la lutte contre l'impunité, doit tant bien que mal s'efforcer de rétablir sa crédibilité (A), ou encore dans certains cas, de partager sa compétence pénale avec des mécanismes traditionnels (B).

A. Une justice en quête de légitimité et de crédibilité

Dans un État engagé dans un processus de sortie de crise, rendre la justice renvoie au fond, à restaurer la dignité des victimes par l'établissement de la vérité et la sanction des auteurs de crimes graves. La justice transitionnelle a donc *in fine* vocation à faciliter à la guérison des blessures du passé et la reconstruction d'une paix durable, pétrie dans le droit. Au sein de l'espace francophone, les juridictions nationales des États en transition ont pour la plupart tenté de se réapproprier leur compétence pénale pour satisfaire aux exigences de la lutte contre l'impunité. Dans certains États, la répression des crimes graves a été confiée à des chambres spécialisées[1861], dans d'autres, elle a été laissée à la

---

1859 OIF, *Plan d'action francophone en faveur de la justice, de l'État de Droit, de la Démocratie et du développement (1996-2000)*, Le Caire, 1er novembre 1995.

1860 OIF, *Déclaration de Kinshasa*, XIVe Conférence des chefs d'État et de gouvernement des pays ayant le français en partage, Kinshasa, 14 octobre 2012, Point A-1, alinéa 3.

1861 La Serbie, la Croatie et Rwanda ont institué de chambres spéciales pour sanctionner les crimes internationaux commis sur leurs territoires respectifs. En Tunisie, la loi sur la justice transitionnelle

compétence du système pénal général[1862]. Mais que l'on se trouve dans l'une ou l'autre de ces hypothèses, on remarque que le défi de la lutte contre l'impunité reste indifféremment, pour les juridictions nationales, un exercice délicat, voire difficile. Au sein de la communauté francophone, les expériences controversées des juridictions congolaises et ivoiriennes permettront d'illustrer ici les limites de la justice étatique dans un contexte post-conflictuel et de révéler la nécessité pour la Francophonie de renforcer son accompagnement.

En République Démocratique du Congo, l'appareil judiciaire s'emploie difficilement à prendre la mesure de sa mission dans le processus transitionnel amorcé en 2003. La condamnation de plusieurs caciques de l'armée régulière et d'anciens rebelles pour crimes de guerre et crimes contre l'humanité traduit modestement la volonté de la justice congolaise de contribuer, à côté de la Cour pénale internationale, à l'établissement de la vérité et à la lutte contre l'impunité des crimes de masse. En avril 2006, sept militaires du neuvième bataillon des Forces armées de la République Démocratique du Congo ont été condamnés pour avoir procédé le 21 décembre 2003 au viol collectif d'une centaine de femmes et de filles dans la ville de Songo Mboyo. Seulement, ces soldats se sont par la suite, évadés en octobre 2006, en même temps qu'une vingtaine d'autres détenus, de la prison militaire de Mbandaka où ils étaient incarcérés. En novembre 2013, une quarantaine de militaires ont été jugés pour crimes de guerre et viols commis dans l'Est de la République démocratique du Congo. Un an plus tard, en novembre 2014, Jérôme Kakwavu, ancien rebelle congolais promu ensuite général dans l'armée régulière, a été condamné à dix ans de prison ferme pour des crimes de guerre commis il y a plus de 10 ans dans l'est de la République Démocratique du Congo. Un mois après, en décembre 2014, c'est le Colonel Bedi Engangela alias « Colonel 106 » qui était condamné à son tour par la Cour militaire du Sud Kivu à la réclusion criminelle à perpétuité pour des crimes contre l'humanité commis dans la région entre 2005 et 2007. Pour autant, en dépit de ces efforts, la justice congolaise rencontre de réelles difficultés matérielles et contextuelles à poursuivre certains officiers supérieurs ainsi que les membres de certains groupes armés[1863]. La faiblesse des capacités opérationnelles de la justice

---

prévoit également la mise en place de chambres spécialisées, chargées de mener des enquêtes sur les violations des droits humains commises par des agents de l'État entre juillet 1955 et décembre 2013 et de poursuivre les auteurs de tels agissements.

1862 En République démocratique du Congo par exemple, le Parlement a rejeté en 2014, le projet de loi portant création de chambres spécialisées compétentes pour juger les crimes commis avant l'entrée en vigueur du Statut de Rome. Amnesty International, *Rapport 2014/15, La situation des droits humains dans le monde*, *op. cit.*, p. 376.

1863 Sur les lacunes de la justice congolaise, voir notamment, Mission de l'Organisation des Nations Unies pour la stabilisation de la République démocratique du Congo (MONUSCO), *Avancées et obstacles dans la lutte contre l'impunité des violences sexuelles en République Démocratique du Congo*, avril 2014, pp. 14 et ss. Disponible en ligne sur :
http://www.ohchr.org/Documents/Countries/CD/UNJHROApril2014_fr.pdf.

congolaise, son manque d'indépendance, son inaccessibilité pour la victime et la perméabilité des prisons obligent immanquablement à questionner sa crédibilité[1864]. Ce qui contribue à nourrir chez les populations congolaises le sentiment d'un climat généralisé d'impunité. La gestion du passif de la guerre reste encore un enjeu essentiel pour la justice congolaise si elle veut pouvoir contribuer à l'établissement de la vérité, à la répression des crimes et la construction d'une paix durable. C'est donc à juste titre que dans la Résolution sur la situation en République démocratique du Congo adoptée lors du Sommet de Kinshasa en 2012, les chefs d'État et de gouvernement des pays ayant le français en partage, non seulement invitaient les autorités congolaises à poursuivre en justice les auteurs des internationaux commis dans le pays, mais en plus encourageaient l'OIF à soutenir leurs efforts dans ce sens[1865].

En Côte d'ivoire, la justice d'après crise connaît elle aussi ses failles. Limitée dans ses moyens d'action et manifestement politisée, la justice ivoirienne semble jusque-là n'avoir jamais eu qu'un regard partiel sur l'ampleur des crimes qui ont entaché les crispations politiques de son histoire récente. Pour permettre aux juridictions nationales de lutter efficacement contre l'impunité, le gouvernement ivoirien a mis en place le 24 juin 2011, une cellule spéciale chargée d'enquêter sur les crimes et délits perpétrés au lendemain du second tour de l'élection présidentielle de 2010. Initialement créée pour douze mois, cette cellule a été maintenue jusqu'en fin 2013, avant d'être remplacée par un organe pérenne. La nouvelle Cellule spéciale d'enquête et d'instruction instituée le 30 décembre 2013 s'est en effet vue attribuer un mandat plus large, destiné à lui permettre d'enquêter sur les atteintes à la sureté de l'État, les crimes de sang et les crimes contre les biens[1866]. Cependant, les moyens logistiques et humains de cette cellule ont été fortement réduits en 2014. Par-delà les précautions institutionnelles, une réforme de la législation pénale a été initiée en vue d'une part de consacrer l'imprescriptibilité des crimes internationaux et d'autre part, de supprimer officiellement de la peine de mort déjà constitutionnellement abolie[1867]. Seulement, en dépit de ces aménagements, la justice post-crise demeure en Côte

---

1864 YAV Katshung Joseph (dir.), *La justice congolaise au banc des accusés ?*, Lubumbashi, Presses universitaires de Lubumbashi, 2010, 186 p. ; SCHOTSMANS Martien, « La justice transitionnelle pendant la période de la transition politique en RDC », *in* MARYSSE Stefaan, REYNTJENS Filip et VANDEGISTE Stef (dir.), *L'Afrique des Grands lacs, Annuaire 2006-2007*, Paris, L'Harmattan, 2007, pp. 201-228.

1865 OIF, XIVe Conférence des chefs d'État et de gouvernement des pays ayant le français en partage, *Résolution sur la situation en République démocratique du Congo*, Kinshasa, 13-14 octobre 2012.

1866 Décret n° 2013-915 du 30 décembre 2013 portant création, attribution, composition et fonctionnement de la Cellule spéciale d'enquête et d'instruction.

1867 La Commission des affaires générales et institutionnelles de l'Assemblée nationale a adopté le 3 mars 2015, deux projets de lois modifiant et complétant respectivement la loi n° 81-640 du 31 juillet 1981 instituant le Code pénal et la loi n° 60-366 du 14 novembre 1960 portant institution d'un Code de Procédure pénale.

d'ivoire une justice à deux vitesses qui contraste avec le discours officiel[1868]. A ce jour, elle n'a pris pour seules cibles que les partisans de Laurent Gbagbo alors même que plusieurs rapports nationaux[1869] et internationaux[1870] pointent la responsabilité présumée des deux camps. Jusqu'à juin 2015, tandis que plus de cent cinquante (150) proches de Laurent Gbagbo avaient été inculpés et emprisonnés depuis 2011, dans le camp des forces ayant soutenu Alassane Ouattara, seul le supplétif Amadé Ourémi avait été arrêté en mai 2013 et inculpé par la justice ivoirienne pour son rôle actif notamment dans les massacres perpétrés à Duékoué en mars 2011[1871]. Mais en juillet 2015, une vingtaine de soldats proches d'Alassane Ouattara dont les anciens chefs rebelles Chérif Ousmane et Losséni Fofana ont été mis en examen pour les crimes graves qu'ils auraient commis pendant la crise post-électorale de 2010-2011. Il faut espérer que ces inculpations servent véritablement la justice et qu'elles ne soient pas dictées par l'agenda politique. La lutte contre l'impunité semble en marche mais elle souffre pour l'instant en tout cas, d'une approche partiale et sélective, consacrant jusque-là l'impunité de fait des troupes affidées à Alassane Ouattara. Le 11 mars 2015, l'ancienne première dame, Simone Gbagbo, jugée en même temps que quatre-vingt-deux (82) autres proches de Laurent Gbagbo, a été condamnée par la Cour d'assises d'Abidjan à vingt (20) ans de prison pour atteinte à l'autorité de l'État, participation à un mouvement insurrectionnel et trouble à l'ordre public. Ce procès à charge essentiellement politique a été marqué par de nombreuses insuffisances qui autorisent au fond à douter de la capacité de la justice ivoirienne à connaître équitablement des crimes de droit international commis pendant la crise et faisant l'objet d'instructions distinctes. Alors que les principaux responsables des crimes commis durant la crise post-électorale

---

1868 FIDH, *Cote d'Ivoire : choisir entre la justice et l'impunité*, FIDH, décembre 2014, 29 p.

1869 Dans le Rapport qu'elle a remis au Président de République le 8 août 2012, la Commission nationale chargée d'enquêter sur les atteintes aux droits de l'Homme et au droit international humanitaire commises en Côte d'Ivoire du 31 octobre 2010 au 15 mai 2011, révèlent les crimes commis dans les deux camps.

1870 Au titre des rapports d'organisations de défense des droits de l'Homme qui documentent les crimes commis par le camp des vainqueurs le lecteur intéressé pourra consulter : Human Rights Watch, *« Ils les ont tués comme si de rien n'était » : le besoin de justice pour les crimes post-électoraux en Côte d'Ivoire*, octobre 2011, 150 p. ; Amnesty International, *Ils ont regardé sa carte d'identité et l'ont abattu*, mai 2011, 69 p. ; Côte d'Ivoire : la loi des vainqueurs, 2013, 84 p. ; Regroupement des Acteurs Ivoiriens des Droits Humains, *Pourquoi sommes-nous arrivés jusque-là ? Rapport sur les violations des droits humains en Côte d'Ivoire de septembre 2002 à mai 2011*, 30 janvier 2013. Plusieurs rapports des Nations Unies sont également révélateurs à ce propos : ONU, *Vingt-huitième rapport du Secrétaire général sur l'Opération des Nations Unies en Côte d'Ivoire*, 24 juin 2011, Doc. S/2011/387 ; Conseil des droits de l'Homme de l'ONU, *Rapport de la Commission d'enquête internationale indépendante sur la Côte d'ivoire*, A/HRC/17/48, 14 juin 2011 ; *Rapport de l'Expert indépendant sur la situation des droits de l'Homme en Côte d'Ivoire, Doudou Diène*, A/HRC/19/72, 9 janvier 2012.

1871 FIDH, MIDH, LIDHO, *Côte d'Ivoire / Attaque du camp de Nahibly « Une occasion de rendre justice »*, Note de position, mars 2013, 8 p.

devaient être jugés par la CPI et les autres par les juridictions nationales, l'État de Côte d'Ivoire a finalement décidé de confier à la justice ivoirienne le soin de juger Simone Gbagbo pour les faits dont elle est accusée devant la CPI. La justice ivoirienne doit donc, pour être crédible, démontrer ici sa capacité à organiser les procès de manière indépendante et impartiale, dans le respect des exigences du procès équitable.

Dans un contexte politique et social encore extrêmement polarisé, le besoin de justice reste entier et impérieux. Il invite à transformer avec rigueur, neutralité et objectivité, le discours de la lutte contre l'impunité, en réalité[1872]. L'attente des victimes est d'autant plus grande à l'égard de la justice que depuis plus de dix ans, leurs droits ont été sacrifiés sur l'autel de l'apaisement et du compromis politique. Dans ces conditions, le défi de la justice ivoirienne ne réside pas seulement dans la sanction impartiale des crimes commis pendant la crise post-électorale, c'est-à-dire de décembre 2010 à mai 2011. Il doit également la conduire à faire la lumière sur les crimes perpétrés en Côte d'ivoire depuis le coup d'Etat manqué de 2002. C'est de la satisfaction de ce besoin de justice que dépend le succès du processus de réconciliation nationale.

Ce bref regard sur l'exercice, par les juridictions ivoiriennes et congolaises, de leur compétence en matière de lutte contre l'impunité, nous révèle qu'elles doivent, pour accomplir efficacement leur mission, se libérer de l'emprise du pouvoir politique qui tend de manière systématique à brider et à contrôler leur office. C'est un constat que l'on peut également opérer en Égypte, où les juridictions nationales tentent elles aussi, bon an mal an, au gré des contingences politiques, de sanctionner les crimes commis sous les régimes de Hosni Moubarak et de Mohamed Morsi[1873]. Le défi est alors de faire en sorte que les juridictions francophones ne sombrent ni dans le règlement de comptes, ni dans la parodie de justice. La Francophonie doit donc, au nom des valeurs placées au cœur de son projet politique, suivre avec une attention particulière les conditions dans lesquelles les juridictions francophones se réapproprient leur compétence pénale pour sanctionner les crimes du passé et contribuer au renouvellement de l'État de droit. Au-delà de la nécessité de contribuer à l'assainissement du contexte

---

1872 Human Right Watch, *Transformer les discours en réalité : L'heure de réclamer des comptes pour les crimes internationaux graves perpétrés en Côte d'Ivoire*, HRW, 2013, 82 p. ; FIDH, LIDHO, MIDH, *Côte d'Ivoire : « La lutte contre l'impunité à la croisée des chemins »*, FIDH, 2013, 29 p.

1873 Le premier est en attente de son procès depuis le renversement du verdict de son précédent procès en 2013, tandis que le second a été condamné le 16 mai 2015 à la peine de mort. Pour un aperçu des insuffisances de la justice post-révolution en Égypte, voir notamment, ANDRIEU Kora, « Proposition de cadre de référence pour l'élaboration de la loi égyptienne sur la justice transitionnelle », *in* MOSTAFA-KAMEL Taïmour (dir.), *La justice transitionnelle*, VIIe Congrès de l'Association Égyptienne des Juristes Francophones (AEJF), Le Caire, AEJF, 2015, pp. 231 et ss.

sécuritaire[1874], la Francophonie doit aider ses États membres en transition à briser de manière effective et impartiale la chaîne de l'impunité. Cela non seulement en renforçant l'indépendance et les moyens de la justice, mais encore en garantissant l'équité des procédures et en assurant la protection et la prise en charge des témoins et des victimes. Mais s'il est vrai que ces précautions peuvent assurément contribuer à crédibiliser la justice nationale et à améliorer son impact sur le processus transitionnel, elles peuvent dans certains cas se révéler insuffisantes et se voir relayer par des juridictions traditionnelles complémentaires.

B. Une justice parfois relayée par des mécanismes traditionnels

L'appropriation des enjeux de la lutte contre l'impunité appelle nécessairement, pour chaque situation de sortie de crise, une appropriation de la justice transitionnelle. Et si la justice est indispensable à l'établissement de la vérité, sa manifestation ne doit pas être réduite à son institution officielle. La contextualisation peut donc parfois conduire, dans les systèmes juridiques pluriels, à introduire dans l'organisation de justice post-conflictuelle, des mécanismes de règlement des conflits empruntés au droit coutumier. Certes la Francophonie n'a pas formé d'engagement spécifique, ni mené d'action à l'égard de la mobilisation des juridictions traditionnelles, réinventées pour servir les objectifs de la lutte contre l'impunité, mais elle reste de manière générale, fortement attachée à la promotion de la diversité juridique[1875]. C'est sans doute la raison pour laquelle, dans sa démarche en faveur de l'accompagnement des processus de sortie de crise, la Francophonie s'emploie à prendre en compte les réalités et dynamiques endogènes[1876]. Dans l'espace francophone, des expériences de cette nature peuvent être trouvées avec des résultats controversés, au Rwanda et au Burundi notamment[1877].

Pour apporter une réponse pénale au génocide, le Rwanda s'est d'abord doté des chambres judiciaires spécialisées, puis a mis en place les *gacaca*. Au moment où le Front patriotique rwandais (FPR) de Paul Kagamé arrive au pouvoir en juillet 1994, le système judiciaire est inexistant. Non seulement il n'y a plus de structure judiciaire à proprement parler, mais en plus la plupart des magistrats

---

1874 Voir notamment Human Right Watch, *« Bien loin de la Réconciliation » : Répression militaire abusive en réponse aux menaces sécuritaires en Côte d'Ivoire*, HRW, 2012, 80 p.

1875 OIF, Délégation à la paix, à la démocratie et aux droits de l'Homme, *Promouvoir la diversité des cultures juridiques*, Paris, OIF, 2011, 26 p.

1876 OIF, *Acte final du Symposium international portant sur les pratiques de la démocratie, des droits et des libertés dans l'espace francophone Bamako + 5*, Bamako, 8 novembre 2005, § 12(c).

1877 Voir notamment COMLAN Edem, « La justice transitionnelle dans la région des grands lacs : les leçons du Rwanda et du Burundi », *in* MOSTAFA-KAMEL Taïmour (dir.), *La justice transitionnelle*, *op. cit.*, pp. 103-125.

ont été soit tués, soit contraints à l'exil. Dans le même temps, les cachots communaux, les prisons à peine restaurées et les nombreux centres de détention improvisés étaient paradoxalement saturés de dizaines de milliers de personnes accusées d'avoir participé au génocide. Il a fallu attendre deux ans pour que soit adoptée le 30 août 1996, une loi organique destinée à organiser le jugement des génocidaires[1878]. Cette loi créait au sein de chaque tribunal rwandais de première instance, de la Cour d'appel et des Cours militaires, une chambre spécialisée, chargée de connaître des affaires en rapport avec le génocide. Les procès qui s'en sont suivis ont certes permis de juger plusieurs milliers de suspects, mais ils avaient la faiblesse de nier dans bien des cas les droits de la défense[1879] et d'avoir déboucher dans une vingtaine de cas, sur des exécutions publiques. C'est l'abolition officielle de la peine de mort en 2007 qui a ensuite permis de faire tomber le principal obstacle au renvoi, par le Tribunal pénal international pour le Rwanda, d'affaires devant les juridictions rwandaises. Grâce à cette évolution, le Tribunal pénal international pour le Rwanda a pu, au moment où il entrait dans la phase d'achèvement de ses travaux, renvoyer huit affaires devant les juridictions du Rwanda[1880], à côté desquelles avaient été instituées depuis 2001, les *gacaca*[1881]. En effet, face à la lenteur des juridictions ordinaires rwandaises et du Tribunal pénal international pour le Rwanda dans le jugement des génocidaires[1882], le gouvernement rwandais a rétabli les *gacaca*, des juridictions populaires inspirées du droit coutumier rwandais, composées de juges élus par leurs communautés et réorganisées pour contribuer à la liquidation du contentieux du génocide[1883]. Instituées par loi organique n° 40/2000 du 26

1878 Loi organique n° 08/96 du 30 août 1996 portant organisation des poursuites des infractions constitutives du crime de génocide ou de crimes contre l'humanité, commises entre 1er octobre 1990 et le 31 décembre 1994.

1879 Avocats sans Frontières, *Le crime de génocide et les crimes contre l'humanité devant les tribunaux ordinaires du Rwanda*, Kigali, Bruxelles, 2004, 313 p.

1880 En plus de Bernard Munyagishari et de Jean Uwinkindi, six (6) fugitifs (Fulgence Kayishema, Phénéas Munyarugarama, Aloys Ndimbati, Ladislas Ntaganzwa, Rayandikayo, Charles Sikubwabo) ont été renvoyés par le TPIR devant les juridictions rwandaises.

1881 C'est en 1998 que se sont ouvertes les consultations sur l'opportunité de puiser dans la tradition rwandaise des mécanismes pouvant permettre de répondre efficacement au besoin de justice.

1882 Vu le rythme auquel avançaient les procès, il aurait fallu environ un siècle pour juger l'ensemble des 125000 génocidaires amoncelés alors dans les prisons rwandaises.

1883 Sur la mise en place de cette justice dite « *sur herbe* » ou « *sur gazon* » en kinyarwanda, lire notamment NTAMPAKA Charles, « Le gacaca rwandais, une justice répressive participative », *Actualité du droit international humanitaire*, n° 6, Bruxelles, 2001, pp. 212-225 ; REYNTJENS Filip, « Le gacaca ou la justice du gazon au Rwanda », *Politique africaine*, Le droit et ses pratiques, 1990, n° 49, pp. 31-41 ; PRADELLE Muriel et DUMONT Hélène, « L'emprunt à la culture, un atout dans le jugement du crime de génocide ? Étude de cas à partir des juridictions traditionnelles *gacaca* saisies du génocide des *Tutsis* du Rwanda », *Criminologie*, vol. 39, n°2, 2006, pp. 97-135.

janvier 2001[1884], en vue de décharger les juridictions nationales, de proposer une justice plus rapide et de contribuer à l'émergence de la vérité, les *gacaca* étaient chargées de poursuivre et de juger dans une dynamique de réconciliation[1885], les infractions constitutives du crime de génocide et de crimes contre l'humanité commis entre le 1er octobre 1990 et le 31 décembre 1994. Ce système revêt un caractère hybride puisqu'il intègre au-delà de sa dimension traditionnelle, des éléments du droit pénal rwandais. Les *gacaca* ont commencé leur activité en juin 2002 et ont officiellement achevé leur mandat en juin 2012. En dix ans, ces tribunaux communautaires ont jugé environ 1,5 millions de rwandais au titre de leur implication dans le génocide[1886]. Hélas, cette prouesse quantitative contraste fortement avec les lacunes qualitatives des procédures. Certes les *gacaca* organisées autour du témoignage, de l'aveu et du pardon, avaient été conçues comme un système original de justice participative, mais elles ont essuyé de vifs reproches quant à leur caractère expéditif et à leur incapacité à garantir aux accusés leur droit à une procédure équitable[1887]. De plus, non seulement les *gacaca* ont exclu de fait de leur compétence, les crimes commis par les membres du Front patriotique rwandais (FPR) actuellement au pouvoir, mais encore les procès conduits devant elles ont été bien souvent entachés de corruption et de fausses accusations. Tous ces vices ont fatalement eu un impact négatif sur la sérénité et sur la crédibilité des procédures, au point que les *gacaca* semblent, elles aussi, avoir échoué dans leur capacité à guérir, à dissiper les tensions communautaires et à réconcilier durablement les rwandais[1888]. Au final, s'il est vrai que la justice

---

1884 Cette loi portant création et organisation des *gacaca* a été modifiée par la loi organique n° 16/2004 du 19 juin 2004, puis par la loi organique n° 10/2007 du 1er mars 2007 et enfin par la loi organique n° 13/2008 du 19 mai 2008 pour permettre à ces juridictions traditionnelles de juger les crimes de génocide.

1885 Les *gacaca* avaient une vocation réconciliatrice puisque tout facilitant l'établissement de la vérité, elles donnaient aux génocidaires l'occasion d'avouer leurs crimes, d'exprimer leurs remords et de demander pardon. Le dispositif a été essentiellement construit autour de l'aveu, du châtiment et du pardon. Voir pour aller plus loin, NZANZUWERA François Xavier, « Les juridictions *gacaca*, une réponse au génocide rwandais ou le difficile équilibre entre Châtiment et pardon », *in* BURGORGUE-LARSEN Laurence (dir.), *La répression internationale du génocide rwandais*, Bruxelles, Bruylant, 2003, pp. 109-119. Voir aussi SASANE Chiko Joseph, « Le système gacaca au Rwanda : avantages et limites », *in* Département fédéral des affaires étrangères de la Suisse, Ministère des Affaires étrangères de la République française, Centre international pour la justice transitionnelle, Centre sous-régional des Nations Unies pour les droits de l'Homme et la démocratie en Afrique centrale, *La justice transitionnelle dans le monde francophone : état des lieux*, *op. cit.*, pp. 29 et ss ; DIARRA Eloi, « Le juge des droits de l'Homme en Afrique noire francophone », *loc. cit.*, p. 225.

1886 GUICHAOUA André, « L'instrumentalisation politique de la justice internationale en Afrique centrale », *loc. cit.*, p. 66.

1887 Absence de représentation légale, ineffectivité du principe du contradictoire, présomption de culpabilité, etc.

1888 Sur les limites des *gacaca*, voir notamment Human Right Watch, *Justice compromise : l'héritage des tribunaux communautaires gacaca au Rwanda*, HRW, 2011, 160 p. ; Amnesty International, *Rapport 2010 - La situation des droits de l'Homme dans le monde*, St Pieters-Leeuw, Les Éditions Francophones d'Amnesty International (EFAI), 2010, p. 286 ; ROSOUX Valérie et SHYAKA Mugabe Aggée, « Le cas

rwandaise s'est globalement efforcée de s'approprier sa compétence pénale pour contribuer efficacement à la lutte contre l'impunité des génocidaires, elle peine cependant à convaincre de sa crédibilité, tant elle reste marquée par la tutelle des vainqueurs, bénéficiant de droit ou fait, comme ce fut le cas devant le Tribunal pénal international pour le Rwanda, d'une sorte de privilège d'impunité[1889].

La justice burundaise a elle aussi été saisie de la nécessité d'apporter une réponse pénale aux crimes internationaux commis dans le passé. Toutefois, nonobstant le soutien international au renforcement de ses capacités opérationnelles[1890], la justice burundaise peine elle aussi à relever le défi de la lutte contre l'impunité des violences cycliques qui ont jalonné l'histoire du pays depuis son indépendance[1891]. Non seulement la justice semble hypothéquée dans son effectivité en raison de la faiblesse de ses capacités de fonctionnement, mais en plus elle est pernicieusement perçue ici encore par les élites du pays comme un instrument de disqualification politique[1892]. Ainsi, comme au Rwanda, la crise du système légal et juridictionnel a conduit les autorités burundaises à réactiver l'institution traditionnelle du *bushingantahe*[1893] pour la mettre au service de la

---

des gacaca au Rwanda : jusqu'où négocier la réconciliation ? », *Négociations*, 2008/1, n° 9, pp. 35 et ss. ; ROSOUX Valérie, « Réconcilier : ambition et piège de la justice transitionnelle : le cas du Rwanda », *Droit et société*, n° 73, 2009, pp. 613-633.

1889 Il est vrai que certains officiers du Front patriotique rwandais ont été condamnés en 2007 et en 2008 notamment pour des crimes commis pendant la guerre, en 1994, mais leur proportion reste extrêmement faible, voire dérisoire au regard de l'envergure du contentieux post-conflictuel. Pour une illustration des procédures engagées contre les soldats du FPR, consulter notamment COMLAN Edem, « La justice transitionnelle dans la région des grands lacs : les leçons du Rwanda et du Burundi », *loc. cit.*, p. 111.

1890 Le Bureau intégré des Nations Unies au Burundi a notamment pour mission de « *soutenir les efforts entrepris pour lutter contre l'impunité* », ONU, Conseil de sécurité, *Résolution 1719 (2006)*, 25 octobre 2006 § 2(j).

1891 Depuis son indépendance, le Burundi a connu plusieurs épisodes de violence marqués par des violations graves des droits de l'Homme. REYNTJENS Filip, *L'Afrique des grands lacs en crise : Rwanda, Burundi, 1988-1994*, Paris, Karthala, 1994, 326 p. ; GUICHAOUA André (dir.), *Les crises politiques au Burundi et au Rwanda (1994-1995)*, Paris Karthala, 1995, 790 p. ; VANDEGINSTE Stef, « Le processus de justice transitionnelle au Burundi : l'épreuve de son contexte politique », *Droit et Société*, 2009/3, n° 73, pp. 594-597 (591-611) ; MATIGNON Émilie, « Justices en mutation au Burundi : les défis du pluralisme juridique », *Afrique contemporaine*, 2014/2, n° 250, pp. 55-80.

1892 MATIGNON Émilie, « Justices en mutation au Burundi : les défis du pluralisme juridique », *loc. cit.*, p. 65

1893 Les *bashingantahe* sont traditionnellement des notables locaux, investis par la population d'un rôle de médiation ou de conciliation, principalement dans le cadre de conflits familiaux ou de voisinage. Intègres et inspirés par les valeurs d'équité et de justice, ils sont dans la tradition burundaise, les gardiens du bon ordre, de la tranquillité, de la vérité et de la paix. Pour une réflexion plus large sur les évolutions de la fonction sociale des *bashingantahe*, voir notamment NTAHOMBAYE Philippe, NTABONA Adrien, GAHAMA Joseph et KABAGO Liboire (éd.), *L'institution des Bashingantahe au Burundi*, Étude pluridisciplinaire, Bujumbura, 1999, 283 p. ; NTABONA Adrien, *L'itinéraire de la sagesse : les bashingantahe hier, aujourd'hui et demain au Burundi*, Bujumbura, CRID, 1999, pp. 9-10 ; DESLAURIER Christine, « Le bushingantahe au Burundi : de l'institution locale au patrimoine

lutte contre l'impunité. D'abord écartée du système juridique officiel au moment de l'indépendance en 1962, l'institution du *bushingantahe* a néanmoins été utilisée de manière informelle comme instrument de légitimation par la dictature militaire, avant d'être reconnue ensuite par les pouvoirs publics comme l'un des moyens les plus crédibles de facilitation du retour à la paix[1894]. Pourtant, le Conseil national des *bashingantahe* créé à cette fin en 1997[1895] et recomposé en 2002, a été, en raison de son apparente politisation, systématiquement contesté dans sa légitimité, dans sa représentativité et dans son autorité[1896]. Finalement, écartelés entre instrumentalisation politique, discrédit et symbole, les *bashingantahe* ont, contrairement à ce que prescrivait l'accord de paix d'Arusha[1897], été officiellement exclus du paysage juridictionnel burundais par la constitution de 2005. Même si l'institution a conservé en pratique une place considérable dans la société burundaise[1898], elle semble avoir échoué en raison des contingences politiques, dans sa capacité à incarner un mécanisme complémentaire crédible d'établissement de la vérité. La question de la lutte contre l'impunité reste donc encore entière au Burundi et les victimes attendent toujours que justice soit rendue. L'échec de cette expérience interne d'hybridation de la justice appelle, pour crédibiliser le processus de justice transitionnelle au Burundi, un renforcement et une responsabilisation de l'appareil judiciaire national. Au-delà de l'insuccès des *bashingantahe*, c'est donc l'ensemble du processus burundais de justice transitionnelle qui mérite d'être questionné. Nonobstant sa proximité géographique et contextuelle avec le Rwanda, le Burundi connaît dans son rapport avec la justice transitionnelle, une trajectoire différente. Plombée par des facteurs politiques et par une insuffisance cruciale de

---

institutionnel national », *in* FAUVELLE-AYMAR François-Xavier et PERROT Claude-Hélène, *Le Retour des rois : les autorités traditionnelles et l'État en Afrique contemporaine*, Paris, Karthala, 2003, pp. 401-418 ; KOHLHAGEN Dominik, « Le bushingantahe au Burundi. Transformations et réminiscences d'un concept judiciaire ancien », *Cahiers d'anthropologie du droit*, 2009, Paris, Karthala, pp. 113-128 ; HAVARD Léa et ALI Youssouf, « Initiation au pluralisme juridique à travers l'étude des *Bashingantahe* », *in* NICOLAU Gilda et HOURQUEBIE Fabrice (dir.), *Cultures juridiques en quête de dialogue*, Cahiers d'Anthropologie du droit 2013-2014, Paris, Karthala, 2014, pp. 239-267.

1894 DE LESPINAY Charles, « Valeurs traditionnelles, justice de proximité et institutions (Rwanda et Burundi) », *in* DE LESPINAY Charles et MWOROHA Émile (éd.), *Construire l'État de droit : Le Burundi et la région des grands lacs*, *op. cit.*, 2001, p. 193.

1895 Voir le décret-loi n° 1/001 du 3 janvier 1997 qui fixe l'organisation, la composition et le fonctionnement du Conseil des *bashingantahe* pour l'unité nationale et la réconciliation.

1896 DESLAURIER Christine, « Le « bushingantahe » peut-il réconcilier le Burundi ? », *Politique africaine*, n° 92, Justice et réconciliation : ambiguïtés et impensés, Paris, Karthala, décembre 2003, pp. 81 et ss.

1897 L'Accord pour la paix et la réconciliation au Burundi signé à Arusha 28 août 2000 prévoyait la réhabilitation de l'institution du bushingantahe pour lui permettre de rendre la justice dans un esprit de conciliation. Voir Protocole I, article 7 § 27. Voir aussi Protocole II, Chapitre I, article 9 § 8.

1898 LAELY Thomas, « Le destin du Bushingantahe : transformations d'une structure locale d'autorité au Burundi », *Genève-Afrique*, vol. XXX, n° 2, 1992, p. 90.

ressources[1899], la mécanique peine encore à se mettre en place. Non seulement la transition politique burundaise est fondée sur un compromis stabilisateur qui, contrairement au discours officiel, semble vouloir imposer l'oubli, mais en plus la société civile n'a pas vraiment les moyens de faire pression pour accélérer l'agenda de la justice transitionnelle[1900].

Dans tous les cas, qu'il s'agisse des *bashingantahe* ou des *gacaca*, la place des juridictions traditionnelles n'est pas encore clairement définie dans le champ de la justice transitionnelle. Entre authenticité, instrumentalisation et désaveu, ces mécanismes souffrent par leur partialité et leur sélectivité, des mêmes tares que celles qui gangrènent la justice pénale sous sa forme moderne. Or la lutte contre l'impunité commande la mise en place d'un système judiciaire national apte à offrir des recours appropriés, garantissant dans des délais raisonnables, un procès juste et équitable qui permettent aux victimes d'obtenir justice et réparation. La justice de transition étant elle-même inévitablement une justice en transition, elle doit pour être efficace, reconstruire sa légitimité et sa crédibilité. L'action de l'OIF en faveur de la réhabilitation des systèmes judiciaires fragilisés trouvent donc tout son sens. Mais le renforcement des capacités opérationnelles des juridictions nationales ne suffit pas toujours à répondre au besoin de vérité et de justice. C'est la raison pour laquelle, dans certains États, y compris de l'espace francophone, le choix a été plutôt celui de l'internationalisation du système juridictionnel étatique.

SECTION II. L'INTERNATIONALISATION DES SYSTEMES JUDICIAIRES NATIONAUX

L'internationalisation de la justice pénale étatique est une voie alternative qui permet elle aussi de palier les lacunes des systèmes judiciaires effondrés, pour leur permettre de relever efficacement le défi de l'établissement de la vérité et de la lutte l'impunité. La singularité de cette approche réside dans le fait qu'elle permet d'opérationnaliser la justice nationale non plus seulement via le renforcement de ses capacités de fonctionnement, mais cette fois par l'adjonction de juges et de mécanismes internationaux. Dans un contexte où l'infrastructure judiciaire a été ravagée par la guerre, ce procédé permet de faciliter la répression des crimes et la reconstruction de l'État de droit.

1899 Amnesty International, *Rapport 2014/15, La situation des droits humains dans le monde*, *op. cit.*, p. 120

1900 VANDEGINSTE Stef, « Le processus de justice transitionnelle au Burundi : l'épreuve de son contexte politique », *loc. cit.*, pp. 603-610.

Apparues à la fin des années 1990, les juridictions internationalisées[1901] ont été mises en place pour répondre *a posteriori* aux crimes internationaux commis dans certains pays fragilisés, sans que besoin ne soit de renouveler la formule des TPI *ad hoc*. En effet, pour des raisons à la fois historiques, pratiques et budgétaires, les États concernés ont préféré opter pour une internationalisation de la justice pénale nationale[1902]. Les panels dans les tribunaux du Kosovo[1903], les collèges ou panels spéciaux du Timor Oriental[1904], le Tribunal Spécial pour la Sierra Leone[1905], la Chambre spéciale des crimes de guerre de la Cour d'État de Bosnie-Herzégovine[1906], les Chambres extraordinaires pour le Cambodge[1907], le Tribunal spécial pour le Liban[1908] et la nouvelle Cour pénale spéciale pour la

---

1901 ROMANO Cesare et BOUTRUCHE Théo, « Tribunaux pénaux internationalisés : état des lieux d'une justice hybride », *RGDIP*, 2003, pp. 109-124 ; GNAMOU-PETAUTON Dandi, « Aperçu du Tribunal spécial pour la Sierre Leone », *in* TAVERNIER Paul (dir.), *Recueil juridique des droits de l'Homme en Afrique*, Bruxelles, Bruylant, Vol. II, 2005, Tome 1, pp. 318-328 ; ASCENSIO Hervé, LAMBERT-ABDELGAWAD Elisabeth, SOREL Jean-Marc (dir.), *Les juridictions pénales internationalisées : Cambodge, Kosovo, Sierra Leone, Timor Leste*, Paris, Société de législation comparée, 2006, 383 p. ; MARTINEAU Anne Charlotte, *Les juridictions pénales internationalisées, un nouveau modèle de justice hybride ?*, Paris, Pedone, 2007, 300 p.

1902 PAZARTZIS Photini, « Tribunaux pénaux internationalisés : une nouvelle approche de la justice pénale (inter)nationale », *AFDI*, 2004, pp. 641-661.

1903 LAMBERT-ABDELGAWAD Elisabeth, « Quelques brèves réflexions sur les actes créateurs des tribunaux pénaux internationalisés », *in* ASCENSIO Hervé, LAMBERT-ABDELGAWAD Elisabeth, SOREL Jean-Marc (dir.), *Les juridictions pénales internationalisées : Cambodge, Kosovo, Sierra Leone, Timor Leste, op. cit.*, pp. 27 et ss. ; SOREL Jean-Marc, « Les tribunaux mixtes ou hybrides », *in* ASCENCIO Hervé, DECAUX Emmanuel et PELLET Alain, (dir.), *Droit international pénal*, Paris, Pedone, 2012, pp. 826 et ss.

1904 Ces Chambres créées par acte unilatéral des Nations Unies le 16 mars 2000 étaient rattachées à la Cour du district de Dili. ATNUTO, *Regulation n° 2000/15 on the establishment of panels with exclusive jurisdiction over serious criminal offences*, UNTAET/REG/2000/15, 6 juin 2000. Doctrine : TRACOL Xavier, « Justice pour le Timor-Oriental », *RSC*, n° 2, 2001, pp. 291 et ss.

1905 Accord entre l'Organisation des Nations Unies et le Gouvernement sierra-léonais et Statut du Tribunal Spécial pour la Sierra Leone, 16 janvier 2002. Disponible en ligne sur : https://www.icrc.org/dih/INTRO/605?OpenDocument. Le Tribunal Spécial pour la Sierra Leone avait pour mission de poursuivre les personnes qui portent la responsabilité la plus lourde des violations graves du droit international humanitaire et du droit sierra-léonais, commis sur le territoire de Sierra Leone depuis le 30 novembre 1996.

1906 Conseil de sécurité des Nations Unies, *Résolution 1503 (2003)*, Doc. S/RES/1503 (2003), 28 août 2003 ; *Résolution 1534 (2004)*, Doc. S/RES/1534 (2004), 26 mars 2004.

1907 Assemblée générale des Nations Unies, *Résolution 57/228 relative au procès des Khmers rouge*, Doc. A/RES/57/228B, 22 mai 2003, Annexe, pp. 2 et ss. Le texte de la résolution est disponible en ligne sur : http://www.un.org/en/ga/search/view_doc.asp?symbol=A/RES/57/228B&Lang=F.

1908 Conseil de sécurité des Nations Unies, *Résolution 1757 (2007)*, Doc. S/RES/1757, 30 mai 2007.

Centrafrique[1909], participent tous de ce modèle[1910]. Tirant les leçons du reproche d'éloignement fait aux tribunaux pénaux internationaux pour l'ex-Yougoslavie et pour le Rwanda, cette solution s'efforce de répondre au besoin de concilier la mobilisation internationale avec l'exigence de proximité de la justice post-conflictuelle. Elle permet de juger les crimes internationaux sur les territoires des États où ils ont été commis, et cela sous le regard vigilant des communautés locales et de la communauté internationale. Non permanent, le mandat des tribunaux pénaux mixtes est limité dans le temps et ne couvre que des situations spécifiques. Ces juridictions sont certes créées ou avalisées par les Nations Unies, mais elles conservent néanmoins leur caractère national[1911]. Mi internes, mi internationales, elles incarnent un mécanisme intermédiaire atypique, mêlant habilement standards internationaux et droits internes, tant au plan organique qu'au plan matériel et procédural. Non seulement les tribunaux pénaux internationalisés appliquent un droit matériel hybride se nourrissant aussi bien des règles du droit international que de celles du droit national des pays concernés[1912], mais encore elles se caractérisent par la mixité de leur composition avec des juges internationaux siégeant aux côtés de juges nationaux[1913]. Ce qui dessine, pour chaque juridiction internationalisée, un cadre organique et normatif singulier plus ou moins déterminé par l'histoire et le contexte politique du pays dans lequel ou pour lequel elle a été créée.

Ainsi, à côté des juridictions pénales internationales à proprement parler et des juridictions nationales exerçant leurs compétences territoriale ou universelle, ces tribunaux pénaux internationalisés ont incontestablement permis d'enrichir le lexique politique de la justice post-crise. Bien que la Francophonie ne se soit pas directement intéressée à ces juridictions *sui generis*, elle en reste néanmoins saisie à un double titre. Premièrement parce que ces juridictions participent du dispositif global de lutte contre l'impunité auquel elle est résolument attachée. Deuxièmement, parce que cette solution a également été expérimentée dans certains États membres de la communauté francophone en vue de saisir judiciairement les violences de masse. Dès lors et pour mieux saisir les défis que posent à la coopération francophone, la question de ces juridictions pénales

---

1909 Loi organique n° 15-003 du 3 juin 2015, portant création, organisation et fonctionnement cour pénale spéciale de la République centrafricaine.

1910 Le Tribunal spécial irakien est exclu de la catégorie des tribunaux pénaux mixtes car il a été créé sur la base d'un acte unilatéral des États-Unis (Coalition provisional authority Order, n° 48, 12 octobre 2003).

1911 SOREL Jean-Marc, « Introduction », *in* ASCENSIO Hervé, LAMBERT-ABDELGAWAD Élisabeth, SOREL Jean-Marc (dir.), *Les juridictions pénales internationalisées : Cambodge, Kosovo, Sierra Leone, Timor Leste, op. cit.*, pp. 11 et ss.

1912 ROMANO Cesare et BOUTRUCHE Théo, « Tribunaux pénaux internationalisés : état des lieux d'une justice hybride », *op. cit.*, p. 111.

1913 CASSESE Antonio, *International Criminal Law*, Oxford, Oxford University Press, 2003, p. 343.

internationalisées comme voies de dépassement des carences des juridictions nationales fragilisées, la démarche nous conduira ici à les jauger telles qu'elles ont été vécues dans les Balkans, au Cambodge et au Liban. A cet égard, l'on remarque que l'internationalisation de la justice nationale dans les États francophones en transition s'est faite conformément à la distinction traditionnelle, soit par la voie conventionnelle (§ 2), soit par la voie d'un acte unilatéral des Nations Unies (§ 1).

§ 1. L'internationalisation par la voie d'un acte unilatéral des Nations Unies

Parmi les juridictions pénales internationalisées par voie d'acte unilatéral des Nations Unies, deux relèvent d'États membres de l'Organisation Internationale de la Francophonie. Il s'agit des panels internationalisés dans les tribunaux du Kosovo (A) et du tribunal spécial pour le Liban (B), qui ont été institués dans des circonstances et pour des raisons totalement différentes. Si dans le premier cas nous sommes en présence d'un tribunal national internationalisé, dans le second nous nous rapprochons davantage d'un tribunal international nationalisé[1914]. En tous les cas, dans l'une ou l'autre de ces hypothèses, l'internationalisation imposée par l'Organisation des Nations Unies (ONU) via son Conseil de sécurité ou via son dispositif d'administration intérimaire des États défaillants[1915], a pour objet de suppléer la justice nationale affaiblie ou décrédibilisée, pour lui permettre de répondre de manière indépendante et impartiale aux attentes des communautés nationale et internationale en matière de lutte contre l'impunité.

A. Le cas des panels internationalisés dans les tribunaux du Kosovo

Dans la Déclaration de Moncton adoptée en 1999, les chefs d'État et de gouvernement des pays ayant en partage l'usage du français ont exprimé leur soutien aux efforts entrepris en vue de faciliter le règlement des conflits qui ont ravagé la région des Balkans[1916]. Mais si la Francophonie a, dans cette perspective, soutenu la mise en place et le fonctionnement du Tribunal pénal international

---

[1914] A propos de la distinction théorique entre tribunaux nationaux internationalisés et tribunaux internationaux nationalisés, voir PAZARTZIS Photini, « Tribunaux pénaux internationalisés : une nouvelle approche de la justice pénale (inter)nationale », *loc. cit.*, pp. 643-651.

[1915] Un État est dit défaillant lorsqu'il « *ne peut plus remplir ses fonctions essentielles et spécialement assurer la sécurité physique de sa population. Il en résulte non seulement des troubles internes mais des prolongements extérieurs (…) de sorte que la paix et la sécurité internationales sont à leur tour menacées* ». SUR Serges, « Sur les États défaillants », *Commentaires*, n° 112, Hiver 2005-2006, pp. 891-899.

[1916] OIF, *Déclaration de Moncton*, VIIIe Conférence des chefs d'État et de gouvernement des pays ayant le français en partage, 5 septembre 1999.

pour l'ex-Yougoslavie, elle n'a en revanche pas expressément investi la question de l'appropriation des enjeux de la lutte contre l'impunité par les juridictions kosovares.

Après l'intervention de l'OTAN au Kosovo de mars à mai 1999[1917], le Conseil de Sécurité de l'ONU a, en vertu des pouvoirs que lui confère le Chapitre VII de la Charte des Nations Unies, adopté le 10 juin 1999, une Résolution afin d'établir une présence internationale civile au Kosovo[1918]. En instituant la Mission d'administration intérimaire des Nations Unies au Kosovo (MINUK)[1919], cette résolution transforma le Kosovo en protectorat onusien jusqu'à la déclaration d'indépendance du 17 février 2008. L'administration intérimaire des Nations Unies était alors habilitée à exercer jusqu'à la mise en place de véritables institutions, la totalité des pouvoirs sur le territoire du Kosovo, y compris en matière d'administration de la justice[1920]. Dès lors et face aux difficultés liées notamment au manque d'infrastructures et de personnel judiciaire compétent[1921], la MUNIK a d'abord essayé avec le soutien de l'OSCE[1922], de reconstruire le système judicaire pénal local, avant de comprendre que, dans le contexte d'un Kosovo ethniquement divisé, il était surtout nécessaire de garantir la neutralité des juges et des procureurs. Ainsi, pour rompre l'image de partialité que renvoyait la justice kosovare et garantir l'équité des procédures, la MINUK avait d'abord proposé, avant d'y renoncer, la création d'un Tribunal des crimes ethniques et de guerre (KWECC)[1923], conçu sur le modèle des TPI *ad hoc*. Finalement, au

---

1917 CORTEN Olivier et DUBUISSON François, « L'hypothèse d'une règle émergente fondant une intervention militaire sur une « autorisation implicite » du Conseil de sécurité », *RGDIP*, n° 4, 2000, pp. 873-910.

1918 Le Kosovo était alors conçu comme un territoire autonome de la Serbie, mais sous administration onusienne.

1919 Conseil de Sécurité des Nations Unies, Résolution 1244 (1999) du 10 juin 1999, Doc. S/RES/1244 (1999). Doctrine : LAGRANGE Evelyne, « La mission intérimaire des Nations Unies au Kosovo : nouvel essai d'administration directe d'un territoire », *AFDI*, 1999, pp. 335-370.

1920 MINUK, *Règlement n° 1999/1 sur l'autorité de l'administration intérimaire au Kosovo*, UNMIK/REG/1999/1, 25 juillet 1999, Section 1, *in* ONU, Conseil de sécurité, *Rapport du Secrétaire général sur la Mission d'administration intérimaire des Nations Unies au Kosovo*, doc. ONU S/1999/87, 16 septembre 1999. Doctrine : STROHMEYER Hansjoerg, « Collapse and reconstruction of a judicial system : The United Nations missions in Kosovo and East Timor », *AJIL*, n° 95, 2001, pp. 46-63 ; RUFFERT Matthias, « The administration of Kosovo and East-Timor by the international community », *ICLQ*, n° 50, 2001, pp. 613-631.

1921 ONU, Conseil de sécurité, *Rapport du Secrétaire général sur la Mission d'administration intérimaire des Nations Unies au Kosovo*, Doc. S/1999/779, 12 juillet 1999, § 66. Doctrine : STAHN Carsten, « The UN transitional administration in Kosovo and East Timor : a first analysis », *Max Planck UNYB*, n° 5, 2001, pp. 174-176 (pp. 105-183).

1922 OSCE Mission in Kosovo, Department on the Human rights and the Rule of Law, Legal System Monitoring Section, *Report 9 on the Administration of Justice*, march 2002, pp. 5-6.

1923 Dans son rapport du 13 décembre 1999, la Technical Advisory Commission on Judiciary and Prosecution Service, établie en vertu du Règlement (MINUK) n° 1999/6 du 7 septembre 1999 et

lendemain des émeutes interethniques de février 2000 et face à la nécessité impérieuse de restaurer la crédibilité de la justice kosovare[1924], l'administration transitoire des Nations Unies décida unilatéralement, par le Règlement 2000/6 du 15 février 2000, d'autoriser la nomination par le Représentant spécial du Secrétaire général, d'un juge international et d'un procureur international, appelés à opérer au sein de l'appareil judiciaire du Kosovo, aux côtés de leurs homologues locaux[1925]. La première juridiction pénale internationale était ainsi créée. Initialement réservée à la Cour régionale de Mitrovica et aux tribunaux relevant de sa compétence territoriale, l'introduction temporaire de juges et procureurs internationaux a par la suite été étendue en mai 2000, tous les tribunaux kosovars[1926]. Cependant, ce dispositif minimaliste n'assurait pas la majorité des juges internationaux, seuls à même d'affranchir véritablement la justice kosovare des pesanteurs ethniques. C'est le Règlement 2000/64 du 15 décembre 2000 qui permit de corriger cette faiblesse[1927]. En assurant désormais dans les panels spéciaux, la majorité des magistrats internationaux[1928], ce règlement a permis de franchir un pas supplémentaire dans la reconstruction d'une justice kosovare indépendante et impartiale.

Les panels spéciaux établis dans les Cours du Kosovo n'ont pas été investis d'une compétence spéciale à l'égard des crimes internationaux. Au-delà des affaires de violations des droits de l'Homme ou de crimes de guerre, ces panels dits du règlement 64 pouvaient connaître de toute affaire ayant des implications politiques, ou susceptibles de faire l'objet d'un traitement partial de la part des juges locaux. Dans l'exercice de leur mandat, ces panels spéciaux s'appuyaient sur les règlements de la MINUK et sur les lois entrées en vigueur avant le 22 mars

---

composée d'experts kosovars et internationaux, recommandait à l'unanimité de ses membres, l'établissement d'un tel tribunal.

1924 ONU, Conseil de sécurité, *Rapport du Secrétaire général sur la Mission d'administration intérimaire des Nations Unies au Kosovo*, Doc. ONU S/2000/538, 6 juin 2000, §§ 59-60.

1925 MINUK, *Règlement n° 2000/6 sur la nomination de juges internationaux et de procureurs internationaux et leur cessation de fonctions*, 15 février 2000.

1926 MINUK, *Règlement 2000/34 portant modification du Règlement 2000/6 sur la nomination de juges internationaux et de procureurs internationaux et leur cessation de fonctions*, 27 mai 2000.

1927 MINUK, *Règlement n° 2000/64 relatif à la désignation de juges/procureurs internationaux et/ou à la délocalisation de certaines affaires*, 15 décembre 2000, *in* ONU, Conseil de sécurité, *Rapport du Secrétaire général sur la Mission d'administration intérimaire des Nations Unies au Kosovo*, 26 mars 2001, p. 9. Désormais le procureur, l'avocat de la défense ou l'accusé lui-même, peuvent demander la nomination d'un procureur ou d'un juge international pour une affaire précise, un changement de lieu, ou la constitution d'un panel de trois juges dont deux sont internationaux lorsqu'ils estiment nécessaire de garantir l'indépendance, l'impartialité ou la bonne administration de la justice. Si cette demande est approuvée, le département des affaires judiciaires peut alors procéder à l'assignation d'un procureur international ou à la création d'un panel.

1928 Les panels étaient composés de trois juges dont deux internationaux.

1989[1929] pour autant qu'elles ne fussent pas contraires aux normes internationales. Les réformes du droit pénal substantiel[1930] et procédural[1931] intervenues dans la première moitié des années 2000, ont permis de renforcer les droits des accusés, ainsi que la protection des victimes et des témoins[1932].

S'il est vrai que ce dispositif a permis de juger nombre de criminels de guerre, son bilan n'est pas pour autant exempt de reproches car l'hybridité des panels spéciaux était vécue à la fois comme une force et comme une faiblesse[1933]. Certes la mixité du personnel et du droit applicable facilitait la réception et la diffusion du droit international, mais elle soulevait simultanément des difficultés dans l'articulation des ordres intégrés. La plupart des juges internationaux avaient une mauvaise connaissance du droit local[1934]. De plus, non seulement les panels spéciaux n'avaient pas une langue de travail commune et souffraient d'un manque crucial de traducteurs qualifiés et crédibles, mais en plus, leur indépendance a même été mise en doute[1935] au point de justifier la création en 2005, d'un Bureau du procureur spécial du Kosovo. En matière de coopération, les rapports avec la Serbie étaient fort limités alors qu'à l'égard du TPIY, ils étaient présentés comme coopératifs et complémentaires. Nonobstant leurs insuffisances, les panels internationalisés au sein des tribunaux du Kosovo ont le mérite d'avoir inaugurer la technique d'internationalisation de la justice locale dans l'espace francophone et au-delà, pour servir les besoins de la lutte contre l'impunité.

Aujourd'hui, bien que le mandat de la MINUK ait été profondément modifié, ainsi que ses effectifs, réduits[1936] depuis la déclaration d'indépendance de 2008 et l'adoption d'une nouvelle constitution le 15 juin 2008, le Kosovo demeure sous administration onusienne. Ceci dit, c'est désormais à la Mission État de droit de l'Union européenne au Kosovo (EULEX) qu'il revient, sous l'autorité de la

---

1929 MINUK, *Règlement n° 1999/24 sur la loi applicable au Kosovo*, 12 décembre 1999.

1930 MINUK, *Règlement n° 2003/25 relatif au Code pénal provisoire du Kosovo*, 6 juillet 2003.

1931 MINUK, *Règlement n° 2003/26 sur le Code de procédure pénale provisoire*, 6 juillet 2003. Ce dispositif a été modifié par le *Règlement n° 2004/19* du 16 juin 2004.

1932 MINUK, *Règlement n° 2001/20 sur la protection des victimes et des témoins*, 20 septembre 2001. Ce dispositif a été modifié par le *Règlement n° 2002/1* du 24 janvier 2002.

1933 ROMANO Cesare et BOUTRUCHE Théo, « Tribunaux pénaux internationalisés : état des lieux d'une justice hybride », *loc. cit.*, p. 123.

1934 Exception faite d'une brève initiation à la vie au Kosovo, les juges internationaux ne recevaient avant leur prise de fonction, aucune formation sur le système juridique kosovar.

1935 Faute de critères de référence clairs dans la sélection des poursuites et au regard du régime statutaire de magistrats internationaux fortement dépendant de l'exécutif de la MINUK, l'impartialité des panels a été questionnée. De nombreux kosovars considèrent que le traitement des crimes du passé a été déséquilibré au profit des serbes.

1936 ONU, Conseil de sécurité, *Rapport du Secrétaire général sur la Mission d'administration intérimaire des Nations Unies au Kosovo*, S/2008/44, 25 janvier 2008 ; S/2008/354, 12 juin 2008 ; S/2008/692, 24 novembre 2008 ; S/2009/300, 10 juin 2009.

MINUK, d'accompagner le fonctionnement des panels internationalisés au sein des juridictions kosovares.

Les négociations en cours au sujet de l'indépendance du Kosovo et de l'exercice de sa pleine souveraineté auront immanquablement un impact décisif sur l'évolution du processus transitionnel. En attendant, la MINUK et les autres partenaires internationaux et régionaux[1937] qui accompagnent le Kosovo doivent s'employer à développer les capacités du système judiciaire national pour lui permettre de poursuivre l'œuvre de justice et de consolider ainsi les efforts de reconstruction de l'État de droit. C'est assurément à l'égard de cette question que la coopération francophone pourrait se mobiliser. Par-delà le soutien au TPIY, le souhait pour la Francophonie de voir sanctionnés les crimes internationaux commis dans les Balkans, commande qu'elle apporte son appui au Kosovo, qu'elle a admis comme membre observateur en novembre 2014[1938], pour lui permettre, à travers les panels internationalisés, de crédibiliser son appareil judiciaire et de relever le défi de la lutte contre l'impunité.

B. Le cas du Tribunal spécial pour le Liban

A l'instar des panels du Kosovo, le Tribunal spécial pour la Liban (TSL)[1939] a, lui aussi, été créé par la voie d'un acte unilatéral des Nations Unies, au terme d'un processus à la fois long et complexe, mais cette fois, dans un contexte strictement distinct.

Au lendemain de l'attentat qui, le 14 février 2005, coûta la vie au Premier ministre libanais, Rafic Hariri, ainsi qu'à une vingtaine d'autres personnes, le Secrétaire général de l'ONU dépêcha à Beyrouth une mission d'établissement des faits, chargée d'enquêter sur les causes, les circonstances et les conséquences de l'attentat. Dans son rapport du 24 mars 2005, cette mission, après avoir exprimé ses doutes sur la capacité des tribunaux libanais à poursuivre et à juger ces actes, recommandait l'organisation d'une enquête internationale indépendante pour rompre la culture de l'impunité à l'égard des nombreux assassinats politiques qui ont entachés l'histoire du Liban depuis son accession à l'indépendance en

1937 L'on peut citer notamment l'Organisation du Traité de l'Atlantique Nord (OTAN) et l'Organisation pour la Sécurité et la Coopération en Europe (OSCE).

1938 Le Kosovo a été admis comme membre observateur de la Francophonie au terme du XVe Sommet des chefs d'État et de gouvernement des pays ayant le français en partage tenu à Dakar du 29 au 30 novembre 2014.

1939 MEOUCHY TORBEY Marie-Denise, *L'internationalisation du droit pénal - Le Liban dans le monde arabe*, Bruxelles, Bruylant, 2007, 504 p. ; LELARGE Aurélia, « Le tribunal spécial pour le Liban », *AFDI*, 2007, vol. 53, pp. 397-428.

1943[1940]. Sur cette base, le Conseil de sécurité des Nations Unies mit en place le 7 avril 2005, une Commission d'enquête internationale chargée d'aider l'État libanais à faire la lumière sur tous les aspects de cet acte terroriste[1941]. Alors que l'enquête suivait son cours, le gouvernement libanais et le Secrétaire Général des Nations Unies initièrent, après les attentats de décembre 2005, des négociations en vue de l'institution d'un Tribunal spécial pour le Liban. Le principe de la mise en place d'un tel tribunal fut approuvé le 23 novembre 2006 et un accord fut alors signé à cette fin le 6 février 2007 entre l'ONU et le gouvernement libanais. Seulement, les tergiversations du Parlement libanais au sujet de la ratification de cet accord poussèrent le Conseil de sécurité à décider unilatéralement, par la résolution 1757(2007) du 30 mai 2007, de la création du Tribunal spécial pour le Liban[1942]. En dépit de l'accord obtenu le 10 juin 2007, ce tribunal procède au fond, d'un acte unilatéral du Conseil de sécurité, agissant ici encore en vertu du Chapitre VII de la Charte des Nations Unies. Si le Liban ne pouvait être à proprement parler considéré comme un État défaillant à ce moment-là, c'est la récurrence des blocages institutionnels et des crises politiques qui justifia le recours à une telle voie. Il s'agit dans tous les cas d'un tribunal pénal internationalisé et cela s'observe à plusieurs niveaux. Le Statut organique du tribunal a été formalisé dans un texte international à caractère contraignant[1943]. Il organise la mixité de la juridiction aussi bien dans sa composition[1944], qu'à l'égard du droit applicable[1945]. Financé à 49% par le gouvernement libanais et à 51% par

---

1940 Après 15 ans (1975-1990) de guerre civile et 15 ans (1990-2005) de « tutelle » syrienne, l'État est faible et ne dispose pas d'un appareil judiciaire suffisamment outillé pour poursuivre les auteurs de ces actes. De plus, les lois d'amnistie adoptées par les autorités libanaises en 1991 et en 2005 empêchaient d'engager des poursuites judiciaires contre les responsables des assassinats politiques et d'autres crimes graves. Voir Conseil de sécurité des Nations Unies, *Rapport du Secrétaire général sur la création d'un tribunal spécial pour le Liban*, S/2006/176, 20 mars 2006 ; S/2006/893, 15 novembre 2006.

1941 Conseil de sécurité des Nations Unies, *Résolution 1595 (2005) portant création de la Commission internationale d'enquête indépendante pour le Liban*, Doc. S/RES/1595 (2005), 7 avril 2005 (http://www.un.org/fr/documents/view_doc.asp?symbol=S/RES/1595%20(2005)).

1942 Conseil de sécurité des Nations Unies, *Résolution 1757 (2007)*, Doc. S/RES/1757, 30 mai 2007. L'accord entre l'Organisation des Nations Unies et la République libanaise sur la création d'un Tribunal spécial pour le Liban et Statut du Tribunal spécial pour le Liban ont été annexés à la résolution.
En ligne : http://www.un.org/fr/documents/view_doc.asp?symbol=S/RES/1757%20(2007).

1943 FADY Fadel, « Les raisons du recours à un tribunal ad hoc : le cas du Tribunal Spécial pour le Liban », *in* DONIER Virginie et LAPEROU-SCHNEIDER Béatrice, *L'accès au juge, Recherche sur l'effectivité d'un droit*, Bruylant, Bruxelles, 2013, pp. 219-220 (1000 p.).

1944 Le Tribunal se compose d'un personnel à la fois libanais et international. Sa chambre de première instance compte deux juges internationaux sur trois, alors que sa chambre d'appel en compte trois sur cinq. De plus, le procureur, le greffier, le chef du bureau de la défense et le juge de la mise en l'état sont tous des acteurs internationaux.

1945 Si le Tribunal spécial pour le Liban n'est compétent que pour connaître du crime de terrorisme, tel que défini dans le droit pénal libanais (article 2 du Statut du TSL), il applique en matière procédurale, des normes et principes relevant à la fois du droit international et du droit pénal libanais. La prééminence

les contributions volontaires des États[1946], le Tribunal spécial pour le Liban ne siège pas sur le territoire libanais, mais est installé depuis le 17 août 2007 à la Haye, aux Pays-Bas[1947]. De ce point de vue, il ne répond guère à l'exigence de proximité et de légitimité qui préside généralement à la création des tribunaux mixtes. Si pour toutes ces raisons, le Tribunal spécial pour le Liban s'apparente davantage à une juridiction internationale nationalisée[1948], il se distingue néanmoins par son objet, de tous les autres tribunaux pénaux internationaux[1949]. Alors que traditionnellement les crimes relevant de la compétence des tribunaux mixtes sont commis dans le cadre d'un conflit armé, ceux relevant de la compétence du Tribunal spécial pour le Liban ont été perpétrés en temps de paix[1950]. Pour la première fois dans l'histoire de la campagne internationale de lutte contre l'impunité, un acte terroriste justifiait la création d'une juridiction pénale internationalisée[1951]. A cet égard, la compétence du Tribunal spécial pour le Liban ne se limite pas à l'attentat qui a causé la mort de l'ancien Premier ministre Rafik Hariri ; elle s'étend également aux attentats terroristes perpétrés au Liban entre le 1er octobre 2004[1952] et le 12 décembre 2005[1953], ainsi que le cas échéant, à ceux commis après 2005, pour autant qu'ils aient un lien de connexité avec le premier[1954]. La coopération francophone, bien qu'elle n'ait pas directement exprimé son soutien à l'égard du Tribunal spécial pour le Liban, a

du droit libanais a été confirmée par la Chambre d'appel du Tribunal (TSL, décision du 16 février 2011, affaire n° STL-11-01/1).

1946 Depuis la création du tribunal, sur les vingt-huit (28) pays ayant contribué à son financement, plusieurs appartiennent à la communauté francophone. Il s'agit notamment de l'Autriche (observateur), Belgique, Canada, Croatie (observateur), Ex-République yougoslave de Macédoine, France, Hongrie (observateur), Luxembourg, République tchèque (observateur), Uruguay (observateur). Voir : Tribunal spécial pour le Liban, *Sixième rapport annuel 2014-2015*, p. 27.

1947 Contrairement au principe suivant lequel le tribunal pénal internationalisé doit siéger dans l'État sur le territoire duquel ont été commis les crimes relevant de sa compétence, le Tribunal spécial pour le Liban et le Tribunal spécial pour la Sierra Leone ont été installé aux Pays Bas pour des raisons sécuritaires.

1948 PAZARTZIS Photini, « Tribunaux pénaux internationalisés : une nouvelle approche de la justice pénale (inter)nationale », *loc. cit.*, pp. 643-651.

1949 AZAR Aïda, « Le tribunal spécial pour le Liban : une expérience originale ? », *RGDIP*, 2007/3, pp. 643-658

1950 BEAUCHARD Jean-Baptiste, « Le tribunal spécial pour le Liban, les paradoxes d'une justice en quête de vérité », *Moyen-Orient*, janvier-mars 2011, n° 9, p. 68-71.

1951 MEGRET Frédéric, « Une justice pénale internationalisées pour juger le terrorisme : réflexion à propos du tribunal spécial pour le Liban », *in* SOREL Jean-Marc et ZASOVA Sveltana (dir.), *Vers une internationalisation du jugement des actes de terrorisme international*, Paris, Pedone, 2011, pp. 85-110

1952 Attentat contre Marwan Hamadé, ancien ministre libanais de l'économie.

1953 Assassinat du député libanais anti-syrien Gebrane Tunéni.

1954 Dans ce cas, l'extension du mandat du tribunal doit faire l'objet d'un accord entre le gouvernement libanais et le Conseil de sécurité des Nations unies.

régulièrement affirmé sa mobilisation en faveur de la lutte contre le terrorisme[1955] et la lutte contre l'impunité. Ce faisant, elle se trouve nécessairement liée à ce tribunal puisqu'il a été créé pour lutter contre l'impunité d'actes terroristes commis dans un Etat francophone.

Conçu pour être indépendant et impartial[1956], le Tribunal spécial pour le Liban s'appuie sur une structure et sur une organisation respectueuse des droits de la défense[1957]. Depuis le début de ses travaux le 1er mars 2009, ce tribunal mixte a, hormis les affaires d'outrage[1958], instruit plusieurs affaires. La première concerne Salim Jamil Ayyash, Mustafa Amine Badreddine, Hussein Hassan Oneissi, Assad Hassan Sabra et Hassan Habib Merhi[1959], poursuivis à raison de leur implication dans l'attentat du 14 février 2005. Ouvert le 16 janvier 2014, le procès par contumace de ces cinq co-accusés est toujours en cours[1960]. Trois affaires ont été déclarées connexes et font actuellement l'objet d'enquêtes de la part du Bureau du Procureur. Il s'agit des tentatives d'assassinat de l'ancien ministre de l'économie Marwan Hamadeh (1er octobre 2004) et de l'ancien ministre de la défense Elias El-Murr (12 juillet 2005) et de l'assassinat le 21 juin 2005 de George Hawi, ancien dirigeant du parti communiste libanais. La procédure contre l'ancien général Jamil El Sayed se trouve quant à elle, depuis plus de deux ans, au stade de la mise en état.

Nonobstant l'évolution de son activité judiciaire, le tribunal spécial pour le Liban connaît des limites dans l'exercice de son mandat. S'il est vrai par exemple que les victimes peuvent participer à la procédure devant ce tribunal[1961], elles ne peuvent cependant pas obtenir de réparation de sa part[1962]. L'autre faiblesse du tribunal est que son Statut ne prévoit aucune disposition neutralisant les immunités. Ce qui a pour effet de mettre de droit comme de fait, certains

---

1955 OIF, *Déclaration de Paris*, IVe Conférence des ministres francophones de la justice, 14 février 2008 ; *Déclaration de Montreux* ; *Résolution sur les actes terroristes*, XIIIe Conférence des chefs d'État et de gouvernement des pays ayant le français en partage, Montreux, 24 octobre 2010 ; *Résolution sur le terrorisme*, XVe Conférence des chefs d'État et de gouvernement des pays ayant le français en partage, Dakar, 30 novembre 2014.

1956 Il n'y a en théorie aucun lien matériel ou fonctionnel direct entre le Conseil de sécurité de l'ONU et le Tribunal spécial pour le Liban.

1957 Le Tribunal spécial pour le Liban dispose d'un organe indépendant chargé de s'assurer que les avocats font valoir véritablement les droits des accusés. Lire FADY Fadel, « Les raisons du recours à un tribunal ad hoc : le cas du Tribunal Spécial pour le Liban », *loc. cit.*, pp. 224-225.

1958 http://www.stl-tsl.org/fr/the-cases/contempt-cases

1959 L'affaire Hassan Habib Merhi a été jointe à celle des quatre premiers par une décision orale de la chambre de première instance du 11 février 2014.

1960 La procédure par défaut a été engagée par la Chambre de première instance en application de l'article 22 du Statut du tribunal et de l'article 106 de son Règlement de procédure et de preuve. Voir l'Affaire Ayyash et autres (STL-11-01).

1961 Article 17 du Statut du Tribunal spécial pour le Liban.

1962 Article 25 du Statut du Tribunal spécial pour le Liban.

commanditaires à l'abri de sa juridiction[1963]. Ce tribunal ne résiste donc pas non plus au grief de la sélectivité. Certes l'on ne peut que souscrire à l'idée selon laquelle le terrorisme doit être réprimé avec fermeté, mais à l'inverse l'on ne peut aussi que regretter le fait que la compétence matérielle du tribunal spécial pour le Liban ne s'exerce qu'à l'égard d'une série de crimes terroristes ponctuels, alors que les conflits qui ont frappé le pays d'abord de 1975 à 1990, puis en 2006 ont été bien plus meurtriers[1964].

Dans tous les cas, par-delà ses difficultés, le tribunal spécial pour le Liban se doit de révéler de défi de la lutte contre l'impunité du terrorisme. En s'attachant à dire le droit de manière objective et équitable, il contribuera assurément au rétablissement de l'État de droit au Liban. Mais à l'instar des autres tribunaux pénaux mixtes, le tribunal spécial pour le Liban est une institution provisoire. Après une première prolongation le 22 février 2012, le mandat du tribunal a été de nouveau prolongé par le Secrétaire général des Nations Unies pour trois ans à partir du 1er mars 2015. Le Tribunal spécial pour le Liban poursuivra donc ses activités jusqu'en mars 2018. Pour le succès de sa mission, ce tribunal a sans doute encore besoin du soutien de la communauté universelle des États, mais aussi de l'appui de l'Organisation Internationale de la Francophonie. La solidarité francophone pourrait alors en la matière, en plus des engagements de principe, prendre la forme d'un plaidoyer auprès des États membres pour les inviter non seulement à coopérer avec le tribunal spécial pour le Liban, mais encore à renforcer leur contribution au financement de ses activités.

Si au Kosovo comme au Liban l'internationalisation de la justice pénale a été plus ou moins imposée pour répondre à un besoin concret de sécurité immédiate, dans d'autres États membres de la communauté francophone, elle s'est en revanche opérée par la voie d'un accord bilatéral.

§ 2. L'internationalisation par la voie d'un accord bilatéral

L'hybridation des juridictions nationales aux fins de leur permettre de contribuer, par la répression des crimes graves, à la reconstruction de l'État de droit, procède la plupart du temps d'un accord international conclu entre les Nations Unies et les États concernés. Dans l'espace francophone, deux systèmes

---

1963 Toute inculpation susceptible de menacer l'équilibre politique encore précaire semble vouée à l'échec. Voir SOREL Jean Marc, « Les tribunaux mixtes ou hybrides », *in* ASCENCIO Hervé, DECAUX Emmanuel et PELLET Alain, (dir.), *Droit international pénal*, Paris, Pedone, 2012, p. 841.

1964 Amnesty International, *Le tribunal spécial pour le Liban : une justice sélective ?*, St Pieters-Leeuw, Les Éditions Francophones d'Amnesty International (EFAI), 2009, Disponible en ligne sur : https://www.amnesty.org/fr/documents/MDE18/001/2009/fr/. Voir aussi BILALA Anne-Yolande, *Le tribunal spécial pour le Liban : une juridiction d'un genre nouveau*, Paris, Connaissances et Savoirs, 2014, pp. 81-82.

judiciaires nationaux ont été internationalisés par cette voie. Il s'agit des Chambres extraordinaires au sein des tribunaux cambodgiens (A) et de la Chambre spéciale pour les crimes de guerre au sein de la Cour d'État de Bosnie-Herzégovine (B).

A. L'expérience des Chambres extraordinaires au sein des tribunaux cambodgiens

Intégrées depuis 2006 au sein du système judiciaire national du Cambodge, les Chambres extraordinaires[1965] représentent dans l'ordre chronologique, après les panels spéciaux du Kosovo, la deuxième incarnation du phénomène des juridictions pénales internationalisées dans l'espace francophone. C'est en juin 1997 que le gouvernement cambodgien sollicita[1966] l'appui des Nations Unies pour la répression des crimes graves commis par le régime des khmers rouges entre 1975 et 1979[1967]. Après que l'Assemblée Générale des Nations Unies eut pris la mesure de l'enjeu dans sa résolution 52/135 du 12 décembre 1997 sur la situation des droits de l'Homme au Cambodge, un groupe d'expert fut mis en place en juillet 1998 afin d'évaluer les éléments de preuve disponibles, d'apprécier la possibilité de traduire les dirigeants khmers rouges en justice et d'étudier les options qui s'offraient pour ce faire, devant une juridiction internationale ou nationale. Ce groupe de travail recommanda alors, au regard des doutes sur l'indépendance du pouvoir judiciaire cambodgien, la création d'un tribunal pénal international *ad hoc* pour juger les responsables khmers rouges[1968]. Mais cette solution fut rejetée par le gouvernement cambodgien. Néanmoins, trois mois plus tard, le Premier ministre Hun Sen sollicita à nouveau auprès du Secrétaire général

---

1965 BOYLE David, « Quelle justice pour les Khmers rouges ? », *RTDH*, n° 40, 1999, pp. 773-825 ; « Une juridiction hybride chargée de juger les Khmers rouges », *Droits fondamentaux*, n° 1, juillet-décembre 2001, pp. 213-227 (disponible en ligne sur : http://droits-fondamentaux.u-paris2.fr/sites/default/files/publication/une_juridiction_hybride_chargee_de_juger_les_khmers_rouges.pdf) ; *Les Nations Unies et le Cambodge : 1975-2004, la paix et la justice dans la balance*, Thèse dactylographiée de doctorat de droit, Paris II, 2004, 820 p. ; ALIE Maryse, « Les chambres extraordinaires établies au sein des tribunaux cambodgiens pour juger les hauts responsables Khmers rouges », *RBDI*, 2005, pp. 583-621 ; POISSONNIER Ghislain, « Les chambres extraordinaires au sein des tribunaux cambodgiens », *Journal du droit international*, 2007, pp. 85-102.

1966 La demande a été exprimée le 21 juin 1997 par les deux premiers ministres cambodgiens de l'époque : Norodom Ranadih et Hun Sen.

1967 Entre le 17 avril 1975 et le 7 janvier 1979, période correspondant à la république du Kampuchéa démocratique, au cours de laquelle près d'un quart de la population cambodgienne a péri par suite de faim, de torture, d'exécution et de travail forcé. La guerre civile qui s'ensuit s'achève en 1998, avec le démantèlement de toutes les structures politiques et militaires des Khmers rouges.

1968 ONU, « Rapport du groupe d'experts pour le Cambodge créé par la Résolution 52/135 de l'Assemblée générale », *in* Assemblée Générale, Conseil de sécurité, *Question relative aux droits de l'Homme*, Doc. A/53/850, Doc. S/1999/231, 16 mars 1999, Annexe, § 148. Disponible en ligne sur : http://www.trial-ch.org/fileadmin/user_upload/documents/un_experts_cambodia_f.pdf.

des Nations Unies, une expertise internationale afin d'assister son gouvernement dans l'élaboration d'une loi relative à la création d'un tribunal spécial cambodgien. L'ONU et le gouvernement cambodgien entamèrent sur cette base, des négociations. Alors qu'un consensus semblait avoir été trouvé en juillet 2000, les autorités cambodgiennes adoptèrent en août 2001, une loi[1969] dont les dispositions n'étaient pas entièrement conformes aux termes du projet de Mémorandum relatif à la coopération internationale avec des Chambres extraordinaires au sein des tribunaux cambodgiens. Face à ce blocage, le Secrétaire général décida, en février 2002, de retirer les Nations Unies des négociations[1970]. Mais, par sa résolution 57/228 du 18 décembre 2002, l'Assemblée générale priait le Secrétaire général de reprendre les négociations avec le gouvernement cambodgien en vue de conclure un accord sur la base de la loi cambodgienne du 10 août 2001. Ces négociations aboutirent le 22 mai 2003, à l'adoption par l'Assemblée générale de la résolution 57/228B, approuvant le projet d'accord adopté le 17 mars 2003 entre l'ONU et le Cambodge[1971]. La résolution fut suivie le 6 juin 2003, de la signature d'un accord bilatéral entre le gouvernement royal du Cambodge et les Nations Unies, dont l'objet était la création au sein des tribunaux cambodgiens, de Chambres extraordinaires fonctionnant avec la participation de juges non cambodgiens et suivant les standards internationaux en matière procédural[1972]. L'accord de 2003 ne fût ratifié par le Cambodge que le 19 octobre 2004. La loi de 2001 portant établissement des Chambres extraordinaires fût alors amendée le 27 octobre 2004 afin de mettre le droit cambodgien en conformité avec ses engagements internationaux[1973].

Par-delà l'apparent chevauchement des sources[1974], ce tribunal pour la mémoire des crimes des khmers rouges est au fond une juridiction nationale internationalisée. Instituées au sein du système judiciaire cambodgien plus de vingt ans après la commission des crimes relevant de leur compétence, ces

---

1969 Law on the Establishment of extraordinary Chambers in the Courts of Cambodia for the prosecution of crimes committed during the period of democratic Kampuchea, NS/RKM/0801/12, 10 août 2001.

1970 BOYLE David et LENGRAND Julie, « Le retrait des négociations pour un tribunal mixte au Cambodge : Les Nations Unies avaient-elles véritablement le choix ? », *Actualité et Droit International*, mars 2002. En ligne sur : http://www.ridi.org/adi/articles/2002/200203bol.pdf.

1971 Assemblée générale des Nations Unies, *Résolution 57/228 relative au procès des Khmers rouge*, Doc. A/RES/57/228B, 22 mai 2003.
En ligne : http://www.un.org/en/ga/search/view_doc.asp?symbol=A/RES/57/228B&Lang=F.

1972 *Ibid.*, Annexe, pp. 2 et ss.

1973 Loi n° NS/RKM/1004/006 du 27 octobre 2004 relative à la création des Chambres extraordinaires au sein des tribunaux du Cambodge pour la poursuite des crimes commis durant la période du Kampuchéa démocratique (http://www.eccc.gov.kh/sites/default/files/legal-documents/ECCC_law_2004_French.pdf).

1974 LAMBERT-ABDELGAWAD Élisabeth, « Quelques brèves réflexions sur les actes créateurs des tribunaux pénaux internationalisés », *loc. cit.*, p. 44.

chambres extraordinaires, contrairement à la plupart des tribunaux internationalisés, n'ont pas été mises en place dans le contexte d'une urgence sécuritaire ou d'une crise humanitaire grave. Elles n'ont donc pas été imposées par les Nations Unies. Au contraire, elles ont été créées par le droit interne cambodgien avant d'être internationalisées par l'accord de 2003, organisant en la matière, la coopération entre l'Organisation des Nations Unies et le gouvernement royal du Cambodge. Ces chambres hybrides s'appuient sur des organes composés à la fois de personnels cambodgiens et internationaux[1975] et appliquant, aussi bien les normes du droit international que les lois cambodgiennes[1976]. Sur les treize (13) magistrats étrangers désignés pour officier au sein de ces Chambres[1977], quatre (4) sont issus de l'espace francophone[1978]. Ici encore, la mixité des magistrats permet non seulement de renforcer la légitimité locale des Chambres, mais aussi de garantir leur crédibilité.

1975 La chambre préliminaire et la chambre de première instance sont composées chacune de cinq juges dont deux internationaux alors que la chambre d'appel est composée de sept juges dont trois internationaux (articles 3§2 et 7 du Statut du Tribunal). Les 3 chambres sont présidées par des juges cambodgiens. Leurs décisions sont prises à l'unanimité ou à défaut, à une majorité comprenant au moins un juge international (articles 4 et 7 du Statut du Tribunal). Fonctionnant selon le système inquisitoire (article 23 du Statut du Tribunal), les chambres disposent de deux procureurs (l'un cambodgien et l'autre international - article 6 du Statut du Tribunal) et de deux juges d'instruction (l'un cambodgien et l'autre international – article 5 du Statut du Tribunal). Les procureur et juge d'instruction internationaux sont à l'instar de leurs homologues cambodgiens nommés par le suprême de la magistrature du Cambodge, mais en ce qui les concerne, sur proposition du Secrétaire Général des Nations Unies (article 5§5 et 6§5 du Statut du Tribunal). Le greffe ou bureau de l'administration et dirigé par un cambodgien qui est assisté d'un directeur adjoint international, nommé par le Secrétaire Général des Nations Unies (article 8 du Statut du Tribunal).

1976 En ce qui concerne la compétence matérielle, elle porte à la fois sur des crimes définis par le droit cambodgiens (homicide, torture, persécution religieuse, destruction de propriété culturelle, tels que définis dans le code pénal cambodgien (article 3 de la loi de 2004)) et sur des crimes internationaux (crimes de guerre ; crimes contre l'humanité ; génocide tels que définis dans les textes internationaux et les statuts des tribunaux pénaux internationaux ; infractions graves aux conventions de Genève de 1949 ; destruction de propriétés culturelles contraires à la Convention de la Haye de 1954 relative à la protection des biens culturels en temps de conflit armé ; crimes contre les personnes internationalement protégées en vertu de la Convention de Vienne sur les relations diplomatiques de 1961). La procédure est régie par le droit cambodgien (articles 23 et ss., 34 et 35 de la loi cambodgienne de 2004) reconnaissant les droits de la défense, avec en cas de lacune, la possibilité de recourir aux règles de procédures de référence au niveau international. Parce que le tribunal se nourrit essentiellement d'un droit d'inspiration romano germanique, une place importante accordée à la victime. Enfin, à l'instar du tribunal spécial pour la Sierra Leone, les Chambres extraordinaires au sein des tribunaux cambodgiens rejettent les immunités de juridiction ainsi que la justification tirée de l'ordre supérieur. Elles excluent les grâces et amnisties, et ne peuvent prononcer comme peine maximale que l'emprisonnement à perpétuité.

1977 Deux en chambre préliminaire, trois en première instance, quatre en appel, un procureur et deux juges d'instruction.

1978 Il s'agit de Agnieszka Klonowiecka-Milart (Pologne), nommée pour siéger au sein de la Chambre extraordinaire de la Cour suprême ; de Jean-Marc Lavergne (France) et de Claudia Fenz (Autriche) siégeant au sein de la Chambre préliminaire ; de Olivier Beauvallet (France), exerçant la fonction de co-juge d'instruction suppléant. Voir sur ce point, le décret royal portant nomination des juges sur le site : http://www.cambodia.gov.kh/krt/pdfs/Royal %20Decree % 20appointing % 20Judges % 20etc.pdf.

Quoique la Francophonie ne se soit pas expressément mobilisée en faveur de ces Chambres, elle paraît naturellement attachée à leur défi, non seulement parce qu'il consiste à assurer de manière indépendante et efficace, la lutte contre l'impunité de crimes graves, mais encore parce qu'il s'inscrit dans la dynamique de la reconstruction de l'État de droit dans l'un de ses États membres[1979]. Elle se doit donc de suivre avec attention leur activité judiciaire.

Officiellement installées à Phnom Penh le 3 juillet 2006, les Chambres extraordinaires au sein des tribunaux cambodgiens sont compétentes pour juger les hauts dirigeants du Kampuchéa démocratique et les principaux responsables des graves violations du droit pénal cambodgien, des règles et coutumes du droit international humanitaire, ainsi que des conventions internationales reconnues par le Cambodge, commis durant la période du 17 avril 1975 au 6 janvier 1979[1980]. Les premiers procès de ce tribunal ne s'ouvrirent qu'en février 2009, c'est-à-dire une trentaine d'années après la commission des crimes relevant de la juridiction des Chambres. Même si la lente apparition de ce tribunal n'a pas permis de juger un certain nombre de dirigeants Khmers rouges dont Pol Pot[1981], décédés dans l'intervalle, nombre de hauts responsables du régime des Khmers rouges répondent aujourd'hui de leurs atrocités devant les chambres. A ce jour, huit personnes ont fait l'objet de poursuites. Kaing Guek Eav alias « *Duch* », ancien chef de la prison de Tuol Sleng dite « S21 » à Phnom Penh de 1975 à 1979, a été inculpé le 31 juillet 2007 et son procès s'est ouvert le 17 février 2009. Le 26 juillet 2010, le tribunal spécial pour le Cambodge a rendu son premier verdict en le condamnant à trente-cinq (35) ans de prison pour meurtre, torture et crime contre l'humanité. Cette décision portée en appel par les co-procureurs et les parties civiles a été confirmée et aggravée le 3 février 2012 par une peine de réclusion à perpétuité. Dans le dossier n° 002, les poursuites contre Ieng Sary[1982] et son épouse Ieng Thirith[1983] ont été abandonnées. Dans ce dossier, seuls Khieu Samphan et Nuon Chea, respectivement ancien chef d'État et ancien premier

---

1979 Le Cambodge a été admis au sein de la Francophonie en tant qu'observateur en 1991, puis en tant que membre plein en 1993.

1980 Article 1er de l'accord entre l'Organisation des Nations Unies et le Gouvernement royal cambodgien concernant la poursuite, conformément au droit cambodgien, des auteurs des crimes commis pendant la période du Kampuchea démocratique.

1981 Il s'agit par exemple de Son Sen, de Yun Yat, de Thiounn Thioeunn, de Ta Mok et de Ke Pauk. Les poursuites dirigées contre Pol Pot ont également été abandonnées en raison de son décès en 1998.

1982 Condamné en 1979 par des tribunaux cambodgiens puis gracié par le Prince Norodom Sihanouk, Ieng Sary avait au mépris au principe *non bis in idem*, été renvoyé en jugement devant les Chambres extraordinaires. Dans tous les cas, les poursuites engagées contre cet ancien vice-premier ministre et ancien ministre des Affaires étrangères ont été abandonnées suite à son décès le 14 mars 2013.

1983 Les poursuites à l'encontre Ieng Thirith, épouse de Ieng Sary et ancienne ministre des affaires sociales ont été disjointes en novembre 2011, puis abandonnées en 2012 en raison de maladie neurodégénérative dont elle souffre et qui la rend inapte à être jugée. Remise en liberté le 16 septembre 2012, Ieng Thirith est actuellement sous le régime du contrôle judiciaire.

ministre du Kampuchéa démocratique ont fait l'objet de jugement. Le 7 août 2014, ces deux co-accusés ont été condamnés chacun, par la Chambre de première instance, à la réclusion criminelle à perpétuité pour crimes contre l'humanité. Ils font actuellement l'objet d'un second procès pour génocide, mariages forcés et viols. Dans le dossier n° 003, Meas Muth a été mis en examen *in abstentia* le 3 mars 2015 pour homicide, crimes contre l'humanité, meurtre, extermination, réduction en esclavage et persécution pour des motifs politiques et ethniques. Enfin, dans le cadre du dossier n° 004, ce sont Im Chaem, ancienne chef du district de Preah Net Preah et son collaborateur Ao An qui ont été inculpés le 27 mars 2015 pour assassinats et crimes contre l'humanité.

Pour autant, nonobstant leur contribution à la répression des crimes du régime des khmers rouges, les Chambres extraordinaires au sein des tribunaux cambodgiens souffrent d'un certain nombre de faiblesses statutaires et contextuelles. La procédure mêlant à la fois des procédés du système accusatoire et du modèle inquisitoire se révèle lente et lourde. Le Français est certes reconnu comme une langue de travail, mais en pratique les documents ne sont que très rarement traduits en français ou même en khmer. Même si les victimes ont le droit de participer aux procès et de se constituer parties civiles[1984], elles rencontrent en pratique, en raison de leur grand nombre[1985], des difficultés dans leur représentation. De plus, les réparations auxquelles elles peuvent prétendre ne revêtent de manière générale, qu'un caractère moral et collectif. Par ailleurs, de plus en plus contestées par les autorités politiques[1986], les chambres extraordinaires sont elles-mêmes régulièrement questionnées dans leur opportunité et dans leur capacité réelle à favoriser la réconciliation et de pacification du pays. Dans un contexte où la paix civile n'a été véritablement obtenue au début des années 1990, que sur fond d'amnistie et de réintégration des khmers rouges, la plupart des plaies restent hélas encore ouvertes.

1984 Les CETC reconnaissent aux victimes le droit de participer aux procès en se constituant parties civiles En vertu de la Règle 23 § 3 du Règlement intérieur des Chambres, environ 4000 victimes se sont constituées parties civiles lors du procès de l'ancien Premier ministre Nuon Chea (Dossier n° 002). Leur nombre croissant est le signe des attentes et aspirations de la population.

1985 Voir SIMONNEAU-FORT Élisabeth, « Le droit des victimes devant les chambres extraordinaires au sein des tribunaux cambodgiens », *Gazette du Palais*, 29 décembre 2011, n° 363, pp. 27-29 ; UNG Boun-Hor, « Le drame cambodgien : des victimes en quête de justice », *in* GABORIAU Simone et PAULIAT Hélène, *La justice pénale internationale*, Limoges, PULIM, Entretiens d'Aguesseau, 2002, 614 p. ; FIDH, *Les droits des victimes devant les chambres extraordinaires au sein des tribunaux cambodgiens (CETC), Un bilan en demi-teinte pour les parties civiles*, Paris, FIDH, 2012, 66 p. ; GRECIANO Philippe, « Paix et reconstruction en Asie du Sud-Est : l'histoire du Cambodge devant les juges », *Gazette du Palais*, 29 décembre 2011, n° 363, pp. 23-26.

1986 Pour le chef de l'État cambodgien, Hun Sen, les chambres extraordinaires sont une perte de temps et d'argent. Pour lui, si jugement crédible et impartial il doit y avoir, alors les Nations Unies, ainsi que tous les États ayant soutenu le régime des khmers rouges jusqu'en 1991, devraient être également jugés. Voir, VERGES Jacques, « Une justice internationale ? », *loc. cit.*, p. 12.

Plus de trente ans après la chute du régime des khmers rouges et six ans après l'internationalisation de la justice cambodgienne, la question de la justice transitionnelle se pose toujours avec acuité au Cambodge. En baisse d'intérêt, l'activité des Chambres n'est pas soutenue par les pouvoirs publics cambodgiens. Pour que les Chambres puissent contribuer à replacer les droits de l'Homme et la dignité humaine au cœur de la société cambodgienne, elles doivent être clairement soutenues dans l'exercice de leur mission, tant par le gouvernement cambodgien, que par la communauté internationale. L'Organisation Internationale de la Francophonie qui, depuis plusieurs années, s'efforce d'accompagner les dynamiques nationales de lutte contre l'impunité et de recherche de la vérité, pourrait à cet égard jouer un rôle majeur, tant par son plaidoyer que par son observation permanente des pratiques de la démocratie et de l'État de droit. C'est une démarche qui, au-delà du Cambodge, pourrait s'adresser à la Bosnie Herzégovine, elle aussi engagée avec le soutien des Nations Unies, sur le chemin de la lutte contre l'impunité des crimes de guerre.

B. L'expérience de la Chambre spéciale pour les crimes de guerre au sein de la Cour d'État de Bosnie-Herzégovine

S'il est vrai que la Francophonie, au soutien de son engagement en faveur de la paix et de la lutte contre l'impunité dans les Balkans[1987], a appuyé la mise en place du tribunal pénal international pour l'ex-Yougoslavie, elle est en revanche restée silencieuse sur la question de l'appropriation des enjeux de la justice par les tribunaux bosniaques. Ce silence est sans doute lié au fait que la Bosnie-Herzégovine ne faisait pas encore partie des membres observateurs de la Francophonie, au moment de l'internationalisation de sa justice pénale.

La Chambre spéciale pour crimes de guerre instituée auprès de la Cour d'État de Bosnie-Herzégovine est la seconde juridiction pénale internationalisée établie dans le cadre de la lutte contre l'impunité et la reconstruction de l'État de droit dans les Balkans. Quoique géographiquement et contextuellement proche de la situation kosovare, l'expérience de la Bosnie-Herzégovine s'en démarque à plusieurs titres. Contrairement aux panels spéciaux institués au Kosovo par la voie d'un acte réglementaire de l'administration intérimaire des Nations Unies, la Chambre spéciale pour les crimes de guerre de Bosnie-Herzégovine n'a pas été imposée par les instances de la tutelle internationale. Sa mise en place obéit très clairement à une logique spécifique, s'inscrivant quant à elle dans le cadre de la stratégie d'achèvement des travaux du tribunal pénal international pour l'ex-Yougoslavie. Proposée conjointement en février 2003 par le tribunal pénal

---

1987 OIF, *Déclaration de Moncton*, VIIIe Conférence des chefs d'État et de gouvernement des pays ayant le français en partage, 5 septembre 1999.

international pour l'ex-Yougoslavie et par le Bureau du Haut-Représentant chargé de surveiller et de coordonner la mise en application de tout le volet civil des Accords de Dayton[1988], l'idée de la création au sein de la division criminelle de la Cour d'État de la Bosnie-Herzégovine, d'une section chargée de poursuivre les auteurs de violations les plus graves du droit international humanitaire commises sur le territoire bosniaque, a été acceptée par le Comité directeur du Conseil de mise en œuvre de la paix[1989] le 12 juin 2003. Le Conseil de sécurité de l'ONU l'a ensuite approuvée dans sa résolution 1503 (2003) du 28 août 2003[1990]. Face à la masse des crimes contrastant avec la lenteur des procédures devant le tribunal pénal international pour l'ex-Yougoslavie, il paraissait indispensable d'établir au niveau national, un mécanisme additionnel propre à contribuer à la liquidation du contentieux d'après-guerre. Ainsi, en prenant la mesure des crimes massifs commis pendant la guerre et de l'irréductible nécessité de les punir, les Nations Unies ont au-delà de la création du tribunal pénal international pour l'ex-Yougoslavie, soutenu dans une logique complémentaire, la création, au sein de l'appareil juridictionnel bosniaque, d'une Chambre spéciale pour les crimes de guerre. Il s'agissait par cette voie, de décharger le rôle du Tribunal pénal international pour l'ex-Yougoslavie en lui permettant de se focaliser sur les hauts responsables et de renvoyer vers les juridictions des États issus de l'ancienne Yougoslavie, les affaires relatives aux suspects de rang intermédiaire et subalterne[1991]. Les réformes de la législation pénale de Bosnie-Herzégovine intervenues en 2003[1992] et 2004, rendirent la Cour d'État parfaitement compétente pour connaître des crimes de guerre commis pendant le conflit armé, de 1992 à 1995. Un accord fut alors signé en décembre 2004, entre le gouvernement de Bosnie-Herzégovine et le Haut représentant des Nations Unies pour, pendant la période de transition, permettre l'internationalisation la Chambre via la participation de juges internationaux.

1988 *Accord-cadre général pour la paix en Bosnie-Herzégovine*, S/1995/999, annexe, 14 décembre 1995.

1989 Le Conseil de mise en œuvre de la paix a été établi afin d'assurer le suivi de la mise en œuvre de l'accord de paix de Dayton (14 décembre 1995). Instance de direction de la tutelle internationale en Bosnie-Herzégovine, ce Conseil est piloté par un Comité directeur, présidé par le Haut représentant, chargé de fournir des directives politiques à ce dernier et de maintenir les membres du Conseil informés des développements autour de la mise en œuvre de l'accord.

1990 Conseil de sécurité des Nations Unies, *Résolution 1503 (2003)*, Doc. S/RES/1503 (2003), 28 août 2003.

1991 Le TPIY a ainsi renvoyé en 2005, l'affaire Adémi et Norac (IT-04-78) « *Proche de Medak* », devant la justice croate. En 2006, il a également renvoyé l'affaire Kovacevic (IT-01-42/2) « *Dubrovnik* », devant les tribunaux nationaux serbes. Il a renvoyé cinq autres affaires devant la Section des crimes de guerre de la Cour d'État de Bosnie-Herzégovine. Voir pour aller plus loin sur la stratégie de délocalisation des affaires du TPIY, ASCENSIO Hervé et MAISON Rafaëlle, « L'activité des tribunaux pénaux internationaux (2001) », *AFDI*, n° 47, 2001, pp. 241-281.

1992 Law on the amendments to the law on the court of Bosnia and Herzegovina, *Official Gazette*, n° 61/04, 1er mars 2003.

Finalement instituée le 9 mars 2005, la Chambre des crimes de guerre a permis de renforcer la résonance et la légitimité des procès relatifs aux crimes de guerre, qu'ils aient été initiés *proprio motu* ou engagés à la suite d'un renvoi du Tribunal pénal international pour l'ex-Yougoslavie[1993]. Depuis 2005, la Chambre des crimes de guerre de la Cour d'État de Bosnie-Herzégovine a traité plus de deux-cents cas[1994], démontrant ainsi sa capacité à rendre justice de manière indépendante et à contribuer efficacement à la lutte contre l'impunité des criminels de guerre[1995]. Cependant, alors que certaines victimes ont eu du mal à faire valoir leur droit à une réparation appropriée, d'autres attendent toujours que justice soit rendue.

Depuis 2012[1996], tous les juges internationaux ont été remplacés par des juges nationaux. Cette expérience d'internationalisation a ainsi permis de renforcer les capacités opérationnelles de la justice bosniaque pour lui permettre de prendre efficacement le relai de la lutte contre l'impunité. Aujourd'hui, la stratégie nationale de répression des crimes de guerre organise une répartition des tâches entre à la Chambre des crimes de guerre désormais uniquement composée de juges nationaux et les autres juridictions ordinaires bosniaques. La première s'occupant des dossiers les plus complexes et les secondes, des cas les moins graves. Même si le travail de la Chambre de guerre sous sa forme mixte a indiscutablement contribué à la restauration de la vérité, le rétablissement durable de l'État de droit reste un défi pour la Chambre dans sa configuration locale. En se nourrissant de la dynamique impulsée par les juges internationaux, les juges bosniaques doivent poursuivre l'œuvre de justice avec rigueur et célérité, en mettant un accent particulier notamment sur la sanction jusque-là très peu satisfaisante des violences sexuelles et des disparations forcées[1997]. C'est sans doute à ce niveau que pourrait se situer le positionnement francophone à l'égard de la lutte contre l'impunité et du renouvellement de l'État de droit en Bosnie-Herzégovine. Membre observateur de la Francophonie depuis 2010, cet État en reconstruction mérite lui aussi d'être accompagné ou à tout le moins d'être

---

1993 Le TPIY a renvoyé cinq affaires devant la chambre des crimes de guerre de Bosnie-Herzégovine. Il s'agit des affaires Ljubicic (IT-00-41) « *Vallée de la Lasva* » ; Mejakic et consorts (IT-02-65) « *Camps d'Omarska et de Keraterm* » ; Stankovic et Jankovic (IT-96-23/2) « *Foca* » ; Todovic et Rasevic (IT-97-25/1) « *Foca* », Trbic (IT-05-88/1) « *Srbrenica* ».

1994 OSCE, *Delivering justice in Bosnia and Herzegovina : An overview of war crimes processing from 2005 to 2010*, may 2011, 105 p.

1995 OSCE, *The processing of ICTY Rule 11bis cases in Bosnia and Herzegovina : Reflections on findings from five years of OSCE monitoring*, january 2010, 39 p.

1996 Alors que la fin de leur mandat était prévu pour décembre 2009, les juges internationaux ont continuer grâce à une décision du Haut représentant des Nations Unies, à accompagner le processus de lutte contre l'impunité en Bosnie-Herzégovine jusqu'en décembre 2012.

1997 Amnesty International, *Rapport 2014/15, La situation des droits humains dans le monde*, Amnesty International, 2015, p. 108.

observé dans sa gestion judiciaire du passif de la guerre. Ceci d'autant plus la Chambre des crimes de guerre, même renationalisée, doit continuer à suppléer les limites du Tribunal pénal international pour l'ex-Yougoslavie en fin de mandat, pour ne laisser aucun espace à l'impunité.

Généralement envisagé dans le contexte d'un État déchu de ses compétences, incapable de les exercer pleinement ou encore en quête de légitimité[1998], le Tribunal pénal internationalisé participe de l'élan de restauration de la souveraineté étatique dans l'exercice de sa compétence pénale. Il a le double avantage de s'appuyer sur le droit international tout en gardant des racines ou des connexions locales qui améliorent au reste, son potentiel d'acceptabilité. Formule taillée sur mesure pour répondre au besoin de la lutte contre l'impunité et de la reconstruction de l'État de droit, c'est à juste titre qu'elle a pu être perçue comme l'expression d'une forme de « *justice internationale de proximité* »[1999]. Dans l'espace francophone, au-delà des juridictions mixtes du Kosovo, de la Bosnie-Herzégovine, du Cambodge et du Liban dont nous avons ci-dessus décliné les spécificités, une Cour pénal spécial a été récemment créée en République centrafricaine pour suppléer les carences du système judiciaire national ravagé par des années de conflit. Légalement établie le 3 juin 2015, cette Cour n'a pas encore été officiellement installée[2000]. Pour être opérationnelle, elle aura

---

1998 SOREL Jean-Marc, « Les tribunaux pénaux internationaux, ombre et lumière d'une récente grande ambition », *Revue Tiers Monde*, 2011/1, n° 205, p. 37.

1999 KERBRAT Yann, « Juridictions internationales et juridictions nationales internationalisées : les Tribunaux hybrides pour le Cambodge et la Sierra Leone », *in* TAVERNIER Paul (dir.), *Actualité de la jurisprudence pénale internationale : à l'heure de la mise en place de la Cour pénale internationale*, *op. cit.*, p. 263.

2000 A la suite du mémorandum d'entente signé le 8 août 2014 entre le gouvernement centrafricain et les Nations Unies, la loi portant création, organisation et fonctionnement de la Cour pénale spéciale pour la République centrafricaine a été adoptée le 22 avril 2015 et promulguée le 3 juin 2015. Cette loi établit au sein du système judiciaire centrafricain, pour une période de cinq ans renouvelable, une Cour hybride composée de magistrats nationaux et internationaux (avec un président centrafricain et un procureur spécial international, la Cour pénale spéciale comptera en tout vingt-sept (27) magistrats dont treize (13) nationaux et quatorze (14) nationaux.), et chargée d'enquêter sur les crimes internationaux perpétrés dans le pays depuis 2003 et de poursuivre leurs auteurs. Mais quel est l'intérêt de la mise en place d'un tel tribunal quand on sait que la RCA, partie au Statut de Rome depuis le 3 octobre 2001, a renvoyé devant la CPI, les crimes commis sur son territoire depuis le 1er août 2012. C'est la première fois qu'une Cour hybride est établie pour juger des crimes relevant d'une situation dont la CPI s'est saisie. Ce qui pose naturellement problème de l'articulation des compétences entre la CPI et cette Cour pénale spéciale qui en plus, ne dessaisit pas les juridictions nationales de leur compétence pénale. Pour régler la concurrence entre ces juridictions, une inversion du principe de complémentarité a été opérée. La Cour pénale spéciale a donc une compétence complémentaire de celle de la CPI, mais primant sur celle des juridictions nationales. Avec une compétence temporelle plus large, cette Cour complète l'action de la CPI qui en plus, ne se focalise sur les hauts responsables. Conçue comme un mécanisme judiciaire d'appoint, cette Cour vient de manière inédite, renforcer le dispositif de lutte contre l'impunité généralisée des crimes graves commis en République centrafricaine durant ces dernières années.

indispensablement besoin du soutien logistique et financier de la Communauté internationale. Sur ce point, la Francophonie, ainsi que l'a indiqué sa Secrétaire générale à l'ouverture de la 95e session du Conseil permanent de la Francophonie, entend agir et coordonner son action avec celle des Nations Unies[2001]. D'autres projets de mécanismes juridictionnels internationalisés sont actuellement à l'examen. Il s'agit du Tribunal spécial pour le Burundi[2002] et de la Cour spécialisée mixte de la République Démocratique du Congo[2003], dont les États francophones ont en 2012, dans la Déclaration de Kinshasa[2004], appelés à la création. La Francophonie doit donc dans la mesure du possible, prendre une part active dans les négociations destinées à faciliter et à organiser l'internationalisation des juridictions burundaises et congolaises pour leur permettre d'être plus efficaces dans la répression des crimes internationaux commis sur leurs territoires respectifs.

2001 JEAN Michaëlle, Discours prononcé à la 95e session du Conseil permanent de la Francophonie, Paris, 3 juillet 2015. En ligne sur : http://www.francophonie.org/Discours-de-Michaelle-Jean-a-Paris-46051.html.

2002 *Accords d'Arusha pour la paix et la réconciliation au Burundi*, Arusha, 28 août 2000, Protocole I, Chapitre 2, article 6§10 (http://icoaf.org/docs/Burundi/Accord_Arusha.pdf). Le Rapport Kalomoh proposait en 2005 la mise en place d'une Chambre Spéciale intégrée au sein de l'appareil judiciaire burundais, mais le renouvellement de l'appareil politique a eu pour effet de reléguer à un second plan l'idée de la mise en place de ce tribunal spécial. Voir, ONU, Conseil de sécurité, *Rapport de la mission d'évaluation concernant la création d'une commission d'enquête judiciaire internationale pour le Burundi*, Doc. S/2005/158, 11 mars 2005 ; *Résolution 1606 (2005)*, Doc. S/RES/1606 (2005), 20 juin 2005 ; *Résolution 1719 (2006)*, Doc. S/RES/1719 (2006), 25 octobre 2006. Voir aussi, HCDH, *Rapport sur les consultations nationales sur la mise en place des mécanismes de justice de transition au Burundi*, 20 avril 2010 .

2003 Haut-Commissariat des Nations Unies aux Droits de l'Homme, *Fiche d'information 8, République Démocratique du Congo 1993-2003, Rapport Mapping des Nations Unies*, (http://www.ohchr.org/Documents/Countries/CD/Fiche8_Justice_transitionnelle_FINAL.pdf) ; FIDH, ASADHO, Groupe Lotus, Ligue des électeurs, *République Démocratique du Congo : Recommandations pour une Cour spécialisée mixte indépendante et efficace*, FIDH, Août 2011 (https://www.fidh.org/IMG/pdf/rdcjustice585f.pdf).

2004 OIF, *Déclaration de Kinshasa*, XIVe Conférence des chefs d'État et de gouvernement des pays ayant le français en partage, Kinshasa, 14 octobre 2012, Point B.

CONCLUSION DU CHAPITRE

La justice permet de rétablir la vérité. Elle est donc un enjeu essentiel des processus transitionnels nationaux. Elle ne se borne pas à punir les criminels de guerre. Elle contribue aussi à satisfaire le droit de savoir, reconnu aux victimes par le droit international, et que les États ont l'obligation première de garantir. L'enjeu de la justice en période de transition est donc de faire émerger la vérité, pour, ainsi que cela ressort de la Déclaration de Paris, ouvrir la voie de la réconciliation[2005]. C'est convaincue de cette réalité que la Francophonie s'est engagée en faveur de la redynamisation des appareils judiciaires défaillants, laquelle appelle soit le renforcement de leurs capacités opérationnelles, soit leur internationalisation. Dans l'une ou l'autre de ces hypothèses ci-dessus évoquées, le défi reste le même : faire la lumière sur les crimes du passé et tout mettre en œuvre pour qu'ils ne restent pas impunis. Pour autant, les problèmes que pose chacune de ces voies de raffermissement de la justice nationale sont différents et appellent de la part de la Francophonie une contextualisation et un renforcement de son action.

En matière de réhabilitation des systèmes judiciaires fragilisés ou ravagés par la guerre, l'appui apporté par la Francophonie il y a quelques années au Rwanda, au Burundi et à la République Démocratique du Congo demeure insuffisant. Non seulement parce que la question de la crédibilité et de l'impartialité de la justice reste dans des proportions variables, une constante dans chacun de ces États, mais encore parce que dans bien d'autres États francophones en reconstruction comme la Côte d'ivoire, le Mali ou encore la République centrafricaine, aucune action d'envergure n'a été entreprise par la Francophonie pour permettre aux juridictions nationales de relever avec efficacité le défi de la justice post-conflictuelle.

D'un autre côté, en matière d'appui aux juridictions francophones internationalisées, l'action de la Francophonie est encore moins visible. Ces juridictions, quoique spécifique dans leur genre, ne forment pas un ensemble homogène. Avec des degrés variables d'internationalisation[2006], elles semblent d'ailleurs à l'analyse, peu enclines à se laisser systématiser. Au fond, leurs seuls points de convergence se trouvent d'une part dans la juxtaposition d'éléments nationaux et internationaux et d'autre part dans le lien certes variable mais constant, qui les rattache aux Nations Unies. Dans tous les cas, consentis ou imposés, les tribunaux pénaux internationalisés ont su trouver leur place dans le

---

2005 OIF, *Déclaration de Paris*, IVe Conférence des ministres francophones de la justice, 14 février 2008.

2006 KOLB Robert, « Le degré d'internationalisation des tribunaux pénaux internationalisés », *in* ASCENSIO Hervé, LAMBERT-ABDELGAWAD Élisabeth, SOREL Jean-Marc (dir.), *Les juridictions pénales internationalisées : Cambodge, Kosovo, Sierra Leone, Timor Leste*, *op. cit.*, pp. 58 et ss.

panorama institutionnel de la lutte contre l'impunité. Ils participent indiscutablement des phénomènes convergents de localisation de la justice pénale internationale et de mondialisation des juges nationaux[2007]. Entre mécanismes purement nationaux et mécanismes purement internationaux, ils offrent un compromis permettant de combler l'espace que laissent le refus de renouveler le modèle des tribunaux pénaux internationaux *ad hoc* et l'incompétence de la CPI à l'égard des crimes poursuivis[2008]. De plus, même si ce n'est pas son objet immédiat, cette solution, la plupart du temps, favorise *in fine*, à travers l'expertise internationale, l'amélioration des capacités institutionnelles locales. En facilitant d'une part la formation d'une autorité judiciaire indépendante et d'autre part, la structuration d'une légalité conforme aux standards internationaux[2009], les tribunaux pénaux mixtes contribuent immanquablement à la reconstruction de l'État de droit. C'est pourquoi, également touchée par ce phénomène d'hybridation de la justice nationale, la Francophonie doit, en vertu de sa mobilisation en faveur de la paix et de la lutte contre l'impunité, apporter son appui aux juridictions francophones pour leur permettre, là où elles ont été internationalisées, de participer au processus ambitieux de réconciliation et de consolidation de la paix.

Mais pour que la justice pénale soit efficace, elle doit nécessairement se conjuguer avec une justice de l'espoir[2010]. Au-delà de sa dimension formelle, la justice doit permettre, ainsi que le souligne le Secrétaire Général de la Francophonie dans son Rapport 2014, de surmonter les crimes du passé et de promouvoir la réconciliation[2011]. Or, pour plusieurs raisons, la justice punitive n'est pas toujours apte à provoquer la catharsis réconciliatrice. De plus, le nombre des auteurs présumés de crimes graves étant, quel que soit l'État, supérieur aux capacités de jugement de l'État, la justice répressive se révèle inévitablement partielle et à géométrie variable. Enfin, bien souvent désarmée et déconnectée de la réalité sociale dont elle est censée accompagner la mutation, la justice pénale éprouve en pratique, de réelles difficultés à restaurer la dignité des victimes et à favoriser la réconciliation.

2007 CASSESE Antonio et DELMAS-MARTY Mireille, *Juridictions nationales et crimes internationaux*, Paris, PUF, 2002, p. 3

2008 SOREL Jean-Marc, « Introduction », *loc. cit.*, p.23.

2009 CAHIN Gérard, « L'impact des tribunaux pénaux internationalisés sur la (re)construction de l'État », *in* ASCENSIO Hervé, LAMBERT-ABDELGAWAD Élisabeth, SOREL Jean-Marc (dir.), *Les juridictions pénales internationalisées : Cambodge, Kosovo, Sierra Leone, Timor Leste*, *op. cit.*, pp. 287 et ss.

2010 GUINCHARD Serge, « La justice pénale internationale, entre le devoir d'exister et le droit de pardonner », *in* GABORIAU Simone et PAULIAT Hélène, *La justice pénale internationale*, *op. cit.*, pp. 282 et ss.

2011 OIF, *Rapport du Secrétaire général de la Francophonie, 2012-2014 : de Kinshasa à Dakar*, Paris, 2014, p. 78.

Dès lors, qu'elle procède de la réhabilitation matérielle des systèmes judiciaires paralysés ou de leur internationalisation, la réponse pénale ne peut dans l'absolu, suffire à guérir les blessures lancinantes du passé et à satisfaire les objectifs majeurs de réconciliation et de paix. C'est la raison pour laquelle, désormais, les processus nationaux de transition adjoignent de plus en plus à la justice institutionnelle, d'autres mécanismes reconstructifs complémentaires, plus aptes à favoriser la recomposition du tissu social. La justice sanctionnatrice n'est donc pas la seule voie qui puisse permettre à un pays de tourner les pages sombres de son histoire. Elle s'insère dorénavant, en période de transition, dans un ensemble stratégique plus large, destiné, par la recherche de la vérité et de la justice, à promouvoir la réconciliation. Alors que la justice répressive rend un verdict et prononce une peine, la justice reconstructive cherche quant à elle, de manière plus holistique, à tirer les leçons de passé et à transformer la société[2012]. La justice transitionnelle trouve donc son originalité dans le fait qu'elle s'appuie à la fois sur des mécanismes juridictionnels et non juridictionnels pour mettre en récit la tragédie et proposer des solutions en vue de sa non-répétition. La Francophonie a bien saisi cette double exigence de la justice transitionnelle. Dans son Rapport de 2014 sur l'état des pratiques de la démocratie, des droits et des libertés dans l'espace francophone, elle reconnaît à juste titre que la lutte contre l'impunité, pour essentielle qu'elle soit, n'exclut pas la nécessité d'accorder une place de choix aux actions destinées à reconstruire la cohésion sociale[2013]. Pour la Francophonie, le recours à ces mécanismes non judiciaires n'est donc pas conçu comme une alternative, mais plutôt comme un complément à la solution judiciaire. C'est la raison pour laquelle dans ses déclarations de Bamako[2014], de Saint-Boniface[2015], de Paris[2016] et de Kinshasa[2017], elle s'est engagée à les soutenir pour conforter les processus nationaux de recherche de vérité, de justice et de réconciliation.

2012 LEFRANC Sandrine, « La professionnalisation d'un militantisme réformateur du droit : l'invention de la justice transitionnelle », *Droit et société*, 2009/3, n° 73, p. 572.

2013 OIF, Délégation à la paix, à la démocratie et aux droits de l'Homme, *Rapport sur l'état des pratiques de la démocratie, des droits et des libertés dans l'espace francophone, 2014*, Paris, 2014, p. 7.

2014 OIF, *Déclaration Bamako*, adoptée par les Ministres et chefs de délégation des États et gouvernements des pays ayant le français en partage lors du « Symposium international sur le bilan des pratiques de la démocratie, des droits et des libertés dans l'espace francophone », 3 novembre 2000.

2015 OIF, *Déclaration de Saint-Boniface sur la prévention des conflits et la sécurité humaine*, Conférence ministérielle, 14 mai 2006.

2016 OIF, *Déclaration de Paris*, IVe Conférence des ministres francophones de la justice, 14 février 2008.

2017 OIF, *Déclaration de Kinshasa*, XIVe Conférence des chefs d'État et de gouvernement des pays ayant le français en partage, Kinshasa, 14 octobre 2012.

CHAPITRE II.

LA RECHERCHE DE LA VERITE PAR DES MECANISMES NON JUDICIAIRES COMPLEMENTAIRES : L'EXPERIENCE FRANCOPHONE DES COMMISSIONS VERITE ET RECONCILIATION

L'enjeu de l'établissement de la vérité est au cœur de tout processus transitionnel. Les pays sortant d'un conflit ou s'affranchissant d'une dictature doivent inévitablement regarder leur passé en face pour mieux le dépasser et reconstruire durablement l'État de droit. Or, ainsi que le reconnaît avec pertinence la Francophonie dans son rapport de 2010 sur l'état des pratiques de la démocratie, des droits et des libertés dans l'espace francophone, « *le temps de la vérité judiciaire n'est pas toujours celui de la vérité des victimes* »[2018].

Ainsi, face aux limites de la justice pénale classique dans sa capacité à absorber l'ensemble du contentieux des crimes de masse, à établir toute la vérité et à promouvoir la réconciliation, il paraissait indispensable de rechercher des voies complémentaires et transitoires d'administration de la justice, plus aptes à guérir les sociétés meurtries par la guerre ou par la dictature[2019]. La justice transitionnelle ne passe donc pas uniquement par la poursuite et le jugement des auteurs de crimes graves. Pour des raisons à la fois pratiques et politiques, elle appelle aujourd'hui, au-delà des procédures pénales nationales et internationales, la mobilisation de mécanismes para judiciaires complémentaires. Conçus pour contribuer à l'établissement de la vérité historique sur des événements ayant gravement et massivement porté atteinte aux droits de l'Homme, ces mécanismes *ad hoc* sont désormais essentiels à tout processus national de recherche de vérité, de justice et de réconciliation[2020]. En s'employant à faire la lumière sur les raisons profondes et sur les circonstances qui ont conduit à la perpétration des crimes, ces nouveaux paradigmes replacent la victime au centre du processus

2018 OIF, Délégation à la paix, à la démocratie et aux droits de l'Homme, *Rapport sur l'état des pratiques de la démocratie, des droits et des libertés dans l'espace francophone, Bamako Dix ans après 2000 - 2010*, Paris, 2010, p. 132.

2019 PHILIPPE Xavier, « Les solutions alternatives et complémentaires à la justice pénale internationale : la justice transitionnelle exercée à travers les commissions vérité et réconciliation », *in* PHILIPPE Xavier et VIRIOT-BARRIAL Dominique (dir.), *L'actualité de la justice pénale internationale*, Aix-en-Provence, Presses Universitaires d'Aix-Marseille, 2008, pp. 130 et ss.

2020 Complémentaires des procédures pénales, ces mécanismes sont même considérés par certains comme de véritables instruments de l'État de droit. Voir notamment BICKFORD Louis, « Transitional Justice », *in* SHELTON Dinah (éd.), *The encyclopedia of genocide and crimes against humanity*, New York, Macmillan, Vol. 3, 2004, pp. 1045-1047.

transitionnel, non seulement pour satisfaire son droit à la vérité, mais encore pour la restaurer dans ses droits et dans sa dignité. Elles déplacent le curseur de la justice du bourreau vers la victime et permettent ainsi de passer d'une logique sanctionnatrice à une logique reconstructive. Dans un État en phase de transition, l'enjeu n'est donc plus seulement d'identifier les criminels et de les punir, mais surtout, par le dialogue national, d'établir la vérité, de mettre le passé en récit et de réhabiliter la victime, pour favoriser la réconciliation.

Il existe une variété de mécanismes additionnels d'établissement de la vérité qui révèlent ici encore la plasticité du concept de la justice transitionnelle. L'on distingue à cet égard les Commissions vérité réconciliation, des Commissions nationales d'enquête et autres Commissions d'établissement des faits. Alors que les secondes ne s'intéressent qu'à un fait singulier et n'enquêtent que sur une période courte, les premières ont quant à elles, un mandat plus large, revêtant une dimension à la fois politique, éthique et sociale. Moins formelles et plus délibératives, les Commissions vérité et réconciliation permettent ainsi de déconstruire les antagonismes structurels et de restaurer l'harmonie sociale rompue par le crime. C'est la raison pour laquelle elles focalisent de plus en plus l'attention de la Francophonie, engagée depuis plusieurs années dans l'accompagnement des processus nationaux de sortie de crise. Structurées autour du dialogue et de la réhabilitation des victimes, ces Commissions complètent utilement les efforts en faveur la justice et du devoir de mémoire[2021]. Elles permettent aux nations déchirées de refonder leur pacte social et de se rebâtir une communauté politique solidaire.

Créées la plupart du temps sur fond de compromis, les Commissions vérité sont chargées d'établir la vérité et de suggérer des mesures en vue de réparer des violations graves des droits de l'Homme et d'éviter leur reproduction. Le but est ici de déférer devant ces tribunes, les auteurs de crimes graves et de « *les amener à reconnaître le caractère ignoble de leurs actes, à en demander le pardon et à solliciter une réintégration dans la société afin d'en recoudre le tissu* »[2022].

En pratique, depuis la fin des années 1980, une cinquantaine de Commissions vérité et réconciliation ont été mises en place à travers le monde, dans des circonstances et selon des modalités variées. Et l'espace francophone traversé par une multitude de conflits armés et de crises politiques graves, n'est pas en reste de cette réalité qui imprègne désormais la plupart des processus transitionnels nationaux. A côté des procédures pénales qui doivent permettre d'établir la vérité judiciaire, une vingtaine d'États francophones ont en effet, à la suite de conflits

---

2021 Sur le sens profond du devoir de mémoire, voir LEDOUX Sébastien, « Écrire une histoire du « devoir de mémoire » », *Le Débat*, 2012/3, n° 170, pp. 175-185.

2022 DIARRA Eloi, « Le juge des droits de l'Homme en Afrique noire francophone », *in* TAVERNIER Paul (dir.), *Regards sur les droits de l'Homme en Afrique*, *op. cit.*, p. 225.

internes ou de régimes autoritaires, mis en place des Commissions vérité en vue de faciliter la sortie de crise et la reconstruction de l'État de droit. Les mouvements transitionnels amorcés dans le monde francophone durant les trois dernières décennies, plaidaient donc clairement en faveur de l'appropriation par la Francophonie, des enjeux de transition, justice, de vérité et de réconciliation[2023].

La communauté francophone s'est progressivement saisie de l'enjeu de la justice transitionnelle et mène depuis plusieurs années, des actions au soutien des processus nationaux de sortie de crise. Au-delà de la mobilisation de certains de ces États membres[2024], la coopération francophone s'est elle-même formellement engagée en faveur des outils complémentaires de recherche de la vérité. Dans la Déclaration de Bamako, les États francophones ont pris la décision de soutenir les pays en transition dans la mise en œuvre de mesures alternatives de recherche de la vérité[2025]. Dans le même élan, ils se sont engagés dans la Déclaration de Saint-Boniface, à appuyer les mécanismes destinés à faciliter au plan national, la prévention, la médiation, le règlement des crises et la réconciliation[2026]. Cet engagement a été renouvelé et affiné dans la Déclaration de Paris adoptée en 2008 par la quatrième Conférence des ministres francophones de la justice. Dans cette déclaration, après avoir rappelé que la prévention des conflits et l'accompagnement des processus de sortie de crise sont une priorité de l'action politique francophone, les États se sont engagés à y consacrer les moyens nécessaires[2027]. Si dans ces trois déclarations, l'attachement francophone aux

2023 C'est ainsi que la Francophonie désigne les processus de justice transitionnelle. OIF, Direction de la paix, de la démocratie et des droits de l'Homme (DDHDP), *Les processus de transition, justice, vérité et réconciliation dans l'espace francophone, op. cit.*, 132 p. En ligne sur : http://www.francophonie.org/IMG/pdf/guide-oif-tjvrbat-web1003.pdf.

2024 Dans l'espace francophone, la France et la Suisse se sont saisies de la problématique de la justice transitionnelle. Il s'agit pour la France, d'accompagner les élans nationaux en approfondissant la réflexion sur la justice transitionnelle et en déployant à l'égard des institutions et des ONG impliquées, des actions de sensibilisation et de formation (Guinée, Cambodge, République démocratique du Congo, Côte d'Ivoire). En partenariat avec le Haut-Commissariat des Nations Unies aux droits de l'Homme, la France a organisé en novembre 2006 et en novembre 2009, deux séminaires sur la justice transitionnelle dans l'espace francophone. La Suisse quant à elle, dans son approche holistique de la justice transitionnelle, conseille les gouvernements qui en font la demande, pour la mise en place d'un processus crédible de traitement du passé. Plaçant les victimes au cœur de sa démarche, elle conseille et apporte son appui technique et financier à divers processus transitionnels nationaux (Guatemala, Colombie, Bosnie, Serbie, Croatie, Kosovo, Indonésie, Burundi, Népal).

2025 OIF, *Déclaration Bamako,* adoptée par les Ministres et chefs de délégation des Etats et gouvernements des pays ayant le français en partage lors du « Symposium international sur le bilan des pratiques de la démocratie, des droits et des libertés dans l'espace francophone », 3 novembre 2000, Chapitre 5, Point 22-D.

2026 OIF, *Déclaration de Saint-Boniface sur la prévention des conflits et la sécurité humaine*, Conférence ministérielle, 14 mai 2006, § 15.

2027 OIF, *Déclaration de Paris*, IVe Conférence des ministres francophones de la justice, 14 février 2008, § 1(a).

Commissions vérité se déduit de la mobilisation plus large en faveur de la réconciliation et de la reconstruction de l'État de droit, la Déclaration de Kinshasa adoptée en 2012 offre quant à elle, une référence plus explicite. Dans le prolongement du positionnement francophone en faveur des mécanismes nationaux destinés à favoriser la réconciliation et la consolidation de la paix, cette déclaration invitait expressément la Francophonie institutionnelle à poursuivre ses efforts en faveur de la définition d'une position francophone en matière de justice, vérité et réconciliation[2028]. Dans cet élan, le rapport 2012 de la Francophonie sur l'état des pratiques de la démocratie, des droits et des libertés suggérait le développement d'une stratégie francophone en matière d'accompagnement des processus transitionnels nationaux. L'approfondissement de la réflexion sur le sujet devait ainsi permettre à la Francophonie, en s'appuyant sur son multilatéralisme et sur ses réseaux institutionnels, d'identifier les paramètres d'une approche francophone des processus de recherche de vérité, de justice et de réconciliation[2029]. Publié en octobre 2013, le guide pratique de l'OIF sur les processus de transition, justice, vérité et réconciliation dans l'espace francophone[2030] marqua un temps fort dans l'appropriation de ces enjeux. Il est l'aboutissement d'une réflexion de longue haleine justifiée la multiplication des expériences de justice transitionnelle dans l'espace francophone. A la suite d'autres organisations[2031], la Francophonie a donc elle aussi investi ce champ de réflexion pour, non seulement contribuer à la systématisation des efforts de captation du « modèle », mais aussi développer une expertise francophone en la matière. Dans la mesure où ces processus s'inscrivent dans une dynamique globale de reconstruction de l'État de droit, de promotion des droits de l'Homme, de lutte contre l'impunité et de retour à la paix, la démarche de l'Organisation Internationale de la Francophonie doit s'efforcer de prendre en considérations les réalités et pratiques juridiques et culturelles de chaque situation poste crise[2032]. Elle doit permettre en fonction des circonstances et des attentes, de trouver le juste équilibre entre l'exigence de vérité et de justice et le besoin irrépressible de paix. C'est dans la continuité de ce positionnement qu'en 2014, le huitième appel

2028 OIF, *Déclaration de Kinshasa*, XIVᵉ Conférence des chefs d'État et de gouvernement des pays ayant le français en partage, Kinshasa, République Démocratique du Congo, 13 et 14 octobre 2012, § 34.

2029 OIF, Délégation à la paix, à la démocratie et aux droits de l'Homme, *Rapport sur l'état des pratiques de la démocratie, des droits et des libertés dans l'espace francophone, 2012*, Paris, p. 82.

2030 OIF, Direction de la paix, de la démocratie et des droits de l'Homme (DDHDP), *Les processus de transition, justice, vérité et réconciliation dans l'espace francophone, op. cit.*, 132 p.

2031 Au titre des filières d'expertises qui se sont développées autour de la question, l'on peut citer le Centre International de justice transitionnelle créée en 2001 et installée à New York (https://www.ictj.org), ainsi que l'Institut pour la justice et la réconciliation, mis en place en Afrique du Sud (http://www.ijr.org.za).

2032 OIF, *Rapport du Secrétaire général de la Francophonie, 2012-2014 : de Kinshasa à Dakar*, Paris, 2014, p. 78.

à propositions du Fonds francophone d'initiatives pour la démocratie, les droits de l'Homme et la paix (FFIDDHOP), a soutenu huit projets consacrés aux processus de transition, justice, vérité et réconciliation et présentés par des Organisations non gouvernementales issues de six pays francophones : la France, le Mali, la République démocratique du Congo, le Tchad, le Togo et la Tunisie. Puisque la transition vers la démocratie a nécessairement une dimension pédagogique, la Francophonie s'emploie en tant que de besoin, à renforcer au niveau local, les capacités des Organisations non gouvernementales et des Organisations de la société civile intervenant dans la mise en œuvre des processus transitionnels nationaux.

La question des Commissions vérité et de leur impact sur les dynamiques transitionnelles n'est certes pas nouvelle, mais elle connaît dans l'espace francophone une résonnance singulière, tant par la façon dont elle y est vécue que par la façon dont elle est appréhendée par la Francophonie institutionnelle. Elle prolonge au fond le débat sur le rôle de la justice dans les processus nationaux de recherche de la vérité et plus largement dans la régulation de la vie politique. S'il est vrai que dans l'espace francophone, ces mécanismes font désormais partie des solutions systématiques de la justice transitionnelle, il faut néanmoins remarquer qu'ils sont diversement vécus d'un État à un autre, et que leur efficacité peut en réalité, être objectivement questionnée. La pratique laisse observer, ainsi que cela ressort notamment du guide pratique sur les processus de transition, justice, vérité et réconciliation dans l'espace francophone[2033], une expérience à la fois variée et contrastée. Pour la Francophonie, l'appui aux Commissions vérité et réconciliation implique donc de tenir compte non seulement de la pluralité des expériences (Section I), mais aussi de leurs insuffisances (Section II).

SECTION I. UNE EXPERIENCE VARIEE

A côté de la justice formelle, les Commissions dites de vérité et de réconciliation font aujourd'hui partie, dans un contexte post-crise, des techniques usuelles mobilisées pour le rétablissement de la vérité et le renouvellement de l'État de droit. Ce dispositif désormais central dans les processus transitionnels nationaux n'est plus envisagé dans l'espace francophone comme une alternative, mais plutôt comme un complément indispensable à la procédure pénale classique. Il permet, par un dialogue politique structuré, d'établir la vérité historique sur les violences du passé et de mettre en place un système impartial de réparation au profit des victimes. Depuis le début des années 1990, cette voie

2033 OIF, Direction de la paix, de la démocratie et des droits de l'Homme (DDHDP), *Les processus de transition, justice, vérité et réconciliation dans l'espace francophone*, *op. cit.*, 132 p.

non judiciaire de recherche de la vérité et de promotion de la réconciliation a été expérimentée dans une vingtaine d'États membres de l'Organisation Internationale de la Francophonie, pour des raisons et selon des formes et des modalités variées. Quoique généralement conçues pour accompagner le passage d'un régime autoritaire à un État de droit ou d'une situation de guerre à une situation de paix, ces institutions *ad hoc* se distinguent les unes des autres et reflètent immanquablement les singularités de leurs pays respectifs. Chaque situation est particulière et chaque expérience semble par conséquent unique, déterminée par le contexte, l'histoire et les objectifs de chaque Commission. Alors que dans certains États les Commissions vérité et réconciliation obéissent à un dessein strictement mémoriel[2034], dans la plupart des autres États francophones concernés, elles s'insèrent en revanche dans un véritable mouvement de transition politique[2035]. C'est là une réalité que doit nécessairement intégrer la Francophonie dans son appui aux processus de transition justice, vérité et réconciliation. Cet accompagnement doit tenir compte non seulement de la pluralité des contextes politiques et juridiques (§ 1), mais encore de la variété des compétences dévolues ici et là aux Commissions vérité et réconciliation (§ 2).

§ 1. La pluralité des contextes politico juridiques

La mise en place d'une Commission vérité et réconciliation est une entreprise très délicate qui impose inévitablement de tenir compte des circonstances du moment. Et dans l'espace francophone, les expériences sont à cet égard, fort diverses. Puisque chaque processus de sortie de crise est marqué par ses singularités et ses complexités, chaque situation devient un terrain spécifique d'expérimentation. On aboutit donc naturellement à une pluralité d'expériences francophones en matière de conduite des processus vérité, justice et réconciliation. En effet, au-delà de leur commune vocation à organiser le passage vers la démocratie et l'État de droit, les Commissions instituées au cours des trois dernières décennies dans l'espace francophone se sont démarquées les unes des autres, tant par le contexte politique qui les a vu prendre forme (A), que par la nature de l'acte juridique au fondement de leur création (B).

2034 Des commissions à vocation mémorielle ont été mises en place notamment au Canada, au Ghana et au Maroc. Ces formes de commissions permettent à certains régimes, de faire avec suffisamment de distance et de recul, la lumière sur les épisodes obscurs de violations des droits de l'Homme, ayant entaché l'histoire du pays.

2035 OIF, Direction de la paix, de la démocratie et des droits de l'Homme (DDHDP), *Les processus de transition, justice, vérité et réconciliation dans l'espace francophone*, *op. cit.* pp. 22-23.

A. La variété des contextes politiques

Tout processus transitionnel est indispensablement lié à la nature même de la transition politique. Dans l'espace francophone et au-delà, les contingences politiques qui entourent la mise en place des Commissions vérité et réconciliation, varient selon les États. Pour autant, hormis les hypothèses mémorielles du Maroc, du Canada ou encore du Ghana, la plupart des Commissions instituées dans les États membres de l'OIF, s'inscrivent dans un processus dynamique de sortie de crise. Elles permettent alors aux États ayant fait la cruelle expérience de la désagrégation nationale, de poser eux-mêmes les bases de l'apaisement pour consolider leur marche vers paix et vers la démocratie. Le but est ici globalement, en tenant compte des acteurs et des contraintes du contexte, de réunifier le pays divisé et ravagé par la guerre, d'apaiser les victimes, de juguler la discorde et de faciliter ainsi la réconciliation nationale. A cet égard, tandis que certaines Commissions procèdent d'une nécessité sociale entendue par le pouvoir politique, d'autres au contraire ont été établies dans le cadre d'un accord politique de sortie de crise. Entre ces deux hypothèses se trouve l'option égyptienne dans le cadre de laquelle, l'idée de la mise en place d'une justice transitionnelle ne procède ni d'un compromis politique, ni d'une décision politique unilatérale. Celle-ci a été formellement exprimée par le constituant égyptien de 2014, convaincu de la nécessité de rechercher la vérité, de définir les responsabilités et de prendre en compte la souffrance des victimes pour créer les conditions d'une réconciliation durable. Mais en dehors du cas égyptien, la tendance dans l'espace francophone conduit à distinguer de manière générale, les Commissions négociées (1) des Commissions octroyées (2).

1. Les Commissions négociées

La plupart des Commissions vérité et réconciliation instituées dans l'espace francophone l'ont été dans le cadre de la mise en œuvre d'un accord de paix ou de sortie de crise. En cela, elles revêtent un caractère négocié, puisqu'elles découlent ici d'un arrangement politique par lequel les principaux acteurs de la scène socio-politique s'accordent sur la nécessité et sur les modalités d'un retour durable de la paix sociale. Parmi les Commissions vérité et réconciliation créées dans l'espace francophone sur fond de compromis politique, celles du Togo, de Madagascar et de la Tunisie l'ont été à l'issue d'une crise politique, alors que celles de la République Démocratique du Congo, du Burundi, du Rwanda et du Mali l'ont été au terme d'une crise politico-militaire.

En République Démocratique du Congo, c'est l'accord général de sortie de crise signé à Pretoria en décembre 2002, au terme du dialogue inter-congolais, qui prévoyait au titre des cinq institutions d'appui à la démocratie, la mise en place d'une Commission vérité et réconciliation[2036]. Au Rwanda, la Commission nationale pour l'unité et la réconciliation a été créée en mars 1999, elle aussi conformément aux prescriptions des accords de paix d'Arusha, en vue de combattre les discriminations et d'éradiquer les conséquences du génocide sur la population rwandaise[2037]. Au Burundi, la création de la Commission vérité et réconciliation était également suggérée par l'accord d'Arusha pour la paix et la réconciliation signé en août 2000[2038], puis par l'accord de paix signé le 18 juin 2006[2039] entre le gouvernement burundais et le Palipehutu-FNL[2040]. La Commission nationale pour la vérité et la réconciliation prévue par ces deux textes, devait ainsi avoir pour mission de faire la lumière sur les actes de violence graves commis au cours des conflits cycliques qui ont endeuillé le Burundi depuis son indépendance. Alors que la commission devrait, selon l'accord d'Arusha, être mise en place au plus tard six mois après l'entrée en fonction du gouvernement de transition, elle ne l'a été au final que quatorze ans plus tard. Ce grand retard enregistré dans la mise en place de la Commission burundaise de vérité et de réconciliation s'explique par le fait le processus de justice transitionnelle au Burundi ait évolué dans un contexte politique instable, où les gouvernements qui se sont succédés ne semblaient guère vouloir prioriser les enjeux de la justice transitionnelle[2041] et où les rapports de forces semblaient fatalement converger vers la formation d'une « *coalition de l'oubli* »[2042]. Dans tous les cas, prescrite par les accords de paix de 2000 et de 2006, recommandée par les rapports Kalomoh[2043] et Kavakure[2044] ainsi que par les résolutions 1606 (2005) et 1719

2036 *Accord global et inclusif sur la transition en République Démocratique du Congo*, Pretoria, 16 décembre 2002, § V-4(a). Disponible en ligne sur : http://www.irinnews.org/pdf/in-depth/dial_rdc.pdf.

2037 *Protocole d'accord entre le gouvernement de la République rwandaise et le Front patriotique rwandais sur le partage du pouvoir dans le cadre d'un gouvernement de transition à base élargie*, Arusha, 30 octobre 1992, Article 24.

2038 *Accord d'Arusha pour la paix et la réconciliation au Burundi*, Arusha, 28 août 2000, Protocole I, Chapitre 2, article 8§1.

2039 *Accord de principes en vue de la réalisation de la paix, de la sécurité et de la stabilité durables au Burundi*, Dar Es Salaam, 18 juin 2006, Article 1.

2040 Parti pour la libération du peuple hutu - Front national de libération.

2041 NGENDAKUMANA Clotilde, « Burundi », *in* Département fédéral des affaires étrangères de la Suisse, Ministère des Affaires étrangères de la République française, Centre international pour la justice transitionnelle, Centre sous-régional des Nations Unies pour les droits de l'Homme et la démocratie en Afrique centrale, *La justice transitionnelle dans le monde francophone : état des lieux*, *op. cit.*, pp. 115 et ss.

2042 VANDEGINSTE Stef, « Le processus de justice transitionnelle au Burundi : l'épreuve de son contexte politique », *loc. cit.*, pp. 603-610.

2043 Conseil de sécurité des Nations Unies, *Rapport de la mission d'évaluation concernant la création d'une commission d'enquête judiciaire internationale pour le Burundi*, Doc. S/2005/158, 11 mars 2005

2044 *Rapport du comité technique chargé de la préparation de la mise en place des mécanismes de justice transitionnelle*, Octobre 2011, Point C. §§ 24-25.

(2006) du Conseil de sécurité des Nations Unies[2045], la Commission vérité et réconciliation du Burundi a finalement été instituée en décembre 2014 pour accompagner le processus transitionnel burundais. Au Mali, c'est la Feuille de route pour la transition adoptée à l'unanimité par l'Assemblée nationale le 29 janvier 2013, qui prévoyait la mise en place d'une Commission nationale de dialogue et de réconciliation[2046]. Créée en 2013 pour favoriser, par le dialogue, la réconciliation de toutes les communautés maliennes, cette commission a été, dans le même esprit, remplacée en 2014 par la Commission, vérité, justice et réconciliation.

Dans un autre registre, au Togo, la mise en place de la Commission vérité et réconciliation, même si elle ne s'inscrivait pas dans le cadre d'une alternance politique, a été précédée de manière inédite, de consultations nationales. L'accord politique global signé le 20 août 2006 au Burkina-Faso entre les acteurs politiques et les organisations de la société civile prévoyait ainsi, la création d'une Commission afin non seulement de favoriser le règlement en profondeur de la crise togolaise, mais aussi de promouvoir le pardon et la réconciliation nationale[2047]. Comme dans le contexte togolais, le projet malgache de mise en place d'une Commission vérité et réconciliation s'inscrit lui aussi dans l'élan de sortie d'une crise politique profonde. La feuille de route pour la sortie de crise à Madagascar adoptée le 17 septembre 2011, prévoyait en effet à ce titre, la création d'une institution chargée d'établir la vérité sur l'ensemble des crimes, violences et abus qui ont marqué l'histoire du pays[2048]. En Tunisie également, l'adoption en 2013 de la loi sur la justice transitionnelle repose en quelque sorte sur un compromis politique. Elle est le résultat d'un long processus de consultations nationales, engagé en avril 2012 et piloté par un comité technique composé au-delà du représentant du gouvernement, des principaux acteurs de la société civile tunisienne. Au Canada, la Commission de vérité et de réconciliation sur les pensionnats indiens fut également une Commission négociée puisqu'elle a été mise en place dans le cadre de la Convention de règlement relative aux pensionnats indiens signée le 8 mai 2006 entre le gouvernement canadien, les victimes, des avocats, l'assemblée des premières nations, les représentants des

2045 Conseil de sécurité des Nations Unies, *Résolution 1606 (2005)*, Doc. S/RES/1606 (2005), 20 juin 2005 ; *Résolution 1719 (2006)*, Doc. S/RES/1719 (2006), 25 octobre 2006.

2046 Feuille de route pour la transition, 29 janvier 2013. Disponible en ligne sur : http://www.primature.gov.ml/images/feuille_de_route_finale_4_fevrier_2013.pdf.

2047 Dialogue inter-togolais, *Accord politique global*, 20 août 2006, §§ 2.2.2 (a) et 2.4. Disponible en ligne sur : http://www.synergietogo.com/IMG/pdf/accord_politique_global_200806.pdf.

2048 Loi n° 2011-014 du 28 décembre 2011 portant insertion dans l'ordonnancement juridique interne de la Feuille de route signée par les acteurs politiques malgaches le 17 septembre 2011, *JORM*, n° 3, 415, 22 mars 2012, pp. 1041-1048.

Inuits et ceux notamment des églises anglicane, presbytérienne et catholique[2049]. L'objet de cette convention était alors de solder de manière juste et globale, les séquelles laissées par les pensionnats indiens.

Toutes ces Commissions instituées ou en cours de création dans l'espace francophone procèdent d'une approche négociée du processus transitionnel. Leur mise en place n'a pas été imposée ou unilatéralement décidée par les autorités exécutives des États concernés. Créées par la voie négociée, ces Commissions n'ont d'efficacité que dans le respect du compromis pacificateur dont elles procèdent. Pour autant, la démarche ne doit pas conduire ici à ignorer les droits des victimes sur l'autel de l'apaisement, mais plutôt à reconnaître leur souffrance et à les réparer, pour favoriser la transformation de la société et organiser son passage d'un ordre ancien, agité, à un ordre nouveau stabilisé. La perspective est alors double pour la Francophonie : d'une part elle doit prendre une part plus active dans l'accompagnement des négociations de paix ou des consultations nationales, de sorte que les accords qui en résultent n'occultent pas les enjeux de la justice transitionnelle, ni ne les détournent dans des amnisties neutralisantes. D'autre part, elle doit rester vigilante dans l'observation de leur mise en œuvre car l'accord négocié ne garantit pas non plus dans l'absolu, le succès des Commissions vérité et réconciliation dans l'exercice de leur mandat. La question se pose en des termes différents lorsque la décision de mise en place d'une Commission est prise de manière unilatérale.

2. Les Commissions octroyées

Contrairement aux Commissions négociées dont la création découle de la mise en œuvre d'une transaction politique, certaines Commissions vérité et réconciliation procèdent quant à elles, de la volonté unilatérale du pouvoir politique. Elles peuvent, ce faisant, être regardées comme des Commissions octroyées. Dans l'espace francophone, plusieurs Commissions obéissent dans des géométries variables à cette formule.

Au Maroc, l'Instance équité et réconciliation (IER) établie en 2004, même si elle inaugure la recette des Commissions vérité et réconciliation dans le monde arabo-islamique, ne s'inscrit pas véritablement dans une logique de rupture politique et institutionnelle. Sa mise en place a été largement rendue possible par la volonté du Roi Mohamed VI, soucieux de se démarquer de l'héritage de son père Hassan II, dont le règne fut entaché de violations graves des droits de

---

2049 Cette Convention a été adoptée à la suite d'une action judiciaire engagée par plusieurs anciens pensionnaires, soutenus par l'Assemblée des premières nations, contre le gouvernement du Canada et les congrégations religieuses. *Convention de règlement relative aux pensionnats indiens, Annexe N relative au mandat de la Commission de vérité et de réconciliation,* 8 mai 2006. En ligne sur : http://www.residentialschoolsettlement.ca/french/settlement.html.

l'Homme. L'instance équité et réconciliation n'est donc pas le fruit d'un compromis politique mais d'une décision unilatérale du Roi, désireux de consolider le processus de démocratisation en faisant la lumière sur les horreurs systémiques des « *années de plomb* »[2050]. La mission de réconciliation au cœur de son mandat revêtit alors une dimension à la fois politique, sociale et culturelle. Au Canada, la Commission des revendications particulières des indiens[2051] a elle aussi été créée à l'initiative du gouvernement fédéral, au lendemain de la crise d'Oka (1990), pour apporter une réponse négociée aux revendications territoriales des peuples autochtones. Au Ghana, pays membre associé de l'OIF, c'est le président Jonh Kufuor qui, après son élection en 2000, a pris la décision de créer une Commission, non seulement pour faire la lumière sur les graves violations des droits de l'Homme qui ont éclaboussé l'histoire politique du pays[2052], mais aussi pour promouvoir *in fine* la réconciliation des ghanéens. Au-delà de ces trois commissions mises en place dans une dynamique mémorielle, deux autres commissions ont été créées par voie unilatérale pour accompagner les transitions politiques en Haïti et en Côte d'Ivoire. En Haïti, la Commission Nationale de Vérité et de Justice a été créée en 1995 sur décision du Président Jean Bertrand Aristide après le retour à l'ordre constitutionnel[2053]. En Côte d'Ivoire, dans un contexte où le climat politique était encore crispé et polarisé, la Commission dialogue, vérité et réconciliation (CDVR) a été créée sur décision unilatérale du chef de l'État, au lendemain de la crise post-électorale de 2010, pour faciliter la reconstruction de la nation ivoirienne et repenser son avenir avec plus de sérénité[2054].

Ces Commissions octroyées, même si elles ne s'appuient pas sur un compromis politique, relèvent néanmoins de la prise en compte par le pouvoir politique du besoin ambiant de justice et de vérité, indispensable à la

---

2050 ENHAILI Aziz, « Constitution transitionnelle et réconciliation nationale », *Confluences Méditerranée*, 2007/3, n° 62, p. 61.

2051 FREMONT Jacques et DUPUIS Renée, « L'expérience inédite de la justice transitionnelle au Canada », *in* MOSTAFA-KAMEL Taïmour (dir.), *La justice transitionnelle*, VIIe Congrès de l'Association Égyptienne des Juristes Francophones (AEJF), Le Caire, AEJF, 2015, pp. 85-95.

2052 Après son accession à l'indépendance, le Ghana a connu quatre coups d'État entre 1966 et 1992 faisant le lit à chaque fois de régimes autoritaires marqués par des violations graves des droits de l'Homme.

2053 Le Président Aristide a été chassé du pouvoir par un coup d'État le 29 septembre 1991. Il n'a retrouvé ses fonctions que trois ans plus tard, en octobre 1994, grâce à l'intervention de l'armée américaine.

2054 En Côte d'Ivoire, l'initiative d'institutionnalisation du processus de réconciliation nationale n'est pas sans précédent. En effet, au lendemain de son accession au pouvoir en 2000, Laurent Gbagbo avait, par le décret n° 2001-510 du 28 août 2001, mis en place un Forum de réconciliation afin de dissiper les tensions politiques internes. Ces assises se sont tenues à Abidjan du 7 septembre au 18 décembre 2001. Mais cette première initiative peu sincère et limitée aux principaux leaders politiques et religieux a échoué dans sa capacité à réconcilier les ivoiriens. Huit mois après ce forum, une rébellion armée coupa la Côte d'Ivoire en deux.

consolidation de la paix et à la reconstitution du lien social éprouvé. Dès lors, la Francophonie doit, dans son action en faveur de l'accompagnement des processus de transition, justice, vérité et réconciliation, veiller à ce que les Commissions octroyées ne versent ni dans le piège de l'exclusion, ni dans celui de la justice sans transition. L'unilatéralité de l'initiative de sa création ne doit pas conduire à la partialité de sa démarche, au risque d'aggraver les clivages et de renvoyer aux calendes grecques le défi de la réconciliation et de la stabilisation de l'État de droit. Mais s'il est vrai que la Francophonie doit naturellement prendre en compte, dans son accompagnement des transitions, les circonstances qui entourent la mise en place des Commissions vérité, elle doit également s'intéresser à leurs actes fondateurs car là encore, l'on observe dans l'espace francophone, une variété des solutions.

B. La variété des fondements juridiques

Les textes juridiques qui formalisent la création des Commissions vérité et réconciliation varient d'un État à un autre. Il est utile de s'intéresser à leur nature car ces textes déterminent non seulement le Statut des Commissions et de leurs membres, mais aussi indirectement leur efficacité. Ils constituent alors les premiers fondements de leur légitimité. Dans l'espace francophone, en dehors du cas unique de la Commission vérité et de réconciliation du Canada qui procède de la Convention de règlement relative aux pensionnats indiens[2055], la plupart des organes non juridictionnels de recherche de la vérité sont institués traditionnellement par la loi ou par le règlement (1) et plus rarement par la constitution (2).

1. L'institutionnalisation classique par la loi ou le règlement

Généralement, la mise en place des Commissions vérité et réconciliation se fait dans l'espace francophone par le biais, soit d'une loi, soit d'un règlement. On remarque alors que la plupart des Commissions octroyées ont été créées par la voie d'un acte réglementaire, tandis que la majorité des Commissions négociées l'ont été par la voie d'un acte législatif.

Au Canada, la Commission des revendications particulières des indiens a été créée par décret en avril 1991[2056] afin d'offrir aux premières nations, un mécanisme consultatif, indépendant et provisoire de révision des décisions

---

2055 *Convention de règlement relative aux pensionnats indiens, Annexe N relative au mandat de la Commission de vérité et de réconciliation*, 8 mai 2006.

2056 Ce décret a été pris sous le régime de la *Loi sur les enquêtes* (Loi concernant les enquêtes relatives aux affaires publiques et aux ministères, L.R.C. (1985), Ch. I-11).

administratives de rejet de leurs revendications foncières. En Haïti, la Commission nationale de vérité et de justice a été créée par un arrêté présidentiel du 17 décembre 1994 complété le 28 mars 1995[2057] afin d'établir la vérité sur les plus graves violations des droits de l'Homme commises dans le pays de 1991 à 1994 et d'aider à la réconciliation des haïtiens. Dans un autre contexte, l'Instance équité et réconciliation (IER) du Maroc a été officiellement installée le 7 janvier 2004 par le Roi Mohamed VI[2058] et ses statuts ont été approuvés par un décret royal le 10 avril 2004[2059]. En Côte d'ivoire, la Commission Dialogue, Vérité et Réconciliation (CDVR) a été créée par le Président de la République pour jeter les bases d'un dialogue public et ouvert. Engagé en mai 2011 avec la nomination du Président de la Commission[2060], le processus s'est ensuite poursuivi avec l'ordonnance n° 2011-167 du 13 juillet 2011 portant création, attributions, organisation et fonctionnement de la Commission. Dans l'espace francophone, la Commission vérité, justice et réconciliation (CVJR) du Togo[2061] est la seule Commission négociée à avoir été créée par voie réglementaire. Le décret n° 2009-046/PR du 25 février 2009 qui l'institue, lui assigne le mandat non seulement de faire la lumière sur les actes de violence politique perpétrés au Togo de 1958 à 2005, mais encore et surtout de proposer des solutions susceptibles d'apaiser les victimes.

Contrairement au choix togolais, la plupart des Commissions procédant d'un accord politique ou d'une feuille de route organisant la sortie de crise, ont été créées par la loi. En République Démocratique du Congo, la Commission vérité et réconciliation a été créée par la loi n° 04/018 du 30 juillet 2004[2062], conformément aux prescriptions de l'accord global et inclusif sur la transition, en vue d'établir la vérité sur les crimes et violations graves des droits humains commis sur le territoire congolais de 1960 jusqu'à l'ouverture de la transition. A Madagascar, le Conseil de la réconciliation installé en mars 2013, a été créé le par la loi n° 2012-010 du 30 juillet 2012 portant création, mission, attributions, composition, et modalités de fonctionnement du Conseil de la réconciliation

---

2057 Cet arrêté présidentiel créant la Commission haïtienne de vérité et de justice est disponible en ligne sur : http://www.usip.org/sites/default/files/file/resources/collections/commissions/Haiti-Charter.pdf.

2058 Conformément à une recommandation du Conseil consultatif des droits de l'Homme (CCDH). Conseil consultatif des droits de l'Homme du Maroc, *Recommandation Relative à la création d'une commission dénommée : « Instance Équité et Réconciliation »*. En ligne sur : http://www.ier.ma/IMG/pdf/Recom_fr.pdf.

2059 *Dahir* n° 1-04-42 du 10 avril 2004 portant approbation des Statuts de l'Instance Équité et Réconciliation.

2060 Décret n° 2011-96 du 13 mai 2011 portant nomination du président de la Commission dialogue, vérité et réconciliation.

2061 Consulter le site officiel de la Commission : http://www.cvjr-togo.org.

2062 Loi n° 04/018 du 30 juillet 2004 portant création, organisation, attributions et fonctionnement de la commission vérité et réconciliation.

malgache (CRM)[2063]. Au Mali, la loi portant création de la Commission, vérité, justice et réconciliation (CVJR) a été adoptée par l'Assemblée Nationale le 20 mars 2014[2064]. Cette nouvelle Commission a été ainsi créée pour suppléer l'ancienne Commission dialogue et réconciliation créée par le décret présidentiel n° 2013-212 du 6 mars 2013 et dont la dont la Francophonie avait appuyé l'initiative. Au Burundi, après l'échec du premier essai de Commission de vérité et de réconciliation de 2004[2065], un nouvelle Commission a été instituée, quatorze ans après l'accord de paix d'Arusha, par la loi n° 1/18 du 15 mai 2014[2066]. Dans l'espace francophone, la Commission de réconciliation nationale du Ghana est la seule Commission octroyée à avoir été établie par le biais d'un texte législatif. Ce texte a été adopté par le Parlement ghanéen décembre 2001 et promulgué le 11 janvier 2002[2067]. Si en République Démocratique du Congo, à Madagascar, au Mali, au Burundi et au Ghana, les Commissions vérité ont été mises en place par des lois ordinaires, en Tunisie, l'Instance de la vérité et de dignité a quant à elle, été instituée par la loi organique n° 2013-53 du 24 décembre 2013 relative à l'instauration et à l'organisation de la justice transitionnelle[2068].

A ce niveau de la réflexion, l'on peut à juste titre considérer que la nature du texte fondateur de la Commission n'est pas anodine. Elle renseigne à certains égards sur sa propension à être indépendante, car selon leur positionnement dans l'échelle normative, ces textes juridiques n'offrent pas les mêmes garanties d'indépendance. Plus le texte fondateur a un rang élevé dans la hiérarchie des normes, plus il réduit dans le contexte déjà fragile des transitions, les dépendances de la Commission. Moins le texte est élevé dans la hiérarchie des normes, plus l'institution est fragilisée et susceptible d'instrumentalisation. Puisque toutes les transitions politiques ne passent pas nécessairement par un réaménagement du dispositif constitutionnel, la Francophonie pourrait à ce niveau, plaider en tant

2063 Loi n° 2012-010 du 30 juillet 2012 portant création, mission, attributions, composition et modalités de fonctionnement du *Filankevitry ny Fampihavanana Malagasy* (FFM) ou Conseil de la réconciliation malgache (CRM).

2064 Loi n° 2014-001 portant ratification de l'ordonnance n° 2014-003/P-RM du 15 janvier 2014, portant création de la Commission vérité, justice et réconciliation, *Journal officiel de la République du Mali*, n° 17, 25 avril 2014.

2065 Une première Commission pour la vérité et la réconciliation avait été créée au Burundi par la loi n° 1/018 du 27 décembre 2004. Mais cette Commission n'a pas pu fonctionner car la transition politique engagée était issue d'un compromis politique qui reléguait à un second plan tout ce qui pourrait menacer la paix, y compris les initiatives en matière de justice internationale.

2066 Loi n° 1/18 du 15 mai 2014, portant création, mandat, composition, organisation et fonctionnement de la Commission Vérité et Réconciliation.

2067 The national reconciliation Commission Act, 11 janvier 2002. Disponible en ligne sur : http://www.ghanareview.com/reconact.html.

2068 Loi organique n° 2013-53 du 24 décembre 2013 relative à l'instauration et à l'organisation de la justice transitionnelle, *JORT*, 31 décembre 2013, n° 105, pp. 3655 et ss. Disponible en ligne sur : http://www.cnudst.rnrt.tn/jortsrc/2013/2013f/jo1052013.pdf.

que de besoin pour que la mise en place des Commissions s'opère au moins par une loi et au mieux par une loi organique. Ceci dit, lorsque la transition conduit à un changement constitutionnel définitif ou même provisoire, l'idée de la constitutionnalisation de la justice transitionnelle ou plus exactement de la Commission vérité peut alors se révéler pertinente.

2. Le recours plus rare à la constitution

Dans l'espace francophone, très peu de processus vérité et réconciliation ont fait l'objet d'une consécration constitutionnelle. Sur ce point, le Rwanda est le premier État membre de l'OIF à avoir conféré une base constitutionnelle à sa Commission vérité et réconciliation. En effet, créée par la loi n° 3/99 du 12 mars 1999[2069], la Commission nationale pour l'unité et la réconciliation du Rwanda a été rendue permanente par la loi n° 35/2002 du 14 novembre 2002[2070], avant d'être constitutionnalisée par l'article 178 de la constitution du 4 juin 2003. Tout en consacrant l'indépendance de la Commission, la nouvelle constitution lui confia solennellement la mission de poser les bases consensuelles d'une recomposition durable du lien social rwandais. Même si l'article 178 renvoie *in fine* à la loi pour l'organisation et le fonctionnement de la Commission, il a le mérite de constitutionnaliser son mandat et de consolider ainsi sa place dans le paysage institutionnel de l'État de droit.

En Tunisie, le dispositif transitionnel lancé en décembre 2013 a lui aussi été constitutionnalisé, mais ici de manière indirecte, via les dispositions transitoires de la nouvelle constitution du 27 janvier 2014[2071]. En effet, l'article 148, alinéa 9 de cette constitution engage l'État tunisien à « *mettre en application le système de la justice transitionnelle dans tous ses domaines et dans les délais prescrits par la législation qui s'y rapporte* ». L'Instance de la vérité et de dignité instituée par la loi organique de 2013 n'y est certes pas expressément désignée comme un organe constitutionnel comme ce fut le cas au Rwanda, mais reçoit par ricochet, un éclairage nouveau, un fondement constitutionnel[2072].

Contrairement à ces deux premières consécrations constitutionnelles intervenues *a posteriori*, c'est-à-dire après la mise en place des Commissions, celle de la justice transitionnelle égyptienne s'est opérée *a priori*. Après la révolution

---

2069 Loi n° 3/99 du 12 mars 1999 portant création de la Commission nationale pour l'unité et la réconciliation.

2070 Loi n° 35/2002 du 14 novembre 2002, modifiant et complétant la loi n° 3/99 visant à rendre permanente la Commission nationale pour l'unité et la réconciliation.

2071 Constitution de la république tunisienne du 27 janvier 2014.

2072 Voir pour approfondir la question, BEN AÏSSA Mohamed Salah, « La loi sur la justice transitionnelle et la constitution du 27 janvier 2014 en Tunisie », *in* MOSTAFA-KAMEL Taïmour (dir.), *La justice transitionnelle, op. cit.*, pp. 167 et ss.

du 25 janvier 2011, le Conseil supérieur des forces armées modifia les lois adoptées au lendemain de la révolution de 1952[2073], pour les adapter au nouveau contexte de transition. Mais ce dispositif s'est révélé très vite insuffisant pour résorber l'héritage cumulé des crimes et des discriminations structurelles qui ont entaché pendant plusieurs décennies la société égyptienne. C'est la raison pour laquelle, le constituant égyptien de 2014 s'est approprié l'enjeu de la justice transitionnelle. A l'article 241 de la nouvelle constitution, il invite le Parlement égyptien à adopter sans délai une loi sur la justice transitionnelle qui, conformément aux standards internationaux, assure la révélation de la vérité et propose un cadre pour la réconciliation nationale et l'indemnisation des victimes. A l'instar de la constitution tunisienne, la constitution égyptienne, ne crée pas à proprement parler de Commission vérité, ni ne la désigne comme un organe de l'État. Elle se contente de constitutionnaliser l'enjeu de la justice transitionnelle au sens large et d'en définir le cadre et les principaux objectifs. A ce jour, la loi sur la justice transitionnelle prescrite par la constitution égyptienne n'a pas encore été adoptée et la Commission vérité et réconciliation n'a pas encore été mise en place non plus. La Francophonie qui suit attentivement le processus de transition en Égypte, a soutenu en mai 2014, l'Association égyptienne des juristes francophones dans la réflexion qu'elle a initiée sur la justice transitionnelle afin d'esquisser un cadre de référence pour l'élaboration de cette loi[2074]. L'action francophone en faveur du processus transitionnel en Égypte pourrait ici prendre la forme d'un appui technique non seulement à l'élaboration de cette loi, mais aussi à la mise en place des institutions qui en résulteront. Ceci à condition que les autorités égyptiennes se réinscrivent dans la dynamique des engagements de Bamako.

En République Démocratique du Congo également, la constitution de transition du 4 avril 2003 prévoyait en son article 154, au titre des institutions d'appui à la démocratie, la création d'une Commission vérité et réconciliation. Et c'est en vertu de l'article 160 de cette même constitution qu'a été ensuite adoptée la loi organique n° 04/018 du 30 juillet 2004 portant création, attributions et fonctionnement de la Commission vérité. En revanche, l'actuelle constitution congolaise adoptée le 18 février 2006 ne prévoit pas expressément l'existence d'une Commission vérité. L'article 222 de cette nouvelle constitution dissout les institutions d'appui à la démocratie en son alinéa 2, mais laisse en son alinéa 3, la possibilité au Parlement d'en instituer d'autres.

La constitutionnalisation des enjeux de la justice transitionnelle présente le double avantage de libérer le processus des compromissions auxquelles peuvent

---

2073 MOSTAFA-KAMEL Taïmour, « Problématique générale », *in* MOSTAFA-KAMEL Taïmour (dir.), *La justice transitionnelle*, *op. cit.*, p. 24

2074 *Ibid.*, 275 p.

conduire les arrangements politiques et de l'éloigner des transitions cosmétiques auxquelles peuvent conduire les Commissions octroyées. La Francophonie doit donc dans son approche casuistique des processus de transition, justice, vérité et réconciliation, tenir compte des réalités juridiques et contextuelles pour permettre aux Commissions vérité et réconciliation instituées dans l'espace francophone, d'exercer pleinement leurs compétences.

§ 2. La pluralité des compétences

Les Commissions vérité et réconciliation font désormais partie des piliers de l'architecture de paix. Mêlant à la fois des nécessités d'ordre éthique et politique, elles proposent une approche inclusive de la justice basée sur la recherche de la vérité, de la justice et du pardon. Ce faisant, elles se distinguent des Commissions d'enquête et des tribunaux dont elles complètent l'action. La Commission vérité et réconciliation n'est pas une simple Commission d'enquête[2075], car alors que le mandat de la seconde est limité, celui de la première répond à des objectifs plus larges en s'appuyant au-delà des outils classiques de l'enquête, sur une démarche pédagogique. La Commission vérité et réconciliation n'est pas non plus un tribunal car elle n'a pas vocation à mettre en jeu la responsabilité des auteurs présumés de crimes de masse. Elles se bornent à rechercher les faits, à les clarifier et à faire des recommandations[2076]. Sur la trentaine de Commissions vérité instituées à travers le monde, aucune n'a été dotée de compétences juridictionnelles et quelques-unes seulement avaient le droit de citer des noms[2077].

Alors que la Commission vérité et réconciliation était dans ses premières incarnations, envisagée comme un palliatif à l'indisponibilité de l'appareil judiciaire[2078], elle est désormais conçue comme un complément de la justice

---

2075 La Commission vérité n'est pas une simple commission d'enquête chargée de recueillir des faits, même si dans les deux cas, l'établissement de la vérité factuelle peut permettre d'engager la responsabilité des auteurs violations graves des droits de l'Homme. Dans l'espace francophone, des Commissions d'enquête ont été instituées notamment en Roumanie, au Tchad, en Tunisie et en Égypte. Voir OIF, Direction de la paix, de la démocratie et des droits de l'Homme (DDHDP), *Les processus de transition, justice, vérité et réconciliation dans l'espace francophone*, *op. cit.*, pp. 72-78.

2076 On remarque sur ce point que « *l'autorité des Commissions vérité n'est pas celle de l'autorité de la chose jugée des tribunaux judiciaires. Elle est celle que lui confère sa crédibilité et son autorité morale basées sur la force de la vérité qu'elle établit* ». BENCHIKH Madjid, « Violations massives des droits de l'Homme et justice transitionnelle en Afrique », *in* TAVERNIER Paul (dir.), *Regards sur les droits de l'Homme en Afrique*, *op. cit.*, p. 241.

2077 Dans l'espace francophone, ce fût notamment le cas pour la Commission Togo qui avait pour mission d'identifier, à la suite d'enquêtes et d'investigations, les auteurs des violations des droits de l'Homme et de faire des recommandations quant au sort de ces derniers.

2078 Dans le contexte fragile des sorties de crise, non seulement la justice est parfois structurellement indisponible ou illégitime, mais encore, les poursuites judiciaires peuvent constituer une menace pour la paix et la stabilité. Les expériences inaugurales des Commissions vérité se donnaient alors faute de mieux,

pénale classique. Dans son accompagnement, la Francophonie doit dès lors veiller à ce que la mise en place des Commissions n'ait pas pour ambition ou pour effet de les substituer à la justice ordinaire. Le principal enjeu de la justice transitionnelle consiste alors à trouver le bon calibrage entre les concessions indispensables au retour de la paix et la nécessité absolue de ne pas laisser impunis les crimes les plus abjects. Il s'agit ainsi, sans déni ni amnésie, de trouver un compromis raisonnable entre idéal de justice et réalisme politique. Dans ces conditions, au-delà de la variété des contextes, les Commissions vérité se voient généralement attribuer une variété de compétences, à l'égard desquels la Francophonie doit là encore rester vigilante. S'articulant essentiellement autour des principes Joinet[2079] actualisés en 2005 par Diane Orentlicher[2080], le mandat des Commissions vérité et réconciliation consiste traditionnellement non seulement à reconnaître les droits des victimes à la vérité et la réparation de leurs préjudices (A), mais encore à proposer toutes les dispositions utiles afin de tirer les enseignements du passé et d'empêcher la survenance d'autres violations flagrantes et systématiques des droits de l'Homme (B).

A. La reconnaissance des droits des victimes

La victime est une figure centrale des processus de justice, vérité et réconciliation. Toutes les actions des Commissions vérité doivent dès lors contribuer à la rétablir dans sa dignité et ses droits, méprisés dans le fracas de la guerre ou dans le silence funeste des dictatures. Les Commissions vérité et réconciliation instituées dans l'espace francophone n'ont pas échappé à ce mandat. La plupart d'entre elles étaient chargées de reconnaître et d'apaiser la souffrance des victimes d'une part en satisfaisant leur droit à la vérité (1) et d'autre part en faisant des propositions en vue de la réparation des préjudices par elles subis (2).

---

comme des alternatives *a minima* pour établir la vérité historique et restaurer la dignité des victimes. Consulter : LEFRANC Sandrine, « La consécration internationale d'un pis-aller : une genèse des politiques de « réconciliation » », *in* MINK Georges et NEUMAYER Laure, *L'Europe et ses passés douloureux*, Paris, La Découverte, 2007, pp. 233-246 ; « Les commissions de vérité : une alternative au droit ? », *Droit et cultures*, n° 56, 2008, p. 129-143.

2079 JOINET Louis, « Ensemble des principes pour la protection et la promotion des droits de l'Homme par la lutte contre l'impunité », *in* ONU, Conseil économique et social, Commission des droits de l'Homme, Sous-Commission de la lutte contre les mesures discriminatoires et de la protection des minorités, *L'administration de la justice et les droits de l'Homme des détenus*, E/CN.4/Sub.2/1997/20, 26 juin 1997, pp. 77 et ss.

2080 ORENTLICHER Diane, « Ensemble de principes actualisé pour la protection et la promotion des droits de l'Homme par la lutte contre l'impunité », *in* ONU, Conseil économique et social, Commission des droits de l'Homme, *Promotion et protection des droits de l'Homme*, Doc. E/CN.4/2005/102/Add.1, 8 février 2005.

1. Le droit à la vérité

L'établissement de la vérité est un enjeu capital pour toute expérience de justice transitionnelle. Il est sans doute son but premier. A la fois individuel et collectif, le droit à la vérité est un droit inaliénable et insusceptible de dérogation ou de limitation[2081]. Pour les victimes, il est essentiel, voire vital de connaître les raisons pour lesquelles elles-mêmes ou leurs proches ont été enlevés, torturés ou tués et de savoir le sort qui a été réservé notamment aux personnes disparues. Ce droit à la vérité est indispensable à la reconstruction individuelle des victimes directes ou indirectes et au renouvellement du lien social. Puisque l'accès à la vérité historique sur les circonstances qui ont entouré les violations massives des droits de l'Homme est en soi réparateur, les États ont l'obligation de le garantir en faisant la lumière sur tous les crimes. Le droit à la vérité a ainsi pour auxiliaire le devoir de mémoire, qui doit permettre non seulement de préserver les archives de l'oppression, mais aussi de réhabiliter les victimes dans leurs droits et leur dignité.

Les Commissions vérité sont généralement créées pour servir ce droit de savoir, intimement rattaché au défi de la réconciliation. En effet, la vraie réconciliation a besoin de prendre appui sur le socle de la vérité pour rompre définitivement le cycle infernal de la violence qui engendre la violence. Pour les Commissions vérité, la mission consiste alors à inventorier les crimes et à les reconnaître comme tels. Leur défi est de documenter et de comprendre les erreurs du passé pour mieux les dépasser. Seule une analyse rigoureuse des causes réelles et des effets du conflit, peut permettre de désamorcer les logiques de vengeance

---

2081 Pour aller plus loin sur la signification et les implications du droit à la vérité, consulter notamment : JOINET Louis, « Ensemble des principes pour la protection et la promotion des droits de l'Homme par la lutte contre l'impunité », *in* ONU, Conseil économique et social, Commission des droits de l'Homme, Sous-Commission de la lutte contre les mesures discriminatoires et de la protection des minorités, *L'administration de la justice et les droits de l'Homme des détenus*, Doc. E/CN.4/Sub.2/1997/20, 26 juin 1997, pp. 77 et ss. ; ORENTLICHER Diane, « Ensemble de principes actualisé pour la protection et la promotion des droits de l'Homme par la lutte contre l'impunité », *in* ONU, Conseil économique et social, Commission des droits de l'Homme, *Promotion et protection des droits de l'Homme*, Doc. E/CN.4/2005/102/Add.1, 8 février 2005 ; Assemblée Générale des Nations Unies, *Rapport du Haut-Commissariat des Nations Unies aux droits de l'homme sur le droit à la vérité*, Doc. A/HCR/12/19, 21 aout 2009 ; Doc. A/HRC/15/33, 28 juillet 2010 ; Commission des droits de l'Homme, *Résolution 2005/66 sur le droit à la vérité*, 20 avril 2005 ; Conseil des droits de l'Homme, *Résolution 2/105 sur le droit à la vérité*, 27 novembre 2006 ; *Résolution 9/11 sur le droit à la vérité*, 18 septembre 2008 ; *Résolution 12/12 sur le droit à la vérité*, 1er octobre 2009 ; *Résolution 14/7 portant désignation du 24 mars comme Journée internationale pour le droit à la vérité en ce qui concerne les violations flagrantes des droits de l'Homme et pour la dignité des victimes*, 17 juin 2010, Assemblée Générale des Nations Unies, *Résolution 68/165 sur le droit à la vérité*, A/RES/68/165, 18 décembre 2013. La droit à la vérité est aussi expressément consacré dans la Convention internationale pour la protection de toutes les personnes contre les disparitions forcées du 20 décembre 2006 et entrée en vigueur le 23 décembre 2010.

et de reconstituer en profondeur le corps social fragmenté[2082]. Affranchies du formalisme de la procédure pénale, les Commissions ont pour mission de recherche la vérité en recevant des déclarations, en menant des enquêtes et en tenant des audiences publiques. Il s'agit pour elles, en s'appuyant sur des bases factuelles, de mesurer l'ampleur des crimes et de déterminer leurs causes et leurs conséquences, pour mieux expliquer le passé. A partir des vérités personnelles et narratives recueillies, les Commissions doivent s'efforcer de construire une vérité actancielle et partagée. Elles doivent proposer un récit historique global afin de nourrir la mémoire collective et d'épurer le passé[2083]. En facilitant ainsi la compréhension de la mécanique oppressive, les Commissions vérité permettent de mieux la déconstruire, pour refonder l'identité collective autour de nouvelles valeurs communes.

A l'exception de la Commission nationale pour l'unité et la réconciliation du Rwanda[2084], toutes les Commissions vérité instituées dans l'espace francophone ont reçu mandat pour dévoiler la vérité sur les évènements ayant justifié leur création[2085].

Au Maroc, même si le mot « vérité » n'apparaît pas formellement dans la dénomination officielle de l'Instance équité et réconciliation, cette dernière n'avait pas moins pour mission de faire la lumière sur un pan sombre de l'histoire du pays et de définir les responsabilités institutionnelles. Ainsi, conformément à son mandat, l'Instance équité et réconciliation proposa dans son Rapport de 2005, un nouveau récit national, éclairant sur les violations graves des droits de

---

2082 Sur les conséquences désastreuses que peut générer l'impasse sur la vérité dans les processus de réconciliation, lire notamment BENCHIKH Madjid, « Violations massives des droits de l'Homme et justice transitionnelle en Afrique », *loc. cit.*, pp. 243-244.

2083 Voir notamment LEFRANC Sandrine, « La justice dans l'après-violence politique », *in* COMMAILLE Jacques et KALUSZYNSKI Martine (dir.), *La fonction politique de la justice*, Paris, La Découverte ; Bagneux, Numilog, 2007, pp. 279 et ss.

2084 Au Rwanda, l'enjeu de la révélation de la vérité était déjà au cœur de la mise en place des juridictions communautaires *gacaca*. La Commission nationale de l'unité et la réconciliation Rwanda n'a donc pas été créée pour rechercher et établir la vérité, mais plutôt pour favoriser la reconstruction de l'unité et de l'identité nationales. Sa démarche est essentiellement sensibilisatrice et pédagogique.

2085 Haïti (article 2 de l'arrêté présidentiel du 28 mars 1995 créant la Commission de vérité et de justice) ; Maroc (article 9, alinéas 1 à 3 du *dahir* n° 1-04-42 du 10 avril 2004 portant approbation des Statuts de l'Instance Équité et Réconciliation) ; République Démocratique du Congo (articles 5 et 6 de la loi n° 04/018 du 30 juillet 2004 portant création, organisation, attributions et fonctionnement de la commission vérité et réconciliation) ; Côte d'Ivoire (article 5 de l'ordonnance n° 2011-167 du 13 juillet 2011 portant création, attributions, organisation et fonctionnement de la Commission) ; Madagascar (article 5(b) de la loi n° 2012-010 du 30 juillet 2012 portant création, mission, attributions, composition et modalités de fonctionnement du *Filankevitry ny Fampihavanana Malagasy* (FFM) ou Conseil de la réconciliation malgache) ; Tunisie (articles 2 à 5 de la loi organique n° 2013-53 du 24 décembre 2013 relative à l'instauration et à l'organisation de la justice transitionnelle) ; Burundi (article 6, alinéa 1 de la loi n° 1/18 du 15 mai 2014, portant création, mandat, composition, organisation et fonctionnement de la Commission Vérité et Réconciliation).

l'Homme commises depuis l'accession du Maroc à l'indépendance jusqu'en 1999. De nombreux cas de disparitions forcées ont été clarifiés et la responsabilité de l'État a été située[2086].

Au Togo, la Commission vérité, justice et réconciliation, officiellement installée le 29 mai 2009, avait pour missions essentielles de déterminer, à travers un rapport circonstancié et détaillé, les causes, l'étendue et les conséquences des violations des droits de l'Homme et des actes de violence politique qui ont secoué les fondements de la société togolaise de 1958 à 2005. Chargée d'identifier les causes profondes de ces violences pour guérir le mal togolais à la racine, la CVJR a traité plus de vingt milles dépositions et fait la lumière sur une quarantaine d'évènements politiques[2087]. Ce qui, selon le mot de Koffi Ahadzi-Nonou, premier rapporteur de la Commission, a « *permis au peuple togolais de revisiter son histoire et, sinon, d'apaiser les cœurs, du moins, de reconnaître les torts causés aux victimes sorties de l'anonymat et de l'isolement* »[2088].

En Côte d'Ivoire, la Commission nationale dialogue, vérité et réconciliation était également conçue comme un espace de manifestation de la vérité. Les rapports transmis au chef de l'État le 21 novembre 2013, puis le 15 décembre 2014 au terme de son mandat, ont permis, par la compilation des témoignages, de jeter les bases d'une compréhension des causes profondes des crises qu'a traversé le pays.

Les Commissions vérité et réconciliation instituées au Ghana[2089], à Haïti[2090] et à Madagascar, devaient également enquêter sur des épisodes de violations graves des droits de l'Homme et sur les circonstances de leur commission, pour ensuite établir des archives historiques. En République Démocratique du Congo, la Commission avait elle aussi pour mission d'enquêter sur les crimes et violations des droits de l'Homme perpétrés dans la période allant du 30 juin 1960 jusqu'à la fin de la transition, mais elle n'a jamais publié de rapport. L'enjeu de l'établissement de la vérité y reste donc encore entier.

2086 BELKOUCH El Habib, « L'expérience de la justice transitionnelle au Maroc : enjeux de démocratisation », *in* MOSTAFA-KAMEL Taïmour (dir.), *La justice transitionnelle, op. cit.*, p. 162.

2087 Commission vérité, justice et réconciliation du Togo, *Rapport final*, vol. 1, Lomé, 3 avril 2012, pp. 154-212. Disponible en ligne sur : http://www.cvjr-togo.org/document/Rapport-Final-CVJR-TOGO.pdf.

2088 AHADZI-NONOU Koffi, « Questions autour de l'instauration de la commission « vérité, justice et réconciliation » (CVJR) au Togo », Entretien, *Afrique contemporaine*, 2014/2, n° 250, p. 98.

2089 Le rapport publié en 2004 révèle notamment les causes profondes des ruptures démocratiques répétées.

2090 La Commission nationale de vérité et de justice était chargée d'enquêter sur les violations des droits de l'Homme, commises sur la période qui s'étend du coup d'État du 29 septembre 1991 qui a chassé le Président Aristide du pouvoir jusqu'à son retour au pouvoir en octobre 1994. Commission nationale de vérité et de justice, *Si m pa rele : 29 septembre 1991 - 14 octobre 1994*. Le rapport final est disponible en ligne sur : http://ufdcweb1.uflib.ufl.edu/UF00085926/00001/.

Au Canada, les deux Commissions vérité mises en place, avaient elles-aussi vocation à satisfaire le droit à la vérité. Créée en 2008, la Commission de vérité et réconciliation sur les pensionnats indiens était chargée, au-delà de sa mission de sensibilisation et d'éducation, de créer un dossier historique sur ce qui s'est passé dans les pensionnats indiens entre 1870 et les années 1990. Créées dans le but de faire disparaître les cultures des peuples autochtones, ces pensionnats ont été qualifiés dans le rapport final publié par la Commission le 2 juin 2015, d'outil central du génocide culturel à l'égard des premiers peuples du Canada. Dans ce rapport qui liste minutieusement l'ensemble des abus subis par les victimes, la Commission conclut que la politique d'assimilation a eu des conséquences néfastes sur les peuples autochtones en limitant leurs chances à prospérer au sein de la société canadienne[2091]. La Commission des revendications particulières des indiens avait, quant à elle, pour mandat de recueillir les témoignages sur les faits relatifs à l'occupation et au contrôle des territoires traditionnels avant de proposer le cas échéant, sa médiation.

En Tunisie, l'Instance vérité et dignité est, en ce qui la concerne, chargée de faire la lumière sur toutes les violations des droits de l'Homme commises du 1er juillet 1955 au 31 décembre 2013. Son travail d'enquête a commencé depuis le 15 décembre 2014 et se poursuit.

Enfin, la Commission vérité et réconciliation instituée au Burundi en 2014 a elle-aussi été mandatée pour rechercher la vérité sur les massacres interethniques qui ont endeuillé le pays de 1962 à 2008 et d'établir à leur égard les responsabilités individuelles et collectives. Il faut espérer qu'elle contribue effectivement au succès de l'entreprise mémorielle enfin engagée.

Toutes ces Commissions vérité instituées dans l'espace francophone ont reçu compétence pour éclairer le passé. Elles peuvent condamner les crimes mais ne peuvent les sanctionner. Elles n'ont, ni le pouvoir d'engager des poursuites, ni celui d'octroyer des amnisties[2092]. Certaines d'entre elles peuvent au mieux transmettre les résultats de leurs travaux à la justice. La Commission vérité et réconciliation du Togo pouvait par exemple faire des recommandations sur le sort à réserver aux auteurs des violations les plus graves aux droits de l'Homme. Hormis cette compétence exceptionnelle de la Commission togolaise, en général, les Commissions n'ont pas le droit de désigner les personnes auxquelles elles imputent des crimes. Une fois la réalité factuelle établie et consignée dans un

---

2091 The truth and reconciliation Commission of Canada, *Honouring the Truth, Reconciling for the Future*, Summary of the Final Report, 2015, 382 p.

2092 Haïti (article 9 de l'arrêté présidentiel du 28 mars 1995 créant la Commission de vérité et de justice) ; Maroc (article 6 du *dahir* n° 1-04-42 du 10 avril 2004 portant approbation des Statuts de l'Instance Équité et Réconciliation) ; Burundi (article 2, alinéa 2 de la loi n° 1/18 du 15 mai 2014, portant création, mandat, composition, organisation et fonctionnement de la Commission Vérité et Réconciliation).

rapport final, il appartient ensuite aux juridictions nationales ou internationales, d'apprécier elles-mêmes, sur la base des conclusions rendues, de l'opportunité d'engager des poursuites contre les personnes mises en cause.

S'il est vrai que les conditions et modalités de révélation de la vérité peuvent varier d'un contexte à l'autre, il n'en reste pas moins que la reconnaissance des faits, lorsqu'elle s'opère dans la sincérité, ouvre immanquablement la voie du pardon et de la réconciliation. A la fois libératrice et curative, la vérité réhabilite la mémoire des victimes[2093]. Elle est une condition *sine qua non* du succès du dialogue social. La vérité est essentielle à la cicatrisation des blessures individuelles et collectives ; elle est le ferment de la paix. La Francophonie doit dès lors plaider pour que le droit de savoir reste au cœur du mandat des Commissions vérité et réconciliation, afin de donner sens et consistance à un autre droit tout aussi fondamental pour les victimes : le droit à réparation.

2. Le droit à réparation

Toute violation des droits de l'Homme fait théoriquement naître au bénéfice de sa victime, un droit à réparation. Cette réparation doit permettre de restaurer les droits transgressés par l'arbitraire du crime. Ainsi, par-delà son droit à une vérité éclairante et apaisante, la victime au cœur du processus de justice transitionnelle a également le droit de demander et d'obtenir la réparation de son préjudice ; c'est là un impératif de justice. Saisie par le droit international depuis plus de vingt ans[2094], la réparation vise, non pas seulement à replacer la victime

---

2093 LAVABRE Marie-Claire, « Les institutions qui produisent des récits communs. Questions », *in* LEFRANC Sandrine (dir.), *Après le conflit, la réconciliation ?*, Paris, Michel Houdiard, 2006, pp. 82-97.

2094 Commission des droits de l'Homme, *Étude concernant le droit à restitution, à indemnisation et à réadaptation des victimes de violations flagrantes des droits de l'Homme et des libertés fondamentales*, Rapport final présenté par le Rapporteur spécial Theo van Boven, Doc. E/CN.4/Sub.2/1993/8, 2 juillet 1993 ; *Ensemble révisé de principes fondamentaux et de directives concernant le droit à réparation des victimes de violations flagrantes des droits de l'Homme et du droit humanitaire*, Doc. E/CN.4/Sub.2/1996/17, 24 mai 1996, Principes 6 et ss. ; *Note établie par l'ancien Rapporteur spécial de la Sous-Commission, M. Theo van Boven, en application du paragraphe 2 de la résolution 1996/28 de la Sous-Commission*, Rapport présenté par Theo van Boven, Doc. E/CN.4/1997/104, 16 janvier 1997 ; *Le droit à restitution, indemnisation et réadaptation des victimes de violations flagrantes des droits de l'Homme et des libertés fondamentales*, Rapport final du Rapporteur spécial, Cherif Bassiouni, présenté en application de la résolution 1999/33 de la Commission, en annexe les principes fondamentaux et de directives concernant le droit à un recours et à réparation des victimes de du droit international relatif aux droits de l'Homme et du droit international humanitaire, Doc. E/CN.4/2000/62, 18 janvier 2000, Principes 15 et ss. ; JOINET Louis, « Ensemble des principes pour la protection et la promotion des droits de l'Homme par la lutte contre l'impunité », *in* ONU, Conseil économique et social, Commission des droits de l'Homme, Sous-Commission de la lutte contre les mesures discriminatoires et de la protection des minorités, *L'administration de la justice et les droits de l'Homme des détenus*, E/CN.4/Sub.2/1997/20, 26 juin 1997, Principes 36 et ss. ; ORENTLICHER Diane, « Ensemble de principes actualisé pour la protection et la promotion des droits de l'Homme par la lutte contre l'impunité », *in* ONU, Conseil économique et social, Commission des droits de l'Homme, *Promotion et protection des droits de l'Homme*, Doc. E/CN.4/2005/102/Add.1, 8

dans l'état qui était le sien avant la violation de son droit, mais encore et surtout à gommer autant que faire se peut, les effets de l'acte illicite, en rétablissant la victime dans l'état dans lequel elle se serait vraisemblablement trouvée si ledit acte n'avait pas été commis. La réparation doit être alors comprise dans son sens le plus large. Non seulement elle peut être individuelle et/ou collective, mais en plus elle peut aller au-delà des mesures matérielles de restitution, d'indemnisation et de réadaptation, pour revêtir une dimension morale. Par exemple, la construction de mémoriaux et de musées, la présentation d'excuses officielles, la réécriture des livres d'histoire et le changement des noms des rues sont autant de mesures symboliques qui peuvent également contribuer à la construction de la mémoire collective. C'est là aussi une forme de reconnaissance des victimes et un moyen de restauration de leur dignité.

La réparation des atteintes les plus graves aux droits de l'Homme est un enjeu central des processus de justice transitionnelle. Elle est un droit pour les victimes mais une obligation pour les États. C'est la raison pour laquelle toutes les Commissions vérité et réconciliation instituées dans l'espace francophone ont reçu mandat pour proposer des programmes de réparation et formuler des recommandations en vue de leur mise en œuvre[2095].

Au Maroc par exemple, l'Instance équité et réconciliation (IER) était chargée d'instruire et de statuer sur les demandes de réparation des victimes. Du rapport final publié en avril 2005, il ressort que l'Instance a reçu plus de 20000 demandes de réparation dont environ de 17000 ont été déclarées recevables. Pour répondre à ces attentes, l'instance a adopté dans ses conclusions, une approche à la fois individuelle et communautaire de la réparation. En ce qui concerne les réparations individuelles, elle a proposé des mesures d'indemnisation, de restitution des biens, de régularisation des situations professionnelle, administrative et financière, de réinsertion sociale et de réhabilitation médicale et psychologique. La commission d'indemnisation des victimes des violations graves

---

février 2005 ; Assemblée Générale des Nations Unies, *Résolution 60/147 sur les principes fondamentaux et les directives concernant le droit à un recours et à réparation des victimes de violations flagrantes du droit international des droits de l'Homme et de violations graves du droit international humanitaire*, 16 décembre 2005.

2095 Haïti (article 7 de l'arrêté présidentiel du 28 mars 1995 créant la Commission de vérité et de justice) ; Maroc (article 9, alinéas 4 et 5 du *dahir* n° 1-04-42 du 10 avril 2004 portant approbation des Statuts de l'Instance Équité et Réconciliation) ; République Démocratique du Congo (article 5 de la loi n° 04/018 du 30 juillet 2004 portant création, organisation, attributions et fonctionnement de la commission vérité et réconciliation) ; Côte d'Ivoire (article 5 de l'ordonnance n° 2011-167 du 13 juillet 2011 portant création, attributions, organisation et fonctionnement de la Commission) ; Madagascar (article 5(c) de la loi n° 2012-010 du 30 juillet 2012 portant création, mission, attributions, composition et modalités de fonctionnement du *Filankevitry ny Fampihavanana Malagasy* (FFM) ou Conseil de la réconciliation malgache) ; Tunisie (articles 10 à 13 et article 39 de la loi organique n° 2013-53 du 24 décembre 2013 relative à l'instauration et à l'organisation de la justice transitionnelle) ; Burundi (article 6, alinéa 4(b) et article 63 de la loi n° 1/18 du 15 mai 2014, portant création, mandat, composition, organisation et fonctionnement de la Commission Vérité et Réconciliation).

des droits de l'Homme, créée en 1999, a alors poursuivi son action en tenant compte des recommandations de l'Instance équité et réconciliation. Pour ce qui regarde les réparations communautaires, l'Instance a de manière novatrice, suggéré notamment la mise en œuvre de programmes de développement socio-économique et culturel en faveur des régions ayant particulièrement subi les séquelles des épisodes de violations graves des droits de l'Homme[2096]. Au Togo également, la Commission vérité, justice et réconciliation (CVJR) était chargée d'étudier les modalités d'apaisement des victimes et de proposer au gouvernement des mesures propres à assurer la réparation des préjudices subis par les victimes[2097]. Le rapport final solennellement remis au chef de l'Etat le 3 avril 2012 proposait à ce propos, un programme de réparation pour les victimes, incluant notamment, au-delà des indemnisations, la construction de monuments, l'instauration d'une journée de la réconciliation, la réintégration à l'emploi, la prise en charge psycho médicale des victimes et l'aide à la scolarisation de leurs enfants[2098]. Conformément aux recommandations du rapport final, un Fonds spécial de réparation et de réhabilitation des victimes a été inscrit dans la loi de finances 2014 afin, sous l'autorité du Haut-Commissariat à la réconciliation et au renforcement de l'unité créé en 2014, d'impulser le processus de réparation au Togo. La Commission ghanéenne de réconciliation nationale n'a pas dérogé au principe. Elle aussi avait pour mission de proposer des mesures de réparation. A cet égard, le rapport publié 2004 préconisait une série de mesures dont la présentation d'excuses publiques et la mise en place d'un Fonds de réparation et de réhabilitation pour les victimes de violation des droits de l'Homme au Ghana. En Haïti, la Commission vérité et réconciliation était également chargée d'identifier les victimes et de recommander des mesures de réhabilitation et de réparation afin de leur rendre leur dignité. Dans son rapport final publié le 5 février 1996, puis traduit en français en 1998, la Commission recommandait la mise en place d'un organe exclusivement affecté à la question de la réparation. Au Rwanda, la Commission nationale pour la vérité et la réconciliation est elle aussi restée fidèle au principe. Ses recommandations en matière de réparation des préjudices subis par les victimes sont mises en œuvre par la Commission nationale de réparation et de réconciliation. En Côte d'Ivoire, la Commission nationale pour la réconciliation et l'indemnisation des victimes a été créée le 24 mars 2015[2099] pour parachever le travail de la Commission dialogue, vérité et

2096 Il s'agit notamment des régions du Rif, de Figuig, de Tazmamart, d'Agdez-Zagora et du Moyen Atlas. La synthèse des recommandations faites par l'IER en la matière est disponible sur le site officiel de l'institution : http://www.ier.ma/article.php3?id_article=1496.

2097 Article 2 du décret n° 2009-046/PR du 25 février 2009 portant création de la CVJR.

2098 Commission vérité, justice et réconciliation du Togo, *Rapport final*, *op. cit.*, pp. 213 et ss.

2099 Ordonnance n° 2015-174 du 24 mars 2014 portant création, attributions, composition et fonctionnement de la Commission nationale pour la réconciliation et l'indemnisation des victimes.

réconciliation, arrivée en fin de mandat en décembre 2014. La création d'un fonds d'indemnisation des victimes a été annoncée par les autorités ivoiriennes. Ce fonds qui sera géré par le Programme national de cohésion sociale[2100] devrait permettre de démarrer les actions de réparation sur la base des travaux de la Commission dialogue, vérité et réconciliation. En Tunisie, en République Démocratique du Congo, au Burundi, au Mali et à Madagascar les Commissions vérité et réconciliation ont elles aussi été investies de la mission de proposer des programmes de réparation individuelle et collective et de promouvoir le pardon et la réconciliation.

Le constat est frappant. La satisfaction du droit à réparation est un invariant du mandat des Commissions vérité et réconciliation établies dans l'espace francophone. Même si ces Commissions ne sont généralement pas compétentes pour accorder directement les réparations, elles peuvent au moins les proposer aux gouvernements, auxquels il revient ensuite la charge d'en tenir compte. Sur ce point, l'expérience révèle que la plupart des programmes de réparation proposés par les Commissions vérité au terme de leur mandat peinent généralement à se mettre en place. Et c'est bien là l'une des principales limites structurelles à l'efficacité des Commissions vérité, qui perdent toute crédibilité lorsque leurs recommandations en matière de droit à réparation ne sont pas suivies d'effet. Dans son action en faveur des processus de justice vérité et réconciliation, le défi pour la coopération francophone est alors ici de veiller, par son plaidoyer, son observation et son accompagnement, à l'opérationnalisation des programmes de réparation au profit des victimes.

Pour la victime, le droit à réparation vient compléter utilement le droit à la vérité qui au fond, est le premier élément du processus de guérison. La réparation matérielle en dehors de tout processus consultatif de recherche de la vérité, serait insuffisante. Elle confinerait en réalité à une forme de manipulation de la souffrance des victimes et de rachat de leur pardon. C'est pourquoi la compensation, quelle qu'elle soit, doit nécessairement être précédée d'aveu et de repentance pour permettre à la victime de retrouver dignement sa place dans la société. Mais le travail des Commissions vérité et réconciliation va bien au-delà de la mise en récit de la vérité historique et de la mise en place de programmes de réparation. Il implique, dans le prolongement du principe de réparation, la proposition de mesures destinées à prévenir la répétition des crimes.

2100 Ce programme est chargé sous la tutelle du ministre ivoirien du plan et du développement d'accompagner les initiatives en faveur du renforcement du lien social entre les communautés vivant en Côte d'Ivoire.

B. La proposition de garanties de non-répétition

Il ressort des principes de la justice transitionnelle que les États doivent prendre toutes les mesures appropriées afin que les victimes et au-delà d'elles, quelque autre citoyen, ne puissent subir de nouveau, des actes portant atteinte à leurs droits les plus fondamentaux[2101]. Le but est ici, par le rétablissement de l'État de droit, de restaurer la légitimité de l'État fragilisé. Ainsi, dans la conduite de leurs processus transitionnels nationaux, c'est, la plupart du temps, aux Commissions vérité et réconciliation que les États francophones concernés, ont confié le soin de proposer des mesures en vue de restaurer l'État de droit, d'insuffler une culture du respect des droits de l'Homme et de rétablir la confiance des populations à l'égard de leurs institutions publiques. En effet, en dépit de l'établissement de la vérité et de la prise en charge des victimes, le travail des Commissions vérité serait incomplet si celles-ci, dans leurs conclusions, ne pouvaient indiquer les réformes qu'elles jugent propres à garantir la non-répétition des crimes du passé. Généralement, les réformes structurelles recommandées par les Commissions vérité de l'espace francophone en vue de favoriser la naissance d'une vraie démocratie constitutionnelle sont de deux ordres : les premières portent sur le cadre formel ou institutionnel de l'État de droit (A), tandis que les secondes touchent à sa dimension normative ou substantielle (B).

1. La réforme du cadre institutionnel

Tout État engagé dans un processus de transition, justice, vérité et réconciliation doit entreprendre toutes les réformes nécessaires pour faire en sorte que les institutions publiques soient réorganisées dans le respect des principes de l'État de droit. Dans un contexte où l'appareil d'État a bien souvent lui-même été impliqué dans les violations flagrantes et systématiques des droits de l'Homme, refonder la confiance des citoyens dans les institutions étatiques suppose au premier chef de procéder à un assainissement de la fonction publique par la mise à l'écart de ses agents ayant directement ou indirectement participé à la perpétration des crimes du passé. Ce procédé dit de *vetting* ou de lustration peut concerner aussi bien les services de sécurité et de renseignement, que les

---

2101 JOINET Louis, « Ensemble des principes pour la protection et la promotion des droits de l'Homme par la lutte contre l'impunité », *in* ONU, Conseil économique et social, Commission des droits de l'Homme, Sous-Commission de la lutte contre les mesures discriminatoires et de la protection des minorités, *L'administration de la justice et les droits de l'Homme des détenus*, Doc. E/CN.4/Sub.2/1997/20, 26 juin 1997, Principes 45 et ss. ; ORENTLICHER Diane, « Ensemble de principes actualisé pour la protection et la promotion des droits de l'Homme par la lutte contre l'impunité », *in* ONU, Conseil économique et social, Commission des droits de l'Homme, *Promotion et protection des droits de l'Homme*, Doc. E/CN.4/2005/102/Add.1, 8 février 2005, Principes 35 et ss.

administrations publiques et le corps judiciaire. Il s'agit ici de questionner l'intégrité des agents publics afin de déterminer leur aptitude à être maintenus ou pas dans leurs fonctions. S'inscrivant dans une logique préventive plutôt que dans une démarche punitive, le filtrage administratif ne doit pas se transformer en une purge vindicative. Il doit au contraire s'opérer suivant une procédure objective et impartiale. Par ailleurs, au-delà de ces précautions administratives, la réforme du cadre institutionnel de l'État en sortie de crise implique non seulement de dissoudre le cas échéant les groupements armés non étatiques, mais encore de prendre toutes les mesures utiles afin de renforcer l'indépendance, l'impartialité et l'efficacité des tribunaux.

Dans leur accompagnement des transitions politiques, les Commissions vérité et réconciliation peuvent jouer un rôle important à ce niveau puisqu'elles ont également vocation à favoriser la transformation structurelle de l'État convalescent. Chargées d'identifier les causes profondes du conflit et des crimes qui l'ont maculé, les Commissions francophones de vérité et de réconciliation ont toutes reçu explicitement[2102] ou implicitement[2103] mandat, pour proposer les réformes institutionnelles nécessaires à la reconstruction de l'État de droit[2104]. Les exemples des Commissions du Ghana, d'Haïti, du Maroc et du Togo l'illustrent parfaitement.

En Haïti, la Commission nationale de vérité et de justice, en vertu de l'article 8 de son acte fondateur, proposait dans son rapport final de 1994, la réforme des systèmes judiciaires[2105]. Au Ghana, le rapport de la Commission remis au

---

2102 Haïti (article 8(a) de l'arrêté présidentiel du 28 mars 1995 créant la Commission de vérité et de justice) ; Maroc (article 9, alinéa 6 du *dahir* n° 1-04-42 du 10 avril 2004 portant approbation des Statuts de l'Instance Équité et Réconciliation) ; République Démocratique du Congo (article 8(l) de la loi n° 04/018 du 30 juillet 2004 portant création, organisation, attributions et fonctionnement de la commission vérité et réconciliation) ; Tunisie (article 43, alinéas 1 et 3 de la loi organique n° 2013-53 du 24 décembre 2013 relative à l'instauration et à l'organisation de la justice transitionnelle) ; Burundi (article 6, alinéa 4(f) et article 74(f) de la loi n° 1/18 du 15 mai 2014, portant création, mandat, composition, organisation et fonctionnement de la Commission Vérité et Réconciliation).

2103 En Côte d'Ivoire par exemple, s'il est vrai que la Commission dialogue, vérité et réconciliation n'avait pas d'attributions explicites pour proposer des réformes institutionnelles, elle pouvait plus largement « *faire des propositions visant à lutter contre l'injustice, les inégalités de toute nature, le tribalisme, le népotisme, l'exclusion ainsi que la haine sous toutes leurs formes ; d'éduquer à la paix, au dialogue et à la coexistence pacifique* » : article 5 de l'ordonnance n° 2011-167 du 13 juillet 2011 portant création, attributions, organisation et fonctionnement de la Commission. Voir à Madagascar l'article 5(f) de la loi n° 2012-010 du 30 juillet 2012 portant création, mission, attributions, composition et modalités de fonctionnement du *Filankevitry ny Fampihavanana Malagasy* (FFM) ou Conseil de la réconciliation malgache.

2104 HAZAN Pierre, « Mesurer l'impact des politiques de châtiment et de pardon : plaidoyer pour l'évaluation de la justice transitionnelle », *Revue Internationale de la Croix Rouge*, vol. 88, n° 861, mars 2006, pp. 343-365.

2105 Commission nationale de vérité et de justice, *Si m pa rele : 29 septembre 1991 - 14 octobre 1994*, 1996, pp. 199 et ss.

Président Kufuor le 12 septembre 2004, recommandait au titre des garanties de non-répétition, une gamme de réformes institutionnelles dans les secteurs militaire, policier et pénitentiaire. Au Maroc, l'Instance équité et réconciliation a, elle aussi, en vertu de son mandat, recommandé dans son rapport d'avril 2005, des réformes en vue d'approfondir la gouvernance des appareils sécuritaires et de renforcer le principe de la séparation des pouvoirs. Au Togo également, le rapport final remis par la Commission vérité au Président de la République le 3 avril 2012 proposait de grandes réformes institutionnelles relatives notamment à l'organisation du jeu politique et au renforcement de l'indépendance du pouvoir judiciaire.

Mais les propositions de réformes institutionnelles faites par les Commissions vérité et réconciliation ne font qu'ouvrir la voie qui conduit à la recomposition de l'État de droit formel. Il appartient ensuite aux autorités politiques de les prendre en compte et de les matérialiser pour garantir le non-renouvellement des crimes. Il se pose alors la question du suivi des recommandations sur laquelle nous reviendrons dans des développements ultérieurs. Dans tous les cas, sur ce point, la Francophonie pourrait mobiliser son expertise en matière d'appui à la réforme du secteur de la sécurité et du secteur de la justice, pour accompagner la mise en place des garanties de non-répétition, qu'elles soient destinées à améliorer le cadre institutionnel de l'État de droit ou à renforcer sa charpente normative.

2. La réforme du cadre normatif

Ainsi que cela ressort de l'ensemble des principes des Nations Unies pour la protection et la promotion des droits de l'Homme par la lutte contre l'impunité[2106], la non-répétition des crimes ne peut être garantie qu'à une double condition. La première oblige les États en transition à abroger sans délai les actes législatifs et réglementaires qui, par leurs dispositions, favorisent ou tolèrent les violations flagrantes et systématiques des droits de l'Homme. La seconde les invite à adopter toutes les mesures législatives nécessaires au renforcement du cadre normatif de protection des droits de l'Homme et de lutte contre l'impunité.

Les Commissions vérité et réconciliation instituées dans l'espace francophone sont pour la plupart compétentes pour proposer au terme de leurs mandats respectifs, les réformes constitutionnelles, législatives et réglementaires qu'elles

2106 JOINET Louis, « Ensemble des principes pour la protection et la promotion des droits de l'Homme par la lutte contre l'impunité », *in* ONU, Conseil économique et social, Commission des droits de l'Homme, Sous-Commission de la lutte contre les mesures discriminatoires et de la protection des minorités, *L'administration de la justice et les droits de l'Homme des détenus*, Doc. E/CN.4/Sub.2/1997/20, 26 juin 1997, Principes 45(b) et 47 ; ORENTLICHER Diane, « Ensemble de principes actualisé pour la protection et la promotion des droits de l'Homme par la lutte contre l'impunité », *in* ONU, Conseil économique et social, Commission des droits de l'Homme, *Promotion et protection des droits de l'Homme*, Doc. E/CN.4/2005/102/Add.1, 8 février 2005, Principes 35(b) et 38.

estiment nécessaires afin de garantir la non-répétition des crimes du passé et de favoriser ainsi l'affermissement et la stabilisation de l'État de droit[2107].

En Haïti par exemple, la Commission de vérité et de justice a proposé dans son rapport final de 1996, un renforcement de la législation pénale relative aux viols et autres violences sexuelles contre les femmes[2108]. Elle a également recommandé la ratification de la Convention des Nations Unies sur l'imprescriptibilité des crimes de guerre et des crimes contre l'humanité[2109], de la Convention des Nations Unies contre la torture et autres peines ou traitements cruels, inhumains ou dégradants[2110], de la Convention interaméricaine pour la prévention et la répression de la torture[2111], ainsi que de la Convention interaméricaine pour l'élimination de la violence contre les femmes[2112]. Au Maroc également, l'Instance équité et réconciliation a recommandé au terme de ses travaux en 2005, des réformes en matière de protection des droits humains. Le rapport final invitait à prendre des mesures en vue notamment de consolider les garanties matérielles et procédurales des droits de l'Homme, de renforcer les droits de la femme et de mettre en place une stratégie nationale intégrée de lutte contre l'impunité. Au Rwanda, les recommandations faites par la Commission nationale pour l'unité et la réconciliation ont contribué à renforcer le dispositif législatif incriminant les discriminations, le sectarisme et les idéologies génocidaires. Désormais, l'appartenance ethnique n'apparaît plus sur la carte d'identité rwandaise. Au Togo, le rapport final remis le 3 avril 2012 par la Commission vérité, justice et réconciliation, recommandait lui aussi l'adoption de mesures positives afin d'assurer la préservation des droits de l'Homme et

---

2107 Haïti (article 8(b) de l'arrêté présidentiel du 28 mars 1995 créant la Commission haïtienne de vérité et de justice) ; Maroc (article 9, alinéa 6 du *dahir* n° 1-04-42 du 10 avril 2004 portant approbation des Statuts de l'Instance Équité et Réconciliation) ; République Démocratique du Congo (article 8(l) de la loi n° 04/018 du 30 juillet 2004 portant création, organisation, attributions et fonctionnement de la commission vérité et réconciliation) ; Madagascar (article 5(f) de la loi n° 2012-010 du 30 juillet 2012 portant création, mission, attributions, composition et modalités de fonctionnement du *Filankevitry ny Fampihavanana Malagasy* (FFM) ou Conseil de la réconciliation malgache) ; Tunisie (articles 43, alinéa 2 de la loi organique n° 2013-53 du 24 décembre 2013 relative à l'instauration et à l'organisation de la justice transitionnelle).

2108 Commission nationale de vérité et de justice d'Haïti, *Si m pa rele : 29 septembre 1991 - 14 octobre 1994*, p. 198. Rapport en ligne sur : http://ufdcweb1.uflib.ufl.edu/UF00085926/00001/.

2109 ONU, Assemblée Générale, Convention sur l'imprescriptibilité des crimes de guerre et des crimes contre l'humanité, 26 novembre 1968. Entrée en vigueur le 11 novembre 1970.

2110 ONU, Convention des Nations Unies contre la torture et autres peines ou traitements cruels, inhumains ou dégradants, New York, 10 décembre 1984. Entrée en vigueur le 26 juin 1987.

2111 OEA, Convention interaméricaine pour la prévention et la répression de la torture, Cartagena de Indias (Colombie), 9 décembre 1985. Entrée en vigueur le 28 février 1997.

2112 OEA, Convention interaméricaine pour l'élimination de la violence contre les femmes, Belém do Pará (Brésil), le 9 juin 1994. Entrée en vigueur le 5 mars 1995.

l'efficacité des stratégies la lutte contre l'impunité[2113]. Enfin, au Canada, le rapport publié le 2 juin 2015 par la Commission de vérité et réconciliation sur les pensionnats indiens invite le gouvernement canadien à adopter formellement la Déclaration des Nations Unies sur les droits des peuples autochtones et d'en tenir compte dans la détermination et la mise en œuvre de ses politiques publiques. Ce rapport recommande également au gouvernement d'adopter des lois sur la valorisation et l'éducation et les langues autochtones[2114].

On remarque que de manière générale, les droits de l'Homme, le droit international humanitaire et la lutte contre l'impunité représentent les principaux enjeux normatifs des processus nationaux de justice transitionnels. Non seulement ils participent des garanties de non-répétition des crimes de masse, mais ils contribuent également à un exercice efficace du droit à la justice, tout aussi indispensable, à côté du droit à la vérité et au droit à réparation, au succès des processus de transition politique.

Rendre publique la vérité, éduquer le citoyen, informer et nourrir le débat public, préserver la mémoire, redonner leur dignité aux victimes et redresser l'ordre moral, promouvoir le pardon et réconciliation nationale, tels sont les enjeux au cœur de la mise en place des Commissions vérité et réconciliation. En prenant en compte la diversité des expériences, des contextes et des objectifs, la démarche francophone doit, pour être efficace, soutenir une approche globale des processus de transition, justice, vérité et réconciliation. Au-delà de sa diplomatie préventive, la Francophonie doit au nom de ses engagements en faveur de l'accompagnement des processus de sortie de crise, apporter son concours à la mise en place de Commissions vérité et réconciliation indépendantes et crédibles structurées autour des exigences de vérité, de justice, de réparation et de non-répétition. Mais s'il est vrai que les Commissions vérité sont en théorie conçues pour enclencher la dynamique de transformation politique et sociale, elles rencontrent en pratique, des difficultés majeures dans l'exercice de leurs mandats. C'est une réalité dont la Francophonie doit également tenir compte si elle veut contribuer à l'amélioration de l'efficacité et de la crédibilité des Commissions vérité instituées dans l'espace francophone.

SECTION II. UNE EXPERIENCE MITIGEE

Les Commissions vérité et réconciliation font aujourd'hui partie des solutions classiques de la boîte à outil de la justice transitionnelle. Cependant, en pratique,

2113 Commission vérité, justice et réconciliation du Togo, *Rapport final*, *op. cit.*, pp. 252 et ss.

2114 The truth and reconciliation Commission of Canada, *Honouring the Truth, Reconciling for the Future*, *op. cit.*, pp. 200 et ss.

leur efficacité peut être objectivement questionnée. Conçues pour contribuer, à côté de la justice pénale ordinaire, à la reconstruction de l'État de droit et à la consolidation de la paix, ces Commissions ne doivent pas non plus être regardées comme des panacées. L'expérience révèle d'ailleurs qu'elles connaissent elles aussi au gré des circonstances, leurs failles. Pour la Francophonie le défi est alors ici de veiller à ce que le recours à ces Commissions ne devienne pas l'expression d'un simple phénomène de mode. Pour être crédible, la Commission vérité doit indispensablement s'appuyer sur une volonté sincère et partagée d'établir la vérité et de renouveler le contrat social. A défaut, elle pourrait être dévoyée ou instrumentalisée[2115] et par conséquent, s'éloigner des objectifs centraux de la justice transitionnelle. Ainsi que cela ressort à certains égards du guide pratique de l'OIF sur les processus de transition, justice, vérité et réconciliation[2116] dans l'espace francophone, l'efficacité des Commissions vérité et réconciliation peut être discutée à un double niveau. Elle est d'une part, bridée par leurs propres limites statutaires (§ 1) et d'autre part, limitée par le manque de sincérité dans la conduite du processus transitionnel (§ 2).

§ 1. Une efficacité bridée par le statut

Généralement conçue pour contribuer en toute indépendance à l'œuvre de réconciliation, la Commission vérité n'exerce ses compétences que dans les limites du canevas matériel et fonctionnel dessiné par son acte fondateur. Sa crédibilité tient alors notamment aux compétences et aux moyens qui lui sont attribués. Or, l'on remarque que bien souvent dans l'espace francophone, l'efficacité des Commissions vérité et réconciliation est bridée par des contraintes liées au mandat (A) et par des dépendances statutaires et matérielles (B) qui affectent inévitablement leur crédibilité et leur capacité à favoriser durablement le retour de la paix et de l'État de droit.

A. Les contraintes du mandat

La Commission vérité et réconciliation ne peut agir qu'en vertu et dans les limites de son mandat. Si celui-ci est trop limité ou au contraire trop large dans son contenu comme dans sa durée, les travaux de la Commission s'en trouveront

---

2115 En Serbie par exemple, la Commission vérité et réconciliation s'est disloquée avant terme, après que les personnalités indépendantes se sont retirées face une volonté d'instrumentalisation politique dont ils ne consentaient pas à se faire complices. Sur la question des velléités de manipulations des Commissions, le lecteur intéressé pourra plus largement voir, BENCHIKH Madjid, « Violations massives des droits de l'Homme et justice transitionnelle en Afrique », *loc. cit.*, p. 238.

2116 OIF, Direction de la paix, de la démocratie et des droits de l'Homme (DDHDP), *Les processus de transition, justice, vérité et réconciliation dans l'espace francophone*, *op. cit.*, pp. 123 et ss.

inévitablement affectées. Pour que les Commissions vérité puissent être efficaces, elles doivent alors non seulement avoir un mandat clair, précis et réaliste (1), mais encore disposer d'un temps suffisant pour l'exercer et atteindre les objectifs ambitieux au fondement de leur création (2).

1. La contrainte liée à l'étendue des compétences

La première contrainte qui pèse sur le mandat des Commissions vérité et réconciliation est celle de leur ambition parfois démesurée, contrastant avec leur caractère provisoire. Pour nombre de Commissions, le décalage est à ce niveau perceptible aussi bien dans leur compétence *ratione materiae* que dans leur compétence *ratione temporis*.

Au plan matériel, les Commissions vérité et réconciliation doivent disposer d'un mandat clair, qui leur permette de rechercher la vérité et de l'établir. Or, sur ce point, l'on observe que certaines Commissions ont été investies d'une compétence matérielle parfois trop large[2117]. Au Togo par exemple, la Commission vérité, justice et réconciliation était chargée aux termes de l'article 2 de son décret de création, d'enquêter sur toutes les violences politiques qui ont marqué le pays et sur toutes les violations graves des droits de l'Homme qu'elles ont provoquées. Ainsi, les troubles sociaux qui ont accompagné la constitution du premier gouvernement togolais en 1958, l'assassinat du premier chef d'État togolais le 13 janvier 1963, les violences électorales, les arrestations arbitraires et les disparitions forcées, les actes de tortures, les tentatives de coup d'État, les représailles, les exactions commises par les milices et les assassinats politiques entrent dans la sphère de compétence matérielle de la Commission vérité, justice et réconciliation. Le même reproche a été adressé à la Commission vérité et réconciliation de la République Démocratique du Congo. Ainsi que le faisait remarquer le guide de l'OIF sur les processus de transition, justice, vérité et réconciliation, cette Commission, en raison du décalage entre l'ampleur de son mandat et l'étendue de ses moyens d'action, n'a pu fonctionner et produire de résultats concrets, au point que l'idée de mettre en place une nouvelle Commission est de plus en plus évoquée par la société civile congolaise[2118]. Au Maroc, l'Instance vérité et réconciliation avait également une compétence large puisqu'elle devait traiter à la fois des questions d'ordre politique, éthique, social et culturel. En Tunisie enfin, au-delà des crimes de sang, l'Instance de la vérité et de dignité est compétente pour connaître des crimes économiques commis au cours de la période couverte par son mandat. Même si la pluridisciplinarité des Commissions vérité et réconciliation et l'étendue de leur mandat permettent de

2117 TURGIS Noémie, *La justice transitionnelle en droit international*, *op. cit.*, pp. 487 et ss.

2118 OIF, Direction de la paix, de la démocratie et des droits de l'Homme (DDHDP), *Les processus de transition, justice, vérité et réconciliation dans l'espace francophone*, *op. cit.*, p. 124.

tracer la ligne de crête qui les sépare des Commissions d'enquête et autres Commissions d'établissement des faits, il reste essentiel pour l'efficacité de leur action, de rester lucide et raisonnable dans la détermination de leur champ de compétence matérielle. Plutôt que de dresser une liste exhaustive des évènements devant faire l'objet d'enquête, le mandat des Commissions devrait alors, selon l'approche francophone, se contenter d'indiquer en des termes généraux, les violations visées[2119].

En plus des précautions qu'appelle la circonscription du périmètre d'action des Commissions vérité, l'expérience enseigne qu'il est également nécessaire de rester mesuré dans la délimitation de leur champ de compétence temporel. Dans la majorité des cas, le mandat de la Commission vérité et réconciliation va bien au-delà de l'événement générateur, pour questionner toute l'histoire du pays. Exception faite de la Commission haïtienne de vérité qui n'a enquêté que sur une période de trois ans[2120], toutes les autres Commissions vérité établies dans l'espace francophone ont reçu mandat pour faire la lumière sur plusieurs décennies de violations des droits de l'Homme. En Tunisie par exemple, l'Instance de la vérité et de dignité dont les travaux se poursuivent, a été créée pour enquêter sur une période de cinquante-huit (58) ans[2121]. Au Togo, la période couverte par le mandat de la Commission vérité justice et réconciliation était de quarante-sept (47) ans[2122]. Elle correspond à quarante-six (46) années en République démocratique du Congo[2123] et au Burundi[2124], à quarante-trois (43) années au Maroc[2125], à trente-six (36) années au Ghana[2126] et à vingt-et-un (21) ans en Côte d'Ivoire[2127]. Les Commissions vérité et réconciliation établies dans l'espace francophone sont donc pour la plupart, chargées d'enquêter sur des périodes

2119 *Idem.*

2120 A Haïti, la compétence temporelle de la Commission nationale de vérité et de justice couvrait la période allant du 29 septembre 1991 au 14 octobre 1994.

2121 Dans l'espace francophone, l'Instance tunisienne de la vérité et de dignité a la compétence *ratione temporis* la plus large. Elle s'étend du 1er juillet 1955 au 31 décembre 2013.

2122 La Commission vérité justice et réconciliation du Togo devait enquêter sur les violences qui secoué les fondements de la société togolaise entre 1958 et 2005.

2123 La compétence temporelle de la Commission vérité et réconciliation du Congo s'étend du 30 juin 1960 au 30 juin 2006, date marquant la fin de la transition politique.

2124 La nouvelle Commission vérité et réconciliation du Burundi est chargée d'enquêter sur les faits intervenus entre 1er janvier 1962 et le 4 décembre 2008.

2125 L'Instance équité et réconciliation du Maroc a enquêté sur les violations commises entre 1956 et 1999.

2126 Au Ghana, la Commission pouvait mener des enquêtes sur les évènements qui se déroulés entre le 6 mars 1957 et le 6 janvier 1993.

2127 En Côte d'Ivoire, l'ordonnance n° 2011-167 du 13 juillet 2011 n'a pas délimité le champ de compétence *ratione temporis* de la Commission dialogue, vérité et réconciliation. Mais celle-ci a, au terme des consultations nationales qu'elle a engagées au lendemain de son installation, décidé d'investiguer sur les violations des droits de l'Homme commises de 1990 à 2011.

relativement longues. S'il est vrai que l'étendue de leur compétence temporelle peut utilement permettre d'aller au-delà d'évènements ponctuels pour saisir les causes profondes des crises, elle peut aussi paradoxalement, lorsqu'elle est trop vaste, constituer en pratique, une source de difficulté dans la conduite des investigations. Le risque est alors de voir la Commission s'éloigner de ses priorités ou de les diluer confusément. Pour prévenir ces difficultés pratiques, la Francophonie doit aussi veiller à ce que l'étendue des compétences matérielle et temporelle des Commissions soit mise en relation avec la durée de leur mandat.

2. La contrainte liée à la durée du mandat

Hormis le cas exceptionnel de la Commission rwandaise pour l'unité et la réconciliation, transformée depuis 2002 en une institution permanente[2128], toutes les Commissions vérité et réconciliation établies dans l'espace francophone ont été conçues comme des institutions à caractère temporaire, dont la durée du mandat est fixée en amont par l'autorité politique dont elles procèdent. Elles doivent donc accomplir leur mission dans un temps limité, en tenant compte des contraintes que cela impose. C'est la raison pour laquelle, le temps attribué aux Commissions vérité et réconciliation pour accomplir leur travail doit, en toute logique, être proportionnel à l'ampleur et à la complexité de leur tâche. C'est une condition primordiale au succès de leur mission, et l'OIF l'a bien intégré. Des conclusions de son guide pratique sur les processus de transition dans l'espace francophone, il ressort clairement que la durée du mandat de la Commission doit être corrélée à son périmètre matériel et donc à la charge de travail qu'il implique[2129]. Or, l'on remarque que non seulement la durée du mandat varie d'une Commission à l'autre, mais en plus qu'elle n'est pas toujours proportionnelle à l'ampleur de la mission assignée. Dans l'espace francophone, la durée statutaire du mandat des Commissions vérité et réconciliation va de six mois dans l'hypothèse basse[2130], à huit ans dans l'hypothèse haute[2131]. Entre ces

2128 Loi n° 35/2002 du 14 novembre 2002, modifiant et complétant la loi n° 3/99 visant à rendre permanente la Commission nationale pour l'unité et la réconciliation.

2129 OIF, Direction de la paix, de la démocratie et des droits de l'Homme (DDHDP), *Les processus de transition, justice, vérité et réconciliation dans l'espace francophone*, *op. cit.*, pp. 123.

2130 L'article 21 de l'arrêté présidentiel du 28 mars 1995 créant la Commission de vérité et de justice d'Haïti a enfermé son mandat dans le période allant du d'avril 1995 à février 1996.

2131 Au Canada, la Commission des revendications particulières des indiens a exercé son mandat de 1991 à 2009, c'est-à-dire jusqu'à la mise en place en 2008 du tribunal des revendications particulières (Loi L.C 2008, Ch. 22).

deux hypothèses l'on trouve des mandats de dix-huit mois[2132], de deux ans[2133], de trois ans[2134], de quatre ans[2135] et de cinq ans[2136]. Même si ces durées de mandat sont fixées en amont, elles peuvent, dans la plupart des cas, si besoin est, faire l'objet de prolongation. Ainsi, au Togo par exemple, le mandat de la CVJR a été prorogé trois fois en raison de contraintes liées notamment à l'agenda électoral de 2010[2137]. En Côte d'Ivoire également, alors que le mandat de la Commission dialogue, vérité et réconciliation devait prendre fin en septembre 2013, il a été prolongé d'une année pour permettre à la Commission d'achever ses travaux[2138]. Ce qui a eu pour effet de porter à trois ans, la durée totale du mandat de chacune de ces deux Commissions. Dans l'espace francophone, les Commissions vérité et réconciliation de la Tunisie et du Burundi dont les travaux sont actuellement en cours, pourront également voir leurs mandats prolongés d'une année si nécessaire[2139].

Le plus important est donc ici de veiller à ce que les Commissions disposent d'un délai suffisant pour travailler de manière efficace. La durée du mandat ne doit pas être trop courte au risque de ne pas laisser aux Commissions le temps, comme ce fut le cas en République Démocratique du Congo, de terminer leur travail[2140]. Elle ne doit pas non plus être trop longue non plus, au risque de délayer et de discréditer le travail des Commissions. Pour la doctrine francophone, deux

---

2132 Au Togo.

2133 Au Maroc, l'Instance équité et réconciliation avait un mandat de vingt-trois mois. La durée du mandat des Commissions vérité de la Côte d'Ivoire et de la République Démocratique du Congo était de deux ans.

2134 La Commission malgache et la Commission malienne de 2014 ont un mandat de deux ans.

2135 En Tunisie, l'Instance de la vérité et de dignité créée en décembre 2013 a un mandat de quatre ans.

2136 La Commission canadienne de vérité et réconciliation sur les pensionnats indiens avait un mandat de cinq ans.

2137 Voir le décret n° 2010/148/PR, portant prorogation de six mois du mandat de la CVJR à compter du 1er décembre 2010 ; le décret n° 2011/69/PR, portant prorogation de six mois du mandat de la CVJR à compter du 1er juin 2011 ; et enfin le décret n° 2011/161/PR, portant prorogation de quatre mois du mandat de la CVJR à compter du 1er décembre 2011.

2138 Ordonnance n° 2014-32 du 3 février 2014, relative à la poursuite des missions de la CDVR.

2139 Article 18 de la loi organique n° 2013-53 du 24 décembre 2013 relative à l'instauration et à l'organisation de la justice transitionnelle en Tunisie ; Article 4 de la loi n° 1/18 du 15 mai 2014, portant création, mandat, composition, organisation et fonctionnement de la Commission Vérité et Réconciliation du Burundi.

2140 En République Démocratique du Congo par exemple, le mandat de la Commission était trop ambitieux au regard de la durée de vie de la relativement courte de l'institution. Lire notamment : DIKU Mpongola Dieudonné, « République Démocratique du Congo », *in* Département fédéral des affaires étrangères de la Suisse, Ministère des Affaires étrangères de la République française, Centre international pour la justice transitionnelle, Centre sous-régional des Nations Unies pour les droits de l'Homme et la démocratie en Afrique centrale, *La justice transitionnelle dans le monde francophone : état des lieux*, *op. cit.*, pp. 110 et ss.

règles d'or semblent se dégager en la matière. La première veut que, plus le champ matériel et temporel des faits visés est large, plus la durée du mandat de la Commission doit être longue. La seconde rappelle qu'il est indispensable, dans la détermination de la durée du mandat des Commissions, de tenir compte du contexte politique et notamment des contraintes que font peser les calendriers électoraux sur la progression du travail des Commissions[2141]. Mais les contraintes statutaires que peuvent rencontrer les Commissions dans l'accomplissement de leur mission ne se résument pas aux lacunes intrinsèques de leurs mandats. Elles se manifestent également dans un certain nombre de pesanteurs statutaires et matérielles auxquelles la Francophonie doit être attentive.

B. Les dépendances statutaires et matérielles

Les Commissions vérité et réconciliation doivent par principe être établies et fonctionner en vertu de procédures qui garantissent leur indépendance, leur impartialité et leur efficacité[2142]. Or, même si les statuts des Commissions vérité et réconciliation de l'espace francophone posent généralement le principe de leur indépendance[2143], il n'en reste pas moins que de droit comme de fait, certaines dépendances subsistent. Elles menacent aussi bien l'indépendance des commissaires (1) que celle des Commissions (2).

1. Le débat autour de l'indépendance des commissaires

La question de la composition des Commissions vérité et réconciliation est déterminante pour l'appréciation tant de leur indépendance et de leur légitimité que de leur efficacité. En raison de la dimension à la fois politique et éthique de

2141 OIF, Direction de la paix, de la démocratie et des droits de l'Homme (DDHDP), *Les processus de transition, justice, vérité et réconciliation dans l'espace francophone*, *op. cit.*, pp. 123.

2142 ORENTLICHER Diane, « Ensemble de principes actualisé pour la protection et la promotion des droits de l'Homme par la lutte contre l'impunité », *in* ONU, Conseil économique et social, Commission des droits de l'Homme, *Promotion et protection des droits de l'Homme*, 8 février 2005, Principe 7.

2143 Haïti (article 10 de l'arrêté présidentiel du 28 mars 1995 créant la Commission de vérité et de justice) ; Maroc (article 3 du *dahir* n° 1-04-42 du 10 avril 2004 portant approbation des Statuts de l'Instance Équité et Réconciliation) ; République Démocratique du Congo (article 3 de la loi n° 04/018 du 30 juillet 2004 portant création, organisation, attributions et fonctionnement de la commission vérité et réconciliation) ; Côte d'Ivoire (articles 2 et 5 de l'ordonnance n° 2011-167 du 13 juillet 2011 portant création, attributions, organisation et fonctionnement de la Commission) ; Madagascar (article 2 de la loi n° 2012-010 du 30 juillet 2012 portant création, mission, attributions, composition et modalités de fonctionnement du *Filankevitry ny Fampihavanana Malagasy* (FFM) ou Conseil de la réconciliation malgache) ; Tunisie (article 1er de la loi organique n° 2013-53 du 24 décembre 2013 relative à l'instauration et à l'organisation de la justice transitionnelle) ; Burundi (article 10 de la loi n° 1/18 du 15 mai 2014, portant création, mandat, composition, organisation et fonctionnement de la Commission Vérité et Réconciliation).

leur mandat, les Commissions doivent rassembler des personnalités compétentes et indépendantes, dont l'intégrité et l'autorité morale ne souffrent d'aucune ambiguïté. La crédibilité des Commissions dépend alors dans une large mesure de la qualité et de leurs membres. La Francophonie ne s'est pas directement intéressée à la question de la composition des Commissions vérité. Pour autant, deux exigences nous paraissent au regard des expériences francophones, essentielles à ce niveau. Il s'agit d'une part, de la pluralité de la composition et d'autre part, de la neutralité des commissaires.

Au-delà du nombre de commissaires qui, ici encore varie aisément d'une Commission à l'autre[2144], l'exigence de pluralité renvoie en réalité aux catégories socioprofessionnelles dont ils proviennent. Pour être représentatives et crédibles, les Commissions doivent avoir une composition plurielle. En règle générale, elles comptent notamment des représentants des confessions religieuses, des organisations de défense des droits de l'Homme, d'associations féminines, d'organisations de la société civile et des chefferies traditionnelles. La désignation des commissaires peut en plus, comme ce fut le cas pour certaines Commissions, tenir compte d'équilibres ethniques et régionaux[2145] et parfois même de considérations liées au genre[2146].

A côté de l'exigence de pluralité, le principe de neutralité politique commande quant à lui de fonder le choix des commissaires sur leurs qualités morales, leur intégrité, leur probité, leur sens de la justice, leur indépendance d'esprit, leur expérience et leur capacité à transcender les clivages politiques. Dans l'espace francophone, la plupart des actes instituant les Commissions vérité et réconciliation consacrent cette exigence de neutralité[2147]. Pour autant, en

---

2144 Le nombre de commissaire est très variable. Il est de sept à Haïti, de neuf au Ghana, de onze au Togo, en Côte d'Ivoire et au Burundi, de quatorze au Rwanda, de quinze au Mali (au lieu de trente-trois dans la première commission) et en Tunisie, de dix-sept au Maroc (dont huit issus du Conseil consultatif des droits de l'Homme), de vingt-et-un en République démocratique du Congo et de quarante-cinq à Madagascar.

2145 République Démocratique du Congo (article 9, alinéa 3 de la loi n° 04/018 du 30 juillet 2004 portant création, organisation, attributions et fonctionnement de la Commission vérité et réconciliation) ; Côte d'Ivoire (article 6 de l'ordonnance n° 2011-167 du 13 juillet 2011 portant création, attributions, organisation et fonctionnement de la Commission).

2146 Article 11 de la loi n° 1/18 du 15 mai 2014, portant création, mandat, composition, organisation et fonctionnement de la Commission vérité et réconciliation du Burundi ; article 19 de la loi organique n° 2013-53 du 24 décembre 2013 relative à l'instauration et à l'organisation de la justice transitionnelle en Tunisie.

2147 Haïti (article 13 de l'arrêté présidentiel du 28 mars 1995 créant la Commission de vérité et de justice) ; République Démocratique du Congo (article 10 de la loi n° 04/018 du 30 juillet 2004 portant création, organisation, attributions et fonctionnement de la commission vérité et réconciliation) ; Côte d'Ivoire (article 7 *in fine* de l'ordonnance n° 2011-167 du 13 juillet 2011 portant création, attributions, organisation et fonctionnement de la Commission) ; Madagascar (article 7 de la loi n° 2012-010 du 30 juillet 2012 portant création, mission, attributions, composition et modalités de fonctionnement du *Filankevitry ny Fampihavanana Malagasy* (FFM) ou Conseil de la réconciliation malgache) ; Tunisie

pratique, la composition des Commissions est très souvent critiquée et la neutralité de leurs membres, contestée. Au Togo par exemple, certains commissaires étaient récusés à cause de leur passé politique fort marqué. De même, en République Démocratique du Congo, la composition partisane de la Commission vérité et réconciliation a elle aussi été fustigée en raison de la présence de mouvements politico-militaires sur lesquels, il pesait déjà de sérieux soupçons de crimes graves. Le bureau de la Commission, même s'il était dans sa configuration, conforme aux accords de paix et à la constitution de transition, était en pratique une source de contradictions internes, nuisibles tant à l'indépendance de la Commission, qu'à son efficacité. En Côte d'Ivoire, la Commission dialogue, vérité et réconciliation a elle aussi été critiquée dans sa composition, notamment en raison de la figure controversée de son Président. La neutralité politique de Charles Konan Banny était en effet contestée pour deux raisons. Premièrement parce qu'il est un membre influent du Parti Démocratique de Côte d'Ivoire (PDCI) coalisé avec le Rassemblement des Républicains (RDR) du Président Alassane Ouattara. Deuxièmement parce qu'il est lui-même considéré comme un protagoniste direct de la crise, pour avoir sous la présidence de Laurent Gbagbo, été Premier ministre de décembre 2005 à mars 2007. En Tunisie également, la neutralité de Sihem Bensedrine, Présidente de l'Instance de la vérité et de dignité, a été fortement discutée. En tant que farouche opposante au régime de Ben Ali, il lui a été notamment reproché à tort ou à raison, de vouloir s'inscrire dans une logique vindicative. Enfin, au Mali comme au Burundi, la légitimité des commissaires a été en amont réduite par le fait que dans ces deux pays, les députés de l'opposition n'aient pas pris part au vote de leur désignation.

Tous ces exemples montrent bien qu'il est indispensable, au-delà des garanties statutaires classiques[2148], d'assurer la crédibilité apparente des commissaires pour potentialiser l'impact de leur travail sur le processus de justice transitionnelle. La

---

(articles 21 et 22 de la loi organique n° 2013-53 du 24 décembre 2013 relative à l'instauration et à l'organisation de la justice transitionnelle) ; Burundi (article 12 de la loi n° 1/18 du 15 mai 2014, portant création, mandat, composition, organisation et fonctionnement de la Commission Vérité et Réconciliation).

2148 La plupart des actes instituant des Commissions vérité prévoient notamment des immunités et incompatibilités pour les Commissaires, ainsi que le pouvoir d'autodiscipline de la Commission : République Démocratique du Congo (articles 12 et ss. de la loi n° 04/018 du 30 juillet 2004 portant création, organisation, attributions et fonctionnement de la Commission vérité et réconciliation) ; Côte d'Ivoire (article 8 de l'ordonnance n° 2011-167 du 13 juillet 2011 portant création, attributions, organisation et fonctionnement de la Commission) ; Madagascar (articles 10 et 11 de la loi n° 2012-010 du 30 juillet 2012 portant création, mission, attributions, composition et modalités de fonctionnement du *Filankevitry ny Fampihavanana Malagasy* (FFM) ou Conseil de la réconciliation malgache) ; Tunisie (articles 28, 29, 34 et 37, alinéa 2 de la loi organique n° 2013-53 du 24 décembre 2013 relative à l'instauration et à l'organisation de la justice transitionnelle) ; Burundi (articles 7 et ss. de la loi n° 1/18 du 15 mai 2014, portant création, mandat, composition, organisation et fonctionnement de la Commission vérité et réconciliation).

réflexion francophone sur l'efficacité des Commissions vérité et réconciliation doit donc rapprocher la question de leur composition de celle sans doute plus délicate de leur autonomie organique et matérielle, pour saisir plus largement les enjeux liés à leur indépendance.

2. Le débat autour de l'indépendance des Commissions

Pour que les Commissions vérité et réconciliation puissent être raisonnablement perçues comme indépendantes, elles doivent non seulement disposer de moyens adéquats pour accomplir librement leurs missions, mais en plus, elles doivent être organiquement affranchies de l'emprise du pouvoir exécutif. Or, l'on remarque dans l'espace francophone que nombre de Commissions vérité ne disposent pas de ressources autonomes et suffisantes et que certaines d'entre elles sont maintenues sous la tutelle du pouvoir politique. Ce qui contribue naturellement à alimenter la controverse autour de leur indépendance et de leur crédibilité.

En ce qui concerne les moyens de fonctionnement, il ressort des principes actualisés pour la protection et la promotion des droits de l'Homme par la lutte contre l'impunité, que les Commissions vérité et réconciliation doivent non seulement bénéficier de dotations suffisantes en matériel et en personnel, mais aussi disposer d'un financement transparent de sorte que leur crédibilité et leur indépendance ne puissent être suspectées[2149]. S'il est vrai que l'autonomie budgétaire de certaines Commissions est consacrée dans leurs actes constitutifs[2150], force est de reconnaître néanmoins que dans l'espace francophone, l'insuffisance des ressources humaines et financières constitue la première contrainte des Commissions vérité. Au Maroc par exemple, le fait que le budget de fonctionnement de l'Instance Équité et Réconciliation fut prélevé sur une ligne de crédit du palais royal avait suscité de vives réactions et contribué à diluer son apparence d'indépendance. En République Démocratique du Congo, l'absence d'autonomie financière et l'insuffisance des moyens, contrastant fortement avec l'ambition du mandat, avaient également contribué à

2149 ORENTLICHER Diane, « Ensemble de principes actualisé pour la protection et la promotion des droits de l'Homme par la lutte contre l'impunité », *in* ONU, Conseil économique et social, Commission des droits de l'Homme, *Promotion et protection des droits de l'Homme*, Doc. E/CN.4/2005/102/Add.1, 8 février 2005, Principe 11. Voir aussi JOINET Louis, « Ensemble des principes pour la protection et la promotion des droits de l'Homme par la lutte contre l'impunité », *in* ONU, Conseil économique et social, Commission des droits de l'Homme, Sous-Commission de la lutte contre les mesures discriminatoires et de la protection des minorités, *L'administration de la justice et les droits de l'Homme des détenus*, Doc. E/CN.4/Sub.2/1997/20, 26 juin 1997, Principe 10.

2150 Côte d'Ivoire (article 2 de l'ordonnance n° 2011-167 du 13 juillet 2011 portant création, attributions, organisation et fonctionnement de la Commission) ; Tunisie (article 64 de la loi organique n° 2013-53 du 24 décembre 2013 relative à l'instauration et à l'organisation de la justice transitionnelle).

rendre la Commission vérité et réconciliation inopérante. La question de l'indépendance financière des Commissions est donc essentielle. Et sur ce point, le rôle de la Francophonie pourrait se situer à trois niveaux. Premièrement elle pourrait dans son élan de captation du sens et de la consistance des Commissions vérité et réconciliation, faire de la consécration de leur autonomie budgétaire, une exigence fondamentale. Deuxièmement, elle pourrait en tant que de besoin, plaider auprès des États concernés pour que les moyens alloués aux Commissions, correspondent à l'ampleur de leurs mandats. Troisièmement, elle pourrait, comme ce fut le cas notamment au Togo, contribué au financement des activités des Commissions vérité et réconciliation dans l'espace francophone. Mais il ne suffit pas de résoudre l'équation du financement des Commissions pour que le défi de leur indépendance soit relevé. Il faut également libérer les Commissions de toute forme d'emprise ou de pression politique, car leur politisation altère gravement leur légitimité objective[2151].

Même s'il est vrai qu'en règle générale, chacun des protagonistes de la crise tente d'orienter vers sa perception de la vérité, la Commission vérité doit s'efforcer de garder la distance, l'objectivité et l'impartialité nécessaires à la préservation de sa crédibilité et au succès de sa mission. En revanche la question de la distance se pose en des termes différents lorsque la Commission est directement placée sous la tutelle administrative du pouvoir exécutif. Dans ces conditions, elle peut difficilement conserver son apparence d'indépendance. Dans l'espace francophone, les processus de transition, vérité, justice et réconciliation, engagés au Mali[2152], en Tunisie[2153] et en l'Égypte[2154] fonctionnent sous la tutelle d'un ministre, alors qu'en Côte d'Ivoire, la Commission dialogue, vérité et réconciliation a exercé son mandat sous l'autorité directe du Président de la République[2155]. L'existence de ces connexions, qu'elles soient profondes, formelles ou même symboliques, renvoie une image de connivence qui, elle-même, a pour conséquence naturelle d'entacher la neutralité objective des Commissions. Il faut alors éviter la politisation de ces institutions sous quelque forme que ce soit, car cela a généralement pour effet, sinon de dévoyer leur action, au moins de la décrédibiliser. Parce que la confiance des citoyens dans le travail des Commissions est essentielle au succès de l'entreprise réconciliatrice, la

2151 Sur les travers de la mise sous tutelle des Commissions vérité, voir notamment HOURQUEBIE Fabrice, « La justice transitionnelle a bien un sens », *Afrique contemporaine*, 2014/2, n° 250, p. 87.

2152 Création d'un ministère de la réconciliation nationale, maintenu au terme du remaniement ministériel du 10 janvier 2015.

2153 Ministère de la Justice, des droits de l'Homme et de la justice transitionnelle.

2154 Création en juillet 2013 d'un Ministère de la Justice transitionnelle et de la réconciliation nationale.

2155 Article 1er de l'ordonnance n° 2011-167 du 13 juillet 2011 portant création, attributions, organisation et fonctionnement de la Commission dialogue, vérité et réconciliation.

Francophonie doit plaider pour que leur indépendance soit précieusement sauvegardée dans la forme comme au fond.

Pour la coopération francophone, veiller à l'amélioration de l'efficacité et de la crédibilité des Commissions vérité et réconciliation implique donc de réduire au maximum les dépendances et les contraintes de leurs mandats. Le défi est alors ici pour la Francophonie, de plaider et d'agir pour que les Commissions vérité dont elle accompagne la mise en place et le fonctionnement, puissent d'une part, disposer d'un mandat clair dans son contenu et raisonnable dans sa durée, et d'autre part, être non seulement indépendantes mais également perçues comme telles. Cela dit, si l'expérience des Commissions vérité dans l'espace francophone est controversée, ce n'est pas seulement parce que ces institutions sont limitées dans leurs marges de manœuvre par des contraintes statutaires ; c'est aussi parce que leur efficacité est diluée dans le manque de sincérité du processus.

§ 2. Une efficacité limitée par le manque de sincérité

Les processus de justice transitionnelle se construisent autour des objectifs complémentaires de justice, de vérité et de réconciliation. Ils se doivent donc d'être transparents et sincères, au sens traditionnel de ce qui est franc et véridique. La sincérité, ainsi que l'a parfaitement fait observer la Francophonie dans son guide pratique sur les processus de transition, justice, vérité et réconciliation[2156], est essentielle car elle détermine en amont comme en aval, la légitimité et la crédibilité des Commissions. Mais la sincérité des processus transitionnels ne doit pas toujours être tenue pour acquise. Dans l'espace francophone, la question se pose avec d'autant plus d'acuité qu'elle a pour effet de relativiser dans bien des cas, l'efficacité du travail des Commissions. A ce niveau, le manque de sincérité peut être perçu en amont dans l'impopularité des Commissions (A) et en aval dans la négation de leurs recommandations (B).

A. En amont : l'impopularité des Commissions

Qu'il s'agisse d'une Commission octroyée ou même d'une Commission négociée, la décision ou le compromis politique de départ ne suffisent pas, car ces derniers peuvent en réalité, masquer une stratégie politique dont l'objet est simplement d'accréditer les postulats d'un récit légitimant. Dès lors, pour être déterminant et efficace, le processus de transition doit immanquablement s'appuyer sur une volonté politique réelle de transformation de la société fragilisée. Dans un contexte où les juridictions nationales ne sont pas toujours

---

2156 OIF, Direction de la paix, de la démocratie et des droits de l'Homme (DDHDP), *Les processus de transition, justice, vérité et réconciliation dans l'espace francophone*, *op. cit.*, p. 125

aptes à statuer de façon indépendante et impartiale pour établir la vérité, il paraît indispensable, pour donner des chances réelles de succès aux processus de réconciliation, de garantir en amont, c'est-à-dire au moment de leur création et dans la conduite de leurs activités, la légitimité et la crédibilité des Commissions vérité.

Le processus de justice transitionnelle ne peut être crédible que pour autant qu'il est sincère et qu'il s'insère lui-même dans une dynamique participative. C'est l'ancrage de la Commission vérité et réconciliation dans la réalité sociale et institutionnelle[2157] qui l'environne et qu'elle entend transformer, qui détermine la confiance qu'elle inspire et par conséquent, ses chances de réussite. Le processus doit donc non seulement être soutenu par l'ensemble des acteurs de la scène politique, mais aussi et surtout recueillir l'adhésion de la société civile. C'est sans doute la raison pour laquelle, Louis Joinet, dans les principes dégagés en 1997, suggérait de faire précéder dans la mesure du possible, les décisions de création de Commissions vérité, de larges consultations publiques[2158]. Le but est alors ici de faire en sorte que l'ensemble des acteurs de la société concernée s'approprie le processus, car la participation de la société civile est capitale tant pour le lancement que pour l'avancement des travaux des Commissions. Seulement, dans l'espace francophone, des Commissions vérité telles que celles du Maroc, de la Côte d'Ivoire ou encore de la République Démocratique du Congo n'ont jamais réussi à recueillir l'adhésion populaire et le soutien de la société civile. Au Burundi également, la légitimité du processus en cours a été écornée par les réticences de l'opposition politique et de la société civile. A côté du manque de soutien populaire, le manque de visibilité et le fonctionnement en vase clos de certaines Commissions ont également contribué à aggraver leur impopularité. Sur ce point, en Côte d'Ivoire par exemple, les audiences de la Commission dialogue vérité et réconciliation qui avaient été annoncées publiques, se sont finalement déroulées à huis clos du 8 au 30 septembre 2014. Le risque de rejet et donc d'échec des Commissions n'est alors pas que théorique. Il est bel et bien réel.

La légitimité des Commissions vérité dépend dans une large mesure de leur acceptabilité sociale. Il appartient donc à la coopération francophone, dans son action en faveur de l'accompagnement et de la consolidation des processus de transition, de promouvoir non seulement la concertation et le partenariat avec la société civile, mais aussi la collaboration avec les autres acteurs institutionnels. La

---

2157 La crédibilité de la commission est tributaire de la relation de confiance et de respect qu'elle établit non seulement avec les victimes, les familles, les témoins, mais aussi avec les institutions internationales et organisations non gouvernementales, qui accompagnent le processus transitionnel.

2158 JOINET Louis, « Ensemble des principes pour la protection et la promotion des droits de l'Homme par la lutte contre l'impunité », *in* ONU, Conseil économique et social, Commission des droits de l'Homme, Sous-Commission de la lutte contre les mesures discriminatoires et de la protection des minorités, *L'administration de la justice et les droits de l'Homme des détenus*, 26 juin 1997, Principe 6.

Francophonie doit également plaider pour un fonctionnement ouvert et transparent des Commissions. Elle doit enfin, comme elle l'a fait avec plus ou moins de succès au Togo et en République Démocratique du Congo, soutenir les programmes d'information et de sensibilisation sur le rôle et les activités des Commissions, pour améliorer leur visibilité auprès des citoyens. Seules la transparence et l'ouverture peuvent véritablement laver les Commissions vérité du soupçon d'instrumentalisation, pour leur permettre d'aller dans les profondeurs du mal social pour apaiser les tensions et restaurer les dignités bafouées. Ceci dit, pour essentielle que soit la question de l'acceptabilité sociale des Commissions, celle-ci ne saurait suffire à améliorer le sort de leurs conclusions. La sincérité du processus implique donc au-delà, de résoudre également les problèmes que soulève la question de la relégation, voire de la non prise en compte de leurs recommandations.

B. En aval : l'absence d'effectivité dans le suivi des recommandations

Tout processus de justice transitionnelle doit pouvoir déboucher sur des mesures pratiques. C'est la raison pour laquelle les Commissions vérité et réconciliation établies dans l'espace francophone ont, pour la plupart, été investies d'une mission de conseil. Elles sont généralement invitées, au terme de leur mandat, à produire un rapport final qui, au-delà des conclusions, doit être assorti de propositions concrètes, aptes à ouvrir la voie vers la reconstruction de l'État de droit et vers la consolidation de la démocratie[2159]. Les recommandations qu'elles adressent aux autorités politiques portent traditionnellement sur les solutions de préservation des archives du passé, sur les mesures de réparation au profit des victimes et enfin sur les réformes institutionnelles et normatives jugées nécessaires. C'est alors dans le suivi de ces recommandations que l'on peut jauger en aval la sincérité du processus transitionnel amorcé. Car il serait proprement artificieux d'établir une Commission vérité et réconciliation et de lui confier le soin de faire des propositions éclairées, si ces dernières n'étaient pas destinées à être entendues, puis à être transformées en réalité. Pourtant en pratique, dans

2159 Haïti (articles 22 et 23 de l'arrêté présidentiel du 28 mars 1995 créant la Commission de vérité et de justice) ; Maroc (article 9 alinéa 6 du *dahir* n° 1-04-42 du 10 avril 2004 portant approbation des Statuts de l'Instance équité et réconciliation) ; République Démocratique du Congo (articles 8(l) et 55 de la loi n° 04/018 du 30 juillet 2004 portant création, organisation, attributions et fonctionnement de la Commission vérité et réconciliation) ; Côte d'Ivoire (article 24 de l'ordonnance n° 2011-167 du 13 juillet 2011 portant création, attributions, organisation et fonctionnement de la Commission) ; Madagascar (article 20 de la loi n° 2012-010 du 30 juillet 2012 portant création, mission, attributions, composition et modalités de fonctionnement du *Filankevitry ny Fampihavanana Malagasy* (FFM) ou Conseil de la réconciliation malgache) ; Tunisie (article 43 de la loi organique n° 2013-53 du 24 décembre 2013 relative à l'instauration et à l'organisation de la justice transitionnelle) ; Burundi (articles 72 et 73 de la loi n° 1/18 du 15 mai 2014, portant création, mandat, composition, organisation et fonctionnement de la Commission vérité et réconciliation).

l'espace francophone, ces recommandations, en dépit de leur charge réconciliatrice, ne reçoivent que très rarement l'attention qu'elles méritent[2160].

Au Maroc par exemple, c'est après plusieurs années de louvoiements[2161] que la réforme constitutionnelle de 2011 a consacré à certains égards, les recommandations de l'Instance équité et réconciliation notamment en matière de justice, de liberté de la presse et de liberté d'association. Néanmoins, les réparations ainsi que les réformes normatives et institutionnelles proposées par l'Instance restent encore à parachever.

En Haïti également, se pose le problème du suivi des recommandations de la Commission vérité et réconciliation. Dix-huit ans après la publication du rapport final de la Commission, sur les quatre instruments juridiques internationaux dont la ratification a été conseillée[2162], seule la Convention interaméricaine pour l'élimination de la violence contre les femmes a fait l'objet de ratification par les autorités haïtiennes le 2 juin 1997.

Au Togo, conformément à la cinquante-huitième recommandation du rapport final de la Commission vérité, justice et réconciliation, un mécanisme *ad hoc* de suivi et d'évaluation de la mise en œuvre des recommandations a été mis en place par le gouvernement togolais. Il s'agit du Haut-Commissariat à la réconciliation et au renforcement de l'unité[2163], désormais chargé d'assurer la mise en œuvre des recommandations et du programme de réparation adoptés par la Commission vérité, justice et réconciliation[2164]. Avec l'inscription dans la loi de finances de 2014 d'un fonds spécial de réparation et de réhabilitation des victimes, le dispositif institutionnel et financier de mise en œuvre des recommandations semble à présent installé au Togo. Pour autant, les lenteurs persistent et trois ans après la clôture des travaux de la Commission vérité, le

---

2160 Sur les difficultés de concrétisation des recommandations des Commissions vérité, voir TURGIS Noémie, *La justice transitionnelle en droit international*, *op. cit.*, pp. 500 et ss.

2161 HAZAN Pierre, *Juger la guerre, juger l'histoire : du bon usage des commissions vérité et de la justice internationale*, *op. cit.*, p. 150, 178 et ss. ; FIDH, OMDH, Maroc, *Etat des lieux du suivi des recommandations de l'Instance Équité et Réconciliation à l'occasion du 5ème anniversaire de la publication de son rapport - Sur les réformes institutionnelles et législatives protectrices des droits humains : des intentions exprimées sans suivi concret*, février 2011, 18 p.

2162 Voir *supra*, p. 609.

2163 Décret n° 2013-040/PR du 24 mai 2013 portant création du Haut-Commissariat à la réconciliation et au renforcement de l'unité. Ce décret est disponible en ligne sur : http://www.legitogo.gouv.tg/annee_txt/2013/Pages%20from%20jo_2013-018Special-8.pdf).

2164 Décret n° 2014-103/PR du 3 avril 2014 modifiant le décret n° 2013-040/PR du 24 mai 2013 portant création du Haut-Commissariat à la réconciliation et au renforcement de l'unité à l'unité. Disponible en ligne sur : http://hcdh-togo.org/documentation/hcdh-hcrrun-decret-2014-103.pdf.

peuple togolais attend toujours la concrétisation des recommandations de la Commission vérité[2165].

En Côte d'Ivoire, contrairement aux prescriptions des Nations Unies en matière de justice transitionnelle[2166], le rapport final de la Commission dialogue, vérité et réconciliation rendu au chef de l'État le 15 décembre 2014 n'a pas encore été rendu public. En l'état actuel des choses, il paraît donc difficile de mesurer la sincérité du gouvernement ivoirien dans la prise en compte des recommandations de la Commission.

La question du suivi des recommandations des Commissions vérité réconciliation se pose donc avec insistance dans l'espace francophone. Si les recommandations de ces Commissions peinent généralement à prendre forme, c'est que le dossier de justice transitionnelle n'est jamais soumis qu'aux impératifs politiques, qui exercent une menace constante sur la sincérité du dessein réconciliateur. Le défaut de mise en œuvre des recommandations formulées par les Commissions vérité et réconciliation a pour effet de décrédibiliser l'ensemble du processus de justice transitionnelle. Or le désaveu du processus transitionnel peut ranimer les tensions politiques et éloigner fatalement le moment du pardon et de la vraie réconciliation. C'est la raison pour laquelle la Francophonie doit impérativement s'approprier l'enjeu du suivi des recommandations des Commissions, afin de renforcer leur efficacité ainsi que leur impact sur les processus transitionnels nationaux. Le rôle de l'OIF pourrait être alors ici de susciter la volonté politique des États concernés et de faciliter, par son appui technique, la diffusion et la mise en œuvre des recommandations issues des travaux des Commissions vérité et réconciliation. Ce qui lui permettrait d'accompagner la transformation du discours en réalité et d'optimiser ainsi, la démarche réconciliatrice. Ce n'est qu'à cette condition que les Commissions vérité de l'espace francophone parviendront véritablement à transformer le récit tragique en expérience régénératrice et à ouvrir durablement la voie d'une vraie transition démocratique.

2165 ASSAMBONI-OGUNJIMI Alida, « La justice transitionnelle au Togo : modèle, spécificités et enseignements », *in* MOSTAFA-KAMEL Taïmour (dir.), *La justice transitionnelle*, *op.cit.*, p. 133 ; AHADZI-NONOU Koffi, « Questions autour de l'instauration de la commission « Vérité, justice et réconciliation » (CVJR) au Togo », *loc. cit.*, p. 99.

2166 ORENTLICHER Diane, « Ensemble de principes actualisé pour la protection et la promotion des droits de l'Homme par la lutte contre l'impunité », *in* ONU, Conseil économique et social, Commission des droits de l'Homme, *Promotion et protection des droits de l'Homme*, Doc. E/CN.4/2005/102/Add.1, 8 février 2005, Principe 13.

CONCLUSION DU CHAPITRE

La quête de la vérité est un besoin cathartique pour les sociétés en transition, d'une part parce qu'elle facilite la guérison des blessures individuelles et collectives, et d'autre part parce qu'elle permet de ressouder le lien social fracturé par le crime. A côté de la justice formelle, les Commissions vérité et réconciliation ont elles aussi été conçues, mais en ce qui les concerne dans une logique curative, pour répondre à ce besoin central de vérité. Leur objectif est à la fois simple et complexe : à mi-chemin entre le réalisme politique dont elles ne peuvent faire fi, et l'exigence de vérité et de justice dont elles ne peuvent se départir, les Commissions vérité doivent aider à interroger le passer en vue de neutraliser les divergences politiques et de restaurer l'unité nationale. Elles doivent s'efforcer d'établir la vérité et de réparer les torts du passé, afin de refonder le lien intercommunautaire et d'empêcher le retour du conflit au sens large.

Non seulement la Commission vérité et réconciliation n'est plus un phénomène marginal des processus transitionnels, mais en plus elle a remarquablement évolué dans sa signification institutionnelle. Alors qu'elle n'était à l'origine conçue que comme un palliatif plus ou moins contraignant dans les contextes politiques où le droit ne pouvait hélas être invoqué, la Commission vérité est désormais saisie comme une autre voie d'administration de la justice *lato sensu*. Elle n'est pas un succédané de la justice pénale. Sans prétendre se substituer à la logique judiciaire, elle se contente de la compléter pour mettre un terme au conflit et liquider son passif, dans le respect du droit et du devoir de mémoire. En tant qu'instrument politique de délibération publique sur le passé, elle fait partie des voies de la justice transitionnelle et à ce titre, accompagne elle-aussi, le cheminement vers la paix et la démocratie.

L'espace francophone a fait son expérience des Commissions vérité et réconciliation et continue d'expérimenter ce mécanisme à présent bien ancré dans les processus de transition. Mais, ainsi que nous avons pu le remarquer, son expérience en la matière révèle à la fois une variété des contextes et une relativité des résultats. Ce qui pose à la coopération francophone, désormais attachée à l'efficacité des processus de transition, justice, vérité et réconciliation, un certain nombre de défis majeurs.

L'expérience francophone est certes riche par le nombre de Commissions établies, mais chaque situation reste unique. Et puisque le contexte transitionnel varie toujours d'un État à un autre, la Francophonie doit, dans sa démarche d'accompagnement, garder la souplesse nécessaire. Même si elle pourrait plaider pour que la création des Commissions soit précédée de consultations, pour qu'elle se fasse par la voie législative ou encore pour que les compétences des Commissions s'articulent autour des exigences fondamentales de vérité, de réparation et de non-répétition, elle doit surtout s'efforcer d'adapter son intervention aux circonstances de chaque espèce. En ce qui concerne la relativité des résultats des Commissions, celle-ci est essentiellement liée aux limites que connaissent les Commissions, non seulement dans leur mandat et leurs capacités de fonctionnement, mais encore dans les difficultés de crédibilisation de leur travail. Ce qui appelle, là encore, de la part de la coopération francophone, une vigilance et un appui ciblé tant pour que le mandat des Commissions soit raisonnablement défini et que sa durée de mise en œuvre soit proportionnelle à son périmètre, que pour renforcer leur acceptabilité sociale et assurer le suivi de leurs recommandations.

Pour toutes les Commissions vérité de l'espace francophone, la réconciliation reste un défi. La victime doit demeurer le pivot de leur action restauratrice et toutes les souffrances doivent être placées au cœur de la dynamique mémorielle. De plus, parce qu'il n'y a point d'avenir sans pardon[2167], ni de pardon sans vérité réparatrice, la vérité doit rester le moteur du mandat des Commissions. Il s'agit ici moins d'imposer la vérité par le haut que de créer par le bas, les conditions d'un dialogue franc et libre. Si le pardon est le ciment de l'apaisement social, il ne saurait pour autant prospérer dans le déni, l'oubli ou l'amnésie. Dans une société aux prises avec son passé, conjurer durablement le souvenir traumatique de l'horreur commande de regarder en face ce passé douloureux. La Francophonie doit donc veiller à ce que les Commissions vérité établies sur son territoire ne s'inscrivent point dans une logique transitionnelle cosmétique, artificielle ou tactique. Car c'est la sincérité de la démarche qui permettra à l'État en transition de remporter l'ambitieux pari de la reconstruction du destin collectif et de la redéfinition d'une identité sociale commune.

Mais s'il est vrai que la Commission vérité s'est aujourd'hui imposée comme une composante à part entière des processus globaux de transition, force est de reconnaître qu'elle ne garantit pas non plus automatiquement la réconciliation. Elle se contente de libérer le potentiel de transformation de la victime et de la société. En créant les conditions structurelles de la réconciliation, la Commission vérité permet de dessiner les contours d'un avenir commun[2168]. La réconciliation n'est donc pas un état mais un horizon[2169]. Elle est un processus ouvert, dynamique, inclusif et de longue haleine, qui va au-delà de l'action des Commissions[2170] pour se calculer en termes de générations[2171]. Pour autant,

---

2167 TUTU Desmond, *Il n'y a pas d'avenir sans pardon*, *op. cit.*, 284 p.

2168 Voir ANDRIEU Kora, *La Justice transitionnelle*, Paris, Gallimard, Folio Essais, 2012, p. 384.

2169 CONDE Pierre-Yves, « Présentation », *Droit et Société*, 2009/3, n° 73, pp. 549-559.

2170 Haut-Commissariat des Nations Unies aux droits de l'Homme, *Les instruments de l'État de droit dans les sociétés sortant d'un conflit. Les Commissions de vérité*, New York, Genève, 2006, p. 2.

2171 HAZAN Pierre, *Juger la guerre, juger l'histoire : du bon usage des commissions vérité et de la justice internationale*, *op. cit.*, p. 45. Pour Xavier Philippe également, la réconciliation est un « *pari*

l'impulsion des Commissions vérité et réconciliation reste déterminante. En dépit des faiblesses et incertitudes qui entourent parfois leur mise en place et leur fonctionnement, ces Commissions doivent être encouragées. Pour la Francophonie particulièrement attachée aux processus de transition, justice, vérité et réconciliation, cela implique de veiller en amont à la légitimité, à la crédibilité et à l'efficacité des Commissions vérité pour leur permettre de libérer effectivement la sève réconciliatrice et d'accompagner ainsi le mouvement lent mais essentiel de reconstruction sociale. Son action doit s'adresser à la fois aux Commissions ayant achevé leur mandat, à celles dont les travaux sont en cours, et à celles qui sont encore simplement en projet. A l'égard des premières, l'action francophone doit consister à observer, et le cas échéant, à accompagner par un appui technique, la prise en compte des recommandations. A l'égard des secondes, la démarche francophone doit contribuer, par l'envoi d'experts, au renforcement des capacités institutionnelles de sorte que les insuffisances observées puissent être promptement corrigées. A l'égard des troisièmes, c'est-à-dire des Commissions seulement en projet, l'appui francophone doit permettre de faciliter leur création ou leur réactivation. Ce qui conduirait ici, ainsi que le souhaitent les sociétés civiles des États concernés, à relancer les travaux de la Commission vérité et réconciliation de la République Démocratique du Congo[2172] et de mettre en place de nouvelles Commissions vérité notamment au Gabon, en Guinée, en République centrafricaine et en Mauritanie[2173].

Pour être efficace à ces différents niveaux, l'action politique de la Francophonie doit s'accompagner d'un approfondissement de la réflexion sur les processus de transition, justice, vérité et réconciliation. A cet égard, si l'on doit saluer la création de l'Association francophone de justice transitionnelle (AFJT),

---

intergénérationnel ». Voir « La justice transitionnelle : les commissions vérité et réconciliation, l'exemple de l'Afrique du Sud », *in* MOSTAFA-KAMEL Taïmour (dir.), *La justice transitionnelle*, *op. cit.*, p. 196.

2172 En République démocratique du Congo la Commission n'a jamais produit de rapport final et le besoin de vérité est toujours présent. C'est donc à juste titre que le Fonds francophone d'initiatives pour la démocratie, les droits de l'Homme et la paix (FFIDDHOP) au terme de son huitième appel à propositions a fait le choix de soutenir l'ONG AFRIC'ACTION dans son projet de plaidoyer, de formation et de sensibilisation en vue de la relance de la Commission vérité et réconciliation de la République Démocratique du Congo. La Francophonie a également financé un atelier national organisé le 8 novembre 2014 par Coalition congolaise pour la justice transitionnelle (CCJT) afin de jauger le besoin de réactivation de la Commission vérité et réconciliation du Congo. Sur l'échec de la première Commission vérité de la République démocratique du Congo et l'intérêt de la création d'une nouvelle Commission plus crédible, voir GOMA-BINDA Phambu Elie, *Justice transitionnelle en République Démocratique du Congo : une expérience de commission vérité et réconciliation*, Paris, L'Harmattan, 2008, 193 p.

2173 Des projets de création de Commissions sont en effet esquissés, sous la pression de la société civile au Gabon, en Guinée, en République centrafricaine et en Mauritanie. Pour plus d'informations sur ces projets de Commissions, voir notamment, OIF, Direction de la paix, de la démocratie et des droits de l'Homme (DDHDP), *Les processus de transition, justice, vérité et réconciliation dans l'espace francophone*, *op. cit.*, pp. 61 et ss.

l'on peut également plaider pour la mise en place d'un réseau francophone des anciens des Commissions vérité et réconciliation ou encore pour la mise en place d'un Observatoire francophone pour le suivi des transitions. Ce qui permettrait de croiser les expériences, de valoriser l'expertise francophone en la matière et de renforcer le rôle de la justice dans les processus nationaux de reconstruction de l'État de droit.

CONCLUSION DE LA DEUXIEME PARTIE

La justice post-crise se caractérise d'une part, par sa dimension à la fois nationale et internationale, et d'autre part, par le fait qu'elle mêle habilement des mécanismes judiciaires et non judiciaires. Le défi qu'elle entend relever est globalement celui de la restauration de l'État de droit dans les pays ravagés par la guerre, précarisés par l'instabilité politique ou encore profondément marqués par les abus de la dictature. Il s'agit le plus souvent, d' « *aider des sociétés déchirées par la guerre à rétablir l'État de droit et à réparer les exactions massives commises dans le passé, alors même que les institutions sont dévastées, les ressources épuisées, la sécurité compromise et la population traumatisée et divisée* »[2174]. Dans un contexte de sortie de crise, où les systèmes judiciaires déconstruits ne sont pas toujours à mesure de rendre la justice de manière équitable et efficace, la justice transitionnelle marque une volonté de rétablissement de l'État de droit dans sa dimension formelle et substantielle. Elle offre le terreau grâce auquel les valeurs de l'État de droit pourront prendre racine afin de réinventer le lien social. Mais la mise en œuvre de la justice transitionnelle est pour les États fragilisés, une entreprise certes vitale, mais extrêmement complexe qui appelle dans la plupart des cas, le soutien et l'assistance internationale.

La Francophonie a bel et bien saisi la justice comme un moyen de reconstruction de l'État de droit. Son engagement en faveur de la justice de sortie de crise a été régulièrement rappelé dans les Déclarations du Caire (1995), de Bamako (2000), de Saint-Boniface (2006), de Montreux (2010), de Paris (2008) et de Kinshasa (2012). Il s'est ensuite traduit en pratique par un approfondissement de la réflexion sur les processus de transition, justice, vérité et réconciliation. Ce qui a sans doute permis à la Francophonie de saisir toute la complexité, toutes les subtilités et toutes les implications d'un d'accompagnement efficace et rationnalisé des processus de sortie de crise. Désormais, l'action francophone en la matière va au-delà du soutien au mouvement international de lutte contre l'impunité, pour accompagner dans une logique inclusive, les dynamiques internes de recherche de vérité et justice, tant dans leur dimension juridictionnelle que dans leur dimension non juridictionnelle.

2174 Conseil de Sécurité des Nations Unies, *Rapport du Secrétaire général sur le rétablissement de l'État de droit et administration de la justice pendant la période de transition dans les sociétés en proie à un conflit ou sortant d'un conflit*, Doc. S/2004/616, 23 août 2004, p. 5.

Dans son engagement en faveur du dispositif international de lutte contre l'impunité, la Francophonie a d'abord appuyé la mise en place des Tribunaux pénaux international *ad hoc* pour l'ex-Yougoslavie et pour le Rwanda, avant de nouer un partenariat plus étroit avec la Cour pénale internationale, tout en restant constante dans son plaidoyer en faveur de la ratification des principaux instruments internationaux de lutte contre l'impunité. Sur ce point, non seulement les efforts de ratification restent à parfaire, mais en plus la Francophonie doit pointer les défis de la justice pénale internationale en ce qui concerne l'articulation des compétences nationales et internationales, l'actualisation des législations nationales, le respect de l'obligation de coopération des États et enfin l'équité des procédures pénales internationales.

Dans son action en faveur du droit à la justice dans les processus transitionnels nationaux, la Francophonie a pertinemment fait le choix d'accompagner la réhabilitation des systèmes judiciaires fragilisés pour leur permettre de répondre efficacement au défi de la lutte contre l'impunité. Elle a également étendu le champ de son action aux Commissions vérité et réconciliation qui, à côté des tribunaux classiques contribuent à satisfaire dans un contexte de sortie de crise, le droit à la justice, le droit à la vérité, le droit à une réparation et le droit à des garanties de non-répétition. Toujours est-il qu'à l'égard des dynamiques nationales de restauration de la justice, la Francophonie doit renforcer et étendre son appui à la réhabilitation des appareils judiciaires déstructurés. Par sa vigilance, elle doit suivre de près la question des juridictions pénales internationalisées et de leurs legs. Par son accompagnement, elle doit veiller à la crédibilisation des Commissions vérité et réconciliation dans l'espace francophone.

S'il est vrai que la Francophonie de ce point de vue, s'est efforcée de couvrir le champ relativement vaste de ce que la doctrine désigne de plus en plus comme le *jus post bellum*, le défi est alors à présent de questionner l'articulation des différents mécanismes qu'elle mobilise. Ceci afin de rapprocher les finalités concurrentes[2175] de paix et de justice ou encore de châtiment et de pardon vers lesquelles, elle est simultanément et paradoxalement portée. Pour ce faire, les États doivent non seulement mobiliser ces mécanismes dans une logique complémentaire, mais ils doivent aussi, ainsi que le relève à juste titre le guide de l'OIF sur les processus de transition, justice, vérité et réconciliation, résoudre la question du *timing* ou encore du séquençage[2176].

2175 MATIGNON Émilie, « Justices en mutation au Burundi : les défis du pluralisme juridique », *loc. cit.*, p. 67.

2176 OIF, Direction de la paix, de la démocratie et des droits de l'Homme (DDHDP), *Les processus de transition, justice, vérité et réconciliation dans l'espace francophone*, *op. cit.*, pp. 121-122.

Dans le panorama hétéroclite de la justice post-conflictuelle[2177], il est nécessaire de conjuguer les mécanismes judiciaires et les mécanismes non judiciaires pour affronter le passé, établir la vérité et mettre fin à l'impunité. Pour être opérants, ces mécanismes doivent s'emboîter dans une logique synergique. Indissociables, les objectifs de vérité et justice qu'ils poursuivent sont, ainsi que le reconnaît la Francophonie, « *au service d'un tout, celui de la réconciliation* »[2178]. C'est la fine combinaison des mécanismes nationaux et internationaux[2179] de justice, avec la solution para judiciaire des Commissions vérité qui permettra à l'État de droit transitionnel[2180], de créer et de préserver les conditions d'une paix durable[2181].

Mais au-delà de leur complémentarité, les mécanismes de la justice transitionnelle doivent être convoqués dans une logique séquentielle, car il est parfois malaisé de concilier dans l'urgence, la recherche de paix avec l'exigence de justice. Certes, la paix et la justice peuvent à chaud, se révéler incompatibles, mais seulement dans une temporalité courte. La justice transitionnelle doit donc dans tous les cas, s'articuler dans une dynamique pragmatique et fonctionnelle autour des exigences *a priori* contradictoires, mais en réalité inséparables de justice et de paix. La justice peut en tant que de besoin être différée dans le temps, mais pas obérée dans son principe. Pour autant qu'elle soit activée « *dans un temps compatible avec celui du travail des Commissions vérité ou institutions équivalentes* »[2182], la justice pénale est un élément essentiel des processus transitionnels. Tributaire de l'agenda politique, elle doit nécessairement être inscrite au menu de la justice transitionnelle et intervenir au bon moment. A l'instar des institutions mémorielles, la justice ne doit intervenir ni prématurément, au risque de se révéler contre-productive, ni trop tard au risque de paraître marginale et sans intérêt. Le défi est alors de trouver le bon équilibre entre le besoin de paix et l'impératif de justice[2183]. A ce niveau, la pratique révèle

---

2177 GARAPON Antoine, « Chapitre 13 : La justice pénale internationale : humiliation ou dynamisation de la souveraineté des États ? », *in* ANDREANI Gilles et HASSNER Pierre (dir.), *Justifier la guerre*, Paris, Presses de Sciences Po « Références », 2005, p. 293.

2178 OIF, Direction de la paix, de la démocratie et des droits de l'Homme (DDHDP), *Les processus de transition, justice, vérité et réconciliation dans l'espace francophone*, *op. cit.*, p. 21.

2179 ARBOUR Louise, « Le droit et la justice : la contribution de la justice pénale internationale », *Les Cahiers de droit*, vol. 42, n° 3, 2001, pp. 905-908.

2180 Sur le concept d'État de droit transitionnel, voir TURGIS Noémie, *La justice transitionnelle en droit international*, *op. cit.*, pp. 253 et ss.

2181 Sur ce point, voir par exemple LEFRANC Sandrine, *Politiques du pardon*, Paris, PUF, 2002, p. 46.

2182 GUILHOU Christophe, « L'approche francophone », *in* OIF, Direction de la paix, de la démocratie et des droits de l'Homme (DDHDP), *Les processus de transition, justice, vérité et réconciliation dans l'espace francophone*, *op. cit.*, p. 13.

2183 C'est par exemple au nom de cette exigence d'articulation que l'article 16 du Statut de Rome autorise le Conseil de sécurité à demander au procureur de la Cour pénale internationale de surseoir à

qu'il n'y a pas de modèle parfaitement reproductible ou transposable. Puisque chaque expérience est unique et connaît ses imperfections, chaque État doit construire sa propre approche et l'ajuster en fonction de son histoire et de ses singularités socio-politiques.

Il n'y a « *pas de paix sans justice* », déclarait Abdou Diouf, alors Secrétaire général de la Francophonie, à l'ouverture de la douzième session de l'Assemblée des États parties au Statut de Rome[2184]. Pour la Francophonie, l'enjeu de la répression des crimes graves n'est donc pas un enjeu optionnel. Il s'imbrique inévitablement dans les autres formes de justice pour permettre à la justice transitionnelle d'apporter une réponse globale et durable au besoin de vérité, de justice et de réconciliation. Désormais, l'impunité n'est plus une fatalité. Dans un contexte de sortie de crise, les mécanismes juridictionnels et non juridictionnels doivent se compléter et se conforter réciproquement, pour établir les responsabilités et faire émerger la vérité libératrice. Leur articulation est indispensable pour permettre à la justice prise dans son acception large, de tracer le canevas de la paix, de la démocratie et de l'État de droit, au cœur même du projet politique francophone.

---

enquêter ou à poursuivre, dès lors que la paix et la sécurité internationale l'exigent. Ce sursis s'étend sur une période de douze mois et est renouvelable dans les mêmes conditions.

2184 DIOUF Abdou, Extrait du discours prononcé à l'ouverture de la douzième session de l'Assemblée des États parties au Statut de Rome de la Cour pénale internationale, La Haye, 20 novembre 2013. En ligne : http://www.francophonie.org/Discours-de-M-Abdou-Diouf-a-La.html.

CONCLUSION

« *La justice ordonne et sanctionne la vie collective d'une nation civilisée* »[2185]. Elle est le but ultime de la société[2186], une aspiration constante qui conduit vers à la perfection de l'État de droit. Sa balance, par-delà le symbole, assure la préservation de l'équilibre social. Tout comme il n'y a point de société sans droit, il n'y a point non plus de droit sans justice. C'est l'efficacité de la chaine de justice, depuis l'accès au juge jusqu'à l'exécution du jugement, qui donne à l'État de droit son sens le plus pur. La justice étant « *au cœur du pacte démocratique* »[2187], elle doit être accompagnée, assistée et sauvée partout où elle menacée. Elle doit être réinventée partout où elle a été déconstruite.

Depuis plus de vingt ans, la coopération francophone s'emploie à prendre la juste mesure de cette exigence. Ainsi que nous avons pu l'observer dans les développements qui précèdent, son engagement en faveur de la justice s'exprime aussi bien à l'égard des États en consolidation démocratique, qu'à l'égard de ceux en situation de sortie de crise.

En période normale, l'action francophone saisit la justice à la fois comme un pouvoir et comme un service public. En tant que pouvoir la justice doit être indépendante. C'est la raison pour laquelle la Francophonie, en s'appuyant sur ses réseaux institutionnels, s'efforce, dans sa démarche, de promouvoir l'indépendance de la magistrature ainsi que celle des avocats. Sur ce point, les garanties ont, certes, considérablement évolué, mais il reste nécessaire de les renforcer et de les rendre effectives. Cela, tant en ce qui concerne l'autonomie fonctionnelle, administrative et budgétaire des juridictions, qu'en ce qui concerne l'inamovibilité des magistrats du siège, l'indépendance des Conseils de magistrature ou institutions équivalentes, l'indépendance statutaire et fonctionnelle des magistrats du parquet et enfin la liberté des barreaux. En tant que service public, la justice doit être de qualité. L'OIF l'a parfaitement intégré. En témoignent non seulement sa mobilisation en faveur de l'accessibilité de la justice et du droit, mais encore son action en faveur du renforcement des capacités humaines et matérielles de la justice. A cet égard, s'il est vrai que l'action francophone a été particulièrement dense durant la décennie 2000-2010, celle-ci tend depuis quelques années à s'étioler. La Francophonie doit donc, dans son observation permanente des pratiques de la démocratie et de l'État de droit, maintenir sa vigilance à l'égard des questions liées notamment à l'accessibilité géographique des tribunaux, à la durée des procédures, au régime de l'aide juridictionnelle, à l'accessibilité et à l'intelligibilité du droit, à la formation des magistrats, aux capacités de fonctionnement de la justice et à l'exécution des

2185 PEYREFITTE Alain, *Les chevaux du lac Lagoda*, Paris, Plon, 1981, p. 23.

2186 SAINT-GIRONS Antoine, *Essai sur la séparation des pouvoirs dans l'ordre politique, administratif et judiciaire*, *op. cit.*, p. 411.

2187 GUIGOU Élisabeth, « La justice au service du citoyen », *in* GUIGOU Élisabeth *et. al.*, *Le service public de la justice*, *op. cit.*, p. 25.

décisions de justice. Mais si l'indépendance et l'efficacité de la justice sont des exigences essentielles pour la Francophonie, c'est certainement parce qu'elles permettent *in fine* d'assurer la sécurité juridique des personnes et des biens. Profondément attachée à la protection des droits et libertés fondamentaux, la Francophonie s'est employée, là encore en s'appuyant sur ses réseaux institutionnels, à soutenir aussi bien les hautes juridictions constitutionnelles, de cassation et de contrôle des finances publiques, que les institutions nationales de médiation et les Commissions nationales des droits de l'Homme. Les efforts restent néanmoins à parfaire pour garantir, à travers ces institutions complémentaires, la protection de l'État de droit formel et substantiel. Pour ce qui concerne son action en faveur de la justice comme facteur d'attractivité et de développement économique, la Francophonie a fait le choix de soutenir les groupements régionaux d'intégration en apportant un appui singulier à la mécanique institutionnelle et normative de l'Organisation pour l'harmonisation en Afrique du droit des affaires (OHADA). S'il est vrai que ce dispositif a permis de renforcer la sécurité juridique des investissements dans les États francophones de l'espace concerné, il n'échappe pas pour autant aux écueils de la concurrence des juridictions et des normes. Dans son appui aux organisations régionales et sous-régionales d'intégration, la Francophonie doit donc considérer les risques de surinvestissement institutionnel et s'intéresser notamment à la question délicate des difficultés d'exécution des décisions rendues par la Cour commune de justice et d'arbitrage de l'OHADA et par les juridictions nationales dans le domaine des affaires. C'est la juste articulation des ordres communautaires et nationaux qui permettra ici, de sécuriser les relations d'affaires et de favoriser ainsi le développement économique des États intégrés. Mais si dans un contexte politique apaisé, la justice doit permettre d'assurer efficacement la sécurité juridique des personnes et des biens, dans un contexte de transition, elle doit permettre de lutter contre l'impunité des crimes graves et faciliter le retour d'une paix durable. C'est la raison pour laquelle la Francophonie s'est également appropriée la question de la justice post-crise.

En période de sortie de crise, l'action francophone s'intéresse à la justice tant dans ses dimensions nationale et internationale, que sous ses formes judiciaire, para judiciaire ou extra judiciaire. Le soutien que la Francophonie accorde à justice post-crise s'inscrit précisément dans le cadre de son engagement en faveur du mouvement généralisé de lutte contre l'impunité. Au niveau international, l'OIF doit non seulement replacer son action dans l'élan des stratégies d'achèvement des travaux des tribunaux pénaux internationaux *ad hoc* pour l'ex-Yougoslavie et pour le Rwanda, mais elle doit aussi renforcer son soutien à la Cour pénale internationale dont l'impartialité est hélas, régulièrement contestée. En plus de son plaidoyer constant pour la ratification des principaux instruments juridiques internationaux de lutte contre l'impunité, la Francophonie doit se saisir des enjeux liés à l'articulation des compétences territoriales et universelles des juridictions étatiques avec la compétence subsidiaire de la Cour pénale internationale. Pour aller plus loin, elle doit également rappeler aux États francophones parties au Statut de Rome leur obligation de coopérer avec la Cour et porter un regard critique sur la question fondamentale du respect des droits des accusés et des victimes devant la Cour. Au niveau national, on remarque que l'action de l'OIF en faveur de la justice post-crise emprunte deux directions. Elle s'attèle d'une part à soutenir le redressement des appareils judiciaires fragilisés pour leur permettre d'exercer efficacement leurs compétences en matière de lutte contre l'impunité. Elle s'emploie d'autre part à soutenir les Commissions vérité et réconciliation pour leur permettre, au-delà de la variété des contextes, de contribuer de manière complémentaire à l'établissement de la vérité, à la réparation des préjudices et à la non-répétition des crimes du passé. En pleine construction de sa doctrine sur ces processus dits de transition, justice, vérité et réconciliation, la Francophonie doit accorder ici une attention particulière aux contextes et aux textes fondateurs de ces mécanismes, au contenu et à la durée de leur mandat, à leur indépendance, à la prise en compte de leurs recommandations et à l'articulation de leurs travaux avec ceux de la justice formelle.

Le constat est saisissant. La Francophonie, à travers son cadre juridique dont la force motrice réside dans les Déclarations du Caire, de Bamako, de Saint-Boniface et de Paris, s'est indiscutablement appropriée l'enjeu de la justice sous quasiment toutes ses formes et dimensions. Même si ces textes ont pour l'essentiel une valeur normative discutable, ils traduisent avec constance l'attachement de la Francophonie et de ses États membres aux principes sacro-saints de la justice et de l'État de droit. Ils fondent le mandat de l'OIF et fixent le cadre programmatique qui oriente son action dans le champ relativement large de la justice.

L'approche choisie se voulait évaluatrice de la solidarité francophone en faveur de la justice. Il fallait alors identifier et saisir le contenu des engagements et actions de l'OIF pour mieux mesurer leur impact sur la réalité juridictionnelle. Ce travail n'a pas la prétention de clore le débat à peine ouvert sur la place de la justice dans la programmation francophone. Sa vocation est plutôt de l'alimenter pour qu'à travers l'action l'OIF, l'examen de la justice dans l'espace francophone permette de mesurer le sens profond de l'institution dans la structure anatomique de l'État de droit stabilisé ou transitionnel.

La justice est au cœur des priorités francophones depuis plus de trente ans, et la plupart des États francophones ont pris conscience de l'enjeu qu'elle représente. S'il est vrai que des progrès importants ont été enregistrés, des défis majeurs restent encore à relever. La pratique est têtue et les faits laissent encore apparaître ici et là des écarts considérables entre le modèle idéalisé et la réalité de la justice. Le défi du renouvellement qualitatif de la justice dans l'espace francophone est donc loin d'être dépassé. Au contraire, il demeure actuel et crucial. La modestie ou la relativité des résultats ne doit pas conduire à minimiser les efforts entrepris. Elle doit plutôt conduire à saisir la justice comme un chantier permanent de l'État de droit. Le combat pour la justice est un combat continu qui appelle un devoir de vigilance et d'action[2188]. Il reste encore beaucoup à faire pour la consolidation de la justice dans l'espace francophone. La Francophonie doit donc maintenir sa mobilisation en s'appuyant sur la vitalité agissante de ses réseaux institutionnels, qui, selon la formule d'Abdou Diouf, sont « *les vigies, les leviers et les viviers de la démocratie* »[2189].

La Francophonie juridique et judiciaire existe bel et bien. Elle ne désigne certes pas un espace juridique et judiciaire unifié et homogène, mais incarne un espace de solidarité au service de la démocratie, de la séparation des pouvoirs, de l'État de droit, des droits fondamentaux et de la lutte contre l'impunité[2190]. Elle est un état d'esprit construit autour d'un idéal d'organisation politique vers lequel tous les États francophones doivent tendre. Elle est aussi une méthode au service du droit et à la croisée des cultures juridiques. Rassemblant plus du tiers des États membres de l'Organisation des Nations Unies, la Francophonie a une capacité réelle d'influence en matière de promotion de la démocratie, de l'État de droit et de la justice. Certes elle désigne un groupe d'États disparates qui défendent parfois des intérêts divergents, mais cette diversité n'est pas vécue comme une faiblesse. Elle est en réalité perçue comme une force et une source d'enrichissement mutuel[2191]. Riche de sa diversité, la Francophonie ne pourra véritablement s'affirmer comme un acteur à part entière des relations internationales que si elle est capable de transcender ses divergences internes pour, en matière de justice notamment, adopter des positions concertées et mener des actions cohérentes[2192].

Le défi de la consolidation ou de la réinvention de la justice étant à la fois multiforme et de longue haleine, la Francophonie « *ne doit pas craindre d'être*

2188 DIOUF Abdou, « Discours », *in* DECAUX Emmanuel (dir.), *Justice et Droits de l'Homme*, *op. cit.*, p. 29.

2189 DIOUF Abdou, Extrait du discours prononcé à l'ouverture de la quatrième édition des Journées des réseaux institutionnels de la Francophonie, Paris, 20 mai 2014. Disponible en ligne sur : http://www.francophonie.org/Disocurs-de-M-Abdou-Diouf-a-Paris.html. Voir aussi pour aller plus loin, OIF, Direction de la paix, de la démocratie et des droits de l'Homme, *Les réseaux institutionnels de la Francophonie : vigies, leviers et viviers de la démocratie*, *op. cit.*

2190 Pour une appréciation plus large du sens, des manifestations et des enjeux de la solidarité francophone, voir BADJI Mamadou, CROUZATIER Jean-Marie, IVAN Ruxandra, *et al.*, *Solidarité en (fF)rancophonie : réalité ou faux semblant ?* AUF, Cluj, Idea Design & Print, Editura, 2010, 180 p.

2191 DIOUF Abdou, Extrait du discours prononcé à l'occasion du colloque international de l'Alliance française sur le thème : « transmettre », Paris, 24 janvier 2011. Ce discours est disponible en ligne sur : http://www.francophonie.org/Discours-de-M-Abdou-Diouf-Paris-le-35457.html.

2192 CALMY-REY Micheline, « La Francophonie dans la gouvernance mondiale », *Géoéconomie*, 2010/4, n° 55, pp. 31-37.

ambitieuse »[2193] dans l'affirmation et matérialisation de ses engagements. Le contraste entre l'amenuisement des moyens2194 et la multiplication des défis ne doit pas conduire à l'abdication. La Francophonie doit donc continuer à s'interroger sur la pertinence et l'efficacité de son action au soutien de la justice, pour l'adapter sans cesse aux besoins des États. Vingt ans après la Déclaration du Caire et sept ans après la Déclaration de Paris, l'action de l'OIF en faveur de la justice semble à certains égards s'essouffler. Le moment est sans doute alors venu pour la Francophonie de relancer la Conférence des Ministres francophones de la justice, tant pour faire le bilan des actions menées durant les deux dernières décennies, que pour donner une nouvelle impulsion, un nouveau souffle à la stratégie francophone d'appui à la justice. C'est par une adaptation constante de sa démarche que la Francophonie donnera à ses États membres, les moyens de relever durablement l'ambitieux pari de la justice[2195].

2193 JOYANDET Alain, « Pour une Francophonie ambitieuse », *Revue internationale et stratégie*, n° 71, 2008, p. 32.

2194 Voir notamment SADA Hugo, « Réflexions sur la contribution de la Francophonie à la paix », *in* DESOUCHES Christine, *et al.*, *De Dakar à Dakar, op. cit.*, p. 336.

2195 RENOUX Thierry-Serge, « Le pari de la justice », *Pouvoirs*, n° 99, 2001, pp. 87-100.

BIBLIOGRAPHIE

I - OUVRAGES

AIVO Frédéric Joël, *Le juge constitutionnel et l'État de droit en Afrique : l'exemple du modèle béninois*, Paris, L'Harmattan, 2006, 222 p.

ALLARD Julie et GARAPON Antoine, *Le juge dans la mondialisation : la nouvelle révolution du droit*, Paris, Seuil 2005, 95 p.

ANDRIEU Kora, *La Justice transitionnelle*, Paris, Gallimard, Folio Essais, 2012, p. 384.

ARDANT Philippe, *Institutions politiques et droit constitutionnel*, Paris, LGDJ, 23e éd., 2011, 668 p.

ASCENSIO Hervé, DECAUX Emmanuel et PELLET Alain (dir.), *Droit international pénal*, Paris, Pedone, 2012, 1280 p.

ASCENSIO Hervé, LAMBERT-ABDELGAWAD Élisabeth, SOREL Jean-Marc (dir.), *Les juridictions pénales internationalisées : Cambodge, Kosovo, Sierra Leone, Timor Leste*, Paris, Société de législation comparée, 2006, 383 p.

ASSI ESSO Anne-Marie et DIOUF Ndiaw, *Recouvrement des créances*, Bruylant, Bruxelles, Droit Uniforme Africain, 2002, 254 p.

ASSI ESSO Anne-Marie, ISSA-SAYEGH Joseph, LOHOUES-OBLE Jacqueline, *CIMA, Droit des assurances*, Bruylant, Bruxelles, 2003, 508 p.

Association Syndicale des Magistrats, Fondation Roi Baudouin, Bureau du conseil en lisibilité du Ministère fédéral de la fonction publique, *Dire le droit et être compris, Comment rendre le langage judiciaire plus accessible ? Vade-mecum pour la rédaction de jugements*, Bruxelles, Bruylant, 2003, 111 p.

AUF, *L'effectivité des droits fondamentaux dans les pays de la communauté francophone*, Actes du Colloque international organisé les 29, 30 septembre et 1er octobre 1993 à Port-Louis (Maurice), Vanves, EDICEF, 1998, 687 p.

BADET Gilles, *Cour constitutionnelle et régularité des élections au Bénin*, Cotonou, Friedrich Ebert, 2000, 210 p.

BADJI Mamadou, CABANIS André, CROUZATIER Jean-Marie, *et al.*, *Francophonie et relations internationales*, Paris, AUF, Éditions des archives contemporaines, 2009, 98 p. ;

BADJI Mamadou, CROUZATIER Jean-Marie, IVAN Ruxandra, *et al.*, *Solidarité en (fF)rancophonie : réalité ou faux semblant ?* AUF, Cluj, Idea Design & Print, Editura, 2010, 180 p.

BARRAT Jacques, MOISEI Claudia et MESSMER Pierre, *Géopolitique de la francophonie : Un nouveau souffle ?*, Paris, La Documentation Française, 2004, 171 p.

BARRET-KRIEGEL Blandine, *L'État et les esclaves*, Paris, Calmann-Lévy, 1979, 263 p.

BASTARD Benoit, MOUHANNA Christian, *Une justice dans l'urgence. Le traitement en temps réel des affaires pénales*, Paris, PUF, 2007, 256 p.

BAZELAIRE Jean-Paul et CRETIN Thierry, *La Justice pénale internationale : son évolution, son avenir de Nuremberg à La Haye*, Paris, PUF, 2000, 261 p.

BEMBA Joseph, *La profession d'avocat dans l'espace francophone*, Paris, L'Harmattan, 2004, 567 p.

BERGEL Jean-Louis, *Théorie générale du droit*, Paris, Dalloz, 5e éd., 2012, p. 42.

BETTATI Mario, *Droit humanitaire*, Paris, Seuil, 2000, 289 p.

BILALA Anne-Yolande, *Le tribunal spécial pour le Liban : une juridiction d'un genre nouveau*, Paris, Connaissances et Savoirs, 2014, 110 p.

BODIGUEL Jean-Luc, *Les magistrats, un corps sans âme ?*, Paris, PUF, 1991, 296 p.

BOLLEE Sylvain, LAITHIER Yves-Marie et PERES Cécile (dir.), *L'efficacité économique en droit*, Paris, Economica, 2010, 178 p.

BONAFE-SCHMITT Jean-Pierre, *La médiation, une justice douce*, Paris, Syros-alternatives, 1992, 279 p.

BORAINE Alex, *A Country Unmasked,* Oxford, Oxford University Press, 2000, 488 p.

BOUQUEMONT Clémence, *La Cour pénale internationale et les États-Unis*, Paris, L'Harmattan, 162 p.

BOURDON William et DUVERGER Emmanuelle, *La Cour pénale internationale*, Paris, Seuil, 2000, 369 p.

BRACONNAY Nicolas et DELAMARRE Manuel, *Institutions juridictionnelles*, Paris, Vuibert, 2007, 371 p.

CABANIS André, CANIVEZ Patrice, *et al.*, *Existe-t-il une communauté francophone ? Le discours et le projet*, AUF, Cluj, Idea Design & Print, Editura, 2010, 163 p.

CABANIS André, CROUZATIER Jean-Marie, IVAN Ruxandra, et al., *La responsabilité de protéger : une perspective francophone*, AUF, Cluj, Idea Design & Print, Editura, 2010, 236 p.

CABRILLAC Rémy, FRISON-ROCHE Marie-Anne, REVET Thierry, *Libertés et droits fondamentaux*, Paris, Dalloz, 15e éd., 2009, 877 p.

CAMBY Jean-Pierre, *Le Conseil constitutionnel, juge électoral*, Paris, Dalloz, 2e éd., 2001, 182 p.

CANIVET Guy et JOLY-HURARD Julie, *La déontologie du magistrat*, Paris, Dalloz, 2e éd., 2009, 188 p.

CANIVET Guy, FRISON-ROCHE Marie-Anne, KLEIN Michael (dir.), *Mesurer l'efficacité économique du droit*, Paris, LGDJ, 2005, 176 p.

CAPPELLETTI Mauro, *Le pouvoir des juges*, Paris, Economica, 1990, 397 p.

CARBONNIER Jean, *Flexible droit*, Paris, LGDJ, 5e éd., 1983, 368 p.

CARBONNIER Jean, *Sociologie juridique*, Paris, 2e éd., PUF, 2004, 415 p.

CARCASSONNE Guy, *La Constitution introduite et commentée*, Paris, Seuil, 9e éd., 2009, 477 p.

CARIO Robert, *Justice restaurative : principes et promesses*, Paris, L'Harmattan, 2e éd., 2010, 302 p.

CARRE DE MALBERG Raymond, *Contribution à la théorie générale de l'État*, Paris, Sirey, 1920-1922.

CASSESE Antonio et DELMAS-MARTY Mireille, *Crimes internationaux et juridictions internationales*, Paris, PUF, 2002, 267 p.

CASSESE Antonio et DELMAS-MARTY Mireille, *Juridictions nationales et crimes internationaux*, Paris, PUF, 2002, 673 p.

CASSESE Antonio, *International Criminal Law*, Oxford, Oxford University Press, 2003, 472 p.

CAVROIS Marie-Luce, DALLE Hubert, JEAN Jean-Paul, *La qualité de la justice*, Paris, La documentation française, 2002, 272 p.

CHAGNOLLAUD Dominique, QUERMONNE Jean-Louis, *La Ve République, L'État de droit et la justice*, Paris, Flammarion, 2000, 402 p.

CHAPUS René, *Droit du contentieux administratif*, Paris, Montchrestien, 13e éd., 2008, 1539 p.

CHEVALLIER Jacques, *L'État de droit*, 5e éd., Paris, Montchrestien, Lextenso, 2010, 158 p.

COLONOMOS Ariel, *La morale dans les relations internationales*, Paris, Odile Jacob, 2005, 288 p.

COMBACAU Jean et SUR Serge, *Droit international public*, Paris, Montchrestien, 7e éd., 2006, 813 p.

COMMAILLE Jacques et KALUSZYNSKI Martine, *La fonction politique de la justice*, Paris, La Découverte, 2007, 327 p.

COMMAILLE Jacques, *Territoires de justice. Une sociologie politique de la carte judiciaire*, Paris, PUF, Droit et justice, 2000, 296 p.

CORNU Gérard, *Linguistique juridique*, Paris, Montchrestien, 2e éd., 2000, 443 p.

DALLAIRE Roméo, *J'ai serré la main du diable. La faillite de l'humanité au Rwanda*, Québec, Libre expression, 2003, 685 p.

DAVID Éric, *Éléments de droit pénal international et européen*, Bruxelles, Bruylant, 2009, 1616 p.

DE LESPINAY Charles et MWOROHA Émile (éd.), *Construire l'État de droit : Le Burundi et la région des grands lacs*, Paris, L'Harmattan, 2001, 300 p.

DE TOCQUEVILLE Alexis, *De la démocratie en Amérique*, Tome 1, Paris, Calmann Levy, 1888, p. 179.

DECAUX Emmanuel (dir.), *Justice et Droits de l'Homme*, XXVIIIe Congrès de l'IDEF, Paris, 6-8 mars 2003, IDEF, 2003, 637 p.

DEFFAINS Bruno, LANGLAIS Éric, *Analyse économique du droit : principes, méthodes, résultats*, Bruxelles, De Boeck, 2009, 416 p.

DELMAS-MARTY Mireille, PIETH Mark et SIEBRE Ulrich, *Les chemins de l'harmonisation pénale - Harmonising criminal law*, Paris, Société de législation comparée, 2008, 447 p.

DELMAS-MARTY Mireille, *Pour un droit commun*, Paris, Seuil, 1994, 316 p.

DELPEREE Francis, *Le Contentieux électoral*, Paris, PUF, 1998, 127 p.

DENIAU Xavier, La *Francophonie*, Paris, PUF, 1983, 127 p.

DEREUMAUX René-Maurice, *L'Organisation Internationale de la Francophonie : l'institution internationale du XXIe siècle*, Paris, L'Harmattan, 2008, 158 p.

DESOUCHES Christine, *et. al.*, *De Dakar à Dakar, 25 ans d'engagement de la Francophonie au service des droits de l'Homme, de la démocratie et de la Paix*, Bruxelles, Bruylant, 2015, 505 p.

DIOUF Abdou, *Passion francophone*, Bruxelles, Bruylant 2014, 416 p.

DOUENCE Maylis et AZAVANT Marc, *Institutions juridictionnelles*, Paris, Dalloz, 2010, 398 p.

DU BOIS DE GAUDUSSON Jean et CONAC Gérard (dir.), *Les Cours suprêmes en Afrique*, Tome 3, La Jurisprudence administrative, Economica, Paris, 1988, 299 p.

DUGUIT Léon, *L'État, le droit objectif et la loi positive*, Paris, Dalloz, Réimpression de l'édition de 1901, 2003, 636 p.

DUGUIT Léon, *Manuel de droit constitutionnel*, Fontemoing, 1907, 1140 p.

DUPAQUIER Jean-François (dir.), *La justice internationale face au drame rwandais*, Paris, Karthala, 1996, 256 p.

DURKHEIM Émile, *Leçons de sociologie*, Paris, PUF, 4e éd., 2003, 368 p.

EISENMANN Charles, *La justice constitutionnelle et la Haute cour constitutionnelle d'Autriche*, Paris, LGDJ, 1928, Réédition Economica, PUAM, Droit public positif, 1986, 383 p.

ESMEIN Adhémar, *Éléments de droit constitutionnel et comparé*, Tome 1, Paris, Recueil Sirey, 8e éd., 1927, p. 559.

FAGET Jacques, *Médiations, les ateliers silencieux de la démocratie*, Paris, Erès, Trajets, 2010, 304 p.

FAU-NOUGARET Matthieu (dir.), *La concurrence des organisations régionales en Afrique*, Paris, L'Harmattan, 2012, 456 p.

FAVOREU Louis et MASTOR Wanda, *Les Cours constitutionnelles*, Paris, Dalloz, 2011, 170 p.

FAVOREU Louis, GAÏA Patrick, *et al.*, *Droit constitutionnel*, Paris, Dalloz, 16e éd., 2014, 1094 p.

FAVOREU Louis, *La politique saisie par le droit : alternance, cohabitation et Conseil constitutionnel*, Paris, Economica, 1988, 152 p.

FEREY Samuel, *Une histoire de l'analyse économique du droit*, Bruxelles, Bruylant, 2009, 318 p.

Fondation Singer Polignac, Conseil Franco-britannique, *Francophonie et Commonwealth, quelles missions d'avenir*, Paris, L'Harmattan, 2003. 230 p.

FRYDMAN Benoît, HAARSCHER Guy, *Philosophie du droit*, Paris, Dalloz, 3e éd., 2010, 138 p.

GARAPON Antoine, *Bien juger : essai sur le rituel judiciaire*, Paris, Odile Jacob, 1997, 354 p.

GARAPON Antoine, PECH Thierry, GROS Frédéric, *Et ce sera justice : punir en démocratie*, Paris, Odile Jacob, 2001, 330 p.

GARRIGOU Alain, *Histoire sociale du suffrage universel en France : 1848-2000*, Paris, Seuil, 2002, 366 p.

GAUDREAULT-DESBIENS Jean-François, MACKAAY Ejan, *et al.*, *Convergence, concurrence et harmonisation des systèmes juridiques*, Montréal, Thémis, 2009, 300 p.

GOLBERG Stephen, GREEN Eric, SANDER Frank, *Dispute resolution*, Aspen Publishers, 2007, 864 p.

GRAWITZ Madeleine, *Méthodes des sciences sociales*, Paris, Dalloz, 11e éd., 2000, 1019 p.

GRIMALDI Michel (dir.), *Les droits de tradition civiliste en question, À propos des rapports Doing Business de la Banque mondiale*, Association Henri Capitant, Société de législation comparée, 2006, 161 p.

GUARNIERI Carlo, PEDERZOLI Patrizia, *La puissance de juger : pouvoir judiciaire et démocratie*, Paris, Michalon, 1996, 208 p.

GUICHAOUA André (dir.), *Les crises politiques au Burundi et au Rwanda (1994-1995)*, Paris, Karthala, 1995, 790 p.

GUICHAOUA André, *Rwanda, de la guerre au génocide. Les politiques criminelles au Rwanda (1990-1994)*, Paris, La découverte, 2010, 624 p.

GUIDERE Mathieu, *Méthodologie de la recherche*, Paris, Ellipses Marketing, 2004, 123 p.

GUINCHARD Serge, MONTAGNIER Gabriel, VARINARD André et DEBARD Thierry, *Institutions juridictionnelles*, Paris, Dalloz, 12e éd., 2013, 1159 p.

HAARSCHER Guy, *Philosophie des droits de l'Homme*, Bruxelles, Éditions de l'Université de Bruxelles, 1993, 170 p.

HABERMAS Jürgen, *Droit et démocratie*, Paris, Gallimard, 1997, 560 p.

HAGEGE Claude, *Le Français et les siècles*, Paris, Odile Jacob, 1987, 272 p.

HAIMOUD Ramdan, *Le fonctionnement de la justice dans les pays en voie de développement : le cas de la Mauritanie*, Paris, L'Harmattan, 2011, 560 p.

HAMELIN Jacques et DAMIEN André, *Les règles de la profession d'avocat*, Paris, Dalloz, 2000, 563 p.

HARNAY Sophie et MARCIANO Alain, *Posner : l'analyse économique du droit*, Paris, Michalon, 2003, 120 p.

HATZFELD Jean, *Une saison de machettes, Récits*, Paris, Seuil, 2003, 312 p.

HAURIOU Maurice, *Précis de droit administratif et de droit public*, 12e éd., Paris, Dalloz, 1933, 1150 p.

HAURIOU Maurice, *Principes de droit public*, Paris, Larose et Ternin, 1910, 494 p.

HAZAN Pierre, *Juger la guerre, juger l'histoire : du bon usage des commissions vérité et de la justice internationale*, Paris, PUF, 2007, 251 p.

HAZAN Pierre, *La paix contre la justice ? : comment reconstruire un État avec des criminels de guerre*, Bruxelles, GRIP, A. Versailles, 2010, 127 p.

HEGEL Georg Wihlem Friedrich, *Principes de la philosophie du droit*, Paris, PUF, 2003, 816 p.

HENZELIN Marc et ROTH Robert (dir.), *Le droit pénal à l'épreuve de l'internationalisation*, Paris, LGDJ, 2002, 355 p.

HOURQUEBIE Fabrice (dir.) *Principe de collégialité et cultures judiciaires*, Bruxelles, Bruylant, 2010, 270 p.

HOURQUEBIE Fabrice (dir.), *Quel service public de la justice en Afrique francophone ?*, Bruxelles Bruylant, 2013, 214 p.

HOURQUEBIE Fabrice, *Le pouvoir juridictionnel en France*, Paris, LGDJ, Lextenso, 2010, 212 p.

HUET André et KOERING-JOULIN Renée, *Droit pénal international*, Paris, PUF, 3e éd., 2005, 510 p.

HUME David, *Traité de la nature humaine, Livre 3 : La morale*, Paris, Flammarion, 1999, 282 p.

ISSA-SAYEGH Joseph et LOHOUES-OBLE Jacqueline, *Harmonisation du droit des affaires*, Bruxelles, Bruylant, 2002, 245 p.

ISSA-SAYEGH Joseph, POUGOUE Paul Gérard, SAWADOGO Filiga Michel (dir.), *OHADA, Traité et actes uniformes commentés et annotés*, Poitiers, Juriscope, 2014, 1752 p.

JAILLARDON Édith et ROUSSILLON Dominique, *Outils pour la recherche juridique : méthodologie de la thèse de doctorat et du mémoire du master en droit*, Paris, Éditions des archives contemporaines, 2007, 160 p.

JEANGENE VILMER Jean-Baptiste, *Pas de paix sans justice ? Le dilemme de la paix et de la justice en sortie de conflits armés*, Paris, Presses de Sciences Po, 2011, 300 p.

JOINET Louis, *Lutter contre l'impunité : dix questions pour comprendre et agir*, Paris, La découverte, 2002, 144 p.

JOUANJAN Olivier, GREWE Constance, MAULIN Éric, WACHSMANN Patrick (dir.), *La notion de justice constitutionnelle*, Paris, Dalloz, 2005, 188 p.

KABA Sidiki, *La justice universelle en question, justice de blancs contre les autres*, Paris, L'Harmattan, 2010, 300 p.

KANT Emmanuel, *Métaphysique des mœurs*, Tome 2, Doctrine du droit, Doctrine de la vertu, Traduction de Alain Renaut, Paris, Flammarion, 1994, 203 p.

KELSEN Hans, *Qui doit être le gardien de la Constitution ?* Traduction et introduction de Sandrine Baume, Paris, Michel Houdiard Éditeur, 2006, 139 p.

KELSEN Hans, *Théorie pure du droit*, Traduction Charles Eisenmann, Paris, Dalloz, 1962, 496 p.

KODO Mahutodji Jimmy Vital, *L'application des actes uniformes de l'OHADA*, Bruylant-Academia, Louvain-La-Neuve, 2010, 358 p.

LA ROSA Anne-Marie, *Juridictions pénales internationales - La procédure et la preuve*, Paris, PUF, 2003, 507 p.

LAFERRIERE Julien, *Répétitions écrites*, Répétitions écrites de droit constitutionnel rédigées d'après le cours et avec l'autorisation de M. Laferrière, Paris, Les Cours de droit, 1942, p. 54

LAVROFF Dmitri Georges, *Le droit constitutionnel de la Vᵉ République*, Dalloz, 2ᵉ éd., 1997, 1111 p.

LEBORGNE Anne, *Le droit de l'exécution*, 2ᵉ éd., Paris, Dalloz, 2014, 1111 p.

LEFRANC Sandrine, *Politiques du pardon*, Paris, PUF, 2002, 363 p.

LESCURE Karine, *Le tribunal pénal international pour l'ex-Yougoslavie*, Paris, Montchrestien, 1994, 203 p.

LOCKE John, *Traité du gouvernement civil*, Traduction de David Mazel, Paris, Flammarion, 1992, 381 p.

LOQUIN Éric et KESSEDJIAN Catherine (dir.), *La mondialisation du droit*, Paris, Litec, Travaux du CREDIMI, 2000, 612 p.

MABIALA Ruffin Viclère et FLEURANT Aviol, *La justice dans les pays en situation de post-conflit : justice transitionnelle*, Paris, L'Harmattan, 2009, 350 p.

MACAREL Louis-Antoine, *Des tribunaux administratifs ou introduction à l'étude de la jurisprudence administrative*, J-P Roret Éditeur, Paris, 1828, p. 461.

MADI Djabakaté Mohamed, *Le rôle de la Cour Pénale Internationale en Afrique*, Paris, L'Harmattan, 2014, 130 p.

MAHAMAT Hassan Abakar, *Chronique d'une enquête criminelle nationale : le cas du régime de Hissein Habré, 1982-1990*, Paris, L'Harmattan, 2007, 184 p.

MARTINEAU Anne Charlotte, *Les juridictions pénales internationalisées, un nouveau modèle de justice hybride ?*, Paris, Pedone, 2007, 300 p.

MASSON Gérard, *Les juges et le pouvoir*, Paris, Moreau, Syros, 1977, 495 p.

MEGRET Frédéric, *Le Tribunal pénal international pour le Rwanda*, Paris, Pedone, 2002, 249 p.

MEOUCHY TORBEY Marie-Denise, *L'internationalisation du droit pénal - Le Liban dans le monde arabe*, Bruxelles, Bruylant, 2007, 504 p.

MERLE Maurice, *Le procès de Nuremberg et le châtiment des grands criminels de guerre*, Paris, Pedone, 1949, 187 p.

MONTESQUIEU, *De l'esprit des lois*, Paris, Flammarion, 1979, 1184 p.

MORIN Jacques-Yvan et OTIS Ghislain (dir.), *Les défis des droits fondamentaux : universalité et diversité, droit au développement, liberté et religion, statut du juge en Afrique*, Actes des deuxièmes journées scientifiques du réseaux droits fondamentaux de l'AUPELF-UREF, Québec, 29 septembre - 2 octobre 1999, Bruxelles, Bruylant, 2000, 470 p.

N'DA Paul, *Méthodologie de la recherche : de la problématique à la discussion des résultats*, Abidjan, EDUCI, 2006, 159 p.

NDOYE Doudou, *La Cour commune de justice et d'arbitrage des pays de l'OHADA : organisation - procédure et jurisprudence*, Dakar, Éditions Juridiques Africaines, 2009, 143 p.

NGOMA-BINDA Phambu Elie, *Justice transitionnelle en République Démocratique du Congo : une expérience de commission vérité et réconciliation*, Paris, L'Harmattan, 2008, 193 p.

NGUYEN Quoc Dinh, DALLIER Patrick, FORTEAU Mathias, PELLET Alain, *Droit international public*, 8e éd., Paris, LDGJ, 2009, 1709 p.

NTABONA Adrien, *L'itinéraire de la sagesse : les bashingantahe hier, aujourd'hui et demain au Burundi*, Bujumbura, CRID, 1999, 303 p.

NTAHOMBAYE Philippe, NTABONA Adrien, GAHAMA Joseph et KABAGO Liboire (éd.), *L'institution des Bashingantahe au Burundi*, Étude pluridisciplinaire, Bujumbura, 1999, 283 p.

OBERDORFF Henri et ROBERT Jacques, *Libertés fondamentales et droits de l'Homme*, Paris, 9e éd., Montchrestien, Lextenso, 2011, 957 p.

OIF, Délégation à la paix, à la démocratie et aux droits de l'Homme, *Regards sur l'État de Droit, La Déclaration de Bamako, Dix ans après*, Paris, OIF, 2010, 54 p.

OIF, Délégation à la paix, à la démocratie et aux droits de l'Homme, *La réforme des systèmes de sécurité et de justice en Afrique francophone*, Paris, OIF, 2010, 319 p.

OIF, Délégation à la paix, à la démocratie et aux droits de l'Homme, *Promouvoir la diversité des cultures juridiques*, Paris, 2011, 26 p.

OIF, Direction de la paix, de la démocratie et des droits de l'Homme (DDHDP), *Les processus de transition, justice, vérité et réconciliation dans l'espace francophone*, OIF, Paris, octobre 2013, 132 p.

OIF, Direction de la paix, de la démocratie et des droits de l'Homme, *Les réseaux institutionnels de la Francophonie : vigies, leviers et viviers de la démocratie*, Paris, OIF, 2014, 40 p.

OIF, *Francophonie et Démocratie, textes de référence*, Bruxelles, Bruylant, 2003, 612 p.

PACTEAU Bernard, *Contentieux administratif*, Paris, PUF, 1985, 382 p.

PACTET Pierre et MELIN-SOUCRAMANIEN Ferdinand, *Droit constitutionnel*, Paris, Sirey, 28e éd., 2009, 628 p.

PAMBOU TCHIVOUNDA Guillaume, *Essai sur l'État africain postcolonial*, Paris, LGDJ, 1982, 165 p.

PERROT Roger, *Institutions judiciaires*, Montchrestien, Lextenso, 14e éd., Paris, 2010, 538 p.

PEYRO LLOPIS Ana, *La compétence universelle en matière de crimes contre l'humanité*, Bruxelles, Bruylant, 2003, 178 p.

POISSONNIER Ariane, SOURNIA Gérard, LE GOFF Fabrice, *Atlas mondial de la francophonie : du culturel au politique*, Paris, Éditions Autrement, 2006, 79 p.

POUGOUE Paul Gérard et KALIEU Elongo Yvette Rachel, *Introduction critique à l'OHADA*, Presses Universitaires Africaines, 2008, 228 p.

RASSAT Marie-Laure, LEMOYNE DE FORGES Jean-Michel, LEMOYNE DE FORGES Patricia, *Institutions administratives et juridictionnelles*, Paris, Ellipses, 2005, 390 p.

RAWLS John, *Théorie de la justice*, Traduction de Catherine Audard, Paris, Seuil, 1987, 666 p.

RAYNAUD Philippe, *Le juge et le philosophe*, Paris, A. Colin, 2008, 288 p.

RECLUS Onésime, *France, Algérie et colonies*, Paris, Hachette, 1880, 802 p.

REDOR Marie-Joëlle, *De l'État légal à l'État de droit - L'évolution des conceptions de la doctrine publiciste française, 1879-1914*, Paris, Economica, 1992, 389 p.

RENOUX Thierry-Serge et DE VILLIERS Michel (dir.), *Code constitutionnel*, Paris, LexisNexis, 2013, 1640 p.

REYNTJENS Filip, *L'Afrique des grands lacs en crise : Rwanda, Burundi, 1988-1994*, Paris, Karthala, 1994, 326 p.

RIPERT Georges, *Le déclin de la loi : Étude sur la législation contemporaine*, Paris, LGDJ, 1946, Réédition 1998, 225 p.

ROSANVALLON Pierre, *La légitimité démocratique : impartialité, réflexivité, proximité*, Paris, Seuil, 2008, 367 p.

ROUSSEAU Dominique, *Droit du contentieux constitutionnel*, Paris, LGDJ, Lextenso, 2013, 592 p.

ROUSSEAU Dominique, *Sur le Conseil constitutionnel : la doctrine BADINTER et la démocratie*, Paris, Descartes et Cie, 1997, 200 p.

ROUSSILLON Henry (dir.), *Existe-t-il une culture juridique francophone ?*, Conférence internationale des facultés de droit ayant en commun l'usage du français, Université Toulouse 1 - Sciences sociales, 5-6 novembre 2007, Toulouse, PUSS, 2007, 307 p.

ROUSSILLON Henry et ESPLUGAS Pierre, *Le Conseil constitutionnel*, Paris, Dalloz, 7e éd., 2011, 218 p.

ROYER Jean-Pierre, JEAN Jean-Paul, DURAND Bernard, DERASSE Nicolas, DUBOIS Bruno, *Histoire de la justice en France*, 4e éd., Paris, PUF, 2010, 1305 p.

SAINT-GIRONS Antoine, *Essai sur la séparation des pouvoirs dans l'ordre politique, administratif et judiciaire*, Paris, L. Larose, 1881, 620 p.

SAWADOGO Filiga Michel et SERE Souleymane, *Droit comptable, Système comptable OHADA, Système comptable Ouest africain*, Ouagadougou, Découverte, 2002, 159 p.

SINDJOUN Luc, *Les grandes décisions de la justice constitutionnelle africaine*, Bruxelles, Bruylant, 2009, 598 p.

SOLUS Henry et PERROT Roger, *Droit judiciaire privé*, Tome 1, Paris, Sirey, 1961, 1147 p.

SOULEZ LARIVIERE Daniel, *L'avocature*, Paris, Seuil, 1995, 396 p.

STOLOWY Nicole, *Institutions judiciaires*, Paris, Vuibert, 2006, 269 p.

SUAREZ Alfredo, *Intégration régionale et mondialisation*, Paris, Hachette, 2009, 160 p.

TAVERNIER Paul (dir.), *Recueil juridique des droits de l'Homme en Afrique*, vol. 2, 2000 - 2004, Tomes 1 et 2, Bruxelles, Bruylant, Collection CREDHO, 2005, 2117 p.

TCHANTCHOU Henri, *La supranationalité judiciaire dans le cadre de l'OHADA : étude à la lumière du système des communautés européennes*, L'Harmattan, Paris, 2009, 370 p.

TETU Michel, *La Francophonie : histoire, problématique, perspectives*, Montréal, Guérin littérature, 1987, 378 p.

TIGER Philippe, *Le droit des affaires en Afrique - OHADA*, Paris, PUF, Que sais-je ?, 1999, 127 p.

TREAN Claire, *La francophonie*, Paris, Le Cavalier Bleu, 2006, 127 p.

TRINDADE Antônio Augusto Cançado, *Évolution du droit international au droit des gens : l'accès des individus à la justice internationale : le regard d'un juge*, Paris, Pedone, 2008, 188 p.

TROPER Michel, *Le droit et la nécessité*, Paris, PUF, 2011, 294 p.

TUTU Desmond, *Il n'y a pas d'avenir sans pardon*, Paris, Albin Michel, 2000, 284 p.

VALANTIN Christian, *Une histoire de la francophonie (1970 - 2010)*, Paris, Belin, 2010, 260 p.

VARAUT Jean-Marc, *Le droit au droit : pour un libéralisme institutionnel*, Paris, PUF, 1986, 244 p.

VARAUT Jean-Marc, *Le droit au juge*, Paris, Quai Voltaire, 1991, 286 p.

VEDEL Georges et DEVOLVE Pierre, *Droit administratif*, Tome 1, Paris, PUF, 1997, 720 p.

VEDEL Georges, *Manuel élémentaire de droit constitutionnel*, Paris, 1949, Dalloz, Réimp. 2002, 632 p.

VERHAEGEN Jacques, *Le droit international pénal de Nuremberg - Acquis et régressions*, Bruxelles, Bruylant, 2003, 227 p.

WAMBO Jérémie, *La saisine de la Cour Commune de Justice et d'Arbitrage de l'OHADA en matière contentieuse : guide pratique à la lumière de la jurisprudence*, 2012, 236 p.

WODIE Francis et BLEOU Martin, *La Chambre administrative de la Cour suprême et sa jurisprudence*, Economica, Annales des Universités d'Abidjan, Série A, vol. 6, 1981.

WODIE Francis, *Les institutions internationales et régionales en Afrique occidentale et centrale*, Paris, LGDJ, 1970, 274 p.

WYVEKENS Anne et FAGET Jacques, *La justice de proximité en Europe : pratiques et enjeux*, Ramonville Saint-Agne, Erès, 2001, 175 p.

YAV Katshung Joseph (dir.), *La justice congolaise au banc des accusés ?*, Lubumbashi, Presses universitaires de Lubumbashi, 2010, 186 p.

ZAPPALA Salvatore, *La justice pénale internationale*, Paris, Montchrestien, 2007, 154 p.

ZEHR Howard, *La justice restaurative, pour sortir de l'impasse de la logique punitive*, Genève, Labor et fides, 2012, 98 p.

ZOLLER Élisabeth, *Droit constitutionnel*, Paris, PUF, 1998, 629 p.

II- THESES

BAYO BYBI Blandine, *Le rôle de la Cour commune de Justice et d'Arbitrage dans la sécurisation de l'espace OHADA*, Thèse dactylographiée, Université de Caen Basse-Normandie, 16 novembre 2009, 766 p.

BERTHIER Laurent, *La qualité de la justice*, Thèse dactylographiée, Droit public, Université de Limoges, 2011, 687 p.

BOKA Marie, *La CPI entre droit et relations internationales : les faiblesses du statut de Rome à l'épreuve de la politique internationale*, Bayonne, Institut universitaire Varenne, Collection des Thèses, 2014, 425 p.

BOLLE Stéphane, *Le nouveau régime constitutionnel du Bénin. Essai sur la construction d'une démocratie africaine par la Constitution*, Thèse dactylographiée, Montpellier I, 1997, pp. 717 et ss.

BOYLE David, *Les Nations unies et le Cambodge : 1975-2004, la paix et la justice dans la balance*, Thèse dactylographiée de droit, Université Paris II, 2004, 820 p.

CHOLET Didier, *La célérité de la procédure en droit processuel*, Paris, LGDJ, 2006, 736 p.

DERRIEN Arnaud, *Les juges français de la constitutionnalité, étude sur la construction d'un système contentieux : Conseil constitutionnel, Conseil d'État, Cour de cassation : trois juges pour une norme*, Bruxelles, Bruylant, 2003, 505 p.

ESSONO EVONO Alexis, *Théorie de l'interprétation et pouvoir créateur du juge constitutionnel français*, Thèse dactylographiée de doctorat en droit, Université Toulouse 1 Sciences sociales, 2000, 459 p.

FERNANDEZ Julian, *La politique juridique extérieure des États-Unis à l'égard de la Cour pénale internationale*, Paris, Pedone, 2010, 650 p.

GILLET Sylvie, *Le Médiateur de la République : inventions et formalisations*, Thèse dactylographiée de sciences politiques, Université Paris I, 1994, 508 p.

GLELE-AHANHANZO Maurice, *Introduction à l'Organisation de l'Unité Africaine et aux organisations régionales africaines*, Paris, LGDJ, 1986, 574 p.

GROS André, *Survivance de la raison d'État*, Paris, Dalloz, 1932, 391 p.

GUEMATCHA Emmanuel, *Les commissions vérité et les violations des droits de l'Homme et du droit international humanitaire*, Paris, Pedone, 2014, 628 p.

HENZELIN Marc, *Le principe de l'universalité en droit pénal international : droit et obligation pour les États de poursuivre et de juger selon le principe de l'universalité*, Bruxelles, Bruylant, 2000, 527 p.

HOURQUEBIE Fabrice, *Sur l'émergence du contre-pouvoir juridictionnel sous la Vᵉ République*, Bruxelles, Bruylant, 2005, 678 p.

KAMTO Maurice, *Pouvoir et droit en Afrique noire : Essai sur les fondements du constitutionnalisme dans les États d'Afrique noire francophone*, Paris, LGDJ, 1987.

KOLB Robert, *La bonne foi en droit international public : Contribution à l'étude des principes généraux de droit*, Paris, PUF, 2000, 756 p.

MALONE Marc, *La francophonie 1965-1971 : un cadre institutionnel reflet des réalités francophones*, Thèse dactylographiée de sciences politiques, Université Paris 1 Panthéon Sorbonne, 1971.

MASSIAS Jean-Pierre, *Justice constitutionnelle et transition démocratique en Europe de l'Est*, Presses Universitaires de la Faculté de droit de Clermont, Thèse, 1998, 458 p.

MASTOR Wanda, *Les opinions séparées des juges constitutionnels*, Paris, Economica, PUAM, 2005, 361 p.

MBORANTSUO Marie-Madeleine, *La contribution des Cours constitutionnelles à l'État de droit en Afrique*, Paris, Economica, 2007, pp. 55-56.

MELIN SOUCRAMANIEN Ferdinand, *Le principe d'égalité dans la jurisprudence du Conseil constitutionnel*, Paris, Economica, 1997, 397 p.

NDIAYE Ameth, *La nouvelle juridiction constitutionnelle en Afrique noire francophone et la construction de l'Etat de droit : exemple du Gabon et du Sénégal*, Thèse dactylographiée, Montpellier, 2003, 581 p.

OUEDRAOGO Djibrihina, *L'autonomisation des juridictions financières dans l'espace UEMOA : étude sur l'évolution des Cours des comptes*, Thèse dactylographiée de droit, Université de Bordeaux, 2013.

PLUEN Olivier, *L'inamovibilité des magistrats : un modèle ?*, Clermont-Ferrand, Fondation Varenne, Collection des Thèses, 2012, p. 32.

RRAPI Patricia, *L'accessibilité et l'intelligibilité de la loi en droit constitutionnel : étude du discours sur la « qualité de la loi »*, Paris, Dalloz, 2014, 280 p.

SOME Marcelin, *Le statut juridique de l'Organisation Internationale de la Francophonie*, Thèse dactylographiée de droit, Université Jean Moulin Lyon 3, 2008, 457 p.

STELZIG-CARON Slovia, *La cour de cassation et le dialogue des juges*, Thèse dactylographiée de droit privé, Université de Grenoble, 2011, 438 p.

TOURAD Hélène, *L'internationalisation des constitutions nationales*, Paris, LGDJ, Thèses, 2000, 744 p.

TURGIS Noémie, *La justice transitionnelle en droit international*, Bruxelles, Bruylant, 2014, 642 p.

VALEMBOIS Anne-Laure, *La constitutionnalisation de l'exigence de sécurité juridique en droit français*, Paris, LGDJ, 2005, 468 p.

III- DICTIONNAIRES ET ENCYCLOPEDIES

ALLAND Denis et RIALS Stéphane, *Dictionnaire de la culture juridique*, Paris, Lamy, PUF, 2003, 1649 p.

ANDRIANTSIMBAZOVINA Joël, GAUDIN Hélène, MARGUENAUD Jean Pierre, *et. al.*, *Dictionnaire des droits de l'Homme*, Paris, PUF, 2008, 1024 p.

BOUCHET-SAULNIER Françoise, *Dictionnaire pratique du droit humanitaire*, Paris, La découverte, 4e éd., 2013, 862 p.

CABRILLAC Rémy, *et. al.*, *Dictionnaire du vocabulaire juridique 2012*, Paris, LexisNexis, 2011, 501 p.

CADIET Loïc, *Dictionnaire de la Justice*, Paris, PUF, 2004, 1362 p.

CHAGNOLLAUD Dominique, DRAGO Guillaume, BENZIMRA-HAZAN Jérôme, *Dictionnaire des droits fondamentaux*, Paris, Dalloz, 2006, 751 p.

CORNU Gérard (dir.), *Vocabulaire juridique*, Paris, PUF, 10e éd., 2014, p. 629.

DE VILLIER Michel, LE DIVELLEC Armel, *Dictionnaire du Droit Constitutionnel*, Paris, Sirey, 9e éd., 2013, 408 p.

LA ROSA Anne-Marie, *Dictionnaire de droit international pénal*, Paris, PUF, 1998, 132 p.

NDIAYE Youssoupha, M'BAYE Kéba (dir.), *Encyclopédie juridique de l'Afrique (4) : Organisation judiciaire, procédures et voies d'exécution*, Abidjan, Dakar, Lomé, Les Nouvelles Éditions Africaines, 1982, 379 p.

SALMON Jean (dir.), *Dictionnaire de droit international public*, Universités francophones, Bruxelles, Bruylant, 2001, 1198 p.

IV - ARTICLES, COMMUNICATIONS ET CONTRIBUTIONS A DES OUVRAGES COLLECTIFS

A) ARTICLES DE REVUES ET PERIODIQUES

ABARCHI Djibril, « La supranationalité de l'organisation pour l'harmonisation du droit des affaires en Afrique », *Revue Burkinabé de Droit*, n° 37, 2000, pp. 9-27.

ADJOVI Roland et FOMETE Jean-Pélé, « Les relations entre le Tribunal Pénal International pour le Rwanda et les États : l'obligation de coopération dans l'exécution du mandat du tribunal », *Annuaire français de relations internationales*, vol. 6, 2005, pp. 180-196.

ADJOVI Roland et MAZERON Florent, « Chronique de la jurisprudence du Tribunal pénal pour le Rwanda (1995-2002) », *AYIL*, n° 10, 2002, pp. 500-510.

AGBOYIBOR Pascal, « Droit des affaires en Afrique : OAPI », *Revue de droit des affaires internationales*, n° 1, 2000, pp. 91-93.

AHADZI-NONOU Koffi, « Questions autour de l'instauration de la commission « vérité, justice et réconciliation » (CVJR) au Togo », Entretien, *Afrique contemporaine*, n° 250, 2014/2, pp. 91-102.

AHARON Barak, « L'exercice de la fonction juridictionnelle vu par un juge : le rôle de la Cour suprême dans une démocratie », *RFDC*, n° 66, 2006/2, pp. 227-302.

AIVO Frédéric Joël, « La Cour constitutionnelle du Bénin », *RFDC*, n° 99, 2014/3, pp. 715-740.

AJROUD Jamel, « L'indépendance de la Justice en Tunisie », *RFDC*, n° 86, 2011, pp. 427-438.

AKTYPIS Spyridon, « L'adaptation du droit pénal français au statut de la cour pénale internationale : Etat des lieux », *Droits fondamentaux*, n° 7, janvier 2008 - décembre 2009.

ALIE Maryse, « Les chambres extraordinaires établies au sein des tribunaux cambodgiens pour juger les hauts responsables Khmers rouges », *RBDI*, 2005, pp. 583-621.

ALOU Mahaman Tidjani, « La justice au plus offrant. Les infortunes du système judiciaire en Afrique de l'Ouest (autour du cas du Niger) », *Politique africaine*, n° 83, 2001, pp. 59-78.

AMOUSSOU-GUENOU Roland, « L'arbitrage dans le traité relatif à l'harmonisation du droit des affaires en Afrique », *Revue de droit des affaires internationales*, n° 3, 1996, pp. 321 et ss.

AMRANI-MEKKI Soraya, « Le principe de célérité », *Revue française d'administration publique*, n° 125, 2008/1, pp. 43-53.

ANO Bénié Yvonne-Bernard, « L'avant-projet d'Acte uniforme sur le droit des contrats : son impact sur la formalisation des garanties », *Revue de droit uniforme, UNIDROIT*, 2008, n° 1/2, pp. 477-479.

ANOUHAKA François, « L'émergence d'un nouveau droit des procédures collectives d'apurement du passif dans les États africains membres de l'OHADA », *Afrique juridique et politique*, Revue du CERDIP, n° 1, vol. 1, janvier-juin 2002, pp. 62 et ss.

APTEL Cécile, « Justice pénale internationale : entre raison d'État et État de droit », *Revue internationale et stratégique*, n° 67, 2007/3, pp. 71-80.

ARBOUR Louise, « Le droit et la justice : la contribution de la justice pénale internationale », *Les Cahiers de droit*, vol. 42, n° 3, 2001, pp. 905-908.

ARRIGHI DE CASANOVA Jacques, « Pouvoir normatif du Conseil constitutionnel et stabilité de la norme », *Les Cahiers du Conseil constitutionnel*, n° 24, juillet 2008, pp. 109-112.

ASCENCIO Hervé, « Une entrée mesurée dans la modernité du droit international pénal - A propos de la loi du 9 Août 2010 », *La Semaine Juridique*, Edition générale, n° 37, 13 septembre 2010, pp. 1691-1698.

ASCENSIO Hervé et MAISON Rafaëlle, « L'activité des tribunaux pénaux internationaux (2001) », *AFDI*, n° 47, 2001, pp. 241-281.

ASSI Assepo Eugène, « La Cour commune de justice et d'arbitrage de l'OHADA : un troisième degré de juridiction ? », *RIDC*, 2005, vol. 57, n° 4, pp. 943-955.

ASSOGBAVI Komlan, « Les procédures collectives d'apurement du passif dans l'espace OHADA », *Penant*, n° 832, 2000, pp. 55-67.

ASSONTSA Robert, « Un virus en pleine expansion contre l'accès à la justice civile au Cameroun : la consignation », *Juris périodique*, n° 81, janvier-février-mars 2010, p. 115.

ATANGANA AMOUGOU Jean-Louis, « Les accords de paix dans l'ordre juridique interne en Afrique », *Revue de la recherche juridique, Droit prospectif*, n° 3, 2008, pp. 1723-1745.

AUBY Jean-Bernard, « Autorégulations et droit administratif », *Droit administratif*, n° 8, octobre 2008, pp. 3.

AUVRET-FINCK Josiane, « Les actes de gouvernement, irréductible peau de chagrin ? », *RDP*, n° 1, 1995, pp. 131 et ss.

AVOM Désiré, « Intégration régionale dans la CEMAC : des problèmes institutionnels récurrents », *Afrique contemporaine*, n° 222, 2007/2, pp. 199-221.

AZAR Aïda, « Le tribunal spécial pour le Liban : une expérience originale ? », *RGDIP*, 2007/3, pp. 643-658.

BADINTER Robert, « Une si longue défiance », *Pouvoirs*, Les juges, n° 74, septembre 1995, pp. 7-12.

BAKHOUM Mor, « Cohérence institutionnelle et effectivité d'une politique régionale de la concurrence : le cas de l'Union Économique et Monétaire Ouest-Africaine (UEMOA) », *Revue Internationale de Droit Économique*, 2011/3, T. XXV, pp. 305-332.

BAROUDY Jinane, « La compétence universelle en mutation… (A propos de la loi française n° 2010-930 du 9 août 2010) », *RSC*, n° 1, 2011, pp. 228-238.

BAUDOT Pierre-Yves et REVILLARD Anne, « Le Médiateur de la République : périmètre et autonomisation d'une institution », *Revue française d'administration publique*, 2011/3, n° 139, pp. 339-352.

BAUDOT Pierre-Yves et REVILLARD Anne, « Le Médiateur de la République au prisme de la démocratie administrative », *Revue française d'administration publique*, n° 137/138, 2011, pp. 193-207.

BEAUCHARD Jean-Baptiste, « Le tribunal spécial pour le Liban, les paradoxes d'une justice en quête de vérité », *Moyen-Orient*, janvier-mars 2011, n° 9, p. 68-71.

BEAUCHARD Renaud, « L'évaluation des systèmes juridiques ou l'illusion du microscope », *La note de convention-s*, Réguler la mondialisation, n° 8, 2011, 7 p.

BEKOLO-EBE Bruno, « L'intégration régionale en Afrique : caractéristiques, contraintes et perspectives », *Mondes en développement*, 2001/3, n° 115-116, pp. 81-88.

BENKEMOUN Laurent, « Les rapports entre les juridictions de cassation nationale et la CCJA de l'OHADA : aspects conceptuels et évaluation », *Penant*, n° 860, juillet-septembre 2007, pp. 299 et ss.

BENNOUNA Mohamed, « La création d'une juridiction pénale internationale et la souveraineté des Etats », *AFDI*, vol. 36, n° 36, 1990, pp. 299-306.

BESSONE Magali, « Le Tribunal Pénal International pour l'ex-Yougoslavie : la justice en vue de la paix ? », *Le philosophoire*, n° 24, 2005/1, pp. 51-74.

BILE Kangah Émile, « Quelques considérations sur l'avant-projet d'Acte uniforme sur le droit des contrats », *Revue de droit uniforme, UNIDROIT*, n° 1/2, 2008, p. 481.

BITTI Gilbert, « Les droits procéduraux des victimes devant la Cour pénale internationale », *Criminologie*, vol. 44, n° 2, automne 2011, Les Presses de l'Université de Montréal, pp. 63-98.

BITTI Gilbert, « Les victimes devant la Cour pénale internationale. Les promesses faites à Rome ont-elles été tenues ? », *RSC*, n° 2, 2011, pp. 293-342.

BLACHER Philippe, « QPC. Censure vaut abrogation », *Les Petites Affiches*, n° 89, mai 2011, pp. 14-17.

BOILLAT Philippe et LEYENBERGER Stéphane, « L'administration et l'évaluation du service public de la justice, vu du conseil de l'Europe », *Revue française d'administration publique*, n° 125, 2008/1, pp. 55-66.

BOUMAKANI Benjamin, « Les juridictions communautaires en Afrique noire francophone : la Cour commune de justice et d'arbitrage de l'OHADA, les Cours de justice de l'UEMOA et de la CEMAC », *Annales de la FSJP*, Yaoundé, Presses Universitaires Africaines, 1999, Tome 3, pp. 67-86.

BOURDIN René, « Le règlement d'arbitrage de la Cour commune de justice et d'arbitrage », *Revue camerounaise de l'arbitrage*, n° 5, avril-mai-juin 1999, pp. 10 et ss.

BOURDON William, « Un ordre juridique international au-delà des États : ombres et lumières », *Revue internationale et stratégique*, n° 49, 2003/1, pp. 189-196.

BOUSTA Rhita, « Contribution à une définition de l'Ombudsman », *Revue française d'administration publique*, n° 123, 2007, pp. 387-398.

BOYLE David et LENGRAND Julie, « Le retrait des négociations pour un tribunal mixte au Cambodge : Les Nations Unies avaient-elles véritablement le choix ? », *Actualité et Droit International*, mars 2002 (http://www.ridi.org/adi/articles/2002/200203bol.pdf).

BOYLE David, « Quelle justice pour les Khmers rouges ? », *RTDH*, n° 40, 1999, pp. 773-825.

BOYLE David, « Une juridiction hybride chargée de juger les Khmers rouges », *Droits fondamentaux*, n° 1, juillet-décembre 2001, pp. 213-227.

BREDIN Jean-Denis, « Qu'est-ce-que l'indépendance du juge ? », *Justices*, n° 3, janvier-juin 1996, pp. 161-166.

BROU Kouakou Mathurin, « Bilan de l'interprétation des actes uniformes par la Cour commune de justice et d'arbitrage », *Le Juris-Ohada*, n° 3, 2003, pp. 2 et ss.

BROU Kouakou Mathurin, « Le contentieux des actes uniformes : de la compétence de la Cour commune de justice et d'arbitrage », *Le Juris-Ohada*, n° 2, 2003, avril-juin 2003, pp. 2 et ss.

BROU Kouakou Mathurin, « Le nouveau droit des contrats de transport de marchandises par route dans l'espace OHADA », n° 845, *Penant*, octobre-décembre 2003, pp. 394 et ss.

CADIET Loïc, « Case management judiciaire et déformalisation de la procédure », *Revue française d'administration publique*, n° 125, 2008/1, pp. 133-150.

CANIVET Guy, « La procédure d'admission du pourvoi devant la Cour de cassation », *D.*, 2002, pp. 2195-2199.

CANIVET Guy, « Le juge judiciaire dans la jurisprudence du Conseil constitutionnel », *Les Cahiers du Conseil Constitutionnel*, n° 16, 2004. http://www.conseil-constitutionnel.fr/conseil-constitutionnel/francais/nouveaux-cahiers-du-conseil/cahier-n-16/le-juge-judiciaire-dans-la-jurisprudence-du-conseil-constitutionnel.51975.html.

CAPITANT Sylvie, « « Introduction », Réponse judiciaire aux crimes contre l'humanité versus responsabilité de lutter contre leur commission ? », *Revue Tiers Monde*, 2011/1, n° 205, pp. 7-27.

CARIO Robert, « Les droits des victimes devant la Cour pénale internationale », *Actualité juridique pénal*, n° 6, juin 2007, pp. 261-266.

CARTRON Aude-Marie, « La réforme de l'acte uniforme sur le droit commercial général », *Penant*, n° 865, 2008, pp. 433-445.

CASTILLO Maria, « La compétence du tribunal pénal pour la Yougoslavie », *RGDIP*, 1994, n° 1, pp. 61-87.

CERE Jean-Paul, HERZOG-EVANS Martine, PECHILLON Éric, « Actualité du droit de l'exécution des peines », *D.*, 2003, n° 14, Chron., pp. 919-927.

CHAPERNEL Yves, ROUSSEAU Dominique et SOULEZ LARIVIERE Daniel, « Le statut du parquet », *Constitution*, Dalloz, 2011, p. 295.

CHILSTEIN David, « Le nouveau régime de la lutte contre les crimes internationaux », *D.*, 2010, p. 1856.

CISSE Abdoullah, « L'harmonisation du droit des affaires en Afrique : l'expérience de l'OHADA à l'épreuve de sa première décennie », *Revue internationale de droit économique*, n° 2, 2004, T. XVIII, 2, pp. 197-225.

CONDE Pierre-Yves, « Présentation », *Droit et Société*, 2009/3, n° 73, pp. 549-559.

CONDORELLI Luigi, « La CPI : un pas de géant (pourvu qu'il soit accompli...) », *RGDIP*, n° 1, 1999, pp. 7-22.

CORTEN Olivier et DUBUISSON François, « L'hypothèse d'une règle émergente fondant une intervention militaire sur une « autorisation implicite » du Conseil de sécurité », *RGDIP*, n° 4, 2000, pp. 873-910.

COTTIN Marianne, « La Cour de cassation se dote d'une procédure d'admission des pourvois en cassation », *D.*, 2002, Chron., pp. 748-750.

DARRACQ Vincent et MAGNANI Victor, « Les élections en Afrique : un mirage démocratique ? », *Politique étrangère*, 2011/4 (Hiver), IFRI, pp. 839-850.

DATI Rachida, « L'indépendance de la justice au cœur de la francophonie », *Croissance Actualités*, n° 38, 2010, p. 7.

DAVID Éric, « Le tribunal international pénal pour l'ex-Yougoslavie », *RBDI*, 1992, pp. 565-598.

DE BECHILLON Denys, « Comment encadrer le pouvoir normatif du juge constitutionnel ? », *Les Cahiers du Conseil constitutionnel*, n° 24, juillet 2008, pp. 78-85.

DE LA GRASSERIE Raoul, « La justice en France et à l'étranger », *Sirey*, Vol. 1, Paris, 1914, pp. 168-169.

DE LAMY Bertrand, « Le droit pénal à l'épreuve du contrôle constitutionnel », *RSC*, 2011, pp. 165-192.

DE SABA Apollinaire Amèvi, « Un nouveau droit des affaires pour attirer les investisseurs en Afrique. Est-ce suffisant ? », *Finance & Bien Commun*, De Boeck Université, 2007/3, n° 28-29, pp. 96-104.

DEBENE Marc, « La justice sans juge, d'hier à demain », *Afrique contemporaine*, La justice en Afrique, n° 156 (spécial), 1990, pp. 86-92.

DECAUX Emmanuel, « Déclaration et convention en droit international », *Cahiers du Conseil constitutionnel*, n° 21, Dossier : la normativité, 2006, pp. 88-93.

DECAUX Emmanuel, « Le dixième anniversaire des principes directeurs des institutions nationales des droits de l'Homme dits « principes de Paris » », *Droits fondamentaux*, n° 3, janvier-décembre 2003, pp. 11-29.

DEHOUSSE Renaud, « Naissance d'un constitutionnalisme transnational », *Pouvoirs*, n° 96, Les Cours européennes. Luxembourg et Strasbourg, 2001, pp. 19-30.

DELABRIERE Antoine et FENEON Alain, « Présentation générale de l'Acte uniforme sur le droit commercial général », *Penant*, n° 82, 1998, pp. 136-144.

DELLA MORTE Gabriele, « Les frontières de la compétence de la Cour pénale internationale : observations critiques », *Revue internationale de droit pénal*, 2002/1, vol. 73, pp. 23-57.

DELMAS-MARTY Mireille, « La Cour pénale internationale et les interactions entre droit interne et international », *RSC*, janvier-mars 2003, pp. 1-11.

DELMAS-MARTY Mireille, « La mondialisation du droit : chances et risques », *D.*, 1999, Chron., p. 43.

DELPEREE Francis, « Le contentieux électoral », *AIJC*, décembre 1996, pp. 397 et ss.

DELVOLVE Pierre, « Le Conseil d'Etat, Cour suprême de l'ordre administratif », *Pouvoirs*, 2007/4, n° 123, pp. 51-60.

DESLAURIER Christine, « Le « bushingantahe » peut-il réconcilier le Burundi ? », *Politique africaine*, n° 92, Justice et réconciliation : ambiguïtés et impensés, Paris, Karthala, décembre 2003, pp. 76-96.

DEVOS Aurélia, « La création d'un pôle judiciaire crimes contre l'humanité, crimes et délits de guerre. Histoire et enjeux », *AJ pénal*, mai 2013, n° 5, pp. 225-256.

DIALLO Bakary, « Réflexions sur le pouvoir d'évocation de la CCJA dans le cadre du Traité de l'OHADA », *Revue trimestrielle de droit et jurisprudence des affaires*, n° 1, p. 55 ; *Penant* n° 858, p. 40.

DIALLO Boubakar, « La Cour commune de justice et d'arbitrage et le contentieux des actes uniformes, *Penant*, n° 850, janvier-mars 2005, pp. 22-45.

DIALLO Ibrahima Khalil, « La problématique de l'intégration africaine : l'équation de la méthode », *Le bulletin du transport multimodal*, janvier-mars 2004, pp. 8 et ss.

DIENG Adama, « Assistance juridique aux populations rurales », *Afrique contemporaine*, La justice en Afrique, n° 156 (spécial), 1990, pp.106-110.

DIOUF Abdou, « Afrique : L'intégration régionale face à la mondialisation », *Politique étrangère*, IFRI, 2006/4 Hiver, pp. 785-797.

DIOUF Ndiaw, « Actes uniformes et droit pénal des États signataires du Traité de l'OHADA : la difficile émergence d'un droit pénal communautaire des affaires dans l'espace OHADA », *Revue Burkinabé de Droit*, 2001, n° spécial, pp. 63-73.

DJOGBENOU Joseph, « Le contrôle de constitutionalité des décisions de justice : une fantaisie de plus ? », *Afrilex*, avril 2014, Université Montesquieu Bordeaux IV.

DOBELLE Jean-François, « La convention de Rome portant statut de la CPI », *AFDI*, 1998, pp. 356-369.

DONNEDIEU DE VABRES Henri, « Le procès de Nuremberg devant les principes modernes du droit pénal international », *RCADI*, 1947, vol. 70, pp. 481-581.

DOSSO Karim, « Les pratiques constitutionnelles dans les pays d'Afrique noire francophone : cohérences et incohérences », *RFDC*, n° 90, 2012/2, pp. 57-85.

DU BOIS DE GAUDUSSON Jean, « Justice, Droits de l'Homme et Francophonie », *Droits Fondamentaux*, n° 2, janvier-décembre 2002.

DU BOIS DE GAUDUSSON Jean, « L'accord de Marcoussis, entre droit et politique », *Afrique contemporaine*, n° 206, 2/2003, pp. 41-55.

DU BOIS DE GAUDUSSON Jean, « La complexité de la participation des Cours suprêmes des pays en voie de développement au dialogue des juges », *Les Petites Affiches*, n° 112, 4 juin 2008, p. 22.

DU BOIS DE GAUDUSSON Jean, « La justice en Afrique : nouveaux défis, nouveaux acteurs » Introduction thématique, *Afrique contemporaine*, n° 250, 2014/2, pp. 13-28.

DU BOIS DE GAUDUSSON Jean, « Les élections à l'épreuve de l'Afrique », *Les Cahiers du Conseil Constitutionnel*, n° 13, La sincérité du scrutin, janvier 2003. http://www.conseil-constitutionnel.fr/conseil-constitutionnel/francais/nouveaux-cahiers-du-conseil/cahier-n-13/les-elections-a-l-epreuve-de-l-afrique.52040.html.

DU BOIS DE GAUDUSSON Jean, « Les solutions constitutionnelles des conflits politiques », *Afrique contemporaine*, numéro spécial consacré à « L'Afrique face aux conflits », 4e trimestre 1996, pp. 250-256.

DUPLESSIS Isabelle, « Le droit international a-t-il une saveur coloniale ? L'héritage des institutions internationales multilatérales », *Revue Juridique Thémis*, n° 42, 2008, pp. 311-356.

ENHAILI Aziz, « Constitution transitionnelle et réconciliation nationale », *Confluences Méditerranée*, n° 62, 2007/3, pp. 61-70.

FAVOREU Louis, « Le Conseil constitutionnel régulateur de l'activité normative des pouvoirs publics », *RDP*, 1967, pp. 5-120.

FERNANDEZ Julian, « Variations sur la victime et la justice pénale internationale », *Amnis, Revue de civilisation contemporaine Europe/Amériques*, n° 6, 2006, La Guerre et ses victimes, p. 7.

FEUDJO Jules Roger, « Harmonisation des normes africaines (OHADA) et internationales (IAS/IFRS) : une urgence ou une exigence ? », *Revue des Sciences de Gestion*, 2010/5, n° 245-246, pp. 149-158.

FOKO Athanase, « La négociation collective en droit du travail : contribution à l'analyse prospective des normes applicables à la veille de l'adoption d'un nouvel acte uniforme OHADA », *Penant*, n° 858, janvier-mars 2007, pp. 7-39.

FONTAINE Marcel, « Le projet d'Acte uniforme sur les contrats et les Principes d'Unidroit relatifs aux contrats du commerce international », *Revue de droit uniforme, UNIDROIT*, numéro spécial, 2004, vol. IX, pp. 253-267.

FOUCHARD Philippe, « Le système d'arbitrage de l'OHADA : le démarrage », *Les Petites Affiches*, n° 205, 13 octobre 2004, pp 52-58.

FOUDA Guillaume, « L'accès au droit, richesse et fécondité d'un principe pour la socialisation juridique et l'État de droit en Afrique noire francophone », *Afrilex*, n° 1, novembre 2000, Université Montesquieu Bordeaux IV.

FOURCANS Claire, « Les droits de la défense devant la Cour pénale internationale », *La Revue des Droits de l'Homme*, n° 3, juin 2013. En ligne : http://revdh.revues.org/207.

GABARDA Olivier, « L'intérêt d'une bonne administration de la justice », *RDP*, n° 1, janvier-février 2006, pp. 153-184

GARAPON Antoine, « De Nuremberg au TPI : naissance d'une justice universelle ? », *Critique internationale*, n° 5, automne 1999, pp. 167-180.

GAUDEMET Paul, « La séparation des pouvoirs. Mythe et réalité », *D.*, 1961, Chron., XXIII, pp. 121-150.

GAUDREAULT-DESBIENS Jean-François, « La critique économiste de la tradition romano-germanique », *Revue Trimestrielle de Droit Civil*, 2010, pp. 683-704.

GERVIER Pauline, « Le changement des circonstances dans la jurisprudence du Conseil constitutionnel », *RDP*, n° 1, 2012, pp. 89-112.

GOGORZA Amane, « Compétence universelle et réconciliation sociale », *RSC*, n° 2, 2010, pp. 353-365.

GOGORZA Amane, « Répression universelle et concurrence des compétences pénales », *Les Petites Affiches*, n° 138, 11 juillet 2007, pp. 3-9.

GRECIANO Philippe, « Paix et reconstruction en Asie du Sud-Est : l'histoire du Cambodge devant les juges », *Gazette du Palais*, 29 décembre 2011, n° 363, pp. 23-26.

GUICHAOUA André, « L'instrumentalisation politique de la justice internationale en Afrique centrale », *Revue Tiers Monde*, n° 205, 2011/1, pp. 65-83.

GUIHAL Dominique, « L'inamovibilité des juges à l'épreuve des contraintes de gestion », *RFDC*, n° 24, 1995, pp. 795-804.

GUILLAUME Marc, « L'autorité des décisions du conseil constitutionnel : vers de nouveaux équilibres ? », *Les Nouveaux Cahiers du Conseil constitutionnel*, 2011/1, n° 30, pp. 49-75.

GUYOMAR Mattias, « Conclusions sur CE, Sect., 1er octobre 2010, *Mme Nadège A.* », *Gazette du Palais*, 21 octobre 2010, n° 294, p. 16.

GUYON Yves, « Conclusion », *Les Petites Affiches*, n° 205, 13 octobre 2004, pp 59-63.

HAURIOU Maurice, « Note sous CE, 1er juillet 1910, *Empis et Association professionnelle du personnel de la marine* », *Sirey*, 1911, III, p. 89.

HAZAN Pierre, « Mesurer l'impact des politiques de châtiment et de pardon : plaidoyer pour l'évaluation de la justice transitionnelle », *Revue Internationale de la Croix Rouge*, vol. 88, n° 861, mars 2006, pp. 343-365.

HEBRAUD Pierre, « L'autorité judiciaire », *D.*, 1959, Chron., XIII, pp. 77-84.

HENZELIN Marc, « La compétence pénale universelle, une question non résolue par l'arrêt Yérodia », *RGDIP*, vol. 4, 2002, pp. 819-854.

HOURQUEBIE Fabrice et MASTOR Wanda, « Les Cours constitutionnelles et suprêmes étrangères et les élections présidentielles », *Les Nouveaux Cahiers du Conseil constitutionnel*, n° 34, 2012/1, pp. 143-162.

HOURQUEBIE Fabrice, « L'indépendance de la justice dans les pays francophones », *Les Cahiers de la justice*, 2012/2, Dalloz, pp 41-60.

HOURQUEBIE Fabrice, « La justice transitionnelle a bien un sens », *Afrique contemporaine*, n° 250, 2014/2, pp. 86-87.

ISSA-SAYEGH Joseph, « L'intégration juridique des États africains de la zone franc », *Penant*, n° 823, janvier-avril 1997, pp. 5 et ss.

ISSA-SAYEGH Joseph, « La portée abrogatoire des actes uniformes de l'OHADA sur le droit interne des États parties », *Revue Burkinabé de Droit*, n° 39-40, n° spécial, 2001, pp. 51 et ss.

ISSA-SAYEGH Joseph, « Quelques aspects techniques de l'intégration juridique : l'exemple des actes uniformes de l'OHADA », *Revue de droit uniforme UNIDROIT*, vol. IV, n° 17, 1999, pp. 5-34.

JAN Pascal, « Le Conseil constitutionnel », *Pouvoirs*, 2001/4, n° 99, pp. 74-75.

JEAN Jean-Paul, « L'enjeu de l'affaire Medvedyev », *J'essaime… pour une autre justice*, n° 8, 2009, pp. 3-7.

JEWSIEWICKI Bogumil, « De la vérité de mémoire à la réconciliation, Comment travaille le souvenir ? », *Le Débat*, 2002/5, n° 122, pp. 63-77.

JEZE Gaston, « Les libertés individuelles », *Annuaire de l'institut international de droit public*, 1929, p. 180.

JOYANDET Alain, « Pour une Francophonie ambitieuse », *Revue internationale et stratégie*, n° 71, Paris, Armand Colin, 2008, pp 29-32.

KAMTO Maurice, « La justice entre tradition et modernité », *Afrique contemporaine*, n° 156 (spécial), La justice en Afrique, 1990, pp. 57-64.

KAMTO Maurice, « Le contentieux électoral au Cameroun », *Lex Lata*, Chronique juridique, n° 20, novembre 1995, pp. 3-13.

KAMTO Maurice, « Les Cours de justices des communautés et des organisations d'intégration économique africaines », *Annuaire africain de droit international*, vol. 6, 1998, pp. 107-150.

KANDEM Fetze Innocent, « Harmonisation, unification et uniformisation. Plaidoyer pour un discours affiné sur les moyens d'intégration juridique », *Revue Juridique Thémis*, n° 43, 2009, pp. 616-624.

KELSEN Hans, « La garantie juridictionnelle de la Constitution », *RDP*, 1928, pp. 197-257.

KENFACK DOUAJNI Gaston, « L'arbitrage CCJA », *Revue Camerounaise de l'arbitrage*, n° 6, juillet-août-septembre 1999, pp. 3 et ss.

KENFACK DOUAJNI Gaston, « La coordination de l'avant-projet d'Acte uniforme sur le droit des contrats avec les autres Actes uniformes de l'OHADA », *Revue de droit uniforme UNIDROIT*, n° 1/2, 2008, pp. 367-377.

KENFACK DOUAJNI Gaston, « Les conditions de la création dans l'espace OHADA d'un environnement juridique favorable au développement », *Revue juridique et politique indépendance et coopération*, janvier-avril 1998, pp. 39-47.

KENFACK-DOUAJNI Gaston, « L'abandon de la souveraineté dans le Traité OHADA », *Penant*, n° 830, mai-août 1999, pp. 125-134.

KERE Idrissa, « L'OHADA et l'harmonisation du droit des contrats : propos et questions préliminaires », *Revue de droit uniforme UNIDROIT*, n° 1/2, 2008, pp. 197-202.

KEUTCHA TCHAPNGA Célestin, « Droit constitutionnel et conflits et dans les États francophones d'Afrique noir », *RFDC*, n° 63, 2005, pp. 451-491.

KEUTCHA TCHAPNGA Célestin, « Le juge constitutionnel, juge administratif au Bénin et au Gabon ? », *RFDC*, n° 75, 2008/3, pp. 551-583.

KIRSCH Martin, « Historique de l'Organisation pour l'harmonisation du droit des affaires en Afrique », *Penant*, n° 827, spécial OHADA, 1998, pp. 129-135.

KOBO Pierre-Claver, « Le recours administratif préalable, une condition de recevabilité absurde du recours pour excès de pouvoir », *Actualités juridiques*, Abidjan, n° 55, 2007, pp. 112 et ss.

KOHLHAGEN Dominik, « Le bushingantahe au Burundi. Transformations et réminiscences d'un concept judiciaire ancien », *Cahiers d'anthropologie du droit*, 2009, Paris, Karthala, pp. 113-128.

KOKOROKO Dodzi, « Les élections disputées : réussites et échecs », *Pouvoirs*, n° 129, 2009, pp. 115-125.

KONDE Kéfing, KUYU Camille et LE ROY Etienne, « Demandes de justice et accès au droit en Guinée », *Droit et Société*, n° 51/52, 2002, pp. 383-393.

KRIEGK Jean-François, « Les Conseils supérieurs de justice, clef de voûte de l'indépendance judiciaire ? », *D.*, Chron., 2004, pp. 2166-2171.

KRIKORIAN Philippe, « Le statut constitutionnel de l'avocat défenseur », *Gazette du Palais*, n° 338, 4 décembre 2007, p. 3.

LA ROSA Anne-Marie, « Réflexions sur l'apport du TPIY au droit à un procès équitable », *RGDIP*, 1997, pp. 945-986.

LACOURSIERE Marc, « Le consommateur et l'accès à la justice », *Les Cahiers de droit*, Vol. 49, n° 1, Université Laval, 2008, pp. 102-105.

LAELY Thomas, « Le destin du Bushingantahe : transformations d'une structure locale d'autorité au Burundi », *Genève-Afrique*, vol. XXX, n° 2, 1992, pp. 75-98.

LAGER Florent, « Le projet d'Acte uniforme OHADA Droit du travail du 24 novembre 2006 permettra-t-il de faire rentrer l'économie informelle dans le secteur formel ? », *Penant*, n° 866, 2009, pp. 85-115.

LAGRANGE Evelyne, « La mission intérimaire des Nations Unies au Kosovo : nouvel essai d'administration directe d'un territoire », *AFDI*, 1999, pp. 335-370.

LAUCCI Cyril, « Quelques aspects de l'actualité des tribunaux pénaux internationaux pour l'ex-Yougoslavie et le Rwanda », *Observateur des Nations unies*, n° 2, 1997, pp. 133-134.

LAVAL Nathalie, « La bonne administration de la justice », *Les Petites Affiches*, 12 août 1999, n° 160, pp. 12-21.

LE CLAINCHE Michel, « L'ombudsman, cet inconnu », *Revue française d'administration publique*, n° 64, octobre-décembre 1992, pp. 563-566.

LEBOULANGER Philippe, « L'arbitrage et l'harmonisation du droit des affaires en Afrique », *Revue de l'arbitrage*, 1999, n° 3, pp. 541-591.

LEDOUX Sébastien, « Écrire une histoire du « devoir de mémoire » », *Le Débat*, 2012/3, n° 170, pp. 175-185.

LEFRANC Sandrine, « La professionnalisation d'un militantisme réformateur du droit : l'invention de la justice transitionnelle », *Droit et société*, 2009/3, n° 73, pp. 561-589.

LEFRANC Sandrine, « Les commissions de vérité : une alternative au droit ? », *Droit et cultures*, n° 56, 2008, pp. 129-143.

LELARGE Aurélia, « Le tribunal spécial pour le Liban », *AFDI*, 2007, vol. 53, pp. 397-428.

LEMAN-LANGLOIS Stéphane, « La mémoire et la paix, la notion de justice post-conflictuelle dans la Commission vérité et réconciliation en Afrique du Sud », *Déviance et Société*, 2003/1, vol. 27, pp. 43-57.

LEMAN-LANGLOIS Stéphane, « La vérité réparatrice dans la Commission vérité et réconciliation d'Afrique du Sud », *Les Cahiers de la justice*, n° 1, 2006, pp. 209-218.

LEMAN-LANGLOIS Stéphane, « Le modèle « vérité et réconciliation », victimes, bourreaux et institutionnalisation du pardon », *Informations sociales*, 2005/7, n° 127, pp. 112-121.

LEPAGE Corine, « Le principe de sécurité juridique est-il devenu un principe de valeur constitutionnelle ? », *Gazette du Palais*, 27-29 juin 1999, p. 2.

LINOTTE Didier, « Exécution des décisions de justice administrative et astreintes en matière administrative », *JCP*, 1981, I, n° 3011.

LOHOUES-OBLE Jacqueline, « L'apparition d'un droit international des affaires en Afrique », *RIDC*, n° 3, 1999, pp. 543-591.

LUCHAIRE François, « La sécurité juridique en droit constitutionnel français », *Les Cahiers du Conseil constitutionnel*, n° 11, décembre 2001, pp. 67-69

LUCHAIRE François, « Le conseil constitutionnel et les lois de validation », *RDP*, n° 1, 1998, pp. 23-36.

LYON-CAEN Pierre, « Le parquet général de la Cour de cassation », *D.*, 2003, Chron., pp. 211-215.

MAIGAGI Maïnassara, « La cohabitation des hautes juridictions communautaires en Afrique francophone (Cour commune de justice et d'arbitrage (CCJA) de l'OHADA, Cour de justice de la CEMAC et Cour de justice de l'UEMOA) », *Revue congolaise de droit et des affaires*, n° 1, octobre-décembre 2009, pp. 23 et ss.

MALVASIO Florence, « Les nouveaux pouvoirs d'injonction du juge administratif », *Les Petites Affiches*, 10 février 1997, n° 18, p. 4.

MAMBO Paterne « Les rapports entre la constitution et les accords politiques dans les États Africains : Réflexion sur la légalité constitutionnelle en période de crise », *Revue de droit de McGill*, 2012, vol. 57, n° 4, pp. 921-952.

MANACORDA Stefano et WERLE Gerhard, « L'adaptation des systèmes pénaux nationaux au statut de Rome. Le paradigme du « Völkerstrafgezetzbuch » allemand », *RSC*, 2003, pp. 501-516.

MANIRABONA Amissi Melchiade, « Vers la décrispation de la tension entre la Cour Pénale Internationale et l'Afrique : quelques défis à relever », *Revue Juridique Thémis*, n° 45-2, 2012, pp. 269-313.

MANIRAKIZA Pacifique, « Les défis de la défense devant le Tribunal pénal international pour le Rwanda », *Revue générale de droit*, n° 38, 2008, pp. 43-108.

MARTOR Boris et THOUVENOT Sébastien, « L'uniformisation du droit des affaires en Afrique par l'OHADA », *La Semaine Juridique*, n° 44, 28 octobre 2004, supplément n° 5, pp. 5-11.

MASAMBA Roger, « L'OHADA et le climat d'investissement en Afrique », *Penant*, n° 855, avril-juin 2006, pp. 137-150.

MASSART-PIERARD Françoise, « La Francophonie, un nouvel intervenant sur la scène internationale », *Revue Internationale de Politique Comparée*, vol. 14, De Boeck Université, 2007, pp. 69-93.

MATHIEU Bertrand, « Les validations législatives devant le juge de Strasbourg : une réaction rapide du conseil constitutionnel. A propos des décisions de la cour européenne des droits de l'Homme du 28 octobre 1999, et du Conseil constitutionnel 99-422 et 99-425 DC », *RFDA*, mars-avril 2000, p. 289.

MATHIEU Bertrand, « Réflexions en guise de conclusion sur le principe de sécurité juridique », *Les Cahiers du Conseil constitutionnel*, n° 11, Dossier sur Le principe de sécurité juridique, décembre 2001, pp. 106-111.

MATIGNON Émilie, « Justices en mutation au Burundi : les défis du pluralisme juridique », *Afrique contemporaine*, 2014/2, n° 250, pp. 55-80.

MATSOPOULOU Haritini, « Plaidoyer pour l'indépendance fonctionnelle des magistrats du parquet », *Gazette du Palais*, n° 117, 27 avril 2010, p. 15.

MAUS Didier, « Le recours aux précédents étrangers et le dialogue des cours constitutionnelles », *RFDC*, n° 80, 2009, pp. 675-696.

MAZABRAUD Bertrand, « La justice pénale internationale : moralisation du monde, mondialisation d'une morale », *Revue d'éthique et de théologie morale*, n° 269, 2012/2, pp. 25-48.

MBAYE Keba, « L'histoire et les objectifs de l'OHADA », *Les Petites Affiches*, n° 205, octobre 2004, pp. 4-7.

MBOKANI Jacques, « L'impact de la stratégie de poursuite du procureur de la CPI sur la lutte contre l'impunité et la prévention des crimes de droit international », *Droits fondamentaux*, n° 7, janvier 2008-décembre 2009.

MBONGO Pascal, « Justice et politique : nouvelles réflexions sur le statut du parquet », *Gazette du Palais*, n° 356, 21 décembre 2004, pp. 2-6.

MBOSSO Jacques, « Le rôle des juridictions nationales et le droit harmonisé », *Revue de droit des affaires internationales*, n° 2, 2000, pp. 216-226.

MEDE Nicaise, « Décision CC du Bénin, DCC 02-058, 04 juin 2002, *FAVI Adèle*, Recueil, 2002, p. 243 - Note », *Afrilex*, n° 4, pp. 353-372.

MEGRET Frédéric, « Qu'est-ce qu'une juridiction « incapable » ou « manquant de volonté » au sens de l'article 17 du traité de Rome ? Quelques enseignements tirés des théories du déni de justice en droit international », *Revue québécoise de droit international*, vol. 17, 2004, pp. 185-216.

MELEDJE Djedjro Francisco, « Le contentieux électoral en Afrique », *Pouvoirs*, 2009/2, n° 129, pp. 139-155.

MELIN SOUCRAMANIEN Ferdinand, « Le principe d'égalité dans la jurisprudence du Conseil constitutionnel. Quelles perspectives pour la question prioritaire de constitutionnalité ? », *Les Cahiers du Conseil Constitutionnel*, n° 29, 2010, pp. 89-100.

MELIN-SOUCRAMANIEN Ferdinand, « Le Conseil constitutionnel, juge électoral », *Pouvoirs*, n° 105, Le Conseil Constitutionnel, 2003, pp. 127-130.

MEYER Pierre, « La sécurité juridique et judiciaire dans l'espace OHADA », *Penant*, n° 855, 2006, pp. 151-175.

MOYRAND Alain, « Réflexions sur l'introduction de l'État de droit en Afrique noire francophone », *Revue Internationale de Droit Comparé*, vol. 43, n° 4, 1991, pp. 853-878.

MUBIALA Mutoy, « Chronique de droit pénal de l'Union africaine. Vers une justice pénale régionale en Afrique », *Revue internationale de droit pénal*, vol. 83, 2012/3, pp. 547-557.

MUBIALA Mutoy, « Le Tribunal pénal international pour le Rwanda : vraie ou fausse copie du Le tribunal pénal international pour l'ex-Yougoslavie ? », *RGDIP*, 1995, pp. 929-954.

NTAMPAKA Charles, « Le gacaca rwandais, une justice répressive participative », *Actualité du droit international humanitaire*, n° 6, Bruxelles, 2001, pp. 212-225.

OKIEMY Bienvenu, « Le parcours judiciaire de monsieur Hissène Habré devant les juridictions sénégalaises », *Revue juridique et politique des États francophones*, n° 3, juillet-septembre 2006, pp. 362-390.

OULD EBETY Brahim, « Le combat de l'avocat mauritanien pour la naissance ou le renforcement de l'État de droit », *Bulletin du Bâtonnier, Périodique d'information des barreaux du Burkina Faso*, Numéro V, Edition spéciale, CIB, Actes du XXe Congrès sur les rôles respectifs et les rapports entre le juge et l'avocat comme sentinelles de l'État de droit, de la démocratie et des libertés collectives et individuelles, Ouagadougou, 9-13 décembre 2005, Mai 2006, pp. 17-21.

PAILLUSSEAU Jean, « Le droit de l'OHADA - Un droit très important et original », *La Semaine Juridique*, n° 44, 28 octobre 2004, supplément n° 5, pp 1-5.

PATRY Didier, « La défense… au cœur de la justice pénale internationale », *Gazette du palais*, 18 février 2006, pp. 2-4.

PATRY Didier, « Les victimes... au cœur de la Cour pénale internationale », *Gazette du Palais*, 11 juin 2005, n° 162, pp. 2-4.

PAULIAT Hélène, « Le modèle français d'administration de la justice : distinctions et convergences entre justice judiciaire et justice administrative », *Revue française d'administration publique*, 2008/1 n° 125, pp. 93-110.

PAZARTZIS Photini, « Tribunaux pénaux internationalisés : une nouvelle approche de la justice pénale (inter)nationale », *AFDI*, 2004, pp. 641-661.

PELLET Alain, « Le tribunal criminel international pour l'ex-Yougoslavie - Poudre aux yeux ou avancée décisive ? », *RGDIP*, 1994, pp. 7-60.

PERDRIAU André, « La non-admission des pourvois », *JCP*, 2002, I, 181.

PERRIN Jean-François, « Jean Carbonnier et la sociologie législative », *L'Année sociologique*, 2007/2, vol. 57, pp. 403-415.

PEYRAT Didier, « La politique judiciaire de la ville », *Gazette du Palais*, 2000, pp. 564-573.

PEYRAT Didier, « Les maisons de justice et du droit : la distance comme problème, la proximité comme solution ? », *Revue française des affaires sociales*, n° 3, 2001/3, pp. 115-126.

PFERSMANN Otto, « Droit et justice », *Revue de métaphysique et de morale*, n° 33, 2002/1, pp. 27-41.

PHILIP Loïc, « L'élargissement de la saisine du Conseil constitutionnel », *AJDA*, 1975, pp. 15 et ss.

PHILIP Loïc, « Le Conseil constitutionnel, juge électoral », *Pouvoirs*, n° 13, 1986, pp. 67-86.

PILKINGTON Nanette et THOUVENOT Sébastien, « Les innovations de l'OHADA en matière d'arbitrage », *La Semaine Juridique*, n° 44, 28 octobre 2004, supplément n° 5, pp 28-35.

PINHAS Luc, « Aux origines du discours francophone : Onésime Reclus et l'expansionnisme colonial français », *Communication et langages*, n° 140, juin 2004, pp. 69-82.

POISSONNIER Ghislain, « La Cour pénale internationale : ma France refuse de respecter l'ensemble de ses engagements internationaux », *D.*, n° 41, 25 novembre 2010, p. 2728-2099.

POISSONNIER Ghislain, « Les chambres extraordinaires au sein des tribunaux cambodgiens », *Journal du droit international*, 2007, pp. 85-102.

POISSONNIER Ghislain, « Mise en œuvre par la France du statut de la Cour pénale internationale : la compétence extraterritoriale menacée », *Gazette du Palais*, août 2010, pp. 2095-2099.

POITEVIN Arnaud, « La Cour Pénale Internationale : les enquêtes et la latitude du procureur », *Droits fondamentaux*, n° 4, janvier-décembre 2004, pp. 97-112 (http://droits-fondamentaux.u-paris2.fr/sites/default/files/publication/cour_penale_internationale_les_enquetes_et_la_latitude_du_procureur.pdf).

PONSOT Dominique, « L'expérience de l'OHADA en matière d'arbitrage », *Les Petites Affiches*, n° 241, 3 décembre 2009, pp. 8-13.

POUGOUE Paul Gérard, « OHADA, instrument d'intégration juridique », *Revue Africaine de Sciences Juridiques*, vol. 2, n° 2, 2001, pp. 11-30.

PRADEL Jean et LABORDE Jean-Paul, « Du ministère public en matière pénale. A l'heure d'une éventuelle autonomie ? », *D.*, 1997, Chron., n° 19, p. 142.

PRADELLE Muriel et DUMONT Hélène, « L'emprunt à la culture, un atout dans le jugement du crime de génocide ? Étude de cas à partir des juridictions traditionnelles *gacaca* saisies du génocide des *Tutsis* du Rwanda », *Criminologie*, vol. 39, n°2, 2006, pp. 97-135.

QUENEUDEC Jean-Pierre, « Un arrêt de principe : l'arrêt de la CIJ du 14 février 2002 », *Actualité et droit international*, mai 2002. En ligne sur : http://www.ridi.org/adi.

RAYSSEGUIER Christian, « Le « Parquet à la française » : tensions et apaisements », *Constitutions*, septembre 2011, Dalloz, pp. 281-294.

RENOUX Thierry-Serge, « Le Conseil constitutionnel et le pouvoir judiciaire en France et dans le modèle européen du contrôle de constitutionnalité des lois », *RIDC*, 1994, pp. 891-899.

RENOUX Thierry-Serge, « Le Conseil constitutionnel et le statut des magistrats de l'ordre judiciaire : vers une décision constitutionnelle ? », *Gazette du Palais*, n° 125-126, 1993, p. 7.

RENOUX Thierry-Serge, « Le droit au juge naturel, droit fondamental », *RTD civ.*, janvier-mars 1993, pp. 33-58.

RENOUX Thierry-Serge, « Le pari de la justice », *Pouvoirs*, n° 99, 2001, pp. 87-100.

RENOUX Thierry-Serge, « Le pouvoir judiciaire en France et en Europe continentale : approche comparative », *RDP*, n° 4, 1999, pp. 967-984.

RENOUX Thierry-Serge, « Le président de la République garant de l'indépendance de l'autorité judiciaire », *Justices*, n° 3, Dalloz, janvier - juin 1996, pp. 100-106.

REYNTJENS Filip, « Le gacaca ou la justice du gazon au Rwanda », *Politique africaine*, Le droit et ses pratiques, 1990, n° 49, pp. 31-41.

ROBERT Jacques, « La bonne administration de la justice », *AJDA*, 1995, n° spécial, p. 117.

ROBERT Jacques, « La nation et ses juges », *RDP*, 2006, n° 3, p. 547-562.

ROMANO Cesare et BOUTRUCHE Théo, « Tribunaux pénaux internationalisés : état des lieux d'une justice hybride », *RGDIP*, 2003, pp. 109-124.

ROSENBERG Dominique, « Les anciens présidents de la République membres de droit du Conseil constitutionnel, l'impossible retraite », *RDP*, 1985, pp. 1262-1317.

ROSOUX Valérie et SHYAKA Mugabe Aggée, « Le cas des gacaca au Rwanda : jusqu'où négocier la réconciliation ? », *Négociations*, 2008/1, n° 9, pp. 29-40.

ROSOUX Valérie, « Réconcilier : ambition et piège de la justice transitionnelle : le cas du Rwanda », *Droit et Société*, n° 73, 2009, pp. 613-633.

ROUSSILLON Henri, « Contre le référendum ! », *Pouvoirs*, n° 77, Le référendum, avril 1996, pp. 184-190.

RUFFERT Matthias, « The administration of Kosovo and East-Timor by the international community », *ICLQ*, n° 50, 2001, pp. 613-631.

SAADA Julie, « La justice pénale internationale, entre idéaux et justification », *Revue Tiers Monde*, n° 205, 2011/1, pp. 47-64

SAKHO Papa Oumar, « Quelle justice pour la démocratie en Afrique ? », *Pouvoirs*, n° 129, 2009, pp. 57-64.

SALAS Denis, « Parquets européens : entre pouvoir judiciaire et politiques pénales », *Droit et société*, n° 74, 2010, pp. 91-103.

SALAS Denis, « Punir et réparer après un génocide à propos du procès de M. Simbikwanga, jugé pour faits de génocide sur les tutsis du Rwanda » (Cour d'Assises de Paris, 4 février - 14 mars 2014), *Archives de politique criminelle*, n° 36, 2014/1, pp. 147-159.

SAMB Moussa, « L'accès des justiciables à la justice au Sénégal : vers une justice de proximité ? », *Afrique contemporaine*, n° 250, 2014/2, pp. 82-83.

SAWADOGO Filiga Michel, « Les actes uniformes de l'OHADA : aspects techniques généraux », *Revue Burkinabé de Droit*, n° 39-40, n° spécial, 2001, pp. 37 et ss.

SAYN Isabelle, « Accès au juge et accès au droit dans le contentieux de la protection sociale », *Revue française des affaires sociales*, n° 3, 2004/3, pp. 113-135.

SCHMITT Sylvie, « La nature objective du contentieux constitutionnel des normes : les exemples français et italien », *RFDC*, n° 72, 2007/4, pp. 719-747.

SCHRAMECK Olivier, « Les validations législatives », *AJDA*, 1996, p. 369.

SECK Tom Amadou, « L'effectivité de la pratique arbitrale de la Cour Commune de Justice et d'Arbitrage (CCJA) et les réformes nécessaires à la mise en place d'un cadre juridique et judiciaire favorable aux investissements privés internationaux », *Penant*, n° 833, mai-août 2000, pp. 188-198.

SENGHOR Léopold Sédar, « Le Français, langue de culture », *Esprit*, n° 311, novembre 1962, pp. 837-844.

SERIAUX Alain, « Réflexions sur les délais de grâce », *RTD Civ.*, 1993, pp. 789-801.

SIETCHOUA DJUITCHOKO Célestin, « La difficile gestation des juridictions inférieures des comptes au Cameroun », *Juris Périodique*, 2006, n° 68, pp. 101-113.

SIETCHOUA DJUITCHOKO Célestin, « La réforme inachevée du contrôle juridictionnel des comptes au Cameroun », *Revue Juridique et Politique des États Francophones*, Janvier-mars 2004, n° 1, pp. 70-118.

SIMONNEAU-FORT Élisabeth, « Le droit des victimes devant les chambres extraordinaires au sein des tribunaux cambodgiens », *Gazette du Palais*, n° 363, 29 décembre 2011, pp. 27-29.

SOREL Jean-Marc, « Les tribunaux pénaux internationaux, ombre et lumière d'une récente grande ambition », *Revue Tiers Monde*, n° 205, 2011/1, pp. 29-46.

STAHN Carsten, « The UN transitional administration in Kosovo and East Timor: a first analysis », *Max Planck UNYB*, n° 5, 2001, pp. 105-183.

STERN Brigitte, « Pinochet face à la justice », *Études*, 2001/1, Tome 394, pp. 7-18.

STROHMEYER Hansjoerg, « Collapse and reconstruction of a judicial system: The United Nations missions in Kosovo and East Timor », *AJIL*, n° 95, 2001, pp. 46-63.

SUR Serge, « Vers une Cour Pénale Internationale : la convention de Rome entre les ONG et le Conseil de Sécurité », *RGDIP*, 1999, n° 1, pp. 29-45.

SUR Serges, « Sur les États défaillants », *Commentaires*, n° 112, Hiver 2005-2006, pp. 891-899.

TAGADOE Amavi, « Diffusion du droit et internet en Afrique de l'Ouest », *Lex Electronica*, vol. 11, n° 1, printemps 2006, pp. 11-17.

TAHANI Omar, « La Francophonie au service de valeurs universelles », *Revue Internationale et Stratégique*, n° 71, Paris, Armand Colin, 2008, pp. 121-124.

TATY Georges, « Brèves réflexions à propos de l'entrée en vigueur d'une réglementation commune du droit des affaires des États membres de la zone franc », *Penant*, 1999, pp. 223 et ss.

TERCINET Josiane, « La loi du 16/07/1980 : vers la fin de l'inexécution des décisions juridictionnelles par l'administration ? », *AJDA*, 1981, pp. 3-13.

TERNEYRE Philippe et de BECHILLON Denys, « Le Conseil d'Etat, enfin juge ! », *Pouvoirs*, 2007/4, n° 123, pp. 66-68.

TIGER Philippe, « Les rapports entre les juridictions de cassation nationale et la CCJA de l'OHADA : aspects conceptuels et évaluation », *Penant*, n° 860, juillet-septembre 2007, pp. 284 et ss.

TRACOL Xavier, « Justice pour le Timor-Oriental », *RSC*, n° 2, 2001, pp. 291 et ss.

TUNC André, « La Cour suprême idéale », *RIDC*, 1978, pp. 433-471.

TUTU Desmond, « Pas d'amnistie sans vérité », *Esprit*, 1997, n° 12, pp. 63-72.

VANDEGINSTE Stef, « Le processus de justice transitionnelle au Burundi : l'épreuve de son contexte politique », *Droit et Société*, n° 73, 2009/3, pp. 591-611.

VEDEL Georges, « L'exception d'inconstitutionnalité, garantie nécessaire du citoyen », *JCP*, G, 1992, I, 3584.

VERGES Etienne, « La loi n° 2010-930 du 9 aout 2010 portant adaptation du droit pénal à l'institution de la Cour pénale internationale, une avancée marquante de la répression en France des crimes de guerre et des crimes contre l'humanité », *RSC*, 2010, p. 896.

VERGES Jacques, « Une justice internationale ? », *Gazette du Palais*, n° 30-31, 26-27 novembre 2010, n° 331, pp. 12-15.

VERHOEVEN Joe, « Mandat d'arrêt international et statut de ministre », *Actualité et droit international*, mai 2002. Disponible en ligne sur : http//www.ridi.org/adi.

VIER Claude-Louis, « Le contrôle du Conseil constitutionnel sur les règlements des assemblées », *RDP*, 1972, p. 165.

VIGOUR Claude « Justice : l'introduction d'une rationalité managériale comme euphémisation des enjeux politiques », *Droit et société*, n° 63-64, 2006, pp. 425-455.

VIRALLY Michel, « L'introuvable acte de gouvernement », *RDP*, 1952, pp. 317-358.

VIRALLY Michel, « La distinction entre les textes internationaux ayant une portée juridique entre leurs auteurs et les textes qui en sont dépourvus », *Ann. IDI*, vol. 60, n° 1, 1983, p. 208.

VIRALLY Michel, « La valeur juridique des recommandations des organisations internationales », *AFDI*, 1956, pp. 69-96.

WECKEL Philippe, « L'institution d'un tribunal international pour la répression des crimes de droit humanitaire en Yougoslavie », *AFDI*, 1993, pp. 232-261.

WECKEL Philippe, « La CPI, présentation générale », *RGDIP*, 1998, pp. 983-993.

WODIE Francis, « Le Conseil constitutionnel de Côte d'Ivoire », *Les Nouveaux Cahiers du Conseil Constitutionnel*, n° 40, juin 2013, pp 137-151.

WYVEKENS Anne, « Justice de proximité et proximité de la justice. Les maisons de justice et du droit », *Droit et Société*, n° 33, 1996, pp. 363-388.

YEDOH Lath Sébastien, « Les caractères du droit administratif des États africains de succession française : vers un droit administratif africain francophone ? », *RDP*, n° 5, septembre-octobre 2011, pp. 1255-1288.

ZINZINDOHOUE Abraham, « Les juges nationaux et la loi aux prises avec le droit harmonisé », *Revue de droit des affaires internationales*, n° 2, 2000, pp. 227-237.

B) COMMUNICATIONS ET CONTRIBUTIONS A DES OUVRAGES COLLECTIFS

AIVO Gérard, « Les recours individuels devant le juge constitutionnel béninois : étude comparée », *in* AÏVO Frédéric Joël (dir.), *La constitution béninoise du 11 décembre 1990 : un modèle pour l'Afrique ?, Mélanges en l'honneur de Maurice Ahanhanzo-Glèlè*, Paris, L'Harmattan, 2014, pp. 535-566.

AKAM AKAM André, « L'OHADA et l'intégration juridique en Afrique » *in* AKAM AKAM André (dir.), *Les mutations juridiques dans le système OHADA*, Paris, L'Harmattan, 2009, pp. 21-36

ANDRIEU Kora, « Proposition de cadre de référence pour l'élaboration de la loi égyptienne sur la justice transitionnelle », *in* MOSTAFA-KAMEL Taïmour (dir.), *La justice transitionnelle*, VIIe Congrès de l'Association Égyptienne des Juristes Francophones (AEJF), Le Caire, AEJF, 2015, pp. 231-245.

ARDANT Philippe, « Comment les cours constitutionnelles peuvent-elles, par les garanties données à la justice, contribuer à la démocratie ? », *in* GABORIAU Simone et PAULIAT Hélène, *Justice et démocratie*, Entretiens d'Aguesseau, Limoges, PULIM, 2003, pp. 107-108.

ASCENCIO Hervé, « La justice pénale internationale de Nuremberg à La Haye », *in* GABORIAU Simone et PAULIAT Hélène (dir.), *La justice pénale internationale*, Limoges, PULIM, 2002, pp. 29-44.

ASCENCIO Hervé, « Les tribunaux *ad hoc* pour l'ex-Yougoslavie et pour le Rwanda », *in* ASCENCIO Hervé, DECAUX Emmanuel et PELLET Alain (dir.), *Droit international pénal*, Paris, Pedone, 2012, pp. 795-808.

ASSAMBONI-OGUNJIMI Alida, « La justice transitionnelle au Togo : modèle, spécificités et enseignements », *in* MOSTAFA-KAMEL Taïmour (dir.), *La justice transitionnelle*, VIIe Congrès de l'Association Égyptienne des Juristes Francophones (AEJF), Le Caire, AEJF, 2015, pp. 127-134.

AVRIL Pierre, « Pouvoir et responsabilité », *in Le pouvoir, Mélanges offertes à Georges BURDEAU*, Paris, LGDJ, 1977, pp. 9-23.

BACCOUCHE Néji, « La justice comme nécessaire garant des liberté », *in* GABORIAU Simone et PAULIAT Hélène (dir.), *Justice et démocratie*, Entretiens d'Aguesseau, Limoges, PULIM, 2003, pp. 171-188.

BASSIOUNI Cherif, « L'expérience des premières juridictions pénales internationales », *in* ASCENCIO Hervé, DECAUX Emmanuel et PELLET Alain (dir.), *Droit international pénal*, Paris, Pedone, 2012, pp. 733-756.

BELKOUCH El Habib, « L'expérience de la justice transitionnelle au Maroc : enjeux de démocratisation », *in* MOSTAFA-KAMEL Taïmour (dir.), *La justice transitionnelle*, VIIe Congrès de l'Association Égyptienne des Juristes Francophones (AEJF), Le Caire, AEJF, 2015, pp. 162-166.

BELL John, « Le règne du droit et le règne du juge, vers une interprétation substantielle de l'État de droit », *in L'État de droit, Mélanges en l'honneur de Guy Braibant*, Paris, Dalloz, 1996, pp. 15-28.

BELLEVIER Florence et EUDES Marina, « Le pôle « crimes internationaux » du TGI de Paris : une prometteuse spécialisation de la justice française dans la lutte contre l'impunité des crimes les plus graves », *in* BERNARD Diane et SCALIA Damien (dir.), *Vingt ans de justice internationale pénale*, Bruxelles, La Charte, 2014, pp. 19-32.

BEN ACHOUR Yadh, « État de droit et droits fondamentaux de la théorie à la pratique Réflexions sur l'esprit de justice », *in Les défis des droits fondamentaux*, Bruxelles, Bruylant, 2000, pp. 189-200.

BEN AÏSSA Mohamed Salah, « La loi sur la justice transitionnelle et la constitution du 27 janvier 2014 en Tunisie », *in* MOSTAFA-KAMEL Taïmour (dir.), *La justice transitionnelle*, VIIe Congrès de l'Association Égyptienne des Juristes Francophones (AEJF), Le Caire, AEJF, 2015, pp. 167-176.

BENCHIKH Madjid, « Violations massives des droits de l'Homme et justice transitionnelle en Afrique », *in* TAVERNIER Paul (dir.), *Regards sur les droits de l'Homme en Afrique*, Paris, L'Harmattan, 2008, pp. 228-253.

BERNARD Antoine et BONNEAU Karine, « Chapitre 9 - Punir, dissuader, réparer » Quelle justice pénale internationale ?, *in* DEVIN Guillaume, *Faire la paix*, Paris, Presses de Sciences Po, 2009, pp. 241-266.

BLEOU Martin, « La Chambre administrative de la cour suprême de Côte d'Ivoire », *in* DU BOIS DE GAUDUSSON Jean et CONAC Gérard (dir.), *Les Cours suprêmes en Afrique*, Tome 3, La Jurisprudence administrative, Paris, Economica, 1988, pp. 120-131.

BLEOU Martin, « Le service public dans la jurisprudence de la Chambre administrative de la Cour suprême de Côte d'Ivoire », *in* MELIN-SOUCRAMANIEN Ferdinand (études réunies par), *Espace du service public, Mélanges en l'honneur de Jean Du Bois de Gaudusson*, Tome 1, Presses Universitaires de Bordeaux, 2014, pp. 45-56.

BOLLE Stéphane, « Des constitutions « *made in* » Afrique », AFDC, *Actes du VIe Congrès*, Montpellier, 9-11 juin 2005.

BOLLE Stéphane, « Les juridictions constitutionnelles africaines et les crises électorales », *in* ACCPUF, *Les cours constitutionnelles et les crises*, 5e Congrès, Cotonou, 22-28 juin 2009.

BORDES Elodie, « Radioscopie jurisprudentielle du principe de sécurité juridique », AFDC, *Actes du VIIIe Congrès*, Nancy, 16-18 juin 2011.

BOURGI Albert, « L'assistance électorale au cœur de la diplomatie multilatérale », *in* DESOUCHES Christine, *et. al.*, *De Dakar à Dakar, 25 ans d'engagement de la Francophonie au service des droits de l'Homme, de la démocratie et de la Paix*, Bruxelles, Bruylant, 2015, pp. 183-192.

BOURGOIS Jean Pierre, « Les nouvelles technologies de l'information et de la communication et l'accès au droit : entre marché et service public » *in* LEDUC Fabrice (dir.), *L'accès au droit*, Tours, Imprimerie de l'Université de Tours, 2002, pp. 53-83.

BOUSTA Rhita, « Le défenseur des droits : une apparence trompeuse d'innovation », *in* AFDC, *Actes du VIIIe Congrès*, Nancy, 16-18 juin 2011.

BRETON Jean-Marie, « Légalité et État de droit : statut et perception du juge de l'administration en Afrique noire francophone, Contribution à une réflexion transversale », *in Les défis des droits fondamentaux*, Bruxelles, Bruylant, 2000, pp. 389-421.

BRUNET Pierre, « Le juge constitutionnel est-il un juge comme les autres ? Réflexions méthodologiques sur la justice constitutionnelle », *in* JOUANJAN Olivier, GREWE Constance, MAULIN Éric *et al.*, *La notion de justice constitutionnelle*, Paris, Dalloz, 2005, pp. 115-135.

CADIET Loïc, « L'exécution des jugements entre tensions et tendances », *in La justice civile au vingt et unième siècle, Mélanges Pierre Julien*, Aix-en-Provence, Edilaix, 2003, pp. 49-70.

CAHIN Gérard, « L'impact des tribunaux pénaux internationalisés sur la (re)construction de l'État », *in* ASCENSIO Hervé, LAMBERT-ABDELGAWAD Élisabeth, SOREL Jean-Marc (dir.), *Les juridictions pénales internationalisées : Cambodge, Kosovo, Sierra Leone, Timor Leste*, Paris, Société de législation comparée, 2006, pp. 265-306.

CARRIE Michel, « Direction de la paix, de la démocratie et des droits de l'Homme », *in* HOURQUEBIE Fabrice (dir.), *Quel service public de la justice en Afrique francophone ?*, Bruxelles, Bruylant, 2013, pp. 193-203.

CASSESE Antonio, « Y a-t-il un conflit insurmontable entre souveraineté des États et justice pénale internationale ? », *in* CASSESE Antonio et DELMAS-MARTY Mireille, *Crimes internationaux et juridictions internationales*, Paris, PUF, 2002, pp. 13-29.

CHABANOL Daniel, « Le statut des magistrats administratifs » *in* CADIET Loïc et RICHER Laurent (dir.), *Réforme de la justice, réforme de l'État*, Paris, PUF, Droit et justice, 2003, pp. 277-282.

CHAPPE Nathalie et GIRAUD Raphael, « Analyse économique de l'accès au juge », *in* DONIER Virginie, LAPEROU-SCHNEIDER Béatrice, *L'accès au juge, Recherche sur l'effectivité d'un droit*, Bruxelles, Bruylant, 2013, pp. 379-396.

CHIAVARIO Mario, « Droits de l'accusé… et autres dans la perspective de la justice pénale internationale », *in* CHIAVARIO Mario (dir.), *La justice pénale internationale entre passé et avenir*, Paris, Dalloz ; Milan, Giuffrè, 2003, pp. 329-333.

COMLAN Edem, « La justice transitionnelle dans la région des grands lacs : les leçons du Rwanda et du Burundi », *in* MOSTAFA-KAMEL Taïmour (dir.), *La justice transitionnelle*, VIIe Congrès de l'Association Égyptienne des Juristes Francophones (AEJF), Le Caire, AEJF, 2015, pp. 103-126

CONAC Gérard, « Le juge constitutionnel en Afrique : censeur ou pédagogue », *in* DU BOIS DE GAUDUSSON Jean et CONAC Gérard (dir.), *Les Cours suprêmes en Afrique*, Tome 2, Paris, Economica, 1989, pp. V-XVI.

CONAC Gérard, « Le Juge et la construction de l'État de droit en Afrique francophone », *in État de droit, Mélanges en l'honneur de Guy Braibant*, Paris, Dalloz, 1996, pp. 105-119.

COUVRAT Pierre, « L'accès à la justice et ses obstacles », *in* AUF, *L'effectivité des droits fondamentaux dans les pays de la communauté francophone*, Actes du Colloque international organisé les 29, 30 septembre et 1er octobre 1993 à Port-Louis (Maurice), Vanves, EDICEF, 1998, p. 262.

DAVID Éric, « Le terrorisme en droit international », *Réflexions sur la définition et la répression du terrorisme*, Bruxelles, Éditions de l'Université de Bruxelles, 1974, pp. 105 et ss.

DE ANDRADE Aurélie, « Les supérieurs hiérarchiques », *in* ASCENSIO Hervé, DECAUX Emmanuel et PELLET Alain, *Droit international pénal*, Pedone, 2000, pp. 201-210.

DE LA PRADELLE Géraud, « La compétence universelle », *in* ASCENCIO Hervé, DECAUX Emmanuel et PELLET Alain (dir.), *Droit international pénal*, Paris, Pedone, 2012, pp. 1007-1025.

DE LESPINAY Charles, « Valeurs traditionnelles, justice de proximité et institutions (Rwanda et Burundi) », *in* DE LESPINAY Charles et MWOROHA Émile (éd.), *Construire l'État de droit : Le Burundi et la région des grands lacs* Paris, L'Harmattan, 2001, pp. 187-202.

DE ROUX Xavier, « La défense devant le Tribunal Pénal pour l'ex-Yougoslavie », *in* GABORIAU Simone et PAULIAT Hélène (dir.), *La justice pénale internationale*, Limoges, PULIM, 2002, pp. 122-126.

DEBBASCH Charles, « L'indépendance de la justice », *in Au Carrefour des droits, Mélanges en l'honneur de Louis Dubouis*, Paris, Dalloz, 2002, pp. 27-33.

DECAUX Emmanuel, « Problématique générale », *in* DECAUX Emmanuel (dir.), *Justice et Droits de l'Homme*, XXVIIIe Congrès de l'Institut international de droit d'expression et d'inspiration françaises (IDEF), Paris, IDEF, 2003, pp. 35-48.

DEGNI-SEGUI René, « L'accès à la justice et ses obstacles », *in* AUF, *L'effectivité des droits fondamentaux dans les pays de la communauté francophone*, Actes du Colloque international organisé les 29, 30 septembre et 1er octobre 1993 à Port-Louis (Maurice), Vanves, EDICEF, 1998, pp. 241-256.

DELMAS-MARTY Mireille et IZORCHE Marie-Laure, « Marge nationale d'appréciation et internationalisation du droit : réflexions sur la validité formelle d'un droit commun en gestation », *in* DELMAS-MARTY Mireille *et al.*, *Variations autour d'un droit commun*, UMRDC, Société de législation comparée, Paris, 2001, pp. 73-99.

DELPEREE Francis, « Le statut et la composition du conseil supérieur de la justice », *in* VERDUSSEN Marc (dir.), *Le Conseil supérieur de la justice*, Bruxelles, Bruylant, 1999, pp. 29-57.

DESLAURIER Christine, « Le bushingantahe au Burundi : de l'institution locale au patrimoine institutionnel national », *in* FAUVELLE-AYMAR François-Xavier et PERROT Claude-Hélène, *Le Retour des rois : les autorités traditionnelles et l'État en Afrique contemporaine*, Paris, Karthala, 2003, pp. 401-418.

DESOUCHES Christine, « Francophonie et accompagnement des processus électoraux en Afrique : construction et consolidation du dispositif », *in* AÏVO Frédéric Joël (dir.), *La constitution béninoise du 11 décembre 1990 : un modèle pour l'Afrique ?, Mélanges en l'honneur de Maurice Ahanhanzo-Glèlè*, Paris, L'Harmattan, 2014, pp. 411-440.

DESOUCHES Christine, « La déclaration de Bamako : genèse et portée », *in* DECAUX Emmanuel (dir.), *Justice et Droits de l'Homme*, XXVIIIe Congrès de l'Institut international de droit d'expression et d'inspiration françaises (IDEF), Paris, IDEF, 2003, pp. 55-64.

DI MANNO Thierry, « L'autonomie financière des Cours constitutionnelles en Europe », *in* DOUAT Etienne (dir.), *Les budgets de la justice en Europe : études comparées France, Allemagne, Royaume-Uni, Italie, Espagne et Belgique*, Mission de recherche « Droit et Justice », La Documentation française, 2001, pp. 53-72.

DIAGNE Pathé, « Accès à la justice dans les quartiers urbains pauvres : Dakar, Abidjan, Niamey, Ouagadougou », *in Pauvreté urbaine et accès à la justice en Afrique, Impasses et Alternatives*, Paris, L'Harmattan, 1995, pp. 26-116.

DIARRA Eloi, « Le juge des droits de l'Homme en Afrique noire francophone », *in* TAVERNIER Paul (dir), *Regards sur les droits de l'Homme en Afrique*, Paris, L'Harmattan, 2008, pp. 197-228.

DIKU Mpongola Dieudonné, « République Démocratique du Congo », *in* Département fédéral des affaires étrangères de la Suisse, Ministère des Affaires étrangères de la République française, Centre international pour la justice transitionnelle, Centre sous-régional des Nations Unies pour les droits de l'Homme et la démocratie en Afrique centrale, *La justice transitionnelle dans le monde francophone : état des lieux*, Actes du séminaire tenu du 4 au 6 décembre 2006 à Yaoundé, Mô Bleeker, General Editor, 2007, pp. 105-114.

DIOP El Hadji Omar, « La crise des Commissions électorales africaines », *in* MELIN-SOUCRAMANIEN Ferdinand (études réunies par), *Espace du service public, Mélanges en l'honneur de Jean Du Bois de Gaudusson*, Tome 1, Presses Universitaires de Bordeaux, 2014, pp. 175-210.

DU BOIS DE GAUDUSSON Jean, « Bilan d'un pari et nouveaux défis pour l'OIF », *in* DESOUCHES Christine, *et al.*, *De Dakar à Dakar, 25 ans d'engagement de la Francophonie au service des droits de l'Homme, de la démocratie et de la Paix*, Bruxelles, Bruylant, 2015, pp. 129-138.

DU BOIS DE GAUDUSSON Jean « Droit francophone et droit continental », *in* AHJUCAF, *Internationalisation du Droit, internationalisation de la justice*, Actes du troisième congrès, Ottawa, AHJUCAF, 21-23 Juin 2010, pp. 141-146.

DU BOIS DE GAUDUSSON Jean, « Constitution sans culture constitutionnelle n'est que ruine du constitutionnalisme », *in Mélanges en l'honneur de Slobodan Milacic*, Bruxelles, Bruylant, 2007, pp. 333-348.

DU BOIS DE GAUDUSSON Jean, « Défense et illustration du constitutionnalisme en Afrique après quinze ans de pratique du pouvoir », *in Renouveau du droit constitutionnel, Mélange en l'honneur de Louis Favoreu*, Paris, Dalloz, 2007, pp. 609-627.

DU BOIS DE GAUDUSSON Jean, « La jurisprudence administrative des Cours suprêmes en Afrique », *in* DU BOIS DE GAUDUSSON Jean et CONAC Gérard, *Les Cours suprêmes en Afrique, La jurisprudence administrative*, Tome 3, Paris, Economica, 1988, pp. 1-9.

DU BOIS DE GAUDUSSON Jean, « Les enjeux juridiques pour la Francophonie », *in* DECAUX Emmanuel (dir.), *Justice et Droits de l'Homme*, XXVIIIe Congrès de l'Institut international de droit d'expression et d'inspiration françaises (IDEF), Paris, IDEF, 2003, pp. 65-78.

DUPLE Nicole, « Les interventions externes qui menacent l'indépendance et l'impartialité de la justice », *in* AHJUCAF, *L'indépendance de la justice*, Actes du deuxième congrès, Dakar, AHJUCAF, 7-8 novembre 2007, pp. 85-106.

ECKLY Pierre, « Aide juridictionnelle et assurance de protection juridique : deux modes non alternatifs de financement de l'accès au juge et à la justice », *in* DONIER Virginie et

LAPEROU-SCHNEIDER Béatrice, *L'accès au juge, Recherche sur l'effectivité d'un droit*, Bruylant, Bruxelles, 2013, pp. 397-414.

ESSONO ENOVO Alexis, « La question préjudicielle de constitutionnalité dans les constitutions africaines », *in* AÏVO Frédéric Joël (dir.), *La constitution béninoise du 11 décembre 1990 : un modèle pour l'Afrique ?, Mélanges en l'honneur de Maurice Ahanhanzo-Glèlè*, Paris, L'Harmattan, 2014, pp. 525-534.

EUDES Marina, « La justice transitionnelle », *in* ASCENCIO Hervé, DECAUX Emmanuel et PELLET Alain (dir.), *Droit international pénal*, Paris, Pedone, 2012, pp. 594-595.

FADY Fadel, « Les raisons du recours à un tribunal ad hoc : le cas du Tribunal Spécial pour le Liban », *in* DONIER Virginie et LAPEROU-SCHNEIDER Béatrice, *L'accès au juge, Recherche sur l'effectivité d'un droit*, Bruylant, Bruxelles, 2013, pp. 219-220.

FALL Alioune Badara, « L'accessibilité de la justice en Afrique », *in* DECAUX Emmanuel (dir.), *Justice et Droits de l'Homme*, XXVIIIe Congrès de l'Institut international de droit d'expression et d'inspiration françaises (IDEF), Paris, IDEF, 2003, pp. 323-340.

FALL Alioune Badara, « Le juge, le justiciable et les pouvoirs publics : pour une appréciation concrète de la place du juge dans les systèmes politiques en Afrique », *in Les défis des Droits fondamentaux*, Bruxelles, Bruylant, pp. 316-320.

FALL Alioune Badara, « Les juridictions administratives dans les pays de l'Est », *in Mélanges en l'honneur de Slobodan Milacic*, Bruxelles, Bruylant, 2007, pp. 443-464.

FALL Alioune Badara, « Les menaces internes de l'indépendance », *in* AHJUCAF, *L'indépendance de la justice*, Actes du deuxième congrès, Dakar, AHJUCAF, 7 - 8 novembre 2007, pp. 43-76.

FAVOREU Louis, « La notion de Cour constitutionnelle », *in De la Constitution : Études en l'honneur de Jean-François Aubert*, Bâle, Helbing et Lichtenhahn, 1996, pp. 15-27.

FAVOREU Louis, « Pour en finir avec la « théorie » des actes de gouvernement », *in Mélanges en l'honneur de Pierre Pactet, L'esprit des institutions, l'équilibre des pouvoirs*, Paris, Dalloz, 2003, pp. 607-616.

FAVREAU Bertrand, « L'indépendance des avocats et des magistrats : une condition de l'État de droit » *in Séminaire sur la promotion de la règle de droit comme élément du développement durable*, Bruxelles, 3-4 juillet 2003.

FICHET-BOYLE Isabelle et MOSSE Marc, « L'obligation de prendre des mesures nécessaires à la prévention et à la répression des infractions », *in* ASCENCIO Hervé, DECAUX Emmanuel et PELLET Alain (dir.), *Droit international pénal*, Paris, Pedone, 2012, pp. 1058-1059.

FISH John, « L'indépendance des avocats est-elle dans l'intérêt des consommateurs », *in L'indépendance des avocats*, Actes du 28e colloque de droit européen, en coopération avec l'Université de Pau et des Pays de l'Adour, Bayonne, 25-26 février 2002, pp. 67 et ss.

FOMETEU Joseph, « Le clair-obscur de la répartition des compétences entre la CCJA de l'OHADA et les juridictions nationales de cassation », *in* AKAM AKAM André (dir.), *Les mutations juridiques dans le système OHADA*, Paris, L'Harmattan, 2009, pp. 37-70.

FREMONT Jacques, « De la Déclaration de Bamako à la Déclaration Saint-Boniface », *in* DESOUCHES Christine, *et. al.*, *De Dakar à Dakar, 25 ans d'engagement de la Francophonie au service des droits de l'Homme, de la démocratie et de la Paix*, Bruxelles, Bruylant, 2015, pp. 87-99

FREMONT Jacques et DUPUIS Renée, « L'expérience inédite de la justice transitionnelle au Canada », *in* MOSTAFA-KAMEL Taïmour (dir.), *La justice transitionnelle*, VIIe Congrès de l'Association Égyptienne des Juristes Francophones (AEJF), Le Caire, AEJF, 2015, pp. 85-95.

FREMONT Jacques et NAKSEU NGUEFANG Georges, « Francophonie, droits de l'Homme, paix et démocratie : des valeurs communes en émergence », *in* DECAUX Emmanuel (dir.), *Justice et Droits de l'Homme*, XXVIIIe Congrès de l'Institut international de droit d'expression et d'inspiration françaises (IDEF), Paris, IDEF, 2003, pp. 79-90.

FRISON-ROCHE Marie-Anne, « La responsabilité des magistrats comme mise à distance », *in* GABORIAU Simone et Hélène PAULIAT (dir.), *La responsabilité des magistrats*, Actes du colloque organisé à Limoges, le 18 novembre 2005, Entretiens d'Aguesseau, Limoges, PULIM, 2008, pp. 238-239.

FRISON-ROCHE Marie-Anne, « Le droit d'accès à la justice et au droit », *in* CABRILLAC Remy, FRISON-ROCHE Marie-Anne, REVET Thierry (dir.), *Libertés et droits fondamentaux*, 15ème éd., Paris, Dalloz, 2009, pp. 485-489.

GABORIAU Simone, « L'enjeu démocratique de la justice », *in* GABORIAU Simone et PAULIAT Hélène (dir.), *Justice et démocratie*, Entretiens d'Aguesseau, Limoges, PULIM, 2003, pp. 19-51.

GARAPON Antoine, « Chapitre 13 : La justice pénale internationale humiliation ou dynamisation de la souveraineté des états ? », *in* ANDREANI Gilles et HASSNER Pierre, *Justifier la guerre ?*, Paris, Presses de Sciences Po, 2e éd., 2013, pp. 337-358.

GARAPON Antoine, « La justice reconstructive », *in* GARAPON Antoine, PECH Thierry et GROS Frédéric, *Et ce sera justice : punir en démocratie*, Paris, Odile Jacob, 2001, pp. 248 et ss.

GAUTRON Jean-Claude, « Le fait régional dans la société internationale », *Régionalisme dans le droit international contemporain*, Colloque Société Française pour le Droit Internationale, Bordeaux, 1976, Paris, Pedone, 1977, pp. 3-43.

GIQUEL Jean, « Le Conseil Supérieur de la Magistrature : une création continue de la République », *in Droit et politique à la croisée des cultures, Mélanges en l'honneur de Philippe Ardant*, Paris, LGDJ, 1999, pp. 289-303.

GIQUEL Jean, « Service public de la justice et structure de l'État », *in* GUIGOU Élisabeth *et. al.*, *Le service public de la justice*, Paris, Odile Jacob, 1998, pp. 113-121.

GLELE-AHANHANZO Ahanhanzo, « La Constitution ou loi fondamentale », *in Encyclopédie juridique de l'Afrique*, Tome 1, Abidjan, Dakar, Lomé, Nouvelles Éditions Africaines, 1982, p. 31.

GNAMOU-PETAUTON Dandi, « Aperçu du Tribunal spécial pour la Sierre Leone », *in* TAVERNIER Paul, *Recueil juridique des droits de l'Homme en Afrique*, Bruxelles, Bruylant, Vol. II, 2005, Tome 1, pp. 318-328.

GOUAUD-TENDEAU Christiane, « Justice constitutionnelle et démocratie dans les pays d'Europe centrale et orientale », *in* GABORIAU Simone et PAULIAT Hélène, *Justice et démocratie*, Entretiens d'Aguesseau, Limoges, PULIM, 2003, pp. 333-355.

GOYARD Claude, « État de droit et démocratie », *in Mélanges René Chapus : Droit administratif*, Paris, Montchrestien, 1991, pp. 299-314.

GRANGER Marc-Antoine, « Le parquet, une autorité judiciaire indépendante ? », *in* AFDC, *VIIIème Congrès*, Nancy, 16-18 juin 2011, 27 p.

GUIGOU Élisabeth, « La justice au service du citoyen », *in* GUIGOU Élisabeth *et. al.*, *Le service public de la justice*, Paris, Odile Jacob, 1998, pp. 11-28.

GUILOT Philippe, « Les relations entre le Rwanda et le TPIR », *in* BURGORGUE-LARSEN Laurence, *La répression du génocide rwandais,* Bruylant, Bruxelles, 2003, pp. 21-40.

GUINCHARD Serge, « La justice pénale internationale, entre le devoir d'exister et le droit de pardonner », *in* GABORIAU Simone et PAULIAT Hélène, *La justice pénale internationale,* Limoges, PULIM, 2002, pp. 277-295.

GUINCHARD Serge, « Les normes européennes garantes d'un procès de qualité », *in* CAVROIS Marie-Luce, DALLE Hubert Dalle et JEAN Jean-Paul (dir.), *La qualité de la justice,* Paris, Mission de recherche « Droit et justice », La Documentation française, 2002, pp. 63-109.

HAVARD Léa et ALI Youssouf, « Initiation au pluralisme juridique à travers l'étude des *Bashingantahe* », *in* NICOLAU Gilda et HOURQUEBIE Fabrice (dir.), *Cultures juridiques en quête de dialogue,* Cahiers d'Anthropologie du droit 2013-2014, Paris, Karthala, 2014, pp. 239-267.

HENNEBEL Ludovic et LEWKOWICZ Gregory, « Le problème de la définition du terrorisme », *in* HENNEBEL Ludovic et VANDERMEERSCH Damien (dir.), *Juger le terrorisme dans l'État de droit,* Bruxelles, Bruylant, 2009, pp. 17-59.

HERMET Guy, « L'illusion électorale », *in* BADIE Bertrand et VIDAL Dominique (dir.), *Nouveaux acteurs, nouvelle donne,* L'état du monde 2012, Paris, La Découverte, 2011, p. 147-152.

HOLO Théodore, « Le contentieux des résultats, Bénin », *in* MASCLET Jean-Claude, ZINZINDOHOUE Abraham et DESOUCHES Christine, *Aspects du contentieux électoral en Afrique,* Actes du Séminaire de Cotonou, 11-12 novembre 1998, pp.161-171

HOURQUEBIE Fabrice, « L'institution du parquet au sein du pouvoir judiciaire », *in* VERPEAUX Michel et MATHIEU Bertrand, *Le statut constitutionnel du parquet,* Paris, Dalloz, 2012, p. 15.

HOURQUEBIE Fabrice, « La notion de justice transitionnelle a-t-elle un sens ? », *Les Petites Affiches,* n° 90, 2009, pp. 6-8.

HOURQUEBIE Fabrice, « La réception des décisions étrangères », *in* AHJUCAF, *Internationalisation du Droit, internationalisation de la justice,* Actes du troisième congrès, Ottawa, AHJUCAF, 21 - 23 Juin 2010, pp. 95 et ss.

HOURQUEBIE Fabrice, « Les mutations du service public de la justice. Quand la justice se confronte à la performance », *in* MELIN-SOUCRAMANIEN Ferdinand (études réunies par), *Espace du service public, Mélanges en l'honneur de Jean Du Bois de Gaudusson,* Tome 1, Presses Universitaires de Bordeaux, 2014, pp. 1063-1080.

HOURQUEBIE Fabrice, « L'OIF et les processus de transition, justice, vérité et réconciliation », *in* DESOUCHES Christine, *et. al.*, *De Dakar à Dakar, 25 ans d'engagement de la Francophonie au service des droits de l'Homme, de la démocratie et de la Paix,* Bruxelles, Bruylant, 2015, pp. 285-293.

HOURQUEBIE Fabrice, « Quelques observations sur le fonctionnement du service public de la justice », *in* HOURQUEBIE Fabrice (dir.), *Quel service public de la justice en Afrique francophone ?,* Bruxelles, Bruylant, 2013, pp. 19-26.

HOURQUEBIE Fabrice, « Valeurs et enjeux de la collégialité », *in* MENURET Jean-Jacques, et REIPLINGER Charles (dir.), *La collégialité, valeurs et significations en droit public*, Bruxelles, Bruylant, 2012, pp. 15-26.

HUGON Christine, « L'exécution des décisions de justice » *in* CABRILLAC Rémy, *Libertés et droits fondamentaux*, Paris, Dalloz, 19e éd., 2013, pp. 753-756.

IBRIGA Luc Marius, « La cohabitation des différentes juridictions des systèmes d'intégration en Afrique de l'Ouest », *in* DECAUX Emmanuel (dir.), *Justice et Droits de l'Homme*, XXVIIIe Congrès de l'Institut international de droit d'expression et d'inspiration françaises (IDEF), Paris, IDEF, 2003, pp. 533-558.

ISSA-SAYEGH Joseph, « La fonction juridictionnelle de la Cour commune de justice et d'arbitrage de l'OHADA », *in Mélanges en l'honneur de Roger Decottignies*, Grenoble, Presses universitaires de Grenoble, 2003, pp. 175-184.

JACOBY Daniel, « L'ombudsman comme mécanisme non juridictionnel de protection des droits », *in* AUF, *L'effectivité des droits fondamentaux dans les pays de la communauté francophone*, Actes du Colloque international organisé les 29, 30 septembre et 1er octobre 1993 à Port-Louis (Maurice), Vanves, EDICEF, 1998, p. 466.

JEAN Jean-Paul, « Comment la justice peut-elle contribuer à ce qu'un pays écrive lucidement son histoire », *in* GABORIAU Simone et PAULIAT Hélène, *Justice et démocratie*, Entretiens d'Aguesseau, Limoges, PULIM, 2003, pp. 239-257.

JOINET Louis, « Un état des lieux des principes et standards internationaux de justice transitionnelle », *in* Département fédéral des affaires étrangères de la Suisse, Ministère des Affaires étrangères de la République française, Centre international pour la justice transitionnelle, Centre sous-régional des Nations Unies pour les droits de l'Homme et la démocratie en Afrique centrale, *La justice transitionnelle dans le monde francophone : état des lieux*, Actes du séminaire tenu du 4 au 6 décembre 2006 à Yaoundé, Mô Bleeker, General Editor, 2007, pp. 3-15.

JOUANNET Emmanuelle, « Actualité des questions d'indépendance et d'impartialité des juridictions internationales : la condition d'un tiers pouvoir international ? » *in* RUIZ FABRI Hélène et SOREL Jean-Marc (dir.), *Indépendance et impartialité des juges internationaux*, Paris, Pedone, 2010, pp. 271-302.

KAMBALA Wa Kambala Olivier, « Afrique du Sud », *in* Département fédéral des affaires étrangères de la Suisse, Ministère des Affaires étrangères de la République française, Centre international pour la justice transitionnelle, Centre sous-régional des Nations Unies pour les droits de l'Homme et la démocratie en Afrique centrale, *La justice transitionnelle dans le monde francophone : état des lieux*, Actes du séminaire tenu du 4 au 6 décembre 2006 à Yaoundé, Mô Bleeker, General Editor, 2007, pp. 83-104.

KAMTO Maurice, « La fonction administrative contentieuse de la Cour suprême du Cameroun », *in* DU BOIS DE GAUDUSSON Jean et CONAC Gérard (dir.), *Les Cours suprêmes en Afrique*, Tome 3, La Jurisprudence administrative, Paris, Economica, 1988, pp. 31-67.

KAMTO Maurice, « Réflexions sur la notion de justice transitionnelle », *in* Département fédéral des affaires étrangères de la Suisse, Ministère des Affaires étrangères de la République française, Centre international pour la justice transitionnelle, Centre sous-régional des Nations Unies pour les droits de l'Homme et la démocratie en Afrique centrale, *La justice transitionnelle dans le monde francophone : une voie vers la réconciliation et la construction d'une paix durable*, Actes du séminaire tenu du 17 au 19 novembre 2009 à Yaoundé, Mô Bleeker, General Editor, 2011, pp. 33-34.

KEÏTA Xavier-Jean et FOURCANS Claire, « Article 67 - Droits de l'Accusé », *in* FERNANDEZ Julian et PACREAU Xavier (dir.), *Statut de Rome de la Cour pénale internationale. Commentaire article par article*, Paris, Pedone, 2012, pp. 1498-1529.

KENFACK Pierre Etienne, « Les obstacles juridiques à l'exécution des décisions de justice au Cameroun », *in* HOURQUEBIE Fabrice (dir.), *Quel service public de la justice en Afrique francophone ?*, Bruxelles, Bruylant, 2013, pp. 177-191.

KENFACK-DOUAJNI Gaston, « L'expérience internationale de la Cour commune et de justice et d'arbitrage de l'Organisation pour l'Harmonisation en Afrique du Droit des Affaires », *in* AHJUCAF, *L'indépendance de la justice,* Actes du deuxième congrès, Dakar, AHJUCAF, 7 - 8 novembre 2007, pp. 152-153.

KERBRAT Yann, « Juridictions internationales et juridictions nationales internationalisées : les Tribunaux hybrides pour le Cambodge et la Sierra Leone », *in* TAVERNIER Paul (dir.), *Actualité de la jurisprudence pénale internationale : à l'heure de la mise en place de la Cour pénale internationale*, Bruxelles, Bruylant, 2004, pp. 263-273.

KIRSCH Philippe, « La Cour pénale internationale face à la souveraineté des États », *in* CASSESE Antonio et DELMAS-MARTY Mireille, *Crimes internationaux et juridictions internationales,* Paris, PUF, 2002, pp. 31-37.

KOLB Robert, « Le degré d'internationalisation des tribunaux pénaux internationalisés », *in* ASCENSIO Hervé, LAMBERT-ABDELGAWAD Élisabeth, SOREL Jean-Marc (dir.), *Les juridictions pénales internationalisées : Cambodge, Kosovo, Sierra Leone, Timor Leste*, Paris, Société de législation comparée, 2006, pp. 47-68.

KOT Jean-Philippe, « Les droits de la défense », *in* ASCENCIO Hervé, DECAUX Emmanuel et PELLET Alain, (dir.), *Droit international pénal*, Paris, Pedone, 2012, pp. 909-925.

KOUASSI Rachelle, « Le système de réparation de la CPI : analyse à la lumière de l'ordonnance de réparation dans l'affaire *Thomas Lubanga Dyilo* », *in* BERNARD Diane et SCALIA Damien (dir.), *Vingt ans de justice internationale pénale*, Bruxelles, La Charte, 2014, pp. 167-186.

LACHAUD Yves, « Les nouvelles exigences d'accès au droit et à la justice et la place des professions de conseil et de défense », *in* MIGNARD Jean-Pierre et VOGELWEITH Alain, *Justice pour tous*, Paris, La Découverte, Cahiers libres, 2001 pp. 217-226.

LAMBERT-ABDELGAWAD Élisabeth, « Quelques brèves réflexions sur les actes créateurs des tribunaux pénaux internationalisés », *in* ASCENSIO Hervé, LAMBERT-ABDELGAWAD Élisabeth, SOREL Jean-Marc (dir.), *Les juridictions pénales internationalisées : Cambodge, Kosovo, Sierra Leone, Timor Leste*, Paris, Société de législation comparée, 2006, pp. 27-45.

LATEBOULLE Daniel, « Principe de légalité et principe de sécurité », *in L'État de droit, Mélanges en l'honneur de Guy Braibant*, Paris, Dalloz, 1996, pp. 403-412.

LATORTUE Gérard, « Coopérations francophones et processus électoraux », *in* DESOUCHES Christine, *et. al.*, *De Dakar à Dakar, 25 ans d'engagement de la Francophonie au service des droits de l'Homme, de la démocratie et de la Paix*, Bruxelles, Bruylant, 2015, pp. 215-220.

LAVABRE Marie-Claire, « Les institutions qui produisent des récits communs. Questions », *in* LEFRANC Sandrine (dir.), *Après le conflit, la réconciliation ?*, Paris, Michel Houdiard, 2006, pp. 82-97.

LEFRANC Sandrine, « Introduction. Créer du lien social », *in* LEFRANC Sandrine (dir.), *Après le conflit, la réconciliation ?*, Paris, Michel Houdiard, 2006, pp. 7-25.

LEFRANC Sandrine, « La consécration internationale d'un pis-aller : une genèse des politiques de « réconciliation » », *in* MINK Georges et NEUMAYER Laure, *L'Europe et ses passés douloureux*, Paris, La Découverte, 2007, pp. 233-246.

LEFRANC Sandrine, « La justice dans l'après-violence politique », *in* COMMAILLE Jacques et KALUSZYNSKI Martine (dir.), *La fonction politique de la justice*, Paris, La Découverte ; Bagneux, Numilog, 2007, pp. 273-291.

LEISNER Walter, « L'État de droit : une contradiction ? », *in Recueil d'études en hommage à Charles Eisenmann*, Paris, CUJAS, 1975, pp. 65-79.

LEJEUNE Aude, « Accès au droit, accès à la justice ou accès au juge ? L'activité judiciaire dans les maisons de justice et du droit », *in* DONIER Virginie et LAPEROU-SCHNEIDER Béatrice, *L'accès au juge, Recherche sur l'effectivité d'un droit*, Bruylant, Bruxelles, 2013, pp. 425-436.

LEROY Marie-Christine, « Les expériences d'accès au droit en France », *in* GABORIAU Simone et PAULIAT Hélène, *Justice et démocratie*, Entretiens d'Aguesseau, Limoges, PULIM, 2003, pp. 223-230.

LEWALLE Paul, « Les voies d'exécution à l'encontre de la personne publique », *in* AUF, *L'effectivité des droits fondamentaux dans les pays de la communauté francophone*, Actes du Colloque international organisé les 29, 30 septembre et 1er octobre 1993 à Port-Louis (Maurice), Vanves, EDICEF, 1998, pp. 595-616.

MARTENS Paul, « L'introuvable terrorisme », *in Réflexions sur la définition et la répression du terrorisme*, Bruxelles, Éditions de l'Université de Bruxelles, 1974, pp. 25-49.

MEGRET Frédéric, « Une justice pénale internationalisées pour juger le terrorisme : réflexion à propos du tribunal spécial pour le Liban », *in* SOREL Jean-Marc et ZASOVA Sveltana (dir.), *Vers une internationalisation du jugement des actes de terrorisme international*, Paris, Pedone, 2011, pp. 85-110.

MELEDJE Djedjro Francisco, « De l'impossible service public électoral en Côte d'Ivoire. Le phénomène des crises électorales », *in* MELIN-SOUCRAMANIEN Ferdinand (études réunies par), *Espace du service public, Mélanges en l'honneur de Jean Du Bois de Gaudusson*, Tome 1, Presses Universitaires de Bordeaux, 2014, pp. 455-478.

MELIN SOUCRAMANIEN Ferdinand, « La constitution, le juge et le droit venu d'ailleurs », *in Mélanges en l'honneur de Slobodan Milacic*, Bruxelles, Bruylant, 2007, pp. 177-184.

MELLERAY Fabrice, « En a-t-on fini avec la « théorie » des actes de gouvernement ? », *in Renouveau du droit constitutionnel : Mélanges en l'honneur de Louis Favoreu*, Paris, Dalloz, 2007, pp. 1317-1327.

MEYER Pierre, « Les conflits de juridictions dans les espaces OHADA, UEMOA et CEDEAO », *in La sensibilisation au droit communautaire de l'UEMOA*, Actes du Séminaire sous-régional tenu à Ouagadougou du 6 au 10 octobre 2003, AIF, GIRAF, Paris, 2004, pp. 177-191.

MIAILLE Michel, « L'État de droit comme paradigme », *in* MAHIOU Ahmed (dir.), *L'État de droit dans le monde arabe*, Éditions du CNRS, Paris, 1997, pp. 29-43.

MICHEL Louis, « L'accompagnement francophone des crises et des transitions », *in* DESOUCHES Christine, *et. al.*, *De Dakar à Dakar, 25 ans d'engagement de la Francophonie au service des droits de l'Homme, de la démocratie et de la Paix*, Bruxelles, Bruylant, 2015, pp. 323-328.

MODERNE Franck, « Complémentarité et compatibilité des décisions du conseil constitutionnel et des arrêts du conseil d'État », *in Conseil constitutionnel et Conseil d'État*, LGDJ, Montchrestien, 1988, pp. 313-380.

MORIN Jacques-Yvan, « L'État de droit, émergence d'un principe du droit international », *in Recueil des cours de l'Académie de droit international*, Tome 254, La Haye, Nijhoff, 1995, pp. 9-462.

MOSTAFA-KAMEL Taïmour, « Problématique générale », *in* MOSTAFA-KAMEL Taïmour (dir.), *La justice transitionnelle*, *in* MOSTAFA-KAMEL Taïmour (dir.), *La justice transitionnelle*, VIIe Congrès de l'Association Égyptienne des Juristes Francophones (AEJF), Le Caire, AEJF, 2015, pp. 23-26.

NGENDAKUMANA Clotilde, « Burundi », *in* Département fédéral des affaires étrangères de la Suisse, Ministère des Affaires étrangères de la République française, Centre international pour la justice transitionnelle, Centre Sous-régional des Nations Unies pour les droits de l'Homme et la démocratie en Afrique centrale, *La justice transitionnelle dans le monde francophone : état des lieux*, Actes du séminaire tenu du 4 au 6 décembre 2006 à Yaoundé, Mô Bleeker, General Editor, 2007, pp. 115-124.

NORMAND Jacques, « Le traitement de l'urgence : exception ou principe ? – Introduction », *in* CADIET Loïc et RICHET Laurent (dir.), *Réforme de la justice, réforme de l'État*, Paris, PUF, pp. 159-170.

NZANZUWERA François Xavier, « Les juridictions *gacaca*, une réponse au génocide rwandais ou le difficile équilibre entre Châtiment et pardon », *in* BURGORGUE-LARSEN Laurence (dir.), *La répression internationale du génocide rwandais*, Bruxelles, Bruylant, 2003, pp. 109-119.

OLINGA Alain Didier, « Justice et paix : comment se combinent-elles et s'enrichissent-elles mutuellement dans les processus de paix ? », *in* Département fédéral des affaires étrangères de la Suisse, Ministère des Affaires étrangères de la République française, Centre international pour la justice transitionnelle, Centre sous-régional des Nations Unies pour les droits de l'Homme et la démocratie en Afrique centrale, *La justice transitionnelle dans le monde francophone : une voie vers la réconciliation et la construction d'une paix durable*, Actes du séminaire tenu du 17 au 19 novembre 2009 à Yaoundé, Mô Bleeker, General Editor, 2011, pp. 38-42.

OLIVEIRA Antoine, « Influence de la jurisprudence internationale », *in* AHJUCAF, *Le juge de cassation à l'aube du 21e siècle*, Actes du premier congrès, Marrakech, AHJUCAF, 17-19 mai 2004, pp. 131-136.

OTIS Ghislain, « L'effectivité des droits fondamentaux : une idée, un chantier », *in* AUF, *L'effectivité des droits fondamentaux dans les pays de la communauté francophone*, Actes du Colloque international organisé les 29, 30 septembre et 1er octobre 1993 à Port-Louis (Maurice), Vanves, EDICEF, 1998, p. 464.

OULD BOUBOUTT Ahmed Salem, « Les voies d'exécution contre les personnes publiques en droit mauritanien », *in* AUF, *L'effectivité des droits fondamentaux dans les pays de la communauté francophone*, Actes du Colloque international organisé les 29, 30 septembre et 1er octobre 1993 à Port-Louis (Maurice), Vanves, EDICEF, 1998, pp. 583-592.

PACTET Pierre, « Justice interne et justice internationale », *in* Académie internationale de Droit Constitutionnel, *Constitution et Justice*, Onzième session, Tunis, 1995, Presses de l'Université des sciences sociales de Toulouse, 1996, pp. 119-154.

PARODI Florence, « Les fonds internationaux en faveur des victimes », *in* ASCENCIO Hervé, DECAUX Emmanuel et PELLET Alain, (dir.), *Droit international pénal*, Paris, Pedone, 2012, pp. 719-724.

PAULIAT Hélène, « Le rôle des juridictions administratives françaises », *in* GABORIAU Simone et PAULIAT Hélène, *Justice et démocratie*, Entretiens d'Aguesseau, Limoges, PULIM, 2003, pp. 421-426.

PETTITI Laurent, « La création d'un Barreau international des conseils de la défense », *in* TAVERNIER Paul (dir.), *Actualité de la jurisprudence pénale internationale : à l'heure de la mise en place de la Cour pénale internationale*, Bruxelles, Bruylant, 2004, pp. 195-230.

PHILIPPE Xavier, « La justice transitionnelle : les commissions vérité et réconciliation, l'exemple de l'Afrique du Sud », *in* MOSTAFA-KAMEL Taïmour (dir.), *La justice transitionnelle*, VIIe Congrès de l'Association Égyptienne des Juristes Francophones (AEJF), Le Caire, AEJF, 2015, pp. 185-196.

PHILIPPE Xavier, « Les solutions alternatives et complémentaires à la justice pénale internationale : la justice transitionnelle exercée à travers les commissions vérité et réconciliation », *in* PHILIPPE Xavier et VIRIOT-BARRIAL Dominique (dir.), *L'actualité de la justice pénale internationale*, Aix-en-Provence, Presses Universitaires d'Aix-Marseille, 2008, pp. 131-141.

POUGUE Paul Gérard, « Le système d'arbitrage de la Cour commune de justice et d'arbitrage », *in* FOUCHARD Philippe (dir.), *L'OHADA et les perspectives de l'arbitrage en Afrique*, Bruxelles, Bruylant, 2000, pp. 129-150.

RENOUX Thierry-Serge, « Le poids de la constitution dans les réformes de la justice », *in* CADIET Loïc, RICHER Laurent (dir.), *Réforme de la justice, réforme de l'État*, Paris, PUF, Droit et justice, 2003, pp. 103-118.

RENOUX Thierry-Serge, « Le statut des magistrats comme garant de la démocratie », *in* GABORIAU Simone et PAULIAT Hélène (dir.), *Justice et démocratie*, Entretiens d'Aguesseau, Limoges, PULIM, 2003, pp. 59-79.

RENOUX Thierry-Serge, « Rapport général introductif », *in* RENOUX Thierry-Serge (dir.), *Les Conseils supérieurs de la magistrature en Europe*, Mission de Recherche « Droit et Justice », Paris, La Documentation française, 2000, p. 21-26.

RICOEUR Paul, « Postface » *in* LENOIR Frédéric, *Le temps de la responsabilité. Entretiens sur l'éthique*, Paris, Fayard, 1991, pp. 247-270.

RIDE André, « Le statut du ministère public : une question d'équilibre des pouvoirs ? », *in* GABORIAU Simone et PAULIAT Hélène (dir.), *Justice et démocratie*, Entretiens d'Aguesseau, Limoges, PULIM, 2003, pp. 81-93.

RIVERO Jean, « L'État de droit », *in L'État de droit, Mélanges en l'honneur de Guy Braibant*, Paris, Dalloz, 1996, pp. 609-614.

RIVERO Jean, « Le juge administratif : gardien de la légalité administrative ou gardien administratif de la légalité ? », *in Mélanges offerts à Marcel Waline*, Paris, LGDJ, 1974, pp. 701-717.

ROSENEAU Christophe « Le rôle des juridictions financières », *in* GABORIAU Simone et PAULIAT Hélène, *Justice et démocratie*, Entretiens d'Aguesseau, Limoges, PULIM, 2003, pp. 443-450.

ROUSSEAU Dominique, « Exigences constitutionnelles d'indépendance de la justice et exigences managériales », *in* FRYDMAN Benoît et JEULAND Emmanuel, *Le nouveau management de la justice et l'indépendance des juges*, Paris, Dalloz, 2011, pp. 57-62.

ROUSSEAU Dominique, « Pour les opinions dissidentes », *in Droit Constitutionnel, Mélanges Patrice GELARD*, Paris, LGDJ, Montchrestien, 2000, pp. 327-328.

ROY Jean-Louis, « La Francophonie et l'examen périodique universel du Conseil des droits de l'Homme des Nations Unies », *in* DESOUCHES Christine, *et. al.*, *De Dakar à Dakar, 25 ans d'engagement de la Francophonie au service des droits de l'Homme, de la démocratie et de la Paix*, Bruxelles, Bruylant, 2015, pp. 247-249

SALAMI Ibrahim, « L'efficacité de la justice administrative au Bénin : cas du recours pour excès de pouvoir », *in* HOURQUEBIE Fabrice (dir.), *Quel service public de la justice en Afrique francophone ?*, Bruxelles, Bruylant, 2013, pp. 53-94.

SANGARE Siaka, « Francophonie et élections », *in* DESOUCHES Christine, *et. al.*, *De Dakar à Dakar, 25 ans d'engagement de la Francophonie au service des droits de l'Homme, de la démocratie et de la Paix*, Bruxelles, Bruylant, 2015, pp. 193-197.

SASANE Chiko Joseph, « Le système gacaca au Rwanda : avantages et limites », *in* Département fédéral des affaires étrangères de la Suisse, Ministère des Affaires étrangères de la République française, Centre international pour la justice transitionnelle, Centre sous-régional des Nations Unies pour les droits de l'Homme et la démocratie en Afrique centrale, *La justice transitionnelle dans le monde francophone : état des lieux*, Actes du séminaire tenu du 4 au 6 décembre 2006 à Yaoundé, Mô Bleeker, General Editor, 2007, pp. 29-42.

SAUVE Jean-Marc, « La justice dans la séparation des pouvoirs », *in La séparation des pouvoirs : efficacité, vertus, intérêts*, Deuxièmes entretiens du Jeu de Paume, organisés par le Château de Versailles et l'Université de tous les savoirs, Versailles, 13 juin 2001. Disponible sur le site d Conseil d'État : www.conseil-etat.fr.

SCHNAPPER Dominique, « La collégialité au Conseil constitutionnel », *in* MENURET Jean-Jacques et REIPLINGER Charles (dir.), *La collégialité, valeurs et significations en droit public*, Bruxelles, Bruylant, 2012, pp. 83-96.

SCHOTSMANS Martien, « La justice transitionnelle pendant la période de la transition politique en RDC », *in* MARYSSE Stefaan, REYNTJENS Filip et VANDEGISTE Stef (dir.), *L'Afrique des Grands lacs, Annuaire 2006-2007*, Paris, L'Harmattan, 2007, pp. 201-228.

SCOMPARIN Laura, « La victime du crime et la juridiction pénale internationale », *in* CHIAVARIO Mario (dir.), *La justice pénale internationale entre passé et avenir*, Paris, Dalloz ; Milan, Giuffrè, 2003, pp. 335-336.

SIBONY Anne-Lise, « Les éclairages des expériences étrangères », *in* CAVROIS Marie-Luce, DALLE Hubert Dalle et JEAN Jean-Paul (dir.), *La qualité de la justice*, Paris, Mission de recherche « Droit et justice », La Documentation française, 2002, pp. 149-168.

SIBONY Anne-Lise, « Quelles leçons tirer des expériences étrangères ? », *in* BREEN Emmanuel (dir.), *Évaluer la Justice*, Paris, PUF, 2002, pp. 77-141.

RAJOANA Adriananaivo Ravelone, « Propos sur les mécanismes de sauvegarde de la démocratie du chapitre 5 de la Déclaration de Bamako », *in* DESOUCHES Christine, *et al.*, *De Dakar à Dakar, 25 ans d'engagement de la Francophonie au service des droits de l'Homme, de la démocratie et de la Paix*, Bruxelles, Bruylant, 2015, pp. 109-118

SADA Hugo, « Réflexions sur la contribution de la Francophonie à la paix », *in* DESOUCHES Christine, *et. al.*, *De Dakar à Dakar, 25 ans d'engagement de la Francophonie au service des droits de l'Homme, de la démocratie et de la Paix*, Bruxelles, Bruylant, 2015, pp. 335-338.

SIMOES E SILVA Ana Carolina, « L'organisation de la défense devant les juridictions pénales internationales », *in* ASCENCIO Hervé, DECAUX Emmanuel et PELLET Alain, (dir.), *Droit international pénal*, Paris, Pedone, 2012, pp. 893-907.

SOREL Jean-Marc, « Introduction », *in* ASCENSIO Hervé, LAMBERT-ABDELGAWAD Élisabeth, SOREL Jean-Marc (dir.), *Les juridictions pénales internationalisées : Cambodge, Kosovo, Sierra Leone, Timor Leste*, Paris, Société de législation comparée, 2006, pp. 11-25.

SOREL Jean-Marc, « Les tribunaux mixtes ou hybrides », *in* ASCENCIO Hervé, DECAUX Emmanuel et PELLET Alain, (dir.), *Droit international pénal*, Paris, Pedone, 2012, pp. 825-843.

SOULELIAC Anne, « Les juridictions pénales internationales : conditions d'accès et spécificités de la pratique de l'avocat », *in* PHILIPPE Xavier et VIRIOT-BARRIAL Dominique, *L'actualité de la justice pénale internationale*, Aix-en-Provence, Presses Universitaires d'Aix-Marseille, 2008, pp. 105-113.

STASI Mario, « L'indépendance des avocats », *in* DECAUX Emmanuel (dir.), *Justice et Droits de l'Homme*, XXVIIIe Congrès de l'Institut international de droit d'expression et d'inspiration françaises (IDEF), Paris, IDEF, 2003, pp. 173-182.

SVABYOVA Darina, « Rôle et statut du ministère public », *in Quel ministère public en Europe au XXIe siècle*, Éditions du Conseil de l'Europe, Strasbourg, 2000, pp. 85-89.

SY Demba, « Justice administrative et droit administratif en Afrique. Un bilan », *in* MELIN-SOUCRAMANIEN Ferdinand (études réunies par), *Espace du service public, Mélanges en l'honneur de Jean Du Bois de Gaudusson*, Tome 1, Presses Universitaires de Bordeaux, 2014, pp. 653-670.

SY Demba, « La condition de juge en Afrique l'exemple du Sénégal », *in Les défis des droits fondamentaux*, Bruxelles, Bruylant, 2000, pp. 365-368.

TROPER Michel, « La liberté de l'interprète », *in* DARCY Gilles, DOAT Mathieu, LABROT Véronique (dir.), *L'office du juge*, Actes du colloque organisé au Sénat les 29 et 30 septembre 2006, Les colloques du Sénat, pp. 28-40.

TRUCHE Pierre, « L'éthique du juge : les dépendances du juge », *in* GABORIAU Simone et PAULIAT Hélène, *Justice et démocratie*, Entretiens d'Aguesseau, Limoges, PULIM, 2003, pp. 141-144.

TRUCHET Didier, « La justice comme service public », *in* GUIGOU Élisabeth *et. al.*, *Le service public de la justice*, Paris, Odile Jacob, 1998, pp. 31-46.

UBEDA-SAILLARD Muriel, « L'obligation de coopérer avec les juridictions internationales », *in* ASCENCIO Hervé, DECAUX Emmanuel et PELLET Alain, (dir.), *Droit international pénal*, Paris, Pedone, 2012, pp. 1137-1157.

UNG Boun-Hor, « Le drame cambodgien : des victimes en quête de justice », *in* GABORIAU Simone et PAULIAT Hélène, *La justice pénale internationale*, Limoges, PULIM, Entretiens d'Aguesseau, 2002, 614 p.

VEROUGSTRAETE Ivan « Rapport de synthèse », *in* AHJUCAF, *L'indépendance de la justice*, Actes du deuxième congrès, Dakar, AHJUCAF, 7 - 8 novembre 2007, pp. 157-196.

VIRIOT-BARRIAL Dominique, « La réception de la justice pénale internationale par les États ? L'exemple français », *in* PHILIPPE Xavier, VIRIOT-BARRIAL Dominique, *L'actualité de la justice pénale internationale*, Aix-en-Provence, Presses Universitaires d'Aix-Marseille, 2008, pp. 33-52.

WAGNER Richard, « La liberté des avocats et les garanties de l'exercice des droits de la défense », *in* DECAUX Emmanuel (dir.), *Justice et Droits de l'Homme*, XXVIIIe Congrès de l'Institut international de droit d'expression et d'inspiration françaises (IDEF), Paris, IDEF, 2003, pp. 181-196.

WIEDERKEHR Georges, « De la légitimité de la justice », *in Mélanges dédiés à la mémoire du doyen Jacques Huron*, Paris, LGDJ, 2009, pp. 585-586.

WIEDERKHER Georges, « Qu'est-ce qu'un juge ? », *in Nouveaux juges, nouveaux pouvoirs ? Mélanges en l'honneur de Roger Perrot*, Paris, Dalloz, 1996, pp. 575-585.

WIEDERKHER Georges, « Sens, signifiance et signification de l'autorité de la chose jugée » *in Justice et droits fondamentaux, Études offertes à Jacques Normand*, Paris, Litec, LexisNexis, Éditions Juris-Classeur, 2003, pp. 507-518.

YAWAGA Spener, « Regard sur l'émergence d'un droit pénal des affaires en Afrique : le cas du droit pénal OHADA », *in* AKAM AKAM André (dir.), *Les mutations juridiques dans le système OHADA*, Paris, L'Harmattan, 2009, pp. 71-98.

YEDOH Lath Sébastien, « Utopie et vraisemblance de l'indépendance du service public de la justice constitutionnelle en Afrique francophone », *in* HOURQUEBIE Fabrice (dir.), *Quel service public de la justice en Afrique francophone ?*, Bruxelles, Bruylant, 2013, pp. 27-52.

ZINZINDOHOUE Abraham, « Répartition des compétences entre l'administration électorale et le juge électoral en Afrique francophone », *in* AÏVO Frédéric Joël (dir.), *La constitution béninoise du 11 décembre 1990 : un modèle pour l'Afrique ?, Mélanges en l'honneur de Maurice Ahanhanzo-Glèlè*, Paris, L'Harmattan, 2014, pp. 397-410.

C) EXTRAITS DE DISCOURS

DIOUF Abdou, « Discours », *in* DECAUX Emmanuel (dir.), *Justice et Droits de l'Homme*, XXVIIIe Congrès de l'Institut international de droit d'expression et d'inspiration françaises (IDEF), Paris, IDEF, 2003, p. 29.

DIOUF Abdou, Discours prononcé lors Colloque de l'Académie des sciences d'Outremer sur : « *Francophonie : enjeux et perspectives après le Sommet de Bucarest* », Paris, 10 mai 2007.

DIOUF Abdou, Discours prononcé à l'ouverture de la IVème Conférence des Ministres de la justice ayant le français en partage, Paris, 13 février 2008.

DIOUF Abdou, Discours prononcé à l'ouverture de la 33e session de l'Assemblée Parlementaire Francophone, Dakar, 6 juillet 2010.

DIOUF Abdou, Discours prononcé à l'ouverture du 37e Congrès de la FIDH, Erevan, 6 avril 2010.

DIOUF Abdou, Discours prononcé à l'occasion de la première conférence de révision du Statut de Rome, Kampala, 31 mai 2010.

DIOUF Abdou, Discours prononcé à l'ouverture de la 12e session de l'Assemblée des États parties au Statut de Rome de la Cour Pénale Internationale, La Haye, 20 novembre 2013.

V - RAPPORTS

Amnesty International, *Côte d'Ivoire : la loi des vainqueurs*, 2013, 84 p.

Amnesty International, *Ils ont regardé sa carte d'identité et l'ont abattu*, Mai 2011, 69 p.

Amnesty International, *Le tribunal spécial pour le Liban : une justice sélective ?*, St Pieters-Leeuw, Les Éditions Francophones d'Amnesty International (EFAI), 2009.

Amnesty International, *Rapport 2008 - La situation des droits de l'Homme dans le monde*, St Pieters-Leeuw, Les Éditions Francophones d'Amnesty International (EFAI), 2008.

Amnesty International, *Rapport 2009 - La situation des droits de l'Homme dans le monde*, St Pieters-Leeuw, Les Éditions Francophones d'Amnesty International, 2009.

Amnesty International, *Rapport 2010 - La situation des droits de l'Homme dans le monde*, St Pieters-Leeuw, Les Éditions Francophones d'Amnesty International, 2010.

Amnesty International, *Rapport 2011 - La situation des droits de l'Homme dans le monde*, St Pieters-Leeuw, Les Éditions Francophones d'Amnesty International, 2011.

Amnesty International, *Rapport 2014/15, La situation des droits humains dans le monde*, St Pieters-Leeuw, Les Éditions Francophones d'Amnesty International, 2015.

AOMF, *Ombudsmans et Médiateurs : l'indépendance de l'institution au service de la démocratie*, Nouakchott, mai 1998.

Avocats sans Frontières, *Le crime de génocide et les crimes contre l'humanité devant les tribunaux ordinaires du Rwanda*, Kigali, Bruxelles, 2004, 313 p.

BALLADUR Édouard, *Une Ve République plus démocratique*, Comité de réflexion et de proposition sur la modernisation et le rééquilibrage des institutions de la Ve République, p. 155.

BENGALY Abraham, *Évolution dans l'exercice des missions des institutions nationales de médiation depuis l'adoption de la Déclaration de Bamako : grandes tendances, contraintes et recommandations pour la consolidation de l'État de droit et de la gouvernance démocratique dans l'espace francophone*, Étude réalisée pour l'Association des Ombudsmans et des Médiateurs de la Francophonie (AOMF), Mai 2010.

Bureau de l'Ombudsman et Défenseur des enfants et de la jeunesse du Nouveau-Brunswick (Canada), *Étude sur l'état de l'enfance et de la jeunesse francophone et sur les mécanismes et institutions de défenseur des enfants dans les pays de la Francophonie représentés au sein de l'AOMF*, Fredericton, le 20 novembre 2009.

Commission Nationale de Vérité et de Justice d'Haïti, *Si m pa rele : 29 septembre 1991 - 14 octobre 1994*.

Commission Vérité, Justice et Réconciliation du Togo, *Rapport final*, vol. 1, Lomé, 3 avril 2012.

Conseil Supérieur de la Magistrature (France), *Rapport d'activité 2003-2004*.

Conseil Supérieur de la Magistrature (France), *Rapport annuel 2004-2005*.

Conseil Supérieur de la Magistrature (France), *Rapport annuel 2007*.

CPI, Assemblée des États parties, onzième session, *Rapport du Bureau sur l'aide judiciaire* (ICC-ASP/11/2/Add.1), La Haye, 22 novembre 2012.

CPI, Assemblée des États Parties, *Rapport du Bureau sur l'aide judiciaire à la représentation légale des victimes*, 28 octobre 2008.

CPI, Assemblée des États parties, *Rapport du comité du budget et des finances sur les travaux de sa dix-septième session*, ICC-ASP/10/15, New York, 18 novembre 2011.

CPI, Assemblée des États parties, *Rapport du Comité du budget et des finances sur les travaux de sa dix-huitième session*, 9 août 2012, ICCASP/11/5.

FIDH, ASADHO, Groupe Lotus, Ligue des électeurs, *République Démocratique du Congo : Recommandations pour une Cour spécialisée mixte indépendante et efficace*, FIDH, Août 2011 (https://www.fidh.org/IMG/pdf/rdcjustice585f.pdf).

FIDH, *Cote d'Ivoire : choisir entre la justice et l'impunité*, FIDH, décembre 2014, 29 p.

FIDH, *Les droits des victimes devant la CPI : manuel à l'attention des victimes, de leurs représentants légaux et des ONG*, avril 2007.

FIDH, *Les droits des victimes devant les chambres extraordinaires au sein des tribunaux cambodgiens (CETC), Un bilan en demi-teinte pour les parties civiles*, Paris, FIDH, 2012, 66 p.

FIDH, LIDHO, MIDH, *Côte d'Ivoire : « La lutte contre l'impunité à la croisée des chemins »*, FIDH, 2013, 29 p.

FIDH, MIDH, LIDHO, *Côte d'Ivoire / Attaque du camp de Nahibly « Une occasion de rendre justice »*, Note de position, mars 2013, 8 p.

FIDH, OMDH, Maroc, *État des lieux du suivi des recommandations de l'Instance Équité et Réconciliation à l'occasion du 5ème anniversaire de la publication de son rapport - Sur les réformes institutionnelles et législatives protectrices des droits humains : des intentions exprimées sans suivi concret*, février 2011, 18 p.

Human Right Watch, *« Bien loin de la Réconciliation » : Répression militaire abusive en réponse aux menaces sécuritaires en Côte d'Ivoire*, HRW, 2012, 80 p.

Human Right Watch, *Justice compromise : l'héritage des tribunaux communautaires gacaca au Rwanda*, HRW, 2011, 160 p.

Human right Watch, *La pleine des morts*, 2013, 714 p.

Human Right Watch, *Transformer les discours en réalité : L'heure de réclamer des comptes pour les crimes internationaux graves perpétrés en Côte d'Ivoire*, HRW, 2013, 82 p.

Human Rights Watch, *« Ils les ont tués comme si de rien n'était » : le besoin de justice pour les crimes post-électoraux en Côte d'Ivoire*, octobre 2011, 150 p.

Human Rights Watch, *Côte d'Ivoire, « Ils les ont tués comme si de rien n'était » : le besoin de justice pour les crimes post-électoraux en Côte d'Ivoire*, New York, 2011.

Human Rights Watch, *Justice compromise, L'héritage des tribunaux communautaires gacaca du Rwanda*, Mai 2011.

Human Rights Watch, *Rapport Mondial 2009 - Evènements de 2008*, New York, 2009.

Human Rights Watch, *Rapport Mondial 2010 - Evènements de 2009*, New York, 2010.

Human Rights Watch, *Rapport Mondial 2011 - Evènements de 2010*, New York, 2011.

Human Rights Watch, *Rapport Mondial 2012 - Evènements de 2011*, New York, 2012.

MAGENDIE Jean-Claude, *Célérité et qualité de la justice. La gestion du temps dans le procès*, Rapport remis au Garde des sceaux, La documentation française, 2004, p. 19.

Médiateur de la République (France), *Rapport annuel 2010*, p. 4

Observatoire pour la Protection des Défenseurs des Droits de l'Homme, Fédération Internationale des ligues des Droits de l'Homme (FIDH), Organisation Mondiale Contre la Torture (OMCT), *L'obstination du témoignage – Rapport Annuel 2010*, Paris, Genève, 2010.

Observatoire pour la Protection des Défenseurs des Droits de l'Homme : Fédération Internationale des ligues des Droits de l'Homme (FIDH), Organisation Mondiale Contre la Torture (OMCT), *L'obstination du témoignage – Rapport Annuel 2011*, Paris, Genève, 2011.

Observatoire pour la Protection des Défenseurs des Droits de l'Homme : FIDH, OMCT, *L'obstination du témoignage, Rapport Annuel 2010*, Paris, Genève, 2010, p. 84.

Observatoire pour la Protection des Défenseurs des Droits de l'Homme : FIDH, OMCT, *L'obstination du témoignage, Rapport Annuel 2010*, Paris, Genève, 2010.

Office des nations Unies contre la drogue et le crime, *Accès à la justice : l'indépendance, l'impartialité et l'intégrité de la magistrature*, Nations unies, New York, 2008.

Office for the United Nations High Commissioner for Human Rights, *Rule-of-law tools for post-conflict states, Truth commissions*, New York and Geneva, United Nations, 2006.

OIF, Délégation à la paix, à la démocratie et aux droits de l'Homme, *État des pratiques de la démocratie, des droits et des libertés dans l'espace francophone, 2004.*

OIF, Délégation à la paix, à la démocratie et aux droits de l'Homme, *État des pratiques de la démocratie, des droits et des libertés dans l'espace francophone, 2006.*

OIF, Délégation à la paix, à la démocratie et aux droits de l'Homme, *Rapport sur l'état des pratiques de la démocratie, des droits et des libertés dans l'espace francophone, 2008.*

OIF, Délégation à la paix, à la démocratie et aux droits de l'Homme, *Rapport sur l'état des pratiques de la démocratie, des droits et des libertés dans l'espace francophone, Bamako Dix ans après 2000-2010*, Paris, 2010.

OIF, Délégation à la paix, à la démocratie et aux droits de l'Homme, *Rapport sur l'état des pratiques de la démocratie, des droits et des libertés dans l'espace francophone, 2012.*

OIF, Délégation à la paix, à la démocratie et aux droits de l'Homme, *Rapport sur l'état des pratiques de la démocratie, des droits et des libertés dans l'espace francophone, 2014.*

OIF, *Rapport du Secrétaire Général de la Francophonie : de Beyrouth à Ouagadougou, 2004*, 215 p.

OIF, *Rapport du Secrétaire Général de la Francophonie : de Ouagadougou à Bucarest, 2006*, 188 p.

OIF, *Rapport du Secrétaire Général de la Francophonie : de Bucarest à Québec, 2008*, 114 p.

OIF, *Rapport du Secrétaire Général de la Francophonie : de Québec à Montreux, 2010*, 119 p.

OIF, *Rapport du Secrétaire Général de la Francophonie : de Montreux à Kinshasa, 2012*, 143 p.

OIF, *Rapport du Secrétaire Général de la Francophonie, 2012-2014 : de Kinshasa à Dakar*, 157 p.

OIF, *Rapport général de la première réunion du Bureau du suivi de la Conférence des ministres francophones de la justice*, Le Caire, 19 octobre 1997.

OIF, *Rapport général de la deuxième réunion du Bureau du suivi de la Conférence des Ministres francophones de la Justice*, Le Caire, 26 octobre 1999.

OIF, *Rapport général de la troisième réunion du Bureau du suivi de la Conférence des Ministres francophones de la Justice*, Le Caire, 20 février 2001.

OIF, *Rapport général de la quatrième réunion du Bureau du suivi de la Conférence des ministres francophones de la justice*, Paris, juin 2003.

ONU, Assemblée Générale, *L'État de Droit aux niveaux national et international - Unissons nos forces : renforcement de l'action de l'ONU en faveur de l'État de Droit,* Rapport de Secrétaire Général, Doc. A/61/636 - S/2006/980, 14 décembre 2006.

ONU, Assemblée Générale, *Rapport du Haut-Commissariat des Nations Unies aux droits de l'Homme sur le droit à la vérité*, Doc. A/HCR/12/19, 21 août 2009 ; Doc. A/HRC/15/33, 28 juillet 2010.

ONU, Assemblée Générale, *Renforcement et coordination de l'action des Nations Unies dans le domaine de l'État de droit,* Rapport du Secrétaire Général, Doc. A/63/226, 6 août 2008.

ONU, Commission des droits de l'Homme, *Étude concernant le droit à restitution, à indemnisation et à réadaptation des victimes de violations flagrantes des droits de l'Homme et des libertés fondamentales,* Rapport final présenté par le Rapporteur spécial Theo van Boven, Doc. E/CN.4/Sub.2/1993/8, 2 juillet 1993.

ONU, Commission des droits de l'Homme, *Le droit à restitution, indemnisation et réadaptation des victimes de violations flagrantes des droits de l'Homme et des libertés fondamentales,* Rapport final du Rapporteur spécial, Cherif Bassiouni, présenté en application de la résolution 1999/33 de la Commission, en annexe les principes fondamentaux et de directives concernant le droit à un recours et à réparation des victimes de du droit international relatif aux droits de l'Homme et du droit international humanitaire, Doc. E/CN.4/2000/62, 18 janvier 2000.

ONU, Commission des droits de l'Homme, *Note établie par l'ancien Rapporteur spécial de la Sous-Commission, M. Theo Van Boven, en application du paragraphe 2 de la résolution 1996/28 de la Sous-Commission,* Rapport présenté par Theo Van Boven, Doc. E/CN.4/1997/104, 16 janvier 1997.

ONU, Conseil de sécurité, *Rapport de la mission d'évaluation concernant la création d'une commission d'enquête judiciaire internationale pour le Burundi,* Doc. S/2005/158, 11 mars 2005.

ONU, Conseil de sécurité, *Rapport du Secrétaire général sur la création d'un tribunal spécial pour le Liban,* S/2006/176, 20 mars 2006 ; S/2006/893, 15 novembre 2006.

ONU, Conseil de sécurité, *Rapport du Secrétaire général sur la Mission d'administration intérimaire des Nations unies au Kosovo,* S/1999/779, 12 juillet 1999 ; S/2000/538, 6 juin 2000 ; S/2008/44, 25 janvier 2008 ; S/2008/354, 12 juin 2008 ; S/2008/692, 24 novembre 2008 ; S/2009/300, 10 juin 2009.

ONU, Conseil de Sécurité, *Rapport du Secrétaire Général sur le rétablissement de l'État de droit et administration de la justice pendant la période de transition dans les sociétés en proie à un conflit ou sortant d'un conflit,* S/2004/616, 23 août 2004.

ONU, Conseil des Droits de l'Homme, *Promotion et protection de tous les droits de l'Homme, civils, politiques, économiques, sociaux, culturels, y compris le droit au développement,* Rapport de la rapporteuse spéciale sur l'indépendance des juges et avocats, Gabriela KNAUL, A/HCR/17/30, 20 juin 2011.

ONU, Conseil des droits de l'Homme, *Rapport de l'Expert indépendant sur la situation des droits de l'Homme en Côte d'Ivoire, Doudou Diène*, A/HRC/19/72, 9 janvier 2012.

ONU, Conseil des droits de l'Homme, *Rapport de la Commission d'enquête internationale indépendante sur la Côte d'Ivoire*, A/HRC/17/48, 14 juin 2011.

ONU, *Évaluation et rapport sur l'avancement des travaux du Mécanisme international appelé à exercer les fonctions résiduelles des Tribunaux pénaux, présentés par le Président du Mécanisme, M. Theodor Meron, et portant sur la période comprise entre le 16 mai et le 19 novembre 2014*, Doc. S/2014/826, p. 8.

ONU, Haut-Commissariat aux Droits de l'Homme, Conseil international pour l'étude des droits humains, *Évaluer l'efficacité des institutions nationales des droits de l'Homme*, 2005, 57 p.

ONU, Haut-commissariat aux droits de l'homme, *Étude sur les activités relatives aux droits de l'Homme et à la justice de transition menées par les composantes du système des Nations Unies œuvrant dans le domaine des droits de l'Homme*, Doc. E/CN/4/2006/93, 2006.

ONU, Haut-commissariat aux droits de l'Homme, *Les instruments de l'État de droit dans les sociétés sortant d'un conflit. Les commissions de vérité*, Doc. HR/PUB/06/1, Nations Unies, New York et Genève, 2006, 36 p.

ONU, Haut-Commissariat aux Droits de l'Homme, *Fiche d'information 8, République Démocratique du Congo 1993-2003, Rapport Lapping des Nations Unies.*

ONU, Haut-Commissariat aux droits de l'Homme, *Les instruments de l'État de droit dans les sociétés sortant d'un conflit. Les Commissions de vérité*, New York et Genève, 2006.

ONU, Haut-Commissariat aux Droits de l'Homme, *Les instruments de l'État de droit dans les sociétés sortant d'un conflit, Cartographie du secteur de la justice*, New York et Genève 2006.

ONU, Mission de l'Organisation des Nations Unies pour la stabilisation de la République démocratique du Congo (MONUSCO), *Avancées et obstacles dans la lutte contre l'impunité des violences sexuelles en République Démocratique du Congo*, avril 2014.

ONU, Office des Nations Unies contre la drogue et le crime, *Criminalité et développement en Afrique*, juin 2005.

ONU, Office des Nations Unies contre la drogue et le crime, *L'Accès à la justice, l'indépendance, l'impartialité et l'intégrité de la magistrature*, Rapport de 2008.

ONU, Opérations des Nations Unies en Côte d'Ivoire (ONUCI), Unité de l'État de droit, *Rapport sur l'organisation et le fonctionnement du système judiciaire en Côte d'Ivoire*, juin 2007, p. 27.

ONU, *Rapport du Rapporteur spécial sur l'indépendance des juges et des avocats*, E/CN.4/2003/65, 10 février 2003.

ONU, *Rapport du Secrétaire Général établi conformément au Paragraphe 2 de la Résolution 808 (1993) du Conseil de Sécurité*, Doc. S/25704, 3 mai 1993.

ONU, *Rapport du Secrétaire Général sur la constitution d'une Commission d'expert conformément au paragraphe 1 de la Résolution 935(1994) du Conseil de sécurité en date du 1er juillet 1994*, Doc. S/1994/879, 26 juillet 1994.

ONU, *Rapport du Secrétaire Général sur la situation au Rwanda*, Doc. S/1994/640, 31 mai 1994.

ONU, Secrétaire Général, *Unissons nos forces : renforcement de l'action de l'ONU en faveur de l'État de droit*, Doc. A/6/636-S/2006/980, 14 décembre 2006.

ONU, Secrétaire Générale, *Note d'orientation sur l'approche des nations en matière de justice transitionnelle*, 10 mars 2010.

ONU, *Vingt-huitième rapport du Secrétaire Général sur l'Opération des Nations unies en Côte d'Ivoire*, 24 juin 2011, Doc. S/2011/387.

ONUCI, Unité de l'État de droit, *Rapport sur l'organisation et le fonctionnement du système judiciaire en Côte d'Ivoire*, juin 2007.

OSCE Mission in Kosovo, Department on the Human rights and the Rule of Law, Legal System Monitoring Section, *Report 9 on the Administration of Justice*, march 2002.

OSCE, *Delivering justice in Bosnia and Herzegovina : An overview of war crimes processing from 2005 to 2010*, may 2011, 105 p. (http://www.osce.org/bih/108103?download=true).

OSCE, *The processing of ICTY Rule 11bis cases in Bosnia and Herzegovina : Reflections on findings from five years of OSCE monitoring*, January 2010 ; 39 p.

Regroupement des Acteurs Ivoiriens des Droits Humains, *Pourquoi sommes-nous arrivés jusque-là ? Rapport sur les violations des droits humains en Côte d'Ivoire de septembre 2002 à mai 2011*, 30 janvier 2013.

ROUDY Yvette, *Rapport d'information déposé en application de l'article 145 du règlement par la Commission des affaires étrangères sur les droits de la personne et la francophonie*, Paris, Assemblée nationale, 2001.

ROUDY Yvette, *Rapport d'information sur la francophonie*, Paris, Assemblée nationale, Commission des affaires étrangères, 1997.

TAVERNIER Yves, *Rapport d'information sur les moyens et les structures de diffusion de la francophonie*, Paris, Assemblée nationale, Commission des finances, 2000.

The truth and reconciliation Commission of Canada, *Honouring the Truth, Reconciling for the Future*, Summary of the Final Report, 2015, 382 p.

Tribunal spécial pour le Liban, *Sixième rapport annuel 2014-2015*, p. 27.

TRUCHE Pierre (dir.), *Rapport de la Commission de réflexion sur la justice*, Paris, La Documentation française, juillet 1997.

VI - INSTRUMENTS JURIDIQUES INTERNATIONAUX

A) TEXTES DE REFERENCE DE L'OIF

ACCT, *Convention relative à l'Agence de coopération culturelle et technique*, Niamey, 20 mars 1970.

OIF, *Déclaration de Québec*, IIe Conférence des chefs d'État et de gouvernement des pays ayant le français en partage, Québec, 4 septembre 1987.

OIF, *Résolution n° 6 sur les droits fondamentaux*, IIIe Conférence des chefs d'État et de gouvernement des pays ayant en commun l'usage du français, Dakar, 26 mai 1989.

OIF, *Résolution sur la Coopération juridique et judiciaire*, IIIe Conférence des chefs d'État et de gouvernement des pays ayant en commun l'usage du français, Dakar, 26 mai 1989.

OIF, *Déclaration de Chaillot*, IVe Conférence des chefs d'État et de gouvernement des pays ayant le français en partage, Chaillot, 21 novembre 1991.

OIF, *Déclaration de Maurice*, Ve Conférence des chefs d'État et de gouvernement des pays ayant le français en partage, Grand-Baie, 18 octobre 1993.

OIF, *Résolution sur l'Afrique*, Ve Conférence des chefs d'État et de gouvernement des pays ayant le français en partage, Grand-Baie, 18 octobre 1993.

OIF, *Résolution n° 18 sur la programmation*, Ve Conférence des chefs d'État et de gouvernement des pays ayant le français en partage, Maurice, 18 octobre 1993.

OIF, *Déclaration du Caire*, IIIe Conférence des Ministres de la justice des pays ayant le français en partage, Le Caire, 1er novembre 1995.

OIF, *Plan d'action francophone en faveur de la justice, de l'État de Droit, de la Démocratie et du développement (1996-2000)*, IIIe Conférence des Ministres de la justice des pays ayant le français en partage, Le Caire, 1er novembre 1995.

OIF, *Déclaration de Cotonou*, VIe Conférence des chefs d'État et de gouvernement des pays ayant le français en partage, 4 décembre 1995.

OIF, *Résolution n° 3 sur le suivi de la Conférence du Caire*, VIe Conférence des chefs d'État et de gouvernement des pays ayant le français en partage, Cotonou, 4 décembre 1995, p. 141.

OIF, *Résolution sur l'appui à la démocratie, à l'État de Droit et aux Droits de l'Homme*, VIe Conférence des chefs d'État et de gouvernement des pays ayant le français en partage, Cotonou, 4 décembre 1995.

OIF, *Principes directeurs devant guider l'envoi d'une mission d'observation d'élections, Marrakech*, décembre 1996.

OIF, *Déclaration de Hanoi*, VIIe Conférence des chefs d'État et de gouvernement des pays ayant le français en partage, 16 novembre 1997.

OIF, *Déclaration de Moncton*, IIIe Conférence des chefs d'État et de gouvernement des pays ayant le français en partage, Moncton, 5 septembre 1999.

OIF, *Plan d'action de Moncton*, VIIIe Conférence des chefs d'État et de gouvernement des pays ayant le français en partage, Moncton, 5 septembre 1999.

OIF, *Déclaration finale de Luxembourg*, Conférence des femmes de la Francophonie sur « Femmes, pouvoir et développement », Luxembourg, 5 Février 2000.

OIF, *Déclaration Bamako*, Conférence ministérielle, 3 novembre 2000, § 22.

OIF, *Note fixant les modalités pratiques de mise en œuvre des procédures du chapitre 5 de la Déclaration de Bamako*, Conseil permanent de la Francophonie, Paris, 24 septembre 2001.

OIF, *Déclaration de Beyrouth*, IXe Conférence des chefs d'État et de gouvernement des pays ayant le français en partage, 20 octobre 2002.

OIF, IXe Conférence des chefs d'État et de gouvernement des pays ayant le français en partage, *Programme d'action de Bamako*, Beyrouth, 20 octobre 2002.

OIF, Xe Conférence des chefs d'État et de gouvernement des pays ayant le français en partage, *Déclaration de Ouagadougou*, 27 novembre 2004.

OIF, *Cadre stratégique décennal de la Francophonie 2005 - 2014*, Xe Conférence des chefs d'État et de gouvernement des pays ayant le français en partage, 26-27 novembre 2004.

OIF, *Charte de la Francophonie*, Conférence ministérielle, 23 novembre 2005, Antananarivo.

OIF, *Déclaration de Saint-Boniface sur la prévention des conflits et sécurité humaine*, Conférence ministérielle, 14 mai 2006.

OIF, XIe Conférence des chefs d'État et de gouvernement des pays ayant le français en partage, *Déclaration de Bucarest*, 29 septembre 2006.

OIF, *Déclaration de Paris*, IVe Conférence des ministres francophones de la justice, 14 février 2008

OIF, *Déclaration de Québec*, XIIe Conférence des chefs d'État et de gouvernement des pays ayant le français en partage, 17-19 octobre 2008.

OIF, *Déclaration de Montreux*, XIIIe Conférence des chefs d'État et de gouvernement des pays ayant le français en partage, Montreux (Suisse), 24 octobre 2010.

OIF, *Résolution sur la Déclaration de Bamako dix ans après son adoption*, XIIIe Conférence des chefs d'État et de gouvernement des pays ayant le français en partage Montreux (Suisse), 23-24 octobre 2010.

OIF, *Résolution sur les actes terroristes*, XIIIe Conférence des chefs d'État et de gouvernement des pays ayant le français en partage, Montreux, 24 octobre 2010.

OIF, *Déclaration de Kinshasa*, XIVe Conférence des chefs d'État et de gouvernement des pays ayant le français en partage, 13-14 octobre 2012.

OIF, *Résolution sur la situation en République démocratique du Congo*, XIVe Conférence des chefs d'État et de gouvernement des pays ayant le français en partage, Kinshasa, 13-14 octobre 2012.

OIF, *Déclaration de Dakar*, XVe Conférence des chefs d'État et de gouvernement des pays ayant le français en partage, 29-30 novembre 2014.

OIF, *Résolution sur le terrorisme*, XVe Conférence des chefs d'État et de gouvernement des pays ayant le français en partage, Dakar, 30 novembre 2014.

OIF, *Cadre stratégique de la Francophonie 2015-2022*, XVe Conférence des chefs d'État et de gouvernement des pays le français en partage, Dakar, 29-30 novembre 2014.

B) TEXTES A VOCATION UNVIVERSELLE

Arrangement de La Haye concernant le dépôt international des dessins et modèles industriels, 6 novembre 1925, révisé à La Haye le 28 novembre 1960 et à Stockholm le 14 juillet 1967.

Arrangement de Lisbonne concernant la protection des appellations d'origine et leur enregistrement international, 31 octobre 1958, révisé à Stockholm le 14 juillet 1967.

ATNUTO, *Regulation n° 2000/15 on the establishment of panels with exclusive jurisdiction over serious criminal offences*, UNTAET/REG/2000/15, 6 juin 2000.

Conférence mondiale sur les droits de l'Homme, *Déclaration et programme d'action de Vienne*, Doc. A/CONF.157/23, Vienne, 25 juin 1993.

Convention de Berne pour la protection des œuvres littéraires et artistiques, 9 septembre 1886, révisée à Paris le 24 juillet 1971.

Convention de Genève relative au traitement des prisonniers de guerre, 27 juillet 1929.

Convention de Paris pour la protection de la propriété industrielle, 20 mars 1883, modifiée le 28 septembre 1979.

Convention de Rome sur la protection des artistes interprètes ou exécutants, des producteurs de phonogrammes et des organismes de radiodiffusion, Rome, 26 octobre 1961.

Convention des Nations Unies contre la corruption, New York, 31 octobre 2003. Entrée en vigueur le 14 décembre 2005.

Convention instituant l'Organisation Mondiale de la Propriété Intellectuelle, Stockholm, 14 juillet 1967.

Convention internationale pour la protection de toutes les personnes contre les disparitions forcées, 20 décembre 2006. Entrée en vigueur le 23 décembre 2010.

Convention internationale pour la protection des obtentions végétales, 02 décembre 1961, modifiée à Genève le 10 novembre 1972, le 23 octobre 1978 et le 19 mars 1991.

Convention internationale pour la répression des attentats terroristes à l'explosif, New York, 15 décembre 1997. Entrée en vigueur le 23 mai 2001.

Convention internationale sur l'élimination et la répression du crime d'apartheid, du 30 novembre 1973. Entrée en vigueur le 18 juillet 1976.

Convention pour la prévention et la répression du crime de génocide, 9 décembre 1948. Entrée en vigueur le 12 janvier 1951.

Convention pour la répression d'actes illicites contre la sécurité de la navigation maritime, Rome, 10 mars 1988.

Convention pour la répression d'actes illicites dirigés contre la sécurité de l'aviation civile, Montréal, 23 septembre 1971.

Convention pour la répression de la capture illicite d'aéronefs, La Haye, 16 décembre 1970.

Convention relative à l'esclavage, Genève, 25 septembre 1926, entrée en vigueur le 7 juillet 1955.

Convention supplémentaire relative à l'abolition de l'esclavage, de la traite des esclaves et des institutions et pratiques analogues à l'esclavage, Genève, 7 septembre 1956.

Convention sur l'interdiction d'utiliser des techniques de modification de l'environnement à des fins militaires ou toutes autres fins hostiles, Genève, 10 décembre 1976. Entrée en vigueur le 5 octobre 1978.

Convention universelle sur le droit d'auteur, révisée à Paris le 24 juillet 1971.

CPI, *Accord entre la Cour pénale internationale et le gouvernement du Royaume de Belgique sur l'exécution des peines prononcées par la Cour*, ICC/PRES/06-01-10, Kampala, 1er juin 2010. Cet accord a été modifié le 8 décembre 2014.

CPI, *Accord négocié régissant les relations entre la Cour pénale internationale et l'Organisation des Nations Unies*, 4 octobre 2004, Doc. ICC-CPI-20041004-78.

CPI, Assemblée des États parties, *Résolution ICC-ASP/4/Res.1, Code de conduite professionnelle des conseils*, 2 décembre 2005. Entrée en vigueur : 1er janvier 2006.

CPI, Assemblée des États parties, *Victimes et communautés affectées, réparations et fonds au profit des victimes, Résolution ICC-ASP/12/Res.5*, douzième séance plénière, 27 novembre 2013.

CPI, *Statut de Rome portant création de la Cour pénale internationale*, 17 juillet 1998. Entrée en vigueur le 1er juillet 2002.

Deuxième Protocole relatif à la Convention pour la protection des biens culturels en cas de conflit armé, La Haye, 26 mars 1999. Entrée en vigueur le 9 mars 2004.

ONU, Assemblée Générale, *Document final du Sommet mondial*, New York, 15 septembre 2005 ;

MINUK, *Règlement 2000/34 portant modification du Règlement 2000/6 sur la nomination de juges internationaux et de procureurs internationaux et leur cessation de fonctions*, 27 mai 2000.

MINUK, *Règlement n° 1999/1 sur l'autorité de l'administration intérimaire au Kosovo*, UNMIK/REG/1999/1, 25 juillet 1999, Section 1, *in* ONU, Conseil de sécurité, *Rapport du Secrétaire général sur la Mission d'administration intérimaire des Nations unies au Kosovo*, doc. ONU S/1999/87, 16 septembre 1999.

MINUK, *Règlement n° 1999/24 sur la loi applicable au Kosovo*, 12 décembre 1999.

MINUK, *Règlement n° 2000/6 sur la nomination de juges internationaux et de procureurs internationaux et leur cessation de fonctions*, 15 février 2000.

MINUK, *Règlement n° 2000/64 relatif à la désignation de juges/procureurs internationaux et/ou à la délocalisation de certaines affaires*, 15 décembre 2000, *in* ONU, Conseil de sécurité, Rapport *du Secrétaire général sur la Mission d'administration intérimaire des Nations Unies au Kosovo*, 26 mars 2001, p. 9.

MINUK, *Règlement n° 2001/20 sur la protection des victimes et des témoins*, 20 septembre 2001. Ce dispositif a été modifié par le *Règlement n° 2002/1* du 24 janvier 2002.

MINUK, *Règlement n° 2003/25 relatif au Code pénal provisoire du Kosovo*, 6 juillet 2003.

MINUK, *Règlement n° 2003/26 sur le Code de procédure pénale provisoire*, 6 juillet 2003.

MINUK, *Règlement n° 2004/19*, 16 juin 2004.

OIT, *Convention n° 105 sur l'abolition du travail forcé*, Genève, 25 juin 1957 ; *Protocole de 2014 relatif à la convention sur le travail forcé de 1930*, Genève, 11 juin 2014.

ONU, Assemblée Générale, *Document final du sommet mondial de 2005*, Doc. A/RES/60/1, 16 septembre 2005, § 119.

ONU, Assemblée Générale, *Résolution 60/147 sur les principes fondamentaux et les directives concernant le droit à un recours et à réparation des victimes de violations flagrantes du droit international des droits de l'Homme et de violations graves du droit international humanitaire*, 16 décembre 2005.

ONU, Assemblée Générale, *Résolution 45/121*, 14 décembre 1990.

ONU, Assemblée Générale, *Agenda pour la démocratisation*, 17 décembre 1996.

ONU, Assemblée Générale, *Charte des Nations Unies*, San Francisco, 26 juin 1945.

ONU, Assemblée Générale, *Convention contre la torture et autres peines ou traitements cruels, inhumains ou dégradants*, Résolution 39/46 du 10 Décembre 1984, Entrée en vigueur le 26 Juin 1987.

ONU, Assemblée Générale, *Convention pour la prévention et la répression du crime de génocide*, 9 décembre 1948 ; entrée en vigueur le 12 janvier 1951.

ONU, Assemblée Générale, *Convention internationale pour la répression du financement du terrorisme*, 9 décembre 1999 ; entrée en vigueur 10 avril 2002.

ONU, Assemblée Générale, *Convention internationale relative aux droits de l'enfant*, New York, 20 novembre 1989.

ONU, Assemblée Générale, *Convention sur l'imprescriptibilité des crimes de guerre et des crimes contre l'humanité*, 26 novembre 1968. Entrée en vigueur le 11 novembre 1970.

ONU, Assemblée Générale, *Déclaration des principes fondamentaux de justice relatifs aux victimes de la criminalité et aux victimes d'abus de pouvoir*, 29 novembre 1985, Résolution 40/34.

ONU, Assemblée Générale, *Déclaration du millénaire*, Doc. A/RES/55/2, 8 septembre 2000.

ONU, Assemblée Générale, *Déclaration Universelle des droits de l'Homme*, 10 décembre 1948.

ONU, Assemblée Générale, *Document final du sommet mondial de 2005*, A/RES/60/1, 60e Session, 24 octobre 2005.

ONU, Assemblée Générale, *Le rôle l'ombudsman, du médiateur et des autres institutions nationales de défense des droits de l'Homme dans la promotion et la protection des droits de l'Homme*, Résolution A/RES/65/207, 21 décembre 2010.

ONU, Assemblée Générale, *Pacte international relatif aux droits civils et politiques*, New York, 19 décembre 1966.

ONU, Assemblée Générale, *Résolution 40/32 sur le 7e Congrès des Nations Unies pour la prévention du Crime et le traitement des délinquants*, 29 novembre 1985.

ONU, Assemblée générale, *Résolution 57/228 relative au procès des Khmers rouge*, Doc. A/RES/57/228B, 22 mai 2003, Annexe, pp. 2 et ss.

ONU, Assemblée Générale, *Résolution 60/147 sur les principes fondamentaux et les directives concernant le droit à un recours et à réparation des victimes de violations flagrantes du droit international des droits de l'Homme et de violations graves du droit international humanitaire*, 16 décembre 2005.

ONU, Assemblée Générale, *Résolution 68/165 sur le droit à la vérité*, A/RES/68/165, 18 décembre 2013.

ONU, Assemblée Générale, *Résolution sur l'État de droit aux niveaux national et international*, A/RES/61/39, 18 décembre 2006 ; Doc. A/RES/62/70, 08 janvier 2008 ; A/RES/62/70, 8 janvier 2008 ; A/RES/63/128, 15 janvier 2009.

ONU, Assemblée, *Résolution 40/33 – Ensemble des règles minima des Nations Unies concernant l'administration de la justice pour mineurs (Règles de Beijing)*, 29 novembre 1985.

ONU, Commission des droits de l'homme, *Ensemble révisé de principes fondamentaux et de directives concernant le droit à réparation des victimes de violations flagrantes des droits de l'Homme et du droit humanitaire*, Doc. E/CN.4/Sub.2/1996/17, 24 mai 1996.

ONU, Commission des droits de l'Homme, *Principes fondamentaux et directives concernant le droit à un recours et à réparation des victimes de violations flagrantes de droit international relatif aux droits de l'homme et de violations graves du droit international humanitaire*, Résolution 2005/35, 19 avril 2005.

ONU, Commission des droits de l'Homme, *Résolution 2005/66 sur le droit à la vérité*, 20 avril 2005 ; *Résolution 2/105 sur le droit à la vérité*, 27 novembre 2006.

ONU, Commission des droits de l'Homme, *Résolution 9/11 sur le droit à la vérité*, 18 septembre 2008 ; *Résolution 12/12 sur le droit à la vérité*, 1er octobre 2009.

ONU, Commission des droits de l'Homme, *Résolution 14/7 portant désignation du 24 mars comme Journée internationale pour le droit à la vérité en ce qui concerne les violations flagrantes des droits de l'Homme et pour la dignité des victimes*, 17 juin 2010.

ONU, Commission des droits de l'homme, *Résolution 2005/70 sur les droits de l'Homme et la justice de transition*, 20 avril 2005.

ONU, Commission des droits de l'Homme, *Résolution 2005/81 sur l'impunité*, 21 avril 2005.

ONU, Commission des droits de l'Homme, *Résolution 2005/74 sur les institutions nationales pour la promotion et la protection des droits de l'Homme*, 20 avril 2005.

ONU, Commission des droits de l'Homme, *Résolution n° 2004/33 sur l'indépendance et impartialité du pouvoir judiciaire, des jurés et des assesseurs et indépendance des avocats*, 19 avril 2004.

ONU, Commission du droit international, *Projet de code des crimes contre la paix et la sécurité de l'humanité*, Doc. off. A/CN.4/L.532, 8 juillet 1996.

ONU, Congrès des Nations Unies pour la prévention du crime et le traitement des délinquants, *Principes fondamentaux relatifs à l'indépendance de la magistrature*, Milan, 26 août au 6 septembre 1985. Ces principes ont été confirmés par l'Assemblée générale de l'ONU dans ses Résolutions n° 40/32 du 29 novembre 1985 et n° 40/160 du 13 décembre 1985.

ONU, Congrès des Nations Unies pour la prévention du Crime et le traitement des délinquants, *Principes directeurs applicables au rôle des magistrats du parquet*, 8e Session, La Havane, 27 Août - 7 Septembre 1990.

ONU, Congrès des Nations Unies pour la prévention du Crime et le traitement des délinquants, *Principes de base relatifs au rôle du Barreau*, 8e Session, La Havane, 27 août - 7 septembre 1990. Ces principes ont été consacrés par l'Assemblée générale des Nations Unies en sa 45e session le 18 décembre 1990 (A/RES/45/166).

ONU, Congrès des Nations Unies pour la prévention du Crime et le traitement des délinquants, *Ensemble des règles minima pour le traitement des détenus*, 1ère Session, Genève, 1955.

ONU, Conseil de sécurité, *Résolution 1244(1999)*, 10 juin 1999.

ONU, Conseil de sécurité, *Résolution 1325(2000)*, 31 octobre 2000.

ONU, Conseil de sécurité, *Résolution 1820(2008)*, 18 juin 2008.

ONU, Conseil de sécurité, *Résolution 1503(2003)*, 28 août 2003.

ONU, Conseil de sécurité, *Résolution 1534(2004)*, 26 mars 2004.

ONU, Conseil de sécurité, *Résolution 1595(2005) portant création de la Commission internationale d'enquête indépendante pour le Liban*, 7 avril 2005.

ONU, Conseil de sécurité, *Résolution 1606(2005)*, 20 juin 2005.

ONU, Conseil de sécurité, *Résolution 1612(2005)*, 26 juillet 2005.

ONU, Conseil de sécurité, *Résolution 1674(2006)*, 28 avril 2006.

ONU, Conseil de sécurité, *Résolution 1719(2006)*, 25 octobre 2006.

ONU, Conseil de sécurité, *Résolution 1757(2007)*, 30 mai 2007.

ONU, Conseil de sécurité, *Résolution 1820(2008)*, 19 juin 2008.

ONU, Conseil de sécurité, *Résolution 1932(2010)*, 29 juin 2010.

ONU, Conseil de sécurité, *Résolution 1966(2010)*, 22 décembre 2010.

ONU, Conseil de sécurité, *Résolution 1993 (2011)*, 29 juin 2011.

ONU, Conseil de Sécurité, *Résolution 1503 (2003)*, 28 août 2003.

ONU, Conseil de Sécurité, *Résolution 1593 (2005)*, 31 mars 2005.

ONU, Conseil de sécurité, *Résolution 1606 (2005)*, 20 juin 2005.

ONU, Conseil de sécurité, *Résolution 1674 (2006)*, 28 avril 2006

ONU, Conseil de sécurité, *Résolution 1719 (2006)*, 25 octobre 2006.

ONU, Conseil de sécurité, *Résolution 1719 (2006)*, 25 octobre 2006.

ONU, Conseil de sécurité, *Résolution 1757 (2007)*, 30 mai 2007.

ONU, Conseil de sécurité, *Résolution 1765(2007)*, 16 juillet 2007.

ONU, Conseil des droits de l'Homme, *Résolution 4/102 sur la justice de transition*, 23 mars 2007.

ONU, Conseil des droits de l'Homme, *Résolution 12/11 sur les droits de l'Homme et la justice de transition*, 1er octobre 2009.

ONU, Conseil des droits de l'Homme, *Résolution A/HCR/RES/18/L22 portant création du mandat de rapporteur spécial sur la promotion de la vérité, de la justice, des réparations et des garanties de non-répétitions*, 29 septembre 2011.

ONU, Commission de la prévention du crime et justice pénale, *Principes et lignes directrices des Nations Unies sur l'accès à l'assistance juridique dans le système de justice pénale*, 25 avril 2012, E/CN.15/2012/L.14/Rev.1.

ONU, Conseil économique et social, *Résolution 2006/23 sur le Renforcement des principes fondamentaux relatifs à la conduite des magistrats*, 27 juillet 2006.

ONU, *Convention de Vienne sur le droit des traités*, Vienne, 23 mai 1969. Entrée en vigueur le 27 janvier 1980.

ONU, *Convention des Nations Unies contre la torture et autres peines ou traitements cruels, inhumains ou dégradants*, New York, 10 décembre 1984. Entrée en vigueur le 26 juin 1987.

ONU, *Convention des Nations Unies pour la répression des actes de terrorisme nucléaire*, New York, 13 avril 2005 ; entrée en vigueur le 7 juillet 2007.

ONU, *Convention internationale relative aux droits de l'enfant*, adoptée le 20 novembre 1989 et entrée en vigueur le 2 septembre 1990.

ONU, Haut-Commissariat des Nations Unies aux droits de l'Homme, *Les instruments de l'État de droit dans les sociétés sortant d'un conflit. Programmes de réparation*, New York et Genève, 2008.

ONU, Haut-Commissariat des Nations Unies aux Droits de l'Homme, *Résolution 2004/33, Indépendance et impartialité du pouvoir judiciaire, des jurés et des assesseurs et indépendance des avocats*, New York, 19 avril 2004.

ONU, JOINET Louis, « Ensemble des principes pour la protection et la promotion des droits de l'Homme par la lutte contre l'impunité », *in* ONU, Conseil économique et social, Commission des droits de l'Homme, Sous-Commission de la lutte contre les mesures discriminatoires et de la protection des minorités, *L'administration de la justice et les droits de l'Homme des détenus*, Doc. E/CN.4/Sub.2/1997/20, 26 juin 1997.

ONU, ORENTLICHER Diane, « Ensemble de principes actualisé pour la protection et la promotion des droits de l'Homme par la lutte contre l'impunité », *in* ONU, Conseil économique et social, Commission des droits de l'Homme, *Promotion et protection des droits de l'Homme*, Doc. E/CN.4/2005/102/Add.1, 8 février 2005.

ONU, Conseil de sécurité, *Résolution n° 827 du 25 mai 1993 portant création du Tribunal pénal international pour l'ex-Yougoslavie.*

ONU, Conseil de sécurité, *Résolution n° 955 du 8 novembre 1994, portant création du tribunal pénal international pour le Rwanda.*

Protocole additionnel aux Conventions de Genève du 12 août 1949 relatif à la protection des victimes des conflits armés internationaux (Protocole I), 8 juin 1977.

Protocole additionnel aux Conventions de Genève du 12 août 1949 relatif à la protection des victimes des conflits armés non internationaux (Protocole II), 8 juin 1977.

Accord de Londres portant création du tribunal de Nuremberg, 8 août 1945.

Traité concernant l'enregistrement des marques, Vienne, 12 juin 1973.

Traité de Budapest sur la reconnaissance internationale du dépôt des micro-organismes aux fins de la procédure en matière de brevets, 28 avril 1977 ; modifié le 26 septembre 1980.

Traité de coopération en matière de brevets, Washington, 19 juin 1970.

Traité de Nairobi concernant la protection du symbole olympique, 26 septembre 1981.

Traité de Versailles, 28 juin 1919.

C) TEXTES DE DROIT COMMUNAUTAIRE

1- AFRIQUE

CEDEAO, Secrétariat exécutif, *Mémorandum sur les axes de coopération entre l'UEMOA, la CILSS et la CEDEAO*, ECW/MINCFN/3, septembre 1998.

CEDEAO, Traité révisé de la CEDEAO, Lagos, 28 mai 1975 ; révisé Cotonou le 24 juillet 1993.

CEDEAO, *Protocole de non-agression*, Lagos, 22 avril 1978.

CEDEAO, *Protocole d'assistance mutuelle en matière de défense*, Freetown, 21 mai 1981.

CEDEAO, *Principes politiques de la CEDEAO*, Abuja, 6 juillet 1991.

CEDEAO, *Protocole additionnel A/SP.1/01/05 du 19 janvier 2005 portant amendement du Protocole A/P/17/91 relatif à la Cour de justice de la Communauté.*

CEEAC, *Traité instituant la CEEAC*, Libreville, 18 octobre 1983.

CIMA, *Traité de la CIMA*, Yaoundé, 10 juillet 1992.

COMESA, *Traité du COMESA*, Kampala, 5 novembre 1993.

OAPI, *Accord relatif à la création d'une Organisation africaine de la propriété intellectuelle*, Bangui, 2 mars 1977 ; révisé le 24 février 1999.

OHADA, *Acte uniforme portant organisation des procédures simplifiées de recouvrement et voies d'exécution*, Libreville, 10 avril 1998.

OHADA, *Acte uniforme relatif au droit commercial général*, Togo, 15 décembre 2010.

OHADA, *Acte uniforme relatif au droit des sociétés commerciales et du groupement d'intérêt économique*, 17 avril 1997 ; révisé à Ouagadougou le 31 janvier 2014.

OHADA, *Acte uniforme portant organisation des sûretés*, révisé à Lomé le 15 décembre 2010.

OHADA, *Règlement d'arbitrage de la CCJA de l'OHADA*, 11 mars 1999. Entrée en vigueur le 11 juin 1999.

OHADA, *Acte uniforme portant organisation des procédures collectives d'apurement du passif*, Libreville, 10 avril 1998.

OHADA, *Traité de l'OHADA*, Port-Louis, 17 octobre 1993 ; révisé à Québec le 17 octobre 2008.

OHADA, *Règlement de l'arbitrage de la Cour Commune de Justice et d'Arbitrage.* Entrée en vigueur le 12 avril 1999 ; *Règlement n° 01/2014/CM/OHADA du 31 janvier 2014, modifiant et complétant le Règlement de procédure de la Cour Commune de Justice et d'Arbitrage du 18 avril 1996.*

Traité sur la zone exempte d'armes nucléaires en Afrique, Le Caire, 11 avril 1996. Entrée en vigueur le 15 juillet 2009.

UA, *Charte africaine des droits de l'Homme et des peuples*, Nairobi, 27 juin 1981.

UA, *Charte africaine des droits et du bien-être de l'enfant*, Addis-Abeba, 1er juillet 1990. Entrée en vigueur le 29 novembre 1999.

UA, Conférence de l'Union Africaine, septième session ordinaire, *Décision sur le Procès d'Hissène Habré et l'Union africaine*, Doc. Assembly/AU/Dec. 127 (VII) (2006), Banjul, 2 juillet 2006.

UA, Conférence de l'Union Africaine, sixième session ordinaire, Décision sur le procès d'Hissène Habré et l'Union Africaine, Assembly/AU/Dec.103 (VI), Doc. EX.CL/Assembly/AU/8 (VI), Khartoum, 24 janvier 2005.

UA, *Décision sur le rapport de la réunion des Etats africains parties au statut de Rome de la Cour Pénale Internationale*, Doc., Assembly/AU/13, Treizième session ordinaire de la Conférence, Syrte, 3 juillet 2009.

UA, *Protocole à la Charte africaine des droits de l'Homme et des peuples relatifs aux droits des femmes en Afrique*, Maputo, 11 juillet 2003.

UEMOA, *Traité constitutif de l'UEMOA*, Dakar, 10 janvier 1994.

2- AMERIQUE

OEA, *Convention américaine relative aux droits de l'Homme*, San José (Costa Rica), 22 novembre 1969.

OEA, *Convention interaméricaine pour la prévention et la répression de la torture*, Cartagena de Indias (Colombie), 9 décembre 1985.

OEA, *Convention interaméricaine sur la disparition forcée des personnes*, Belém do Pará (Brésil), 9 juin 1994.

OEA, *Convention interaméricaine sur la prévention, la sanction et l'élimination de la violence contre la femme*, Belém do Pará (Brésil), 9 juin 1994.

3- EUROPE

CCJE, *Avis n° 10 (2007) sur le Conseil de la Justice au service de la société*, 23 novembre 2006.

CCJE, *Avis n°1 (2001) sur les normes relatives à l'indépendance et à l'inamovibilité des juges*, 23 novembre 2001.

CCJE, CCPE, *Avis commun du Conseil consultatif des juges européens (CCJE) et du Conseil consultatif des procureurs européens (CCPE), sur les juges et procureurs dans une société démocratique*, 20 janvier 2010.

Conseil de l'Europe, *Charte européenne sur le statut des juges*, Strasbourg, 10 juillet 1998.

Conseil de l'Europe, *Convention du sur la protection des enfants contre l'exploitation et les abus sexuels*, 25 octobre 2007.

Conseil de l'Europe, *Convention européenne de sauvegarde des droits de l'Homme et des libertés fondamentales*, Vilnius, 3 mai 2002.

Conseil de l'Europe, *Convention européenne pour la répression du terrorisme*, Strasbourg, le 27 janvier 1977.

Conseil de l'Europe, *Position commune sur la Cour pénale internationale*, 2001/443/PESC, 11 juin 2001 ; 2002/474/PESC, 20 juin 2002 ; 2003/444/PESC, 16 juin 2003.

Conseil de l'Europe, *Recommandation 2000 (19), du comité des ministres du Conseil de l'Europe sur le rôle du ministère public dans le système de justice pénale*, 6 octobre 2000.

Conseil de l'Europe, *Recommandation n° R(81) 7 sur les moyens de faciliter l'accès à la justice*, 14 mai 1981.

Conseil de l'Europe, *Recommandation n° R(94) 12 du Comité des ministres sur l'indépendance, l'efficacité et le rôle des juges*, 13 octobre 1994.

Conseil de l'Europe, *Recommandation R(2010) 12 du Comité des ministres sur les juges : indépendance, efficacité et responsabilité*, 17 novembre 2010.

Conseil de l'Europe, *Recommandation Rec (2000)21 du Comité des ministres sur la liberté d'exercice de la profession d'avocat*, 25 octobre 2000.

UE, *Charte des droits fondamentaux*, 7 décembre 2000.

UE, Conseil des Affaires générales et relations externes, *Conclusions et Principes directeurs sur les arrangements et accords entre un État partie au Statut de Rome de la CPI et les États-Unis*, 30 septembre 2002, *ILM*, 2003.

UE, *Directive 2005/60/CE du Parlement européen et du Conseil relative à la prévention de l'utilisation du système financier aux fins du blanchiment de capitaux et du financement du terrorisme*, 26 octobre 2005

VII- INSTRUMENTS JURIDIQUES NATIONAUX

- Albanie :

Loi n° 8454 du 4 février 1999 sur l'Avocat du Peuple.

Loi n° 8733 du 24 janvier 2001 complétant et modifiant la loi n° 7895 sur le Code pénal.

- Belgique :

Code d'instruction criminelle.

Constitution du 7 février 1831 (coordonnée le 17 février 1994), telle que révisée le 6 janvier 2014.

Décret du 22 décembre 1994 instituant le Médiateur de la Région wallonne.

Loi concernant la coopération avec la Cour pénale internationale et les tribunaux pénaux internationaux, 29 mars 2004, *Moniteur belge*, 1er avril 2004.

Loi du 16 juin 1993 relative à la répression des infractions graves aux Conventions internationales de Genève du 12 août 1949 et aux protocoles I et II du 8 juin 1977, additionnels à ces Conventions, *Moniteur Belge*, 5 août 1993.

Loi du 22 mars 1995 instituant des Médiateurs fédéraux, *Moniteur belge*, 7 avril 1995, p. 8741.

Loi du 22 mars 1996 relative à la reconnaissance du TPIY et du TPIR et à la coopération avec ces tribunaux, *Moniteur belge*, 27 avril 1996, p. 10260.

Loi du 5 août 2003 relative à la répression des infractions graves du droit international humanitaire, *Moniteur belge*, 7 août 2003, p. 40506.

Loi relative à la répression des violations graves du droit international humanitaire, 10 février 1999, *Moniteur Belge*, 23 février 1999, pp. 9286 et ss.

Loi spéciale du 6 janvier 1989 sur la Cour d'arbitrage, *Moniteur belge*, 7 janvier 1989.

- **Bénin :**

Code de procédure civile, commerciale, sociale, administrative et des comptes.

Décret n° 94-11 du 26 janvier 1994 portant obligations des membres de la Cour constitutionnelle.

Loi 2010-35 du 30 décembre 2010 portant règles particulières pour l'élection des membres de l'Assemblée nationale.

Loi n° 2001-35 du 21 février 2003 portant statut de la magistrature, *J.O.*, 15 mars 2004, pp. 171 et ss.

Loi n° 2009-22 du 11 août 2009 instituant le Médiateur de la République.

Loi n° 2010-33 du 7 janvier 2011 portant règles générales pour les élections en République du Bénin.

Loi n° 90-012 du 1er juin 1990 et portant composition, organisation, attributions et fonctionnement de la Cour suprême

Loi n° 90-32 du 11 décembre 1990 portant Constitution de la République du Bénin.

Loi n° 91-009 du 4 mars 1991 portant loi organique sur la Cour constitutionnelle ; modifiée par la loi du 31 mai 2001.

Ordonnance n° 21/PR du 26 avril 1966, portant composition, organisation, fonctionnement et attributions de la Cour Suprême.

Ordonnance n° 60-16 du 3 septembre 1960 portant loi organique sur l'organisation et le fonctionnement du Conseil supérieur de la magistrature ; modifiée par la loi organique n° 92-26 du 30 mai 1992, puis par la loi organique n° 2008-36 du 8 août 2008.

Règlement intérieur de la Cour constitutionnelle, 16 septembre 2005.

- **Bosnie-Herzégovine :**

Law on the amendments to the law on the court of Bosnia and Herzegovina, *Official Gazette*, n° 61/04, 1er mars 2003.

- **Bulgarie :**

Constitution du 13 juillet 1991, telle que révisée le 6 février 2007.

Loi relative à l'Ombudsman, 23 mai 2003.

- **Burkina Faso :**

Constitution du 11 juin 1991 ; telle que révisée le 11 juin 2012.

Décret 2000-426/PRES/PM/MJ du 13 septembre 2000 portant organisation de la profession d'avocat au Burkina Faso.

Loi n° 016-2000 du 23 mai 2000 portant réglementation de la profession d'avocat.

Loi n° 52-2009/AN du 31 décembre 2009 portant détermination des compétences et de la procédure de mise en œuvre du Statut de Rome relatif à la Cour pénale internationale par les juridictions burkinabè.

Loi organique n° 014-2000/AN du 16 mai 2000 portant composition, attributions, organisation, fonctionnement de la Cour des comptes et procédure applicable devant elle.

Loi organique n° 036-2001/AN du 13 décembre 2001 portant statut du corps de la magistrature.

Loi organique n° 22/94/ADP du 17 mai 1994 portant institution d'un Médiateur du Faso.

- **Burundi :**

Accord d'Arusha pour la paix et la réconciliation au Burundi, Arusha, 28 août 2000.

Accord de principes en vue de la réalisation de la paix, de la sécurité et de la stabilité durables au Burundi, Dar Es Salaam, 18 juin 2006.

Décret-loi n° 1/001 du 3 janvier 1997 fixant l'organisation, la composition et le fonctionnement du Conseil des *bashingantahe* pour l'unité nationale et la réconciliation.

Loi n° 1/004 du 9 mai 2003 portant répression du crime de génocide, des crimes contre l'humanité et des crimes de guerre.

Loi n° 1/002 du 31 mars 2004, portant création, missions, organisation et fonctionnement de la Cour des comptes.

Loi n°1/12 du 18 avril 2006 portant mesures de prévention et de répression de la corruption et des infractions connexes.

Loi n° 1/04 du 5 janvier 2011 portant création de la Commission nationale indépendante des droits de l'Homme.

Loi n° 1/18 du 15 mai 2014, portant création, mandat, composition, organisation et fonctionnement de la Commission vérité et réconciliation du Burundi.

- **Cambodge :**

Law on the Establishment of extraordinary Chambers in the Courts of Cambodia for the prosecution of crimes committed during the period of democratic Kampuchea, NS/RKM/0801/12, 10 août 2001.

Loi n° NS/RKM/1004/006 du 27 octobre 2004 relative à la création des Chambres extraordinaires au sein des tribunaux du Cambodge pour la poursuite des crimes commis durant la période du Kampuchéa démocratique.

- **Cameroun :**

Constitution du 2 juin 1972 ; telle que révisée le 18 janvier 1996.

Décret n° 95/048 du 8 mars 1995 portant statut de la magistrature.

Loi n° 97-018 du 17 août 1997, modifiant la loi n° 92-008 du 14 août 1992 fixant certaines conditions relatives à l'exécution des décisions de justice.

Loi n° 99/016 du 22 décembre 1999 portant statut général des établissements publics et des entreprises du secteur public et para public.

Loi n° 2003/005 du 21 avril 2003 fixant les attributions, l'organisation et le fonctionnement de la Chambre des comptes de la Cour suprême.

Loi n° 2004/005 du 21 avril 2004 fixant le statut des membres du Conseil constitutionnel.

Loi n° 2004/016 du 22 juillet 2004 instituant la Commission nationale des droits de l'Homme et des libertés.

Loi n° 2006/015 du 29 décembre 2006 portant organisation judiciaire.

Loi n° 2006/017 du 29 décembre 2006 fixant l'organisation, les attributions et le fonctionnement des tribunaux régionaux des comptes.

Loi n° 2007/001 du 19 avril 2007, instituant le juge du contentieux de l'exécution et fixant les conditions de l'exécution au Cameroun, des décisions judiciaires et actes publics étrangers ainsi que les sentences arbitrales étrangères.

Loi n° 2009/004 du 14 avril 2009 portant organisation de l'assistance judiciaire.

- **Canada :**

Loi constitutionnelle, 29 mars 1867.

Charte canadienne des droits et libertés, première partie de la loi constitutionnelle de 1982.

Charte québécoise des droits et libertés de la personne, 27 juin 1975.

Loi L.R.Q. c. A-14 sur l'aide juridique et sur la prestation de certains autres services juridiques.

Loi concernant les enquêtes relatives aux affaires publiques et aux ministères, L.R.C. (1985), Ch. I-11.

Convention de règlement relative aux pensionnats indiens, Annexe N relative au mandat de la Commission de vérité et de réconciliation, 8 mai 2006.

Loi sur les crimes contre l'humanité et les crimes de guerre, 29 juin 2000, L.C. 2000, Ch. 24.

- **Cap-Vert :**

Constitution du 25 septembre 1992 ; telle que modifiée en 2010.

Loi n° 84/IV/93 du 12 juillet 1993 portant organisation et fonctionnement du Tribunal des comptes.

- **Comores :**

Constitution du 23 décembre 2001 ; telle que révisée le 17 mai 2009.

Ordonnance n° 00-07/CE du 5 avril 2000 portant création de la Commission de vérification des comptes.

- **Congo** :

Constitution du 20 janvier 2002.

Loi 19-99 du 15 août 1999 portant organisation du pouvoir judiciaire.

Loi n° 023-92 du 20 août 1992 portant statut de la magistrature.

Loi n° 024-92 du 20 août 1992 portant institution du Conseil Supérieur de la Magistrature.

- **Côte d'Ivoire** :

Code de procédure civile, commerciale et administrative.

Code électoral.

Décret du 5 septembre 2003 déterminant les conditions matérielles et financières d'exercice des fonctions de membre du Conseil constitutionnel.

Décret n° 2008-15 du 11 février 2008 déterminant les traitements, indemnités et avantages de toute nature reconnu aux magistrats en fonction et à la retraite.

Décret n° 2011-96 du 13 mai 2011 portant nomination du président de la Commission dialogue, vérité et réconciliation.

Décret n° 75-319 du 9 mai 1975 fixant les modalités d'application du code de procédure civile en ce qui concerne l'assistance judiciaire.

Décret n° 78-697 du 24 août 1978, pris pour application de la loi n° 78-662 du 04 août 1978 portant statut de la magistrature.

Loi n° 2000-513 du 1er août 2000 portant Constitution de la république de Côte d'Ivoire.

Loi n° 2012-1132 portant création, attributions, organisation et fonctionnement le Commission nationale des droits de l'Homme.

Loi n° 78-662 du 4 août 1978 portant statut de la magistrature.

Loi n° 81-588 du 27 juillet 1981 réglementant la profession d'avocat.

Loi n° 94-440 du 16 août 1994 déterminant la composition, l'organisation, les attributions et le fonctionnement de la Cour suprême.

Loi organique n° 2001-303 du 5 juin 2001 déterminant l'organisation et le fonctionnement du Conseil constitutionnel.

Loi organique n° 2007-540 du 1er août 2007 fixant les attributions, l'organisation et le fonctionnement de l'institution du médiateur de la République.

Ordonnance n° 2011-167 du 13 juillet 2011 portant création, attributions, organisation et fonctionnement de la Commission dialogue, vérité et réconciliation.

Ordonnance n° 2014-32 du 3 février 2014 relative à la poursuite des missions de la CDVR.

Ordonnance n° 2015-174 du 24 mars 2014 portant création, attributions, composition et fonctionnement de la Commission nationale pour la réconciliation et l'indemnisation des victimes.

- **Djibouti** :

Constitution du 15 septembre 1992 ; telle que révisée en 2010.

Loi n° 136/AN/97 du 2 juillet 1997 instituant la Chambre des comptes et de discipline budgétaire.

- **Etats-Unis :**

American Service-members' Protection Act (ASPA), 3 août 2002.

Civil justice reform Act, 1990.

Constitution du 17 septembre 1787.

- **France :**

Code de justice administrative.

Code de l'organisation judiciaire.

Code de procédure civile.

Code de procédure pénale.

Code des juridictions Financière.

Déclaration des droits de l'Homme et du citoyen, 27 août 1789.

Décret n° 2001-1009 du 29 octobre 2001 modifiant le code de l'organisation judiciaire et relatif aux Maisons de justice et du droit.

Décret n° 59-1292 du 13 novembre 1959 sur les obligations du Conseil constitutionnel.

Loi des 16 et 24 août 1970 sur l'organisation judiciaire.

Loi du 22 janvier 1851 sur l'assistance judicaire.

Loi n° 2001-1248 du 21 décembre 2001 relative aux chambres régionales des comptes et à la Cour des comptes.

Loi n° 2002-268 du 26 février 2002 relative à la coopération avec la CPI.

Loi n° 2007-292 du 5 mars 2007 relative à la Commission nationale consultative des droits de l'Homme.

Loi n° 2010-930 du 9 août 2010 portant adaptation du droit pénal à l'institution de la Cour pénale internationale.

Loi n° 2011-1862 du 13 décembre 2011 relative à la réparation des contentieux et à l'allègement de certaines procédures juridictionnelles, *JORF*, 14 décembre 2011, p. 21105.

Loi n° 71-1130 du 31 décembre 1971 portant réforme de certaines professions judiciaires et juridiques.

Loi n° 72-11 du 3 janvier 1972 instituant « l'aide judiciaire » proportionnée et indemnisant même le cas échéant, les auxiliaires de justice.

Loi n° 77-1468 du 30 décembre 1977 établissant la gratuité de la justice.

Loi n° 80-539 du 16 juillet 1980 relative aux astreintes prononcées en matière administrative et à l'exécution des jugements par les personnes morales de droit public.

Loi n° 91-647 du 10 juillet 1991 relative à l'aide juridique.

Loi n° 95-1 du 2 janvier 1995 portant adaptation de la législation française aux dispositions de la résolution 827 du Conseil de sécurité des Nations Unies instituant un tribunal international en vue de juger les personnes présumées responsables de violations graves du droit international humanitaire commises sur le territoire de l'ex-Yougoslavie depuis 1991.

Loi n° 96-432 du 22 mai 1996 portant adaptation de la législation française aux dispositions de la résolution 955 du Conseil de sécurité des Nations unies instituant un tribunal international en vue de juger les personnes présumées responsables d'actes de génocide ou d'autres violations graves du droit international humanitaire commis en 1994 sur le territoire du Rwanda et, s'agissant des citoyens rwandais, sur le territoire d'États voisins.

Loi n° 98-1163 du 18 décembre 1998 relative à l'accès au droit et à la justice et à la résolution amiable des conflits.

Loi n° 98-657 du 29 juillet 1998 d'orientation relative à la lutte contre les exclusions.

Loi organique n° 2001-539 du 25 juin 2001 relative au statut des magistrats et au Conseil supérieur de la magistrature.

Ordonnance n° 58-1067 du 7 novembre 1958 portant loi organique sur le Conseil constitutionnel.

Ordonnance n° 58-1270 du 22 décembre 1958 portant loi organique relative au statut de la magistrature, *JORF*, 23 décembre 1958, p. 11551.

- **Gabon** :

Constitution du 26 mars 1991, telle que révisée en 2011.

Décret n° 0001339/PR/MFBP/MJ du 17 juillet 1992 fixant les traitements et les avantages alloués aux membres de la Cour constitutionnelle, la composition de leur cabinet ainsi que le traitement alloué au Secrétariat Général de ladite Cour, modifié et complété le 9 février 2005.

Décret n° 1337/PR du 16 juillet 1992 portant création d'un Médiateur de la République.

Loi n° 7-94 du 16 septembre 1994 relative à l'organisation de la justice.

Loi n° 73-6 du 3 janvier 1973 instituant un Médiateur de la République.

Loi organique n° 9-91 du 26 septembre 1991, modifiée par la loi n° 13-94 du 17 septembre 1994 sur la Cour constitutionnelle.

- **Ghana** :

The national reconciliation Commission Act, 11 janvier 2002.

- **Guinée** :

Loi organique n° L/91/011 du 23 décembre 1991 portant création du Conseil supérieur de la magistrature.

Loi organique n° L/2013/ 055/CNT du 17 mai 2013 portant organisation, fonctionnement et compétences du Conseil supérieur de la magistrature.

- **Haïti** :

Arrêté présidentiel du 28 mars 1995 créant la Commission de vérité et de justice.

Loi de 13 novembre 2007 portant création du Conseil supérieur du pouvoir judiciaire.

- **Liban** :

Code de l'organisation judiciaire.

Code de procédure civile.

Constitution du 26 mai 1926.

Décret-loi n° 150 du 16 septembre 1983 relative au statut de la magistrature.

Loi 250/93 du 14 juillet 1993 instituant le Conseil constitutionnel.

Loi n° 389 du 21 décembre 2001 relative au Conseil supérieur de la magistrature.

Loi n° 664 du 4 février 2005 relative au Médiateur de la République.

- **Lituanie** :

Constitution du 11 novembre 1992.

Code pénal du 26 novembre 2000.

- **Luxembourg** :

Constitution du 17 octobre1868 ; telle que modifiée le 12 mars 2009.

Loi du 8 juin 1999 portant organisation de la Cour des comptes.

- **Madagascar** :

Constitution du 11 décembre 2010.

Loi 2004-030 du 9 septembre 2004 sur la lutte contre la corruption.

Loi n° 2011-014 du 28 décembre 2011 portant insertion dans l'ordonnancement juridique interne de la Feuille de route signée par les acteurs politiques malgaches le 17 septembre 2011, *JORM*, n° 3, 415, 22 mars 2012, pp. 1041-1048.

Loi n° 2012-010 du 30 juillet 2012 portant création, mission, attributions, composition et modalités de fonctionnement du *Filankevitry ny Fampihavanana Malagasy* (FFM) ou Conseil de la réconciliation malgache (CRM).

- **Mali** :

Code de procédure civile, commerciale et sociale.

Code de procédure pénale.

Code pénal.

Constitution du 25 février 1992.

Loi n° 02-054 du 16 décembre 2002 portant statut de la magistrature.

Loi n° 05-047 du 18 août 2005 portant Charte des partis politiques.

Loi n° 09-042 du 19 novembre 2009 relative à la Commission nationale des droits de l'Homme.

Loi n° 2001-082 du 24 août 2001 relative à l'assistance judiciaire.

Loi n° 2014-001 portant ratification de l'ordonnance n° 2014-003/P-RM du 15 janvier 2014, portant création de la Commission vérité, justice et réconciliation, *JORM*, n° 17, 25 avril 2014.

Loi n° 97-022 du 14 mars 1997 instituant le Médiateur de la République.

Loi organique n° 96-071 du 16 décembre 1996 portant organisation et fonctionnement de la Cour suprême.

- **Maroc :**

Constitution du 29 juillet 2011.

Dahir n ° 1-74-467 du 11 novembre 1974, portant statut de la magistrature.

Dahir n° 1-04-42 du 10 avril 2004 portant approbation des statuts de l'Instance Équité et Réconciliation.

Dahir n° 1-11-25 du 17 mars 2011 portant création de l'institution du Médiateur.

- **Maurice :**

Constitution du 20 juillet 1991.

Acte pour la prévention de la corruption, 1er avril 2002.

- **Mauritanie :**

Constitution du 20 juillet 1991 ; telle que révisée en 2012.

- **Moldavie :**

Constitution du 29 juillet 1994 ; telle que révisée en 2006.

Loi n° 312-XIII du 8 décembre 1994 relative à la Cour des comptes.

- **Niger :**

Code de procédure pénale.

Code électoral nigérien.

Code pénal.

Constitution du 25 novembre 2010.

Loi n° 2007-05 du 22 février 2007 portant statut de la magistrature.

Loi organique n°98-55 du 29 décembre 1998, modifiée par la loi n°2001-05 du 20 août 2001 déterminant la composition, l'organisation et le fonctionnement Commission nationale des droits de l'Homme et des libertés fondamentales.

- **République centrafricaine :**

Constitution du 27 décembre 2004 ; telle que révisée en 2010.

Loi organique n° 15-003 du 3 juin 2015, portant création, organisation et fonctionnement cour pénale spéciale de la République centrafricaine.

- **République démocratique du Congo :**

Constitution du 18 février 2006 ; telle que révisée en 2011.

Loi n° 04/018 du 30 juillet 2004 portant création, organisation, attributions et fonctionnement de la commission vérité et réconciliation.

Loi organique n° 06/020 du 10 octobre 2006 portant statut des magistrats.

Loi organique n° 08/013 du 5 août 2008 portant organisation et fonctionnement du Conseil supérieur de la magistrature.

- **République tchèque :**

Constitution du 16 décembre 1992 ; telle que révisée le 20 mars 2013.

Loi n° 349-1999 du 8 décembre 1999 instituant un défenseur public des droits.

- **Roumanie :**

Constitution du 8 décembre 1991 ; telle que révisée en 2003.

Loi 35/1997 sur l'organisation et le fonctionnement de l'institution de l'Avocat du Peuple.

- **Rwanda :**

Constitution du 4 juin 2003 ; telle que modifiée en 2010.

Loi n° 3/99 du 12 mars 1999 portant création de la Commission nationale pour l'unité et la réconciliation.

Loi n° 35/2002 du 14 novembre 2002, modifiant et complétant la loi n° 3/99 visant à rendre permanente la Commission nationale pour l'unité et la réconciliation.

Loi organique n° 08/96 du 30 août 1996 portant organisation des poursuites des infractions constitutives du crime de génocide ou de crimes contre l'humanité, commises entre 1er octobre 1990 et le 31 décembre 1994.

Loi portant création et organisation des *gacaca* a été modifiée par la loi organique n° 16/2004 du 19 juin 2004, puis par la loi organique n° 10/2007 du 1er mars 2007 et enfin par la loi organique n° 13/2008 du 19 mai 2008.

- **Sao Tome et principe :**

Constitution du 15 décembre 1975.

- **Sénégal :**

Code de procédure pénale.

Code électoral sénégalais.

Constitution du 22 janvier 2001 ; telle que révisée en 2008.

Décret 66-458 du 17 juin 1966 portant règlement sur la comptabilité publique de l'Etat.

Loi n° 2007-02 du 12 février 2007 modifiant le Code pénal.

Loi n° 2007-05 du 12 février 2007 relative à la mise en œuvre du Traité de Rome instituant la CPI avec la CPI, *JORS*, 10 mars 2007, p. 2384.

Loi n° 84-04 du 4 janvier 1984 portant création de l'ordre des avocats du Sénégal.

Loi n° 97-04 du 10 mars 1997 relative au Comité sénégalais des Droits de l'Homme.

Loi n° 99-04 du 29 janvier 1999 abrogeant et remplaçant la loi no 91-14 du 11 février 1991 instituant un Médiateur de la République.

Loi organique n° 92-23 du 30 mai 1992 sur le Conseil constitutionnel ; modifiée par la loi n° 99-71 du 17 février 1999.

Loi organique n° 92-27 du 30 mai 1992 portant statut des magistrats.

Ordonnance du 3 septembre 1960, modifiée par la loi organique n° 92-26 du 30 mai 1992 sur l'organisation et le fonctionnement du Conseil supérieur de la magistrature.

Ordonnance n° 60-16 du 3 septembre 1960 portant loi organique sur l'organisation et le fonctionnement du Conseil Supérieur de la Magistrature.

- Slovaquie :

Constitution du 3 septembre 1992 ; telle que révisée en 2006.

- Suisse :

Code pénal suisse.

Constitution fédérale de la confédération suisse, 18 avril 1999. Entrée en vigueur le 1er janvier 2000.

Loi de mise en œuvre du Statut de Rome, 14 juin 2010.

Loi fédérale du 22 juin 2001 sur la coopération avec la Cour pénale internationale.

Loi fédérale sur contrôle fédéral des finances du 28 juin 1967.

- Tchad :

Constitution du 14 avril 1996 ; telle que révisée en 2005.

Loi du 7 août 1998 relative à la Cour Suprême.

Loi n° 006/PR/98 du 7 août 1998 portant organisation et fonctionnement de la Cour suprême.

Loi n° 031/PR/91 du 9 septembre 1994 instituant la Commission nationale des droits de l'Homme.

- Togo :

Accord politique global, 20 août 2006.

Constitution du 14 octobre 1992 ; telle que révisée en 2002.

Décret n° 2009-046/PR du 25 février 2009 portant création de la CVJR.

Décret n° 2010/148/PR, portant prorogation de six mois du mandat de la CVJR à compter du 1er décembre 2010.

Décret n° 2011/161/PR, portant prorogation de quatre mois du mandat de la CVJR à compter du 1er décembre 2011.

Décret n° 2011/69/PR, portant prorogation de six mois du mandat de la CVJR à compter du 1er juin 2011.

Décret n° 2013-040/PR du 24 mai 2013 portant création du Haut-Commissariat à la réconciliation et au renforcement de l'unité.

Décret n° 2014-103/PR du 3 avril 2014 modifiant le décret n° 2013-040/PR du 24 mai 2013 portant création du Haut-Commissariat à la réconciliation et au renforcement de l'unité à l'unité.

Loi n° 90-26 du 4 décembre 1990 portant réforme du cadre institutionnel et juridique des entreprises publiques.

Loi organique du 21 août 1996 portant statut des magistrats.

Loi organique n° 96-12 du 11 décembre 1996 portant composition, organisation et fonctionnement Commission Nationale des Droits de l'Homme.

Loi organique n°97-01/PR portant organisation et fonctionnement de la Cour constitutionnelle.

- **Tunisie :**

Constitution du 27 janvier 2014.

Décret n° 93-2453 du 13 décembre 1993 relatif à l'indemnité de magistrature attribuée aux magistrats du Tribunal administratif.

Décret n° 93-2455 du 13 décembre 1993 relatif à l'indemnité de magistrature attribuée aux magistrats de l'ordre judiciaire.

Loi organique n° 2013-53 du 24 décembre 2013 relative à l'instauration et à l'organisation de la justice transitionnelle, *JORT*, 31 décembre 2013, n° 105, pp. 3655 et ss.

- **Vietnam :**

Constitution du 15 avril 1992 ; telle que révisée en 2013.

Loi sur l'organisation judiciaire, 2 avril 2002.

Résolution n° 49-NQ/TWW du 2 juin 2005 sur la stratégie de réformes judiciaires jusqu'à 2020.

VIII- REFERENCES JURISPRUDENTIELLES

A) JURISPRUDENCE NATIONALE

- **Belgique :**

Cour constitutionnelle :

CC, décision n° 10/2008 du 23 janvier 2008.

- **Bénin :**

Cour constitutionnelle :

CC, décision 15 DC du 16 mars 1993, *Rec.*, 1993, p. 83.

CC, décision EL 95-092 du 19 mai 1995.

CC, décision EL 95-099 du 24 mai 1995.

CC, décision DCC 95-029 du 17 août 1995, *Dankoro.*

CC, décision EL 95-129 du 17 août 1995.

CC, décision DCC 95-034 du 1er septembre 1995, *Odjo.*

CC, décision DCC 95-033 du 1er septembre 1995.

CC, décision DCC 96-015 des 20, 21 et 22 février 1996.

CC, décision DCC 97-019 des 29 avril et 6 mai 1997.

CC, décision DCC 97-033 du 10 juin 1997, *Dako Fortuné, Kakpo Damien*, *Rec.*, 1997, p. 137.

CC, décision DCC n° 97-039 du 7 juillet 1997.

CC, décision DCC 98-030 du 27 mars 1998

CC, décision DCC 98-047 du 15 mai 1998.

CC, décision DCC 98-059 du 4 juin 1998.

CC, décision DCC 98-101 du 23 décembre 1998, *Kounasso et consorts.*

CC, décision DCC 00-007 du 2 février 2000.

CC, décision DCC 00-024 du 10 mars 2000, *ABJC*, 2013, p. 605.

CC, décision DCC 02-037 du 17 avril 2002, *Tawès.*

CC, décision DCC 02-052 du 31 mai 2002, *Fanou.*

CC, décision DCC 02-058 du 4 juin 2002, *Favi.*

CC, décision DCC 02- 065 du 5 juin 2002, *Boya Comlan.*

CC, décision DCC 03-003 du 18 février 2003.

CC, décision DCC 03-052 du 14 mars 2003.

CC, décision DCC 04-004 du 23 avril 2004, *Tanimomo Pascal*, *Rec.*, 2004, p. 193.

CC, décision DCC 04-047 du 18 mai 2004, *Tchiakpè.*

CC, décision DCC 05-067 du 12 juillet 2005.

CC, décision DCC 05-110 du 15 septembre 2005.

CC, décision DCC 05-132 du 26 octobre 2005.

CC, décision DCC 06-034 du 4 avril 2006.

CC, décision DCC 06-063 du 20 juin 2006, *Koukpaki A. Fréjus*, *Rec.*, 2006, p. 307.

CC, décision DCC 06-070 du 21 juin 2006, *Hodonou Armand*, *Rec.*, 2006, p. 339.

CC, décision DCC 06-074 du 8 juillet 2006.

CC, décision DCC 06-160 du 19 octobre 2006.

CC, décision DCC 07-175 du 27 décembre 2007.

CC, décision DCC 08-025 du 3 mars 2008.

CC, décisions DCC 08-051 et DCC 08-061 du 20 mai 2008.

CC, décision DCC 09-009 du 05 février 2009.

CC, décision DCC 09-087 du 13 août 2009.

CC, décision EL 11-005 du 13 avril 2011.

CC, décision DCC 12-131 du 19 juin 2012.

Chambre administrative de la Cour suprême

CACS, arrêt n° 24/CA, 15 avril 1999, *Collectivité Tohon c/ Préfet de l'Ouémé*, *Rec.*, 1999, p. 238.

CACS, arrêt n° 82/CA du 18 novembre 1999, *Bertin C. Amoussou c/ Préfet de l'Atlantique*, *Rec.*, 1999, p. 390.

CACS, arrêt n° 70/CA, 16 novembre 2000, *Syndicat national des enseignements secondaires technique et professionnel (SYNESTP) c/ Etat béninois*, *Rec.*, 2000, p. 317.

Chambre civile de la Cour suprême

Chambre Civile IV, décision n° 007/04 du 09 février 2004.

- Bulgarie :

Cour constitutionnelle :

CC, décision n° 17/96, A.C. n° 18/96, JO n° 88/96.

CC, décisions n° 17/95, A.C. n° 13/95, JO 93/95.

CC, décision n° 16/2001, A.C. n° 6/01, JO 50/01.

CC, décision n° 3 du 3 avril 1992, D.V. n° 30 du 10 avril 1992.

CC, décision n° 18/93, A.C. n° 19/93, JO n° 1/94.

CC, décision n° 15/97, A.C. n° 9/97, JO n° 101/97.

- Burkina Faso :

Conseil constitutionnel :

CC, décision n° 2007-04/CC du 29 août 2007, *Société EROH.*

- Côte d'Ivoire :

Conseil constitutionnel :

CC, décision n° CI-2010-EP-34/03-12/CC/SG du 3 décembre 2010 portant *proclamation des résultats définitifs de l'élection présidentielle du 28 novembre 2010.*

CC, décision n° CI-2011-EP-036/04-05/CC/SG du 4 mai 2011 portant *proclamation de M. Alassane Ouattara en qualité de président de la république de Côte d'Ivoire.*

Chambre administrative de la Cour Suprême :

CACS, 14 janvier 1970, *Société des centaures routiers, AJDA*, 1970, p. 560.

CACS, arrêt n° 2001-442 REP du 24 octobre 2001, *Fofana Idrissa c/ Commission d'avancement des magistrats.*

CACS, arrêt n° 25 du 26 juillet 2006, *Zunon Seri Alain Stanislas c/ Assemblée générale de la Cour d'appel.*

- Canada :

Cour suprême :

CS, *Anderson c/ Bank of British Columbia*, 1876, 2 Ch.d.644 (C.A).

CS, *Solosky c/ La Reine*, 1980, 1 *RCS*, p. 821.

CS, *Descôteaux c/ Mierzwinski*, 1982, 1 *RCS*, p. 860.

CS, 19 décembre 1985, *Valente c/ La Reine*, 1985, 2, *RCS*, p. 673.

CS, *Beauregard c/ Canada*, 1986, 2 *RCS*, 56, p. 70.

CS, *Borowski c/ Canada* (n° 2), 1989, 1 *RCS*. p. 342.

CS, *R. c/ Gruenke*, 1991, 3 *RCS*, p. 263.

CS, *R. c/ Stinchombe*, 1991, 3 *RCS*, p. 326.

CS, *La Reine c/ Finta*, 24 mars 1994, *RCS*, p. 701.

CS, *La bande indienne de Matsqui c/ Canadian Pacific Ldt*, 1995, 1, *RCS*, p. 3.

CS, 18 septembre 1997, *Renvoi relatif à la rémunération des juges de la Cour provinciale de I.P.E.*, 1997, 3 *RCS*, §§3 et 133-135.

CS, *R. c/ McClure*, 2011, 1 *RCS*, p. 445.

Cour d'Appel du Québec (Montréal) :

C. app., 7 mai 2014, arrêt n° 500-10-004416-093, 2014 QCCA 906.

- Comores :

Cour constitutionnelle :

CC, arrêt n° 04-003/CC du 23 décembre 2004.

- France :

Conseil constitutionnel :

CC, décision n° 93-326 DC du 11 aout 1993, *Rec.*, p. 217.

CC, décision n° 67-31 DC du 26 janvier 1967, *Rec.*, p. 19.

CC, décision n° 67-33 DC du 12 juillet 1967, *Rec.*, p. 189.

CC, décision n° 75-58 DC 23 juillet 1975, *Rec.*, p. 16.

CC, décision n° 76-70 DC du 2 décembre 1976, *Rec.* p. 39.

CC, décision n° 80-116 DC du 17 juillet 1980, *Rec.*, p. 36.

CC, décision n° 80-119 DC du 22 juillet 1980, *Rec.* p. 46.

CC, décision n° 80-123 DC du 24 octobre 1980, *Rec.*, p. 24.

CC, décision n° 80-127 DC des 19 et 20 janvier 1981, *Rec.* p. 15.

CC, décision n° 84-179 DC du 12 septembre 1984, *Rec.* p. 73.

CC, décision n° 85-197 DC du 23 août 1985, *Rec.*, p. 70.

CC, décision n° 86-223 DC, 29 décembre 1986, *Rec.*, p. 184.

CC, décision n° 86-224 DC du 23 janvier 1987, *Rec.*, p. 8.

CC, décision n° 87-226 DC du 2 juin 1987, *Rec.* p. 34.

CC, décision n° 89-261 DC du 28 juillet 1989, *Rec.*, p. 81.

CC, décision n° 92-305 DC du 21 février 1992, *Rec.* p. 27.

CC, décision n° 93-323 DC du 5 août 1993, *Rec.*, p. 213.

CC, décision n° 93-326 DC du 11 août 1993, *Rec.* p. 217.

CC, décision n° 93-335 DC du 21 janvier 1994, *Rec.* p. 40.

CC, décision n° 93-336 DC du 27 janvier 1994, *Rec.*, p. 51.

CC, décision n° 94-355 DC du 10 janvier 1995, *Rec.*, p. 151.

CC, décision n° 95-360 DC du 2 février 1995, *RFDC*, 1995, p. 405.
CC, décision n° 96-373 DC du 9 avril 1996, *Rec.* p. 43.
CC, décision n° 97-389 DC du 22 avril 1997, *Rec.*, p. 45.
CC, décision n° 98-396 DC du 15 février 1998, *Rec.* p. 153.
CC, décision n° 98-399 DC du 5 mai 1998, *Rec.*, p. 245.
CC, décision n° 98-401 DC du 10 juin 1998, *Rec.*, p. 258.
CC, décision n° 99-421 DC du 16 décembre 1999, *Rec.* p. 136.
CC, décision n° 99-422 DC du 21 décembre 1999, *Rec.*, p. 143.
CC, décision n° 99-425 DC du 29 décembre 1999, *Rec.*, p. 168.
CC, décision n° 2001-445 DC du 19 juin 2001, *Rec.* p. 63.
CC, décision n° 2001-448 DC du 25 juillet 2001, *Rec.* p. 99.
CC, décision n° 2001-451 DC du 27 novembre 2001, *Rec.*, p. 145.
CC, décision n° 2001-456 DC du 27 décembre 2001, *Rec.*, p. 180.
CC, décision n° 2001-455 DC du 12 janvier 2002, *Rec.*, p. 49.
CC, décision n° 2002-461 DC du 29 août 2002, *Rec.* p. 204.
CC, décision n° 2003-466 DC du 20 février 2003, *Rec.*, p. 156.
CC, décision n° 2003-469 DC du 26 mars 2003, *Rec.*, p. 293.
CC, décision n° 2003-473 DC du 26 juin 2003, *Rec.*, p. 38.
CC, décision n° 2003-484 DC du 20 novembre 2003, *Rec.*, p. 438.
CC, décision n° 2004-492 DC du 2 mars 2004, *Rec.*, p. 66.
CC, décision n° 2005-530 DC du 29 décembre 2005, *Rec.*, p. 168.
CC, décision n° 2005-532 DC du 19 janvier 2006, *Rec.*, 31.
CC, décision n° 2006-540 DC du 27 juillet 2006, *Rec.*, p. 88.
CC, décision n° 2007-551 DC, 1er mars 2007, *Rec.*, p. 86.
CC, décision n° 2009-595 DC du 03 décembre 2009, *Rec.*, p. 206.
CC, décision n° 2011-125 QPC du 6 mai 2011, *Rec.*, p. 218.

Conseil d'État :
CE, 8 juillet 1904, *Botta, Rec.*, p. 557.
CE, 9 mai 1913, *Roubeau, Rec.* p. 521.
CE, 30 novembre 1923, *Couitéas, Leb.*, p. 789.
CE, 19 mai 1933, *Benjamin, Rec.,* p. 541.
CE, 19 mai 1933, *Benjamin, Leb.*, p. 541
CE, 17 mars 1953, *Falco et Vidaillac, Leb.*, p. 175.
CE, Ass., 2 mars 1962, *Rubin de Servens, et autres, Rec.*, p. 143.
CE, 4 oct. 1974, *Dame David, Rec.*, p. 464.
CE, 22 décembre 1978, *Ministre de l'Intérieur c/ Cohn-Bendit, Dalloz*, 1979, p. 155.
CE, 27 juillet 1979, *Jeol, Rec.* p. 338.

CE, Ass, 20 décembre 1985, *SA Ets Outters, Rec.*, p. 382.
CE, 28 mai 1993, *Dame Bastien, Rec.*, p. 972.
CE, Ass., 9 avril 1999, *Mme Ba, Leb.*, p. 124.
CE, 15 mars 2000, *Allais*, Req. n° 189042.
CE, 8 octobre 2000, *Terrail, Leb.*, p. 430.
CE, 6 avril 2001, *Lapertot*, Req. 214059.
CE, Ord., 7 novembre 2001, *Tabaka, Rec.*, p. 789.
CE, Ass., 25 octobre 2002, *Brouant, Leb.*, p. 345.
CE, 6 novembre 2002, *Wargniez*, req. n° 225341, *AJDA*, 2002, p. 1443.
CE, 4 décembre 2003, *Feler*, n° 262009, *Leb.*, p. 491.
CE, 23 juin 2004, *Laboratoires Genévrier, Rec.*, p. 256.
CE, 24 mars 2006, *Société KPMG et autres, Rec.*, p. 154.
CE, 10 avril 2008, *Conseil national des Barreaux, Leb.*, 2008, p. 129.

Cour de cassation :

Cass. Ass. Plén., 10 octobre 2001, *Breisacher, Dalloz*, 2001, Chron., p. 3365.
Cass. Civ. I, 9 octobre 2001, 00-14564, *Bulletin*, 2001, n° 249, p. 157.
Cass. Crim., 25 avril 1985, *Dalloz*, 1985, p. 329.
Cass. Crim., 29 mai 1989, *Bulletin Criminel*, n° 218, *Gazette du Palais*, 1989. 2. 884.
Cass. Crim., 23 octobre 2002, 02-85379, *Bulletin criminel*, 2002, n° 195, p. 725.
Cass. Crim., 10 janvier 2007, 04-87.245, *Bulletin criminel*, 2007, n° 7, p. 17
Cass. Soc., 25 mars 1998, *CRCAM et Sud-Alliance c/ Tallagnon, Dalloz*, 1998, p. 113.
Cass. Soc., 24 avril 2001, *Association Être enfant au Chesnay, Bulletin civil*, 2001, n° 130, p. 101.

Tribunal des conflits :

TC, 27 novembre 1957, *Préfet de Guyane*, Req. n° 01420.

Cour d'appel de Paris :

Chambre d'instruction, décision du 9 octobre 2014.

Cour d'assises du Bas-Rhin :

C. ass., Arrêt du 15 décembre 2008, *Ministère public c/ Khaled Ben Saïd*, n° CA 08/36.

- Gabon :

Cour constitutionnelle :

CC, décision n° 016bis/ des 12, 13 et 14 octobre 1992, *Rec.* p. 47.

- **Liban :**

Conseil constitutionnel :

CC, décision n° 3/95 du 18 septembre 1995, *Rec.* 1994-1997, p. 47.

CC, décision n° 2/99 du 27 novembre 1999, *Rec.* 1997-2000, p. 410.

CC, décision n° 5/2000 du 27 juin 2000, *Rec.* 1997-2000, p. 453.

- **Mali :**

Cour constitutionnelle :

CC, décision n° 01-128 du 12 décembre 2001.

- **Niger :**

Cour constitutionnelle :

CC, avis n° 02/CC du 25 mai 2009.

CC, arrêt n°4 /CC/ME du 12 juin 2009.

CC, arrêt n° 013/11/CCT/MC du 30 juin 2011

- **Sénégal :**

Conseil constitutionnel :

CC, décision n° 11-93 du 23 juin 1993.

CC, décision n° 1/C/2003 du 11 juin 2003.

CC, décision n° 3/C/2005 du 18 janvier 2006.

Conseil d'État :

CE, 24 juin 1998, *Abdoulaye FAYE c/ État du Sénégal.*

Chambres africaines extraordinaires

Chambre d'instruction, *Ordonnance de non-lieu partiel, de mise en accusation et de renvoi devant la Chambre extraordinaire d'assises*, 13 février 2015.

- **Suisse :**

Tribunal militaire de cassation, *Affaire Niyonteze Fulgence*, 27 avril 2001.

- **Togo :**

Cour d'Appel de Lomé, Chambre sociale, arrêt n° 186/2003 du 26 septembre 2003

- **Tunisie :**

TA, 14 juin 1982, *Smaoui c/ Municipalité de Tunis, R.*, p. 83 ;

TA, 12 juin 1981, *H. Achour c/ Ministre de l'intérieur, R.*, p. 189 ;

TA, 15 février 1982, *Chambre Syndicale c/ Municipalité de Tunis, R.*, p. 10

B) JURISPRUDENCE COMMUNAUTAIRE

- Cour Commune de justice et d'arbitrage de l'OHADA :

CCJA, arrêt n° 002/2002 du 10 janvier 2002, *RJ CCJA*, n° spécial, janvier 2003, p. 5.

CCJA, avis n° 001/2001/EP, *RJ CCJA*, n° spécial, janvier 2003, p. 75.

CCJA, *SOCOM SARL c/ SGBC*, arrêts n° 013 et 014 du 19 juin 2003, *RJ CCJA*, janvier-juin 2003, p. 16 et p. 19.

CCJA, arrêt n° 043/2005 du 7 juillet 2005, *Aziablévi YOVO c/ Togo Télécom*, *RJ CCJA*, juillet-décembre 2005, n° 6, pp. 25 et ss.

CCJA, arrêt n° 028/2007 du 19 juillet 2007, *Société Nestlé sahel c/ Société commerciale d'importation AZAR et SALAM, dite SCIAMAS.*

- Cour de Justice de l'UEMOA :

Avis n° 001 du 2 février 2000.

- Cour européenne des droits de l'Homme :

CEDH, 9 octobre 1979, *Airey c/ Irlande*, Req. n° 6289/73.

CEDH, 4 décembre 1979, *Schiesser c/ Suisse*, série A, n° 34.

CEDH, 29 mai 1986, *Demeuland c/ Allemagne*, Req. n° 9384/81.

CEDH, 24 octobre 1989, *H. c/ France*, série A, n° 162, *RFDA*, 1990, p. 203.

CEDH, 26 mars 1992, *Ed. Périscope c/ France*, série A, n° 234-B.

CEDH, 16 décembre 1992, *Geouffre de la Pradelle c/ France*, Req. n° 12964/87.

CEDH, 27 octobre 1993, *Dombo Beheer B.V. c/ Pays-Bas*, série A, n° 274, p. 19.

CEDH, 28 avril 1994, *Alain Vallée c/ France*, série A, n° 289-A, *RUDH*, 1994, p. 183.

CEDH, *Hornsby c/ Grèce*, 19 mars 1997, Affaire 107/1995/613/701, *Rec.* 1997, II.

CEDH, 25 mars 1998, *Kopp c/ Suisse*, *Rec.*, 1998-II, pp. 541 et ss.

CEDH, 28 octobre 1999, *Zielinski, Pradal et autres c/ France*, *D.*, 2000, p. 184.

CEDH, 7 mai 2002, *Burdov c/ Russie*, *D.*, 2002, p. 25574.

CEDH, 3 juin 2003, *Pantea c/ Roumanie*, Série A n° 249-A.

CEDH, 17 janvier 2006, *Barbier c/ France*, *D.*, 2006, p. 1208.

CEDH, 10 juillet 2008, *Medvedyev et autres c/ France*, Req. n° 3394/03.

CEDH, 17 mars 2009, *Ould Dah c/ France*, Req. n°13113/03.

CEDH, 29 mars 2010, *Medvedyev et autres c/ France*, Req. n° 3394/03.

CEDH, 23 novembre 2010, *Moulin c/ France*, Req. n° 37104/06.

CEDH, 6 décembre 2012, *Michaud c/ France*, Req. n° 12323/11.

- Cour de justice des communautés européennes :

CJCE, 18 mai 1982, *A. M. et S. c/ Commission*, affaire 155/79, *Rec.* 1982, p. 1575.

CJCE, Grande Chambre, 26 juin 2007, *Ordre des barreaux francophones et germanophone et autres c/ Conseil des ministres*, affaire C-305/05.

C) JURISPRUDENCE INTERNATIONALE

- Cour pénale internationale

CPI, Chambre préliminaire I, *Décision sur les demandes de participation à la procédure de VPRS 1, VPRS 2, VPRS 3, VPRS 4, VPRS 5 et VPRS 6*, ICC-01/04-101, 17 janvier 2006.

CPI, Chambre de première instance II, *Le Procureur c/ Germain Katanga et Mathieu Ngudjolo, Décision orale*, Transcrit n° ICC-01/04-01/07-T-189-FRA, 20 septembre 2010.

CPI, Chambre de première instance II, *Le Procureur c/ Germain Katanga et Mathieu Ngudjolo, Decision on the disclosure of evidentiary material relating to the Prosecutor's site visit to Bogoro on 28, 29 and 31 March 2009*, ICC-01/04-01/07-1515, 7 octobre 2009.

CPI, Chambre de première instance I, *Le Procureur c/ Thomas Lubanga Dyilo, Décision sur la participation des victimes*, ICC-01/04-01/06, 18 janvier 2007.

CPI, Chambre d'appel, *Arrêt relatif à la Requête du Procureur aux fins d'obtenir l'examen extraordinaire de la décision rendue le 31 mars 2006 par laquelle la Chambre préliminaire I rejetait une demande d'autorisation d'interjeter appel*, ICC-01/04-168, 13 juillet 2006.

CPI, Section préliminaire, *Le Procureur c/ Callixte Mbarushimana, Décision relative à la requête de la Défense sollicitant une ordonnance aux fins de préserver l'impartialité de la procédure*, ICC-01/04-01/10, 31 janvier 2011.

CPI, Chambre de première instance II, *Le Procureur c/ M. Ngudjolo, Jugement rendu en application de l'article 74 du Statut*, ICC-01/04-02/12-3, 18 décembre 2012.

CPI, Chambre de première instance I, *Le Procureur c/ Thomas Lubanga Dyilo, Décision relative aux conséquences de la non-communication de pièces à décharge couvertes par les accords prévus à l'article 54-3-e du Statut, à la demande de suspension des poursuites engagées contre l'accusé et à certaines autres questions soulevées lors de la conférence de mise en état du 10 juin 2008*, ICC-01/04-01/06-1401-tFRA, 13 juin 2008.

CPI, Chambre d'appel, *Le Procureur c/ Thomas Lubanga Dyilo, Arrêt relatif à l'appel interjeté par Thomas Lubanga Diylo contre la décision rendue oralement par la Chambre préliminaire I le 18 janvier 2008*, ICC-01/04-01/06-1433-tFRA, 11 juillet 2008.

CPI, Chambre de première instance, *Le Procureur c/ Thomas Lubanga Dyilo, Décision fixant les principes et procédures applicables en matière de réparations*, ICC-01/04-01/06-2904, 7 août 2012.

- Tribunal pénal international pour l'ex-Yougoslavie

TPIY, Chambre d'appel, *Le Procureur c/ Dusko Tadic alias « Dule », Arrêt relatif à l'appel de la défense concernant l'exception préjudicielle d'incompétence*, IT-94-1-AR72, 2 octobre 1995.

TPIY, Chambre d'appel, *Erdemovic*, IT-96-22-A, 7 octobre 1997.

TPIY, Chambre de première instance, *Delacic et al.*, IT-96-21-T, 16 novembre 1998.

TPIY, Chambre de première instance, *Furundzija*, IT-95-17/1-T, 10 décembre 1998.

TPIY, Chambre d'appel, *Tadic*, IT-94-1-T, 15 juillet 1999.

TPIY, Chambre de première instance I, *Le procureur c/ Blaskic*, IT-95-14-T, 3 mars 2000.

TPIY, Chambre d'appel, *Le Procureur c/ Tadic, Arrêt confirmatif relatif aux allégations d'outrage formulées à l'encontre du précédent conseil, Milan Vujin*, IT-94641-A-AR77, 27 février 2001.

TPIY, Chambre d'appel, *Kunarac et al.*, IT-96-23 et 23/1-A, 12 juin 2002.

TPIY, *Prlic et consorts, Ordonnance portant sur les modalités de l'interrogatoire d'un accusé en vertu de l'article 85C du Règlement*, IT-04-74-T, 1er juillet 2008.

- Tribunal pénal international pour le Rwanda

TPIR, Chambre de première instance I, *Akayesu*, ICTR-96-4-T, 2 septembre 1998.

TPIR, Chambre de première instance I, *Le procureur c/ Kambanda*, ICTR-97-23-S, 4 septembre 1998.

TPIR, Chambre de première instance II, *Le Procureur c/ Clément Kayishema et Obed Ruzindana*, ICTR-95-1-T, 21 mai 1999.

TPIR, Chambre de première instance I, *Rutaganda*, ICTR-96-3-T, 6 décembre 1999.

TPIR, Chambre d'appel, *Le Procureur c/ Clément Kayishema et Obed Ruzindana*, ICTR-95-1-A, 1er juin 2001.

TPIR, *Le Procureur c/ Mugiraneza et consorts, Decision on the defence of the UNDF from obstructing the course of international criminal justice*, ICTR-99-50-T, 19 septembre 2001.

TPIR, Chambre de première instance III, *Semanza*, ICTR-97-20-T, 15 mai 2003.

TPIR, Chambre d'appel, *Rutaganda*, ICTR-96-3-A, 26 mai 2003.

TPIR, Chambre de première instance, *Le Procureur c/ Bernard Munyagishari*, ICTR-2005-89-B11*bis*, 6 juin 2011

- Mécanisme pour les tribunaux pénaux internationaux

MTPI, Chambre d'appel, *Augustin Ngirabatware c/ Le Procureur*, MTPI-12-29-A, 18 décembre 2014

MTPI, *Le Procureur c/ Bernard Munyagishari*, MICT-12-20, 26 juin 2014.

- Cour internationale de justice :

CIJ, Arrêt du 27 août 1952, *Affaires relative aux droits des ressortissants des États-Unis d'Amérique au Maroc (France c/ États-Unis), Rec.*, 1952, p. 212.

CIJ, Arrêt du 2 février 1973, *Compétence en matière de pêcherie (Royaume Uni c/ Irlande), Rec.*, 1973, p. 18.

CIJ, Avis du 8 juillet 1996, *Avis consultatif sur la licéité de la menace ou de l'emploi des armes nucléaires, Rec.*, 1996, p. 254.

CIJ, Arrêt du 14 février 2002, *Affaire relative au mandat d'arrêt du 11 avril (République démocratique du Congo c/ Belgique), C.I.J. Recueil 2002*, p. 3.

CIJ, Ordonnance du 16 novembre 2010, *Affaires relatives à certaines procédures pénales engagées en France (République du Congo c/ France), C.I.J. Recueil 2010*, p. 635.

CIJ, Arrêt du 4 juin 2008, *Certaines questions concernant l'entraide judiciaire en matière pénale (Djibouti c/ France), C.I.J. Recueil 2008*, p. 177.

CIJ, Arrêt du 19 juin 2012, *Ahmadou Sadio Diallo (République de Guinée c/ République démocratique du Congo), indemnisation, arrêt, C.I.J. Recueil 2012*, p. 324.

CIJ, Arrêt du 20 juillet 2012, *Affaire des questions concernant l'obligation de poursuivre ou d'extrader (Belgique c/ Sénégal), C.I.J. Recueil 2012*, p. 422.

- Cour permanente de justice internationale :

CPJI, Avis du 25 février 1925, *Échange des populations turques et grecques*, série B, n° 10, p. 20.

IX- SITES INTERNET

ACCPUF : www.accpuf.org

AHJUCAF : www.ahjucaf.org

AIPPF : www.aippf.org

AISCCUF : www.aisccuf.org

Amnesty International : www.amnesty.fr

AOMF : www.aomf-ombudsmans-francophonie.org

CEDEAO : www.ecowas.int/?lang=fr

CEDH : www.echr.coe.int/Pages/home.aspx?p=home&c=fra

CEEAC : www.ceeac-eccas.org

CEMAC : www.cemac.int

Chambres extraordinaires au sein des tribunaux cambodgiens : www.eccc.gov.kh/fr

Chambres africaines extraordinaires : www.chambresafricaines.org

CIMA : www.cima-afrique.net

COMESA : www.comesa.int

CVR du Canada : http://www.trc.ca/websites/trcinstitution/index.php?p=15

Conseil constitutionnel de Côte d'Ivoire : www.conseil-constitutionnel.ci

Conseil constitutionnel de France : www.conseil-constitutionnel.fr

Cour constitutionnelle du bénin : www.cour-constitutionnelle-benin.org

CPI : www.icc-cpi.int/FR_Menus/icc/Pages/default.aspx

FIDH : www.fidh.org

Human Rights Watch : www.hrw.org/fr

Instance équité Réconciliation du Maroc :www.ier.ma

MTPI : www.unmict.org/fr

OAPI : www.oapi.int

OHADA : www.ohada.org

OIF : www.francophonie.org

OIT : www.ilo.org/global/lang--fr/index.htm

RF2D : www.rf2d.org

SADC : www.sadc.int

TPIR : www.unictr.org/fr
TPIY : www.icty.org
TSL : www.stl-tsl.org/fr
UEMOA : www.uemoa.int/Pages/Home.aspx
Union Africaine : www.au.int/fr
Union Européenne : http://europa.eu/index_fr.htm

INDEX ALPHABETIQUE

Le présent index renvoie aux numéros de pages

D

E

F

G

TABLE DES MATIERES

Structures éditoriales du groupe L'Harmattan

L'Harmattan Italie
Via degli Artisti, 15
10124 Torino
harmattan.italia@gmail.com

L'Harmattan Hongrie
Kossuth l. u. 14-16.
1053 Budapest
harmattan@harmattan.hu

L'Harmattan Sénégal
10 VDN en face Mermoz
BP 45034 Dakar-Fann
senharmattan@gmail.com

L'Harmattan Cameroun
TSINGA/FECAFOOT
BP 11486 Yaoundé
inkoukam@gmail.com

L'Harmattan Burkina Faso
Achille Somé – tengnule@hotmail.fr

L'Harmattan Guinée
Almamya, rue KA 028 OKB Agency
BP 3470 Conakry
harmattanguinee@yahoo.fr

L'Harmattan RDC
185, avenue Nyangwe
Commune de Lingwala – Kinshasa
matangilamusadila@yahoo.fr

L'Harmattan Congo
67, boulevard Denis-Sassou-N'Guesso
BP 2874 Brazzaville
harmattan.congo@yahoo.fr

L'Harmattan Mali
Sirakoro-Meguetana V31
Bamako
syllaka@yahoo.fr

L'Harmattan Togo
Djidjole – Lomé
Maison Amela
face EPP BATOME
ddamela@aol.com

L'Harmattan Côte d'Ivoire
Résidence Karl – Cité des Arts
Abidjan-Cocody
03 BP 1588 Abidjan
espace_harmattan.ci@hotmail.fr

L'Harmattan Algérie
22, rue Moulay-Mohamed
31000 Oran
info2@harmattan-algerie.com

L'Harmattan Maroc
5, rue Ferrane-Kouicha, Talaâ-Elkbira
Chrableyine, Fès-Médine
30000 Fès
harmattan.maroc@gmail.com

Nos librairies en France

Librairie internationale
16, rue des Écoles – 75005 Paris
librairie.internationale@harmattan.fr
01 40 46 79 11
www.librairieharmattan.com

Librairie l'Espace Harmattan
21 bis, rue des Écoles – 75005 Paris
librairie.espace@harmattan.fr
01 43 29 49 42

Lib. sciences humaines & histoire
21, rue des Écoles – 75005 Paris
librairie.sh@harmattan.fr
01 46 34 13 71
www.librairieharmattansh.com

Lib. Méditerranée & Moyen-Orient
7, rue des Carmes – 75005 Paris
librairie.mediterranee@harmattan.fr
01 43 29 71 15

Librairie Le Lucernaire
53, rue Notre-Dame-des-Champs – 75006 Paris
librairie@lucernaire.fr
01 42 22 67 13

www.ingramcontent.com/pod-product-compliance
Lightning Source LLC
LaVergne TN
LVHW010630051026
849532LV00001B/12